MW01592467

DICTIONNAIRE
DES
DIFFICULTÉS
DU
FRANÇAIS

DICTIONNAIRE DES DIFFICULTÉS DU FRANÇAIS

JEAN-PAUL COLIN

Édition : Gilles FIRMIN
Maquette : Gonzague RAYNAUD

AVANT-PROPOS

Plus de vingt ans après l'élaboration première de ce livre, il nous a paru indispensable de le réviser de fond en comble, en y opérant des suppressions, des ajouts et des réécritures : en effet, la langue, quoi qu'en pensent ceux qui pratiquent aveuglément le culte figé des «classiques», évolue, et en particulier le lexique. Dans les années 70, de nombreux mots ou expressions n'existaient pas **(boat-people, écolo, gay, partenariat, troisième âge, RMI, VTT)**, ou n'avaient pas le même sens qu'aujourd'hui **(assurer, blanchiment, holocauste, opportunité)**, ou ne connaissaient pas le succès qu'ils ont actuellement **(consensus, container, géant, super)**.

Notre société change considérablement, et très vite, trop vite peut-être (mais ce n'est pas ici le lieu d'en juger. .) : les pratiques individuelles et collectives se modifient, les tabous basculent, les idéologies chancellent ou se recomposent, les promesses et les dangers du progrès se déguisent parfois sous des oripeaux méconnaissables, bref, le monde bouge, dans les choses, les êtres et les mots qu'emploient ces derniers. Aussi bien avons-nous estimé indispensable d'actualiser ce dictionnaire, que de très nombreux usagers du français utilisent : témoin les multiples lettres que nous avons reçues, de toutes origines, et riches de précieux conseils, de remarques et de suggestions utiles dont nous avons tenu le plus grand compte. C'est aussi aux judicieux conseils de Josette Rey, d'Alain Rey, de Thierry Foulc et de Gilles Firmin que nous devons nombre d'améliorations du présent ouvrage. Que tous trouvent ici l'expression de nos remerciements, sans oublier la contribution de M. Christian Laucou, dont le *Guide typographique*, en fin d'ouvrage, sera sans nul doute d'un grand secours aux professionnels de l'écriture et de l'imprimerie, et à tous ceux qui, munis d'une machine à traitement de texte, affrontent les difficultés propres à la présentation des textes.

D'autre part, la littérature, au sens large de tout ce qui s'écrit, tant dans le domaine fictionnel que dans celui de la documentation générale, a vu naître de nombreux auteurs nouveaux : on constatera que la *Bibliographie* des auteurs cités s'est augmentée d'une bonne cinquantaine de titres d'ouvrages dépouillés.

Tout cela devrait faire de la dernière version de ce dictionnaire un objet utile et en prise directe sur notre époque langagière. Ajoutons qu'en ce qui concerne les jugements d'acceptabilité à l'égard de telle ou telle forme du français, nous avons essayé d'atténuer autant que faire se pouvait l'aspect excessivement normatif de certaines positions que nous avions prises, et que l'histoire des mots a, depuis, nettement infirmées. Dans bien des cas, il nous a paru, aujourd'hui plus que jamais, nécessaire d'expliquer et de comparer les avantages et les inconvénients de tel ou tel choix, plutôt que d'imposer une simplification confortable, mais factice et même dangereuse pour l'exercice de l'esprit de finesse... On a pu en outre remarquer la raréfaction, depuis vingt ans, des rubriques de langue française dans la presse : est-ce désintérêt de nos compatriotes envers leur langue ? ou bien faut-il y voir un accent mis plus sur le fonctionnement et la créativité – même si elle comporte des risques – que sur une grammaire qui n'a plus guère la cote, pour dire les choses familièrement... ? Toujours est-il que l'autorité, dont certains souhaiteraient plus ou moins vivement la restauration, en matière d'enseignement du français, ne se décrète pas : ou plutôt, son efficacité est plus que douteuse dans un domaine aussi délicat que les pratiques langagières.

Le français, quoi qu'on dise parfois, ne se porte pas si mal : sans doute est-il en crise, et encore, comment en être sûr ? Le bouillonnement néologique, qui apparaît à beaucoup comme le début d'un naufrage dans l'anarchie, nous paraît au contraire porteur d'un renouvellement majeur, dont on ne peut à présent prévoir exactement ce qu'il sera demain, mais qui nous renvoie à certaines grandes époques passées, telle la Renaissance...

Nous espérons que cette nouvelle mouture, soigneusement revue, souvent remaniée et dans l'ensemble largement augmentée, donnera satisfaction à ses utilisateurs, et paraîtra à la fois plus riche de matériaux et plus cohérente dans sa démarche d'ensemble et ses présupposés linguistiques.

*

Fournir au lecteur un catalogue de réponses claires aux questions que rencontrent journellement les Français, pour peu qu'ils cherchent à s'exprimer d'une manière correcte et persuasive : voilà l'objet de cet ouvrage, qui énumère, dans l'ordre alphabétique, les mots et constructions difficiles, et expose les règles qui en gouvernent l'emploi. Nous le destinons :

– aux élèves des lycées et collèges, qui n'assimilent pas sans peine les règles d'une orthographe compliquée, ou butent sur le sens d'un mot délicat ;
– aux étudiants qui veulent combler des lacunes ou simplement rafraîchir leurs connaissances grammaticales et lexicales ;
– aux maîtres eux-mêmes, qui trouveront ici, regroupés dans un même volume, des milliers de remarques et d'exemples commentant et illustrant les finesses de l'usage ;
– aux étudiants étrangers, pour qui la langue française apparaît souvent moins comme un ensemble ordonné de règles que comme un maquis broussailleux d'exceptions aux règles ;
– aux journalistes, qui ressentent de façon aiguë le conflit où les enferme la nécessité de décrire l'actualité en termes neufs, frappants, vivants, sans pour autant enfreindre les normes imposées par la tradition ;
– et – pourquoi pas ? – aux écrivains, qui connaissent en principe notre langue mieux que personne, mais qui ne sont pas à l'abri d'une défaillance de mémoire, et qui désirent parfois vérifier la construction d'une phrase ou le niveau de langue d'un mot.

Comme l'utilisation du langage n'est pas affaire de spécialiste, nous nous adressons également à quiconque est soucieux de bien parler, de bien écrire et de bien lire.

LE CHOIX DES DIFFICULTÉS

La première exigence fut de ne rien omettre de ce qui posait des problèmes à tous. C'est pourquoi nous avons passé en revue tous les mots contenus dans le *Petit Robert*, pris comme exemple d'un bon dictionnaire général de la langue usuelle contemporaine. Nous l'avons complété sur certains points (par exemple pour former des listes de mots préfixés ou suffixés), en consultant le *Grand Larousse Universel* en 17 volumes. Il n'a été retenu qu'environ 10000 mots et expressions considérés comme difficiles, à divers points de vue. Nous avons tenu compte des plus récentes acquisitions de notre langue, qui est à la fois accueillante et sélective. Il a fallu examiner, par exemple, les verbes **nominer, paniquer,** la locution **être en charge de,** les néologismes **faisabilité** (emploi et sens) ou **évident** (emploi).

La seconde exigence était inverse. Il s'agissait d'éliminer les termes d'une technicité trop élevée. Il nous a semblé que des mots tels que **biréfringence, lapiaz, mélanose, provéditeur** ou **strioscopie,** s'ils proposent effectivement des difficultés à l'entendement, ne pouvaient être retenus dans le cadre de ce livre.

Notre «corpus», c'est-à-dire la partie de la langue française sur laquelle nous avons fait porter nos recherches, est donc constitué par la somme des mots et des locutions qu'un «honnête utilisateur du langage» est amené à rencontrer de nos jours dans la conversation courante, dans la presse et dans la littérature.

L'ORDRE DES RUBRIQUES

Pour la clarté de la consultation, nous avons classé par rubriques les questions que soulève chacun des mots retenus, en suivant toujours le même ordre – sauf exceptions justifiées par la nature particulière du mot : *prononciation, conjugaison, orthographe, forme, genre, construction, emploi et sens.*

LA PRONONCIATION

Quand on peut hésiter sur la prononciation d'un mot, par exemple **août, gageure, geôle, jungle,** etc., nous avons donné sa transcription phonétique au moyen des signes de l'Association phonétique internationale (voir le tableau, ci-après, juste avant la lettre A).

À un signe donné correspond un son et un seul, et à un son donné correspond un signe et un seul. Par exemple, au signe [k] correspond le son sourd qu'on entend au début de **catéchumène, crise, chiromancie,** quelle que soit l'orthographe. Au son sourd qu'on entend au début de **short, chameau, schisme,** correspond toujours le signe [ʃ]. Au prix d'un léger effort, le lecteur disposera d'un outil commode et moderne qui dissipe toute confusion entre la forme écrite et la forme parlée des mots. Exemples : **oiseau** se transcrit [wazo], **nuit** se transcrit [nɥi], etc.

Notre «norme» de prononciation est *en principe* celle du Parisien cultivé, avec quelques réserves cependant : car l'uniformisation de la prononciation se produit dans toute la France dans le double sens Paris-Province et Province-Paris, grâce à la radio et à la télévision. Par exemple, la fusion qui se produit sur le plan oral entre **brun** et **brin,** au profit de ce dernier, et qui est responsable des confusions orthographiques entre **emprunt** et **empreint,** se produit plus souvent à Paris qu'en province, et c'est celle-ci que nous croyons, en l'occurrence, devoir être suivie.

LA CONJUGAISON

Nous ne donnons dans le cours du Dictionnaire que les particularités vraiment délicates, telles les deux séries d'impératifs du verbe **vouloir,** qui tiennent soit de l'indicatif : **veux, voulons, voulez,** soit du subjonctif : **veuille, veuillons, veuillez.** On se reportera, pour connaître la conjugaison complète des verbes réguliers et irréguliers, à l'*Appendice,* où nous avons tenté de donner une image à la fois simplifiée et claire des verbes français.

L'ORTHOGRAPHE

On sait l'énorme importance accordée à ce secteur par l'enseignement du français, la façon dont un membre de la société dite lettrée est jugé et classé d'après son aptitude à éviter les traquenards des doubles consonnes (**résonner,** mais **résonance ; commettre,** mais **omettre**), de l'accord du participe (*Elle s'est laissé* ou *lais-*

sée mourir), de l'accentuation (**avènement**, mais **événement**), ou du trait d'union (**garde champêtre**, mais **garde-côte** ; **tout à coup**, mais **sur-le-champ**). Il est nécessaire ici de se plier à la norme, ne serait-ce que parce que les millions de livres vendus chaque année ont une orthographe commune, qui en facilite la lecture à toute personne dont l'apprentissage s'est conformé à la règle générale.

L'attention du lecteur est donc attirée, dans cette rubrique, sur *l'orthographe d'usage*. Nous avons relevé spécialement les mots contenant deux consonnes du même type et une autre consonne seule, par exemple **allitération** (deux *l* et un seul *t*), ou, inversement, **abattre** (un *b* et deux *t*), **agripper** (un *g* et deux *p*) : les erreurs sont dans ce cas très fréquentes et proviennent d'inversions plus ou moins dyslexiques. Nous avons également mis en garde contre la confusion entre l'accent grave et l'accent circonflexe qui donnent tous deux à la lettre *e* une prononciation en [ɛ] ouvert : **près**, **prêt**. Accentuer les mots n'est pas une perte de temps, mais une condition de lisibilité – et une forme de courtoisie à l'égard du lecteur.

LA FORME

Sous ce titre sont enregistrées les variations dont un mot est susceptible :

– selon sa fonction ou sa catégorie grammaticale. Ainsi **navigant**, adjectif ou substantif, se distingue de **naviguant**, participe du verbe **naviguer**, etc. ;

– selon son genre. Le passage du masculin au féminin est parfois délicat : **lion** donne **lionne**, mais **partisan** donne **partisane** (et non ***partisante**) ;

– selon son nombre. Le passage du singulier au pluriel est indiqué pour la plupart des mots en -**al** et en -**ail** (entre autres), avec récapitulation à l'ordre alphabétique de ces suffixes. Exemple :
BERCAIL forme. Le pluriel **bercails** est extrêmement rare, mais non pas inexistant.
→ -AIL ;

– selon le suffixe qui le constitue. Pour maint vocable, on constate une indifférence à peu près complète entre -**age** et -**ment** (**sabordage** ou **sabordement**), entre -**logiste** et -**logue** (**neurologiste** ou **neurologue**), entre -**tion** et -**ment** (**pullulation** ou **pullulement**). On observe au contraire une différence d'emploi pour d'autres formes, telles que **celte** et **celtique**, **rebond** et **rebondissement**, etc. ;

– selon l'accord. La forme est liée le plus souvent à la construction, par exemple, dans le cas du participe-préposition. **Excepté** est invariable quand il est antéposé au substantif, et s'accorde quand il est postposé : *Excepté sa bru, tous étaient là*, mais *Sa bru exceptée, tous étaient là*.

LE GENRE

Il arrive souvent qu'on hésite sur le genre d'un substantif. Doit-on dire et écrire **un** ou **une abaque**, **un** ou **une alvéole**, **un** ou **une stalactite**, **un** ou **une tubercule**, etc. ? De plus, certains mots changent de sens en changeant de genre. Il en va ainsi de **foudre**, qui est généralement féminin dans ses emplois courants, mais masculin au sens spécialisé de « grand tonneau » ou de « cylindre abritant une soufflerie ». On dit aussi **un foudre de guerre**, **d'éloquence** ; et **le foudre de Jupiter**, pour l'« emblème en forme de zigzag » : *un aigle tenant un foudre dans sa main*.

LA CONSTRUCTION

Dans cette rubrique entrent deux catégories de problèmes distincts :

1. Certains mots, principalement les verbes, les adjectifs et les adverbes, admettent un complément introduit par une préposition. Mais quelle est la bonne construction ? Doit-on dire *j'aime à faire ceci* ou *j'aime de faire ceci*, ou, sans préposition, *j'aime faire ceci* ? Quelle différence y a-t-il entre ces trois constructions ? Est-ce qu'on **s'associe à quelqu'un** ou **avec quelqu'un** ? Quand emploie-t-on **à**, quand

emploie-t-on **de** après le verbe **servir**? Et combien d'autres questions du même ordre, qu'on rencontre dans des phrases de tous les jours, et auxquelles on a parfois du mal à répondre!

2. L'ordre des mots est souvent imposé par la grammaire. Il demeure que la place de l'adjectif, ou celle du sujet du verbe, peut varier en fonction du sens, de l'intention de celui qui produit la phrase. **Galant** n'a pas le même sens après **homme** et après **femme**. Au contraire, dans la proposition relative, rien n'empêche de dire : *L'enfant que ses parents aiment* avec la même correction que : *L'enfant qu'aiment ses parents.*

Comment choisir? Les situations dans lesquelles la langue française nous laisse le choix sont moins rares qu'on ne le croit. On trouvera dans cette rubrique des conseils permettant de décider en connaissance de cause.

L'EMPLOI

Ce titre couvre plusieurs domaines et notamment :

– celui de l'évolution : nous signalons un mot chaque fois qu'il est décalé par rapport au vocabulaire couramment utilisé à notre époque. Ce peut être un archaïsme, comme *occire* ; un néologisme de forme : **recycler, vacancier** ; un néologisme de sens : **gérer, infiltrer,** etc. ;

– celui de la couche sociale ou professionnelle. Nous mentionnons les niveaux de langue : *populaire, très familier, familier, officiel,* ou *administratif, soutenu, littéraire, recherché,* ainsi que l'appartenance d'un mot à un domaine particulier : *langue des marins, des médecins, des avocats, langue scientifique,* etc. Ces précisions permettront de situer exactement les mots d'emploi délicat, et de connaître mieux l'aire d'extension de chacun, sa coloration sociale ou affective : **aoûtien** ne dit pas la même chose que **estivant, une scopie** désigne la même chose qu'**une radio,** mais ce ne sont pas les mêmes personnes qui emploient les deux mots. Cette répartition variée du vocabulaire dans la société et dans le temps permet de comprendre les variations de sens entre «synonymes», les nuances sémantiques qu'on observe d'un groupe d'utilisateurs à un autre. La même personne peut user d'un registre ou d'un autre selon son humeur ou selon le langage même de son interlocuteur : il faut savoir «ce qui passera le mieux» dans telle ou telle situation. Cette rubrique devrait faciliter à chacun la découverte du terme propre et pertinent.

LE SENS

Ce titre est le plus souvent coordonné au précédent, tant il est vrai que la signification profonde d'un mot se rattache aux facteurs concrets de la communication. Nous avons insisté sur :

– les mots proches par le sens, appelés traditionnellement «synonymes». Ceci non pas pour développer ce qui les rapproche ou les distingue – on consultera, pour cela, dans la même collection, le *Dictionnaire de synonymes et contraires* – mais essentiellement pour éviter les assimilations abusives : par exemple entre **corsaire** et **pirate, apologie** et **panégyrique, inventaire** et **éventaire,** etc. ;

– les mots proches par la forme : homonymes comme **sein, seing, ceint,** etc., dont la prononciation est identique, paronymes comme **somptuaire et somptueux, suggestion** et **sujétion,** qui sont souvent confondus en raison de leur ressemblance graphique ou phonétique, mais qui ont des sens bien distincts ;

– les mots qui, sans appartenir à un domaine spécialisé, sont mal compris, et souvent dévoyés de leur signification habituelle. Il en va ainsi, par exemple, de termes hyperboliques comme **mirifique, formidable, panacée, summum,** etc., qui sont parfois complétés, bien inutilement, par un mot intensif, ce qui montre qu'on n'a plus conscience de leur valeur originelle. Il n'est pourtant pas difficile de restaurer celle-ci et de se garder de toute enflure. La tournure la plus simple est, bien souvent, la meilleure : *arriver au sommet de sa carrière* dira autant que *arriver au summum, à l'apogée*, etc.

À la fois pour aérer et varier la présentation, et pour mettre en relief des difficultés fréquentes, dont on aura tendance à chercher immédiatement la solution, nous avons fait figurer certaines locutions, dans le corps de chaque article, en *sous-entrée*. Ainsi à l'article **AIMER**, on lira, au-dessous du second paragraphe, en minuscules grasses : □ **aimer à ce que** (→ A), et, au-dessous encore : **aimer mieux. constr.** : (etc.).

D'un coup d'œil, on ɩepère ainsi tout ce qui, dans des locutions pourtant usuelles, est une source constante d'erreurs ou d'hésitations. Le lecteur n'aura pas besoin de parcourir tout l'article pour trouver ce qui l'intéresse. Les empiétements possibles entre les rubriques et les sous-entrées apparaissent comme une aide, une multiplication des «signaux d'alerte», plutôt que comme un inconvénient.

Nous n'avons pas manqué d'illustrer les explications et les conseils par des exemples précis, des phrases claires qui se suffisent à elles-mêmes et peuvent être comprises en dehors de leur contexte. Il s'agit :

– tantôt de citations d'œuvres littéraires ;

– tantôt d'exemples anonymes, extraits de journaux, phrases lues, entendues ou prononcées couramment, par nous-mêmes ou par d'autres.

Les citations littéraires sont empruntées pour la plupart aux auteurs contemporains. Quelques-unes sont tirées d'œuvres du xixᵉ siècle, lorsqu'il s'agit de romanciers (Balzac, Zola, Daudet), et d'écrivains qui n'ont été vraiment goûtés qu'au xxᵉ siècle (Hugo, Baudelaire, Rimbaud, Jarry, etc.). Nous n'avons pas hésité, pour ouvrir l'éventail des niveaux de langue, à puiser dans la chanson littéraire, avec Brassens, Brel et Ferré, et dans le roman policier, avec Boileau-Narcejac, Noël Calef, Alain Demouzon, Simenon, Pierre Véry. Le parti que nous avons pris ici est celui de la modernité. Ce sont les auteurs d'aujourd'hui qui nous parlent le langage de notre époque. Leurs œuvres reflètent nos préoccupations et nos intérêts vitaux. Nous n'avons pas cru nécessaire de «laisser vieillir» les auteurs non encore confirmés par une gloire officielle : ils nous apportent autant de matière à réflexion sur le langage que leurs aînés, si ce n'est davantage. La vie et les problèmes de notre langue se manifestent chez tous, et il y avait à glaner aussi bien dans un roman de Jean Echenoz, d'Alain Gerber ou de Max Gallo que dans un tome de Jules Romains ou de La Varende.

Les exemples extraits des grands journaux (principalement les quotidiens *Le Monde, Libération, L'Est Républicain* et l'hebdomadaire *Le Canard enchaîné*) et les phrases reflétant la conversation quotidienne ont servi de substitut – ou de complément – aux citations littéraires. On verra d'ailleurs que la frontière entre les emplois et les niveaux de langue ne coïncide nullement avec ce qu'on baptise un peu sommairement «littéraire» ou «non littéraire». Telle coupure anonyme du *Figaro* ou de *Paris-Match* peut prendre un aspect recherché, alors qu'une phrase de Céline illustre parfaitement une certaine «vulgarité» langagière.

Faute d'une norme classique de plus en plus lointaine et discutée, y compris par les plus ardents défenseurs du passé, qui n'en prennent exactement que ce qui leur convient, nous nous sommes fondé, pour éclairer et conduire le lecteur, sur les travaux les plus récents de la linguistique française, qui permettent de dégager les grandes tendances de la langue, de mieux comprendre ses transformations lentes, mais constantes, et par là même de trouver des critères d'estimation et de jugement plus solides que ceux de l'impression et des préférences personnelles. Notre Dictionnaire a tenu compte de ces apports bien que les affirmations des linguistes ne soient pas toujours admises par les chroniqueurs. Nous avons écarté toute démagogie rénovatrice, mais aussi tout dogmatisme, tout fétichisme à l'égard de la langue classique, dont Littré et l'Académie seraient prétendument les conservateurs.

Joseph Vendryès, l'un des grands pionniers de la linguistique, écrivait dès 1921 dans *Le Langage* : « Il y a beaucoup d'hommes qui parlent français, il n'y a personne qui parle le français et qui puisse servir de règle et d'exemple aux autres. » Ces lignes sont aujourd'hui aussi valables qu'hier, et justifient le dessein que nous avons eu de *décrire* autant que de *juger*, de montrer que, tout en appliquant dans la plupart des cas une règle intransgressible du fait de la tradition sociale et culturelle, on n'en doit pas moins essayer de comprendre les causes d'une « difficulté », et ne pas se contenter d'une stérilisante « foi du charbonnier ».

JEAN-PAUL COLIN

BIBLIOGRAPHIE
DES PRINCIPAUX OUVRAGES CONSULTÉS

GRAMMAIRES ET LIVRES DIVERS

Arrivé Michel, **Gadet** Françoise, **Galmiche** Michel, *La Grammaire d'aujourd'hui*, Flammarion, 1986.

Bérard Évelyne **et Lavenne** Christian, *Grammaire utile du français*, Hatier, 1989.

Bonnard Henri, *Grammaire française des lycées et collèges*, Sudel, 1950 ; *Code du français courant*, Magnard, 1981.

Borrot Alexandre, **Didier** Marcel, **Rispail** Jean-Luc, *Code du bon français*, Magnard, 1991.

Bourgeade Pierre, *Chroniques du français quotidien*, Belfond, 1991.

Chevalier Jean-Claude, **Blanche-Benveniste** Claire, **Arrivé** Michel, **Peytard** Jean, *Grammaire Larousse du français contemporain*, rééd. 1991.

Cohen Marcel, *Regards sur la langue française*, Sedes, 1950 ; *Nouveaux Regards sur la langue française*, ibid., 1963.

Dagenais Gérard, *Dictionnaire des difficultés de la langue française au Canada*.

Dauzat Albert, *Le Guide du bon usage*, Delagrave, 1954.

Dubois Jean, *Grammaire structurale du français*, 3 volumes, Larousse, 1965, 1967, 1969.

Éluerd Roland, *Langue et littérature. Grammaire, Communication, Techniques littéraires*, Nathan, 1992.

Fouché Pierre, *Traité de prononciation française*, Klincksieck, 2ᵉ éd., 1959.

Frei Henri, *La Grammaire des fautes*, Geuthner, 1929.

Georgin René, *Guide de langue française*, A. Bonne, 1952.

Gougenheim Georges, *Système grammatical de la langue française*, d'Artrey, réimpr., 1962.

Grevisse Maurice, *Le Bon Usage*, 12ᵉ éd. refondue par André Goosse, 1986.

Guiraud Pierre, *La Grammaire*, «Que sais-je?», PUF, 3ᵉ éd., 1964 ; *Les Mots étrangers*, ibid., 1965.

Hanse Joseph, *Nouveau Dictionnaire des difficultés du français moderne*, Duculot, 2ᵉ éd., 1987.

Le Bidois Robert, *Syntaxe du français moderne*, 2 vol., Picard, 1935, 1938 ; *Les Mots trompeurs*, Hachette, 1970.

Martinet André, *Le français sans fard*, PUF, 1969.

Peytard Jean **et Genouvrier** Émile, *Linguistique et enseignement du français*, Larousse, 1970.

Thérive André, *Querelles de langage*, Stock, 1929.

Thomas Adolphe-Victor, *Dictionnaire des difficultés de la langue française*, Larousse, 1956.

Wagner R.-L. **et Pinchon** Jacqueline, *Grammaire du français classique et moderne*, Hachette, rééd., 1991.

DICTIONNAIRES, ENCYCLOPÉDIES ET REVUES

Caput J. et J.-P., *Dictionnaire des verbes français*, Larousse, 1969.

Dubois Jean, **Lagane** René, **Niobey** Georges, **Casalis** Didier et Jacqueline, **Meschonnic** Henri, *Dictionnaire du français contemporain*, Larousse, 1966.

Rheims Maurice, *L'Insolite*, Larousse, 1989.

Robert Paul et Rey Alain, *Le Grand Robert de la langue française. Dictionnaire alphabétique et analogique de la langue française*, 9 volumes, Société du nouveau Littré, 1985.

Sliosberg A., *Nouvelle Encyclopédie médicale*, Nathan, 1956.

Lexis. *Dictionnaire de la langue française*, (sous la direction de Jean Dubois) Larousse, 1975.

Grand Larousse Universel en 17 volumes, 1991 (= GLU).

Littré en 7 volumes, Pauvert-Gallimard-Hachette, 1956-1958.

Grand Larousse de la langue française en 7 volumes, 1971-1978.

Le Robert méthodique, 1982.

Le Petit Robert, 1985.

Trésor de la langue française, Klincksieck-Gallimard (15 volumes parus de A à T), 1971-1992.

Dictionnaire des termes officiels, publié par le Journal officiel de la République française, 7ᵉ éd., avril 1991.

Le Français aujourd'hui, revue trimestrielle de l'Association française des professeurs de français, 24, bd Saint-Michel, 75006 Paris; et 1, av. Léon-Journault, 92310 Sèvres.

Le Français dans le monde, revue de l'enseignement du français hors de France, 8 numéros par an, 79, bd Saint-Germain, 75006 Paris.

Langue française, revue trimestrielle, Larousse, 17, rue du Montparnasse, 75006 Paris.

ŒUVRES LITTÉRAIRES

Alain, *Propos sur le bonheur*, 1928; *Minerve ou De la sagesse*, 1938.

Alain-Fournier, *Le Grand Meaulnes*, 1913.

Allen Suzanne, *L'Espace d'un livre*, 1971.

Anouilh Jean, *L'Alouette*, 1953.

Apollinaire Guillaume, *Alcools*, 1913; *Le Flâneur des deux rives* (Posth.), 1928.

Aragon Louis, *Les Beaux Quartiers*, 1936; *La Semaine sainte*, 1958.

Audiberti Jacques, *Abraxas*, 1938; *Le Mal court*, 1948; *L'Effet Glapion*, 1959.

Audoux Marguerite, *Marie-Claire*, 1910.

Aymé Marcel, *Aller retour*, 1927; *La Jument verte*, 1933; *Les Tiroirs de l'inconnu*, 1960.

Bachelard Gaston, *La Formation de l'esprit scientifique*, 1938.

Balandier Georges, *Afrique ambiguë*, 1957.

Barbusse Henri, *L'Enfer*, 1908.

Barjavel René, *Le Voyageur imprudent*, 1958.

Barrès Maurice, *Le Jardin de Bérénice*, 1891.

Bastide François-Régis, *Les Adieux*, 1956.

Bazin Hervé, *Vipère au poing*, 1948.

Beauvoir Simone de, *L'Invitée*, 1943.

Ben Jelloun Tahar, *L'Enfant de sable*, 1985.

Bernanos Georges, *La Joie*, 1929; *Les Enfants humiliés* (Posth.), 1949.

Bernard Tristan, *Mathilde et ses mitaines*, 1911.

Besson André, *La Louve du Val d'amour*, 1984.

Besson Patrick, *Dara*, 1985.

Boileau-Narcejac, *Sueurs froides*, 1958.

Bouhéret Roland, *Le Grain de sénevé*, 1991.

Boulle Pierre, *La Planète des singes*, 1963.

Boylesve René, *La Leçon d'amour dans un parc*, 1920.

Brassens Georges, *Chansons*, 1952-1968.

Brel Jacques, *Chansons*, 1952-1964.

Breton André, *Nadja*, 1928.

Butor Michel, *L'Emploi du temps*, 1957.

Caillois Roger, *Approches de l'imaginaire*, 1974.

Camus Albert, *L'Étranger*, 1942; *L'Homme révolté*, 1951; *La Chute*, 1956.

Carco Francis, *La Belle Amour*, 1952.

Cavanna François, *Mignonne, allons voir si la rose...*, 1989.

Céline Louis-Ferdinand, *Mort à crédit*, 1952.

Cendrars Blaise, *L'Or*, 1925.

Cesbron Gilbert, *Les Innocents de Paris*, 1944.

Chabrol Jean-Pierre, *Les Fous de Dieu*, 1961.

Chaix Marie, *Les Lauriers du lac de Constance*, 1974.

Champion Jeanne, *Les Frères Montaurian*, 1979.

Char René, *Œuvres*, 1929-1950.

Chraïbi Driss, *Un ami viendra vous voir*, 1967.

Claudel Paul, *L'Échange*, 1893; *Connaissance de l'Est*, 1895-1905; *Le Livre de Christophe Colomb*, 1935.

Clavel Bernard, *L'Espagnol*, 1959.

Clébert Jean-Paul, *La Vie sauvage*, 1953.

Cocteau Jean, *La Difficulté d'être*, 1947.

Colette, *La Chatte*, 1933.

Colombier Jean, *Les Frères Romance*, 1990.

Combescot Pierre, *Les Filles du calvaire*, 1991.

Constantin-Weyer Maurice, *Un homme se penche sur son passé*, 1928.

Courteline Georges, *Nouvelles*, vers 1890.

Daninos Pierre, *Le Jacassin*, 1962.

Delay Florence, *Riche et légère*, 1983.

Delteil Joseph, *Les Chats de Paris*, 1929.

Demouzon Alain, *Monsieur Abel*, 1979.

Desnos Robert, *Œuvres*, 1919-1945.

Desproges Pierre, *Des Femmes qui tombent*, 1985.

Dhôtel André, *Le Neveu de Parencloud*, 1960.

Duhamel Georges, *Chronique des Pasquier*, 1933-1944; *Le Voyage de Patrice Périot*, 1950.

Duperray Jean, *Harengs frits au sang*, 1954.

Duras Marguerite, *Un barrage contre le Pacifique*, 1958; *Moderato Cantabile*, 1958.

Echenoz Jean, *Cherokee*, 1983.

Emmanuel Pierre, *Tombeau d'Orphée*, 1944; *Jour de colère*, 1946.

Eydoux Henri-Paul, *L'Histoire arrachée à la terre*, 1962.

Faraggi Claude, *Le Maître d'heure*, 1975.

Ferré Léo, *Chansons*, 1952-1961.

Fontanet Jean-Claude, *L'Espoir du monde*, 1989.

Fouchet Max-Pol, *Les Évidences secrètes*, 1972.

France Anatole, *Les dieux ont soif*, 1912.

Gallo Max, *La Baie des anges*, 1976.

Genevoix Maurice, *Raboliot*, 1925.

Gerber Alain, *Le Faubourg des Coups-de-Trique*, 1979.

Gide André, *Œuvres*, 1921-1951.

Giono Jean, *Un roi sans divertissement*, 1947.

Giraudoux Jean, *Amphitryon 38*, 1929; *Pleins Pouvoirs*, 1939.

Godbout Jacques, *Une histoire américaine*, 1986.

Gracq Julien, *Le Rivage des Syrtes*, 1951; *La Forme d'une ville*, 1985.

Groult Flora, *Maxime ou la Déchirure*, 1972.

Green Julien, *Le Voyageur sur la terre*, 1930.

Guibert Hervé, *Des aveugles*, 1985.

Guilloux Louis, *La Maison du peuple*, 1927; *Le Sang noir*, 1935.

Hériat Philippe, *L'Araignée du matin*, 1934.

Hougron Jean, *Je reviendrai à Kandara*, 1955.

Huguenin Jean-René, *La Côte sauvage*, 1960.

Ikor Roger, *Les Eaux mêlées*, 1955.

Ionesco Eugène, *Rhinocéros*, 1959.

Japrisot Sébastien, *Un long dimanche de fiançailles*, 1991.

Jardin Pascal, *Le Nain jaune*, 1978.

Jarry Alfred, *Ubu roi*, 1896.

Jean Raymond, *Le Village*, 1966; *La Ligne 12*, 1973.

Jorif Richard, *Le Burelain*, 1989.

Labro Philippe, *Le Petit Garçon*, 1990.

La Varende Jean de, *Le Cavalier seul*, 1956.

Le Clézio Jean-Marie Gustave, *Le Procès-Verbal*, 1963.

Lévi-Strauss Claude, *Tristes Tropiques*, 1955.

Llaona Patrice, *Le Bosquet*, 1990.

London Géo, *Comédies et vaudevilles judiciaires*.

Louÿs Pierre, *Aphrodite*, 1896; *La Femme et le Pantin*, 1898.

Mac Orlan Pierre, *L'Ancre de miséricorde*, 1941.

Malaurie Jean, *Les Derniers Rois de Thulé*, 1976.

Mallet-Joris Françoise, *L'Empire céleste*, 1958.

Malraux André, *Antimémoires*, 1967.

Manceaux Michèle, *Anonymus*, 1982.

Marceau Félicien, *En de secrètes noces*, 1953.

Martin du Gard Roger, *Jean Barois*, 1913.

Masson Loÿs, *Le Notaire des Noirs*, 1961.

Mauriac François, *Le Désert de l'amour*, 1925.

Maurois André, *Ni ange ni bête*, 1919.

Mirbeau Octave, *Le Journal d'une femme de chambre*, 1900.

Modiano Patrick, *Rue des boutiques obscures*, 1978.

Monfreid Henri de, *Les Secrets de la mer Rouge*, 1932.

Montherlant Henry de, *La Petite Infante de Castille*, 1929.

Morand Paul, *Lewis et Irène*, 1924.

Nimier Roger, *Histoire d'un amour*, 1953.

Nourissier François, *Un petit bourgeois*, 1963.

Paraz Albert, *Le Lac des songes*, 1945.

Péguy Charles, *Notre patrie*, 1905.

Perec Georges, *La Vie mode d'emploi*, 1978.

Pergaud Louis, *La Guerre des boutons*, 1912.

Perret Jacques, *Le Caporal épinglé*, 1947.

Perry Jacques, *Vie d'un païen*, 1965.

Peyré Joseph, *Une fille de Saragosse*, 1957.

Peyrefitte Roger, *Mademoiselle de Murville*, 1947.

Pilhes René-Victor, *La Pompéi*, 1985.

Prévert Jacques, *La Pluie et le Beau Temps*, 1955.

Proust Marcel, *Œuvres*, 1913-1922.

Queneau Raymond, *Le Vol d'Icare*, 1968.

Radiguet Raymond, *Œuvres complètes*, 1917-1923.

Ragon Michel, *Enfances vendéennes*, 1990.

Ramuz Charles-Ferdinand, *La Grande Peur dans la montagne*, 1925.

Rey Henri-François, *La Fête espagnole*, 1958.

Rivière Jacques, *Correspondance avec Marcel Proust*, 1914-1922.

Rivoyre Christine de, *Les Sultans*, 1964.

Robbe-Grillet Alain, *Les Gommes*, 1953.

Roblès Emmanuel, *Œuvres*, 1948-1966.

Rochefort Christiane, *Les Petits Enfants du siècle*, 1961.

Rolland Romain, *L'Âme enchantée*, 1922.

Romains Jules, *Le 6 octobre*, 1932; *Crime de Quinette*, 1932.

Rouaud Jean, *Les Champs d'honneur*, 1989.

Roussel Romain, *La Tête à l'envers*, 1946.

Roy Jules, *Le Navigateur*, 1960.

Sagan Françoise, *Aimez-vous Brahms?*, 1959.

Saint-Exupéry Antoine de, *Vol de nuit*, 1931.

Saint-John Perse, *Œuvres*, 1910-1952.

Salacrou Armand, *L'Archipel Lenoir*, 1947.

Sallenave Danièle, *Les Portes de Gubbio*, 1980.

Sarraute Nathalie, *Le Planétarium*, 1959.

Sarrazin Albertine, *La Traversière*, 1966.

Sartre Jean-Paul, *L'Âge de raison*, 1945; *Les Mots*, 1963.

Schwarz-Bart André, *Le Dernier des justes*, 1959.

Simenon Georges, *Le Port des brumes*, 1930.

Supervielle Jules, *Le Voleur d'enfants*, 1926.

Tremblay Miche', *La grosse femme d'à côté est enceinte*, 1978.

Triolet Elsa, *L'Âme*, 1963.

Troyat Henri, *La Tête sur les épaules*, 1951.

Vailland Roger, *Les Mauvais Coups*, 1948; *325000 francs*, 1955.

Valéry Paul, *Variété*, 1924; *Eupalinos ou l'Architecte*, 1924; *L'Âme et la Danse*, 1924; *Variété V*, 1944.

Van Der Meersch Maxence, *La Maison dans la dune*, 1932.

Velan Yves, *Soft Goulag*, 1989.

Vercors, *Le Sable du temps*, 1945.

Véry Pierre, *L'Assassinat du Père Noël*, 1941; *Goupi Mains-Rouges*, 1942.

Vian Boris, *L'Herbe rouge*, 1950.

Vidalie Albert, *La Bonne Ferte*, 1955.

Vilmorin Louise de, *Madame de*, 1951.

Weyergans François, *Le Radeau de la Méduse*, 1983.

NOTE LIMINAIRE

Voici le sens qu'on doit donner aux principaux symboles et abréviations employés dans le cours de cet ouvrage :

*   signale une forme ou un tour incorrect.

→   doit se lire : *voir, se reporter à.*

♦   annonce et sépare les rubriques, dans les articles qui en comprennent au moins deux.

[ ]   Les crochets encadrent toute transcription phonétique ; ils permettent également de donner, à l'intérieur ou à côté des parenthèses, une précision extérieure à la phrase ou à la citation en question.

 -    A la suite d'un mot d'entrée, le trait d'union indique qu'il s'agit d'un début de mot, ou d'un préfixe suivi ou non de trait d'union.

...   Dans les citations, les points de suspension ne figurent que s'ils font partie du texte de l'auteur, et non pas pour signaler les coupures que nous avons parfois pratiquées.

conjug.	est l'abréviation de	*conjugaison.*
orth.	– –	*orthographe.*
prononc.	– –	*prononciation.*
c.-à-d.	– –	*c'est-à-dire.*
p. ex.	– –	*par exemple.*
masc.	– –	*masculin.*
fém.	– –	*féminin.*
sing.	– –	*singulier.*
plur.	– –	*pluriel.*

Nous avons, le plus souvent possible, évité d'abréger les mots. Mais l'initiale du prénom des auteurs cités a été généralement omise, sauf raisons d'euphonie ou de clarté. Du reste, il suffira, en cas de doute, de se reporter à notre Bibliographie.

TABLEAU DES SIGNES
DE TRANSCRIPTION PHONÉTIQUE
(Alphabet phonétique international)

VOYELLES

[a] *r*a*te, d*a*tte, s*a*c
[ɑ] *p*â*te, r*a*s, b*a*s
[ə] *l*e*ver, pr*e*mier, c*e*ci
[e] *ch*e*z, cl*é*, pr*é*, th*é
[ɛ] *ch*e*r, cl*ai*r, m*e*r, t*e*rre
[i] *i*f, pr*i*s, n*i*d, s*i
[o] *j*au*ne, p*o*t, *eau*, m*au*x
[ɔ] *o*r, p*o*mme, d*o*rt, c*o*lle
[u] *j*ou*e, *aoû*t, f*ou*, r*ou*x
[y] *m*u*, f*u*t, d*u*, rel*u*, cr*u*,
[ø] *p*eu*, j*eu*, f*eu*, *eu*x
[œ] *p*eu*r, j*eu*ne, s*eu*l, h*eu*re
[ɑ̄] *g*en*s, J*ean*, t*em*ps, c*am*p
[ɛ̄] *pl*ein*, s*ain*, l*in*, r*ein
[ɔ̃] *pl*om*b, s*on*, l*on*g, r*on*d
[œ̃] *u*n, à j*eu*n, br*un

SEMI-VOYELLES

[w] r*oi*, j*oi*ndre, j*ou*er, c*ou*ard
[ɥ] c*ui*t, p*ui*ts, m*u*er, s*u*aire
[j] *y*o*y*o, piè*tre, bi*ll*e, fai*ll*e

CONSONNES

[b] *b*ras, a*b*ats, tu*b
[p] *p*ar, a*pp*araît, gra*pp*e
[d] *d*ard, a*d*roit, far*d*e
[t] *t*ard, a*tt*rait, ru*t
[g] *g*are, a*g*rès, ro*gu*e
[k] *c*ar, a*cc*roc, bou*c
[v] *V*ar, i*v*re, rê*v*e
[f] *f*ard, chi*ff*re, tou*ff*e
[z] *z*éro, dé*s*ir, phra*s*e, o*s*é
[s] *ç*a, a*ss*is, *sc*eptre, ra*c*e,
    portion
[ʒ] *j*arre, â*g*e, Ser*g*e, man*ge*a
[ʃ] *ch*ar, a*ch*at, mâ*ch*e
[l] *l*ard, a*ll*a, sa*l*e, sa*ll*e
[m] *m*aure, a*m*as, ga*mm*e,
    la*m*e
[n] *n*arrer, a*n*archie, rê*n*e
[ʀ] *r*are, pa*r*i, pa*rr*icide, sou*r*d
[ɲ] ré*gn*er, poi*gn*e, A*gn*ès

SONS ÉTRANGERS

[ŋ] campi*ng*, holdi*ng*, forci*ng
[x] *j*ota, *X*érès.

DICTIONNAIRE
DES
DIFFICULTÉS
DU
FRANÇAIS

À orth. Préposition : **à** ; verbe **avoir** : a (depuis le XVIᵉ s.). ♦ **emploi et sens** La préposition *à* marque de si nombreux rapports de complémentarité qu'il ne peut être question d'aborder ici tous les problèmes que soulèvent ses divers emplois. Se reporter, pour l'étude des tours les plus fréquents contenant *à*, aux mots pleins (substantifs, adjectifs, verbes et adverbes) qui constituent le noyau de ces tours et que l'on trouvera à leur place alphabétique.

□ orth. Un certain nombre de formules figées commençant par un *a* en position détachée ne prennent pas d'accent grave. Ce sont : *a contrario, a fortiori, a novo, a posteriori, a priori* (expressions latines) ; *a capella, a tempo* (expressions italiennes).

□ **à** ou **en** ou **dans** + **nom de ville ou d'île.** ♦ **Nom de ville :** à dans tous les cas, même si le nom commence par une voyelle (*à* + l'article *le* se contractent en *au*) : *Je suis* ou *je vais à Avignon, à Arles, à Alger, à Amiens, au Havre,* etc. *En Avignon* est un provençalisme. *En Alger* un archaïsme. **Dans** est possible quand on veut représenter la ville non plus comme un point d'aboutissement mais comme une étendue : *Est-ce que vous ne savez pas que les armées allemandes sont dans Paris ?* (Colette). ♦ **Nom d'île :** à est employé devant le nom des petites îles d'Europe : *à Jersey, à Noirmoutier, à Chypre* ; des grandes îles éloignées, de genre non marqué : *à Cuba, à Madagascar* ; des petites îles éloignées, de genre féminin : *à la Guadeloupe, à Tahiti, aux Canaries.* **En** est employé devant le nom des grandes îles, de genre féminin, qui est traité comme un nom de pays : *en Irlande, en Corse, en Sardaigne* (excepté *à Terre-Neuve*). *Un faux cadre de modernisme indigent qui a ses répliques jusqu'en Haïti* (Balandier).

□ **à** ou **en** + **moyen de locomotion.** Lorsqu'il s'agit d'un véhicule que l'on enfourche, il est recommandé de se servir de la préposition *à* (par analogie avec *monter à cheval*) : *aller à bicyclette, à moto,* plutôt que **en.** Devant les substantifs comme *ski, patin,* le choix est plus délicat et plus controversé. Certains, comme Dauzat, estiment qu'il s'agit d'appareils dans lesquels on enfile les pieds et qu'on peut dire *aller en skis, en patins,* comme on dit *aller en sabots.* Les meilleurs écrivains eux-mêmes hésitent cependant : *Parfois un ouvrier à bicyclette la dépassait* (Mauriac), mais *Il va falloir y aller vite en vélo* (Labro). On préférera *aller à.*

□ **à** ou **chez.** *Je vais au coiffeur, au docteur* est condamné par le bon usage. On doit dire *chez le coiffeur.* Cependant la préposition **chez** implique un rapport d'intimité entre les personnes, qui n'existe généralement pas dans les phrases litigieuses. D'autre part, la vieille langue connaissait : *aller au ministre, à l'évêque,* avec le sens de « s'adresser à ». La préposition *à,* exprimant l'idée de direction, concrète ou figurée, n'a rien d'incompatible avec un complément de personne : *Il te donnera* *des habits d'homme et il te fera mener au dauphin* (Anouilh). *Laissez venir à moi les petits enfants.*

□ **à** ou **pour.** Après *partir*, préposition *pour* : *Je pars pour Paris* (mais la succession des trois *p* de cette phrase paraissait inadmissible à Claudel, qui préférait : *Je pars à Paris.* L'usage le plus fréquent lui donne raison. Quand le nom de ville commence par une autre consonne que *p*, il est aisé de suivre la règle générale : *Je pars pour Lyon, pour Nîmes,* etc.).

□ **à chaque fois (que).** La préposition apporte une précision plus grande dans l'indication d'un moment du temps. Ce renforcement est considéré tantôt comme littéraire, tantôt comme populaire. On peut l'utiliser pour insister sur la simultanéité de deux actions répétées : *Je souffrais à ma manière à chaque fois que je pédalais le long de l'enceinte maudite* (Labro). Même renforcement possible pour *la première fois (que). À cette fois* est vieilli.

□ **au soir, au lundi.** *Dimanche (au) soir, hier (au) matin, la veille au soir,* etc. *Au* est obligatoire après : *ce jour-là, la veille, l'avant-veille, le...* (un quantième), *le jour de..., tous les jours.* Il est facultatif après *hier, demain, le lendemain* (et tous les composés), *lundi* (et tous les jours de la semaine). On peut dire : *Nous sommes au samedi,* ou *le samedi,* ou *samedi ; on était au 15 du mois,* ou *le 15 du mois ; mercredi à minuit,* ou *mercredi minuit.*

□ **à** ou **ou.** Il faut employer **à** si l'écart entre deux unités indivisibles (des êtres vivants par exemple) est supérieur à *deux,* et employer **ou** dans le cas contraire : *cinq ou six acteurs* en face de *quinze à vingt spectateurs : C'était un petit entrepreneur qui n'employait que cinq ou six ouvriers* (Gallo). Mais **à** est souvent placé, à tort, même par de bons écrivains, dans des contextes où l'on attendrait **ou** : *Des groupes de cinq à six personnes causaient* (Flaubert). En revanche, *Il a écrit là-dessus cinq à six pages* ne signifie pas tout à fait la même chose que : *Il a écrit là-dessus cinq ou six pages.* Cette dernière phrase traduit en effet une indifférence plus marquée que la première quant au nombre des pages réellement écrites.

□ **à** ou **de.** L'emploi de **à** pour indiquer la valeur d'un objet n'a pas toujours la nuance péjorative qu'on lui attribuait autrefois. On dira aussi bien aujourd'hui : *Il s'offre des costumes à mille francs* que : *Il s'offre des costumes de mille francs.* On constate dans l'usage l'influence croissante de la construction : *Ce costume est à mille francs* (**à** étant la seule préposition possible après le verbe *être,* pour marquer le prix). Mieux vaut dire toutefois : *Ce costume coûte mille francs,* ou : *Le prix de ce costume est de mille francs.* ♦ Le bon usage a admis l'emploi de *à* pour signifier l'appartenance ou la possession uniquement devant un pronom personnel, et non entre deux substantifs : *Il a un système à lui* ou : *Il a son système à lui,* mais non *la bague à Jules.* Il avait *de la charité une notion bien à lui* (Masson). On trouve toutefois quelques locutions figées : *fils à papa, bête à bon Dieu,* etc. ♦ **C'est à vous à** signifie, d'après l'Académie, «votre tour est venu de», tandis que **c'est à vous de** marque plutôt l'obligation. Mais Littré a montré que cette distinction était oiseuse et non ratifiée par le bon usage.

□ **se mettre à dix.** Précédant un nombre, **à** peut souligner le fait que tous les sujets sont étroitement impliqués dans l'action et que leur nombre n'est pas simplement dû au hasard : *Ils se sont mis à dix pour l'expulser.* Cet emploi est admis à la fois par l'usage banal et par la langue littéraire, surtout après *être, vivre, se mettre, se retrouver,* etc. : *Nous nous sommes mis à plusieurs pour pondre ce chef-d'œuvre* (Gide).

□ **à... et à...** La préposition doit se répéter quand le complément qui la suit est composé de plusieurs éléments : *Je le dirai à papa et à maman.* Mais si l'on a affaire à une locution figée, pas de répétition : *Il s'est plié aux us et coutumes de la région.* De même, si les éléments font partie d'un groupe cohérent : *Mais ces hommes n'étaient pas destinés à vivre et mourir dans la retraite* (Gaxotte).

□ **à** ou **avec.** On dit indifféremment *se marier à* ou *avec, identifier à* ou *avec quelqu'un, parler à* ou *avec,* mais on *cause avec* et non *à.*

□ **à ce que** ou **... que. À ce que** apparaît de plus en plus souvent après les verbes ou locutions qui suivent, pour introduire une proposition au subjonctif dont le sujet n'est pas le même que celui de la principale : *aboutir, s'accoutumer, aider, aimer, s'appliquer, s'arrêter, arriver, attacher, s'attendre, attribuer, avoir intérêt, chercher, conclure, condescendre, consentir, contribuer, se décider, demander, s'employer, s'exposer, faire attention, gagner, intéresser, s'occuper, s'opposer, parvenir, prendre garde, réfléchir, se refuser, renoncer, se résigner, se résoudre, réussir, tendre, tenir, travailler, venir, voir, rien* (ou *quoi*) *d'impossible, rien d'extraordinaire, quoi d'étonnant, il n'y a pas de mal, quitte, accoutumé, décidé, habitué, résigné,* etc. *Aucune impossibilité non plus à ce qu'il vive éternellement comme ce Bonhomme Misère* (Ragon). L'Académie préfère la construction classique *que*, pour les verbes suivants : *conclure, consentir, demander, faire attention, prendre garde, s'attendre* (ce dernier suivi de l'indicatif futur). Toutefois la construction par *à ce que* est fréquente même chez d'excellents écrivains : *Ne t'attends pas à ce que je puisse te parler* (Gide). *M. Parencloud s'opposait pas à ce qu'il fît une nouvelle visite à Mme Santaragne* (Dhôtel). Le déséquilibre de ce système vient du fait que tous ces verbes ou locutions se construisent nécessairement de façon différente selon que leur complément est un substantif ou une proposition, et selon le jeu des sujets : *je m'attends au pire, je m'attends à échouer,* etc., mais *je m'attends que tu échoueras, qu'il échouera,* etc. La combinaison entre la première structure et la seconde permet de comprendre la diffusion importante du tour *à ce que*. Il serait préférable d'écrire *de manière que, de façon que* et non *de manière à ce que*.

□ **à ce qu'il paraît que**, placé en tête de phrase, est d'un registre populaire. Il convient de dire et d'écrire : **Il paraît que →** PARAÎTRE

ABAISSER et **BAISSER emploi et sens** Les nuances de sens entre le verbe composé et le verbe simple sont quasi inexistantes. **Baisser** tend actuellement à supplanter **abaisser** dans de nombreux cas. ♦ **constr.** Les tours pronominaux sont les plus fréquents. **S'abaisser**

a un sens moral, **se baisser** un sens matériel ou physique : *S'abaisser devant un supérieur, se baisser pour ramasser une aiguille.* **Baisser** s'emploie aussi absolument, alors que **abaisser** ne peut pas être intransitif : *Le baromètre baisse.*

ABAQUE genre Masc. : **un abaque.**

ABASOURDIR prononc. Avec un [z] plutôt qu'un [s]. Ce verbe ne vient pas de *sourd*, mais du vieil argot *basourdir*, « tuer ».

ABAT- orth. Les substantifs formés à partir du préfixe **abat-** restent invariables au pluriel : *un abat-jour, des abat-jour. Elles restaient des heures, très tard, chuchotant sous le lustre aux abat-jour rouges* (Chaix).

ABATS et **ABATTIS orth.** S'écrivent toujours au pluriel. ♦ **sens Abats** : « Parties comestibles, mais accessoires, des animaux de boucherie » : *Le fond du chaudron* [...] *où avaient mariné au fil des heures et des jours tous les abats, les os, les chairs et les couennes* (Labro). **Abattis** désigne certaines parties d'une volaille.

ABATTAGE orth. Un *b* et deux *t* à tous les dérivés du verbe **abattre.**

ABATTIS → ABATS

ABB- orth. Ne commencent par ce groupe de lettres que **abbé** et les mots de la même famille.

ABHORRER orth. Parallèle à celle de **horreur, horrible** : un *h* et deux *r*.

ABÎME, ABYME orth. et emploi Ce mot bien connu s'écrit avec un *y* dans le tour **mise en abyme**, qui désigne le phénomène de récurrence infinie par emboîtement, qu'on peut percevoir dans l'exemple célèbre de la *Vache qui rit*, portant à ses oreilles une boîte sur laquelle est représentée... une vache portant à ses oreilles, etc. Cela s'applique aussi à une fiction à narrateurs multiples, à récits enchâssés les uns dans les autres, comme *Don Quichotte* ou *Le Roman comique* de Scarron.

ABÎMER orth. L'accent circonflexe représente un *s* disparu, qu'on retrouve dans **abysse**. ♦ **sens Abimer** n'avait jadis que le sens fort de « précipiter dans un abîme », qu'il peut du reste avoir encore : *Il était possédé par un désir énorme et disgracié : violer cette conscience, s'abîmer avec elle dans l'humilité* (Sartre). Mais la plupart du temps il est devenu l'équivalent de « gâter », « endommager » : *Il achevait de s'abîmer la vue en collationnant des textes* (Martin du Gard).

ABJECT prononc. À la différence de *suspect*, **abject** se prononce avec *k* + *t* à la finale : [abʒɛkt].

ABJURER sens « Abandonner solennellement une opinion religieuse, et par extension une opinion politique. » Ne pas confondre avec **adjurer**, « sommer quelqu'un en faisant appel à sa conscience » : *abjurer une hérésie*, mais *adjurer quelqu'un de...*

ABOI emploi et sens À l'origine, synonyme de *aboiement*. Limité aujourd'hui à deux emplois : *Le cerf est aux abois* (chasse à courre) et *Un politicien aux abois* (Barrès) (sens figuré). Quand on veut désigner le cri des chiens, on utilise **aboiement**.

ABOLITIONNISME, ABOLITIONNISTE orth. Avec deux *n*.

ABOMINATION emploi L'expression de caractère populaire *l'abomination de la désolation*, souvent prononcée avec ironie, n'est rien d'autre qu'une citation biblique dégradée. Le verbe **abominer** est ancien, mais peu employé de nos jours : on lui préfère **avoir en abomination**. L'emploi suivant est rare : *L'impureté est en telle abomination dans la Bible qu'il semble bien que ce soit la faute la plus difficile à remettre* (Green). Littré recommandait de remettre à l'honneur *abominer*, qu'il jugeait avec raison tout à fait viable : *Toutes choses que personnellement j'abomine mais qui, de nos jours, font bien dans un roman* (Queneau). *L'homme de la rue, pour autant qu'il prête attention à ce qu'il écrit, abomine les mots composés comme jeux de prince* (Cavanna).

ABONDER constr. Ce verbe est toujours intransitif : *Une région où abondent les céréales*, ou *Les céréales abondent dans cette région*. La locution *abonder dans le sens de*, qui apparaît au XVIIᵉ s., est tout à fait admise par le bon usage et signifie : « être d'accord avec l'opinion de » : *Je devais abonder vaguement dans le sens de la brodeuse* (Giono).

ABORDER sens « Aller à quelqu'un pour lui adresser la parole. » Ne pas confondre avec **accoster**, qui implique une nuance de sans-gêne et parfois de grossièreté. L'origine maritime de ces verbes est totalement effacée dans leurs emplois modernes.

ABORIGÈNE orth. Résister à l'influence analogique des mots commençant par *arbor*. ♦ **sens** Terme savant synonyme de *indigène*, *autochtone* : « Originaire du pays où il vit. »

ABOYER orth. Le *y* se change en *i*, comme dans tous les verbes en *-oyer*, devant un *e* muet : *il aboie, aboiera, aboierait*. ♦ **constr.** Le complément peut se construire soit avec **à**, soit avec **après**, soit avec **contre**. On trouve rarement *aboyer* au passif : *Il s'avance dans la cour, aboyé par son chien qui ne le reconnaît pas* (Gide).

ABRÉVIATIONS → GUIDE TYPO.

ABRIBUS emploi et sens Ce néologisme du début des années 70 est aujourd'hui bien implanté, au sens d'« abri aménagé aux points d'arrêt des lignes d'autobus ». Il est douteux que la recommandation officielle **aubette** (arrêté du 18 juillet 1989) connaisse le succès, bien que ce nom féminin soit employé couramment en Belgique.

ABRUPT prononc. Toutes les lettres se font entendre : [abrypt].

ABSCONS prononc. Comme s'il y avait un *p* : [apskɔ̃(s)]. ♦ **orth.** Au féminin **absconse**. ♦ **sens** → ABSTRUS

ABSENT constr. Souvent absolue au sens propre et au sens figuré. ♦ Après **absent de**, on ne peut rencontrer aujourd'hui qu'un complément non animé (nom de lieu) et non plus un animé (nom de personne) comme dans la langue classique : *Il est absent de Paris pour un mois*. ♦ La forme **absent à**, **absent au** doit en principe être suivie d'un complément de temps, mais l'usage s'est largement répandu d'apporter une précision spatiale : *La place plantée de sorbiers où toute maison était absente* (Dhôtel). *J'étais absent au repas. Il est absent à son travail.* Malgré un apparent illogisme – *J'étais absent au moment du repas* semble plus cohérent –, cette pratique est acceptable. On notera l'emploi, en philosophie, de l'expression **l'absence à soi**.

ABSOLUMENT emploi et sens Ne pas abuser de cet adverbe à la place de **oui**, en guise de réponse, mais le réserver en principe à un sens fort qu'il devrait toujours avoir, de même que l'adjectif **absolu**.

ABSOUDRE conjug. Difficile, proche de celle de *résoudre*. Différence essentielle : passé simple *j'absolus* (à peu près inusité) et participe passé en **-ous**, **-oute** (en face de *résolu, -ue*). La forme **absolu** est devenue uniquement adjectivale. Attention au futur, qui est *j'absoudrai*, les erreurs sont fréquentes.
♦ emploi Appartient presque exclusivement au registre religieux : *Celui qui absout les péchés du monde.* Mais : *L'amour a une cote inimaginable. C'est comme la confession, il absout* (Delay).

ABSTRACT emploi et sens Ce mot anglais ne dit absolument rien d'autre que **résumé** : c'est ce dernier mot que recommande l'arrêté ministériel du 30 décembre 1983.

ABSTRAIRE conjug. Verbe très défectif : le passé simple manque (comme le subjonctif imparfait), et de nombreuses formes sont plus théoriques que réellement usitées. ♦ sens Ne pas confondre **abstraire**, «isoler par la pensée», et **faire abstraction de**, «ne pas tenir compte de, dans un calcul ou un raisonnement». Loin d'être synonymes, ces deux tours ont des valeurs opposées. **S'abstraire de** : «s'éloigner, s'isoler de» : *Il faut s'abstraire quelque peu des prestiges de la vie* (Valéry).

ABSTRUS sens «Dont la difficulté rebute l'esprit.» Synonyme de **abscons** → ce mot.

ABUSER constr. et sens Abuser de + **nom de chose**, «mal user de cette chose, en général avec excès» : *abuser*

du vin; **abuser de + nom de personne**, synonyme euphémique de «violer»; **abuser + nom de personne seulement**, «tromper, duper». **Abuser quelqu'un** : emploi assez littéraire, sauf dans la locution familière **si je ne m'abuse**, qui signifie «si je ne me trompe».

ABYSSE emploi et sens Ce mot est un doublet étymologique de **abime**, dont il est synonyme, dans un registre littéraire : *(Ils) retrinquèrent laborieusement à la santé du petit Robert, en vouant aux abysses les fossoyeurs des accords de temps* (Desproges). Ce mot désigne également, en géographie, une fosse sous-marine.

AC- orth. Groupe graphique à l'initiale des mots suivants : *acabit, acacia, académie, acagnarder, acajou, acalèphes, acanthe, acariâtre, acarien, acarus, acaule, acolyte, acompte, aconit, s'acoquiner, acore, acotylédone, acoustique, acuité, acul, acuminé, acupuncture, acutangle* (dans tous ces mots, un seul *c* après le *a*).

ACCAPARER constr. Ce verbe est transitif direct : *Il me parut que la fermeture de cette malle avait accaparé toute son attention et qu'elle ne pourrait se consacrer à rien d'autre* (Labro). *Les représentants du peuple ont accaparé le pouvoir.* On évitera de dire et d'écrire, sous l'influence de **s'emparer** : **Ils se sont accaparés de...*

ACCÉLÉRER orth. Comme tous les verbes ayant à l'avant-dernière syllabe de l'infinitif un *é* (avec accent aigu), **accélérer** change l'aigu en grave devant une syllabe muette finale : *j'accélère*, mais le conserve intact dans les autres cas, et notamment au futur et au conditionnel : *j'accélérerai, j'accélérerais*.

ACCENTS (Accents pièges, voir tableau pages suivantes)

ACCEPTION sens On confond souvent avec **acceptation**, «action d'accepter», le mot **acception**, qui se rencontre soit dans les expressions *sans acception de fortune, de personne*, c'est-à-dire «sans faire entrer en ligne de compte», soit en lexicologie, où il équivaut à «signification» : *J'ai vu, au long des années, le mot «culture» galvaudé au point*

ACCENTS PIÈGES

Voici une liste de mots dans lesquels les fautes sont fréquentes :

abîme
accru
aigu, aiguë
alcôve
aléa
allèchement
allégement
allègre
allégrement
allô
ambigu, ambiguë
ambiguïté
apôtre
appas (attraits)
appât (amorce)
après
arôme, aromatique
assener
assidûment
avènement

bâiller, bâillement
bailler (donner)
bâillon
barème
Barthélemy
bateau
bâtiment
Benelux
Benoit (Pierre)
bohème (artiste)
Bohême (pays)
Bohémien
boîte
boitier, boiteux
Brontë (sœurs)
brûler
bûche

ça (de cela)
çà ! (interjection)
çà et là
canoë
cañon, canyon (gorge)
cela
chaîne
chalet
châlit
Chalon-sur-Saône
Châlons-sur-Marne
chapitre
châssis
châtaigne, châtaignier
château

Chateaubriand (René de)
Châteaubriant (Alphonse
    de)
châtiment
chenet
cicérone
ciguë
cime
Clemenceau
cloître
clôt (il)
clôture
coasser
coïnculpé
côlon (intestins)
complaît (il)
cône
conique
congrûment
contigu, contiguë
contiguïté
continûment
Contrexéville
côte (montée, os, rivage)
cote (de coter)
coteau
cotre
coût, coûter
crâne, crânien
credo
crème
crémerie
crêpe (étoffe, galette)
crêpage, crêper
crépi
crépu
crête
Crète (l'île de)
croasser
croûte
cru (vin)
cru (de croire)
crû (de croître)
cru (contr. de cuit)
crûment
cyclone

débucher
deçà
décru
dégainer
dégât
dégoût
déjeuner

delà
dénouement
dénuement
déplaît (il)
dépôt
dévot
Detroit (É.-U.)
diesel
diffamer
dîme
dîner
diplôme
diplomatique
disgrâce
disgracié, disgracieux
drainer
drôle
drolatique
dû (de devoir)
dûment
Dürer (Albrecht)

égout
égrener
emblème
empiècement
empiétement
enchaîner
enjôler
éperdument
épître
événement
exprès (adj., nom, adv.)
express (train)
extrêmement
extrémité

faine
faîte
fantomatique
fantôme
féerie
fibrome
flâner, flâneur
fût (tronc, tonneau)
futaie
futaille

gaiement
gaieté
gaine
Gaîté (rue de la)
Gallieni
genet (cheval)
genêt (plante)

geôle, geôlier
Géorgie (U.R.S.S.)
Géorgie (É.-U.)
gît (il), ci-gît
gîte
gnome
goéland, goémon,
   goélette
goitre
goulûment
grâce
gracier
gracieux, gracile
grêler, grêlon
grève
Guatemala
guatémaltèque

hache
haler (tirer)
hâler (brunir)
Hanoi
hâve
havre
Heredia (J. M. de)
holà !
hôtel, hôtellerie
hôpital
hospice
huître

ïambe, ïambique
icône
île, îlot
incongruité
incongrûment
indu
indûment
infâme, infamant,
   infamie
ingénument
irrécouvrable
irréligieux
irrémédiable
Israël, israélien

jeun (à)
jeune (de jeunesse)
jeûne, jeûner, jeûneur

Koweït

Lénine
Leningrad (Saint-
   Pétersbourg)
Léon (pays de)
León (Espagne)
Libéria

Liège
liséré

mâchoire
maelström ou malstrom
mânes (ancêtres)
manne (nourriture)
maraîcher
Masséna
mât (de bateau)
mat (terne, échecs)
Megève
mémento
moelle, moelleux
moellon
moyenâgeux
Mûr-de-Bretagne
muséum

Nigeria
nirvâna (ou nirvana)
Noé

opiniâtre
ouïe, ouïr

paître
paraître (il paraît)
pâte (farine, matière dé-
   layée)
pâté, pâtée
pâtir
pâtisserie, pâtissier
pâtre
pâture
paturon
pécher (faillir)
pêcher (arbre, du pois-
   son)
pèlerin, pèlerinage
pèlerine
pêne (serrurerie)
piqûre
plaît (il)
pléiade, Pléiade
Poe (Edgar)
poêle (à frire, fourneau,
   drap)
poème, poète
poésie
prétendument
prétentaine
procès
psychiatre
ptôse
puîné
pylône

quérir

racler
ragoût
râteau, râteler
ratisser
rébellion
receler
reclus
réclusion
refréner
règlement
réglementer
repartie (réponse)
réplétion
retable
réversible
revolver
roder (user)
rôder (errer)
rôti, rôtir
ru
ruche

sèchement
sécher, sécheresse
Saigon
Saint-Pétersbourg
   (Leningrad)
sécréter, sécrétion
séquoia
soûl
spécimen
succès
Sue (Eugène)
sur (aigre)
sûr (certain)
surcroît
surir
symptôme
syndrome

tache (souillure)
tâche (travail)
tâter
tatillon
ténacité
Teniers (David)
traîne
traître

Valery Larbaud
Venezuela
vénézuélien
Vietnam (ou Viêt-nam)
Villers-Cotterêts
voûte, voûter

zone

d'en arriver à signifier carrément le contraire de son acception première (Cavanna).

ACCIDENT sens Possède en commun avec **incident** la notion d'«événement survenant par hasard», mais a un sens fort et correspond en général à un événement fâcheux, tandis qu'à l'origine les deux substantifs pouvaient s'appliquer à quelque chose d'heureux : *Avoir un accident, échapper à un accident, un grave accident.*

ACCIDENTÉ sens À partir d'*accident*, le participe-adjectif **accidenté** et même d'autres formes verbales se répandent dans l'usage courant et concernent des êtres, alors que l'Académie n'admet *accidenté* que lorsqu'il est employé pour certains objets présentant des «accidents», par exemple *un terrain accidenté* (d'après *un accident de terrain*) : *Cette nappe immense et accidentée, qui se précipite sans répit, roule vers le néant toutes les couleurs* (Valéry). On admet maintenant : *une voiture accidentée* et l'on entend de plus en plus souvent : *une personne accidentée.* Cet élargissement est irréversible : *La complicité barbouillée qu'on se sent pour les écrasés, les accidentés, les porteurs de phlegmons et d'ulcères* (Sartre). On évitera cependant d'utiliser ce verbe à la voix active : **Le chauffard a accidenté deux enfants* est à déconseiller.

ACCLAMATION emploi Dans la locution *élire par acclamation*, on n'emploie pas le substantif au pluriel, sa valeur collective étant ici très nette.

ACCLIMATATION emploi et sens Ce substantif a la même signification que **acclimatement**, mais ce dernier est relativement peu employé et uniquement en parlant d'êtres humains. Le premier s'applique aux animaux et aux plantes : *un jardin d'acclimatation.*

ACCOMMODER orth. En partant de *mode*, il faut doubler le *m* : *commode*, puis doubler le *c* : *accommoder*. ♦ **dérivés** **Accommodation** a des sens divers : on parlera de *l'accommodation d'une viande* (de sa préparation), mais aussi de *l'accommodation de l'œil* (de sa mise au point), de *l'accommodation* (de

l'adaptation) *à une situation...* **Accommodement** désigne un arrangement dont il est convenu, le plus souvent au terme d'une transaction. **Accommodant** désigne une disposition durable à la conciliation ; **arrangeant** se réfère à une situation donnée.

ACCORD Voir à l'ordre alphabétique les catégories grammaticales ou les mots concernés par ce type de problème.

ACCORDAILLES → -AILLES

ACCOSTER → ABORDER

ACCOUCHER conjug. La distinction entre *elle est accouchée d'une petite fille* et *elle a accouché d'une petite fille* tombe en désuétude : on n'emploie plus ce verbe qu'avec l'auxiliaire *avoir*. ♦ **emploi** *Accoucher* est appliqué uniquement aux humains. C'est un verbe tantôt intransitif, tantôt transitif : *Je faisais des enfants aux âmes séduites, et je les accouchais habilement* (Valéry). Pour les animaux, il existe d'assez nombreux verbes spécifiques, et le verbe **mettre bas.** ♦ **emploi** L'impératif *Accouche !* avec le sens de «Dis ce que tu as à dire !» est d'un registre populaire.

ACCOUPLEMENT emploi et sens Ce substantif ne s'emploie que de façon très générale et uniquement pour les animaux. Suivant l'espèce dont il s'agit on lui substitue des termes plus précis : **saillie, monte, lutte,** etc. Pour les humains, *accouplement* prend une valeur péjorative. Les termes exacts sont **coït, copulation.** Mais on use le plus souvent de périphrases euphémiques.

ACCOURIR conjug. De même que *apparaître*, *accourir* peut se conjuguer tantôt avec *avoir*, tantôt avec *être*, suivant que l'on veut insister sur l'action elle-même ou sur le résultat de l'action. Dans la langue soutenue, éviter l'hiatus de : *il a accouru. Tout le monde serait accouru, l'aurait entourée* (Duras).

ACCOUTUMER constr. Accoutumer quelqu'un à ; s'accoutumer à ; être accoutumé à : *M. Jo semblait s'être déjà accoutumé à ses manières et ne s'étonna pas* (Duras). On trouve quelquefois dans la langue littéraire la construction avec **de,** qui est vieillie : *Édouard avait accoutumé de dire...* (Duhamel). La préposition *de* n'est possible que lorsque le verbe est au passé et employé sans complément d'objet direct.

□ **à l'accoutumée. ◆ emploi et sens** Cette locution équivaut à «comme de coutume». Elle est désuète. On dit aussi **comme à l'accoutumée :** *Comme à l'accoutumée, le marquis de Montbarrey se trouvait dans sa bibliothèque* (A. Besson). Certains puristes blâment cette tournure, cependant utilisée par Voltaire (et par bien d'autres). **Comme accoutumé** est plus rare : *Après qu'on eut, comme accoutumé, fusillé don Nuñez et un grand nombre de ses partisans* (Aymé).

ACCROCHE- orth. *Accroche-cœur* fait au pluriel : *accroche-cœurs. Accroche-plat :* le pluriel est indifférent, *accroche-plats* ou *accroche-plat.*

ACCROIRE emploi et sens N'est employé que dans la locution verbale *en faire accroire,* «tromper quelqu'un par de bonnes paroles» (Littré), et implique toujours une idée de mensonge, de tromperie. *S'en laisser accroire* sert de passif à *en faire accroire : Je ne redoute rien tant que de m'en laisser accroire* (Gide). L'exemple suivant est correct, mais archaïsant : *Ce qu'on appelle la Grande Guerre, probablement pour faire accroire qu'il en existe aussi des petites* (Japrisot).

ACCROÎTRE orth. Prend l'accent circonflexe sur le *i* chaque fois que ce dernier se trouve devant un *t* (de même pour *croître* et *décroître*). Pas d'accent au participe passé : **accru. ◆ emploi** Surtout de façon transitive ou pronominale ; rarement intransitif : *Il a accru son patrimoine, son patrimoine s'est accru.*

ACCUEIL orth. Pour que le groupe -cc- se prononce de façon occlusive [k] et non fricative [s], il faut écrire *-ueil* et non *-euil,* qui ne se rencontre qu'après d'autres consonnes que *c* et *g* : *cerfeuil, fauteuil,* etc. **◆ emploi** Expressions figées : *faire bon* ou *mauvais accueil à quelqu'un.* Expressions libres : *faire un excellent accueil, un accueil enthousiaste à quelqu'un.*

ACCU(S) sens Abréviation substantivée de **accumulateur.** Familier.

ACCUSÉ, INCULPÉ et **PRÉVENU emploi et sens** Termes de juridiction. Est **inculpée** une personne présumée coupable au cours d'une procédure d'instruction. Est **accusée** une personne reconnue coupable et qui est de ce fait déférée devant une juridiction (les assises, s'il s'agit d'un crime). Le **prévenu** n'a à répondre que d'un moindre délit ou d'une infraction devant les tribunaux de police ou correctionnels.

ACCUSER emploi et sens Souvent au figuré : *accuser la cinquantaine, accuser le coup,* «montrer qu'on a subi une atteinte physique ou morale», appartiennent au langage populaire. *Accuser réception :* «Notifier à l'expéditeur que l'on a reçu son envoi.»

ACE prononc. [ɛs]. **emploi et sens** Au tennis, cet anglicisme désigne un «service gagnant, par non-reprise du relanceur». On pourrait le remplacer par le mot **as** (arrêté ministériel du 21 décembre 1990), qui est l'étymon ancien français du mot anglais !

À CE QUE → À

ACERBE → AIGRE

ACHALANDÉ sens «Qui est fréquenté par de nombreux clients (en parlant d'un magasin, d'une boutique).» Formé sur le vieux mot *chaland,* «client». Le glissement au sens de «bien approvisionné», autrefois condamné par les puristes, est toutefois passé dans la langue.

ACHETER conjug. → APPENDICE **◆ emploi** L'expression *acheter français,* construite sur le modèle *parler français,* appartient à la langue commerciale et publicitaire. Son emploi est critiqué, mais non incorrect.

ACHEVER emploi On peut dire très correctement, au passif : *Il n'était pas achevé d'être bâti* (Flaubert). C'est cependant une tournure peu élégante.

ACHOPPER orth. Avec deux *p.* **◆ emploi et sens** Verbe répandu, à un niveau de langue relativement élevé. Emploi intransitif ou pronominal, au sens de «se heurter»: *S'achopper à une situation sans issue* (Martin du Gard). *Achopper sur* dit sensiblement moins que *achopper à*.

ACIDE → AIGRE

ACNÉ genre Féminin ♦ **sens** «Lésion de la peau se manifestant par des comédons.» Ne pas confondre avec **acmé**, «phase d'une maladie (n'importe laquelle) où les symptômes morbides sont au plus haut degré d'intensité».

ACOLYTE orth. Un seul *c*. ♦ **emploi** Peut être employé dans un sens neutre : «qui accompagne». Dans un sens péjoratif, l'**acolyte** accompagne quelqu'un dans ses mauvaises actions. Il est différent en cela du **complice** qui prend à ces mauvaises actions une part active. Son sens est alors voisin de celui de **comparse**.

ACOMPTE orth. Ce substantif masculin s'écrit en un seul mot et signifie «somme versée à valoir sur un règlement complet de la dette». Ne pas confondre avec la locution (de sens voisin) *donner une somme à compte* (en deux mots).

À-CÔTÉ orth. Le substantif prend le trait d'union et fait au pluriel **des à-côtés**, tandis que la locution adverbiale **à côté**, ou la locution prépositionnelle **à côté de**, ne prend pas de trait d'union et demeure invariable.

À-COUP orth. Le substantif prend le trait d'union et fait au pluriel **des à-coups** : *agir par à-coups. Alain restait prostré sur un tabouret, gémissant par à-coups comme une pleureuse orientale* (Desproges).

ACQUÉRIR conjug. On a toujours le groupe initial *acq-* : *Georges-Henri soutenait que ces gens, par osmose, acquerraient l'instruction dont ils étaient dépourvus* (Godbout). ♦ **emploi des dérivés acquéreur**, **acquêt** (terme juridique, «ce qui a été acquis»); **acquis**, en tant que substantif, ne désigne que les connaissances acquises, à ne pas confondre avec **acquisition** : d'une façon générale, chose acquise. L'*acquisi-*

tion peut avoir été achetée, mais elle peut être aussi le fruit d'un échange, d'un héritage; l'**achat** a été obtenu à prix d'argent.

ACQUIT orth. On écrit *pour acquit* (formule bancaire) et *par acquit de conscience*, avec un *t*, parce que ces deux expressions renvoient au verbe *acquitter* et non au verbe *acquérir* (dont le participe est **acquis** avec *s*).

ÂCRE orth. Avec un accent circonflexe, contrairement à **acre**, ancienne mesure agraire. ♦ **sens** «Très irritant au goût ou à l'odorat», peut s'employer au figuré à propos d'un sentiment : *L'âcre amour m'a gonflé de torpeurs enivrantes* (Rimbaud); *Le corps empoisonné par un âcre désir* (Sartre). **Âpre** a un sens assez proche : «qui a une rudesse désagréable; qui racle la gorge; dur, pénible» (Petit Robert). Au figuré : *On pense à quelqu'un de volontaire, capable de se montrer âpre et dur à l'occasion* (Romains).

ACTE → GUIDE TYPO.

ACTIVER emploi et sens Ce verbe, sous la forme transitive ou pronominale, connaît une grande vogue. Il est admis par le bon usage en dépit des condamnations des puristes (jusqu'à Abel Hermant) : *Ma volonté n'y pouvait, mais une force intérieure m'activait* (Gide). *Autour d'eux s'activait ma mère, aidée de Juliette* (Labro). *Active!*, employé absolument au sens de «Dépêche-toi!», appartient à un registre très familier.

ACTUEL constr. Une tendance s'est répandue, depuis les années 80, qui consiste à antéposer cet adjectif quand il est épithète, par exemple dans *l'actuel président*, *l'actuel gouvernement*, etc., au lieu de le postposer comme jadis. Sans doute y a-t-il ici influence de l'anglais, et peut-être aussi de la place occupée par les adjectifs *ancien* et *nouveau*, généralement antéposés quand ils sont simplement descriptifs.

ACUPUNCTURE orth. On rencontre aussi **acuponcture**.

ADD- orth. Ne se trouve à l'initiale que dans les mots suivants : *addenda, addi-*

tif, addition, additionnel, additionner, adducteur et *adduction*.

ADDENDA forme Le singulier *addendum* est pratiquement inusité : *Un addenda* (Littré). *Des addenda* (mot latin invariable).

ADEPTE sens « Fidèle ou partisan d'une doctrine, d'une théorie, d'un principe » : *un adepte des sciences occultes*. Admet en général un complément non animé, à la différence de **disciple**, qui renvoie plutôt à un nom de personne : le nom du maître dont on suit et dont on approuve l'enseignement. *Il déteste qu'on le prenne pour mon disciple* (Sartre), en face de : *C'est un adepte attardé du quiétisme*. → GUIDE TYPO.

ADHÉRENCE et **ADHÉSION sens** Le premier substantif a un sens concret : « état d'un objet qui tient fortement à un autre » *(la parfaite adhérence d'un tapis, d'un papier peint)*. Le second a un sens très proche, mais ne s'emploie qu'au figuré : « état ou action d'une personne qui manifeste son accord avec une autre, ou qui s'inscrit parmi les membres d'une organisation » *(l'adhésion à un parti)*. Le verbe **adhérer** est commun aux deux substantifs, le premier avec un sujet désignant un être, le second avec un sujet désignant une chose. Voir le jeu de mots de Valéry : *Les éponges et les sois ont ceci de commun qu'ils adhèrent, ô Socrate !*

ADHÉRENT et **ADHÉRANT orth.** On écrira *un adhérent* (substantif), *un objet adhérent* (adjectif). À ne pas confondre avec le participe présent du verbe *adhérer* : **adhérant**.

À DIEU VAT ! orth. L'Académie écrit à *Dieu vat*, locution usitée, en termes de marine, au moment où le bateau part. Thomas l'écrit sans trait d'union, avec un *t*. Le Petit Robert l'écrit *à-dieu-va(t) !* ♦ **sens** Cette vieille locution correspond à l'impératif du verbe aller et signifie par extension « advienne que pourra ! », « à la grâce de Dieu ! ».

ADJECTIF accord

ADJECTIF ATTRIBUT Si le verbe a pour sujet un « nous » désignant une seule personne (pluriel de modestie ou de majesté, ou de complicité affective),

l'adjectif attribut reste au singulier : *Nous sommes donc toujours triste, pauvre ange !* (Flaubert). *Nous demeurons intimement persuadé que...* (déclaration d'un personnage officiel). Si le sujet du verbe n'est pas explicite, l'accord de l'adjectif se fait suivant le contexte : *Il fallait être polie avant tout* (Proust). (Il s'agit d'Albertine.)

ADJECTIF ÉPITHÈTE

☐ **après plusieurs noms au singulier et de même genre, coordonnés,** l'adjectif se met au pluriel : *La charrue et la faux paternelles* (France). *La facilité ou la simplicité finales du résultat* (Valéry).

☐ **quand le genre des noms est différent,** c'est le masculin qui l'emporte : *Une tête et un buste humains* (France). *Sa silhouette et son maintien incongrus* (Labro). ♦ On évitera de placer à la suite l'un de l'autre un substantif féminin singulier et un adjectif masculin pluriel, lorsque la prononciation de l'adjectif diffère pour les deux genres ; ainsi on n'écrira ni ne dira : *Un buste et une tête humains,* qui choque les habitudes (mais non pas la logique). Valéry écrit pourtant : *Des occupations qui ont leurs temps et leurs élégances particuliers.* En revanche, quand le masculin et le féminin de l'adjectif ne diffèrent pas dans la langue parlée, l'ordre des substantifs singuliers n'a pas la même importance : *Ils m'offraient alors un sens, une ér.ition inconnus* (Arland). On peut dans bien des cas trouver l'accord avec le substantif le plus rapproché : *Se constituer une pensée et une conduite personnelle* (Mauriac).

☐ **avec un nom au pluriel.** On rencontre parfois plusieurs adjectifs épithètes au singulier, si chacun ne s'applique qu'à l'un des objets désignés par le substantif : *les philosophies stoïcienne et épicurienne ; les sociétés française et allemande*, etc. Ce dernier exemple implique que l'on fait allusion à *deux* sociétés seulement.

☐ **avec deux noms liés par ou.** En général, il s'agit d'une alternative et l'adjectif ne s'accorde qu'avec l'un des deux. Mais si les deux éléments sont envisagés comme possibles, on trouvera l'accord au pluriel : *sa réussite ou son échec également redoutés*.

□ **après un nom de sens collectif**. L'accord se fait selon le sens global du texte : *un tas de fagots très haut* et *un groupe de soldats blessés*.

□ **avec deux noms liés par comme, ainsi que, de même que**, etc. Accord de l'adjectif au pluriel si le mot de liaison coordonne véritablement : *J'ai vu le chat, ainsi que le chien, tranquillement couchés*. ◆ L'adjectif reste au singulier, s'il ne s'agit que d'une comparaison : *J'ai vu le chat, ainsi qu'un diable noir, hérissé de colère*.

□ **noms employés comme adjectifs**. S'ils sont encore perçus comme appartenant à la classe du substantif, ils restent invariables : *Ils savent bien qu'ils sont trop purée* (Frapié). *Des manières canaille*. ◆ Quand leur emploi en fait à l'évidence des adjectifs, ils s'accordent selon les règles ordinaires : *des meetings monstres ; des paroles farces*.

□ **adjectifs employés adverbialement** → ADVERBES

□ **emploi au neutre**. Après des locutions comme **tout ce qu'il y a de (plus)..., il n'y a de... que, il n'y a pas plus... que**, l'adjectif antéposé au nom qu'il qualifie reste le plus souvent au masculin : *Il n'y a pas plus douillet que les hommes* (Giraudoux). *Toute émotion n'a d'exquis que sa surprise* (Gide). ◆ Mais quand le sujet est exprimé avant l'adjectif, on hésite sur l'accord : *Elle est tout ce qu'il y a de plus heureux* ou *heureuse*.

□ **avec un titre**. Si le titre féminin est isolé, il y a accord : *Votre Éminence est trop bonne*. S'il est accompagné d'un substantif de même genre, l'accord est le même : *Sa Majesté la reine est certaine...* Si enfin le titre est accompagné d'un nom au masculin, c'est ce dernier genre qui l'emporte : *Sa Majesté le roi est confiant...*

□ **avec des noms synonymes ou en gradation**. L'accord se fait en général avec le dernier terme seulement : *Il est doué d'une bonté, d'une bienveillance rare. C'est un accident, une catastrophe épouvantable*. On rencontre parfois le pluriel.

□ **adjectifs de couleur** → COULEUR

□ **adjectif verbal ou participe présent** → à l'ordre alphabétique (ADHÉRENT et ADHÉRANT, etc.)

ADJURER → ABJURER

ADMETTRE constr. Ce verbe est suivi tantôt du subjonctif, tantôt de l'indicatif, selon qu'on présente comme hypothétique ou comme effective la proposition qu'on accepte : *J'admets qu'il est infiniment plus intelligent que moi ; cependant...* en face de : *Admettons qu'il soit parti à seize heures précises ; cela ne nous explique pas...*

ADMIRÉ DE ou **PAR** → DE et PAR

ADMIRER constr. On rencontre surtout dans la langue soutenue le tour **admirer que + subjonctif** : *J'admirais que l'abbé eût à peu près complètement dépouillé cette élégance de langage* (Gide). *Ma mère, dont l'impassibilité m'a ébahi et dont j'admire qu'elle ait décidé de faire front* (Labro). Dans ce type de phrases, le verbe *admirer* retrouve souvent une partie de son sens originel : « s'étonner ».

ADMONESTATION ou **ADMONITION** emploi et sens Le second substantif est plus littéraire ou plus officiel. Dans l'usage courant, on lui préférera **admonestation** : *Lorsqu'il nous englobait tous dans la même admonestation, c'était pour corriger notre folie collective* (Labro). Les deux signifient « avertissement sévère ».

ADONNER (S') constr. S'adonner à ne peut être suivi que d'un nom de chose, tandis que **se donner à** admet comme complément aussi bien un nom de personne qu'un nom de chose : *S'adonner au jeu. Se donner tout entier à une recherche. Elle s'est donnée à cet homme pour la vie*. ◆ sens Ce verbe est moins fort que *se donner*, qui traduit une aliénation totale : *Il avait prétendu exiger de Raymond qu'il s'adonnât à une occupation régulière* (Mauriac). *Ceux-ci préparaient des licences, collectionnaient des timbres-poste ou s'adonnaient à la littérature* (Carco).

ADORÉ DE ou **PAR** → DE et PAR
◆ **Adorer + infinitif** → AIMER

ADRET sens Nom masculin désignant le « versant exposé au soleil », s'oppose à ubac. → ce mot

ADSORBER emploi et sens Il existe toute une famille de mots formée sur ce verbe technique signifiant «fixer par adsorption, c'est-à-dire pénétration superficielle d'un liquide dans un solide ou un autre liquide» : on se gardera de la confusion avec la famille d'**absorber,** verbe usuel au sens beaucoup plus général et vague.

ADVENIR conjug. Verbe défectif impersonnel usité seulement à l'infinitif et à la 3ᵉ personne de tous les temps : *Notre pessimisme et notre nature nous donnant, à tous deux, une prescience relativement exacte des catastrophes qui ne cessent d'advenir* (P. Jardin). *Il advient le plus souvent que...* (Gide). On le fait suivre du subjonctif ou de l'indicatif (→ ADMETTRE). Le substantif **avenir** est l'infinitif substantivé de ce verbe (disparition phonétique et graphique de *d*). → AVENU

ADVENTICE emploi et sens Cet adjectif est né de **adventif** par changement de suffixe. Les deux mots ont un étroit rapport en botanique, mais seul **adventice** est couramment employé dans de multiples domaines, avec le sens de «qui ne fait pas naturellement partie de la chose, qui survient accessoirement» : *plantes adventices, développement adventice*, etc.

ADVERBES orth. Les adverbes de manière en *-ment* sont en général formés sur le féminin de l'adjectif, mais il y a de nombreuses anomalies. Les adjectifs à terminaison vocalique : *-ai, -é, -i, -u,* donnent des adverbes sans *e* intercalaire : *vraiment, posément, poliment, ingénument.* Parmi les adverbes en *-ument,* seuls quelques-uns portent un accent circonflexe : *assidûment, congrûment, continûment, crûment, dûment, goulûment, incongrûment, indûment, nûment.* Par analogie avec les adverbes formés sur les adjectifs en *-e,* il existe quelques créations insolites, par exemple *commodément, diffusément, importunément,* etc. Pour les adverbes formés sur *exquis* et *opiniâtre,* on emploie plutôt maintenant les formes sans accent, *exquisement* et *opiniâtrement.* → à l'ordre alphabétique.
□ **adjectifs employés adverbialement.** Ils demeurent invariables : *Lis-la tout*

fort, ton histoire (Chaix). *Une jeune femme court vêtue.* Mais quelques-uns, tels que **bon, frais, grand, large,** peuvent s'accorder, dans des expressions plus ou moins stéréotypées : *Il vit qu'elle avait les yeux grands ouverts et fixes* (Sartre). → ces adjectifs à l'ordre alphabétique.

AÉRIUM forme Plur. : **des aériums.**

AÉRO-CLUB orth. Seul composé avec *aéro-* prenant un trait d'union. Plur. : **des aéro-clubs.**

AÉRODROME, AÉROGARE et **AÉROPORT sens** Aéroport, d'acception plus vaste, désigne l'ensemble des services et des installations ; **aérogare,** plus particulièrement la partie destinée aux passagers ; **aérodrome,** le terrain sur lequel se trouvent les aires d'envol et les bâtiments (voire, dans un petit aérodrome, les hangars seulement) qui leur sont rattachés.

AÉRODYNAMIQUE sens L'adjectif signifie «qui a un profil offrant le moins de résistance à l'air». Donc à éviter en parlant d'un bateau : il vaut mieux, d'après Thomas, utiliser **caréné** dans ce cas.

AÉROGARE → AÉRODROME

AÉROGLISSEUR emploi et sens Ce mot est recommandé officiellement (arrêté du 18 juin 1989) pour traduire l'anglais **hovercraft,** «véhicule terrestre, marin ou amphibie glissant sur coussin d'air».

AÉROLITHE genre Masc. : **un aérolithe.**

AÉRONAUTIQUE sens Ne pas confondre ce mot, signifiant «science de la navigation aérienne, dans l'atmosphère terrestre», avec **astronautique,** «science de la navigation spatiale, au-delà de l'atmosphère».

AÉRONEF genre Masc. : **un aéronef** (bien que **nef** soit féminin). ♦ **sens** «Tout appareil capable de se déplacer dans les airs» (Petit Robert). Ce mot a vieilli : *L'image que je me faisais des aéronefs allemands* (Proust). Ne pas le confondre avec **aérostat,** dont l'usage s'est beaucoup raréfié et qui signifie «appareil dont la sustentation dans l'air est due à l'emploi d'un gaz plus léger que l'air» (Petit Robert).

AÉROPLANE forme Ne pas substituer à ce mot un imaginaire *aréoplane, qui pourrait être formé par l'analogie de *aréomètre, aréopage* (→ ce mot), etc. ♦ **emploi** Ce substantif est tombé en désuétude au profit de **avion** : *L'architecture, oui, mais les livres, à l'époque du chemin de fer, de ces aéroplanes, du cinématographe, non, vraiment* (Gallo).

AÉROPORT → AÉRODROME

AFFABLE constr. On dit surtout *affable avec* et aussi *affable envers* (moins souvent). L'adverbe *affablement* est d'un emploi assez rare : *Le monsieur lui indiqua affablement un fauteuil de cuir usé* (Sartre).

AFFABULATION sens «Disposition des événements constituant la trame d'une œuvre d'imagination.» Ne pas confondre avec **fabulation,** terme plus savant désignant en psychologie l'activité mentale et les créations imaginaires de l'esprit.

AFFAIRE (AVOIR) forme On écrit plus souvent **affaire,** en un mot, que **à faire** en deux mots (sans différence de sens appréciable) : *Je ne veux pas avoir affaire aux hommes, comprenez-vous?* (Sartre). *Celui qui construit ou qui crée, ayant affaire au reste du monde et au mouvement de la nature* (Valéry). Bien entendu, quand la locution est suivie d'un complément d'objet direct, on écrit toujours *à faire* : *Il a à faire son devoir* (on peut inverser l'ordre des termes : *Il a son devoir à faire*).

□ **affaire avec** ou **à constr. et sens** Suivie de la préposition *avec,* l'expression implique une relative égalité entre le sujet et le complément animés, et une certaine réciprocité (idée de transaction, de relations commerciales) : *Que pouvait-il bien avoir affaire avec Lafcadio?* (Gide). **Avoir affaire à** s'emploie plutôt pour souligner un rapport d'inférieur à supérieur, de faible à fort : *Vous aurez affaire avec moi* et *Vous aurez affaire à moi! Avoir affaire à forte partie.*

□ **avoir affaire de emploi et sens** Vieilli, «Avoir besoin de» : *Qu'ai-je affaire de l'estime de gens que je ne puis estimer?* (Gide).

□ **l'affaire Dreyfus constr.** Dans cet emploi, *affaire* (sans majuscule) est suivi du nom propre sans préposition. Si le nom propre, dans les usages ultérieurs, devient sous-entendu, on écrit **l'Affaire** avec une majuscule.

AFFAIRER (S') emploi Ce verbe, apparu en 1933, est admis aujourd'hui par le bon usage, au sens de «être fort occupé à une ou plusieurs tâches» : *Trois ou quatre autres, debout, attendaient, accoudées au comptoir, derrière lequel deux femmes s'affairaient avec de grands brocs* (Butor). ♦ **dérivé. affairement** : *Odieux affairement de ma cervelle* (Gide).

AFFECTIF et AFFECTUEUX sens *Affectif* appartient au lexique de la psychologie : «qui se rapporte aux états de plaisir et de douleur». *Le langage affectif s'oppose au langage des idées.* **Affectueux,** beaucoup plus courant, signifie «qui éprouve ou manifeste un sentiment de tendresse pour quelqu'un» (du même sexe ou de l'autre sexe) : *une caresse affectueuse.*

AFFECTER (S') constr. Comme la plupart des verbes exprimant un sentiment, *s'affecter* se construit en général maintenant avec **de ce que** (→ cette locution). Mais la langue littéraire lui préfère le tour plus léger avec un simple **que :** *Casimir y allait alors d'une tape, s'affectant que son chien ne m'accueillit pas en ami* (Gide). ♦ Dans les tours *affecter la sincérité* et *affecter d'être sincère,* le verbe **affecter** a cependant le même sens et les mêmes compléments que le verbe *feindre.*

AFFECTIONNER sens Synonyme intensif de *aimer,* connaît aujourd'hui une grande vogue : «avoir un goût très vif pour quelqu'un ou pour quelque chose». Ne pas confondre avec **affecter.** → ce mot.

AFFÉTÉ et AFFÉTERIE emploi et sens Ce sont des équivalents, dans la langue littéraire ou recherchée, de *affecté* et *affectation : Sans doute un connaisseur* *eût-il jugé cette miniature affétée : sous trop de complaisante grâce s'effaçait presque le caractère* (Gide).

AFFIDÉ et **AFFILIÉ** **sens** Le premier mot (presque toujours substantif) a un sens péjoratif : « complice, acolyte prêt à tous les mauvais coups », tandis que le second (surtout adjectif) signifie : « attaché à, adhérent ». *La société des amis de l'ABC, affiliée aux mutuellistes d'Angers* (Hugo).

AFFILÉ et **EFFILÉ** **sens Affilé** équivaut à « aiguisé, auquel on a donné du fil ». Ne pas le confondre avec **effilé**, « allongé, aminci », qui, à la différence de l'adjectif précédent, ne s'applique pas forcément à un objet coupant.

AFFILÉE (D') **orth.** S'écrit avec un *e* final, comme *d'emblée.*

AFFINER et **RAFFINER** **sens et emploi Affiner,** au propre et au figuré, « rendre plus fin ». Le verbe **raffiner** est d'emploi plus courant, surtout au sens figuré, « rechercher la délicatesse ou la subtilité la plus grande » (Petit Robert). De plus, *raffiner*, au figuré, s'emploie intransitivement, alors que *affiner* exige toujours un complément : *affiner son style*, mais *raffiner sur l'élégance de ses phrases.*

AFFIRMATIF **emploi et sens** Les militaires emploient couramment cet adjectif comme adverbe, pour donner une réponse positive : *Affirmatif, je vous reçois cinq sur cinq.*

AFFIRMER (S') **sens et emploi** Verbe actuellement très en vogue, au pronominal, au sens de « se poser, se manifester avec force » (souvent proche de *se confirmer, s'affermir) : La personnalité ne s'affirme jamais plus qu'en se renonçant* (Gide). L'emploi le plus satisfaisant de ce verbe le fait suivre d'un attribut, introduit ou non par **comme :** *Il s'affirme (comme) le maître de la peinture contemporaine.*

AFFLIGER (S') → DE (CE QUE)

AFFLUENT **orth.** Deux *f*, comme *affluence, affluer, afflux.*

AFFRES **forme** Pas de singulier à ce mot féminin, sauf exception très recher-

chée : *Anubis, ô mon mortel désir, toi le dernier de l'affre temporelle* (Allen). ♦ **sens et emploi** « Tortures ». Rare et littéraire : *Mme Rivière était partie silencieusement comme elle avait vécu, gardant le secret de ses affres dernières* (Rolland).

AFFRÈTEMENT **orth.** S'écrit avec un accent grave, mais *affréter* se conjugue comme *accélérer.*

AFFÛT **orth.** Tous les mots français commençant par *affût-* prennent un accent circonflexe sur le *u : affûter, affûtage*, etc.

AFIN **constr. et emploi** Il existe deux locutions conjonctives à sens final, qui sont en distribution complémentaire. **Afin de** s'emploie lorsque le sujet du verbe régi est le même que celui de la proposition principale : *Afin de rester étrangère aux sentiments qu'elle aurait inspirés, elle eut un jour une soudaine impulsion* (Dhôtel). Lorsque les sujets diffèrent, c'est **afin que** qui seul convient : *Il prit sa femme par le bras et lui dit très fort, afin que ses fils l'entendent : «Tu as bien fait de venir, Clémence»* (Champion). → FIN (à seule fin de)

«A FORTIORI» → «A POSTERIORI»

AFRIKANER ou **AFRIKANDER** **forme et sens** Ces deux formes sont admises indifféremment pour désigner l' « individu de race blanche, d'origine néerlandaise, habitant en Afrique du Sud ». Sa langue est appelée **afrikaans** ou **afrikans.**

AGACEMENT **sens** « Énervement fait d'impatience et de mécontentement » (Petit Robert). Ne pas confondre avec **agaceries** (surtout au pluriel), « mines ou paroles inspirées par une coquetterie légèrement provocante » (id.) : *Une maîtresse de nature assez froide devient caressante, invente mille agaceries, si nous sommes en train d'écrire une lettre* (Radiguet).

AGAPE **emploi et sens** Au singulier, « repas en commun des premiers chrétiens » (Petit Robert). Aujourd'hui s'emploie surtout au pluriel (féminin) et souvent de façon ironique, pour «festin» : *De fabuleuses agapes.*

AGATE orth. Sans *h* (on ne trouve cette lettre que dans le prénom **Agathe**).

ÂGE genre Masculin, mais on entend ou on lit encore parfois des expressions comme *la belle âge* (régionalisme). Le genre de l'étymon latin était du reste féminin.

□ **à notre âge** et **à nos âges emploi et sens** La première locution s'emploie quand il s'agit de plusieurs personnes du même âge ; en revanche, la seconde est préférable lorsque les personnes appartiennent à des générations différentes : *À nos âges, mon petit, on ne voit pas les choses de la même façon.*

□ **troisième âge emploi** Cette création des années 70, qui a bien «pris», est assez discutable dans la mesure où les notions de jeunesse et de vieillesse sont relatives, et évoluent en fonction des progrès de la médecine : entre le *bas âge* et le *grand âge*, les limites sont très indécises : *un club du troisième âge, organiser les loisirs du troisième âge.* On a même inventé un *quatrième âge* (au-delà de 75 ans) : *À l'hôpital, il serait des quasi-grabataires, gibier des «longs séjours» ; la technocratie s'abriterait derrière la formule neutre du «quatrième âge»* (Le Monde).

□ **moyen âge** → MOYEN

AGENDA prononc. [aʒɛ̃da]. ♦ **forme** Plur. : **des agendas.**

AGENT emploi Ce substantif n'a pas de féminin accepté par le bon usage, bien que l'on rencontre parfois **agente** (avec un sens péjoratif le plus souvent) dans des contextes littéraires. On dira : *Cette femme est un agent de publicité très efficace.*

AGG- orth. On ne trouve ce groupe à l'initiale que dans les mots suivants : *agger* (terme de fortification emprunté au latin), *agglomérer, agglutiner, aggraver,* et dans les mots qui en sont issus.

AGIR emploi et sens Peut s'employer transitivement, et à la voix passive : **être agi** au sens de «être mis en mouvement». La locution **en agir**, longtemps combattue par les grammairiens, et analogique de *en user, en aller (Il en va de même...),* est aujourd'hui passée dans la langue soutenue : *J'ai toujours cru que les gens de notre état devaient en agir honnêtement avec Dieu* (Bernanos). *Je ne pense pas que Dante en ait agi différemment pour Béatrice* (Gide).

□ **s'agir conjug.** Avec l'auxiliaire **être** : *Lorsqu'il s'est agi de lui, il avait disparu.* Le participe **s'agissant,** employé absolument, est légèrement archaïque. Mais Littré écrivait à ce propos : «bonne locution et qui abrège beaucoup». Le Bidois la tient pour une «locution brève, expressive, classique et de bon aloi» : *S'agissant de la qualité génétique, l'espèce perd sur tous les tableaux* (J. Rostand).

ÂGISME sens Ce néologisme (admis par l'arrêté du 13 mars 1985) est formé sur *âge* comme *racisme* sur *race.* Il désigne l'attitude qui consiste à déprécier ou à dénigrer l'individu du fait de son âge avancé.

AGN- Prononc. Ce groupe initial se prononce [agn] et non [aɲ] dans les mots suivants : *agnat, agnosie, agnosticisme* (et les mots de la même série).

AGONIR et **AGONISER emploi et sens** Le premier verbe ne s'emploie qu'avec un complément indirect du type *injures, reproches, sarcasmes,* etc. : *Elle m'a presque agonie de sottises* (Balzac). Voici cependant un exemple de construction absolue : *Tio Andrès fut contraint de se replier avec Pilar et ses gens, non sans agonir les couards* (Peyré). Le second verbe a un sens tout différent : «être à l'article de la mort». Mais de nombreuses confusions sont commises, notamment dans les formes du présent. *Agonir* se conjugue comme *finir* : *Il l'agonit de sarcasmes* s'oppose à *Il agonise.*

AGRAFE orth. Aucune consonne double dans ce mot ni dans ses dérivés : *agrafer, agrafeuse.*

AGRÉER emploi et sens Verbe assez rare, et réservé à un niveau de langue soutenu, **agréer,** suivant sa construction, peut avoir deux sens. Ou bien «accepter, juger digne» : *Il se chargea de*

faire agréer la demande du jeune Orsini
(Musset). Ou bien « plaire, convenir à » :
Si cela vous agrée (littéraire). ♦ Locution
toute faite servant de formule de politesse à la fin d'une lettre : *Veuillez
agréer* ou *Je vous prie d'agréer l'assurance de mes sentiments distingués.*

AGRESSER orth. Ne pas écrire ce mot
avec deux *g* (attention à l'influence de
l'anglais **aggressive**). ♦ **emploi et sens** Ce
vieux verbe français (XIVe s.) retrouve
actuellement une grande faveur, en
raison de l'emploi usuel de **agression,**
et n'a rien de condamnable : *La poussière s'élève en lourds nuages, les odeurs
– cette odeur de la pauvreté et du sous-
développement – vous agressent* (Le
Monde). *La civilisation de l'image
agresse, jusqu'au traumatisme, les nerfs
et la sensibilité* (Le Figaro littéraire).

AGRESSEUR forme Ce substantif n'a
pas de féminin : *Cette nation est considérée par l'ONU comme l'agresseur.*

AGRESSIF emploi et sens Dans un
contexte de marketing, et même plus
largement, on emploie aujourd'hui cet
adjectif, sous l'influence de l'anglais, en
un sens positif équivalent à peu près à
celui de **dynamique** : innovation à ma-
nipuler avec précaution.

AGRIPPER orth. Un *g* et deux *p*.

AGRO- orth. Cet élément préfixé est
suivi d'un trait d'union devant une
voyelle : *agro-alimentaire, agro-indus-
trie*, etc., selon le Petit Robert. Mais le
Petit Larousse écrit *agroalimentaire*
d'un seul tenant.

AGRUMES forme Masculin pluriel (pas
de singulier).

AGUETS forme et emploi Toujours masculin pluriel et d'emploi très restreint :
*La figure attentive et chagrine de Lucie
déjà sans doute inquiète et aux aguets*
(Mauriac). → ÉCOUTE(S)

AH ! et HA ! orth. Ah ! et **ha !** doivent toujours être suivis du point d'exclama-
tion. ♦ **emploi et sens** Ces interjections se
confondent entièrement dans la langue
parlée et n'offrent guère de différence
quant au sens. La forme **ha !** est une variante désuète de **ah !** et était employée

plus spécialement pour exprimer la
surprise, la douleur ou le soulagement.

AHAN emploi et sens Ce substantif est
tout à fait archaïque. Il signifiait « effort
pénible » et on le trouve encore dans la
langue littéraire : *Nageurs morts sui-
vons-nous d'ahan* (« avec peine ») / *Ton
cours vers d'autres nébuleuses* (Apollinaire). *Ce que j'écris sans plus d'ahan*
(Gide). De même pour le verbe **ahaner** : *Le père a détaché son ceinturon et
commence à le fouetter, ahanant sous
l'effort* (Anouilh). *Nous aurions volontiers continué d'ahaner jusqu'au sommet de la côte si mon père n'avait donné
le signal de la pause* (Labro).

AIDE genre Non animé : féminin *Apporter une aide précieuse.* Animé humain :
masculin ou féminin selon le sexe de la
personne : *Un aide de camp, une aide-
soignante*, etc. ♦ **forme** Au pluriel, les
composés sont invariables lorsque
aide- a une valeur verbale : *des aide-
mémoire* (→ APPUI-), mais prennent la
double marque du nombre lorsque
aide- est substantif : *L'association pour
l'aide et le maintien à domicile (AMAD)
vient de créer un nouveau service
d'aides-soignantes* (L'Est républicain,
7 octobre 1992). *Des aides-chimistes.* En
composition, *aide* est suivi d'un trait
d'union, sauf dans *aide de camp.*

AIDER constr. à ce que. → A (ce que)
☐ **aider à quelqu'un.** Tour très
fréquent à l'époque classique. De nos
jours, il est désuet, affecté (langue littéraire), ou au contraire maladroit
(langue courante) : *Le marquis lui avait
aidé à remonter* (La Varende).

AÏEUL forme Deux pluriels : **aïeuls,**
« grands-parents », et **aïeux,** « ancêtres ».
*Et cette pensée sera volontaire, due à
mon cœur, tandis que ma croyance était
une habitude, due à mes aïeux* (Giraudoux). ♦ **emploi** *Aïeux* est moins usité que
ancêtres, et prend parfois une valeur
d'humour familier.

AIGLE genre Substantif masculin
quand il désigne « l'oiseau mâle », des
objets tels que « pupitre, décoration »,
ou quand il est appliqué métaphoriquement à un « talent supérieur » : *Cet
étudiant est un aigle.* Mais il est féminin

au sens de «oiseau femelle» ou de «étendard, devise, armoiries» : *L'empereur aux aigles victorieuses pouvait-il subir plus longtemps le défi?* (Peyré). *Les soldats marchaient précédés de l'aigle napoléonienne.* On rencontre encore dans le parler populaire cette hésitation sur le genre de *aigle*.

AIGRE, ACIDE et **ACERBE** sens Aigre signifie «qui est d'une acidité désagréable au goût ou à l'odorat». Se dit d'un liquide qui a «tourné» : *du lait aigre, un vin aigre. Ce qui est aigre n'est plus doux, ce qui est acide n'est pas doux, ce qui est acerbe n'est pas encore doux* (Lafaye). Cette distinction n'est pas toujours faite dans l'usage courant. Littré indique, pour les sens figurés (dont **acide** est exclu) : *Des paroles aigres sont dictées par le ressentiment, la mauvaise humeur; des paroles acerbes le sont par l'âpreté naturelle de la personne qui parle.* → ÂCRE

AIGU orth. Au féminin, **aiguë**, avec un tréma sur le *e* (comme pour *ambigu, contigu, exigu*) et non sur le *u*.

AIGUISER prononc. On doit prononcer [egųize], comme dans **aiguille** et les mots dérivés, mais la prononciation [egize] gagne de plus en plus de terrain et ne peut être condamnée.

AIL forme Le pluriel ancien **aulx**, prononcé [o], est à peu près abandonné aujourd'hui au profit de **ails**. Mais la langue littéraire l'utilisait naguère : *Il aidait sa mère à tresser les aulx* (Colette).

-AIL forme Pluriel en **-ails**, sauf : *aspirail, bail, corail, émail, fermail, soupirail, travail, vantail, ventail, vitrail* (pluriel en *-aux*). → BÉTAIL, ÉMAIL, TRAVAIL

-AILLE(S) forme et emploi Quelques substantifs féminins en *-ailles*, désignant des cérémonies ou des circonstances importantes de la vie, sont dépourvus de singulier, et souvent vieillis : *accordailles, épousailles, funérailles, retrouvailles,* etc. En revanche, ceux qui ont un sens collectif ne possèdent que le singulier : *bleusaille, piétaille, valetaille,* etc.

AILLEURS emploi La locution **par ailleurs**, outre la valeur spatiale – assez rare *(passer par un autre chemin* plutôt que *passer par ailleurs)* –, a le plus souvent une valeur figurée : «à un autre point de vue». L'usage a admis cet emploi malgré la condamnation formelle des puristes : *Une assemblée de messieurs âgés, par ailleurs fort courtois* (Mauriac). *Son métier, par ailleurs, était devenu de moins en moins rémunérateur* (Dhôtel).

AILLOLI forme On trouve quelquefois l'orthographe provençale : **aïoli**. ♦ genre Masc. : *Préparer un ailloli.*

AIMER constr. On peut dire correctement **aimer faire** ou **aimer à faire** (éviter d'employer à devant un verbe commençant par cette voyelle) : *Il n'aimait pas les quitter* (Maurois). *Elle aimait à nous réunir dans un même embrassement maternel* (Gide). *Il aimait d'ailleurs à jardiner* (La Varende). **Aimer de** est un tour moins naturel et paraît tantôt affecté, tantôt vulgaire : *J'aime d'être méconnu* (Montherlant). Les deux usages se trouvent, sans doute par variation stylistique, dans cet exemple : *Elle lui parlait en effet beaucoup, d'autant que si Littré* [un chat] *aimait à dormir, il aimait aussi d'entendre sa voix* (Jorif). Le synonyme expressif de *aimer*, **adorer**, fréquent dans le registre familier, ne connaît que deux constructions avec l'infinitif : **adorer faire** et **adorer de faire,** le tour avec **à** étant impossible.

□ **aimer à croire que.** Tour figé, avec un sens particulier de *aimer.*

□ **aimer à ce que.** Tour très discuté : *J'aime à ce qu'elle m'embrasse* (Vallès); il suffit de dire **j'aime que** (suivi du subjonctif).

□ **aimer mieux** constr. On trouve généralement la construction directe : **aimer mieux quelque chose** ou **faire quelque chose.** Mais la construction **aimer mieux de** se rencontre aussi : *Quand j'étais à Gênes, crois-tu que je n'aurais pas mieux aimé de rester dans ma patrie avec les miens?* (Claudel). Il se pose un difficile problème de syntaxe, lorsque les compléments comparés sont deux propositions conjonctives. On ne peut en français faire se succéder deux **que**. Il est impossible de dire : **J'aime mieux qu'il reste avec nous que qu'il parte* (comme on dit : *J'aime mieux sa présence que son argent*). Lorsque le sujet des propositions compléments est le même que celui du verbe principal, on recourt à l'infinitif : *J'aime mieux rester avec vous que (de) partir*. Dans les autres cas, les écrivains s'en tirent par diverses tournures : *J'aime bien mieux que ce soit lui qui ait pris la tête à ce tour-ci, que si c'était Lavallée* (Romains). *Une vraie femme du monde dans le malheur aime encore mieux que sa fille soit la maîtresse d'un gentleman, que de la voir mariée au plombier de la rue* (id.). Il en est de même pour **il vaut mieux** : *Il vaut mieux tuer le diable que si le diable nous tue* (Stendhal). Aujourd'hui, on dirait : *Il vaut mieux tuer le diable (plutôt) que de voir le diable nous tuer ou que de nous voir tuer par le diable, ou que de se faire tuer par lui*. → PRÉFÉRER et MIEUX

AINSI QUE emploi et accord Ainsi que a soit une valeur de comparaison, soit une valeur de coordination. Dans le premier cas, si deux sujets au singulier sont liés par *ainsi que*, le verbe se mettra au singulier : *Pierre, ainsi que Paul, est un garçon studieux*. Si *ainsi que* additionne réellement les sujets, le verbe s'accordera au pluriel : *Pierre ainsi que Paul ont fait le même devoir. Toute cette rue ainsi que la place étaient envahies par une mer de blouses bleues* (Boylesve). Il y a du reste une assez grande liberté dans ce type d'accord, et on peut faire la même remarque pour *avec, aussi bien que, comme, de même que, non moins que, tant... que*, etc. → ADJECTIFS

□ **ainsi donc. emploi** Pléonasme passé depuis longtemps dans le bon usage. Mais on évitera l'accumulation, par trop redondante, de *ainsi par conséquent, ainsi par exemple*.

AIR (AVOIR L') accord L'adjectif qui suit cette locution verbale est accordé soit avec le sujet, si **avoir l'air** équivaut simplement à « paraître », soit avec le substantif **air**, s'il s'agit de décrire l'apparence extérieure, la physionomie d'un personnage. Il y a parfois des hésitations, et l'accord repose sur le bon sens ou sur le sentiment profond de l'auteur : *Vous avez l'air tellement plus intéressante*, opposé à : *Elle avait l'air anxieux et stupéfait* (Sartre). *Elle a l'air contente de ce qu'on vient de lui dire* (Académie). *Tu n'as pas l'air très heureuse* (Maurois). *Ils n'ont pas l'air gênés de ne pouvoir causer ensemble* (Colette). Lorsque le sujet de *avoir l'air* désigne une chose, l'accord se fait presque toujours avec ce sujet et non avec *air*, les choses ne pouvant en principe « avoir un air » selon le même mode que les humains ! « C'est un contresens, écrit Brunot, que de dire : *Cette poire a l'air bon*. » *La chambre n'avait pas l'air encore résignée à la solitude* (France). *Ses colonnes avaient l'air découpées dans du carton* (Proust). Mais lorsque *air* a lui-même un complément, l'adjectif s'accorde avec *air* : *Aucune rose n'a l'air suspect de l'orchidée* (Henriot), opposé à : *Aucune rose n'a l'air suspecte*.

AISANCE emploi Surtout au singulier, dans le domaine psychologique, intellectuel ou matériel : **vivre dans une grande aisance**. Les expressions figées *lieux, fosse, cabinet d'aisances* (avec *aisances* au pluriel) ont beaucoup vieilli et sont supplantées par **W.-C., toilettes**, etc.

AISE orth. Fém. : *Ils avaient toutes leurs aises*. ♦ **emploi** Comme adjectif, **aise** est toujours précédé d'un adverbe intensif : *être ou se sentir bien aise, fort aise, tout aise*.

AÎTRES → ÊTRES

AJUSTAGE et **AJUSTEMENT sens et emploi** Le premier substantif désigne l'« opération destinée à donner à une pièce la dimension exacte que requiert son ajustement à une autre » (Petit Robert). L'**ajustement** est parfois « l'action d'ajuster », mais le plus souvent « le fait d'être ajusté », ou « le degré de serrage entre deux pièces assemblées ». Seul *ajustement* peut s'employer au figuré, « accommodement », ou pour désigner l'« arrangement de la toilette » (vx, Petit Robert).

-AL forme Substantifs et adjectifs en -al font en général leur pluriel en -**aux**.

Font exception : *aval, bal, bacchanal, bancal, cal, caracal, carnaval, cérémonial, chacal, choral* (substantif), *copal, corral, fatal, festival, final* (adjectif et substantif), *galgal, gavial, gayal, glacial, jovial, mal* (nom vulgaire du silure d'Europe), *minerval* (belgicisme), *mistral, narval, natal, naval, nopal, récital, régal, rorqual, serval, sisal, tribal.* →
AUSTRAL (à ASTRAL), BANAL, ÉTAL, IDÉAL, MARIAL, VAL

ALACRITÉ ou **ALLÉGRESSE emploi et sens** Alacrité est un mot rare et littéraire, qui signifie «enjouement, entrain» : *Ce vieillard est encore d'une étonnante alacrité.* C'est un doublet de *allégresse,* qui est beaucoup plus répandu au sens de «joie très vive qui d'ordinaire se manifeste publiquement». → ALLÉGREMENT

ALAISE ou **ALÈSE orth.** L'étymologie de ce mot étant discutée, les orthographes *alaise* ou *alèse* sont toutes deux possibles.

ALAMBIC prononc. On prononce le *c final* : [alɑ̃bik].

ALBÂTRE genre Masc. : *l'albâtre oriental.*

ALBUMINE emploi et sens On dit en général à tort : *avoir de l'albumine,* ce qui n'a proprement aucun sens. Il faudrait dire : *présenter* (ou même *avoir) de l'albuminurie.* C'est ce dernier terme seulement qui signifie «présence d'albumine dans les urines».

ALCOOL prononc. Ce substantif et ses dérivés (*alcoolique, alcoolisme, alcoolat, alcoolémie, alcoomètre, alcootest* – ou *alcotest –,* etc.) se prononçaient, pour Littré, avec deux [o]. Aujourd'hui, bien que le parler populaire fasse entendre ce double [o], la tendance est plutôt de prononcer [alkɔl].

ALCOOLIQUE et **ALCOOLISÉ emplois et sens** Une boisson **alcoolique** contient de l'alcool, par fermentation naturelle. Une boisson **alcoolisée** est un liquide additionné d'alcool. Le vin est une boisson *alcoolique ;* un grog est une boisson *alcoolisée.*

ALCO(O)TEST forme et sens Ce mot est passé dans l'usage courant, au sens d'

«appareil servant à mesurer le taux d'alcool contenu dans le sang (surtout dans le cas d'automobilistes en infraction)». La forme **alcotest** avec un seul o correspond à une marque déposée ; le double o est la graphie du Petit Robert. Le Comité d'étude des termes médicaux français a recommandé en 1982, comme terme de remplacement, **éthylomètre.** D'autres penchent pour **éthylotest** : *L'éthylotest s'est avéré positif pour le motard qui roulait à une vitesse excessive dans cette ruelle sinueuse* (*L'Est républicain,* 15 septembre 1992). Mais l'usage populaire a déjà adopté la formule imagée **souffler dans le ballon !**

ALCÔVE genre Fém. : *une alcôve.*

ALÉA emploi et sens «Chance, hasard favorable ou non.» S'emploie parfois au singulier : *Une affaire qui présente beaucoup d'aléa.* Mais le plus souvent au pluriel : *Très renseigné sur les aléas de la profession* (Aymé). *Les aléas de la spéculation (Le Monde).* Malgré sa tendance à prendre une valeur négative, on n'emploiera pas ce substantif au sens de «ennuis, difficultés, pièges», comme dans l'exemple suivant : *Un personnel tout prêt pour parer aux aléas d'une nouvelle grève* (Aragon).

ALÈNE orth. Ne pas oublier l'accent circonflexe. ♦ **genre** Fém. : *une alène.*

ALENTOUR orth. On écrit aujourd'hui en un seul mot **alentour,** qu'il s'agisse de l'adverbe au sens de «aux environs» : *Mais à son jugement il aurait dû se trouver quelque arbre alentour* (Dhôtel), ou du substantif, toujours au pluriel : *Elle reconnut bien les alentours de la station* (Romains). *Le lieutenant général comte Maison qui gouvernait la première division militaire, c'est-à-dire Paris et ses alentours* (Aragon). On ne dit plus **à l'entour de,** si ce n'est dans un contexte très littéraire, mais **aux alentours de** : *Vers les alentours de Noël, le temps se releva* (Giono). *On pouvait situer les explosions [...] aux alentours de la gare et des dépôts militaires* (Labro).

ALEZAN forme Ce mot est variable comme substantif et comme adjectif indiquant la couleur, sauf s'il fait partie d'un adjectif composé : *une jument ale-zane*, mais *une jument alezan clair.* → COULEUR ♦ **sens** «D'un jaune rougeâtre.» Couleur voisine de **bai** (→ ce mot), mais plus claire.

ALGÈBRE genre Fém. : *Cette algèbre rapide qu'on nomme l'esprit du jeu* (Sainte-Beuve).

ALGORITHME orth. et sens On prendra garde à ne pas remplacer le *i* par un *y*, sous l'influence de **rythme,** de même pour l'adjectif **algorithmique.** Ce mot désigne, en logique et mathématiques, un «enchaînement rigoureux de règles opératoires nécessaires à l'accomplissement d'un processus». Le néologisme **algorithmique,** nom féminin, est recommandé par l'arrêté du 27 juin 1989 au sens de «étude de la résolution de problèmes par la mise en œuvre de suites d'opérations élémentaires».

ALIBI emploi et sens Mot latin signifiant «à un autre endroit» et employé dans les tours : **avoir, chercher, fournir, vérifier un alibi.** *Ce suspect a un alibi : il se trouvait, à l'heure du crime, à cent kilomètres de là.*

ALIÉNATION emploi Ce substantif appartient au vocabulaire de la psychiatrie et, plus largement, à celui de la philosophie dialectique. Chez Marx, il désigne plusieurs formes de «négation de l'humain». On évitera donc de galvauder ce mot, pour lequel un engouement suspect se manifeste parfois. ♦ On rencontre le verbe pronominal **s'aliéner (quelqu'un)** au sens de «s'attirer l'hostilité de» : *Des titres cocasses, propres à s'aliéner immédiatement une foule d'esprits médiocres* (Cocteau).

ALINÉA → PARAGRAPHE et GUIDE TYPO.

ALIZÉ orth. Avec un *z* : **un (vent) alizé.** Plur. : **des alizés.**

ALLÉGER conjug. comme accélérer → APPENDICE ♦ **orth.** Avec un accent aigu, comme *lécher.* On écrit **allège** (verbe et substantif) avec un accent grave, mais **allégeance.** Quant au substantif dérivé en *-ment* (qui se prononce plutôt [alɛʒmɑ̃]), l'Académie française admet

les deux orthographes **allégement** et **allègement** dans sa 9ᵉ édition (1986).

ALLÉGREMENT prononc. Tous les mots de cette famille se prononcent avec un [ɛ], bien que cet adverbe et le substantif **allégresse** prennent un accent aigu.

ALLEGRO et **ALLEGRETTO orth.** Lorsqu'ils sont adverbes (de manière), ces termes de musique, comme tous ceux qui sont d'origine italienne *(adagio, andante, lento, moderato),* demeurent inaccentués et invariables : *jouer allegro, allegro assai.* Ils s'écrivent en ce cas en italique. Mais lorsqu'ils sont employés comme substantifs, ils prennent un accent aigu, et naturellement les marques habituelles d'accord : *un allégro de Beethoven. Il n'aimait que les allégrettos.*

ALLÉLUIA orth. et prononc. Avec un accent aigu. On prononce un ou deux [l] et plutôt [u] que [y] : [al(l)eluja]. ♦ **nombre** Plur. : **des alléluias.**

ALLER conjug. Elle est particulièrement délicate, reposant sur trois radicaux complètement différents : **all-, v(a)-, ir-.** → APPENDICE ♦ **orth.** L'impératif **va** prend un *s* devant *y* quand cet adverbe de lieu est complément du verbe aller : *Elle est couchée, dit-il. Vas-y aussi* (Duras). Mais dans certains cas, et notamment lorsque *y* est complément d'un verbe qui suit, on supprime ce *s* : *Va y mettre un peu d'ordre.*

□ **va-t'en.** On met une apostrophe après le *t,* qui représente ici le pronom *te* élidé (et non un *t* euphonique, comme dans : *C'est une association de redoutables va-t-en-guerre).*

□ **aller-retour** ou **aller et retour.** On insère facultativement **et** dans cette locution invariable employée comme adjectif ou comme substantif : *Les enfants n'avaient pas assez d'argent pour payer trois voyages aller et retour* (Cesbron). *Il fait vraiment trop froid pour circuler en Solex, j'ai remisé mon centaure jusqu'au printemps, ne le sortant du garage Pujol que pour l'aller-retour en ville* (Sarrazin).

□ **s'en aller. constr.** Dans les temps composés de **s'en aller,** il est préférable de placer le pronom *en* immédiatement après le réfléchi, plutôt qu'entre le verbe auxiliaire et le participe : *Cet enfant, ah! c'est un peu de moi en vacances et qui s'en est allé courir le monde* (Supervielle). *Mais comme elle n'était pas revenue il s'en était allé* (Duras). Le tour **il s'était en allé**, à l'origine familier, est devenu courant et correct. L'agglutination de **en** et de **aller** a gagné la langue littéraire, surtout dans l'emploi du participe-adjectif : *Quand le docteur se fut en allé* (Daudet). *Et son épaule sentit le froid de cette tête en allée* (Genevoix).

□ **aller + participe présent** ou **gérondif.** Le tour classique, qui marque l'aspect duratif, la continuité, est de plus en plus délaissé au profit de la construction avec **en** (gérondif) : *Les affaires de la maison Coiffard allaient en empirant* (Aymé). On rencontre encore le tour sans préposition dans la langue littéraire : *La rumeur funèbre allait s'éloignant* (Mauriac). *Ils s'en vont trottant vers l'église, bien serrés bras dessus, bras dessous* (Desproges).

□ **aller + complément d'objet.** Le verbe *aller* n'admet de complément d'objet que dans de très rares locutions figées (complément d'objet interne) : *Le projectile, qui va furieusement son chemin, s'est frayé passage* (Duhamel). *Il va son petit bonhomme de chemin.*

□ **aller (pour) faire.** L'infinitif de but est rattaché directement au verbe *aller* : *Elle alla donner un tour de clef à la porte extérieure de la boutique* (Romains). *Pilar n'aurait pas quitté la cathédrale sans être allée baiser le pilier de marbre rouge* (Peyré). La langue populaire insère parfois la préposition **pour** : *J'allais pour le faire, quand il me dit...* En outre, les dramaturges usent fréquemment de cette construction dans leurs indications scéniques : *Marie-Blanche va pour l'embrasser, ne peut pas* (Salacrou). *Elle va pour se prosterner, hésite, toute rouge* (Anouilh).

□ **il (y) va, il en va, il va de soi.** Les constructions impersonnelles du verbe *aller* appartiennent toutes à la langue littéraire : *Mais quant aux objets qui sont œuvres de l'homme, il en va tout autrement* (Valéry). *Il allait de soi, pour Dullin, qu'une pièce valable à ses yeux était également valable pour les spectateurs qu'il estimait* (Salacrou). *Il avait*

compris qu'il allait de son intérêt de se fondre le plus possible avec les bagnards* (Duras). *Réfléchis bien, il y va de ton avenir.*

□ **avoir loin à aller.** Cette façon de s'exprimer est peu satisfaisante au point de vue de la syntaxe : *Après tout, je n'ai pas si loin à aller* (Mauriac). Cette phrase se trouve dans la bouche d'une personne assez « vulgaire ». On dira mieux : *Je n'ai pas un si long chemin à faire.*

□ **aller à** ou **en** ou **dans** (→ les prépositions A, DANS, EN) **emploi et sens** Le verbe **aller** est souvent remplacé par le verbe **être** à certaines formes, surtout composées, dans la langue populaire, mais aussi dans la langue littéraire : *Il y avait trois semaines que Mme de   n'avait été que de son lit à sa chaise longue et de sa chaise longue à son lit* (Vilmorin). *Des cavaliers ont emporté la petite infante, qui n'avaient pas été demander la permission à leurs mamans* (Montherlant). *Qu'est-ce que j'ai été me fourrer là-dedans?* (Aragon). *Ça a été jusqu'à me demander si ce n'était pas moi* (Simenon). Selon Jules Marouzeau, « nous écrivons **je suis allé** et nous disons plus volontiers **j'ai été** ». On admettra donc cet usage, tout en constatant que le passé simple n'appartient qu'à la langue littéraire, de même que pour les autres verbes : *Elle s'en fut à petits pas jusqu'à un distributeur de parfums* (Sartre). *Wazemmes s'en fut jouer son rôle* (Romains).

□ **aller à, aller chez.** → A

□ **allons, allez.** L'impératif s'emploie fréquemment avec une valeur affective, bien éloignée du sens premier du verbe : *Allons, dit Héloïse, vous devenez sérieux* (Vian). *C'est une enfant qui a bien du mérite, allez, elle n'a pas eu la vie gaie* (Morand). Ces emplois sont parfaitement corrects, mais appartiennent surtout au registre familier. Noter l'expression affective **allons donc!**, qui a valeur de dénégation ou de défi.

□ **va pour samedi.** La locution figée **va pour**, signifiant un accord donné sans enthousiasme, relève de la langue familière : *Va pour les deux Piémontais dont on ne parlera plus* (Giono).

□ **il va sur ses soixante-dix ans.** Ce

tour familier n'est pas incorrect et s'emploie le plus souvent pour indiquer qu'on s'achemine vers un âge considéré comme avancé : *Le père Quandieu allait sur ses soixante-dix ans* (Zola). Mais on peut trouver aussi l'expression appliquée à quelqu'un de jeune : *Dame, elle va sur ses quatorze ans* (Proust).

□ **je m'en vais te le dire.** Ce type de construction se rencontre encore dans le registre familier et certains écrivains ne dédaignent pas d'y recourir : *Attendez un instant ; je m'en vais les quérir* (Gide).

ALLERGIE emploi et sens D'origine médicale, ce substantif et ses dérivés sont passablement galvaudés et on peut, dans divers contextes, employer aussi bien **intolérance.** **Allergie** (construit avec **à**) signifie « réaction anormale d'un organisme à un élément extérieur bien supporté par les autres sujets » : *allergie au pollen, aux parfums, etc. Il avait peur des mouches et développait une allergie aux châtaigniers qui limitait ses sorties en laisse entre Limoges et Périgueux* (Desproges). Les acceptions figurées de *allergie* sont pour le moins douteuses. Même remarque pour l'adjectif **allergique (à).**

ALLIER constr. Qu'il soit à la voix active ou à la voix pronominale, ce verbe se construit à peu près indifféremment avec les prépositions **à** ou **avec.** Les distinctions anciennes sont aujourd'hui caduques : *Il s'est allié à ou avec son pire ennemi.* Mais le substantif **alliance** ne peut se construire qu'au moyen de la préposition **avec** : *Son alliance immorale avec l'adversaire d'hier.* → FIANCER, MARIER, MÊLER, etc.

ALLITÉRATION orth. Deux *l* et un *t.* ♦ **sens** « Succession de mots comportant le ou les mêmes phonèmes. » C'est en général un procédé du style poétique ou expressif : *Trois bougres bâfrent le bœuf bourguignon* (Duhamel). *Une discrète taloche de sa maigre main mitainée* (Gide). *Elle sentit sourdre la sueur sous ses gants de suédine* (Champion). « *Maintes manies ramenées du Maine...* » – *allitérations et assonances, ultimes feux* (Fontanet).

ALLÔ orth. Avec accent circonflexe : *Allô !*

ALLONGER et **RALLONGER constr.** Il vaut mieux dire *Les jours s'allongent* que *Les jours allongent. Il fera longtemps clair ce soir ; les jours allongent* (comtesse de Noailles). *Les journées allongent, dit doucement Anne Desbarèdes, à vue d'œil* (Duras). ♦ **sens Allonger,** en emploi transitif, signifie « rendre plus long, sans pour autant ajouter une pièce rapportée » : *allonger une robe.* Au figuré : *allonger un grog* (en y ajoutant de l'eau). Ne se confond pas avec **rallonger,** « rendre plus long en ajoutant une partie » : *rallonger une jupe.* → PROLONGER

ALLUMER emploi Il faudrait dire **allumer la lampe** ou **donner de la lumière** plutôt que **allumer la lumière, l'électricité,** mais l'usage l'a ici emporté sur la logique.

ALLURE et **ASPECT emploi** Le premier est relatif à la manière de se comporter, le second à la manière d'être.

ALLUVION genre Fém. : **des alluvions récentes** (presque toujours au pluriel). *Toutes ces percées sombres que les torrents avaient creusées dans les alluvions caillouteuses de la région niçoise* (Gallo). ♦ **sens** Les **alluvions** sont un dépôt laissé par les eaux des rivières, les **sédiments** sont un dépôt laissé par les eaux marines.

ALMANACH prononc. Employé seul, ce substantif se prononce sans [k] final, au singulier comme au pluriel. Un ou des [almana]. Mais en liaison, au singulier, on peut dire **un almanach-** [k] **-ancien.** Au pluriel, le [k] ne se fait pas entendre : **des almanachs-** [z] **-anciens.**

ALORS prononc. On n'articule jamais le [s] final, même en liaison. La prononciation [alɔʀs] est strictement méridionale. ♦ **emploi et sens** Valeur temporelle, **alors** désigne en principe un point précis du temps dans une période révolue. Il est le pendant, pour le passé, de *maintenant, en ce moment,* pour le présent. Mais **alors** s'emploie fréquemment avec une valeur affective et dans un registre assez familier : *Ah ! çà,* *alors, pour un revenant, c'est un reve-nant !* (Aragon).

□ **jusqu'alors. sens** « Jusqu'à ce moment-là » (dans le passé) : *Ils trouvèrent, en effet, la courbe d'un chemin plus uni que tous ceux qu'ils avaient rencontrés jusqu'alors* (Dhôtel). S'oppose à **jusqu'à maintenant, jusqu'à présent** : *Il avait bien travaillé jusqu'alors*, opposé à *Il a bien travaillé jusqu'à présent*.

ALPAGA genre Masc. : *Il s'habillait d'alpaga gris* (Aragon).

ALPINISTE ou **ASCENSIONNISTE emploi et sens** Ces mots sont pratiquement synonymes, et le premier n'est plus obligatoirement lié aux Alpes. On peut dire qu'*un alpiniste s'est tué au cours d'une ascension dans les Pyrénées*, mais certains préféreront dans ce contexte employer le second substantif.

ALTERNANCE → ALTERNATIVE

ALTERNATIF, -IVE sens Cet adjectif connaît un grand succès dans un contexte de « rénovation idéologico-politique » : il exprime le refus des solutions traditionnelles, considérées comme inefficaces, et la conviction d'apporter une analyse et des propositions neuves : *C'est une habitude qu'il a prise dans une école active où les enfants à cœur d'années se consacraient « à la recherche » plutôt qu'à la grammaire. Suzanne et moi étions des promoteurs ardents de l'école alternative* (Godbout).

ALTERNATIVE et **ALTERNANCE emploi et sens** Le premier de ces deux termes est très répandu dans la langue courante et dans la langue littéraire. Le sens propre est : « Situation dans laquelle on doit choisir entre deux possibilités opposées ». *En certaines situations, il n'y a place que pour une alternative dont l'un des termes est la mort. Il faut faire en sorte que l'homme puisse, en toute circonstance, choisir la vie* (Sartre). *Les deux infirmières savent par cœur les deux termes de l'alternative. Ou bien le cas est désespéré et il n'y a qu'à attendre, ou bien l'interne va dire « allons-y » et tout s'enchaînera mécaniquement* (Guimard). Les deux branches de l'**alternative** conduisent à des abou-

tissements différents, au contraire du **dilemme** (→ ce mot). Mais on constate souvent un glissement de sens, qui fait prendre *alternative* comme un synonyme de **possibilité** : *Il estima que la situation était désespérée. Elle ne lui offrait qu'une alternative : vendre chèrement sa vie avant de succomber* (A. Besson). Cette extension sémantique se rencontre de plus en plus, et même chez de bons auteurs. Un sens ancien du mot est celui de **succession** ; mais on trouve plus souvent aujourd'hui **alternance**, pour désigner le « phénomène qui fait se suivre plus ou moins régulièrement des événements, des saisons, etc. » : *Et je vécus selon une alternance de concentration et de folie* (Perry). *Rien ne résiste à l'alternance des fortes et des faibles* (Valéry). *La route où nous passions le soir avec mon père, et le chemin par où j'allais au petit matin rejoindre l'autobus, ce contraste, cette alternance, ce va-et-vient quotidien furent toute mon enfance* (Cabanis). Là aussi, il se produit parfois une confusion d'emploi entre *alternative* et *alternance* : il faut l'éviter.

ALTERNER constr. Ce verbe est intransitif à l'origine, au sens de « se succéder » : *Des traînées sinueuses alternant avec le jaune de la terre caillouteuse, le vert des oliviers* (Gallo). Mais la construction transitive, utilisée d'abord avec le sens de « faire se succéder (les cultures) par rotation », a gagné du terrain, et s'emploie aujourd'hui dans un contexte beaucoup plus large : *M. Mitterrand alterne promenades et temps de repos à Belle-Île* (Le Monde, 29 septembre 1992). Certains préfèrent en ce cas employer un verbe auxiliaire, et dire ou écrire **faire alterner.**

ALUNIR emploi Création néologique (1921) discutée : *Le véhicule spatial a aluni en douceur à quelques mètres de l'endroit prévu.* On peut très bien dire : *Atterrir sur la Lune, sur Vénus*, etc., car la valeur de **terre** dans ce verbe est assez générale pour pouvoir s'appliquer à n'importe quel sol.

ALVÉOLE genre Traditionnellement masc. : **un alvéole.** *Une abeille ouvrière, cette bestiole misérable, asexuée, construit à la perfection l'alvéole hexagonal,* *merveille de géométrie* (Duhamel). Cependant, on rencontre souvent le féminin, très acceptable puisque c'est le genre initial de ce mot : *Il occupe une alvéole dans la ruche. Qui peut se soucier de lui ?* (Manceaux).

AMADOU forme et emploi Le pluriel est inexistant. ♦ sens « Substance tirée de l'**amadouvier**, et utilisée autrefois pour enflammer de la poudre ou un briquet. »

AMARANTE forme Ce substantif féminin est invariable lorsqu'il est employé comme adjectif de couleur.

AMAS emploi À peu près synonyme de **tas, amas** appartient à un niveau de langue plus élevé. Les écrivains le préfèrent à *tas* quand il n'y a aucune nuance péjorative. Cependant : *Un amas de paperasses encombrait la table* (Martin du Gard). *Tas* est en général plus populaire ou plus familier. → MASSE

AMATEUR forme Aucun féminin n'a pu s'imposer pour cet adjectif-substantif, malgré certaines tentatives : **amateuse** et **amatrice** n'ont pas été jugés viables par le bon usage. On dira : *Elle travaille en amateur ; Ma femme est amateur de peinture moderne.* Mais on ne dira pas : *une amateur.* Tourner par : *une femme qui aime* ou *qui est amateur.*

AMBAGES emploi Seulement dans la locution **sans ambages**, signifiant « sans détours, sans circonlocutions » : *Il lui posa la question sans ambages.* Toujours au pluriel.

AMBASSADRICE emploi et sens Ce féminin est aujourd'hui passé dans la langue, au sens propre et au sens figuré, mais il est toujours possible de n'utiliser que le masculin pour les deux genres : **Madame l'ambassadeur.**

AMBIANT, AMBIANCE sens et emploi **Ambiant** signifie « qui entoure de tous côtés, constitue le milieu dans lequel on se trouve » : *l'air ambiant, la chaleur ambiante.* Par conséquent, ne pas dire *le milieu ambiant*, qui fait pléonasme. L'expression *il y a de l'ambiance*, au sens de « l'allégresse, l'animation est générale », est populaire.

AMBIGU orth. → AIGU ♦ emploi Ne pas employer indifféremment **ambiguïté**, « caractère de ce qui présente deux ou plusieurs sens possibles », et **ambivalence**, « caractère de ce qui comporte deux composantes de sens contraire ».

AMBRE genre Masc. : *de l'ambre naturel.*

AMBROISIE sens « Nourriture solide des dieux de l'Olympe », d'où « nourriture exquise » (Petit Robert). Ne pas confondre avec **nectar**, « nourriture liquide, boisson des dieux ».

AMEN forme Mot hébreu, toujours invariable.

AMÉNAGER → EMMÉNAGER

AMÈNE et **AMÉNITÉ** emploi et sens Ces deux mots ont un caractère littéraire et signifient « agréable, aimable, bienveillant », « amabilité » : *Les bouquinistes lui semblaient des personnages redoutables, cerbères défendant leur bien plutôt que présentateurs amènes de nourritures spirituelles* (Queneau). *Mathieu ne répondait pas, il regardait sans aménité ce visage rose et frais de tout jeune homme* (Sartre). On trouve **aménité** employé surtout avec les prépositions **avec** et **sans**, assez peu autrement.

AMENER et **APPORTER** emploi et sens Le premier verbe implique un contact avec le sol et le second l'absence de contact ; cette règle est souvent enfreinte dans l'usage courant : « *Amène-la.* » *Mathieu lui apporta la photo* (Sartre). *Les vêtements qu'il prendrait tout à l'heure et qu'il n'avait pas voulu amener à la maison* (Giraudoux). *Il avait amené avec lui un téléviseur portatif qui ballotait au bout de son bras* (Échenoz). Il y a sans doute dans ce dernier exemple le souci d'éviter la répétition du radical *port-*. Seul est vraiment correct un emploi comme le suivant : *Il a fallu presque forcer ce garçon, le prendre au gîte pour l'amener au cabaret* (Mauriac). Même remarque pour les contraires **emmener** et **emporter**. Au figuré, on notera que la distinction entre les deux verbes **amener** et **apporter** est beaucoup plus malaisée. On dit : *apporter des arguments dans un débat*, mais : *une conclusion bien amenée. Un* *mot plus vif qu'un autre amena l'alga-rade* (P. Jardin). *La victoire amène la puissance. La puissance amène la richesse. La richesse amène les loisirs* (Cavanna).

□ **s'amener emploi** Ce verbe, à la voix pronominale, a le plus souvent un caractère familier : *Celui-ci s'amenait peu après midi, à l'heure où finissait le déjeuner* (Gide). *Et puis l'automne s'amena avec l'hiver dans les tiroirs de novembre* (Godbout).

AMERRIR orth. Deux *r*. L'orthographe **amérir**, plus logique, est abandonnée.

AMÉTHYSTE orth. Ne pas oublier *h* ni *y*. ♦ **genre** Fém. : *une améthyste.*

AMI constr. On rencontre parfois ce mot postposé, comme adjectif, dans un style littéraire archaïsant : *La conviction qu'il existait des lieux étrangers à tout ennui, où peut-être il retrouverait une Edmée amie, un oncle ami* (Dhôtel). Ce tour paraît aujourd'hui assez affecté.

AMIABLE sens Doublet de **aimable**, employé seulement sous la forme **à l'amiable**, c'est-à-dire « par voie de conciliation, et non de procès » : *un règlement à l'amiable.*

AMIANTE genre Masc. : *L'amiante est fibreux.*

AMIDONNER et **EMPESER forme** Les dérivés de **amidon** s'écrivent tous avec deux *n*. ♦ **emploi et sens** Ces deux verbes sont à peu près équivalents : *Cette chemise a été empesée* ou *amidonnée.* Mais le premier ne se rencontre qu'au sens propre de « raidir avec de l'amidon », tandis que le second peut avoir une acception figurée : *Il me semble que je suis protégée de l'ennui par un maillot empesé de chagrin* (Vilmorin).

AMMONIAC, -AQUE orth. Adjectif : **gaz ammoniac, solution ammoniaque.** Substantif : **de l'ammoniac** (gaz); **de l'ammoniaque** (solution).

AMNISTIE et **ARMISTICE emploi et sens** Amnistie signifie « acte du pouvoir législatif prescrivant l'oubli officiel d'une ou plusieurs infractions à la loi et annulant leurs conséquences pénales » : *En 1880, la Chambre des dépu-*

tés vota une amnistie pour tous les Communards condamnés après mai 1871. **Armistice** (nom masculin) signifie « convention conclue entre les belligérants, afin de suspendre les hostilités » : *Chaque année, le 11 novembre, la France commémore l'armistice de 1918.* La confusion est fréquente dans l'usage populaire et dénoncée par les grammairiens : *Évidemment il y a des amnisties tous les ans et d'armistices (Dieu merci) pas plus que de guerres* (Thérive).

AMOLLIR et **RAMOLLIR orth.** Noter les deux *l*. ♦ **emploi** Ces deux verbes sont presque synonymes, mais le second est plus usité, peut-être parce que plus expressif. Le premier est transitif, le second s'emploie transitivement et intransitivement. La ménagère dira : *Mon gâteau a ramolli.* Les deux verbes s'emploient aussi à la voix pronominale : **se ramollir,** au sens propre, **s'amollir,** plutôt au sens figuré.

AMORAL et **IMMORAL** Amoral signifie « qui se tient à l'écart de la morale, n'a pas de rapport avec elle » : *James Bond, jugé d'après les critères puritains, ou victoriens, est complètement amoral* (Maurois). Il est souvent confondu à tort avec **immoral,** « contraire à la morale » : *un personnage amoral* et *un livre immoral.*

AMOUR genre Toujours masculin au singulier. Au pluriel, il est souvent masculin : *Ils sont là, c'est notoire / Pour accueillir quelque temps les amours débutants* (Brassens). *Quatre années de solitude, d'amours dissimulés ou d'amours manqués* (Labro). Mais dans la langue soutenue et littéraire, il n'est pas rare de trouver le féminin (archaïsme) : *Elle rejoignait toutes ses autres amours, depuis son adolescence* (Mauriac). *Il y a eu des romanciers heureux qui ont su nous toucher au récit de certaines amours* (Aymé). *Un bijou qui devait lui rapporter l'écho de ses premières amours* (Vilmorin). *Ô mes amours si imparfaites, si précieuses d'être imparfaites, quand saura-t-on vous conjuguer à tous les temps?* (Allen). Bien entendu, quand il s'agit de désigner des représentations artistiques du dieu de l'amour, le substantif

est toujours masculin : *des amours jouf-flus* (parfois avec un *A* majuscule). →
DÉLICE et ORGUE

□ **pour l'amour de Dieu.** emploi et sens
Expression figée, qui signifie « je vous
en prie instamment », ou bien « de façon désintéressée, bénévole, pour
rien », suivant le contexte.

AMPÉLOPSIS genre Masc. : **un ampé-lopsis.**

AMPHI- orth. Tous les mots formés sur
ce préfixe prennent un *i* et non un *y* :
un amphithéâtre.

AMPLITUDE et **AMPLEUR** emploi et
sens Amplitude n'a guère que des sens
techniques (astronomie, physique, météorologie) alors que **ampleur** s'emploie de façon beaucoup plus générale : *l'ampleur d'un projet, d'une
catastrophe*, etc., mais *l'amplitude des
oscillations d'un pendule.*

AMYGDALE prononc. La prononciation
sans [g], naguère considérée comme
familière, tend à l'emporter sur celle
qu'indiquait Littré (et encore Thomas) : [amigdal]. ♦ genre Fém. : **des amyg-
dales gonflées.**

AN et **ANNÉE** typogr. *L'an 12 de l'hégire,
l'an 800 après Jésus-Christ*, mais *l'an II
de la République, l'an mille.* → GUIDE
TYPO. ♦ emploi et sens An a un caractère
plus abstrait, et souvent plus ponctuel
que son « synonyme » **année.** Il s'emploie presque toujours sans qualification, sauf dans des expressions figées :
bon an mal an, au gui l'an neuf, etc. On
notera que **année** s'emploie souvent
pour insister sur la durée, sur l'écoulement du temps, tandis que **an** marque
plutôt la date, donc à l'occasion l'âge,
etc. : *Nous, depuis deux ans qu'on est ici,
on n'arrive pas à s'y retrouver* (Vian). *Et
c'est ainsi que peu à peu, difficilement,
deux années passèrent au square La-
borde* (Supervielle). Duhamel écrit : *À
mon sens, l'année, c'est le contenu d'un
an. Je dirai : Il est mort à l'âge de cinquante ans. Il avait passé à Paris dix
ans de sa jeunesse.* Cependant, des
facteurs rythmiques ou euphoniques
s'ajoutent à ces facteurs de sens : on ne
peut guère dire *tout l'an, tant d'ans, il y
a quelques ans, l'an suivant.*

□ **adjectif cardinal ou ordinal :** On ne
peut plus dire, comme au temps de Villon, **en l'an trentième de mon âge,**
mais seulement **au cours de ma trentième année.** On notera que le tour **les
années trente** s'emploie uniquement
pour désigner approximativement une
période décennale, une époque.

ANACHORÈTE prononc. *ch* se prononce [k]. ♦ sens C'est un synonyme
d'**ermite,** « moine solitaire » : *Las d'une
vie trop facile, il traversa les mers et les
terres pour s'établir, priant beaucoup,
subsistant de peu, prodiguant le bien,
sur la rive droite de ce qu'on appelait
alors la Vallée ténébreuse. L'anachorète,
afin de se mieux faire oublier, prit le
nom de Victorinus* (Colombier). Ne pas
confondre avec **cénobite,** « moine vivant en communauté ».

ANACHRONISME emploi et sens « Confusion entre des dates ou des époques
différentes. » En art et en littérature,
cela consiste à tenir pour contemporains des personnes ou des événements qui ne le sont pas : *commettre un
anachronisme.* Ne pas confondre avec
archaïsme.

ANACOLUTHE sens C'est le nom savant (féminin) de la rupture de
construction. En voici un exemple
assez frappant : *Le chien Marcel, quand
il se frottait à moi, je ne ressentais pas
cette singulière défiance que m'inspirent
les femmes* (P. Jardin). Le nom *chien* ne
joue aucune fonction grammaticale
dans l'ensemble de cette phrase. Acceptable dans un style parlé et quotidien, ce type de tournure est à éviter
dans la langue soutenue.

ANAGRAMME genre Fém. : **une anagramme.** ♦ sens « Mot obtenu par transposition des lettres ou des sons d'un
autre mot » : *mare* se transforme, par
anagramme, en *rame.* Adjectif correspondant : **anagrammatique.** *Alcofribas
Nasier* est le pseudonyme anagrammatique de *François Rabelais.* Voici un
exemple moderne de pseudonyme
formé par anagramme : *Je l'ai expédié
aux éditions Madrigall* (Sarrazin). On
reconnaît ici le nom propre *Gallimard.*

ANALOGIQUE constr. On dit **analogique de,** et **analogue à.** La construc-

tion courante, mais critiquée, « se rappeler de », est analogique de celle du verbe « se souvenir ». → RAPPELER

ANALOGUE sens « Qui a une certaine ressemblance, comparable, voisin. » Ne pas confondre avec **identique** : « parfaitement semblable ». *Les victimes d'une passion analogue à celle que décrivent les poètes* (Vailland). *N'était-ce pas une plénitude changeante, analogue à une flamme continue?* (Valéry).

ANALPHABÈTE et **ILLETTRÉ** sens Ces deux mots sont aujourd'hui pratiquement synonymes : « ne sachant ni lire ni écrire ». *Pour le désespoir du père Justo, cet analphabète de Tío Andrès estropiait tous les noms* (Peyré). Mais **illettré** peut parfois signifier, par hyperbole, « dépourvu de culture littéraire » : *La cérémonie qu'il réservait aux illettrés, aux ouvriers* (Sarrazin).

ANANAS prononc. Le *s* final ne doit pas se faire entendre.

ANARCHIQUE et **ANARCHISTE** emploi **Anarchique**, adjectif, est relatif à un principe de liberté ou, dans un sens péjoratif, au désordre ; **anarchiste**, adjectif et substantif, à la doctrine anarchiste.

ANATHÈME genre Masc. : **un anathème**. Le verbe correspondant est **anathématiser**.

ANCÊTRE forme S'emploie surtout au pluriel : *Ce n'est pourtant pas que les ancêtres de Mme d'Orgel se fussent donné le moindre mal* (Radiguet). Le féminin **une ancêtre** est très rare (on emploie alors plutôt *aïeule*). Au singulier, le mot prend une valeur dédaigneuse, et même péjorative : *Vous profitez de ce qu'un ancêtre a trahi, dit le Ouapiti* (Vian).

ANDANTE prononc. Soit à la française [ɑ̃dɑ̃t], soit à l'italienne [andante]. Même remarque pour le diminutif **andantino**. ♦ forme Plur. : *des andantes*. → ALLEGRO

ANDROGYNE, HERMAPHRODITE genre Ces deux mots sont du masculin, quand ils sont employés comme substantifs. ♦ sens « Qui présente les caractères des deux sexes. » En médecine, bien que d'aspect féminin, **l'androgyne** est en réalité un homme.

ANESTHÉSIANT et **ANESTHÉSIQUE** sens Ces deux mots sont pratiquement synonymes, mais le premier se rencontre surtout comme adjectif : *un produit anesthésiant*, alors que le second est plus répandu comme substantif : *Le blessé est en ce moment sous l'effet d'un anesthésique.*

ANÉVRISME orth. On n'écrit plus guère *anévrysme*, avec un y. ♦ sens « Poche qui se forme par altération d'une paroi artérielle. » On dit : *Mourir d'une rupture d'anévrisme*, et non **d'un anévrisme.*

ANGE genre Toujours masculin, même s'il s'agit d'une femme : *Martine est un ange de douceur.*

ANGIOME orth. Sans accent circonflexe sur le *o*, malgré la prononciation [o]. ♦ genre Masc. : **un angiome**. ♦ sens « Agglomération de vaisseaux sanguins ou lymphatiques réalisant une tuméfaction » (Petit Robert).

ANGLAIS (MOTS) forme On hésite souvent entre un pluriel francisé, avec le *s* final, et un pluriel respectant les formes de l'anglais : **des barmans** ou **des barmen**. Il n'y a pas de règle stricte. Cependant : *barman, clergyman, gentleman, policeman, recordman, sportsman* changent en principe -man en -men au pluriel. *Baby, bobby, dandy, grizzly, lady, whisky* changent le -y en -ies : *Une suffragette célèbre sur les barricades [...] affrontant avec courage bobbies et quolibets* (Godbout). En français, le -s de ces pluriels en -ies ne se prononce pas. *Box, match, miss, sandwich, scotch* font *boxes, matches, misses, sandwiches, scotches.* À noter encore que dans les mots composés empruntés à l'anglais le dernier terme seulement prend la marque du pluriel : *des* **one-man-shows**. → GUIDE TYPO.

ANGORA forme Adjectif quand il désigne certaines races d'animaux qui se distinguent par leurs poils longs et soyeux. Substantif en parlant du chat : *une chatte angora, un bel angora.* ♦ Le mot est invariable en genre, et prend un *s* au pluriel.

ANGSTRŒM ou **ANGSTRÖM** emploi Unité de mesure ; symbole **Å**. ♦ orth. On conseillera l'orthographe **angstrœm**, la graphie **ö** (avec tréma sur le *o*) n'étant pas répandue en français.

ANGULAIRE et **ANGULEUX** sens Angulaire : « qui forme un ou plusieurs angles. » Anguleux : « qui présente des angles aigus », d'où l'acception figurée dans le sens de « difficile ».

ANICROCHE genre Fém. : **une anicroche.** ♦ emploi Surtout dans l'expression familière **sans anicroche**, généralement au singulier.

ANIS prononc. En principe [ani], mais la prononciation méridionale, qui fait entendre le *s* final, gagne du terrain.

ANNALES forme Ce substantif féminin n'a pas de singulier.

ANNAMITE emploi Pour des raisons historiques, ce substantif-adjectif tend à disparaître, supplanté par **vietnamien**. Mais le terme demeure dans la terminologie linguistique : *la langue annamite*.

ANÉANTIR → ANNIHILER

ANNÉE → AN

ANNEXÉ (CI-) → JOINDRE

ANNIHILER et **ANÉANTIR** orth. Deux *n* à **annihiler**, un seul à **anéantir**. ♦ emploi Anéantir signifie « réduire à néant », tandis qu'annihiler a un sens plus abstrait et s'emploie surtout dans le langage de la psychologie, de la métaphysique, de la jurisprudence.

ANNIVERSAIRE emploi Ne pas dire *commémorer un anniversaire* qui fait pléonasme, mais *fêter* ou *célébrer un anniversaire* (ou bien *commémorer un événement, une naissance, une mort*) : *Aujourd'hui, un an jour pour jour qu'il s'en est allé, mes frères, qui non seulement croient en Dieu, mais aussi en l'Église apostolique et romaine, font célébrer une messe pour cet anniversaire* (P. Jardin). → COMMÉMORER

ANNONCEUR emploi et sens Ce mot relativement ancien (XVIIIᵉ s.) désignait « le comédien chargé d'annoncer le spectacle ». On l'emploie aujourd'hui pour désigner « celui qui fait passer une annonce dans un journal », ou « celui qui lance une émission publicitaire », ou encore « celui qui présente une émission à la radio ou à la télévision ». Il remplace avantageusement l'anglicisme **speaker** (→ ce mot), d'autant mieux que « l'homme de radio ou de télévision » est appelé en Angleterre *announcer*. Mais ne pas confondre ces mots avec **commentateur** ni avec **animateur**.

ANNUITÉ sens « Paiement fait chaque année. » Ne pas le prendre au sens de « durée d'une année ». Ne pas le confondre avec **annualité**, qui désigne de façon générale ce qui est annuel.

ANOBLIR et **ENNOBLIR** orth. Un seul *n* dans **anoblir.** ♦ sens et emploi Ce mot signifie « conférer un titre de noblesse », tandis qu'**ennoblir** signifie « rendre noble » (au figuré) : *Sa famille a été anoblie dès le XVᵉ siècle*, à côté de : *L'expression d'angélique dureté qui ennoblit les visages enfantins* (Colette). *L'artère principale, taquinée çà et là par une ruelle transversale, ennoblie par quelques boutiques* (Colombier). Mais on emploie parfois, à tort, le premier verbe pour le second : *C'était quelqu'un malgré tout, puisque la gêne anoblit même la turpitude* (Gourmont).

ANOMAL sens Se dit en grammaire d'une forme ou d'une construction qui présente un caractère aberrant par rapport à un type ou à une règle, sans être incorrecte ou anormale : *une terminaison anomale*. **Anormal**, en revanche, implique un écart non réglé, arbitraire, excessif, par rapport à la norme, à la moyenne : *Ma voiture fait un bruit anormal*. On remarquera que **anomalie** sert de substantif pour les deux adjectifs ci-dessus, **anormalité** n'étant pas encore répandu dans l'usage : *Toutes les explications que je cherchais à cette anormalité, c'est une jalousie qui les fournissait* (Radiguet).

ANONYMAT et **INCOGNITO** emploi *Garder l'anonymat* a définitivement supplanté la vieille expression *garder l'anonyme*, employée encore par Baudelaire. Ne pas confondre l'adjectif **anonyme** («qui n'est pas nommé par son nom»), ou le substantif **anonymat**, avec le mot **incognito**, qui est tantôt adverbe *(circuler incognito)* tantôt substantif *(garder l'incognito)*, et désigne l'état de celui qui ne veut pas se faire reconnaître.

ANONYME et **APOCRYPHE sens** Anonyme signifie «dont on ignore l'auteur» ou «dont l'auteur a caché son nom» : *Il est toujours désagréable de recevoir des lettres anonymes* (Duhamel). *Une lettre anonyme, un auteur anonyme*. Ne pas confondre avec **apocryphe**, «d'une authenticité au moins douteuse» : *Sa vie aventureuse a prêté à des mémoires apocryphes fabriqués de son vivant* (Sainte-Beuve).

ANORMAL → ANOMAL

ANTAGONISTE sens Adjectif : «opposé, contraire». Substantif : «rival», et par extension «adversaire». Ne pas confondre avec **protagoniste**, personnage qui joue le premier rôle, ou l'un des premiers rôles, dans une pièce, ou, au figuré, dans une affaire.

ANTAN sens Vieux mot signifiant «l'année précédente», mais souvent employé aujourd'hui, même par de bons écrivains, au sens de «jadis, autrefois» : *La maison-palais fut réintégrée dans ses fonctions primitives. [...] L'ordre d'antan reprit ses droits* (P. Jardin). ♦ **emploi** Est toujours précédé de la préposition **de** : *les neiges d'antan. Moi mes amours d'antan c'était de la grisette* (Brassens).

ANTÉCÉDENT → ANTÉRIEUR

ANTÉPÉNULTIÈME → PÉNULTIÈME

ANTÉRIEUR et **ANTÉCÉDENT emploi et sens** Priorité vague et indéterminée, à la différence de **précédent**, «immédiatement antérieur» : *À l'heure où va finir pour elle cette longue nuit antérieure à la naissance* (Claudel). *Plus* ou *moins antérieur* ne peut se dire, mais on trouve *très antérieur* chez de bons auteurs. En effet, le fait ou l'acte **antérieur** peut être plus ou moins éloigné de l'instant présent (d'où également : *de*

peu antérieur). **Antécédent** est employé en grammaire (adjectif ou substantif : *un mot antécédent, l'antécédent du pronom relatif*). Au pluriel, il signifie «actes antérieurs» avec une valeur péjorative : *les antécédents d'un criminel*. → POSTÉRIEUR

ANTHRACITE genre Masc. : *L'anthracite est noir*. → COULEUR

ANTHROPOCENTRISME et **ANTHROPOMORPHISME sens** Le premier substantif signifie «vue consistant à faire de l'homme le centre du monde»; le second, «tendance à concevoir la divinité à l'image de l'homme» (Petit Robert).

ANTI- orth. Les mots composés avec ce préfixe ne prennent pas de trait d'union, sauf lorsque le second élément du mot composé commence par un *i*. On écrira : *anticorps, antialcoolique*, mais *anti-indien*, etc. → GUIDE TYPO. Prennent cependant un trait d'union les mots comportant déjà un trait d'union : *des engins anti-sous-marins*; les noms déposés : *Anti-froiss*; divers noms géographiques : *Anti-Liban, Anti-Atlas, Anti-Taurus*. Les formations occasionnelles prennent également le trait d'union : *anti-roman, anti-théâtre*, etc. Le préfixe **anti-** est très vivant aujourd'hui pour exprimer l'opposition. Il est moins fréquent avec la valeur d'antériorité (concurrence de **anté-**) : *antigel, antimilitariste* (opposition) en face de *antichambre, antidater* (antériorité). ♦ **forme** L'accord des composés formés avec **anti-** est discuté. Employés comme adjectifs, ils sont invariables : *des phares antibrouillard, des produits antigel*. Employés comme substantifs, ils prennent la marque du pluriel : *des antibrouillards, des antigels*.

ANTICLÉRICAL emploi et sens «Opposé à toute immixtion du clergé dans la politique.» Mais, par extension, l'**anticléricalisme** désigne aujourd'hui une attitude d'hostilité envers le clergé et même à l'égard de la religion. Il vaut mieux conserver la distinction entre **anticlérical** et **antireligieux** : *Un essai d'oppression, de domination anticatholique, prétendue anticléricale* (Péguy).

ANTIDOTE genre Masc. : **un antidote.**
♦ **emploi** On dit *trouver un antidote à*, ou
l'antidote de, mieux que *l'antidote
contre* (pléonasme plus ou moins
perçu) : *L'antidote d'aujourd'hui, destiné à prévenir une inflammation prin-
tanière, se nomme concertation (Le
Monde).*

ANTIENNE prononc. Avec un [t] et non
un [s] : [ɑ̃tjɛn]. ♦ **sens** «Refrain dans la liturgie chrétienne», à l'origine. Le plus
souvent, dans la langue littéraire actuelle, **antienne** est pris au sens de «développement trop souvent répété, ren-
gaine» : *Il n'avait rien fait que de
donner dans un piège grossier, pour
avoir rêvé qu'il savait juger les choses et
se débrouiller honnêtement. C'était toujours la même antienne* (Dhôtel). *Raymond connaît l'antienne et se dit à part
soi : «Cause toujours»* (Mauriac).

ANTIPODE genre Masculin ♦ **emploi**
Souvent au pluriel : *les lointains antipodes. On éprouve parfois comme une
nostalgie de ses antipodes moraux* (Rostand).

ANTIQUITÉ orth. Sans majuscule
quand il désigne des objets anciens :
les antiquités grecques. Prend une majuscule quand il désigne une période
de l'histoire (anciennes civilisations) :
l'Antiquité romaine.

ANTIRACISTE sens Pris parfois à tort
au sens de «hostile à une race». C'est
raciste qui a cette signification. Rappelons que le *racisme* est une théorie de
la hiérarchie des races et de la
croyance en l'existence de races supérieures. On se gardera également de
confondre **antiracisme** avec **antisémi-
tisme**, «hostilité à la race juive», formé
sur *sémite*. Les deux termes sont de
sens contraire. *Antiracisme, antiraciste*
désignent la lutte contre les théories racistes : *Je ne suis pas raciste, je suis
même antiraciste* (Ionesco) → citation à
SACRIFIER

ANTISEPSIE sens «Ensemble des méthodes destinées à prévenir ou
combattre l'infection en détruisant des
microbes» (Petit Robert). Ne pas
confondre avec **asepsie**, «méthode pré-
ventive qui s'oppose aux maladies sep-

tiques ou infectieuses, en empêchant
l'introduction des microbes dans l'organisme» : *Il avait été le premier à introduire à Bordeaux les bienfaits de
l'antisepsie* (Mauriac). Si cet exemple
est parfaitement correct, en voici un
plus discutable, littéraire mais frisant
l'impropriété : *C'était une cave déserte et
antiseptique, sans une ombre* (Sartre).
Sur *asepsie*, on a construit le dérivé
aseptiser. Mais *antiseptiser* n'est pas
employé ; on dira plutôt **désinfecter.**

ANTRE genre Masc. : *un antre profond.*
Ne pas le rendre féminin sous l'influence de *caverne, grotte, cavité*, etc.

AOÛT prononc. Bien que l'usage se ré-
pande, notamment dans les médias, de
prononcer [au], la seule prononciation
correcte est [u]. Le *t* final reste muet.
Mais les dérivés tendent à se prononcer [au-] : *aoûtat*. ♦ **orth.** Accent circonflexe sur le *u* et non sur le *o*.

APANAGE genre Masc. : *un ancien
apanage* ♦ **emploi et sens** Éviter le pléonasme *apanage exclusif*, le substantif
signifiant par lui-même «ce qui est le
propre de quelqu'un ou de quelque
chose» : *Les plaisirs de la vénerie et celui des armes étaient l'apanage des
hommes* (A. Besson). *L'art ne doit plus
être l'apanage d'une élite, il est le bien
de tous* (Rolland).

APERCEVOIR orth. Ne prend qu'un *p*.
♦ **sens** À la voix active, **apercevoir** est un
verbe de perception, mais il est plus rarement suivi d'un infinitif ou d'une
proposition infinitive que, par exemple,
voir : *Il vit le train s'éloigner*, mieux
que : *Il aperçut le train s'éloigner.* On
trouve cependant : *Quand elle l'apercevait venir, elle changeait de direction*
(Jorif).

À PEU PRÈS orth. La locution adverbiale s'écrit sans traits d'union. Le substantif qui en est tiré peut s'écrire *un à
peu près* ou *un à-peu-près*. Mais on préférera l'orthographe *un à-peu-près*,
avec les traits d'union.

APHÉRÈSE et *APOCOPE* sens Il s'a-
git de deux modes d'abrégement des
mots. Les substantifs raccourcis en partant de la fin, comme *ciné*, pour *cinématographe, radio* pour *radioscopie,*

forment **apocope.** Lorsque le début du mot disparaît, il s'agit de l'**aphérèse :** *pitaine* pour *capitaine, scopie* pour *radioscopie*, etc. L'abrégement par apocope ou par aphérèse s'appelle **troncation.**

APHTE genre Masc. : **un aphte.**

À-PIC → PIC (A-)

APLOMB ou **À PLOMB emploi et sens** On ne trouve plus que rarement la locution **à plomb,** en deux mots : *tomber* ou *mettre à plomb* sont supplantés par *tomber* ou *mettre d'aplomb : Joseph qui essayait de remettre d'aplomb le petit pont de bois du chemin* (Duras). *Mais une fusillade d'aplomb creva tout à coup le plafond* (Peyré). On trouve aussi **aplomb** employé comme substantif, soit au sens physique de «verticalité» : *Quelle solidité, quelle rigueur naquirent entre ces fils qui donnaient les aplombs* (Valéry), soit au sens figuré et psychologique de «audace, toupet» : *Non, dit Lazuli, qui mentait avec aplomb* (Vian). → PIC (A-)

APOCOPE → APHÉRÈSE

APOCRYPHE → ANONYME

APOGÉE genre Masculin comme *périgée.* ♦ **emploi et sens** «Point de l'orbite d'un astre ou d'un satellite effectuant une révolution, où cet astre ou ce satellite se trouve à la plus grande distance de la planète autour de laquelle il gravite.» **Périgée** a le sens contraire : «la plus courte distance». On dit au figuré *être à l'apogée de sa carrière : Après Tilsitt, il était à l'apogée de sa grandeur* (Sainte-Beuve). Ne pas dire *au maximum* ou *au summum de son apogée,* qui fait pléonasme. Ne pas confondre non plus avec **apothéose,** «acte de déification, moment de triomphe officiel». On dira *être à l'apogée,* mais *connaître une apothéose.*

APOLOGIE, PANÉGYRIQUE et **ÉLOGE sens** Ne pas confondre **apologie,** «défense écrite d'une personne ou d'une théorie» (*L'Apologie de Socrate*) avec **panégyrique,** qui signifie «éloge officiel» (le *Panégyrique de Trajan*), ni avec **éloge.** Dans l'exemple suivant, Françoise Sagan semble bien commettre cette confusion : *Maître Fleury se lança dans une apologie de l'exactitude, du travail, et termina sa période par un éloge de sa propre patience.* En revanche, ce second exemple est correct : *Ces jeunes gens ont été inculpés de l'apologie des crimes de meurtre, pillage et incendie volontaire* (*Le Monde*). L'adjectif formé sur *apologie* est **apologétique :** *le dessein apologétique de Pascal.* Cet adjectif a été employé comme substantif dans le domaine de la théologie à partir du XIXᵉ s. Ne pas confondre non plus **apologie** et **apologue** (→ le suivant). Curieusement, les théologiens emploient de plus en plus fréquemment **apologète* au sens de *apologiste.*

APOLOGUE sens Ne pas confondre avec **apologie. Apologue** désigne une courte fable : *Le rêve me le prouve sous forme d'actes, d'apologues, de discours* (Cocteau).

«A POSTERIORI» orth. Dans sa graphie latine, ne prend d'accent ni sur le *a* ni sur le *e,* et s'imprime en italique. La tendance actuelle est de franciser : **à postériori.**

APOSTROPHE **genre** Fém. : **une apostrophe.** ♦ **emploi et sens** En grammaire, ne pas confondre l'**apostrophe,** ou le nom placé **en apostrophe,** c'est-à-dire utilisé en quelque sorte «hors phrase», pour interpeller quelqu'un : *Monsieur Lavelongue, vous avez bien fait* (Céline), et l'**apposition,** ou le substantif mis **en apposition,** c'est-à-dire se rapportant à un autre substantif qui peut être sujet, complément d'objet, etc. : *Elles étaient, et elles seules, les liens obscurs qui la reliaient aux puissances du monde dont elle dépendait corps et biens, le cadastre, la banque* (Duras). Dans cet exemple, *elles seules* est en apposition au sujet *elles ; cadastre* et *banque* sont **en apposition à** *puissances.* ♦ **signe typographique :** on emploie l'**apostrophe :** avec *le, la, je, me, te, se, ne, de, que, ce* devant un mot commençant par une voyelle ou un *h* muet ; avec *si* devant *il ;* avec *lorsque* et *puisque* devant *il, elle, en, on, un, une ;* avec *quoique* devant *il, elle, on, un, une ;* avec *quelque* devant *un, une ;* avec *jusque* devant un mot commençant par une voyelle.

APOTHÉOSE → APOGÉE

APPARAÎTRE conjug. Comme *paraître*, *connaître*, en ce qui concerne l'accent circonflexe (→ aussi ACCROÎTRE). → APPENDICE. L'auxiliaire employé est à peu près indifféremment **avoir** ou **être**, mais un souci d'euphonie fait souvent dire *il est apparu*, plutôt que *il a apparu* (→ ACCOURIR) : *Les premiers poteaux étaient apparus sur les bords du Paillon* (Gallo). Aussi, Saint-Exupéry utilise les deux auxiliaires : *C'est ici que le petit prince a apparu sur terre puis disparu ; Lisbonne m'est apparue comme une sorte de paradis clair et triste.* ♦ **emploi** Ne pas confondre avec **paraître** dans le sens de « sembler » (expression fautive : * *Il m'est apparu bien pâle*). ♦ **constr.** L'attribut du sujet se construit soit directement : *Bien des soirs, la mort lui apparut ce qui est le plus simple* (Mauriac), soit précédé de **comme :** *Où était le sérieux, je n'en savais rien, sinon qu'il n'était pas dans tout ceci que je voyais et qui m'apparaissait seulement comme un jeu amusant, ou importun* (Camus). *Les cancéreux honnêtes préféraient quant à eux s'adresser directement aux pontes locaux dont le gâtisme esculapien et la carte du Lion's Club leur apparaissaient comme autant de gages de compétence* (Desproges).

APPAREIL forme Lorsque le pluriel appartient au vocabulaire des marins ou désigne des objets utilisés par les gymnastes, il se forme en *-aux* : **des appareaux.**

APPAREMMENT QUE emploi En tête de phrase, cette locution est correcte, malgré sa ressemblance avec certaines tournures populaires, moins bien admises par le bon usage : *Apparemment que je fais exception à la règle* (Augier). *Apparemment qu'il viendra* (Académie) est lourd, on lui préférera alors la tournure : *Apparemment, il viendra.*

APPARENTÉ constr. Suivi de *à*, et non de *avec*.

APPAROIR → APPERT (IL)

APPAS ou **APPÂTS forme et pluriel** Il s'agit de deux variantes orthographiques, au pluriel, du mot **appât**, qui désigne au sens propre « une amorce fixée sur un piège ou un hameçon et dont se servent les chasseurs et pêcheurs pour attirer le gibier et le poisson ». L'orthographe **appas** ne se rencontre que dans la langue littéraire, pour désigner « les agréments physiques d'une femme, et surtout les seins » : *À mesure qu'elle se peuple, les chanteuses qui défilent arborent de plus en plus d'appas* (Montherlant). *Je nomme la Marne gardienne / O peu chaste de tes appas* (Radiguet). *Détournant son regard des appas pléthoriques de la sirène, il le posa sur la boîte à gants* (Desproges). Cet emploi est archaïsant. Les autres acceptions figurées de ce mot se rencontrent surtout au singulier : par exemple, *l'appât du gain.*

APPELER orth. Toujours deux *p*. Un *l* quand le *e* est muet : *j'appelais, il appela, vous appelez*. Deux *l* quand ce *e* est ouvert : *j'appellerai, nous appellerions, appelle-le*, etc. Même remarque pour les dérivés : **appellation** (mais **appel** avec le *l* final).

APPENDICE prononc. [apε̃dis], et non *[apɔ̃dis]. ♦ **genre** Masc. : *l'appendice caudal.* ♦ **emploi** On devrait dire *opérer de l'appendice*, bien que le plus courant soit *opérer de l'appendicite*. Ce dernier substantif est féminin. En tout cas, ne jamais dire : **On m'a enlevé l'appendicite.*

APPENTIS prononc. [apɑ̃ti] (comme *pente*).

APPERT (IL) emploi et sens C'est la seule forme qui ait survécu du verbe **apparoir**, doublet de **apparaître**, qui ne se rencontre que dans la langue du droit : *Comme il appert à la lecture des lettres produites par l'accusation...*

APPOINTEMENTS forme Toujours au pluriel. ♦ **sens** Équivaut à **salaire**, mais s'emploie surtout pour les salariés du commerce et de certaines industries, les employés de bureau, etc. → SALAIRE

APPORTER → AMENER

APPOSER sens « Poser sur » : *apposer une affiche, des scellés*, etc. ♦ **emploi** Plus restreint que celui du verbe **poser.**

APPOSITION → APOSTROPHE

APPRENANT, ANTE emploi et sens
Comme substantif, ce mot, qui fait pendant à **enseignant,** est couramment utilisé en didactique et a remplacé **enseigné.**

APPRÊTER orth. Avec deux *p* et un accent circonflexe.

APPROCHE emploi Ce substantif se rencontre au singulier et au pluriel, sans grande différence de sens : *à l'approche de la mauvaise saison, aux approches de l'été.* Souvent employé au sens figuré : *les nouvelles approches de la littérature.*

APPROCHER constr. Le plus souvent **approcher** ou **s'approcher** est suivi de la préposition **de.** Mais la construction transitive directe **approcher quelqu'un** s'emploie lorsqu'on veut suggérer que l'on obtient audience auprès d'un personnage relativement haut placé, ou d'un abord peu facile : *J'ai approché de près un certain nombre des hommes les plus considérables de ce temps* (Romains). *Je n'avais pas encore approché un seul maquisard depuis que nous avions vu Antoine partir un matin* (Labro). ♦ emploi Éviter le pléonasme : **Il s'est approché près de moi.*

APPROPRIER (S') constr. *S'approprier quelque chose* est le seul tour correct.

APPROUVÉ orth. et emploi Employé en tête de phrase, dans certaines formules officielles, et dans *lu et approuvé,* cet adjectif demeure invariable.

APPUI- ou **APPUIE-** orth. des mots composés Le pluriel des substantifs composés avec ce préfixe est différent selon que l'on a affaire au verbe *appuyer* avec **appuie-,** qui reste invariable, ou au substantif **appui,** qui prend le *s* du pluriel. La langue hésite du reste entre *appui-bras* et *appuie-bras.* D'où fréquemment un double pluriel : *des appuis-main, des appuie-main.* En tout cas, *main* reste invariable. De même, *des appuis-bras* ou *des appuie-bras, des appuis-tête* ou *des appuie-tête.*

APPUYER orth. Change le *y* en *i* devant un *e* muet : *j'appuyais, j'appuierai.* ♦ constr. Avec **contre, sur, à,** suivant le contexte : *Appuyé au bras de son fils, le docteur était revenu vers la maison* (Mauriac). *La tête, maintenue par l'oreiller, s'y appuie à la fois par la nuque et par la joue droite* (Romains). Mais : *s'appuyer contre un mur, sur une canne.*

ÂPRE → ÂCRE

APRÈS emploi et sens Cette préposition marque la «postériorité dans le temps, dans l'espace, dans le rang» : *Mais je viens après lui* (Valéry). *Sa maison est juste après le tournant.* On constate souvent, sans doute sous l'influence de **près,** un glissement de sens : la préposition peut exprimer l'hostilité ou l'attachement, ou le «contact immédiat avec». On considère généralement ces emplois comme familiers, mais des distinctions sont nécessaires. Les tours suivants, acceptés par Littré ou l'Académie française, ne sauraient être rejetés : *attendre après quelqu'un,* quand on veut insister sur la nécessité ou l'impatience où l'on se trouve : *J'attends après le médecin, après des nouvelles* (Littré). Dans la langue soutenue, on évitera de les employer au sens de «compter sur», comme dans le tour familier : *Je n'attends pas après toi pour finir le mois.*

□ **courir après.** Cette locution est correcte, admise par l'Académie et très répandue à tous les niveaux de langue : *Ce qu'il y avait de plus pénible dans la souffrance, c'est qu'elle était un fantôme, on passait son temps à courir après* (Sartre). *Elle regardait les étoiles se courir après dans le ciel et se rejoindre avec de grands éclairs* (Vian).

□ **crier après.** On dira mieux : *Il passe son temps à crier contre ses gosses* que *après ses gosses,* qui est correct, mais assez familier. De même pour *hurler, râler, s'acharner.* Mais **crier dessus, *crier sur* sont des tours fautifs.

□ **demander après.** Ce tour très ancien est courant dans la langue populaire. Mais malgré la position libérale de Littré, le bon usage actuel ne l'a pas encore admis : *Personne n'a demandé après moi?*

□ **être après (à).** Cette locution est correcte. L'Académie admet *être après à écrire,* en signalant qu'elle vieillit. Mais la tournure se réduit souvent aujourd'hui par l'ellipse de la préposition **à** : *Il est toujours après taquiner ses cama-*

rades. Ce tour n'est pas recommandé, malgré l'exemple suivant : *Elle avait vu un mouton déjà mort, et deux ours qui étaient après le manger* (Hémon). On rencontre souvent **être après,** suivi d'un nom ou d'un pronom complément : *Ils étaient deux après moi* (Aymé). *Oui, monsieur Alain, la jeune dame est après sa voiture* (Colette). Un tour semblable, que personne ne défend, est *chercher après quelqu'un* ou *quelque chose,* qui n'ajoute absolument rien à *chercher quelqu'un.* On dira mieux, si on veut insister : *être à la recherche de.*

□ **après, suivi de l'infinitif.** *Après* ne se construit librement qu'avec l'infinitif passé : *après avoir déjeuné ; après avoir passé l'après-midi à Paris, nous avons repris le train.* Les tours avec l'infinitif présent *(après manger, après déjeuner, après dîner, après souper, après boire)* sont des exceptions.

□ **et puis après.** Cette locution pléonastique est très répandue, soit dans un contexte interrogatif : *Et (puis) après?,* soit dans un contexte affirmatif : *Et puis après, je m'en irai. Puis, après, comme moi, souffre et meurs sans parler* (Vigny). La même construction se rencontre avec **ensuite** (→ ce mot).

APRÈS-DÎNER et **APRÈS-DÎNÉE** forme Le premier mot est masculin, et fait au pluriel : **des après-diners.** C'est le plus courant. Le second mot est féminin *(une après-dînée, des après-dînées),* et d'emploi désuet.

APRÈS-GUERRE genre Indifférent : **un** ou **une après-guerre.** *Un industriel allemand, nommé Herman Fugger, qui a fait fortune dans l'immédiate après-guerre en vendant du matériel de camping* (Perec). Le masculin semble aujourd'hui l'emporter.

APRÈS-MIDI genre Masculin. Le mot était féminin jusqu'à la septième édition du *Dictionnaire de l'Académie* (1878). On trouve encore le féminin chez certains auteurs : *J'ai tourné le dos à la petite communauté, persuadé que j'oublierais aussi rapidement cette après-midi que les indigènes oublieraient Mme Duval* (Colombier). Invariable au pluriel : *Que d'après-midi perdus à cette place, le cœur malade à force*

de fumer (Mauriac). *Le vent tiède est presque une fraîcheur après le torride après-midi dans le faubourg écœurant de chocolat* (Aragon). ♦ Ne pas confondre le substantif **après-midi** (avec un trait d'union) et la construction libre, en complément circonstanciel, **après midi,** sans trait d'union.

APRÈS QUE constr. Cette locution conjonctive se construit régulièrement avec le passé antérieur de l'indicatif (moins bien avec d'autres temps du même mode) : *Après qu'il fut sorti, après que nous eûmes déjeuné. Après que les gendarmes eurent fait évacuer la salle, il avait dû se réfugier au poste de police* (Guilloux). *Le 15 mai, une semaine après qu'Adeline Serpillon eut rendu à qui de droit son âme ratatinée, Catherine [...] sonnait de bon matin à la porte d'Alain Bonillé* (Desproges). **Après que,** construit avec le passé composé, indique souvent une valeur répétitive : *Beaucoup ne saluent plus cette femme, même après que la fausseté de l'histoire a été démontrée* (Gerber). **Avant que** étant régulièrement suivi du subjonctif, on finit par construire, par analogie, *après que* et *avant que* avec le même mode : *Après qu'ils se fussent présentés l'un à l'autre* (Aragon). *Deux ans après que j'aie raconté les avatars et la rupture d'une amitié* (Beauvoir). *Après que Ruaux les ait dûment prévenus de l'expérience* (Bazin). *Une seconde après que le Christ soit revenu dans toute sa gloire* (Cesbron). *Après que nous ayons bu* (Pons). *Après qu'il ait été blessé* (Mauriac). *Après que nous ayons bien ri* (Vialar).

APRÈS-SKI orth. Avec un trait d'union. ♦ Plur. : **des après-skis.**

« A PRIORI » orth. Sous la forme latine, s'imprime en italique. Le substantif, **un « a priori »,** ne prend pas de trait d'union : *Le seul a priori, pour la science, est le postulat d'objectivité* (Monod). → A POSTERIORI ♦ Dérivés : *apriorisme, apriorique,* en un seul mot.

À-PROPOS orth. Deux orthographes à distinguer : pas de trait d'union dans **à propos de,** mais un trait d'union dans **esprit d'à-propos.**

APURER sens « Reconnaître un compte exact après vérification des pièces justificatives et en donner quitus au comptable. » Ne pas confondre avec **épurer**, « rendre pur par élimination » (→ AFFINER). Les deux dérivés sont de formation différente : **apurement**, mais **épuration**.

AQUACULTURE ou **AQUICULTURE forme et sens** Les deux formes sont acceptables, pour désigner soit l'élevage des animaux aquatiques, soit la culture des plantes aquatiques. On rencontre également le substantif *aquaculteur* ou *aquiculteur* et l'adjectif *aquacole* ou *aquicole*, « qui vit dans l'eau » ou « qui se rapporte à l'aquaculture ».

AQUAPLANING forme et sens Cet anglicisme, qui a le sens de « perte d'adhérence d'un véhicule due à la pluie », peut être facilement francisé en **aquaplanage** (recommandation officielle par arrêté du 5 octobre 1984).

AQUATIQUE sens « Qui croît, vit dans l'eau ou au bord de l'eau » (Petit Robert). Ne pas confondre avec **aqueux**, « qui est de la nature de l'eau ou qui contient de l'eau » : *Une plante aquatique*, mais *un fruit aqueux*.

À QUIA prononc. [akyija] avec *u* prononcé. ♦ **emploi et sens** Locution empruntée au latin, « à court d'arguments » : *mettre, réduire à quia* (avec accent).

ARABLE emploi et sens Ne se trouve que dans l'expression **terres arables**, c'est-à-dire « labourables, cultivables ». Rapprocher **instruments aratoires**, « qui servent à labourer », mais ne pas confondre les deux adjectifs.

ARACHNÉEN prononc. Avec un [k] : [arakneɛ̃].

ARBRE constr. On peut dire **monter sur** ou **dans un arbre**, mais on proscrira : **monter après un arbre*.

ARCANE genre Masc. : *les mystérieux arcanes*. ♦ **sens** « Préparation mystérieuse des alchimistes. » Par extension, « mystère, secret », surtout au pluriel : *Le lecteur qui n'est pas initié aux arcanes de l'herméneutique…* (Le Bidois). ♦ **forme** Rare au singulier : *Le peintre doit forcer l'arcane de la nature* (Perry).

ARC-BOUTANT, (S')ARC-BOUTER prononc. Sans [ə] intercalé : [aʀkbutɑ̃]. Plur. : **des arcs-boutants**.

ARC-EN-CIEL forme et prononc. Au pluriel, **des arcs-en-ciel**, mais la liaison ne se fait pas : [aʀkɑ̃sjɛl].

ARCH- prononc. Pour les mots commençant par ce groupe graphique, la prononciation est variable : **archa-** se prononce [k], sauf *archal* [ʃ]. **Arché-** se prononce [ʃ], sauf *archégone* et *archétype* (avec un [k]). **Archéo-** se prononce toujours avec un [k]. Enfin **archi-** se prononce avec un [ʃ], sauf *archiâtre* (avec un [k]).

ARCHI- orth. Pas de trait d'union entre le préfixe et le radical. ♦ **emploi et sens** Préfixe vivant avec une valeur de superlatif, *archibondé, archiconnu*, etc. Ces mots appartiennent à un registre familier : *Les fariboles d'une très vieille religion archimorte* (Cavanna). Avec un sens hiérarchique *(archidiacre, archiduc)*, **archi-** a cessé d'être productif. C'est à l'origine le même mot que le suffixe **-arque** : *monarque*, etc. (du grec *arkhê*).

ARCHIVES forme Pas de singulier dans l'usage courant.

ARÉOLE et **AURÉOLE Aréole**, « cercle qui entoure le mamelon du sein », souvent confondu avec **auréole**, qui ne peut s'employer en ce sens : *Ses tout jeunes seins, très ronds, très petits, très serrés, se couronnaient de grosses aréoles en boule* (Louÿs).

ARÉOPAGE forme Ne pas dire ni écrire **aéropage*, qui n'existe pas. ♦ **sens** À l'origine, mot grec : « colline d'Arès » (dieu de la guerre). Pris aujourd'hui au sens de « assemblée de gens compétents » : *Rechercher un consensus au moins tacite pour attribuer à l'aréopage le mérite, la faute ou la responsabilité de la mesure* (Le Monde). Au figuré : *Dans la salle à manger, l'aréopage était au complet* (Bazin).

ARGILE genre Fém. : *de l'argile grise. Cette argile est fine comme l'albâtre et elle peut devenir plus dure que l'acier* (Dhôtel).

ARGOT sens Soit «vocabulaire propre aux malfaiteurs», soit «vocabulaire non technique dont use oralement un groupe social ou professionnel» : *l'argot des étudiants, l'argot militaire.*

ARGUER prononc. Le *u* se prononce comme dans *aiguille* : [aʀgɥe]. ♦ orth. Jamais de tréma sur le *u*. Tréma sur le *e* muet et le *i* qui suivent le radical : *il arguë, nous arguïons.* ♦ emploi Seulement dans la langue soutenue. On dit **arguer de,** c'est-à-dire «déduire une conséquence de quelque chose, en tirer prétexte pour» : *arguer d'un accident pour expliquer un retard.* On trouve également **arguer que,** suivi de l'indicatif.

ARGUS prononc. Au singulier ou au pluriel, le *s* final se prononce toujours : [aʀgys]. ♦ orth. Pas de majuscule : **un argus.**

ARGUTIE prononc. [aʀgysi] et non [aʀgyti].

ARIA sens Au masculin, **aria** signifie «embarras, ennui». Surtout au pluriel. Ne pas confondre avec **aléa** (→ ce mot). Au féminin, c'est un terme de musique, emprunté à l'italien.

ARIEN → ARYEN

ARMES ou **ARMOIRIES** emploi et sens Le premier substantif signifie «symboles représentés sur l'écu et formant le blason d'une famille ou d'une ville», «signes héraldiques». Les **armoiries** (pas de singulier) sont l' «ensemble des emblèmes symboliques qui distinguent une famille (pas nécessairement noble) ou une collectivité». Ces deux mots sont pratiquement synonymes. On emploiera de préférence **armoiries** lorsque **armes** pourrait introduire une ambiguïté : *la science des armoiries* (ou *héraldique* → ce mot) est clair ; *la science des armes* est ambigu.

ARMISTICE genre Masc. : **un armistice.** → AMNISTIE

ARÔME orth. L'accent circonflexe sur le *o*, correspondant à la prononciation du *o* fermé, n'est exigé que depuis 1932 (*Dictionnaire de l'Académie*). Littré l'ignorait encore. Les dérivés ne prennent pas l'accent et se prononcent

avec un *o* ouvert : *aromate* [aʀɔmat], *aromatique.*

ARPÈGE genre Masc. : **un arpège.**

ARRACHER orth. Locutions : *à l'arraché,* sans *e* final ; *d'arrache-pied,* avec trait d'union. Composés avec *arrache-* : *un arrache-clou, des arrache-clous ; un arrache-moyeu, des arrache-moyeux ; arrache-portes* (invariable) ; *un arrache-tuyau, des arrache-tuyaux.* Tous les mots composés avec **arrache-** prennent un trait d'union. Le premier élément ne prend jamais de *s* dans les mots au pluriel.

ARRÉRAGES forme Pas de singulier. ♦ sens «Montant dû d'un revenu, d'une rente» : *demander des arrérages.* Ne pas confondre avec le substantif **arriéré,** «dette échue non payée et qui reste due» : *acquitter l'arriéré d'une dette.*

ARRÊT emploi *Attendre l'arrêt complet du train* est une expression qui fait pléonasme, mais qui est passée dans la langue courante de façon irréversible.

ARRÊTER DE emploi On considère souvent comme familière et peu correcte cette construction, analogique de **cesser de.** Elle apparaît le plus souvent en phrase négative ou après l'impératif : *Il n'arrête de pleuvoir* (Léautaud). *La pluie n'arrêtait de tomber qu'à de rares intervalles* (Carco). *La première fois que sa mère l'avait conduit à l'école, Antoine n'avait pas arrêté de parler pendant tout le trajet* (Weyergans). *Arrête de m'embêter !* Même construction avec **s'arrêter** : *La neige ne s'était pas arrêtée de tomber parce que c'était dimanche, au contraire* (Giono). Dans la langue courante, on admet de plus en plus la construction avec **de,** sans doute parce que le verbe **arrêter** a une extension d'emploi plus grande que celle de **cesser.**

□ **arrêter que** est d'usage solennel : «décider après délibération».

ARRÊT et **ARRÊTÉ** (droit). Un **arrêt** est un jugement émanant d'une juridiction supérieure ; un **arrêté,** une décision administrative.

ARRHES forme Pas de singulier. ♦ genre Féminin.

ARRIÉRATION et **ARRIÉRÉ** sens Arriération, terme de psychiatrie, est surtout employé dans l'expression *arriération mentale*, **arriéré** est d'un emploi plus large.

ARRIÈRE forme et emploi Employé comme adjectif, **arrière** demeure invariable : *Un bras mobile de la charrette qui commandait l'orientation des deux petites roues avant, cependant que les roues arrière, plus hautes, étaient fixes* (Gallo).

ARRIÈRE- orth. Tous les mots composés avec **arrière-** prennent un trait d'union : *l'arrière-pays*, *l'arrière-garde*. Le préfixe ne prend jamais de *s* dans les mots au pluriel : *des arrière-pensées, mes arrière-grands-parents*.

ARRIÉRÉ → ARRÉRAGES

ARRIVAGE et **ARRIVÉE** emploi Arrivage ne se dit que pour des marchandises, tandis qu'on emploie **arrivée** lorsqu'il s'agit des personnes : *un grand arrivage de fruits*, mais *l'arrivée des coureurs*, *gare d'arrivage*, mais *ligne d'arrivée*.

ARRIVER conjug. Toujours avec l'auxiliaire *être*. ♦ constr. Après la tournure impersonnelle **il arrive que**, on rencontre soit le mode indicatif, soit le mode subjonctif selon qu'il s'agit de présenter le fait de la proposition qui suit comme réel (même s'il est occasionnel), ou comme simplement possible : *Il arriva que je me sentis malade* (Alain). *Pourtant il arrivait que le docteur ne pût éviter de lui faire une remontrance* (Mauriac). *Il arrive pourtant quelquefois qu'il soit difficile à digérer* (Claudel). *Il arrivait encore parfois qu'elle lui écrivît d'un restaurant ou d'un hôtel* (Proust). ♦ emploi On entend dire parfois, dans la langue la plus usuelle : **Le car n'arrive pas vite*. Or, comme **arriver** marque une action ponctuelle, on ne peut employer avec ce verbe un mot caractérisant cette action comme «lente» ou «rapide». Il vaut donc mieux dire : *Le car est en retard*, ou *a du retard*.

ARROGER (S') constr. → PARTICIPE PASSÉ et APPENDICE. C'est le seul verbe pronominal «proprement dit» dont le pronom réfléchi a une fonction de complément d'objet *indirect* et non *direct*. Il en résulte que son participe passé reste invariable lorsque le complément d'objet direct le suit : *Elles se sont arrogé des droits exorbitants*. L'accord se fait avec le complément d'objet direct lorsque celui-ci précède le verbe : *Les droits qu'elle s'est arrogés*.

ARSENIC prononc. Avec [k] le plus souvent, mais on entend aussi [arsəni]. D'où deux séries de dérivés : *arsenical*; *arséniate, arsénieux*, etc.

ARSOUILLE genre Masc. et fém. : **un** ou **une arsouille**. Sert à désigner dans les deux cas un être de sexe masculin. D'après Littré, substantif féminin : **une arsouille**.

ARTABAN → FIER

ARTÉRITE, ARTHRITE et **ARTHRITISME** sens Artérite, «affection artérielle d'origine inflammatoire» : *souffrir d'une artérite*. **Arthrite**, «affection articulaire» : *avoir une arthrite*. **Arthritisme**, «ralentissement des fonctions nutritives ayant pour conséquence la goutte, le diabète» : *avoir de l'arthritisme*. Ce dernier terme est aujourd'hui considéré comme désuet par les médecins ; il avait une valeur générique et s'appliquait à plusieurs maladies de longue durée et d'origines diverses.

ARTICLE → DE, DU, LE, LA, LES, UN, UNE
L'article qui appartient au titre de l'œuvre prend la capitale : *Elle lisait «Les Feuilles d'automne»*. → GUIDE TYPO.

□ **article partitif**. C'est essentiellement «la préposition **de** détournée de sa fonction habituelle, qui est de marquer un rapport» (Grevisse). Il n'a pas de pluriel, et se limite à des emplois restreints, notamment devant un nom d'objet non numérable, précédé lui-même d'un adjectif ou d'un adverbe de quantité : *manger de bon pain, de mauvaise viande, beaucoup de sucre*. En fait, cette règle est rarement appliquée aujourd'hui et l'article partitif se combine

souvent avec l'article défini : *manger du*
(= **de** + **le**) *bon pain, de la mauvaise
viande.* De même, au pluriel, on dit de
plus en plus *J'ai vu des grandes maisons,* alors que la norme ancienne imposait *de grandes maisons.* Cette norme
se conserve encore assez bien dans la
langue littéraire : *Une interruption de
courant arrêtait les tramways et ils
étaient immobiles au long des boulevards, pareils à de jaunes chenilles pro-
cessionnaires* (Mauriac). Lorsque le
groupe adjectif + substantif forme un
tout pour le sens, on emploie régulièrement **des** et non **de** : *des jeunes gens,
des vieux renards* (fig.); *des gros bonnets, des vieilles femmes adroites et
soupçonneuses* (Maurois), etc. Après **en,**
reprenant un complément antérieur,
on emploie **de** et non **des** : *Des fromages, j'en ai de fameux.* → DU

☐ **partitif après négation.** S'emploie
seulement quand la négation est totale :
*Ne faites-vous jamais de projets d'ave-
nir, mon enfant ?* (Green). On trouve **de**
+ **article défini** quand la négation est
anticipée : *Je n'ai pas de l'argent pour le
gaspiller* (J'ai de l'argent, mais non pas
pour le gaspiller). *Je ne fais pas des affaires pour gagner de l'argent. Je fais
des affaires pour faire des affaires* (Farrère). De même, dans le cas de la
fausse négation (tournure expressive) :
*N'avait-elle point passé des examens,
tout comme un homme ?* (Gide).

☐ **article accompagnant l'apostrophe.**
Dans le style familier, le substantif en
apostrophe est souvent précédé de l'article défini : *L'abbé, ne le faites pas veiller trop tard* (Gide). → APOSTROPHE

☐ **article à la place de l'adjectif possessif.** Lorsqu'un substantif désigne
une partie du corps, l'article est
souvent préféré à l'adjectif possessif :
*j'ai mal à la tête, je me suis coupé le
doigt, elle s'est cassé le bras,* mieux que
ma tête, mon doigt, son bras.

☐ **devant un nom propre.** Question
controversée ; néanmoins, on trouve
l'article défini devant un nom propre
au pluriel, pour évoquer une famille ou
une dynastie : *les Boussardel* (cycle romanesque d'Hériat), *les Rothschild, les
Dumas* (père et fils). Le nom propre
peut toujours, dans ce cas, demeurer
invariable. Devant un nom au singu-

lier, l'article a des valeurs diverses. On
observe par exemple la tradition italienne pour certains poètes : *le Tasse,*
ou pour certains artistes : *le Tintoret,* et
particulièrement les cantatrices : *la
Callas.* Mais il existe aussi des emplois
très différents et fort bien admis dans
notre langue, par exemple devant un
nom propre déterminé : *Le vrai Gauguin, c'est le Gauguin qui décore*
(Sartre), ou lorsque le nom propre est
considéré comme un type : *Des Ralph,
des Bobby, voilà ce qu'on lui laissait*
(id.). *Dante* étant un prénom et non un
nom de famille, on n'écrira pas *le
Dante.* Il en est de même pour *Titien.*

☐ **devant un nom de nombre.** L'article
défini indique une certaine approximation : *vers les deux heures du matin.* Cet
emploi appartient à la langue familière. → DANS, SUR, VERS

☐ **tous deux, tous les deux.** « Au-delà
de 4 jusqu'à 10, on supprime rarement
l'article, au-delà de 10, on l'emploie toujours » (Académie).

ARTIFICIEL et **ARTIFICIEUX** **emploi et
sens** Artificiel, « qui est le produit de
l'activité humaine » (sens objectif) : *le
froid artificiel, la soie artificielle,* ou
« qui ne tient pas compte des caractères
naturels » (sens péjoratif) : *des sentiments artificiels. Un assemblage
d'hommes artificiels et de passions fac-
tices* (Rousseau). **Artificieux** appartient
à la langue littéraire, ne se rapporte
qu'à un humain, et signifie « qui recourt
volontiers à la ruse et à la tromperie » :
*Gilbert suivait avec difficulté cette
conversation artificieuse. L'oncle tentait
vainement de démasquer le chantage de
Chassegrange* (Dhôtel). *Une femme artificieuse, des paroles artificieuses.*

ARTISAN **forme** Pas de féminin dans
l'usage courant.

ARTISTEMENT, ARTISTIQUEMENT
sens Ces deux adverbes ont une signification sensiblement différente. Artiste-
ment précise le rapport à une activité
artistique ou considérée comme telle :
se coiffer, se vêtir artistement. Artistiquement marque moins le rapport à
une activité déterminée. D'après Thomas, le premier suppose plus d'aisance, le second une recherche. *Artiste-*

ment met l'accent sur le résultat; *artistiquement* sur la manière.

ARYEN sens «Type humain considéré par certains racistes (notamment les nazis) comme l'élément pur de la race blanche.» Ne pas confondre avec **arien**, partisan d'une hérésie qui s'appelle l'*arianisme* (refus de la cor.substantialité du Fils et du Père). → ANTIRACISTE

ASCENSIONNISTE → ALPINISTE

ASEPSIE → ANTISEPSIE

ASIATE ou **ASIATIQUE emploi** Le premier mot est toujours substantif et ne s'applique qu'à des humains : *Les Asiates,* roman de Jean Hougron. Le second est soit adjectif soit substantif, et s'emploie plus largement. → CELTE

ASPHALTE genre Masc. : *l'asphalte mouillé.* ♦ **sens** «Revêtement bitumeux.» Ne pas confondre avec **macadam**, «pierre concassée et sable, agglomérés». Le **bitume** est un minéral entrant dans la composition de l'**asphalte**.

ASPHODÈLE genre Masc. : **un asphodèle**.

ASPIC prononc. Toujours avec un [k] final : [aspik].

ASPIRER constr. et sens Avec un complément d'objet direct, ce verbe a le sens concret de «faire venir à soi par dépression» : *Elle aspire à pleins poumons le bon air de la campagne. Cet aspirateur n'aspire pas grand-chose.* Mais le complément d'objet se construit avec la préposition **à** quand le sens du verbe est «viser à, avoir pour but» : *Après avoir tant bourlingué, il n'aspire plus qu'au repos. Il n'aspire qu'à s'en aller d'ici* (Vildrac). On ne dit plus **aspirer de.* ♦ Distinguer **aspirer, inspirer** et **inhaler** : on peut aspirer de l'air, du fluide, de la fumée; mais **inspirer** ne concerne que l'air et le fluide, et suppose plus particulièrement une action involontaire; **inhaler** a une acception médicale (absorption d'un médicament par voie respiratoire), mais son sens s'est banalisé, notamment chez les journalistes.

ASSAILLIR conjug. Verbe irrégulier, classé dans le 3ᵉ groupe, mais possédant au présent de l'indicatif, du subjonctif et de l'impératif le même système de désinences que le 1ᵉʳ groupe → APPENDICE. Attention au futur : **j'assaillirai**, et non **j'assaillerai*.

ASSASSIN forme Comme substantif, **assassin** n'a pas de féminin : *Charlotte Corday, l'assassin de Marat.* On dit plutôt : **la meurtrière**. Comme adjectif, le féminin **assassine** a surtout une valeur figurée : *une œillade assassine, une épigramme assassine.*

ASSASSINAT, CRIME, MEURTRE sens Assassinat : «Homicide volontaire commis avec préméditation» : *Un examen du corps a rapidement montré qu'il y avait eu assassinat* (Romains). Se distingue de **crime** qui a une valeur beaucoup plus générale, et de **meurtre** qui implique bien la volonté de tuer, mais non la préméditation. Dans l'usage courant, ces trois termes sont à peu près interchangeables. *Crime de Quinette,* de Jules Romains, raconte un **assassinat**.

ASSAVOIR emploi et sens On ne confondra pas ce vieux verbe, tombé en désuétude, au sens de «connaître», dans la locution **faire assavoir**, avec **à savoir**, tour qui annonce qu'on va préciser le contenu d'une affirmation : *Tu connais mes deux meilleurs amis, à savoir Philippe et Georges.* On peut dire aussi, simplement, **savoir** : *Il manque à ce plat deux compléments importants, savoir une pointe d'ail et de l'estragon.*

ASSÉCHER et **DESSÉCHER orth.** Avec un accent aigu, tandis que **assèchement** et **dessèchement** prennent un accent grave. ♦ **sens** Assécher, «ôter l'eau d'une rivière, d'un marais, d'une citerne», à ne pas confondre avec **dessécher**, «rendre sec en supprimant l'humidité naturelle». Seul ce dernier verbe a des emplois figurés.

ASSENER orth. Pas d'accent aigu, mais un accent grave devant une syllabe comportant [ə] : *tu assènes, ils assèneront. J'assenais ce maître mot à quiconque me contredisait* (Camus).

ASSEOIR conjug. Irrégulière et double → APPENDICE. ♦ **orth.** Prendre garde au fait que le *e* ne se maintient, devant *-oi*, qu'à l'infinitif : *asseoir*, mais *j'assois, tu assois... j'assoirai, nous assoirons.*

ASSERVIR conjug. Bien qu'il soit formé sur *servir*, ce verbe se conjugue sur le modèle *finir*, avec le suffixe *-iss* : *Louis XIV asservissait ses courtisans à l'étiquette.*

ASSEZ prononc. Le *z* se lie en général devant une voyelle, mais on peut ne pas le prononcer, et il tend à rester muet dans tous les cas. ♦ **constr.** Employé comme adverbe de quantité, **assez** est suivi du partitif **de**, jamais de **du** ou de **des**. Cette règle ne s'applique évidemment pas quand *assez* est rattaché à ce qui précède, comme dans la phrase suivante : *À dire vrai, on en avait assez du pouvoir des neiges* (Bouhéret).

ASSIDÛMENT orth. Accent circonflexe sur le *u*, et pas de *e* interne. → ADVERBES

ASSISTANT emploi Quand il désigne une personne présente dans un lieu, **assistant** ne peut s'employer qu'au pluriel : *un des assistants* et non *un assistant.*

ASSOCIER constr. Ce verbe se construit avec les prépositions **à** ou **avec** sans différence de sens appréciable : *Pourquoi diable s'est-il associé à cette crapule* ou *avec cette crapule? Il associe en lui l'ardeur au travail avec l'art de se reposer à propos*, ou à *l'art de se reposer*, ou même *et l'art de se reposer. Les soirs de générales étaient associés à trop d'erreurs et d'incompréhension* (Salacrou). → ALLIER

ASSONANCE orth. Avec un seul *n* (→ SONNER). ♦ **sens** « Retour de la même voyelle accentuée à la fin de deux ou plusieurs vers. » L'assonance est l'ancêtre de la **rime** ; ne pas confondre ces deux termes, bien qu'une *rime pauvre* soit à peu près l'équivalent d'une *assonance* (par exemple : *rue* et *lue*). → CONSONANCE, DISSONANCE, RÉSONANCE

ASSORTIR conjug. Sur le modèle **finir**, et non sur celui du verbe simple, **sor-**

tir : *nous assortissons, j'assortissais*, etc.

ASSUJETTIR orth. Deux *s* et deux *t*.

ASSUMER emploi et sens Ce verbe est aujourd'hui très répandu, surtout dans l'expression *assumer une responsabilité*. Il signifie « prendre à son compte, se charger de ». Au figuré, « accepter consciemment » (une situation).

ASSURER constr. On dit **assurer quelqu'un de quelque chose** ou **assurer quelque chose à quelqu'un** : *Je l'ai assuré de mon dévouement. Je lui ai assuré qu'il n'avait rien à craindre.* Il y a aussi la construction directe **assurer quelqu'un** et **assurer quelque chose**, « garantir par une assurance ». ♦ De ces multiples constructions découlent donc des sens variés. On évitera les tours ambigus. L'expression familière absolument « *Je t'assure!* » est familière, mais n'est pas incorrecte, non plus que **assurément que** en tête de phrase, que l'on rencontre chez de bons auteurs ; on trouve *assurément qu'elle est malade* mais on préférera *assurément, elle est malade.* Quant à l'emploi intransitif au sens d' « avoir de l'assurance, ou être à la hauteur de la situation », il appartient au langage « branché ». → PROMETTRE

ASTÉRISQUE genre Masc. : *mettre un astérisque.* ♦ **emploi** On utilise généralement un triple astérisque pour éviter d'écrire en toutes lettres un nom propre : *La campagne électorale de Monsieur ***.* L'astérisque simple se met devant un mot dont l'existence est supposée par les historiens de la langue mais non attestée dans les textes anciens, pour expliquer une évolution phonétique ou morphologique : *Allègre, du lat. class.* alacer, *vif, devenu en latin populaire* *alicer, alecris, *puis* *alecrus (*Nouveau dictionnaire étymologique*, Larousse, 1964).

ASTÉROÏDE genre Masculin. ♦ **sens** « Petite planète. »

ASTRAKAN orth. Ce mot est francisé : *Juliette l'aide à enfiler sa veste d'astrakan* (Chaix). La ville de Russie est **Astrakhan.** ♦ **sens** Exactement, « peau d'agneau mort-né ».

ASTRAL forme Pluriel régulier en -aux. Ne pas confondre avec **austral**, «qui est au sud du globe terrestre», et dont le pluriel masculin, rare, est indécis : *australs* ou *austraux*.

ASTRINGENT sens «Qui resserre.» Ne pas confondre avec **astreignant**, «qui tient très occupé».

ASTRONAUTE ou **COSMONAUTE forme** L'usage est hésitant quant au féminin : *Cette femme est une astronaute* ou *un astronaute*. ♦ **emploi** L'usage tend à employer **astronaute** pour les Américains et **cosmonaute** pour les Russes. Les Français ont, de leur côté, créé le mot **spationaute**.

ASTRONEF genre Masculin. → AÉRONEF

ASTUCE emploi et sens On est passé du sens «ruse, esprit retors» au sens «finesse d'esprit» : *Cet auteur de romans policiers est d'une astuce diabolique*, puis au sens «résultat de l'astuce, invention (souvent plaisante)» : *As-tu découvert l'astuce qui se trouve dans ce dessin? Cet ingénieur a trouvé une astuce qui évite le refroidissement de la matière avant moulage.* Ce glissement de sens, fréquent dans la langue familière, ne peut être condamné : comparer *avoir des bontés, une faiblesse*, etc.

ASYMÉTRIE et **DISSYMÉTRIE sens** Mots assez voisins : l'**asymétrie** est «l'absence de symétrie», la **dissymétrie**, «le défaut de symétrie». Le premier terme correspond à une constatation objective, le second à une interprétation critique.

ATAVISME et **HÉRÉDITÉ sens Atavisme :** «Forme d'hérédité dans laquelle l'individu hérite de caractères ancestraux qui ne se manifestaient pas chez ses parents immédiats.» Est souvent pris, à tort, comme synonyme d'**hérédité**, qui s'applique à deux ou plusieurs générations consécutives. De même, ne pas confondre les adjectifs *atavique* et *héréditaire*.

ATEMPOREL et **INTEMPOREL sens Atemporel :** «Qui n'est pas concerné par le temps, qui ne dépend pas du temps.» Cet adjectif est difficile à dis-tinguer de **intemporel**, «qui par sa nature échappe aux altérations du temps».

ATERMOIEMENT orth. Avec un *e* intérieur.

ATMOSPHÈRE genre Fém. : **une atmosphère.**

ATOME orth. et prononc. Pas d'accent circonflexe sur le *o* malgré la prononciation en [o]. ♦ **emploi et sens** Malgré les grandes découvertes de notre siècle, qui ont montré que l'**atome** était sécable (alors qu'en grec *atomos* signifie «qu'on ne peut couper»), on continue à utiliser couramment ce mot au sens de : «élément le plus petit qui se puisse trouver».

ATOMIQUE emploi Avec *bombe, pile, poids, masse*, on emploie **atomique**. Mais on emploiera **nucléaire** dans le sens «qui est relatif au noyau de l'atome» : *physique nucléaire, péril, énergie, réacteur nucléaires*.

ATOURS forme Ce masculin pluriel n'a plus de singulier. ♦ **emploi et sens** «Tout ce qui sert à la parure des femmes.» C'est un archaïsme aimable, appartenant au style badin : *Elle a mis ses plus beaux atours*.

-ÂTRE et **-IATRE orth.** Le suffixe péjoratif -**âtre** porte un accent circonflexe : *bellâtre, verdâtre*, etc., à la différence du suffixe -**iatre** qui a le sens de «qui soigne, médecin» et ne prend jamais d'accent : *gériatre, pédiatre, psychiatre*, etc.

ATTARDER (S') emploi La tournure **s'attarder trop* est à proscrire. Dire : *Il s'est attardé longtemps*.

ATTEINDRE constr. Verbe transitif direct le plus souvent : *C'était une loi de sa nature de ne pouvoir atteindre ceux qu'il chérissait* (Mauriac). *Cette mesure atteint une foule de personnes.* Mais pour insister sur l'idée d'effort, de difficulté à réaliser un projet, on rencontre la construction indirecte, plus littéraire (et rare avec un verbe complément) : *Il allait atteindre à un état de résolution froide et sans gaieté* (Sartre). *Il se faisait horreur et croyait qu'il n'atteindrait ja-*

mais à rendre au monde l'inimitié qu'il y faisait naître (Mauriac).

ATTENDRE

□ **attendre après** → APRÈS

□ **s'attendre que** ou **à ce que. constr.** La première est classique et élégante. Elle se construit avec l'indicatif en phrase affirmative, et avec le subjonctif en phrase négative : *On s'attend que des négociations s'ouvriront entre les deux pays. Ne vous attendez pas que j'arrive de bonne heure. Il faut s'attendre que de telles transformations deviennent la règle* (Valéry). *On s'attendait qu'il saute sur la table, commence des cabrioles, comme un bouffon* (Gallo). Mais elle devient quelque peu pédante, et on rencontre de plus en plus, même à un niveau de langue élevé, le tour **à ce que**, suivi du subjonctif : *Je m'étais attendu à ce que Tatiana fût hostile au projet, mais non pas à la voir exploser d'indignation* (Aymé). *En relançant l'hameçon par une nouvelle parution de son annonce, [...] Mathilde ne s'attendait pas à ce que la pêche fût si maigre* (Japrisot).

ATTENDU emploi Comme substantif, appartient à la langue juridique et ne quitte pas aisément ce domaine. En tête de phrase, **attendu**, employé comme préposition, demeure invariable : *Attendu ses réserves, cela m'étonnerait qu'il s'engage.* → (ÉTANT) DONNÉ

ATTENTER constr. On dit surtout **attenter à**, parfois **attenter contre** : *Attenter à la vie, à la pudeur, à la sûreté*, etc. **Attenter sur**, employé à l'époque classique, n'existe plus. ♦ **sens** Le verbe peut avoir une valeur plus figurée et plus abstraite que le substantif correspondant *attentat*.

ATTENTIF et **ATTENTIONNÉ sens At-tentif** signifie «qui témoigne de l'attention». **Attentionné** : «qui manifeste des attentions, des prévenances».

ATTENTION (FAIRE) constr. Faire at-tention que, suivi du subjonctif, marque un dessein, une visée. Suivie de l'indicatif, l'expression met en relief un détail ou un fait réel : *Fais attention qu'on ne te suive pas. Quand on n'a pas de cochons pour les restes, on fait attention qu'il n'y ait pas de restes* (Parain).

Mais : *Fais attention que la route est glissante.* **Faire attention à ce que** est toujours suivi du subjonctif, avec un sens final : *Elle ne faisait pas toujours attention à ce qu'il n'y eût personne dans la chambre voisine* (Proust).

□ **faute d'attention** ou **d'inattention** → FAUTE

ATTERRAGE et **ATTERRISSAGE sens** Le premier substantif est rare : c'est un terme de marin désignant «les parages d'une côte». Il ne faut pas le confondre avec **atterrissage**, «action de prendre contact avec la terre», qui s'emploie du reste aussi bien en parlant d'un bateau que d'un avion.

ATTERRER orth. Deux *t* et deux *r*.

ATTRAPE- forme Tous les mots composés avec **attrape-** prennent au pluriel un *s* final (s'ils ne le possèdent pas déjà au singulier). Le premier élément demeure invariable : *des attrape-nigauds*.

ATTRAPER orth. Inverse de celle de **trappe** : deux *t* et un *p*. ♦ **emploi** On dit familièrement : *Il a attrapé un rhume, un mauvais coup*. Il est plus correct de dire : *Il est tombé malade, il a contracté une maladie, il a reçu un mauvais coup*. Mais de bons auteurs pourtant n'hésitent pas à recourir à cet emploi abusif de **attraper** : *Mâche, mâche, me dit ma femme, ou tu attraperas un ulcère à l'estomac comme ton chef!* (Jorif). *Notre ami Faussel a attrapé une entorse et voilà nos représentations compromises* (Dhôtel).

ATTRAYANT et **ATTRACTIF sens** Le premier mot se dit de ce qui exerce un **attrait**, c'est-à-dire une attirance, avec idée de plaisir, de séduction. **Attractif** signifie «qui exerce une **attraction**», c'est-à-dire «qui attire par le fait d'une puissance», ou, dans un sens familier, «qui distrait, intéresse, amuse».

AU → ARTICLE et LE, LA, LES

AU- orth. Tous les adverbes et prépositions composés avec **au-** prennent le trait d'union : *au-delà, au-dessus, au-dessous, au-dehors*, contrairement à *en deçà, en dehors*, etc. : *Pour les uns au-delà du pardon, pour les autres en deçà de la haine, le même mot*

déclenchait la discorde (Bouhéret). Exception : *au travers (de).*

AUBADE et SÉRÉNADE sens Aubade :

«concert donné à l'aube, en plein air, sous les fenêtres de quelqu'un qu'on veut honorer». *J'ai graissé la patte au berger / Pour lui faire jouer une aubade* (Brassens). Ne pas confondre, comme on le fait souvent, avec **sérénade** → ce mot

AUBERGINE forme Invariable lorsqu'on l'emploie comme adjectif de couleur. → COULEUR

AUBURN forme Invariable : *des cheveux auburn.* → COULEUR

AUCUN forme Le pluriel est rare : on le rencontre devant un substantif dépourvu de singulier (comme *frais*) ou qui change de sens au pluriel (comme *gage*) : *Aucunes ténèbres ne m'ont paru plus épaisses que celles-là. Sans aucuns frais, aucuns gages.* On le trouve aussi sous la forme du pronom *d'aucuns*, «quelques-uns», surtout en fonction de sujet : *Et d'aucuns ne peuvent s'empêcher de s'écrier* (Barbusse). Ce dernier emploi est ou bien archaïque ou bien humoristique. ♦ **constr.** Comme adjectif, **aucun** peut être postposé s'il se renforce de la préposition **sans** : *C'est sans méchanceté aucune* (Benoit). *Sans malice aucune* (Proust). *Le fût s'élance sans branche aucune et d'un seul jet* (Gide). ♦ **emploi et sens** Originellement, **aucun** a un sens positif, ce qui explique qu'on puisse l'employer sans **ne** : *Un instinct sûr le retenait pourtant de provoquer aucune confidence* (Mauriac). *C'est même ce qui me retenait d'en choisir aucune* (Gide). Cependant, le sens est le plus souvent négatif, avec ou sans *ne* : *Et dont l'intelligence pourtant, et les vertus, ne le cédaient à aucune* (Valéry). *Il n'avait aucun jugement sur ces pensées, aucun pouvoir, pas même celui d'en être honteux* (Romains). *Pierre pouvait encore moins qu'alors se permettre aucun geste* (Beauvoir). C'est encore le cas dans les phrases sans verbe, notamment dans les réponses elliptiques : *Jean Valjean écouta. Aucun bruit* (Hugo). □ **ne... (pas) aucun.** Ce pronom-adjectif n'est pas compatible avec *pas* et

point dans la même proposition, mais il admet **jamais, ni, plus** : *Le désir une fois né ne connaît pas le sommeil ni aucune trêve* (Valéry). *Les procédés de travail n'ont plus aucune chance de s'améliorer* (Romains). *Le chirurgien décréta qu'on ne l'y reprendrait pas, et qu'il ne pratiquerait plus jamais d'intervention sur aucune partie d'aucun membre d'une aussi funeste famille* (P. Jardin).

AU-DELÀ → AU-

AUGMENTATION emploi et sens Il vaut mieux éviter l'ellipse du substantif **prix** ou **coût** et dire : *l'augmentation du prix du beurre, du coût de la vie,* etc., plutôt que : *l'augmentation du beurre, de la vie,* etc.

AUGURE genre Masc. : *un oiseau de mauvais augure.*

AUJOURD'HUI sens Contient étymologiquement avec la préposition **à** deux fois le mot **jour** (*hui*, du lat. *hodie*, «aujourd'hui»), mais ce pléonasme n'est plus perçu. C'est seulement **au jour d'aujourd'hui*, qui apparaît pléonastique : *Comme disait mon Adrien : au jour d'aujourd'hui* (Chevallier). ♦ On dit indifféremment **jusqu'aujourd'hui** ou **jusqu'à aujourd'hui**, bien que cette dernière tournure ait été longtemps condamnée par les grammairiens. □ **aujourd'hui en huit.** «Dans huit jours.» On disait mieux autrefois *d'aujourd'hui en huit*, mais la suppression du *d'* est maintenant générale.

AUPARAVANT emploi À la différence de **avant**, ce mot ne peut s'employer que comme adverbe. Pas d'emploi possible comme préposition : *Il est arrivé avant moi. Je l'ai vu auparavant.*

AUPRÈS (DE) et **PRÈS (DE)** sens Principalement spatial et statique : *De cet effroi, je m'en suis, pour ainsi dire, réveillé aux Bories, auprès de ma mère, chez les Désailhen* (Chabrol). *Je me plaindrai auprès des responsables.* Mais la forme **près** concurrence fortement **auprès** dans la plupart de ses emplois : *Ce grand benêt. Voilà pourtant qu'il fait le malin près des filles* (Aymé). Et cela d'autant plus aisément que *près* peut avoir, outre les sens de *auprès*, une valeur dynamique : *L'allée passait trop près des maisons, trop près surtout du bois de la Sauvagère* (Genevoix).

□ **auprès de** ou **au prix de**. Pour exprimer la comparaison, la première locution s'emploie : *Les Coantré étaient de la crotte de bique auprès des Coëtquidan* (Montherlant). Mais la langue courante préfère souvent **à côté de :** *Il n'est pas sot, mais à côté de son frère, il paraît vraiment très moyen.* Quant à la locution **au prix de,** elle est exclusivement littéraire et tombe en désuétude : *Mais toutes ces délicatesses ordonnées à la durée de l'édifice étaient peu de choses au prix de celles dont il usait, quand il élaborait les émotions et les vibrations de l'âme du futur contemplateur de son œuvre* (Valéry). On ne confondra pas cet emploi de *au prix de* avec celui qui signifie «au moyen de, en employant». La valeur est ici instrumentale et non comparative : *Des qualités que je n'ai pas payées trop cher en les achetant au prix de quelques croyances morales et politiques* (France).

AURÉOLE → ARÉOLE

AUROCHS orth. Avec *s* même au singulier. ♦ prononc. Plutôt avec un [k] final qu'avec [ks].

AUSPICES forme Pratiquement toujours au pluriel. ♦ genre Masc. : *d'heureux auspices.*

AUSSI emploi aussi peut être adverbe **de comparaison.** Dans la comparaison, le second terme est introduit par **que :** *Une enquête aussi crispante que possible!* (Simenon). *Tout ce que nous venons de dire est aussi bien un jeu naturel du silence de ces enfers, que la fantaisie de quelque rhéteur de l'autre monde* (Valéry). Les étrangers substituent souvent **comme** à **que. Comme** était admis jadis, et se rencontre encore, très rarement, de façon archaïsante : *Mais toute chose, Eryximaque. Aussi bien l'amour comme la mer* (id.).

□ **aussi** peut être conjonction. Lorsque **aussi** se trouve en tête de phrase avec une valeur conclusive, il se produit généralement une inversion du sujet : *Aussi passa-t-il derrière la charrette couverte de sa bâche, et se jeta-t-il dans le patio* (Peyré). Mais avec **aussi**

bien, l'ordre normal n'est pas toujours modifié : *Quelques jours de patience encore, chère maman, écrivais-je : aussi bien, vous m'attendez depuis si longtemps* (Sarrazin). *Aussi bien est-ce faire un abus vraiment inique de l'intelligence que de l'employer à rechercher la vérité* (France).

□ **aussi** et **si** en concurrence. ♦ Dans la comparaison à forme négative ou interrogative : *Ce n'est jamais si simple qu'on le dit, un divorce* (Colette). On peut très bien dans cette phrase remplacer **si** par **aussi,** mais il faut noter que **si** est beaucoup plus naturel quand le second membre de la comparaison n'est pas exprimé : *Pas si bête! Ce n'est pas si simple,* etc. ♦ Dans la proposition concessive, le tour avec **si** est généralement considéré comme le plus correct : *Si puissants que nous devenions un jour, sous une forme ou sous une autre, si lourde que se fasse l'idée sur le monde, si dures, si précises, si subtiles que soient son organisation et sa police, il y aura toujours un homme à chasser quelque part qui lui aura échappé* (Anouilh). André Gide écrit : «*Malraux, lui aussi, emboîte le pas : tout comme ferait Mauriac, il écrit* (Psychologie de l'art) : *Aussi différentes que soient leurs recherches..., où, à mon avis, le si différentes ou le pour différentes... seraient bien préférables.*» *Aussi excellent que soit un correcteur, il laisse passer des fautes* (Cavanna).

□ **aussi** ou **autant.** Il est d'usage d'employer **aussi** devant les adverbes et les adjectifs : *Cette dame, aussi étrangère et brune qu'étaient blondes et familières ma mère et mes sœurs* (Labro), et **autant** devant les substantifs : *J'ai autant hâte de rentrer que lui. Il méprise autant ses alliés que ses adversaires.* Cette règle est assez mal appliquée, et les flottements sont nombreux. → AUTANT, SI et TANT

□ **moi aussi** ou **moi non plus.** On ne trouve aujourd'hui l'adverbe **aussi** que dans un contexte affirmatif : *Il a fait cela, et moi aussi.* Mais lorsque la phrase a un sens négatif, on emploie **non plus :** *Toi non plus, n'est-ce pas, tu ne t'es pas laissé faire?*

AUSSITÔT forme On ne confondra pas cet adverbe, écrit en un mot, avec **aussi**

tôt, en deux mots, qui est le contraire de *aussi tard,* et qui entre dans un tour comparatif : *Tu ne parviendras jamais à te lever aussi tôt que le père Dubois.*
♦ **constr.** S'emploie souvent avec un participe passé, avec ellipse du verbe : *Chavegrand, aussitôt vêtu, frappait le sol du pied pour appeler le domestique* (Duhamel). L'emploi de *que,* dans ces tours elliptiques, relève de la langue soutenue : *Elle avait l'impression que la course finissait aussitôt que commencée* (Romains).

□ **aussitôt dit, aussitôt fait.** On passe ainsi tout naturellement à l'emploi de **aussitôt** comme préposition, admis par Nyrop, après Littré : *aussitôt le jour* (Littré) ; *aussitôt le repas* (Nyrop).

□ **il n'était pas aussitôt rentré que l'orage a éclaté.** *Aussitôt* précède le participe passé. La tournure signifie : « L'orage a éclaté aussitôt qu'il fut rentré », ou encore « À peine était-il rentré, que l'orage a éclaté ». Notons l'emploi des temps : si le verbe de la seconde partie de la phrase est au passé composé, celui de la première est au plus-que-parfait. Ne pas confondre ce tour avec : *Il n'est pas rentré aussitôt que l'orage a éclaté.* Ici, l'adverbe suit le participe passé, les deux verbes sont au passé composé, et la phrase signifie : « Il n'est pas rentré tout de suite après le début de l'orage. » → SITÔT

AUSTRAL → ASTRAL

AUTANT constr. Cet adverbe s'emploie surtout pour la comparaison, associé directement ou indirectement à **que** : *Mais l'impression de chaos, dont vous parlez, je l'ai autant que jamais* (Romains). *On tient à notre herbe autant que vous, autant que vous on a le souci des finances de la commune* (Ramuz).
♦ Il y a ellipse de *que* : 1. dans le tour littéraire **autant... autant... :** *Autant ces hommes de la campagne espagnole ont, à tout âge, d'assez fières têtes, autant les femmes en sont dépourvues* (Montherlant). 2. dans le tour **être autant de,** qui propose une équivalence, une identité même : *Verre, béton et acier, c'était un immense paquebot gris métallique, avec ses mâts géants qui étaient autant d'antennes* (Chraïbi).

□ **pour autant.** Cette locution adverbiale signifie « cependant ». Elle ne s'emploie qu'en phrase négative : *Il ne renonçait pas pour autant à l'alcool. Tout au contraire* (Masson). *Le couple bisontin ne s'avoue pas vaincu pour autant* (M. Castaing, *Le Monde,* 1er juin 1992). Il semble préférable de ne pas la placer en tête de phrase, comme on le fait souvent dans les médias.

□ **pour autant que.** Cette locution conjonctive, à valeur mi-comparative, mi-restrictive, est à distinguer du tour adverbial précédent : *Il avait, pour autant que le halo dans lequel il se mouvait me permit d'en juger, un visage banal* (Colombier).

□ **d'autant moins (que), d'autant plus (que), d'autant que.** Ces locutions un peu lourdes sont couramment employées à tous les niveaux de langue, sans difficulté. *Ce que j'avais de neuf à dire me parut d'autant plus urgent que j'avais plus de mal à le dire* (Gide). *Denise en était d'autant plus triste qu'elle les trouvait très belles* (Maurois). *L'éventualité d'envoyer à l'ombre un innocent d'autant plus mûr pour être cueilli qu'il est incapable de se défendre* (Desproges). On notera que *d'autant que* équivaut en général à *d'autant plus que,* et non à *d'autant moins que.*

□ **autant** et **tant.** On emploie indifféremment **autant** ou **tant** dans les phrases négatives ou interrogatives, et dans quelques tours affirmatifs figés : *Il n'a pas (au)tant de cran qu'on le dit. Il faut pleurer tant qu'on peut* (Sarrazin). Comme pour le couple **aussi/si** (→ ces mots), on passe aisément de l'idée de comparaison à celle d' « intensité », d'où l'emploi de la forme simple. On distingue du reste nettement la locution comparative **autant que** de la locution consécutive **tant... que,** toujours disjointe. → TANT et TELLEMENT

□ **autant vaut** ou **il vaut autant + infinitif.** Ce tour n'a pas de valeur exclamative et se présente soit sans le pronom **il,** soit sous la forme normale : *il vaut autant ne pas s'attaquer à lui,* ou *autant vaut ne pas s'attaquer à lui.* Ce tour peut s'abréger en **autant + infinitif,** dans l'usage parlé familier : *Autant prendre cette rue, elle nous conduira plus vite à l'université,* ou encore en **autant que + subjonctif** : *Autant que je te le dise tout de suite, je n'ai encore pas commencé le travail.*

AUTARCIE sens «État d'un pays qui se suffit à lui-même, n'a pas besoin de l'étranger pour satisfaire à ses besoins économiques» (Petit Robert): *La Rhodésie a opté pour une totale autarcie politique, malgré toutes les mises en garde (Le Monde)*. Ce substantif est souvent utilisé de façon plus large et même parfois figurée: **vivre en autarcie**, en parlant d'une famille. Ne pas confondre avec **autarchie**, «situation d'un pays dont le gouvernement est totalement indépendant de toute contrainte». De ces deux mots, seul le premier est vivant.

AUTEUR forme Pas de féminin, malgré certaines tentatives *(autrice, autoresse)*. On dit: *une femme auteur* ou *une femme de lettres. Elle est l'auteur de deux romans*. → ÉCRIVAIN

AUTHENTIFIER et **AUTHENTIQUER** emploi Ces deux verbes sont presque synonymes, mais le second ne s'emploie guère que dans la langue administrative: *Authentifier une tradition par des témoignages authentiques*, mais *authentiquer un acte en y ajoutant le sceau public*.

AUTO- orth. Les composés avec **auto**-ne prennent un trait d'union que lorsque le second élément commence par une voyelle *(auto-intoxication)* et dans **auto-stop, auto-stoppeur.** Seul le substantif prend la marque du pluriel: *des auto-écoles.*

AUTO, AUTOMOBILE, VOITURE emploi L'usage tend actuellement à délaisser l'abréviation **auto** (de **automobile**) pour le mot **voiture** (par contraction de *voiture automobile*). La tendance est d'ailleurs fréquemment à désigner l'automobile par son nom de marque, de modèle ou de série. On dira: *une XM, une Volvo, une Renault Espace.* → MARQUE. En tant que qualificatif, **automobile** prend évidemment la marque du pluriel: *des accessoires automobiles.*

AUTOBERGE emploi et sens Ce substantif féminin, apparu vers 1960 pour désigner une «voie sur berge pour automobiles», est entré dans l'usage. Il est aussi acceptable que **autoroute** → ce mot.

AUTOCHTONE orth. Pas de *h* après le deuxième *t*. → ABORIGÈNE

AUTOCLAVE genre Masc.: **un auto-clave.**

AUTODAFÉ orth. En un seul mot. ♦ sens Étymologiquement, «acte de foi»; cérémonie au cours de laquelle les hérétiques condamnés au supplice du feu par l'Inquisition étaient solennellement conviés à faire «acte de foi» pour mériter leur rachat dans l'autre monde. Par extension, supplice du feu, puis action de détruire par le feu: *un autodafé de papiers compromettants*. Souvent employé au figuré, pour signifier un renoncement total, un sacrifice entier.

AUTOGIRE orth. Avec un *i* et non un *y*. ♦ emploi et sens Ce substantif est en voie de disparition, comme l'appareil qu'il désignait: «engin volant dans lequel (à la différence de l'**hélicoptère**) le rotor n'assure que la sustentation et non la propulsion, qui se fait par une hélice».

AUTOGRAPHE genre Masc.: *un autographe de Hugo.*

AUTOMATION emploi et sens Anglicisme pour **automatisation**. Signifie: «fonctionnement automatique d'un ensemble productif, sous le contrôle d'un programme unique» (Petit Robert). Il y a très peu de différence de sens entre les deux termes. Cependant **automation** a pris une valeur spécifique dans la terminologie technique moderne, alors que **automatisation** reste d'un emploi plus étendu. Aujourd'hui, la **robotisation** croissante des fabrications tend à rendre cette question obsolète...

AUTOMNAL prononc. [ɔtɔnal]. On entend parfois [ɔtɔmnal]: cette prononciation est à éviter (influence fâcheuse de l'orthographe). ♦ forme Pluriel en -*aux* (rare, en raison des risques de calembour).

AUTOMNE genre Masc. (comme tous les noms de saison): *un automne pluvieux.*

AUTOROUTE genre Fém.: **une auto-route.**

AUTRE

▢ **l'un et l'autre.** emploi Cette locution

est en principe suivie d'un singulier, mais il n'est ni rare ni incorrect de rencontrer le pluriel : *L'un et l'autre candidat(s) le dit* ou *le disent*. En revanche, **l'un ou l'autre, ni l'un ni l'autre** sont toujours suivis du singulier : *L'un ou l'autre est à peu près équivalent. Ni l'un ni l'autre ne me convient*. Voir cependant : *Dieu sait que ni l'un ni l'autre ne me faisaient défaut* (Benoit).

□ **et autres. emploi** Une énumération peut se terminer soit par **et autres**, employé absolument, soit par **et autres** + **substantif de type générique** (→ GÉNÉRAL) : *De manière à faire pâlir l'ombre des Furetière, des Rivarol, des Chamfort et autres spécialistes éminents* (Duhamel). *L'un des derniers rendez-vous de la chance pour nombre de Vichyssois et autres Français pressés* (Chaix). On évitera d'employer en finale un terme se rapportant mal à ce qui vient d'être détaillé, sauf si l'on recherche un effet de style particulier (ironie) : *Ce que le citadin septentrional va chercher dans les Ibizza et autres Sardaigne* (Nourissier).

□ **en... un autre. emploi** Comme pronom, **un autre** et **d'autres**, quand ils ne sont pas sujets, s'emploient en général en corrélation avec **en**, placé antérieurement : *Après ce demi, il en a bu un autre. En* est explétif, et on en fait parfois l'économie : *Il (en) vit un autre qui lui faisait signe.*

□ **entre autres (...) emploi** Cette locution fonctionne d'une façon analogue à **et autres**, tantôt comme adjectif, tantôt comme pronom : *Il ferait voir à Mme Martin quelques peintures, entre autres un Mantegna* (France). On note un emploi extensif dans les exemples suivants : *C'est là entre autres qu'on avait déchiqueté l'Autriche, amputé l'Allemagne* (Giraudoux). *J'étais très préoccupé, entre autres, par l'éducation des filles* (Parain).

□ **cinq mille autres francs. sens** Distinct de **cinq autres mille francs**. La première locution «découpe» des unités de cinq mille francs, la seconde des unités de mille francs.

□ **nous autres, vous autres. emploi** Correct et admis par le bon usage, surtout s'il y a une épithète ou une apposition : *Nous sommes sans pitié, nous autres savants, comme dit M. Zola* (France). *Notre pain quotidien, à nous autres, gens du laboratoire* (Duhamel). *Vous autres, suivez-moi.* Mais **eux autres**, en emploi absolu, est évité dans la langue soutenue.

□ **comme dit l'autre. emploi** Familier : «Comme on dit.»

□ **personne d'autre, rien d'autre. constr.** L'ellipse de **de** apparaît aujourd'hui très recherchée. *Je n'ai vu personne d'autre que vous ces jours-ci. Je réclame mon dû et rien d'autre.* Mais : *Personne autre que moi-même n'aura mission d'arrêter ma fille* (Louÿs). *La bavaroise, c'est un gâteau... – Au temps de Littré, ce n'était rien autre que cette infusion* (Jorif).

□ **tout autre** ou **toute autre** → TOUT

□ **bien d'autres** → BIEN

□ **un homme autre. constr.** Lorsque **autre** est un qualificatif et signifie «différent», il se place parfois après le substantif auquel il se rapporte : *Une belle voix profonde, dont le timbre apportait à ses propos une emphase et ajoutait une signification autre* (Labro). *C'est un homme autre que celui que tu as connu.*

□ **autre que. constr.** Si **autre** est précédé d'une préposition, on n'est jamais obligé de la reprendre après **que** : *Des allusions obscures, incompréhensibles pour tout autre que lui-même* (Mauriac), opposé à : *Je soutiens que vous écriviez à une autre qu'à moi vos premières lettres* (Huysmans).

□ **autre que je (ne) croyais** → NE

□ **autre chose. forme** Invariable. L'adjectif complément, introduit par **de**, est au masculin : *Avez-vous autre chose de nouveau ?*

□ **l'un à l'autre, l'un l'autre** → UN + AUTRE

AUTREMENT emploi et sens Ne... pas **autrement** a vieilli, on dit plutôt maintenant **ne... pas particulièrement, ne... pas spécialement** : *Ce pays ne l'enchante pas. Il ne serait pas autrement fier d'y être né* (Romains). *Celle-ci était à ce point occupée par ses démarches chez les diamantaires qu'elle ne s'inquiétait pas autrement de ne pas voir Joseph* (Duras). Dans une phrase affirmative, *autrement* s'emploie devant un adjectif, et équivaut à un adverbe intensif : *L'image qu'on veut donner de soi, qui est autrement importante que ce qu'on est* (Delay). *Pour voir mon rôle et mon apport réduits à des proportions autrement plus modestes que celles que vous leur prêtez* (Montherlant). Certains critiquent ici l'insertion de *plus*, légèrement pléonastique. On dira mieux : *autrement modestes*. Dans *il a bien autrement d'esprit*, *autrement* joue le rôle d'un adverbe de quantité à valeur comparative : « plus ».

□ **autrement que** peut être suivi de **ne** explétif, en phrase affirmative : *Il agit autrement qu'il ne parle*. *La question se posa sur mes lèvres autrement que je l'aurais voulu* (Proust). En principe, pas de **ne** après un verbe négatif : *Il n'agit pas autrement qu'il parle*. Mais voir l'exemple suivant : *Tu ne peux plus agir autrement que tu ne ferais*, animé par la foi la plus vive (Gide).

AUTRUI emploi Il vaudrait mieux employer ce pronom indéfini comme complément et non comme sujet, pour des raisons étymologiques : *Il faut penser à autrui avant de penser à soi. Convoiter le bien d'autrui*. Mais on trouve le mot en fonction de sujet chez les meilleurs écrivains : *Autrui m'a toujours semblé plus intéressant, plus sûr que moi* (Paulhan). *Autrui nous est indifférent* (Proust).

AUXILIAIRE, ASSISTANT (→ ce mot), **ADJOINT sens** L'**auxiliaire** fournit son concours de façon libre, transitoire. L'**assistant** seconde quelqu'un dans une activité (assistant d'un *dentiste*, d'un *médecin*). **Adjoint** met l'accent sur l'étroitesse de la collaboration, et sur l'aide apportée en ce qui concerne la fonction plutôt qu'un travail donné.

AVAL forme Pluriel en *-als*. ♦ **sens** « Garantie, caution financière. » L'homonyme **aval**, « partie inférieure d'une rivière » n'a pas de pluriel : *en aval*, contraire de *en amont*.

À-VALOIR forme Contrairement à **acompte** (→ ce mot), **à-valoir** prend un trait d'union comme substantif masculin.

AVANCE emploi Trois locutions se font plus ou moins concurrence : **d'avance, à l'avance, par avance**. La première est de loin la plus courante aujourd'hui : *Quel moment! Daniel en jouissait d'avance* (Sartre). *Ivresse d'avance savourée de chaque pas l'éloignant un peu plus du collège* (Mauriac). *La tzigane savait d'avance / Nos deux vies barrées par les nuits* (Apollinaire). Mais **à l'avance** et **par avance** ne sont pas rares, et tout aussi corrects : *Vous savez que j'ai mauvaise vue et que je ne puis voir les choses qu'un petit peu à l'avance* (Claudel). *Ma mère comprenait.* [...] *Par avance, elle était avec lui* (P. Jardin). *Il a pris par avance toutes les mesures nécessaires*. Fort peu de différence de sens. Éviter les pléonasmes du type : *prévoir, prédire, pressentir* *d'avance.

AVANIE emploi Une **avanie** est une offense. À ne pas confondre avec **aléa**, qui est un hasard favorable ou non, **avatar** qui signifie « métamorphose » et **aria** qui est le synonyme populaire d'« embarras » (→ ces mots).

AVANT

□ **avant que + subjonctif**. On veillera à accentuer correctement la forme verbale dans les phrases du type : *Il dut frapper à plusieurs reprises avant que s'ouvrît une lucarne du toit* (Dhôtel). *Avant que Pilar eût pu la retenir, sœur Inès s'était jetée à travers le rideau de fumée* (Peyré). En effet, *eût pu* est un subjonctif plus-que-parfait, et l'auxiliaire prend un accent circonflexe. Au contraire, on ne doit pas accentuer cette même forme à la suite de la locution **après que**, il s'agit alors d'un passé antérieur de l'indicatif : *Après qu'elle l'eut aperçu*, etc. L'emploi de l'indicatif après **avant que** est exceptionnel : *Il fallait plusieurs jours et plusieurs nuits avant que nous pûmes distinguer ce qui sortirait de cette cohue* (Toesca, cité par Georgin). → APRÈS

□ **avant que (ne). constr.** Dans cette séquence, l'emploi de **ne** varie selon les auteurs, mais la langue parlée tend à le supprimer le plus souvent. Le fait que l'action ne soit pas encore amorcée suffit en effet à la nier. **Exemples sans ne :** *Avant que l'inconnue l'ait regardé, n'était-il réellement qu'un écolier sor* *dide?* (Mauriac). *L'oiseau bat un peu de l'aile, avant qu'il reprenne son vol* (Valéry). *Avant même qu'ils aient pu s'asseoir, un chien joyeux et chaud bondit du coin le plus obscur de la pièce* (Cesbron). **Exemples avec ne : Avant qu'elle n'ait compris ce qu'elle venait d'entendre, deux lèvres glacées et un peu de neige, se détachant d'une moustache, se posaient sur sa main** (Vilmorin). Le **ne** dit explétif est justifié quand la phrase comporte «une intention négative» (Le Bidois), notamment quand le verbe de la principale est à l'impératif : *Allez-vous-en avant qu'Oriane ne descende* (Proust).

□ **avant de.** L'insertion de **que** dans cette locution est aujourd'hui affectée et ne se rencontre plus que dans la langue littéraire : *Il changera trois cents fois avant que d'être un homme* (Duhamel). On trouve aussi **dès avant que de** : *Dès avant que de l'avoir vu* (id.). La langue courante emploie toujours **avant de** : *J'avais envoyé un mot, avant d'aller vous voir* (Camus).

AVANT forme Employé comme adjectif, ce mot demeure invariable : *les sièges avant.* → ARRIÈRE

AVANT- forme Comme préfixe, **avant-** est toujours invariable, et suivi du trait d'union. Le second élément prend la désinence du pluriel (*des avant-gardes, des avant-ports, des avant-postes, des avant-projets, des avant-scènes, des avant-trains, des avant-veilles,* etc). Ne prennent pas le trait d'union : *avant centre,* terme sportif (au pluriel : *des avants centres*) et *avant dire droit* ou *avant faire droit,* qui sont des expressions juridiques.

AVANT-COUREUR forme ⁚ ⁚ s de féminin. **Avant-courrière,** usité autrefois en poésie, était le féminin de **avant-courrier.**

AVANT-GUERRE genre Indifférent. → APRÈS-GUERRE

AVANT-SCÈNE genre Fém. : *louer une avant-scène.*

AVARE et AVARICIEUX emploi Le premier de ces deux adjectifs signifie : «qui a un désir démesuré d'accumuler

des richesses et pousse à l'excès l'économie», et le second : «qui est d'une avarice sordide». Au figuré, **avare** peut être pris en bonne part : *avare de louanges, avare de la peine de ses employés,* tandis qu'**avaricieux** ne s'emploie qu'au propre et a toujours un mauvais sens.

AVATAR emploi et sens Ce substantif désigne originellement les «dix incarnations successives du dieu Vichnou», dans la religion brahmanique. Ce sens propre est évidemment très rare. On le trouve, affaibli, dans les exemples suivants : *La renaissance continuelle de vieux mythes, sous des aspects – on pourrait dire des «avatars» au sens technique du terme – nouveaux, du moins en apparence* (Oraison). *Ces chrétiens de Mésopotamie qui, en compagnie des Chaldéens et des Syriaques, sont les seuls peuples orientaux à avoir toujours pour langue maternelle un avatar de l'araméen, l'idiome du Christ* (Péroncel-Hugoz, *Le Monde,* 22 mai 1992). ♦ Il est normal d'employer **avatar** au sens étendu de «transformation, métamorphose». C'est le cas dans les phrases suivantes : *Que de bonnes heures passées, l'œil perdu dans un livre ou dans une toile, nous assimilant le poète ou le peintre par une espèce d'«avatar» intellectuel* (Gautier). *Je me demande quelle expérience de ces choses possède l'auteur, pour avoir peint d'une façon si directe et si vraisemblable les avatars de son héros, tantôt chercheur d'or, camionneur, chauffeur de taxi* (Henriot, cité par Grevisse). On notera que Littré n'enregistre que le sens religieux, et ignore tous les autres. Dans l'exemple qui suit, le sens glisse déjà vers l'idée d'une «transformation mauvaise, à caractère négatif» : *Les avatars de la monnaie, qui font que le profiteur le plus avéré semble voler par condescendance et ne commet, en tout cas, pas le même méfait que vis-à-vis d'une monnaie saine et loyale* (Giraudoux). Quant au sens répandu actuellement de «mésaventure, malheur», il est vivement critiqué par les grammairiens, mais on le trouve parfois dans la langue littéraire : *Hélas! que d'avatars, que de refus polis des éditeurs j'essuyais!* (Carco, cité par Georgin). *Il m'arrive notam-*

ment, après une série d'avatars, d'avoir envie de me défaire de ma voiture (Daninos, cité par Grevisse). On parlera plutôt en ce sens d'**ennuis**, d'**échecs**, s'il s'agit d'un animé, et d'**avaries**, de **pannes**, s'il s'agit d'un non-animé.

À VAU-L'EAU emploi et sens Construction adverbiale, «suivant le courant de l'eau» (Littré). Cette expression de vénerie s'emploie souvent au figuré : *laisser aller à vau-l'eau,* c'est-à-dire «laisser se perdre, se gâter».

AVE forme et sens Les grammaires et les dictionnaires distinguent en général deux mots. L'un s'écrit avec une majuscule sans accent, et demeure invariable, il désigne la prière de l'*Ave Maria* : *Je m'mis à débiter, les rotules à terre / Tous les Ave Maria, tous les Pater Noster* (Brassens). La majuscule est souvent supprimée dans la forme abrégée : *Ces créatures infirmes qui s'en allaient tranquillement après avoir pris une commande d'ave, de pater, et de confiteor* (Aymé). Le second mot, plus rare, et entièrement·francisé, désigne les «petits grains d'un chapelet». Il prend un *s* au pluriel : *égrener des avés.*

AVEC constr. Après certains verbes, **avec** est facultativement précédé de la préposition **de** : *Il a divisé le chaud d'avec le froid, et le soir d'avec le matin* (Valéry). → DISTINGUER, DIVORCER, SÉPARER, etc.

□ **comparer à** ou **avec. Avec** entre en concurrence avec la préposition **à** après les verbes exprimant une «jonction» ou un «contact» entre deux éléments animés ou non animés : *On a pris l'habitude de jumeler une cité avec une ville étrangère de dimensions à peu près égales.* On peut dire aussi bien, et moins lourdement à l'avis de certains, **jumeler à** : *Si je le compare à* ou *avec ce que tu as fait précédemment, ce dernier ouvrage n'est pas fameux.* Même remarque à propos de *allier, associer, comparer, confronter, réunir, unir,* etc. → À

□ **j'ai joué avec. Avec** s'emploie souvent comme adverbe, surtout en fin de phrase : *Il vivait dans l'épouvante que la vieille ne fît flamber la maison de bois, et la sienne avec* (France). *Ce n'est pas moi qui aurais mis en morceaux la*

vaisselle, et la table et les bancs avec (Peyré). On évitera cet emploi quand il s'agit d'une personne, encore que la langue courante n'hésite pas à dire : *Que le diable t'emporte et moi avec* (Musset).

□ **dîner avec un quignon de pain.** Ce tour a été longtemps critiqué ; certains veulent encore qu'on réserve l'emploi de **avec** à des personnes : *Il a déjeuné avec son amie.* Cependant, même la langue littéraire a adopté depuis longtemps le tour : *dîner, déjeuner avec tel aliment. Un morceau de veau avec quoi il déjeunait le matin, quand il était rentré de l'hôpital* (Flaubert), parallèlement au tour classique *déjeuner d'un morceau de pain. Ils dînaient d'un morceau de pain tartiné au fromage* (Champion). Mais on ne dirait pas, sauf par plaisanterie : **Nous avons soupé avec un morceau de poulet froid et (avec) des amis.*

□ **avec ça (que). emploi** Cette locution, répandue dans la langue familière, est ironique et signifie qu'on demeure sceptique quant à ce qui vient d'être dit : *Ils n'oseraient pas? Avec ça!* Après un adjectif, elle a le sens de «en plus» : *Pensez s'il était apprécié par ses camarades, et rusé avec ça, personne ne voyait dans son jeu* (Japrisot). La locution complète se rencontre toujours en tête de phrase : *Avec ça que dans un métier pareil comment voulez-vous surveiller une femme?* (Aragon). Elle signifie l'ajout d'un obstacle ou d'une difficulté supplémentaire. Elle introduit aussi une objection, une dénégation : *Avec ça que tu n'aurais pas fait comme moi!* (Gide). *Avec ça que vous ne faisiez pas la cour à Huguette!* (Guitry).

AVÈNEMENT orth. Avec un accent grave sur le premier *e.*

AVENU emploi N'existe guère que dans **nul et non avenu.**

AVENUE emploi On dit **habiter dans** ou **sur une avenue.**

AVENTUREUX, AVENTURIER et **AVENTURÉ emploi et sens** La première forme est toujours un adjectif dérivé de **aventure** : *Nos promenades aventureuses nous entraînaient parfois bien loin de la maison. Nous nous sentions alors un cœur aventureux* (Roblès). La deuxième est un substantif désignant de façon péjorative une « personne de moralité douteuse et vivant d'expédients » : *Ce bar du port était un rendez-vous d'aventuriers plus ou moins louches.* On ne confondra aucun de ces deux mots avec le participe-adjectif **aventuré,** qui signifie « risqué, peu sûr » : *L'hypothèse de ce chercheur me semble bien aventurée.*

AVÉRER emploi et sens Ce verbe signifie « rendre vrai, avaliser » : *Il reste à avérer ces on-dit.* Il est très rarement employé dans son sens propre. On le trouve au participe passé, au sens de « reconnu, manifeste » : *Personne ne conteste que l'ex-inspecteur ait révélé des faits avérés* (*L'Est républicain,* 12 juillet 1992). *Il me semble avéré que le crime a été commis par Gratien* (Gide). Mais c'est la conjugaison pronominale qui est la plus répandue, au sens de « se manifester » : *Il s'avéra, en peu de semaines, qu'il passait plus de temps que les autres professeurs auprès des garçons en proie aux difficultés scolaires* (Labro). L'idée de « vérité » se perdant peu à peu, on en vient à employer **s'avérer,** malgré les puristes, comme un synonyme de *se révéler, se montrer, être* : *Mais je vais très bien : la tête chaude et le foie frais, ce qui pour le moment ne s'avère pas désagréable du tout* (Queneau). *Et, de nouveau, ses démarches s'avérèrent parfaitement inutiles à cause de la solidarité irréductible qui régnait entre les banques coloniales* (Duras). On trouve même, ce qui montre bien le complet oubli du sens premier : *Les vues de l'homme s'avèrent toujours fausses* (Mauriac, cité par Grevisse).

AVERTIR constr. Plutôt **avertir que,** de préférence à **avertir de ce que** → DE (CE QUE)

AVION orth. Prend un trait d'union s'il est associé à un substantif. Les deux termes prennent alors la forme du pluriel : des *avions-citernes* mais des *avions ravitailleurs.* Autres exemples : *avion(s)-école(s), avion(s)-suicide(s), avion(s)-cargo(s),* etc.

AVIS (ÊTRE D'AVIS QUE) constr. Je suis d'avis que est suivi tantôt du subjonctif (intention), tantôt de l'indicatif (assertion) : *Mais ils étaient bien d'avis que l'aviation avait un avenir illimité* (Romains).

AVISER constr. On dit **aviser que** ou **s'aviser que,** de préférence à **de ce que** → DE (CE QUE). **Aviser à** s'emploie à la voix active au sens de « songer à, prendre des mesures pour ».

AVOCAT genre Le féminin **avocate** existe, mais on n'utilise guère que la forme masculine, même pour désigner une « femme avocat ». Le composé **avocat-conseil** prend un trait d'union, mais : **avocat général.**

AVOIR conjug. → APPENDICE ♦ **orth.** Il **eut** et il **eût.** La confusion est fréquente entre la forme de l'indicatif *il eut* et celle du subjonctif *il eût.* Dans la forme *il eût, quelqu'un eût,* etc., le verbe prête à une nuance d'irréel (sous-entendu : « cela aurait pu être »). L'indicatif (*il eut, quelqu'un eut,* etc.) renvoie à un simple fait. On établira plus facilement la différence en mettant le verbe à une personne du pluriel, *nous eûmes, vous eûtes, ils eurent* correspondent à *il eut, nous eussions, vous eussiez, ils eussent* à *il eût.* **Remarque :** Au subjonctif, **avoir** a un *t* à la 3ᵉ pers. du sing. : *qu'il ait* (mais *que j'aie, que tu aies*). Il ne prend pas de *i* après le *y* : *que nous ayons, que vous ayez.* ♦ **emploi** Le verbe **avoir** n'a pas de passif, bien qu'il soit transitif direct, sauf dans la langue familière ou populaire, où **être eu* signifie « être trompé ».

□ **en avoir à, après** ou **contre quelqu'un.** Les trois constructions sont équivalentes. Cette locution familière correspond dans la langue soutenue à *en vouloir à quelqu'un* ou *s'en prendre à quelqu'un.*

□ **y ayant.** Ce participe absolu est archaïque, au sens de « étant donné qu'il y a, comme il y a... » : *Car, y ayant de la sottise partout, le danger vient de ce que des partisans l'exagèrent* (Gide). → AGIR (pour *s'agissant*)

□ **avoir facile, aisé de.** Ces locutions sont à éviter, bien que fréquentes dans le nord et l'est de la France. Certains écrivains les emploient parfois. **L'avoir* *mauvaise* s'entend souvent dans la langue parlée familière.

□ **eu égard** → ÉGARD

AXER constr. et emploi **Axer sur** n'est pas un néologisme, bien qu'il ne figure pas chez Littré, mais un vieux verbe du XVIe s., remis en usage à la fin du XIXe s., et tout à fait acceptable : *Il a axé son discours sur le thème des besoins de la recherche scientifique.*

AXIOME orth. Pas d'accent circonflexe, malgré la prononciation en [o]. ♦ **sens** « Proposition évidente par elle-même. »

AYANT CAUSE, AYANT DROIT emploi Ces locutions figées sont employées comme substantifs animés humains dans la langue juridique, et font au pluriel **des ayants cause, des ayants droit.**

-AYER orth. Les verbes en **-ayer** changent ou non leur *y* en *i* devant un *e* de façon indifférente : *J'essaye toutes les places libres* (Chaix). Mais le *i* est d'un emploi plus moderne. *Je débraie* ou *je débraye ; il s'effraie, il paie.*

AZALÉE genre Fém. : **une azalée** (anciennement *une azaléa*).

AZIMUT sens **Dans tous les azimuts, tous azimuts** sont des locutions familières qui ne disent rien de plus que « dans tous les sens, de tous les côtés ».

AZTÈQUE orth. Avec un *z*. ♦ **forme** Unique pour les deux genres.

AZYME sens « Sans levain » : *un pain azyme.* Ne pas confondre cet adjectif avec le substantif féminin **enzyme** (→ ce mot).

B

B prononc. Le double **b** graphique se prononce toujours comme un **b** simple. On le rencontre dans un petit nombre de mots : *abbatial, abbaye, abbé, abbesse, gibbeux, gibbon, gibbosité, rabbin, rabbinat, rabbinique, rabbinisme, sabbat, sabbataire, sabbatique,* et dans quelques emprunts, tels que *hobby, lobby,* etc. En finale, *b* ne se prononce que dans les termes d'origine étrangère : *baobab, cab, job, snob, tub,* etc. Il demeure muet dans les mots de souche française : *Doubs, plomb, radoub, surplomb,* etc.

BABA emploi Adjectif invariable appartenant au style familier : *Ils en sont restés baba.*

BÂBORD orth. Accent circonflexe sur le *a.* ♦ **sens** « Gauche d'un navire quand on regarde la proue. » **Bâbord** ou **tribord ?** Vieux moyen mnémotechnique : inscrire le mot *batterie* à cheval sur l'avant d'un navire vu en plan : le début du mot, *ba,* correspondant à la position de *bâbord,* le reste, *-tterie* [tri], correspond à *tribord.*

BABY orth. Plur. : **des babies.** On trouve rarement des **babys :** *Les babys emmaillotés* (Balzac), en face de : *Ses « babies » au vernis écorché par les cailloux* (Radiguet) : il s'agit ici de « bottines pour enfant ».

BACCARA et **BACCARAT orth. Baccara,** sans *t,* lorsqu'il s'agit du jeu de cartes. **Baccarat,** avec *t,* lorsqu'il s'agit d'un objet de cristal provenant des manufactures de Baccarat.

BACCHANAL(E) prononc. [bakanal]. ♦ **genre et sens** Le masculin **bacchanal,** « grand bruit, tapage », a disparu de l'usage courant au profit du féminin **bacchanale,** « danse tumultueuse et lascive, comme celle des Bacchantes » (sens propre) et « débauche bruyante, fête désordonnée » (sens le plus fréquent aujourd'hui) : *Nous étions deux bêtes en chaleur ; c'était toute la chiennerie populaire... Il y avait à peu près un mois que cette bacchanale durait* (Perry).

BÂCHE orth. Avec un accent circonflexe sur le *a.*

BACHIQUE orth. Avec un seul *c,* contrairement à *bacchante, Bacchus,* etc.

BACCHANTE orth. Au sens de « moustache » (emploi familier), on trouve parfois l'orthographe plus simple : *bacante.*

BACON prononc. Hésitante, le mot n'étant pas encore bien francisé. On recommandera [bekœn] ou [bekɔn].

BADAUD forme Le féminin est **badaude.** Peu employé, de même que le dérivé *badauderie.*

BAFFE (plus rarement **BAFFRE**) **sens** « Gifle », dans le langage populaire. Contrairement à *gifle,* prend deux *f.*

BAFFLE genre Masc. On le fait très souvent féminin, à tort. ♦ **sens** Le vrai sens technique, «panneau de séparation acoustique», est oublié des non-spécialistes : on emploie ce mot couramment, et sans doute de façon durable, au sens de «groupe de haut-parleurs, enceinte acoustique».

BAGAGE forme et emploi Au sens propre, on rencontre plus souvent le pluriel que le singulier : *fourgon à bagages, partir avec armes et bagages, un voyageur sans bagages : L'heure de la débâcle finale sonnant, leur agent double les avait plantés là, avec armes et bagages, sans explication* (Chaix). Cependant : *Il déballe son pauvre t ·gage* (Claudel). Au sens figuré, seul convient le singulier : *La mère n'avait point seulement transmis la vie : elle avait, à ses fils, enseigné un langage, elle leur avait confié le bagage si lentement accumulé au cours des siècles* (Saint-Exupéry). Dans la locution figée *plier bagage(s)*, on a le plus souvent la forme sans *s*.

BAGOU orth. L'Académie, Littré, Larousse, Robert écrivent **bagou** sans accent circonflexe et sans -*t* final. Mais on rencontre parfois **bagout** : *Le mercier ornait ses explications des plates plaisanteries qui constituent le bagout des boutiquiers* (Balzac).

BAI emploi et sens Adjectif de couleur employé pour désigner la «robe» brun-rouge d'un cheval : *Il avait déployé sur l'encolure de sa jument baie un plan de Cholon* (Jean).

BAIL orth. Plur. : **des baux.**

BÂILLER, BAYER et **BAILLER** sens Ne pas confondre ces verbes, dont le premier est bien connu : *Parfois elle bâillait d'un seul coup ses paupières se fermaient, sa tête chavirait* (Duras). *Vous avez encore perdu la nuit, vous bâillez, vous êtes mort de sommeil* (Ionesco). À noter l'accent circonflexe sur le *a* et non sur le *i*. Le deuxième ne se rencontre plus que dans l'expression *bayer aux corneilles*. **Bayer** est un doublet de **béer**, qui signifie «ouvrir niaisement la bouche en regardant en l'air» (→ ce mot) : *Dépêche-toi donc, ce n'est pas le moment de bayer aux corneilles*.

On ne confondra pas ces deux verbes de sens voisin avec **bailler,** vieux verbe signifiant «donner», que l'on emploie par archaïsme dans des tours comme *Vous me la baillez belle, bonne. L'ites voir, ma bonne amie, si vous nous apportiez cette fameuse pâtisserie dont vous nous baillez des nouvelles depuis un moment?* (Champion).

BÂILLEUR et **BAILLEUR** forme Le féminin de **bâilleur** est *bâilleuse,* tandis que **bailleur** (ex. *bailleur de fonds*) fait, dans la langue de l'administration, *bailleresse.*

BAILLIAGE orth. Dérivé de *bailli.* Prend un *i* après les deux *l.*

BÂILLON orth. Accent circonflexe sur le *a,* comme pour *bâiller, bâillonner.*

BAIN orth. On écrit indifféremment *salle de bain* ou *salle de bains,* avec cependant une préférence pour le singulier, mais *peignoir, serviette de bain.* ♦ **emploi** *Envoyer quelqu'un au bain* est vieilli et ne se dit plus guère : *Louis-Philippe serait venu à genoux nous demander un service, on l'aurait envoyé au bain* (Giono). En revanche, *(se) mettre dans le bain, être dans le bain* sont très usités dans la langue familière.

BAIN-MARIE orth. Plur. : **des bains-marie.**

BAISEMAIN orth. Plur. : **des baise-mains.**

BAISSER → ABAISSER

BAKCHICH orth. Transcription approximative du persan. ♦ **sens** «Pourboire, pot-de-vin.» Emploi familier : *La politique ici c'est oriental. On distribue des bakchichs, on achète les voix* (Gallo).

BAL- Voici une liste de mots communément usités, commençant par **bal-** et au sujet desquels on peut hésiter quant au redoublement du *l.*
Ne prennent qu'un l : *balade, balader* (sens : «promener»); *baladin; balafre, balafrer; balance* (et dérivés); *balayer* (et dérivés); *balise; balistique; baliverne; balourd, balourdise; balustre, balustrade.*

Prennent deux l : *ballade* (sens : « poème ») ; *ballant, baller ; ballast* (et dérivés) ; *balle ; ballet ; ballerine ; ballonner, ballon, ballonnement,* etc. ; *ballot ; ballotter, ballottage ; ballottement,* etc. ; *ballottine.*
Un ou deux l : *bal(l)uchon.*

BALADE et **BALLADE** orth. et sens **Balade,** avec un seul *l,* signifie en français familier « promenade sans but déterminé » : *On devait faire une grande balade à Fontainebleau le dimanche suivant* (Sartre). Les dérivés *balader, baladin, baladeuse* ont la même orthographe : *Ils se baladent dans le quartier en se tenant par le petit doigt* (Beauvoir). **Ballade,** avec deux *l,* désigne un genre de poème à forme fixe illustré par Charles d'Orléans, Eustache Deschamps, Villon, etc. : *Si je parle d'une ballade / À faire avec mon vieux hibou / On me demandera jusqu'où / Je pense aller en promenade / On ne sait pas dans mon quartier / Qu'une ballade en vers français / Ça se fait sur deux sous d'papier / Et sans forcément promener* (Ferré).

BALADIN et **PALADIN** sens Le premier de ces deux mots signifie « danseur de ballets, puis comédien ambulant » : *Dans la plaine les baladins / S'éloignent au long des jardins* (Apollinaire). Ne pas confondre avec **paladin,** « chevalier errant » et par la suite « homme animé de sentiments généreux et chevaleresques, redresseur de torts ».

BALAFRE orth. Pas d'accent circonflexe sur le *a.* Un seul *l,* un seul *f* : *Une courte balafre partait de l'extrémité de la lèvre supérieure vers la partie gauche de son visage* (Labro).

BALAI orth. Sans *s* au singulier (→ RELAIS). On écrit *balai-brosse* (plur. : *balais-brosses*), *voiture-balai* (plur. : *voitures-balais*).

BALANCER emploi et sens Si ce verbe est bien connu et ne présente pas de difficulté à la voix pronominale, au sens d'« accomplir un mouvement régulier d'avant en arrière », il est rare et littéraire en construction intransitive, au sens d'« hésiter » : *Devant l'immeuble*

de verre et d'acier [...] *Frédéric balançait. Devait-il franchir le seuil principal, ou bien une entrée était-elle réservée, plus discrète, au personnel ?* (Jorif).

BALAYER orth. Devant un *e* muet, on écrit *i* ou *y* : *je balaie* ou *je balaye.* La terminaison *-aie,* avec *i,* est la plus fréquente et la plus recommandée. Si la prononciation [balɛ] est possible et souhaitable quelle que soit l'orthographe (**balaie** ou **balaye),** on se gardera de prononcer [balɛj] quand la forme verbale sera écrite avec un *i* et on n'admettra cette prononciation que pour la graphie **balaye.**

BALBUTIER prononc. Avec un [s] et non un [t]. De même pour le dérivé *balbutiement.* ♦ sens « Articuler de façon gauche et hésitante ce que l'on a à dire », le plus souvent à cause de l'émotion. Ne pas confondre avec **bégayer,** qui désigne une prononciation viciée par une déformation de caractère psychopathologique.

BALDAQUIN sens Synonyme de **dais** ou de **ciel de lit,** dans la langue courante. Voici un exemple d'un emploi plus précis, dans le lexique de l'architecture religieuse : *Le maître-autel dont le baldaquin, couronné de sa légion d'anges et supporté par huit colonnes de marbre, restait pourtant debout comme le clocher* (Peyré).

BALIVEAU sens « Jeune arbre réservé dans la coupe des taillis pour qu'il puisse croître en futaie » : *Trois autres hommes dormaient à côté des chevaux attachés à des baliveaux* (A. Besson). **Baliveau** s'oppose dans le lexique des forestiers à *moderne* (arbre de 30 à 40 ans) et à *ancien* (arbre de 50, 60, 70 ans et au-delà). Ne pas confondre avec **soliveau,** « petite poutre ». ♦ emploi Rare au figuré : *Tandis que le monde, ses usages, émondait presque tous ces baliveaux de bonne famille...* (Mauriac).

BALLADE → BALADE

BALLE (DU GRAIN) orth. Avec deux *l,* selon la dernière édition du *Dictionnaire de l'Académie* (1986). ♦ sens Ne pas confondre avec le mot **cosse** qui désigne l'enveloppe de certains légumes.

Balle est réservé à l'enveloppe des graines de céréales.

BALLOTTER orth. Deux *l* et deux *t* (ainsi que les dérivés, notamment **ballottage**).

BALLUCHON orth. S'écrit avec deux *l* (Académie), mais on rencontre aussi l'ancienne orthographe avec un seul *l*.

BALUSTRE orth. Un seul *l*. ♦ genre Masc. ♦ sens En principe, désigne une petite colonne, un élément de **balustrade**, mais il a quelquefois le sens collectif de ce substantif : *s'appuyer au balustre*.

BAN orth. Pas de *c* final. Ne pas confondre avec **banc**. Le mot signifie « exil » : *mettre au ban de la société, un forçat en rupture de ban* (même racine que *bannir*) ou « proclamation publique et solennelle » : *publier les bans*. Le sens le plus vivant aujourd'hui est « applaudissements rythmés d'une certaine manière » : *Un ban pour le vainqueur !*

BANAL orth. Plur. : **banals,** sauf dans quelques groupes figés appartenant au vocabulaire de la féodalité : *fours, moulins, pressoirs banaux, mais des éloges banals : Il exhibait [...] les lettres de compliments banals qu'il avait reçus* (Rolland). *Les suffixes les plus banals lui fournissent des dérivés faciles* (Bruneau).

BANCAL orth. Plur. : **bancals** → -AL

BANCO orth. Variable comme substantif **(des bancos),** ce mot demeure invariable lorsqu'il est employé comme adjectif : *vingt mille francs banco.*

BANDEROLE orth. Un seul *l* (mais **banderille** avec deux *l*).

BANDOULIÈRE prononc. *l* mouillé et non *[j]* : *[bãduljɛʀ]* → COURTILIÈRE, FOURMILIER

BANK-NOTE emploi et sens Mot anglais signifiant « billet de banque ». Très usité au début de ce siècle, il est tombé en désuétude. Plur. : **des bank-notes.**

BAR- Principaux mots commençant ainsi et ne prenant qu'un *r* : *baraque ; baratte, baratter ; baril ; barillet ; bario-*

ler, bariolage ; baromètre ; baron, baronnet ; baroque. ♦ Prenant deux *r* : *barrage ; barre, barrer, barreau ; barrette ; barricade, barrière ; barrique ; barrir, barrissement.*

BARAQUE orth. Un seul *r* (collision orthographique fréquente avec **barrique**).

BARATTE orth. Deux *t*, mais un seul *r*.

BARBACANE et **SARBACANE** sens Dans l'architecture médiévale, **barbacane** désigne une « meurtrière, longue ouverture pratiquée dans une muraille ». Ne pas confondre avec **sarbacane**, « tuyau utilisé pour lancer de petits projectiles ».

BARBAQUE orth. Avec **-que** (→ BARBECUE).

BARBARESQUE emploi et sens Ne pas confondre avec **barbare**. **Barbaresque** (adjectif ou substantif) désignait autrefois tout ce qui se rattachait aux pays de l'Afrique du Nord ; il est plus proche de *berbère* que de *barbare* quant au sens. *Les pirates barbaresques.*

BARBARISME On peut définir le **barbarisme** comme une « faute grave sur la forme ou le sens du mot », alors que le **solécisme** concerne plutôt les problèmes de syntaxe ou d'alliance entre les mots. Il est certain que **il conclua* (pour *il conclut*), **un dilemne* (pour *un dilemme*), **pulmonie* (pour *bronchopneumonie*), **lastique* (pour *élastique*), **estruction* (pour *instruction*), **cruauté* (pour *crudité*), **vescant* (pour *vexant*) sont non seulement des fautes graves qui ne relèvent pas de l'orthographe, mais sont aussi dues à de mauvais rapprochements, à des interprétations absurdes, etc. On en trouvera de nombreux exemples dans ce dictionnaire, à la place alphabétique des mots. On prendra garde, cependant, à la minceur de la frontière qui sépare le barbarisme du néologisme : en effet, un mot nouvellement fabriqué semble « barbare » au premier abord, et peut être admis peu à peu. Ce fut le cas de *baser, sélectionner, directive, atomiser, fiabilité,* etc. Il convient que le lecteur se montre prudent (plus prudent que maint écrivain !) dans l'utilisation de mots nouveaux. Voici quelques exemples de hardiesses (au point de vue morphologique) : *Dans une surenchère d'efforts et d'inventivités productives* (Duras). *La céruléinité de l'atmosphère* (Queneau). *Tu étais à l'aise, dur, indétournable* (Vailland). *Où trouverais-je le plaisir de camarader?* (Cocteau). *Luigi s'en allait au café-tabac voisin, où il petitdéjeunait à sa manière* (Triolet). *Durant quelques instants, je dus faire face aux gratulations de chacun* (Gide). *Le baiser de paix, ce frottifrotta de joues mal rasées* (Bazin). → IMPROPRIÉTÉ, NÉOLOGISME, SOLÉCISME

BARBE- Dans les mots composés, seul le substantif **barbe** prend la marque du pluriel : **des barbes-de-capucin.**

BARBECUE prononc. [baʀbəkju] (à l'anglaise) ou [baʀbəky] (à la française). ♦ **emploi et sens** Emprunté à l'anglais il y a une trentaine d'années, **barbecue** retrouve actuellement une grande faveur, en même temps que l'appareil qu'il désigne, et que l'on pourrait appeler, plus simplement, un **grilloir.**

BARBOTER orth. Un seul *t* ainsi que tous les dérivés, courants ou techniques.

BARÈME orth. Un seul *r* et un accent grave : *le barème des prix.*

BARIL prononc. [baʀi] ou [baʀil]. ♦ orth. Un seul *r*, à la différence de **barrique.**

BARMAN forme Le féminin est **barmaid.** Le pluriel courant est **barmans.**

BAROUD emploi et sens Mot arabe du Maroc, assez usité aujourd'hui dans la locution *faire (ou se livrer à) un baroud d'honneur,* c'est-à-dire « tenter une action spectaculaire et plus ou moins désespérée avant de s'avouer battu ». Ne pas confondre avec **barouf** (ou **baroufle**), populaire, « tapage » : *Ils ont fait un de ces baroufs !*

BARRE forme Le composé **barre à mine** s'écrit en trois mots.

□ **avoir barre(s) sur quelqu'un.** sens Cette locution classicisante, qui signifie « avoir un avantage sur quelqu'un, sans réversibilité », vient du *jeu de barres* et s'écrit avec *s* à **barre.** C'est du moins l'orthographe de l'Académie. La forme *avoir barre* est cependant assez répandue, peut-être sous l'influence du vocabulaire nautique ?

BARRETTE orth. Deux *r* et deux *t* quel que soit le sens.

BAS orth. Les composés prennent toujours le trait d'union (jamais de fusion complète) : *bas-bleu, bas-côté, bas-fond, bas-mât, bas-relief, bas-ventre, basse-contre, basse-cour, basse-courier (-ère), basse-fosse, basse-lisse, basse-taille.* Tous ces composés prennent la marque du pluriel sur les deux éléments : **des basses-cours** : *Le grand vaisseau de pierre s'anima aussitôt de ses basses-fosses au sommet du donjon* (A. Besson).

□ **au bas de** ou **en bas de.** emploi Ces deux locutions prépositives sont aujourd'hui équivalentes et employées indifféremment, la seconde étant la plus répandue.

□ **à bas de** tend à disparaître, sauf après des verbes comme *sauter, se jeter, tomber* : *sauter à bas de son cheval.*

□ **en bas** fonctionne comme adverbe, plus souvent que **au bas** : *Une cour sombre, toute baroque, encombrée de grandes planches parce qu'il y avait un menuisier en bas, porte à porte* (Aragon).

□ **au bas mot.** sens Locution figée, « en prenant l'estimation la plus prudente » : *À l'heure qu'il est, le cannage d'une chaise coûte au bas mot un franc cinquante* (Romains).

□ **descendre en bas.** emploi Pléonasme à éviter. Il faut dire, absolument : *descendre,* ou préciser : *à tel étage, à la cave, au sous-sol,* etc. → HAUT

□ **mettre bas** → ACCOUCHER

□ **ici-bas, là-bas.** orth. Avec trait d'union. ♦ sens Bas est très affaibli dans ces expressions, qui du reste n'ont pas exactement le même sens : *ici-bas* renvoie à un contexte religieux, *là-bas* est uniquement spatial et descriptif.

BAS-BLEU sens « Femme à prétentions littéraires » (anglicisme) : *En France, excepté les bas-bleus, toutes les femmes ont de l'esprit* (Mme de Girardin). Ne pas confondre avec **cordon bleu,** « excellente cuisinière ».

BASER emploi et sens C'est le type même du faux néologisme (« mot nouveau fort à la mode », disait de lui le grammairien Féraud... en 1787!) contre lequel s'acharnent les puristes. Bien que ce verbe puisse être considéré comme une « doublure » peu nécessaire de *fonder*, il est depuis longtemps passé, en dépit de tous les interdits, dans la langue courante et même dans le lexique d'excellents écrivains, qui l'emploient aujourd'hui sans hésitation : *Nulle autre morale, qu'elle soit basée sur la race, ou le bonheur, ou la volonté de puissance ou tout ce que je connais à ce jour, ne peut rendre compte, ni comme je l'ai dit de la conscience populaire, ni des grands mouvements spirituels* (Vercors). *Une paresse de juge en robe de juge condamne dans nos entreprises de poésie ce qu'elle estime n'être pas poétique, se basant, pour son verdict, sur cette apparence de merveilleux dont je parle* (Cocteau). *Je n'ai pu discerner sur quoi se base la sympathie qu'il me témoigne* (Gide, cité par Georgin). *Notre métrique est basée sur le compte des syllabes* (Gide). *La renommée qu'ils lui font est basée sur un malentendu* (Troyat, cité par Grevisse). *Une certaine action, basée sur la conciliation et l'arbitrage des conflits* (Ricœur). Rappelons que l'Académie l'avait admis en 1798 avant de le supprimer en 1835 et de le déclarer incorrect dans la 9ᵉ édition (1987), que Littré ne condamnait pas ce verbe et que F. Brunot l'acceptait carrément. Bien entendu, l'acception « maritime » de **baser** ne pose pas de problème, puisqu'elle se fonde sur un sens technique et non général du substantif *base : Le projet de baser des sous-marins à propulsion nucléaire dans une île bretonne a suscité une vive opposition de la part de la population locale.*

BAS-FOND et **HAUT-FOND** emploi et sens Bas-fond, « terrain bas et enfoncé » : *Au-delà de ce bas-fond vers l'ouest, s'étendait le quartier neuf* (Guilloux). Dans le vocabulaire des marins, « partie du fond de la mer où l'eau est peu profonde » : *Ces bas-fonds taris qu'on découvre dans la mer à chaque marée basse* (Fromentin). Mais il faut faire attention à l'ambiguïté de *bas* et de *haut* dans ces exemples ; l'eau est

encore moins profonde dans les **hauts-fonds**, où le sol affleure à la surface, sous forme de récifs : *C'était incommode pour la pêche, car la cuiller tombait aussitôt sur ces hauts-fonds de gravier* (Dhôtel). Seul *bas-fond* s'emploie au sens figuré, et la plupart du temps au pluriel, complètement dévié de son sens d'origine.

BASE-BALL prononc. [bɛzbol]. ♦ orth. **Base-ball**, avec trait d'union. On le trouve fréquemment en un seul mot par analogie avec *football*.

BASILIQUE sens « Église privilégiée grâce à un titre accordé par le pape. » La distinction entre une **église** et une **basilique** ne repose nullement sur un critère architectural, encore que la *basilique* soit généralement de grandes dimensions, et qu'une *église* puisse être assez petite : *La basilique de Vézelay*.

BASQUE forme L'adjectif a une seule forme pour les deux genres. Pour le substantif féminin, on peut dire **une Basque** ou **une Basquaise** : *La femme de chambre, une Basquaise grisonnante, barbue, intervint* (Colette). Le mot *basque* (en espagnol *vasco, vasca*) semble être à l'origine de la locution *parler français comme un(e) Basque (l') espagnol*, qui est devenue en français familier *parler français comme une vache espagnole.*

BAS-RELIEF sens « Sculpture en faible saillie sur un fond plat », tandis que le **haut-relief** présente une saillie très accusée (comme dans certains retables à personnages, par exemple). → RONDE-BOSSE

BASTE! emploi et sens Interjection en voie de disparition, au moins sous cette forme (*bah!* est plus fréquent comme transcription littéraire). Elle indique le dédain ou l'indifférence : *Baste! Nous verrons bien* (Rolland).

BASTINGAGE orth. Sans *u.*

BÂT orth. Avec un accent circonflexe. ♦ sens « Dispositif que l'on attache sur le dos de certains animaux pour leur faire porter une charge. » A donné les locutions : *âne bâté, chacun sait où le bât le blesse,* etc.

BATAILLON orth. On écrit *des chefs de bataillon* (sans *s* à la fin du dernier mot).

BATARDEAU orth. Pas d'accent circonflexe.

BATEAU orth. Pas d'accent circonflexe (faute très fréquente). ♦ orth. **des noms de bateau** → GUIDE TYPO.

□ **genre des noms de bateau.** Il s'agit d'un irritant problème, qui n'est pas encore résolu de façon satisfaisante. En effet, le genre du type de bateau entre assez souvent en opposition avec le «nom de baptême» qu'on lui a donné. Par exemple, un paquebot s'est nommé *France* (féminin), une vedette rapide pourrait fort bien prendre un nom d'amiral, etc. Aussi certains suppriment-ils tout article, ce qui apparaît au premier abord comme une solution commode : *Il a embarqué sur «Pasteur».* L'inconvénient est qu'un bateau étant considéré comme un objet parmi d'autres, l'absence d'article lui confère une sorte de personnification, qui peut choquer : *«Ville-d'Alger» le ramena à Marseille à sa libération.* Mais, dans ce dernier exemple, la présence de l'article défini ne donnerait pas une phrase sensiblement meilleure. Il faut admettre que l'article est indispensable dans la plupart des cas. On se trouve devant une alternative :

Ou bien on fait masculins tous les bateaux, en sous-entendant un mot comme *bateau, navire, vaisseau, cargo, croiseur,* etc. La majorité des noms désignant des bateaux de gros tonnage est en effet aujourd'hui au genre masculin : *Le maître du «Lys-de-Marie» paraissait perplexe* (Mac Orlan). *Le «Bretagne» incendié, le «Dunkerque» avarié, le «Provence» touché dans ses œuvres vives* (Troyat). *Quand j'étais sur le bateau, sur ce «Normandie» dont nous ne serons jamais assez fiers...* (Romains). *On me téléphone que le «Constitution» arrive* (Maurois). *Le «Basse-Terre» marchait à bonne allure* (Peisson).

Ou bien on néglige le genre du type de bateau, et on met l'article voulu par le nom propre exclusivement : *Mais j'ai vu prendre le large à la plus pure de ses filles, la fine «Fraternité» aux formes fuyantes* (Valéry). *J'aperçus la «Rose-de-Savannah».* C'était, en vérité, un joli navire taillé pour la course* (Mac Orlan). *Le patron de la «Marie-France», petit cotre qui assurait une fois par mois le service des marchandises* (id.).

Il faut reconnaître que si le bateau porte un nom féminin de personne, comme dans ce dernier exemple, il est plus délicat de le faire précéder de *le* que s'il porte un nom de chose ou un nom abstrait. On dira sans peine *Le «Liberté», Le «Provence», Le «Fraternité»,* etc., mais *Le «Marie-France»* détonne. On se rangera en fin de compte à l'avis de Le Bidois : «La vérité, c'est que nous accordons instinctivement l'article non pas avec le nom de baptême, mais avec le mot *paquebot* sous-entendu. Une fois de plus, l'accord logique l'emporte sur l'accord formel ou grammatical» (*Le Monde,* 25 mai 1960). Cette règle suffira dans la plupart des cas. Comme on a pu le voir, il est difficile de supprimer l'article.

□ **bateau-pompe, bateau-pilote,** etc. orth. Avec trait d'union. Plur. : *-x* puis *-s* aux composants : **des bateaux-pilotes.**

□ **monter un bateau à quelqu'un** et **mener quelqu'un en bateau** sont des locutions familières signifiant «tromper quelqu'un par une machination bien combinée» : *Dis donc, ajouta-t-il, tu y crois toi, aux bateaux? Moi, je vais te dire. Les bateaux, c'est un bateau* (Merle).

BAT-FLANC orth. Mot composé invariable. Rien à voir avec *bas,* ni avec *bât.* Le premier élément vient de *battre : Les mules qu'on entendait cogner dans les bat-flanc* (Peyré).

BATISTE orth. Pas de *p* : ce nom commun ne vient pas du nom propre *Baptiste,* mais d'une forme de *battre* (la laine). ♦ genre Fém. ♦ sens Toile de lin.

BATTRE orth. Deux *t* ainsi que les dérivés; mais font exception *bataille, combatif, combativité.*

□ **battre à plate(s) couture(s).** Locution populaire.

□ **battre son plein.** sens Se dit de la mer ayant atteint le plus haut point de la marée, mais cette locution s'emploie souvent au figuré. Noter l'accord du possessif : *Les fêtes du couronnement* *battaient leur plein. Des bras méca-niques manœuvrent les commandes des grues, les palans, les touches des addi-tionneuses; sans perdre une seconde, sans un à-coup, sans une erreur; le commerce du bois bat son plein* (Robbe-Grillet). *Les messes satiriques battaient leur plein et les moines n'étaient pas les derniers à s'en réjouir* (Ragon). C'est *plein* qui est ici le substantif, et non *son* comme on l'a parfois imaginé à contre-sens. Albert Dauzat a écrit : « Un tam-bour (aussi bien qu'une cloche) qui bat un son, plein ou non, c'est du charabia, qu'on ne rencontre nulle part, et qui n'a pu germer que dans les volutes d'un cerveau tarabiscoté. »

□ **battant neuf. forme** Cette locution an-cienne est diversement accordée au substantif auquel elle se rapporte : si *battant*, comme participe, est toujours invariable, *neuf* est considéré tantôt comme adjectif attribut du sujet (ac-cord), tantôt comme adverbe (inva-riable) : *Il portait des habits battant neuf(s)*.

□ **à six heures battant** ou **battantes. forme** Accord variable selon que *battant* est senti comme participe ou comme adjectif. → SONNER, TAPANT

BAUME orth. Jamais de *e* après le *b*, quel que soit le sens, qu'il s'agisse d'un nom commun **(un baume)** ou d'un nom géographique : *l'abbaye de Baume-les-Messiers, la Sainte-Baume.*

BAUMÉ forme Invariable dans *degrés Baumé.*

BAYER → BÁILLER et BÉER

BAZAR orth. Pas de *d* final, malgré le dérivé très familier *bazarder*, «liqui-der».

BÉANT, BÉE → BÉER

BEAU forme Cet adjectif devient *bel* de-vant un nom commençant par une voyelle : *un bel homme, c'est le bel âge,* et dans la locution adverbiale *bel et bien : Une heure d'un plus bel automne que celui que je traversais voilà sept mois* (Butor). Ceci explique le glisse-ment de genre fréquent dans la langue populaire : *la belle âge, la belle ouvrage,* etc.

□ **avoir beau. emploi** Locution verbale à valeur concessive et oppositive : *La mère avait beau dire, il se trouvait sûre-ment un homme pour elle* (Duras). *On a beau savoir qu'elles restent vivaces, les premières petites feuilles sont une sur-prise* (Velan). *Avoir beau* « marque l'inu-tilité de l'action énoncée par l'infinitif complément, et, par conséquent, l'op-position entre cette action et le fait énoncé ensuite » (Le Bidois).

□ **l'échapper belle, la bailler belle. sens et emploi** Locution empruntée au jeu de paume. *L'* ou *la* représente à l'ori-gine *la balle*, d'où le genre de l'adjectif. Ces tours sont figés.

□ **composés avec beau :** ils prennent un trait d'union. L'adjectif s'accorde : *les beaux-pères, les belles-mères, les beaux-parents,* etc.

BEAUCOUP emploi Adverbe de quan-tité modifiant des verbes, et quelques adjectifs et adverbes *(meilleur, moindre, plus, moins, trop, mieux).* Beaucoup s'emploie donc essentielle-ment avec des adjectifs au superlatif ou au comparatif. On dira : *Il est beaucoup* ou *de beaucoup plus intelligent que son frère,* mais : *Il est plus intelligent que son frère, de beaucoup* (de est alors obli-gatoire). Avec le superlatif, on dira *de beaucoup* quelle que soit la place de l'adverbe par rapport à l'adjectif : *C'est de beaucoup le plus intelligent des trois* ou *C'est le plus intelligent des trois, de beaucoup.* L'emploi nominal de ce mot avec un complément partitif est excep-tionnel : *Au temps de Littré, beaucoup de ce qui s'ingérait hors des repas faisait courir à la garde-robe* (Jorif).

□ **merci beaucoup** → MERCI

□ **l'emporter de beaucoup. constr.** *De* est obligatoire. Avec d'autres verbes, l'usage varie : *Il regarde sa valise, qui est sur le filet, en face de lui, et qui déborde de beaucoup* (Romains). *De* est ici plus ou moins explétif. En revanche, on dit *il s'en faut de beaucoup :* la dis-tinction que l'on a tenté d'établir entre *il s'en faut beaucoup* (idée de qualité) et *il s'en faut de beaucoup* (idée de quan-tité) est peu convaincante. → FALLOIR

□ **beaucoup pensent que. emploi** Comme nominal, *beaucoup,* en raison de son contenu sémantique, entraîne le pluriel : *À voir leur émotion, beaucoup* *lui devaient quelque chose, d'autres avaient dû l'aimer* (P. Jardin). → SYL-LEPSE

□ **beaucoup de + subst. + verbe.** L'accord du verbe peut se faire au singulier ou au pluriel, suivant le sens que l'on veut donner à la phrase. Le pluriel n'est nullement automatique. *Beaucoup de dépenses aboutit à la catastrophe* (= « le fait de dépenser beaucoup ») s'oppose à *Beaucoup de dépenses aboutissent à la catastrophe* (= « il est de nombreuses sortes de dépenses qui »). *Beaucoup de cierges valait mieux* (Flaubert) : l'écrivain pensait ici à la quantité, qu'il fallait prévoir grande.

□ **beaucoup de** ou **beaucoup des. constr.** Lorsque le substantif introduit par *beaucoup* est déterminé par un complément, un participe ou une proposition relative, on peut alors employer l'article défini, qui est exclu dans les autres contextes : *Beaucoup d'élèves ont été reçus*, mais *Beaucoup des élèves que tu connais* ou *Beaucoup des élèves sélectionnés ont été reçus.*

□ **beaucoup de peine te sera épargné (e). forme** Lorsque le complément de *beaucoup* est un nom féminin singulier, il y a hésitation sur l'accord. Le féminin l'emporte généralement. On touche ici (comme dans l'exemple précédent : *beaucoup de dépenses*) aux problèmes généraux de l'accord et des noms dits *collectifs* (→ ce mot).

BÉCARRE orth. Deux *r* : **un bécarre.**

BEC-DE- orth. Dans les composés *bec-de-corbeau, bec-de-perroquet,* etc., seul **bec** prend la marque du pluriel : *des becs-de-corbeau, des becs-de-cane, des becs-de-lièvre.*

BÉCHAMEL orth. Le *Dictionnaire de l'Académie française* (1987) donne aussi *béchamelle.* Ce mot peut prendre la majuscule dans *sauce Béchamel* (issu d'un nom propre), il prend la minuscule dans *une béchamel(le).*

BECQUETER ou **BÉQUETER prononc.** [bɛkte] **orth.** Les deux orthographes sont possibles, mais la première est la plus répandue. De même pour *becquée* et *becquet.* ♦ **conjug.** de **becqueter** : sur le modèle de *jeter* (autrefois plutôt sur *acheter*) : *il becquette.* Mais en fait uti-

lisé seulement à l'infinitif ou au participe passé, auquel cas il est souvent écrit *becter, becté.*

BÉER conjug. Garde à toutes les formes l'accent aigu sur le premier *e* (→ CRÉER). ♦ **sens** « Tenir la bouche ouverte en regardant qqchose », « être ouvert, être béant ». On rencontre ce verbe surtout sous la forme du participe-adjectif *béant,* dans la locution figée : *rester bouche bée* et dans l'expression technique : *futaille à gueule bée* (défoncée d'un côté) : *Arrivée à la porte-fenêtre béante, l'ombre bondit de côté...* (Colette). Mais on trouve aussi des formes personnelles, surtout dans la langue littéraire : *La fosse immense béait comme un enfer* (Sue). *L'énorme porte béa enfin, grande ouverte sur les ténèbres épaisses de la cour intérieure du château* (A. Besson). *Le redoutable fossé des générations se creusera à vitesse accélérée et béera vertigineusement* (Cavanna). *La gorge béait, dans l'orbite vide on avait enfoncé un gros caillou* (Jean). Aucun rapport avec *béat,* ce qui n'empêche pas certains rapprochements de sens dans la langue populaire : on dit *rester béat* ou *béant d'admiration.* → BÂILLER, BAYER

BEEFSTEAK → BIFTECK

BEIGE emploi et sens Adjectif de couleur, qui suit la règle générale. → COULEUR et BIS

BEIGNET prononc. [bɛɲɛ] et non *[bœɲɛ]. Diminutif de *beigne* [bɛɲ], « bosse, tumeur, coup » (populaire), qui se prononce encore parfois [bœɲ]. ♦ **constr.** : *beignets de pommes,* ou *beignets aux pommes.*

BÉJAUNE orth. En un seul mot, anciennement *bec-jaune* (bec des jeunes oiseaux). ♦ **emploi** Surtout dans la locution vieillie *montrer à quelqu'un son béjaune,* c'est-à-dire sa naïveté. Aujourd'hui supplanté par **blanc-bec.**

BEL → BEAU

BELGICISME emploi Cette forme, plus proche de l'étymologie latine *(belgicus),* tend, sans grande nécessité, à supplanter *belgisme.*

BÉLÎTRE orth. Accent aigu sur le *e* et circonflexe sur le *i*. Autrefois, *belitre* (sans accent aigu).

BELLE → BÂILLER et ÉCHAPPER

BELLE → BEAU

BELLE-DE- forme Nombreux composés qui prennent tous, au pluriel, un *s* à *belle*, mais non pas au substantif qui suit : *des belles-de-jour, des belles-de-nuit, des belles-de-mai*.

BEN emploi et sens Mot arabe («fils de... ») qui n'est jamais suivi de trait d'union. *L'affaire Ben Barka*. ♦ **forme Ben** avec une majuscule en tête du nom de la personne désignée, **ben** avec minuscule à l'intérieur du nom : *Mustapha ben Kadder*. ♦ Plur. **Beni,** «(les) fils de...», d'où la locution familière *béni-oui-oui*, qui ne s'emploie au singulier que par extension. Elle désigne les «gens toujours prêts à se ranger du côté des autorités légales».

BEN- prononc. En syllabe initiale d'un mot, ce groupe graphique devant une consonne se prononce en général [bɛ̃]. Ainsi pour *Bengale, bengali, benjamin, benjoin, benzène, benzine* et leurs dérivés.

BÉNÉDICITÉ orth. Mot latin complètement francisé : **des bénédicités.** Accent aigu partout, et *s* final au pluriel.

BÉNÉFICIER constr. À côté de la construction traditionnelle **bénéficier de** : *bénéficier de l'indulgence du jury*, on trouve aussi le tour inverse avec **à** : *Les dispositions de la loi du 23 décembre 1964 ont jusqu'à présent bénéficié à sept cent cinquante-deux condamnés* (communiqué officiel).

BENÊT prononc. [bənɛ] et non *[benɛ] ou *[bɛnɛ] (attraction probable de *béni*). ♦ **forme** Pas de féminin : *La religion n'a si bien pris que parce qu'ils étaient déjà idiots. Il y avait des crétins et des benêts avant qu'ils fussent chrétiens et bénis* (Paraz).

BÉNÉVOLE emploi À l'origine, ce mot ne pouvait s'appliquer qu'à une personne (qui est «de bonne volonté») : *Il est l'avocat bénévole et zélé de plus d'une belle cause* (Sainte-Beuve). *Ce n'est plus le chœur du drame antique, cette troupe de commentateurs et de conseillers bénévoles* (Claudel). *Elle possède un passé de femme d'intérieur, animatrice de tombolas, infirmière bénévole aux côtés de son major de mari* (Sarrazin). Mais aujourd'hui, on l'emploie très couramment sans incorrection avec un nom de chose : *Fournir une aide bénévole* («sans rémunération»).

BENGALI forme Comme adjectif ou substantif, **bengali** peut prendre le *s* du pluriel, mais non le *e* du féminin. ♦ **sens** Le substantif *bengali* désigne un oiseau et la langue du Bengale. **Bengalais, bengalaise** est une autre forme d'adjectif, plus commode à employer, puisqu'elle s'accorde selon les règles générales.

BÉNI ou BÉNIT emploi La forme la plus ancienne, **bénit, bénite,** s'emploie en principe pour des objets consacrés religieusement : *pain, eau, drapeau, médaille,* etc. Pour des personnes ou des actions, seul convient le participe-adjectif en *-i*, qui n'est du reste apparu qu'au XIXe s. : *Un petit rameau de buis bénit sous l'oreiller* (Aragon). *Cierge, paix et laurier bénit* (Peyré). *Un grand défilé de bien-pensants consternés, sous une pluie battante de postillons et d'eau bénite* (Bazin). *Je serais allée faire ma cure d'eau bénite comme on prend, l'été, les eaux minérales* (Sarrazin). Cependant, mis à part *eau bénite*, groupe figé particulièrement stable, on observe une tendance à se servir en toute circonstance de la forme en *i* : *Mettant des médailles bénies au cou de l'enfant* (Aragon). *Le gâteau qui avait été béni en même temps que la barque* (France, cité par Grevisse). Noter le tour optatif (souhait) : *Bénie soit la mort qui m'en permet l'aveu !* (Estaunié). Employé aux temps composés de l'actif (avec l'auxiliaire *avoir*), *béni* s'écrit toujours *i* : *Le prêtre les a bénis*.

BÉNIN forme Le féminin **bénigne,** seul correct, est rare, et a un aspect littéraire : *Okazou, au moment du départ, répéta de sa voix suave la question apparemment bénigne* (Labro). Dans le langage médical, on oppose *tumeur bé-*

nigne et *tumeur maligne* : *À côté des tumeurs malignes, qui sont des cancers, existent, en effet, des tumeurs bénignes parmi lesquelles on peut citer les verrues* (Lwoff). Substantif dérivé : *bénignité.* → MALIN

BÉNI-OUI-OUI → BEN

BENOÎT orth. Accent circonflexe sur le *i*, également pour l'adverbe *benoitement* : *Juliette me pose dans mon landau, je dors benoitement* (Chaix). ♦ emploi Adjectif devenu rare, signifiant à l'origine « béni », et aujourd'hui le plus souvent péjoratif : « qui prend un air bon et doucereux ». Fém. : **benoite** : *Une bonne humeur qui n'était pas nécessairement compatible avec la nature réservée, benoite, du héros de la soirée* (Labro).

BERCAIL forme Le pluriel **bercails** est extrêmement rare, mais non pas inexistant. → -AIL

BERGAMOTE orth. Avec un seul *t.*

BERME sens Proche de *berge*, mais nettement distinct : « chemin entre une levée de terrain et le bord d'un fossé ou d'un canal ».

BÉSICLES prononc. [bezikl] ou [bəzikl]. ♦ orth. Pas d'accent aigu sur le *e.* ♦ forme Pas de singulier : *Il enfourche sur son nez des besicles, il lit les notes qu'il a prises* (Japrisot).

BESOIN emploi Avec l'auxiliaire *être*, emplois exclusivement littéraires : *s'il en est besoin, qu'est-il besoin de, il n'est pas besoin de*, etc. : *Il n'oubliait jamais dans sa clientèle ouvrière d'appeler l'abbé quand il en était besoin* (Aragon). *Nice qui saurait, si besoin était, défendre comme jadis les cités grecques, ses libertés qui sont celles de la France* (Gallo).
□ **cette chambre a besoin d'être nettoyée.** Tournure peu élégante. On évitera l'emploi de *avoir besoin* avec un sujet non humain, encore qu'on puisse dire correctement : *Cette plante a besoin d'eau.*
□ **tu n'as pas besoin d'avoir peur.** Cet emploi familier de *avoir besoin* est également à éviter. On dira mieux : *Tu n'as pas à avoir peur*, ou *Tu ne dois pas avoir peur.*

BESTIAL forme Plur. : **bestiaux.** → BÉTAIL

BÊTA forme Fém. : **bêtasse.** ♦ emploi Cet adjectif-substantif est moins fort que *bête* et s'emploie avec une valeur affective.

BÉTAIL et **BESTIAUX** emploi et sens Le premier substantif a un sens collectif (ensemble des bêtes) et s'applique aux bêtes d'élevage (bœuf, vache, mouton, porc, chèvre, cheval, mulet, âne), tandis que le second (qui n'est pas à l'origine le pluriel du premier) a une valeur distributive et s'emploie surtout pour des pièces de « gros bétail » (bœufs, vaches). Le singulier *un bestiau* existe chez les paysans, et dans le registre plaisant avec un sens légèrement dédaigneux : *Le chien du concierge, un bestiau aussi sot, aussi bâtard et aussi boiteux que lui-même* (Desproges).

BÊTE genre On rencontre parfois le masculin dans des emplois expressifs et familiers : *Tu es un gros bête. Il a fait un bête de mariage.*

BÉTONNIÈRE forme Désigne la machine où l'on prépare le béton. **Bétonneuse* est impropre.

BI- forme Préfixe prenant la forme **bis-** devant une voyelle : *bisaiguë.* Pas de trait d'union dans les mots construits avec ce préfixe. ♦ sens Attention à certaines ambiguïtés : *bihebdomadaire* signifie « qui a lieu deux fois par semaine », *bisannuel* ou *biennal* (synonymes) signifie « qui a lieu tous les deux ans » *(la Biennale de Venise)*, ou « qui dure deux ans » (en parlant de certaines plantes). On ne confondra pas *bimensuel*, « qui a lieu deux fois par mois », et *bimestriel*, « qui a lieu tous les deux mois ». Quant à *biquotidien*, qui ne présente aucune ambiguïté (« deux fois par jour »), il est rare : *Ce malheureux doit subir des séances de radiothérapie biquotidiennes.*

BIAIS emploi et sens Ce mot, qui a le sens général d'« oblique », est rarement employé comme adjectif, sauf en architecture : *un pont biais, une voûte biaise.*

On lit cependant : *Ils durent, pour gagner une place vacante, traverser la salle sous des regards biais* (Jorif). Le substantif est plus répandu : *prendre un biais*, c'est-à-dire un détour, et surtout les locutions adverbiales *de biais*, *en biais*, «de travers, obliquement» : *Pas de musique, mais le martèlement des pas. Le cheval se mit de biais* (Gallo). *Chacun de nous le regardait de biais, et l'évitait, comme s'il allait nous porter la poisse* (Ragon).

BIBELOT et **BIMBELOTERIE** forme On ne dit pas **bibeloterie* mais **bimbeloterie**, «industrie du bibelot» ou «ensemble de bibelots» (collectif), dérivé de l'ancienne forme du mot de base : *bimbelot*.

BIBLE emploi Adjectif invariable dans *papier bible* (sans majuscule). **Bible**, substantif, prend une majuscule pour désigner le livre sacré, une minuscule au sens figuré.

BICENTENAIRE emploi Ce composé est passé dans l'usage le plus courant, malgré les condamnations des puristes, qui souhaitent qu'on s'en tienne à *deuxième centenaire*. Même remarque pour *tricentenaire* et *même centcinquantenaire*.

BICYCLETTE (à ou **en) →** À et EN

BIEN

□ **des gens bien. emploi** Pris comme adjectif, familier, car *bien* est essentiellement un adverbe : *C'est-à-dire que tous les fonctionnaires étaient considérés comme des gens bien* (Aragon). «*Ce Furfaire est un type bien.*» *Mon père appartenait à cette génération de Français pour qui ces trois simples mots suffirent pendant un demi-siècle pour définir la qualité morale d'un individu* (Labro). La même remarque vaut pour l'emploi comme attribut : *Les avocats ont été bien, très bien* (Chaix).

□ **je suis bien. sens** Équivalent de *je me sens bien*, qui appartient à un registre plus soutenu.

□ **pas bien savant.** Quand un adjectif est repris par le pronom *le*, l'adverbe est plutôt *beaucoup* que *bien* : *Savant, il ne l'est pas beaucoup*. En revanche, on dira : *Il n'est pas bien savant*, mieux que

Il n'est pas beaucoup savant (→ BEAUCOUP). Mais il vaut mieux dire : *Il n'est pas très savant*.

□ **merci bien →** MERCI

□ **bien du, bien des.** Entre *bien* et un substantif, soit singulier, soit pluriel, l'article (contracté avec *de*) est obligatoire, à la différence de *beaucoup* : *Bien du plaisir pour lui!* (Benoit). *Bien des soirs, la mort lui apparut ce qui est le plus simple* (Mauriac). *Bien des enfants sont perdus dans le monde, concluait Marika* (Dhôtel). Ne pas confondre avec les phrases dans lesquelles **bien** porte sur un verbe et non sur un substantif et où il a une valeur concessive : *Vous, vous vendez bien du fil, dit Suzanne* (Duras). Cette phrase ne signifie pas : «Vous vendez beaucoup de fil», mais amène le lecteur à compléter implicitement par une phrase de ce genre : «Pourquoi, moi, ne pourrais-je vendre autre chose?» : *Robert a bien été à Paris quelques jours plus tard, mais n'a rien pu découvrir* (Gide).

□ **bien entendu, bien sûr.** Locutions très répandues comme adverbes et aussi en tête de phrase, suivies de *que* (registre familier, mais non incorrect) ou même telles quelles : *Bien sûr tu l'aimes, dit Françoise lâchement* (Beauvoir). *Bien sûr qu'il eût été plus agréable de nous rouler dans les vagues de Wagner et de Debussy* (Cocteau).

□ **comme de bien entendu →** COMME

□ **grand bien vous fasse!** Noter l'ordre des mots et le subjonctif : *En Auvergne? pour vous faire manger par les puces et la vermine, grand bien vous fasse!* (Proust).

□ **bien que.** En principe, suivi du subjonctif. Mais l'indicatif (imparfait, futur) ou le conditionnel s'emploie parfois pour souligner une intention particulière : réalité ou éventualité du fait contenu dans la subordonnée concessive. **Exemples d'emploi normal, avec le subjonctif :** *Gilbert avait-il seize ans accomplis? C'était incertain, bien qu'il prétendît devoir fêter ses dix-sept ans avant l'automne* (Dhôtel). *Bien qu'elle eût assez de lucidité pour voir le patron tel qu'il était, elle l'acceptait* (Aymé). *Il se décida à lui confier le plus secret de ses rêves bien que leur amitié datât d'à peine trois semaines* (Triolet). **Avec l'in-**

dicatif : *Thérèse d'Avila, bien que de nombreux prêtres lui avaient affirmé que Dieu agissait dans son âme, ne l'avait pas cru absolument* (Guitton). *Bien que Valéry disait...* (La Rochefoucauld). *Bien que Ferdinand Brunot, non seulement l'admet, mais le recommande* (Billy). *Bien qu'après tout, Blanchette est libre* (Aragon). *Oui... bien que parmi eux il y a peut-être comme nous des... vous me comprenez* (Queneau). **Avec le conditionnel :** *Bien que ses péchés auraient pu [...] se répandre à tous les coins du diocèse* (Flaubert). Brunot, qui cite cet exemple, ajoute, malicieusement, à l'intention des puristes : «On ne saurait trop se féliciter de cette faute !» ♦ Le Bidois fait observer que l'emploi de l'indicatif après *bien que, quoique, encore que* est admissible, sinon justifié, quand la locution conjonctive est séparée du verbe par une longue intercalation : *Bien que, l'âge venant et sa complaisance envers lui-même s'exagérant, il en était arrivé à être souvent plus brutal que vraiment drôle* (Billy). ♦ Le verbe *être* peut être sous-entendu : *Bien que libéral d'origine et de tendance, il plut à l'Empereur par son application.* L'emploi de la locution conjonctive est courant devant un participe : *Tu voulus bien apprécier le personnage principal bien qu'à peine esquissé* (Queneau).

◻ **bien vouloir** ou **vouloir bien.** Dans la langue administrative et spécialement chez les militaires, qui sont soucieux de la hiérarchie, il est d'usage de distinguer entre *bien vouloir,* plus respectueux, et *vouloir bien,* plus autoritaire : *Je prie ces messieurs et dames du chœur de vouloir bien se montrer un peu moins turbulents et plus discrets* (Claudel). Cette nuance est tout à fait factice et disparaît dès que la locution verbale est conjuguée : *Vous voudrez bien...*

◻ **bien venu à** ou **de.** Ce tour classique ne se confond pas avec l'adjectif *bienvenu* (en un seul mot).

◻ **il s'en faut bien.** Rare et littéraire, cette construction, qui ne comporte jamais *de,* est à rapprocher de *il s'en faut (de) beaucoup.* → BEAUCOUP

◻ **mais bien.** Sert à souligner une rectification, après une proposition négative : *Ce ne sont pas ces gens-là, mais bien vos propres amis qui en sont responsables.*

◻ **bel et bien** → BEAU

BIEN orth. Ne prennent un trait d'union que les composés suivants, où **bien** est un adverbe préfixe : *bien-aimé(e), bien-dire, bien-disant* (vieilli), *bien-être, bien-faire, bien-fondé, bien-fonds, bien-jugé, bien-pensant.* Au pluriel, le deuxième élément prend un *s,* sauf si c'est un infinitif substantivé : *dire, être, faire.*

BIENTÔT ou **BIEN TÔT** sens Bien tôt signifie «très tôt» ou «trop tôt» et s'oppose exactement à *bien tard.* **Bientôt** signifie «dans un moment très proche». → SITÔT

◻ **très bientôt.** S'entend très souvent dans la langue parlée : *À très bientôt.* Ce tour, sans être incorrect, est seulement familier et forme un léger pléonasme.

BIENVENU forme L'adjectif **bienvenu** est la seule forme qui subsiste du vieux verbe *bienvenir,* avec parfois l'infinitif : *Il a cherché par tous ces cadeaux à se faire bienvenir de la famille. Voici une prime sur laquelle je ne comptais pas, et qui est (la) bienvenue.* Ne pas confondre avec le tour : *Il est pourtant bien venu hier, je n'ai pas rêvé.* On écrit dans ce cas *bien venu* en deux mots. → MALVENU

BIFTECK orth. Celle qui est admise par l'Académie ne correspond nullement au mot anglais, qui est *beefsteak : Il lui restait juste le temps de faire griller des biftecks* (Romains). On l'abrège souvent en *steak,* forme très satisfaisante, et même préférable à **bifteck** quand il s'agit d'autre viande que celle du bœuf ; *un steak de cheval* est moins choquant qu'un *bifteck de cheval,* si on se rappelle que l'anglais *beefsteak* signifie «tranche de bœuf». En tout cas, *bifteck* est démotivé pour un Français : c'est ce qui a permis à Marcel Aymé et à Raymond Queneau de tenter de le franciser sous la forme *bifetèque.* → ROMSTECK et ROSBIF

BIFURCATION sens En principe, on ne parlera de **bifurcation** que pour désigner un embranchement à deux voies *(bi-);* la *bifurcation d'un chemin, du*

*tronc d'un arbre, de la racine d'une
dent.* De même pour le verbe *bifurquer.*

BIHEBDOMADAIRE → BI- et HEBDO-
MADAIRE

BIJOU forme Plur. en *-oux,* ainsi que
*caillou, chou, genou, hibou, joujou,
pou* : *Ce sont les mères des hiboux / Qui
désiraient chercher les poux / De leurs
enfants, leurs petits choux, / En les tenant sur les genoux. / Leurs yeux d'or
valent des bijoux, / Leur bec est dur
comme cailloux, / Ils sont doux comme
des joujoux, / Mais aux hiboux point de
genoux !* (Desnos).

BILAN sens Idée d'« équilibre » comme
dans *balance,* et non pas seulement de
« récapitulation ». Mais les emplois actuels tendent à faire de ce mot un
simple   équivalent   de   « somme,
compte » : *Dresser son bilan, déposer
son bilan* (avec « l'actif » et le « passif »
mis en balance). *Le bilan d'une expérience, d'un accident, d'une catastrophe.*

BILEUX ou BILIEUX emploi et sens
Seule la forme **bilieux** est admise par le
bon usage, au sens de « sujet à la colère », ou « morose » (par excès de bile) :
*tempérament, caractère bilieux : C'était
un homme bilieux et mélancolique,
grand, sec, anguleux* (Sand). Quant à **bileux,** c'est une déformation populaire,
accompagnée d'un affaiblissement du
sens : *Il n'est pas bileux,* « il prend la vie
avec bonne humeur, optimisme ». **Biliaire** signifie simplement « qui se rapporte à la bile » et s'emploie avec des
substantifs non animés : *sécrétion, affection biliaire.*

BILLION emploi et sens Ce nom de
nombre a été autrefois l'équivalent de
milliard. C'est encore le sens de l'anglais. Aujourd'hui, il désigne le nombre
10^{12} (un million de millions).

BIMENSUEL → BI- et MENSUEL

BINOCLE emploi En voie de disparition,
comme *besicles.* Il existe à l'origine au
singulier (*bi-* = « pour les *deux* yeux »),
mais on le rencontre souvent au plu-
riel : *mettre son* ou *ses binocles.* ♦ **sens**
« lorgnon ».

BINÔME orth. Accent circonflexe.

BIO- orth. Les noms composés sur ce radical ne prennent pas de trait d'union :
biochimie, biogéographie, etc.

BIPARTI ou BIPARTITE emploi Les
deux formes sont également correctes.
Bipartite est plus commode en ceci,
qu'il n'y a pas à faire d'accord de
genre : la même remarque vaudra pour
tri, quadri. Un accord triparti ou *tripartite.* La seconde forme est la plus vivante.

BIS (adjectif) ♦ **prononc.** [bi] (le *s* final est
muet). ♦ **sens** « Gris-brun », en parlant de
certains objets : *pain bis* (contenant du
son), *toile bise.* Ne pas confondre avec
l'adverbe distributif latin **bis,** « deux
fois », qui se prononce [bis] et dont dérive le verbe **bisser.**

BISAÏEUL forme Plur. : **des bisaïeuls.**
♦ **sens** « Parents des aïeuls, c'est-à-dire
arrière-grands-parents. »   **Trisaïeul :**
une génération au-delà.

BISTRE sens Adjectif de couleur, « ti-
rant sur le brun jaunâtre » : *Les traces
ineffaçables d'un limon rouge, bistre et
aussi verdâtre* (Labro). *Un teint bistre.* Il
reste invariable. Cependant, si l'adjectif
qualifie un nom féminin, ou pluriel, on
emploie plutôt **bistré** : *Les parties bis-
trées de la carte.*

BISTROT ou BISTRO orth. Les deux
sont possibles, mais la première est la
plus usitée. ♦ **sens** Ce substantif désigne
dans la langue familière tantôt un petit
café, tantôt le patron de ce café : *Elle le
retrouva au bistrot en face du garage*
(Aragon). *Déjeuné chez un bistro près de
la rue François-Iᵉʳ* (Gide). Le féminin est
rare : *Avec un long épi, il était occupé à
chatouiller le creux de la main de la bis-
trote* (Dorgelès).

BIZUT ou BIZUTH prononc. [bizy]
(*t* muet). ♦ **orth.** Les deux coexistent. Ce
mot appartient surtout à l'argot parlé
des écoles, dont il désigne les nouveaux
élèves. Le dérivé *bizutage* ne prend pas
de *h* : *Bien qu'officiellement interdit, le
bizutage est toléré par la plupart des
chefs d'établissement, qui le considèrent
comme le domaine réservé des élèves*
(Aulagnon et Dumay, *Le Monde,* 12 septembre 1992).

BLACK-OUT emploi et sens Ce mot composé anglais est bien installé dans notre langue, et signifie « masquage de la lumière, ou interruption d'une émission en vue d'éviter de signaler sa position à l'ennemi ». Il peut être remplacé par **occultation** ou par **silence radio**, en fonction du contexte (arrêté du ministère de la Défense du 12 août 1976). Mais au sens figuré, il semble irremplaçable : *Le gouvernement a fait le black-out sur ses récentes décisions en matière fiscale.*

BLANC forme Adjectif de couleur, variable, sauf lorsqu'il entre en composition : *Ses cheveux étaient blanc platine.*
☐ **à blanc.** Cette locution est invariable : *Ils ont tiré plusieurs coups à blanc.* ♦ **emploi et sens** Parfois au figuré : *C'était tout ce qu'elle pouvait se permettre : un orage à blanc* (Sartre). A ici le sens de « factice, qui n'éclate pas vraiment ».
☐ **blanc cassé.** Locution récente, qui désigne un « blanc éteint par une très légère pointe de gris ». Cette teinte est utilisée en décoration, car elle est moins salissante qu'un blanc pur.
☐ **carte blanche** → BLANC-SEING

BLANC-BEC orth. Plur. : **des blancs-becs** → BÉJAUNE

BLANCHIMENT, BLANCHISSAGE emploi et sens Le premier terme désigne l'opération technique qui consiste à blanchir ce qui n'est pas naturellement blanc : *le blanchiment d'une façade* ; il s'emploie souvent au figuré, pour désigner l'opération frauduleuse concernant à réintroduire sur le marché financier des capitaux acquis illégalement : *Le terrain d'entente le plus actif, selon la police russe et des informations de presse parues en Suisse et en Italie, est le blanchiment d'argent. La C.E.I. est une « machine à laver » idéale pour l'argent sale* (Datskevitch et de Kochko, *Le Monde diplomatique*, août 1992). Voir citation à NARCO... Le verbe *blanchir* est aussi couramment employé dans ce contexte : *En ville s'ouvrent en masse des sociétés financières dont 80 % ont un capital ridiculement bas. « Astuce pour blanchir de l'argent »*, résume le *dottore* Gosso (*Le Monde*, 22 juillet 1992). Le **blanchissage**

s'applique le plus souvent au *linge*, auquel il faut rendre sa blancheur première. Enfin, *blanchissement*, qui n'existe pas, serait utile, suivant la remarque de Paul Robert, pour désigner l'action intransitive de *blanchir*, en parlant par exemple des *cheveux*.

BLANC-SEING orth. Ne pas oublier le *g* final. Plur. : **des blancs-seings**. ♦ **sens** « Signature apposée au bas d'une feuille blanche pour approuver par avance ce qu'un autre écrira en son nom. » L'emploi figuré est possible, mais on dit plus souvent aujourd'hui *donner un chèque en blanc* (au propre comme au figuré) ou *laisser, donner carte blanche.*

BLASÉ constr. Le plus souvent avec *sur* : *blasé sur la bonne chère, sur les éloges*, mais on trouve aussi *blasé de.* La construction absolue est courante : *un homme blasé.*

BLASPHÉMER constr. Le tour *blasphémer contre* l'emporte nettement sur la construction transitive directe : *blasphémer quelqu'un, le nom de Dieu.*

BLENNORRAGIE orth. Deux *n* et deux *r*, pas de *h.*

BLESSER emploi On dit très bien : *blesser légèrement* ou *grièvement*, mais le tour *un blessé léger, un blessé grave* est discuté. Ces tours passent dans la langue courante et se font peu à peu admettre, malgré leur « illogisme ».

BLET forme Fém. : *blet'e.* ♦ **sens** Adjectif spécialisé (issu du verbe *blesser*) s'appliquant à « un fruit trop mûr dont l'intérieur s'est ramolli » : *À demi obscure, avec son odeur entêtante de fruits blets et de cosses sèches, (cette partie de la maison) ressemblait à un magasin farfelu* (Ragon). Dérivé : **blettir.**

BLEU orth. Plur. : **bleus, bleues** mais reste invariable quand il entre en composition avec un adjectif : des couleurs *bleu ciel, bleu lavande, bleu marine, bleu clair.* Une robe *bleue* mais *une robe bleu pervenche.* → COULEUR

BLEUET, BLUET orth. On écrit aujourd'hui **un bleuet.** ♦ **sens** Désignent la centaurée.

BLIZZARD orth. Avec deux z : *Il fait un froid d'une intensité extrême, bien que l'absence de blizzard rende plus supportables des conditions atmosphériques, il me semble, assez exceptionnelles* (Dhôtel).

BLOC- forme Pour les composés de ce mot, on écrira : *un bloc-notes, des blocs-notes ; des blocs-moteurs, des blocs-cuisines, des blocs-observatoires* avec un trait d'union. Sans trait d'union, avec un adjectif : *des blocs opératoires.*

BLOCAGE orth. Avec un c et non *qu*.

BLOCKHAUS orth. *-ckh-* (mot d'origine allemande). ♦ prononc. [blokos]. ♦ emploi Un arrêté ministériel recommande d'employer **fortin** à la place de **blockhaus** : c'est aller contre un usage bien établi, et de plus *fortin* est en désuétude...

BOER prononc. [bur]. ♦ orth. Pas de tréma sur le *e*. Prend la majuscule pour désigner des «colons néerlandais de l'Afrique australe». ♦ forme Pas de marque au féminin.

BŒUF prononc. [bœf] au singulier, [bø] au pluriel. Mais on dit [bøgra] pour *bœuf gras* (prononciation ancienne).

BOGGIE prononc. Plutôt [bɔʒi], mais on entend aussi [bɔgi] ou [bɔgʒi]. Anglicisme mal francisé. ♦ orth. **boggie** ou **bogie**. ♦ genre Masc. : *un boggie.*

BOHÈME orth. Accent grave, à la différence de *bohémien* (accent aigu) et de *Bohême*, pays (circonflexe) : *Et vive la sainte bohème* (Banville). On écrira *la vie de bohème, la bohème littéraire, un bohème*, mais : *la Bohême vécut sous la domination des Habsbourg.* ♦ emploi On trouve aussi pour *bohémien* : *romanichel*, qui en est le synonyme méprisant ; *gitan* désigne les Bohémiens d'Espagne, *tzigane* plus particulièrement les Bohémiens musiciens. → ROMANICHEL

BOIRE conjug. → APPENDICE

□ **après boire.** Locution figée. De là l'infinitif présent au lieu de l'infinitif passé, qui semblerait plus régulier à la suite de la préposition *après*.

□ **il est bu.** Emploi populaire à éviter, au sens de «ivre».

□ **boire à quelqu'un, boire à quelque chose.** sens «Boire à la santé ou à la réussite de quelqu'un, à la réalisation de quelque chose.»

□ **un débit de boissons.** Pluriel à ce dernier mot.

BOÎTE orth. Accent circonflexe (ainsi que les dérivés, *boîtier, déboîter, emboîter*, etc.). La confusion est fréquente avec le verbe *boiter* et les mots de même famille (*boiteux, boiterie*, etc.) qui ne prennent pas l'accent circonflexe.

BOITER → BOÎTE et CLAUDICATION

BOLCHEVIK forme On emploie aussi **bolcheviste** et l'adjectif **bolchevique**, francisation du mot russe. ♦ sens Ce terme historique, qui signifiait proprement «majoritaire», est souvent employé de façon péjorative : *Lénine, arrivé depuis peu, est le représentant de la fraction extrémiste, dite des bolcheviks* (Gallo). Il ne peut être un simple substitut du mot **communiste**.

BON forme Au comparatif, on a régulièrement la forme synthétique *meilleur*, issu du latin, mais la séquence *plus bon* se présente dans certains cas :

□ **il est plus bon qu'intelligent.** Quand la comparaison porte sur des qualités représentées par des adjectifs.

□ **vous êtes plus bon que je ne pensais.** Au sens de «crédule».

□ **plus bon enfant, bon vivant, bon prince.** Avec des groupes figés dans lesquels *bon* est inséparable de son substantif : *Il est mort, ce brave homme, le plus bon homme qu'il y eût dans les bonnes gens du Bon Dieu* (Hugo).

□ **plus ou moins bon.** Structure figée.

□ **plus... est bon(ne), plus...** Tour comparatif où les mots *plus* et *bon* sont séparés par un sujet et un verbe. Il y a certaines hésitations dans la langue. On dit *être de bonne foi*, mais *il m'a affirmé cela de la meilleure foi du monde ; il est arrivé de bonne heure*, mais *il est arrivé de meilleure heure que toi. Sir Herbert quitta le quartier de meilleure heure que d'ordinaire* (Benoit). → PLUS et MEILLEUR

□ **à quoi bon.** Locution complètement figée, dans laquelle *bon* ne varie pas, quels que soient le genre et le nombre du substantif auquel il se rapporte : *Alors, à quoi bon s'échiner ?* (Aragon). *À quoi bon un miroir pour un aveugle ?* dit un proverbe arabe (Guibert).

□ **il est bon que, trouver bon que.** Ces locutions sont suivies du subjonctif : *Je conviens qu'il est bon... / Que mon cœur ait saigné, puisque Dieu l'a voulu* (Hugo).

□ **bon marché** ou **à bon marché.** Au sens propre, on emploie indifféremment l'un ou l'autre de ces tours adverbiaux : *Une étoffe bon marché ; je l'ai achetée bon marché* ou *à bon marché*. Mais c'est *à bon marché* qui convient pour les acceptions figurées : *Il s'en est tiré à bon marché*. Dans cet emploi, *à bon compte* est préférable.

□ **bonne vie et mœurs.** Surtout dans *certificat de bonne vie et mœurs*, l'adjectif est accordé avec le substantif le plus proche *(vie)*, mais son sens porte également sur le second *(mœurs)*.

□ **bon premier.** Bien que *bon* soit ici employé adverbialement, il prend les marques de genre et de nombre : *Les deux sœurs sont arrivées bonnes premières.* → FRAIS et GRAND

□ **bon prince** est invariable en genre : *Elle s'est montrée bon prince.*

□ **le Bon Dieu.** L'adjectif *bon* associé à *Dieu* dans une même conceptualisation prend une majuscule : *le Bon Dieu*, à l'encontre du juron populaire *bon Dieu !*

□ **de trop bonne heure.** Il ne faut pas dire *trop de bonne heure.*

□ **trente mille bonnes livres de rente.** Avant ou après certains noms de nombre et dans quelques phrases seulement, *bon* a la valeur emphatique de « solide, bien réel » : *Il a vingt mille bonnes livres de rente* (ou *vingt bonnes mille livres*).

□ **il fait bon + infinitif.** Ce tour classique est de plus en plus concurrencé par *il fait bon de* (influence probable de *il est bon de*).

□ **vous me la baillez bonne** → BÂILLER

□ **pour de bon.** Locution familière, mais de plus en plus répandue et utilisée même par de bons écrivains : *Ce fut cette fois un mariage pour de bon* (France). *Tout de bon* est une survivance de la langue classique, mais *pour tout de bon* est assez vivant. → POUR (DE VRAI, etc.)

□ **un bon kilomètre.** Emploi intensif et familier.

BONACE → BONASSE

BONASSE sens Adjectif de valeur péjorative, « d'une excessive faiblesse de caractère, veule, mou ». Ne pas confondre avec l'homonyme **bonace,** nom fém., « calme plat en mer ».

BONBON orth. Un *n* devant le deuxième *b*, contrairement à la règle habituelle : *bombe, bomber,* etc.

BONBONNE orth. Un *n* devant le *b*, puis deux *n*.

BONHOMIE orth. Un seul *m*, contrairement à **bonhomme.**

BONHOMME forme Plur. : *des bonshommes.* Tendance très fréquente à oublier le *s* dans l'orthographe et dans la prononciation : *Il neigeait. Des bonshommes réclamaient du tabac et de la gnole* (Japrisot). Le pluriel de l'adjectif est du reste **bonhommes.**

BONI orth. Plur. : *des bonis.* ♦ sens « Excédent d'une somme affectée à une dépense sur la somme effectivement dépensée ; surplus d'une recette sur les prévisions. » À ne pas confondre avec **bonification.**

BONNETERIE prononc. [bɔnɛtʀi] et non *[bɔntʀi]* ou *[bɔntɛʀi].*

BONNICHE orth. Aujourd'hui s'écrit le plus souvent avec deux *n.* ♦ emploi Péjoratif, à éviter.

BONUS → MALUS

BOOM orth. Plur. : *des booms.*

BORÉAL forme Plur. : **boréaux,** très rare. → -AL

BORGNE forme N'a pas de forme distincte pour le féminin, le substantif *borgnesse,* très péjoratif, étant à éviter.

BORNE orth. On écrit avec un trait d'union *borne(s)-fontaine(s)* mais sans trait d'union *borne(s) frontière(s)*. À remarquer, les deux *l* de *milliaire* dans l'expression d'archéologie : *borne milliaire.* ♦ **emploi** En phrase négative, **borne** s'emploie au singulier ou au pluriel suivant les auteurs : *une ambition sans borne(s) ; son audace n'a pas de borne(s).*

BOSSELER ou **BOSSUER emploi et sens** Le premier verbe signifie «faire des bosses à dessein, dans une intention esthétique ou autre», tandis que le second s'applique à un phénomène la plupart du temps naturel ou à des bosses accidentelles : *On apercevait, dans l'ombre, la margelle d'une citerne et une boîte de conserve bossuée, qui servait à puiser de l'eau* (Duhamel). En fait, la distinction est fragile, et le verbe **bosseler** est plus employé, en toute circonstance, que **bossuer** : *Le soleil trouve difficilement à se glisser entre les toits jusqu'au sol bosselé des rues* (Aragon). À rapprocher de **cabosser.**

BOT forme Le féminin **bote** est rare, cet adjectif ne se rencontrant guère que dans le groupe *pied bot.* → PIED-

BOUCHE ou **GUEULE emploi Bouche** est le terme qui convient pour les poissons, les grenouilles, les animaux montés ou attelés : cheval, âne, mulet, chameau, bœuf, etc. Dans la langue courante, on emploiera **gueule** pour les animaux carnassiers : chat, chien, loup, tigre, lion, etc. Il est à remarquer que, en sciences naturelles, *bouche* est beaucoup plus employé que *gueule.* Voir de même l'opposition *jambe* et *patte.*

□ **le bouche-à-bouche.** Cette expression prend des traits d'union.

□ **avoir la pipe à la bouche.** Cette construction est préférable à *avoir la pipe en bouche.*

BOUCHE-TROU forme Fait au pluriel **bouche-trous.**

BOUDDHA, BOUDDHISME orth. Deux *d* suivis d'un *h* ainsi que dans les dérivés *bouddhiste, bouddhique.*

BOUDER emploi et constr. On dira *bouder contre quelqu'un* ou *bouder quelqu'un*, toujours avec un complément animé. L'emploi de ce même verbe avec un complément non animé construit directement est considéré comme familier, mais non incorrect : *Allons, tu ne vas pas bouder ton plaisir!*

BOUEUR ou **BOUEUX emploi Boueur** est l'abréviation de **éboueur** qui est le terme propre pour désigner l'employé municipal chargé d'enlever les ordures ménagères. On entend aussi [buø], prononciation familière à éviter.

BOUFFON emploi Peut être adjectif : *Pas possible, je trouve cela bouffon* (Queneau). Dans ce cas seulement, le féminin est **bouffonne.**

BOUGER emploi *Bouger la main, le pied*, etc., sont des tours anciens et familiers : *Folavril bougea sa jambe* (Vian). *Il s'était assis, décidé à ne plus bouger ses fesses comme il en avait reçu l'ordre* (Labro). On s'exprimera mieux en employant le verbe **remuer.** *Ne pas bouger* est très fréquent dans la langue familière d'aujourd'hui au sens de «ne pas sortir de chez soi» : *Venez après dîner, nous ne bougerons pas de toute la soirée* (Vailland).

BOUGNA ou **BOUGNAT orth.** La seconde orthographe est plus courante.

BOUILLIR conjug. Très irrégulière et défective (→ APPENDICE) : *Les femmes s'affairent autour des pots d'étain où bouillent des brins de saule et des poissons taris* (Delteil). Attention : *l'eau bout* (et non **bouille* ou **bouillit*), *bouillira* (et non **bouillera, *bouera* ou **boura*), *bouillirait ; il faut que l'eau bouille* (et non **bouillisse* ou **boue*) ; *elle a bouilli* (et non **bouillu*).

BOULEDOGUE orth. Le mot est francisé. On n'écrit plus selon l'orthographe anglaise *(bulldog).* → BULLDOZER

BOULEVARD constr. On dit : *Il habite sur le boulevard Magenta* (et non *dans*). → AVENUE et RUE

BOULLE ou **BOULE orth.** La première est préférable, si on fait référence à l'ébéniste Boulle.

BOULON sens «Ensemble constitué par une vis et un écrou, en mécanique.» ♦ Ne pas l'employer au sens de **vis** isolée, encore moins à celui d'**écrou.**

BOURDON emploi et sens On se gardera de confondre les composés : *faux-bourdon*, avec trait d'union, désigne « l'harmonisation du chant d'église se répétant à chaque verset », tandis que *faux bourdon*, sans trait d'union, désigne le « mâle de l'abeille ».

BOURRELÉ emploi C'est la seule forme vivante du verbe **bourreler**, que l'on rencontre presque uniquement dans l'expression figée *bourrelé de remords : Il est parti bourrelé de remords* (Sartre). Aucun rapport avec **bourrelet** : on ne peut pas dire **bourreler une porte*. *Bourreler* est dérivé de **bourreau**, *bourrelet* de **bourre**.

BOURRICOT orth. Également *bourriquot*. Le substantif *bourriquet* est plus rare.

BOURSE constr. On dit *aller en Bourse*, mais *une valeur cotée en Bourse* ou *à la Bourse* (indifféremment).

BOURSOUFLER orth. Un seul *f*, contrairement à *souffler : De sa poche boursouflée, il avait sorti quelques oranges* (Cesbron). ♦ **sens des dérivés Boursouflage** et **boursouflement** sont des noms d'action ou d'état, tandis que **boursouflure** exprime seulement le résultat de l'action.

BOUTE-EN-TRAIN orth. *Boute-* et non *bout-*. Deux traits d'union. Mot invariable : **des boute-en-train.**

BOUTEFEU orth. S'écrit sans trait d'union et prend un *x* au pluriel. ♦ **emploi** Mot vieilli et surtout d'emploi figuré.

BOUTE-SELLE orth. Masc. Au pluriel, ce mot est invariable : **des boute-selle.**

BOUTON forme Ce mot a plusieurs composés, diversement affectés par le pluriel : *bouton(s)-d'or* (terme de botanique) ; *bouton(s)-poussoir(s)*, *bouton(s)-pression* ; mais on écrira (sans trait d'union) *bouton(s) de manchette*.

BOWLING prononc. Mot anglo-américain encore très mal adapté [bowliŋ] ou [boliŋ] ou encore [buliŋ] (populaire) : *Le bowling comporte un long couloir au bout duquel se trouvent les quilles et*

l'éphèbe chargé de les ramasser (Duvernois). S'il en était encore temps, on préconiserait volontiers : *jeu de quilles*, ancienne expression française. Étiemble propose de revenir à *boulin*, qui a donné au XVIIe s. *boulingrin*.

BOW-WINDOW orth. Plur. : *de clairs bow-windows.* Ce mot est masculin.

BOX orth. Plur. : **des boxes** (à l'anglaise).

BOYESSE emploi Ce féminin de **boy**, au sens de « servante », est rare, mais utile, car il est évident que le féminin anglais, *girl*, est inutilisable à cause de ses autres emplois : *Il n'eut de cesse qu'une boyesse vînt l'éponger* (R. Jean).

BOY-SCOUT orth. Plur. : **des boy-scouts** : *La procession s'organisait autour de la place, des prêtres, des boy-scouts encadrant le cortège* (Gallo). Certains auteurs écrivent à tort : **des boys-scouts* (Gide, Maurois, Dutourd).

BRACELET-MONTRE → MONTRE-BRACELET

BRACHY- prononc. [ki]. ♦ **sens** Du grec *brachus*, « court ». Pas de trait d'union : *brachycéphale.*

BRAHMANE orth. Également *brahme* ou *brame* (formes anciennes). Le *h* ne peut se rencontrer qu'après le premier *a*. Le féminin est **brahmine.**

BRAIMENT orth. *-ai*, sans *e*. ♦ **emploi** Substantif, dérivé de *braire* (→ ce mot), à ne pas confondre avec **braillement** et **bramement.**

BRAINSTORMING emploi et sens Ce mot composé d'origine américaine a le sens de « technique de groupe destinée à stimuler l'imagination et la créativité », notamment chez les publicitaires. La recommandation officielle *remue-méninges* (imaginée vers 1965 par Louis Armand et entérinée par l'arrêté ministériel du 24 janvier 1983), ingénieuse mais trop proche du calembour, n'a pas eu grand succès.

BRAIN-TRUST orth. Plur. : **des brain-trusts.**

BRAIRE conjug. Très défective. → APPENDICE

BRAQUAGE forme On écrit **braquage**, et non **bracage*, dans le sens de : «orientation des roues d'une voiture» ou, dans la langue familière, «attaque à main armée».

BRAS orth. Les expressions suivantes s'écrivent sans trait d'union : *à tour de bras ; bras dessus, bras dessous ; bras croisés ; bras de mer ; bras mort ; faux bras ; gros bras* (mais *fier-à-bras*). ♦ **constr.** Comme avec les autres mots qui désignent une partie du corps humain, on rapportera **bras** au possesseur à l'aide du pronom réfléchi : *Il s'est cassé le bras* et non pas, à l'aide du possessif, qui donne à la phrase une allure gauche : *Il a cassé son bras.* Même remarque pour *jambe, pied, tête*, etc.
□ **en bras de chemise. emploi** On admet aujourd'hui cette locution, dans laquelle *bras* est pris par métonymie dans une acception particulière, mais on doit lui préférer *en manches de chemise*, qui est plus logique : *Vers le soleil des Hespérides, / En bras de chemise les charpentiers / Déjà s'agitent* (Rimbaud). *Un permissionnaire en bras de chemise avec une culotte de chasseur et une grande ceinture bleue* (Aragon).

BRAS-LE-CORPS (À) forme Deux traits d'union. Locution invariable, à construction inversée («prendre le corps à bras»). **À brasse-corps* est un barbarisme.

BRAVE sens Il varie considérablement suivant que cet adjectif est antéposé ou postposé au substantif. *Un brave homme* : «un homme honnête et bienveillant». *Un homme brave* : «qui n'a pas peur du danger» : *Ménile avait un brave curé qui était un homme brave, il avait trois jours été mêlé à la bataille* (Madelin).

BRAVO forme Plur. : *des bravos.* Italianisme entièrement francisé au sens de «applaudissement» : *La salle croulait sous les bravos.* Il existe un pluriel **bravi** (pluriel de l'adjectif italien *bravo*) qui signifie «tueurs à gages».

BREAK prononc. [bʀɛk]. ♦ **emploi et sens** Ce mot anglais désigne «un type de voiture particulière pouvant servir de fourgonnette grâce à une carrosserie spéciale». Il existe un homonyme qui désigne une «courte interruption de jeu, dans un orchestre de jazz» et employé parfois de façon snob au sens général de «pause» : *Les communicants ont fait un break.*

BREDOUILLE forme Prend un *s* au pluriel : *Ils sont rentrés bredouilles.*

BREF emploi Le pléonasme *enfin bref* est très répandu. Il est préférable de l'éviter, en employant **bref** isolément : *Nous craignons une tentative pour relancer l'Internationale, briser l'union sacrée, bref, ne lâchez pas Karenberg* (Gallo). L'adverbe formé sur *bref* est *brièvement.*

BRIC-À-BRAC prononc. [bʀikabʀak]. ♦ **forme** Invariable : **des bric-à-brac.**

BRIC ET DE BROC (DE) sens «Avec des éléments de toute provenance», locution d'origine onomatopéique, comme la précédente. Invariable : *Tout cela avait été construit de bric et de broc et, dès qu'il pleuvait, l'eau se répandait par la piste pour imbiber la pelouse* (Labro).

BRIGAND emploi Pas de féminin, si ce n'est dans le style familier, et toujours au figuré : *Le brigand près de sa brigande / Hennit d'amour au joli mai* (Apollinaire).

BRINGUEBALER forme On rencontre parfois les formes *bringueballer* et *brinqueballer.* La forme *brimbaler* (orthographe de l'Académie) est moins employée qu'autrefois. ♦ **emploi** Verbe expressif et pittoresque, souvent utilisé en parlant d'une carriole, d'un véhicule cahotant : *D'étranges convois de tramways, bringuebalant au-dessus de la mer* (Camus). *Tout ce qu'il en savait des cars c'était qu'ils roulaient et il les regardait passer, bringuebalants, cornants et tonitruants, dans le silence* (Duras). La construction transitive est rare : *Le vent tiède qui bringuebale l'enseigne du maréchal-ferrant* (Aragon).

BRIQUE orth. Avec ou sans *s*, dans les tours : *maison, mur, construction de brique(s)*, selon qu'on veut désigner la matière ou les éléments d'assemblage, mais cette nuance n'est généralement pas observée. Dans l'exemple suivant, l'opposition de la brique au marbre lève toute ambiguïté : *Auguste se vantait d'avoir trouvé Rome de brique et de le laisser de marbre* (Fontenelle). Mais on écrit **en brique** sans *-s*.

BRIQUETERIE prononc. [bʀikɛtʀi] et non *[bʀikətʀi] (→ BONNETERIE). ♦ **orth.** Un seul *t*.

BRIS emploi Ce mot désigne le fait de briser ou de se briser (ne pas dire *brisage*). Noter l'expression répandue dans la langue judiciaire : *bris de clôture*.

BRISE- orth. Tous les composés de **brise-** sont invariables et ne prennent pas la marque du pluriel, quand ils ne se terminent pas au singulier par un *s*. *Des brise-glace(s)*, *des brise-jet*, mais *des brise-lames*, *des brise-mottes*.

BROC prononc. [bʀo]. Le *c* reste muet. Ne pas confondre avec l'homographe **broc** dans *de bric et de broc* (→ cette locution).

BROCARD et **BROCART** orth. et sens **Brocard** désigne soit un adage juridique, soit un trait, une pointe spirituelle (d'où *brocarder*), soit un chevreuil mâle d'un an (autre orthographe : *broquard*). Quant à l'étoffe de soie brochée d'ornements, elle s'écrit toujours **brocart** avec un *t* final.

BROME orth. Pas d'accent sur le *o* → CHROME

BRONCHE prononc. des dérivés Avec un [ʃ] dans *bronchiole, bronchique, bronchite*, etc. Mais avec un [k] dans les mots commençant par *broncho-* (*broncho-pneumonie*).

BRONZER emploi Ce verbe et tous les mots de la même famille, pris au sens de « donner à la peau une couleur brune » (transitif), ou « prendre une couleur de peau brune » (intransitif), sont plus vivants dans la langue courante que **hâler** (et ses dérivés), mot propre, mais qui paraît plus littéraire. Le substantif correspondant au verbe *hâler* est le *hâle*. **Bronzer** est concurrencé par **brunir** (surtout intransitif : *j'ai bruni*).

BROU emploi Uniquement dans *brou de noix*. Le pluriel est inusité.

BROUILLAMINI emploi Cette forme a beaucoup vieilli. On utilise aujourd'hui **embrouillamini** dans le registre familier. On préférera des substantifs tels que *confusion, désordre, fouillis* et même *méli-mélo*, plus familier.

BROUILLE emploi Ce terme a supplanté à peu près complètement l'ancien substantif *brouillerie*.

BROUSSAILLE orth. On trouve ce substantif au singulier dans *les cheveux en broussaille* et *de la broussaille* (sens collectif), mais l'emploi le plus habituel est le pluriel : **des broussailles**. *Passer à travers les broussailles, un feu de broussailles*.

BROUTILLE(S) forme Le plus souvent au pluriel : *Parfois je me dis que je perds mon temps à collectionner des broutilles*, mais dans le langage familier on entend dire : *C'est de la broutille*. ♦ **sens** La proximité de sens avec **vétille** (qui est courant au singulier) a pu exercer une certaine influence quant à l'emploi au singulier.

BROYAGE emploi A presque complètement remplacé **broiement**.

BRU emploi Vieilli et régional : *Son père, qui va se rasseoir, sans même relever l'impudence de sa ni belle ni fille, qu'il appelle ma bru, parce que lui aussi la trouve moche à ne pas oser la regarder* (Japrisot). On lui préfère le terme mieux motivé **belle-fille** (qui est cependant ambigu).

BRUINE sens « Petite pluie très fine, produite par le brouillard qui se condense. » À Nantes, c'est le **crachin.** *Dans la chambre aux machines déserte il y avait une bruine jaune toute pareille* (Sartre). Ce substantif a donné **bruineux** et surtout le verbe impersonnel **bruiner.** *Dans le petit jour frais, où trainaient des nuées bruineuses* (Genevoix). Hervé Bazin emploie le mot **bruinasse**, substantif féminin.

BRUIRE conjug. Très défective. Fréquente confusion avec un *bruisser* inexistant, par suite de la tendance à ramener à la conjugaison du 1er groupe toutes les formes verbales difficiles ou mal comprises (→ RÉSOUDRE), et d'une reconstruction de la conjugaison sur le participe *bruissant*. Celui-ci a supplanté *bruyant*, qui n'est aujourd'hui qu'adjectif et non forme verbale : *Il n'avait jamais l'air d'être un seul homme, il avait la vie lente, silencieuse et bruissante d'une foule* (Sartre). *Derrière ses volets clos, les ténèbres bruissaient de ce lourd et frais grondement* (Genevoix). Dans *Le Monde* (28 mai 1969), Le Bidois a cité de nombreux exemples de formes condamnées par les grammaires. **Présent :** *il bruisse* (Sartre, Bazin), *ils bruissent* (Hugo, Sand, Gautier, Loti, Larbaud). **Imparfait :** *bruissait, bruissaient* (Chateaubriand, Vigny, Hugo, Flaubert, Green, Kessel, Mauriac, Malraux). **Passé défini :** *il bruissa* (Saint-Exupéry). **Infinif :** *bruisser* (Barbusse, Bazin). Ce grammairien concluait : « Devons-nous nous résigner à employer des formes irrégulières, dérivant d'un infinitif *bruisser*, ou accepter que le verbe **bruire** et ses diverses formes disparaissent peu à peu de la langue écrite ? » ♦ **sens** Il faut noter que ni *bruire*, ni *bruissement*, ni *bruissant* ne s'emploient pour décrire des bruits d'un volume sonore important. Ils ne conviennent qu'à un bruit doux et feutré (eau, feuillage) : *André regardait cette multitude heureuse défiler dans un bruissement de rires sous le premier soleil de printemps* (Louÿs).

BRUITER **emploi** Ce verbe et son dérivé **bruitage** sont utilisés en matière de technique radiophonique, et ne doublent nullement *faire du bruit* ou *bruire* : *Le bruitage de cette émission était de Pierre Léonin.* L'Académie l'accepte (1987) : « Produire artificiellement, au théâtre ou en radiophonie, des bruits imitant ceux de la vie réelle. »

BRÛLE- **orth.** La plupart des composés avec **brûle** sont invariables : *brûle-gueule, brûle-queue, brûle-tout, à brûle-pourpoint.* Mais *brûle-bout* et *brûle-parfum* font au pluriel *des brûle-bouts, des brûle-parfum(s)*, selon l'Académie et Robert. Tous ces composés prennent un trait d'union.

BRÛLER **orth.** Ce verbe prend à toutes les formes un accent circonflexe sur le *u*. Il en est de même pour ses dérivés : *brûlerie, brûleur, brûlis, brûlot, brûlure.* ◻ **brûler la fièvre.** Locution populaire qui est aujourd'hui désuète.

BRUN **orth.** *Des peaux brunes*, mais *des peaux brun clair.* → COULEUR

BRUMER **emploi** En dehors de la langue des marins, ce verbe est rarement employé. On le trouve au figuré, dans l'exemple suivant : *Je voudrais que la fumée ait l'air de sortir de ma main. Ça serait drôle, une main qui brumerait* (Sartre).

BRUNISSAGE **emploi et sens** Ce substantif est un terme technique, qui désigne l'« action de polir, de lustrer un métal fin en le frottant », ou l'« action de roder une surface frottante », ou encore l'« action d'oxyder superficiellement un métal pour lui donner un aspect brillant ». Ne pas confondre avec **brunissement**, rarement employé au sens de **bronzage.** → BRONZER

BRUT **prononc.** [bʀyt]. Le *t* se fait toujours entendre. ♦ **forme** Invariable quand il est employé adverbialement : *Ce camion chargé pèse vingt tonnes brut.* Adjectif, il s'accorde : *une matière brute, des matières brutes.* Ne pas confondre avec le substantif féminin **brute :** *Et tantôt brutes, tantôt purs esprits, ils ignorent quelles liaisons universelles ils contiennent* (Valéry).

BRUTAL **forme** Plur. : **brutaux.** → AL

BRUYAMMENT et **BRUYANT** **prononc.** [bʀyijamɑ̃] et [bʀyijɑ̃]. Les puristes rejettent comme familière ou dialectale la prononciation [bʀyjɑ̃].

BÛCHE **orth.** Avec un accent circonflexe sur le *u*, ainsi que les dérivés *bûcher, bûcheron, bûchette.*

BUDGÉTIVORE **emploi et sens** Cet adjectif, formé par plaisanterie sur le modèle *carnivore, herbivore*, n'est admis que dans le vocabulaire familier : « qui vit aux crochets de l'État ».

BUFFLE **orth.** Deux *f*, ainsi que les dérivés : *buffleterie, buffletin, bufflon.*

♦ **forme** Deux féminins : **bufflonne** et **bufflesse**.

BULBE genre Substantif masculin. *Le bulbe rachidien est une partie essentielle du système nerveux. Elle a planté quelques gros bulbes de tulipes dans sa jardinière.* ♦ **sens** C'est, en botanique, l'équivalent «savant» de **oignon.** ♦ **dérivés** Alors que **bulbeux**, «en forme de bulbe, qui présente un ou plusieurs bulbes», est d'acception très large, **bulbaire** est plus particulièrement relatif au *bulbe rachidien.*

BUILDING emploi Cet américanisme, surtout à la mode entre les deux guerres, est peu employé aujourd'hui. Il a été concurrencé par **gratte-ciel,** bien que **building** ne soit pas synonyme de *gratte-ciel ;* mais on dit aujourd'hui, tout simplement, une **tour,** pour désigner «un édifice moderne particulièrement élevé» : *C'est le building du «New York Times», déjà ancien, et de petite taille, qui a donné son nom au lieu* (Romains).

BULLDOZER prononc. [buldozœʀ] (à l'anglaise), mais la prononciation [byldozeʀ] (à la française) se répand de plus en plus. L'Administration recommande l'emploi du mot **bouteur** (arrêté ministériel du 17 février 1986), sans grand succès jusqu'à présent.

BULLE forme et emploi Adjectif invariable dans *papier bulle,* «de médiocre qualité et de couleur jaunâtre» (ne pas confondre avec *papier bible*).

BUNGALOW prononc. [bœ̃galo].

BUNKER prononc. [bunkœʀ] (mot allemand). ♦ **sens** «Casemate»; emploi proche de celui de *blockhaus* (→ ce mot). Il est malaisé de comprendre pourquoi un arrêté ministériel du 17 février 1986 prétend interdire en français l'emploi de ce mot emprunté depuis cinquante ans à l'allemand !

BURNOUS prononc. Ce mot arabe se prononce en principe [bœʀnus], mais on entend le plus souvent [byʀnus], [byʀnu] surtout quand il s'agit du nom désignant un manteau d'enfant. ♦ **emploi** Distinct de *gandoura, djellaba, cafetan.*

BUS emploi Cette abréviation de *autobus* est tout à fait passée dans l'usage : *tickets de bus, l'arrêt du bus.*

BUSINESS prononc. [biznɛs]. ♦ **forme et emploi** Cet anglicisme est parfois francisé en *bisness* ou *bizness.* C'est un terme très familier, qui, du sens courant de «travail», glisse à la signification de «affaire compliquée, embrouillée» : *Mais tu parles d'un business pour lui reprendre ses ribouis !* (Barbusse). La terminologie des affaires lui a rendu son sens initial : *Suivre des cours de business dans une université américaine, suivre les cours d'une business-school.* Mieux vaudrait conserver les mots et expressions français *commerce, école de commerce, école d'études commerciales.* En revanche, sur ce modèle a été formé le mot *businessman* («homme d'affaires»), qui est très employé.

BUSTE sens Il n'est pas tout à fait le même selon qu'il s'agit d'une personne vivante ou d'une représentation plastique. Dans le premier cas, *buste* désigne la partie du corps qui va «de la tête à la ceinture», tandis qu'un *buste* de sculpteur reproduit surtout la tête et les épaules, et s'arrête en général à la naissance des seins : *Pourtant le regard de Mme de Champcenais rencontre le buste de la manucure, qui à ce moment est penchée* (Romains). Dans ce contexte, *buste* est synonyme de *poitrine.*

BUSTIER emploi Ce substantif s'est parfaitement intégré dans notre langue, au sens de «corsage décolleté, sans manches ni bretelles, qui recouvre le buste».

BUT

□ **dans le but de.** Malgré les longues controverses engagées jadis par les puristes, cette locution est aujourd'hui couramment employée : *Il effectue toute une série de courbes inattendues dans le seul but, dirait-on, de se maintenir à ses côtés* (Robbe-Grillet). *Aucune œuvre d'art n'a jamais été créée que dans un but utilitaire et avec l'intention de servir* (Gide). *Dans quel but tout cela ?* (id.). *Elle vient de provoquer cette scène dans un double but* (Bazin). On peut lui préférer *pour le but de, avec pour but de,* mais l'usage n'a pas suivi cette construction : *En assumant l'acte d'écrire dans le même sens et pour le même but* (Vercors). Il semble que *en vue de* soit aisément utilisable dans certains cas : *Si Pyle a prêté la main à cet acte terroriste, c'est en vue de damer le pion aux services français* (R. Jean). Quant à *dans le dessein de* ou *dans l'intention de, aux fins* ou *à seule fin de,* ce sont des tours littéraires : *Je confie ce manuscrit à l'espace, non pas dans le dessein d'obtenir du secours, mais pour aider, peut-être, à conjurer l'épouvantable fléau* (Boulle). *Les dépouilles de l'infortuné Cambadécède furent, suivant la loi, traînées sur une claie par nos villages, aux fins de persuader notre petit peuple* (Chabrol). *Je suis entré chez Philibert's, dans l'intention d'y acheter une sorte de talisman* (Butor). *Pour quoi? Pour qui? À quelle fin?* (Valéry).

□ **poursuivre un but,** également critiqué (bien que l'Académie l'autorise), est acceptable si l'on admet *poursuivre une fin.* Pourtant, la *fin* n'est pas plus mobile que le *but* : certains prétendent en effet que l'on ne peut poursuivre qu'une cible mobile ! : *Chaque but particulier qu'ils poursuivent, ils y tendent par le rapprochement des vérités les plus générales* (Valéry). *Le Démiurge poursuivant ses desseins qui ne concernent pas ses créatures* (id.). On rencontre parfois le verbe *rechercher : Quant au ridicule qu'il y avait, pour un homme de sa qualité, à rechercher un but aussi humble par une telle profusion de moyens* (Romains). On peut employer aussi : *tendre à un but, chercher à atteindre un but.*

□ **remplir un but.** Ce serait également faire preuve d'étroitesse d'esprit que de bannir cette locution, sous des prétextes « logiques » qui ne résistent pas à l'examen. *But* est un mot abstrait ici comme *mission (remplir une mission).* Grevisse cite des exemples de ce tour

chez Stendhal, Gautier et Mérimée. Mais on peut préférer : *atteindre un but.*

□ **de but en blanc.** Locution figée (qui peut également s'écrire *de butte en blanc*) : « Brutalement, sans précaution oratoire.» *Olivier se présenta avec dix minutes d'avance, et aussitôt, de but en blanc, Christo lui posa la question* (Triolet). À l'origine, au propre : on tirait de la butte de terre dans la cible. Puis *butte,* mal compris, a cédé la place à *but.* → BUTTE

□ Éviter la tournure pléonastique *but final.

BUTER (contre) sens « Se heurter » : *Mathieu se jeta en avant pour éviter l'auto ; il buta contre le trottoir et se retrouva par terre* (Sartre). Ne pas confondre avec **butter,** « ramener la terre autour d'un plant », qui s'écrit avec deux *t* comme *butte : Un champ de pommes de terre qui appartient aux Radiguet et qui a été si souvent sarclé, butté et arrosé d'arséniate* (Vailland).

BUTÉ orth. et sens L'adjectif **buté,** qui signifie « entêté, obstiné », ne prend qu'un *t.*

BUTOIR orth. Un seul *t.* ♦ **sens** « Lieu contre lequel vient buter un wagon.» Ne pas confondre avec **buttoir,** « charrue à butter ». Distinct de **butée** (synonyme de *culée,* maçonnerie).

BUTOR forme Le féminin **butorde** est très rare.

BUTTE

□ **être en butte à.** ♦ **orth.** Ne pas écrire *être en but à.* ♦ **sens** « Servir de cible à.» La *butte* était le tertre sur lequel on plaçait la cible (dans le vocabulaire de l'artillerie). → BUT EN BLANC (DE)

C

C orth. et prononc. Cette lettre se double dans de nombreux mots, dont il ne peut être question de dresser ici une liste. Le double *c* se prononce le plus souvent comme *c* simple : [k], et dans certains mots de façon distincte : [ks] dans *accès, accident, occiput,* etc. Il n'est jamais nécessaire en tout cas de faire entendre un double [k] dans *accalmie, occasion,* etc. On trouvera de nombreux problèmes exposés à l'ordre alphabétique. → AC-

ÇA emploi Forme contractée de *cela,* très répandue dans la langue parlée et gagnant de plus en plus de terrain dans la langue écrite depuis le XIXᵉ siècle. En principe, s'applique à un non-animé : *Ça vient de l'intérieur, de la Cordillère. Ça balaie toute la route, vers la mer* (Saint-Exupéry). *À moins que ce ne soit seulement d'un copain qu'il manque. Ça pourrait bien être ça* (J. Roy). *Ce sont les capitaux allemands qui font marcher tout ça* (Aragon). Quand **ça** renvoie à un être humain, la nuance affective (souvent péjorative) est très nette : *Elle me tue à petit feu et se croit une sainte, ça communie tous les soirs* (Balzac). *Un capitaine, c'est pas comme un curé ou un petit freluquet de la cour ; ça transpire* (Anouilh). *Comment ça parle de nos jours ! Un môme à elle ! Est-ce que tu te représentes ?* (Triolet).

□ **avec ça.** Locution servant à renchérir sur une qualité (après un adjectif) : *Un des conseillers municipaux de la ville, un homme considéré, et pieux avec ça* (Aragon). → AVEC

□ **ç'.** L'élision de *ça* est rare, et il est difficile de distinguer entre *ce* et *ça* : *Ç'avait éclaté lorsque Suzanne était sortie de table* (Duras). *Décembre et janvier passèrent comme si ç'avait été des années* (Dhôtel). On rencontre aussi la séquence *ça a,* mais les écrivains l'évitent par souci d'euphonie. De même *ça en* : *À côté, c'est une autre femme ; plus loin ça en est une autre* (Giono).

□ **ci et ça.** Ces deux démonstratifs, dont le premier est une création par analogie de *celui-ci, celui-là,* sont associés dans des locutions uniquement familières : *Faut faire ci, faut faire ça, on n'en a jamais fini.*

□ **comme ça.** Cette locution est parfois de pur remplissage dans le langage familier : *Il y avait des moments comme ça où c'était plus fort qu'elle, elle se faisait des cheveux sans raison* (Sartre). Elle peut signifier aussi : «médiocrement». *Cette pièce est-elle réussie ? – Comme ça* (Acad.). → COMME

□ **qui ça ?** Sert de renforcement à certains interrogatifs : *quand, où,* etc.

□ **ça** en tête de phrase ou seul. On rencontre *ça,* avec une valeur d'interjection, pour introduire une réserve, ou insister sur une assertion : *Deux doigts de rouge, pas plus. Ça, il faut être franc, j'ai pas mis d'eau* (Anouilh). → ÇA

ÇÀ L'adverbe de lieu **çà,** portant un accent grave, ne subsiste à peu près que dans *çà et là.* Peut-être est-ce lui qu'il faut voir dans les tours familiers : *Ah ! çà, par exemple ! Ah ! çà, alors ! Ah !*

çà, jamais Frédéric n'avait entendu une sonnerie pareille (Giono).

CABALE orth. et sens Ce mot s'écrit ainsi dans son acception usuelle, «intrigue menée sourdement contre quelqu'un» : *la cabale des Dévots. On a monté une cabale contre lui.* Mais l'orthographe étymologique prévaut quand *Kabbale* désigne une «tradition juive d'interprétation mystique et allégorique de l'Ancien Testament» : *les initiés à la Kabbale.*

CABÈCHE emploi et sens Seulement dans la locution populaire vieillie : *couper cabèche,* c'est-à-dire la tête (de l'espagnol *cabeza*). Ne pas confondre avec **caboche,** mot familier pour «tête».

CABINETS emploi et sens Assez vieilli au sens de «cabinets d'aisances». On rencontre plus souvent aujourd'hui **W.-C.** ou **toilettes** (traduction de l'anglais).

CÂBLE orth. Accent circonflexe, ainsi que les dérivés, exception faite de *encablure : câbler, câblage, câblier, câblogramme,* etc.

CABOTER emploi et sens Se garder de confondre **caboter,** «naviguer en restant le long des côtes», et **cabotiner,** «se comporter de façon prétentieuse et vaniteuse». Même confusion possible pour les dérivés *cabotage* et *cabotinage, caboteur* et *cabotin.*

CABRIOLE orth. Un seul *l.*

CACA D'OIE emploi Adjectif et nom de couleur invariable.

CACAHUÈTE orth. Variable : on trouve aussi *cacahouette, cacahouète.* ♦ prononc. [kakawɛt].

CACAOYER et **CACAOTIER** forme Le second terme est le plus récent et semble aujourd'hui le plus répandu.

CACATOIS et **CACATOÈS** orth. Le nom du perroquet peut s'écrire et se prononcer des deux manières (et également *kakatoès*). Mais dans la terminologie maritime, la «voile carrée» est le **cacatois** ; de même, le *mât de cacatois.*

CACHE genre Lorsque ce nom est du domaine technique (photographie, imprimerie, etc.) il a le genre masculin : **un cache.** ♦ forme Les composés prennent tous le trait d'union et sont toujours invariables : *des cache-col, des cache-pot, des cache-poussière, des cache-sexe, des cache-flamme, des cache-nez, cache-cache, cache-tampon.*

CACHET sens «Médicament en poudre présenté à l'intérieur d'une enveloppe en pain azyme, que l'on peut absorber.» De plus en plus employé pour **comprimé,** «médicament moulé en forme de pastille ou de bille». → AZYME

CACHETER conjug. Comme *jeter.* ♦ prononc. Ne pas dire [kaʃtə-], mais [kaʃɛt-], pour les formes écrites avec deux *t,* ex. : *je cachette, je cachetterai.*

CACHEXIE sens Vieux mot tombant en désuétude, «amaigrissement général et affaiblissement de tout l'organisme» (à rapprocher de **consomption**). L'adjectif correspondant est **cachectique** et non *cachexique.*

CACHOU forme Pluriel : *des cachous* (quand le mot désigne des pastilles à sucer). Comme adjectif de couleur, invariable : *Il portait sa combinaison de toile cachou* (Vian).

CADASTRAL forme Plur. : **cadastraux.**

CADAVÉREUX ou **CADAVÉRIQUE** sens Le premier adjectif implique une comparaison : «qui tient du cadavre, qui ressemble à un cadavre.» *Un teint cadavéreux. Maint livre cadavéreux* (Baudelaire). Le second est un terme d'anatomie signifiant : «qui a rapport au cadavre, qui caractérise le cadavre» : *la rigidité cadavérique.*

CADOGAN, CATOGAN sens «Nœud ou ruban attachant les cheveux sur la nuque.» Ne pas l'entendre au sens de «chignon» (vieilli). ♦ forme Les deux mots s'emploient indifféremment.

CADRAN emploi et sens «Surface portant des divisions qui indiquent les heures ou toute autre unité de mesure.» Ne pas confondre avec **quadrant,** qui désigne en mathématiques le quart de la circonférence.

CADRATURE sens En horlogerie, «assemblage de pièces reliant les aiguilles entre elles et au mouvement». Ne pas confondre avec **quadrature**, qu'on trouve dans *quadrature du cercle*.

CADRES emploi et sens «Ensemble du personnel d'encadrement.» Terme passé de l'armée aux entreprises : *la Confédération générale des cadres, la retraite des cadres.* Très en vogue actuellement : *un cadre* (un employé faisant partie du personnel d'encadrement) : «*Cadres» de terrain, d'un rang inférieur aux deux autres, leur talent rigoureux s'exerçait surtout dans les filiales* (Jorif).

□ **dans le cadre de.** «Dans le système organisé de.» Ce tour s'est imposé dans l'usage général : *Dans le cadre de la politique monétaire, étudions le contrôle des changes.*

CADUC forme Fait au féminin **caduque** : *Lewis avait pensé que certaines inconduites deviendraient caduques lorsque vraiment il aimerait* (Morand). *Une maison vieille et caduque, une institution caduque.* → FRANC, TURC ♦ sens Peut être employé dans le sens de *périmé* ou dans le sens de *momentané* : *Un arbre à feuillage caduc, le serpent possède une peau caduque.* A formé *caducité*.

CAF prononc. [seaɛf]. ♦ emploi et sens Sigle commercial employé dans *vente CAF* (ou *C.A.F.*). C'est l'abréviation de *Coût, Assurance, Fret* : «type d'accord selon lequel le vendeur paie le transport, mais n'est responsable des dommages survenus à la marchandise que jusqu'à l'embarquement inclus, les risques en cours de transport étant à la charge de l'acheteur». On trouve parfois aussi *CIF* (sigle anglais, de même sens, sigle de *Cost, Insurence, Freight*). Lorsque les assurances ne sont pas incluses, on a un *C et F*, abréviation de *coût et fret*, en anglais *C.F. (Cost and Freight)*. La normalisation a été faite par l'arrêté du 18 juillet 1987. Ces sigles sont suivis du nom du port de destination.

CAFÉ AU LAIT forme On écrit : *J'ai bu deux cafés au lait* (ou *deux bols de café au lait*), mais, invariable et avec traits d'union : *des chemises café-au-lait* (couleur).

CAFÉ-CONCERT orth. Avec un trait d'union. Pluriel : **des cafés-concerts.** Abréviation (vieillie) : *caf-conc.*

CAFÉ-COUETTE emploi et sens Ce très joli nom composé masculin est proposé, et déjà employé dans certaines revues et dans la publicité des voyagistes, pour traduire l'anglais *bed and breakfast,* «location touristique d'une chambre à la nuit chez l'habitant, petit déjeuner compris», pratique qui commence à se répandre en France.

CAFÉ CRÈME forme Le second élément est invariable : **des cafés crème.** Pas de trait d'union. On dit familièrement : *un crème, deux crèmes.*

CAFÉINE orth. On écrit sans tréma sur le *i* : *caféine, caféier.*

CAFETAN orth. Également **caftan.** ♦ sens «Ancien vêtement oriental, ample et long.»

CAFÉTÉRIA et **CAFÉTÉRIE** forme La forme **cafétaria*, qu'on entend parfois, est incorrecte. ♦ emploi et sens Le premier nom désigne un bar, un débit de boissons (non alcoolisées) ou une buvette dans une entreprise, le second peut avoir le même sens, mais s'applique plutôt au «local où l'on prépare cafés et petits déjeuners dans un hôtel, une maison d'enfants, etc.» Un arrêté du 17 mars 1982 a entériné cette opposition. Mais dans la littérature, on trouve aussi *cafèterie* (avec un accent grave) au sens de «plantation de caféiers» ou d'«usine de torréfaction du café»! La question d'ensemble est assez embrouillée.

CAGIBI emploi et sens «Petite pièce servant de débarras.» Mot plus ou moins usuel selon les régions : *Qu'est-ce que vous en pensez, Émile, de notre cagibi?* (Colette).

CAGNE ou **KHÂGNE** sens Dans l'argot des lycéens, «classe préparatoire (lettres) à l'École normale supérieure de la rue d'Ulm, ou à l'École normale supérieure de Sèvres (jeunes filles)». ♦ dérivé *khâgneux, -euse.*

CAHIER DE BROUILLON(S) orth. Plutôt sans *s.*

CAHIN-CAHA emploi Adverbe vieilli :
aller cahin-caha.

CAHOT et **CHAOS.** On ne confondra
pas **cahot**, qui désigne « la secousse imprimée à un véhicule roulant sur une
voie en mauvais état, semée de trous » :
*Dans une rue voisine, un charreton de-
vait passer, puisque Carlo entendait les
cahots de roues sur les pavés* (Gallo) et
d'où sont dérivés les adjectifs *cahotant*,
« qui cahote », et *cahoteux*, plus rare,
« qui fait cahoter », avec **chaos**, terme
d'origine grecque, « confusion prélu-
dant à la création du monde », pris le
plus souvent au figuré, et ayant pour
adjectif *chaotique*.

CAHUTE orth. Avec un *h* et un seul *t*.
♦ sens « Petite maison d'aspect et de
confort médiocres. »

CAILLEBOTIS orth. On rencontre aussi
caillebottis avec deux *t*. ♦ sens « Assemblage de lattes ou de rondins souvent
utilisé sur les chantiers. »

CAILLOU forme Plur. : *des cailloux.* →
BIJOU

CAÏMAN emploi et sens On se gardera
de confondre ce mot avec **crocodile**.
Caïman ne désigne qu'une variété de
crocodile, comme le *gavial* ou l'*alliga-
tor.*

-CAIRE orth. Ce suffixe se rencontre en
général dans les noms de métiers *(bi-
bliothécaire)* mais on trouve parfois
l'orthographe **-quaire** : *antiquaire, dis-
quaire.* Voir aussi, avec une autre valeur, *reliquaire, moustiquaire.* Mais
bancaire prend un *c*.

CAL forme Plur. : *des cals.* ♦ sens « Désigne aussi bien un durcissement de
l'épiderme que la formation osseuse
qui réunit les deux fragments d'un os
brisé » : *Vas-y, colle-toi des cals* (Sarrazin).

CALAMAR ou **CALMAR** forme et sens
Ces deux formes sont également acceptables, pour désigner un « mollusque
comestible voisin de la seiche ».

CALAMISTRER emploi et sens « Friser
ou onduler les cheveux à l'aide d'un
fer. » Emploi vieilli, sauf au participe

passé-adjectif : *Elle descendait le boulevard au côté d'un grand garçon cala-
mistré qui portait des lunettes* (Sartre).
*Labartête avait les cheveux noirs et ca-
lamistrés – il se faisait un «cran», la
mèche roulée en arrière et en hauteur*
(Labro). On croit souvent à tort que des
cheveux calamistrés sont lisses et apla-
tis par un fixateur (ou cosmétique).

CALENDES emploi et sens Se trouve
dans l'expression complète : *renvoyer
aux calendes grecques*, le plus souvent
abrégée en *renvoyer aux calendes.* A le
sens de « ajourner à une date imaginaire », les Grecs n'ayant pas de **calendes** dans leur calendrier. (Les *calendes* sont le premier jour du mois
dans le calendrier romain.)

CALE-PIED forme Plur. : *des cale-pieds.*
Mais : *un cale-étalon, des cales-étalons.*

CALEPIN orth. Ne pas omettre le *e* intermédiaire.

CALETER orth. Ce verbe populaire
(« s'enfuir ») s'écrit avec ou sans *e* : **caleter** ou **calter.**

CALIFE A supplanté *khalife.* On écrira
de même *califat, calV al*, plutôt que *kha-
lifat, khalifal.*

CALIFOURCHON (À) orth. Pas de *s*, à
la différence de *à croupetons, à tâtons* :
*(Des) orgies de cerises et de guignes
mangées à même l'arbre, assis à califourchon sur la branche principale* (Labro).

CÂLIN sens Synonyme de *caressant.*
♦ orth. Un accent circonflexe ainsi que
sur *câliner, câlinerie, câlinement.*

CALL-GIRL orth. Plur. : *des call-girls.*

CALMIR emploi Verbe intransitif utilisé
par les marins au sens de « devenir
calme », en parlant de la mer. Ne pas
prendre certaines formes de ce verbe
pour des barbarismes ou des déformations de **calmer.** ♦ dérivé *accalmie.*

CALOTIN orth. Un seul *t*, en face de *calotte* et ses dérivés (deux *t*).

CALOTTE sens « Coup donné sur la
tête », tend à être remplacé par **gifle,**

«coup donné du plat de la main sur la joue», ou par **claque**, «coup donné du plat de la main sur n'importe quelle partie du corps». Le seul verbe dérivé qui soit admis par le bon usage est *gifler*. Les deux autres, *calotter*, et surtout *claquer*, sont familiers.

CALQUE ou **DÉCALQUE** emploi Ces deux mots sont souvent confondus dans l'usage courant. En principe, la première opération est celle du **calque** : on copie par transparence les contours d'un dessin, puis par le **décalque** on reporte cette copie sur un autre support. Mais cette distinction n'est pas toujours possible, notamment quand on utilise du papier carbone, qui permet de faire les deux opérations en une seule fois. On notera que seul *calquer* peut s'employer avec une valeur figurée, au sens de «copier étroitement», dans de nombreux domaines : *calquer sa conduite sur celle de quelqu'un d'autre. Il calquait tous mes gestes.*

CALVADOS sens Désigne, par extension, toute eau-de-vie de cidre. ♦ forme Sans majuscule, mais on écrira : *l'eau-de-vie du Calvados.* On abrège parfois familièrement en *calva*.

CAMAÏEU sens En peinture, il s'agit d'un «tableau peint d'une seule couleur, avec des tons différents». On dit aussi : *peinture ton sur ton.* En orfèvrerie un **camaïeu** est une «pierre fine taillée comportant deux couches de même couleur avec des tons différents». Même famille que **camée** (→ ce mot).

CAMAIL forme Plur. : *des camails.* sens Synonyme de **domino**, courte pèlerine à capuchon que portent certains ecclésiastiques ; par extension, pèlerine de femme : *Elle jeta son camail sur ses épaules, à cause du froid* (Guilloux).

CAMARD sens Adjectif signifiant «plat, écrasé», appliqué exclusivement au nez. Synonyme de *camus. La camarde* : «la mort», dans le langage figuré ancien.

CAMÉE genre Masc. : *un camée.* ♦ sens «Pierre fine sculptée en relief» : *Tous les camées / Tous les émaux / Il les fit*

pendre à tes rameaux (Brassens). → CAMAÏEU

CAMÉLIA orth. Un seul *l*, bien que l'étymologie demande l'orthographe *camellia.*

CAMELOTE orth. Un seul *t*.

CAMERAMAN forme Plur. : **des cameramans** ou **cameramen**. ♦ emploi Ce mot, qui désigne l'opérateur de prise de vues, au cinéma, peut être remplacé par **cadreur**, plus bref (arrêté ministériel du 24 janvier 1983).

CAMÉRIÈRE ou **CAMÉRISTE** emploi et sens **Camérière** désigne une femme de chambre, **cameriste** une dame d'honneur espagnole ; mais ce mot s'emploie aussi pour une femme de chambre dans un registre familier.

CAMP VOLANT emploi et sens Cette expression d'origine militaire a vieilli. Elle se rencontre le plus souvent au pluriel, avec le sens de «campement provisoire, installation momentanée» : *Les bagnards avaient l'avantage d'être sans femme tandis que les enrôlés avaient les leurs qui les suivaient installées en camps volants, à l'arrière des chantiers* (Duras). Enfin, la langue populaire prend parfois **camps volants** au sens de «romanichels», par extension.

CAMPING sens «Action de camper, pratique sportive» : *du matériel de camping, partir en camping.* Éviter de dire ou d'écrire *un camping* pour *un terrain de camping.* Pour remplacer cet anglicisme on a proposé diverses solutions, dont aucune, jusqu'à présent, ne s'est imposée. ♦ dérivés Le mot *camping-car*, qui désigne un «véhicule automobile aménagé en caravane», est passé dans la langue, pour «traduire» le *mobil-home* ou le *motor-home* des Anglo-Saxons. La recommandation officielle, peu suivie jusqu'à présent, est *auto-caravane* (arrêté ministériel du 17 mars 1982).

CAMPOS prononc. [kɑ̃po] dans la locution verbale familière : *donner campos, avoir campos.* ♦ emploi et sens Ce tour classique tombe en désuétude, en partie en raison de la concurrence que

se font *campos* et *campus*, ce dernier terme étant aujourd'hui très répandu. On dira plus simplement **donner congé**, qui a exactement le même sens.
→ CAMPUS

CAMPUS sens Ce mot désignant un «domaine universitaire aménagé en parc, en général en dehors de la ville proprement dite», est passé dans notre langue très facilement, sa forme et son origine latine faisant sans doute oublier à beaucoup qu'il s'agit là d'un américanisme : *Grégory s'habilla ensuite pour aller à l'université. La plupart des professeurs, écolos vieillissants, se rendaient sur le campus à bicyclette* (Godbout). On devrait éviter le tour pléonastique : *campus universitaire*, et dire, au choix, *campus* ou *domaine universitaire*.

CAMUS → CAMARD

CANAILLE emploi Au propre, substantif féminin : **une canaille**. Employé comme adjectif, *canaille* peut prendre la marque du pluriel : *C'étaient des tapettes d'occasion, de petits rustres mal dégrossis, brutaux et canailles* (Sartre).
→ ADJECTIF

CANAL orth. Plur. : **des canaux**.

CANAPÉ emploi et sens Dans le lexique culinaire, toujours au pluriel dans *pigeons sur canapés*, c'est-à-dire «disposés sur une tranche de pain».

□ **canapé-lit. forme** Plur. : **des canapés-lits**.

CANARD orth. On écrit avec un seul *n* : *une cane, un caneton*, pour désigner la femelle et le petit du **canard** (→ CANE).
♦ **sens spéciaux 1.** «Fausse note.» **2.** «Fausse nouvelle», puis «journal de peu de valeur», et enfin «journal» dans la langue familière.

CANARDER emploi et sens Ce verbe familier n'est pas un simple synonyme de **tirer**, mais implique que le tireur est à l'abri, comme dans la chasse au canard.

CANCÉRIGÈNE forme Il serait plus correct de dire *cancérogène*, que recommande en vain l'Académie des sciences. Dans sa 9ᵉ édition, le *Diction-*

naire de l'Académie admet les deux formes, indifféremment.

CANE orth. Un seul *n*, pour la «femelle du canard». De même pour *caneton, Canebière, canepetière, caner* «avoir peur», (ne pas confondre avec *canner*), *caneter, canette* (petite cane), *canette (de bière), canevas, canule*. Mais *canne* (à pêche, à sucre, pour marcher...).

CANGUE sens «Carcan chinois dans lequel on enserrait les poignets et le cou du condamné.» Ne pas confondre avec **gangue**, «substance ou enveloppe naturelle entourant un minerai ou une pierre précieuse».

CANIN emploi Surtout comme adjectif substantivé au féminin. Presque inusité au masculin. On trouve cependant : *un aspect canin*, et en médecine : *le ris canin, le muscle canin*. On écrit avec un seul *n* : *une canine* pour désigner la dent.

CANITIE sens «État des cheveux qui deviennent blancs, décoloration naturelle des cheveux.» Ne pas confondre avec **calvitie**, «perte des cheveux».

CANNÉ sens Se dit d'un siège «garni de lanières de jonc, de canne ou de rotin entrelacées». Ne pas confondre avec **paillé**, «garni de paille tressée», ni avec **cannelé**, «qui se dit d'un meuble, ou d'une partie d'un meuble, d'une colonne, etc., comportant des cannelures, ou rainures longitudinales». Le substantif correspondant à *canné* est *cannage*.

CANNELLE ou **CANNETTE sens Cannelle** : «Petit tube ou robinet en bois qu'on adapte à un tonneau, à une cuve, etc.» On rencontre aussi *canule* avec un sens voisin, dans des emplois médicaux ou chirurgicaux. **Canette** ou **cannette** désigne aussi (à l'exclusion de *cannelle*) la «bobine recevant le fil de trame, qui se trouve dans la navette d'une machine à coudre ou d'un métier à tisser».

CANNELLONI orth. Deux *n* et deux *l*.
♦ **emploi** Presque toujours au pluriel, conformément à son origine (pluriel italien, comme *macaroni*, etc.).

CANNIBALE emploi et sens S'emploiera aussi bien pour les hommes que pour les animaux. **Anthropophage** ne s'applique qu'à des «hommes mangeurs d'hommes». Dans une acception subjective et concernant des hommes, *cannibale* ajoute à *anthropophage* une idée de cruauté.

CANOË orth. Un tréma, mais pas d'accent aigu, à la différence du dérivé *canoéiste* (1949). ♦ **emploi** Cette forme anglaise double **canot**, mais désigne une «sorte de canot qu'on utilise pour la descente des rivières au cours rapide».

CANON orth. Au sens de «loi ecclésiastique», a donné des dérivés qui s'écrivent avec un seul *n* : *canonique, canoniser*. Au sens d'«arme», les dérivés prennent deux *n* : *canonner, canonnade, canonnière*. ♦ **emploi** *Canon* ne devient adjectif que dans la locution *droit canon* et aujourd'hui, dans le langage «branché», avec une valeur emphatique : *Une fille canon* (c'est-à-dire «superbe, magnifique»).

CAÑON ou **CANYON prononc.** [kaɲɔ̃] ou [kaɲɔn].

CANONIQUE (ÂGE) sens Registre familier, «âge assez avancé pour ne plus inspirer de sentiments amoureux». À l'origine, c'est l'âge de quarante ans, minimum requis pour être la servante d'un ecclésiastique.

CANONISER sens «Inscrire au nombre des saints», différent de **béatifier**, qui marque une étape antérieure, celle du *bienheureux*, auquel est rendu un culte restreint, tandis que le *saint* est honoré par un culte public. Ne pas confondre avec **canonner**.

CANTATRICE emploi Ce n'est pas directement le féminin du substantif *chanteur*, mais un emprunt à l'italien, qui a quelque chose de plus «noble» que *chanteuse* et s'applique uniquement à des femmes chantant des airs de «grande musique» ou d'opéra, et devenues célèbres. **Cantatrice** renvoie à *chant* tandis que **chanteuse** est plus proche de *chanson* : *Maria Callas fut une grande cantatrice, Mireille Mathieu est une chanteuse populaire*. Devant un complément, on trouve toujours *chan-*

teuse : chanteuse d'opéra. Les deux mots ont le même correspondant masculin : **chanteur**, quelle que soit la nature des chants.

CANTHARIDE orth. Un *h* après le *t*. ♦ **sens** Désigne soit un insecte coléoptère, soit le principe vésicant qu'on en extrait et auquel sont attribuées des propriétés aphrodisiaques (dans ce dernier sens, on dit aussi *cantharidine*).

CANTILÈNE sens «Chant profane simple», d'où fréquemment «chant monotone». Ne pas confondre avec **cantique**.

CANTON orth. Les dérivés prennent tantôt un *n* : *cantonade, cantonal (les élections cantonales)*, tantôt deux : *cantonnement, cantonner, cantonnier*.

CANTONADE orth. Un seul *n*. ♦ **emploi** Dans la locution *parler à la cantonade*, en paraissant ne s'adresser à personne de précis.

CANULE orth. Un seul *n* et un seul *l*.
→ CANNELLE

CANZONE forme Ce substantif féminin, emprunté à l'italien, fait au pluriel **canzones**, à la française, ou **canzoni**, comme dans sa langue d'origine. Un sens «Petit poème lyrique italien, divisé en stances égales, sauf la dernière, qui peut être plus courte.» Ne pas traduire par *chanson*.

CAP (DE PIED EN) orth. Pas de *e* à **cap**, qui signifie ici «tête». ♦ **sens** «Des pieds à la tête», en général à propos de l'habillement ou de l'équipement.

CAPABLE emploi et sens Valeur active et dynamique. **Susceptible** est de valeur plutôt passive. Mais ces deux adjectifs sont fréquemment employés l'un à la place de l'autre par les meilleurs écrivains et recouvrent l'ambiguïté de *pouvoir*. Une meilleure distinction est fournie par le *Petit Robert* : **capable** désigne une «capacité permanente et reconnue», alors que **susceptible** évoque «une possibilité d'utilisation occasionnelle» : *Quant à ne pas comprendre comment il avait pu, plusieurs jours plus tard, avoir une défaillance, aucun de ceux qui étaient allés bombarder la*

Ruhr n'en était capable (J. Roy). *C'est justement pour ne penser à rien que je pars. Et je t'assure que j'en suis très capable* (Sagan). *Cornebille était sorcier et fort capable de jeter à la marquise un mauvais sort* (Boylesve). Mais : *Les officiers de marine qui venaient en escale, eux, étaient susceptibles de faire des folies* (Duras). On évitera les emplois abusifs du genre : *Il est capable de ne pas venir à son rendez-vous,* l'adjectif *capable* ne pouvant concerner que des actions méritoires ou au moins difficiles ou délicates. Mais l'emploi absolu, au sens de « compétent, important », est correct : *Jusqu'à ce qu'une forte commère, d'un ton capable et s'avançant d'un pas, répondit* (Hériat). → SUS-CEPTIBLE

CAPACITÉ constr. On veillera à employer, devant un infinitif, la préposition *de* (comme pour *capable de*), et non *à*, comme cela se constate parfois, sous l'influence probable d'*aptitude* : *Cet homme a largement prouvé sa capacité de résister à l'agresseur.*

CAPARAÇONNER emploi et sens Le *caparaçon* est un « harnais ouvragé ou une armure qui entoure le cheval pour le tournoi ou la parade », au Moyen Âge. Se garder de fabriquer un **carapaçonné* sous l'influence dangereuse du mot *carapace,* dont le sens n'est pas sans parenté avec *caparaçon* : *On fait entrer la mule. Elle est tout empanachée et caparaçonnée de drap d'argent* (Claudel). *La Hire surgit soudain de la foule, énorme, caparaçonné de fer* (Anouilh).

CAPHARNAÜM → CARAVANSÉRAIL

CAPILLAIRE prononc. Il est inutile, et même prétentieux, de prononcer un double *l.* On dira simplement [kapilɛʀ], et, pour le dérivé *capillarité :* [kapilaʀite].

CAPILLICULTEUR emploi Terme ridicule que l'on voit fleurir à la devanture de certains salons de coiffure, et qui n'ajoute rien au terme ni au métier de **coiffeur.** Étymologiquement : « qui entretient les cheveux ».

CAPILOTADE sens Ce mot d'origine espagnole désigne une sorte de ragoût aux câpres. Souvent au figuré : *réduire en capilotade,* c'est-à-dire « en miettes, en piteux état ».

CAPITALE → GUIDE TYPO.

CAPITEUX sens « Qui monte à la tête, qui excite les sens », le plus souvent se rapportant à un parfum, à une liqueur ou une femme : *un vin capiteux. La catégorie des illusions dues aux vapeurs capiteuses* (Valéry). Ne pas confondre avec **captieux** (→ ce mot).

CAPORAL orth. Plur. : **des caporaux.** On écrit : *un caporal-chef (des caporaux-chefs)* et, avec majuscule, *le Petit Caporal* (Napoléon).

CAPOT emploi À certains jeux de cartes, on emploie **capot** comme adjectif invariable : *Vous êtes capot, Madame,* ou plus rarement comme un substantif : *faire un capot.* Ce terme signifie que le joueur dont il s'agit n'a fait aucune levée.

CAPOTER emploi Ce verbe, qui signifie au propre « chavirer, être renversé », en parlant d'une automobile, est volontiers employé au figuré par les journalistes : *faire capoter une négociation.* Cet emploi imagé ne doit pas faire oublier l'existence du verbe **échouer.**

CÂPRE sens « Bouton floral du câprier. » ♦ orth. Un accent circonflexe, à la différence de *caprice, capricorne, caprin...*

CAPRICCIO orth. Un *p* et deux *c.* ♦ pronon. À l'italienne [kapʀitʃjo] ou à la française [kapʀisjo].

CAPTER ou **CAPTURER** emploi et sens On hésite parfois sur les sens respectifs de ces deux verbes. Le premier ne peut avoir comme complément d'objet direct qu'un non-animé, et désigne l'action d'« attirer ou faire venir à soi, sans violence » : *Capter l'attention d'un auditoire, capter l'eau d'une source.* Les emplois figurés sont nombreux : *Les ondes courtes sont ainsi. On les capte là, mais ici on demeure sourd* (Saint-Exupéry). *Dans l'archipel, nous avons capté mille signaux de temples à astres, d'arbres à maisons, d'animaux à hommes* (Giraudoux). L'emploi suivant est fautif : *Il refermait son poing dans l'eau comme* *pour y capter un mystérieux poisson* (Sagan). Le verbe **capturer** fait référence à un être, avec l'idée d'emprisonnement : *Napoléon avait déjà capturé l'une des deux bêtes au lasso* (Constantin-Weyer). *Or, si le stratagème échouait, il était piteusement capturé* (Ikor). Ce verbe indique toujours une action violente, difficile, rapide. On notera que **capture** correspond à *capturer*. **Captage,** dérivé de **capter,** est surtout technique et s'emploie dans le lexique de la radio-électricité ou de la géographie. Enfin **captation** appartient au vocabulaire du droit et ne se rencontre guère que dans la locution *captation d'héritage.*

CAPTEUR emploi et sens Ce mot est recommandé officiellement (arrêté du 12 janvier 1973) à la place de **senseur,* pour traduire l'anglais *sensor,* «détecteur placé à la source du phénomène étudié».

CAPTIEUX sens «Qui, sous un air de vérité, induit en erreur.» Ne se dit que des raisonnements, des discours. Très proche, mais à distinguer de **fallacieux** («destiné à tromper», *un titre fallacieux*) et de **spécieux** («qui est sans fondement sous une apparence de réalité», *une question spécieuse*). Ne pas confondre avec **capiteux** (→ ce mot).

CAQUETER conjug. Comme *jeter,* d'après Larousse, mais Littré indiquait les deux possibilités orthographiques devant un *e* muet : *-ette-* et *-ète-* et Apollinaire a écrit : *Les poules dans la cour caquètent* (peut-être pour la rime avec *conquête*). ♦ dérivés On dit *caquet, caquetage,* mais non **caquètement.*

CAR emploi et sens Cette conjonction de coordination a une valeur causale moins appuyée et plus discrète que la conjonction de subordination *parce que.* Elle énonce une constatation, une explication, bien plus qu'elle ne donne la cause proprement dite de ce qui précède : *La jeune femme revint avec un plateau. Car le navigateur remarquait enfin que c'était une jeune femme* (J. Roy). *Je ne leur ai pas donné la pensée, car je suis un Dieu bon* (France). *Je ne me tairai point, ni aujourd'hui ni demain, quoi qu'il puisse m'en coûter et*

vous en déplaire! Car je souffre trop pour ne pas vous le dire (Champion). On remarque l'autonomie syntaxique de *car,* plus grande que celle de *parce que.* En revanche, dans les phrases où *car* et *parce que* sont interchangeables, la place de *car* est nécessairement entre deux propositions, tandis que *parce que* est plus mobile : *J'étais rompu à ce genre de travail, car jusqu'au jour de mon arrestation je n'avais pas cessé de donner des leçons de latin et de français pour augmenter mes revenus* (Aymé), en face de : *Parce qu'il m'aimait, il m'aurait voulu beaucoup plus que ce que je suis* (P. Jardin) (la phrase ne peut commencer par *car il...*). *Car* se met en tête de la coordonnée qu'il introduit, et après la proposition qu'il est censé expliquer. Mais cette coordonnée peut s'intercaler entre deux mots de la «principale» : *Mais l'officier de cavalerie (car c'en était un) fit un changement de main et disparut* (Montherlant).

□ **car en effet.** Tournure pléonastique, à proscrire, sauf si *en effet* a son sens propre de «effectivement, en réalité».

□ **car,** repris par «... et que» : *Des images que je ne peux décrire, car elles sont noyées dans le vague, et que je ne hais rien tant que l'imprécis* (Artaud). Cette reprise, quoique condamnée par les puristes, est naturelle.

CARACOLER orth. Un seul *l.*

CARACTÉRIEL sens Outre le sens purement descriptif, «qui se rapporte au caractère», cet adjectif a, pour les psychologues, une acception particulière : «atteint de troubles du caractère (dépression, instabilité, mythomanie, etc.)» : *un enfant caractériel.*

CARACUL sens «Variété de mouton de l'Asie centrale», plus connue en France sous le nom d'**astrakan,** qui désigne aussi bien l'animal que sa fourrure.

CARAFE orth. Un seul *f,* ainsi que dans *carafon.*

CARAMBOUILLAGE ou **CARAMBOUILLE** genre La première forme est masculine, la seconde féminine. ♦ sens Définition de l'Académie (1958) : «Escroquerie consistant à se faire remettre une marchandise et à la revendre sans jamais la payer.» L'Académie accepte le verbe **carambouiller.**

CARAPACE emploi Ne forme ni adjectif ni verbe. On dira *cuirasser, cuirassé.* Ne pas confondre, pour la construction, avec **caparaçon** (→ CAPARAÇONNER).

CARAPATER (SE) orth. Un seul *t,* à la différence de *patte.* ♦ **emploi** Verbe pronominal très familier.

CARAVANING emploi et sens Cet anglicisme pourrait facilement être remplacé par *caravanage,* au sens de «pratique touristique consistant à voyager en caravane» (recommandation officielle du 17 mars 1982). Quant à *caravane* et *caravanier,* ces deux mots ne posent pas de problème. → CAMPING

CARAVANSÉRAIL sens «Auberge, hôtel où les caravanes font halte.» Au figuré, «lieu fréquenté par beaucoup d'étrangers». Ne pas confondre avec **capharnaüm,** qui signifie «endroit plein de désordre» : *Alain sourit parce que sa mère disait toujours «caravansérail» pour «capharnaüm»* (Colette). Mais : *Dans la vaste maison, où tout un capharnaüm de la Compagnie des Indes dormait dans les pièces fermées de l'été* (Malraux).

CARBONISER orth. Un seul *n,* ainsi que les termes de même famille *carbonifère, carbonique,* etc.

CARCINOME orth. Ce nom, qui désigne un certain type de tumeur cancéreuse, s'écrit sans accent circonflexe sur le *o,* malgré la prononciation [o]. Même remarque pour l'adjectif dérivé *carcinomateux.*

CARDAN emploi On dit *un cardan, un joint de cardan, une transmission par cardan.*

CARDINAL emploi et sens Adjectif littéraire au sens de «principal, essentiel». □ **points cardinaux** → GUIDE TYPO.

CARDINALICE emploi Adjectif dérivé de *cardinal,* exclusivement réservé au domaine ecclésiastique : *la pourpre cardinalice.*

CARÊME orth. Majuscule à l'initiale, comme pour la plupart des fêtes religieuses. *Arriver comme mars en Carême* (= inéluctablement).

CARÈNE orth. Accent grave, mais on écrit avec un accent aigu *carénage, caréner, caréné.* → AÉRODYNAMIQUE ♦ **sens** Ne se confond pas avec **coque** : la carène est la partie immergée de la coque : *Je voyais de tout près ses yeux verdâtres singuliers comme la carène des navires quand nous la voyons sous l'eau* (Montherlant).

CARESSE orth. Un seul *r,* ainsi que toutes les formes dérivées.

CAR-FERRY → FERRY-BOAT

CARI orth. Non fixée : *cari, cary, carry, curry.* ♦ **sens** «Épice indienne qui accompagne plusieurs sortes de mets, et en particulier le riz.»

CARIATIDE orth. On doit préférer à cette orthographe avec -*i*-, qui est celle de l'Académie, la forme *caryatide,* avec un -*y*-, plus conforme à l'étymon grec *(karuatis).* ♦ **sens** «Statue de femme soutenant en général une corniche.» Éviter d'employer ce mot pour désigner une statue d'homme, à laquelle convient mieux le nom d'**atlante** ou de **télamon :** *Cariatides d'antique chair, nous t'implorons* (Emmanuel).

CARMIN emploi Adjectif de couleur invariable (le dérivé *carminé* s'accorde) : *L'arc des sourcils fins souligné d'un trait gris foncé, lèvres carmin, elle peint ses ongles ovales* (Chaix). **Des robes carmin** → COULEUR

CARNASSIER ou CARNIVORE emploi et sens Ces deux mots, assez proches par le sens, ne doivent pas s'employer l'un pour l'autre. Le premier désigne les animaux ne se nourrissant que de chair; le second s'applique à l'homme, et aux animaux qui se nourrissent de chair, entre autres aliments. **Carnassier** renvoie à un contexte plus sauvage et plus brutal, **carnivore** ne fait que constater une habitude qui n'est pas exclusive : *Ses grandes incisives de rongeur qui tondaient si bien les blés frais trésis n'étaient guère disposées pour la morsure savante des carnassiers* (Pergaud). La confusion est d'autant plus fréquente qu'en sciences naturelles les *carnivores* comprennent les *carnassiers*. Mais la distinction que l'on vient de faire demeure valable dans l'usage non technique. On ne parle que de *plantes carnivores* (*carnassières* est exclu). En revanche, *carnassier* peut s'employer au figuré, ce qui n'est pas le cas de *carnivore : Ce petit carnassier trop jeune, que pouvait-il comprendre à son histoire?* (Sagan).

CARNAVAL orth. Plur. : **des carnavals.** → -AL ◆ emploi Parfois nom propre, quand il désigne le personnage grotesque du cortège : *brûler Carnaval.* Mais : *le carnaval de Nice.*

CARNIVORE → CARNASSIER

CARONADE orth. Un seul *r* et un seul *n*. ◆ sens «Ancien canon court.» Ne pas confondre avec **canonnade.**

CAROTÈNE orth. Un seul *t*, bien que ce substantif féminin soit de la famille de *carotte*. ◆ sens «Matière colorante que l'on trouve en particulier dans la carotte.»

CAROTTE emploi → COULEUR

CARPELLE genre Masc. : **un carpelle** (terme de botanique).

CARRÉ orth. On écrit avec deux *r* : *carré, carrément, se carrer, carrure.* ◆ emploi Avec des sens voisins, comparons le **carré**, «local faisant fonction de salle à manger ou de salon pour les officiers d'un navire», et la **carrée,** substantif féminin qui, dans le langage populaire et familier, désigne «toute espèce de pièce ou de chambre».

CARREAU emploi et sens La locution *se tenir à carreau*, encore très connue et utilisée dans la langue familière, vient des jeux de cartes, maint dicton attribuant un préjugé favorable à la série des *carreaux*. Le sens a du reste évolué en «se tenir sur ses gardes». ◆ dérivés *carrelage, carreleur, carrelet, carreauter.*

CARREFOUR et **CROISEMENT** emploi **Carrefour** s'emploie pour désigner le lieu de rencontre de plusieurs voies de circulation. **Croisement** ne s'applique

qu'à l'intersection de deux voies de circulation.

CARRELER conjug. Comme *appeler.*

CARRER (SE) sens Vieux verbe signifiant «s'installer confortablement, se mettre à l'aise sur un siège», ou encore «prendre une attitude avantageuse» : *Se carrer dans son fauteuil.*

CARRIOLE orth. Tous les termes en *car-* ou en *char-* désignant des véhicules s'écrivent avec deux *r*, sauf *char* et *chariot* (→ ces mots).

CARROSSE orth. → CARRIOLE

CARROUSEL prononc. [kaʀuzɛl]. ◆ orth. Deux *r.* → CARI

CARRY → CARI

CARTE orth. Avec un trait d'union : *une carte-lettre (des cartes-lettres).*

CARTILAGE orth. Un seul *l*, ainsi que *cartilagineux.*

CARTON-PÂTE orth. Trait d'union : *Un décor en carton-pâte, un carton-pâte.* Plur. : **des cartons-pâtes.**

CARTOUCHE genre Varie selon le sens. Au masculin, «ornement pictural, représentant une carte partiellement déroulée, qui porte un texte», ou encore «encadrement elliptique dans les inscriptions hiéroglyphiques» : *Ce sont les mêmes corolles, et presque le même cartouche. Il ne manque que l'inscription, en lettres contournées comme des lianes* (Romains). Au féminin, ensemble comprenant le projectile (ou *balle*) et l'étui (ou *douille*) : *Tirer ses dernières cartouches.* D'où «étui, boîte» : *Il a rapporté de Londres une cartouche de cigarettes.*

CARYATIDE → CARIATIDE

CAS constr. Faire cas de ne comporte pas l'article partitif, et il faut éviter de dire **faire du cas de,* bien qu'on dise régulièrement *faire beaucoup* ou *très peu de cas de.*

□ **au cas où.** emploi On emploie aujourd'hui cette locution conjointement avec *dans le cas où : Au cas où vous arrive-*

riez trop tard... (noter l'emploi de la forme en *-rais*). Il est fréquent, dans la langue familière, de constater l'ellipse de l'éventualité : *Ils avaient encore leurs plaques et le chef de patrouille les a notés «au cas où», mais il ne se souvient plus* (Japrisot). Les tours *en cas que* et *au cas que* ont beaucoup vieilli et sont en voie de disparition, excepté dans la langue littéraire : *Eugénie le recommandait à son père, au cas qu'il lui arrivât malheur* (Henriot). De même, on dit *pour le cas où* et non **pour le cas que* ou **pour en cas que : Je vous l'avais écrit seulement pour le cas où vous l'auriez ignoré* (Proust). → QUE (adverbe)

□ **en cas de. emploi** Signifiait autrefois «en fait de, en matière de» : *En cas de chevaux vous pouvez vous en rapporter à lui* (Académie, 1817). De nos jours, valeur hypothétique : *en cas de malheur*, «s'il arrive un malheur».

□ **en tout cas. emploi** Toujours au singulier. En revanche on dit : *dans tous les cas, en tous les cas : Le lundi soir, ou le mardi, ou le mercredi même, au début de cette quatrième semaine en tous les cas* (Butor). → EN-CAS

CASCADEUR emploi Le féminin est familier et figuré : *Il y a une donzelle, une cascadeuse de la pire espèce qui a plus d'influence sur lui* (Proust).

CASÉINE orth. Ce mot et ses dérivés ne prennent pas de tréma sur le *i*.

CASH emploi Cet anglicisme demeure d'un emploi assez familier, et l'on dira plus correctement **payer comptant** que *payer cash* (recommandation officielle du 18 février 1987).

CASSE- forme Les composés de *casse* sont invariables, les uns au singulier, les autres au pluriel : *un* ou *des cassecou, des casse-croûte, des casse-tête; un* ou *des casse-noisettes, casse-pieds,* etc.

□ **casse-pipe.** Sans *s : Partez tout de suite au casse-pipe avec soixante-quinze chances sur cent d'être tué, ou alors, on vous supprime tout de suite comme déserteur* (Merle).

CASSER emploi Ce verbe, beaucoup plus usité que ses «synonymes» **briser** et **rompre,** se rencontre dans de nombreux emplois familiers; les écrivains

eux-mêmes le reprennent souvent à leur compte : *Il faudra que je cherche si cet Urbain II s'est à peu près bien conduit, ou si c'est un de ces papes à tout casser qui épousent leur fille et empoisonnent leurs meilleurs amis* (Romains). *Casser sa pipe* a été accepté par l'Académie en 1959 (familier).

CASSEROLE orth. Un seul *l*.

CASSIS prononc. [kasis] quand il s'agit du fruit et de la liqueur, mais [kasi] pour le mot qui désigne «une rigole transversale à une route». ♦ **emploi** Ne pas confondre **cassis** avec **dos-d'âne,** «élévation transversale à la route rompant brutalement la régularité du sol».

CASSOLETTE orth. Un seul *l* et deux *t*.

CASSONADE orth. Un seul *n*. ♦ **sens** «Sucre raffiné une seule fois.»

CASTING emploi et sens Cet anglicisme désigne la «recherche des artistes et la distribution des rôles», dans le monde du spectacle. Recommandation officielle : *distribution artistique* (arrêté du 24 janvier 1983). On emploiera simplement **distribution**.

CASTRAT → CHÂTRER

CASUEL emploi Comme adjectif, au sens de «fortuit, accidentel», d'où *des charges casuelles,* «sujettes à révocation» : aujourd'hui désuet. Comme substantif, au sens de «revenu casuel d'une terre ou d'un bénéfice», sous l'Ancien Régime : *le casuel d'une cure.* Littré et Larousse signalent l'emploi de l'adjectif au sens de «fragile» : Thomas a montré qu'il s'agit d'un emploi régional, à proscrire dans la langue soutenue.

«CASUS BELLI» emploi Nom invariable : **des casus belli.**

CATACHRÈSE **sens** Vieux mot de la terminologie rhétorique. «Nous entendons par ce terme l'emploi d'un mot dans une combinaison de laquelle son sens étymologique paraîtrait l'exclure d'avance» (Nyrop). Ainsi : *une quarantaine de dix jours.*

CATACLYSME sens «Grand bouleversement» (à l'origine, «grande inondation, déluge») : *Depuis les événements du Moyen Âge, nous n'avons pas vu à l'horizon un cataclysme comparable à celui qui nous menace* (Lamartine). Ne pas employer ce mot à la place de **catastrophe**.

CATACOMBES forme En 1959, l'Académie définit *catacombe*, sens propre : «cimetière chrétien souterrain». Mais dans l'usage, **catacombes** s'emploie surtout au pluriel.

CATAFALQUE sens «Estrade décorée sur laquelle on place un cercueil» ou «décoration funèbre au-dessus d'un cercueil» : *Tandis que les croque-morts à moustaches noires dénudaient le corbillard au profit du catafalque, et portaient dans l'église une à une les couronnes enrubannées* (Morand). Voici un emploi figuré et extensif : *À gauche, le grand catafalque néogothique de l'Université avec son beffroi* (Butor). On ne confondra **catafalque** ni avec **cénotaphe**, «cercueil ne contenant pas de corps» ; ni avec **sarcophage**, «cercueil de pierre» : *Dans un sarcophage apparut un squelette décomposé couvert d'une épaisse masse de tissus* (Eydoux) ; ni avec le terme courant **cercueil** : *Après les autres, je lançai sur le cercueil sonore, au fond du trou, la pelletée de terre* (Hériat). Enfin, le substantif *tombeau* est assez rare aujourd'hui au sens propre, et paraît pompeux : *Allez, je veux rester seule avec les tombeaux* (A. de Noailles). *Un ivrogne hébété qui nous montre «le tombeau d'un ami»* (Alain). Mais les emplois figurés sont nombreux : *Aïe! Liliane, tu sais bien que je suis le tombeau, le tombeau neutre et tu m'infliges ta confiance, là, comme on laisse retomber une dalle!* (Sarrazin). Les autres termes cités ci-dessus se prêtent moins bien que *tombeau* à ce genre de métaphores : *Couché raide et de travers, non parmi les coquillages d'huîtres de la séquestrée, mais dans un sarcophage de détritus d'âmes, de paysages, de tout ce qui ne put lui servir dans Balbec, Combray* (Cocteau).

CATALYSE sens «Action par laquelle une substance rend possible une réaction chimique, par sa seule présence et sans s'altérer elle-même.» Ce mot tech-

nique et son dérivé *catalyseur* sont souvent déviés dans de douteux emplois figurés.

CATAPHOTE emploi Ce substantif masculin vient de la marque déposée d'un type de **catadioptre**, «petit appareil réfléchissant la lumière des phares, à l'arrière des véhicules».

CATARRHE emploi et sens Ce vieux terme médical, qui désigne un «rhume chronique», ne doit pas être confondu avec **cathare**, nom équivalent à «albigeois».

CATASTROPHE emploi et sens Le tour *en catastrophe*, au sens de «de manière précipitée, hâtive et improvisée», est du registre familier : *Point trop ravie de voir déferler en catastrophe sur sa vie, son jardin, ses chats et ses habitudes cette bande d'exilés peu recommandables* (Chaix). *L'heure du départ est là. On monte en catastrophe et le convoi s'ébranle* (P. Jardin).

CATASTROPHÉ emploi Uniquement familier : *prendre un air catastrophé*. Le participe-adjectif n'a pu faire passer dans la langue le verbe *catastropher* : *Je suis catastrophée* (Salacrou). Ne pas confondre avec **catastrophique**, «qui tient de la catastrophe» : *des inondations catastrophiques*.

CATÉCHUMÈNE prononc. [katekymɛn] (et non *[-ʃy-]). ♦ **sens** «Sujet que l'on instruit dans la foi chrétienne, avant de le baptiser.» Ne pas confondre avec **catéchiste**, qu'on trouve dans *dame catéchiste*, «personne qui enseigne le catéchisme» : *Deux cents catéchumènes adultes, hommes et femmes, qui recevront le baptême à la fin du carême (Le Monde).*

CATÉNAIRE genre Fém. : **une caténaire**.

CATGUT sens «Lien employé en chirurgie.»

CATHARE → CATARRHE

CATIMINI (EN) forme et sens Se garder de déformer cette locution, issue du grec et signifiant «en cachette, de façon très discrète».

CATTLEYA orth. Ce mot prend un ou deux *t* : **un cat(t)leya.** ♦ **sens** «Type d'orchidée» : *Elle trouvait à tous ses bibelots chinois des formes «amusantes», et aussi aux orchidées, aux catleyas surtout, qui étaient, avec les chrysanthèmes, ses fleurs préférées, parce qu'ils avaient le grand mérite de ne pas ressembler à des fleurs, mais d'être en soie, en satin* (Proust). Mot masculin.

CAUCHEMAR orth. Jamais de *d* final, malgré les dérivés. → CAUCHEMARDESQUE

CAUCHEMARDESQUE ou **CAUCHEMARDEUX** emploi Les deux formes coexistent sans aucune différence de sens, encore que la seconde soit la seule à pouvoir s'appliquer à l'être humain : *Je m'éveille, cauchemardeux, en larmes. Je sors de mon lit* (Labro). Peut-être **cauchemardesque** est-il légèrement plus fort.

CAUSANT emploi Familier, correspond à *communicatif, loquace*, dans la langue soutenue : *Les voyageurs, causants et communicatifs dans une voiture tirée par des chevaux, deviennent silencieux lorsqu'ils se trouvent sur un chemin de fer* (Mérimée). *On peut s'attendre à tout lorsqu'on abrite soudain, dans une petite rue de banlieue causante, la famille d'un collabo en fuite* (Chaix).

CAUSE emploi La locution **à cause que** n'est nullement incorrecte, comme on le croit parfois, mais seulement vieillie, et devient parodique : *Il a été arrêté avant-hier pour incivisme, à cause qu'il faisait jouer la Convention par Polichinelle* (France). *Il ne pensait jamais à ces choses, à cause qu'il était sain et équilibré d'esprit* (Barbusse). *Ça le gênait de ne pas pouvoir appeler Leurtillois Aurélien, à cause qu'il était Roger pour Simone* (Aragon). De même pour *être cause que* : *Peut-être que la négligence de Suzanne fut cause que sa mort survint un peu plus tôt qu'elle n'aurait dû* (Duras).

□ **et pour cause.** emploi et sens Cette locution elliptique, qui ménage des sous-entendus, est familière, mais pleinement correcte : *La mère, et pour cause, ne reçut aucune réponse du cadastre, ni même de la banque* (Duras).

CAUSER constr. Ce verbe, du moins au sens de «converser», se construit à l'aide de la préposition *avec* (et non pas *à*) : *J'aurais aimé que vous causiez avec Casimir, pour vous rendre compte* (Gide). Néanmoins *causer à quelqu'un* est répandu et finira, de l'avis même d'André Gide, par s'imposer : *Écoutez-moi un peu, Ferdinand!... Il est vraiment temps que je te cause* (Céline). Littré a constaté l'ancienneté de cette construction, qu'il ne condamne pas formellement. Enfin, on dit couramment *parler avec quelqu'un*, alors que ce verbe se construit plutôt avec *à*. On est donc moins sévère pour la syntaxe de ce verbe que pour celle de **causer**, ce qui est anormal. Le linguiste André Martinet écrit : «Une autre cible favorite des puristes a été la construction *causer à* pour *causer avec*; *causer à* était naturellement formé sur l'analogie du presque synonyme *parler à* et il fallait une bonne dose de mauvaise foi pour arguer, comme je l'ai souvent entendu faire, qu'il y avait conflit avec les emplois transitifs du verbe, dans *causer un dommage à quelqu'un*, par exemple.» Le tour *on en cause*, bien que très correct, est généralement considéré comme populaire : *Je pense, Monsieur, que s'il y avait quelqu'un qui se cachait chez vous, depuis le temps qu'on en cause tous sur ce chemin, il a eu tout le temps de déguerpir* (Labro). ♦ L'emploi de *causer*, sans complément, est populaire : *Pourquoi tu voulais pas causer, hier?* (Robbe-Grillet). *Elle a causé, elle a causé... un vrai cinéma! — Elle n'a pas causé, elle a parlé! Je te l'ai dit cent fois! On ne cause pas tout seul, on cause «avec»...* (Triolet). *Tu causes, dit Laverdure, tu causes, c'est tout ce que tu sais faire* (Queneau).

□ **causer (le) français.** Tournure incorrecte. C'est *parler* qui convient en pareil cas. *Causer affaires, chiffons*, en revanche, est parfaitement correct, et du reste n'a pas exactement le même sens que *causer d'affaires*. L'absence de préposition exprime que le substantif représente le contenu même de la conversation, et non pas un sujet traité parmi d'autres.

CAUSSE genre Masc. : **un causse.** ♦ **sens** «Plateau calcaire dans le sud de la

France.» Ne pas confondre avec **cosse** (→ BALLE).

CAVALIER emploi Désignant une femme qui monte à cheval, le féminin de *cavalier* est plus souvent **amazone** que **cavalière**, mais on garde aussi la forme masculine : *Cette femme est un excellent cavalier.* On écrit avec un seul *l cavalerie, cavaler, cavale,* et avec un accent grave *cavalièrement.*

CAVE emploi Ne pas confondre **cave** (dans le sens de «creux») et **hâve** («maladif»). On écrira : *des yeux caves* mais *un visage hâve. La veine cave* (pas de trait d'union).

CD-ROM emploi et sens Sigle de l'anglais *compact disc read only memory,* disque compact à mémoire morte ; ce mot signifie «disque compact à grande capacité, qui enregistre aussi bien les sons et les images que les textes». Cette invention, appelée sans aucun doute à un grand avenir, peut être désignée en français sous l'étiquette **disque optique compact,** abrégée en *doc* (arrêté du 27 juin 1989). → COMPACT DISC

CE forme Pas de substitution de *cet* à *ce* devant *onzième, ululement, yacht, yankee, yaourt, yatagan, youyou,* etc. *Ce onzième mois* (opposé à *cet automne*).

□ **c'est.** emploi *Ce* s'emploie directement devant le verbe *être* : *C'était agréable de bavarder en regardant la rivière* (Dhôtel). Dans ce type de phrase, *ce* appartient plutôt au registre familier ; dans la langue soutenue, on rencontre généralement le pronom «impersonnel» *il* : *Il était agréable...* Quand l'attribut de *ce* est au pluriel, le verbe *être* s'accorde de façon très variable. Il reste le plus souvent au singulier dans la langue courante. La séquence **c'est** a tendance à se figer : *Les mômes, pensa-t-il, c'est des petits voraces, tous leurs sens sont des bouches* (Sartre). *J'eus peur au début, mais ce fut là les premiers signes de ma délivrance* (Tahar Ben Jelloun). Mais le pluriel n'est pas rare : *Ce n'étaient pas tant les trente lits, souvent vides, mais il y avait la consultation* (Aragon). On notera qu'en phrases négatives l'emploi du verbe au singulier semble plus naturel : *Et les malheurs de la France, pour toi, ce n'était que des ré-*

cits de veillée (Anouilh). *Non, ce n'était pas les livres qui l'intéressaient* (Mauriac). Les deux accords se trouvent réunis dans l'exemple suivant : *Ce n'était pas seulement mes yeux qui admiraient. C'étaient aussi les vôtres* (Dorgelès).

□ **c'est nous.** On ne peut mettre le verbe au pluriel quand l'attribut est *nous* ou *vous* : *Ce n'est pas nous, ce sont nos capitaines* (Hugo). À la troisième personne, *c'est eux* est beaucoup plus fréquent que *ce sont eux,* tour littéraire. *Je voudrais les éduquer. Mais je m'aperçois que ce sont eux qui m'éduquent* (Cocteau).

□ **c'est de ces gens que, c'est à eux que.** Devant un complément pluriel introduit par une préposition, *c'est* doit rester invariable. C'est par fausse élégance, ou par négligence, que certains auteurs font l'accord : «*Ce ne sont pas sur les gens modestes [...] mais sur les gens brillants que fait quelque effet le grand seigneur* (Proust) ; *Ce sont devant ces cendres sacrées que les âmes pieuses viendront se recueillir et s'associer par la prière à la vertu rédemptrice de cet énorme holocauste* (Claudel).

□ **c'en sont.** À éviter dans tous les cas, à cause du calembour, de même que les inversions suivantes, désagréables pour une oreille française : *sont-ce, furent-ce,* etc. : *Se construire, se connaître soi-même, sont-ce deux actes, ou non ?* (Valéry).

□ **si ce n'est** et **fût-ce.** emploi Locutions figées, invariables, indépendantes de ce qui suit. → ÊTRE

□ **ce doit** ou **ce doivent être.** Avec la séquence *verbe auxiliaire de mode + verbe être,* l'accord est à peu près indifférent : *Ce doivent être des gens très pauvres* (Montherlant). *Ce pouvait être des gens de l'équipe Vorge* (Romains).

□ **ce, pronom.** emploi Ne se rencontre que dans les expressions anciennes et figées : *et ce, sur ce, ce néanmoins,* etc. *Et le voilà qui recommence son histoire :* «*J'étais dans la cour derrière chez moi.* » *Sur ce, on lui offre une liqueur, qu'il accepte* (Alain-Fournier). *Ne suivais-je pas, ce faisant, des lois parfaitement naturelles ?* (Gide). *Ce disant, il tira son livret militaire* (Thérive). *J'ai, pour ce, mille raisons* (Duhamel).

□ **ce l'est.** emploi Rare dans la langue

parlée, et remplacé par d'autres tours, comme *c'est lui*, etc. Mais *ça l'est* est à éviter.

□ **ce n'est pas que... (ne). constr.** Toujours avec le subjonctif (→ NON) : *Paris convient mal à ce petit Parisien. Ce n'est pas qu'il s'y déplaise. Au contraire, il s'y amuse trop* (France). *Il la remarqua. Ce n'était point qu'elle cherchât à se faire remarquer* (Rolland).

□ **ce dont il s'agit, c'est de...** Le *de* est ici tout à fait inutile, puisqu'il est déjà contenu dans *dont.* → DONT

□ **c'est-il que.** Toujours populaire. On rencontre parfois l'orthographe *c'est-y* et *c'est-i : C'est-y que t'aurais peur, mon gars?* (Anouilh) *C'est-i Dieu possible!* (Chevallier).

□ **ce que. emploi** Tournure exclamative et familière. On ne dira pas, dans la langue soutenue : *Ce qu'il est gentil!* mais *Comme il est gentil!* (ou encore *que* ou *combien*). *Ce qu'il pouvait ressembler à son père avec ses oreilles écartées!* (Cesbron). *Ce que tu le respectes, l'ordre du monde!* (Maurois). L'emploi de *qu'est-ce que* en pareils tours est très familier, voire vulgaire : *Elle qui méprise tant la littérature, qu'est-ce qu'elle était fière de voir son nom imprimé!* (Beauvoir).

□ **ce que et ce qui. emploi** Dans l'interrogation indirecte : *Dis-moi ce qui ne va pas, ce que tu fais.* Ne pas dire, comme on l'entend fréquemment : *Dis-moi *qu'est-ce qui ne va pas, *qu'est-ce que tu fais. Qu'est-ce qui* et *qu'est-ce que* sont réservés à *l'interrogation directe.*

□ **c'est à vous à** → À

□ **c'est à vous que je parle. constr.** Il faut préférer ce tour à : *c'est vous à qui je parle* et surtout au tour redondant : *c'est à vous à qui je parle*, pourtant employé par les écrivains classiques.

CÉANS emploi et sens Ancien adverbe de lieu, signifiant «ici dedans». Il ne s'emploie plus guère qu'ironiquement ou dans la locution figée *le maître* (ou *la maîtresse*) *de céans : Eh bien, j'étais présent quand le maître de céans l'a reçu et quand il l'a cédé* (Camus).

CECI emploi S'oppose en principe à **cela**. *Ceci* annonce ce qui va suivre (dans un texte) ou désigne ce qui est

proche (dans l'espace) : *Dites-lui ceci de ma part : qu'il s'en aille au plus vite.* **Cela** renvoie à ce qui précède ou désigne un objet éloigné : *Tout cela descendait, montait comme une vague* (Baudelaire). *Jacqueline boudait un peu. Mais cela ne durait pas longtemps* (Rolland). *Cela lui plaisait que les balles eussent ce joli son de guêpe* (Dorgelès). La distinction n'est pas toujours observée, de même que pour *celui-ci* et *voici* (→ ce mot). *Ceci* comme *cela* peuvent du reste tous deux renvoyer à ce qui précède, dans un texte. Cette confusion affaiblit considérablement leur opposition du point de vue spatial. *Ceci* renvoie alors aux derniers mots ou à la dernière phrase, *cela* à ce qui est plus éloigné en remontant dans le texte.

□ **ceci dit. emploi** Souvent réputé fautif, ce tour, employé au sens de **cela dit**, marque l'intention de renvoyer à des paroles qui viennent d'être prononcées.

□ **ceci sont vos papiers. emploi** Ce type de phrase, cependant correct, est à éviter absolument pour des raisons d'euphonie. (→ CE.) On dira mieux et plus simplement : *Voici vos papiers.*

□ **ceci, suivi d'un qualificatif et d'une complétive en apposition. emploi** Appartient à la langue soutenue, mais permet de souligner efficacement ce qui suit : *Le travail a ceci d'excellent qu'il amuse notre vanité* (France). *Le peuple arabe a ceci d'admirable que, son art, il le vit, il le chante...* (Gide). Même construction avec *cela. Ils ont cela de charmant qu'ils sont pauvres* (France). → ÇA, CELA, CELUI

CÉDER conjug. → APPENDICE

CÈDRE orth. Accent grave. Mais on écrit *cédraie* et *cédrat.*

CEINDRE conjug. Comme *peindre* (→ APPENDICE.) ♦ **emploi** Tombe en désuétude, au profit de **entourer, enserrer**, de conjugaison plus régulière. On rencontre surtout l'infinitif et le participe *ceint, -e. Jusqu'à un an environ, les enfants vivaient accrochés à leur mère, dans un sac de coton ceint au ventre et aux épaules* (Duras). Cette construction n'est pas à recommander, et l'on dit plutôt: *Le ventre et les épaules ceints d'un sac de coton. Les fines colonnes* *d'outremer ceintes de chapiteaux de larmes* (Emmanuel).

CELA orth. Jamais d'accent grave sur le *a*. ♦ emploi Beaucoup plus répandu que **ceci,** il se rencontre le plus souvent dans la langue courante sous la forme contractée *ça* (sans accent) : *Les supplices, j'ai ça en horreur* (Anouilh). Lorsque *cela* ou *ça* sont utilisés pour désigner des personnes, ils se chargent de diverses valeurs affectives : mépris, dégoût, tendresse, etc. → ÇA

CÉLADON sens Toujours dans *vert céladon,* «vert pâle». → COULEUR

CÉLÈBRE orth. Accent aigu et accent grave. Mais on écrit avec deux accents aigus : *célébrer, célébrant, célébration, célébrité,* etc.

CELER conjug. Comme *lever* (→ APPENDICE.) ♦ emploi Niveau de langue très soutenu, le verbe courant étant **cacher** : *Qui ne sait celer ne sait aimer* (Stendhal).

CELLULE emploi À rapprocher pour l'orthographe : *cellulaire, cellulite, celluloïd, cellulose.*

CELTIQUE forme À distinguer de **celte,** seule forme pour le substantif, désignant des individus : *les Celtes. Il y a des vues du pays de Galles, avec des azurs, menteurs comme des Celtes* (Morand). Pour l'adjectif, il est possible de dire l'*art celte* ou l'*art celtique.* → ASIATE

CELUI emploi L'usage, appuyé par de nombreux écrivains et grammairiens, permet aujourd'hui d'accepter la construction : *celui* + préposition autre que *de,* ou *celui* + participe : *Il n'y a pas de plus grands crimes que ceux commis contre l'unité de la foi* (France). *Comme s'il n'y avait de vie que celle envoyée par les morts* (Montherlant). *Si le paysage véritable est inférieur à celui décrit par l'artiste* (Maurois). Dans ces exemples, cités par Le Bidois (*Le Monde,* 12 juin 1968), on notera que le participe est suivi d'un complément prépositionnel qui «a pour effet de renforcer la valeur verbale du participe et de donner à la phrase l'équilibre que l'absence du verbe auxiliaire semble lui avoir enlevé». Mais avec un adjectif, le tour est

suspect. On n'hésitera donc pas à admettre les phrases construites sur le modèle des suivantes : *Il aime mieux les objets en bois que ceux en plastique. Non, je n'ai pas d'autres colis que ceux destinés à ton ami. Entre les heures passées aux ateliers et celles à la cave où il dormait* (Triolet). *La voiture, brillante de peinture neuve, ressemble exactement à celle apparue ce matin au même endroit* (Robbe-Grillet). Bien entendu, on peut préférer la tournure avec un pronom relatif.

□ **faire celui qui** → FAIRE

CENDRE(S) emploi Le singulier et le pluriel se rencontrent à peu près indifféremment dans le sens courant du mot : *Comme chaque soir, il ranimerait le feu couvant sous la cendre* (Peyré). *Flammèches et cendres pleuvaient sur les têtes nues et les bras en croix* (id.). Mais pour désigner les «restes funèbres d'une personne», la langue soutenue emploie le pluriel : *le retour des cendres (de Napoléon).* On écrit avec une majuscule *le mercredi des Cendres.*

CÉNOBITE sens Désigne le moine qui vit en communauté, au contraire de l'**anachorète** (→ ce mot).

CÉNOTAPHE sens «Tombeau vide», à ne pas confondre avec **catafalque** (→ ce mot).

CENSÉ emploi et sens «Présumé.» Ne pas confondre avec **sensé.** Devant un infinitif, on ne peut avoir que **censé** : *Nul n'est censé ignorer la loi. Un sac à ciment qui était censé contenir ses outils* (Van der Meersch). *Il ne remplit que trois dossiers sur la quinzaine dont il était censé venir à bout* (Jorif).

CENT orth. Les multiples entiers de **cent** prennent un *s : deux cents, six cents, douze cents,* etc. Mais les multiples suivis d'un nombre restent invariables : *deux cent quatre, six cent vingt, douze cent trente* (pas de trait d'union). On tend aujourd'hui à revenir à l'usage ancien, qui mettait *cent* au pluriel dans tous les cas. La règle stricte ne date guère que du XVIIIe siècle. – On écrit : *faire les cent coups, quatre-vingts pour cent, la guerre de Cent Ans, les Cent-Jours.*

□ **cent mille. orth.** *Cent* demeure invariable devant *mille*, mais prend la marque du pluriel devant *millier, million, milliard*, qui se comportent en substantifs : *deux cent mille*, mais *deux cents millions*.

□ **cent et un. emploi et sens** Locution à valeur emphatique, remplacée de nos jours par *cent et cent*, ou *cent* tout seul : *En un mot comme en cent*.

□ **onze cents** ou **mille cent. emploi** Quand on compte les centaines au-delà de mille, on dit *onze, douze, treize, quatorze, quinze, seize cents*, de préférence à *mille cent* (sans *s*), *mille deux cents, mille trois cents*, etc. On lit néanmoins chez un bon auteur : *Mille cent mineurs avaient crevé comme des rats, dans leur galerie de mines de Courrières* (Gallo). À partir de dix-sept centaines, on dira indifféremment *dix-sept cents* ou *mille sept cents*, etc.

□ **cinq pour cent.** Cette locution est meilleure que *cinq du cent*, qui appartient à la langue commerciale. On abrégera les deux éléments en chiffres ou on les écrira sans abréger en lettres : *20 p. 100* ou *vingt pour cent* (→ GUIDE TYPO.)

□ **soixante pour cent des élèves a** ou **ont été reçus. forme** L'accord est variable selon ce que l'auteur de la phrase a dans l'esprit : globalité dans le premier cas (verbe au singulier), pluralité dans le second (verbe au pluriel). *Vingt pour cent de la population s'est abstenue* (Dauzat). *Quatre-vingt-dix pour cent de notre production partent pour l'étranger* (Maurois, cité par Grevisse).

□ **page deux cent, l'an quatorze cent. orth.** *Cent* reste invariable quant il est employé comme adjectif ordinal, au sens de «centième».

□ **cent** (subst.). **emploi** Comme substantif, *cent* prend un *s* au pluriel selon la règle générale : *deux cents de cartouches*. Mais cet emploi est peu usité.

□ **gagner des mille et des cents** → MILLE

CENTENAIRE → BICENTENAIRE

CENTÉSIMAL. orth. Les degrés centésimaux s'écrivent avec une virgule : 37,5 °C ♦ **sens** «Dont les parties sont des centièmes», adjectif voisin de **centigrade**, «divisé en cent degrés», qui s'utilise de façon plus concrète, notamment pour la désignation des températures : *thermomètre centigrade*. On ne peut dire **thermomètre centésimal*. → GUIDE TYPO.

CENTRAL forme Plur. : **centraux**. → -AL

CENTRIFUGE sens «Qui s'éloigne du centre.» C'est le contraire de **centripète**, «qui se rapproche du centre».

CEP prononc. On fait toujours entendre le *p* final : [sɛp]. ♦ **orth.** Distinguer **le cep** (pied de vigne) du **cèpe** (champignon).

CEPENDANT emploi et sens Presque toujours conjonction adversative, équivalant à «toutefois, néanmoins», etc. **Cependant** se rencontre encore parfois avec un sens temporel, «pendant ce temps». C'est un archaïsme, et plus nettement encore quand *ce* est détaché de *pendant*, conformément à l'origine morphologique (comparer *ce faisant*) : *Mes frères cependant faisaient leur entrée dans les carrières sérieuses de l'existence* (Vailland). *Cependant que*, locution conjonctive de subordination qui marque surtout la simultanéité, est également d'emploi vieilli : *Il me parut, cependant qu'il parlait, qu'il n'était pas en parfait équilibre lui-même* (Gide). *Il écrit Nick Harwitt sur son carnet cependant que Lubert lui donne sa carte* (Queneau). Plus rarement, *cependant que* peut marquer l'opposition : *Tel émoi d'un instant nous suit jusqu'à la mort, cependant que des années s'effacent sans laisser de traces* (Estaunié).

CERCLE → CIRCONFÉRENCE

CERCUEIL orth. *-cueil*, comme dans *cueillir, accueil, écueil, recueil*. → CATAFALQUE

CÉRÉBELLEUX sens «Qui se rapporte au cervelet.» Ne pas confondre avec **cérébral**, «qui se rapporte au cerveau» *(artères cérébrales)*, ni avec **cervical**, «qui se rapporte au cou, à la nuque (ou au col de l'utérus)» *(vertèbres cervicales)*. L'expression *matière cervicale* est impropre, c'est *cérébrale* qui convient.

CÉRÉBRAL → CÉRÉBELLEUX

CÉRÉMONIAL **sens** Substantif, désigne également le «livre contenant les règlements liturgiques des cérémonies religieuses».

CÉRÉMONIEL **sens** Adjectif, «qui se rapporte aux cérémonies», employé par les sociologues depuis le XIXᵉ siècle. ♦ **emploi** Discutable dans l'exemple suivant : *Tout ce Hugo militaire, somptuaire, cérémoniel et triomphal qui remonte* (Péguy). Ne pas confondre avec **cérémonieux**, «qui fait trop de cérémonies» : *des manières cérémonieuses. Plus les circonstances semblaient lourdes pour lui, plus il se chargeait d'un parfum cérémonieux de Russie impériale* (Bastide).

CERF **prononc.** Le *f* final ne doit se faire entendre, ni au singulier ni au pluriel, ni dans le mot simple ni dans le composé *cerf-volant* (pluriel : *des cerfs-volants*). Mais la règle est assez peu respectée. → SERF

CERISE **emploi** Comme adjectif de couleur, invariable. → COULEUR

CERTAIN **emploi** Au singulier, **certain** ne s'emploie plus guère sans être précédé de l'article indéfini : *un certain secrétaire, un certain Dupont.* Voici un exemple assez rare d'emploi pronominal : *Je vous montrerai certain d'entre eux qui a trois fois la valeur du Haut Pré* (Dhôtel). Au pluriel, la présence de l'article est facultative : *(de) certains secrétaires* : *Est-ce parce qu'à certains jours, on éprouve le besoin irrésistible de penser à certaines choses ?* (Estaunié). *À de certains indices, Lazuli sentit qu'il allait se dissoudre dans l'air* (Vian). *Sa bouche qui paraissait tomber, quand il parlait à demi-mots des certaines hommes qui lui avaient fait de certaines choses* (P. Jardin). ♦ **sens** Placé avant le substantif, *certain* est un indéfini et exprime l'indétermination : *une certaine indifférence.* Après le substantif, il devient un qualificatif et exprime la certitude : *une indifférence certaine.* □ **certains.** **emploi** Très courant comme sujet ou complément d'un verbe, avec ou sans détermination particulière : *(L'armée) est encadrée par des nobles. Certains d'entre eux nous sont déjà acquis* (A. Besson). *Chez certains même les*

cheveux n'avaient pas blanchi (Proust). Cependant, Littré et l'Académie ne signalent pas la possibilité d'employer *certain* comme complément. Ils ne disent rien non plus du pronom féminin *certaine* qui, même s'il est rare, n'est pas inusité : *Certaines des choses qui m'ont été dites se sont déjà réalisées* (Romains). *Les gens de police enlevaient des prostituées en robe de fête ; certaines, en larmes, s'agenouillaient devant l'exempt* (Béraud).

CERTAINEMENT QUE **emploi** Locution familière, mais correcte : *Certainement qu'il ne se rappelait plus les adieux de l'antiquaire* (Peyrefitte).

CERTES **emploi** Adverbe vieilli, et d'emploi littéraire, de nos jours : *Quant à l'airain liquide, certes, ce sont les puissances exceptionnelles de ton âme qu'il signifie* (Valéry). Remplacé, dans la langue courante, par **certainement.**

CERVEAU **sens** «Organe et instrument de la pensée», terme noble par rapport à **cervelle**, «substance dont est fait le cerveau». Le premier nom est mélioratif : *C'est un cerveau !* ; le second dépréciatif : *une tête sans cervelle ; une cervelle d'oiseau*, etc. Le lexique anatomique et physiologique emploie *cerveau*, quand il s'agit de l'être humain. Cependant, on dit *se brûler la cervelle.* Le lexique culinaire emploie *cervelle* : *une cervelle de veau.* → CÉRÉBELLEUX

CERVICAL → CÉRÉBELLEUX

CESSE **constr. et emploi** Ce substantif féminin n'existe que dans la locution adverbiale *sans cesse*, et dans la tournure négative *n'avoir de cesse que* (littéraire) toujours suivie du subjonctif et, facultativement, du *ne* explétif : *Tu n'eus de cesse que je ne me fusse résigné à garder le lit* (Mauriac). *Notre Socrate n'a de cesse qu'il n'ait saisi l'âme de toute chose* (Valéry).

CESSER **constr.** Ellipse fréquente de *pas*, comme avec les verbes *oser, pouvoir, savoir*, etc. *Il ne cesse de pleuvoir ; tu ne cesses de parler.* Mais la négation complète est toujours possible : *Mais elle ne cessait pas de le regarder fixement* (Bernanos), opposé à : *Mon intel-*

*ligence mieux inspirée ne cessera, cher
corps, de vous appeler à soi désormais*
(Valéry).

□ **toute(s) affaire(s) cessante(s). emploi**
Singulier ou pluriel indifféremment.
Mais le pluriel est plus fréquent.

CESSEZ-LE-FEU orth. Substantif invariable : **des cessez-le-feu.**

C'EST-À-DIRE orth. Deux traits
d'union. ♦ **forme** S'abrège en *c.-à.-d.*

Cf. → «CONFER»

Ch → CHEVAL-VAPEUR

CH- prononc. Dure et occlusive, en [k], à
l'initiale des mots suivants, où il s'agit
le plus souvent d'une transcription du
kh grec : *chalaze, chalazion, chalco-,
chaldéen, chamérops, chamito-sémi-
tique, chaos, chaotique, charadriidés,
charisme, cheiroptère* ou *chiroptère,
chélicère, chélidoine, chélonien, chéno-
pode, chénopodiacées, chianti, chiasme,
chiro-, chitine* et *chitineux, chiton, chlamyde, chlore* (et dérivés), *choéphore,
chœur* (et dérivés), *cholagogue, cholé-,
choléra* (et dérivés), *choliambe, choline,
chondriome, chondriosome, chondro-
blaste, chorée, choriambe, chorion, cho-
roïde, chorus, chrême, chrestomathie,
chrétien, Christ* (et dérivés), *christiania,*
tous les mots commençant par *chro-* et
chry-, chtonien. ♦ Se prononcent avec
[tʃ] quelques emprunts à l'espagnol et à
l'anglais : *chadburn, chistera, choke-
bore.*

CHACAL orth. Plur. : **des chacals.** → -AL

CHACUN forme À la différence de **aucun,** ce pronom-adjectif indéfini n'a
pas de pluriel. L'idée de pluralité peut
être rendue par des tours du type : *Chacun de vous* (ou *d'entre vous*) *est
libre de penser ce qu'il veut.*

□ **chacun son tour** ou **chacun leur
tour.** Dans une phrase à sujet singulier,
il n'y a aucune difficulté. On ne peut
dire que : *Chacun ses goûts, chacun est
venu à son tour,* etc. Mais quand *chacun* «renvoie à un pluriel qui précède
(ou qui est postposé par l'effet d'une inversion), pour exprimer l'idée distributive, on emploie tantôt *son, sa, ses* (possessifs de l'unité), tantôt *notre, nos,*

votre, vos, leur(s) (possessifs de la pluralité)» (Grevisse). Les exemples suivants montrent qu'il n'y a quasiment
aucune différence de sens dans l'emploi de l'une ou de l'autre construction :

1. **Possessifs de l'unité :** *Ils avaient l'a-
mertume de reprendre chacun sa route*
(Estaunié). *Ce fini et cet infini que nous
apportons, chacun selon sa nature* (Valéry). *Valérie et Porteur étaient déjà partis, chacun de son côté* (Aymé). *Les
poudres de diverses couleurs, avec chacune sa houppe* (Vailland).

2. **Possessifs de la pluralité :** *Ils s'y préparent, chacun selon leur tempérament*
(Bazin). *Mes deux voisins causent chacun de leur côté* (Barbusse). *Deux cousins du marquis amenèrent chacun leur
femme* (Boylesve). *Nous agissions chacun de notre côté* (Valéry). Bien entendu, lorsque le complément d'un
verbe de possession ne désigne qu'un
seul exemplaire de l'objet, il reste nécessairement au singulier : *Ils ont accroché chacun leur chapeau aux pa-
tères. Leurs chapeaux serait incorrect.* Il
y a des cas d'ambiguïté qu'il est préférable d'éviter : dans *Ils ont lavé chacun
leurs chemises,* que comprendre au
juste ? Si chaque personne possède *une*
chemise, on dira mieux : *Chacun a lavé
sa chemise,* nettement distinct de *Chacun a lavé ses chemises.* Le mélange
d'un sujet pluriel et d'une apposition au
singulier risque d'être équivoque.

□ **chacun sa chacune.** Locution archaïsante et familière, d'emploi très limité. De même pour : *Que chacun s'en
retourne dans sa chacunière,* qui appartient au registre plaisant.

□ **un chacun, tout (un) chacun.** Ces locutions se font rares, mais se rencontrent encore dans certains contextes paysans ou familiers : *Tout un
chacun peut lire cela dans son journal*
(Emmanuel). *Surtout, ne dites rien à
votre mari, ou je dis à tout chacun que
vous êtes mal fichue de la poitrine*
(Aymé).

□ **entre chacune de ses apparitions.**
Malgré un manque de logique certain,
ce tour est passé dans le bon usage :
*Ma vie est serrée comme un drame. Ici,
que d'espace, que d'air, entre chacun
des mouvements, entre chacune des*

pensées (Saint-Exupéry). La langue française est mal outillée pour désigner un intervalle qui se reproduit dans l'espace ou dans le temps.

☐ **cent francs chacun.** On évitera d'employer dans ce tour l'adjectif *chaque* : seul est correct le pronom *chacun. À combien m'as-tu dit qu'ils revenaient, ces hennins? – Six mille francs chacun, mon chéri. C'est pour rien* (Anouilh). → CHAQUE

CHAFOUIN forme Fém. : **chafouine.**
♦ **sens** «Rusé», en parlant surtout du visage, de la physionomie : *Il avait un air sournois – «chafouin» eût dit mon père, des petites dents noircies par le tabac et des mains sans grâce* (Labro).

CHAH orth. La graphie la plus courante est **shah** (forme anglaise); on préférera une graphie plus «francisée».
→ SCHAH

CHAÎNE orth. Accent circonflexe; de même pour tous les dérivés : *chaînon, enchaîner, déchaîner...*

CHALAND sens Vieux mot, «client, acheteur» : *Sur le trottoir, des colliers peints en bleu, des atelles, des harnais attiraient les chalands* (Ragon). *Vendre le secret de la dignité et de la raison, c'est s'exposer à voir peu de chalands dans la boutique* (Mac Orlan). → ACHALANDÉ

CHÂLIT orth. Accent circonflexe. ♦ **sens** «Cadre de lit.»

CHALLENGE prononc. [ʃalɑ̃ʒ], à la française. ♦ **orth.** Un arrêté ministériel du 18 février 1988 recommande d'adopter l'orthographe *chalenge* (et pour le dérivé, *chalengeur, euse*), plus simple et conforme à l'origine française de ce mot. Malheureusement, il est peu suivi d'effet. ♦ **emploi et sens** Cet emprunt à l'anglais sportif a le sens de «compétition mettant en jeu une coupe, qui passe de vainqueur en vainqueur». Il peut être utilisé sans répugnance, car c'est un vieux mot français dont le sens est «débat, contestation». Il se pose toutefois un problème au dérivé anglais *challenger*, prononcé à l'anglaise [ʃalɛndʒœʀ]. Les synonymes proposés : *défi, défieur, défieuse* ne rencontrent pas un grand succès.

CHALOIR emploi Verbe archaïque, impersonnel et défectif, qui n'existe que dans de rares expressions figées et désuètes, notamment *peu me chaut*, au sens de «peu m'importe» : *Peu lui chaut quelque erreur de détail* (Gide).

CHAMAILLER emploi Ce verbe est devenu familier et son sens s'est affaibli. Employé intransitivement *(chamailler avec)*, il signifiait en français classique «combattre», ou «avoir une violente dispute». Il existe surtout sous la forme pronominale *se chamailler* : *Nous n'allons pas nous chamailler pour une question de signifiants* (Queneau).

CHAMARRÉ orth. Deux *r*.

CHAMBRANLE genre Masc. : **un chambranle.**

CHAMEAU et DROMADAIRE sens Le *dromadaire* est un «chameau à une seule bosse».

CHAMP orth. On écrit : *à travers champs, des champs de bataille, en champ clos, un champ de courses,* et avec traits d'union : *sur-le-champ* (synonyme de «aussitôt») et *le Champ-de-Mars* (promenade et jardins parisiens), *les Champs-Élysées* (à Paris), mais *les champs Élysées* (mythologie grecque).

CHAMPAGNE → COULEUR

CHAMPIGNON orth. On écrit : *champignonner, champignonnière.*

CHAMPION genre Uniquement masculin à l'origine. Ce substantif est aujourd'hui parfaitement admis au féminin : **championne.** *Une championne de tennis, de natation, de bridge.*
☐ **c'est champion. emploi** Locution très familière à valeur superlative : *Alors on voyage aussi? Champion, hein, l'Acropole?* (Daninos).

CHANCE sens On trouve encore parfois l'ancienne valeur neutre, «possibilité, éventualité» : *Si j'étais très juste, un vol de nuit serait chaque fois une chance de mort* (Saint-Exupéry). *Il avait peu de chance de rencontrer Paule, bien sûr, mais Roger restait vaguement inquiet* (Sagan). Terme de jeu : *Il retourna dans la salle de chemin de fer, prit une* *main à cinq mille et avec des chances diverses mit une demi-heure pour perdre ses dix plaques* (Vailland). Mais le sens positif de « hasard heureux » tend aujourd'hui à l'emporter : *Comme je redouble, j'ai beaucoup de chances pour n'être pas recalé cette fois-ci* (Mauriac). *Alors, dit Gilbert, nous avons des chances de lui acheter quelques terres à bon compte* (Dhôtel). Après *c'est une chance que*, le verbe se met au subjonctif : *Ce n'était vraiment pas de chance qu'elle lui défendît le seul endroit qui le tentait aujourd'hui* (Proust). *Avec la nuit qu'il fait, c'est une chance qu'ils ne soient pas tombés dans le ruisseau* (Clavel).

□ **tenter la chance** ou **ses chances. emploi** Ces tournures sont assez libres : possessif ou article n'introduisent que des nuances de style. Avec l'article défini, cependant, on ne trouve que le singulier.

CHANCEUX sens Appliqué à un non-animé, peut signifier « hasardeux, incertain » : *Toute gloire humaine est chanceuse ; c'est la Muse encore qui trompe le moins* (Sainte-Beuve). Appliqué aux personnes, **chanceux** signifie « qui a de la chance ».

CHANGE emploi Terme essentiellement technique (lexique financier, *agent de change, bureau de change*), ou ne se trouvant que dans des expressions anciennes et figées, telles que *donner le change* (qui a pour origine le vocabulaire de la chasse). **Échange** est beaucoup plus fréquent et plus disponible.

CHANGER conjug. Généralement avec *avoir*. On ne dit *Il est bien changé* qu'à propos d'un malade ou d'un mort. ♦ **emploi Changer** et **échanger** sont proches par le sens et peuvent s'employer indifféremment quand il s'agit d'un acte volontaire. Le verbe *échanger* suppose toujours la présence de deux éléments entre lesquels la permutation est possible : *Notre conversation s'échangeait de châlit à châlit* (Hériat). *On échangeait à table, ou après dîner, dans les coins, des expressions très peu propres à former l'oreille d'une enfant* (Boylesve). Le verbe simple *changer* peut aussi évoquer le « passage d'un élément à un autre élément » : *Napoléon changeait de*

chargeur (Constantin-Weyer). Mais le plus souvent il désigne une « modification », une « transformation intrinsèque » : *Cette main qui s'est posée sur un visage, et qui a changé ce visage* (Saint-Exupéry). *Mais, très vite, tout changeait avec la chute des bombes explosives* (J. Roy). On notera que *changer* se rapproche du sens de *échanger* quand il est construit avec la préposition *de* : *Si le pilote ne changeait pas de direction, il n'y aurait qu'une très faible correction à apporter* (id.). *D'une seconde à l'autre, elle changea d'attitude* (Radiguet). *Chacun lui conseillait de changer d'air, et elle songeait, tristement, qu'elle allait simplement changer d'amant* (Sagan). La voix pronominale est couramment employée avec un sujet animé humain, au sens de « changer ses vêtements » : *J'étais tellement trempé qu'il a fallu que je me change des pieds à la tête.* → INTERCHANGER

CHANSONNER sens « Écrire des chansons ou des sketches satiriques contre une personne », verbe transitif. Distinct de l'intransitif **chantonner**, qui est un dérivé diminutif de *chant*.

CHANT sens « Face étroite d'une brique, d'une pierre de taille, d'une pièce métallique, d'un madrier, etc. » On dit couramment *posé, mis de chant*. Se garder d'écrire **champ**.

CHANTER (FAIRE) emploi Tour familier, tandis que *chantage* est pleinement admis par le bon usage, ainsi que *maître chanteur*.

CHANTEUSE → CANTATRICE

CHANTERELLE sens « Corde donnant le son le plus aigu, dans un instrument de musique », d'où au figuré : *appuyer sur la chanterelle*, c'est-à-dire « sur un point délicat, afin de convaincre ». Ne pas confondre avec *appuyer sur le champignon*, c'est-à-dire « sur la pédale de l'accélérateur ». Le risque de confusion est d'autant plus grand que **chanterelle** est aussi un terme qui désigne un champignon : *la girolle*.

CHAOS → CAHOT

CHAPE orth. Un seul *p*, quel que soit le sens, ainsi que *chapelure* et *chaperon*.

CHAPITRE orth. Pas d'accent circonflexe, quel que soit le sens. De même *pupitre*, *pitre*. Mais on écrit **épitre**. → -ITRE

CHAPITRER sens « Réprimander »; à l'origine, « réprimander un ecclésiastique en plein chapitre, devant ses pairs ».

CHAPON sens « Jeune coq châtré », ou « morceau de pain humecté de bouillon ou frotté d'ail ». Ne pas confondre avec **capon**, « poltron ».

CHAQUE forme Pas de pluriel, comme pour *chacun* (→ ce mot). S'il accompagne un substantif sujet, le verbe est forcément au singulier : *Chaque âge a ses plaisirs*. ♦ emploi C'est un adjectif, qui correspond au pronom *chacun*. Il faut respecter la distinction en disant : *Des paires de souliers à cent francs chacune* (et non *chaque*). Mais **chaque** tend à l'emporter sur *chacun*, qui est plus rare dans la langue courante et paraît parfois littéraire, en dehors d'expressions figées.

□ **chaque, marquant la périodicité :** *Chaque demi-heure, le Pontife bénissait à travers les murs ses persécuteurs* (Barrès). *Chaque dix pas, Mionnet se répétait : Quelle douceur !* (Rolland).

□ **chaque trois jours.** emploi Cette locution n'est pas correcte ; on dira : *de trois jours en trois jours, tous les trois jours.*

□ **entre chaque ligne.** emploi Tour maintenant admis dans la langue correcte : *Entre chaque salve, dix secondes s'écoulaient* (Dorgelès). On recommande cependant, comme plus logique : *entre deux lignes, entre les lignes.* De même, il vaut mieux dire : *Il s'arrête après chaque mot*, et non *entre chaque mot.*

□ **(à) chaque automne.** emploi Le *à* est facultatif. → À

CHAR orth. Les composés *char à bancs*, *char à bœufs*, *char à foin*, etc., ne prennent pas de trait d'union. → CHARIOT

CHARBON emploi Les dérivés prennent deux *n* : *charbonneux*, *charbonnage*, *charbonnier*, etc.

CHARGE emploi Dans les années 80 est apparu en français le tour *être en charge de* (calque de l'anglais *to be in charge of*) : *Une fois en charge du dossier, Culture Espaces décide d'agir sur trois fronts* (*Le Monde*, 27 mai 1992). *Le ministre (qui est) actuellement en charge du commerce extérieur*, etc. : s'il n'est pas condamnable à proprement parler, il n'ajoute rien aux locutions antérieures *avoir la charge de* ou *être chargé de...* On dit d'ailleurs encore officiellement *un chargé de mission*.

CHARIOT orth. Seul mot de la famille de *char* qui ne prenne qu'un *r* (avec son dérivé *chariotage*) → CARRIOLE et CHARRETTE

CHARISME prononc. [k-]. ♦ sens « Don particulier conféré par grâce divine » et, par extension, « influence suscitée par une personnalité exceptionnelle ». ♦ dérivé *Charismatique : un pouvoir charismatique*, « qui s'exerce par un ascendant irrationnel, mystique » : *Ses conférences de presse n'avaient rien de charismatique* (Malraux).

CHARME sens Dans les constructions du type : *le charme d'une femme*, ce mot employé au singulier est synonyme de « pouvoir de séduction ». Le pluriel désigne plus particulièrement les appas physiques : *des charmes rebondis*.

CHARMERESSE emploi Féminin vieilli de **charmeur**, qui fait ordinairement **charmeuse :** *Je respire, comme une odeur muscate et composée, ce mélange de filles charmeresses* (Valéry).

CHAROLAIS orth. On trouve parfois cet adjectif et le nom avec deux *l* : *charollais*.

CHARRETTE orth. Deux *r* comme tous les dérivés de *char*, sauf *chariot* (*charretier*, *charrier*, *charroi*, *charron*, *charrue*) : *Ils étaient sortis alors que passaient les premiers charrois qui montaient du port, chargés de charbon, de tonneaux, les charretiers insultant et stimulant les bêtes* (Gallo).

CHARTE forme Ne pas dire ni écrire *chartre*, qui est une forme ancienne aujourd'hui disparue. Ne pas confondre cette variante archaïque de **charte** avec

chartre, «prison», également archaïque, mais qui subsiste dans l'expression *tenir quelqu'un en chartre privée*, c'est-à-dire «détenir quelqu'un, le tenir en son pouvoir sans autorité de justice» : *Expérimenter sur Coupeau, ce serait se procurer un Coupeau qu'on tiendrait en chartre privée* (Brunetière, à propos de *L'Assommoir*).

CHARTER emploi et sens Ce mot anglais, issu du verbe *to charter*, «affréter», est rapidement passé dans notre langue : *un avion charter*, *prendre un charter* : il désigne un avion affrété pour un transport particulier. Mais le verbe fait problème : certains admettent **chartériser**, d'autres veulent imposer **noliser**, enfin un arrêté ministériel du 17 mars 1982 recommande **fréter** (donner en location) et **affréter** (prendre en location). On emploie depuis longtemps ces deux derniers verbes pour des bateaux : pourquoi ne conviendraient-ils pas pour des avions ?

CHAS emploi et sens «Trou d'une aiguille», mot souvent mal orthographié et plus ou moins confondu avec ses homonymes.

CHASSE constr. Le complément de nom est relié par *à* ou *de* quand il désigne l'animal : *la chasse au lapin* ou *du lapin*, et seulement par *à* quand il désigne l'arme : *la chasse au fusil, au harpon*. L'emploi systématique de *de* dans le premier cas et de *à* dans le second éliminerait toute ambiguïté ; mais *à* est le plus courant dans les deux cas.

CHASSE- orth. **Chasse-** reste toujours invariable dans les composés, dont les uns sont invariables : *chasse-marée, chasse-mouches, chasse-neige (des chasse-neige), chasse-pierres*, les autres variables : *chasse-clou (des chasse-clous), chasse-goupille, chasse-roue*, etc.

CHÂSSE orth. Le mot qui désigne «le coffre où sont conservées les reliques d'un saint» prend l'accent circonflexe.

CHASSÉ-CROISÉ orth. Pluriel : **des chassés-croisés**.

CHASSEPOT orth. Ce mot qui vient d'un nom propre s'écrit sans trait d'union et prend un *s* au pluriel.

CHASSEUR forme Le féminin est **chasseuse** dans la langue courante. *Chasseresse* n'appartient qu'à la langue littéraire et poétique : *Diane la chasseresse, les nymphes chasseresses*.

CHASSIEUX sens «Souillé de **chassie**, humeur visqueuse qui s'accumule sur le bord des paupières.» Se garder de dire **chiasseux*.

CHÂSSIS orth. Accent circonflexe sur le *a*.

CHÂTAIGNIER orth. Avec accent circonflexe, comme pour *châtaigne*, et *i* avant le *er*.

CHÂTAIN forme Le féminin de cet adjectif de couleur est **châtaine** et non *châtaigne*. Mais la forme du masculin sert aussi parfois au féminin : *La chevelure châtain de Ruth* (Chraïbi). Plur. : *des cheveux châtains*, mais *des cheveux châtain foncé*. → COULEUR

CHÂTEAU- orth. Pas de majuscule quand le mot est le premier élément d'un composé désignant un cru : *Les grands vins de Bourgogne succédèrent au léoville et au château-lafite* (Zola). → VIN

CHATEAUBRIAND orth. **Chateaubriand**, avec un *d* final et sans accent circonflexe, désigne une sorte de grillade, qui aurait été inventée par le cuisinier de l'écrivain romantique (dont le nom se termine par *d*). On notera que le nom de la ville de Loire-Atlantique prend un accent circonflexe et se termine par *t*, ainsi que celui de l'écrivain **Alphonse de Châteaubriant**. Le nom de la grillade s'abrège parfois en *château*.

CHÂTEAU FORT orth. Pas de trait d'union.

CHATIÈRE orth. Un seul *t*, contrairement aux autres dérivés de *chat* : *chatterie*, etc.

CHÂTIMENT orth. Accent circonflexe sur le *a*.

CHATOIEMENT orth. Avec un seul *t* et un *e* intérieur ; pas d'accent circonflexe.

CHÂTRER, ÉMASCULER emploi Châtré se dit en parlant d'un animal mâle ou femelle et est pris dans une acception méprisante concernant un homme. **Émasculé** n'est péjoratif concernant un homme que dans un sens figuré. Une personne ayant subi la castration est un **castrat. Eunuque** désigne à l'origine un « castrat gardien de harem ».

CHAUD-FROID orth. Plur. : **des chauds-froids.** ♦ sens « Plat de volaille ou de gibier préparé à chaud et mangé froid. » Ne pas confondre avec **chaud et froid**, qui désigne un « refroidissement ».

CHAUFFE-BAIN orth. Prend un *s* final au pluriel : *des chauffe-bains. Chauffe-eau, chauffe-pieds, chauffe-plats* demeurent invariables.

CHAUMINE emploi et sens Substantif en voie de disparition, « petite chaumière ».

CHAUSSE-PIED orth. Plur. : **des chausse-pieds.**

CHAUSSE-TRAPPE orth. Revenant sur une de ses « recommandations », l'Académie française écrit *chausse-trape* avec un seul *p*, dans sa 9ᵉ édition, mais le *Petit Robert* adopte aussi bien les deux *p.* Plur. : **des chausse-trappes.** ♦ genre Fém. : **une chausse-trappe.** ♦ sens « Piège dissimulé dans un trou et recouvert de branchages. » Ce mot est aujourd'hui employé le plus souvent de manière figurée : *Et si cette porte ouverte n'était qu'une chausse-trape ? Un leurre destiné à les attirer dans un traquenard ?* (A. Besson).

CHAUT → CHALOIR

CHAUVE-SOURIS orth. Pluriel : **des chauves-souris.**

CHÈCHE genre Masc. ♦ sens « Longue écharpe », servant souvent de coiffure. Mot arabe. Ce n'est pas une raison pour le confondre avec la **chéchia**, « coiffure en forme de calotte ou de tronc de cône », que portent les Arabes : *Quand le destroyer passait à quelques encablures du navire, ils criaient, ils brandissaient leurs chéchias rouges et leurs turbans blancs* (Gallo).

CHEF forme Pas de fém. ; *cheffesse*, très familier, n'est pas admis dans la langue officielle, et *cheftaine* est d'un emploi limité au scoutisme. On entend parfois *la chef*, mais cet emploi reste populaire : *Lorsque la chef nous cherchait querelle, il fallait l'entendre, la Narcisse Valley !* (Champion). Il faut user d'une tournure développée, du type : *Mme Untel, le chef de service.*

□ **de son propre chef.** emploi et sens Expression figée, dans laquelle *chef* équivaut à « autorité, décision ».

□ **-chef** ou **en chef.** emploi Dans les composés, l'élément *-chef*, séparé de ce qui précède par un trait d'union, appartient à la langue de la hiérarchie militaire : *sergent-chef, adjudant-chef,* tandis que la tournure *en chef,* sans trait d'union, sert plutôt à former des mots du vocabulaire civil : *ingénieur en chef, rédacteur en chef,* etc. Quand *chef* apparaît à la première place, il n'est pas suivi d'un trait d'union : *chef mécanicien.*

CHEF-D'ŒUVRE prononc. Le *f* final de *chef* ne se fait jamais entendre. ♦ orth. Plur. : **des chefs-d'œuvre.**

CHEF-LIEU prononc. Le *f* final de *chef* se fait toujours entendre. ♦ orth. Plur. : **des chefs-lieux.**

CHEIKH orth. On trouve aussi **scheik(h)** ♦ sens « vieillard », d'où « chef de tribu ».

CHELEM prononc. [ʃlɛm] mais l'on entend souvent [slɛm] chez les journalistes sportifs ♦ orth. On trouve aussi **schelem.** Terme de bridge, employé aussi dans le rugby.

CHEMIN orth. Pas de *s* dans *par voie et par chemin.*

CHEMIN DE FER emploi Ce mot composé (sans traits d'union) tend à être remplacé dans la langue courante par *train* lorsqu'on désigne le véhicule, et par *rail* dans un sens plus général : « *La bataille du rail.* » La question de savoir si l'on doit dire *voyager en* ou *par le chemin de fer* ne se pose pas ainsi dire plus. Avec le mot *train*, l'emploi de *en* ou de *par le* est absolument indifférent ; on dit plutôt, toutefois : *par le train.*

CHEMINEAU ou **CHEMINOT** emploi et sens Le premier substantif est en voie de disparition, supplanté par *vagabond, clochard*, etc. : *Tu as des souliers de chemineau* (Colette). Le second désigne « un employé des chemins de fer » et se termine par *-ot*, comme *traminot*, « employé des tramways ».

CHENAL orth. Plur. : **des chenaux** : *Les sous-marins allemands se tenaient à l'affût* [...] *dans ces chenaux entre les longues îles plates et les falaises de la Dalmatie* (Gallo). → -AL

CHÉNEAU orth. Accent aigu et non circonflexe (éviter la contamination par **chêne**). ♦ prononc. La plus usuelle est avec un [ɛ], malgré l'accent aigu : *Les gargouilles et les chéneaux eurent beau gémir sous d'énormes ruissellements de pluie* (Giono). ♦ sens « Gouttière. » Différent de **chenaux** (→ CHENAL).

CHÊNE-LIÈGE orth. Plur. controversé : **des chênes-lièges** ou **des chênes-liège** (c'est-à-dire « des chênes à liège ») : *Une odeur* [...] *de glaise grasse et mouillée vient se mêler au parfum des chênes-lièges* (Labro).

CHENET orth. Pas d'accent circonflexe.

CHENIL prononc. [ʃni], mais on entend souvent le *l* final.

CHEPTEL prononc. À l'origine [ʃtɛl] (la seule pour Littré) mais [ʃɛptɛl] gagne du terrain (influence de l'orthographe). → DOMPTER, SCULPTEUR ♦ sens Mot de sens collectif, sans pluriel : « ensemble du bétail » et aussi « bâtiments et outillage agricoles ».

CHER forme Toujours invariable dans *valoir, coûter, payer cher*, locutions où **cher** a fonction d'adverbe : *On l'a vendue très cher, dit Suzanne, beaucoup plus cher que ce que vous croyez* (Duras).

CHERCHER constr. La préposition *à* est la meilleure pour introduire l'infinitif complément de ce verbe : *chercher à*, et non pas *de* : *Tu as beau chercher à te disculper* (Carco). ♦ emploi et sens Familier, dans *chercher quelqu'un*, au sens de « provoquer » : *Elle me cherche,*

pensa Mathieu déconcerté (Sartre). De même pour *chercher après quelqu'un.* → APRÈS

CHÈRE (Faire bonne) sens Autrefois **chère** signifiait « visage » ; *faire bonne chère à quelqu'un* signifiait « lui faire bon accueil ». Aujourd'hui, la locution, mal comprise, équivaut à « faire un bon repas » et a plus souvent pour sujet la personne invitée que celle qui invite. *Leur père veut qu'ils soient habitués à une chère frugale* (Aymé) : **chère** équivaut ici à « table, repas ». Ne pas confondre avec **chaire**.

CHÉRIF sens « Prince » (mot arabe). Ne doit pas être confondu avec son homonyme **shérif**, « officier de police » (de l'anglo-saxon *sheriff*).

CHERRY sens « Liqueur de cerise. » Ne pas confondre avec **sherry**, nom anglais du vin de *xérès* (→ ce mot).

CHEVAL-VAPEUR orth. Plur. : **des chevaux-vapeur**. ♦ forme et sens On abrège en *ch* au sens de « unité de puissance mécanique » et en *CV* au sens de « unité de puissance fiscale » : *Depuis la locomotive et son cheval-vapeur, qui continue à galoper allègrement dans les conversations, la définition de la puissance d'un véhicule a déjà renvoyé depuis longtemps nos beaux destriers à l'écurie* (Le Monde, 24 septembre 1992).

CHEVAUCHER constr. et sens Le plus souvent intransitif, au sens de « être à cheval » : *Nous chevauchions sur la crête molle d'une ondulation* (Constantin-Weyer). La construction transitive ne se rencontre guère aujourd'hui dans le langage de l'équitation : on dit plutôt *monter un cheval*. Mais les emplois figurés ne sont pas rares : *Telle est la nuit ardente de la prairie, telle la surabondance des forces physiques de l'homme sain qui la chevauche !* (Constantin-Weyer). ♦ Emploi pronominal : *Les vaches se chevauchent entre elles, bien qu'elles n'en éprouvent nul plaisir, pour voir aussi la tête stupide du mâle* (Montherlant). On rencontre également la construction intransitive au sens de « empiéter sur ce qui est voisin » : *Proust lisait n'importe où, se trompait de page, chevauchait, recommençait* (Cocteau).

CHEVAU-LÉGER orth. Plur. : **des che-vau-légers** (pas de *x* à *chevau*) : *Des chevau-légers nous joignirent* (Apollinaire).

CHEVESNE prononc. [ʃvɛn] : disparition du *e* dans la première syllabe. ♦ orth. Celle-ci est la plus courante, mais on rencontre également **chevaine** et **chevenne**.

CHEVEU emploi S'emploie dans quelques cas au singulier au sens de « chevelure » : *Il n'a pas l'air âgé, regardez, le cheveu est resté jeune* (Proust). *Giuseppe est maigre, le cheveu noir, l'œil brillant des malariques* (Vailland).

CHEVEUX (EN) emploi et sens La locution *une femme en cheveux,* c'est-à-dire « sans chapeau », ne s'emploie plus guère : *Cette femme en cheveux levait vers les lampes le feuilleton* (Mauriac).
□ **couper les cheveux en quatre.** Admis par l'Académie (1962), à côté du tour de même sens, *fendre un cheveu en quatre* : « se perdre dans les subtilités ».

CHEVIOTTE orth. Deux *t*. ♦ genre Fém. ♦ sens « Étoffe provenant d'un mouton d'Écosse. »

CHEVREAU orth. Ne pas oublier le second *e*.

CHEVROTER orth. S'écrit avec un seul *t* : *un vieillard dont la voix chevrote.*

CHEVROTINES orth. Un seul *t*. ♦ emploi Surtout au pluriel, mais le singulier se rencontre aussi : *Ce qu'il aurait fallu, c'est qu'il me fiche un coup de chevrotine avant de partir* (Duras).

CHEZ emploi Suivi d'un animé, au propre ou au figuré : *(chez lui, chez mon ami ; chez Balzac) : Chez Satan, le rusé doyen* (Baudelaire). *« Du côté de chez Swann. »* → DANS
□ **chez le coiffeur** → À
□ **chez-moi, chez-soi.** orth. Substantifs invariables, avec trait d'union. Locution populaire : *Mieux vaut un petit chez-soi qu'un grand chez les autres.*

CHIBOUQUE orth. Francisée, à partir de *chibouk*, que l'on trouve aussi. ♦ sens « Pipe turque à long tuyau. »

CHIC emploi 1. Exclamation. *Elles ont dit : « Chic ! en grève ! » comme elles auraient dit : « On va gagner le gros lot »* (Colette). 2. Adjectif et substantif. *a.* Invariable : *C'étaient des femmes chic, en grande toilette, avec leurs diamants* (Zola). *Elle a besoin de vêtements chic* (Troyat). *b.* Variable : *Ah ! c'est une chique femme !* (Proust). *Il ne va jamais que dans les endroits chics* (id.). L'invariabilité est plus courante.

CHICHI orth. Plur. : **des chichis.** ♦ emploi Dans la langue familière seulement, ainsi que l'adjectif *chichiteux.*

CHIEN-LOUP orth. Plur. : **des chiens-loups.**

CHIFFE emploi Dans la locution courante *mou comme une chiffe,* c'est-à-dire « comme un morceau de mauvaise étoffe ». On dit souvent, à tort, *mou comme une chique,* qui présente cependant un sens cohérent.

CHIFFRE sens « Caractères arabes ou romains au moyen desquels on écrit les nombres. » *Chiffre* est à *nombre* ce que *lettre* est à *mot.* Toutefois, on emploie, par une extension admise de nos jours, *chiffre d'affaires* pour désigner la « somme, le montant correspondant à un chiffre ». Il convient de respecter la distinction entre **chiffre** et **nombre.**
□ **Chiffres arabes.** Ce sont des chiffres d'emploi courant : *1, 2, 3, 4,* etc. **Chiffres romains.** Ils sont réservés à certains emplois particuliers, notamment pour les références d'ouvrages (tomes, livres, parties, chapitres, actes, scènes, chants, etc.), pour les noms de souverains (*Louis XI* et non **Louis 11*), les siècles (*XVIIIe siècle* et non **18e siècle*), les arrondissements, etc. → GUIDE TYPO.
□ **en chiffre rond.** orth. En général au singulier, mais le pluriel est aussi acceptable.

CHINCHILLA prononc. [ʃɛ̃ʃila] et non [-ja].

CHINE emploi Au masculin, *un vieux chine,* en parlant par exemple d'un vase de Chine. On écrit : *de l'encre de Chine.*

CHINER sens Au propre, en emploi intransitif, « chercher des occasions, en parlant d'un brocanteur, d'un chiffon-nier ou d'un amateur».Transitif, **chiner** signifie «se moquer de» : *chiner quel-qu'un.*

CHIPOTER orth. Un seul *t* (ainsi que les dérivés).

CHIQUÉ emploi et sens Surtout dans *C'est du chiqué, le faire au chiqué.* Ce mot tombe en désuétude, au profit, entre autres mots, de **bluff.** À l'origine, mot d'atelier signifiant «fait avec chic, avec élégance». On voit que le sens s'est dégradé : *Mais au chevet de son pe-tit François mourant, était-ce aussi du «chiqué» cette douleur si humble?* (Mauriac).

CHIRO- prononc. [k-] dans *Chiromancie, chiropracteur, etc.*

CHISTERA genre Mal fixé : **un** ou **une** chistera. ♦ sens «Gant d'osier utilisé à la pelote basque.» → CH-

CHLAMYDE sens Dans l'Antiquité, «manteau court et fendu, agrafé sur l'épaule». Ne pas confondre avec **cné-mide,** «jambière des soldats grecs».

CHOCOLAT → COULEUR

CHOIR conjug. Verbe très défectif, em-ployé à peu près exclusivement à l'infi-nitif ou au participe passé (souvent avec un effet comique) : *La niche de saint Denis dont la tête eût chu d'éton-nement s'il n'avait été déjà décapité* (Desproges). *Calme bloc ici-bas chu d'un désastre obscur* (Mallarmé). → CHUTER et APPENDICE

CHOLESTÉROL emploi Seule forme considérée aujourd'hui comme cor-recte, à l'exclusion de l'ancien *cholesté-rine.* Ne pas dire **avoir du cholestérol,* mais *avoir un taux excessif de cholesté-rol dans le sang.*

CHOQUER sens En médecine, «boule-verser l'organisme», en parlant d'un accident ou d'une opération (en patho-logie, on écrit aussi «*shock*», mot an-glais). Le substantif *choqué* est passé dans la langue.

□ **être choqué de ce que.** constr. Au pas-sif, ou à la voix pronominale, *choquer* se construit le plus souvent avec *de ce*

que, mais le simple *que* est également possible : *Il était choqué de ce que le moindre camarade lui devenait pré-cieux* (Mauriac). → DE

CHORAL orth. Pluriel du substantif : **des chorals;** pour l'adjectif au mas-culin, plutôt **choraux.** ♦ sens Un *choral* est un «chant religieux», une *chorale* est un «groupe de personnes réunies pour chanter».

CHORUS prononc. Le *s* final se fait tou-jours entendre : [kɔʀys].

CHOSE emploi et genre Perd son genre féminin et devient neutre dans les lo-cutions à valeur indéfinie : *autre chose (de), quelque chose (de), peu de chose, pas grand-chose (de). Leur effort a quel-que chose de surhumain et de parfait* (Barbusse). *Ce quelque chose en toi qui ne peut pas mourir* (Houville).

□ **quelque chose comme** → COMME

□ **quelque chose que.** emploi et genre Dans cette locution à valeur concessive suivie du subjonctif, *chose* est du fémi-nin. → QUOI QUE

□ **état de choses, toutes choses égales d'ailleurs.** Toujours au pluriel.

□ **c'est chose faite.** Locution figée, qui coexiste avec : *C'est une chose faite. Si vous le voulez, c'est une chose faite, dit Françoise* (Beauvoir), en face de : *Le jour de colère où il ne put s'en c'était chose faite, je lui eusse sauté au cou* (Ra-diguet).

□ **grand-chose.** orth. Avec un trait d'u-nion. ♦ emploi Précédé d'une négation : *Ce n'est pas grand-chose.* Locution fa-milière : *un pas-grand-chose,* équi-valent de *un vaurien : Il a été élevé par des Piémontais, des pas-grand-chose qui le laissaient dans la rue* (Japrisot).

CHOU orth. Plur. : **des choux** (→ BIJOU). On écrit : *soupe aux choux, bête comme chou, faire chou blanc.* Les mots composés prennent un trait d'union et la marque du pluriel sur les deux élé-ments : *un chou-rave, des choux-raves.*

CHOUCAS prononc. Le *s* final est muet dans tous les cas.

CHOUCROUTE orth. Pas d'accent cir-conflexe sur le dernier *u* : aucun rap-port en effet entre ce mot et *croûte.* Le mot français est une déformation de l'allemand *Sauerkraut* (*sauer*, «aigre», *kraut*, «chou»), à travers l'alsacien *Sùrkrùt*.

CHRÊME orth. Accent circonflexe, à la différence de son homophone **crème.** ♦ **emploi et sens** Limité au domaine liturgique : *le saint chrême*, «l'huile consacrée».

CHRÉTIEN orth. On écrit sans majuscules : *Les chrétiens sont en majorité des catholiques, des protestants et des orthodoxes.*

CHRIST emploi Quand le mot désigne une reproduction plastique de la crucifixion, il prend la marque du pluriel comme un nom commun : *des christs d'albâtre.*

CHROME (et ses dérivés) orth. Pas d'accent sur le *o* malgré la prononciation [o].

CHROMO genre On dit **un chromo**, et non pas *une chromo, bien que ce substantif soit l'abréviation du mot féminin *chromolithographie.*

CHRYSANTHÈME genre Masc. : **un chrysanthème.**

CHUCHOTER orth. Un seul *t* ♦ **forme** Deux dérivés : **chuchotis** est plus léger que **chuchotement** : *Au chant de la cascade se mêlaient les chuchotis de la rivière* (Gide). *Il croit entendre sur son passage le chuchotis des immeubles* (Supervielle).

CHUTER emploi Ce verbe n'est pas un néologisme, bien qu'il soit très à la mode aujourd'hui comme synonyme de **tomber** et de **échouer.** Il est en ce sens peu utile et n'offre pas l'excuse d'une conjugaison plus aisée. On le trouve chez Littré : «terme très familier, tomber en parlant d'une pièce de théâtre». C'est aussi un terme de jeu : «ne pas faire un certain nombre de levées». Il est popularisé par les journalistes de façon abusive : *L'auto roulait, seule réalité, glorieuse, et dans son sillage toute la ville chutait, s'écroulait, brillante, grouillante, sans fin* (Duras).

CHYPRIOTE → CYPRIOTE

CI emploi Forme réduite de *ici*. Se rencontre dans les pronoms et adjectifs démonstratifs, *celui-ci, ce livre-ci*, dans des expressions figées et dans des locutions adverbiales composées : *ci-après, ci-dessous, ci-inclus, ci-gît, par-ci, par-là*, ou encore en comptabilité, devant une somme globale : *sept chemises à vingt francs, ci... cent quarante francs.*

☐ **comme ci, comme ça.** Dans cette locution, *ci* est la contraction de *ceci* et non de *ici*. De même dans : *Lucie, donne-moi un mouchoir ; Lucie donne-moi une tisane, donne-moi ça* (Dabit). *Attention à ci, attention à ça* (Bernanos).

☐ **ci-inclus, ci-joint,** etc. Pour l'accord → JOINDRE

CIBISTE emploi et sens Ce substantif, dérivé du sigle anglais C.B., pour *Citizen's band*, «bande de fréquence bien déterminée, mise à la disposition du public», désigne «celui qui communique avec une autre personne sur ladite fréquence». Il ne doit pas être confondu avec **radio-amateur.** On a proposé de le remplacer par *bépiste*, formé sur *B.P.*, sigle de *bande publique*. D'autre part, un arrêté du 27 avril 1982 recommande la forme *cébiste*, de *C.B.*, prononcé à la française. Cependant **cibiste**, en dépit de sa forme phonétique anglo-saxonne, s'est largement imposé et ne peut être refusé.

CICÉRONE prononc. [siseron], mot entièrement francisé.

CI-DEVANT forme Toujours invariable, qu'il s'agisse du substantif ou de l'adjectif : *les ci-devant barons, les ci-devant.* ♦ **sens** En histoire : «avant la Révolution de 1789».

CIEL forme Le pluriel le plus fréquent est **ciels ; cieux** est réservé à un contexte religieux ou employé dans des locutions toutes faites : *sous des cieux plus cléments, lever son regard vers les cieux*. C'est le pluriel **ciels** que l'on utilise dans les mots composés, en peinture, dans le vocabulaire de l'aviation, et d'une façon générale pour désigner les aspects changeants du *ciel : Air France dans tous les ciels* (cité par Hanse). *Il était familier aussi avec tous* *ces ciels ténébreux ou déblayés et rongés d'étoiles* (Mauriac). → GRATTE-CIEL

□ **le Ciel** ou **le ciel. emploi** Vieilli pour désigner la divinité. Prend en ce cas la majuscule, rarement la minuscule.

□ **au ciel** ou **dans le ciel. emploi** Le premier tour a un caractère religieux, le second s'emploie de façon beaucoup plus large.

CIEL DE LIT orth. Pas de traits d'union. Plur. : **des ciels de lit.**

CIF → CAF

CI-GÎT → CI et GÉSIR

CIGUË orth. Tréma sur le *e* final (et non sur le *u*).

CI-INCLUS, CI-JOINT → JOINDRE

CIL sens « Poil fin garnissant le bord des paupières », ne pas confondre avec **sourcil,** « poil poussant au-dessus de l'arcade sourcilière ».

CILLER → CLIGNER

CIME orth. Pas d'accent circonflexe sur le *i*, comme *cimier* (d'un casque), et à la différence de **abîme** : *Au-dehors, le vent faisait frissonner les arbres dont les cimes arrivaient à hauteur des fenêtres de cette salle* (Dhôtel).

CIMETERRE orth. Deux *r*.

CINÉMATHÈQUE emploi Ce mot, admis par l'Académie en 1963, semble l'avoir définitivement emporté sur *cinéthèque,* pourtant plus bref, que l'on trouve chez Sartre : *Une cinéthèque aussi et des films qui décomposeraient au ralenti les mouvements difficiles.* On trouve aussi couramment **ciné-club** (pluriel : des *ciné-clubs*).

CINÉMATOGRAPHE, CINÉMA, CINÉ forme et emploi La forme complète est devenue rare et démodée : *Les Japonais venaient de couler la flotte russe au large de Tsoushima et dans une baraque installée place Garibaldi, on avait projeté les premières images, tremblantes, floues, de la bataille, dans le bruit de crécelle du cinématographe* (Gallo). **Ciné** appartient au registre familier. *L'ouvrier dit* : *« Je vais au ciné*

(ou « au cinéma ») le samedi soir. Mais on dira toujours : *« faire du cinéma, les problèmes du cinéma, la tâche éducatrice du cinéma »* (jamais *« du ciné »*). *Sors-moi donc, Albert,* / *Mène-moi au cinéma* (F. Leclerc). La forme *cinoche* est populaire ou employée dans le langage des jeunes.

CINÉRAMA forme Mot mal formé, qui fut créé en 1896 sous la forme correcte *cinéorama.* Mais il s'est intégré tel quel à la langue.

CINÉ-ROMAN orth. Plur. : **des ciné-romans. ♦ sens** A varié selon les dictionnaires et selon l'époque : « roman écrit spécialement en vue de l'adaptation cinématographique » *(Larousse),* « roman tiré d'un film » *(Petit Robert).* Entre 1925 et 1930, c'était le nom donné à certains films à épisodes multiples, tel le célèbre *Jim la Jungle.* Voir aussi cet exemple : *Une œuvre fort inégale, dont certaines parties relèvent du ciné-roman* (Clair, à propos de Griffith). Au sens 2, on emploie aujourd'hui le néologisme **novélisation,** de l'anglais *novel,* « roman ».

CINQ prononc. En principe [sɛ̃k] devant une voyelle ou en fin de phrase et [sɛ̃] devant une consonne : *Ils étaient cinq* [sɛ̃k] *amis,* mais *cinq* [sɛ̃] *mille francs.* Mais il y a une tendance générale à prononcer le [k] final dans tous les cas : *cinq personnes* [sɛ̃kpɛrsɔn], et l'on fait entendre le [k] dans *le cinq de chaque mois.* Les nombreux homophones sont sans doute ce qui explique ce glissement phonétique *(sein, sain, saint, ceint).*

□ **en cinq secs** ou **en cinq sec. orth.** Pour Littré, les deux formes sont justifiables : *en cinq (points) secs* (adjectif) ou *en cinq sec* (adverbe).

CINQUANTENAIRE emploi À ne pas confondre avec **quinquagénaire,** qui désigne une personne âgée de cinquante ans : **cinquantenaire** désigne surtout de nos jours un cinquantième anniversaire.

CIRCONCIRE orth. Un *e* à l'infinitif. **♦ conjug.** Comme *confire* (→ APPENDICE), à l'exception du participe passé *circoncis.*

CIRCONFÉRENCE **sens** « Limite, périmètre » du *cercle*, « surface délimitée par la circonférence ». On dira donc *mesurer la longueur de la circonférence et calculer la surface du cercle.*

CIRCONFLEXE (ACCENT) **emploi** Variable et souvent peu conséquent. On le trouve sur le *u* final de *dû, redû, crû* (participe de *croître*), *recrû* et *mû*. Au contraire, pas d'accent sur *accru, cru* (vin, contraire de *cuit* et participe de *croire*), *décru, ému, indu, promu*. → ACCENTS pièges, ADVERBES et de nombreux mots à leur place alphabétique

CIRCONSCRIPTION → CONSCRIPTION

CIRCONSPECT **prononc.** : [sinkɔ̃spɛ] est préférable à [sinkɔ̃spɛkt], qui correspond à la forme féminine.

CIRRHOSE **orth.** Deux *r* suivis d'un *h*. ♦ **emploi** L'expression *cirrhose du foie,* courante, est un pléonasme.

CIRRUS **orth.** Deux *r* mais pas de *h*, à la différence de **cirrhose.**

CISEAU **emploi** Le pluriel est usuel et régulier pour désigner l'instrument composé de deux branches. Au contraire, le singulier est de règle pour l'outil du menuisier ou du mécanicien : *un ciseau à bois, à froid.* On dit de même **un ciseau** pour une sorte de prise de catch.
□ **sauter en ciseau(x).** La marque du pluriel est facultative dans cette locution du vocabulaire sportif.

CISELER **conjug.** Comme *geler* (→ APPENDICE).

CISTRE **sens** « Instrument de musique à cordes, du type mandoline, aux XVIe et XVIIe siècles. » Ne pas confondre avec **sistre,** « instrument de musique à percussion, dans l'Égypte ancienne ».

CITHARE **sens** « Instrument de musique à cordes ne comportant pas de manche, d'abord dans la Grèce antique. » Se distingue nettement de la **guitare,** « instrument à six cordes et à fond plein ».

CITRON → COULEUR

CITRONNADE **orth.** Deux *n,* de même que *citronnelle.*

CIVIL **emploi et sens** Vieilli dans le sens de « courtois », « bien élevé ». Se rencontre surtout dans des expressions figées et des locutions appartenant au droit ou à la langue administrative : *état civil* (sans trait d'union), *Code civil, droit civil,* « qui concerne les citoyens d'un État ». S'oppose également à *militaire,* par ex. dans *budget civil,* et dans l'expression *dans le civil : Comment tu t'appelles, toi ? – Soldat Dufour... postier dans le civil* (Lanoux). *Qu'est-ce que vous faites dans le civil ? – Pas grand-chose... Moi, dans le civil, je suis militaire* (Merle).
□ **société civile** Ce néologisme des années 80 est assez discutable. Il désigne, dans la langue des politiciens, les personnalités qui, tout en jouant un rôle dans un gouvernement, ne font pas partie de la « classe politique », en ce sens qu'elles ne sortent pas d'une grande école (surtout l'ENA) : *En nommant ministres Alain Decaux, Roger Bambuck ou Bernard Tapie, le président de la République a fait un appel remarqué à la société civile.* Le concept est peu clair, ne s'opposant pas toujours à *militaire,* ni à *religieux...* Cependant Gracq écrit en 1985 : *Le lycée, malgré sa forte clôture, n'était pas sans se laisser pénétrer par le climat de l'époque, par les mouvements qui agitaient la société civile (le mot vient comme naturellement sous ma plume, tellement le lycée-caserne restait une réalité).*

CIVIL et **CIVIQUE** **emploi** Alors que **civil** est relatif au citoyen considéré par rapport à d'autres citoyens, **civique** s'applique plus particulièrement au citoyen dans son rapport à l'organisation politique, aux valeurs patriotiques, etc.

CLABOT **forme** On rencontre aussi *crabot,* d'où les deux verbes *claboter* et *craboter.* ♦ **sens** Terme technique, « dispositif d'accouplement direct de deux pièces métalliques, par dents et rainures, par ex. pour la prise directe du moteur d'une automobile ». Au sens de « mourir », *claboter* est populaire. → CLAMSER et CLAQUER

CLAIRE-VOIE forme Au pluriel, chacun des éléments de ce nom composé prend un *s* : *La couverture ouvragée d'enlacements végétaux donnait en claires-voies sur le ciel cru* (Llaona).

CLAIR-OBSCUR orth. Plur. : **des clairs-obscurs.**

CLAIRSEMÉ orth. Adjectif lié, pas de trait d'union, à la différence du mot précédent.

CLAMER emploi Presque toujours emphatique ; n'appartient qu'à la langue littéraire.

CLAMSER orth. On écrit aussi *clamcer.* ♦ **emploi** Populaire. → CLAQUER

CLAPOTIS emploi C'est aujourd'hui le dérivé de **clapoter** le plus usité : *Des bonbons roses qu'elle déguste sans pudeur, avec des lapements saliveux, soupirs béats et clapotis goulus* (Perret). Mais on connaît également **clapotement** (ignoré de Littré) : *Le clapotement de ses semelles dans un marou surprit André* (Vercel). Plus rare est **clapotage,** qui semble, en revanche, avoir été pour Littré la forme principale. On trouve même *clapot,* chez Maupassant par exemple : *Le «Jean-Guiton» laissait derrière lui quelques vagues, quelques clapots.*

CLAQUAGE sens et emploi «Distension d'un ligament», mot du vocabulaire sportif tout à fait passé dans la langue commune. Ne pas l'employer pour **claquement.**

CLAQUEMURER emploi Ce verbe tombe en désuétude au profit de **séquestrer, enfermer.**

CLAQUER emploi et sens Claquer a été accepté par l'Académie en 1964, comme synonyme « vulgaire » de **mourir.**

CLARIFIER emploi Clarifier, «rendre plus clair, plus pur », permet d'éviter la confusion toujours possible entre **éclaircir,** «rendre plus clair» et **éclairer,** «jeter de la lumière sur...». Mais les emplois figurés sont de plus en plus admis de nos jours : *clarifier les idées, la situation,* etc., alors qu'on devrait dire : *éclaircir la situation, les idées,* etc.

CLARISSE orth. Deux *s,* et non *c.* ♦ **sens** «Religieuse de l'ordre de sainte Claire.»

CLASH emploi et sens Cet emprunt à l'anglo-américain, au sens de «conflit violent», «rupture», est assez affecté et n'est pas indispensable : *Il y a eu un clash dans l'équipe, qui s'est scindée en deux groupes rivaux, pour des raisons d'intérêt.*

CLASSE emploi Le tour *avoir de la classe,* reflet de la structure de mainte société, semble passé dans la langue malgré les puristes, mais ne doit pas s'appliquer à un objet. On évitera donc de dire : *un mobilier de classe* (d'autant plus que cette tournure est ambiguë).

CLASSER emploi et sens «Répartir en classes», notion courante et banale. Quant au verbe **classifier,** qui, contrairement à ce qu'on serait tenté de croire, est beaucoup plus ancien que **classer,** il désigne l'action d'établir et de définir les classes elles-mêmes plutôt que celle de répartir ou classer.

CLASSIFIER → CLASSER

CLAUDICATION emploi Littéraire et peu usité, mais son synonyme *boiterie,* courant dans le langage des vétérinaires, ne semble pas admis pour l'homme. On se demande bien pourquoi, puisque le verbe *boiter* s'applique aux êtres humains, de même pour l'adjectif *boiteux.*

CLAUSULE sens «Dernier élément prosodique d'une strophe ou d'un vers.»

CLÉ orth. Avec ou sans *f* final. **Clé** est à préférer. ♦ **prononc.** Toujours [kle]. ♦ **emploi** Après certains mots, avec trait d'union, *clé* signifie «essentiel, qui fournit la solution». *Mot-clé, secteur-clé : Le général Saint-Marc, défenseur malheureux de la même position-clé* (Peyré).

□ **laisser la clé sur la porte. constr.** Assez libre ici. On peut admettre : *La clé est à la porte, sur la porte, à la serrure, sur la serrure, dans la serrure.* Littré acceptait même *après la porte,* qui est à éviter. La seule locution vraiment incorrecte est : *La clé est dans la porte.*

CLEPSYDRE genre Fém. : une **clep-sydre**. ◆ sens « Horloge à eau » ; ne pas confondre avec **sablier**.

CLEPTOMANE orth. On trouve aussi **kleptomane** (→ ce mot).

CLÉRICAL emploi Ne pas employer à la place de **religieux** et vice versa. Est **clérical** ce qui se rapporte au *clergé*. Notons qu'au Canada francophone on dit, par contamination de l'anglais : *une erreur cléricale* (pour « erreur de copie »), et *travail clérical* (pour « travail de bureau »). Voir à ce sujet le *Dictionnaire des difficultés de la langue française au Canada* de Gérard Dagenais. → ANTI-CLÉRICAL

CLIGNER sens « Fermer à demi les paupières » ou bien « fermer et rouvrir rapidement les yeux », synonyme de *ciller* dans cette dernière acception. ◆ constr. Transitive ou intransitive : *cligner* les ou *des yeux*, à peu près indifféremment (→ CLIN). Ne pas confondre avec **clignoter** (→ ce mot).

CLIGNOTER emploi Ce verbe ne s'emploie presque plus pour les yeux *(des yeux, des paupières qui clignotent)* et se trouve surtout dans le langage de la signalisation routière pour désigner une lumière intermittente. **Clignotant**, comme substantif, a fait disparaître **clignoteur**.

CLIMATIQUE emploi et sens C'est le seul adjectif qu'on puisse employer comme dérivé du substantif **climat** : *Il faut nourrir les hommes, obtenir d'eux le travail dans des conditions climatiques difficiles* (Chaix). *Station climatique, variations climatiques*. L'ancien *climatérique*, d'un mot grec qui signifiait « échelon », s'appliquait à certaines périodes critiques de l'histoire ou de la vie humaine, et spécialement aux années correspondant à des multiples de 7 ou de 9 : la soixante-troisième année était nommée *la grande climatérique*.

CLIMATISER emploi Terme bien formé et parfaitement acceptable ainsi que tous ses dérivés. ◆ sens « Maintenir dans un local clos un degré d'hygrométrie et un degré de température donnés » : *Une salle climatisée*.

CLIMAX emploi et sens Terme scientifique ou technique invariable désignant un terme, ou un point culminant dans une progression. Il n'a aucun rapport avec **climat**.

CLIN D'ŒIL forme Ce groupe tend à se figer, et donne au pluriel des **clins d'œil** aussi souvent que des **clins d'yeux** : *Ces deux Allemagnes d'aujourd'hui qui échangent des clins d'œil par-dessus nos têtes* (Mauriac). En revanche, on trouve en général **clignement(s) d'yeux** au singulier comme au pluriel, *clignement d'œil* étant peu attesté : *J'y gagnai séance tenante l'estime de mes camarades et des clignements d'yeux du maître* (Radiguet).

CLIP forme *Clips* est une variante incorrecte, il faut dire et écrire **clip** (au singulier).

CLIQUES forme Dans la locution *prendre ses cliques et ses claques*, il faut se garder d'écrire *clic* et *clac*, malgré la valeur onomatopéique de ces mots. Ne pas confondre avec **clic-clac**.

CLOCHE-PIED orth. Locution adverbiale, singulier dans tous les cas : *Plusieurs, dans la cour, sautaient à cloche-pied*.

CLOÎTRE orth. Accent circonflexe sur le *i*, comme sur *cloîtrer*.

CLOPIN-CLOPANT forme Toujours invariable, car c'est un adverbe et non un adjectif.

CLORE conjug. Difficile et très défective. → APPENDICE ◆ emploi Les seules formes à peu près vivantes sont l'infinitif et le participe passé ; encore appartiennent-elles souvent à la langue littéraire, ainsi que les dérivés *éclore, enclore, déclore* (archaïque). **Clore** : *clore une enquête ; sommeiller les yeux clos ; le débat est clos ; l'incident est clos.* **Déclore** : *Armée de cils noirs, de belles lèvres décloses, de dents brillantes* (Colette). **Enclore** : *Nous cheminions entre des terres dont les propriétaires avaient méprisé d'enclore leurs cultures* (Constantin-Weyer). ◆ Aux autres formes que le participe passé, **clore** est remplacé dans l'usage courant par **fermer**, ou par **clôturer** (au sens spatial, concret), lui-même dérivé de *clôture* qui est le substantif correspondant à *clore*, ou encore par **conclure** (pour un débat ou un exposé par exemple) : *Je souhaitais le renvoi du collège, un drame, enfin, qui clôturât cette période* (Radiguet). Selon l'Académie (décision de 1965), *clôturer* s'emploie abusivement à la place de *clore* dans les expressions : *clôturer un débat, une séance, un congrès* : *Tous les gens se dispersèrent et s'alignèrent alentour pour entendre quelques prières qui devaient clore la cérémonie* (Dhôtel). Cependant, pour Albert Dauzat, « on peut *clore* une discussion, mais la *clôturer* est plus précis au point de vue parlementaire, car c'est prononcer la *clôture* ».

CLOUER ou **CLOUTER** **sens** Ces deux verbes sont bien distincts. Le premier signifie « assembler au moyen de clous », le second « garnir de clous, pour consolider ou décorer » : *clouer des planches, une caisse*, mais *clouter le revêtement d'un bras de fauteuil ; des souliers cloutés. La salle à manger aux meubles puissants et aux chaises de cuir cloutées* (Peyré).

CLOVISSE **genre** Fém. : *ramasser une clovisse sur la plage*.

CLOWNESSE **forme** Le féminin de **clown** est rare : *Un tas de clownesses mystiques* (Huysmans).

CO- **forme** Pas de trait d'union dans les mots *coalescence, copropriétaire, coauteur*. Le tréma s'impose quand le radical commence par un *i* : *coïncidence, coïnculpé*. ♦ **prononc.** Toujours prononcer *co* de façon distincte : *coefficient* [kɔefisjɔ̃] et non *[kwefisjɔ̃]*.

COASSER et **CROASSER** **emploi et sens** On distingue arbitrairement, mais nettement, entre **coasser**, « pousser son cri », en parlant de la grenouille et des autres batraciens, et **croasser**, « pousser son cri », en parlant du corbeau : *Soudain les grenouilles s'arrêtèrent de coasser dans la mare* (A. Besson). Les confusions sont fréquentes au profit de *croasser*.

COCAGNE **orth.** S'écrit en principe sans majuscule, mais la règle n'est pas absolue : *Mât de cocagne*.

COCCYX **prononc.** [kɔksis] et non *[kɔksi].

COCHER et **CÔCHER** **sens** Côcher : « Couvrir la femelle », en parlant des oiseaux. Ne pas confondre avec **cocher**, « marquer d'un signe », ni bien entendu avec le substantif.

COCHON **forme** L'adjectif est d'emploi populaire. Au féminin : **cochonne**. Le féminin du substantif est **truie**, ou *coche* (régionalisme).

COCHONNER **emploi et sens** Le sens premier est « mettre bas », en parlant de la truie. Populaire au sens de « faire salement » : *cochonner sa besogne*.

COCKPIT **prononc.** [kɔkpit]. ♦ **orth.** Prendre garde au groupe *-ck-*. ♦ **sens** Mot anglais désignant « l'habitacle du pilote d'un avion » ou un « réduit étanche à l'arrière d'un yacht ». Le français emploie comme équivalent, pour le langage de l'aéronautique : *poste de pilotage*.

COCKTAIL **orth.** Prend un *c* entre *o* et *k*. ♦ **prononc.** [kɔktel].

COCU **sens** Nouvelle définition proposée par l'Académie, en 1964 : « Celui dont l'épouse ou la compagne manque à la fidélité. » Le féminin est rare. Voir cependant : *Si tu épouses le sire Robert de Nettencourt, qui n'est pas plus vicomte que moi, tu seras cocue dès la nuit de noces* (Aragon). ♦ **dérivé** On écrit *cocuage* et non **cocufiage*.

CODER (et ses dérivés) **emploi** Termes bien formés et absolument indispensables, admis sans difficulté dans notre langue à la suite des progrès réalisés en informatique et en linguistique : *encoder, décoder, encodage, décodage*. □ **Codifier, codification,** etc., appartiennent à un autre domaine (juridique) : *coder un message*, mais *codifier la législation du travail*.

COERCITION **emploi et sens** Terme spécialisé, au sens de « pouvoir ou fait de contraindre ». Ne pas l'employer comme simple équivalent de **punition**, ce qui paraît affecté et prétentieux. **Coercible** et **coercibilité** sont du domaine de la physique, à la différence de **incoercible**, « qu'on ne peut réprimer » : *Une envie incoercible de s'enfuir*.

COGITER emploi Faux archaïsme, comme **cogitation** : *Extrayant de sa serviette en moleskine le fruit de nos cogitations* (Hériat). Le verbe a été admis en 1965 par l'Académie qui le définit ainsi : «réfléchir, débattre une question en soi-même» («légèrement ironique», dit-elle) : *Ça doit cogiter là, en ce moment, dans les bureaux design de nos capitaines d'industrie* (C. Sarraute, *Le Monde*, 3 juin 1992).

COGNAT prononc. [kɔgna] et non *[kɔɲa]. ♦ **sens** En droit romain : «parent selon une relation naturelle», s'oppose à «parent par alliance».

COGNER constr. Employé surtout à la voix pronominale, avec les prépositions *à*, *contre* ou *sur*, suivant le contexte. Intransitif dans *cogner à la porte*, ou *cogner*, tout court : *Quelqu'un cogne*.

COI forme Le féminin **coite** est rare : *Elles pénétrèrent dans la chambre coite qui servait d'atelier* (Jorif). ♦ **emploi et sens** Adjectif très vieilli, «tranquille», surtout dans *se tenir*, *rester coi* : *Je guéris et me tins coi. J'observai* (Ragon). *Plaqués au mur, les glabres étaient restés cois* (Échenoz).

COÏNCIDENT ou **COÏNCIDANT**
→ PARTICIPE PRÉSENT

COL emploi Forme ancienne de *cou*. Ne s'utilise pas librement, mais seulement dans quelques tours archaïques et figés : *col de cygne*, *col du fémur*, *se rompre le col* (style plaisant).

COLCHIQUE genre Masc. : *Le colchique couleur de cerne et de lilas* (Apollinaire).

COLÈRE constr. On dit *être en colère contre quelqu'un* mieux que *après quelqu'un*. *Être colère* est un emploi ancien et dialectal : *Une voix très basse, angoissée et colère* (Alain-Fournier); on doit dire *être en colère*.

COLÉREUX ou **COLÉRIQUE** emploi Le premier de ces deux mots est beaucoup plus usuel que le second et signifie «prompt à se mettre en colère» : *Elle soignait son père, un vieux coléreux qui rossait les domestiques* (Morand). Le se-

cond, vieilli, signifie «enclin à la colère» et est généralement employé avec les mots *tempérament*, *humeur* : *un homme coléreux*, mais *un tempérament* ou *une humeur colérique*. ♦ Ne pas confondre **colérique** et **cholérique**, «qui se rapporte au choléra» ou «qui est atteint de choléra».

COLLANTE emploi Admis par l'Académie en 1965, au sens de «convocation indiquant au candidat le lieu et la date de son examen».

COLLATION emploi et sens «Action de conférer un titre» : *La collation des grades est réservée à l'enseignement public*. Également : «action de comparer des manuscrits, des versions différentes d'un même texte», etc. Mais on dit plutôt, dans ce sens, **collationnement**. Enfin, dans un registre quelque peu maniéré, «repas léger, lunch». Il est inutile, en ce cas, de dire : *une légère collation*, la notion de légèreté étant impliquée dans le substantif.

COLLATIONNER sens «Comparer des documents» (→ COLLATION). Ne pas confondre, bien entendu, avec **collectionner**.

COLLECTIF emploi Lorsqu'un nom dit **collectif**, c'est-à-dire désignant sous une forme au singulier un ensemble ou une collection d'êtres ou d'objets, a pour complément un substantif au pluriel, de sérieux problèmes d'accord du verbe se présentent. Très souvent le singulier et le pluriel sont possibles : *La majorité des députés a* ou *ont voté la censure*. Avec l'accord au singulier, on envisage cette majorité comme un bloc : *Trop innocent encore pour voir que la majorité d'entre eux provient aussi d'une autre ville* (Labro); avec l'accord au pluriel en revanche, on considère la pluralité, l'addition des votes individuels : *La dizaine d'hommes que nous étions haletaient parmi les mouches* (Camus). *Un petit nombre d'hommes, occupant chacun dans leur pays une situation suffisamment importante, pouvaient entrer en contact direct* (Romains) : ici, le pluriel est nécessaire.

COLLÉGIAL orth. Masculin pluriel : **collégiaux.** → -AL

COLLÈGUE sens « Personne remplissant la même fonction qu'une autre personne, soit dans le même corps, soit ailleurs (fonctionnaires, professeurs, postiers, etc.). » À distinguer de **confrère**, « personne faisant partie du même corps qu'une autre personne (professions libérales : avocats, médecins, notaires, etc. ; ou indépendantes) ». Ces deux mots sont souvent pris l'un pour l'autre.

COLLETER conjug. On conjugue ce verbe plutôt comme *jeter* que comme *acheter* (→ APPENDICE). ♦ **emploi** Surtout à la voix pronominale, *se colleter avec quelqu'un*, mais on peut trouver la construction transitive : *colleter quelqu'un*. On se gardera de confondre ce verbe, qui signifie littéralement « se prendre au collet », avec **coltiner**, qui a le sens de « porter sur le cou (un fardeau) ».

COLLIGER emploi et sens Verbe littéraire et vieilli, « rassembler en recueil ou en collection » : *colliger des lois ; colliger des livres*. Ne pas confondre avec **collationner** (→ ce mot).

COLLISION emploi À ne pas confondre avec **collusion**, « connivence, accord secret aux dépens d'un tiers » : *Wallas n'aime pas ces plaisanteries, qui ne servent qu'à faire accuser le Bureau d'incurie, voire de collusion* (Robbe-Grillet).

COLLUTOIRE et **COLLYRE** emploi et sens Substantif masculin, du vocabulaire médical, **collutoire** désigne un « médicament que l'on s'applique dans la bouche, pour soigner les maux de gorge ». Ne pas confondre avec **collyre**, également masculin, « liquide que l'on dépose sur la conjonctive de l'œil ».

CÔLON orth. Accent circonflexe sur le premier *o*. Ce mot désigne la portion moyenne du gros intestin. À ne pas confondre avec **colon**, individu vivant dans une colonie. *Colique, colite*, dérivés de *côlon* (« inflammation du côlon ») ne prennent pas l'accent circonflexe.

COLORER sens « Revêtir d'une certaine couleur », avec la préposition *en* ou *de* : *colorer en rouge, colorer d'une touche de vert*. Ne pas confondre avec

colorier, « appliquer plusieurs couleurs sur une surface », verbe utilisé en général par les enfants. On notera que seul le premier verbe peut s'employer au figuré : *colorer un récit, colorer son style*.

COLORISER emploi et sens Ce verbe a été inventé récemment pour désigner l'opération de « *colorisation* », consistant à « transformer en films en couleurs des films originellement en noir et blanc ». Le verbe **colorier** aurait aussi bien fait l'affaire. À noter cependant que *colorisation*, en un sens technique, « changement de couleur dans certaines substances », date... du XVIIe siècle !

COLOSSAL orth. Masc. plur. : **colossaux**. → -AL

COLTINER emploi et sens Tout à fait correct, en emploi transitif, au sens de « porter sur le cou, sur les épaules » : *Il coltina les caisses jusque sous un appentis* (Giono). Mais très familier à la voix pronominale : *se coltiner les paquets*.

COLUMBARIUM prononc. [kɔlɔ̃barjɔm] et non *[kɔlɔ̃-]. ♦ **forme** Plur. : **des columbariums**.

COL(-)VERT orth. Indifféremment : *un canard col-vert* ou *un canard colvert* (ou *un col-vert* et *un colvert*). Plur. : **cols-verts** et **colverts**.

COMBATTANT orth. Deux *t*, ainsi qu'aux formes verbales. Mais **combatif** et **combativité** ne prennent qu'un *t* : *À l'esprit d'entreprise de la bourgeoisie répondit une combativité de la classe ouvrière nantaise* (Ragon).

COMBIEN emploi Rarement placé en tête de phrase avec valeur exclamative : *Combien vous l'aimez !* Plus fréquent lorsqu'il est quantitatif ou suivi d'un complément : *Combien de fois l'ai-je engagé à travailler ! Combien je regrette aujourd'hui d'avoir vécu près de lui avec négligence !* (Salacrou).

□ **le combien es-tu ?** emploi Familier, surtout chez les enfants, mais incorrect, pour : *À quel rang es-tu ? Quelle place as-tu ?*

□ **on est le combien ?** emploi Locution répandue et familière dont la réponse attendue est un nombre : *On est le combien ?* ou *Le combien est-on ?* – Le 22. On doit dire : *Quel jour sommes-nous ?* On ne dit plus comme au temps de Littré : *Quel jour avons-nous ? Le combien du mois sommes-nous ? Le 19* (Duhamel). Dans le langage administratif, on peut rencontrer *quantième : Date de naissance (indiquer le quantième du mois).*

□ **le combientième. emploi** Langue populaire. Tournure non admise par les grammairiens. → QUANTIÈME

□ **tous les combien ? emploi** Locution qui n'est pas meilleure que celles indiquées ci-dessus. Malheureusement, il n'existe guère de formule de remplacement satisfaisante : *selon quel rythme, selon quelle périodicité ?*

□ **combien de** ou **des. constr.** En général, *combien* est suivi de la préposition *de,* qui le relie au substantif complément ; mais on peut trouver la forme contractée *des* qui souligne la valeur partitive de l'expression : *«Combien de romans de X... as-tu lus ?»* en face de *«Combien des romans écrits par X... as-tu lus ?».* → BEAUCOUP

□ **combien de personnes ont(-elles) participé ? constr.** La reprise par *elles* est facultative et peu utile, sauf pour lever une ambiguïté. *«Dans cette phrase de Proust : Combien de grandes cathédrales restent inachevées,* en l'absence de point d'exclamation, c'est la non-inversion qui indique que l'on a affaire à un tour exclamatif et non à une question ; l'inversion composée ferait de cette même phrase une interrogation : *Combien de cathédrales restent-elles inachevées ?»* (Le Bidois).

□ **combien en...** → EN

□ **ô combien ! emploi** Souligne de façon ironique un détail, et appartient à la langue parlée : *Elle est bavarde, ô combien !*

COMBINARD emploi Familier et péjoratif. *«Se dit d'un personnage qui use de combinaisons douteuses»* (Académie, 1965). L'Académie considère le mot **combine** comme populaire (1988). → MAGOUILLE

COMBINER constr. On dit *combiner un élément avec un autre,* et non *à un*

autre. Prendre garde à l'influence de la construction de **mêler.**

COMBURANT sens «Corps qui opère la combustion d'un autre corps en se combinant avec lui.» Ne pas confondre avec **carburant,** «combustible liquide ou solide».

COME-BACK emploi et sens Ce mot est très usité dans le monde du spectacle et de la politique au sens de «retour plus ou moins (in)attendu d'une personnalité sur la scène, dans les affaires publiques, etc.».

COMÉDIE forme On écrit : *une comédie-ballet (des comédies-ballets)* et avec majuscule et trait d'union : *la Comédie-Française,* la *Comédie-Italienne, l'Opéra-Comique* (à distinguer des formes libres *la comédie française,* etc.). Dans la forme italienne : *la commedia dell'arte.*

COMÉDIEN emploi et sens Ce terme désigne «tout acteur dramatique sans distinction de genre, jouant au cinéma, à la télévision, au théâtre, etc.». S'agissant d'un acteur de répertoire comique, on dira : *un acteur* ou *un artiste comique,* ou *un comique.* **Tragédien,** qui est d'un style relevé, ne s'applique qu'aux acteurs de théâtre interprétant des tragédies classiques.

COMICES genre et nombre Masculin pluriel au sens antique du terme, mais de nos jours, presque toujours dans *comice agricole,* au singulier.

COMICS emploi et sens Toujours au pluriel. Mot anglais. Préférer le synonyme **bande dessinée.**

COMME

□ **voilà comme il faut faire.** Vieilli dans l'interrogation indirecte, où on lui préférera *comment,* bien que dans certains cas on puisse penser que *comme* ne porte pas sur le verbe, mais sur un adjectif non exprimé. La langue littéraire actuelle fait encore grand usage de ce tour : *Je conçois maintenant comme tu as pu hésiter entre le construire et le connaître* (Valéry). *Voilà comme il est son chômeur* (Céline). *Un soir, échappé de l'appartement, il* [le chat] *gagna le toit, l'on ne sut comme*

(Jorif). Quand un adjectif est présent dans la subordonnée, *comme* est préférable à *comment* : *Tu imagines comme cette intellectuelle a dû se sentir démunie* (Mauriac). Enfin, certaines expressions figées : *Dieu sait comme, il faut voir comme, c'est tout comme*, sont fréquentes dans le parler familier.

□ **toi comme moi. emploi** Après deux sujets réunis par *comme*, le verbe se met au singulier ou au pluriel selon le sens : *Toi, comme moi, tu es frileux* ; ici, l'idée de *comparaison* l'emporte. *Toi comme moi (nous) sommes frileux* : ici c'est la notion de pluriel qui prévaut. De même dans : *L'un comme l'autre commençaient de s'y habituer* (Romains). → AINSI QUE

□ **autant comme. emploi** Ce tour est aujourd'hui incorrect.

□ **comme ça. emploi** Dans la langue familière, *comme* adjectif épithète ou attribut, souvent avec une valeur emphatique : *Avec d'extraordinaires yeux noirs et des cheveux bleus, longs comme ça* (Farrère). *J'ai pris un poisson comme ça* (accompagné d'une mimique particulière). *Et d'ailleurs, c'est sans importance, pour des gens comme ça* (Mauriac). Parfois, *comme ça* est une simple formule «de remplissage» : *Les civils n'y font plus attention. Ils disent comme ça que maintenant ils ont pris l'habitude* (Dorgelès). *Il y avait pas mal de choses qu'elle laissait comme ça de côté* (Beauvoir). *Monsieur, le patron dit comme ça qu'il faut payer votre note* (Claudel). *Alors, comme ça, vous êtes d'une autre planète, dit-il en allant le renifler sous le pépin* (Desproges). → ÇA

□ **comme de bien entendu. emploi** Appartient à la langue familière, mais était admis par certains grammairiens, parmi lesquels André Thérive : *Alors, c'est bientôt qu'elle va coucher ici ? demanda distinctement une des vieilles voix [...] – Comme de bien entendu, dit Émile en chevrotant* (Colette).

□ **comme de juste. emploi** Très discutée jadis, cette locution est pleinement admise aujourd'hui par les écrivains et l'usage courant, tandis que *comme de raison* a vieilli et tend à disparaître : *Nous l'assommâmes, comme de juste, et à quatorze ans il rêvait de nous contredire* (Cocteau).

□ **comme qui dirait. emploi** Locution tout à fait correcte et attestée dès l'ancien français, au sens de «comme si l'on disait». → QUI, *in fine*

□ **comme quoi. emploi** Correct et même classique, en tête de phrase : *Comme quoi une idée est toujours une bonne idée du moment qu'elle fait faire quelque chose* (Duras). Mais, apposé à un substantif, le tour est gauche : *Il lui envoya une note comme quoi il ne pourrait pas venir*.

□ **comme pas un. emploi** La langue familière utilise volontiers cette locution que le bon usage n'a pas ratifiée : *Il connaissait comme pas un tous les bruits qui couraient sur toutes les âmes de la paroisse* (Rolland). *Une belle subventionnée de la Comédie, qui récitait les vers comme pas une* (Céline).

□ **comme si. constr.** En général suivi du mode indicatif (imparfait) : *Elle prenait un ton plaintif, comme si elle cherchait à attendrir son interlocuteur, à l'apitoyer* (Labro). Mais le conditionnel (forme en *-rais*) apparaît lorsqu'on réfute avec énergie ou ironie une hypothèse fausse. Soit en phrase indépendante (valeur affective, exclamative) : *Comme si le père Octave n'aurait pas pu vous prêter son auto !* (Montherlant). Soit en proposition subordonnée : *Il devinait qu'on allait le tenir pour responsable de la mort de Raumer, et de son équipage, comme si Raumer n'aurait pas déjà dû se tuer cent fois* (J. Roy). *Gilbert éprouva un soudain dégoût, comme si plus rien n'était beau, ne serait beau jamais* (Dhôtel). On trouve parfois le conditionnel passé à forme de subjonctif : *Sa quête à lui était d'une autre sorte. Comme s'il eût voulu, de cette femme infinie sous lui, une réponse finie à sa virilité inquiète* (Allen). Enfin, le tour *faire comme si*, au sens de «agir comme si de rien n'était, feindre d'oublier la réalité», est familier : *C'était une idée absurde. Mais nous pouvons lui mentir, vous savez, faire comme si* (Japrisot).

□ **comme si... et que. constr.** Suivi du subjonctif, qui, en principe, apparaît dès que la conjonction *que* en remplace une autre.

□ **comme tout. emploi** Façon très répandue d'exprimer le superlatif : *C'est simple comme tout* (Romains).

□ **riche comme il (l')est. constr.** La reprise de l'adjectif par le pronom neutre *l'* est facultative.

□ **quelqu'un de comme il faut.** Locution vieillotte et populaire qui sert à classer quelqu'un positivement dans l'« échelle sociale » : *On voit que cette demoiselle est quelqu'un de comme il faut* (Japrisot). → BIEN

□ **comme deux gouttes d'eau** → RESSEMBLER

□ **comme dit l'autre. emploi** Populaire, avec une intonation sarcastique, ou lorsqu'on fait une citation approximative dont on a oublié l'auteur.

□ **quelque chose comme.** Pour exprimer une estimation ou une approximation : *Il y avait quelque chose comme cinq mille personnes.* Appartient au langage familier, tandis que la langue littéraire use avec bonheur de *comme* devant un substantif au sens de *pour ainsi dire* : *Il avait éprouvé pour elle comme un amour inconnu* (Proust). *Au cours de la matinée, il se produisait comme une rotation dans cet immense afflux de la périphérie vers le centre* (Romains).

COMMEDIA DELL'ARTE orth. → COMÉDIE

COMMÉMORER sens et emploi « Rappeler à date fixe le souvenir d'un événement important. » On ne dira donc pas **commémorer un anniversaire* ni **commémorer le souvenir*, mais **célébrer.** On peut dire : *commémorer le débarquement de juin 1944*, mais non pas **commémorer l'anniversaire du débarquement...* → ANNIVERSAIRE

COMMENCER (suivi d'un infinitif). **constr.** Trois constructions sont possibles. **Commencer à** est la plus courante, on n'appelle pas de remarque particulière : *Je commençais à souffrir de ma jambe fatiguée* (Alain-Fournier).

□ **commencer de,** qui a le même sens, se rencontre souvent chez des écrivains classicisants : *Des querelles avaient commencé de troubler leur joie* (Maurois). *Elle commença de maigrir, de pâlir, de se tourmenter* (Duhamel). Ici, comme ailleurs, le désir d'éviter l'hiatus *(commença à)* n'est sans doute pas étranger à ce choix de la préposition *de* : « *Au Grand Siècle classique, on préférait de, dans ma jeunesse, je ne connaissais que à; mes cheveux blancs ont vu se répandre de comme une mode. On peut choisir.* » (M. Cohen, 1966). Le Bidois, qui cite cette remarque, ajoute : « On peut évidemment choisir entre le tour courant (avec *à*) et le tour précieux (avec *de*). Mais si l'oreille sensible préfère souvent *commencer de,* le goût du naturel a aussi ses droits et *commencer à* est incontestablement plus conforme à l'usage normal ».

□ Enfin, **commencer par** est la construction normale lorsque l'action envisagée est la première d'une série, ou qu'elle est elle-même subdivisée en « commencement, milieu et fin » : *Ce n'est pas ça qu'il faut commencer par faire* (Duras). *Nous commençâmes par errer, comme les jours précédents* (Duhamel). On évitera d'employer *par* quand il n'y a pas une série d'actions, au moins latentes : *Il commence par m'embêter, celui-là !* est populaire et incorrect, mais : *Il a commencé par m'insulter, puis a changé d'idée et s'est en allé* est acceptable.

□ **être commencé de. emploi** Le tour passif . *La maison n'était pas encore commencée de bâtir* est peu correct, mais il se répand de plus en plus dans la langue actuelle : *Ma robe est commencée de garnir* (Brunot). C'est l'expression commode d'un certain aspect verbal. → ACHEVER

COMMENDE prononc. Comme **commande,** avec lequel on se gardera de le confondre. ♦ **emploi** Ancien. « Administration temporaire d'un bénéfice ecclésiastique. » Le dérivé est **commendataire** *(un abbé commendataire),* tout à fait distinct du moderne **commanditaire.**

COMMENT emploi et sens Cet adverbe ne sert qu'à poser une question, dans les propositions interrogatives directes ou indirectes : *Comment a-t-il fait cela ? Je me demande comment il a fait cela.* On évitera de l'employer auprès d'un verbe indiquant un état, et non un procès : *Comment te sens-tu, comment le trouves-tu?* sont corrects, car un jugement est impliqué, mais : *Tu vois comment tu es, nous savons bien comment il* *est*, sont des emplois assez répandus dans le registre familier : *Je vois bien comment leurs yeux brillent quand je les emmène à Toulouse* (Labro). On doit ici employer *comme* (→ ce mot).

□ **comment que.** Cet exclamatif est uniquement populaire : *Comment qu'elle est !* On ne rencontre plus la locution conjonctive *comment que*, à sens concessif, « de quelque façon que » : *Il faut réussir, comment qu'on s'y prenne.* C'est sans doute la confusion possible avec l'emploi ci-dessus qui a écarté ce tour de la langue actuelle.

□ **comment !** Cet adverbe peut être employé de façon exclamative, pour indiquer le désarroi, le désappointement, l'indignation, etc. : *Comment ! comment ! balbutia-t-elle* (Flaubert).

□ **et comment !** Dans le registre familier, ce tour sert à l'approbation insistante : *En apercevant son adversaire, il s'est mis à détaler, et comment !*

COMMERCE emploi et sens Quelques écrivains emploient encore ce substantif au sens de « relations humaines », qu'il avait à l'époque classique. Ce sens est ignoré de la langue commune, et pourrait du reste prêter à mainte ambiguïté : *Un homme que d'ailleurs elle estime et même vénère, et dont le commerce l'enorgueillit, mais qui l'ennuie* (Mauriac).

□ **hors commerce** → HORS

COMMETTRE emploi et sens À la voix pronominale, ce verbe a le sens de se **compromettre**, tout en étant plus recherché et plus méprisant : *Pensez-vous que je sois femme à me commettre, tout d'un coup, avec les maîtresses de ces messieurs ?* (Mauriac).

COMMINATOIRE orth. Deux *m*, un seul *n*. ♦ sens Synonyme noble de « menaçant ».

COMMISSAIRE orth. Tous les dérivés de **commissaire** et de **commission** s'écrivent avec deux *m* et deux *s*.

COMMISSIONNAIRE orth. Deux *m*, deux *s* et deux *n*.

COMMISSURE emploi et sens Terme d'anatomie, « point de jonction », que l'on rencontre surtout dans *commissure*

des yeux, des lèvres : *C'est beau comme l'écume noire aux commissures des lèvres d'un ancien fumeur épileptique* (Desproges). Équivaut, dans la langue courante, à **coin**.

COMMIS VOYAGEUR orth. Sans trait d'union. ♦ emploi Vieilli, fait place à *représentant de commerce*. La désignation officielle est *V.R.P.*

COMMUABLE ou **COMMUTABLE** forme Ces deux adjectifs s'emploient concurremment. Ils ont exactement la même origine latine Ils s'emploient en parlant d'une peine juridique « qui peut être transformée en une autre peine moins lourde ». Mais **commuer** est réservé au domaine juridique, **commuter** au domaine linguistique et anthropologique. Le sens s'est cependant étendu au domaine technique : *un commutateur électrique.*

COMMUNICATIONNEL emploi et sens Cet adjectif est d'une grande lourdeur formelle ; cependant, au sens de « relatif à la communication », on ne voit pas par quoi on pourrait le remplacer, puisque *communicatif* est depuis longtemps employé au sens non technique et humain de « qui aime à communiquer ».

COMMUNIQUER orth. On écrit (avec l'adjectif verbal) : *des vases communicants, de grandes salles communicantes*, et *communicable, communicatif*, etc. Seul un *communiqué* garde le *-qu-*. ♦ constr. Quand ce verbe n'a pas de complément d'objet direct, il se construit toujours au moyen de la préposition *avec* : *Cet enfant bavard ne cesse de communiquer avec son voisin. Cette pièce communique avec le débarras.* On rencontre aussi la construction avec *entre* ou même la construction absolue : *Ces deux pièces communiquent entre elles. Mais la voix se perdait dans le bruit du vol, seuls communiquaient les sourires* (Saint-Exupéry). ♦ Quand il y a un complément d'objet direct, le complément indirect est introduit par *à* : *C'est par quoi une guerre est néfaste. Si elle ne tue pas, elle communique aux uns une énergie étrangère à leurs ressources* (Cocteau). *Ici, le poste radio.*

Nous vous communiquons les télé-grammes (Saint-Exupéry).

COMPACT DISC emploi et sens Ce syntagme anglais correspond à une marque déposée et ne doit en principe pas être employé. L'appellation technique est **disque audionumérique**; la recommandation officielle **disque compact** (arrêté du 10 octobre 1985) présente l'inconvénient d'être mal prononçable en français. Il est vraisemblable qu'une tierce solution s'imposera un jour... → CD-ROM

COMPAGNON forme Le féminin usuel est **compagne**. On rencontre parfois *compagnonne*, qui n'est pas à recommander, sinon par plaisanterie.

COMPARAISON constr. On dit *en comparaison de* ou *par comparaison à*.

COMPARATIF emploi Certains adjectifs qui sont déjà, par leur étymologie, des comparatifs, ne peuvent en principe être précédés de *plus* ou de *moins*. On proscrira *plus meilleur, plus majeur*. Mais on peut trouver des emplois, exceptionnels, de *plus intérieur* : Zola, s'il a voulu, pour la série des «Rougon-Macquart», une unité *plus forte et plus intérieure aux parties, ne l'a pas obtenue autant qu'il le pensait* (Romains). De plus, certains de ces comparatifs «synthétiques» peuvent se transformer, curieusement, en superlatifs «analytiques» : *Il lui est très supérieur.*
□ **plus un livre est bon.** emploi On emploie un comparatif analytique au lieu du comparatif synthétique normal, lorsque des mots s'intercalent entre *plus* et l'adjectif : *Plus un livre est bon, plus il a de lecteurs*, ou lorsque la comparaison porte sur deux qualités exprimées par deux adjectifs : *Il est plus bon que généreux.* → BON, MEILLEUR, MOINDRE, MOINS, PIRE, PIS, etc.
□ **comparatif renforcé. constr.** On peut donner plus de force à un comparatif en le faisant précéder ou suivre de certains adverbes ou locutions adverbiales : *Il est bien meilleur, beaucoup meilleur, tellement meilleur, meilleur de beaucoup.* → BEAUCOUP et BIEN

COMPARER constr. On dit **comparer à**, quand il s'agit de deux éléments sem-

blables, ou dont on perçoit mal, de prime abord, les différences : *Je comparerai volontiers l'absinthe à la montgolfière. Elle élève l'esprit comme le ballon la nacelle* (Queneau). *Si je le compare à son cousin, je m'aperçois que l'un est plus intelligent, l'autre plus débrouillard.* Comparer avec se dit dans le cas d'un examen très poussé ou quand il s'agit de deux éléments très différents. Mais cette règle est inégalement suivie : le *Dictionnaire du français contemporain* l'enregistre, alors que le *Petit Robert* donne *comparer à* et *comparer avec* comme équivalents (→ AVEC). **Comparer ensemble* est un pléonasme à proscrire.

COMPAROIR emploi et sens Vieux mot du vocabulaire juridique, «comparaître». On ne le trouve plus que dans des formules figées et sous la forme substantivée : *les comparants* (qui n'appartient pas à la conjugaison de *comparer*).

COMPARSE sens «Personnage secondaire, dont le rôle est insignifiant.» Ne se confond pas avec **complice**.

COMPENDIEUSEMENT sens «Brièvement, en abrégé.» Cet adverbe est fréquemment pris à tort, dans le sens contraire : «sans rien omettre, tout au long». Son allure est pédante et l'on peut fort bien s'en passer. → COMPENDIUM

COMPENDIUM prononc. [kɔ̃pɛ̃djɔm], alors qu'on prononce l'adverbe [kɔ̃pɑ̃djøzmɑ̃] ♦ sens Mot latin, «abrégé», d'où est venu **compendieusement** (→ ce mot) : *La médecine étant un compendium des erreurs successives et contradictoires des médecins...* (Proust).

COMPENSATION constr. Dire *en compensation de* et non pas **en compensation pour*.

COMPLAIRE (SE) forme Le participe *complu* reste toujours invariable : *Elles se sont complu à ce spectacle vulgaire.* ♦ emploi Se **complaire à** (ou **dans**) a presque toujours une valeur dépréciative.

COMPLEXE emploi À partir d'acceptions psychanalytiques précises (*le*

complexe d'Œdipe), ce substantif est employé à tort et à travers dans la langue courante. Éviter l'emploi absolu *avoir des complexes* pour signifier tout simplement « être timide ou anxieux ». Quant à l'adjectif **complexé**, il s'est implanté solidement dans la langue familière : *Complexé par mon jean et mes tennis, je n'agissais plus qu'avec circonspection, peu enclin à m'offrir en spectacle et à distraire les gens de leur douleur* (Colombier). Et ceci en dépit des critiques puristes : *On souffre de complexes, on n'est pas « complexé »* (R. Clair, à l'Académie, en 1966).

COMPLIES genre Féminin pluriel, comme la plupart des noms d'offices religieux : *matines, nones, vêpres*, etc.

COMPORTER emploi Ne pas employer ce mot à tout propos, alors qu'on pourrait employer **comprendre** ou **contenir**. Il signifie précisément « inclure en soi » et s'applique de préférence à des sujets abstraits : *Une règle qui comporte des exceptions.*

COMPOSER emploi Littéraire dans *composer son visage : Bientôt ils l'apercevraient, ils tourneraient vers lui ces visages composés qu'ils réservaient à leurs parents* (Sartre). *Son visage s'était recomposé* (Vailland). Également au sens de « accepter un compromis » : *J'ai accepté, j'ai eu tort : on ne devrait jamais composer* (Vercors).

COMPOSITION sens Dans *entrer en composition, amener* ou *venir à composition*, ce substantif a le sens de « compromis, transaction ». → COMPOSER

COMPOTE constr. Le substantif qui suit est le plus souvent au pluriel : *de la compote de pommes.* → GELÉE et CONFITURE

COMPRÉHENSIBLE et **COMPRÉHENSIF** emploi et sens Ces deux adjectifs sont parfois employés l'un pour l'autre, bien que leurs sens soient nettement distincts. Le premier correspond à un passif, « qui peut être compris (sans peine) » : *L'Anglais Newton, l'Allemand Kepler, le Français Descartes étaient immédiatement compréhensibles les uns pour les autres* (Cavanna). *Des paroles*

compréhensibles, une colère compréhensible. Le second a une valeur active, « qui comprend, qui se donne la peine de comprendre » : *un père compréhensif, un patron compréhensif.* On ne peut donc employer **compréhensif** que pour une personne ou pour ce qui émane directement d'elle.

COMPRENDRE emploi Suivi d'une complétive, ce verbe régit, selon le cas, l'indicatif ou le subjonctif. L'indicatif est régulier quand il s'agit de marquer une simple vue de l'esprit, pure de toute appréciation subjective : *Elle comprenait maintenant que l'appréhension est un dernier refuge de l'espérance* (Romains). Le subjonctif, beaucoup plus fréquent, implique un acquiescement, un consentement de la part de l'auteur : *Je comprends maintenant que tu veuilles te trouver à son arrivée* (Gide). *D'ailleurs, elle comprenait très bien qu'une beauté aussi éclatante eût ému un très jeune homme* (Maurois).

COMPRESSION forme Ce substantif a pour verbe correspondant **comprimer**, l'ancienne forme **compresser** étant aujourd'hui rare et discutée.

COMPRIS constr. Devant un substantif, *compris, non compris* et *y compris* restent invariables et se comportent comme des locutions prépositives : *Deux mille francs de loyer, non compris les charges.* S'ils sont postposés, ils s'accordent généralement : *Deux mille francs de loyer, les charges non comprises.* À cette dernière place, on trouve plus souvent *compris* que *y compris.* Tout se passe comme si la présence de *y* avait tendance à adverbialiser, c'est-à-dire à rendre invariable la locution *y compris* : *Vous pouvez garder toutes vos autos, la mienne y compris* (Duras). Cela est dû au fait que, comme adverbe, au sens de « même », on ne peut avoir que *y compris* et jamais *compris* tout seul : *Tous se mettent à genoux, y compris la mule* (Claudel).

COMPTANT emploi La langue hésite entre l'accord de ce mot, qui en fait un adjectif, et son invariabilité, qui le traite comme un adverbe. Cette dernière solution est la plus courante quand la phrase contient un verbe comme *payer,* *vendre, verser*, etc. : *Ah! je suis désolée, dit la voix de Sarah, mais il veut quatre mille comptant* (Sartre).

COMPTE emploi **(Se) rendre compte de, (se) rendre compte que.** Certains n'admettent que le tour *(se) rendre compte de, s'apercevoir de. Dans ce cas, s'étaient-ils rendu compte de ce qui leur arrivait?* (J. Roy). Mais *(se) rendre compte que* est complètement passé dans l'usage : *Après, ils se sont rendu compte que tout ne s'arrangerait pas avec une assiette de soupe* (Giono). Noter l'orthographe de *rendu*, qui reste invariable, quel que soit le sujet du verbe. La construction *(se) rendre compte de ce que* est correcte, mais lourde. → DE
□ **tu te rends compte!** Ce tour est familier : *Dix balles pour un kilo de pain!... Dix balles, non, tu te rends compte!* (Merle).
□ **au bout du compte, en fin de compte, tout compte fait.** emploi Ces trois expressions sont passées dans l'usage : *Tout compte fait, s'il ne voulait pas retourner chez son oncle, il n'avait non plus aucun désir de rester immobile chez les Kosmovitchi* (Dhôtel).

COMPTE COURANT, COMPTE RENDU forme Pas de trait d'union et double marque du pluriel : **des comptes courants.** Même remarque pour **compte rendu** : *Elle présume qu'il doit rester, dans les archives de l'armée, les comptes rendus des conseils de guerre* (Japrisot). Dans ces deux mots, *compte* est substantif. En revanche, dans *compte-gouttes, compte-tours*, etc. (avec trait d'union), *compte* est une forme verbale, et le composé est invariable.

COMPTER constr. Suivi d'un infinitif, **compter** est très répandu dans la langue familière au sens de «espérer, imaginer, se proposer de» : *Est-ce que je peux compter te voir ces jours-ci?* (Colette). On dit aussi *compter que*, beaucoup mieux que *compter sur le fait que*, tournure lourde : *Lewis compte qu'à la fin du mois les travaux auront sérieusement commencé à San Lucido* (Morand).
□ **sans compter que.** Locution figée qui marque l'addition (dont on feint de ne pas tenir compte) : *Les applaudissements tombaient le plus souvent à faux,*

sans compter qu'ils étaient mécaniquement soulevés par les applaudissements extérieurs (Proust).

COMPTINE prononc. [kɔ̃tin]. ♦ sens «Chanson enfantine», à rattacher à *compter*. Par exemple : *Un, deux, trois... Je m'en vais au bois...*

COMTÉ genre Masculin aujourd'hui quand il désigne un «domaine appartenant à un comte» ou un «type de fromage», mais encore féminin (comme jadis) dans *Franche-Comté*.

CONCAVE et **CONVEXE** sens **Concave** : «dont la surface a une courbure rentrante». **Convexe** : «dont la surface a une courbure saillante» : *Ils approchaient les lèvres, sans soulever le verre, aspirant pour ne pas perdre cette goutte, courbure convexe et rouge, tremblante, plus haute que le bord du verre* (Gallo).

CONCENTRÉ et **CONDENSÉ** emploi et sens Comme adjectifs, ces deux mots sont la plupart du temps synonymes. On peut dire *du lait concentré* ou *du lait condensé*, expressions synonymes concurrentes dans l'usage. Mais il ne faut pas pour autant confondre **concentrer**, «réunir, ramasser en un seul point» *(concentrer toutes les forces militaires du pays sur une seule frontière)* et **condenser**, «réduire à un plus petit volume» *(condenser sa pensée)*.

CONCERNER emploi Au sens de «regarder, toucher, viser, intéresser» : *Je m'obstine à le redire, Merveilleux et Poésie ne me concernent pas. Ils doivent m'attaquer par embuscade* (Cocteau). *Les seules paroles qui pouvaient être prononcées concernaient la situation de l'avion* (J. Roy). Le tour passif *être concerné par* semblait ne poser aucun problème à Littré. En effet, ce verbe, étant transitif, devrait admettre la construction passive. Celle-ci est pourtant condamnée par les puristes. Elle est maintenant passée dans l'usage courant : *Je n'étais concerné par aucun jugement, je ne me trouvais pas sur la scène du tribunal* (Camus). *C'est étrange que, catholique, je me sente si peu concerné par cette attaque méditée et raisonnée de ce que je vois* (Mauriac).

En 1967, l'Académie a repoussé le tour passif *Je ne me sens pas concerné par cette querelle*. Mais c'est plutôt l'abus agaçant de ce tour qu'il faut blâmer : *Vous êtes tous concernés*, etc.

CONCERT (DE) et **CONSERVE (DE) emploi** Locution adverbiale vieillie, **de concert** signifie « d'un commun accord, après s'être concertés » : *Si, grâces aux dieux, ils travaillent de concert* (Valéry). **De conserve,** locution d'origine maritime, ne peut s'employer qu'au voisinage de mots appartenant au même domaine : *naviguer de conserve : Pendant deux jours au moins, peut-être trois, nous voguerons de conserve avec l'Amérique* (Lévi-Strauss). L'emploi suivant est inélégant : *Un énorme chien de Terre-Neuve gambadait à ses côtés, sautait de conserve avec lui* (Gide).

CONCERTATION emploi Ce mot a été admis par l'Académie en février 1970 au sens de « action de se concerter avec d'autres personnes, réunion des parties intéressées à un problème politique, économique, diplomatique, en vue d'une solution commune ». C'est un néologisme non sans utilité, mais qui ne doit pas faire oublier *discussion, entente*.

CONCETTI prononc. Plutôt à l'italienne [kɔntʃɛti] qu'à la française [kɔ̃sɛti]. ♦ **sens** « Traits d'esprit. » Emploi littéraire, au pluriel le plus souvent. Le singulier, rare, est **concetto.**

CONCILE sens « Assemblée des évêques. » Ne pas confondre avec **conclave,** « assemblée des cardinaux, réunie pour élire un nouveau pape », ni avec **consistoire,** au sens propre « assemblée de cardinaux réunie par le pape » (mais il y a des consistoires protestants, israélites...).

CONCLURE conjug. Se défier des formes barbares empruntées à la première conjugaison (verbes en -*er*) comme *il *conclue, il *conclua*, etc. (→ APPENDICE). ♦ **constr.** *Conclure à ce que,* très répandu dans la langue de la procédure, tend à évincer **conclure que,** seul tour indiscuté. → A

CONCOCTER emploi et sens Ce verbe très expressif est du registre familier, au sens de « fabriquer, confectionner » : *Il vous regardait d'un air pénétré, semblant préparer quelque blague, concocter quelque nouvelle inédite qui stupéfierait l'assistance* (Labro).

CONCOMITANT orth. Un seul *m*, un seul *t*. ♦ **constr.** Avec *de*, mais souvent sans complément. ♦ **sens** « Qui se produit en même temps qu'une autre action », réservé au domaine didactique : *des symptômes concomitants*.

CONCORDANCE DES TEMPS → APPENDICE

CONCOURIR orth. Un seul *r*, comme *courir* et les mots de cette famille.

CONCOURS sens D'emploi recherché au sens de « rencontre de nombreuses personnes en un même lieu », mais encore très vivant dans l'expression stéréotypée : *concours de circonstances*. De même, au sens de « aide » : *apporter, fournir son concours*. → EXAMEN

CONCUPISCENCE orth. -*sc*-, comme dans *concupiscent*.

CONCURREMMENT À ou **AVEC sens et emploi** Plus proche aujourd'hui de « conjointement » que de « en concurrence ». Cet adverbe est réservé au style didactique.

CONCURRENCE orth. Deux *r*, comme dans *concurrent, concurremment*.

CONCUSSION sens « Perception illicite par un agent public de sommes non dues. » Ne pas confondre avec **concession,** ni avec **prévarication,** qui désigne tout manquement aux devoirs d'une charge, ou avec **malversation,** qui s'applique à une gestion frauduleuse.

CONDENSER → CONCENTRÉ

CONDENSATEUR ou **CONDENSEUR emploi Condensateur** s'emploie en électricité et en optique, **condenseur** pour les machines à vapeur, et aussi en optique.

CONDISCIPLE genre Forme unique : *son condisciple, sa condisciple.*

CONDITION QUE (À) constr. Cette locution conjonctive gouverne le plus souvent le subjonctif : *À condition qu'il eût beaucoup bu, elle ne lui gardait rigueur de rien* (Vailland). Le substantif **condition** est précédé facultativement de l'article défini : *à la condition que.* Dans ce cas, le subjonctif correspond à un potentiel, à une action seulement possible, tandis que l'indicatif futur indique une clause impérative. 1. *Subjonctif : Il laissait à sa femme une fortune énorme à la condition qu'elle ne se remariât pas* (Mauriac). 2. *Futur : Je te le dirai quand nous serons mariés, à la condition que tu me promettras de ne jamais le répéter* (Renard).

CONDITIONNER emploi et sens De plus en plus fréquent au sens de « préparer spécialement, apprêter, mettre dans l'état requis » : acception ancienne, qui figure dans le *Dictionnaire de l'Académie (marchandises bien, mal conditionnées),* et qui a été remise en vogue par l'influence de l'anglo-américain. De là l'expression *air conditionné : On entend ne pas être oublié et conditionner les gens à distance, à ses propres volontés* (Sarrazin). *Vous voulez les traiter comme elles devraient être traitées si elles n'étaient pas conditionnées par des siècles d'esclavage* (Vian). *Décidément, il n'y a pas à se tromper, c'est une tempête bien conditionnée qui se prépare* (Claudel). Noter que l'on dit couramment réflexes *conditionnés* au lieu de *conditionnels.* Quant au sens de « être en condition de », il est beaucoup plus récent et ne va pas encore sans contestations : *Sa réussite conditionne son départ en vacances.* La langue courante n'hésite pas à s'exprimer ainsi, mais la langue soutenue préfère : *est la condition de.*

CONDOLÉANCES forme Pratiquement pas de singulier, même dans *lettre de condoléances : Je vous fais toutes mes sincères condoléances ainsi que Mme Sciolla* (Japrisot).

CONDOTTIERE orth. Pas d'accent. Plur. : actuellement, **condottieres** (mot à demi francisé) plutôt que **condottieri,** conforme à l'italien, mais vieilli.

CONDUCTANCE sens En électricité, « l'inverse de la résistance d'un conducteur ». Distinct de **conduction,** « transmission de la chaleur ou de l'électricité d'un corps », ou « propagation de l'influx nerveux ».

CÔNE orth. Accent circonflexe, mais pas sur les dérivés : *conique, conifère.*

« CONFER » emploi et sens Mot latin (impératif de *« conferre »,* « se reporter à ») employé dans les livres, sous la forme du sigle *cf.,* pour dire au lecteur : « Reportez-vous à tel endroit.» Mais on peut toujours lui substituer la forme **voir.**

CONFÉRER emploi et sens Appartient au style élevé dans le sens de « attribuer », en emploi transitif : *Ce lent martyre de vessie qui lui conféra sa dernière auréole* (Bazin). En emploi intransitif au sens de « avoir un entretien, tenir une conférence » : *Les deux ministres ont longuement conféré.* Ne pas dire **ont conféré ensemble,* qui fait pléonasme.

CONFESSE emploi N'existe que dans les locutions figées *aller à confesse* ou *revenir de confesse.* Le substantif libre est *confession.* On écrit avec deux *n* : *confessionnel, confessionnal.*

CONFETTI forme Subst. masculin pluriel : **des confetti.** Ce mot italien tend à se franciser et à prendre un *s* au pluriel : **des confettis,** par analogie de *macaronis, raviolis,* etc. Ne pas confondre avec **concetti** (→ ce mot).

CONFIANCE (AVOIR) constr. Préposition *en* ou *dans* (l'article défini est de règle avec *dans*), très rarement *à* : *Il a confiance en moi, en Dieu ; il a confiance dans le savoir de son médecin.* En revanche, c'est *à* qui est utilisé régulièrement avec *faire confiance.* Malgré la condamnation de Thérive qui le taxe de « vulgaire », ce tour est très répandu : *Il faut faire confiance à la nature humaine.* Avec un pronom personnel : *Merci de m'avoir fait assez confiance pour me choisir comme moniteur* (Malraux).

CONFIER (SE) constr. *Se confier en* ou plus rarement *dans*, au sens de «s'en remettre à», est vieilli. Le seul tour vivant est : *se confier à* au sens de «faire des confidences à». → FIER (SE)

CONFINS emploi et sens Pas de singulier. «Partie d'un territoire située près de ses frontières, de ses limites géographiques ou politiques» : *les confins algéro-marocains. Par-delà les confins des sphères étoilées* (Baudelaire). Voir aussi l'expression *aux confins de la terre*, «aux extrémités de la terre habitable». Fréquent dans des emplois figurés ou littéraires : *Il ne songeait pas à prolonger son bonheur jusqu'aux confins de cette nuit pesante* (Mauriac). *Il lui arrivait de tirer des bordées qui les entraînaient aux confins de leur système stellaire* (Boulle).

CONFIRMAND orth. Avec un *d* final, à la différence de **communiant**.

CONFIT emploi Participe passé du verbe *confire*, qui n'existe guère qu'à l'infinitif. On doit dire *des cerises confites* et non **confies*. Emploi figuré : *confit en dévotion. Alissa et toi, vous êtes stupéfiants d'égoïsme. Vous voilà tout confits dans votre amour* (Gide).

CONFITURE emploi On hésite souvent entre le singulier et le pluriel : *de la* ou *des confitures*. Avec un complément de nom, on dira *manger de la confiture de groseilles*, plutôt que *manger des confitures de groseille*. Le substantif complément désignant le fruit dont est faite la confiture se met de préférence au pluriel, comme en général après *compote, pâte*, etc Mais il n'y a pas de règle stricte dans ce domaine.

CONFLUENCE orth. Un *e* devant le *n*, comme dans *confluent, affluent, affluence*.

CONFONDRE constr. On dit *confondre a et b, a avec b*, mais rarement *(se) confondre à* : *L'eau plate, monotone, interminable, qui confond ses limites à celles de la terre* (Camus). C'est *avec* qu'on doit employer à la voix pronominale.

CONFORMATION et **CONFORMITÉ** emploi et sens **Conformation** ne s'emploie que pour un corps organisé et s'applique à la façon dont sont disposées ses différentes parties. **Conformité** est l'état de choses semblables.

CONFORTABLE emploi Surtout avec un non-animé : *un appartement confortable*. Mais on ne dira pas : **Je suis confortable*, pour «Je suis à mon aise, confortablement installé».

CONFRÈRE forme Pas de féminin à proprement parler, *consœur* ne trouvant pas droit de cité dans la langue officielle : *Non, mon cher, je suis votre confrère : je serais votre consœur si vous portiez vous-même des jupons, parlons français, je vous prie* (Sarrazin). → COLLÈGUE

CONFRONTER constr. **Confronter avec** tend à l'emporter sur **confronter à**, à la voix active : *Étonnante Adèle qui avait grandi son souvenir et le confrontait paisiblement à la réalité* (Perry). *Nous avons confronté nos résultats*. Mais il faut noter la vogue, apparemment durable, du tour passif *être confronté à* ou *avec des problèmes*, avec un sujet animé : *Un pays comme l'Égypte, qui manque de moyens de subsistance et qui est confronté avec une surpopulation écrasante* (Le Monde). Cette tournure est lourde et prétentieuse, mais elle s'emploie de plus en plus au sens de *faire face à, être aux prises avec* : *Le matin de ce même jour, il fut confronté à un incident qui lui parut très énigmatique* (Romains).

CONGÉNÈRE sens «Du même genre, de la même espèce», terme d'histoire naturelle. Employé par extension, *ses congénères* peut signifier simplement «ses pareils, ses semblables». Ne pas confondre avec **condisciple**.

CONGLOMÉRER et **CONGLUTINER** sens **Conglomérer**, c'est «réunir en une seule masse», **conglutiner** «joindre par le moyen d'une substance visqueuse».

CONGRÉGATION orth. Ses dérivés ne prennent qu'un seul *n* : *congrégationalisme, congrégationaliste, congréganiste*.

CONGRÛMENT orth. Accent circonflexe sur le *u*, sans *e* intérieur. → ADVERBES

CONIFÈRE, CONIQUE → CÔNE

CONJECTURE sens «Opinion appuyée sur des probabilités» : *des conjectures hasardeuses, se perdre en conjectures. Je sais bien que ces conjectures ne provoqueront que le bâillement des intéressés* (Bernanos). Ne pas confondre avec **conjoncture,** «situation» (surtout dans les domaines économique et politique) : *La conjoncture est peu favorable pour des placements; le rapport de conjoncture.* Noter l'emploi du dérivé *conjoncturel* : *Toutefois, une politique purement conjoncturelle ne suffit pas (Le Monde).*

CONJOINT forme La langue administrative ne connaît que **conjoint** pour le mari comme pour la femme. Néanmoins on trouve souvent *conjointe,* que rien n'empêche d'adopter. On peut donc dire : *Le conjoint* ou *la conjointe de M. Untel.*

CONJOINTEMENT constr. *Conjointement avec* est admis. Mais *conjointement à* est également possible, et paraît même recommandable. → CONCURREMMENT

CONJONCTIONS *(voir tableau page suivante).*

CONJONCTURE → CONJECTURE

CONNAISSANCE constr. Trois tours sont possibles et également corrects : *faire connaissance avec quelqu'un, faire la connaissance de quelqu'un* et *faire connaissance de quelqu'un.*

CONNAÎTRE orth. Accent circonflexe sur le *i* chaque fois qu'il apparaît devant un *t.* → ACCROÎTRE

□ **connaître de. emploi** Seulement dans la langue juridique, « avoir à s'occuper de », en parlant en général d'une affaire : *Je compris qu'on allait me forcer à parler d'une foule de choses que je ne connaissais pas et dont je ne pouvais pas connaître – comme diraient les gens de loi* (Duhamel).

□ **s'y connaître. emploi** Dans cette locution, qui se construit avec *à* ou *en,* l'*y* est explétif et ne fait pas redondance avec le substantif complément : *Je m'y connais en greffes, par mon mari* (Giraudoux). *C'est un garçon qui s'y connaît en affaires.* Inutile de dire **s'y*

connaître bien, ce qui est pléonastique. La langue classique disait plus sobrement *se connaître en* (sans y).

□ **connaître que. emploi et sens** Tournure classique, lorsque le complément du verbe est une proposition, le sens étant plus proche de « savoir » : *Tout le monde en même temps connut que la menace d'une invasion allemande est présente* (Péguy). *La pluie recommença de tomber, et Maria connut alors d'où venait son plaisir* (Mauriac). Cet emploi est littéraire.

□ **pour raison à moi connue. constr.** Tour rare et figé avec inversion du complément *moi.* On dit plutôt : *pour raison connue de moi.*

□ **connaître quelqu'un menteur. constr.** Il est rare de trouver un adjectif attribut de complément d'objet de *connaître* : *Parce que je vous connais menteur, et il n'y a rien que Dieu déteste autant* (Bernanos). On dit plutôt *connaître comme.*

CONQUÉRIR → APPENDICE

CONSCRIPTION sens « Inscription sur les listes de l'armée des jeunes gens en âge de faire leur service militaire. » Ne pas confondre avec **circonscription,** « division administrative, politique, etc., d'un pays ».

CONSEIL emploi Comme deuxième élément d'un mot composé, toujours précédé d'un trait d'union : *ingénieur-conseil ; avocat-conseil.*

CONSEILLER constr. *Conseiller quelque chose à quelqu'un, conseiller à quelqu'un de travailler* (et non ** conseiller quelqu'un de...*), *conseiller quelqu'un,* tout court (« lui donner des conseils »).

CONSEILLÈRE emploi Le féminin est admis aujourd'hui, bien qu'on puisse dans tous les cas se contenter du masculin : *Madame le conseiller municipal.*

CONSENSUS emploi et sens Curieusement, ce substantif latin, employé dès le milieu du XIXe s. en physiologie, et en fin de siècle par la sociologie naissante, au sens d'« accord, consentement de plusieurs personnes », prend aujourd'hui, en politique, le sens d'« accord majoritaire », voire « unanimité » : *La Fin du sommet de la Terre à Rio : un*

CONJONCTIONS

TABLEAU DES MODES RÉGIS PAR LES CONJONCTIONS DE SUBORDINATION

CONJONCTIONS	IND.	SUBJ.	COND.
à cause que	×		×
à condition que	× Fut.	×	
afin que		×	
alors que	×		×
à moins que		×	
après que	×	×	
attendu que	×		×
au cas où			×
au lieu que	×	×	
aussitôt que	×		×
avant que		×	
bien que		×	
d'autant moins (plus) que	×		×
de crainte que (ou de peur)		×	
de façon (ou de manière) que	×	×	
depuis que	×		
de sorte que	×	×	×
dès que	×		×
en attendant que		×	
en cas que		×	
encore que	×	×	×
en sorte que		×	
étant donné que	×		×
excepté que	×		×
jusqu'à ce que	×	×	
loin que		×	
lors même que			×
malgré que		×	
moyennant que	× Fut.	×	×
outre que	×		×
parce que	×		×
pour que		×	
pourvu que		×	
quoique		×	
sans que		×	
sauf que	×		×
selon (ou suivant) que	×		×
si peu que		×	
si tant est que		×	
soit que		×	
tandis que	×		×
tant que	×		
vu que	×		×

consensus inattendu entre pays du Nord et du Sud (*Le Monde*, 16 juin 1992). Quant au dérivé *consensuel*, qui signifiait en droit civil « formé par le seul consentement des parties », en parlant d'un contrat, il est également très à la mode, avec une valeur assez vague et sentimentale : *M. Le Pensec donne son aval à la recherche d'une « solution consensuelle » en Nouvelle-Calédonie* (*Le Monde*, 28 mai 1992).

CONSENTIR constr. *Consentir quelque chose*, construction transitive directe, surtout dans la langue du droit, « accepter, admettre » : *Le sacrifice est immense [...] il faut le consentir dès que la voix s'élève, qui le réclame* (Duhamel). *Consentir quelque chose à quelqu'un*, « accorder » : *De tous temps, Dieu consentit une grâce particulière à son peuple des Cévennes* (Chabrol). *Consentir à quelque chose*, « accepter qu'une chose se fasse, ne pas l'empêcher ». Avec une complétive, *consentir que* est classique et recommandé : *Je consens que la langue parlée échappe à toute surveillance* (Duhamel). Mais *consentir à ce que* gagne au terrain. Toujours le subjonctif après *à ce que*, mais après le simple *que* on peut trouver l'indicatif, s'il s'agit de faire le constat d'une chose irréfutable : *Albert consentit enfin à ce qu'il se joigne aux Jeunesses du P.P.F. qui aidaient à déblayer les décombres* (Chaix). *Je priais Dieu, mais je ne consentais pas sans répugnance à ce que l'idée de Dieu fût humiliée de quelque manière à mon regard* (Duhamel). *Cette doctrine n'est plus à la mode... mais il faut consentir que les notions de cause et d'adaptation y conduisent presque inévitablement* (Valéry). *Consentir à faire* ou *de faire*. Le tour avec *à* est de beaucoup le plus fréquent et le plus naturel : *Il a consenti à nous recevoir. Consentir de* est aujourd'hui un archaïsme : *Pour que ces gens-là consentent d'aller en justice, il leur faut un juge bien huppé* (Benjamin). → AD-METTRE ♦ Ce verbe forme le substantif **consentement** (et non pas * *consentiment*), alors qu'on dit **assentiment.**

CONSÉQUENCE forme *Une affaire de conséquence, sans conséquence, qui ne tire pas à conséquence* : le substantif est au singulier dans ces locutions, mais le pluriel est préférable dans *une affaire lourde de conséquences.*

CONSÉQUENT emploi et sens Au propre, « qui agit ou raisonne avec logique, qui ne met pas en contradiction ses paroles et ses actes » : *un homme conséquent dans sa conduite, ses démarches*, etc. Cet adjectif est passé à tort dans la langue familière au sens de « important », sans doute à partir de tours comme *une affaire, un homme de conséquence* : *une fortune conséquente, une maison peu conséquente*. Littré a condamné cet emploi. Cela n'empêche pas Giono, par exemple, d'écrire : *La rue qui doit s'appeler la grand-rue car ce village est plus conséquent que le nôtre*.

CONSERVE orth. *Des conserves de thon*, mais *des boîtes de conserve* (sans *s*), *mettre en conserve* (sans *s* également).

CONSERVE (DE) → CONCERT (DE)

CONSIDÉRER constr. L'attribut du complément direct d'objet doit être introduit par *comme* : *Je considère ces problèmes comme dignes du plus grand respect* (Romains, cité par Robert). *Les journaux impriment constamment* : *considérer impossible* (Brunot), mais cette construction « directe » de l'attribut d'objet se rencontre aussi chez de bons écrivains, soit devant un adjectif ou un participe : *Attitude spécifiquement française que je ne considère certes pas élégante* (Duhamel, cité par Grevisse), soit même devant un substantif : *Il considérait ces magnifiques rencontres des atomes qui donnent des aspects à la matière* (Hugo). Cette ellipse de *comme*, condamnée par l'Académie en 1965, s'explique parfois par des raisons d'euphonie, ou par le désir d'éviter une répétition. C'est le cas, par exemple, dans cette phrase de Valéry : *Celui qui écrit comme il prononce est, en France, considéré inférieur à celui qui écrit comme on ne prononce pas*. Toutefois, on arrive parfois à de gênantes ambiguïtés, comme ici : *En vérité, il avait horreur des cimetières [...] Il considérait ces lieux malsains* (Tahar Ben Jelloun).

□ **considérer comme tel.** Dans ce tour, l'adjectif *tel* s'accorde avec le complément : *Ce ne sont pas mes filles, mais je les considère comme telles.*

CONSISTER constr. Essentiellement avec *en* (surtout sans article) ou *dans* (toujours avec article) : *Sa fortune consiste en terres et en immeubles. Quant à ma collaboration, elle consistait uniquement dans la copie de quelques pages de grands auteurs* (Gide). *En le, en la* se rencontre dans la langue littéraire : *La valeur de l'Antiquité consiste pour Bossuet en la garantie qu'elle fournit contre le changement, en le maintien d'une présence intacte* (Thibaudet). → DANS et EN

☐ **consister à.** Rare devant un nom : *Ses vêtements consistaient à des lanières de peau de mouton et à des paquets de mousse qu'il s'était plaqués sur les jambes* (Thérive). Devant un infinitif, *à* est régulier : *Le génie, en amour, consiste à sauver dans le couple une perpétuelle nouveauté* (Maurois).

CONSŒUR → CONFRÈRE

CONSOMMER et **CONSUMER** emploi et sens Le premier verbe signifie au propre « mener une chose à son terme », « mettre en sa perfection » : *Tout serait consommé, j'aurais achevé, ni vu ni connu, ma carrière de faux prophète qui crie dans le désert et refuse d'en sortir* (Camus). *Pour consommer ma stupeur et la sensation environnante, il ajouta...* (Hériat). **Consommer** signifie également « détruire une chose en l'utilisant pour se nourrir, pour travailler » : *consommer du pain, consommer du bois, du papier*, etc. Il s'emploie parfois absolument quand le contexte est assez clair. Ne pas confondre avec **consumer**, « détruire par le feu », employé surtout, du reste, à la forme pronominale : *Des piles de bûches s'y consumaient sans fin quand la température devenait inclémente* (Green). → CONSUMÉRISME

CONSONANCE orth. Un seul *n*. De même *consonant, assonance, résonance.* → SONNER

CONSONNE genre Aujourd'hui les consonnes sont considérées comme des noms masculins. On dit *un r, un t,*

un h (et non plus *une*, comme le disait encore Littré). → VOYELLE

CONSORT genre Adjectif sans féminin. ♦ emploi et sens Au propre, *prince consort,* « époux d'une reine, qui ne règne pas lui-même ». Familièrement, *un tel et consorts*, « et ceux de son espèce », nettement péjoratif : *S'ils avaient oublié, Pétrarque ou consorts se feraient un plaisir de leur apprendre la route* (Toulet). En termes de procédure, le mot n'est pas péjoratif, mais désigne ceux qui ont un même intérêt.

CONSPIRER emploi et sens Très littéraire et même archaïque, au sens de « concourir à, contribuer à », sans idée péjorative de « complot » : *Tout conspire à la félicité de l'État.* Au sens de « préparer une conspiration », on emploie **conspirer contre** suivi d'un substantif, ou **conspirer pour** suivi d'un infinitif. On peut trouver aussi des constructions comme *conspirer la ruine d'une entreprise.*

CONSTITUÉ constr. Avec les prépositions *de* ou *par*, à peu près indifféremment (→ DE et PAR). **Constitué** peut former des phrases inverses de celles qui sont formées avec *consister en* : *Sa fortune consiste en rentes*, ou *des rentes constituent sa fortune.* Mais ne pas employer **être constitué en* pour *consister en*, ce serait un barbarisme.

CONSTRUCTEUR, CONSTRUCTIF emploi Le premier mot (surtout substantif) s'applique à un être humain, le second (surtout adjectif) à un non-animé : *un constructeur de barrages ; un projet constructif.* → DESTRUCTEUR

CONSUMER → CONSOMMER

CONSUMÉRISME emploi et sens Ce mot du début des années 70, dont l'origine est américaine (*consumer*, « consommateur »), désigne la « défense militante du consommateur ». Comme il est peu motivé pour un Français, on a proposé de le remplacer par *consommatique*, nom féminin, sur le modèle de *bureautique, robotique*, etc.

CONTACTER emploi Rejeté par les puristes, ce verbe, qui s'est répandu pendant la dernière guerre (lors des opérations de la Résistance) est très courant dans la langue parlée. On peut lui préférer *entrer en contact* ou *prendre contact avec quelqu'un, toucher quelqu'un* (parfois ambigu), *joindre quelqu'un : Je fus contacté indirectement par un homme qui se disait membre d'une organisation extrémiste* (Mendès France).

CONTAINER emploi Anglicisme inutile, auquel on substituera aisément **conteneur,** selon la recommandation ministérielle du 13 janvier 1973, et en dépit de l'avis du fougueux Cavanna, qui écrit : *On nous intime : Il ne faut pas dire «container», ce n'est pas français. Dites «conteneur». Mais «conteneur» ne l'est pas davantage ! On l'a bricolé, décalqué sur «container», et on arrive à un monstre non-français.* Cette position est peu défendable car le mot est bien formé : le français a fabriqué nombre de noms en *-eur* sur ce modèle : *bâtir, bâtisseur; détenir, détenteur* et même : *soutenir, souteneur !* Dans le domaine des transports, on utilise également les dérivés **conteneuriser** «mettre en conteneur», **conteneurisable** et **conteneurisation,** acceptables en dépit de leur lourdeur.

CONTENTIEUX sens Adjectif, «qui peut faire l'objet d'une discussion devant les tribunaux». Substantif, «ensemble des litiges qui existent entre deux personnes, deux organisations ou deux pays» : *Le contentieux franco-marocain.*

CONTESTABLE constr. Après une principale négative : *Il n'est pas contestable,* on trouve dans la proposition introduite par *que* l'indicatif et le conditionnel aussi souvent que le subjonctif : *Il n'est pas contestable* ou *Nul ne contestera qu'il y a des inconvénients dans cette façon de procéder.* C'est seulement avec le subjonctif qu'on peut trouver le *ne* dit explétif : *Il n'est pas contestable qu'il (n')y ait des inconvénients à...* On notera que l'indicatif est plus naturel que le subjonctif après l'adjectif **incontestable,** qui équivaut cependant à : **ne... pas contestable** (→ NE).

CONTESTATION emploi Ce mot a connu depuis 1968 une fortune considé-

rable au sens de «mise en cause systématique, opposition de principe, refus des bases et des formes de la société». Son sens propre est : «discussion sur un point». **Sans contestation** s'écrit au singulier. Ne pas confondre avec **sans conteste** (→ ce mot). ♦ À partir de ce mot s'est formé le néologisme **contestataire** (nom et adjectif), «qui conteste (principalement l'état social)», à distinguer de **contempteur,** de sens plus général, «qui critique et méprise».

CONTESTE emploi Uniquement dans la locution figée **sans conteste,** «sans contredit, de façon évidente et indiscutée» : *C'est à Madrid sans conteste que sont les plus jolies femmes d'Espagne* (Montherlant).

CONTESTER constr. Avec l'indicatif ou le subjonctif (→ CONTESTABLE) : *Nul ne contestera que Gacougnol est un artiste impossible* (Bloy, cité par Grevisse). *Nul ne contestera que tout problème n'ait des analogues dans le passé* (Benda).

CONTIGU orth. Dans *contiguë, contiguïté,* le tréma ne porte pas sur le *u,* mais sur la voyelle qui suit. → AIGU

CONTINUATION emploi La locution *bonne continuation,* employée pour prendre congé de quelqu'un, n'est pas reçue par le bon usage.

CONTINUELLEMENT et **CONTINÛMENT emploi et sens** Le premier de ces deux adverbes est de beaucoup le plus usuel. Ne pas confondre leurs emplois. On dira *travailler continûment* (action qui dure) et *être continuellement dérangé* (action «à répétition», tendance vers le sens : «à de fréquentes reprises»). *Un tourbillon tranquille et fort, si continûment régulier qu'il paraissait immobile* (Genevoix). Distinguer *pluie continue* et *pluies continuelles.* L'Académie, dès 1718, a parfaitement défini la différence qui les sépare comme elle sépare «*continu*» et «*continuel*» : «*Continu* et *continûment* se disent des choses qui ne sont pas divisées ni interrompues depuis leur commencement jusqu'à leur fin : *Les sapins sont impressionnants à cet égard, parce que ramassés continûment de la base à la pointe,* *toute leur forme est d'être dressée* (Velan); *continuel* et *continuellement* se disent de celles qui sont interrompues, mais qui recommencent souvent et à peu d'intervalles. »

CONTINUER constr. C'est surtout l'oreille ou le goût personnel de chacun qui choisit entre **continuer à** et **continuer de** : *Elle continuait à pleurer sans s'arrêter* (Rolland). *Elle continua de me regarder quelques instants* (Gide). *Quand elle s'arrêta, l'ombre lumineuse du tilleul continua de flotter sur le mur* (Bernanos). Dans ces deux derniers exemples, *de* permet d'éviter l'hiatus *continua à*. Inversement on attendrait plutôt la préposition *à* dans cette phrase de Vailland (en raison de la série des *de*) : *Il lui arrivait dans son sommeil de repousser les couvertures à grands coups de pied et de continuer de dormir jambes et ventre à l'air.*

CONTINUITÉ (SOLUTION DE) → SOLUTION

CONTONDANT sens « Qui fait des meurtrissures, mais ne coupe ni ne perce. » Le verbe *contondre* a disparu mais nous avons conservé le participe passé emprunté à la conjugaison latine de « *contundere* », dans : *une plaie contuse* (rare). Le même verbe a donné le mot **contusion.**

CONTRACTER emploi *Contracter une maladie, contracter des dettes,* ont le sens de « tomber malade », « faire des dettes ». *Il avait contracté, enfant, pendant la Première Guerre mondiale, une grippe espagnole* (P. Jardin). Ne pas confondre avec **contacter** (→ ce mot).

CONTRAINDRE constr. Avec *à* ou *de* quand il est suivi d'un infinitif, mais avec *à* devant un substantif : *L'armée a été contrainte à* ou *de capituler,* mais : *Elle a été contrainte à la capitulation. Ils étaient contraints de se lier aux chefs militaires* (Malraux). *Il s'échappait plus aisément que Camille ne l'eût voulu, contraint qu'il était de fuir sur place,* et *Elle contraignit la chatte, que son pied allait meurtrir, à regagner d'un saut son étroit observatoire* (deux exemples de Colette, à quelques pages de distance). Au passif, la présence du complément

d'agent entraîne plutôt la construction avec *à : Il a été contraint par son père à chercher du travail.*

CONTRAPONTISTE orth. On trouve aussi : *contrapuntiste* et *contrepointiste.* ♦ sens « Qui use des règles du contrepoint. » C'est en général un substantif. Pour l'adjectif, on ne trouve que la forme *contrapuntique.*

CONTRAVENTION sens Au propre, « action d'enfreindre la loi », puis, par métonymie, « papier portant le procès-verbal d'une contravention », d'où de nombreux emplois peu orthodoxes, qui sont entrés dans l'usage courant : *dresser une contravention* (on dit mieux : *dresser un procès-verbal*), *avoir une contravention,* et même *trouver une contravention sur son pare-brise.* À noter que dans tous ces tours on peut sans dommage substituer *procès-verbal* à *contravention,* même sous la forme abrégée *P.-V.*

CONTRAVIS emploi Mot rare, auquel on préfère d'ordinaire **avis contraire.**

CONTRE emploi Le tour *je n'ai rien contre* est familier, mais correct. On dira mieux, toutefois, *là contre,* qui, sans trait d'union, est depuis longtemps admis par le bon usage (on rencontre parfois, à tort, *là-contre). De même pour la phrase suivante, au tour recherché : *Et les belles couleurs toutes ensemble leur venaient contre* (Ramuz). Mieux vaut dire *venaient contre eux.*

□ **déblatérer, se fâcher, invectiver, vitupérer contre** → ces verbes

□ **par contre.** Il est aujourd'hui impossible de refuser cette locution adverbiale, que l'on trouve chez tous les bons écrivains. Nombreux exemples chez Apollinaire, Gide, Estaunié, Saint-Exupéry, etc. : *Étant aérophagique, mes vents n'ont qu'une fragrance diluée et peu fascinante, mais par contre (ou en revanche, je ne sais plus, où est Abel Hermant?) il m'arrive d'en retenir un avec zèle pour le libérer au départ de ma* « *visite* » (Paraz). L'Académie, en 1835, caractérisait *par contre* comme une locution du « style commercial »; toute mention de *par contre* a disparu dans la 8ᵉ édition, en 1932, mais la 9ᵉ édition (1988) reprend la question, non sans ambiguïté : *Elle ne peut donc* [cette locution] *être considérée comme fautive, mais l'usage s'est établi de la déconseiller, chaque fois que l'emploi d'un autre adverbe est possible.* Littré écrit de son côté : « Il convient du suivre l'avis de Voltaire et de ne transporter cette locution hors du langage commercial dans aucun style. » Mais, remarque Gide « *en revanche et en compensation* », formules de remplacement que Littré propose ne me paraissent pas toujours convenables. Trouveriez-vous décent qu'une femme vous dise : « Oui, mon frère et mon mari sont revenus saufs de la guerre ; *en revanche,* j'y ai perdu mes deux fils », ou « La moisson n'a pas été mauvaise, mais *en compensation* toutes les pommes de terre ont pourri ? ?... *Par contre* m'est nécessaire et, me pardonne Littré, je m'y tiens. »

□ **ci-contre →** CI

CONTRE- orth. Les composés prennent le plus souvent un trait d'union. *Contre* reste invariable : *contre-alizé,* *-allée,* *-amiral,* *-appel,* *-assurance,* *-attaque,* *-attaquer,* *-chant,* *-courant,* *-courbe,* *-dénonciation,* *-digue,* *-écrou,* *-électromotrice,* *-empreinte,* *-enquête,* *-épaulette,* *-épreuve,* *-espionnage,* *-essai,* *-expertise,* *-extension,* *-fer,* *-feu,* *-fiche,* *-fil,* *-filet,* *-fugue,* *-haut,* *-hermine,* *-indication,* *-indiquer,* *-jour,* *-lettre,* *-manifestant,* *-manifestation,* *-manifester,* *-mesure,* *-mine,* *-miner,* *-mur,* *-offensive,* *-palé,* *-pas,* *-passer,* *-pente,* *-performance,* *-pied,* *-placage,* *-plaqué,* *-plongée,* *-poil,* *-pointe,* *-porte,* *-préparation,* *-propagande,* *-rail,* *-réforme,* *-révolution,* *-révolutionnaire,* *-sujet,* *-taille,* *-terrorisme,* *-timbrer,* *-tirer,* *-torpilleur,* *-ut,* *-vair,* *-valeur,* *-visite,* *-voie.* Le *e* de *contre* disparaît dans *contravis, contrescarpe, contrordre* (l'orthographe *contre-ordre* n'est plus en usage). Un certain nombre de composés avec *contre* s'écrivent sans trait d'union : *contrebalancer, contrebande, contrebasse, à contrecœur, contrecoup, contredanse, contrefaçon, contremaître, contremarche, contremarque, contrepartie, contrepoids, contrepoint, contrepoison, contreprojet, contresens, contretemps, contrevérité,* etc.

CONTRE-CHAMP emploi et sens Au cinéma, « prise de vues en sens opposé à une autre prise de vues ». Ne pas confondre avec **contre-chant,** « phrase mélodique jouée en même temps que le thème et sur les mêmes harmonies ».

CONTREDIRE conjug. Comme *dire,* sauf *vous contredisez,* au présent de l'indicatif (et non *vous* *contredites). → MÉDIRE

CONTREPÈTERIE forme On trouve aussi **contrepetterie,** avec deux *t,* et **contrepet,** masculin. ♦ sens « Lapsus simulé qui, par une interversion de lettres ou de syllabes, produit un effet burlesque » (*Académie,* 1948).

CONTRER emploi et sens Terme de bridge (intransitif), très utilisé aujourd'hui dans la langue des journalistes sportifs. Il tend même à passer dans le langage courant, avec la construction transitive, au sens de « s'opposer à », « faire échec à » : *C'était en effet une marche d'étudiants que la police contrait avec des gaz lacrymogènes à l'angle de la rue de Médicis et du boulevard Saint-Michel* (Bastide).

CONTRÔLE emploi et sens Ce mot a en français le sens de « vérification » : *le contrôle des billets.* Mais on dit couramment, en un sens hérité de l'anglais : *Le conducteur a perdu le contrôle de sa voiture.* On évitera toutefois, dans le domaine technique, d'employer *contrôle* au sens de « action d'assurer la marche ou la conduite des organes ou des mécanismes d'un appareil » : *commande* est ici préférable (arrêté ministériel du 12 janvier 1973). De même, on emploiera *régulation thermique* ou *régulation d'orientation* quand il s'agira de l'« opération technique visant à maintenir une grandeur entre des limites fixées » (*id.*).

CONTRÔLER emploi et sens L'acception militaire « tenir sous sa domination, sous son contrôle » est tout à fait admise maintenant : *Les rebelles contrôlent la plus grande partie du pays.* On rencontre même cet emploi dans le domaine de la finance et de la technique : *Le trust X contrôle la plupart de ces entreprises.*

CONTROUVÉ **sens** «Forgé de toutes pièces, entièrement fictif» : *On pourrait, dit Huchon, communiquer une statistique controuvée, mais vraisemblable, sur le cocuage en France* (Romains). Ce verbe s'emploie parfois aujourd'hui au sens de «contredire» : *Proposition d'ailleurs controuvée par l'exemple d'Aragon lui-même* (Simon).

CONTUMACE **forme** Comme adjectif et comme substantif, on rencontre plus souvent *contumace* que *contumax* : *condamner par contumace.* ♦ **sens** «Se dit d'un ou d'une accusée qui ne se présente pas à son procès» : *un contumace, une contumace* (ou *contumax*).

CONTUS → CONTONDANT

CONVAINCRE **conjug.** → VAINCRE et APPENDICE

CONVENIR **conjug.** Avec l'auxiliaire *avoir* au sens de «plaire, être approprié à» ; avec l'auxiliaire *être* au sens de «décider ensemble» : *Le lendemain matin, en nous séparant, nous sommes convenus que le dimanche suivant je viendrais dîner et dormir avec elle* (Aymé). *Gregory prit congé, dans la cuisine rouge, après être convenu d'une rencontre à trois dans les jours qui venaient* (Godbout). *Ces dispositions ont convenu à notre associé.* Mais la tendance actuelle est à l'emploi exclusif de *avoir* pour tous les sens du verbe : *Nous avons convenu qu'en tout état de cause la Iʳᵉ Armée devait s'emparer de Stuttgart* (de Gaulle). *En fait, les deux lettres en question étaient sans grand intérêt, Télin en a convenu* (Léautaud).

□ **convenir que. constr.** Suivi de l'indicatif, du subjonctif ou du conditionnel : *Je conviens que vous savez ce que vous faites* (Hugo). *Ils convinrent qu'ils partiraient le lendemain, à la première heure* (Triolet). *Convenez que tout cela est bien étrange* (Jean). Le mode dépend du sens : 1. Au sens de *reconnaître :* indicatif. 2. Au sens de *s'entendre, s'accorder :* indicatif ou conditionnel. 3. Après le tour *impersonnel, il convient que,* le subjonctif est de règle : *Il convient que vous en soyez informé le premier.*

□ **comme convenu. emploi** Courant aujourd'hui, malgré les répugnances de certains grammairiens pour ce tour elliptique, d'origine commerciale.

□ **une date a été convenue. constr.** Bien que *convenir* ne soit pas transitif direct, le passif est possible et correct : *Une date a été convenue pour la remise de ce manuscrit.*

□ **convenu. sens** Une *chose convenue* est une chose «décidée», mais *un langage convenu* est un langage «artificiel» : sens proche de celui de **conventionnel.**

CONVENT **sens et emploi** Ce synonyme de **convention**, au sens de «réunion, congrès», ne s'emploie que dans le contexte de la franc-maçonnerie : *Au cours des travaux du convent, quelques délégués se sont interrogés sur l'opportunité de certaines des initiatives prises par le grand maître ces derniers mois* (*Le Monde*, 15 septembre 1983). Ne pas confondre avec **couvent.**
→ CONVENTUEL

CONVENTIONNEL **emploi et sens** Cet adjectif, au sens de «traditionnel, classique», est un anglicisme déguisé qui s'est bien implanté dans notre langue. On oppose presque «traditionnellement» aujourd'hui *l'armement conventionnel* (canons, chars, fusils, bombes, etc.) à *l'arme nucléaire* ou *chimique*. Le sens exact de l'adjectif est parfois incertain, comme ici : *Marika s'avançait avec les gestes conventionnels d'une amoureuse* (Dhôtel). On peut comprendre «les gestes habituels, traditionnels» ou bien «les gestes artificiels, convenus».

CONVENTUEL **forme** C'est l'adjectif correspondant à **couvent**. Ne pas confondre avec **conventionnel.**

CONVERGENT **forme** Adjectif tiré du verbe **converger** : *des feux convergents.*
→ PARTICIPE PRÉSENT

CONVERS **emploi et sens** Dans certains monastères, «frère ou sœur qui, n'ayant pas reçu l'ordination, se consacre aux travaux manuels». Le féminin est **converse.**

CONVIVIAL **emploi et sens** Cet adjectif est très en vogue aujourd'hui, au sens de «qui a trait à des relations sociales détendues, agréables, chaleureuses, créatives»; lesdites relations sont souvent désignées sous le nom de **convivialité**, rendu célèbre par les essais de l'Austro-américain Ivan Illich (à partir de 1973). À l'origine, les deux mots renvoyaient exclusivement aux repas, aux banquets, conformément à leur source latine. On rencontre les dérivés **convivialiser, convivialiste**, signes incontestables du succès de cette notion.

CONVOLER emploi et sens Verbe plaisant et familier, «se marier» et surtout «se remarier», en parlant d'une femme ou, plus rarement, d'un homme. Expression toute faite, *convoler en justes noces*: *Craignons que ces mœurs nouvelles détournent les jeunes hommes de convoler en justes noces et de fonder un foyer* (Gaxotte, cité par Le Bidois, qui déclare : « Il n'est plus nécessaire de récidiver dans le mariage pour être en état de **convoler** et ce verbe peut désormais se dire aussi bien d'un homme que d'une femme» [*Le Monde*, 1969]).

COOPÉRER prononc. Bien distinguer les deux o : [kɔɔpeʀe]. Mais on prononce couramment *coopérative* en ne faisant entendre qu'un seul o.

COORDONNER orth. et emploi Dérivés : *coordination* (avec *i*), mais *coordonnateur* (un o et deux *n* après le d), mieux que *coordinateur*. *Coordiné, coordinence* sont des termes de chimie, à ne pas confondre avec *coordonné, coordonnant, coordonnées...*

COPAIN orth. Également *copin*, d'où les dérivés, tous familiers : *copine, copiner, copinage : C'était une blonde qui se nommait Denise et qui attendait une copine* (Carco).

COPULATION → ACCOUPLEMENT

COPULE sens Terme de grammaire de genre féminin, désignant «le verbe qui relie le sujet à l'attribut», en général le verbe *être*, qui dans ce cas n'a pas un sens plein, mais aussi des verbes marquant l'apparence *(sembler, paraître)*, le devenir *(devenir, se faire)*, la continuité *(rester, demeurer)*, et tous les autres verbes qui se construisent avec un attribut.

COPYRIGHT prononc. [kɔpiʀajt]. ♦ sens «Droit exclusif pour un auteur ou son représentant d'exploiter son œuvre», et «marque de ce droit, symbolisée par ©, que l'on trouve au dos de la page de titre des ouvrages imprimés».

COQ-À-L'ÂNE forme Substantif invariable; toujours deux traits d'union, sauf si l'on emploie la locution d'origine : *passer du coq à l'âne*.

COQUILLE emploi En parlant de l'huître, **coquille** est maintenant admis. Littré déjà en acceptait l'emploi; le bon usage préférait autrefois **écaille.**

COQUILLIER orth. Ne pas oublier le *i* après le double *l*. ♦ emploi et sens Soit adjectif, «riche en coquilles fossiles», soit substantif, «collection de coquillages».

COR ET À CRI (À) forme Cette locution, qui vient du vocabulaire de la chasse, est invariable et s'écrit au singulier. **Cor** représente l'instrument de musique : *Ils réclament à cor et à cri (n'ayons pas peur des bons vieux clichés quand ils font image) une réforme de l'orthographe* (Cavanna).

CORAIL orth. Plur. : **des coraux.** On trouve parfois **corails** pour désigner «des variétés de la substance appelée corail, ou plusieurs objets fabriqués avec cette substance». Les dérivés ont deux *l* : *corallien, coralliaires, coralline*, etc.

CORDILLÈRE prononc. [kɔʀdijeʀ] mieux que [kɔʀdiljeʀ]. ♦ orth. Pas de *i* entre *-ll-*et *-ère.*

CORDON-BLEU orth. Avec ou sans trait d'union. → BAS-BLEU

CORDONNIER orth. Deux *n.*

CORELIGIONNAIRE orth. Un seul *r*. Pas d'accent sur le premier *e*. ♦ emploi Rien ne justifie que l'on prenne ce substantif en mauvaise part; il signifie simplement «qui a la même religion».

CORMIER → CORNIER

CORMORAN sens «Oiseau marin au plumage très sombre.» Le rapprocher de *corbeau marin* (son sens étymologique) et non de **mouette.**

CORNAQUER emploi et sens Ce verbe,
d'emploi familier, a plus d'un siècle
d'existence, mais retrouve aujourd'hui
une certaine vogue, au sens de «servir
de guide, piloter» : *Nous avons corna-
qué nos invités à travers la vieille ville*. Il
est formé sur **cornac**, nom de celui qui,
en Asie, s'occupe des éléphants.

CORNEILLE orth. On écrit : *bayer aux
corneilles*. → BÂILLER

CORNÉLIEN emploi et sens «Qui fait
passer son devoir, son honneur, avant
sa passion», en parlant d'une personne. «Qui présente un conflit entre
des sentiments humains», en parlant
d'une situation. L'Académie, en 1969, a
défini **cornélien** : «qui procède de l'esprit des tragédies de Corneille» : *héros
cornélien, situation cornélienne*. Veiller
à ne pas abuser de ce qualificatif assez
galvaudé : *Sa façon clownesque de vivre
la vie mais cornélienne de la
comprendre* (Morand).

CORNIER emploi et sens Adjectif, dans
poteau cornier, «d'angle». Ne pas
confondre avec **cormier**, synonyme de
sorbier.

COROLLAIRE genre Masc. : **un corollaire**. ♦ sens «Conséquence rigoureuse», en mathématiques, ou «suite
naturelle», dans un emploi général.
Mot didactique.

COROLLE orth. Deux *l*.

CORPS emploi On ne fait la liaison que
dans les locutions *corps et âme, corps et
biens*. *À son corps défendant*, est un
vieux tour signifiant «en défendant son
corps», c'est-à-dire «malgré soi» : *J'aurais horreur qu'il m'épouse à son corps
défendant* (Sartre). *Un drôle de corps*
s'applique à un «individu original, bizarre» : *Tu es un drôle de corps, reprend
Nony* (Bazin).

□ **à bras-le-corps, à mi-corps**. Les
traits d'union sont de règle, mais *à
corps perdu* n'en prend pas, de même
que *corps à corps*.

□ **corps de l'État** → GUIDE TYPO.

CORRAL orth. Plur. : **des corrals.** → -AL

CORRÉLATION orth. Deux *r*. ♦ prononc.
Il ne faut pas articuler ces deux *r* :
[kɔʀelasjɔ̃].

CORRÉLER conjug. et sens Ce verbe, qui
a le sens d'«établir des corrélations,
notamment en statistique», se
conjugue comme *céder* (→ APPENDICE).
On évitera de le confondre avec **core-
lier**, verbe technique ayant le sens
d'«associer étroitement».

CORROBORER sens «Donner, ajouter
de la force à», en général avec un
complément abstrait : *un avis, une opinion*, etc.

CORRODER orth. Pas d'accent circonflexe. → RODER ♦ sens «Détruire lentement par une action chimique.» Ne
pas confondre avec **éroder**, «détruire
en rongeant, par une usure naturelle»,
en parlant des agents atmosphériques.

CORROMPRE orth. Deux *r*, comme
dans *corrupteur, corruptible, corrup-
tion*.

CORSAIRE et **PIRATE** emploi et sens Le
corsaire était autorisé par une lettre de
marque de son souverain à «courir sus
aux navires de commerce ennemis»,
alors que le **pirate** n'était qu'un «bandit
des mers, qui attaquait sans distinction
tous les navires, y compris ceux de sa
propre nation». On appelait **flibustiers**
ou **frères de la côte** les pirates des Ca-
raïbes aux XVIᵉ, XVIIᵉ et XVIIIᵉ siècles.

CORYZA orth. Avec un *z* et sans *h*.
♦ sens Appellation savante du «rhume
de cerveau».

COSMÉTIQUE emploi Mot tombé en
désuétude dans la langue courante et
remplacé aujourd'hui par **laque, fixateur**.

COSMOLOGIE, COSMOGONIE et
COSMOGRAPHIE emploi et sens La **cosmologie** est la science des lois qui ré-
gissent l'univers, la **cosmogonie** désigne l'étude ou la théorie de sa
formation, alors que la **cosmographie**
en est l'étude uniquement descriptive.

COSMONAUTE emploi Ce mot d'origine russe, dont l'apparition en français date de 1961, fait une sérieuse

concurrence à **astronaute,** mot d'origine américaine (1933) : *Aucun poète n'a pu suggérer, imaginer, prévoir le spectacle cosmique qu'ont vu les cosmonautes* (Ionesco). L'usage est d'employer *cosmonautes* pour désigner les voyageurs de l'espace russes, et *astronautes* les Américains ; les Européens emploient **spationautes.**

COSSE → BALLE

COSTAUD orth. On trouve aussi, mais plus rarement, *costeau*. ♦ **forme** Le féminin **costaude** est rare ; en général, on emploie la forme masculine pour les deux genres. ♦ **emploi** Langue familière : *Elle avait un corps bien droit, costaud aussi, une taille mince* (Duras).

COTE, COTÉ prononc. et orth. Distinctes de **côte,** « pente ». Sans accent, ce mot signifie « montant, estimation, chiffre », selon le domaine dont il s'agit. *La cote des valeurs à la Bourse, la cote mobilière.* Synonyme : *cotation.* On écrit : *un croquis coté, la géométrie cotée,* et, dans un relevé de plan : *la cote 405.* Dans un sens figuré : *être bien* ou *mal coté, avoir bonne* ou *mauvaise cote.* On écrit *une cote mal taillée* (et non *une *cotte mal taillée*).

CÔTÉ emploi *Être au côté de quelqu'un* est en général au singulier, mais le pluriel est acceptable.
□ **côté affaires. constr.** Le tour sans la préposition *de* est très répandu et souvent critiqué (→ POINT DE VUE) : *Ce qui fait que, côté famille, mon état civil mentionne...* (Sarrazin). Il ne faut pas le confondre avec *son côté fleur bleue,* locution dans laquelle *fleur bleue* est en fait un adjectif obtenu par dérivation impropre, ainsi que dans d'autres phrases : *Il y avait chez l'artilleur un côté complot permanent, conspirateur, couleur de muraille, qui agaçait François* (Lanoux).
□ **côté cour, côté jardin** sont des locutions figées qui désignent la droite et la gauche du théâtre, quand on regarde la scène.
□ **un à-côté** → À-CÔTÉ
□ **chacun de son** ou **de leur côté** → CHACUN
□ **de tout côté, de tous côtés, de tous les côtés. emploi** Les trois tours sont également corrects, le premier plus littéraire, le dernier de beaucoup le plus répandu. → TOUT ET PART
□ **par côté. emploi** On trouve parfois la préposition *de* au lieu de *par ;* les deux sont correctes : *Je regarde tout le monde comme ça. – Oui, ou alors par côté : comme ça...* (Sartre).

COTEAU orth. Pas d'accent, bien que ce mot dérive de *côte* (avec accent) : *L'immense prairie aux coteaux montueux* (Baudelaire).

COTILLON orth. Un seul *t,* à la différence de *cotte* (ancienne tunique).

CÔTOYER orth. Un accent circonflexe. De même dans **côtoiement.**

COTRE orth. Pas d'accent circonflexe. ♦ **sens** « Petit bateau à un seul mât. »

COU emploi Dans *cou-de-pied,* terme d'anatomie, il s'agit du mot *cou,* ne pas confondre l'orthographe avec celle de **coup de pied** (sans traits d'union).
□ **se monter le cou. orth.** Graphie discutée. → MONTER L'orthographe, dans la phrase suivante, est correcte : *Ce que j'appelle, sans me monter le cou, ma théorie du public* (Salacrou).

COUCHES emploi et sens Vieux mot toujours au pluriel pour désigner « l'alitement d'une femme qui accouche ». Les locutions *être en couches, avoir des couches difficiles, relever de couches* sont démodées, mais *faire une fausse couche* demeure usuel.

COUCHE-TARD forme Ce mot composé reste invariable au pluriel, de même que son contraire *couche-tôt : Les couche-tard dérangent, en général, les couche-tôt.* Le registre de ces deux mots est familier.

COUCI-COUÇA orth. Avec trait d'union. ♦ **emploi** Plus familier que *comme ci, comme ça* (→ CI).

COU-DE-PIED → COU

COUDOIEMENT orth. Un *e* intercalaire.

COUDRE conjug. → APPENDICE

COUDE À COUDE emploi *Ce perpétuel coude à coude d'hommes, réunis en-*

semble, au quartier, à la brasserie, au mess (Huysmans). On écrit souvent aujourd'hui : *un coude-à-coude.*

COUENNE prononc. [kwan] et non *[kwɛn].

COUGUAR ou **COUGOUAR** prononc. [kugwaʀ] quelle que soit l'orthographe.

♦ sens Nom plus rare du *puma.*

COULEUR (adjectifs et noms de). forme S'accordent en genre et en nombre les adjectifs proprement dits : *vert, bleu, rouge,* etc.

Sont invariables 1. Ces mêmes adjectifs quand ils sont associés à un autre adjectif ou à un substantif qui les nuance. On écrit ainsi : *des robes rouges* mais *des robes rouge sombre. Des maisons bleues,* mais *des maisons bleu-vert. Sous les arcades rouge sombre des aqueducs minés fleurissaient des amandiers blancs* (Rolland). *Deux jolis chevaux alezan clair* (Romains). *Une teinturerie noire avec des rideaux rouge sang* (Sartre). *Une sorte de chemise de soie vert pomme* (Gide). *Elle avait des yeux bleu ardoise* (Labro). *Les yeux d'Hélène sont bleu foncé, comme le foulard qu'elle porte sur la tête* (Vailland). 2. Les noms de choses employés par ellipse comme adjectifs de couleur. On écrit ainsi : *des vêtements kaki, des yeux marron, des chapeaux orange.* Voici une liste des principaux d'entre eux : *abricot, acajou, amarante, améthyste, anthracite, arc-en-ciel, ardoise, argent, aubergine, auburn, azur, bistre, brique, bronze, caca d'oie, café-au-lait, caramel, carmin, cerise, chair, chamois, champagne, chocolat, citron, cobalt, coquelicot, corail, crème, crevette, cuivre, cul-de-bouteille, cyclamen, ébène, émeraude, feuille-morte, filasse, framboise, garance, gorge-de-pigeon, grenat, havane, indigo, ivoire, jade, jonquille, kaki, lavande, lie-de-vin, marron, mastic, moutarde, nacre, noisette, ocre, olive, or, orange, outremer, paille, pastel, perle, pervenche, pétrole, pie, pistache, poivre et sel, pomme, prune, réséda, rouille, sable, safran, sang, saphir, saumon, sépia, serin, soufre, souris, tabac, tango, terre de Sienne, tête-de-nègre, thé, tilleul, topaze, turquoise, vermillon, vert-de-gris, zinc.* ♦ Font exception quelques

termes assimilés par l'usage à de véritables adjectifs de couleur, et qui font donc l'accord. Ce sont : *écarlate, fauve, incarnat, mauve, pourpre* et *rose.* On écrit : *des feuillages fauves, une chemise incarnate,* etc. ♦ Le trait d'union lie deux termes de couleur : *bleu-noir, gris-bleu,* etc. Mais on écrira sans trait d'union un terme de couleur associé à un terme initialement étranger aux noms de couleur : *bleu roi* (pour *bleu de roi*), *gris perle* (pour *gris comme une perle*), *bleu nuit* (pour *bleu de nuit*), etc. ♦ On écrit : *des chiens noir et blanc* (chacun d'entre eux étant ici à la fois noir et blanc), *des écussons noir et feu, des lambris noir et or, des drapeaux bleu, blanc, rouge,* etc.

□ **en couleur** ou **en couleurs.** Le choix du singulier ou du pluriel est affaire d'appréciation selon la nuance de sens : «présentant de la couleur» ou «des couleurs». On écrit ainsi : *une photographie, un film, un album en couleurs, avoir de bonnes couleurs, perdre ses couleurs,* etc., mais *des vêtements de couleur, haut en couleur* (plur. : *hauts en couleur*), *changer de couleur, prendre couleur,* etc.

□ **couleur de.** emploi Après un substantif, *couleur* est construit avec ou sans *de : Elle le salua d'une moue mutine de ses lèvres couleur de cerise à l'eau-de-vie* (Toulet). *Des empreintes couleur de neige sale* (Colette). *Il regarda avec satisfaction un petit café à un étage, couleur potiron* (Sartre). Le mot *couleur* est ici invariable.

□ **sous couleur de.** emploi et sens *Couleur* a ici le sens de «prétexte, mauvaise raison» : *Il avança la main sous couleur de les ramasser* (Sartre).

COULPE emploi et sens Seulement dans la locution archaïque *battre sa coulpe,* où *coulpe* a le sens de «péché, faute», et non de «poitrine». Le sens est «se frapper la poitrine en signe de repentir en disant son *mea culpa*» : *On raconte que le messager pleurait de les entendre, battant sa coulpe de ses deux poings* (Schwarz-Bart).

COUP orth. On écrit sans trait d'union : *un coup de main, un coup d'œil, après coup, au coup par coup, tout à coup. À tous coups* est toujours au pluriel. ♦ emploi *Du coup*, néologisme du XIXᵉ siècle pour du même coup, ou *de ce fait*, est aujourd'hui admis par le bon usage : *Du coup, Boris put évoquer le visage de Lola sans horreur* (Sartre). Ne pas confondre avec d'un coup, forme abrégée de *d'un seul coup : J'aurais trop de peine si nous avions gâché d'un coup toutes nos chances de tuer des canards ce matin* (Vailland).

□ **tout à coup. emploi et sens** À cette locution adverbiale, de sens uniquement temporel, la langue courante substitue fréquemment *tout d'un coup*, qu'il vaudrait mieux, selon l'usage ancien, réserver à l'expression de « en une seule fois » : *Tout à coup, sans qu'on pût deviner de quel côté il surgissait, Spendius parut* (Flaubert). *Et voici, tout à coup, qu'il lui semble d'entendre marcher derrière les arbres* (Toulet). *Et tout d'un coup elle le prit à bras-le-corps et s'efforça de le soulever* (Merle). *Et tout d'un coup, le souvenir m'est apparu. Ce goût, c'était celui du petit morceau de madeleine* (Proust). Pas de traits d'union, à la différence de *sur-le-champ*.

□ **monter le coup à quelqu'un** → MONTER

COUP-DE-POING orth. Le nom désignant l'arme prend des traits d'union (plur. : **des coups-de-poing**), à la différence du groupe employé pour le « geste » : *faire le coup de poing*.

COUPE emploi et sens Il faut prendre garde que l'expression la plus forte est *coupe claire*, c'est-à-dire « qui éclaircit (le bois) », et non *coupe sombre*, « opération qui consiste à couper çà et là les plus forts arbres du massif d'une forêt, pour diminuer seulement l'épaisseur de la futaie ». Ces locutions, empruntées au vocabulaire des bûcherons, sont souvent prises à contresens, car *sombre* a généralement une valeur intensive dans la langue familière *(un sombre crétin)* : *Les survivants aux coupes sombres de la guerre, Courrèges, leur voyant le poil grison, cette bedaine, ce crâne, les haïssait d'avoir eu son âge* (Mauriac).

□ **mettre en coupe réglée. emploi et sens** Autre locution des bûcherons, signifiant « faire un abattage périodique dans un bois » ; le plus souvent employé

au figuré, avec le sens de « se livrer à des prélèvements abusifs et réitérés ».

COUPE- orth. Sont invariables les composés suivants : *coupe-air, -cigares, -circuit, -cors, -coupe, -étoffe, -feu, -feuilles, -file, -foin, -gaz, -gorge, -jambon, -lande, -légumes, -mottes, -ongles, -oreilles, -paille, -papier, -passepoil, -pâte, -queue, -racines, -sucre, -tête, -tige, -tirage, -tube, -vent, -verre.* Le second élément prend un *s* au pluriel dans : *coupe-bourgeon, -cheville, -jarret. Coupe-bordure* ne prend pas de *s* au singulier, mais au pluriel cette marque est facultative : *des coupe-bordure* ou *bordures*. Quant à *coupe-chou*, il s'écrit au pluriel comme au singulier, mais avec ou sans *x* final, selon les dictionnaires.

COUPER emploi Dans une communication téléphonique, on ne devrait pas dire *Nous avons été coupé(s)*, mais *On a coupé*. Cet emploi familier vient sans doute de la locution *couper la parole à quelqu'un*, parfaitement correcte, mais à laquelle il ne faut rien retrancher, sous peine d'en arriver à ce burlesque *couper quelqu'un ! Comme pour illustrer cette idée, Cormier m'a coupé au milieu de la phrase* (Aymé). On trouve **couper** en ce sens sans complément : *À ce propos, Mademoiselle, coupa sa mère, je précise que les enfants ne prendront plus désormais du café au lait, mais de la soupe* (Bazin). On rencontre une extension du même type dans la phrase suivante : *Ses compagnes se donnaient le bras pour ne pas se laisser couper par les garçons* (Peyré). ♦ À la voix pronominale, *se couper* au sens de « se trahir, se tromper dans son système d'affirmation ou de dénégation », est un emploi classique, qui passe aujourd'hui pour légèrement familier : *La vieille taupe, elle s'est coupée* (Sartre).

□ **couper les cheveux en quatre** → CHEVEUX

□ **couper à.** Accepté par l'Académie (février 1970), au sens de « se dérober à, éluder » : *couper à une corvée*.

COUPLE genre Le plus souvent masculin, quand il désigne deux personnes « unies naturellement, sentimentalement » : *Le manège de coquetterie qui convenait au « joli couple »* (Colette).

Mais **couple** est féminin quand il s'applique à des êtres ou à des choses «réunis par pur accident». On entend encore à la campagne ou en province : *J'aurai fini dans une couple d'heures.* Mais la langue citadine actuelle ignore quasiment cet usage. Cependant : *Il fut convenu qu'elle viendrait me reprendre dans une couple d'heures* (Gide). *Il se leva du divan, tira de sa poche une couple de billets tièdes et froissés* (Échenoz).

COUPOLE → DÔME

COUPURE (des mots) → GUIDE TYPO.

COUR orth. Toujours une majuscule à l'initiale quand le mot désigne les membres d'un tribunal : *Messieurs, la Cour !* On écrit *cour d'assises, cour d'appel, la cour* (à propos d'un souverain) avec une minuscule, *Cour de cassation* avec une majuscule ; de même *Cour des comptes* et *Haute Cour.* → HAUT et GUIDE TYPO.

□ **dans la cour. constr.** On doit dire *dans la cour* et non *sur la cour*, mais on dit *fenêtre sur cour.*

COURANT emploi Dans de nombreuses locutions de la langue commerciale : *Votre lettre du 8 courant, fin courant,* ne sortent guère de leur domaine d'origine, tandis que *courant avril* est passé dans la langue usuelle. *Dans le courant du mois de,* plus correct aux yeux de certains, est pesant et souffre de la concurrence de la forme elliptique.

COURBATURÉ emploi Cet adjectif, qui a fait autrefois l'objet d'interminables débats, mais que Littré ne condamnait pas, même s'il le jugeait peu utile, et qui a été accepté par l'Académie en mars 1970, est aujourd'hui pleinement passé dans la langue aux dépens de **courbatu :** *Le jour suivant, je me réveillai courbaturé, grippé* (Gide). *Oppressée, courbaturée, les veines de sa tête gonflées à éclater, elle n'y put tenir plus longtemps* (Larbaud). *Tandis qu'elle s'en allait dans l'autre pièce préparer le café, Justin se leva, un peu courbaturé* (Aymé). L'ancien *courbattre* «battre à bras raccourcis», d'où est issu *courbatu,* a complètement disparu. *Courbatu* signifiait au propre, à propos d'un

cheval, «qui a les jambes raides pour avoir trop travaillé, comme s'il avait été battu». Son maintien, au sens extensif, «qui souffre de courbatures», relève d'un purisme mal informé et d'un goût de l'archaïsme cultivé pour lui-même, qui ne se justifie guère. On notera en outre l'anomalie qui consiste à écrire *courbatu* avec un seul *t* alors qu'il est étymologiquement parent de *battu,* qui en prend deux. **Courbature** représente une altération d'un mot provençal et donne **courbaturer** par une dérivation très régulière, comme *aventure* donne *aventurer,* malgré l'existence de *advenir.*

COURIR conjug. → APPENDICE. Prend deux *r* au futur et au conditionnel. Se conjugue avec l'auxiliaire *avoir,* mais son composé *accourir* admet *avoir* ou *être.* → ACCOURIR

□ **courir après quelqu'un. emploi** Le tour *on courut inutilement après le voleur* est accepté par l'Académie, mais le tour *il lui court après,* avec le pronom personnel au datif, est familier : *Mon père lui courut après* (Henriot).

□ **c'est couru. emploi et sens** Employé comme adjectif, le participe *couru* prend le sens, dans la langue familière, de «prévu» : *Ce qui était arrivé à Joseph était couru d'avance, il ne fallait pas s'en étonner* (Duras).

□ **courir les routes. emploi** Bien qu'en principe *courir* se construise intransitivement, il n'est pas rare de le voir suivi d'un complément dit d'objet interne : *Qu'attendre de ce fils toujours à courir les routes ?* (Mauriac). *Toutes les fois que Gilbert en trouvait l'occasion, il courait la lande* (Dhôtel). *Autrefois elle courait les banques, maintenant c'étaient les diamantaires* (Duras).

COURRE emploi Forme ancienne de l'infinitif, réservé au vocabulaire de la chasse : *chasse à courre, courre le cerf,* etc.

COURRIER orth. Deux *r,* comme dans *courroie, courroucer.* Mais on écrit *couronner, courir,* avec un seul *r.*

COURSER emploi et sens Ce verbe transitif, qui est un intensif de **courir,** appartient à la langue populaire et n'est pas reçu par le bon usage : *Nous allions*

agacer les oies. Le jars nous coursait en sifflant comme un serpent (Ragon).

COURSIVE → COURTINE

COURT emploi *Couper, tailler court*, locutions dans lesquelles **court**, employé adverbialement, reste invariable, de même que dans *demeurer, rester court*, «ne plus savoir que répondre», qui gardent la même forme même si le sujet du verbe est une femme. De même pour *tourner court*, «échouer, ne pas aboutir» : *C'est ainsi que tourna court l'expédition montée par La Meilleraie* (A. Besson). Distinguer l'adjectif, qui s'accorde *(des cheveux courts)*, de l'adverbe, invariable : *Ses cheveux bruns coupés court lui donnaient un air enfantin* (J. Roy).

□ **tout court. emploi et sens** «Tel quel, sans rien ajouter», locution courante et correcte.

□ **être (à) court de. emploi** La construction ancienne et classique, sans *à*, tend à disparaître au profit de *être à court de* (condamné par Littré). Aujourd'hui, *être à court d'argent* se réduit souvent dans la langue familière en *être à court*, considéré comme assez clair. «*Être court en tabac*» se dirait, je crois, lorsqu'on n'en a plus que très peu ; «*à court de...*» lorsqu'on n'en a plus du tout (Gide, cité par Grevisse). Cette distinction subtile est juste, mais l'usage courant ne l'observe pas. Les meilleurs auteurs emploient ce tour avec *à* : *Aussi se trouvait-il perpétuellement à court d'argent* (France). *Tu n'es donc jamais à court de sujets de romans ?* (Colette). Ne pas écrire *cours* dans ce cas, pas plus que dans *prendre de court, couper court, au plus court, tourner court*, etc. : *D'autres fois, la crise tourne court, la fille se marie* (Anouilh). *Hélas ! nous sommes près de court !* (Salacrou).

COURT- forme Reste invariable dans les composés : *court-jointé, court-monté, court-vêtu. Elle était court vêtue* (Duhamel). Le trait d'union est facultatif. Mais on écrit : un *court-bouillon* (plur. *des courts-bouillons*), *court-circuiter*, un *court-circuit* (plur. *des courts-circuits*).

COURTAUD forme Le féminin est rare : *Quand elle ne fait pas attention, son en-*

colure la rend courtaude (Colette). ♦ **sens** Au propre, se dit «d'un chien ou d'un cheval à qui on a coupé la queue et les oreilles». Mais cet adjectif est le plus souvent employé comme synonyme expressif de *court*, à propos d'un animal ou d'un être humain.

COURTEPOINTE emploi et sens «Couverture piquée», tombe en désuétude ; on dit aujourd'hui plutôt *couvre-lit, couvre-pied, couverture*.

COURTILIÈRE orth. Avec *l* + *i*, et non pas deux *l*. ♦ **prononc.** [-ljɛʀ] et non *[-jɛʀ].

COURTINE sens «Tenture de porte» ou bien «mur rectiligne compris entre deux bastions», en termes de fortification. Ne pas confondre avec **coursive**, «couloir à l'intérieur d'un navire».

COÛT orth. Accent circonflexe : *le coût de la vie*.

COUTEAU emploi Dans *mettre le couteau sur* ou *sous la gorge*, la préposition *sur* est plus fréquente ; *sous* semble moins logique, mais vient peut-être de l'ancien tour *être sous le couteau*.

□ **être à couteaux tirés**. Cette locution doit s'écrire au pluriel, elle signifie «être en très mauvais termes avec quelqu'un».

COÛTER forme Pour le participe passé, l'accord ne se fait pas ou se fait selon que le verbe est pris au sens propre ou au sens figuré : *Les trois mille francs que ce meuble m'a coûté* (Acad., 1932), mais *les efforts que ce travail m'a coûtés* (ibid.). *Mes manuscrits, raturés, barbouillés et même indéchiffrables, attestent la peine qu'ils m'ont coûtée* (J.-J. Rousseau). → PARTICIPE PASSÉ

□ **il (en) coûte cher**. Dans ce tour stéréotypé, l'emploi de l'adverbe *en* est facultatif : *Il en coûte cher de toucher à certains tabous, en ce moment* (Japrisot).

□ **coûte que coûte**. Locution figée pour laquelle il n'y a pas de concordance des temps : *Ils n'en décidèrent pas moins de résister coûte que coûte* (A. Besson).

□ **ça coûtera ce que ça coûtera**. Dans cette locution familière, dont le sens est proche de *coûte que coûte*, le verbe *coûter* est pris au sens propre.

COUTIL prononc. [kuti]. Le *l* final ne se fait pas entendre. → PERSIL

COUTUMIER emploi Souvent dépréciatif dans *être coutumier du fait* ou même avec un autre complément : *Il est coutumier de ce genre de prouesses.* S'emploie peu pour des actions louables ou recommandables. Voir pourtant exemple : *Une de ces fugitives apparitions dont je savais à présent qu'elle était coutumière* (Gide).

COUVRE- orth. Dans les composés, **couvre-** est invariable et le deuxième élément prend un *s* au pluriel. *Couvre-pied(s)* s'écrit au singulier avec ou sans *s*, indifféremment ; *des couvre-feux, des couvre-lits,* etc. : *Le feutre dans lequel étaient fabriqués les couvre-chefs des deux hommes avait un air étranger* (Labro).

COW-BOY orth. Avec un trait d'union. Plur. : **des cow-boys.**

COYOTE orth. Un seul *t*.

CRABOT → CLABOT

CRACHER orth. Pas d'accent circonflexe sur le *a*. De même pour *crachement, crachin.*

CRACK orth. Finale en *-ck*. ♦ sens Au propre, « poulain préféré dans une écurie de course ». Cet anglicisme est aisément passé dans la langue courante, au figuré : *Mais vous devez être plus avancé que moi dans ses confidences, vous qui êtes le grand favori, le grand crack comme disent les Anglais* (Proust). À distinguer de **krach**, qui se prononce aussi [kʀak] et qui désigne un effondrement financier.

CRAILLER sens Synonyme de *croasser*, en parlant de la corneille. Ne pas confondre avec **criailler.** → COASSER

CRAINDRE conjug. Verbe du 3ᵉ groupe, pas de difficulté particulière (→ APPENDICE). ♦ constr. Après **craindre** (ou tout autre verbe ou locution exprimant la même notion) à la forme affirmative, deux cas se présentent : ou bien on craint qu'un événement (ne) se produise et l'emploi de *ne* est alors explétif : *Son petit cousin se présentait au cercle. Il craignait qu'il ne fût black-boulé* (France). *Il était dans les transes qu'on ne les surprît* (Rolland). *Avec précaution, de crainte que l'une des deux blessées ne fût endormie, je montai par l'étroit escalier* (Alain-Fournier). Ou bien on craint qu'un événement ne se produise pas, et l'emploi de *ne... pas* est alors obligatoire : *Je crains que vous ne soyez pas juste envers ces messieurs* (Mauriac). Lorsque le verbe *craindre* est à la forme négative, l'emploi de la particule *ne* dans la subordonnée est impossible : *Je ne craignais pas que la lumière se fît* (Fromentin). Il en est de même après la locution négative *sans crainte que* : *Vous parlez sans crainte que je m'emballe* (Mauriac). La négation complète *(ne... pas)* dans la subordonnée est régulière : *Personne ne craint qu'elle ne réussisse pas* ; mais cette construction à double négation est lourde, et l'on préfère employer un tour positif : *Tout le monde pense qu'elle réussira.* Lorsque *craindre* est à la forme interrogative, sa construction est la même que pour la forme négative. Règles identiques pour *avoir peur, redouter, trembler.* ♦ emploi Au début des années 80 s'est développé un emploi semi-argotique : *Ça craint*, qui renvoie à des circonstances dangereuses, à une atmosphère négative ou hostile, etc. On est ici à l'opposé du verbe *assurer*.

CRAINTE emploi Entre dans la composition de nombreuses locutions prépositives : *de crainte de, par crainte de, dans la crainte de*, et plus rarement *crainte de*, suivies d'un infinitif ou d'un substantif : *Crainte de donner l'éveil, il attendait le cœur battant* (Dorgelès). *La soirée se passe à errer sur les pavés, crainte de payer en entrant* (Estaunié). La locution conjonctive *crainte que*, suivie du subjonctif, est classique : *Il se garda de le lui dire, crainte qu'elle l'assiégeât pour qu'il prît pension chez elle* (Montherlant). Mais on emploie plutôt aujourd'hui *de crainte que*, suivi ou non du *ne* explétif : *Séparons-nous, de crainte qu'il (ne) nous voie ensemble.*

CRAMER emploi et sens En dehors de l'emploi populaire bien connu, intransitif au sens de « se consumer entièrement », il existe un emploi tout à fait régulier : *cramer un rôti* (transitif), au sens de « le brûler légèrement ».

CRÂNE orth. Avec un accent circonflexe, ainsi que les dérivés, sauf ceux qui commencent par **cranio-**. On écrit : *crânien, crâner, crâneur, crânement.*

CRAQUELLEMENT orth. On écrit aussi *craquèlement.* Un seul *l* dans *craqueler, craquelure, craquelage.*

CRAQUER emploi et sens Ce verbe traditionnel s'est enrichi, dans les années 80, d'une acception métaphorique, familière et expressive, « ne pas pouvoir résister à, succomber (à une tentation) » : *Ah ! Devant ce petit ensemble jersey, j'ai craqué. Je voulais me montrer sévère, mais le sourire de l'enfant m'a fait craquer !* C'est un enrichissement sémantique certain.

CRASH et **SE CRASHER** emploi et sens Le mot anglais **crash** dénote un « accident brutal, violent ». Le français des médias s'est emparé de ce substantif : *Le coup est d'autant plus sévère pour les ailes européennes [...] frappées de nouveau en juillet par le crash d'un Airbus A-310, 113 victimes* (*L'Est Républicain*, 29 septembre 1992) et a forgé sur lui un verbe pronominal **se crasher**, qui double tout à fait inutilement *s'écraser* : il s'agit là de pure anglomanie... En outre, on évitera la confusion avec **clash** (→ ce mot).

CRASSE (adjectif) emploi Très limité, à l'origine, dans *humeur crasse*, « épaisse », terme de médecine, aujourd'hui dans *avarice, ignorance, paresse crasse.* Appartient à la langue familière : *Élevé au collège de la sous-préfecture, Adrien en avait rapporté une grande habitude de la barre fixe et une ignorance crasse* (Aragon).

CRAVATE orth. Un seul *t*, ainsi que dans *cravater.*

CRÉATEUR orth. Avec une majuscule, pour désigner Dieu.

CRÈCHE orth. Un accent grave. *Crécher* (populaire) s'écrit avec un accent aigu.

CRÉDIBLE emploi et sens C'est un très vieux mot de la langue française, qui est redevenu fort usuel depuis 1970 environ, et s'emploie comme synonyme de *croyable* ou *convaincant* : *Ils essayèrent d'embarquer Ahmed dans une histoire de trafic, mais ils n'étaient manifestement plus crédibles, se trompant sans cesse, se contredisant et se disputant avec une rare violence* (Tahar Ben Jelloun). On notera que **croyable** s'emploie surtout négativement, et pour des choses : *Une nouvelle peu ou à peine croyable,* tandis que **crédible** se prête plus facilement à des tours positifs, aussi bien pour des personnes que pour des choses : *Dix témoins crédibles prêts à jurer leurs grands dieux qu'il y avait erreur judiciaire* (Godbout). *Un argument assez crédible.*

CREDO forme Pas d'accent sur le *e.* Avec une majuscule au sens religieux, *dire un Credo*; avec une minuscule au sens figuré : *son credo philosophique.*

CRÉER conjug. Exactement comme *chanter.* Garde partout l'accent aigu. Noter la succession des *e* dans le participe féminin : *Elle a été créée.*

CRÈME orth. À la différence du mot de base, les composés de **crème** prennent un accent aigu : *crémier, crémerie, écrémer,* etc.

CRÉNEAU orth. Accent aigu. ♦ sens « Partie vide. » On ne peut s'abriter derrière un *créneau*, mais seulement derrière un **merlon.** Aux sens d'« espace disponible pour ranger sa voiture en marche arrière » ou de « temps suffisant ou propice pour accomplir quelque chose » ou encore « domaine vacant », ce mot connaît une grande vogue : *Ça peut te nourrir gentiment tout le long d'une vie. C'est une spécialité, il y a un créneau* (Cavanna). ♦ La locution **monter au créneau** est courante aujourd'hui, au sens de « prendre ses responsabilités, accepter de s'exposer dans une affaire délicate » : *Mis gravement en cause par l'opposition, le ministre n'a pas hésité à monter au créneau.*

CRÉOLE sens « Personne de race blanche née dans certaines anciennes colonies européennes » : *Une dame créole aux charmes ignorés* (Baudelaire). *Sa femme, plus âgée que lui, était une créole, belle comme une après-midi de fin juin* (Giono). Ne pas confondre avec **métis**, ni avec **mulâtre** (→ ces mots).

CRÊPE orth. Avec un accent circonflexe, ainsi que les dérivés *crêpage, crêpé,* etc., sauf : *crépine, crépir, crépon, crépu.*

CRÊPELÉ et **CRÉPU** sens Le premier se dit de cheveux «ondulés, formant des crans»; on trouve aussi en ce sens *crespelé : Le visage de sa mère, épaissi, aimable sous de gros cheveux crêpelés, précocement blancs* (Colette). Mais ces formes sont peu usitées, sans doute en raison de la proximité de **crépu,** qui s'applique à des cheveux «serrés et frisés naturellement».

CRÉPUSCULE emploi Désigne initialement la lumière qui précède le lever du soleil et qui suit son coucher. Mais on ne dit plus guère *crépuscule du matin.* L'usage tend à faire du mot un synonyme de **soir.**

CRESCENDO prononc. [kʀeʃɛndo] ou [kʀeʃẽdo].

CRESSON prononc. [kʀɛsɔ̃] plutôt que [kʀɑsɔ̃].

CRÉSYL sens Nom déposé d'un désinfectant énergique. Ne pas confondre avec **grésil** (→ ce mot).

CRÊTE orth. On écrit avec un accent circonflexe : *la crête de la montagne, la crête du coq,* de même pour *crêt* et *crêtelé.* Ne pas confondre avec le nom propre : **l'île de Crète, la mer de Crète.**

CRÈVE- forme Les noms composés commençant par **crève-** sont invariables : *des crève-cœur, des crève-la-faim,* etc.

CREVER emploi Populaire au sens de «mourir», ainsi que ses nombreux dérivés. En bonne langue, avec ce sens, ne peut se dire que des animaux, ou en parlant des pneus : *Nous crevons. Je change ma roue, en y laissant mes ongles* (Morand).

CRIC prononc. En principe [kʀi]; mais [kʀik], où la finale se fait entendre, s'est imposé.

CRI-CRI forme Plutôt invariable au pluriel, mais Littré lui donnait une double marque écrite : *des cris-cris.* ♦ sens «Cri du grillon» ou «nom familier du grillon».

CRICKET et **CRIQUET** orth. Le **cricket** est un sport anglais; le **criquet** un insecte commun.

CRIER constr. *Crier après quelqu'un* est parfaitement correct, encore que jugé familier à notre époque : *On ne criait plus après lui, on ne le poursuivait plus* (Dhôtel). Littré l'admettait. On dit aussi : *crier contre quelqu'un. Crier sur, crier dessus (il m'a crié dessus),* est un tour populaire.

□ **crier famine, misère, victoire** sont des tours figés qui ont presque toujours maintenant une valeur péjorative.

CRIME → ASSASSINAT

CRIN emploi La locution *à tout crin* s'emploie aussi bien au pluriel. Elle s'appliquait à l'origine à «un cheval pourvu de tous ses crins», c'est-à-dire «ardent, fougueux». Littré notait qu'on le disait «familièrement en parlant d'une personne qui porte ses cheveux longs et en désordre». Aujourd'hui *à tout crin* ne s'emploie qu'au figuré (au singulier ou au pluriel) : *Un patriote à tout crin. Bonnets rouges ou shakos, les uns révolutionnaires à tous crins, les autres bonapartistes effrénés* (Barbey d'Aurevilly).

CRINCRIN sens Ce substantif masculin désigne familièrement «un mauvais violon». S'écrit parfois en deux mots : *Il était temps de rentrer, l'orchestre à deux crins crins préludait dans la salle* (Perret).

CRIQUET → CRICKET

CRISTAL forme Les dérivés s'écrivent tous avec deux *l* : *cristallin,* etc. Au pluriel, **des cristaux** désigne par abréviation *des cristaux de soude.* Ne pas dire à ce propos **du cristau,* comme on l'entend parfois.

CRITÈRE ou **CRITÉRIUM** emploi et sens Ces deux formes, dont la seconde est aujourd'hui plus pédante et plus rare, désignent «un signe distinctif permettant de définir et de classer une chose, une notion » : *Cripure ajouta* : « *Le critérium, c'est la manière de vivre* » (Guilloux). Déjà, en 1868, A. Daudet s'était moqué : *Un mot, jeune homme, avant de commencer... Quel est votre critérium ?* [...] – *Hélas ! mon critérium !... je n'en avais pas, je n'avais jamais songé à en avoir un* [...] – *Comment ! Malheureux jeune homme, vous n'avez pas de critérium ! Le Critérium des As* était une épreuve cycliste permettant de « distinguer le meilleur » ; aujourd'hui, on connaît encore le *Critérium des Cévennes*. **Critère** est souvent galvaudé aujourd'hui.

CRITICITÉ ou **CRITICALITÉ emploi et sens** La première forme, plus brève, est recommandée officiellement (arrêté du 30 novembre 1989), par référence au *seuil critique* permettant une réaction nucléaire en chaîne : il n'est pas utile de calquer de trop près l'anglais *criticality*.

CROASSER → COASSER

CROC-EN-JAMBE prononc. *un* ou *des* [kʀɔkɑ̃ʒɑ̃b]. ♦ **orth**. Avec un *s* (qui reste muet) au pluriel : **des crocs-en-jambe**.

CROCHETER conjug. Comme *acheter* (→ APPENDICE).

CROIRE constr. et sens *Croire à quelqu'un* ou *à quelque chose* marque une adhésion de l'esprit : « avoir foi à la réalité de ». *Croire au loup, ce n'est pas difficile, il suffit d'avoir peur* (Alain). *Croire en quelqu'un* marque plutôt une disposition du cœur, « avoir confiance dans les qualités, l'intelligence, le pouvoir de quelqu'un » : *Bien que désespéré, il croyait en Dieu, et en la vraie colombe* (P. Jardin). *Croire quelqu'un, croire en Dieu*, c'est « estimer vraies ses paroles ». *Croire une chose*, c'est la tenir pour véritable. « Pour la plupart des Français, *croire quelqu'un*, c'est attacher valeur de vérité à ce qu'il dit ; *croire à quelque chose*, c'est penser que ce quelque chose a une existence réelle ; *croire en quelque chose*, c'est y attacher une valeur éthique et se comporter en conséquence. *Croire à Dieu* est purement rationnel, *croire en Dieu* comporte confiance et amour » (Damourette et Pichon). ♦ On trouve parfois aussi *croire*

dans, avant un nom pluriel : *Monsieur, dit l'Autodidacte* [...] *je ne crois pas en Dieu* [...]. *Mais, dans le camp de concentration, j'ai appris à croire dans les hommes* (Sartre). *Dans*, ici, permet d'éviter *en les* ou *aux (hommes)*.

□ **je ne crois pas qu'il viendra** ou **qu'il vienne. constr.** Lorsque le verbe *croire*, dans la principale, est à la forme interrogative ou négative, le verbe de la subordonnée est soit à l'indicatif futur, soit au subjonctif, tandis qu'il ne peut être qu'à l'indicatif lorsque le verbe de la principale est à la forme affirmative : *Je crois qu'il viendra* en face de *je ne crois pas qu'il viendra* (forme négative) ou *je ne crois pas qu'il vienne* (possibilité de réalisation, malgré tout). *Je ne pouvais pas croire que c'était fini pour toi* (J. Roy) opposé à : *Il n'aurait jamais cru que les nuages, la nuit, pussent éblouir* (Saint-Exupéry). Le choix du mode dépend, dans certains cas, du contexte, ou de ce que l'auteur veut faire comprendre à son lecteur : *Crois-tu que j'en aie touché seulement l'ombre d'un ?* (Peyré) en face de : *Je vous défends de croire que j'en ai eu le désir* (Mauriac). Le subjonctif serait également possible ici (influence du verbe *défendre*), mais atténuerait la vigueur de la phrase.

□ **plus grand que je (ne) (le) croyais** → NE et LE

□ **se croire. emploi et sens** Employé dans la langue familière, au sens de « être plein de présomption, agir ou parler avec prétention » : *Il ne se croit pas rien, celui-là !*

□ **croit** et **croît**. *Croit* (sans accent circonflexe) est la 3ᵉ personne du singulier du verbe **croire**. *Croît* est la forme correspondante du verbe **croître**.

CROÎTRE conjug. → APPENDICE ♦ **orth**. Accent circonflexe sur le *i*, devant *t*, et sur le participe passé, mais seulement au masculin singulier : *crû*. ♦ **constr**. L'auxiliaire employé aux temps composés est aujourd'hui *avoir* : *Au fil des jours mon inquiétude a crû* (Colombier).

CROQUE AU SEL (À LA) orth. Pas de traits d'union.

CROQUEMBOUCHE orth. Ce mot masculin s'écrit aussi *croque-en-*

bouche. ♦ **sens** Nom donné à plusieurs «pâtisseries croquantes» et surtout à une «pièce montée composée de multiples éléments croquants et caramélisés».

CROQUE- orth. Dans les composés, ce premier élément est toujours invariable. *Croque-mitaine* s'écrit avec ou sans trait d'union (pluriel avec *s* final). Même chose pour *croque-note* ou *croquenote*, «musicien médiocre». *Croque-monsieur* et *croque-noix* sont invariables. *Croque-mort* et *croque-noisette* («muscardin», comme *croque-noix*) prennent un *s* final au pluriel : *des croque-morts.*

CROQUENOT orth. On trouve plus rarement *croqueneau.* ♦ **emploi et sens** «Gros soulier», appartient à la langue populaire, comme **godillot.**

CROSS emploi et sens Vocabulaire sportif, «course à pied à travers la campagne», de *cross-country,* anglicisme auquel il semble difficile de proposer un substitut.

CROULER orth. Pas d'accent circonflexe ; de même pour *s'écrouler* et pour *croulant.* ♦ **emploi** Le verbe simple signifie «être prêt à tomber». Le dérivé *s'écrouler* est synonyme de *s'effondrer* : *Je vous avoue, Monsieur l'abbé, que je croule de sommeil* (Gide). On connaît aussi la locution emphatique et stéréotypée *crouler sous les applaudissements.*

CROUPETONS (À) orth. Ne pas oublier le *s.* ♦ **sens** «dans une position accroupie».

CROUPIÈRES emploi et sens «Longe de cuir.» ♦ Surtout dans *tailler des croupières à quelqu'un,* «lui susciter des difficultés, des obstacles».

CROUSTILLANT emploi et sens Au propre : *un petit pain croustillant.* Au figuré, *histoire croustillante,* «légère, grivoise». *Croustilleux* ne se dit plus.

CROÛTE orth. Avec accent circonflexe sur le *u.* De même pour les dérivés *croûton, croûteux,* etc., sauf ceux qui ont la forme *croust-.* Emploi familier dans : *casser la croûte,* «manger» : *Je*

vois que tu casses assez bien la croûte, tu as bonne mine, ça me fait plaisir (Perret). *Croûter* est argotique.

CRU (subst.) orth. Quand il est substantif, désignant «un vin réputé», le participe passé de *croître* perd arbitrairement son accent circonflexe : *un grand cru : L'enivrante descente des crus bourguignons* (Morand). Au figuré : *La claviste n'ayant pas manqué au passage d'enrichir le texte d'un nouveau tonnage de bourdes, de son propre cru, celles-là* (Cavanna). → CIRCONFLEXE et CROÎTRE

CRU emploi et sens Outre le sens propre, par lequel il s'oppose à «cuit», cet adjectif a des emplois figurés : «sans aménagement, tel quel», comme dans *constructions à cru,* «posées à même le sol», ou dans *monter un cheval à cru,* c'est-à-dire «sans selle».

CRÛ → CROÎTRE

CRUCIAL sens Idée de «croix, croisement» (comparez *être à la croisée des chemins),* d'où, par un anglicisme souvent blâmé, «capital, fondamental» : *Il envisageait des manœuvres complexes pour se substituer à un de ses camarades au moment crucial* (Vian). *Le problème du divorce est crucial en Italie (Europe n° 1,* 23 mars 1970). En fait, le sens correct de «décisif» amène aisément un tel glissement, de même que l'idée de «croix» amène parfois le sens secondaire, plus critiqué, de «douloureux». C'est surtout l'emploi abusif de cet adjectif qui doit être blâmé.

CRUCIFIEMENT ou **CRUCIFIXION** sens Le premier mot signifie «l'action de crucifier» : *condamner au crucifiement.* Le second s'applique le plus souvent à «la représentation plastique du crucifiement du Christ» : *une crucifixion de Véronèse.*

CRUCIFIX prononc. Le *x* est muet : [kʀysifi].

CRUCIVERBISTE emploi et sens Cet adjectif nom signifie «amateur de mots croisés» s'est imposé aux dépens de *mot-croisiste : Et vous-même, mademoiselle : Hélène ? — Non, LN en deux lettres. Je suis d'origine cruciverbiste* (Queneau). Il est admis dans le *Dictionnaire de l'Académie française* (9ᵉ éd., 1989).

CRÛMENT orth. Avec accent circonflexe : *Il n'était pas sûr que Barzillievi ne l'ait pas crûment consigné par écrit* (Labro). Adverbe dérivé de *cru* (sans circonflexe). → ADVERBES

CRYPTOGAME sens Terme de botanique s'appliquant à certaines plantes : champignons, fougères, etc. Ne pas confondre avec **cryptogramme**, «message rédigé dans un code secret».

CSARDAS prononc. [ks-] ou [gz-]. Le *s* final se fait entendre même au singulier. ♦ orth. Avec *cs* ou *gz*.

CUBE orth. On écrit sans trait d'union : *un mètre cube (1 m³), deux mètres cubes (2 m³).* Avec un *s : un jeu de cubes.*

CUBER emploi et sens Familier et intransitif au sens de «représenter un volume ou une somme importante» : *La chambre verte du palais Selambov qui cubait 400 mètres* (Giraudoux).

CUBITAINER emploi et sens Ce nom déposé est récent et déjà très usuel : il désigne un récipient souple, en plastique, servant au transport des liquides, notamment du vin.

CUCUL orth. Adjectif invariable. ♦ emploi Langue populaire, de même que *cucul la praline*, qui est démodé : *Elle a prétendu au jardinier que le massif de silènes et de myosotis faisait cucu...* (Colette). Ici, le *l* final est absent.

CUEILLIR conjug. → APPENDICE. Attention : futur *je cueillerai* et non *je cueillirai.* ♦ orth. À toutes les formes, -*uei*- et jamais -*eui*-.

CUILLÈRE ou **CUILLER** forme La seconde est plus rare. ♦ emploi La métonymie : *Les cuillères d'huile de foie de morue ingurgitées par les élèves dans la cour du petit lycée* (Labro) est aussi acceptable que *boire un verre de vin* ou *déguster un plat de champignons.* Mais on peut toujours, bien entendu, utiliser dans ce cas le dérivé **une cuillerée.**

CUIR emploi et sens Familièrement, «faute de diction, consistant en une fausse liaison par addition d'un *t*, par exemple» : *Il ira-*t-à Tamatave.* Cet ajout est inconsciemment destiné à supprimer un hiatus, et provient en général du tour de l'interrogation : *Ira-t-il?* → PATAQUÈS et VELOURS

CUIRE emploi Dans la langue familière, *il va lui en cuire* pour «cette affaire va lui attirer des ennuis» : *Si les forains s'obstinaient à le cacher, il pourrait leur en cuire* (Dhôtel). Cet emploi est archaïque. *Dur à cuire,* souvent simplifié en *dur*, est bien vivant (→ ce mot). Au sens propre, on trouve, en emploi transitif, *cuire* et *faire cuire* (celui-ci plus courant).

CUISINER sens Au sens propre, le verbe peut être transitif ou intransitif. Il implique plus d'attention et de soin que *faire cuire* : *Le vieux comptoir cuisinait dans ses sous-sols les mets nationaux* (Morand). Transitivement, il peut prendre un sens figuré : *cuisiner une affaire ; cuisiner quelqu'un*, «l'interroger sans répit pour le faire avouer».

CUISINISTE emploi et sens Il s'agit d'un néologisme utile, qui désigne un «installateur de cuisines», une personne qu'on ne saurait évidemment confondre avec un cuisinier.

CUISSEAU et **CUISSOT** forme et sens Le premier substantif désigne «une partie du veau dépecé, du dessous de la queue au rognon», tandis que le second ne s'applique qu'à «une cuisse de gros gibier, sanglier ou chevreuil» : *des cuisseaux de veau, des cuissots de chevreuil.*

CUISTRE sens «Pédant vaniteux et ridicule.» Ne pas l'employer pour **rustre** : «homme grossier». ♦ dérivé *Cuistrerie* : *La cuistrerie attriste, car elle dessèche et anéantit. La culture rend joyeux, car elle ne fait qu'un avec la vie* (Dutourd).

CUL- orth. Les composés avec *de* prennent tous un trait d'union, et, au pluriel, seul le premier mot prend un *s : des culs-de-basse-fosse, des culs-de-jatte, des culs-de-lampe, des culs-de-sac,* etc.

CULOTTE emploi Familier au pluriel quand il s'agit d'une seule personne : *porter des culottes courtes.* → SANS-

□ **baisser culotte. emploi et sens** «S'abaisser devant quelqu'un», tour ancien et familier, toujours au singulier.

CULTUEL sens «Qui se rapporte au culte» : *un bassin cultuel.* Ne pas confondre avec **culturel,** «qui se rapporte à la culture» (au sens abstrait seulement). **Cultural,** «qui se rapporte à la culture des champs», est peu usité.

CUNÉIFORME orth. Pas de tréma sur le *i.*

CURE emploi et sens Surtout dans *n'avoir cure de,* «ne pas se soucier de». → SINÉCURE

CURE-DENT orth. Un trait d'union. Pluriel : **des cure-dents.** *Cure-ongles* et *cure-feu* sont invariables.

CURER emploi et sens Le verbe **curer** a un sens technique, «nettoyer», en parlant d'une cavité : *Il faut curer le puits. L'homme cura longtemps sa pipe.* Le verbe *écurer,* doublet inutile du premier verbe, n'est plus employé. Quant à **récurer,** la valeur intensive de son préfixe lui assure une survie et indique qu'il s'agit d'un «nettoyage énergique» : *récurer ses casseroles.* Emploi figuré : *Rincée, poncée, récurée, épucée, elle eût été charmante* (Montherlant).

CURETAGE sens Terme de médecine, «nettoyage d'une cavité naturelle ou artificielle, notamment de l'utérus, après une fausse couche.» Ne pas confondre avec **curage,** qui est le terme général.

CURIE emploi et sens Aujourd'hui employé absolument (avec une majuscule) pour désigner «l'ensemble des personnages constituant le gouvernement du pape au Vatican».

CURRICULUM VITÆ orth. Avec deux *r.* S'abrège en *c.v.* ♦ **sens** «Ensemble des indications concernant l'identité, la vie, les actes de service d'une personne.»

CURRY → CARI

CURSIF sens «Bref, rapide, qui court»; adjectif répandu aujourd'hui : *Une lecture cursive.*

CUTI forme Abréviation familière de *cutiréaction.* Plur. : **des cutis.**

CV → CHEVAL-VAPEUR

CYCLOMOTEUR sens «Bicyclette à moteur dont la cylindrée ne dépasse pas 50 cm^3.» On emploie abusivement **vélomoteur** en ce sens.

CYCLONE orth. Pas d'accent circonflexe sur le *o.*

CYMBALE sens «Instrument de musique à percussion, composé de deux disques de cuivre ou de bronze» : *L'éclat attendu et inattendu des déchirantes cymbales* (Valéry). Ne pas confondre avec **timbale,** «sorte de tambour en forme de demi-sphère».

CYNÉGÉTIQUE emploi et sens Mot didactique, «qui se rapporte à la chasse».

CYPRÈS orth. Accent grave sur le *e.*

CYPRIOTE ou **CHYPRIOTE sens** «Habitant de Chypre.»

CYTISE genre Masc. : *La grappe jaune du cytise* (Colette).

CZAR forme Orthographe polonaise pour **tsar** (→ ce mot) : *Quand on fut colonel très fidèle de notre czar!* (Bastide).

D

D orth. et prononc. On trouve le doublement de cette lettre dans un petit nombre de mots : *addenda, additif, addition, additionnel, additionner, adducteur, adduction, bouddha, bouddhique, bouddhisme, bouddhiste, quiddité, reddition*. On pourra toujours prononcer avec un seul *d :* le redoublement est inutile et pédantesque.

D'ACCORD constr. Après *tomber* ou *être d'accord*, on rencontre le plus souvent la préposition *sur*, mais aussi *pour* et même *de* (recherché et classicisant) : *Nous sommes tombés d'accord sur la décision à prendre. Nous sommes d'accord pour vendre notre maison de famille*. En emploi interjectif, **d'accord !** pourrait être préféré à **O.K.**, dont l'abus aujourd'hui est manifeste.

DADA emploi et sens Familier au sens de «manie, marotte» : *Avoir un dada*.

DAGUERRÉOTYPE orth. Deux *r : Autant que peut le laisser encore entrevoir le vieux daguerréotype jaune et pâle* (Giono).

DAHLIA orth. Un *h* après le *a* et avant le *l* (vient d'un nom propre suédois, *Dahl*).

DAIGNER emploi Littéraire ou limité à des locutions figées, surtout dans le tour négatif **ne pas daigner** + **infinitif** : *J'ai mille raisons de tenir le coup, la paupière haute et ne daignant même pas ciller* (Bazin). *Cet homme distant, de haute taille, qui daignait*

rarement descendre en ville (Labro). → DÉDAIGNER

DAIM forme Le nom de la femelle est *daine* ou *dine* (cette dernière forme dans le langage des chasseurs). → FAON

DAIS sens Ne pas confondre avec **baldaquin** et **catafalque**. Le **dais** est un «ouvrage ornemental s'étendant au-dessus d'un autel ou d'un lit, ou de la place d'un ecclésiastique de haut rang» : *Un petit nuage se trouvait suspendu au-dessus de la montagne comme un dais jésuite sur la tête d'un métropolite* (Morand).

DAM prononc. [dɑ̃]. Homophone de **dent**. ♦ orth. *Dam* et non **dan*. ♦ emploi et sens Seulement dans *au dam, au grand dam de (quelqu'un)*, avec le sens de «tort, dommage».

DAMASQUINER sens « Incruster dans une surface métallique un filet de métal précieux ou de cuivre pour le décorer ou l'embellir.» Ne pas confondre avec **damasser,** «fabriquer dans le style du damas, étoffe tissée et réversible avec des fils mats et des fils brillants».

DAME emploi Ne doit pas être utilisé au sens de «femme, épouse de», qui appartient exclusivement au registre populaire : *La jeune dame de M. Alain prend bien bonne mine* (Colette). On doit dire : *La jeune femme de M. Alain... ; J'ai rencontré sa femme*. On peut dire absolument : *C'est une dame* (c'est-à-dire une femme mariée, ou « qui a une allure, une autorité de femme mariée »). *Une fille brune de peau, avec une propension à grossir, cette Pauline. Elle faisait assez dame* (Aragon). Valeur burlesque et satirique, dans l'exemple suivant : *Dans les loges, les représentants du gouvernement, ces messieurs et leurs dames, font preuve de la plus vive sensibilité, se pâment et applaudissent* (Vercors). → DEMOISELLE, GAMIN, HOMME

DAME-JEANNE orth. Ce substantif féminin s'écrit avec un trait d'union. Plur. : **des dames-jeannes.**

DAMNATION prononc. Le groupe -*mn*- se prononce comme un -*n*- simple dans tous les mots de cette famille.

DAN prononc. [dan]. ♦ sens Mot japonais, « degré de qualification des ceintures noires » des arts martiaux.

DANDY orth. Plur. : **dandys** ou, à l'anglaise, **dandies** (dans ce cas, il s'imprime en italique) : *Ces précurseurs des snobs s'intitulaient eux morgue « dandies »* (Cavanna). Dérivé : *dandysme* avec un *y*.

DANS emploi À la place de *en* devant un nom géographique accompagné d'un déterminant : *en France*, mais *dans toute la France, dans le Jura*, etc. On emploie rarement *en* devant l'article défini, sinon dans les tours du type : *en l'air, en l'honneur*. On dit *être en prison*, mais *le gardien habite dans la prison. En* constitue un archaïsme voulu dans les exemples suivants : *M. Herriot, l'homme qui avait eu le toupet de dire, en plein congrès radical tenu par bravade en la bonne ville d'Angers* (Bazin). *Je crois en moi plus qu'en les autres* (Romains).

□ **dans Paris, à Paris** → À

□ **dans** ou **sur.** En principe, *dans* s'emploie lorsque le complément circonstanciel évoque l'intérieur d'un volume (espace à trois dimensions); *sur* s'emploie lorsque le complément évoque une surface (espace à deux dimensions) : *dans les bois*, mais *sur la plage*. Mais il faut noter les exceptions qui suivent.

□ **dans le journal.** Les puristes proscrivent absolument *lire sur le journal*, bien que Littré permette l'emploi de cette préposition quand on a le journal réellement étalé devant soi. En revanche, dire *sur l'étiquette, sur l'affiche.* → JOURNAL et LIRE

□ **dans la cour** est à préférer à *sur la cour*, sauf après *donner, avoir vue.* On dira *allez jouer dans la cour*, et non *sur la cour*. On dira d'autre part *dans la véranda* (salon vitré et fermé attenant au corps principal de logis) ou *sous la véranda* (simplement vitrée : mais le mot exact est alors **marquise**, *sous la marquise*). → COUR

□ **dans l'été, dans l'hiver.** Cette préposition peut s'employer concurremment avec *en*, lorsqu'on veut insister sur l'idée de durée et d'intériorité.

□ **dans l'imprimerie, dans la chanson.** Tours courants mais peu élégants : *Il travaille dans l'imprimerie, dans l'édition, dans la chanson, dans les cuirs et peaux...*

□ **dans un fauteuil.** Tour préconisé par certains grammairiens, le siège étant conçu, à cause de ses « bras », comme un contenant (même chose pour **bergère**). Mais certains auteurs, par analogie avec *s'asseoir sur un canapé*, écrivent *s'asseoir sur un fauteuil.* Noter le tour familier : *arriver dans un fauteuil* (« sans difficulté »).

□ **dans la porte.** Cette locution est fautive : *Cette évidence l'avait atteinte dès qu'elle l'avait vu dans la porte* (Sagan). On doit dire *dans l'embrasure de la porte.*

□ **dans les vingt mille francs.** Emploi familier. On peut lui substituer la tournure *environ vingt mille francs*. Tournure courante pour indiquer un âge approximatif : *Il doit avoir dans les trente ans.*

□ **dans le but de** → BUT

□ **dans le cas où** → CAS

DANTE constr. Souvent précédé de l'article défini, par un (faux) italianisme. *Le génie de* ou **du Dante* : il faut employer la première construction, l'italien ne mettant l'article que devant le nom de famille (ici : *Alighieri*, **Dante** étant le prénom). → ARTICLE

DARE-DARE emploi et sens Locution adverbiale : «très rapidement», de style familier.

DARNE genre Fém. : *une darne de lieu.* ♦ sens «Tranche de gros poisson.»

DARSE orth. On trouve aussi **darce.** ♦ genre Fém. : **la darse.** ♦ sens «Bassin abrité, dans un port.»

DARTRE genre Fém. : **une dartre.** ♦ forme *Darte* était la forme de l'ancien français.

DATE forme Quand il ne peut y avoir de doute sur le siècle, on omet souvent l'indication du nombre des mille et des cents : *les soldats de 14.*

□ **le 4 août.** On dit et on écrit plus rarement qu'autrefois *le 4 d'août,* qui demeure cependant parfaitement correct. De même pour : *Ce matin-là, qui était, je crois bien, le 8 novembre de 1925* (Montherlant).

□ **le ou ce 29 septembre 1959.** On trouve parfois en tête d'une lettre le démonstratif au lieu de l'article défini. C'est une tournure archaïsante. → À, COMBIEN, QUANTIÈME

DATER et **DATER DE** emploi et sens Dater, employé absolument : «être périmé». **Dater de :** «remonter à».

DATION et **DONATION** sens Si le second de ces deux noms est bien connu, et a un sens assez large (idée de «donner officiellement»), le premier signifie, en termes de droit, l'«action de désigner qqn par voie de justice», ou encore, dans le tour *dation en paiement,* le fait de «s'acquitter d'une dette sous une forme différente de celle qui était initialement prévue» : *La dation par laquelle ses héritiers se sont acquittés de leurs droits de succession rend plus hommage au fils d'Henri Matisse qu'au galeriste éclairé* (Dagen, *Le Monde,* 21 juin 1992).

DAUBER constr. On *daube quelqu'un* ou *sur quelqu'un.* ♦ emploi et sens Verbe d'emploi vieilli et de caractère littéraire, «dénigrer, se moquer de». →DÉBLATÉRER

D'AUCUNS → AUCUN

DAUPHINE forme Reste invariable dans la locution : *des pommes dauphine.*

DAURADE orth. La **daurade** est un poisson comestible. La **dorade** est un poisson chinois d'aquarium.

DAVANTAGE orth. Ne pas confondre l'adverbe **davantage** avec **d'avantage,** groupe nominal construit avec *de : Tout ce que la prochaine réquisition, vue sous cette lumière nouvelle, pourrait leur apporter d'avantages* (Labro). ♦ constr. *Davantage de pain* est un tour correct mais vieilli, *davantage* y étant supplanté par *plus.* Quant à la construction avec *que : Je l'aime davantage que toi,* elle est répandue à tous les niveaux de langue ; Littré l'admettait, contre l'avis des puristes qui préconisaient d'employer *plus que* en toutes circonstances. Voir de nombreux exemples littéraires, comme les suivants : *Les planches m'intéressent davantage que le supplice* (Cocteau). *On ne communique pas davantage cette sorte de souvenirs que les épisodes d'un rêve* (id.). *Peintres qui honoreraient davantage la France que tous ceux de la Révolution* (Proust). Il y a même des cas où *davantage* s'impose, par exemple dans les phrases négatives où *plus... que* pourrait donner un autre sens : *Rien ne l'attire davantage que le mystère* (Claudel).

□ **davantage** ne peut s'employer devant un adjectif ou un adverbe : **davantage grand* est une tournure fautive. Mais il peut s'employer absolument : *je l'aime davantage.*

DE orth. Le *e* s'élide en général devant un mot à initiale vocalique, mais se conserve parfois pour souligner ou insister, notamment devant *un : une recette de un million.* Le *e* s'élide devant un nom propre commençant par une voyelle ou un *h* muet : *les œuvres d'Albert Camus.* L'usage hésite devant certains *h : les œuvres de Hugo (les œuvres d'Hugo* est mal accepté). En ce cas, il est courant de faire précéder le nom par le prénom. ♦ emploi Fréquent dans les propositions négatives, à la place de *du, de la, des* dans les propositions affirmatives : *Il mange de la viande et des haricots* donne en phrase négative : *Il ne*

mange pas de viande ni de haricots. →
ARTICLE

□ **aimé de** ou **par ses parents.** Après certains verbes au passif ou certains participes passés, on peut rencontrer la préposition *de*, jugée moins lourde, et plus élégante au point de vue stylistique, que *par* : *Flots profonds, redoutés des mères à genoux* (Hugo). *Ce que j'ai à vous dire ne doit être entendu que de vous* (France). *Un énorme globe terrestre entouré de deux anneaux de carton qui indiquaient les signes du zodiaque, les longitudes et les latitudes* (Mac Orlan). *Je me rendais à des craintes d'ordre matériel : nous serions abandonnés de nos familles* (Radiguet). La nuance de sens entre les deux tours est négligeable. La tournure avec *de* est souvent recherchée ou archaïsante. Si l'on est embarrassé, employer *par*. La phrase suivante est contestable : *Elle se sentait gagnée d'une colère froide* (Sagan). *De* marque plutôt le résultat de l'action : *Des péniches étaient surmontées de palans* (Gallo), *par* insiste sur l'agent : *Haï de beaucoup, mais chaudement protégé par quelques-uns sans cependant être aimé de personne* (Dumas fils).

□ **de, particule nobiliaire : le vicomte de Chateaubriand.** Comme particule nobiliaire, *de* se trouve entre le prénom ou le titre et le nom patronymique, mais s'omet le plus souvent quand ce dernier est seul : *Chateaubriand, Retz, La Rochefoucauld* et non : *de Retz*, etc. Mais l'usage est complexe. Devant un nom à initiale vocalique ou réduit à une syllabe, la particule se maintient : *d'Aubigné, de Thou*, etc. Quant à *du* et *des*, ils ne disparaissent jamais : *du Bartas, Des Esseintes*, etc. ♦ **orth.** → GUIDE TYPO.

□ **de, dans une alternative.** *De* est facultatif dans le contexte suivant : *Qui est le plus gentil, (de) Pierre ou (de) Jean ?* Mais dans le tour : *Qui, de Pierre ou de Jean, est le plus gentil ?* il n'est pas possible de supprimer *de* : *Du baron ou de la baronne je n'aurais su dire lequel était le plus baroque* (Gide).

□ **de + le, la, les** → ARTICLE

□ **je viens du Bourget** → VILLE (NOMS DE)

□ **(de) quinze à vingt personnes.** La préposition *de* est le plus souvent omise en tête d'une tournure estimative où figure la préposition *à*. Mais elle figure très régulièrement ici : *Il payait son tabac vingt-cinq francs le kilo. Il le revendait de trente-cinq à quarante, suivant les têtes* (Van Der Meersch). Éviter la tournure : *de dix à onze personnes.* On lui préférera : *dix ou onze personnes.* → À

□ **de + infinitif.** En tête de phrase, emploi classique, aujourd'hui vieilli et recherché : *Le général catholique l'avait interné, et d'avoir vu que dans les camps franquistes les pois chiches étaient, si j'ose dire, bénis par Rome, l'avait jeté dans une profonde tristesse* (Camus). *De rire de son malheur lui fit un peu de bien* (Desproges). *Mme Oberti essuyait la table, elle soufflait, comme si de se pencher ainsi pour faire glisser les miettes la fatiguait* (Gallo). Après certains tours de sens comparatif, *de* est facultatif devant un infinitif servant de second terme de comparaison : *À vingt-cinq ans, c'était déjà pour moi l'aventure que d'avoir rompu avec ma famille* (Vailland).

□ **et flatteurs d'applaudir.** Tour littéraire où l'infinitif est employé à la place du passé simple (dans les textes narratifs).

□ **trois francs de l'heure.** On considère comme plus correct de ne pas employer ici la préposition, mais l'usage est pour *de*.

□ **pas si bête que de le contredire.** Tour classique, aujourd'hui littéraire : *Je ne suis pas si sot que de ne pas le voir là où il est* (Mauriac).

□ **ainsi de moi.** Cette construction est essentiellement littéraire ; la langue courante utilise d'autres formules : *Les poumons tuberculeux guérissent en se desséchant et asphyxient peu à peu leur heureux propriétaire. Ainsi de moi qui mourais paisiblement de ma guérison* (Camus).

□ **servir de rien** ou **à rien** → SERVIR

□ **remercier de** ou **pour** → REMERCIER

□ **s'ennuyer de** ou **après** → (S')ENNUYER

□ **ellipse de de.** Admise dans *fin février, début mars*, après *vis-à-vis, près* (langue diplomatique), *près le Vatican*, avant *retour de* (la locution complète étant initialement *de retour de*). Sont considérés comme familiers les tours suivants : *en face la poste, près le jardin public, proche le palais de justice.* → ces mots à l'ordre alphabétique

□ **répétition.** L'usage varie d'un texte à l'autre, et dépend de la situation, de la clarté de la phrase, etc. : *Un charmant secrétaire, en bois de rose et citronnier* (Romains). Dans cet exemple, l'ellipse est celle de *de* (bois de citronnier). En principe, *de* doit être répété dans des séries de compléments introduits par *de* et coordonnés : *Se nourrir de viande grillée et de légumes verts.*

□ **en voilà un, de farceur !** Ce tour segmenté est répandu dans la langue parlée et a gagné la langue littéraire, en raison de son expressivité : *Et le vôtre, de sort, vous croyez qu'il n'est pas entre nos mains ?* (Duras).

□ **ce diable de.** Les tours du type *ce diable de, ce fou de*, etc., sont également familiers, mais parfaitement admis par la langue châtiée : *C'était un vieux bonhomme d'abbé d'avant qui traversait les années 80 en soutane effilochée* (Desproges). *Comme la dernière lettre l'avait mis dans la tête de ce fou de François* (Aragon). *Cette sale bête d'Olivier, cet Olivier de malheur* (Triolet).

□ **une de perdue, dix de retrouvées.** Cette mise en relief est pratiquement obligatoire quand le participe-adjectif est précédé dans la phrase par *quoi* ou *rien*, mais facultative et même discutée, dans la séquence : **substantif ou pronom + de + participe-adjectif,** par exemple : *Je n'avais que vous de sorti* (Sartre). *Toutes les boutiques ferment ; on n'en voit déjà plus d'ouvertes qu'une sur dix ou douze* (Gide). Cependant, *de* redevient indispensable dans le cas où il y a inversion du substantif et de l'adjectif-participe qui se rapporte à ce dernier : *Dans le bourg, il n'y eut plus alors de vivant que le café Daniel* (Alain-Fournier). *Il n'y avait de disponible qu'un seul navigateur* (Roy). Dans ce cas, l'adjectif-participe reste généralement invariable : *N'ayant de frais dans son tout ce visage que la nuque demeurée enfantine* (Montherlant). L'accord se fait lorsque l'adjectif reprend un pluriel précédent : *Des purs... Il n'y a de purs que l'ange et la bête* (Valéry).

□ **de beaux enfants.** La langue soute-

nue exige *de* dans ce type de syntagmes, mais l'usage le remplace souvent par *des* : *Le matin, on trouvait de petites fleurs de papier, épinglées, que les Allemands arrachaient* (Vercors). *Ce n'étaient plus ces horizons lointains, ce grand ciel blanc où se perdait le regard, mais de petits prés encore verts avec de hautes clôtures* (Alain-Fournier). *Il revint le lendemain comme représentant en vins avec de petites bouteilles* (Dhôtel). Exemples avec *des* : *Jean de la Sorgue était habile à tailler dans le bois des petits soldats qu'il peignait ensuite avec art* (Mac Orlan). *Il y a des grands capitaines autour du roi* (Anouilh).

□ **valeur partitive.** Elle est assez rare, mais très nette dans certains cas : *J'ai lu de ses poèmes* (Apollinaire).

□ **beaucoup de pièces** → BEAUCOUP

□ **c'est à moi de** ou **à** → À

□ **d'avec** → AVEC

□ **de ce que.** C'est la construction la plus fréquente après : *abuser, accuser, s'affliger, s'applaudir, s'attrister, se choquer, se contenter, se dégoûter, se désoler, s'effaroucher, s'effrayer, s'émerveiller, s'enorgueillir, s'épouvanter, s'étonner, s'exaspérer, s'excuser, se féliciter, se formaliser, se frapper, frémir, se froisser, gémir, se glorifier, s'impatienter, s'indigner, s'inquiéter, s'irriter, jouir, se lamenter, louer, murmurer, s'offenser, s'offusquer, se plaindre, pleurer, profiter, provenir, se réjouir, remercier, se révolter, ricaner, rire, rougir, savoir gré, souffrir, se vanter, se venger, venir, en vouloir* et, d'une façon générale, après toutes les locutions verbales ou adjectivales exprimant un sentiment : *être fier, honteux, surpris*, etc. La construction avec le simple *que* est parfois considérée comme plus correcte pour certains de ces verbes, mais elle se fait de plus en plus rare. Mauriac lui-même emploie souvent le tour le moins académique : *Maria éprouva une joie confuse de ce que l'orage avait brouillé le temps. Il se réjouissait de ce qu'il ne mourrait pas seul.*

□ **de** ou **en** : *une table de bois* ou *en bois.* Les deux prépositions conviennent également pour indiquer la matière dont est faite une chose, mais *de* paraît plus littéraire, surtout après le verbe *être* : *Le buffet est de* chêne, à deux corps (Romains). *S'il veut enfoncer un clou, il le frappe avec une pierre ou avec un marteau qui est de fer ou de bronze ou même de bois très dur* (Valéry).

□ **de par.** Locution cérémonieuse qui est une déformation d'un très ancien *de part (le roi)*, c'est-à-dire « de la part du roi ». → PAR

□ **de trois jours en trois jours.** *De*, associé à *en*, marque très bien la périodicité, et on préférera cette construction à *chaque troisième jour*, qui n'est pas des plus heureux : *Et de quart d'heure en quart d'heure, la scène identique repassait dans mon imagination épuisée* (Louÿs). → aussi TOUT

□ **cette histoire est d'un drôle !** *De a* ici une valeur d'intensif : *Je trouve que Swann change... Il est d'un vieux !* (Proust).

□ **et d'un.** Tournure qui implique que l'on compte des unités (quelconques) et qui appartient plutôt au registre familier : *Et de quatre, disait le colonel* (Supervielle).

□ **en et de.** Font pléonasme dans la même proposition, à moins d'une forte pause dans la diction : *J'aurais dû m'en méfier dès le premier jour de ce crapaud* (Duras). La frontière est fragile entre le procédé de soulignement expressif et la redondance grammaticale.

□ **l'avion de Rome.** Ce tour est amphibologique et on fera bien de distinguer *l'avion pour Rome* de *l'avion de Rome*, en réservant *de* à l'expression du point de départ.

□ **de nouveau** → NOUVEAU

DEALER prononc. [dilœr]. emploi et sens On peut dans bien des cas remplacer cet anglicisme par sa traduction française **revendeur**. Cependant, lorsqu'il s'agit de drogue, le mot anglais est tellement connoté qu'il semble presque irremplaçable : *Les flics ont arrêté deux jeunes dealers.*

DÉBARRAS orth. Deux *r*, ainsi que tous les mots de cette famille.

DÉBATTRE emploi Verbe transitif. On doit dire *débattre une affaire* plutôt que *débattre d'une affaire*. On trouve l'emploi absolu : **débattre** (sans complément). ♦ dérivés La forme francisée **débatteur** est préférable à l'anglicisme *debater*, au sens d'« orateur brillant dans les débats publics ».

DÉBINER emploi et sens Deux verbes familiers, de sens tout à fait différent, selon la voix : à l'actif, « dénigrer » (→ DAUBER), à la voix pronominale, « se sauver ». Au premier sens, dérivé, **débinage** : *André voulut le contredire par un débinage systématique des promenades qu'il vantait* (Huysmans).

DÉBITEUR forme Deux féminins distincts, car ce mot recouvre deux homographes : **débiteuse**, « qui débite la marchandise » (du verbe *débiter*), **débitrice** (du verbe *devoir*). Dans le commerce, on emploie couramment la seconde forme à la place de la première ; c'est une erreur qu'il semble désormais impossible de corriger.

DÉBLAI orth. -*ai*, comme *remblai*. ♦ emploi Ne pas confondre **déblai** (matériau extrait quand on déblaie) et **déblayage**, **déblaiement** (action de *déblayer*).

DÉBLATÉRER constr. Jamais transitive : on dit *déblatérer contre quelqu'un*, plus rarement *sur quelqu'un*. → DAUBER. On trouve parfois l'emploi absolu (tour familier) : *Arrêtez donc de déblatérer !*

DÉBOIRES genre Masc. Le plus souvent au pluriel : *La difficile profession de juge-pénitent où je me suis établi après tant de déboires et de contradictions* (Camus).

DÉBOÎTER orth. Accent circonflexe. → BOÎTE

DÉBORDEMENTS sens Au pluriel, signifie le plus souvent dans la langue commune « excès, débauche » : *Je ne me suis jamais soucié des grands problèmes que dans les intervalles de mes petits débordements* (Camus). La langue littéraire emploie de préférence **déportements**.

DÉBOULÉ orth. et sens *Au déboulé* ou *au débouler* (deux orthographes possibles) signifie : « à la sortie du gîte » (terme de chasse). *Débouler*, intransitif : « descendre ou tomber comme en roulant ».

Familier : « arriver rapidement et subitement ».

DEBOUT forme Toujours invariable, car il s'agit d'un adverbe, même dans l'expression condensée et discutée : *des places debout*. ◆ sens Dans *magistrature debout*, il s'agit du ministère public, de l'avocat général. Dans *vent debout*, locution maritime, l'adverbe caractérise le vent qui souffle « contrairement à la direction du navire ».

DÉBRIS forme Le singulier est rare, sauf dans l'expression familière et méprisante *un vieux débris*, c'est-à-dire « un vieillard qui a perdu toutes ses facultés » : *De la main gauche, il cloua au sol le débris minable qui suffoquait devant lui* (Vian).

DÉBROUILLER emploi et sens Très correct à l'actif, au sens de « démêler, mettre de l'ordre dans ce qui est bouleversé » : *Roland alla relever ses lignes avec Gilbert. Ils durent passer un temps très long à débrouiller l'une d'elles qu'une perche avait emmêlée à des herbes* (Dhôtel). *Lorsque j'ouvris les yeux, mon premier soin fut de brûler ce que j'avais écrit, parce que je ne parvenais pas à en débrouiller le sens* (Green). Mais nettement familier à la voix pronominale, ce qui ne l'empêche pas d'être utilisé par maint écrivain : *On est libre, alors il faut se débrouiller* (Camus). Éviter le néologisme peu utile *désembrouiller*.

DÉBUCHER emploi et sens Ce verbe, ainsi que son double **débusquer**, s'emploie intransitivement, au sens de « sortir du bois », en parlant du gibier, ou transitivement, au sens de « faire sortir le gibier du bois ». On notera que **débusquer** est beaucoup plus fréquent dans les emplois transitifs et dans les emplois figurés que **débucher** : *Il me semblait qu'on me demandait de faire de la tapisserie dans une cave en attendant que des brutes viennent m'y débusquer* (Camus). Ici, *m'en débusquer* serait plus correct. *Nous les vîmes galoper autour de nous comme une harde de cerfs débusqués* (Boulle).

DÉBUT emploi *Début mai :* locution figée à valeur temporelle, dans le style

commercial. Aragon écrit pourtant : *Edmond naquit fin 91, Armand début 96*. Mais : *Huit heures du matin, au début de juillet, c'est le plein soleil* (Ikor). → FIN

DÉBUTER constr. Verbe intransitif : *Ce ne fut que le lendemain, un dimanche, que débuta l'étrange histoire à laquelle je fus mêlé* (Mac Orlan). Mais les tours transitifs *débuter l'année, une carrière, une émission*, etc., sont aujourd'hui très répandus et on ne voit pas au nom de quoi on pourrait refuser cette extension syntaxique. Le tour classique *débuter par*, suivi de l'infinitif, est tombé en désuétude.

DEÇÀ orth. Toujours un accent grave sur le *a*. ◆ emploi Se rencontre aujourd'hui dans *en deçà de* et dans la locution figée *aller deçà, delà* : *Le priant toutefois de limiter la sentence en deçà de la mort et de la mutilation des membres* (Anouilh). *Au deçà de* est vieilli. On trouve encore parfois *par-deçà* : par-deçà la frontière.

DÉCACHETER conjug. → CACHETER et APPENDICE

DÉCADE sens « Période de dix jours. » Pour désigner une « période de dix ans », beaucoup recommandent d'employer **décennie** : *Le jeu dès le départ était faussé, périmé depuis des décennies* (Chraïbi). *Il y a une décennie, en vertu de la loi du 11 février 1982, neuf des plus grands groupes français [...] passaient sous le contrôle total de l'État* (Le Monde, 10 mars 1992). Certains écrivains ont préféré *décade* à *décennie* dans ce sens. Voir : « *La Décade de l'illusion* », titre d'un livre de souvenirs de Maurice Sachs. *Pendant la décade 1860-1870* (Maurois). ◆ dérivé *décadaire*, « qui porte sur une période de dix jours », dans le langage administratif.

DÉCANAT orth. Un seul *n*. ◆ sens « Dignité ou fonction de doyen. » Mot tout à fait admis par l'usage, comme **décanal** (à ne pas confondre avec **décennal**).

DÉCASYLLABE forme On dit indifféremment un *vers décasyllabe* ou *décasyllabique*, ou *un décasyllabe* (vers de dix pieds). → SYLLABE

DÉCATIR sens Au propre «enlever à une étoffe le lustre donné par l'apprêt», d'où au figuré le participe passé **décati**, «qui a perdu sa fraîcheur, sa jeunesse» : *Garantie grand teint, apparemment infroissable, pas trop décatie Liliane* (Sarrazin).

DÉCAVÉ sens «Ruiné» : *Un joueur décavé*. Employé parfois abusivement en parlant des yeux, par fausse étymologie (rapprochement avec l'adjectif **cave**).

DÉCÉDER constr. L'auxiliaire de ce verbe est toujours *être* : *Le maire de Cabignac, monsieur Auguste Boulu, est décédé cette année* (Japrisot). ◆ **Emploi** Appartient à la langue administrative, à propos des personnes ; c'est une sorte d'euphémisme officiel, de même que *décès*, pour *mort*.

DÉCELER conjug. Comme *lever* : *Il reste debout devant la porte d'entrée et je crains qu'il n'ait décelé ma présence* (Labro). → APPENDICE

DÉCÉLÉRATION orth. Trois accents aigus. Antonyme d'**accélération**.

DÉCENNIE → DÉCADE

DÉCENTRER forme Trois dérivés coexistent : *décentrage, décentrement, décentration*. Les deux derniers sont utilisés surtout en optique.

DÉCHARGE (À LA) emploi Cette locution figée se rencontre surtout dans *dire quelque chose à la décharge de quelqu'un*, et ne s'oppose pas à *être à la charge de*, mais à une locution figée du vocabulaire du barreau : *(témoin) à charge : Fine... ne l'était guère. Il faut dire à sa décharge qu'elle était sourde et muette* (Bazin).

DÉCHAUX forme Cet adjectif n'existe qu'au masculin : *un* ou *des carmes déchaux*. ◆ **sens** «Qui ont les pieds nus dans des sandales» : *Un ermite déchaux près d'un crâne blanchi* (Apollinaire). On dit aussi, de façon plus simple et plus moderne : *carmes déchaussés*.

DÉCHETTERIE emploi et sens Ce néologisme, bien formé et très utile pour remplacer l'ancienne **décharge** (souvent «sauvage»), désigne un «centre de traitement des ordures et déchets, dans lequel on trie et recycle ce qui peut l'être» : *Il s'agit d'une déchetterie nouvelle particulièrement bien étudiée : tous les matériaux qui arrivent sont triés, puis valorisés ou éliminés selon leur nature ; deux catégories de ferraille, trois catégories de papiers et cartons, verre, huiles de vidange. Cet établissement est gardé, contrôlé et géré par Emmaüs* (*L'Est républicain*, 7 octobre 1992). C'est une création logique dans une période de prise de conscience de la pollution et de lutte contre celle-ci.

DÉCHIFFRAGE sens et emploi S'applique surtout à la musique, tandis que son synonyme **déchiffrement** a une valeur plus générale ou s'applique à la lecture d'un message chiffré ou compliqué : *Absorbé dans le déchiffrement d'une série de citations bibliques édifiantes* (Butor).

DÉCHOIR conjug. Verbe très défectif. → CHOIR et APPENDICE ◆ **constr.** *Être déchu* (état) ou *avoir déchu* (action passée).

DE-CI DE-LÀ orth. Avec un trait d'union, à la différence de **deçà, delà** → ces mots : *Il payait et prenait l'escalier tapissé de fleurs rouges, lacérées de-ci de-là* (Gallo).

DÉCIDER constr. À l'actif, on dit *décider de faire* (quand le sujet des deux verbes est le même) et *décider quelqu'un à faire* (quand les sujets sont distincts) : *C'est un peu ce renfoncement qui a décidé les Maillecottin à louer, douze ans plus tôt* (Romains). Au passif et à la voix pronominale, c'est toujours la préposition *à* qu'il faut employer, et non *de*, comme on le fait si souvent : *Et même lorsqu'il se fut décidé à me tout confier* (Alain-Fournier). *Joseph se décida à aller dans sa chambre pour chercher ses affaires* (Duras). La langue populaire fait de fréquentes confusions entre *décider de* et *être décidé à* : *Enfin, avant-hier, j'étais décidé d'aller le voir, le Gustin, chez lui* (Céline). Enfin, le tour *en décider* apparaît surtout en association avec *ainsi* et *autrement* : *J'en ai décidé ainsi. Mais ses premiers succès universi-*

taires en avaient décidé autrement (Bernanos).

DÉCILE sens Ce nom masculin est un néologisme qui désigne, en statistique, « la dixième partie d'un ensemble de données classées dans un certain ordre ». Ne pas confondre avec **décime.**

DÉCIMER sens Ce verbe est aujourd'hui presque toujours dévié de son sens d'origine, « détruire le dixième de », et ne signifie pratiquement plus que « détruire, faire périr en grande quantité » : *Les soldats du Réduit, abandonné la veille par sa garnison décimée* (Peyré). *La gravité prudente qu'on réserve aux grands cardiaques pour leur annoncer que leur famille vient d'être décimée dans un atterrissage aux Baléares* (Desproges). *À part ceux qu'enfants il avait vus disparaître, décimés par une épidémie de croup, tous étaient devenus de beaux vieillards* (Chaix). L'Académie recommande de n'employer le mot qu'au sens de « faire périr un certain nombre d'êtres sur un nombre beaucoup plus grand ».

DÉCISOIRE emploi et sens Adjectif appartenant au vocabulaire juridique : « qui entraîne la décision dans un procès ». Ne pas confondre avec **décisif.**

DÉCLENCHER orth. Une faute très répandue consiste à écrire ce verbe avec un a central : **déclancher.* Même remarque pour son contraire **enclencher.**

DÉCLIN emploi On ne rencontre jamais ce mot au pluriel.

DÉCLINER sens Dans la langue soutenue, en emploi transitif : « refuser » (toujours suivi en ce cas d'un substantif comme *offre, proposition, invitation*) : *D'une manière polie mais ferme, le marquis s'était empressé de décliner cette offre* (A. Besson), ou « énumérer » (ses titres, qualités, etc.). En emploi intransitif : « perdre peu à peu ses forces, ses facultés ».

DÉCLIVE sens Adjectif à forme unique, « en pente ». C'est un mot rare : *Un peu avant de traverser la ville, le fleuve coule entre deux murs déclives* (Green). Ne pas lui substituer une forme *décline*

construite, par analogie, sur *déclin, décliner, incliner.*

DÉCOLLATION sens Ne s'applique qu'à l'« ablation de la tête, par décapitation ». Ne pas confondre avec **décollage,** « action de décoller », terme d'aviation, et **décollement,** « action de décoller » dans l'emploi transitif : *décoller un papier.*

DÉCOLLETER conjug. Comme *jeter* → APPENDICE

DÉCOMBRES forme Quasiment pas de singulier. ♦ genre Masculin. La forme correcte est : *tous ces décombres* et non pas **toutes ces décombres.*

DÉCOMMANDER sens « Annuler (un rendez-vous, une invitation) » : *décommander un repas.* Ce n'est pas le contraire de **recommander ;** c'est **déconseiller** qui conviendrait dans ce cas. Certains grammairiens proscrivent *décommander des invités* (car on ne « commande » pas des invités).

DÉCONTRACTÉ prononc. La chute du [e] final appartient au registre familier : *Il est vachement décontract.* ♦ emploi et sens Ce participe-adjectif est très à la mode depuis plusieurs années. On évitera de l'employer à tout propos hors du langage sportif, par exemple pour remplacer *apaisé, calme, détendu, naturel,* etc. → RELAX

DÉCOUDRE emploi Valeur figurée dans la locution *en découdre,* « engager le combat » : *Au moment d'en découdre, 15 000 Allemands occupaient les organisations avec l'appui de 200 canons* (de Gaulle).

DÉCOUPLÉ emploi et sens Adjectif rare aujourd'hui, toujours appliqué à une personne, de façon stéréotypée : *bien découplé,* « bien bâti, de belle taille » : *C'était un homme d'une trentaine d'années, bien découplé, à grosses moustaches rousses, dont la poignée de main était brutale* (Lacretelle).

DÉCOURS sens « Période de déclin d'une maladie. » Également, « période de décroissement de la Lune ». → DÉCROIT

DÉCOUVRIR emploi et sens Le verbe **découvrir** désigne l'action de «trouver quelque chose d'inconnu ou de caché»: *Les archéologues ont découvert une citadelle qui daterait de l'époque mycénienne (Le Monde). Elle découvrait que c'était lui qui la tuait à petit feu* (Sagan). Quant au verbe *inventer*, il désigne l'action de «créer un objet nouveau»: *Mais pour l'amour on ne demande pas / Aux filles d'avoir inventé la poudre* (Brassens). On dira donc, en principe, qu'*on découvre une maladie nouvelle*, mais qu'*on invente un vaccin très efficace*. Cependant, cette distinction tend parfois à s'effacer: *Comprenez-vous maintenant l'intérêt de ma découverte?* (Barjavel). Il s'agit dans cette dernière phrase d'une invention révolutionnaire. Noter d'autre part l'emploi spécialisé de *inventer* au sens de «découvrir» dans l'expression: *inventer un trésor*, d'où *l'inventeur d'un trésor*. → INVENTEUR

DÉCRÉDIBILISER emploi et sens Malgré sa lourdeur, on peut admettre ce néologisme, qui signifie «faire perdre à quelqu'un ou à quelque chose sa crédibilité». Il ne fait pas vraiment double emploi avec **discréditer** (→ ce mot), qui, d'une part, implique une hostilité plus ou moins diffamatoire et, d'autre part, ne peut s'appliquer qu'à une personne, alors qu'on peut dire: *Les récents événements ont complètement décrédibilisé cette hypothèse.*

DÉCRÉDITER → DISCRÉDITER

DÉCRÉPI et **DÉCRÉPIT forme** Au sens propre, «qui a perdu son crépi», ce participe-adjectif fait au féminin **décrépie**: *un mur décrépi, une façade décrépie. Les façades décrépies d'anciens hôtels particuliers y tombaient en ruine* (Triolet). Mais au figuré, il prend un *t* aux deux genres: *Un vieillard décrépit, une bonne femme décrépite. Le marquis Foulques haïssait les figures ingrates et décrépites, il les prétendait néfastes à la jeunesse* (Boylesve).

DÉCRÉTER constr. La voix pronominale n'existe pas. **Décréter que** régit l'indicatif: *Clotilde décréta qu'il fallait veiller* (Martin du Gard). ♦ **sens** Au propre, «décider par décret», mais, par extension, «décider avec assurance»: *Il se réveilla, plein d'agitation, décréta qu'il était l'heure d'aller danser et boire* (Sagan).

DÉCROCHEZ-MOI-ÇA sens Ce substantif vieilli désignait autrefois: «une boutique de fripier». *Un manteau acheté au décrochez-moi-ça.* S'emploie aujourd'hui dans l'expression populaire: *le faire au décrochez-moi-ça.*

DÉCROISSANCE sens «État de ce qui décroît» *(la décroissance de la natalité).* Ne pas confondre avec **décroissement**, «mouvement de ce qui décroît» *(le décroissement des jours).*

DÉCROÎT sens Décroissement de la Lune, quand elle entre dans son dernier quartier. À distinguer de **décroissance** et de **décroissement** → le précédent

DÉCROÎTRE conjug. → ACCROÎTRE, CIRCONFLEXE

DÉCRYPTER sens Verbe né au XXᵉ siècle, «se livrer à une opération de *décryptage*, c'est-à-dire de déchiffrement d'un message rédigé dans un code que l'on ignore et qu'il faut découvrir»: *Il semblait que l'homme nous envoyait un message, impossible à décrypter par des enfants de notre âge* (Labro). Un arrêté ministériel du 24 janvier 1983 rappelle opportunément que ce verbe ne peut être utilisé au sens de «relever par écrit le texte d'une bande sonore»: c'est le verbe *transcrire* qui seul convient dans ce cas. → DÉCHIFFRAGE

DÉCUPLER emploi et sens Étymologiquement, «multiplier par dix» (comme *centupler*, «multiplier par cent», etc.), mais le plus souvent, au figuré, avec une valeur emphatique: *Mon angoisse décupla le bruit de sa chute* (Radiguet).

DÉDAIGNER constr. Toujours avec *de* + *infinitif*, à la différence de *daigner* → ce mot: *Il dédaigna de nous faire connaître son avis.* De même pour l'adjectif *dédaigneux*: *Elle jeta un manteau sur ses épaules et dédaigneuse des froids de la saison, quitta sa chambre* (Vilmorin).

DEDANS **emploi** Ne s'emploie que comme adverbe et ne se trouve comme préposition que dans des tournures archaïques ou régionales : *On peut donc y aller dedans un quart d'heure et être rentré bien avant la fin de la veillée* (Pergaud). → DESSOUS et DESSUS

□ **mettre dedans.** Dans l'argot militaire, signifie «mettre en prison».

□ **composés.** Ils prennent un trait d'union : *au-dedans de, là-dedans, par-dedans.* Mais *en dedans* s'écrit sans trait d'union.

□ **le dedans.** Comme plusieurs autres adverbes, *dedans* peut être substantivé : *le dedans et le dehors, le dedans d'un coffre.*

DÉDICATAIRE **sens** «Personne à qui on adresse une dédicace» (et non «qui fait une dédicace»). À rapprocher de *destinataire.*

DÉDIRE **conjug.** Comme *dire,* sauf : *vous dédisez.*

DÉDIT **prononc.** [dedi] et non *[dedit]. Le *t* final reste muet. ♦ **genre** Masc. : **un dédit.** *Signer un dédit de cinquante mille francs.*

DÉDOUBLER **emploi et sens** Aujourd'hui à peu près admis dans *dédoubler un train,* encore qu'on ne sache pas très bien si ce verbe signifie ici «multiplier par deux» ou «diviser par deux», et que *doubler* puisse apparemment faire aussi bien l'affaire. En principe, **dédoubler** signifie «partager en deux» : *dédoubler une classe;* **doubler** signifie «multiplier par deux» : *doubler sa fortune.*

«DE FACTO» **sens** Mot latin, «de fait, d'après la réalité», qui s'oppose à **«de jure»,** «de droit». S'imprime en italique dans un texte en romain ou en romain dans un texte en italique : *La mise hors la loi, au moins* de facto, *des armes bactériologiques (Le Monde).*

DÉFAILLIR **conjug.** Défective Aux formes qui existent, se conjugue comme *assaillir.* → APPENDICE. Mais le futur est double : *je défaillerai* ou *défaillirai.* Ce verbe est employé le plus souvent à l'infinitif : *Monsieur crut défaillir d'horreur en constatant qu'à me-*

sure qu'ils riaient ils augmentaient de volume (Véry).

DÉFAIT **sens** Spécialement avec des substantifs tels que *figure, visage,* signifie : «pâle, décomposé sous l'effet de la peur, de la fatigue, etc.» : *Son visage sans fards, défait par la fatigue du voyage et l'inquiétude, restait beau* (Duras).

DÉFALCATION **orth.** S'écrit avec un *c* bien qu'il vienne de **défalquer.**

DÉFECTION **sens** «Abandon», sens moins strictement militaire et moins fort que «désertion». On dit couramment *faire défection* avec un sujet de personne et *faire défaut* avec un sujet non animé. Proscrire *défectionner.

DÉFECTUEUX **sens** «Qui présente des imperfections» : *Maria dont l'élocution était d'ordinaire si défectueuse, qui avait coutume de chercher ses mots et de ne les pas trouver toujours* (Mauriac). Ne pas confondre avec **défectif,** «qui présente des lacunes», surtout en parlant d'un verbe qui ne possède pas toutes les formes de la conjugaison, ni avec **déficient,** «qui présente une insuffisance, sur le plan organique ou mental» : *Un enfant déficient ou un raisonnement déficient* (emploi figuré).

DÉFENDEUR **forme** Fém. : **défenderesse** (terme de droit) → DEMANDEUR

DÉFENDRE **constr.** **Défendre que** est rare, et de plus en plus réservé à la langue écrite, sinon littéraire : *Il défendait aussi d'une façon absolue qu'on me laissât aller au théâtre entendre la Berma* (Proust). Toujours avec le subjonctif. La seule construction courante est avec *de* suivi de l'infinitif : *défendre à quelqu'un de faire quelque chose.* Se *défendre* s'emploie absolument avec *de* suivi de l'infinitif : *Choralita ne pouvait se défendre de penser qu'il ressemblait trop à un prince russe de mauvais roman* (Bastide).

DÉFENS **forme** On écrit aussi *défends.* ♦ **sens** *Un bois en défens* est un «bois jeune où on ne laisse pas entrer le bétail, où on ne pratique pas de coupe».

DÉFENSEUR **forme** Ce mot n'a pas de féminin. → DÉFENDEUR

DÉFÉRENT forme Adjectif, «respectueux». Ne pas confondre ce mot (terminaison *-ent*) avec le participe présent de *déférer* : **déférant** (terminaison *-ant*). → DÉFÉRER

DÉFÉRER emploi et sens Très différent selon la construction : *déférer un coupable devant le juge*, «l'amener devant le juge», tandis que *déférer aux désirs de quelqu'un* signifie «se ranger, se soumettre à».

DÉFICIENT → DÉFECTUEUX

DÉFICIT prononc. Le *t* final se fait entendre. ♦ orth. Plur. : **des déficits.** ♦ emploi Un certain snobisme journalistique affectionne depuis peu le sens large de «manque, insuffisance» : *Une nation qui souffre d'un certain déficit démocratique* ; on préférera *un manque de démocratie.*

DÉFIER sens À la voix pronominale, **se défier** est moins fort que **se méfier** : *Les prolétaires se défient des intellectuels, et cela se comprend* (Alain). *L'idée de me méfier de lui ne m'effleure même pas* (R. Jean).

DÉFILER emploi et sens L'emploi pronominal est familier : **se défiler**, c'est «prendre congé sans dignité, souvent pour échapper à ses responsabilités», comme **se débiner**, qui est d'un emploi plus populaire. → ce mot. La langue soutenue emploie **se dérober**, dans ce sens. Intransitif : «marcher à la file». Éviter une phrase du type de : *Tous les invités défilèrent successivement devant lui*, car l'adverbe fait double emploi avec le verbe.

DÉFINITIVE (EN) forme Ne pas dire : *en définitif* (qui s'est employé autrefois mais est tombé en désuétude).

DÉFLORAISON forme On rencontre également **défleuraison.** ♦ sens «Chute des fleurs.» Ne pas confondre avec **défloration**, «action de déflorer une jeune fille».

DÉFUNT constr. *Défunt mon père, défunte ma mère* sont aujourd'hui vieillis. On dira mieux : *mon défunt père, ma défunte mère. Tio Andrés croyait entendre son défunt frère* (Peyré). *Mon pauvre père* est un euphémisme affectif : *Je me rappelle que ton pauvre arrière-grand-père disait...* (Mauriac). Des emplois figurés sont possibles : *Cet oncle avait commandé une compagnie d'un régiment de la défunte compagnie des Indes* (Mac Orlan). → FEU et PAUVRE

DÉGAINE orth. Pas d'accent circonflexe sur le *i*, comme pour **dégainer** et **gaine.**

DÉGÂT orth. Accent circonflexe sur le *a*, malgré la prononciation plus souvent en [a] qu'en [ɑ].

DÉGELER conjug. Comme *geler* → APPENDICE

DÉGINGANDÉ prononc. [deʒɛ̃gɑ̃de]. On se trompe fréquemment dans l'articulation des *g* : *Il ressemblait à un dessin de Sem, à je ne sais quel duc dégingandé, jusqu'à en paraître désossé* (P. Jardin). Ce mot est à rapprocher de **gigue.**

DÉGOTER orth. Aussi avec deux *t* : **dégotter.** ♦ emploi et sens Populaire, transitivement : «dénicher, découvrir, après une recherche» : *Il était à la hauteur, lui, pour dégoter du bois* (Barbusse). Plus rarement, en emploi intransitif, «avoir tel air, telle allure» : *Le petit vieux, qui a des gants jaunes, il en a une touche, hein, il dégotte bien* (Proust).

DÉGOÛT orth. Accent circonflexe sur le *u*, ainsi que tous les dérivés qui prennent d'autre part un seul *t* : *dégoûter, dégoûtant, dégoûtation* (populaire) : *Eugène, cette dégoûtation d'homme, comme l'appelaient les ouvriers* (Huysmans). Ne pas confondre avec **égout, bagou(t)**, qui ne prennent pas d'accent sur le *u* → ces mots

DÉGOUTTER orth. Deux *t* et pas d'accent circonflexe pour le verbe qui vient de *goutte.* Ne pas confondre avec **dégoûter**, de *dégoût* (→ DÉGOÛT). ♦ sens «Tomber goutte à goutte» : *Les oreilles dégouttantes de musique* (Sartre). *Cour noircie où le dégel faisait dégoutter les toits du préau* (Alain-Fournier).

DÉGRADATION → DÉPRÉDATION

DÉGRAFER orth. Un seul *f* comme dans **agrafe.** ♦ forme Ne pas employer *désagrafer*, néologisme inutile.

DEGRÉ emploi Dans la locution *par degré(s)*, il semble que le pluriel soit le plus fréquent. → CENTÉSIMAL

DÉGREVER orth. Pas d'accent grave à l'infinitif, mais **dégrèvement** en prend un.

DEHORS prononc. On entend souvent *[deɔʀ]*, alors que le *e* doit demeurer muet : [dəɔʀ]. ♦ **emploi** La locution figée *toutes voiles dehors* est en général utilisée au figuré et avec une valeur ironique, pour signifier que «tous les moyens sont employés pour augmenter la rapidité de l'action». On en trouve une variante plaisante dans cette phrase d'Hervé Bazin : *La famille estimait inutiles et même immorales les trempettes mondaines en eau salée, toute viande dehors.* ♦ **forme** L'adverbe *au-dehors* prend un trait d'union. On dit *au-dehors de* et *en dehors de*, mais la première de ces locutions prépositionnelles a surtout un sens spatial, tandis que la seconde a une valeur plus étendue et peut s'employer au figuré : *En dehors de ce domaine, qu'est-ce qui vous intéresse ?*

DÉJÀ orth. Ne pas oublier l'accent grave sur le *a* final. ♦ **emploi** Familier lorsqu'il s'agit de demander un renseignement oublié : *Comment s'appelle-t-il, déjà ? Qui est-ce, déjà, qui a eu l'idée de tout ça ?* (Romains). *Déjà*, dans cet emploi, se place après le verbe ou en fin de phrase. De même, dans la phrase : *C'est déjà pas mal*, où *déjà* a une valeur quantitative et non temporelle.

□ **déjà que.** Cette locution conjonctive, qui pourtant dit bien ce qu'elle veut dire, n'est pas acceptée par le bon usage, et se cantonne dans un registre familier ou populaire : *Déjà que pour moi, c'est du chinois, le français tel qu'on l'écrit, cette réformette de l'orthographe, quelle cata!* (C. Sarraute, *Le Monde*, 21 juillet 1990).

DÉJETÉ sens «Écarté de sa position normale, contrefait.» Dans la langue populaire, «avachi, enlaidi» : *Il ajouta :* «*Elle est déjetée en ce moment*» (Sartre).

DÉJEUNER prononc. [deʒœne] : il faut éviter de faire l'élision du [œ] central en

prononçant *[deʒ'ne]*, comme on l'entend assez souvent à la radio. ♦ **orth.** Pas d'accent circonflexe sur le *u*, à la différence de **jeûner.** ♦ **constr.** On dit : *déjeuner d'une côtelette, mais déjeuner avec un ami.* → AVEC ♦ **sens** La répartition actuelle entre **déjeuner** et **diner** est illustrée par l'exemple suivant : *Nous dînons à six heures, reprit la vieille dame, petit déjeuner à huit heures, déjeuner à deux heures* (Green). Le **souper** est aujourd'hui un repas très tardif que l'on prend après le spectacle. Mais dans certaines régions, et encore en Belgique, le mot est employé à la place de *dîner*, qui remplace lui-même *déjeuner*, lequel se substitue à *petit déjeuner*.

□ **après déjeuner.** On emploie en général l'infinitif présent, ainsi que l'infinitif passé qui est de règle à la suite de la préposition *après*. Mais ici le verbe est en partie substantivé, on peut dire du reste : *après le déjeuner*.

□ **un déjeuner de soleil. sens** «Étoffe dont la teinte passe vite» et, par extension, «quelque chose qui ne fait pas beaucoup d'usage».

«DE JURE» → «DE FACTO». S'imprime en italique.

DELÀ orth. Toujours avec un accent grave sur le *a*, y compris dans les composés. Ceux-ci s'écrivent aujourd'hui avec trait d'union : *au-delà* et *par-delà*, mais *de delà* et *en delà*, ces deux dernières expressions étant aujourd'hui vieillies.

DÉLAI orth. Pas de *s* final → RELAIS

DÉLATEUR forme Fém. : **délatrice.** ♦ **emploi** Appartient à la langue soutenue. Le nom correspondant dans la langue usuelle est **dénonciateur, -trice.**

«DELEATUR» sens Mot latin signifiant «que (ceci) soit détruit», désigne un signe typographique employé dans la correction des épreuves : «suppression à effectuer». Ce signe ( ) est un d «bouclé» manuscrit, abréviation de **deleatur.**

DÉLÉG(U)ANT orth. **Délégant** pour le substantif, **déléguant** pour le participe. → PARTICIPE PRÉSENT ♦ **sens** Le substantif signifie «personne qui délègue», c'est le contraire de **délégataire**. → DÉ-DICATAIRE

DÉLIBÉRER constr. On dit **délibérer sur** ou **de quelque chose**. La construction absolue est également fréquente : *Je poussai la porte d'un des jardins après avoir délibéré quelques minutes avec mon compagnon* (Green). ♦ **emploi** C'est l'équivalent «noble» de **discuter**, sauf quand il est pris dans le sens de «décider», surtout au participe passé : *de propos délibéré*.

DÉLICE genre En principe, masculin au singulier et féminin au pluriel, comme **amour** et **orgue** → ces mots : *Ce vin est un délice*. *Délices profondes, plus secrètes qu'aucun battement du cœur profond* (Bernanos). *Toutes ces délices prochaines s'enflent soudain comme une grosse bulle qui me dilate le cœur* (Perret). Noter le tour suivant avec la forme masculine du numéral : *Un de mes plus grands délices*.

□ **avec délices**. On rencontre en général le pluriel dans cette locution : *La fièvre qu'avec délices je sens monter en ce moment* (Camus). On écrit : *un lieu de délices*. Mais le singulier se présente également.

DÉLICTUEUX sens «Qui a le caractère d'un délit.» Ne pas confondre avec **délicieux**.

DÉLIVRER ou **LIBÉRER** sens Ces deux verbes, qui ont une origine latine commune, sont très proches par le sens. Le premier signifie «débarrasser d'un poids, d'une gêne, d'une entrave», et peut avoir pour complément d'objet un non-animé : *Quand il se réveilla, il se sentit délivré* (Roy). *Le but peut-être ne justifie rien, mais l'action délivre de la mort* (Saint-Exupéry). Le second est plus spécialisé, et s'applique d'abord à quelqu'un qu'on rend libre légalement, après une détention : *Le notaire indélicat a été libéré sous caution*. On **délivre** *une personne séquestrée, mais on li-**bère** *une personne qui a purgé sa peine*. Néanmoins, les deux verbes s'emploient concurremment dans de nombreuses acceptions plus ou moins figurées : *Libéré de la pesanteur par le vibreur, il s'est lancé à la suite de Saint-Menoux, comme une outre gonflée d'air*

chaud (Barjavel). *Paris fut libéré en 1944* (alors qu'on devrait dire plutôt : *Paris fut délivré*).

DÉLOCALISER emploi Ce terme n'est pas un néologisme, il figure en 1982 dans le *Grand Dictionnaire encyclopédique Larousse*, et est employé en chimie et physique nucléaire pour parler de la dépendance d'un électron à l'égard de son environnement. Son utilisation au sens de «changer l'implantation d'une administration, d'une industrie ou d'un commerce», cantonnée jusqu'alors au jargon administratif, a retrouvé une certaine vogue en 1991, avec le dérivé **délocalisation**, à propos de la décentralisation autoritaire de l'ENA de la région parisienne à Strasbourg. Cela ressemble fort à un euphémisme atténuant la brutalité de l'idée de «déplacement» ou de «déménagement» : *M. Delebarre annonce que la politique de délocalisation sera poursuivie* (*Le Monde*, 23 mai 1992).

DELTA forme Invariable dans la locution *avion à ailes delta*, c'est-à-dire ayant la forme d'un triangle équilatéral.

DÉMAILLOTER orth. Deux *l*, comme **maillot**, mais un seul *t*. → EMMAILLO-TER

DEMAIN emploi **Demain** indique toujours le jour qui suivra le moment où l'on parle ; s'il s'agit d'un autre moment de référence, on emploie **le lendemain, le jour suivant**. *De demain en huit* est supplanté dans l'usage courant par *demain en huit*. → DE

□ **demain (au) matin**. Dans ce type de locutions temporelles, l'ellipse de *au* est habituelle. → A

DEMANDER constr. Suivi de l'infinitif, **demander** se construit avec *à* ou *de*, selon que le sujet de l'infinitif est le même que celui de l'infinitif ou non : *M. de Charlus demanda à s'asseoir dans un fauteuil* (Proust) : même sujet pour les deux verbes. Mais : *Tu me demandes de t'expliquer ces vers* (Cocteau). *J'ai mandé à Paul d'intervenir en ma faveur* : le sujet de *demander* et celui d'*intervenir* sont différents. Cependant, dans le premier cas, il arrive que *de se* substitue à *à*. *Demander à ce que* est très répandu, mais barbare. On doit lui préférer le tour plus bref *demander que*, qui en dit autant en moins de mots (dans les deux cas, suivi du subjonctif) → A. *Demander pour + *infinitif* est incorrect, mais *demander après quelqu'un* est seulement familier. Cette dernière construction est très anciennement attestée.

□ **c'est à se demander si.** Locution de caractère familier : *C'était à se demander s'il valait encore la peine d'engloutir dans la souterraine entreprise tant de millions* (Romains).

DEMANDEUR forme Fém. : **demanderesse** (terme de droit) → DÉFENDEUR

DÉMANTELER conjug. Comme *geler* → APPENDICE

DÉMARQUAGE orth. On trouve aussi **démarcage**, avec un *c*.

DÉMARRER emploi L'emploi transitif est de plus en plus fréquent : *démarrer une fabrication*, etc. Mais la seule tournure correcte est *démarrer un bateau*, c'est-à-dire «en larguer les amarres». Dans d'autres situations, il faut dire *faire démarrer* : *Ma voiture démarre mal*, ou *J'ai du mal à faire démarrer ma voiture*.

DÉMÊLER orth. Un accent aigu et un accent circonflexe à toutes les formes du verbe et aussi dans les dérivés. ♦ **emploi** Fréquent dans la langue littéraire au figuré : *Il est bien difficile de démêler le vrai du faux dans ce que je raconte* (Camus). → DÉBROUILLER

DÉMENTIEL emploi De plus en plus fréquent au sens élargi : «déraisonnable, excessif, excessivement vaste, démesuré» : *Des projets démentiels, un programme démentiel*.

DÉMENTIR constr. On trouve le plus souvent, dans la subordonnée qui suit, le subjonctif, mais l'indicatif est également possible : *Dans les milieux bien informés, on dément qu'il y ait eu la moindre rencontre entre les deux parties. Il est impossible de démentir que l'aviation ennemie a bien attaqué la première.* → NIER

DÉMETTRE → DÉMISSIONNER

DEMEURANT (AU) emploi Cette vieille locution adverbiale est aujourd'hui assez littéraire : *Comment enfin le combisme s'écroule subitement ; au moins en apparence, car, au demeurant, l'écroulement ne fut pas subit* (Péguy). On cite souvent le vers de Marot : *Au demeurant, le meilleur fils du monde*, pour atténuer plaisamment l'effet produit par l'énumération des défauts de quelqu'un.

DEMEURE emploi L'expression *Il n'y a pas péril en la demeure* est généralement prise à contresens : le substantif *demeure* signifie ici «retard» (son sens ancien) et non pas «maison». Le sens global est donc : «Nous pouvons prendre notre temps, rien ne presse.» Dans l'article 1991 du Code civil, *il y a péril en la demeure* est pris au sens propre, «il y a péril dans le retard» : *Le mandataire est tenu de même d'achever la chose commencée au décès du mandant, s'il y a péril en la demeure.*

DEMEURER conjug. Avec l'auxiliaire *avoir* au sens de «résider, habiter», avec *être* au sens de «s'arrêter, rester en quelque endroit» : *Il a longtemps demeuré rue Caulaincourt*, mais *Il est demeuré étendu, sans connaissance*.

□ **demeurer court.** Dans cette locution verbale, *court* est adverbe et reste invariable : *Prises au dépourvu, elles sont demeurées court.*

□ **demeurer d'accord avec quelqu'un** → D'ACCORD

□ **demeurer dans** ou **sur.** On doit dire : *demeurer dans telle rue*, mais *sur tel boulevard* et *dans* ou *sur telle avenue*. Il est vrai qu'on pratique fréquemment l'ellipse de la préposition : *Demeurer rue Quincampoix.*

□ **être demeuré.** Dans le langage familier, «être attardé du point de vue du développement intellectuel».

DEMI orth. Toujours invariable comme premier élément d'un adjectif ou d'un substantif composé : *Roberte jeta une demi-louche d'eau bouillante sur le café pour la faire gonfler* (Vailland). *Nous ne disposions plus que d'une demi-heure* (Colombier). *Nous laissons les demi-dieux aux demi-jeunes filles et aux demi-épouses* (Giraudoux). *L'attribu-*

tion, *demi-spontanée, demi-calculée, demi-négligée, du portefeuille de l'Intérieur* (Péguy). On notera l'illogisme de cette phrase : preuve que le sens originel de *demi* s'est à la fois atténué et élargi. Accord en genre (non en nombre) quand *demi* suit le nom : *Une heure et demie* et *deux heures et demie*. Sont invariables les composés suivants : *demi-gros, demi-sang, demi-sel*. Quant à *demi-solde*, il prend un *s* final quand il désigne des « appointements » et reste invariable quand il désigne des « militaires en demi-solde » : *Des demi-solde en uniforme*.

□ **à demi.** Pas de trait d'union devant un adjectif : *Sa maison n'était plus qu'à demi pleine* (Mauriac). *Il tenait d'une main une carafe de cristal biseautée à demi remplie de vin rouge* (Gallo). Mais le trait d'union est obligatoire devant un substantif : *Ce sont des choses que l'on n'a pas besoin de me dire deux fois, et que je sais comprendre à demi-mot* (Mauriac).

□ **midi et demi(e).** Cet adjectif se substantive aisément aux deux genres avec des sens variés. D'où le fait qu'on hésite, dans *midi et demi(e)*, entre le masculin et le féminin pour le second élément. Le masculin semble le plus courant, de même pour *minuit et demi (e)* : *À minuit et demi, tous les employés de la petite gare d'Ascq sont morts* (Vercors).

□ **la demie de cinq heures.** Ce tour est ambigu : il s'agit de la demie *après* cinq heures (mais cette préposition n'est guère employée qu'à la campagne). On prendra garde de s'y tromper : *Neuf heures sonnèrent à l'horloge du Sénat. La demie de neuf heures sonnait* (Radiguet). → MI

DEMI ou **SEMI emploi et sens** Ce dernier préfixe a à peu de chose près le même sens que **demi,** mais il entre dans la composition de mots à caractère technique : *un corps semi-conducteur, un semi-embryon,* etc. Dans certains mots plus courants, il y a lieu de croire que **semi** subit l'influence sémantique de **sembler,** par exemple dans la phrase suivante : *Il vit dans une semi-retraite,* c'est-à-dire « Il ne voit presque personne et vit en solitaire. » Au contraire,

il touche une demi-retraite a une valeur arithmétique précise.

DÉMISSIONNER constr. En principe, verbe intransitif : *J'ai démissionné de mon poste.* Pour le sens de « faire démissionner », on emploie *démettre de ses fonctions.* Mais *démissionner quelqu'un* s'emploie parfois, ironiquement. Voici un exemple où l'opposition des deux emplois est bien marquée : *Aussi, les anciens fonctionnaires donnèrent en masse leur démission. Les autres, on les démissionna* (Tharaud).

DEMOISELLE emploi Familier dans la locution *être demoiselle,* c'est-à-dire « non mariée ». *Votre demoiselle, sa demoiselle,* pour *votre fille, sa fille, au jeune fille,* est un provincialisme à exclure de la langue correcte. → DAME

DÉMON forme Le féminin **démone** est une création littéraire et n'a guère d'existence dans la langue courante. On dira d'une petite fille comme d'un petit garçon, s'il s'agit d'enfants turbulents : *C'est un petit démon !*

DÉMONOLOGIE sens « Étude de tout ce qui se rapporte aux démons. » Ne pas confondre avec **démonomanie,** terme ancien de psychologie, désignant « l'ensemble des thèmes démoniaques dans le délire ou la psychose ».

DÉMYSTIFIER sens C'est un mot sur lequel on a beaucoup disserté, et qui est plus ou moins confondu avec **démythifier.** Le premier verbe signifie « détromper quelqu'un qui a été victime d'une duperie collective » (qui peut d'ailleurs se présenter sous la forme d'un *mythe*) : *Pourquoi fallait-il qu'il essayât de démystifier les gens ? Poe, poète, que faisait-il d'autre que de se mystifier lui-même et de mystifier les autres ? Et l'alcool, n'est-ce pas de la mystification ?* (Triolet). Quant à *démythifier,* de création récente, il est moins ambigu et signifie : « atteindre, détruire en tant que mythe ». On peut *démystifier n'importe qui,* mais on *démythifie* Jeanne d'Arc ou Napoléon : *On nous offre un carnet de croquis un peu cruel qui démythifie l'importance de cet événement* (Le Monde, 9 décembre 1965). *Démythifions les guides gastronomiques* (Le Figaro, 24 avril 1967).

DÉNI emploi et sens Vieux mot, surtout dans *déni de justice*, «refus d'accomplir sa fonction, en parlant d'un juge».

DÉNIAISER sens «Faire perdre sa timidité, son innocence à une jeune fille ou à un jeune homme» : *Enfin on songeait aussi à déniaiser leurs chers petits* (Montherlant). Souvent employé au figuré, au sens de «dégourdir».

DÉNOMMER orth. Avec deux *m*, mais les mots de cette famille n'en prennent qu'un : *dénominateur, dénomination.*

DÉNOTER → DÉTONNER

DÉNOUEMENT orth. L'ancienne orthographe **dénoûment** ne se rencontre plus guère.

DENSÉMENT orth. Ne pas oublier l'accent aigu sur le *e*. ♦ **emploi** Cet adverbe est rare : on lui préférera en général *fortement, intensément*, etc.

DENT-DE- forme Tous les composés prennent un trait d'union, et au pluriel seul **dent** s'écrit avec un *s* : *des dents-de-lion.*

DENTAIRE emploi Cet adjectif ressortit au domaine médical, tandis que **dental** s'emploie en phonétique : *Une carie dentaire n'empêche pas l'articulation dentale.*

DENTÉ ou **DENTELÉ emploi** Ces deux adjectifs sont très proches, mais la technologie emploie davantage **denté** : *une roue dentée*, tandis que la botanique et la numismatique utilisent **dentelé** : *une feuille dentelée*. Substantifs dérivés, à ne pas confondre : **denture** et **dentelure** : *Il ne voyait que la dentelure des sapins russes, noirs sur le ciel laiteux* (Ikor).

DENTIER sens «Ensemble de dents artificielles destinées à remplacer la denture naturelle» : *Mordez, croquez, mâchez sans penser à votre dentier, saupoudrez-le avec X...* (Publicité). *Le pauvre vieux en fut tellement ému qu'il faillit perdre son dentier.* L'emploi de **râtelier** dans ce sens est assez familier.

DENTITION sens À l'origine «croissance des dents», mais ce mot est de plus en plus confondu avec **denture**, «ensemble des dents» : *On voyait un homme à l'extravagante denture, celle d'un canasson, qui jouait des rôles d'imbécile et s'appelait Fernandel* (Labro). Flaubert lui-même, qui écrit, «*malgré sa détestable dentition*», a commis cette confusion. Il vaut mieux, cependant, respecter cette distinction et dire *un retard de la dentition*, mais *protéger sa denture avec une excellente pâte dentifrice*. En mécanique, on ne peut employer que *denture : la denture d'un pignon.* → DENTÉ

DÉNUEMENT orth. Pas d'accent sur le *u* et un *e* intercalaire.

DÉODORANT emploi Ce mot, que Grevisse appelait «un petit monstre venu d'outre-Manche», et bien que ne répondant pas à la norme orthographique française qui préfère le préfixe *dés-* à la forme *dé-* devant voyelle, est passé dans l'usage, et figure dans les Robert et le GLU. Au moins comme substantif, il fait concurrence à **désodorisant**, qui est à la fois adjectif et substantif. Il a le mérite d'être plus bref, sans que cela nuise à la clarté de sa signification : *X..., lui, contient un élément désodorisant longue durée [...] X... savon superdéodorant* (lu dans la même page publicitaire). Les formes verbales correspondantes sont encore rares : *Une armée de mannequins, hommes et femmes pleins d'espoir, haletants et désodorisés* (Chraïbi).

DÉPAREILLER sens «Rendre incomplet et hétéroclite.» Ne pas confondre avec **déparer**, «enlaidir», ni avec le suivant : *Un ameublement dépareillé.*

DÉPARIER sens «Défaire une paire» : *Déparier des chaussettes*. On dit plus souvent **désapparier**, sous l'influence de **apparier**.

DÉPARTIR conjug. Verbe réfléchi, se conjugue comme *partir* (et non comme *répartir*) : *Au-dessous du caraco de flanelle, fait à la maison, dont elle ne se départ ni hiver ni été* (Aragon). *L'attitude même de Max, cet air taciturne dont il ne se départait plus* (Combescot). *Pourquoi voulez-vous qu'il se départe de son* *indifférence?* On rencontre souvent des formes erronées, par exemple : *Nous ne nous *départissons pas de* ; la forme correcte est : *Nous ne nous départons pas de.* ♦ **sens** «Se séparer, se détacher, abandonner.»

DÉPEÇAGE forme Il existe aussi **dépècement.**

DÉPÊCHER sens «Envoyer quelqu'un en hâte avec un message» : *Il dépêcha un nouveau messager auprès du Parlement dôlois afin de demander la reddition pure et simple de la place* (A. Besson). Ce sens est vieilli et on ne trouve plus guère que **se dépêcher,** au sens de «se hâter».

DÉPENDRE constr. Ce verbe est suivi de la préposition *de* : *Si je te disais que tout dépend encore de toi, que pourrais-tu me répondre?* (Sagan). **Dépendre de** peut être suivi d'une proposition complétive introduite par *que* et construite avec le subjonctif : *Il dépend de ton patron que tu puisses t'absenter cet après-midi ou non.* → TENIR

DÉPENS orth. Pas de *d* entre *n* et *s.* ♦ **forme** Pas de singulier (comme *frais* → ce mot). ♦ **emploi et sens** Surtout dans *condamner aux dépens,* dans la langue judiciaire : «condamner à payer les frais du procès». **Aux dépens de** signifie : «au préjudice de, aux frais de».

DÉPENSIER → DISPENDIEUX

DÉPÊTRER (SE) emploi Malgré les apparences, ce verbe est à peine familier, et déjà très employé par les écrivains classiques : *Il espérait que les plantes, les mousses enlaceraient ses jambes, qu'il ne se pourrait dépêtrer de cette eau bourbeuse* (Mauriac).

DÉPIQUAGE forme On écrit aussi **dépicage** avec un *c.* ♦ **sens** «Action d'égrener les épis des céréales.»

DÉPISTER sens Construit transitivement, ce verbe a deux sens contraires, selon le contexte : «découvrir quelqu'un comme un animal qu'on suit à la trace», par exemple : *La police cherche à dépister les criminels,* ou bien «faire perdre sa trace, égarer», par exemple : *Le criminel, en s'engouffrant dans ce* *vieux quartier, a dépisté ses poursuivants.*

DÉPIT emploi La locution *en dépit que j'en aie,* «quoi que je fasse», ne subsiste plus que comme un archaïsme. → MALGRÉ

DÉPLAIRE orth. Le participe passé de ce verbe demeure invariable en toute circonstance, étant donné qu'il ne peut jamais avoir de complément d'objet direct : *Elles ne se sont pas déplu,* etc. → COMPLAIRE et PLAIRE

DÉPLISSER sens «Défaire les plis d'un tissu» ou «repasser un papier chiffonné.» **Déplier** signifie «ouvrir un objet replié sur lui-même». On doit donc distinguer entre *déplisser une feuille de papier* et la *déplier : On aurait dit qu'il voulait déplisser son front, ses tempes* (Mauriac).

DÉPLOIEMENT orth. Ne pas oublier le *e* intérieur.

DÉPOITRAILLÉ emploi Un degré de plus dans la familiarité que **débraillé** : *Ces drôlesses dépoitraillées* (Huysmans).

DÉPORTEMENT emploi Au pluriel «excès, débauche». Littéraire → DÉBORDEMENT. Au singulier «fait d'être déporté», en parlant d'un véhicule. Ne pas dire, en ce sens, **déportation.**

DÉPOSE emploi et sens Mot technique, contraire de *pose. Faire la dépose d'un moteur, d'une serrure,* etc. Ne pas confondre avec **déposition,** qui, dans un vocabulaire judiciaire, désigne «l'ensemble des déclarations d'un témoin» et, dans le vocabulaire politique, le fait de «déposer, destituer» : *la déposition d'un souverain.*

DÉPÔT orth. Accent circonflexe sur le ô, mais on écrit **dépotoir.**

DÉPOUILLER emploi On disait autrefois, dans la langue soutenue, *dépouiller un vêtement,* au sens de «quitter» : *Les bérets des enfants des écoles respectueusement dépouillés à notre approche* (Bazin). Cet emploi est rare de nos jours. Le verbe est le plus souvent suivi d'un complément direct désignant un être, et d'un complément d'objet indiret désignant une chose : *dépouiller quelqu'un de sa fortune.*

DÉPRÉCATION sens « Prière visant à obtenir le pardon », mot rare et seulement au sens propre, tandis que **imprécation** est d'un emploi plus large. Ne pas confondre avec **dépréciation :** *Soient tes oreilles attentives, Seigneur! à la voix de ma déprécation* (Claudel).

DÉPRÉDATION sens Contient une idée de « vol, pillage avec dégâts ». Ne pas confondre avec **dégradation**, « détérioration (d'un bâtiment) ». Ces deux mots sont assez souvent employés l'un pour l'autre. On s'interdira de fabriquer une **dépradation*, par contamination des deux formes.

DÉPRENDRE (SE) emploi et sens « Se détacher sentimentalement », surtout littéraire : *La tête entre les mains, j'essayais de me déprendre de mon mal poétique et implacable* (Mac Orlan).

DEPUIS emploi et sens Cette préposition-adverbe a surtout un sens temporel : *Depuis ce moment où il avait accepté de tout quitter sans regret, il n'avait pas renoué à la terre* (J. Roy). On peut marquer une précision complémentaire à l'aide de *jusqu'à* : *Depuis le matin jusqu'au soir, il ne cessa de gémir.* ◆ L'extension au sens spatial est devenue courante, bien qu'elle soit condamnée par certains grammairiens : *La famille, depuis le perron, nous observait* (Mauriac). *On vous parle depuis Berlin.* L'avantage de cette préposition est qu'elle supprime l'ambiguïté fréquente de la préposition *de ;* son inconvénient est une certaine lourdeur : *Ce concert est retransmis depuis Rome.* On emploiera mieux à *partir de.* L'exemple suivant présente un mélange inconséquent : *Depuis le toboggan du pont de Saint-Cloud, l'accès de l'autoroute de l'Ouest sera direct,* et quelques lignes plus bas : *L'accès au parc de Saint-Cloud se fera à partir d'un nouveau passage souterrain* (*Le Monde*).

□ **depuis** ou **dès.** On peut substituer *dès* à *depuis* dans de nombreux cas, mais toujours avec une valeur ponctuelle et non durative : *Un fils qui, dès*

sa petite enfance, s'attaquerait à des lions, à des monstres? (Giraudoux).

□ **depuis (dix ans) que.** On emploie très correctement *depuis... que* en intercalant un complément qui indique la durée : *Depuis (le temps, cinq ans, etc.) qu'il y travaille, son roman devrait être achevé.* On rencontre parfois dans la subordonnée un *ne* qui n'est pas accompagné de *pas* : *Que d'ennuis depuis que je ne vous ai vu!* (Bedel). *Comment ça va, depuis qu'on ne s'est vu?*

DÉPUTÉ forme Pas de féminin. On dit *une femme député* (ou *un député femme*), ou *Mme Une telle, député de l'Yonne.*

DÉPUTÉ-MAIRE orth. Avec un trait d'union.

DERECHEF emploi et sens Vieil adverbe devenu littéraire signifiant « de nouveau » : *Il le frappa sur la nuque avec un gourdin. Le voyageur essaya désespérément de se redresser pour faire face à ce nouvel agresseur. En vain. L'autre le frappa derechef avec violence sur le crâne* (A. Besson).

DÉRÉGLER orth. Avec deux accents aigus. Mais **dérèglement** prend un accent grave sur le deuxième *e.*

DERMATITE forme On emploie aussi **dermite.** ◆ sens « Inflammation du derme. »

DERMATOLOGISTE forme → -LOGISTE ou -LOGUE

DERNIER forme Abréviation populaire dans *la der des der,* pour désigner « une guerre, une partie de cartes, une course... ». ◆ emploi La locution *être le dernier des derniers* a une valeur superlative, en même temps que péjorative et signifie l'être « le plus bas, le plus vil de tous » : *C'est aller avec les soldats que tu veux comme la dernière des dernières* (Anouilh).

□ **tout dernier.** Pour les règles d'accord → TOUT : *Il y avait encore quelques feuilles aux marronniers, les toutes dernières* (Butor).

□ **le dernier + substantif + qui** ou **que.** Cette locution est suivie de l'indicatif quand elle constate un fait : *C'était* *peut-être la dernière fois qu'ils le voyaient vivant* (Ikor). *C'est la dernière fois que je te le dis* (Sagan). Mais on rencontre aussi le subjonctif quand il s'agit de marquer une intention, un refus, une conséquence : *Elle était présidée par la dernière personne que j'eusse rêvé d'y trouver* (Vercors).

□ **place de «dernier».** La postposition de cet adjectif est littéraire, sauf dans des expressions comme *la semaine dernière*, *la fois dernière*, ou la locution figée *les fins dernières de l'homme* : *La destination dernière des fabrications était l'écrabouillement* (J. Roy).

DERNIER-NÉ orth. Dernier s'accorde toujours, au contraire de **nouveau** dans *nouveau-né* (→ ce mot).

DÉROUILLÉE emploi et sens Seulement dans le registre familier, au sens de *rossée*, *raclée* (également familiers). Mêmes observations pour le verbe **dérouiller.**

DERRICK orth. Avec deux *r* et *-ck* en finale. Emprunt à l'anglais. ♦ **emploi** Un arrêté ministériel du 12 janvier 1973 préconise son remplacement par *tour de forage* (dans l'industrie pétrolière).

DERRIÈRE emploi Comme substantif, ce mot fait concurrence à **arrière** → ce mot, au sens de «partie postérieure d'une chose». Il semble qu'on emploie plutôt **derrière** quand cette partie est masquée par le *devant*, et *arrière* lorsqu'on considère l'ensemble de la chose : *Le derrière d'une maison* n'est pas visible de la façade, tandis que *l'arrière d'un train ou d'un convoi* suppose une vue «de profil».

□ **par-derrière.** Avec un trait d'union.

□ **de derrière.** *Derrière* peut être cumulé avec *de*, soit comme adverbe : *une roue de derrière*, soit comme préposition : *Son image de derrière la tête* (Péguy).

DES → DE et UN

DÈS emploi Ne pas faire suivre cette préposition d'un gérondif, mais d'un nom d'action : *dès mon arrivée* et non *dès en arrivant*. **Dès** signifie «aussitôt après» et indique la postériorité immédiate. Mais il peut signifier également à

l'époque de, avec l'idée que cette époque est de beaucoup antérieure à ce qu'on pourrait penser : *Les musiques aimées dès l'enfance* (Mauriac). On rencontre également ce tour correct : *Dès le boulevard traversé, il avait pris la rue Championnet* (Romains). On peut enfin combiner *dès* avec une autre préposition de temps, en particulier avec la préposition *avant* : *Retiré dès avant la guerre, il aimait servir la patrie, lorsque l'occasion se présentait à portée de sa main* (Radiguet). *Dès* peut être suivi d'un infinitif passé : *Dès l'avoir appris...* → DEPUIS

□ **dès longtemps emploi** Ce tour est un équivalent littéraire de *depuis longtemps* : *Frédéric eut l'impression d'entrer dans un lieu dès longtemps familier* (Jorif).

□ **dès que.** Il est préférable, après cette locution, de ne pas faire l'ellipse du verbe *être*, comme dans l'exemple suivant : *Aussi, dès que débâillonné, il n'hésita pas à cracher à ses bourreaux son incoercible mépris* (Pergaud).

DÉSAFFECTER emploi et sens Se dit à propos «d'un local, d'un immeuble auquel on ôte sa destination première» : *Folcoche partie, La Belle Angerie parut désaffectée* (Bazin). Le substantif correspondant est **désaffectation.** Ne pas confondre avec **désaffection,** «perte de l'affection» : *Les chrétiens se détachaient de Rome sans vouloir la perdre ; leur désaffection ne se traduisait pas en complots* (Chasles). Le participe *désaffectionné*, dérivé, est vieilli.

DÉSAGRAFER → DÉGRAFER

DÉSAPPARIER → DÉPARIER

DESCELLER orth. À distinguer de **déceler** et de **desseller.**

DESCENDRE conjug. Avec *avoir* ou *être* selon l'emploi. *Être* est le plus fréquent dans l'emploi intransitif : *Je suis descendu vers quatre heures. Est-il encore là-haut? Non, il est descendu.* Toujours avec *avoir* lorsqu'il est suivi d'un complément direct : *Est-il descendu? Non, mais son frère a descendu sa valise. Il a descendu l'escalier quatre à quatre.*

☐ **descendre quelqu'un.** Répandu dans le registre familier, au sens de «tuer» ou parfois seulement «assommer»: *Je me voyais descendre d'Artagnan d'un bon crochet* (Camus).

☐ **descendre en bas.** Pléonasme à éviter, mais il est toujours possible de faire suivre le verbe d'un complément plus précis: *descendre au premier étage, au sous-sol, dans son jardin,* etc. → SORTIR et MONTER

DESCENSEUR emploi Ce mot n'est couramment employé que dans les mines, mais le composé **ascenseur-descenseur,** que les constructeurs essayèrent de lancer jadis, n'est pas passé dans l'usage courant, et il ne faut pas hésiter à dire: *Je suis descendu par l'ascenseur,* malgré l'apparent illogisme de cette association.

DÉSEMBROUILLER → DÉBROUILLER

DÉSESPÉRANCE emploi Ce terme est d'un caractère beaucoup plus littéraire que son contraire **espérance**: *Sa désespérance de l'humanité ressemblait au stoïcisme des anciens* (Chateaubriand). Cette opposition de registres n'existe pas pour **espoir** et **désespoir**: *Une sorte de désespoir, ou tout au moins de désespérance dans mes affections, me poussait à m'étourdir* (Sand).

DÉSESPÉRER constr. Suivi de *de* avec un nom ou avec un verbe à l'infinitif, ou de *que* (avec un verbe au subjonctif), ce verbe est d'emploi littéraire: *Lui s'acharne à vivre et désespère / De féconder jamais tous les charniers* (Emmanuel). À la forme pronominale, il est accompagné du groupe *de ce que,* avec l'indicatif ou le subjonctif selon la nuance de sens (réel ou éventuel); plus rarement, de *que* suivi du subjonctif: *Pourtant je commençais à me désespérer sérieusement de ce que seul l'amour nous donnât des droits sur une femme* (Radiguet). → DE (CE QUE)

DÉSHÉRENCE sens En droit, «absence d'héritiers pour recueillir une succession, que s'approprie l'État». Au figuré, on parle d'une coutume qui *tombe en déshérence,* c'est-à-dire qui tend à disparaître. Ne pas confondre avec **décadence.**

DÉSHONNÊTE sens «Qui choque la pudeur, les bonnes mœurs» tandis que **malhonnête** signifie «contraire à l'honnêteté». Mais les emplois sont souvent assez proches: *Il trouvait un plaisir déshonnête à l'interpeller en lui-même* (Colette).

«DESIDERATA» orth. Pas d'accent. ♦ **forme** Ce mot latin n'a pratiquement pas de singulier *(desideratum).* ♦ **sens** «Revendication concernant des lacunes, des manques»: *Quand ils eurent tous exprimé leur opinion et leurs desiderata, le prince de Condé qui les avait écoutés en silence reprit calmement la parole* (A. Besson).

DESIGN prononc. [dɛsajn] ou [dizajn]. ♦ **emploi et sens** Anglicisme introduit vers 1960 dans la langue des décorateurs ainsi que son dérivé **designer**: *Sa typographie fonctionnelle créée par les meilleurs des designers internationaux (Le Monde).* Ces mots, qui renvoient à une sorte d'«habillage esthétique d'un produit industriel», sont mal intégrés dans notre langue. Un arrêté ministériel du 24 janvier 1983 recommande – sans grand succès jusqu'à présent – le nom féminin **stylique** à la place de *design,* et **stylicien** pour remplacer *designer.* De même, **stylisme** devrait désigner les «activités esthétiques dans le cadre de la publicité», et **styliste** le professionnel chargé desdites activités. Enfin, le *design urbain* doit être appelé, plus simplement, **décoration urbaine** → STYLIQUE

DÉSINTÉRESSÉ sens «Qui n'obéit pas à l'intérêt personnel et financier»: *Les gens désintéressés, c'est toujours hors de prix* (Anouilh). Ne pas l'employer comme le participe-adjectif de *se désintéresser,* qui a le sens de «ne pas s'intéresser à». Le substantif **désintérêt** est purement littéraire et correspond à *se désintéresser: L'enfant, dans le désintérêt parfait du moment qui passait* (Duras).

DÉSINTÉRESSEMENT sens signifie soit «absence d'ambition personnelle»: *Le sentiment de la grandeur, du désintéressement et du sacrifice* (Vercors), soit «dédommagement, compensation»:

*Procéder au désintéressement des créan-
ciers.*

DÉSIRER constr. Avec *de*, tour vieilli et
littéraire : *Il eût désiré de pouvoir l'entendre, à l'heure de la mort* (Bernanos).
La construction habituelle est la
construction directe : *Que désirez-vous
faire? Désirer que* : avec le subjonctif.

DÉSOBÉIR emploi Le passif *être désobéi*
est correct, bien que ce verbe soit aujourd'hui transitif indirect : *obéir à
quelqu'un*. Mais on disait jadis : *obéir
quelqu'un*. → OBÉIR : *De sa petite voix,
qui contrastait avec ce qu'il disait, il
donnait des ordres et jamais il ne fut désobéi* (Tahar ben Jelloun).

DÉSOLIDARISER (SE) constr. On *se
désolidarise de* ou *d'avec quelqu'un* →
AVEC

DÉSORDRE emploi Ce substantif est
parfois adjectivé dans la langue familière, mais il demeure alors toujours invariable : *Ou bien chez des gens désordre* (Aragon).

DESPOTE genre Pas de féminin : *Sa
belle-mère est un effroyable despote.*

DESSAISIR orth. Deux *s.*

DESSÉCHER conjug. Comme *sécher*. Le
substantif **dessèchement** prend un
accent grave. → ASSÉCHER

DESSELLER orth. Avec deux *s.* ♦ **sens**
«Ôter la selle.» Ne pas confondre avec
l'homonyme **desceller**, «ouvrir en brisant un sceau» ou avec **déceler** (découvrir).

DESSICCATIF orth. Avec deux *s* et
deux *c*, comme **dessiccation.**

DESSILLER orth. Deux *s* et non un *c*,
bien que ce verbe soit de la même famille que **ciller.** ♦ **sens** Verbe transitif,
signifiant «ouvrir», en parlant des yeux
ou des paupières : *Je suppose que nos
yeux se dessillèrent à peu près dans le
même temps que nous étions en train de
perdre la dernière trace de notre accent
du Sud-Ouest* (Labro).

DESSOÛLER orth. Ce verbe s'écrit, en
dépit de l'Académie, plutôt avec un

accent circonflexe sur le *u*. On rencontre aussi **dessaouler.** → SOÛL

DESSOUS emploi Nettement archaïque
comme préposition : *Il avait un béret
enfoncé jusque dessous les oreilles*
(Giono). *Dessous le mur du proscenium
sont percées de petites fenêtres* (Claudel).
Mais **de dessous** est encore assez vivant : *Suzanne sortit de dessous le bungalow* (Duras). De même pour la locution figée : *faire quelque chose
par-dessous* (et non **par-dessus) la
jambe*, c'est-à-dire «bâcler, faire sans
soin». ♦ **orth.** Les composés *au-dessous,
ci-dessous, là-dessous, par-dessous*
prennent un trait d'union, mais *en dessous* n'en prend pas.

□ **au-dessous** ou **en dessous.** Ces deux
locutions adverbiales (ou prépositionnelles, avec l'ajout de *de*) sont équivalentes, mais *en dessous (de)* semble peu
à peu l'emporter sur l'autre forme : *En
dessous du dessin, Xavière avait écrit
avec de grosses lettres violettes* (Beauvoir). *M. Marin qui habitait en dessous
de chez Marthe* (Radiguet).

□ **par en dessous.** Cette locution n'appartient pas à la langue châtiée, mais
est répandue dans la langue familière :
*Achetaient-ils des fruits, le fruitier leur
glissait toujours une figue pourrie, des
raisins gâtés, par en dessous* (Aragon).
*«Oui, mais le métro passe par en des-
sous», pensa Boris* (Sartre).

DESSUS emploi Mêmes remarques que
pour **dessous** → ce mot. Mais comme
préposition, **dessus** est plus rare et encore plus archaïsant : *Alors ton regard
se lève de dessus tes nouilles à l'eau* (Bazin). *S'élançant dessus l'azur brillant ou
engorgé, je vois les vols funèbres en ciseaux incessants* (Llaona).

DÉSTABILISER emploi et sens Ce verbe
est apparu vers 1970, et connaît une
fructueuse carrière dans le domaine
politique, voire psychologique. Il correspond bien à une période de profonde crise économique et morale, et
son intégration dans le lexique français
n'est pas du tout surprenante. Il a
fourni plusieurs dérivés également
usuels : *déstabilisateur, déstabilisa-
tion,* etc.

DESTROYER prononc. [dɛstʀɑwaje] (à la française) plus fréquente que [dɛstʀɔjœʀ] (à l'anglaise).

DESTRUCTEUR ou **DESTRUCTIF** emploi Le premier mot s'emploie avec un nom d'être vivant ou un nom de chose, indifféremment, et signifie «qui détruit» : *Les Barbares furent les destructeurs de l'Empire romain.* **Destructif** s'emploie avec un nom de chose et signifie «qui a le pouvoir de détruire» : *Un explosif très destructif.* En fait, cette distinction n'est pas toujours observée, et l'on trouve des expressions du type : *Le pouvoir destructeur de la bombe H.* → CONSTRUCTEUR

DÉSUET prononc. avec un [s] et non un [z]. Le *t* final ne se fait pas entendre. ♦ forme Féminin **désuète**, avec un accent grave et un seul *t*.

DÉSUÉTUDE prononc. Avec un [s] et non un [z] (→ le précédent). ♦ orth. Dans **désuétude**, deux accents aigus, à la différence de **désuète**.

DÉTAIL (AU) emploi et sens Dans le lexique commercial, signifie «par petites quantités ou même à l'unité». Ne pas confondre avec **en détail** (toujours au singulier), qui a une valeur beaucoup plus générale : «minutieusement, en n'omettant aucune partie».

DÉTEINDRE conjug. Comme *peindre* → APPENDICE

DÉTENDEUR emploi Mot technique à ne pas confondre avec **détenteur**, «celui qui détient, qui possède».

DÉTENTE emploi et sens Pour tirer un coup de feu, on ne peut qu'appuyer sur la **détente** et même plus exactement sur la **queue de détente**, non sur la **gâchette**, car ce dernier mot désigne une pièce interne de l'arme. Cette confusion est très fréquente. Emploi correct dans : *Il imprima longuement les doigts encore chauds sur la crosse et la détente* (Calef). *Ils se trouvaient en arrêt, le doigt sur la détente du pistolet* (Aragon).

□ **dur à la détente.** Locution familière, qui a le sens de «pingre, peu généreux» : *Il pensa avec un serrement de cœur : «Il a l'air dur à la détente»* (Sartre).

DÉTENTEUR forme Fém. : **détentrice**.

DÉTERGENT et **DÉTERSIF** emploi et sens Ces deux adjectifs ou substantifs sont équivalents par le sens : «qui nettoie en dissolvant les impuretés». Mais **détergent** s'emploie dans le lexique de la mécanique : *une huile détergente* ; **détersif** dans celui des travaux ménagers : *un produit détersif.*

DÉTESTER constr. Avec un infinitif, peut être suivi de *de* : *S'il avait toujours gardé une conscience claire du passé, il détestait d'en éveiller des images précises* (Mauriac). Mais la construction avec infinitif juxtaposé est aujourd'hui la plus fréquente : *Je déteste sortir le dimanche.* Toutefois, lorsque le complément du verbe est un substantif ou un pronom et que l'infinitif représente la cause du sentiment, alors la préposition *de* est obligatoire : *Elle les déteste de reparler de procès, de ressasser les mêmes histoires* (Chaix).

DÉTIRER → ÉTIRER

DÉTON(N)ER orth. Avec un seul *n* au sens de «faire explosion» : *un mélange détonant.* Deux *n* dans l'emploi musical : «faire entendre des sons qui ne sont pas en harmonie avec l'ensemble» (souvent au figuré) : *Mais enfin la vérité quelquefois se déclare et détonne dans l'harmonieux système des fantasmagories et des erreurs* (Valéry). *C'était une grande chose molle et sexagénaire dont la finesse de traits et la blancheur de teint détonnaient derrière l'étal de ses carnages* (Desproges : il s'agit d'une bouchère). Ne pas employer en ce sens **dénoter**, qui signifie «indiquer, traduire, exprimer» et n'a pas de valeur négative : *Le prêtre chez qui l'étole mauve assortie au drap funéraire dénotait une tendance à la coquetterie* (Colombier).

DÉTOXICATION sens «Élimination des toxines par un organisme.» Ne pas confondre avec **désintoxication**, «élimination, produite par un agent extérieur».

DÉTRACTEUR forme Fém. : **détractrice**.

DÉTRITUS prononc. Le *s* final se fait toujours entendre.

DÉTRUIRE (SE) emploi et sens Populaire, au sens de « se donner la mort » : *Elle n'aurait pas choisi, pour se détruire, la fenêtre du salon, à l'entresol* (Mauriac).

« DEUS EX MACHINA » prononc. **Machina** doit se prononcer avec un [k] et non un [ʃ]. ♦ **sens** « Apparition insolite et artificielle d'un personnage ou d'un événement, à propos pour dénouer une situation embrouillée. »

DEUX prononc. La prononciation sans liaison, dans *le deux avril*, est plus soignée que la prononciation liée *le deux* [z] *avril*. C'est une fausse élégance que de lier le nom de nombre au substantif à initiale vocalique.

☐ **deux ou plusieurs.** Peut se dire correctement. → PLUSIEURS

☐ **tous les deux** ou **tous deux.** L'ellipse de *les* paraît littéraire, mais les deux formes de cette locution sont acceptables et équivalentes quant au sens : *Tous deux fort grands seigneurs et petits savants, ils décurent beaucoup notre père* (Bazin). Toutefois, on dit plutôt : *Ils sont venus tous les deux.*

☐ **entre les deux.** Expression familière pour désigner un état intermédiaire entre deux sentiments, une absence de choix entre deux jugements différents.

☐ **nous deux mon frère.** Considérée comme très familière, cette façon de s'exprimer est rejetée par le bon usage. On doit dire : *mon frère et moi* ou *avec mon frère, je...*

DEUXIÈME emploi et sens Strict équivalent de **second.** On emploie en principe **deuxième** lorsque l'ensemble compte plus de deux éléments. Quand on parle chiffres, c'est toujours *deuxième* qui doit être utilisé. Il faut avouer que cette distinction est très inégalement respectée. On dit plutôt *voyager en seconde, prendre une seconde,* que *voyager en deuxième.* On dit le plus souvent *en second lieu, de seconde main.* On dit toujours *lieutenant en second.*

DEVANT emploi et sens Cette préposition-adverbe a aujourd'hui un sens exclusivement spatial, sauf dans certains emplois archaïques → ci-dessous : *Ces inscriptions que j'ai vues depuis, repas-*sant de jour devant ces maisons* (Butor). Cette valeur spatiale peut être comprise dans un sens large : *Devant son embarras, elle sourit avec gentillesse* (Barjavel). On peut cumuler l'emploi de **devant** et de **chez** à l'exclusion des autres prépositions : *Il rentra à Paris dans la nuit et se retrouva devant chez Paule vers deux heures du matin* (Sagan).

☐ **au-devant de.** On ne doit pas dire *à mon devant,* comme on l'entend parfois encore, mais *au-devant de moi. Il était accouru au-devant de moi, pour prendre ma valise.* La locution fautive vient sans doute, par analogie, de *à ma rencontre.*

☐ **il m'est passé devant.** On dira mieux : *Il est* (ou *a*) *passé devant moi.* Non que *devant* ne puisse s'employer très correctement comme adverbe : *Et devant, à quelques pas seulement, commençait ce pays de la liberté qui le fascinait* (Ikor).

☐ **comme devant.** Locution archaïque, au sens temporel, « comme avant » : *Ainsi badinèrent-ils désormais, se donnant à eux-mêmes l'illusion que tout allait comme devant* (Jorif). Même remarque pour *devant que (de),* qui s'emploie parfois dans une langue très recherchée et même affectée, à la place de *avant que* ou *avant de,* strictement équivalents : *Les Allemands, traqués, devant que d'évacuer la ville, font sauter leurs dépôts* (Gide, cité par Grevisse).

☐ **par-devant** → PAR

DEVENIR conjug. Avec l'auxiliaire *être* : *Elle était devenue mille et mille douleurs toutes liées entre elles* (Clavel). L'emploi de *devenir* au sens de *venir* est un régionalisme qu'on ne pratique presque plus : *D'où que tu* *deviens ?* On doit dire : *D'où viens-tu ?* → QUE

DEVERS → PAR

DÉVÊTIR → VÊTIR

DEVIN forme Fém. : **devineresse,** dans le domaine de la divination, mais **devineuse** s'il s'agit d'un emploi courant, issu du verbe **deviner.**

DÉVISAGER emploi Ne peut avoir comme complément d'objet qu'un nom de personne, désignant un être pourvu d'un **visage**. Signifiait autrefois «déchirer le visage» (cf. **défigurer**). Aujourd'hui : «regarder avec une attention curieuse et impertinente» : *Avez-vous fini de me dévisager?*

DÉVOIEMENT orth. Ne pas oublier le *e* intérieur. ♦ **sens** «Déviation, inclinaison d'un tuyau de cheminée, de descente.» Aucun rapport avec **dévoyer,** pris au sens psychologique et moral.

DEVOIR conjug. → APPENDICE ♦ **sens** Soit l'obligation, soit la simple hypothèse. *Il doit être parti à 8 heures* peut signifier «qu'il soit parti avant 8 heures», ou «il est sans doute parti à 8 heures». Le contexte, le plus souvent, dissipe toute équivoque.

□ **ce doit être.** On emploiera *ce* et non *ça,* dans ce cas précis. → CE (*ce doit* ou *ce doivent être*)

□ **dû.** Ne porte l'accent circonflexe qu'au masc. sing. (**dû,** mais **due, dus, dues).** → CIRCONFLEXE

□ **dussé-je, dût-il,** etc. Formes très littéraires et parfois parodiques, à éviter dans la langue courante, même très correcte. Valeur concessive : «même si ».

DÉVOLU emploi Seulement comme participe-adjectif dans : *C'est vous, mon jeune ami, à qui ce rôle sera dévolu* (Jorif). *Le dernier* [étage] *était dévolu à un Suisse, travaillant dans l'empire multinational* (P. Jardin) et comme substantif dans : *jeter son dévolu sur.* On prendra garde que le verbe **dévoloir* n'existe pas.

DÉVOT prononc. [o] au masculin, [ɔ] au féminin. ♦ **orth.** Jamais d'accent circonflexe. Un seul *t* au féminin : **dévote.**

DÉVOUEMENT orth. Ne pas oublier le *e* intérieur.

DEY sens «Ancien chef du gouvernement d'Alger.» Ne pas confondre avec **bey,** «ancien souverain de Tunis».

DIABLE forme Au féminin, on a une **diablesse,** mais souvent aussi une forme identique à celle du masculin, surtout quand il s'agit de l'adjectif : *Une diable d'enfant, une petite fille très diable.* → DRÔLE

□ **au diable si, du diable si.** Locutions anciennes équivalant à l'énergique négation d'une hypothèse. Plus fréquente dans la langue parlée est : *c'est bien le diable si.* C'est bien le diable si l'on ne parvient pas à un compromis : «il n'est pas possible qu'on ne parvienne pas à un compromis».

□ **du diable.** Sert d'épithète intensive à un substantif : *Il fait un trafic du diable toute la nuit* (Giono).

□ **au diable vert, au diable Vauvert.** La forme correcte est : *au diable Vauvert,* du nom du château de Vauvert, qui, au XIIIᵉ siècle, se trouvait assez éloigné du centre de Paris et qui avait été le théâtre d'apparitions mystérieuses. ♦ **sens** «Très loin, à l'autre bout de la ville.»

□ **que diable!** Exclamation assez désuète : *De la volonté, que diable!* (Ionesco).

DIABOLISER emploi et sens Ce verbe, qui date du XVIᵉ s., trouve un regain de faveur, aujourd'hui, au sens de «présenter sous un jour très défavorable : *L'extrême droite se plaint souvent d'être diabolisée par les autres partis politiques.* Il est expressif et tout à fait acceptable.

DIACRE Fém. : **diaconesse.** ♦ **sens** Le personnage féminin a un caractère historique : «fille ou veuve qui, dans l'Église primitive, recevait l'imposition des mains et était chargée de certaines fonctions ecclésiastiques». Chez les protestants, c'est un peu l'équivalent de la dame patronnesse.

DIAGNOSTIC orth. Ce substantif s'écrit avec *c.* Il existe un adjectif, **diagnostique,** avec *-que,* d'emploi plus rare : *signes diagnostiques.*

DIALECTE et **PATOIS** sens Le mot **dialecte** a des sens différents, selon qu'il est employé par les médiévistes ou par les dialectologues. Dans le premier cas, il désigne une «forme du français écrit dans les provinces». Il existe ainsi une douzaine de dialectes : le picard, le champenois, le bourguignon, le berrichon, etc. Mais les dialectologues entendent le terme *dialecte* au sens de «ensemble de patois, renvoyant à des références plus historiques que linguistiques» : *Le dialecte wallon déborde largement la frontière franco-belge* (Lerond). Enfin, le **patois** désigne le «parler indigène d'un lieu bien délimité, généralement à caractère rural». On rencontre plusieurs patois distincts à l'intérieur même de certaines grandes villes du Nord. On préfère dans les milieux scientifiques le terme de **parler,** qui n'est pas chargé de nuances péjoratives, comme c'est souvent le cas pour *patois : Une enquête sur les parlers picards de la région d'Abbeville.*

DIAPOSITIVE emploi Ce néologisme est très aisément passé dans notre langue. Il est même abrégé : **une diapo.**

DICTATEUR forme Le féminin **dictatrice** est plaisant et peu courant : *Il se lavait toujours les mains et passait la cuvette de Ponce Pilate à la dictatrice* (Bazin).

DICTON forme On rencontre parfois **diton.** ♦ **sens** Il s'agit en général d'une vérité plus limitée, plus concrète et moins psychologique que celle du *proverbe.* Le **dicton** est d'essence paysanne et concerne le plus souvent les choses de la terre et du climat : *En avril, ne te découvre pas d'un fil. Petite pluie abat grand vent. S'il pleut à la Saint-Médard, il pleut quarante jours plus tard. Brebis qui bêle perd sa goulée.* Le **proverbe** est une «sentence anonyme et plus ou moins moralisante». Les proverbes d'un pays forment une sorte de «code de la sagesse populaire» : *Les proverbes ne sont point d'entendement, mais de raison. Ils ne concernent jamais la nature des choses, mais ils visent à régler la nature humaine, et vont toujours à contre-pente, contre les glissements qui nous sont naturels* (Alain). Voici quelques exemples de proverbes : *Tout ce qui reluit n'est pas or. Nul n'est prophète en son pays. Qui veut noyer son chien l'accuse de la rage,* etc.

DIDACTIQUE emploi et sens Ce mot n'est néologique que comme substantif féminin (l'adjectif date du XVIᵉ s.) : il a un sens plus large et plus technique que **pédagogie,** et renvoie à l'«étude scientifique des procédés de transmission et d'acquisition des connais-

sances», et pas seulement dans un cadre scolaire élémentaire. ♦ **dérivés** Le **didacticiel** désigne le «logiciel à fonction pédagogique».

DIÈSE orth. Avec un *s* et non pas un *z.* ♦ **genre** Masc. : **un dièse.**

DIESEL prononc. À la française [djezɛl] ou à l'allemande [dizəl].

DIEU orth. Toujours une majuscule à l'initiale pour le Dieu des chrétiens : *adresser une prière à Dieu, le bon Dieu, que Dieu vous aide.* Une minuscule initiale quand le mot désigne les divinités païennes : *les dieux, le dieu de la Guerre.* Les emplois courants ou figurés ne nécessitent pas de majuscule : *les dieux du stade, un enfant beau comme un jeune dieu.* Ce mot entre dans de très nombreuses locutions, avec une valeur sémantique souvent bien effacée : *Si c'est Dieu permis de s'met' dans des états pareils !* (Gide). *Car on ne peut pas dire qu'il n'y ait plus de pitié, non, grands dieux, nous n'arrêtons pas d'en parler* (Camus). → À DIEU VAT, BON et GUIDE TYPO.

DIFFAMER orth. Pas d'accent circonflexe sur le *a,* de même que sur celui de **fameux** et de **famé** (dans *mal famé*). À distinguer, à cet égard, de **infâme.**

DIFFÉREMMENT constr. Cet adverbe (comme l'adjectif *différent*) se construit avec *de* et non avec *que* (attention à l'influence de *autrement*) : *Ce qu'il attendait d'elle, c'est qu'elle ne bouge pas, c'est qu'elle ne pense pas différemment de lui* (P. Jardin).

DIFFÉRENCE emploi On dira *à cette différence près que,* mieux que *avec cette différence que : Il m'arrivait même de passer des soirées de pure amitié, sans que le désir s'y mêlât, à cette différence près que, résigné à l'ennui, j'écoutais à peine ce qu'on me disait* (Camus).

DIFFÉREND sens «Désaccord» : *Je ne voudrais pas avoir de différend avec toi* (Green). Ne pas confondre le substantif **différend** (-d final) avec l'adjectif **différent,** qui se termine par un *t,* ni avec le participe **différant** (-ant) : *deux frères*

différant profondément l'un de l'autre.
→ PARTICIPE PRÉSENT

DIFFÉRENT constr. On dit et on écrit *différent de* et non **différent que*; il est néanmoins des cas fort embarrassants : *Belfort est en bas et on le voit d'une façon différente que depuis le pré sous la Miotte* (Gerber). Cette phrase sera jugée peu correcte par certains, mais comment dire cela «autrement»? L'adjectif *autre* et l'adverbe *autrement* se construisent normalement, eux, avec *que*, mais ne sont pas synonymes de *différent* et *différemment*: la langue française, ici, n'est pas parfaitement «au net».

DIFFÉRENTIEL emploi et sens Utilisé dans le jargon de l'économie, sous la forme *différentiel d'inflation*, ce terme inutile est proscrit par l'arrêté ministériel du 18 février 1987, qui recommande de dire *écart d'inflation*.

DIFFÉRER constr. et sens Suivi de *de* + infinitif, signifie «remettre à plus tard». En construction directe *(différer quelque chose)*, **différer** signifie «repousser»: *Cette aventure que j'ai trouvée au centre de ma mémoire et dont je ne peux différer plus longtemps le récit* (Camus). De toute façon, il s'agit d'un mot appartenant à la langue soutenue. En construction absolue, ou avec un substantif introduit par *de*, *différer* a le sens de «se différencier»: *Si donc, s'essayant à différer infiniment de lui-même, il tentait de changer sa liberté de jugement en liberté de mouvement?* (Valéry).

DIFFICULTUEUX emploi et sens Ne se dit que des personnes au sens de «qui est porté à soulever des difficultés»: *un esprit difficultueux.* Ne pas employer **difficultueux** comme synonyme de **difficile**, «qu'on ne fait qu'avec peine»: *un travail difficile.*

DIGEST prononc. [dajdʒəst] à l'anglaise ou [diʒɛst] à la française. ♦ **sens** «Condensé, résumé d'un livre; recueil de ces condensés.» Mot d'origine américaine, apparu vers 1949.

DIGESTE Cet adjectif est très répandu au sens de «que l'on digère aisément». Son contraire est **indigeste**: *On croit le couscous un mets très lourd; en réalité,*

il est parfaitement digeste. Au contraire, les poissons gras sont indigestes (Dr Sliosberg). *Cela fait, pour chaque détenu, moins d'une demi-livre d'une pâte de pommes de terre indigeste* (Pineau). L'adjectif positif est remplacé dans la langue scientifique par *digestible*, mais **indigestible** est pratiquement inusité: *Ce sont les viandes grillées sans graisse qui sont les plus digestibles* (Dr Sliosberg). On ne confondra aucune de ces trois formes avec le substantif **digestif**, qui a un sens actif (en opposition à **digestible**), «qui facilite la digestion»: *Vous prendrez bien un petit digestif? dit-elle en débouchant un flacon d'eau-de-vie.*

DIGITAL emploi et sens Cet adjectif, à l'origine, renvoie au mot *doigt*, par exemple dans *empreintes digitales*. Mais un sens plus technique nous est parvenu récemment, à travers l'anglais *binary digit*, «nombre binaire»; le français **digital** se rapporte alors aux nombres binaires ou aux quantités mesurées de façon discrète: *affichage digital, montre digitale*; il s'oppose dans ce contexte à *analogique*. La recommandation officielle (arrêté du 22 décembre 1981) est **numérique.**

DIGNE constr. Rare et littéraire avec le substantif: *un digne homme.* ♦ emploi *Digne d'envie, digne de mépris* peuvent se trouver également en phrase affirmative. En phrase négative, on n'emploie **digne** que dans un contexte dépréciatif: *Il n'est pas digne de notre confiance.* Dans un contexte laudatif, il faut dire: *Il ne mérite pas notre méfiance.*

DIGRESSION forme Éviter absolument de prononcer et d'écrire **disgression,* ce qui est une faute assez répandue.

DILATOIRE emploi et sens Dans la langue soutenue, «qui vise à gagner du temps, à retarder»: *Il nous a bercés de réponses dilatoires.* Une *réponse dilatoire* n'est pas nécessairement un *refus.*

DILEMME orth. Ne pas écrire -*mn*-, faute fréquente due sans doute à l'analogie de *indemne.* ♦ emploi Ne pas confondre **dilemme** avec **alternative,** → ce mot ♦ Voici la traduction d'un adage allemand qui pose un véritable dilemme : *Tu bois, tu meurs, tu ne bois pas, tu meurs de même. Aussi, bois !* Autre exemple : *C'est un dilemme très grave et très éprouvant : quand l'art et la justice s'opposent, lequel, laquelle faut-il sacrifier à l'autre ?* (Vercors). Dans la phrase suivante, on constate un glissement vers le sens banal de «problème, difficulté» : *Les grands dilemmes sont en effet adoucis par des formules à double issue qui reflètent moins une doctrine d'action que le souci de se ménager des solutions empiriques (Le Monde).* Mais l'emploi suivant est erroné, car il s'agit non d'un *dilemme*, mais d'une *alternative* : *Dilemme délicat s'il en fut !... Périr ? Enseigner ?...* (Céline). Dans les deux exemples suivants, l'énoncé des conséquences de chaque terme est incomplet, et la limite est indécise entre le dilemme et l'alternative : *Le dilemme est donc clair : il faut, ou ne rien ajouter à ces passages, ou en retrancher certains au profit d'épisodes qui, non pas par leur qualité, mais par leur rapport au sujet principal, apparaîtront forcément accessoires* (Rivière). *Il lui fallait réfléchir, un dilemme se présentait : va-t-elle par ses dessins et le texte dévoiler déjà à partir de là que l'automate était un faux automate ? Ou fallait-il garder le secret jusqu'à la fin de la bande dessinée ?* (Triolet). Dans ces deux derniers exemples, il s'agit encore d'une *alternative* et non pas d'un *dilemme*.

DILETTANTE orth. Mot d'origine italienne, mais le pluriel est **des dilettantes.** ♦ sens «Qui manifeste un goût très vif pour l'art.» Dérivé : **dilettantisme.** Le mot s'est affaibli de nos jours et a pris le sens de «amateur d'art oisif et éclectique». Au figuré, *travailler en dilettante* : «en amateur».

DILIGENCE emploi et sens Vieilli au sens de «activité empressée». Se rencontre surtout dans les locutions figées : *agir avec diligence* ou, absolument, *faire diligence.* On trouve de nos jours un **diligenter** dans ce sens.

DIMANCHE (DU) emploi Au figuré, cette locution peut prendre la valeur péjorative de «amateur, peu assidu». Elle est plus souvent au singulier qu'au pluriel, mais les deux sont corrects : *Je suis un écrivain des dimanches* (Sartre).

DÎME orth. Avec un accent circonflexe.

DIMINUTIFS emploi En général, on doit éviter la redondance entre un mot de ce type et un adjectif comme *petit*, par exemple *une petite maisonnette, une maigre parcelle*, etc. Cependant, lorsque l'idée diminutive est affaiblie ou même complètement effacée, malgré la présence d'un suffixe à l'origine diminutif, la qualification dans ce sens est alors possible ; de même lorsqu'on veut marquer une différence de taille entre deux êtres ou deux objets : *une petite fillette et une grande.* Au point de vue de la création lexicale, cette catégorie de mots est assez ouverte, et des suffixes tels que *-onner, -ot(t)er* sont encore productifs : *Dans la bergère, le baron qui lui faisait face se plaignait de ses rhumatismes et grognonnait* (Gide). *Quatre petites filles un peu roussottes comme Gaston Basque* (Mauriac).

DIMINUTION emploi Ne pas dire *La viande est en diminution*, mais *Le prix de la viande est en diminution.* → AUGMENTATION

DÎNATOIRE emploi Rare et familier, presque uniquement dans la locution *goûter dinatoire*, «sorte de lunch abondant et tardif servant de dîner».

DINE → DAIM

DÎNER orth. Avec un accent circonflexe. ♦ emploi → DÉJEUNER

DIONYSIAQUE orth. Il faut être attentif à la succession des *i* et *y.* ♦ sens À l'origine, «qui se rapporte à Dionysos, c'est-à-dire Bacchus», et par extension «qui se rattache à la notion d'inspiration, d'enthousiasme».

DIPLOMATE orth. Pas d'accent circonflexe sur le *o* (ainsi que les termes apparentés), à la différence de **diplôme, diplômer.**

DIPLÔME → DIPLOMATE

DIPTYQUE → TRIPTYQUE

DIRE conjug. → APPENDICE Sauf *redire*, tous les composés prennent la terminaison *-ez* à la 2ᵉ personne du pluriel du présent de l'indicatif : *vous contredisez* (et non **contredites*). ♦ **construc.** Avec *de + infinitif*, ce verbe a le sens de « ordonner » : *Je lui ai dit de m'attendre.* Mais lorsqu'il est suivi (plus rarement) de l'infinitif seul, il équivaut à « affirmer, prétendre » : *Depuis quatre mois, je disais l'aimer, et ne lui en donnais pas cette preuve dont les hommes sont si prodigues* (Radiguet).

□ **dire ses raisons.** On rencontre souvent dans la langue littéraire le verbe *dire* avec le sens de « exprimer, exposer », le complément d'objet pouvant désigner autre chose qu'une « parole » prise dans un sens étroit : *Ils pourraient nous parler un peu, dire leurs raisons, leurs craintes, je ne sais pas, moi !* (Ikor).

□ **on dirait (d') un fou.** Dans cette locution, fréquente à tous les registres, l'ellipse de *est* aujourd'hui plus naturelle : *La profusion de ces christs a quelque chose de touchant. On dirait d'un congrès de crucifiés* (Apollinaire). Mais : *On dirait un jardin de théâtre sous la lune* (Mauriac).

□ **cela va sans dire.** Expression stéréotypée, qui correspond à une sorte de prétérition : *Je n'ai jamais accepté de pot-de-vin, cela va sans dire, mais ne me suis jamais abaissé non plus à aucune démarche* (Camus). *Il a lui-même « tâté des pinceaux ». En amateur, cela va sans dire* (Japrisot).

□ **dire que... !** Cette locution à valeur exclamative est suivie d'une proposition au passé et exprime généralement un vif regret de ce qui aurait pu être : *Dire que ce brave homme avait tout préparé pour lui, était allé jusqu'à se déranger pour le tirer d'affaire !* (Ikor).

□ **au dire de.** Cette locution est quelquefois au singulier (mais on rencontre surtout le pluriel) : *Au dire du contrebandier, parler nourriture faisait saliver et trompait la faim* (Peyré). *Gilbert, aux dires de Chassegrange, s'il n'était bien sûr qu'un petit imbécile, pouvait devenir tout à fait gênant* (Dhôtel).

□ **ceci dit →** CECI

□ **soit dit en passant.** Locution figée, archaïsme syntaxique souvent utilisé : *Soit dit en passant, il arrive que des fleurs bi ou tricentenaires soient collées sur les feuillets des registres* (Bazin).

□ **soi-disant →** PRÉTENDRE et SOI-DISANT

□ **ledit, ladite, lesdits...** Ces formes sont en un seul mot et n'appartiennent qu'à la langue administrative (ou à sa parodie) : *Vous posez la cuiller sur le verre dans lequel repose déjà l'absinthe, puis vous mettez un caillou de sucre sur ladite cuiller* (Queneau). On écrit en un seul mot *audit, dudit, susdit.*

□ **dit-il.** On doit éviter, sous prétexte de variété dans le style, de remplacer ce groupe, fréquent dans la prose romanesque, par un groupe formé sur un verbe ne contenant pas l'idée de « dire », par exemple : *rougit-il, s'empêtra-t-il,* etc. Certains écrivains abusent jusqu'au ridicule de cette « ressource » : *Vous avez peur que cela vous fasse mal aux dents ! le taquina-t-elle* (Fontanet).

□ **dire tu, dire vous →** TUTOIEMENT et VOUVOIEMENT

□ **tenez-vous-le pour dit →** TENIR

→ LIEU-DIT, ON-DIT, OUÏ-DIRE

DIRECTION emploi On rencontre dans la langue technique ou le registre familier le tour elliptique : *Un train s'arrête. Hommes et bagages y sont chargés direction Feldkirch* (Chaix). La formule complète, un peu lourde, est *en direction de...*

DIRIMANT emploi et sens Mot de la langue du droit, surtout employé dans *empêchement dirimant,* « qui met obstacle à la célébration d'un mariage, ou qui l'annule, si la cérémonie a déjà été célébrée ». On trouve des emplois extensifs : *Des raisons dirimantes nous ont empêchés d'exécuter cette décision.*

DISCIPLE genre N'a pas de féminin : *Elle est son meilleur disciple,* avec un possessif masculin, malgré le genre du sujet. → ADEPTE

DISK-JOCKEY ou **DISC-JOCKEY** emploi et sens Ce mot composé désigne une personne chargée de préparer et de présenter les divers éléments d'une émission de radio ou de télévision, ou encore de passer des disques de variétés à la radio ou dans une discothèque. Il paraît souhaitable de remplacer ce nom, très mal intégré en français graphiquement et phonétiquement (et parfois abrégé en D.J.), par le simple **ani-**

mateur (arrêté ministériel du 10 octobre 1985). → cit. à ESTER

DISCONTINUER constr. Surtout intransitive, dans la locution *sans discontinuer : Des enfants couraient pour rejoindre la fanfare qui prenait position devant l'entrée principale, jouant sans discontinuer* (Gallo). *La guerre n'a pas discontinué pendant vingt ans.* Plus rarement transitive, avec **de + infinitif :** *Il n'a pas discontinué de venir me voir.*

DISCONVENIR conjug. Comme *venir*, avec l'auxiliaire *être*. ♦ **constr.** Essentiellement sous la forme négative *ne pas disconvenir que*, suivie du subjonctif (avec le *ne* explétif), soit de l'indicatif : *Il ne disconvient pas qu'il (ne) se soit trompé* ou *qu'il s'est trompé*. **Disconvenir de + infinitif** est vieilli.

DISCORD emploi et sens Comme substantif, c'est un synonyme vieilli et aujourd'hui très rare et littéraire de **différend** → ce mot. Comme adjectif, s'applique à «un instrument de musique désaccordé». À distinguer de **discordant,** «qui rompt l'harmonie d'un ensemble» (*discordant* ne peut donc s'appliquer à un élément isolé).

DISCOUNT emploi et sens Ce mot, emprunté à l'anglais (mais issu de l'ancien français *descompte :* décompte), appartient à la langue du commerce, où il pourrait aisément être remplacé par **remise** ou **ristourne** (ce dernier mot est recommandé par un arrêté ministériel du 17 mars 1982).

DISCRÉDITER Ce verbe, qui a supplanté complètement **décréditer**, signifie «faire perdre tout crédit» et a pour complément d'objet un nom de personne ou, à la rigueur, un nom désignant un procédé, une institution. On ne doit pas le confondre avec **décrier**, qui signifie «attaquer la réputation de», ce qui peut avoir pour résultat de *discréditer : Par les hommes décriée par les dieux contrariée / La noce continue et Vive la muriée !* (Brassens). *Ils ont eu beau décrier leur collègue dans les coulisses, ils ne sont pas parvenus à le discréditer dans l'esprit du public.*

DISCRÉTIONNAIRE sens «Qui confère à quelqu'un la libre décision»,

surtout dans *pouvoir discrétionnaire*, c'est-à-dire «arbitraire, illimité». Se rattache non pas à **être discret**, mais à **être à la discrétion de** («à la disposition») : *Elle en avait beaucoup entendu parler de ces agents cadastraux, de leur fabuleuse fortune, de leur puissance discrétionnaire, quasi divine* (Duras).

DISGRACIEUX orth. Sans accent circonflexe sur le *a*, à la différence de **grâce,** dont il est pourtant dérivé, comme *gracieux, gracier, disgracié*.

DISPARAÎTRE → APPARAÎTRE et PARAÎTRE

DISPARATE genre Fém. : **une disparate.** Mais on trouve parfois le masculin, qui est erroné. ♦ **sens** «Dissemblance choquante» : *Il ne souffrit pas trop de la disparate entre la caserne et la famille* (Maurois, cité par Grevisse). *Il y a entre ses paroles et ses actes une excessive disparate.*

DISPATCHER emploi et sens Ce verbe calqué sur l'anglais *to dispatch* ne dit rien de plus que le français **répartir** ou **ventiler.** On se gardera donc de l'employer dans la langue usuelle, et on le réservera à des contextes techniques, ainsi que les substantifs *dispatcher*, «régulateur», et *dispatching*, «poste de distribution, de commande», répartition.

DISPENDIEUX sens «Qui exige une grande dépense» : *Grand-mère nous chaussait de galoches en été et de bottillons de caoutchouc en hiver. Madame mère les trouva dispendieux et, pour ces motifs, les déclara malsains* (Bazin). On dit plus simplement **coûteux.** Ne pas confondre avec **dépensier,** «qui aime dépenser».

DISPUTER constr. et emploi Disputer de est l'emploi le plus proche des origines latines, au sens de «discuter vivement à propos d'idées, d'opinions». Mais on rencontre ce verbe dans la langue courante, avec un complément d'objet direct désignant une personne, ou sous la forme pronominale, au sens de «réprimander, quereller» : *Ce n'est pas en se croisant les bras, et à se disputer, qu'on serait arrivé à ce résultat-là* (Aragon). Avec un nom de chose pour complément d'objet direct, *disputer si-gnifie* « chercher à obtenir ou à conser-ver, contre des adversaires » : *Disputer à quelqu'un la préséance.*

□ **le disputer à,** ou **avec.** Dans la langue soutenue, « rivaliser » : *Le dispu-ter à quelqu'un en érudition, en ri-chesse,* etc.

DISQUETTE **emploi et sens** Ce néolo-gisme adapte très bien l'anglais *diskette* ou *floppy disk,* pour désigner le « disque magnétique utilisé dans les or-dinateurs », objet usuel devenu rapide-ment indispensable en informatique (recommandation officielle du 22 dé-cembre 1981).

DISSEMBLABLE **constr.** Comme *dif-férent de,* au contraire du simple *sem-blable à ;* mais le plus souvent en construction absolue : *Ils sont si dis-semblables !*

DISSENSION **orth.** Pas de *t.* ♦ **sens** « Dé-saccord profond et manifeste. » Mais plus fort que **dissentiment,** qui n'est qu'une simple « différence de senti-ments, d'opinions » : *Des dissensions compromettent la stabilité du gouverne-ment.*

DISSIMULER **constr.** Quand la princi-pale est affirmative, le verbe de la complétive est le plus souvent à l'indi-catif ou au conditionnel : *J'ai longtemps cherché à te dissimuler qu'il était parti.* Après une principale négative ou inter-rogative, on trouve l'indicatif ou le sub-jonctif : *Faut-il encore se dissimuler que nous n'arriverons à rien ? Personne ne se dissimule qu'il ait lamentablement échoué.* Mêmes règles pour *cacher.*

DISSOLU **emploi et sens** Ancien parti-cipe passé de **dissoudre,** complètement détaché aujourd'hui de son verbe. Si-gnifie « déréglé, débauché » et ne se rencontre qu'auprès de substantifs tels que *vie, mœurs,* etc. : *Il l'admirait pour sa hardiesse, pour son ambition sans frein, pour toute une vie dissolue qu'il imaginait* (Mauriac). L'emploi suivant est à déconseiller : *Mais, par bravade peut-être, il avait épousé une jeune fille dissolue* (Masson).

DISSONANCE **orth.** Avec un seul *n :* *Les deux autorités ne s'entendant guère,*

on présume que les dissonances du mot d'ordre relèvent du hasard (Poirot-Del-pech, *Le Monde,* 20 mai 1992). → SON-NER

DISSOUDRE **conjug.** Comme *absoudre* → ce mot. Le féminin du participe **dis-sous** est **dissoute.** Attention : le passé simple n'existe pas. Éviter les barba-rismes : **se dissolut, *se dissolva, *se dissolvit...*

DISSYLLABE **forme** On trouve aussi **dissyllabique.** ♦ **sens** « Qui a deux syl-labes. »

DISSYMÉTRIE **orth.** De nos jours, l'or-thographe du préfixe est *dis-,* alors que les dictionnaires du XIXᵉ siècle écri-vaient *dys-,* conformément à l'étymolo-gie. ♦ **emploi** La langue littéraire use fré-quemment de structures syntaxiques dissymétriques. En voici quelques exemples : *Je regrettai ma phrase et qu'il y eût pu sentir quelque allusion à son infirmité* (Gide). *Alain se souvenait du souffle accéléré de Camille et qu'elle avait fait preuve d'une chaude docilité* (Colette). *Elle trouvait toutes les femmes belles, et que leur élégance estivale était une insulte à tout ce qui n'était pas elles* (Duras). Sans pour autant systématiser ces procédés, souvent critiqués par les grammairiens, on se gardera de re-chercher la symétrie « à tout prix », ce qui aboutit souvent à un style encore plus artificiel, et crée ce que Pascal nommait les « fausses fenêtres ». Les écrivains ne se soucient pas de balan-cer également leurs phrases et ils pré-fèrent souvent le « choc » produit sur le lecteur par un développement inat-tendu ou une expansion apparemment boiteuse. → ASYMÉTRIE

DISTINCT **prononc.** [distɛ̃] au masculin, [distɛ̃kt] au féminin.

DISTINGUER **constr.** On dit *distinguer quelqu'un d'un autre* ou *d'avec un autre.* → AVEC : *La lune et l'aube per-mettaient de distinguer dans les haies les aubépines des reines-vinettes et des prunelliers* (Vailland).

□ **se distinguer.** **emploi** *Se distinguer* peut avoir une valeur soit méliorative, soit dépréciative, selon le contexte. *Cet élève s'est particulièrement distingué* est donc une phrase ambiguë, si le contexte ne l'éclaire pas.

DISTRACTIF, IVE emploi et sens Cet adjectif double **distrayant** sans grande utilité : il a pour synonyme **récréatif,** voire **ludique.** Son inconvénient majeur réside dans l'amphibologie du verbe **distraire** («amuser» ou «détourner l'attention»). On notera que les psychologues emploient le substantif **distractivité** au sens d'«incapacité à fixer son attention». On dira *des équipements de loisir* plutôt que **distractifs.*

DISTRAIRE conjug. Comme *traire.* → APPENDICE

DITHYRAMBIQUE orth. Difficile : *i* avant *th,* y après *h.* ♦ sens «Qui loue avec une emphase souvent disproportionnée avec l'objet.» Vient de *dithyrambe,* «poème lyrique à la gloire de Dionysos, dans l'Antiquité grecque», souvent employé aujourd'hui au sens banalisé d'«éloge excessif» : *Il exprimait ce bonheur en redoublant de blagues, dithyrambes et hyperboles* (Labro).

DIVE emploi Cette forme abrégée de *divine* est archaïque, et ne se rencontre plus que dans l'allusion à la *dive bouteille* de Rabelais, ou dans un contexte très littéraire : *Je le lui disais. À profusion même, gâchant un peu de la dive émotion par une imprudente prodigalité* (Allen).

DIVERGENT, DIVERGEANT forme Le premier mot est adjectif, le second participe présent. → PARTICIPE PRÉSENT

DIVERS sens Adjectif à sens indéfini lorsqu'il est antéposé : *diverses personnes,* «un certain nombre de personnes»; qualificatif lorsqu'il est postposé : *des personnes diverses,* c'est-à-dire «distinctes, différentes».

DIVERSION sens «Action de détourner l'esprit vers d'autres objets» : *faire diversion, tenter une diversion.* Ne pas confondre avec **divertissement,** qui n'a plus aujourd'hui que le sens de «amusement, récréation» : *La musique est un divertissement de qualité. Offrir un divertissement à quelqu'un, pour faire diversion à son chagrin.*

DIVIN prononc. On fait la liaison devant un mot à initiale vocalique, et le [ɛ̃] se dénasalise, même au masculin : *le divin enfant* [divinɑ̃fɑ̃].

DIVISION DES MOTS → GUIDE TYPO.

DIVORCER constr. Si le verbe est suivi d'un complément, on dit **divorcer d'avec** → AVEC. Mais la construction *divorcer avec* se répand. *Se divorcer* n'existe plus. Distinguer : *Il a divorcé il y a trois ans* (action) et *Il est divorcé depuis trois ans* (état).

DIVULGUER emploi Seulement avec un complément d'objet non animé : *divulguer une nouvelle, un secret, une doctrine.* Éviter le pléonasme *divulguer publiquement.*

DIX prononc. Le *x* final reste muet devant un pluriel commençant par une consonne ou un *h* dit aspiré : *dix tables, dix livres, dix héros.* Devant une voyelle, on prononce [z] plutôt que [s] : *dix œufs, dix enfants.* Dans les dates, on dit *le dix août* avec un [s] plutôt qu'avec un [z], mais l'usage est très variable. Dans le *dix mai,* le *x* final ne se fait plus entendre, alors qu'on disait autrefois [dismɛ]. En fin de phrase, au contraire, on prononce [dis], de même que devant *et, à, pour,* etc., *gagner par dix à trois, dix et quinze, dix pour cent, dix d'entre eux,* etc. On dit *dix-sept* [di(s)sɛt] mais *dix-huit, dix-neuf* [diz]. On écrit : *dixième,* et *dizaine,* mais dans les deux cas on prononce [z].

□ **dix-sept cents** ou **mille sept cents.** L'emploi de l'une ou l'autre formule est indifférent à partir de 1 700, mais jusqu'à 1 600 on doit préférer *onze cents, douze cents,* etc., *à mille cent, mille deux cents,* etc. ♦ orth. Trait d'union dans *dix-sept, dix-huit,* etc., mais pas de trait d'union dans *cent dix, dix mille.* → CENT

DOCTORESSE emploi Ce féminin est très controversé : *Il se rasséréna un peu sous les questions douces de la doctoresse.* («Je crois que l'on ne dit pas 'doctoresse'. Au fait, pourquoi? ») (Jorif). Certaines femmes se font volontiers appeler *Madame la doctoresse,* mais il semble qu'on en revienne de plus en plus à *Madame le docteur Un tel, une femme docteur* ou *un docteur femme,*

Mme X..., docteur en médecine. En tout état de cause, **doctoresse** ne peut se dire que pour une femme docteur en médecine et non pas, par exemple, pour un docteur en droit ou ès sciences.

DOCUDRAME emploi et sens Ce mot-valise est une utile innovation, pour désigner le «documentaire dont certaines parties sont des reconstitutions dramatiques». Il est recommandé par l'arrêté ministériel du 10 octobre 1985 pour traduire, dans le monde de l'audiovisuel, l'anglais *docudrama*, ou *dramatized documentary*.

DOIGT emploi On dit *savoir quelque chose sur le bout du doigt* (sing.) mais plutôt *avoir de l'esprit jusqu'au bout des doigts* (plur.).

DOIT-ET-AVOIR orth. Deux traits d'union. ◆ emploi Cette expression invariable appartient au lexique de la comptabilité : *Des livres de doit-et-avoir pareils à des registres de plain-chant.*

DOLÉANCES emploi Rare au singulier : *Je suis un homme libre, caché dans ma villa inviolable, prêt à écouter les doléances de chacun et à distribuer mes conseils ou avis* (Labro).

DOLENT sens « Qui se sent malheureux et cherche à se faire plaindre » : *Une voix dolente, une démarche dolente.* Ce mot d'emploi assez littéraire ne s'oppose pas à **indolent**, «nonchalant, apathique» : *Il la vit un peu dolente et l'embrassa en frère* (Colette).

DOM emploi et sens 1. Titre donné à certains religieux (bénédictins, trappistes) : *il vit dom Pérignon.* 2. Titre de noblesse espagnol ou portugais, qui a eu la même évolution que *monsieur* ; la forme espagnole moderne est *don* : *don Juan* (mais le *«Dom Juan»* de Molière), *don Quichotte.*

DÔME sens Ce mot est souvent employé sans aucune distinction d'avec **coupole**, bien que ce dernier substantif désigne «l'intérieur» et que **dôme** soit plus approprié pour désigner l'extérieur. On dira donc *siéger sous la coupole de l'Institut* mais *avoir vue sur le dôme du Panthéon. Dôme* peut s'employer au figuré plus aisément que *coupole : un dôme de feuillage.*

DOMMAGE constr. La langue familière emploie souvent ce substantif comme mot-phrase, c'est-à-dire isolément, ou encore en début de phrase : *Dommage qu'il ait manqué son train !* La langue académique recommande : *C'est dommage que*, ou, plus littérairement : *Il est dommage que...* Dans tous les cas, le verbe qui suit est au subjonctif.

DOMPTER prononc. Le *p* doit rester muet, comme dans *baptiser, sculpter.*

DONATAIRE sens «Celui qui reçoit un don.» Le **donateur** est celui qui donne. → DÉDICATAIRE

DONC emploi Renforce souvent un interrogatif : *Où donc un respectable professeur d'université pouvait-il prendre cet argent?* (Godbout). *Où est-il donc?* → QUOI. La valeur adverbiale est également fréquente, pour rendre plus pressant un ordre ou une invitation : *Dites donc! Venez donc!* etc., ou pour marquer divers sentiments, surprise, étonnement : *C'était donc ça!* **Donc** peut servir de transition, pour indiquer un retour à ce dont il était question : *Je vous disais donc que...* → OR (conjonction)

□ **et donc.** Cette locution employée jadis par les classiques se rencontre encore et on ne peut la taxer d'incorrection : *Et donc il importe moins, pour le progrès réel, de savoir beaucoup, que de savoir très bien une chose ou deux* (Alain).

DONJUANESQUE orth. En un seul mot (mais *don Juan* en deux mots). Même remarque pour *donquichottesque* et *don Quichotte.* → DOM

DONNER emploi Ce verbe entre dans de multiples locutions anciennes, dont certaines sont encore en usage, surtout dans la langue littéraire. **Donner dans,** au sens de «avoir du goût pour» ou «croire à», se rencontre assez souvent aujourd'hui : *Un type supérieur comme vous, donner dans ces bobards-là, non !* (Bernanos). *Donner sur les doigts* est plus rare : *Ils prient qu'on leur donne sur les doigts, ils inventent de terribles règles* (Camus).

□ **donner de.** Au sens de «accorder, permettre», ce tour est purement littéraire : *Songeant à cet humble manuel qui lui donnerait de faire figure devant les dictionnaires de l'oncle Suprême* (Aymé). *J'aime aussi les langues, toutes les langues. Enfin, celles qu'il m'a été donné de fréquenter* (Cavanna).

□ **la donner belle** → BÂILLER

□ **étant donné.** Pendant longtemps, l'accord avec le substantif suivant était facultatif : *Étant donné(es) les raisons qu'il nous a présentées, on ne peut que lui pardonner.* Aujourd'hui, on tend à accorder cette locution selon les mêmes règles que *attendu, excepté,* etc. → ces mots En mathématiques : *Étant donné deux droites* ou *Deux droites étant données...*

□ **donner sur** → SUR et RUE

→ ADONNER (S') et APPENDICE (participe passé)

DONNEUR emploi et sens De plus en plus courant pour *donneur de sang :* L'opération pratiquée le 22 juillet dernier à Lyon peut constituer un espoir pour les familles en attente d'un donneur, mais le fait d'abréger l'expression a un inconvénient : la confusion avec le sens qu'a le mot simple dans l'argot du milieu :   «mouchard»,   indicateur», d'après l'emploi de **donner** au sens de «dénoncer, livrer à la police».

DONT emploi Pronom relatif qui a pour antécédent un nom de personne ou un nom de chose et qui équivaut à *de qui, de quoi,* etc. Il peut se voir substituer *de qui* ou *de quoi : Elle a dû avoir dans ses ancêtres un apôtre de qui elle a hérité le goût de sauver les âmes* (Mauriac). L'ellipse du verbe après *dont* est fréquente, surtout dans la langue parlée : *Doriot reçut onze balles dont sept mortelles* (Chaix). *Il a mangé trois pommes, dont une un peu gâtée.*

□ **la famille dont il est issu.** Pour l'origine généalogique, *dont* est préférable à *d'où,* que l'on réserve aujourd'hui à la valeur proprement spatiale : *Je demeurais au centre d'une confusion d'où sans doute mon cœur pouvait me tirer* (Vercors). *La maison d'où il vient de sortir.* Mais cette distinction n'était pas observée jadis, et demeure assez fragile : *Elle s'en fut tout droit à l'armoire de phar-*

macie, *dont elle retira la seringue de Pravaz* (H. Bazin). *Un cabas à la poignée cassée dont dépassent le thermos et le pain* (Vian).

□ **l'homme dont je connais le nom.** Il faut éviter d'employer dans la proposition relative un terme rappelant explicitement l'antécédent de *dont : Un ami dont on se console de la mort en songeant qu'il ne souffre plus* (F. Mauriac). La succession de *dont* et de *de* répugne à nos usages, et il aurait mieux valu écrire : *Un ami de la mort duquel on se console.* Plus généralement, un nom se rapportant, dans la relative, à *dont* ne doit pas, en principe, être construit avec une préposition. Parfaitement correcte, en revanche, est la phrase suivante : *Mais que dire des chercheurs de caoutchouc à l'agonie desquels mes dernières semaines de séjour me permettaient d'assister?* (Lévi-Strauss).

□ **dont je sais que.** Ce tour est de plus en plus répandu, surtout avec des verbes d'opinion et d'affirmation : *Les fleurs de la vieille marchande dont je savais pourtant qu'elle les volait au cimetière   Montparnasse   (Camus). Qu'est-ce que conseille le maître absent, dont Clanricard aime à se répéter, avec une espèce de fanatisme volontaire, qu'il a toujours raison?* (Romains). *Ces vêtements dont il avait jugé par la suite qu'ils orneraient agréablement les fenêtres d'une chambre à coucher* (Godbout). Ce tour est impossible à refuser, malgré les réserves de certains grammairiens, mais il est évident qu'il ne doit pas tourner au tic, et qu'il n'est guère justifiable lorsque le verbe suivant *dont* ne se construit pas ordinairement avec *de* (c'est le cas de l'exemple tiré d'un texte de Romains).

□ **dont acte.** Locution figée dans la langue officielle : «de laquelle opération je vous donne acte».

□ **ce dont.** Reprend tout ce qui précède, comme antécédent tenu pour neutre, ou non animé : *Cette nuit des hôtels fut décisive, ce dont je me rendis mal compte après tant d'autres extravagances* (Radiguet). *Ils se sont intéressés à la porte que l'on ouvrait en déclenchant une sonnette grognonne, ce dont se fichait éperdument le berger allemand* (Colombier). On distinguera soigneusement des phrases telles que *J'ai rencontré sa fille, dont il ne s'est pas soucié* et *J'ai rencontré sa fille, ce dont il ne s'est pas soucié* : dans le premier cas, l'antécédent de *dont* est le mot *fille*; dans le second, c'est la proposition principale tout entière, c'est-à-dire l'idée de «rencontre». *Ce dont*, en tête de phrase, peut aussi annoncer ce qui suit : *Ce dont tu aurais besoin, ce serait d'un bon verre de vin* (Peyré).

DOPING emploi Ce terme du langage des sports est aujourd'hui de plus en plus souvent remplacé par la forme francisée **dopage** (recommandée par un arrêté ministériel du 2 janvier 1975) : *Il avait dit doping, et depuis le début de l'occupation, on s'efforçait d'oublier les néologismes anglais* (Bastide). *Le soupçon de dopage pèse sur plusieurs champions à l'occasion des premières épreuves d'athlétisme à Barcelone* (Fénoglio, *Le Monde*, 2 août 1992).

DORADE → DAURADE

DORLOTER orth. Avec un seul *t*.

DORMANT → OUVRANT

DORMIR conjug. → APPENDICE Le participe passé féminin *dormie est inexistant, tandis que **endormie** et **rendormie** se rencontrent.

DOT prononc. Le *t* final se fait toujours entendre : [dɔt].

D'OÙ emploi Fréquent au début d'une proposition ou d'une phrase, avec ellipse du verbe : *Savoir que la terre tourne, cela n'avance pas beaucoup* [...] *D'où un homme subtil et assez avancé dans les sciences voulait conclure que l'on avait fait beaucoup de bruit pour cette aventure de Galilée* (Alain). □ **d'où vient que.** Même sens et même emploi que *d'où* : valeur affirmative et conclusive en tête de phrase. Ce groupe peut être suivi de l'indicatif ou du conditionnel. Il peut se voir substituer l'expression *de là vient que*.

DOUBLE orth. Les composés *double-as, double-crème, double-six* prennent un trait d'union; les autres en sont dépourvus.

DOUCEÂTRE orth. Le son [s] devant un *a* est rendu ici, exceptionnellement, par *-ce-* et non *-ç-*.

DOUTE constr. Ce substantif entre dans de nombreuses locutions, à la suite desquelles on hésite sur le mode du verbe à employer. Après *aucun doute, point de doute, il n'y a pas de doute, il ne fait pas de doute, il n'est pas douteux*, on emploie surtout l'indicatif ou le conditionnel, et de façon plus littéraire le subjonctif, accompagné ou non de *ne* (ce mode est peu logique, puisque toutes ces expressions affirment une certitude) : *Il n'était pas douteux que nous étions sur une sœur jumelle de notre terre* (Boulle). *Il n'y a aucun doute qu'après son séjour en montagne, il nous reviendra guéri.* Mais : *Il n'y a point de doute que vous ne soyez le flambeau même de ce temps* (Valéry). *Pour moi, disait Crittin, ça ne fait pas l'ombre d'un doute que la chose ne s'arrange* (Ramuz).

□ **sans doute.** constr. En tête de phrase, cette locution entraîne dans la langue soutenue une inversion du sujet : *Marie adorait sa bru. Sans doute voyait-elle en elle le reflet d'un amour, d'une patience qu'elle avait vécus* (Chaix). *Sans doute me trouva-t-elle l'air égaré* (Radiguet). Mais l'ordre normal n'est pas rare : *Sans doute le train passerait bientôt* (Dhôtel). ♦ **sens** La valeur privative de *sans* s'est dégradée dans cette locution au point qu'il faut dire *sans aucun doute* pour affirmer une entière certitude. *Sans doute* équivaut à «vraisemblablement» : *Mais sans doute avait-il si peu d'imagination qu'il n'y pensa pas* (Duras).

□ **sans doute que.** En tête de phrase, n'est jamais suivi du subjonctif : *Et sans doute qu'alors la question pour Esther n'était pas si palpitante* (Aragon).

DOUTER constr. *Douter que* est suivi du subjonctif : *Je doute cependant qu'elle sût en quoi cette solitude lui était si dure* (Green). Après *ne pas douter que*, on emploie le plus souvent le subjonctif, sans *ne* : *Je ne doutais pas que ma place fût réservée à bord d'une de ces jolies frégates* (Mac Orlan). On rencontre cependant parfois le *ne* explétif quand le contexte antérieur a une valeur négative : *Il connaît trop le soin que j'ai des mots pour douter* (c'est-à-dire qu'il ne doute pas) *qu'une telle confidence, chez moi, de mes pensées les plus intimes, ne soit faite à dessein pour le troubler* (Allen). *Je ne doutais pas que de leur côté, mon père, ma mère, mes frères ou mes sœurs ne me rencontrassent* (Labro). Pour insister sur la réalité du fait, on peut employer l'indicatif : *Je ne doute pas qu'il fera ce qu'il pourra.* À la voix pronominale, ce verbe a un sens quasi opposé à celui de la construction précédente, et il n'est jamais suivi du subjonctif : *Mais si les mitrailleurs pouvaient se douter qu'il est presque aveugle !* (J. Roy). *Elle se doutait, maintenant, que son nom ne l'éloignerait pas* (Mauriac). Enfin, *douter si* est très littéraire et classicisant : *Je doutai un instant si je l'étranglerais* (Louÿs). *Je commençais à douter si vous n'aviez pas résolu de quitter la place aussitôt qu'embauché* (Jorif). *Le trouble dans mes facultés est très fort et je doute si j'entrerai dans le travail de l'Esprit* (Velan).

DOUTEUX → DOUTE

DOUX-AMER **forme** Ce composé existe surtout au féminin : *Douce-amère. Pourquoi m'appelles-tu de ce nom qui me fait du plaisir et de la peine?* (Claudel). → DÛMENT

DRAINER **orth.** Pas d'accent circonflexe sur le *a* ni sur le *i*.

DRAISINE **sens** «Wagonnet léger employé pour la surveillance et l'entretien des voies ferrées.» Ne pas confondre avec **draisienne**, «ancêtre de la bicyclette», aujourd'hui disparue.

DRAMATURGE **sens** «Auteur de pièces de théâtre», et non «acteur» : *Wagner, ce grand homme qui avait un magnifique tempérament à la fois de dramaturge et de musicien* (Claudel).

DRESSING-ROOM **emploi et sens** Si ce mot peut à la rigueur (comme le recommande l'arrêté ministériel du 17 février 1986) être remplacé par le français **vestiaire** quand il s'agit d'un lieu public, il garde sa spécificité lorsqu'il désigne, dans certains appartements modernes, une «petite pièce qui sert à la

fois d'armoire à linge et à vêtements, de lingerie et de vestiaire».

DRIBBLE **orth.** Ce mot emprunté à l'anglais dans le domaine du football, et qui désigne l'action de «progresser avec le ballon en évitant l'adversaire», pourrait être simplifié en **drible** (recommandation officielle du 18 février 1988), de même que les dérivés *dribbler* et *dribbleur*.

DRILLE **genre et emploi** On distingue *un joyeux drille*, «homme jovial» (→ LURON) et *une drille*, «outil à foret».

DROIT **constr.** On dit *avoir droit de* ou *avoir le droit de*, mais toujours *être en droit de*. Distinguer *marcher droit* (invariable) et *se tenir droit* (où **droit** s'accorde en genre et en nombre). Ne pas écrire **elle va droite au but*, mais *elle va droit au but*.
□ **à main droite.** Locution vieillie, qui se présente aujourd'hui sous forme elliptique. Mais on la rencontre encore : *Tout Paris en rond autour de moi, nord devant, sud derrière, le Panthéon à main droite, la tour Eiffel à main gauche* (Sartre).
□ **à qui de droit.** Locution figée, qui ne se rencontre que comme complément : *Il faut, pour votre démarche, vous adresser à qui de droit.* Le sens est : «à la personne qui a le pouvoir de décision».

DROLATIQUE **orth.** Pas d'accent circonflexe, à la différence de *drôle* → ce mot ♦ **emploi** Assez rare, et souvent littéraire : *Les «Contes drolatiques» de Balzac.*

DRÔLE **constr.** Le tour **un(e) drôle de** est très répandu dans la langue courante (forme unique pour l'adjectif dans ce sens) : *Sa lèvre supérieure se retroussait d'une drôle de façon sur ses petites dents* (Sartre). ♦ **forme** En dehors du cas cité, le féminin est **drôlesse**, mais le sens est alors beaucoup plus méprisant qu'au masculin : «femme de mauvaise vie» : *Pourtant, depuis que nous parlons à table de cette drôlesse* (Mauriac).
□ **se sentir tout drôle.** **sens** «Mal à l'aise, pas comme d'habitude.»

DROMADAIRE → CHAMEAU

DRU orth. Pas d'accent circonflexe. *Un petit garçon bien dru.* Fém. : **drue.** *Une barbe drue.* Demeure invariable quand il est employé adverbialement : *À travers la neige qui continue à tomber dru* (Giono). L'hésitation est fréquente et *dru* est parfois accordé, comme adjectif attribut.

DRUGSTORE ou **DRUG-STORE** prononc. [drœgstɔr].

DRY prononc. [draj]. ♦ sens «Sec», en parlant de certains liquides alcooliques. Anglicisme. Adjectif susceptible d'être substantivé et qui reste invariable : *Il l'emmena prendre un cocktail, ce qui signifia pour elle une orange pressée et pour lui deux dry* (Sagan).

DU emploi Emploi partitif, dans les phrases du type : *Il mange du pain,* et même dans : *Il mange du bon pain, il boit du bon vin,* etc. Le *de* jadis imposé par la langue académique n'est pratiquement plus utilisé dans ce cas. Mais devant un nom de personne (notamment de créateur artistique), le partitif est un peu familier : *(Il nous emmena) par le train jusqu'à Toulouse afin d'y voir jouer du contemporain : du Sartre, du Giraudoux, de l'Anouilh* (Labro). → DE

DÛ orth. Avec un accent circonflexe, seulement au masculin singulier : *Le Nain Jaune, lui, craignait la mort par étouffement dû aux arêtes de poisson!* (P. Jardin). *J'ai dû partir.* De même pour le substantif : *Il exigeait son dû.* → CIRCONFLEXE et DEVOIR

DUCTILE emploi et sens Terme technique, «qui peut être allongé ou étiré sans rupture», en parlant de divers matériaux. **Ductible* est un barbarisme.

DUETTISTE emploi En relation avec *duo.* Ne pas confondre avec **duelliste,** qui vient de *duel.*

DUFFLE-COAT ou **DUFFEL-COAT** prononc. [dœfœlkot]. ♦ sens «Manteau de grosse laine avec capuchon». Il est dommage que le vieux mot français **pèlerine** ne soit plus guère utilisé, car *pèlerine à manches* conviendrait parfaitement pour désigner ce vêtement.

DÛMENT orth. Avec un accent circonflexe. → ADVERBE et CIRCONFLEXE ♦ sens «Selon les formes prescrites» : *La Fête du travail dûment célébrée, le repas a pris des airs de réunion de famille* (Colombier). Voici un exemple d'emploi extensif : *Dûment censurée par la mégère, cette lettre serait pour l'un comme pour l'autre l'occasion de bien douces-amères réflexions* (H. Bazin).

DUMPING prononc. [dœmpiŋ] ou [dœpiŋ]. ♦ sens En économie, «vente à perte au-delà des frontières d'un pays».

DUNE sens «Monticule de sable», au propre. Éviter le tour pléonastique **une dune de sable.*

DUPE genre Jamais de masculin. Mais le mot s'emploie le plus souvent comme adjectif. On dit : *Je ne serai pas dupe de ses bonnes paroles* plutôt que *Je ne serai pas la dupe.*

DUPLEX sens «Émission où l'on peut à la fois recevoir et envoyer des communications», fréquent dans le vocabulaire de la radio et de la télévision. *Un appartement en duplex* résulte de «la fusion de deux appartements distincts dans un même immeuble».

DUPLICATA forme Mot d'origine latine. Invariable au pluriel. **Un duplicata, des duplicata.** On trouve parfois **un duplicatum** pour le singulier. C'est une forme inutile. ♦ emploi Fait partie du jargon bureaucratique. Le plus simple est d'employer **copie.** → DESIDERATA

DUPLICITÉ emploi et sens «Fait d'adopter deux attitudes différentes, de tenir deux langages selon les circonstances, à propos d'un même objet» : *Toujours est-il qu'après de longues études sur moi-même, j'ai mis au jour la duplicité profonde de la créature* (Camus). À distinguer de **dualité,** «fait d'être double», sans valeur péjorative : *une dualité de pouvoirs.*

DUQUEL emploi Fém. : **de laquelle** (2 mots); plur. : **desquels, desquelles.** → DONT et LEQUEL

DUR emploi Entre dans certaines locutions : *coucher sur la dure,* c'est-à-dire «à même le sol»; *être élevé à la*

dure, c'est-à-dire «de manière rude».
Pour *dur à cuire* → CUIRE. On a dans
un dur de dur le même procédé populaire de superlatif que dans *la der des
ders* → DERNIER

DURANT emploi Après un substantif, se
comporte comme un participe-gérondif
à valeur adverbiale : *Trois jours durant*
a le même sens que *durant trois jours.
Il se mit à balayer toute la journée durant le plancher du bungalow* (Duras). *Il
aurait pu lui parler, des heures durant,
de sa mère* (Sagan). *L'arbre avait produit, toute sa vie durant, dans la chaleur profonde de la Death Valley, des
fruits juteux* (Godbout). Cette postposition à valeur insistante n'est pas possible avec *pendant*, dont le sens est
pourtant équivalent.

□ **durant cinq ans qu'il a travaillé.**
Tournure maladroite, à proscrire.

DURIT Nom déposé. prononc. Une [dyrit].
♦ sens «Tuyau de caoutchouc pour rac-
cords, spécialement utilisé dans l'industrie automobile» : *Jacques avait
toujours pensé que la phrase «c'est la
durit» était une expression coutumière
de politesse chez les automobilistes*
(Desproges). On trouve parfois **durite**,
avec un *e* final, ce qui est une orthographe plus rationnelle.

DYSENTERIE sens «Maladie infectieuse et parfois mortelle des intestins»,
à ne pas confondre avec **diarrhée**, phénomène beaucoup plus bénin. Dérivé :
dysentérique avec un accent aigu.

E

E dit muet. prononc. Cette appellation est mauvaise : il est préférable de parler d'un *e* **instable,** qui est escamoté dans *rappeler* [ʁaple], mais est articulé obligatoirement dans *gredin* [gʁədɛ̃]. Dans la poésie régulière, *e* est plus souvent prononcé qu'en prose, et intervient dans le compte des syllabes.

□ **e prothétique.** On rencontre à l'initiale de certains mots un *e* destiné à l'origine à faciliter l'articulation d'un groupe consonantique. Il est considéré comme populaire et rejeté par le bon usage dans **estatue, *espécial, *espirituel,* etc. Il est complètement intégré et passe inaperçu dans *école, échelle,* etc. Il demeure associé à *s* dans *escrime, escroc, espace,* etc.

□ **e intercalaire. orth.** Les substantifs correspondant à des verbes en *-ayer, -ier, -ouer, -oyer, -uer,* s'écrivent avec un *e* **intercalaire :** *reniement, aboiement, tuerie,* etc.

□ **é. emploi** En cas d'inversion du sujet à la première personne du singulier pour les verbes du premier groupe (infinitif en *-er*) et pour quelques autres formes *(puissé-je, eussé-je),* la langue littéraire utilise une désinence *-é,* qui n'est jamais passée dans la langue courante : *Ailleurs que dans la chambre de Marthe, l'eussé-je désirée?* (Radiguet). *D'ailleurs, que demandé-je?* (Duhamel). *De quoi souffré-je?* (Jaloux). *Pourquoi survivé-je?* (Desproges).

EAU emploi Au pluriel, au sens de «eaux thermales, station d'eau thermale» : *Le plus gros de sa clientèle est aux eaux* (Mauriac). L'ambiguïté de ce tour dans la langue parlée explique la rareté de son emploi. On pourra parfois se servir de l'expression *cure thermale* dans le même contexte.

□ **faire eau.** Avec un sujet désignant un bateau, signifie «avoir une voie d'eau, se remplir d'eau lentement». Ne pas confondre avec **faire de l'eau,** qui peut avoir le même sujet, et signifie «faire provision d'eau» → FAIRE

□ **être (tout) en eau.** Cette expression a vieilli, au sens de «transpirer». On dit familièrement *être en nage.*

□ **composés et locutions. Eau** entre en composition dans certaines locutions ou appellations particulières. *Morte-eau* et *(à) vau-l'eau* (→ ce mot) prennent un trait d'union. *Eau bénite,* et *eau bénie* → BÉNI. *Basses eaux, grandes eaux, jet d'eau, Eaux et Forêts, eau lourde, voie d'eau,* etc., se forment sans trait d'union. *Eau de Javel, de Cologne, de Seltz :* le second terme est invariable au pluriel et prend une majuscule : *des eaux de Cologne. Eau de rose, de fleur d'oranger, de lavande,* etc., s'écrivent au pluriel *des eaux de lavande, de rose,* etc.

EAU-DE-VIE orth. Avec deux traits d'union. Plur. : *des eaux-de-vie.*

EAU-FORTE orth. Avec un trait d'union. Plur. : *des eaux-fortes.* ♦ **sens** «Acide nitrique étendu d'eau» et, par métonymie, «gravure obtenue par ce procédé».

EAUX-VANNES forme Toujours au pluriel. ♦ **sens** «Partie liquide d'une fosse d'aisances.»

ÉBATTRE (S') emploi Verbe vieilli : *Les docks où [...] s'ébattaient des corps consumés par la misère et par les scrofules* (Mauriac). Quant au substantif **ébats,** il n'apparaît guère qu'au pluriel : *Et votre cravate, où est-elle? Vous l'avez perdu dans vos ébats !* (Ionesco).

ÉBAUCHE et **ESQUISSE sens** **Ébauche** désigne l'«état d'inachèvement d'un travail seulement commencé». **Esquisse** s'applique à une «représentation d'ensemble simplifiée».

ÉBÈNE genre Fém. : *l'ébène est fendue.*

ÉBONITE genre Fém. : *un cendrier en ébonite noire.*

ÉBOUEUR emploi C'est le seul terme officiel (→ BOUEUR). Le travail des **éboueurs** s'appelle l'*ébouage,* au propre «enlèvement de la boue».

ÉBOULEMENT sens «Chute de pierres» ou «résultat de la chute», c'est-à-dire «amas». **Éboulis** désigne seulement l'«amas» : *Des éboulements de pierre avaient lieu, de sorte que toute la montagne entrait en mouvement* (Ramuz). *Quelques dizaines de pas. La galerie de droite se terminait pas un éboulis* (Dhôtel).

ÉBOULER (S') constr. Presque toujours à la voix pronominale, parfois construit intransitivement, très rarement transitif : *La neige gelée, retroussée par la pointe du pas, était encore en train de s'ébouler dans l'empreinte* (Giono). → ÉCROULER (S')

ÉBOURIFFER orth. Avec un *r* et deux *f* : *Un œil rouge parmi de petites plumes ébouriffées et sanglantes* (Vailland). ♦ **emploi et sens** La forme *ébouriffant* se rencontre surtout comme adjectif, dans la langue familière, au sens figuré de «extravagant, incroyable» : *Son numéro a remporté un succès ébouriffant.*

ÉBRASEMENT sens «Percement en biais, par exemple d'une fenêtre (ou résultat de ce percement).» **Ébrasure :**

même sens. Ne pas confondre avec **embrasure :** «ouverture pratiquée pour l'emplacement d'une fenêtre ou d'une porte».

ÉBRIÉTÉ emploi Ne sort guère du style administratif : *un individu en état d'ébriété.* C'est le substantif de formation savante qui correspond à l'adjectif *ivre.*

ÉCAILLE emploi et sens Ce substantif féminin désigne deux «choses» assez différentes : ou bien les plaques recouvrant la peau des poissons et des reptiles, il s'emploie alors, le plus souvent, au pluriel : *Un serpent qui perd ses écailles;* ou bien la matière extraite de la carapace des tortues, et servant à divers usages décoratifs, il s'utilise alors toujours au singulier : *Il se trouvait dans un cabinet orné d'un secrétaire et d'un petit bureau de bois incrusté d'écaille* (Dhôtel). On évitera de confondre ces deux emplois.

ÉCALER sens «Ôter l'écale, c'est-à-dire l'enveloppe qui recouvre la noix, l'amande, la châtaigne.» Équivalent de *décortiquer.* Ne pas confondre avec **écailler.**

ÉCARLATE forme Adjectif de couleur, variable en nombre. → COULEUR

ÉCARQUILLER constr. Ne s'emploie plus que dans l'expression *écarquiller les yeux* (les ouvrir très grand).

ÉCARTELER conjug. Comme *geler* → APPENDICE. ♦ **orth. Écartèlement,** avec accent grave et un seul *l.* Ne pas confondre avec **écartement.**

«ECCE HOMO» prononc. [εksɔmɔ]. ♦ **orth.** Pas de trait d'union, selon Larousse et Petit Robert. Invariable : **des ecce homo.** ♦ **sens** Nom donné aux représentations du Christ couronné d'épines.

ECCHYMOSE prononc. Avec [ki] et non [ʃi]. ♦ **sens** Dans la langue soutenue, équivalent de *bleu,* «aspect superficiel de l'hématome» : *C'était la trace d'un coup de poing que cette ecchymose sous l'œil* (Mauriac).

ÉCHALIER sens «Échelle permettant de franchir une haie», ou bien «barrière mobile à l'entrée d'un champ». Ne pas confondre avec **escalier,** ni avec **espalier.**

ÉCHALOTE orth. Un seul *t.*

ÉCHANGE constr. Forme les termes *libre-échange, libre-échangiste* avec trait d'union.

ÉCHANGER → CHANGER

ÉCHANTILLON et **SPÉCIMEN** orth. *Échantillonner, échantillonnage* doublent le second *n.* ♦ emploi L'**échantillon** est le «fragment prélevé sur un ensemble pour faire juger de cet ensemble». Le **spécimen** est l'«unité permettant de juger d'autres unités d'un type commun».

ÉCHAPPATOIRE genre Fém. : *Qu'y a-t-il au fond d'une vie vertueuse? Quelles échappatoires?* (Mauriac).

ÉCHAPPER constr. Surtout pronominale, avec l'auxiliaire *être.* Intransitif au sens de «n'être pas perçu» ou «se soustraire à, n'être pas atteint par», se construit alors toujours avec l'auxiliaire *avoir : Ce détail ne lui a pas échappé. Il a échappé à un grave accident.* Au sens de «être émis involontairement», on employait jadis l'auxiliaire *être : Un mot malheureux lui est échappé,* mais on tend actuellement à généraliser *avoir.* Enfin, la construction impersonnelle n'est pas rare dans la langue soutenue : *Il ne lui échappait pas que, quel que puisse être un jour l'héritage paternel, lui, Adrien Arnaud, n'appartiendrait jamais au véritable grand monde* (Aragon). → RÉCHAPPER

□ **l'échapper belle.** Locution ancienne et figée signifiant aujourd'hui «passer tout près d'un grand danger», souvent employée ironiquement : *On l'a échappé belle, dit Françoise. – Pourvu que ça dure, dit Gerbert* (Beauvoir). **Échappé** est toujours au masculin dans les temps composés de cette expression. Exemple : *Elle l'a échappé belle.*

ÉCHARDE → ESQUILLE

ÉCHAUFFOURÉE orth. Deux *f* et un *r* (prendre garde à l'influence de **fourrer**).

ÈCHE forme On écrit aussi **esche** ou **aiche.** ♦ genre Féminin ♦ sens «Appât fixé à l'hameçon.»

ÉCHELLE orth. Les dérivés ne doublent pas le *l : échelonner, échelon. Faire la courte échelle :* pas de trait d'union.

ÉCHIDNÉ prononc. Avec un [k] et non un [ʃ]. On trouve le *ch* à prononciation dure dans plusieurs termes de biologie et de botanique : *échinocoque, échinococcose, échinoderme, échinocactus.* ♦ sens «Mammifère australien proche du hérisson.»

ÉCHINOCOCCOSE prononc. [ekino] et non *[eʃino].* ♦ orth. Elle est difficile : *ch,* puis un *c* et deux *c.* ♦ sens *L'échinococcose alvéolaire est une maladie parasitaire due au développement d'un ver dans le foie. Le renard est le principal vecteur* (L'Est républicain, 17 septembre 1992).

ÉCHO emploi Toujours singulier dans *rester sans écho.* ♦ sens Au pluriel, les **échos** d'un journal sont faits des «petites nouvelles locales, de peu d'importance». A donné, dans cette série seulement, le dérivé **échotier.** Différent de **écot.**

ÉCHOIR conjug. Verbe très défectif → CHOIR et APPENDICE. Il se conjugue toujours avec *être : Il y a huit jours, écrivait Mlle Bapier, que votre terme est échu* (Guilloux). Ne pas confondre avec **échouer :** [La valise] *qui m'échut était beaucoup trop lourde pour mes huit ans* (Bazin), mais : *Ni le ciel d'Afrique, où il avait échoué ensuite, ni les loisirs du camp ne l'avaient tiré de cette tristesse* (Camus). Dans *le cas échéant,* on trouve la forme du participe présent de *échoir.*

ÉCHOPPE orth. Avec deux *p.*

ÉCHOUAGE forme et sens Échouage et **échouement** sont très voisins par le sens : «Situation d'un bateau qui touche le fond, soit par accident, soit de façon voulue.» La distinction entre ces deux termes est utile, mais inégalement appliquée. Certains emploient cependant le premier dans le cas d'un acte volontaire et le second dans le cas d'un accident.

ÉCLAIR genre Masculin. On écrit : *une guerre éclair*.

ÉCLAIRAGE et **ÉCLAIREMENT sens**
Éclairage désigne la « manière dont se distribue la lumière naturelle ou artificielle ». D'un emploi recherché, **éclairement** introduit une idée de précision et s'emploie en physique pour désigner la mesure du flux lumineux sur une surface.

ÉCLATER constr. On construit ce verbe traditionnellement de façon intransitive : *un ballon, un conflit qui éclate*. Mais la construction transitive tend à se répandre dans certains domaines, notamment dans celui des affaires, pour suggérer une activité intense et multiple : *Le britannique I.C.I. envisage d'éclater ses activités* (*Le Monde*, 1ᵉʳ août 1992). Peut-être s'agit-il d'une transposition inconsciente de la syntaxe anglaise, qui emploie *to burst* ou *to blow up* de façon transitive aussi bien qu'intransitive ; ce tour n'est pas passé dans l'usage courant du français. → EXPLOSER

ÉCLECTIQUE sens « Qui n'a pas de goût exclusif, qui ne se limite pas à un seul objet. »

ÉCLISSE genre Fém. : *une éclisse*. ♦ **sens** Il est le plus souvent synonyme d'**atelle**, « plaque servant à maintenir ensemble les fragments d'un membre brisé ».

ÉCLOPÉ forme À la différence de **estropié**, de même sens, on ne rencontre ici que le participe-adjectif : il n'y a pas de verbe correspondant.

ÉCLORE conjug. Verbe très défectif → CLORE et APPENDICE. Moins souvent employé à la voix pronominale avec l'auxiliaire *être*, qu'à l'actif avec *avoir* : *Sa chair s'était éclose depuis le gras du pouce jusqu'à la racine du petit doigt* (Sartre). ♦ **orth.** *Il éclôt*, avec un accent circonflexe comme sur *il clôt* (de même *il enclôt*).

ÉCOLO forme Cet adjectif-substantif ne varie qu'en nombre : *des écolos*, et non en genre : *une militante écolo*. ♦ **emploi** Cette abréviation familière est aujourd'hui très répandue : *Le voilà* [René Dumont] *un moment happé par la poli-*

tique, candidat « écolo » aux présidentielles de l'année suivante (Fottorino, *Le Monde*, 22 mai 1992).

ÉCOLOGIE sens « Étude des milieux où vivent et se reproduisent les organismes vivants, ainsi que des rapports entretenus par ces organismes avec leur milieu. » Ce mot scientifique et ses dérivés ont subi un glissement de sens et renvoient, dans la langue usuelle, à la « défense militante de l'environnement » : *L'écologie politique, en France, est née à la faveur des événements de Mai 68* (Cans, *Le Monde*, 10 juin 1992). *Rares sont désormais les entreprises qui se refusent à pousser leur bêlement écologique* (Postel-Vinay, *Le Monde*, 22 mai 1992). On rencontre même *écologisme*, au suffixe nettement idéologique : *Pour ceux que l'écologisme séduit ou irrite, ou les deux, ce pamphlet est une mine* (id.). Les **écologistes** désignent aujourd'hui plus souvent des gens épris de nature et hostiles à la pollution que de savants biologistes spécialisés dans l'étude des milieux. C'est une évolution caractéristique de notre temps, et acceptable à ce titre.

ÉCOPER emploi Le verbe, au figuré, est familier : *écoper une amende*. Ne pas confondre avec **ne pas y couper**.

ÉCOUTES (AUX) sens Être aux écoutes la se dit de « être aux aguets, très attentif à » : *Il faudra que je reste aux écoutes dans l'antichambre, pendant toute une matinée* (Sartre). À **l'écoute** a un sens légèrement différent, « rester à l'écoute d'une station de radio » : *Ne quittez pas l'écoute*.

ÉCRÉMER, ÉCRÉMAGE, ÉCRÉMEUSE orth. Avec deux accents aigus. → CRÈME

ÉCRITOIRE genre Fém. : *une écritoire*.

ÉCRIVAILLER forme et sens Le suffixe péjoratif *-aille* se retrouve dans **écrivailleur** et **écrivaillon**. Il existe aussi le verbe **écrivasser** et le substantif **écrivassier**. Toutes ces formes sont du langage familier et déprécient le « métier » d'écrivain ».

ÉCRIVAIN genre Pas de féminin. On dit **une femme écrivain**. La forme *écri-*

vaine est cependant revendiquée par certaines, dans une perspective féministe : *Je défie qui que ce soit de prouver qu'*écrivaine *est plus laid ou plus bizarre que* souveraine, châtelaine *ou* contemporaine (B. Groult, *Le Monde,* 11 juin 1991). L'emploi de *écrivaine* est par ailleurs normal au Québec.

ÉCROU → BOULON

ÉCROULER (S') **emploi et sens** Seulement à la voix pronominale, avec une idée de «chute brutale et complète», à distinguer de **s'ébouler,** qui exprime l'idée de «glissement continu, d'effritement plus ou moins lent». On doit dire : *La terre s'éboulait sous nos pieds* et non pas : *La terre s'écroulait sous nos pieds.* Des deux mots, seul **s'écrouler** peut se dire en parlant d'une personne : *Il met la main sur son cœur et s'écroule sur une chaise* (Prévert). *Elle s'écroula par terre, sur la carpette, en criant des choses à peine distinctes* (Simenon). → CROULER

ÉCRU **sens** «À l'état naturel, brut», surtout en parlant de tissus : *de la toile écrue.* Ne pas dire **de la toile crue.*

E.C.U. **emploi et sens** C'est, depuis 1978, le sigle correspondant à la monnaie de compte de la communauté européenne, issue de l'anglais *European currency unit.*

ÉCUEIL **orth.** *-cueil,* comme *accueil, recueil.* ♦ **sens** Au sens propre : «Rocher, banc de sable, etc., à fleur d'eau, constituant un obstacle pour la navigation.» **Récif** ne s'applique qu'à une suite de rochers. **Brisant :** «Récif ou écueil sur lequel se brisent les vagues.»

ÉCULÉ **sens** «Usé, déformé» : *Courant dans ses souliers à talons éculés* (Mallet-Joris). Mais le plus souvent au figuré, «rebattu» : *L'adultère ! Un sujet éculé si j'ose dire et s'il en fut* (Queneau).

ÉCURER → CURER

ÉCURIE → ÉTABLE

ECZÉMA **prononc.** [egzema] et non [ek-].

EDELWEISS **prononc.** [edœlvajs] à l'allemande, [edɛlvɛs] à la française. ♦ **orth.**

Deux *s* à la fin du mot. Pas d'accent sur les *e*. ♦ **genre** Masc. : **un edelweiss.**

ÉDEN **prononc.** [edɛn]. ♦ **orth.** On écrira *le jardin d'Éden, l'Éden* (avec une majuscule), mais, au figuré, *un éden.*

ÉDÉNIQUE **orth.** Avec un accent aigu sur le second *e* comme sur le premier : *Je régnais, librement, dans une lumière édénique* (Camus). → ÉDEN

-ÉER (verbes en) → APPENDICE

EFFECTUER **emploi** Le Bidois écrivait, dans *Les Mots trompeurs* (Paris, Hachette, 1970) : «Ce verbe de sens très précis («mettre à exécution, exécuter une opération délicate ou technique») est en train d'évincer indûment, dans beaucoup d'emplois courants, le verbe *faire*». Il cite de nombreux exemples, parmi lesquels : *La plupart effectuaient des pèlerinages aux lieux où ils avaient souffert* (Camus). *Une décision qui a fait effectuer un pas décisif aux mesures de temps* (*Le Monde,* 29 octobre 1968). *Il doit effectuer une visite en Algérie.*

EFFENDI **orth.** On écrit aussi **efendi.** ♦ **sens** «Dignitaire civil ou religieux chez les Turcs.» Se place toujours après un nom propre.

EFFET **emploi** Il faut s'abstenir de faire précéder *en effet* de *car,* l'ensemble faisant un pléonasme. C'est une erreur fréquente.

□ **à l'effet de.** Locution d'origine juridique, parfois employée par certains écrivains pour éviter **dans le but de,** qui est critiqué (→ BUT) : *Il joua gros jeu à l'effet de gagner chevaux, carrosse et livrée* (France). *Je la raccompagnai chez elle et lui promis d'y passer la soirée entière à l'effet d'observer moi-même le jeune Daniel O'Donovan* (Green). Mais cet emploi, hors d'un contexte juridique ou administratif, est affecté. **À cet effet** est plus courant : *Son veau que Roberte et Bourret ont déposé sur la litière préparée à cet effet* (Vailland).

□ **pour cet effet, à cet effet** sont employés indifféremment dans le sens de : «dans cette intention». **En effet, effectivement** confirment ou renforcent une affirmation.

EFFEUILLER sens « Arracher les pétales ou ôter les feuilles. » Il y a abondance de substantifs dérivés de sens voisin : *effeuillaison* (chute naturelle des feuilles) ; *effeuillage, défeuillage* ou *défoliaison* (en arboriculture, action d'ôter les feuilles) ; *effeuillement* (chute des feuilles naturelles ou par arrachement) ; *défeuillaison* ou *défoliation* (chute saisonnière des feuilles ou leur chute massive sous l'action d'agents chimiques).

EFFICACE emploi S'employait autrefois comme substantif au sens d'« efficacité » : *l'efficace de la grâce*. De nos jours, cet emploi est étranger à l'usage courant, qui préfère **efficacité**.

EFFICIENCE emploi et sens Anglicisme peu utile, au sens de **efficacité** (→ EFFICACE).

EFFILÉ → AFFILÉ

EFFLEURAGE emploi et sens Mot technique, « action d'enlever une couche très mince de peau, pour en ôter les défauts », ou bien « massage superficiel ». Ne pas confondre avec **effleurement**, qui a le sens général de « caresse ou atteinte légère ».

EFFLORESCENCE et **FLORAISON** sens L'**efflorescence** est en botanique le « début de la **floraison** ».

EFFLUVE genre Masc. : *Oh ! la gloire... j'en sens parfois de lointains effluves* (Queneau). *Les derniers effluves du soleil tamisé* (Butor). D'excellents écrivains le font, à tort, féminin.

EFFONDRER constr. Très rarement transitif : *La nouvelle baignoire-piscine, carrée, épaisse, énorme, effo   it le terrasson qui la portait* (Coleu   . Le plus souvent à la voix pronominale.

EFFORCER (S') orth. Le participe passé, aux temps composés, s'accorde avec le sujet : *Ils se sont efforcés de réussir.* ♦ constr. En général, suivi de *de + infinitif* : *Je vais m'efforcer d'y introduire un peu d'ordre* (Mauriac). Parfois suivi de *à* dans la langue littéraire : *Je m'efforçais à réveiller chez elle courage et vigueur* (Jaloux). *Il s'efforçait au chagrin avec la bonne foi des grands cœurs* (P. Jardin).

EFFRAIE sens « Chouette au plumage clair, destructrice de rongeurs. » → ORFRAIE.

EFFRÉNÉ orth. Avec deux accents aigus (et non *ei*, malgré la parenté du mot avec *frein*).

EFFUSION sens « Action de répandre », surtout dans la locution *sans effusion de sang*. Au figuré, surtout au pluriel, « manifestation (d'un sentiment) » : *Madame Rezeau [...], pour couper court à toutes effusions, lança rapidement, à droite, puis à gauche, ses mains gantées* (Bazin). Ne pas confondre avec **affusion**, « aspersion », mot technique.

ÉGAILLER (S') prononc. [egaje]. ♦ sens « Aller dans de multiples directions » : *Camions, voitures de livraison, charrettes, remontaient vers la périphérie, s'égaillaient dans les faubourgs* (Romains). Ce verbe pronominal ne doit pas être confondu avec **s'égayer,** qui se prononce [segɛje] et signifie « se réjouir, se distraire », et qu'on trouve également à la forme active : *Mais le printemps arriva, qu'égayèrent mes premières incartades* (Radiguet).

ÉGAL emploi Dans **n'avoir d'égal que**, l'adjectif peut s'accorder soit avec le sujet, soit avec le terme amené par *que*, ou encore rester invariable : *L'indifférence des maîtres n'avait d'égale que celle des surveillants* (Carco). *Elle ne se reconnaissait d'égal que le grand patron.* Même remarque pour **(être) sans égal** : *La voir dormir me procurait une volupté sans égale* (Radiguet). L'accord en genre se fait généralement, l'accord en nombre peut manquer : *Ces deux acrobates restent sans égal*, plutôt que *Ces deux acrobates restent sans égaux.* → PAREIL

□ **d'égal à égal.** La meilleure solution semble être l'invariabilité.

□ **à l'égal de.** « Au même degré, autant que » : *Je t'adore à l'égal de la voûte nocturne* (Baudelaire).

ÉGALER forme Ce verbe tend à rester invariable au singulier dans des locutions figées du type *quatre et quatre égale huit*, mais on peut aussi le mettre au pluriel. ♦ sens Signifie « atteindre au niveau de » : *Il n'est pas arrivé à égaler*

sa performance du mois dernier. Ne pas confondre avec **égaliser**, qui a une valeur plus active, «rendre égal».

ÉGARD emploi La locution **eu égard à** ne doit pas être déformée en **en égard à.* Son sens est «en tenant compte de, en considérant» : *Eu égard à vos bons parents, je ne vous renverrai pas* (Céline).

□ **à tous (les) égards.** Dans ce tour, l'article est facultatif. → TOUT

□ **à l'égard de. sens** «Envers» ou «en ce qui concerne» : *Notre curiosité à l'égard de ces deux hommes qui donnaient une aussi forte impression de partager de grands secrets* [...] (Labro). Le sens de «en comparaison de» a vieilli.

ÉGARER emploi Moins fort que *perdre.* Signifie «être dans l'incapacité momentanée de retrouver» : *J'ai égaré ces papiers, mais rassurez-vous, ils ne sont pas perdus.*

ÉGAYER (S') → ÉGAILLER (S')

ÉGÉRIE orth. Sans majuscule : **une égérie. ♦ sens** Dans le style «noble», signifie «conseillère, inspiratrice d'un homme en général célèbre».

ÉGIDE emploi et sens À peu près uniquement dans **sous l'égide de,** locution galvaudée, qui signifie au propre «sous le bouclier» et, par extension, «sous la protection de». Ne pas confondre avec **sous le signe de.** *Sous l'égide de* ne devrait pas non plus être employé à la place de : **sous le patronage de.** Il faut lui conserver la notion de «protection».

ÉGLOGUE genre Féminin. **♦ sens** «Petit poème à caractère champêtre.»

ÉGOÏNE prononc. [egɔin] **♦ orth.** Avec un tréma sur le *i.* **♦ emploi** On dit indifféremment *une égoïne* ou *une scie égoïne.*

ÉGOÏSME, ÉGOTISME et **ÉGOCENTRISME emploi et sens** Si le premier substantif est couramment utilisé, il n'en va pas de même de son doublet, **égotisme,** qui apparaît notamment chez Stendhal, avec le sens de «disposition à s'analyser, curiosité de soi-même», et sans valeur péjorative. Cette attitude a été nommée également le *beylisme,* d'après le nom réel de Stendhal (Henri Beyle). On emploie généralement **égoïsme** pour désigner, en la blâmant, la «tendance à tout rapporter à soi, à tout faire dépendre de sa propre personne» : *Je répliquai par un développement où j'invoquais : le don de soi, le déplacement de l'égoïsme; l'enrichissement que l'on retire des points de vue empruntés à autrui* (Hériat). *Vous êtes tous là, à me torturer, avec votre égoïsme, et moi je vais mourir!* (Huguenin). **L'égocentrisme** est la «disposition à voir en soi le centre de toute chose, indépendamment de toute implication intellectuelle ou morale».

ÉGOUT orth. Pas d'accent circonflexe (le verbe correspondant est *égoutter*) : *Il venait du fleuve, aux eaux basses, et des égouts, de fades odeurs* (Romains). → DÉGOÛT

ÉGOUTTAGE ou **ÉGOUTTEMENT forme** On rencontre indifféremment les deux mots.

ÉGRENAGE forme On trouve aussi **égrènement** et **égrainage.**

ÉGRENER orth. Bien que dérivé de *grain,* se forme avec *e.* On rencontre plus rarement **égrainer.**

EH BIEN orth. Se garder d'écrire *et bien* pour *eh bien,* comme cela est fréquent. On ne met pas de point d'exclamation entre *eh* et *bien. Eh bien,* au début d'une phrase, est suivi d'une virgule : *Qui ça, nous autres? – Eh bien, toi, Stéphane, les autres* (Mallet-Joris). Employé seul, il est suivi d'un point d'exclamation ou d'un point d'interrogation. Ne pas confondre avec l'interjection **hé!,** qui sert surtout à appeler quelqu'un ou à faire un reproche : *Hé! je suis ici, cria Étienne* (Troyat). *Hé! Petit Morgat, tu n'es point seul* (Mac Orlan).

ÉHONTÉ et **HONTEUX emploi et sens** On ne doit pas confondre ces adjectifs, malgré leur radical commun. Le premier s'applique aux personnes avec le sens de «qui n'a pas honte», et aux choses avec le sens de «qui dénote une totale absence de honte» : *Cet homme est un noceur éhonté. Vas-tu te livrer longtemps encore à ce commerce éhonté?* Quant à **honteux,** il s'applique aux personnes et aux choses, au sens de « qui éprouve de la honte », ou de « qui cause un sentiment de honte » : *J'aurais été si honteuse de vous avoir tourmentés tous pour un rien* (Duhamel). *Mais il était écœuré, révolté de ce honteux partage* (Vidalie).

ÉLAGUER orth. Élaguer, élagueur mais **élagage** (sans *u*).

ÉLANCEMENT sens « Douleur brusque » : *Ce poids accru dans la poitrine, ces élancements, au cœur, de meurtrissures douloureuses* (Genevoix). D'emploi littéraire au sens de « élan religieux, aspiration mystique », c'est d'ordinaire **élan** qu'on emploie en ce sens : *Un homme incapable d'élan. Marié, il a vécu comme avant, pour lui* (Simenon). *Je suis un incroyant, sans doute, et depuis si longtemps que je ne me rappelle guère les élans de mon enfance* (Duhamel).

ÉLASTIQUE genre Masc. : **un élastique.** ♦ **forme** Nombreuses déformations de ce mot dans la langue populaire : *Lastique pour jarretières... 8 sous* (Pergaud).

ÉLECTRO- orth. Les composés ne prennent de trait d'union que lorsque le second élément du mot commence par une voyelle : *électro-aimant*, mais *électroménager*.

ÉLÉPHANTESQUE emploi Le plus souvent en mauvaise part (a supplanté **éléphantin** mais **éléphantesque** ne s'emploie plus qu'au sens de « très gros », et non de « relatif à l'éléphant »).

-ELER (verbes en) → APPENDICE

ÉLIRE conjug. Comme *lire*. → APPENDICE

ÉLISION sens « Amuïssement de la voyelle finale d'un mot devant la voyelle initiale du mot suivant. » Parfois confondu à tort avec l'**ellipse**. Le *i* final de *si* disparaît devant le *i* du pronom personnel *il(s)* : écrire *s'il(s)* et non **si il(s)*, faute répandue. On ne fait pas l'élision devant *huit* (et ses dérivés), *onzième*, *oui*, *uhlan*, *ululer* (et ses dérivés), *yacht*, *yak*, *yankee*, *yaourt* (et variantes), *yard*, *yatagan*, *yen*, *yeoman*, *yiddish*,

yod, *yogi*, *yole*, *youyou*, *yucca*. L'élision est facultative devant *onze*, *ouate* et *ouistiti*. → APOSTROPHE, LIAISON et H

ELLE emploi En principe, ce pronom employé comme complément ne peut renvoyer qu'à une personne : *Un dernier saut l'amena sur la corniche, devant elle* (Hériat). Le pronom *elle* ne peut ici représenter *corniche*. Pour renvoyer à un non-animé, on doit user des pronoms *en* et *y* quand la tournure développée serait introduite par *de* ou *à* : *Ton amie, je pense à elle ; et ses ennuis, j'y compatis vivement. Est-ce que tu te soucies d'elle ? Et ses affaires, est-ce que tu t'en préoccupes ?* Mais *elle* est d'emploi courant pour désigner un non-animé de genre féminin, après d'autres prépositions, ou lorsque le verbe est construit avec la négation *ne... que* : *Je savais quelles seraient les conséquences de ce marché, et cependant je n'avais pas hésité devant elles* (H. de Régnier). *La guerre, on ne parle que d'elle. Et même : Il n'aime pas les choses comme les autres hommes [...] Il n'a pas besoin d'elles. Il lui suffit de penser à elles en silence* (Jaloux). → EN et Y. En revanche, quand le pronom *elle* est sujet ou attribut d'un verbe, il renvoie aussi bien à un non-animé qu'à un animé : *Elle est arrivée. – Quoi ? ma commande ? – Non, ta mère.* ♦ On dit toujours : **c'est elle, ce sont elles,** même quand il s'agit de choses.

□ **elles deux, elles toutes.** Renforcement possible. → DEUX, TOUT

ELLÉBORE genre Masc. : *L'ellébore est très décoratif.*

ÉLUDER sens « Éviter avec adresse, par un artifice, par un faux-fuyant » : *Ces sorties n'étaient proposées par M. Jo que pour éluder chaque fois, au même titre que les cadeaux, ce qu'on attendait de lui* (Duras). *Éluder une question.* Ne pas confondre avec **élucider,** « rendre compréhensible ».

ÉLUVION genre Féminin. ♦ **emploi et sens** En géologie, néologisme signifiant « produit de la désagrégation des roches restées en place ». Ne pas confondre avec **alluvion.**

ÉLYSÉEN ou **ÉLYSIEN** emploi et sens La seconde forme ne s'emploie plus guère. La première renvoie aussi bien au sens ancien de *Élysée*, « séjour des bienheureux » dans la mythologie grecque, qu'à l'actuel « palais de l'Élysée », à Paris, où vit le président de la République.

ÉLYTRE genre Masc. : *des élytres brillants.*

ÉMAIL forme Le pluriel est **émaux** : *Ses yeux étaient gris comme le gris métallique de certains émaux* (Vian). Mais on emploie la forme **émails** en parlant de « produits de beauté » ou de « produits utilisés dans les travaux de peinture, pour les carrosseries, etc. ». → -AIL

ÉMANER constr. Ce verbe n'est jamais transitif, et voici un exemple bien fâcheux, qui présente, sauf dans la première phrase, des emplois complètement erronés : *Une coquille émane d'un mollusque. Émaner me semble le seul terme assez près du vrai puisqu'il signifie proprement : laisser suinter. Une grotte émane ses stalactites ; un mollusque émane sa coquille* (Valéry). En fait, **émaner** ne doit être construit et compris que comme *couler* ou *suinter* ; c'est toujours un verbe neutre : *Ce sol d'où émanaient des effluves de fleurs ou de fruits souterrains* (Labro). Au figuré, « découler, procéder ».

EMBARCADÈRE genre Masc. : **un embarcadère.**

EMBARQUER constr. Ce verbe a le même sens, qu'il soit construit de façon active (transitif ou intransitif) ou à la voix pronominale : *Les grenadiers reçurent l'ordre, à l'aube, d'embarquer dans une chaloupe appelée la « Couronne-des-Anges »* (Mac Orlan). Enfin, il *réussit à s'embarquer à Brindisi sur un navire italien, chargé de troupes* (Morand). Au figuré : *L'artiste, qu'il veuille ou non, est embarqué* (Camus).

EMBARRASSER orth. Avec deux *r* et deux *s*.

EMBAUCHAGE sens « Action d'embaucher » (contraire de *licenciement*), distinct de **embauche,** « possibilité d'embauchage, de travail » : *Il y a de l'embauche dans cette usine.*

EMBAUCHOIR forme Celle-ci a supplanté l'ancien **embouchoir** (→ ce mot), mais les deux sont encore acceptables, au sens de « forme à chaussures ».

EMBÊTER emploi Bien que très familier, ce verbe a pratiquement obtenu droit de cité dans la littérature (ainsi que ses dérivés) : *Ça m'embête de passer devant le jardinier* (Mauriac). *C'est quelquefois embêtant de ne pas pouvoir s'adresser ailleurs* (id.). *Ce peuple [...] pourrait aller dans des salles souvent bien éclairées s'embêter sur des bancs comme des normaliens aux conférences* (Péguy).

EMBLÈME orth. Avec un accent grave, mais *emblématique* prend un accent aigu. ♦ genre Masc. : **un emblème.**

EMBOBINER sens Synonyme de **embobeliner,** qui est aujourd'hui vieilli. Verbes familiers signifiant « tromper par de belles paroles ».

EMBOÎTAGE orth. Avec un accent circonflexe sur le *i*, comme *boîte* (→ ce mot).

EMBONPOINT orth. Avec un *n* devant le *p* (formation : *en-bon-point*, avec l'adjectif *bon*).

EMBOUCHER emploi et sens Ce verbe n'existe guère que sous la forme **mal embouché,** « mal élevé, ne disant que des grossièretés ». Cependant, le sens propre se rencontre : *Pierre le Brave avait embouché son cor* (Giono). Dans l'exemple suivant, Brassens mêle l'acception figurée avec le sens propre : *Trompettes de la renommée / Vous êtes bien mal embouchées.*

EMBOUCHOIR sens Il est préférable de réserver cette forme au sens de « partie mobile d'un instrument à vent portant l'embouchure ». → EMBAUCHOIR

EMBOUTISSEUSE sens Désigne, ainsi que **emboutissoir,** une « machine à emboutir ». Ne pas confondre avec **emboutisseur,** qui désigne toujours l'ouvrier.

EMBRASSEMENT emploi Littéraire et plus rare que **embrassade.**

EMBRASSER orth. Ne pas confondre avec **embraser**. ♦ **emploi** La locution *embrasser un état*, au sens de «choisir un métier», est figée et vieillie : *Six filles, dont quatre devaient embrasser l'état religieux* (Bazin). **Embrasser**, au sens de «donner un baiser», a supplanté *baiser*.

EMBROUILLAMINI → BROUILLAMINI et IMBROGLIO

EMBRYON orth. Pas de *i* avant ni après le *y*.

ÉMÉCHÉ orth. Avec trois accents aigus. ♦ **emploi et sens** Familier, «légèrement ivre».

ÉMERGER sens Au propre, «sortir hors d'un liquide». À l'opposé de **immerger**, «plonger dans», ou de **submerger**, «recouvrir complètement d'eau». Il y a le même rapport de sens entre *émigrer* et *immigrer* (→ ces mots).

ÉMÉRITE, HONORAIRE, MÉRITANT sens **Émérite** signifie à l'origine «qui a vieilli dans un emploi» : *Cet artisan, qui a un âge avancé, peut être considéré comme émérite.* On comprend aisément le glissement de sens, qui conduit à l'idée que la personne qui a vieilli dans un emploi est devenue particulièrement capable et habile : *Georges Braque, cubiste célèbre, illustre joueur d'accordéon, et danseur de gigue émérite* (Apollinaire). On évitera d'employer ce mot à propos d'un débutant, ou de quelqu'un de jeune dans le métier. De même, on ne confondra pas **émérite** et **méritant**. Une fois à la retraite, certains fonctionnaires sont déclarés *émérites* et jouissent de certains avantages, dont ne disposent pas les simples *honoraires*. La plupart des professeurs de faculté qui prennent leur retraite sont qualifiés «honoraires» ou «émérites» par décision ministérielle : *Monsieur X est conseiller honoraire près la Cour de cassation*.

ÉMERVEILLER (S') constr. Avec **de** + **infinitif** : *Elle s'était émerveillée de l'entendre intarissablement causer de pistes et de circuits* (Pieyre de Mandiargues). Avec **que** + **subjonctif** : *Il s'émerveillait que des actes que tou-*

jours il avait jugés si légèrement, si gaiement, maintenant fussent devenus graves comme une maladie dont on peut mourir (Proust).

ÉMÉTIQUE emploi et sens Adjectif ou substantif, «qui provoque le vomissement». Équivaut exactement à **vomitif**, mot plus simple et mieux motivé.

ÉMIGRER emploi et sens À distinguer de **immigrer**. Ces deux verbes désignent la même action selon deux points de vue différents : on *émigre* d'un pays pour *immigrer* dans un autre. *Mon grand-père était un paysan émigré à Paris* (Vailland). Quand aucune référence précise n'est donnée, on peut donc appeler les mêmes personnes *émigrants* ou *immigrants* : *Vous êtes trop jeunes, vous ne les avez pas connus, mais ces immigrants des années 80 étaient des travailleurs* (Gallo). La ressemblance phonétique accentue la confusion (→ MIGRATION). Une différence de sens sépare **émigrant** et **émigré**. L'*émigrant* est celui qui quitte son pays pour aller gagner sa vie dans un autre ou y chercher un refuge politique. L'*émigré* est celui qui est installé dans le pays d'accueil : *Mais ses fonctionnaires traitaient les émigrants comme un troupeau de bétail* (Ikor). *Émigrés des quatre coins de Paris, ils ne considèrent pas leur quartier comme un village* (Rivoyre).

ÉMINCÉ sens «Fine tranche de viande ou d'oignon.» On dit dans certaines régions *un émincé de veau* pour «une escalope».

ÉMINENCE (SON) constr. L'adjectif attribut s'accorde avec le titre sujet, sauf si ce dernier est accompagné d'un nom ; dans ce cas l'accord se fait avec ce nom : *Son Éminence sera satisfaite*, en face de : *Son Éminence le cardinal Untel sera satisfait*. Quand l'attribut est un substantif de forme variable, on le met au masculin. Il en va de même pour **Son Excellence** : *Son Excellence est absente pour le moment*. Mais : *Son Excellence l'ambassadeur est soucieux d'éviter toute friction entre nos deux pays.* → ADJECTIF

ÉMINENT et **IMMINENT** sens **Éminent** signifie «au-dessus du niveau commun, remarquable», presque uniquement aujourd'hui en parlant d'une personne, ou d'un objet, d'une qualité en étroit rapport avec cette personne : *Le commissaire Maigret, un des chefs les plus éminents de la police judiciaire* (Simenon). *Votre doux papa, malgré ses éminentes qualités, ne va pas gagner grand argent dans son nouveau métier* (Queneau). *M. Paul Birault se vit qualifié par les journaux de notre «distingué confrère»; il ne tenait qu'à lui de se faire donner de l'éminent* (Apollinaire). Quoiqu'il soit possible, en théorie du moins, de parler d'un *lieu éminent*, cet emploi n'est plus courant, et on préfère, dans ce sens, *(sur)élevé*. On ne confondra pas **éminent**, de sens souvent emphatique, avec **imminent**, qui a une valeur exclusivement temporelle, et signifie «qui est sur le point de se produire» : *Ils sentaient cette aube dans la nuit d'août, près du port, imminente, avec la sonnerie des réveils, l'odeur du café au lait* (Huguenin). *Il eut conscience d'un danger imminent et fit un bon de côté* (Vidalie). Dans l'exemple suivant, le poète joue sur l'ambiguïté étymologique des deux adjectifs : *Jusqu'à ton âme qui me contemplait du haut / d'un imminent adieu déjà mué en foudre* (Emmanuel). Bien qu'il y ait dans *éminent* comme dans *imminent*, à l'origine, une idée de «menace», celle-ci a aujourd'hui disparu dans la plupart des cas.

EMMAILLOTER orth. Deux *m* et deux *l*, mais un seul *t* (→ DÉMAILLOTER) : *Elle lui emmaillota prestement la main dans une belle gaze blanche* (Sartre).

EMMÉNAGER et **AMÉNAGER** constr. et sens Le premier verbe est le plus souvent intransitif, comme son contraire *déménager* : *Nanette et Serge abandonnèrent avec plaisir leur camion pour emménager dans leur maison provençale*. On ne le confondra pas avec le verbe **aménager**, qui signifie «préparer, apprêter en vue d'un usage donné» : *Elle s'était aménagé, dans le coin plus sauvage de son territoire, une sorte de trou de verdure* (Vidalie). Ne pas confondre non plus **emménagement** et **aménagement** : *Il ignorait tout des aménagements de ce bateau apocalyptique* (Simenon).

EMMÊLER → ENTREMÊLER

EMMENER emploi Se dit des personnes et des animaux, non des choses : *Je veux vivre, Aline. Sauve-moi. Emmène-moi* (Masson). Voir cependant : *Là où je vais, nul n'y emmène rien* (Bazin) (→ AMENER). Parfois employé par euphémisme pour *emmerder* : *On me fit savoir aussitôt que, de toute manière, on m'emmenait à pied et à cheval* (Camus). On rencontre aussi avec cette valeur *emmieller* : *Coupeau cria qu'on était chez soi, qu'il emmiellait les voisins, et il ouvrit toute grande la porte de la rue* (Zola).

□ **emmener promener.** On constate dans cette locution l'ellipse de *se*, de même que dans *envoyer promener*. → PROMENER

EMMENTHAL orth. → FROMAGE

EMMITOUFLER orth. Deux *m* et un *f*.

ÉMOLUMENTS forme Toujours au pluriel. ♦ sens «Rétributions tarifées allouées à un officier ministériel» et, par extension, «rétribution fixe ou variable d'un fonctionnaire» : [Le jeune professeur] *avait sorti d'un panier posé sur le porte-bagages de son vélo un bouquet composé qui lui avait sans doute coûté la moitié de ses émoluments mensuels* (Labro). → SALAIRE

ÉMOTIONNER emploi et sens Verbe dérivé d'*émotion* et plus facile à conjuguer que *émouvoir*, qu'il double pour le sens, avec quelque chose de plus superficiel, d'extérieur. Littré indique : «Émouvoir s'applique à ce qui est touchant, triste, etc. **Émotionner** se dit des petites perturbations de la vie habituelle. Ce verbe [...] est régulièrement fait, comme *affectionner* sur *affection*.» Condamné par les puristes, il se trouve notamment chez George Sand, Zola, etc. Queneau le place dans la bouche d'une gouvernante : *Ça m'émotionne tellement*. On évitera de l'employer autrement que dans le sens indiqué par Littré, de même que *émotionnant* : *À ces plaisirs de nature* [...] *la perspective émotionnante de déjeuner chez Mme Swann se mêlait* [...] (Proust).

ÉMOULU emploi et sens La seule forme vivante du verbe *émoudre*, « aiguiser sur la meule », se rencontre dans la locution **frais émoulu**, « récemment sorti (d'une école) » : *Un étudiant révolutionnaire frais émoulu du gymnase* (Ikor).

ÉMOUVOIR conjug. Comme *mouvoir*, mais le participe passé **ému** ne prend pas d'accent circonflexe, à la différence de *mû*. → MOUVOIR, CIRCONFLEXE et APPENDICE

EMPÊCHER constr. Le *ne* est facultatif dans la subordonnée, que la principale soit affirmative ou négative : *Cette raison (n')empêche (pas) qu'il (ne) parte. Je ne peux pas empêcher qu'il fréquente des filles* (Vailland). On aura avantage, chaque fois que c'est possible, à tourner par l'infinitif : *cela ne l'empêche (pas) de partir*, car alors le problème du *ne* dit explétif ne se pose plus. Le mode est en général le subjonctif, mais l'indicatif est correct, après la tournure négative, pour affirmer vigoureusement une réalité : *Cela n'empêche pas qu'il est un des plus grands champions*. □ **n'empêche** ou **il n'empêche que**. Ces locutions sont figées mais encore très vivantes. On les fait suivre surtout de l'indicatif ou du conditionnel, car elles équivalent à un adverbe d'opposition avec le sens de « et cependant » : *N'empêche que le père Simon était dans une belle rage le lundi suivant* (Pergaud). *Il ne manquait pas de lieux où traîner ses insomnies. N'empêche qu'il rentrait chez lui peu après minuit maintenant* (Aragon). *N'empêche qu'il vaut mieux, tant qu'on le peut, ne pas penser à ces choses-là* (Romains). *Il n'empêche que je nourrissais une rancune presque haineuse contre ma mère* (Mauriac). *Il n'empêche : son avenir passe avant mon affection pour lui* (Labro). Le subjonctif peut s'employer après **cela n'empêche pas que**. □ **empêcher quelque chose à quelqu'un**. Cette locution est tombée en désuétude. □ **empêcher à quelqu'un de**. On dit plus couramment **empêcher quelqu'un de faire...** : *On songe toujours moins à faire sa propre besogne qu'à empêcher le voisin de faire correctement la sienne* (Duhamel).

EMPESER → AMIDONNER

EMPHYSÈME genre Masc. : **un emphysème.**

EMPIÉTER orth. Ce verbe, ainsi que son dérivé **empiétement**, prend un accent aigu. Attention à l'analogie de *empiècement.*

EMPIRE orth. → GUIDE TYPO.

□ **style Empire**. Comme adjectif, et dans cette locution, le mot *Empire* évoque toujours le premier, et non le second Empire : *Le bureau qui avait été celui du comte Daru, style Empire majestueux* (Malraux). *Une table Empire.*

EMPIRER constr. Intransitif, et non pronominal : *Sa maladie empire*, ou *a empiré.*

EMPLÂTRE genre Masc. : **un emplâtre** (comme *plâtre*).

EMPLIR emploi et sens Même sens que **remplir**, mais ce dernier verbe est le plus fréquent, et la forme simple apparaît plus littéraire : *Que de fois ne l'avais-je pas cherchée entre les objets séduisants qui remplissaient nos casiers et nos vitrines [...] L'odeur du tabac emplissait notre boutique* (Mac Orlan). *L'eau n'avait certainement mis qu'un instant pour emplir la voiture* (Vailland).

EMPLOYÉ et FONCTIONNAIRE sens **Employé** a le sens large de : « qui occupe un emploi et est subordonné à un chef ». **Fonctionnaire** se dit sans considération de grade pour désigner quiconque occupe une fonction de l'État. Mais *employé* peut prendre le sens particulier de « personne travaillant dans le secteur privé » (le commerce, les entreprises, etc.) par opposition à *fonctionnaire ;* de « personne travaillant dans un bureau » par opposition à *ouvrier* ou de « personne occupant un emploi subalterne » par opposition à *chef de service, directeur, patron*, etc.

EMPLOYER conjug. Comme *noyer* → APPENDICE. ♦ **emploi** La locution **s'employer pour quelqu'un** a vieilli, mais **s'employer à ce que** est assez vivant (→ À).

EMPOIGNE emploi Ne se rencontre que dans **foire d'empoigne** : «réunion confuse et douteuse où règne la malhonnêteté».

EMPORTE-PIÈCE orth. Ce substantif masculin est invariable.

EMPORTER emploi et sens → AMENER. La locution **emporter le morceau** signifiait autrefois «être très mordant par ses railleries». Aujourd'hui elle a le sens de «avoir gain de cause, triompher» (surtout à la suite d'une âpre discussion). On dit aussi, de façon plus neutre, **l'emporter**, tour dans lequel le pronom *l'* ne représente rien de précis. ♦ On dit *s'emporter contre quelqu'un* plutôt que *après quelqu'un*, qui est toutefois plus populaire que vraiment incorrect (→ APRÈS).

EMPREINDRE conjug. Comme *craindre* → APPENDICE. ♦ **emploi et sens** Ce verbe a un caractère nettement littéraire, et signifie «marquer» : *Un air frais en arrivait tout empreint de l'odeur des biches* (Duras). *Un regard gris-bleu empreint d'un certain charme* (A. Besson). *Des clichés délibérément pessimistes, empreints d'une morale grincheuse* (Cavanna).

EMPRESSER (S') constr. et sens Lorsqu'il signifie dans la langue littéraire «montrer de l'ardeur à faire quelque chose», ce verbe s'emploie avec *à* ou *de* + *infinitif* : *Patiente, empressée à ne pas lui déplaire, la chatte le suivit dans la salle de bain* (Colette). Mais au sens de «se hâter», on ne trouve que **s'empresser de** : *Je m'empresse de répliquer* (Estaunié).

EMPRISE sens Ce substantif, au sens de «ascendant, domination intellectuelle et morale», est aujourd'hui tout à fait admis par les meilleurs écrivains : *Le désir de se libérer de l'emprise de l'Europe* (Siegfried). *L'emprise de cet écrivain sur la jeunesse* (Académie, 1932).

EMPRUNTER orth. On évitera la fâcheuse influence du mot **empreinte**. ♦ **constr.** Généralement avec *à*, mais parfois au figuré avec *de*, en parlant d'objets ou de qualités, au sens de «tenir de». Ce dernier tour est assez litté-

raire : *Ce sang qui coule et duquel le film emprunte son titre* (Cocteau).

□ **emprunter la nationale 6.** Cette tournure, qui est maintenant répandue, était à l'origine emphatique et assez ridicule : *Un château voisin, dont on empruntait un instant une des somptueuses avenues* (A. de Châteaubriant). Il suffit, en tout état de cause, de dire, plus simplement : **prendre la nationale 6.**

EMPUANTIR forme Dire *un air empuanti* et non *un air empuanté*. **Empuanter** s'employait au XVIe siècle.

EMPYRÉE genre Masculin. ♦ **sens** Dans l'Antiquité, «la plus élevée des quatre sphères célestes», d'où «monde supraterrestre, ciel» (dans un style emphatique) : *Il a hissé au suprême de l'empyrée, à la cime inaccessible de l'histoire, ces masses mystérieuses* (Valéry).

ÉMULE genre Masculin dans toutes les grammaires, mais en réalité des deux genres : **un** ou **une émule**.

EN (adverbe pronominal) emploi Représente en général des choses et non des personnes, mais l'usage est hésitant : *Cette fille, j'en suis amoureux* se rencontre aussi couramment que *je suis amoureux d'elle*. *Il retournait contre sa mère les armes qu'il en avait requis* (Rolland). *Picasso venait de mourir et ils en avaient parlé* (Weyergans). Il permet d'éviter la répétition d'un pronom personnel : *Les personnes que j'y avais connues, ce que j'avais vu d'elles, ce qu'on m'en avait raconté* (Proust). *M. Prosper Coutre avait un fils, Eugène. S'il n'en a pas été plus souvent question, c'est qu'on en parlait peu* (Henriot). G. et R. Le Bidois, qui citent cet exemple, remarquent : «Le premier *en* se justifie mal, on attendrait *de lui* (et alors le second *en* serait très correct)» → ELLE

□ **garde-t'en bien.** À la suite d'un impératif, **en** se place toujours après le pronom personnel. Ne pas dire *gardes-en-toi bien*, et encore moins *garde-toi-(z)-en bien.

□ **je crains d'en trop faire.** L'ordre des mots est variable quand **en** est accompagné de certains mots tels que *rien, tout, trop*, etc., et d'un infinitif : *Je crains de trop en faire* ou *je crains d'en*

trop faire. Ce marchand réservé, qui semblait en savoir plus qu'il n'en voulait dire (Louÿs). On dirait plus couramment : *...plus qu'il ne voulait en dire.*
→ APPENDICE

☐ **donnes-en** orth. Les impératifs terminés à la deuxième personne du singulier par *e* prennent un *s* devant *en* : *parles-en.*

☐ **j'en ai de bons.** On emploie dans ce cas soit la forme partitive *de*, soit l'article contracté *des* : *Il en raconte de bonnes* ou *des bonnes.*

☐ ***dont il en parle.** L'association, dans une proposition relative, de *dont* et de *en*, renvoyant tous deux à l'antécédent, est pléonastique. On doit dire : *Le film dont il parle.* Cette faute est fréquente dans la langue écrite, lorsque la relative est un peu longue. Ainsi, Guermantes écrit : *De ces apologues, dont il n'y avait qu'un petit nombre de ses compatriotes à en rire.*

☐ **en + participe présent** → GÉRONDIF et PARTICIPE PRÉSENT

☐ **en + participe passé.** L'accord du participe passé se fait de façon très capricieuse selon les auteurs et même selon les grammairiens. On considère en principe le pronom *en* comme un neutre de valeur partitive, équivalant à « de cela, une partie de ces choses ». De là, de nombreux exemples d'invariabilité : *Les Prussiens ! Ils n'en avaient jamais aperçu* (Maupassant). *De ces rochers contournés et creusés, comme j'en ai vu du côté de Marseille* (Romains). *Songe, Nina, que j'en ai enterré plus de cent* (Peyré). *Il en a tué plusieurs comme ça* (Troyat). Dans ces deux derniers exemples, l'invariabilité du participe passé est d'autant plus justifiée que le terme représenté par *en (plus de cent, plusieurs)* se trouve placé après le participe. Beaucoup d'auteurs, cependant, considèrent que le mot *en* assume, en pareils cas, le genre et le nombre du nom qu'il représente et font l'accord en conséquence : *Il n'y a plus beaucoup de républicains en France, la République n'en a pas formés* (France). *Des étrennes, j'en avais reçues, mais non pas les seules qui m'eussent fait plaisir* (Proust). *Une crise infiniment plus grave que l'Amérique n'en a jamais connue* (Claudel). *Dans une solitude telle que*

l'homme n'en a jamais affrontée de semblable (Maulnier). ♦ L'usage des écrivains est également variable quand le pronom adverbe **en** est complément d'un adverbe de quantité *(plus, moins, autant, combien, que...).* Tantôt le participe reste invariable : *Hélas ! que j'en ai vu mourir de jeunes filles !* (Hugo). *Il a coûté moins de larmes qu'elle n'en a versé, depuis deux jours* (Mauriac). Tantôt, il s'accorde avec le complément : *Que j'en ai connus, des suicidés (id.). J'ai reçu de Dieu plus de grâces qu'il ne vous en a accordées jusqu'à cette heure* (France). *Il se voyait entouré d'autant d'embûches qu'il en avait dressées (id.). Combien en ai-je croisés sur mon chemin ?* (Romains). ♦ On évite de faire l'accord au féminin si le participe passé féminin modifie sa prononciation. On dira donc, en parlant de lettres : *combien en avez-vous écrit ?* plutôt que *combien en avez-vous écrites ?* Cependant, certains écrivains accordent le participe en pareil cas : *Un homme capable de découvrir en douze ans autant de choses et de si utiles que Suzanne en a découvertes en douze mois serait un mortel divin* (France).

☐ **ce qui est du toc et ce qui n'en est pas.** La langue populaire utilise souvent *en* à la place de *le* ou de *les* pour reprendre un substantif non déterminé ou accompagné du partitif.

EN (préposition) emploi La langue courante l'emploie principalement devant des substantifs non déterminés : *en hiver* en face de *dans l'hiver qui suivit.* Quand le substantif est précédé d'un article, d'un possessif, d'un démonstratif, **en** est à éviter et ne se rencontre que dans une langue affectée ou par effet littéraire : *Mensongèrement certes, pour presque toutes les personnes, en presque toutes les circonstances* (Péguy). *Je l'ai chantée bien souvent en ses aspects diurnes et nocturnes* (Apollinaire). *Ses yeux où il lisait maintenant mieux qu'en un livre ouvert* (Vian). *Ce fils que j'aimais tant, n'ai-je pas cédé à la fierté de l'avoir près de moi en des heures qui s'annonçaient graves et décisives ?* (Chaix). Il faut préférer le simple **dans** quand on veut s'exprimer sans effets particuliers (→ ÈS).

☐ **à** et **en bicyclette** → À

□ **en cuisine emploi** On rencontre souvent la préposition devant des substantifs désignant un «lieu de travail», à la place de **à, dans**, etc. : *Aujourd'hui, je suis en cuisine, je n'ai pas le temps de m'occuper de vous. La question sera étudiée en atelier, en séminaire.*

□ **en + nom géographique.** Cette préposition s'emploie en général devant un nom de lieu pris comme «étendue» et non comme «point», qu'il y ait ou non changement de lieu. Elle ne peut se rencontrer que devant un nom singulier, sans article, et entre en concurrence avec *dans + article + substantif singulier* ou *pluriel*, et surtout avec *à + article*. On distinguera les emplois suivants :

♦ **Les noms d'îles.** Seulement devant les noms féminins de grandes îles : *Vous m'avez fait encore plus peur qu'en Sicile* (Morand). Mais on dit : *à Majorque, à Chypre* (ces noms sont considérés comme des points), et par exception : *à Terre-Neuve*, bien qu'il s'agisse d'un nom féminin de grande île. → A

♦ **Les noms de provinces.** Pour la France, ils sont en général précédés de **en** : *Nous passons nos vacances tantôt en Franche-Comté, tantôt en Touraine.* Pour l'étranger, on a le choix entre **en** et **dans** : *Il vit en Palatinat, dans les Flandres, en Brabant, dans la Calabre*, etc.

♦ **Les noms de pays.** Sont précédés de **en** *sans article* tous les noms féminins et tous les noms masculins commençant par une voyelle : *Ce globe-trotter est allé en Italie, en Iran, en Inde, en Angola, mais n'est allé ni au Mexique, ni au Pérou, ni au Canada.* On ne dit plus, comme faisait La Fontaine, *aller à la Chine, à l'Amérique.* Font exception les noms *Danemark, Luxembourg, Portugal* qui peuvent être introduits indifféremment par **en** ou **au**.

♦ **Les noms de départements.** On emploie **en** surtout devant les noms composés coordonnés par *et* : *en Meurthe-et-Moselle, en Saône-et-Loire*, etc. On dit aussi correctement *en Charente-Maritime*, bien que ce nom ne comporte pas de coordination. L'emploi de *dans + article* est de plus en plus fréquent pour tous les noms de départements, quels qu'ils soient : *dans le Tarn-et-Garonne, dans l'Ille-et-Vilaine,*

«*Conversations dans le Loir-et-Cher*» (titre d'un ouvrage de Claudel). Thomas allègue contre cette extension «le fait qu'existent simultanément la Seine et l'Oise, la Meurthe et la Moselle». Cette remarque n'est pas convaincante, car l'ellipse du second article dans un groupe de noms coordonnés est courante en français : *un aller et retour, les allées et venues*, etc. Enfin, le fait même que l'article soit considéré comme facultatif devant un nom de département coordonné par *et*, mais commençant par une voyelle, ôte toute rigueur à cette règle, et le parleur n'a pas la possibilité d'appliquer cette nuance dans le cours d'une conversation. On emploiera donc indifféremment *dans + article* ou *en sans article* devant les noms de départements composés, avec ou sans *et*.

♦ **Les noms de villes.** La préposition **en** est à éviter, même lorsqu'il s'agit d'un nom de ville méridionale à initiale vocalique, comme *Avignon, Alger, Arles*, etc. En particulier le tour *en Avignon* est un provençalisme tolérable dans un contexte archaïsant, mais dont nos contemporains, notamment la presse et les «parleurs» de la radiotélévision française, font un usage abusif et ridicule. Albert Dauzat voyait avec raison dans ce tour «un solécisme prétentieux dont se délectent les jeunes journalistes désireux de ne pas écrire comme tout le monde». Malgré la longue liste d'exemples cités dans *Le Bon Usage* et signés de noms respectables, on ne saurait trop mettre en garde les usagers qui sont tentés de dire ou d'écrire : *en Avignon, en Alger, en Aix*, voire *en Aubervilliers* (comme l'a fait Duhamel). On dira plutôt, comme le fait Roger Vailland : *Nous allons aller à Aix.*

□ **une table en bois** ou **de bois.** La préposition **en** est la plus naturelle pour énoncer la matière d'un objet : *Elle porte une robe en tissu imprimé* et *une veste en cuir rouge* (Vailland). *Une petite statue en terre noire ou en métal peint* (Llaona). *En* s'impose notamment quand le nom de matière est suivi d'un nom indiquant l'origine ou l'espèce : *Une cheminée en marbre de Coutances* (Barbey d'Aurevilly) → DE

□ **en moi.** La préposition **en** est beau-

COUP PLUS FRÉQUENTE QUE **dans** devant un pronom personnel. *Dans* n'admet guère comme complément qu'un substantif : *L'opinion, bien ancrée en moi que, intellectuellement, tout ce qu'on porte en soi en naissant* [...] (Léautaud). Le vers d'Aragon : *Je te porte dans moi comme un oiseau blessé* est une des exceptions qui confirment la règle.

□ **en moins, en plus, en trop** → MOINS, PLUS, TROP

□ **en traître.** On peut considérer cette locution comme un attribut du sujet : *Ils ont agi en traîtres*, ou comme un complément figé indiquant la manière : *Ils ont agi en traître. Il l'avait accueillie en naufragé qui, sur son île déserte, voit débarquer un compagnon de misère* (Mauriac).

□ **partir en Allemagne.** Malgré les puristes, ce tour (au lieu de *partir pour l'Allemagne*) est passé dans notre langue. → À, PARTIR et POUR

□ **répétition. En** se répète en général dans les groupes coordonnés et même dans les locutions figées, à la différence de beaucoup d'autres prépositions : *M. Simonnot lui-même, absent en chair et en os* (Sartre). Mais : *Je les vis qui discutaient en se poudrant et se mettant du rouge* (Carco).

□ **en + singulier** ou **pluriel.** Après **en,** le nombre du substantif est affaire de cas particulier, de raisonnement et parfois d'appréciation personnelle : *être en coton, en fonction(s), en larmes.* On ne peut donner aucune règle générale.

□ **en + verbe en -ant** → GÉRONDIF

ENAMOURÉ prononc. [ɑ̃namuʀe] ou [enamuʀe]. ♦ **orth.** Pas d'accent aigu sur le *e* initial (→ ENIVRER).

EN-AVANT, EN-BUT emploi Substantifs masculins invariables. Termes propres au rugby.

ENCABLURE → CÂBLE

EN-CAS forme Substantif invariable.

ENCAUSTIQUE genre Féminin, comme *cire : Une couche d'encaustique teintée par là-dessus* (Sarraute).

ENCENS prononc. [ɑ̃sɑ̃]. On entend parfois *[ɑ̃sɑ̃s], sans doute sous l'influence de *encenser, encensoir.* Le *s* final doit rester muet.

ENCHANTEUR forme Le féminin, assez rare, est **enchanteresse.**

ENCHÉRIR sens Intransitivement, « devenir plus cher ». Avec un complément introduit par *sur,* « faire une enchère plus élevée ». Les composés *renchérir* et *surenchérir,* construits avec *sur,* disent sensiblement plus. De plus, *renchérir,* suivi d'un complément d'objet non animé, signifie « rendre plus cher ». Le verbe simple est moins employé dans la langue courante que les deux autres, qui sont susceptibles d'emplois figurés.

ENCHIFRENÉ orth. Un seul *f* (attention à l'analogie de *chiffre !*). ♦ **sens** « Qui a le nez embarrassé par un rhume de cerveau. »

ENCLENCHER → DÉCLENCHER

ENCLIN À emploi et sens Cet adjectif signifiant « porté à » est d'un emploi littéraire. On évitera de l'appliquer à un nom désignant un objet : *Il semblait fort enclin à tomber dans la religion et les pratiques superstitieuses de sa tante* (Green). *Les Californiens ne sont pas très enclins à s'affronter dans des discussions d'idées* (Godbout).

ENCLORE conjug. Comme *clore* → CLORE et APPENDICE

ENCLOUER emploi et sens Vieux verbe employé aujourd'hui surtout en chirurgie, au sens de « maintenir un os fracturé au moyen de clous ou de tiges ». Le substantif correspondant est **enclouage,** à ne pas confondre avec **enclouure** (→ mot suivant). On trouve le sens ancien « mettre un canon hors de service », dans l'exemple suivant : *De ses mains, Juan avait encloué le canon de douze* (Peyré).

ENCLOUURE prononc. [ɑ̃kluyʀ]. ♦ **sens** « Blessure faite à un cheval par un clou. »

ENCOIGNURE prononc. On doit dire, officiellement : [ɑ̃kɔɲyʀ], mais l'usage est pour [ɑ̃kwaɲyʀ], sous l'influence de *coin.*

ENCOMBRE forme Toujours au singulier dans **sans encombre** : *Je suis très*

content que tout le monde soit rentré
sans encombre (Giono). → DÉCOMBRES

ENCONTRE (À L') emploi et sens « En
opposition à, au contraire de », le plus
souvent au figuré : *Cest la première
fois, semble-t-il, qu'un organe de presse
algérien formule à l'encontre des juifs
des critiques débordant du cadre strict
du problème du Proche-Orient (Le
Monde). Il insista sur le fait que des mesures de sécurité devaient être prises à
l'encontre de celui-ci* (A. Besson). Ne pas
l'employer au sens de « à la différence
de ». À rapprocher de *contre* et non de
rencontre. Appartient à la langue littéraire.

ENCORE orth. Autrefois, on pouvait
écrire, en poésie, *encor* sans *e* final,
mais cette licence poétique est maintenant archaïsante. ♦ constr. Lorsque la
phrase commence par un **encore** de
valeur restrictive, il y a généralement
inversion du sujet : *Encore avait-on
ordre de ne pas dire son nom si je n'étais
pas seul* (Proust). *Les habitants osent recommencer à parler. Encore le font-ils
de manière toujours feutrée, le timbre
bas* (Labro). En revanche, cette inversion est injustifiée si *encore* ne figure
pas en tête de la proposition. On dira
correctement : *Encore faut-il que l'émotion amoureuse soit entretenue d'une
glose qui récupère alors l'exquise
convergence* (Allen), mais non pas
Faut-il encore que l'émotion..., construction souvent usitée dans les médias – à
moins évidemment qu'on ne soit plus
dans la *concession*, mais dans l'*interrogation* : *Faut-il encore le redire ?*

□ **encore que.** Cette locution conjonctive, de caractère littéraire, est généralement suivie du subjonctif : *Encore que
leur existence même ait récemment fait
l'objet de quelques contestations* (Valéry). *Elle restait aux aguets et ne descendait pas sur la poitrine d'Alain, encore qu'il l'en priât par des paroles
qu'elle reconnaissait* (Colette). Cependant, on trouve de plus en plus **encore
que** suivi du conditionnel et même de
l'indicatif : *Elle ne le jugea point de
même, encore qu'elle aurait eu de
bonnes raisons pour cela* (Rolland). *Encore que cette affaire-là, si elle avait
éclaté, aurait certainement mis en cause*

aussi le fond du problème (Daniel-
Rops). L'ellipse du verbe est possible,
dans la subordonnée : *Une verve amusante, encore qu'un peu grosse, de cari-
caturiste* (Lanson).

□ **si encore** ou **encore si.** Introduit l'expression d'un regret, dans une proposition exclamative : *À sa droite, il y a une
horloge pneumatique. Si encore il avait
pu y reconnaître l'heure, il se serait senti
un peu moins seul* (Supervielle).

□ **et encore.** Locution assez familière,
qui émet un doute sur ce que l'on vient
d'affirmer, et se prononce selon une intonation montante : *Un soir d'été, un
beau soir d'été, voilà tout. Et encore, il
pourrait régner une température plus
étouffante* (Aragon).

ENDÉMIE et **ÉPIDÉMIE** sens **Endémie :** « Maladie qui existe dans un pays
de façon permanente, mais tantôt la-
tente, tantôt manifestée. » Ne pas
confondre avec **épidémie,** « maladie infectieuse qui frappe brutalement un
groupe important de personnes et se
propage au loin » : *La vie aussi est une
épidémie, ça s'attrape de père en fils ou
de mère en fille* (Prévert). Même opposition entre **endémique** et **épidémique :**
*À peine l'oncle Louis paraissait-il, que
la gêne, endémique au logis, s'accrois-
sait* (Estaunié). → ÉPIZOOTIE

ENDROIT emploi et sens **À l'endroit de,**
au sens de « à l'égard de », est littéraire :
*A leur endroit, elle avait même hérité de
son oncle l'épithète injuste de merce-
naires* (Peyré). Au contraire, **le petit endroit,** pour désigner les « W.-C. », est familier ou enfantin, et démodé. **Par
endroits** est en général écrit avec la
marque du pluriel.

ÉNERGÉTIQUE emploi C'est le dérivé
technique de *énergie,* qui se distingue
radicalement du dérivé courant **énergique :** *Les disponibilités énergétiques
d'une région.*

ÉNERVER sens Aujourd'hui, « irriter,
rendre nerveux ». Autrefois, « ôter les
nerfs, affaiblir » : *Trop d'exemples et trop
de détails énervent toujours* (Vauve-
nargues). Le glissement de sens est
donc très important. Pour l'opération
qui consiste à enlever les tendons et

ligaments d'une volaille, on dit : **déner-
ver.**

ENFANT genre Masc. ou fém. selon le
sexe : **un** ou **une enfant.** *Pour s'occuper
de cette enfant sournoise* (Bazin).

□ **bon enfant.** Tend à rester invariable
dans tous les cas : *Une attitude bon enfant. Ils se sont montrés bon enfant.*
Mais certains font l'accord. → PRODIGE
et PRODIGUE, PETIT

ENFANTER sens Synonyme noble de
accoucher. Ne jamais l'employer au
sens propre avec un sujet animé masculin, auquel convient seulement le
verbe **engendrer :** *Est-il sage, pour un
homme chargé de soins, d'engendrer
des enfants, surtout dans ces temps
maudits?* (Duhamel). **Enfanter** est
fréquent au sens figuré (de même
qu'*engendrer*), dans un registre plus
élevé qu'*accoucher,* assez vulgaire dans
le même emploi : *On dirait maintenant
que tout n'est que spectres autour d'elle.
Elle les enfante et les fuyant* (Valéry).

ENFANTIN → INFANTILE

ENFER emploi On dit *aller en enfer,*
comme *en paradis, en purgatoire.* La
préposition *dans* est possible, mais
rare. Le pluriel **aux enfers** renvoie aux
mythologies païennes.

ENFIN emploi Dans la langue familière,
cet adverbe s'emploie pour atténuer,
corriger ou même annuler ce qui vient
d'être dit : *C'est un savant, enfin, un
demi-savant!* Ne pas confondre avec la
construction libre **en fin :** *en fin de
compte, en fin de parcours.* → BREF

ENFREINDRE conjug. Comme *feindre.*
→ APPENDICE

ENGENDRER → ENFANTER

ENGOUER (S') sens « S'étouffer en ava-
lant trop vite », c'est le sens premier :
*L'enfant qui plongeait le visage dans un
bol de lait s'engoua* (Gide). « Se prendre
d'une passion passagère et vive pour
quelqu'un ou pour quelque chose » :
Elle s'était engouée pour la peinture
(Chraïbi) → ENTICHER (s'). Le dérivé **engouement** prend un *e* après *-ou-*.

ENGUEULADE emploi Ce mot de caractère populaire a supplanté *engueu-
lement.*

ENHARDIR prononc. [ɑ̃aRdiR], le *n* restant muet.

ÉNIÈME emploi et sens Mot familier,
formé à partir de N, qui représente en
mathématiques un nombre indéterminé, et employé surtout dans *pour la
énième fois,* quand on veut donner l'idée
d'un grand nombre de répétitions.

ÉNIGME genre Féminin. Ce mot était
autrefois du masculin.

ENIVRER prononc. [ɑ̃nivRe] et non
*[enivRe] (de même pour les dérivés).
→ ENAMOURER, ENORGUEILLIR

ENJOINDRE constr. Ce verbe synonyme d'*ordonner, prescrire,* etc., se
construit de la même manière. On dira
donc : *Il leur a enjoint de...* et non pas
Il les a enjoints de..., comme on l'entend souvent dans les médias. La
phrase suivante est correcte : *L'ordre
du prince de Condé enjoignant au colonel de regagner Dole au plus tôt avec
toutes ses troupes lui parut si aberrant
qu'il faillit passer outre* (A. Besson).

ENJÔLER orth. Avec un *j,* bien que ce
mot appartienne à la même famille étymologique que **geôle** (→ ce mot). De
même, **enjôleur.** Ne pas oublier
l'accent circonflexe.

ENJOLIVEMENT forme Dérivé de *enjo-
liver* (pas d'accent circonflexe sur le *o*).
Il existe également **enjolivure.**

ENJOUEMENT orth. Ne pas omettre le
e intérieur.

ENNOBLIR prononc. [ɑ̃nɔbliR] **sens** →
ANOBLIR

ENNUYANT forme Le participe-adjectif
tend à disparaître au profit de l'adjectif
ennuyeux, beaucoup plus courant.

ENNUYER (S') constr. Ou bien **cela
m'ennuie de** ou bien **je m'ennuie à.**
Ces deux tours sont suivis de l'infinitif.

□ **s'ennuyer de quelqu'un.** Cette façon
de s'exprimer est vieillie ou régionale.

ENORGUEILLIR (S') prononc. [ɑ̃-]
comme *enivrer* (→ ce mot).

ENQUÉRIR (S') conjug. Comme *acquérir*. ♦ constr. et emploi Verbe uniquement littéraire, construit avec **de + nom de chose,** et plus souvent avec **si + indicatif** ou **conditionnel** : *J'osai enfin m'enquérir si elle avait prévenu Mme Grangier de sa grossesse* (Radiguet). *Il s'est enquis de ma santé.*

ENQUIQUINER emploi et sens Verbe familier, employé au sens de *embêter* ou même du populaire *emmerder*, et tenant lieu d'euphémisme (parfois écrit **enkikiner**).

ENRAGER emploi Verbe vieilli, sauf dans le tour factitif **faire enrager** : *Plus sa femme montrait de perfections, plus il enrageait* (Camus). On rencontre rarement aujourd'hui la construction transitive directe : *Un teint à enrager les bourgeoises* (Japrisot).

ENRAIEMENT prononc. [ɑ̃rɛmɑ̃], mais on rencontre parfois aussi **enrayement** et on prononce alors [ɑ̃rɛjmɑ̃].

ENREGISTRER prononc. [ɑ̃rjistre] et non *[ɑ̃reʒistre] : le deuxième *e* est muet. Cette faute très fréquente est peut-être due à l'analogie d'un verbe comme *enrégimenter*, prononcé [ɑ̃reʒimɑ̃te].

ENRHUMÉ orth. → ENCHIFRENÉ

ENROUEMENT orth. Ne pas oublier le *e* intercalaire.

ENSEIGNE genre Un **enseigne** est un officier (aujourd'hui seulement dans la marine) : *un enseigne de vaisseau. C'était un jeune enseigne rasé de près à la nouvelle mode américaine* (Gallo). Une **enseigne** est un panneau commercial portant un emblème, ou un symbole de commandement servant de signe de ralliement : *les enseignes romaines.*
□ **à telle enseigne que.** Cette locution se rencontre, aujourd'hui, plutôt au singulier, et signifie : « Cela est si vrai que... »

ENSEIGNER constr. On disait fort bien jadis *enseigner quelqu'un.* Aussi la création du terme **enseignés**, désignant ceux qui reçoivent le savoir des *enseignants*, est-elle correcte et admissible. Ce n'est nullement un barbarisme et

cela correspond au besoin d'un mot moins chargé de « valeur hiérarchique » que **élève** ou **disciple,** et de sens plus large que **étudiant.** Mais on préfère aujourd'hui en didactique le terme d'**apprenants** (→ ce mot), catégorie plus large, qui inclut aussi bien les membres d'un groupe qui reçoit un enseignement professoral que l'individu travaillant isolément, par correspondance, l'autodidacte, etc.

ENSEMBLE emploi Cet adverbe a parfois une valeur de renforcement : *Il lui semblait que toutes ses forces ensemble n'y eussent rien ajouté* (Bernanos). Péguy en a fait un usage particulier qui n'est pas à recommander : *Peuple familier et ensemble respectueux.* Dans la langue courante, on préférera : *et en même temps, et à la fois.*

ENSEMBLISTE emploi et sens Néologisme mathématique, « qui a trait à la théorie des ensembles ». Ne pas confondre avec **ensemblier** qui désigne « celui qui conçoit et réalise des ensembles de mobilier ».

ENSERRER orth. Avec un seul *s* et deux *r* (comme *serrer*).

ENSORCELER orth. Un seul *l* comme *ensorcelant, ensorcelé, ensorceleur.* Mais **ensorcellement,** avec deux *l.*

ENSUITE emploi Éviter le si fréquent pléonasme *et puis ensuite* → PUIS. Proscrire également le tour *peu ensuite* (il faut écrire : *peu après*).
□ **ensuite de quoi.** Locution vieillie ; on dira mieux : *à la suite de cela.*

ENSUIVRE (S') forme Ce verbe s'écrit aujourd'hui en un seul mot, comme *s'enfuir* : *Un luxe insolent : chevaux, voitures ; et tout ce qui s'ensuit* (Mauriac). *Jusqu'à ce que mort s'ensuive.* Mais on évitera la rencontre *s'en est ensuivi,* en faisant l'ellipse de *en : Il s'est ensuivi, tout ce qui s'est ensuivi.* Dans certains cas, on pourra substituer un autre verbe, *découler,* qui pose moins de problèmes, mais s'emploie surtout dans un registre abstrait et logique : *De cette observation, il découle...* ♦ emploi Ne s'emploie qu'à l'infinitif et à la 3ᵉ personne du singulier et du pluriel de chaque temps : *Il s'ensuivit une ambiance de fête, comme des retrouvailles* (Labro).

□ **il s'ensuit que.** Avec *que* et dans un emploi affirmatif, cette construction est toujours suivie de l'indicatif : *Il s'ensuit que vous pouvez...* Avec *que* et dans un emploi négatif ou interrogatif, elle est toujours suivie du subjonctif : *Il ne s'ensuit pas qu'on puisse... S'ensuit-il pour autant qu'on puisse...*

ENTACHER orth. Sans accent circonflexe, comme tache.

ENTAME orth. Pas d'accent circonflexe sur le *a*. De même pour *entamer*. ♦ **genre** Fém. : *Cette entame est peu présentable.*

ENTENDRE emploi et sens Assez littéraire au sens de « comprendre » : *Chacun de ses mots injurieux, dont elle entendait le sens à merveille* (Bernanos). Mais **laisser entendre** est courant, avec ce sens classique : *Il me laissa entendre que j'étais le seul à ne pas « savoir »* (Radiguet).

□ **entendre + infinitif** ou **que + subjonctif.** Dans cette construction, le verbe **entendre** exprime la volonté et non plus une perception. Cela ne se rencontre que dans la langue soutenue : *J'entends me marier pauvre* (Salacrou). *Il entendait que son mariage fût la conséquence d'un rapide, d'un fulgurant roman d'amour* (Aragon). Voici cependant un exemple d'emploi de l'indicatif dans la subordonnée : *Mais j'aime Milan comme un frère et j'entends bien qu'il continuera de nous fréquenter* (Vailland). Il est aussi des cas où *entendre (que)* a le sens de « vouloir dire, signifier » : *Par fiançailles privées, j'entends qu'ils se firent le serment de s'épouser devant quelques amis intimes* (P. Jardin).

□ **je l'entends** ou **je lui entends dire.** Ces deux tours sont parfaitement corrects et équivalents : *je l'entends* ou *je lui entends prononcer ces paroles.* On notera que seule la forme de complément indirect est possible, lorsque le complément d'objet direct n'est pas un substantif, mais un pronom : *On ne pouvait éviter d'être soulagé de les lui entendre enfin exprimer* (Duras). *Il répétait avec vanité ce qu'il entendait dire aux joueurs de billard* (Alain-Fournier).

□ **s'entend.** En fin de phrase, cette forme réduite de **cela s'entend** s'emploie pour apporter une précision : *Surtout pas de filatures de fruits – de fruits de l'imagination s'entend* (Queneau).

□ **entendu les témoins.** Dans ce type de locution juridique, le participe reste invariable. → VU, ATTENDU

□ **comme de bien entendu.** → COMME et PARTICIPE PASSÉ (accord)

ENTÉRINER sens « Rendre un acte valide, consacrer. »

EN-TÊTE orth. Avec un trait d'union. Plur. : **des en-têtes.**

ENTÊTER (S') constr. On dit **s'entêter dans + substantif** ou **s'entêter à + infinitif** : *s'entêter dans l'erreur*, ou *s'entêter à refuser les honneurs.* Mais *s'entêter de quelqu'un* est vieilli. → ENTICHER (S')

ENTICHER (S') constr. Surtout pronominale, mais on rencontre également le passif **être entiché de** : *Suzanne grillait de curiosité, et puis tout à coup elle s'entichait d'un ménage* (Aragon). → ENGOUER (S')

ENTIER → TOUT (ENTIER)

ENTORSE constr. On dit : **se donner** ou **se faire une entorse,** au sens propre : *Elle s'était donné stupidement une entorse au genou en faisant ses emplettes* (Fontanet) et **faire une entorse à + non-animé,** au sens figuré : *Il a fait une entorse au protocole.*

ENTORTILLAGE sens Au figuré, « ce qui est entortillé ». Distinct de **entortillement,** « action d'entortiller » ou « fait d'être entortillé ».

ENTOUR (À L') emploi Cette locution prépositive est démodée, ainsi que le substantif **entours** (au pluriel) : *Lorsque des poules et des lapins ont disparu à l'entour de leurs misérables campements* (Vidalie). *On dresserait à leur entour de hauts écrans hérissés de miradors* (Bouhéret). → ALENTOUR

ENTRACTE orth. Pas d'apostrophe. ♦ **genre** Masc. : **un entracte.**

ENTRAIDE orth. Même remarque que pour *entracte*. De même, *s'entraider*.

ENTRAILLES forme Mot féminin pluriel, sans singulier.

ENTRE- orth. Le *e* final s'élide dans les composés lorsque le radical commence par une voyelle. L'Académie conserve arbitrairement l'apostrophe dans les cinq verbes suivants : *s'entr'aimer, s'entr'apercevoir, s'entr'appeler, s'entr'avertir, s'entr'égorger*. Le trait d'union est de règle dans : *entre-bande, s'entre-déchirer, s'entre-détruire, entre-deux, entre-deux-guerres, s'entre-dévorer, s'entre-frapper, entre-greffe, s'entre-haïr, s'entre-heurter, entre-ligne, s'entre-louer, s'entre-manger, entre-nerf* (ou *nerfs*), *entre-nœud, s'entre-nuire, entre-rail* (ou *rails*), *s'entre-regarder, s'entre-suivre, s'entre-tuer : Le père et la fille s'entre-regardèrent* (A. Besson). Il est seulement facultatif dans *entrejambes, entrefenêtres, entretailler*. Enfin on écrit *entre-temps* (→ ce mot). S'écrivent notamment en un seul mot : *entracte, entrouvrir, entrebâiller*. La coutume est capricieuse et parfois peu sûre.

□ **entre deux** ou **entre les deux**. Cette dernière forme est plus usitée dans les réponses : *Êtes-vous malade ou bien portant? – Oh! Entre les deux!* Le substantif prend un trait d'union : **un entre-deux**.

□ **entre parenthèses**. Cette locution s'écrit avec *s* final.

□ **entre autres** → AUTRE

□ **entre chaque** → CHAQUE

ENTRECOLONNEMENT orth. Pas de trait d'union. ♦ forme Ce mot a supplanté l'ancien **entrecolonne** (masculin).

ENTRECÔTE orth. Pas de trait d'union. ♦ genre Autrefois masculin, aujourd'hui féminin : *une entrecôte garnie*.

ENTREJAMBES genre Masculin. → ENTRE-

ENTRELACS prononc. Le *c* reste muet. → LAC

ENTREMÊLER sens « Mêler les unes aux autres des choses différentes », distinct de **emmêler**, « embrouiller ou mêler des objets identiques » : *Pourquoi,*

avec Philippe, rien que de marcher l'un près de l'autre, les doigts emmêlés, c'était quelque chose de merveilleux (Rochefort), mais : *Les doigts de Léo entremêlés aux perles* (Rivoyre). *Ses cheveux sont peu emmêlés*, mais : *Il a savamment entremêlé les louanges et les reproches*.

ENTREMETS orth. Avec un *s*, même au singulier.

ENTRER constr. Comme la plupart des verbes de mouvement, se conjugue avec l'auxiliaire *être : Il est entré par la grande porte*. Mais on trouve aussi l'auxiliaire *avoir* quand le verbe **entrer** est construit transitivement : *Ils ont entré ce piano par la fenêtre*. ♦ emploi et sens Ce verbe a un sens clair et s'emploie très couramment : *Ils ne sont pas entrés ce soir-là pour dormir dans l'abri aux hommes, mais dans l'abri aux bêtes* (Ramuz). *Elle lui fit signe d'entrer. Il entra, et ferma la porte sur la nuit* (Barjavel). Il désigne l'action simple qui consiste à passer d'un lieu quelconque dans un lieu considéré comme fermé. Mais, de même que pour le couple *emplir/remplir* (→ EMPLIR), la langue familière emploie plus volontiers la forme **rentrer**, même quand il ne s'agit pas d'«entrer de nouveau», pour renforcer l'expression : *Mais je m'aperçois que je fais rentrer en scène un septième personnage sur lequel je ne vous ai point fourni de lumières* (Bazin). *La vitre s'abaisse, tout rentre d'un coup dans la voiture : le froid, la pluie, les cris de la femme et ceux du type* (Rivoyre). *Il se connaît plus. Il rentre dedans au talon, le clavier éclate* (Céline). Certes, ces deux derniers exemples appartiennent à un registre nettement populaire. Cependant, le verbe *rentrer*, en raison de son début plus vigoureux, au point de vue phonétique, gagne du terrain. Il est en outre certaines expressions qui consacrent officiellement cette tendance, sans raison logique apparente : *rentrer les foins* (bien qu'il s'agisse d'un acte simple).

ENTRE-TEMPS orth. Avec trait d'union (→ ENTRE-). Ne pas confondre avec **entre tant**, qui n'a aucune valeur temporelle : *Entre tant d'amis, il a préféré le plus intermittent. Entre-temps, elle avait* *eu ce renseignement* (Radiguet). *Entre-temps, M. X... était devenu gouverneur* (R. Jean).

ENTRETENIR constr. *Entretenir quelqu'un de quelque chose*, et non **au sujet de quelque chose.*

ENTROUVRIR orth. S'écrit aujourd'hui sans apostrophe : *Louis entrouvre la fenêtre sur les persiennes tirées* (Chaix). → ENTRE-

ENVERS (Préposition) emploi Avec un nom désignant une personne ou une notion, cette préposition est un peu recherchée, et de plus en plus concurrencée par **vis-à-vis de** : *De plus, il avait des remords envers Paule car il la négligeait depuis un mois* (Sagan).

ENVERS (Substantif) sens Comme substantif, ce mot est l'équivalent de **revers**, et s'emploie souvent comme lui au figuré : *L'écriteau qui portait à son envers les mots «Fermé lundi»* (Mallet-Joris). Il s'oppose à *avers* et à *obvers* (vieux). On dit aussi bien *l'envers* ou *le revers de la médaille.*

ENVI (À L') emploi et sens Même sens, mais d'emploi plus soutenu, que *à qui mieux mieux.* Ne peut s'employer qu'en parlant de deux personnes au minimum : *Toutes ces bouches répètent à l'envi : nous sommes heureux de notre défaite* (Vercors). Ne pas confondre avec **envie.**

ENVIE emploi et sens Le tour *avoir très envie* a largement détrôné, y compris dans le registre soutenu, le tour classique *avoir grande envie* : *J'ai très envie d'essayer, dit-il à Wolf* (Vian). Même problème pour *faim* et *soif* (→ FAIM).

ENVIER emploi et sens La locution *n'avoir rien à envier à quelqu'un* signifie «être pourvu des mêmes qualités (ou des mêmes défauts) que lui».

ENVINÉ sens «Qui a pris l'odeur du vin.» Ne pas confondre avec **aviné**, qui se rapporte toujours à une personne.

ENVIRON emploi Rare et archaïsant comme préposition : *Certain collège de la province française, où il avait été élevé – environ les années 1880-1881* (Montherlant).

□ **vingt ou trente environ.** Cette tournure est redondante en raison du sens de *ou*. Mais on peut dire : *Il habite à environ trois kilomètres de chez moi.*

□ **aux environs de.** Cette locution, au sens temporel, est parfaitement admise aujourd'hui : *aux environs de Pâques, aux environs de minuit.* Mais elle est à proscrire au sens quantitatif, qui est exactement exprimé par **environ** : *Je l'ai payé environ cinquante francs.*

ENVOÛTER orth. Avec un accent circonflexe, comme **voûte** (de même pour les dérivés).

ENVOYER conjug. → APPENDICE ♦ constr. Avec un infinitif de but, on dira mieux *envoyer quelqu'un faire quelque chose* que *envoyer pour faire*, quelque peu lourd. Le tour *envoyer promener* est figé, et l'ellipse de *se* aboutit à un sens particulier, mais on peut dire, au sens propre, *J'ai envoyé mon fils se promener dans les bois.* → PROMENER

□ **je l'envoie chercher** ou **j'envoie le chercher.** Ces deux tours sont corrects, mais le premier peut être ambigu.

□ **s'envoyer un pastis** : *L'Anglais s'envoya trois solides lampées de rhum* (Giono). Cet emploi réfléchi est populaire et le bon usage le rejette, malgré son expressivité.

ENZYME genre Fém. : *une enzyme.*

ÉPANCHER sens «Verser doucement» et, au figuré, «communiquer librement, livrer». Surtout à la voix pronominale et dans la langue littéraire : *Cordial, prêt à s'épancher et tout au fond contracté, timide et malheureux* (Boileau-Narcejac). *Peut-être s'est-il épanché davantage avec son père, au cours de cette permission* (Japrisot). Ne pas confondre avec **étancher**, «arrêter l'écoulement» et «assouvir (la soif)» : *Mais pour Jean, elle n'avait pu qu'étancher le sang superficiel de sa plaie* (Peyré).

ÉPANDRE emploi Ce mot est aujourd'hui vieilli, littéraire ou technique : *Cette force toute-puissante, depuis son enfance, que l'approche de tant de créatures avait épandue hors de lui* (Mauriac). La langue courante use beaucoup plus fréquemment de **répandre** (→ EMPLIR, ENTRER).

ÉPARGNER → ÉVITER

ÉPAULÉ-JETÉ orth. Avec trait d'union. Plur. : des **épaulés-jetés.**

ÉPEICHE genre Féminin. Attention à l'attraction de *pic*, car on rencontre souvent ce mot en apposition : *un pic épeiche.* ♦ **sens** «Oiseau grimpeur, communément appelé *cul-rouge.*»

ÉPELER conjugaison Comme *appeler*, mais un seul *p.* → APPENDICE

ÉPERDUMENT orth. Pas d'accent circonflexe sur le *u* : *Un homme politique qui dans sa jeunesse avait été éperdument amoureux de ma mère* (P. Jardin). → ADVERBES et CIRCONFLEXE

ÉPHÉMÉRIDE emploi et sens Autrefois, nom donné à des sortes d'almanachs astronomiques. Aujourd'hui, le plus souvent au féminin pluriel, pour désigner les calendriers de bureau dont on arrache chaque jour un feuillet. Cette acception naguère discutée est définitivement passée dans la langue courante et représente une extension sémantique banale.

ÉPICE genre Féminin. ♦ **forme** On écrit **pain d'épice**, bien que le pluriel semble plus logique.

ÉPIDÉMIE → ENDÉMIE

ÉPIEU forme Plur. : des **épieux.**

ÉPIGONE genre Masc. : **un épigone.** ♦ **emploi et sens** C'est un substantif très littéraire, d'origine grecque, qui signifie «successeur» et qu'on rencontre rarement : *Tous des copieurs, des suiveurs, proférait Delphine, de fieffés épigones!* (Jorif).

ÉPIGRAMME genre Féminin. ♦ **sens** Courte pièce de vers satirique. Ne pas confondre avec **épigraphe** (→ mot suivant).

ÉPIGRAPHE genre Féminin. ♦ **sens** «Citation en tête d'un livre» ou «inscription sur un édifice». Ne pas confondre avec **épitaphe** ni avec **exergue** (→ ces mots).

ÉPILOGUE genre Masc. : *un bref épilogue.*

ÉPINE-VINETTE orth. Trait d'union.

ÉPINGLE emploi Les locutions correctes sont *épingle de nourrice, de sûreté*, non **épingle à nourrice*, etc. : *Une épingle de nourrice qui maintenait sa jupe brilla* (Huguenin). On écrit : *des coups d'épingle* (**épingle** au singulier).

ÉPIPLOON prononc. [epiplɔɔ̃]. ♦ **sens** «Repli du péritoine.»

ÉPISODE genre Masc. : *un curieux épisode.*

ÉPISTOLIER sens Substantif. Dans la langue familière, «personne qui écrit souvent des lettres» : *Nous pourrions nous écrire... Je ne suis plus une épistolière enragée; mais enfin, pour vous...* (Mauriac). Comme adjectif, **épistolaire** est la forme habituelle.

ÉPITAPHE genre Fém. : *une émouvante épitaphe.* ♦ **sens** «Inscription sur une tombe.» Ne pas confondre avec **épigraphe** (→ ce mot).

ÉPITHALAME orth. *-th-* central. ♦ **genre** Masculin. ♦ **sens** «Poème de circonstance, en l'honneur de nouveaux mariés.»

ÉPITHÈTE genre Féminin. → ADJECTIF

ÉPITOMÉ orth. Complètement francisée, avec deux accents aigus. ♦ **genre** Masculin. ♦ **sens** «Abrégé», en parlant de certains ouvrages anciens.

ÉPÎTRE orth. Avec un accent circonflexe sur le *i*, à la différence de **chapitre** (→ ce mot).

ÉPIZOOTIE prononc. [epizɔɔti]. ♦ **sens** «Équivalent de *épidémie* pour les animaux.» → ENDÉMIE

ÉPLOYER emploi Exclusivement littéraire, au sens de *déplier* : *Les rideaux de toile cirée, éployés pour la nuit, verdissaient la pâleur de Camille* (Colette). → PLIER

ÉPLUCHE-LÉGUMES forme Ce mot composé est invariable : **un** ou **des épluche-légumes.**

ÉPLUCHER et **PELER** sens Éplucher s'emploie au sens de «ôter la peau, l'écorce» (en général pour les légumes) : *Il vint s'installer à côté du gitan, sur l'escalier, et l'aida à éplucher des pommes de terre* (Vidalie). Au sens figuré, dans un registre familier : *éplucher un texte*. Le verbe **peler** a le même sens, mais s'applique soit aux légumes, soit aux fruits : *peler une pomme. Une vieille femme était en train de peler des pommes de terre* (Rey).

ÉPONGE → SERVIETTE- et TISSU-ÉPONGE.

ÉPOQUE et **ÈRE** emploi **Époque** désigne un point du temps, déterminé par un événement marquant : *l'époque de Jésus-Christ, l'époque de la puberté, l'époque des vacances.* **Ère** désigne une période de l'histoire à laquelle s'applique une chronologie : *l'ère chrétienne*, etc., et par extension : *Cet événement commence une ère nouvelle.*

ÉPOUILLER emploi **Épouiller** est un verbe dérivé de *pou*, comme l'adjectif *pouilleux* : *Les enfants apprenaient à marcher, à nager, à s'épouiller, à voler, à pêcher, sans la mère* (Duras). Ne pas confondre avec **dépouiller**.

ÉPOUMONER (S') orth. Pas de redoublement du *n*.

ÉPOUSAILLES forme et emploi Toujours au pluriel. Aujourd'hui désuet : *Je venais justement vous inviter à nos épousailles. Ce sera pour ce soir. La cérémonie aura lieu dans la plus stricte intimité* (A. Besson). → -AILLES

ÉPOUSSETER conjug. Comme *jeter* → APPENDICE

ÉPOUSTOUFLANT emploi et sens Synonyme intensif de *étonnant*, appartenant au langage familier.

ÉPOUVANTAIL forme Plur. : **des épouvantails.**

ÉPOUX emploi et sens Au singulier, ce mot paraît quelque peu affecté ou prétentieux, et on préférera dans la plupart des cas les termes *mari* et *femme*. Néanmoins, la coexistence des couples *époux-épouse* et *mari-femme* dans un même contexte n'est pas rare : *C'est ce que fait toute épouse, alourdie d'un bon*

mari (Giraudoux). *Et toi, tu es ma femme, ma délicieuse petite épouse* (Schwarz-Bart). Il faut noter qu'au pluriel, **époux** désigne par un terme unique le mari et sa femme : *C'était de ce visage-là que datait la complicité sans nuage des époux Messager* (Rivoyre). *Homme*, à la place de *mari* ou *époux*, appartient au langage populaire (→ DAME).

ÉPREINTES emploi et sens Toujours au féminin pluriel, signifie en terme de médecine «contractions pénibles provoquées par des inflammations du gros intestin». Ne pas confondre avec **étreintes.**

ÉPROUVER constr. Dans la langue littéraire, est parfois suivi d'une proposition complétive introduite par *que* : *Il entrouvrit ses cils, éprouva que la ruse et la contrainte ne l'avaient pas tout à fait quitté pendant son sommeil* (Colette).

ÉPURER → APURER

ÉQUARRISSAGE orth. Avec deux *r*. ♦ forme On dit aussi, plus rarement, *équarrissement.*

ÉQUARRISSEUR sens «Ouvrier qui équarrit.» Ne pas confondre avec **équarrissoir**, «instrument, couteau ou lieu servant à l'équarrissage».

ÉQUATEUR prononc. [ekwatœr]. De même, *équation, équatorial.* ♦ orth. S'écrit sans majuscule, comme *méridien, latitude, longitude*, etc., lorsqu'il désigne le repère géographique. Prend une majuscule pour désigner tout territoire où passe ce repère et, bien sûr, l'État de l'Amérique du Sud.

ÉQUESTRE prononc. Il est prétentieux d'articuler [ekwɛstr] ou [ekyɛstr]. On préférera le simple [ekɛstr]. De même pour *équitation, équidés, équin.*

ÉQUI- prononc. Cet élément préfixé se prononce [ekɥi] dans les mots suivants : *équiangle, équidistant, équilatéral, équimoléculaire, équimultiple, équipartition, équipollent, équipotentiel, équisétinées*, mais [eki] dans : *équilibre* (et dérivés), *équinoxe* (et équinoxial), *équipollé, équité, équivaloir* (et dérivés), *équivoque.* Il règne donc ici une grande anarchie, car ce préfixe est bien le même pour tous ces mots.

ÉQUINOXE genre Masc. : **un équinoxe.**

ÉQUIPOLLENCE orth. Toujours deux *l* dans ce terme de mathématiques.

ÉQUIVOQUE genre Fém. : *C'est une prévenance qu'on lui doit et j'éviterai ainsi toute équivoque* (Giraudoux).

ÉRAILLÉ sens Cet adjectif est le plus souvent synonyme de **rauque** en parlant de la voix, mais il peut aussi s'appliquer à une matière «présentant des rayures ou des déchirures superficielles», ou à des yeux «injectés de sang» ou «dont la paupière est renversée» : *Une fade nuance mauve, la même qui colorait les lèvres et les bords éraillés des paupières* (Genevoix).

ÉREINTEMENT emploi «Critique sévère et sans nuances», dans l'usage familier. Ne pas dire, dans ce sens : **éreintage.*

ÉRÉSIPÈLE → ÉRYSIPÈLE

ERG orth. Plur. : **des ergs,** quel que soit le sens (physique ou géographique).

ÉRISTIQUE sens «Qui a trait à la controverse.» Ne pas confondre avec **(h)euristique,** «qui sert à la découverte».

ERMITE emploi On a abandonné l'ancienne orthographe **hermite.** Il en est de même pour *ermitage* et pour l'adjectif *érémitique* (relatif aux *ermites*). → BERNARD-L'ERMITE

ÉRODER emploi et sens Mot rare et didactique, dont le dérivé *érosion* est plus courant. Il signifie «ronger», et s'emploie souvent au figuré : *La fatigue qui rongeait mon corps avait érodé en même temps beaucoup de points vifs en moi* (Camus).

ERRANCE emploi Uniquement littéraire et recherché.

ERRATUM forme On rencontre plus souvent **un** ou **des errata** (mot invariable). ♦ **emploi** La forme **erratum** (singulier latin) est utilisée pour une seule

correction à un ouvrage ; la forme **errata** (pluriel latin) pour une ou plusieurs listes de corrections.

ERREMENTS ou **ERREUR emploi et sens** Toujours employé au pluriel, **errements** signifie exactement «manière d'agir habituelle» : *suivre les anciens errements,* «faire comme on faisait autrefois». Mais, par glissement de sens, ce mot, qui provient d'un *errer* signifiant «voyager» (*iterare* en latin médiéval, remplaçant le latin classique *itinerari*), a subi l'influence d'un *errer* signifiant «se tromper» (latin *errare*) et a fini par signifier «erreurs dans la conduite intellectuelle ou morale». Cet emploi est passé dans l'usage : *Quand les éminents conseillers de la Cour des comptes exposent dans leur rapport* «les *errements*» *des administrations de l'État, ils n'entendent évidemment pas signaler des pratiques régulières et correctes, mais bien des actes* «illégaux ou fâcheux», *des* «effectifs irrégulièrement gonflés», *des* «erreurs commises», *des* «combinaisons regrettables», *etc.* (Le Bidois, *Le Monde,* 1959).

ERRER emploi Forme l'adjectif *errant,* d'acception générale, «qui ne se fixe pas, avec une idée d'égarement» (*chien errant*), et l'adjectif spécialisé *erratique,* qui ne s'emploie qu'en médecine (*fièvre, douleur,* etc.) et en géologie (*roche, bloc, terrain*).

ERRONÉ orth. Avec deux *r,* comme *erreur.* Un seul *n.* Les fautes sont fréquentes. L'adverbe dérivé *erronément* est rare.

ERSE sens Cette forme recouvre deux mots très différents : un substantif féminin, «anneau en cordage», et un adjectif à forme unique, «originaire de Haute-Écosse». Ne pas confondre avec l'homonyme **herse.**

ÉRUGINEUX sens «Qui a l'aspect du vert-de-gris.» Ne pas confondre avec **ferrugineux.**

ÉRUPTION et **IRRUPTION emploi et sens** Les deux mots contiennent l'idée de «violence», «vers l'extérieur» pour **éruption,** «vers l'intérieur» pour **irruption** : *Les éruptions volcaniques ne sont pas absolument imprévisibles.* Mais :

faire irruption dans une pièce. Érup-tion s'emploie surtout dans des expressions comme *éruption volcanique* ou *éruption de boutons* (médical) ; *irruption* dans l'expression *faire irruption*.

ÉRYSIPÈLE forme On trouve aussi **éri-sipèle.** ♦ sens « Maladie de la peau, infectieuse et contagieuse, causée par un streptocoque.» Ne pas confondre avec l'**érythème,** qui est une « affection cutanée très bénigne et passagère ».

ÈS emploi et sens Forme archaïque, résultant d'une contraction de la préposition *en* avec l'article défini *les.* Signifie « en les» et ne peut s'employer que devant un substantif pluriel. On dira : *un maître ès arts,* mais pas un **maître ès dessin.* Ce mot ne se rencontre guère que dans les locutions toutes faites : *docteur ès lettres, licencié ès sciences, bachelière ès lettres* (pas de trait d'union dans ces expressions).

ESBROUFE orth. Un seul *f* (ainsi que les dérivés).

ESCADRE, ESCADRILLE, ESCA-DRON emploi et sens Escadre désigne une « unité importante des forces navales ou aériennes » : *Une escadre de chasse comprend 75 avions.* L'**escadrille** est une « unité élémentaire de l'aviation militaire, commandée par un capitaine, ou un groupe de petits bâtiments moins importants que la flottille, dans l'armée de mer». Enfin, l'**escadron** est une « unité groupant plusieurs escadrilles, dans l'aviation, ou une unité administrative de certains régiments ». ♦ L'escadron est commandé par le *chef d'escadron* (sans *-s*) dans l'artillerie, le train ou la gendarmerie, par le *chef d'escadrons* (avec *-s*) dans la cavalerie et l'arme blindée. Ces deux grades correspondent à celui de *chef de bataillon* dans l'infanterie ou dans le génie.

ESCALATOR emploi et sens Il ne paraît nullement indispensable de remplacer ce mot clair, d'origine américaine... et d'allure latine !, par son équivalent (plus long) *escalier mécanique,* comme le recommande l'arrêté ministériel du 17 février 1986.

ESCALIER emploi Le pluriel s'emploie parfois à la place du singulier non seulement dans l'usage courant, mais même chez les écrivains, quand il s'agit de désigner un *seul* ensemble de marches. On ne considérera plus cette extension comme une faute : *Revenus dans le vestibule, nous montâmes les escaliers du même pas* (Giono).

□ **escalier en colimaçon.** On dit indifféremment un *escalier en colimaçon, en limaçon, à vis, en spirale, tournant,* etc. Les locutions les plus simples et les plus claires sont : *escalier circulaire* ou *tournant.* → HÉLICE

ESCARPE genre Masc. : **un escarpe,** au sens de « malfaiteur ». Mais féminin au sens ancien de « talus» (d'où l'adjectif *escarpé*).

ESCARRE genre Féminin. ♦ sens En médecine, « croûte noirâtre formée par un tissu mortifié ». Terme de blason, pièce en forme d'équerre (écrit aussi **esquarre** dans ce dernier sens). Dérivé (rare), au sens médical : *escarotique,* avec un seul *r.*

ESCHATOLOGIE sens En philosophie, « étude de la finalité métaphysique de l'homme ». Ne pas confondre avec **scatologie :** « écrit ou propos ayant trait aux excréments» (et souvent en mauvaise part, synonyme de *grossièreté).*

ESCHE → ÈCHE

ESCIENT emploi et sens Ce mot archaïque ne se rencontre plus que dans la locution figée **à bon escient,** qui signifie « avec discernement, pertinence» : *Il en usait* [de sa voix] *à bon escient, pas pour massacrer des bourrées comme un con folklorique sur FR3-régions* (Desproges).

ESCLAFFER (S') orth. Deux *f.*

ESCLANDRE genre Masc. : *faire un esclandre.*

ESCROC forme Substantif sans forme propre de féminin. On ne peut dire **une escroc.* Il faut dire *une femme escroc* (on trouve aussi *un escroc en jupons).*

ÉSOTÉRIQUE sens «Compréhensible aux seuls initiés.» Ne pas confondre avec son contraire, **exotérique.**

ESPACE genre Masculin sauf quand il s'agit du signe typographique qui sert à marquer les blancs dans un texte : on dit alors **une espace**. ♦ emploi On peut, par extension, employer ce mot dans le domaine du temps : *Elle n'avait jamais vu personne devenir si laid dans l'espace de douze ans à peine* (Green).

□ **espace-temps**. Ce substantif prend un trait d'union.

ESPÈCE genre En principe, ce mot est toujours féminin dans les tours du type **une espèce de** + substantif : *Marthe regrettait cette espèce de voyage de noces scabreux* (Radiguet). *Il fut [...] beaucoup plus tard, une manière, une espèce d'enfant écorché vif* (P. Jardin). Mais la langue courante et même la langue littéraire pratiquent souvent une sorte d'accord par anticipation, en faisant *espèce* du masculin lorsque le substantif qui suit est lui-même de ce genre : *Mais cet espèce de point final autour de qui tout se compose* (Claudel). *Mais quand j'ai vu où seraient les mains de cet espèce d'oiseau* (C. Simon). *Cet homme qui sait tout, qui a tout lu, tout compris, cet homme qui est savant de façon presque monstrueuse, cet homme dit obstinément « à revoir », « escayer » pour escalier, et il prononce « un espèce de » quand il s'agit d'un objet du genre masculin. Exemple fréquent : un espèce de crétin* (Duhamel). Quant à l'accord qui suit le segment **espèce de** + substantif pluriel, il se fait soit avec *espèce*, soit avec le substantif : [Mon grand-père] *appartenait encore à cette espèce d'hommes pour laquelle la terre était plate* (Ragon). On pourrait avoir *pour lesquels* dans un autre contexte ou avec une intention pluralisante. Dans les tours exclamatifs comme *espèce d'idiot !*, les mots *espèce de* jouent en somme le rôle d'un exposant, qui renforce le mot *idiot*. On évitera dans la langue soutenue de faire varier ainsi abusivement le genre de *espèce*, et on s'en tiendra au féminin : *une espèce de*.

□ **diverses espèces de** + substantif. Le substantif qui suit *espèce* se met au pluriel s'il désigne un objet concret, et plutôt au singulier quand il a une valeur abstraite : *Il existe diverses espèces de sportifs* en face de *Il y a plusieurs espèces de désespoir*.

□ **de toute espèce** → TOUT

□ **en l'espèce**. sens « En ce cas particulier. » Ne pas confondre avec **en espèces**, « en argent liquide ».

ESPÉRER constr. Le plus souvent, l'infinitif complément est simplement juxtaposé, mais la langue littéraire intercale volontiers un *de* archaïsant : *Une petite fille qu'il n'espérait plus de jamais revoir* (Mauriac). Contrairement à ce qu'ont affirmé certains grammairiens, il est possible de construire le verbe *espérer que* en liaison étroite avec une action en train de se faire, ou même un fait accompli. **Espérer** prend alors une valeur proche de la « conviction » ou de la « certitude » plutôt que de l'attente proprement dite : *J'espère qu'on ne t'a pas trop cassé la tête* (Maurois). *Espérons que cette personne [...] ne vous l'a pas déjà dérobée !* (Estaunié). Après *espérer que*, le mode est l'indicatif ou le conditionnel si la principale est affirmative, le subjonctif si elle est négative, l'indicatif, le subjonctif ou le conditionnel si elle est interrogative : *Qu'avais-je espéré ? Que Bernard épousât Marie-Do, qu'il s'installât au Hertry, qu'une vie humaine enfin commençât pour tous ?* (Plisnier). *Il n'y avait plus à espérer que la guerre finît avant le départ de Luc* (Mauriac). Mêmes constructions avec *espoir* : *Tout mon espoir était qu'Albertine fût partie* (Proust). ♦ **emploi** Si *espérer quelque chose* est banal, *espérer quelqu'un* est fréquent surtout dans le Midi, avec une valeur proche de « attendre ».

ESPION orth. On écrit : **un navire espion** (sans trait d'union). Avec deux *n* : *espionner, espionnage, espionnite* (de sens familier : « manie de voir partout des espions »), *le contre-espionnage* (plur. *les contre-espionnages*).

ESPRIT- orth. Premier élément de certains composés archaïques, s'écrivant avec des traits d'union : *esprit-de-bois, esprit-de-sel, esprit-de-vin*, etc. Le pluriel de ces noms est pratiquement inexistant. Quant à *Esprit saint*, variante de *Saint-Esprit*, il ne prend pas de trait d'union.

ESQUILLE sens S'emploie en parlant d'un os fracturé, ou parfois d'une matière inerte : *J'avais peur pour ses yeux,* *je lui ai retiré une grande esquille de verre du sourcil* (Sartre). À distinguer de **écharde**, «éclat de bois qui a pénétré sous la peau».

ESQUIMAU forme Pour le substantif : **un Esquimau, une Esquimaude.** Plur. : **des Esquimaux :** *L'esprit se peuple de faces d'Esquimaux hilares, de visions de neige et de banquise* (Malaurie). Le nom indigène est *Inuk* (sing.) ou *Inuit* (plur.), qui veut dire «homme». L'emploi d'*esquimau* est prohibé au Québec. L'adjectif *esquimau* s'accorde avec le substantif ou reste invariable : *une femme esquimau(de).* La variante ancienne *eskimo* est aujourd'hui abandonnée par la langue usuelle, mais certains ethnologues la préfèrent à l'orthographe courante.

ESQUIRE prononc. [ɛskwajʀ]. ♦ **sens** Souvent abrégé en **esq.**, ce mot figure, avec une intention honorifique, à la suite du nom des Anglais non titrés. On dit aussi **squire.** Équivaut à peu près à *gentleman.*

ESSAI forme Invariable dans les mots composés du type *pilote(s) d'essai, tube (s) à essai.*

ESSAYER conjug. Comme *balayer.* → APPENDICE ♦ **constr.** On doit dire aujourd'hui **essayer de** et **s'essayer à,** avec l'infinitif. La construction *essayer à,* désuète, se rencontre encore parfois : *La construction d'automates qui essaieraient d'eux-mêmes à s'éloigner des flammes* (Triolet). Si le complément du verbe est un substantif, il se construit le plus souvent directement, mais on rencontre aussi le *de* partitif : *Dans une première période, il a essayé de toutes les drogues : poudres, cachets, pilules, sels, élixirs* (Romains).

-ESSE et **-ERESSE emploi** Ces deux suffixes servent à former des substantifs ou adjectifs féminins : le second, **-eresse,** en correspondance avec le suffixe masculin *-eur,* mais seulement dans les mots vieillis, littéraires ou appartenant à la langue du droit. Tels sont : *bailleresse, charmeresse, chasseresse, défenderesse, demanderesse, devineresse, enchanteresse, pécheresse, venderesse, vengeresse.* Beaucoup plus

nombreux sont les féminins en -esse (on fait ici abstraction des différents niveaux de langue) : *abbesse, ânesse, apothicairesse, borgnesse, bougresse, centauresse, chanoinesse, cheffesse* ou *chefesse, clownesse, comtesse, diablesse, dogaresse, drôlesse, druidesse, duchesse, faunesse, félibresse, gonzesse, hôtesse, ivrognesse, ladresse, mairesse, maîtresse, moinesse, mulâtresse, négresse, ogresse, pairesse, papesse, patronnesse, pauvresse, petite-maîtresse, poétesse, prêtresse, princesse, prophétesse, quakeresse, sauvagesse, seigneuresse, suissesse, tigresse, traîtresse, turquesse, typesse, vicomtesse.*

ESSOR orth. Pas de *t* final.

ESSORILLER sens «Écourter les oreilles (d'un animal).» Ne pas confondre avec **essorer.**

ESSOUFFLER orth. Avec deux *f* (comme *souffle*) et deux *s.* ♦ **emploi** Surtout à la voix passive ou pronominale. L'actif est rare : *Une idée tout à coup l'essouffla net, du vinaigre coulait dans ses veines* (Sartre).

ESSUIE- forme Les composés posent des problèmes analogues à ceux qui sont formés sur *appui-* (→ ce mot). Peuvent être considérés comme invariables : *essuie-mains, essuie-meubles, essuie-phares, essuie-pieds, essuie-verres.* On écrit au singulier *essuie-glace* ou *essuie-glaces* (mais *s* final au pluriel), *essuie-plume* (au pluriel *-plume* ou *-plumes*). Il n'y a pas de règle stricte ; le bon sens et l'usage jouent ici un grand rôle.

ESTACADE sens «Barrage maritime fait de divers éléments étroitement associés, tels que pieux, radeaux, etc.» Ne pas confondre avec **estocade,** «coup d'épée».

ESTAFETTE genre Fém. : **une estafette,** bien que ce mot désigne pratiquement toujours un homme «chargé d'une dépêche» : *Une estafette arriva porteuse des nouvelles les plus alarmantes* (R. Jean).

ESTAMPER, ESTAMPILLER sens Estamper signifie «imprimer en relief ou en creux une effigie gravée sur une matrice », et au figuré, familièrement, « escroquer, rouler ». Ne pas confondre avec **estampiller**, « marquer d'une estampille », c'est-à-dire d'un signe qui atteste l'authenticité d'un document, d'un produit, etc.

EST-CE QUE → INTERROGATION

ESTER Prononc. [εste] ♦ emploi et sens Ce verbe ne se rencontre guère qu'à l'infinitif et signifie, dans le domaine juridique, « soutenir une action en justice » : *Le tribunal de grande instance de Draguignan (Var), statuant, le 6 mai, en matière de référé, a débouté M. Alain Spada, maire de Saint-Tropez, qui estait afin que M. Philippe Cortichiatto, alias Corti, ne soit plus employé comme disc-jockey au Papagayo* (Lenzini, *Le Monde,* 9 mai 1992). Ne pas confondre avec **tester.** ♦ Un homographe, prononcé [εstεr], désigne un corps chimique.

ESTHÈTE sens « Celui qui professe le culte du beau » (peut être pris en mauvaise part dans certains contextes). Ne pas confondre avec **esthéticien**, « écrivain qui s'occupe d'esthétique ». Quant à **esthéticienne**, c'est un mot qui désigne une « spécialiste des soins de beauté ».

ESTIVAL forme Le masculin pluriel de cet adjectif est **estivaux.**

ESTIVANT emploi Terme commode pour désigner « les gens qui sont en vacances d'été » et que l'on préférera sans hésiter à *juilletiste* ou *aoûtien* (trop limités dans le temps), sinon à *vacancier* : *Les salles de bal où pendront encore des guirlandes, si tristes et si nues que les derniers estivants se retireront* (Huguenin).

ESTOC prononc. Le *c* final se fait toujours entendre. ♦ sens **d'estoc et de taille** : « avec la pointe de l'épée et avec le tranchant » : *On s'étrillait, on s'entretuait à coups de taille et d'estoc* (A. Besson).

ESTOCADE → ESTACADE

ESTOMAC prononc. Le *c* final est muet. → ALMANACH

ESTONIEN forme On dit aussi **este,** « d'Estonie ». Les deux formes peuvent être adjectives ou substantives.

ESTUDIANTIN emploi Cet adjectif, traduit de l'espagnol *(estudiantino)*, connaît une vogue abusive. S'il est possible de l'employer dans un contexte plaisant *(une farce estudiantine, la vie estudiantine)*, il y a quelque ridicule à parler, par exemple, des *effectifs estudiantins*, ou d'un *congrès estudiantin*.

ET emploi Dans les noms de nombres, la conjonction et sert à relier les noms de dizaines à *un* (sauf dans *quatre-vingt-un*), *vingt et un* (sans traits d'union ; le *vingt-et-un*, avec traits d'union, est un jeu de cartes), etc. Pour indiquer l'heure, on relie toujours *demi(e)* par *et* au nom représentant les heures : *midi et demi, deux heures et demie,* etc. Mais *un quart* est le plus souvent juxtaposé : *midi un quart.* On peut du reste dire *midi et quart : À dix heures et cinq minutes, il saura* (Duhamel) est un emploi rare, où *et* marque avec insistance la précision ; on dirait plus couramment *à dix heures cinq.* Dans l'énonciation de l'âge, ou de la durée, *et* joint le dernier terme à celui qui précède : *deux ans et trois mois ; deux ans, trois mois et sept jours.*

☐ **et ni.** Il faut éviter ce tour redondant et affecté que certains écrivains d'aujourd'hui ont hérité des poètes symbolistes.

☐ ***et bien !** Orthographe erronée pour **eh bien !** → EH BIEN

☐ **et à Paris et en province.** On emploie parfois dans la langue littéraire la conjonction *et* en la répétant, afin d'insister et de mieux marquer l'égalité entre les deux termes : *Le temps lui-même, qui abolirait entièrement ou dissiperait dans le vaste monde, et les roses réelles et les roses de cire* (Valéry). (Voir aussi le tour familier, à la fin d'une énumération : *Il est beau, riche, intelligent, et tout et tout.*)

☐ **et donc** → DONC

☐ **et puis** → PUIS

☐ **j'en passe, et des meilleures.** La conjonction *et* a souvent une valeur emphatique de soulignement : *C'était un homme, et quel homme ! Voilà un rôti, et qui sent bon !* On voit ici, comme dans d'autres contextes, que le vieux principe selon lequel *et* relie seulement des éléments linguistiques de même nature est souvent battu en brèche. → DISSYMÉTRIE

□ **&** Ce signe typographique (dont le nom technique est *esperluette, éperluette* ou *perluette*) est nommé « et commercial », ou « et lié », et demeure parfois utilisé pour représenter *et*.

ÉTABLE ou **ÉCURIE emploi et sens** En principe, le premier substantif désigne le local abritant vaches et bœufs, le second celui qui abrite les chevaux : *On ouvrait aussi la porte des étables pour faire aller boire les quelques vaches qu'on garde l'été, quand toutes les autres sont à la montagne* (Ramuz). *Les vaches des deux stalles voisines ont été mises pour la nuit à l'écurie, près du cheval* (Vailland). Ce dernier emploi est assez courant dans l'est de la France.

ÉTABLIR emploi et sens Emploi assez désuet du passif ou du pronominal, au sens de « embrasser un état » : *M. Birault était à cette époque établi imprimeur dans ce couvent* (Apollinaire).

ÉTAI orth. Sans *s* : **un étai.**

ÉTAIEMENT → ÉTAYAGE

ÉTAL forme Ce substantif a aujourd'hui pour pluriel plus souvent **étals** que **étaux,** pour éviter la confusion avec le pluriel de **étau** : *M. Lévêque était devenu assez semblable à ces prodigieux étals de souvenirs touristiques* (Bastide).

ÉTALON orth. Avec un trait d'union dans les mots composés : *mètre-étalon, étalon-or,* etc. ♦ **emploi et sens** Au figuré dans la langue littéraire, au sens de « modèle » : *Leurs successeurs les plus modestes n'ont rien compromis encore des étalons moraux qu'ils leur ont légués* (Giraudoux).

ÉTALONNER orth. Avec deux *n.*

ÉTAMINE genre Fém. : **une étamine.** ♦ **sens** Il existe deux homonymes et homographes féminins, de même origine. L'un désigne en botanique un « organe mâle producteur de pollen », l'autre, moins connu, a le sens d' « étoffe mince,

légère, non croisée » : *On a aperçu un bref instant, au mât du France, une longue étamine, qui dans la lumière du projecteur parait noire* (Gallo).

ÉTANCHER → ÉPANCHER

ÉTANT DONNÉ → DONNER

ÉTAT orth. On écrit : *un état de choses* (*choses* au plur.) mais *en tout état de cause* (*cause* au sing.). Ne prennent ni trait d'union ni majuscule : *états généraux, état(s) civil(s), tiers état(s), état(s) membre(s).* Mais l'*État-Providence* prend un trait d'union.

□ **laisser en l'état, rester en l'état.** Tours figés. On rencontre plus souvent, de nos jours, *tel quel : Aucun résultat n'a encore été obtenu ; tout est en l'état* (Vercors).

□ **de son état.** Le mot a ici le sens de « profession, métier » : *Il est menuisier de son état.* C'est une tournure vieillie.

□ **noms d'États** → GUIDE TYPO.

ÉTAT-MAJOR orth. Avec trait d'union.

ÉTAYAGE forme On rencontre aussi **étaiement** ou **étayement.**

« ET CETERA » orth. On écrit aussi **et cætera** : *Le jeune homme, cheveux châtains et cætera* (Queneau). Mais en aucun cas *et cœtera* (avec o-e collés) n'est admissible. → mot suivant.

ETC. emploi Abréviation de « et cetera » (→ ce mot). Les deux formes **etc...** (suivi de points de suspension) et **etc., etc.** (doublement de l'abréviation) constituent un pléonasme et sont à éviter.

ÉTÉ constr. On dit *en été* ou *dans l'été* : *Dans l'été qui suivit* (Gide). Plus rarement *à l'été,* mais on peut également supprimer toute préposition : *l'été* (séparé de ce qui suit par une virgule).

-ETER (verbes en) → APPENDICE

ÉTERNEL orth. On écrit : *le Père éternel, l'Éternel* (Dieu), *la Ville éternelle* (Rome).

ÉTERNUEMENT orth. Un *e* intercalaire après le *u.*

ÉTÊTAGE forme Il existe aussi **étêtement.**

ÉTHIQUE emploi et sens « Qui concerne la morale. » Adjectif ou substantif : *l'aspect éthique d'une philosophie, Ces religions et ces éthiques qui ont placé l'absolu dans l'infini* (Montherlant). Ne pas confondre avec **étique** (→ ce mot).

□ **datif éthique.** Pronom à forte valeur affective, qui souligne dans une phrase la part que prend une personne à l'action, ou qui prend quelqu'un à témoin dans un mouvement d'emphase : *Mais c'est tout de même drôle d'avoir une conversation de cette portée avec une petite bergère de rien du tout, qui vous tombe un beau matin du ciel* (Anouilh). *Si c'était mon fils, je te le dresserais* (Mauriac). *Mes enfants, dit Mme Santaragne, vous allez me faire quelques courses à Caunes, si vous le voulez bien* (Dhôtel). Dans le Midi, on rencontre souvent un pronom qui renvoie au sujet lui-même, de façon redondante : *Lorsque la manucure demanda : «Et alors, le Roméo?» elle soupira, sourit et dit avec une voix profonde : «Je me l'aime...»* (Aragon).

ETHNIQUE orth. Ne pas oublier le *h.*

ETHNOLOGIE sens «Étude des groupements humains et des sociétés sous le rapport des mœurs et des institutions.»

ÉTHOLOGIE forme On dit aussi **éthographie.** ◆ **sens** «Science des comportements des espèces animales.» Ne pas confondre avec **ethnologie.**

ÉTHYLOMÈTRE, ÉTHYLOTEST → ALCO(O)TEST

ÉTIAGE prononc. [t] et non *[s]. ◆ **sens** « Le plus bas niveau des eaux » : *Malgré un régime assez régulier de l'ensemble, les cours d'eau du bassin de la Seine enregistrent un double mouvement annuel : des baisses d'étiage... mais aussi des crues importantes [...] Ces travaux auront pour effet de renforcer les étiages de la rivière et d'en régulariser les débits (Le Monde).* Ce substantif ne peut donc être accompagné d'un qualificatif, sans pléonasme *(bas étiage)* ou contradiction *(étiage élevé).* Ne pas lui donner le sens simple de « niveau ».

ÉTINCELLE orth. Deux *l,* comme *étincellement,* mais on écrit : *étinceler, étincelant.*

ÉTIOLER (S') prononc. [etjɔle] et non *[esjɔle]. ◆ **emploi et sens** Ce verbe s'emploie pronominalement ou transitivement, au sens de «devenir (ou rendre) grêle et décoloré, (s')affaiblir» : [Les enfants] *risquent ici de s'étioler, de ne pas exploiter la promesse qui est en eux* (Labro). *Sa détention avait-elle fini par étrangler ses élans, par étioler sa jeunesse?* (Colombier).

ÉTIOLOGIE sens Étude des causes des maladies. Ne pas confondre avec **éthologie** (→ ce mot).

ÉTIQUE sens « D'une grande maigreur. » Se dit surtout des bêtes. Ne pas confondre avec **éthique** (→ ce mot).

ÉTIQUETTE sens Deux *t.* Mais *étiqueter, étiquetage, étiqueteur* (un seul *t*).

ÉTIRER emploi À la voix pronominale, ce verbe est employé absolument avec un sujet animé humain, au sens de «détendre ses membres» (surtout les bras) : *M. Fiodor s'étira, les bras levés au plafond, avec un petit gémissement de plaisir* (Bernanos). On disait au siècle dernier *se détirer,* mais ce verbe est aujourd'hui désuet.

ÉTOILE orth. On écrit sans trait d'union : *une étoile de mer* (plur. : *des étoiles de mer*). Une *étoile,* une *star,* pour une artiste de cinéma, sont vieillis et désignent, le plus souvent, les actrices célèbres de l'avant-guerre.

ÉTONNER (S') constr. La plus courante est avec **de ce que,** suivi de l'indicatif ou du subjonctif : *Daniel [...] s'étonnait de ce que cette femme, là-bas, demeurât si longtemps* (Mauriac). **S'étonner que** appartient à un niveau de langue plus châtié, et n'admet à la suite que le subjonctif : *Il s'était étonné qu'elle fût devenue aussi sensible au changement des saisons* (Vailland). *Je m'étonnais que Marinette fût si gaie* (Mauriac). Dans les phrases suivantes, l'indicatif est populaire : *Grand lâche! ça ne m'étonne pas qu'ils sont tous contre toi, qu'ils veulent te faire la guerre!...* (Alain-Fournier). *En s'étonnant que son sang*

avait pu brûler dans ses veines (Aymé).
Avec **à** et l'infinitif : *Elle le regarde et s'é-tonne à lui trouver l'air soucieux* (Gide).
Quant à **s'étonner si**, c'est un tour très littéraire qui ne se rencontre plus guère.

□ **quoi** ou **rien d'étonnant**. Ces locutions se construisent différemment du verbe *s'étonner : Quoi d'étonnant à ce que les esprits soient troublés ?* (Camus). *Rien d'étonnant à ce que vous vous sentiez si fatiguée* (Gide). Le tour sobre **quoi d'étonnant que** (ou **si**) est assez rare : *Alors vous pensez, quoi d'étonnant qu'elle ait mal tourné ?* (Japrisot).

□ **c'est étonnant comme**. Tour répandu dans la langue courante et littéraire : *Le docteur songea : « C'est étonnant comme il ressemble à mon pauvre père »* (Mauriac). Il est préférable à **ce que**, qui est fréquent dans les tours à valeur exclamative : *C'est étonnant ce qu'il ressemble à mon pauvre père !*

ÉTOURDIMENT orth. Pas de *c* central ni d'accent circonflexe sur le *i*.

ÊTRE conjug. → APPENDICE ♦ orth. Jamais de *i* dans les formes à *y : soyons, soyez*. Évitez **soye*, forme vulgaire, pour la 3ᵉ personne du singulier du subjonctif : *Qu'il y ait du soleil dehors et que ça soye moins moche* (Carco).

□ **être** à la place de *aller*. Cet emploi est très répandu dans la langue courante, mais seulement au passé composé et au plus-que-parfait : *Depuis la guerre j'ai été dire bonjour à l'ami de M. Maurice Barrès* (Apollinaire). La langue littéraire se sert de la même façon du passé simple, mais surtout, à notre époque, comme substitut de *s'en aller : Mais il ne tint que huit jours et s'en fut, claquant les portes* (Bazin). *Puis Roland s'en fut chercher de l'osier pour commencer la fabrication d'une corbeille* (Dhôtel). → ALLER

□ **être de**. Au sens de « appartenir », cette locution est assez répandue : *J'aurais montré comment la pratique des faveurs gouvernementales fut de tous les gouvernements et de tous les partis* (Péguy).

□ **il est**. Tour littéraire pour *il y a : Elles savaient qu'il est en chacun des choses qu'il ne faut pas montrer* (Rolland). *Il est une piété que j'aime et re-cherche, c'est la piété de la mémoire* (Tahar Ben Jelloun). *Il n'est femme de Rouen qui saurait m'en remonter* (Anouilh). On évitera soigneusement de laisser dans l'ambiguïté des phrases comme *Il est bon de faire cela :* la nature du sujet ne doit faire aucun doute. Le tour figé *Il fut un temps où...* est encore assez vivant : *Il fut un temps, sans doute, où les gens qui n'avaient rien à dire ne parlaient pas* (Ragon).

□ **il en est de... comme, il en est ainsi de**. Ce tour, exclusivement littéraire, permet d'établir une comparaison entre deux éléments qui peuvent éventuellement se développer au cours d'une longue phrase : *Il en était de ces enfants comme des pluies, des fruits, des inondations* (Duras). *Pendant un mois il en fut ainsi de nos relations* (Louÿs).

□ **il n'est que de**. Tour classicisant et aujourd'hui très affecté. Le sens est « il suffit de ». Autrefois, cette tournure signifiait plutôt : « le mieux est de ».

□ **fût-ce, ne fût-ce que**. orth. Toujours au singulier et ne pouvant s'écrire **fusse : Toutes les choses de la campagne, fût-ce les plus charmantes* (Romains). *Vous avez refusé de renouer avec eux, ne fût-ce que de simples relations de politesse* (Boylesve). *Elles aiment tout homme marié, tout homme qui appartient à une autre, fût-ce à la science ou à la gloire* (Giraudoux). ♦ emploi Ces locutions figées ont une valeur à la fois restrictive et conditionnelle : « même si c'était, même si ce n'était que ». On rencontre aussi, pour la négative *n'étai(en)t, n'eût, n'eussent été*, qui ont un caractère plus nettement littéraire, et s'accordent en nombre le plus souvent, à la différence de *fût-ce, ne fût-ce que : N'étaient les liens de famille qui l'unissent à ces messieurs* (Montherlant). *N'eussent été les circonstances* (Proust). Le présent correspondant à ces formes est *ne serai(en)t-ce que : La police ne manquerait pas d'intervenir, ne serait-ce que pour ramener le garçon au bercail* (Dhôtel).

□ **être à + infinitif**. Locution correcte et répandue à tous les niveaux de langue (→ À et APRÈS) : *À cette heure [...] où il savait qu'elle était toujours à la maison à faire sa sieste ou à écrire des lettres* (Proust). *J'étais avec maman et* *deux ou trois autres femmes, à veiller une voisine qui allait mourir* (Arland).

□ **si j'étais (que) (de) vous.** Cette locution a pu se présenter sous trois formes : celle qui comprend *que* et *de* est aujourd'hui abandonnée au profit de *si j'étais de vous*, qui signifie « si j'étais à votre place » : *Si j'étais de vous, j'aurais déjà deviné* (Musset). Mais on dit plus couramment : *« Si j'étais vous »* (titre d'un roman de Green), dont le sens propre, « si j'étais vous-même », a le plus souvent glissé en « si j'étais à votre place ».

□ **être court** ou **à court de** → COURT

□ **soi(en)t deux triangles.** L'accord est facultatif. La tendance la plus forte est à l'invariabilité. Brunot emploie tantôt le singulier, tantôt le pluriel : *Soit les propositions* : « *il a de l'argent, il peut tout* », et *Soient ces vers de Victor Hugo.*

□ **est-ce que.** Formule interrogative figée, beaucoup plus fréquente que l'inversion du sujet, dans l'interrogation directe : *Est-ce que j'y vais ?* → INTERROGATION

ÉTRÉCIR emploi Vieux et rare pour **rétrécir** : *La bouteille vide, ayant conscience de son inutilité totale, s'étrécit et se tassa* (Vian). La langue moderne préfère généralement les verbes à préfixe *re-* aux formes plus simples (→ AMOLLIR, EMPLIR).

ÊTRES orth. On trouve parfois l'orthographe **aitres** : *Il connaissait tous les aitres de la maison, se faufilant de la cave au rez-de-chaussée* (Ragon). ♦ **emploi et sens** Vieux mot, rarement employé. « Différentes parties d'une maison », **aitre** s'applique initialement à la cour, à l'enclos d'un couvent et au cimetière attenant à l'église.

ÉTUDE orth. *Une salle d'étude*, mais *une bourse d'études, un congé pour études.*

ÉTUDIANT emploi et sens Comme adjectif, tend à supplanter **estudiantin** (→ ce mot), qui a souvent une nuance plaisante ou archaïque. Le substantif désigne « celui qui fait des études en faculté ». On l'emploie trop souvent, improprement, pour parler des **lycéens**, voire des **écoliers** !

ÉTYMOLOGIE orth. Pas de *h* après *t* : faute répandue.

ÉTYMON sens En linguistique, « mot se trouvant à l'origine d'un mot dans une ou plusieurs autres langues ». Le latin *gratia* est l'étymon du français *grâce*, de l'italien *grazzie* et de l'espagnol *gracias.*

E.-U. emploi Abréviation de **États-Unis d'Amérique**, correspond à l'abréviation américaine U.S.A.

EU À (*Les affronts qu'il a eu à subir*) → PARTICIPE

EU ÉGARD À → ÉGARD

EUCLIDIEN orth. De *Euclide*, mathématicien grec. Pas de *y* avant le *d*.

EUGÉNIQUE genre Substantif féminin, mais on emploie plus souvent **eugénisme**, qui est du masculin : *L'eugénisme n'est qu'une forme particulière du racisme, c'est-à-dire une forme de peur de la différence, une peur de l'autre [...] Je veux aussi combattre l'idée répandue par quelques historiens, quelques généticiens et beaucoup de gynécologues qu'il n'y a pas de risque d'eugénisme tant qu'on est dans un système démocratique. L'eugénisme est une théorie d'amélioration de l'espèce humaine de « progrès » qui ne nécessite nullement un régime nazi* (Testart, *Le Monde*, 17 septembre 1992). ♦ **sens** « Science étudiant les meilleures conditions de développement et d'amélioration de la race humaine. »

EURISTIQUE orth. Autre forme de **heuristique.**

EURO- forme et emploi Cet élément de composition est très productif, et le demeurera sans doute longtemps. Il se rattache directement au second élément si celui-ci commence par une consonne : *Lord Tobbit, chef de file des « eurosceptiques », a obtenu un triomphe, à Brighton, où s'est ouvert, mardi 6 octobre, le congrès du Parti conservateur* (*Le Monde*, 8 octobre 1992), *eurocrédit, eurodollar ;* il est suivi d'un trait d'union devant une voyelle : *euro-arabe, euro-émission, euro-obligation.*

EUSCARIEN orth. On écrit également **euskarien.** ♦ **sens** Synonyme de **basque.**

EUT et **EÛT** → AVOIR

EUX emploi De même que *lui, eux* peut malgré son accent tonique être utilisé comme sujet d'un verbe : *Tout le monde ne disposait pas des mêmes facultés de se mouvoir. Eux avaient l'air d'aller vers un but précis* (Duras). *Eux trois partaient avec les bêtes* (Ramuz). *Eux et lui étaient à coup sûr insuffisants pour recueillir tout ce qui s'exhalait de cette terre mystique* (Barrès).

□ **eux autres.** Appartient à la langue populaire : *Y en a quelques-uns d'eux autres qui ont été tués par un malheureux hasard* (Barbusse).

□ **eux-mêmes.** orth. Prend un trait d'union.

ÉVAGINATION emploi Comme **invagination,** terme de pathologie médicale, sans relation de sens avec **vagin.**

ÉVANGÉLIAIRE sens « Livre contenant les passages des Évangiles lus ou chantés à la messe. »

ÉVANGILE orth. Au sens de « livre enseignant la doctrine de Jésus-Christ, ou désignant cette doctrine même » : prend une majuscule : *L'Évangile selon saint Matthieu, les quatre Évangiles.*

ÉVASEMENT sens « Action d'évaser » ou « état de ce qui est évasé ». Ne pas confondre avec **évasure,** « ouverture évasée ».

ÉVEILLER emploi Moins courant et plus littéraire que *réveiller* (→ EMPLIR) : *Au matin, en s'éveillant, Maline ne le vit pas auprès d'elle* (Vidalie). *J'embrassai Marthe sur l'épaule. Elle ne s'éveilla pas* (Radiguet), en face de : *Elle n'avait pas osé me réveiller* (id.). *Roberte cessa de ronfler. Elle s'agita mais ne se réveilla pas* (Vailland).

ÉVÉNEMENT prononc. N'est pas en conformité avec l'accentuation : on dit [evɛnmã]. ♦ orth. Avec deux accents aigus, bien que ce mot soit formé sur la même base que **avènement,** qui, lui, prend un accent grave.

ÉVENTAIRE → INVENTAIRE

ÉVENTER (S') emploi Ce verbe ne se rencontre guère qu'à la voix pronominale ou au participe passé-adjectif : *un endroit bien éventé.* On trouve parfois **éventer** au sens de « découvrir quelque chose qui aurait dû demeurer secret » : *Jusque-là cependant, les sapes ennemies avaient été éventées* (Peyré).

ÉVÊQUE orth. Accent aigu et accent circonflexe ; de même dans *évêché,* mais *archevêque, archevêché.*

ÉVERTUER (S') emploi et sens S'évertuer **à, s'évertuer contre.** Verbe surtout littéraire, au sens de « faire des efforts méritoires et souvent vains » : *En stoppant, le petit homme avait calé son moteur et s'évertuait en vain à lui redonner souffle* (Camus).

ÉVIDENT emploi et sens Depuis le début des années 80, cet adjectif anodin, qui signifie « clair au point de vue intellectuel », connaît une vogue extraordinaire. En voici deux exemples « raisonnables » : *C'était assez évident, et il n'y a rien qui rende les gens muets comme l'évidence* (Dhôtel). *Les trois derniers mois je faillis devenir enragée de ce célibat volontaire dont la validité ne me semblait plus aussi évidente* (Allen). On fera bien de ne pas user de ce mot comme d'une excuse vague et passe-partout, sous la forme stéréotypée *C'est pas évident !* (pour dire souvent : « ce n'est pas commode, pas facile, cela demande un effort, etc. »).

ÉVITAGE ou **ÉVITEMENT** sens Pour les marins, « mouvement que fait un navire (ou un avion, un véhicule quelconque) pour éviter ; changement cap pour cap » : *Il n'obéissait pas aux ordres d'évitement, quand les mitrailleurs signalaient des avions dangereux* (J. Roy). La forme **évitement** se rencontre notamment dans le domaine des chemins de fer : une *voie d'évitement* est une sorte de « voie de garage ».

ÉVITER constr. Aujourd'hui, le tour **éviter quelque chose à quelqu'un** est complètement passé dans l'usage et même en littérature : *Rien qu'un geste à faire, pour l'empêcher de souffrir, pour lui éviter une histoire sordide qui la marquera* (Sartre). *Au début, la pré-*

sence de Mlle Lion nous évitait de perpé-tuelles frictions (Bazin). La tradition du bon usage recommande cependant d'employer dans ce cas **épargner,** de préférence à **éviter.**

□ **éviter que... ne.** Dans la complétive qui suit le verbe *éviter,* l'emploi de *ne* est facultatif : *Pour éviter que les conver-sations devinssent difficiles* (Maurois). *Tous les moyens que l'on a imaginés pour éviter que les arêtes ne s'entament* (Valéry).

ÉVOQUER sens « Faire apparaître à la mémoire, à l'esprit » : *Fermant à demi les yeux, il évoqua une odeur de tabac ; un sourire viril, la caresse d'une main lourde dans ses cheveux* (Troyat). *Concupiscence / Quel beau mot disait le sermonneur / et qui évoque tant de choses / Le mot Conque / le mot Huppe / le mot Is / le mot Hans* (Prévert). À no-ter l'abus que font les journalistes et les parleurs des médias du verbe **évoquer,** au sens de « traiter, citer, faire allusion, dire un mot de » : *Il nous faut évoquer maintenant le problème de la littéra-ture ; le ministre a évoqué la prochaine conférence de presse.* On ne confondra pas avec **invoquer,** qui a toujours, au sens propre, une signification plus ou moins teintée de religiosité, « appeler à son aide par la prière » : *La tramontane nous apporta longtemps les cris de l'un invoquant Vivent, les cris de l'autre ci-tant Brousson* (Chabrol). Au sens figuré, « avoir recours à », cette nuance est considérablement affaiblie : *L'opinion de Mme Hermentier était en ces matières d'un poids que l'on pouvait invoquer* (Hériat).

EX- orth. Les mots commençant par ex- (*examen, excessif,* etc.) ne prennent pas d'accent sur le *e* initial.

EX- emploi et sens Préfixe productif, au sens de « ancien, autrefois » : *Elle a revu son ex-mari. Le lycée Louis-le-Grand, ex-collège de Clermont.*

EXACT prononc. Au masculin, on dit [egza] ou [egzakt].

EXACTION sens « Action d'exiger plus que ce qui est dû. » Souvent pris par ex-tension au sens de « excès de toute sorte, violence » : *Ils craignaient d'avoir*

à subir bientôt les exactions de la solda-tesque française (A. Besson). *De nom-breuses associations ont dénoncé avec vigueur les exactions et les violences dont la Faculté est de plus en plus fré-quemment le théâtre* (*Le Monde,* 10 no-vembre 1969).

« **EX ÆQUO** » **orth.** Invariable : *deux coureurs « ex æquo ».*

EXAGÉRER emploi Ce verbe est em-ployé à la voix pronominale surtout dans la langue soutenue : *Le civil s'exa-gère les dangers de la guerre* (Girau-doux). L'emploi le plus répandu est la construction absolue, qui donne au verbe une forte valeur expressive : *Alors, là, tu exagères !* Éviter le pléo-nasme **exagérer trop.*

EXALTER orth. Pas de *h,* contrairement à **exhaler** (→ ce mot).

EXAMEN emploi Dire *se présenter à un examen* ou *préparer un examen* et non **présenter un examen.* La même re-marque vaut évidemment pour *concours.*

EXC- orth. Commencent par ce groupe graphique notamment les mots sui-vants : *excéder, exceller, excentrer, ex-centrique, excepter, excès, exciper, exci-ser, exciter* et leurs dérivés. La faute qui consiste à omettre le *c* est assez fré-quente dans certains de ces mots.

« **EX CATHEDRA** » **sens** Locution la-tine, « du haut de la chaire ». Le plus souvent au figuré : « sur un ton dogma-tique ».

EXCÉDENT orth. *-ent* quand il s'agit du substantif, *-ant* quand il s'agit du parti-cipe présent du verbe *excéder : un prix excédant nos disponibilités* (→ PARTI-CIPE PRÉSENT).

EXCELLENCE → ÉMINENCE

EXCELLENT orth. *-ent* pour l'adjectif, *-ant* pour le participe présent (beau-coup plus rare). ♦ **emploi plus** ou **très ex-cellent** sont rares aujourd'hui, mais ils étaient admis dans la langue classique, malgré leur aspect nettement pléonas-tique. On peut trouver : *Je ne connais pas de plus excellent homme que lui ;*

voilà un repas tout à fait excellent. Excellentissime relève du style plaisant (→ -ISSIME).

EXCEPTÉ emploi Devant un substantif, valeur de préposition, **excepté** reste invariable : *Excepté les pervers et les marchands de bois* (Banville). *Tous les blessés le seront au bras gauche, excepté les gauchers* (Giraudoux). Placé après le nom, il s'accorde comme un adjectif : *les gauchers exceptés.*

□ **excepté que.** Locution correcte, mais un peu lourde d'un point de vue littéraire et esthétique. Suivie de l'indicatif ou du conditionnel.

□ **excepté + préposition.** La répétition d'une préposition, après *excepté*, est facultative : *Il s'agit de tout le monde, excepté les ou des enfants.*

EXCÈS orth. Accent grave. ♦ **emploi** La locution *se porter à des excès* a un caractère littéraire : *Je ne sais à quels excès il se porta, mais il mourut à peine âgé de quarante ans* (Green).

EXCESSIVEMENT sens Signifie proprement «de façon excessive», «avec excès» : *Excessivement salués par le personnel, ils prirent l'escalier qui menait aux salons* (Hériat). Mais la langue courante et même la langue littéraire emploient souvent cet adverbe comme synonyme de *extrêmement, au plus haut degré.* Les protestations des grammairiens ont été inopérantes dans ce domaine : *Ce petit écoulement de salive à droite, qui rendait Mme de Loménie excessivement désagréable à regarder* (Aragon). On proscrira cependant cet adverbe devant les mots qui expriment un jugement favorable, comme *beau, bon,* etc.

EXCITER orth. Ne pas oublier, dans cette famille de mots, d'écrire un *c* après le *x.* → EXC-

EXCLURE conjug. Comme *conclure* → APPENDICE ♦ **orth.** Le participe **exclu** ne prend pas de *s* final, à la différence de *inclus* (→ INCLURE). Fém. : **exclue.**

□ **il n'est pas exclu que.** Cette locution (plus rare à la forme positive), suivie la plupart du temps du subjonctif, ressortit au style journalistique, mais elle est parfois passée dans la langue litté-

raire : *La belle armure blanche, l'étendard, la tendre et dure vierge guerrière, c'est comme cela qu'on lui fera ses statues, plus tard, pour les nécessités d'une autre politique. Il n'est même pas exclu que nous lui en élevions une à Londres* (Anouilh). *Il n'est pas exclu qu'il devienne un non-universitaire de l'Université* (Velan). On pourra, la plupart du temps, dire *il est possible que.*

EXCLUSIVE emploi On dit *jeter l'exclusive sur* (et non pas l'*exclusivité*). Mais on dit généralement *se réserver l'exclusivité de,* l'emploi de la forme abrégée est rare en ce sens : *Inventer un détail afin d'être plus vrai était une démarche de l'esprit dont il se réservait l'exclusive* (P. Jardin).

EXCRÉMENTEUX forme On trouve également **excrémentiel.**

EXCRÉTION emploi Ne pas confondre avec **sécrétion.**

EXCUSE emploi Dans **faites excuse,** tour populaire pour **excusez-moi,** il y a renversement du sujet : c'est normalement le *coupable qui fait ses excuses. Faites excuse, mais je vous trouve extrêmement courant comme type* (Desproges).

EXCUSER (S') constr. On dit en général **s'excuser de (ce que)** : *Après le repas, Gilbert s'excusa d'être un embarras et se déclara prêt à s'en aller, s'ils le désiraient* (Dhôtel), plus rarement **sur ce que** : *Il s'excusa sur ce qu'il n'habitait plus Bordeaux depuis des années* (Mauriac). ♦ **emploi** Quoi qu'en disent certains grammairiens, **s'excuser** est un tour parfaitement admis, ni incorrect, ni insolent, au sens de «présenter ses excuses». *Je m'excuse : il y a certainement quelque chose de provocant à vouloir disputer à l'ombre un mort qui est mort depuis deux années* (Montherlant). Veuillez **m'excuser** est une tournure plus polie. Queneau tourne en dérision la «règle» dans la phrase suivante : *Monsieur, vous m'excuserez si je m'excuse, mais j'ai un message à remettre à M. Nick Harwitt.*

«**EXEAT**» **orth.** Souvent avec un accent : **exéat.** ♦ **sens** Mot latin signifiant dans le vocabulaire ecclésiastique « permission de changer de diocèse ».

EXÉCRER prononc. [egzekʀe] ou [eksekʀe].
♦ **sens** Extrêmement fort (→ ABOMINATION) : *Plus de carottes à la crème, c'est fini. Monsieur les exècre* (Bernanos).

EXEMPLE emploi Il est recommandé de ne pas employer la locution **par exemple** en la faisant précéder de **comme** ou **ainsi**, qui créent un pléonasme. ♦ **sens** La locution peut prendre dans la langue familière, assez souvent, le sens de « en tout cas, quoi qu'il en soit, cependant » : *Elle recueillait, passionnément, ce témoignage en faveur de Raymond : « Par exemple, il adore les enfants, on ne peut pas lui refuser ça »* (Mauriac). *Je vais m'acheter une de ces voitures ! Du cuir, du chrome... Par exemple, il faudra que je prenne des leçons, et ça m'embête* (Mallet-Joris). Absolument, marque l'étonnement : *Par exemple ! Oh ! par exemple, s'écria Diane. Monsieur Leurtillois ! On m'avait dit que vous étiez souffrant* (Aragon), ou l'indignation : *Venez, ma fille. Non, par exemple !* (Anouilh).
□ **il est sans exemple que**. Locution de caractère littéraire, suivie du subjonctif et signifiant « il n'arrive jamais que » : *Quand Ivich parlait de faire vingt kilomètres à pied, il était sans exemple qu'elle ne demandât pas à s'asseoir tout de suite après* (Sartre).

EXEMPTER prononc. Le *p* reste muet comme dans *exempt*, mais se fait entendre dans le substantif dérivé **exemption**.

EXERGUE et ÉPIGRAPHE genre Un exergue, une épigraphe. ♦ **sens** Exergue signifie « espace réservé dans une médaille pour recevoir une inscription » et « cette inscription elle-même » : *Au revers, le quadrige lancé au galop autour de la borne, dans l'arène, est représenté avec une habileté qui devient de plus en plus consommée, et à l'exergue, sous le nom d'Athla, sont représentés les prix décernés au vainqueur de la course* (Babelon). Emploi extensif : *Il eût été sage d'inscrire « Libre Opinion » en exergue de l'article* (Mauriac). *Le quotidien du soir, le « Petit Oranais » qui, bien avant l'hitlérisme, portait en*

exergue la croix gammée (Roblès). Cet emploi, que les plus récents dictionnaires (Petit Robert, Larousse) semblent autoriser, n'est pas à recommander. C'est une confusion avec **épigraphe**, qui désigne une « citation placée en tête d'un chapitre, d'un livre, sur le fronton d'un temple, etc. ». Chaque chapitre de *La Guerre des boutons* est précédé d'une épigraphe parodiant le registre épique. De même, ne pas employer le mot **exergue** à la place de **maxime, précepte**. Enfin, ne pas le confondre avec **épitaphe** (→ ce mot).

EXHALER orth. Avec un *h*. → EXALTER
♦ **sens** « Dégager de soi », souvent au figuré : *Comme les fleurs, leur âme exhalait ses secrets* (Rolland). → ÉMANER

EXHAUSSER sens « Augmenter la hauteur. » Ne pas confondre, ni pour le sens, ni pour l'orthographe, avec **exaucer**, « accomplir » (qui a cependant la même origine).

EXHIBITIONNISME, -ISTE orth. Un *h* et deux *n*.

EXHORTER constr. On dit aujourd'hui **exhorter à** et non plus **exhorter de**.

EXIGENCE orth. Pas de *a*. Attention à l'influence du participe-adjectif **exigeant**.

EXIGU orth. Au féminin, **exiguë** (→ AIGU). ♦ **dérivé** *exiguïté*, avec tréma sur le *i*.

« EXIT » emploi et sens Terme employé dans le texte d'une pièce de théâtre. C'est un mot latin qui signifie « il sort ». Démodé aujourd'hui, il est le plus souvent traduit en français, comme les autres indications scéniques.

« EX-LIBRIS » orth. Avec un trait d'union. ♦ **sens** En termes de bibliophilie, « inscription ou vignette portant le nom du propriétaire d'un livre et collée sur la page de garde ».

EXODE genre Masculin. ♦ **sens** « Départ en masse d'une population. » Emploi extensif et figuré dans l'exemple suivant : *Le pont de l'île d'Oléron favorise le tourisme, mais aussi l'exode des fonctionnaires (Le Monde)*. Ne pas confondre avec **exorde**, terme de rhétorique signifiant «préambule, entrée en matière» : *Patrice fut si décontenancé par cet exorde qu'il resta plus d'une minute silencieux* (Duhamel).

EXORBITANT orth. Pas de *h*.

EXORDE → EXODE

EXOTÉRIQUE → ÉSOTÉRIQUE

EXOTIQUE sens Ce mot est souvent employé avec une référence implicite ou explicite à des pays lointains et chauds : *Des débarquements sur des quais d'or, puis des faces exotiques et curieuses au soleil* (Barbusse). Mais originellement, il ne dit rien de plus que *étranger*.

EXPANSIONNISME, -ISTE orth. Deux *n*.

EXPECTORER et **ÉRUCTER** sens **Expectorer**, «rejeter les mucosités qui se trouvent dans les bronches». **Éructer**, «rejeter les gaz contenus dans l'estomac».

EXPÉDIENT emploi et sens Ce mot peut être adjectif ou substantif; dans le premier cas, il signifie «opportun, qui convient», mais est rarement employé et paraît littéraire : *Il serait plus expédient de les débarrasser de ces pratiques* (R. Jean). Le substantif, au sens de «moyen commode», est plus répandu, mais appartient néanmoins à un niveau de langue soutenu : *Rien ne m'empêchera de penser que l'amnistie est l'expédient des gouvernements faibles* (Bazin).

EXPERT orth. On écrit : *un expert maritime*, mais, avec un trait d'union, *un expert-comptable* (plur. : *des experts-comptables*).

EXPIRER emploi et sens Verbe littéraire au sens de «mourir», mais courant au sens de «rejeter (de l'air)»; c'est alors le contraire de *aspirer*. L'emploi suivant est recherché : *Mme de ... expira une plainte* (Vilmorin). ♦ constr. Avec l'auxiliaire *avoir*, pour indiquer le passé : *Le délai a expiré hier à midi*; avec l'auxiliaire *être* pour exprimer l'état : *C'en est fait, elle est expirée.*

EXPLÉTIF sens En grammaire, se dit d'un terme «inséré dans une phrase sans qu'il soit absolument indispensable au sens». → NE

EXPLICABLE, EXPLICATION orth. Avec un *c*, au contraire de **expliquer.**

EXPLICITE sens «Nettement formulé», s'oppose à **implicite,** «qui est à interpréter, à deviner». ♦ dérivé *expliciter*, «rendre clair», de plus en plus répandu; à ne pas confondre avec **expliquer.** *Explicitement* est opposé à *implicitement : Il me semblait que j'avais été mis au courant d'un de ces états de choses immenses et redoutables, maladie mortelle, secret d'État, dont la communication engage implicitement la discrétion du confident* (Hériat).

EXPLOSER constr. On constate pour ce verbe originellement intransitif : *une bombe qui explose*, la même tendance à la transitivité que pour le verbe *éclater : Dans* Colère *(Le Seuil), Patrick Grainville explose Rio de Janeiro, où le verbe se fait extrêmement chair (Le Canard enchaîné,* 29 janvier 1992). Peut-être est-ce dû à l'influence de l'anglais, qui emploie *to explode* aussi bien comme transitif que comme factitif.

EXPOSER (S') constr. s'exposer à ce que est correct.

EXPRÈS ou **EXPRESS** emploi et sens Exprès est soit un adverbe, au sens de «à dessein, intentionnellement» : *Comme vous ne venez jamais à l'heure, je viens exprès en retard, au moment où je suppose avoir la chance de vous trouver* (Ionesco); soit un adjectif, dont le féminin est **expresse,** au sens de «chargé spécialement de transmettre la volonté de quelqu'un», ou «formel» : *Reste ! À une condition pourtant,* Amphitryon, *une condition expresse* (Giraudoux), *Je ne me rappelais plus à qui j'avais fait recommandation expresse de vous engager* (Jorif); soit un substantif, au sens de «envoyé» ou de «lettre remise immédiatement au destinataire» : **envoyer par exprès.** Dans cette phrase fautive, *Le fameux procureur royal, invité par express, avait tout quitté pour être des nôtres* (Giono), l'auteur a subi l'attraction du mot **express,** d'origine anglaise, qui évoque la rapidité, dans le domaine du chemin de fer, et qui est correctement employé dans l'exemple suivant, du même auteur : *C'est la voiture qui descendait du col. Non pas celle qui passe dans le village et fait le courrier : celle qui fait express et qu'il faut aller prendre à la route.* Le mot *express*, avec deux *s*, est substantif ou adjectif, invariable. On l'emploie de façon très large : *des pâtes express, un potage express*, etc.

□ **par exprès.** Locution archaïque et littéraire : *Tout nous fait croire qu'il s'absenta par exprès.* Le sens ne diffère pas de celui d'*exprès* (adverbe). Mais ne pas confondre avec l'emploi ci-dessus signalé : **envoyer par exprès.**

□ **comme par un fait exprès.** Ce tour résulte d'une contamination entre *faire exprès* et *par exprès*, et se rencontre même dans la langue littéraire : *Et puis, comme par un fait exprès, il avait surpris Boris en train de feuilleter ce dictionnaire d'argot* (Sartre).

EXPRESSÉMENT sens « De façon explicite, en termes clairs et nets, formellement » : *Il en est venu à lui demander si cette personne l'avait expressément chargé de lui en parler* (Butor). Se rattache à la valeur de *exprès*, mais non de *express*.

EXQUISEMENT orth. Hésitations nombreuses, y compris de la part de l'Académie française, quant à l'accent aigu sur le *e* central. L'orthographe la plus répandue est **exquisement**, sans accent. Peu usité.

EXSANGUE prononc. On entend très souvent [ɛgzɑ̃g], mais [ɛksɑ̃g] est préférable. ♦ **orth.** Ne pas oublier le *s* après le *x.* ♦ **emploi et sens** « Qui a perdu son sang » : *Marcel Proust, mince, exsangue, avec la barbe de Carnot mort* (Cocteau). Souvent employé de façon figurée ou extensive : *Dans les villages exsangues de la Mandchourie* (Duras).

EXTÉRIEUR emploi Bien qu'issu d'une forme de comparatif latin, il semble que *extérieur* puisse admettre des degrés, comme *intérieur*, à partir du moment où l'on admet des énoncés tels que : *être situé plus à l'extérieur, se ren-*fermer davantage à l'intérieur de soi-même, etc.

EXTRA forme Comme substantif masculin, issu de la tournure **en extra,** ce mot est invariable : **des extra.** ♦ **sens** « Chose inhabituelle », ou « serviteur engagé en surnombre ». Comme adjectif, dans la langue familière, *extra* équivaut à « excellent » : *C'est extra* (Léo Ferré). *Des repas extra.*

EXTRA- orth. Grande anarchie dans les composés, en ce qui concerne la présence ou l'absence du trait d'union. Celui-ci peut presque toujours être supprimé, sauf lorsqu'il y a un hiatus : *extra-humain, extra-utérin,* mais *extraordinaire.* ♦ **sens** Comme préfixe, **extra-** a soit le sens de « en dehors de » : *extralégal*, etc., soit celui de « très » (intensif) : *extradoux, extrafin*, etc.

EXTRAIRE conjug. Comme *traire*. → APPENDICE

EXTRAORDINAIRE orth. Pas de trait d'union (→ EXTRA-). ♦ **constr.** La locution *quoi (ou rien) d'extraordinaire* est suivie de *que* dans la langue littéraire : *Qu'est-ce qu'il y avait d'extraordinaire que Langlois aime à parler de la marche du monde ?* (Giono), et de *à ce que* dans la langue courante : *Rien d'extraordinaire à ce qu'elle ignorât aussi profondément le mouvement ouvrier que la vie ouvrière* (Aragon).

EXTRATERRITORIALITÉ forme On dit également **exterritorialité.** ♦ **sens** « Fiction juridique permettant de considérer qu'une ambassade est située sur le territoire du pays qu'elle représente. »

EXTRAVAGANT orth. Pas de *u* après le *g*, sauf s'il s'agit du participe présent du verbe *extravaguer*, qui est d'un emploi très restreint.

EXTRAVERTI forme On dit aussi, moins bien, **extroverti.** S'oppose à **introverti.**

EXTRÊME orth. Un accent circonflexe, comme dans *extrêmement*, mais on écrit avec un accent aigu : *extrémité, extrémisme, extrémiste, extrémiser, extrémal.* Pas de trait d'union dans *extrême gauche, extrême droite*, mais on écrit *ex-*

trême-onction, *Extrême-Orient, extrême-oriental (e, aux).* ♦ **genre** Masc. : *passer d'un extrême à l'autre.*

EXTROVERTI → EXTRAVERTI

EXUBÉRANT orth. Pas de *h.*

EXULTATION **sens** «Transport de joie», appartient au domaine religieux ou à la langue littéraire. Ne pas confondre avec **exaltation,** «grande excitation de l'esprit», de valeur plus générale.

EXUTOIRE **genre** Masc. : *Et, quand ils en avaient envie, ils pouvaient parader comme des Césars. Ce qui est un fameux exutoire et facilite la diplomatie de préfecture* (Giono).

«EX-VOTO» **forme** Locution latine substantivée, demeurant, en principe, invariable : *Au bas de la nef latérale, à droite, où les murs sont tapissés d'ex-voto* (Masson). Cependant, on rencontre parfois l'accord : *Comme à Lourdes, les plus misérables ex-votos trouvent leur place, le docteur avait réuni entre ces quatre murs tout ce dont l'avait comblé sa clientèle reconnaissante* (Mauriac).

-EYER (verbes en) → APPENDICE

F

F prononc. En finale, cette lettre est généralement prononcée, sauf dans *clef* (orthographe vieillie), *nerf* et parfois *cerf*, et lorsque, dans un mot au pluriel, *f* suivi d'un *s* : *des œufs, des bœufs.* ♦ **orth.** Le redoublement du *f* est courant au milieu d'un mot, ou au début, après les voyelles *a, e, o* : *affoler, offenser, effaré,* etc. Font exception : *afin, africain, éfaufiler, oflag.* On s'interdira aussi d'écrire avec deux *f* : *agrafe* (et ses dérivés), *bafouer, boursoufler, carafe, échafaud* (et ses dérivés), *girafe, moufle, mufle, parafe, persifler* (à la différence de *siffler*), *rafale, rafistoler, rafle, soufre* (métalloïde), *trafic.*

FABLIAU orth. Pas de *e* intérieur.

FABLIER sens « Recueil de fables. » Ne pas confondre avec **fabuliste,** « auteur de fables ».

FABRICANT orth. Le substantif s'écrit avec un *c* : *un fabricant de meubles.* Mais le participe et le gérondif du verbe **fabriquer** conservent -qu-, comme toutes les autres formes verbales : *C'est en fabriquant une fusée que les jeunes gens ont provoqué l'explosion.*

FABRICATEUR emploi Plutôt que **fabricant,** dans *fabricateur de fausse monnaie, de fausses nouvelles,* etc.

FABULER sens Admis au sens de « créer des fabulations, des représentations imaginaires » : *La Fontaine fabulait « naturellement »* (Bory). Chacun fabule selon sa préférence : *le ciel et la terre, la nature et le surnaturel ; les hommes et les dieux* (Caillois). Le substantif **fabulation** double le plus ancien **affabulation.** → ce mot. Mais on trouvait aussi autrefois *fabulation, fabulateur : J'en ferai la description dès le lendemain, au plus proche de mes frères ; il l'acceptera, comme je sais recevoir ses propres fabulations* (Labro). La résurgence de ces mots n'a rien de condamnable.

FABULEUX emploi Cet adjectif connaît une vogue extraordinaire dans les médias et le « showbiz » : il peut qualifier élogieusement n'importe qui ou n'importe quoi : *Une prestation absolument fabuleuse. Un acteur fabuleux,* etc. On veillera à en user modérément.

FABULISTE → FABLIER

FACE orth. On écrit : *jouer à pile ou face, un pile ou face, une machine quatre-faces, une étoffe double-face* (ou : *à double face*), *la maison d'en face.* ♦ **constr. et emploi** Les tours normaux sont *en face de...* et *face à... : Quand je retourne à Deauville, je passe face à la mer* (P. Jardin). La locution *en face la poste,* qui relève du style commercial, gagne du terrain dans la langue littéraire, et, du reste, est moins incorrecte qu'on ne la dit. → VIS-À-VIS, employé plus librement, et DE, PRÈS

□ **face à face. orth.** Sans trait d'union. ♦ **emploi** Est préférable à *en face à face : Nous étions face à face, de part et d'autre de la cloison* (Godbout). Est suivi de la préposition *avec* et d'un substantif animé : *face à face avec son adversaire.* Cette locution peut être substantivée : **un face à face** (sans trait d'union).

□ **en face l'un de l'autre.** On peut dire aussi correctement *l'un en face de l'autre.* → UN

□ **de face** ou **en face.** Les sens sont proches, mais les emplois différents. **De face** est surtout spatial et signifie « du côté où l'on voit tout le devant » : *Regarder une statue de face* (par opposition à *de profil, de dos*). **En face** est plus actif et prend plus aisément un sens d'opposition, voire d'hostilité : *Oserais-tu me dire cela en face ?* (*de face* est exclu dans ce contexte).

FACE-À-MAIN orth. Plur. : **des faces-à-main.**

FÂCHER (SE) constr. On emploie la préposition *avec* quand on veut signifier l'idée de mésentente, de brouille, et *contre* quand il ne s'agit que d'une querelle ou d'une colère passagère. Distinguer, de ce point de vue : *Je me suis fâché avec lui* (« je me suis brouillé »), de : *Je me suis fâché contre lui* (« je me suis mis en colère »). *Fâcher quelqu'un, cela me fâche* sont aujourd'hui désuets. Mais on dit couramment : *Je suis fâché que vous ne m'ayez pas prévenu* (ou *de ce que vous ne m'avez pas prévenu*).

FACIAL forme Plur. : **faciaux.** La forme **facials** est indiquée par le *Petit* et le *Grand Robert*, mais sans justification.

FACIÈS prononc. [fasjɛs]. ♦ orth. Plutôt avec accent grave. L'Académie et le *Grand Robert* l'écrivent sans accent : *Elle est ivre et son visage prend le faciès impudique de l'aveu* (Duras).

FACILE emploi et sens On n'emploie plus guère cet adjectif avec un sujet animé humain, au sens de « disposé, enclin à » : *Ces hommes sont faciles à pardonner.* Mais on trouve : *Cet homme est facile à contenter, ce travail est facile à faire.* On notera la différence de sens importante entre *un homme facile*, c'est-à-dire « conciliant, accommodant », et *une femme facile*, c'est-à-dire « qui se donne au premier venu ».

□ **avoir la larme facile :** *Il avait le verre de vin facile, le rire sonore et contagieux* (Genevoix). Familier.

FACILITÉ constr. et sens Suivi de la préposition *à*, ce substantif désigne une « aptitude, un don naturel » : *Il a une grande facilité à s'exprimer.* Suivi de la préposition *de*, il traduit la « possibilité matérielle d'accomplir un acte » : *des facilités de paiement.*

FAÇON constr. La locution **de façon que** apparaît aujourd'hui précieuse et recherchée. On dit mieux **de telle façon que** (parfois *de façon telle que*) et de plus en plus souvent **de façon à ce que,** qui reste critiqué par les puristes. → À CE QUE : *On le présentait rondement, sans insister, de façon qu'il soit présenté, mais comme quelqu'un sans grande importance* (Giono). *Il réduisit le volume de la sphère de façon qu'elle flottât mollement dans l'espace* (Boulle). *Tu la suis d'abord, la mortelle, d'un pas étoffé et égal aux siens, de façon à ce que tes jambes se déplacent du même écart* (Giraudoux). On notera qu'après *de façon à ce que* le subjonctif est de règle. L'indicatif reste possible quand on veut insister sur le résultat : *Le sofa [...] avait été disposé de façon telle que mon père, assis derrière son bureau, pouvait se retourner et vérifier mon état d'un coup d'œil* (Labro).

□ **une façon de.** Dans ce tour, le mot *façon* est pris au sens de « espèce, sorte » : *On était tout près de le considérer comme une façon de saint laïque* (Aragon). → la citation à MASTOC

□ **de la belle façon.** Ce tour est archaïsant : *Ils nous avaient aperçus et ils nous huaient de la belle façon* (Alain-Fournier).

□ **la façon dont.** On ne doit pas dire **Tu as vu la façon avec laquelle il nous a parlé,* mais *la façon dont il nous a parlé. On aimera la façon très humaine et réalistement optimiste avec laquelle M. de Bourbon-Busset a essayé d'y répondre* (Chapelan) est une phrase que les puristes condamneraient. On préfère : *La façon désinvolte dont vous parlez de la mort de votre père m'a troublé* (Montherlant). *De la façon dont il avait exploité les cadavres de ses camarades, il avait honte aussi* (J. Roy).

□ **sans façon** et **de toute façon**. Dans ces deux locutions adverbiales, le substantif est généralement au singulier, mais il arrive qu'on rencontre le pluriel : *Elle me supplia de lui pardonner ses reproches. Je le fis, non sans façons* (Radiguet).

□ **d'une ou d'autre façon, de façon ou d'autre**. Ces deux tours sont aujourd'hui littéraires et archaïques. On dit plus souvent *d'une façon comme de l'autre* ou *de toute façon*.

□ **façon porc.** Ce type de locution se rencontre dans le jargon publicitaire : *Ni fauteuils en peau de vache façon porc* (Morand). *Un rideau de fausse tapisserie façon chasse à ramages* (Aragon).

FAC-SIMILÉ orth. Locution latine francisée ; avec un accent aigu sur le *e* final. Plur. : *des fac-similés*.

FACTEUR (au sens de «élément déterminant») constr. Dans les locutions de type **le facteur temps**, l'ellipse de la préposition *de*, souvent condamnée, est de plus en plus pratiquée à tous les niveaux de langue. → DE

FACTION sens 1. «Groupe politique factieux, subversif.» 2. «Surveillance, garde.» On dit en ce sens **être de faction** ou **en faction**, indifféremment. Ne pas confondre avec **fraction**.

FACTOTUM prononc. [faktɔtɔm]. ♦ orth. Plur. : **des factotums**.

FACTUM orth. Plur. : **des factums**. Terme peu courant, signifiant «mémoire, libelle violent».

FADAISES emploi «Paroles sottes et insignifiantes.» Ne pas confondre avec **fadeur**. Un discours peut être *fade* sans pour autant contenir des *fadaises*, et *dire des fadaises* n'est pas nécessairement *parler avec fadeur*.

FAGOTER orth. Un seul *t*. ♦ emploi Appartient à la langue familière : *Tu ne peux pas me laisser paraître à ce bal fagotée comme ça* (Anouilh). L'emploi d'un adverbe tel que *mal* n'est pas indispensable, le sens du verbe étant déjà péjoratif par lui-même.

FAÏENCE orth. Un tréma sur le *i*. De même *faïencerie, faïencier*.

FAILLIR conjugaison En français moderne comme *finir*, mais tous les temps ne sont pas usités → APPENDICE. Seuls sont vivants l'infinitif et les temps composés avec le participe *failli*. Voici cependant un exemple du présent de l'indicatif (3e personne) : *Voilà pourquoi ma plume neuve-taillée ne bute ni ne faut* (Chabrol). Mais c'est une phrase archaïsante. Au sens spécialisé de «faire faillite», la conjugaison est complète. ♦ constr. Aujourd'hui, on fait suivre **faillir** de l'infinitif seul, sans préposition : *Il avait bien failli participer au drame autrement que par le coup de fusil qui avait arrêté net le sermon de M. le curé sur le diable* (Giono). → MANQUER, FALLOIR

FAIM emploi Malgré les recommandations réitérées en faveur de *avoir grand-faim, grand-soif*, etc., on dit beaucoup plus couramment, même dans la langue littéraire, *avoir très faim, très soif, très froid, très peur*, etc., ce qui revient à considérer **avoir faim** comme une *locution verbale*, modifiable par un adverbe, et non comme la libre association d'un verbe et d'un complément substantival : *J'avais grand-faim; ma bonne humeur tournait à l'aigre* (Gide), en face de *J'ai très faim. J'ai fameusement faim* (Bernanos). *Angelo avait très soif de quelque chose de chaud* (Giono, cité par Grevisse). *Il sentit qu'il avait très froid aux pieds et aux doigts* (Barjavel). → ENVIE, PEUR. On dit aussi *avoir trop faim*, etc.

FAINE orth. La plupart des dictionnaires mettent un accent circonflexe sur le *i*, bien que l'Académie l'ait supprimé en 1932. Cet accent est dû probablement à une influence analogique (celle de *frêne* ou de *chêne*?). ♦ genre Féminin.

FAINÉANT emploi Adjectif substantif servant de synonyme à *feignant*, jadis correct, et curieusement devenu d'emploi populaire, alors qu'il ne s'agit de rien d'autre que du participe du verbe *feindre*. → FEIGNANT

FAIRE prononc. Le groupe *-ai-* se prononce [ə] dans : *nous faisons* (indicatif), *faisons* (impératif), *je faisais* (toutes les formes de l'imparfait), *(en) faisant* (par-

ticipe ou gérondif). ◆ conjug. → APPEN-
DICE. ◆ emploi Peut servir, dans un tour
comparatif, de substitut à un verbe qui
précède, pour en éviter la répétition : *Il
se livrait moins encore qu'il n'avait fait
le premier jour* (Mauriac). *La vie noircit
au contact de la vérité, comme fait le
douteux champignon au contact de
l'air, quand on l'écrase* (Valéry). *Je l'en-
tendais marcher d'un bout à l'autre de
sa bibliothèque comme il avait fait pendant des années* (Green). La présence
d'un complément d'objet direct de **faire**
paraît plus littéraire (à moins qu'il ne
s'agisse du pronom neutre de rappel
le) : *Il la reconnut comme il aurait fait
une route de son enfance* (Mauriac).
*Pour moi, l'absolu, ce n'est pas «Dieu»,
c'est le réel, une matière de prise immédiate et certaine, à saisir avec les mains
nues, comme je faisais le ballon* (Montherlant). On peut aussi rencontrer la
construction indirecte avec *de* : *Il tenait
le diamant sans précaution aucune, et il
le faisait sauter dans le creux de sa
main avec habileté, comme il aurait fait
d'une petite balle* (Duras). Le verbe *faire*
disparaît parfois complètement : *La rue
grouille derrière eux, les frôle de son
mouvement, comme le courant d'une rivière les herbes du bord* (Romains).

□ **fit-il.** En incise, le verbe *faire* sert
également de substitut aux verbes dé-
claratifs : *Tu sais que, le dimanche matin, il est au tennis. C'est ça votre heure
d'exercice. – Bien ! bien ! fit Patrice, l'air
accommodant* (Duhamel). Ce tour est
surtout employé par les romanciers.

□ **faire (s')évaporer.** Après *faire*, le
verbe construit pronominalement peut
perdre le pronom réfléchi, surtout
quand il ne s'agit pas d'un verbe «pronominal proprement dit» : *La chaleur a
fait (s')évaporer l'eau de la casserole.*
Mais : *Les «Ha ! Ha !» tonitruants de sa
voix de basse firent envoler les pigeons
et glousser les dindons* (Ikor). *Ce qui m'a
fait me retourner, de telle sorte que le
pied m'a manqué* (Butor).

□ **je l'ai fait raconter son histoire** ou
je lui ai fait raconter son histoire.
Après le verbe *faire*, le sujet de l'infinitif, appelé «objet-agent» par Le Bidois,
se présente sous la forme d'un pronom
complément d'objet direct ou indirect,
de façon assez variable. On rencontre
plus souvent *le, la, les,* devant un verbe

intransitif, transitif indirect ou pronominal, et plus souvent *lui, leur,* devant
un verbe suivi d'un complément d'objet
direct : **1.** *Le veston était très ample et
les pans en descendaient jusque sur ses
genoux, à cause de la bosse qui le faisait se lever très haut par derrière*
(Aymé). *Il avait mis à part les disques
qui le faisaient penser à elle* (Weyergans). Mais : *Cette fatigue qui lui faisait, le souffle court, s'appuyer tout à
coup sur elle* (Mallet-Joris). *Fais-le
boire un peu. Il faut le faire penser à sa
leçon* (ou *lui faire penser*). *Je l'ai fait
changer d'avis* (ou : *je lui ai fait*). **2.** *Il
lui fit boire un liquide* (Brieux). *Maman lui a fait manger sa soupe* (ou : *l'a
fait manger sa soupe*). *Une infinité de
causes imaginaires, qui la font vivre
mille vies merveilleusement promptes
et fondues* (Valéry). Quand le
complément de l'infinitif est un substantif, ce dernier se construit généralement avec *à* : *Et l'on fit traverser tout
Paris à ces femmes* (Hugo). Il est possible aussi d'avoir la préposition *par* :
Tu feras porter cette lettre à ton fils ou
par ton fils. ◆ On ne dira en aucun cas :
*Je lui ai fait parler, *je lui ai fait boire,
quand le verbe n'a aucun complément.
→ **LAISSER**

□ **elles se sont fait embaucher.** Devant
un infinitif, le participe *fait* est toujours
invariable : *Son envie de voir un film
avait été tellement forte qu'elle s'était
fait porter malade* (Duras). *La villa qu'il
avait fait construire à cet effet* (Labro).
Mais il s'accorde, bien entendu, s'il est
suivi d'un adjectif attribut du complément d'objet : *Je m'étais faite belle*
(Giono).

□ **ne faire que** ou **ne faire que de.** La
première locution signifie «ne pas cesser de» ou «se contenter de» : *(Elle)
pressentait que son inquiétude ne ferait
que croître au fil des heures* (A. Besson).
*C'est également lui l'assassin maladroit
de la veille, qui n'a fait que blesser légèrement Daniel Dupont* (Robbe-Grillet). La seconde a le sens de «venir tout
juste de» : *Vous le retrouverez aisément,
il ne fait que de sortir.* Mais les confusions sont nombreuses, surtout au profit de la seconde construction : *Il semble
que personne ne fasse que de voyager*
(Boylesve). La confusion inverse est
plus rare : *Dans quinze ans, la vie ne*

fera encore que commencer pour moi (Radiguet).

□ **faire + adjectif neutre** ou **substantif sans article.** On rencontre fréquemment ce tour dans le langage familier. Le verbe a alors le sens d'« avoir l'apparence » : *Des bottes, ça fait joli, avec des éperons* (Triolet). *Non pas ces murs droits, ces angles comme là-haut, qui font carton, qui font pas solide, qui font pas sérieux, qui font 1843, moderne* (Giono). On rencontre dans ce genre d'expressions des degrés d'intensité, notamment on *ne fait pas plus* : *Ça fait très théâtre, pensa-t-elle* (Sagan). *De son éducation protestante, Mme Barrel n'avait gardé qu'une secrète hostilité au culte de la Vierge. Mais pour le reste, on ne faisait pas plus idolâtre* (Aragon). Avec un complément représenté par un pronom personnel de sens animé, le verbe *faire* a le sens de « produire un effet sur » : *Ça m'a fait étrange, dit-elle d'un ton ingénu* (Beauvoir). Cela est du langage populaire.

□ **faire le...** Cette locution est répandue aux sens de « faire semblant d'être, jouer le rôle de » : *Naturellement, ils se taisent, moi présente, ils font les innocents* (Bernanos). *Fils unique de la veuve Delouche, aubergiste, il faisait l'homme* (Alain-Fournier). *Je t'en prie, dit Daniel, ne te crois pas obligé de faire l'esprit large* (Sartre). On a aussi comme complément : *celui qui... Augustine faisait celle qui ne comprend pas* (Zola). L'emploi de l'adjectif possessif (au lieu de l'article ou du démonstratif) devant le substantif complément suggère un comportement habituel, un retour régulier de certains gestes : *Il fait son Rudolf Valentino, disait-il* (Duras). Enfin, avec un nom de métier, *faire* a le sens de « exercer la profession de » (toujours dans la langue familière) : *Le marchand de couronnes mortuaires tient un magasin mi-consacré à l'ornement des tombes et mi à celui des têtes vivantes : il fait aussi le chapelier* (Aragon) L'ellipse de l'article ne se rencontre que dans la langue populaire : *Le boulanger fait aussi pâtissier.*

□ **ce faisant.** Tour vieilli, au sens de « en faisant cela » : *Sans doute ce Tanton a-t-il protégé le roi de la malemort. Sans doute reçut-il, ce faisant, quelque mauvais coup* (Bazin). Même remarque

pour *chemin faisant : Chemin faisant, elle essayait de construire la lettre à l'oncle Suprême* (Aymé).

□ **c'en est fait de.** Ce tour est admis aujourd'hui dans le bon usage avec un substantif complément, quoiqu'il paraisse légèrement désuet : *Si je pense à toi, c'est est fait de mon repos* (Colette). La langue classique ne connaissait à l'origine que la construction absolue : *C'en est fait !* Avec le subjonctif optatif, *en* est facultatif : *Qu'il en soit fait comme tu le désires* (Giraudoux). *Qu'il soit fait selon ta volonté.*

□ **faire avec** emploi et sens Ce tour est familier, au sens de « s'accommoder de, prendre son parti de » : *La nature l'avait fait comme ça. Il faisait avec la nature* (P. Jardin). *Faut faire avec !*

□ **il fait bon (de) + infinitif.** La construction avec *de* est admise, bien que l'absence de préposition soit presque toujours préférable et sans ambiguïté : *Un beau bureau n'est pas un luxe : c'est simplement un endroit où il fait bon de travailler* (publicité du *Monde*).

□ **savoir y faire.** Locution très familière : *Je ne sais pas y faire avec les femmes, dit Auguste. J'ai de trop grosses pattes* (Vailland). La langue soignée préfère *savoir s'y prendre.*

□ **ça ne se fait pas.** Cette phrase stéréotypée est un exemple de présent atemporel à valeur d'obligation (surtout morale) : *Un curé blanc, ça ne se fait pas* (Bazin).

□ **faire confiance à.** Tour pleinement passé dans le bon usage malgré les mises en garde des puristes : *Une longue habitude de travailler ensemble m'oblige à lui faire une confiance absolue* (Cocteau). L'influence de *faire crédit* a été déterminante, bien que les sens originels de *crédit* et de *confiance* soient plutôt inverses que synonymes.

□ **faire les magasins, l'Algérie,** etc. Avec le nom d'un « lieu qu'on visite » ou d'un « pays dans lequel on se rend à divers titres », le verbe *faire* forme de nombreuses locutions de caractère familier ou populaire : *Après avoir fait tous les diamantaires et bijoutiers blancs, elle commença à aller trouver les autres* (Duras). *Il a fait mes poches sans rien découvrir. Et dans un contexte mi-*

litaire : *Il a fait l'Algérie. Il était à Oran avec Desmichels* (Giono). On a peut-être ici l'abrègement de « faire la campagne de... ». Aussi l'emploi « civil » est-il légèrement distinct : « *Cette année, on se fait la Yougo. L'an dernier on a fait les Bahamas, à Noël on a fait Tahiti...* » *Horrible, ce « faire »* (Cavanna).

□ **faire une bronchite.** Dans le langage familier des médecins, on rencontre ce type de locution, au sens de « avoir contracté » : *Je fais de l'intoxication : je vais rester quarante-huit heures au lit à la diète hydrique* (Mauriac). *Elle nous fait de la rétention et un commencement d'escarre* (Bazin).

□ **faire de l'eau, du bois,** etc. Tour vieilli, mais correct, au sens de « faire provision de, s'approvisionner en ».

□ **dix divisés par deux fait** ou **font cinq.** Dans les calculs arithmétiques, l'accord varie selon qu'on a dans l'esprit une idée de globalité ou qu'on envisage des unités distinctes (c'est le cas le plus fréquent).

□ **il fait clair, soleil,** etc. Emploi impersonnel dans le domaine météorologique : *Regardez, dit-il d'une voix rêveuse, il fait soleil* (Sagan). *Il faisait encore humide dans cette pièce immense, au sol de tommettes rouges* (Gallo). On trouve souvent l'article : *Il fait du soleil, du vent.* → SOLEIL

□ **fais-le-nous** ou **fais-nous-le.** → IMPÉRATIF

→ AFFAIRE, ATTENTION, CAS, CONFIANCE, CONNAISSANCE, FEU, FORT, MONTRE, MOQUER, OBSERVER, etc.

FAIRE-PART orth. Trait d'union. Plur : **des faire-part.**

FAIR-PLAY emploi et sens Cet anglicisme est assez démodé actuellement. On le rencontre surtout dans le domaine du sport et de la politique. Les mots *loyauté, bonne foi, franc-jeu* expriment à peu près la même idée.

FAISABILITÉ emploi et sens Ce néologisme technique, bien formé à partir de l'anglais *feasability* (mais qui est également issu de l'adjectif français **faisable**), est passé dans le lexique de la production industrielle, au sens de « propriété de ce qui est faisable, réalisable selon les normes déterminées ».

FAISAN forme Un seul *n* au féminin : **faisane.** On dit aussi parfois, au féminin : **une poule faisane.**

FAISEUR prononc. [fəzœʀ] et non *[fɛ]. ♦ **sens** Toujours péjoratif, au masculin comme au féminin. Au féminin, on rencontre surtout **faiseuse d'anges,** « avorteuse » : *Des faiseuses d'anges qui vous détraquent une femme avec des instruments sales* (Sartre).

FAIT (substantif) **prononc.** Le participe masculin se prononce toujours [fɛ]. Le substantif suit en principe la même règle, mais le *-t* final se fait très souvent entendre en fin de phrase : *Il a été pris sur le fait,* ou dans des locutions figées : *En fait, de fait, par le fait, c'est un fait (que), il est de fait que, au fait,* etc. ♦ **emploi** La locution *dire son fait à quelqu'un* est archaïsante ou littéraire : *Le matin, j'ai été dire son fait au perruquier qui n'avait pas livré la moitié des perruques* (Beauvoir). ♦ **constr.** Après **le fait que,** on peut employer l'indicatif ou le subjonctif, suivant le contexte : *Le fait qu'il ne s'agit pas d'assassins de droit commun mais de combattants complique encore la conjoncture* (Mauriac). *Le fait seul que de tels mots étaient prononcés devant moi les rendait neutres* (Estaunié, cité par Le Bidois). *Le fait que vous ayez souffert à cause de moi m'était indifférent* (Montherlant, cité par le même).

FAIT (participe). **orth.** Accord du participe passé. **1.** Conformément à la règle classique, **fait,** conjugué avec *avoir,* s'accorde en genre et en nombre avec l'objet direct qui précède : *Les promenades que nous avons faites.* Même accord pour *se faire,* avec objet direct : *Il faut tant d'années pour que les vérités que l'on s'est faites deviennent notre chair même* (Valéry, cité par Paul Robert). **2.** Suivi d'un infinitif, **fait** reste invariable. → FAIRE

FAIT DIVERS orth. Pas de trait d'union. Plur. : **des faits divers.**

FAÎTE orth. Prend un accent circonflexe : *Une branche de palmier droite comme la hampe d'un drapeau, coincée entre les briques à l'angle d'un mur, marquait le faite de la construction* (Gallo). De même **faitage, faitière.**

FAIT-TOUT orth. Peut aussi s'écrire, plus simplement, **faitout**. Plur. : **des fait-tout** (inv.), mais des **faitouts**.

FAKIR orth. On rencontre aussi, rarement, la forme francisée **faquir**.

FALLOIR conjug. → APPENDICE. C'est un doublet étymologique de *faillir* → ce mot. ◆ orth. Le participe passé **fallu** est invariable.

□ **il s'en faut (de) beaucoup, (de) peu.** Le *de* est plus ou moins facultatif devant un adverbe de quantité, mais obligatoire si la quantité est précisée : *Il s'en fallait au moins de sept à huit jours avant qu'il soit ici* (Giono).

□ **il s'en faut que, peu s'en faut que.** La proposition qui suit renferme facultativement un *ne* dit explétif : *Elle avait beaucoup de chagrin, et peu s'en fallut qu'elle ne pleurât* (Boylesve). *Il s'en est fallu de beaucoup ce soir-là que je ne me misse à genoux* (Mauriac, cité par Robert). Mais : *Il s'en faut de peu qu'il ait l'impression aussi d'avoir toujours été général* (Romains). Les médias ont forgé récemment la locution *loin s'en faut*, qu'aucun dictionnaire n'enregistre à ce jour, et qui résulte d'un télescopage entre *loin de*, *il s'en faut de beaucoup* et *tant s'en faut*, dont on peut regretter la quasi-disparition : *Les pays développés, entre eux, et ceux du tiers-monde ne partagent pas, loin s'en faut, la même analyse de ces obstacles* (Grall, *Le Monde*, 12 juin 1985).

□ **ce qu'il faut, l'homme qu'il faut.** Le verbe ne peut être qu'impersonnel dans les locutions de ce genre : *Mais, là comme partout, il faut ce qu'il faut, et à la guerre comme à la guerre* (Giono). *Qui*, pour *qu'il faut* (*ce qui faut*) est erroné.

FALOT forme Fém. : **falote** avec un seul *t*. ◆ sens « Insignifiant jusqu'à en devenir comique. »

FAMÉ emploi Cet adjectif ne s'emploie guère qu'accompagné de *bien* ou de *mal* : *Elle se serait ennuyée, prétendait-elle, dans un hôtel bien famé* (Duras). *Ces ruelles, pavées d'immondices et bordées de cabarets mal famés* (Mac Orlan). On peut écrire en un seul mot **malfamé**.

FAMÉLIQUE sens « Qui ne mange pas à sa faim » : *Une foule famélique, montée des ruines et des caves, où agonisaient typhiques et blessés* (Peyré). Ne pas confondre avec **affamé**.

FAN prononc. [fan]. ◆ Cet anglicisme est une abréviation de **fanatique**. En français, on emploie aussi, pour l'abréviation de *fanatique* : **fana**. ◆ emploi On dit plutôt *les fans de quelqu'un*, c'est-à-dire les « admirateurs passionnés », et *être fana de quelque chose*, c'est-à-dire « être passionnément intéressé par (le sport, le cinéma, etc.)». Ces deux termes appartiennent au langage très familier.

FANAL forme Plur. : **des fanaux.**

FANE orth. Un seul *n*.

FANFARONNADE orth. Avec deux *n*.

FANTASME orth. Cette orthographe simplifiée, qu'on rencontre souvent, est à recommander, au lieu de l'orthographe ancienne *phantasme*. ◆ emploi Éviter le tour pléonastique *les fantasmes de l'imagination*, qu'on trouve dans l'exemple suivant : *Il ne faut pas se fier aux fantasmes de l'imagination ou d'un mauvais estomac* (Mac Orlan).

FANTOMATIQUE orth. Pas d'accent circonflexe sur le *o*, à la différence de **fantôme**. → ce mot

FANTÔME emploi Se rencontre aussi comme adjectif : *Et ce sont des arbres fantômes, des maisons fantômes qui passent aux deux côtés du chemin* (Simenon).

FAON prononc. [fã]. ◆ sens Le **faon** est le petit du cerf, ou du chevreuil, ou du daim.

FAQUIR → FAKIR

FARAMINEUX orth. On rencontre encore l'ancienne orthographe *pharamineux*. ◆ sens Tous les sens de **fantastique**, mais d'emploi plus familier et plus pittoresque : *Les incursions à Toulouse afin de goûter [...] au faramineux café liégeois servi à la terrasse du Grand Café l'Albrighi* (Labro).

FARANDOLE orth. Un seul *l*.

FARCE er..ploi Comme adjectif, ce mot est désuet : *Il est rien farce.* Cet emploi était répandu surtout au XIXᵉ s., dans les romans.

FARD et **FART** sens Le **fard** (du verbe *farder*) s'applique sur la peau, le **fart** (se prononçant [faʀt] et correspondant au verbe *farter*) est un enduit pour skis.

FARNIENTE prononc. À l'italienne [faʀniɛnte] ou à la française [faʀniɛ̃t].

FAR WEST orth. Pas de trait d'union, mais on écrira *cow-boy* (plur. : *des cow-boys*) et *Peau-Rouge* (plur. : *des Peaux-Rouges*).

FASCINE orth. Noter le groupe *sc*. ♦ sens « Fagot serré de branchages. »

FASCISME prononc. Avec [s], à la française, ou avec [ʃ], à l'italienne.

FASTE (adj.) emploi et sens L'emploi au sens de « heureux, favorable », dans *jour faste*, est aujourd'hui admis. Au sens strict, pour les Romains de l'Antiquité, un jour **faste** était un jour « où il était permis par les dieux d'exercer certaines fonctions et d'accomplir certains actes ». Le glissement de sens de *faste* a suivi celui de son contraire **néfaste**.

FAST-FOOD emploi et sens Cet emprunt à l'anglo-américain, qui signifie « nourriture rapide », connaît une grande vogue : *Les insolents « fast-foods » flamboient comme jamais en tubes écarlates sur les façades à cariatides de nos vénérables cités* (Cavanna). La commission de terminologie du tourisme a proposé (arrêté du 17 mars 1982) de remplacer **fast-food** par **restauration rapide** (au sens large) et par **prêt-à-manger** au sens de « produit de restauration rapide » ou de « lieu où on absorbe ce genre de produit » : cette dernière création n'est pas très heureuse, et n'a du reste aucun succès.

FAT prononc. Au masculin, [fat], mais on entend aussi [fa]. ♦ forme Le féminin est presque inexistant.

FATAL orth. Plur. : **fatals, fatales.** → -AL. ♦ sens À l'origine, « qui se rapporte au destin », mais très souvent affaibli : *Les maris sont en dehors des lois fatales du monde* (Giraudoux). *L'enfance cherche des prétextes. Toujours appelée à se justifier devant les parents, il est fatal qu'elle mente* (Radiguet) : ici, le mot a le sens de « inévitable ».

FATIGANT ou **FATIGUANT** orth. Comme adjectif, pas de *u* : *Rien n'est bon pour le repos comme ces promenades apparemment fatigantes au milieu du peuple de Paris* (Péguy). Le participe et le gérondif s'écrivent *-guant* : *Son travail le fatiguant, il s'est assis.*

FATIGUER orth. On écrit : *fatigue, fatiguer* (avec un *u*), mais *fatigable, fatigant* (adj.) → ce mot. ♦ emploi et sens La voix pronominale et la voix passive sont couramment utilisées : *Elle me racontait souvent des légendes irlandaises... Je ne me fatiguais pas de les entendre* (Green). *La Blonde aide de moins en moins, elle commence à se fatiguer* (Vailland). *Nous sommes fatigués de vos atermoiements.* La construction peut aussi être transitive : *Mais l'effort qu'il faisait pour dominer son souffle le fatiguait de plus en plus* (Rey). On rencontre le verbe employé absolument, avec un sujet animé ou non animé : *Il leur fallait parfois pousser à la roue. Le cheval fatiguait* (Vidalie). *Il semble que cette pièce de renfort fatigue excessivement.* On notera l'emploi technique, au sens de « retourner », dans *fatiguer la salade, la terre,* et l'emploi figuré dans : *Il s'est allongé dans un lit fatigué par les voyageurs de commerce* (Romains).

FAUCHEUSE orth. Les composés prennent un trait d'union. *Faucheuse (s) - essoreuse(s); faucheuse(s)-hacheuse(s)-chargeuse(s).*

FAUNIQUE sens Adjectif didactique, « qui a trait à la faune ». Se distingue de **faunesque**, dérivé du masculin animé *un faune.*

FAUNESSE forme C'est le féminin habituel de **faune**, mais on a parfois la forme unique : **une faune.**

FAUTE orth. On écrit (au singulier) : *faire faute; sans faute* (dans le sens de « à coup sûr »). ♦ emploi Le tour *c'est de ma faute* est aujourd'hui admis, bien que les grammairiens l'aient très souvent condamné et lui aient préféré *c'est ma faute : Mais je suis venu trop tard ; c'est ma faute* (Ramuz). *C'est bien ta faute, s'écria Milan* (Vailland). On évitera néanmoins de dire : *c'est de la faute à,* et l'on préférera le tour *c'est la faute de. Maintenant nous pleurons ensemble, c'est la faute du bonheur* (Radiguet).

□ **faute de.** Noter l'emploi prépositionnel de la locution *faute de,* qui, suivie d'un substantif, signifie « comme il manque » ou « quand il manque », et, suivie d'un infinitif présent ou passé, indique une action qui n'a pas été faite alors qu'elle aurait dû l'être : *Faute de grives, on mange des merles* (dicton). *On a beau tirer sur le tuyau de sa pipe et amener à soi toute la quantité de fumée qu'on veut : faute d'être vue, elle est comme si elle n'existait pas* (Ramuz). *Sauvan s'engageait dans une rue transversale où les voitures, faute de pouvoir franchir l'avenue de la gare, s'étaient immobilisées* (Gallo). On ne confondra pas cette construction avec le tour simple, **une faute de,** suivi tantôt de mots comme *orthographe, goût, français,* qui désignent le « domaine dans lequel se fait la faute », tantôt de mots comme *inattention, étourderie,* qui désignent la « cause de la faute ». *Tu as commis là une grave faute d'inattention,* en face de : *Faute d'attention, il a confondu les deux mots.* Dans l'exemple suivant : *C'est vrai que j'ai fait une inadmissible faute d'attention et que Lou seul peut en comprendre l'irraison profonde* (Sarrazin), c'est *inattention* qu'il aurait fallu employer.

□ **faute que.** Locution rare, inconnue des dictionnaires, mais correcte (suivie du subjonctif) : *Je ne me recueillais pas en vue de quelque chose, faute qu'on m'y ait invité* (Romains).

FAUTEUIL → DANS (dans un fauteuil)

FAUTEUR **sens** À l'origine, « celui qui favorise, qui suscite, qui fait naître ». Mais ce substantif a subi l'influence sémantique de **faute,** ce qui rend difficiles les expressions du genre : *C'est un fauteur de mariages,* bien que cet emploi soit correct. *Comment elle se fit, malgré de courageuses résistances, le fauteur de la délation* (Péguy). Ce mot est le plus souvent associé à *troubles* ou

à *désordres : fauteur de troubles.* Quant à l'adjectif **fautif,** il s'applique aussi bien à une personne, « qui est sujet à faillir ou qui a failli », qu'à un objet, « qui contient un défaut » : *Je ne me cache pas que c'est moi la fautive. Il me semble que ton raisonnement est fautif.*

FAUVE **forme** Adjectif de couleur, variable. → COULEUR

FAUX- **orth.** Ne prennent pas le trait d'union : *faux témoignage, faux nez, fausse couche, faux bourdon* (abeille mâle), *fausse monnaie.* On écrit cependant avec trait d'union : *faux-bourdon* (en musique), *faux-fuyant, faux-monnayeur, faux-semblant, en porte-à-faux.*

FAX **emploi et sens** Ce mot bref et récent est l'abréviation de l'anglais *telefax,* issu de *facsimile,* « télécopie ». Il désigne un « appareil de transmission à distance de documents graphiques, texte ou image », dont l'usage se répand très vite en télématique, et qui détrônera sans doute rapidement le **télex.** Il existe déjà le verbe dérivé **faxer,** « envoyer (un message) par fax ».

FÉE **orth.** On écrit *un conte de fées, des contes de fées.* L'emploi adjectival de ce substantif (au sens de « magique, enchanté ») est rare aujourd'hui : *Dans la forêt des contes se dresse un arbre fée.*

FÉERIE **prononc.** [feʀi], conforme à l'accentuation graphique du mot. Mais l'usage tend à faire des deux *e* des [e] : [feeʀi]. Idem pour *féerique, féeriquement.* Ne pas confondre avec *férie* → ce mot

FEIGNANT **emploi et sens** Comme adjectif et nom, c'est un synonyme, aujourd'hui populaire, de *fainéant* (→ ce mot). Il ne faut pas le confondre avec le participe présent du verbe *feindre : Ma foi non, fit le voyageur en feignant la surprise* (A. Besson).

FEINDRE **conjug.** Comme *craindre* → APPENDICE

FÊLER **orth.** Accent circonflexe. De même **fêlure.**

FÉLICITER **constr.** Avec *de* ou *pour* + *substantif* (*sur* ne s'emploie plus), mais toujours avec *de* quand l'ensemble est suivi d'un infinitif : *Je te félicite de* (ou *pour*) *ton succès*, mais : *Je te félicite d'avoir réussi.* → REMERCIER

FELLAG(H)A forme Parfois abrégé familièrement en **fell** ou déformé en **fellouze. ♦ sens** Mot arabe (au pluriel) désignant de façon péjorative les combattants algériens de 1954 à 1962. Le terme officiel était *rebelle.* Ne pas confondre avec le suivant.

FELLAH sens Paysan, en Égypte et en Afrique du Nord.

FÉLON forme Le féminin **félonne** est rare, et appartient à un registre familier et plaisant, comme *traîtresse.* → TRAÎTRE

FÉMININ orth. Dans certains adjectifs composés, le premier élément est invariable au féminin. C'est le cas, notamment, pour *grand-ducal* (*grand-ducale*) ; *saint-simonien* (*saint-simonienne*), *franc-comtois* (*franc-comtoise*), *franc-maçon* (*franc-maçonne*) ; *nouveau-né* (*nouveau-née*) ; *court-vêtu* (*court-vêtue*) ; *mort-né* (*mort-née*) ; *haut placé* (*haut placée*) ; *bas latin* (*bas latine*) ; *bas breton* (*bas bretonne*), etc. **♦ forme et sens** L'opposition du genre masculin et du genre féminin correspond en général, pour les êtres humains et les animaux, à une opposition de sexe : *le fermier, la fermière ; le chien, la chienne.* On prendra garde toutefois à certaines ambiguïtés propres aux suffixes *-teur/trice* et *-ier/ière,* entre autres, qui servent à désigner tantôt des objets, tantôt des personnes : c'est le cas de *indicateur, indicatrice ; cuisinier, cuisinière ; jardinier, jardinière,* etc. Les procédés de formation du féminin sont très divers : c'est l'usage qui apprend toutes les bizarreries de ce domaine morphologique. Le plus souvent, on ajoute à la forme du masculin un *-e* graphique : *un citadin, une citadine ; un idiot, une idiote,* etc. Mais certains préfèrent conserver le masculin sans modification : *Un entretien avec «Mme le président» d'Irlande* (*Le Monde*, 28 mai 1992). Parfois, c'est le suffixe qui change : *maquereau, maquerelle ; ouvreur, ouvreuse ; aviateur, aviatrice,* etc. → -ESSE OU -ERESSE. Dans certains cas,

le féminin est morphologiquement sans rapport avec le masculin : *mari, femme ; matou, chatte ; singe, guenon,* etc. **♦** Voici un certain nombre de formes féminines anomales : *bétasse, bufflonne* ou *bufflesse, cane, charlotte, chevrette* (féminin de *chevreau* et de *chevreuil*), *coche* (féminin vieilli de *cochon,* car *cochonne* est trivial), *cocotte, compagne, Émilie, Eugénie, gnomide, gosseline* (populaire), *Henriette, héroïne, Jacqueline, Léonie, levrette, louve* (mais *loup-cerve*), *mauresque* (ou *moresque*), *mule, ouistitite, Philippine, Pierrette, ponette* (féminin de *poney*), *rigolote, speakerine, sphynge, taure* (dialectal, pour *génisse*). → GENRE DES SUBSTANTIFS

FEMME emploi Sert à indiquer le genre féminin pour certains noms d'êtres animés à forme unique : *une femme écrivain* ou *un écrivain femme,* etc. : *Ce qui est extraordinaire c'est que les écrivains femmes, les femmes médecins, ou les intellectuelles, n'aient pas tiré une vision d'ensemble du féminin à partir de leur propre expérience* (Gennari, *Le Figaro,* 16 avril 1970). On écrit : *une femme de lettres, une maîtresse femme.*

☐ **je l'ai aperçu avec sa femme.** L'emploi de *dame* dans ce contexte relève de la langue populaire. → DAME, DEMOISELLE, FILLE

☐ **femme de journée.** Cette locution est vieillie, au sens de : «qui fait des travaux domestiques à la journée». On dira plutôt aujourd'hui *femme de ménage* ou *aide-ménagère.*

FENIL prononc. [f(ə)ni].

FENNEC orth. Avec deux *n.*

FER orth. On écrit sans trait d'union : *un fer à cheval, en fer de lance, le fer forgé* (*fer-à-cheval* et *fer-de-lance,* avec traits d'union, sont des termes de zoologie).

FER-BLANC orth. Avec un trait d'union. Mais *ferblantier, ferblanterie* en un seul mot. Plur. : **des fers-blancs.**

FÉRIE sens Dans la liturgie catholique, jour de semaine, exception faite du samedi. Ne pas confondre avec **férié,** «chômé» (en raison d'une fête religieuse ou civile), ni avec **féerie.**

FÉRIR emploi et sens Ce vieux verbe, signifiant «frapper», n'existe plus que dans la locution *sans coup férir*, proprement «sans combattre» : *Les dragons arrivèrent sans coup férir au pied d'un fortin accroché à la montagne* (A. Besson), d'où «sans rencontrer aucune difficulté», et sous la forme du participe-adjectif *féru (de)* au sens de «passionné par» : *Il est féru d'archéologie gréco-romaine.*

FERMAIL forme Plur. : **des fermaux** →
-AIL

FERME emploi et forme Cet adjectif reste invariable quand il est employé adverbialement : *Les marins souquant ferme sur les avirons* (Gallo). *Nous nous sommes ennuyés ferme à ce spectacle.*

FERMER emploi *Fermer la lumière.* On dira plutôt *éteindre la lumière.* Mais l'usage tend à adapter ce verbe dans le sens de «suspendre l'usage de». On dit : *fermer le gaz, la télévision, la radio, l'interrupteur* (il est à noter que, dans un langage d'électricien, *fermer un interrupteur* signifie au contraire «permettre le passage du courant»).

FERRÉ emploi et sens Familier au sens de «instruit, savant en». On dit *ferré en, ferré sur* : *À vrai dire, M. Delobelle n'était pas très ferré en ces matières* (Aragon).

FERREUX, FERRIQUE et **FERRUGINEUX** emploi Est **ferreux** ce qui, d'une manière générale, contient du fer ; **ferrique** est un terme de chimie d'un emploi très particulier ; **ferrugineux** : «qui contient de l'oxyde de fer».

FERRO- emploi Les composés ne prennent un trait d'union que si le second élément a une voyelle initiale : **ferro-aluminium**, mais **ferronickel**.

FERRONNIER orth. Deux *r* et deux *n*.

FERROUTAGE emploi et sens C'est une heureuse transposition en français (recommandée par un arrêté du 18 juillet 1989) de l'anglais international *railroad transport*, «transport combiné par le rail et la route» : *Une gigantesque entreprise* [le creusement de deux tunnels en Suisse] *étalée sur vingt-cinq ans, qui consacrera le «ferroutage», un mode de transport non polluant qui désengorge les grands verrous routiers, car les camions de marchandises sont chargés sur les wagons* (Libération, 27 septembre 1992). On emploie aussi le verbe **ferrouter**, «transporter de cette manière» et le substantif **ferrouteur**, «professionnel qui effectue ce genre de transport».

FERRY-BOAT prononc. [fɛʀibo(u)t]. ♦ forme Parfois abrégé en **ferry**. ♦ orth. Plur. : **des ferry-boats** ; **des ferrys**. ♦ emploi Cet anglicisme (de même que son synonyme *car-ferry*) peut être remplacé par *(navire)* **transbordeur** (recommandation officielle du 18 juillet 1989).

FÉRU → FÉRIR

FÉRULE emploi Substantif désuet qui ne survit guère qu'au figuré, dans *être sous la férule de quelqu'un*, c'est-à-dire sous l'autorité magistrale, symbolisée par la palette ou la règle qui frappe les doigts des écoliers : *Nulle autre bonne ne tiendrait plus de huit jours sous la férule de Folcoche* (Bazin).

FESSE-MATHIEU orth. Avec un seul *t*, bien qu'il s'agisse de la déformation de «fête (de) saint Matthieu». Plur. : **des fesse-mathieux**. ♦ sens Synonyme archaïsant de «avare».

FESTIVAL orth. Plur. : **des festivals**. → -AL

FÉTUQUE genre Féminin, mais certains le font masculin, sans doute par attraction de **fétu** (dont il est du reste issu). ♦ sens «Graminée des prés et des bois.»

FEU (subst.) orth. On écrit *un feu d'artifice (des feux d'artifice), un feu de Bengale, un feu de camp, un pot-au-feu* (invariable). ♦ emploi et sens La locution *faire long feu* signifie à l'origine «ne pas partir, manquer son effet», en parlant d'une arme à feu. Mais, aujourd'hui, on l'emploie au figuré au sens de «traîner en longueur» et, le plus souvent, de «rater» : *Un petit miracle en somme et qui devait faire long feu dans les saints propos de la famille* (Bazin) ; cet emploi au sens de «durer longtemps» est un contresens. À la forme négative, le sens le plus fréquent est «ne pas durer longtemps, ne pas demeurer» : *Je vois d'ici que nous ne ferons pas long feu dans cette maison* (G. Marcel).

□ **feu rouge.** L'habitude s'est prise d'appeler *feu rouge* l'ensemble des feux de circulation vert, orange et rouge placés aux carrefours importants dans les villes : *Il s'arrêta à un feu rouge, la voiture repartit difficilement, dans un bruit de bielles fatiguées* (Sallenave). Voici un exemple qui correspond mieux à la réalité : *Il y a un feu tricolore au croisement du boulevard de Ménilmontant et de l'avenue Gambetta* (Échenoz).

FEU (adj.) **emploi et sens** Comme adjectif, appartient à la langue administrative ou au style plaisant, au sens de «mort depuis peu de temps» et ne s'emploie guère qu'au singulier. On dit : *ma feue tante, les feus rois* (accord) ou *feu ma tante* (sans accord) : *Feu mon mari m'a souvent parlé de vous* (Troyat). *Mme Rezeau, qui trouvait le train de vie de feu sa belle-mère au-dessus de ses moyens* (Bazin). *Grâce à l'obligeance de feu M. de Royaumont, conservateur du musée de Balzac* (Apollinaire). Voici cependant un exemple d'accord de **feu** antéposé : *Feue Mme de Cambremer* (Proust). → DÉFUNT et PAUVRE

FEUILLÉE et **FEUILLÉES sens** Au singulier, ce mot désigne «le feuillage des arbres» ; au pluriel, «la tranchée servant de latrines aux troupes en campagne».

FEUILLE-MORTE → COULEUR

FEUILLETON orth. *Un roman-feuilleton (des romans-feuilletons), un feuilletoniste* (un seul *n*).

FEZ prononc. [fɛz]. ♦ **sens** «Coiffure portée par les Arabes.»

FIABILITÉ emploi et sens Néologisme de la langue technique. Ce mot est bien formé et utile, avec le sens de «degré de confiance que l'on peut accorder à un instrument, un appareil complexe». L'emploi de l'adjectif **fiable** se répand : *Je n'avançais d'un pas que pour en faire aussitôt deux en arrière, de sorte que rien n'était moins fiable que les déclara-* tions que j'aurais pu faire (Gide). *La fiabilité est la possibilité qu'un matériel accomplisse une fonction requise, dans des conditions données, pendant un temps donné* (George, rendant compte de *La Fiabilité industrielle*, de Peyret).

FIANCER constr. On dit aussi bien **(se) fiancer à quelqu'un** que **avec quelqu'un.** Cette dernière préposition, jugée parfois «plus lourde», est la seule possible pour le complément du substantif dérivé *fiançailles* : *On annonce les fiançailles de M. Untel avec Mlle Unetelle* et non pas . *à Mlle Unetelle.*

FIASCO emploi et sens Signifiant «échec», prend un *s* au pluriel : *des fiascos pénibles pour l'amour-propre.* La mesure de capacité italienne (à ne pas confondre avec **fiasque**) s'écrira au pluriel : **fiaschi.**

FIBROME orth. Pas d'accent circonflexe sur le *o*, malgré la prononciation [o].

FICHER emploi Correct dans se **ficher dans,** «s'enfoncer dans», *ficher un piquet en terre,* ou *ficher quelqu'un,* c'est-à-dire «faire une fiche signalétique de quelqu'un» (participe : toujours *fiché*). Très familier dans : *se ficher de, je me suis fichu de lui, ficher ou fiche le camp, il a fichu le camp, ficher ou fiche à la porte, je l'ai fichu à la porte.* → FOUTRE

FICHU emploi et sens Participe passé irrégulier de *ficher* → ce mot, aux sens variés, selon le contexte : «perdu», «mauvais» ou «capable» : *Ça fait quatre francs de fichus* (Aymé). *Le fichu caractère de ma femme avait des causes physiologiques* (Bazin). *Vous ne serez jamais fichus de vous nipper convenablement* (id.). Tous ces emplois sont familiers.

FICTION, SCIENCE-FICTION et **ANTICIPATION (littératures de) emploi** Un récit, un roman de **fiction,** est une œuvre dans laquelle les créations de l'imagination ont une part dominante. La **science-fiction** est un genre littéraire dans lequel les constructions de l'imagination se fondent sur des données scientifiques réelles ou imaginaires. La **littérature d'anticipation** a pour cadre et pour thème une période de l'avenir dont l'auteur suppose ou invente les caractéristiques.

FIDÈLEMENT orth. Un accent grave. Mais on écrit (avec un accent aigu) : **fi-délité.**

FIDÉLISER emploi et sens Ce néologisme est utile dans le registre commercial, où il signifie « habituer les clients à fréquenter régulièrement un point de vente, ou à acheter régulièrement le même produit » : *À moins que tu ne fasses dans un genre qui fidélise une clientèle, comme nous disons dans le commercial* (Cavanna) et, par extension : *Comment le groupe de loisirs* [Eurodisney] *parviendra-t-il à fidéliser un personnel jeune, plutôt mobile, où les Français seraient déjà minoritaires ?* (Le Monde, 14 juin 1992). On emploie également le dérivé **fidélisation.**

FIEFFÉ orth. Deux *f* avant le *é* : *De fieffés coquins.*

FIER emploi On doit dire *fier comme Artaban* et non **fier comme d'Artagnan.*

FIER (SE) constr. La plus répandue est *se fier à* (quelqu'un ou quelque chose). On peut également dire *se fier sur*, mais *se fier en* est aujourd'hui tout à fait abandonné. → (SE) CONFIER

FIER-À-BRAS orth. Le plus généralement invariable au pluriel, mais on trouve la forme : **des fiers-à-bras.**

FIÈVRE orth. Les dérivés **fiévreux, fiévreusement** prennent un accent aigu. ◆ emploi On dit surtout *avoir de la fièvre*, mais le *de* partitif n'est pas obligatoire.

FIGULINE sens « Ancien vase en terre cuite. » Ne pas confondre avec **figurine.**

FIGURE emploi Invariable dans *faire figure de*, quel que soit le nombre du sujet.

FIL emploi L'expression familière *coup de fil* pour *coup de téléphone* tend à s'introduire dans le bon usage courant : *Clairon* [...] *s'était consolé au rapport scrupuleux des deux coups de fil que j'avais reçus de Boston* (Colombier). → TÉLÉPHONE

FILANDRE genre Féminin. ◆ sens Désignation vieillie du « fil de la Vierge » ou, rarement, « fibre peu comestible de certains légumes ou de certaines viandes ». Le dérivé **filandreux** est plus employé.

FILASSE emploi et sens Ce mot est soit substantif, au sens de « matière textile végétale non encore filée », soit adjectif invariable, signifiant « d'un blond pâle, fade » : *Une petite tête blême, avec des cheveux rares et filasse* (Triolet).

FILE emploi On dit *en file* ou plus souvent *à la file*, mais *de file* est rare (tour concurrencé par *d'affilée*) : *Il fuma quatre ou cinq pipes de file près du poêle* (Giono).

FILETER conjug. Comme *acheter* → APPENDICE

FILIAL forme Plur. : **filiaux** → -AL

FILIGRANE orth. Un seul *n*. ◆ genre Masc. : **le filigrane.**

FILLE emploi Il faut dire : *Il se promenait avec sa fille* et non **avec sa demoiselle*, qui s'entend parfois dans le langage populaire. → DEMOISELLE

FILLE-MÈRE orth. Avec un trait - d'union. Plur. : **des filles-mères.** Mais, sans trait d'union : *une fille naturelle (légitime, adoptive), une jeune fille.* ◆ emploi Mot désuet et de valeur péjorative, auquel l'usage actuel a substitué des expressions telles que *mère célibataire, non mariée.*

FILOU orth. Plur. : **des filous.**

FILS emploi La suppression de la préposition *de* entre ce substantif et son complément relève de l'usage populaire : *Deux jours après la visite du fils Agosti, la mère reçut un mot de Joseph* (Duras).

FILTRE orth. Ne pas confondre avec **philtre**, plus rare et appartenant à un registre plus élevé. → ce mot : *Le filtre sert à filtrer* (le café, etc.). *Le philtre est un breuvage magique.*

FIN emploi et sens Dans la langue soutenue, ce mot est souvent équivalent de « but » ou « dessein » : *Un terrain qui a été destiné par ceux qui le possèdent à*

des fins diverses et bien singulières
(Apollinaire). Il faut dire *à des fins* ou
pour des fins, et non pas *dans des fins* :
*Les listes des tués, dont la préfecture, il
ne comprenait pas à quelles fins, lui faisait remettre un double* (Gallo).

□ **à seule fin.** Les locutions *à seule fin
de*, *à seule fin que* mettent en relief l'intention de finalité («uniquement
pour») : *J'avais si souvent espéré m'approprier l'affection de mes parents ; j'a-
vais si fréquemment feint de gémir ou
pleurer à seule fin de les ramener vers
moi* (Labro). *C'était à seule fin qu'elle
me dît de revenir vite auprès d'elle*
(Proust). La forme *seule* est une déformation de l'ancien démonstratif, dans *à
celle fin* («à cette fin») : *Il surveilla l'évacuation du cantonnement à cette fin que
personne ne tire au flanc* (Barbusse).

□ **fin novembre.** L'ellipse de la préposition *de*, ainsi que du groupe introducteur *à la*, caractérise plutôt la syntaxe
des textes commerciaux. Voici deux
exemples littéraires de ce tour peu recommandé en bonne langue :
*Mlle Sergent avait payé mon hôtel jus-
qu'à la fin juin* (Perry). *Catherine avait
trouvé, fin 68, un éditeur touffu* (Desproges). → DÉBUT

□ **fin + adjectif.** Ce mot peut être employé comme adverbe dans la langue
familière ; il reste le plus souvent invariable : *J'étais fin prête à six heures*
(Giono). *Après si belle bacchanale, nous
étions fin soûls, aux frais de la princesse*
(Clébert). Avec accord : *Elle était fine
bonne, celle-là* [cette balle] (Duhamel).

FINAL forme Plur. : **finals** → -AL

FINAL(E) genre et sens Il faut distinguer
le substantif *masculin* qui désigne la
«dernière partie» d'une œuvre musicale» et s'écrit avec ou sans *e* : **un final
(e) d'opéra,** et le substantif *féminin*, qui
s'applique à de nombreux domaines :
linguistique, sports, etc., et prend toujours un *e* : **la finale** (*d'un mot, de la
Coupe de France*, etc.).

FINANCE emploi Le plus souvent au
pluriel, mais le singulier n'est pas rare,
et correspond à une signification plus
abstraite, plus générale : *Judas, qui
commença par la finance, continua par
l'apostolat et finit en sycophante* (Apollinaire). Parfois ce singulier a une cou-

leur ironique : *Pluvignec cent pour cent,
par conséquent doué pour la finance,
amateur de grandes pointures, pénible-
ment studieux* (Bazin). On sait que,
dans un emploi burlesque, Alfred Jarry
écrivait le mot : *phynance.* Attention à
l'orthographe de : *moyennant finance*
(sans *s*). On écrit d'autre part : *le ministère* (ou *le ministre*) *des Finances.*

FINASSEUR forme On dit aussi **finas-
sier.**

FINE-DE-CLAIRE orth. Plur. : **des
fines-de-claire.** ♦ **sens** «Nom commercial d'une variété d'huîtres.»

FINIR constr. et sens Suivi de *de*, ce verbe
exprime que «le sujet parvient à la dernière phase d'un processus» : *Le soir,
seul dans mon lit, j'appelais Marthe,
m'en voulant, moi qui me croyais un
homme, de ne le être pas assez pour finir
d'en faire ma maîtresse* (Radiguet).
Suivi de *par*, le verbe **finir** indique que
«le sujet clôt par une dernière action
une suite d'actions antérieures» : *Il finit
par aller s'étaler par-delà la barrière du
cirque* (Alain-Fournier). *J'ai fini par me
dégager et par prendre la fuite* (Duhamel). On ne doit pas employer la préposition *par* quand il n'est question que
d'une action isolée. → COMMENCER

□ **c'en est fini de.** Tour littéraire, dans
lequel *en*, qui n'a pas de sens précis,
souligne le caractère irrévocable de la
décision ou de l'événement : *Quand
elles arrivent dans nos villes, avec leurs
superbes bagages, c'en est fini, dans
l'armée et dans l'art, de la paix des mé-
nages* (Giraudoux).

FINISH emploi et sens La locution
pseudo-anglaise **au finish,** employée
en sport pour qualifier une victoire
remportée au tout dernier moment,
peut être avantageusement remplacée
par **à l'arraché** (recommandation officielle par arrêté du 18 février 1988).
Quant à la *photo-finish,* le même arrêté
recommande de l'appeler *photo d'arrivée.*

FIORD → FJORD

FIOUL orth. C'est l'orthographe recommandée officiellement, à la place
de *fuel(-oil)* (→ ce mot) par l'arrêté du

ministre de l'Économie et des Finances du 18 février 1987.

FISC forme Mot sans pluriel : *Les agents
du fisc.* Éviter la faute grossière consistant à intervertir dans la prononciation
comme dans l'orthographe le *s* et le *c.*
Dérivé : *fiscal.* Pluriel : *fiscaux.*

FISSILE sens Le Grand Larousse universel enregistre deux sens : « qui a une
tendance à se diviser en feuillets ou en
couches minces (en parlant des miné-
raux et des roches, notamment)» et
« susceptible de subir une fission», en
physique nucléaire. Il note **fissible,** enregistré dès 1953 par le *Larousse du
XXe siècle,* comme synonyme de **fissile**
dans le lexique de la physique nucléaire : *La Chine posséderait suffisamment de stocks de matière fissile pour
pouvoir lancer, grâce à ses bombardiers,
une centaine de charges d'une puissance de 20 kilotonnes (Le Monde). L'u-
ranium 235 et le plutonium 238 sont des
éléments fissibles, mais non le plutonium 240.* Quant au verbe *fisser* (« subir
une *fission* »), lancé audacieusement
vers 1948 par A. Ducrocq, il n'a pas
réussi à s'imposer. On rencontre de
même les dérivés synonymes **fissilité** et
fissibilité, dans le sens « nucléaire ».

FIXATEUR ou **FIXATIF emploi et sens** Le
premier substantif désigne un « produit
qui maintient en place les cheveux, ou
qui fixe l'image sur la pellicule photographique », ou encore le « vaporisa-
teur qui projette un produit sur les cheveux ». Le second désigne exclusivement une « préparation liquide
destinée à fixer sur le papier un pastel
ou un fusain ». Il y a dans les exemples
suivants une confusion entre ces deux
termes : *Comme le fixateur fixe un dessin au crayon, ce que je venais de vivre
fut fixé jusqu'à ma mort* (Montherlant).
*Avez-vous le désir de séparer vos che-
veux par une raie et de les maintenir
par un fixatif?* (Giraudoux).

FIXE orth. Invariable dans les composés : *un* (ou *des*) *fixe-fruit(s), un* (ou *des*)
fixe-chaussettes.

FIXER emploi Il est devenu difficile de
refuser le tour **fixer quelqu'un** au sens
de « fixer les yeux sur quelqu'un », ou de

« regarder quelqu'un avec des yeux
fixes ». La formule abrégée est en effet
utilisée couramment par les meilleurs
auteurs, malgré les condamnations de
Voltaire, de Littré et de nombreux
grammairiens : *Elle l'avait fixé droit
dans les yeux* (Daniel-Rops, cité par
Grevisse). *Thérèse sourit, puis le fixa
d'un air grave* (Mauriac, cité par Paul
Robert). *Les deux anonymes s'étaient
rapprochés de la porte et la fixaient avec
des yeux stupides* (Rey).

FJORD prononc. [fjɔrd]. ♦ **orth.** On écrit
parfois **fiord,** qui correspond mieux
aux habitudes du français.

FLAGEOLER orth. *-geo-* et un seul *l.* De
même **flageolet.**

FLAGRANCE → FRAGRANCE

FLAMAND et **FLAMANT orth. et sens**
Est **flamand** (avec un *d*) ce qui se rapporte à la Flandre *(l'art flamand).* **Flamant** (avec un *t*) désigne l'oiseau palmi-
pède.

FLAMBANT forme Dans les locutions
du genre *des souliers flambant neuf(s),*
flambant est toujours invariable, tandis
que *neuf* s'accorde facultativement :
*Dans quinze jours je fais cadeau à Ma-
rino d'une forteresse flambant neuve*
(Gracq). *Des inspecteurs flambant neufs
de l'enseignement technique* (Colombier).

FLAMBER constr. et sens Intransitif,
flamber signifie « brûler avec de
grandes flammes » ; mais avec un
complément d'objet direct, « passer à la
flamme, brûler en surface ». On dira
flamber un poulet, mais on évitera l'emploi extensif suivant : *Un fagot de sar-
ments qu'au réveil j'ai flambé* (Giraudoux).

FLAMINGANT orth. Pas de *u* après le
g. ♦ **sens** « Qui parle flamand » ou « qui
est partisan de l'autonomie de la
Flandre ». Sens plus précis que celui de
flamand.

FLAMME orth. Au singulier dans *être
tout feu tout flamme* (pas de virgule), *jeter feu et flamme, des yeux de flamme.*

FLÂNER orth. Tous les mots de cette famille prennent un accent circonflexe

sur le *a* : *Elle aime tant flâner, rêvasser* (N. Sarraute).

FLANQUER emploi et sens Ce verbe est courant avec un sujet non animé, au sens de « se trouver sur le flanc de, garnir » : *La table ronde, flanquée d'une petite « servante » à roues caoutchoutées* (Colette). Avec des animés, le tour est plaisant : *Notre père rentra peu après, toujours flanqué de son ami* (Bazin). Mais le verbe est très familier dans les phrases suivantes, où il équivaut à « jeter, lancer violemment » : *Un pied sur le rebord de la fenêtre il flanquait de grands coups de mouchoir pour épousseter ses souliers* (Gide). *Cette rossée que je lui flanquerais en pleine rue* (Sartre).

FLASH orth. Pluriel : **des flashes.** *Il est aussitôt criblé de flashes à bout portant* (R. Jean). Noter le groupe *-sh*, et non *-sch*. ♦ **Dérivé :** Dans un registre familier, on rencontre le verbe *flasher* (sur qqch. ou qqn), au sens d' « être fortement attiré ou séduit par » : *Elle a flashé sur un amour de petite robe !* Ce mot provient de **flash**, « vif plaisir causé par la drogue ». Il existe en outre, pour ce verbe et ses dérivés, des acceptions techniques concernant la photocomposition.

FLASH-BACK orth. Plur. : **des flash-back.** ♦ **sens** Terme de cinéaste, « retour en arrière » → le précédent

FLASQUE (subst.) **Genre** Féminin, quand le mot désigne une « poire à poudre » ; masculin, quand il s'agit d'un « flacon plat », ou, en technologie, de « pièces allant souvent par paires et disposées parallèlement » : *Vos flasques de roues sont voilées.*

FLATTER (SE) constr. Après *je me flatte que*, on trouve l'indicatif ou le conditionnel : *Il se flattait qu'elle était troublée* (Aragon). Après *je ne me flatte pas que*, seulement le subjonctif : *Je ne me flatte pas que ces pages puissent avoir beaucoup de lecteurs* (Henriot, cité par Grevisse). Après la construction interrogative *vous flattez-vous que ?*, on a le subjonctif ou l'indicatif. Ces constructions sont voisines de celles du verbe *espérer*. → ce mot. À la voix passive, *être flatté que* demande le subjonctif :

Elle se sentait flattée que l'âme de sa fille appartînt si peu à Jacques (Radiguet). *Je ne serais pas flattée du tout qu'on m'en parlât* (Proust).

FLÉAU orth. Plur. : **des fléaux.**

FLEGMON → PHLEGMON

FLEMMARD orth. On rencontre aussi, mais moins souvent, *flémard.* ♦ **emploi** Seulement dans un registre familier avec une valeur péjorative, issue du suffixe *-ard.*

FLEUR orth. L'usage tend aujourd'hui à employer *fleur* au pluriel dans la locution *arbre en fleurs.* On écrit : *un bouquet (un vase) de fleurs, à fleur d'eau (à fleur de peau), eau de fleur d'oranger.*

FLEUR DE LIS, FLEUR BLEUE orth. Sans trait d'union : *Il est très fleur bleue.*

FLEURAISON → FLORAISON

FLEURER emploi et sens « Répandre une agréable odeur. » Ce verbe est littéraire et souvent précieux : *Des femmes fleurant bon, habillées cher, fouettées d'air frais* (Aragon). *Toute une vie de bâtons de chaise en gibus et cravate blanche, fleurant le porto, la poudre de riz et les cigares de la régie* (Aymé). Ne pas confondre avec **flairer**, verbe de perception : *Ces messieurs venaient juste à temps pour flairer leur assiette* (Rochefort). → à GALETAS

FLEURIR conjug. Elle est régulière pour le sens propre, mais comporte quelques formes en *-o-* quand le verbe est appliqué à un sujet autre qu'une plante, avec le sens de « prospérer ». Il s'agit de l'imparfait *florissait* et surtout du participe-adjectif *florissant*, très fréquent dans des expressions figées, comme *une santé florissante*, et qui gagne du terrain, comme en témoigne la citation suivante : *C'était sur le flanc de cette colline que s'étalait le champ d'ananas. Sur beaucoup de rangées, ceux-ci étaient morts mais sur d'autres ils étaient florissants* (Duras). Au figuré, avec le sens de « prospérer », on peut trouver à l'imparfait *fleurissait* ou *florissait* : *Il me sembla que cet influx florissait en mon corps aux dépens de mon être ordinaire* (Hériat). L'infinitif *florir* est d'un emploi précieux, rare.

FLEUVE et **RIVIÈRE** **sens** Les géographes distinguent le **fleuve**, qui est un «cours d'eau principal, en recevant d'autres et se jetant dans la mer», et la **rivière**, «cours d'eau d'importance moyenne, qui se jette soit dans un fleuve, soit directement dans la mer» : *Le plus long fleuve de France est la Loire, qui reçoit de nombreuses rivières comme affluents.* On notera cependant que la définition de ces deux substantifs ne répond pas à des critères scientifiques. Dans la langue littéraire, *fleuve* a des acceptions figurées emphatiques et majestueuses, que n'a pas *rivière*.

FLIC-FLAC **orth.** Avec trait d'union, quand l'onomatopée est substantive : **le flic-flac.** Mais *faire flic flac.*

FLINGOT **forme** On emploie aussi souvent **flingue.** ♦ **emploi** «Fusil», appartient au registre populaire. De même pour le verbe **flinguer.**

FLOCHE **emploi et sens** Adjectif dans *soie floche,* c'est-à-dire «légèrement torse». Substantif féminin, au sens de «houppette, amas floconneux».

FLONFLON **forme et emploi** Terme familier qui se rencontre le plus souvent au pluriel : *Le long des allées noires, bordées de platanes, où les flonflons d'un orchestre de province se perdaient dans la nuit d'été* (Carco).

FLORAISON **emploi** Cette forme est plus répandue que **fleuraison,** qui est littéraire (c'est l'inverse pour les formes de *fleurir* → ce mot).

FLORAL **forme** Plur. : **floraux** → -AL

FLORÈS (FAIRE) **emploi et sens** Locution verbale figée, de construction intransitive, au sens de «connaître de brillants succès». Aujourd'hui désuet : *En attendant, la petite reine fait florès* (Queneau).

FLORISSANT → FLEURIR

FLOT **orth.** *Couler à flots,* mais *(re) mettre à flot* : *La marine va mettre à flot sa première frégate légère* (Le Monde, 10 juin 1992).

FLOTTAGE **sens** «Transport par eau des troncs d'arbre.» Ne pas confondre

avec **flottaison,** terme de marin, employé surtout dans *ligne de flottaison,* ni avec **flottation,** «triage de certains matériaux par l'eau».

FLUET **forme** Fait au féminin **fluette.** ♦ **sens** «Grêle et fragile d'apparence» : *Ce garçon fluet, quel homme est-il devenu ?* (Mauriac).

FLÛTE **sens** Avec un accent circonflexe (de même pour les autres mots de cette famille).

FLUVIATILE **sens** «Qui vit ou se développe dans les cours d'eau.» Ne pas confondre avec **fluvial,** «qui concerne les fleuves» : *navigation fluviale, police fluviale.*

FLUXMÈTRE **prononc.** Le *x* reste muet, comme dans **flux.**

FŒHN **prononc.** [føn]. ♦ **orth.** On écrit, moins souvent, *föhn.* ♦ **sens** Dans les Alpes suisses et autrichiennes, «vent sec et tiède», qui fait fondre la neige.

FOÈNE **orth.** Elle n'est pas fixée et l'on trouve de nombreuses variantes, principalement *foëne* ou *fouëne.* ♦ **genre** Fém. : **une foène.** ♦ **sens** «Gros harpon à trois dents.»

FŒTUS **prononc.** [fetys]. ♦ **sens** «Nom pris par l'embryon à partir d'un certain stade de croissance» (après trois mois pour l'embryon humain). Ne pas confondre avec **embryon.**

FOIRE **orth.** On écrit *une* (ou *des*) *foire (s)-exposition(s), une* (ou *des*) *foire(s)-échantillon(s),* mais, sans trait d'union, *champ de foire, foire du Trône, foire d'empoigne.*

FOIS **emploi** Ce substantif entre dans de très nombreuses locutions, dont certaines sont de la langue populaire. Il en va ainsi pour **des fois** qui supplante **parfois** et **quelquefois** dans la langue très familière, ou populaire : *Non, mais des fois, attention !* (Ionesco). *Il y a des fois, on dirait qu'elle va parler* (Aymé). *C'est-à-dire, si des fois vous pouviez me prêter, prêter, hein ? Je vous les rendrais à la fin du premier mois* (Sartre). La locution *de fois à autre,* au sens de «par-

fois», est archaïsante : *De fois à autre, Mamitate s'en versait un petit verre* (Jorif).

☐ **la fois qui.** Appartient également à la langue populaire : *J'aime mieux, avait dit Langlois, me déranger vingt fois pour rien plutôt que de rater la fois qui compte* (Giono).

☐ **des fois que + conditionnel.** Au sens de «pour le cas où», est d'usage populaire : *Des fois qu'il aurait pu devenir comptable et même sergent-major* (Thérive).

☐ **deux fois la semaine.** Tour correct, de même sens que *deux fois par semaine* : *Il n'avait jamais manqué à visiter, une fois la semaine, son oncle Suprême* (Aymé). *L'embarrasser de sa personne dix fois le jour* (Boylesve).

☐ **une fois + participe-adjectif.** Ce tour est correct et très répandu : *Une fois libres, n'avons-nous pas les mêmes désirs?* (Queneau). *Je reviendrai au Havre une fois fortune faite* (Duhamel). Ce tour n'est qu'une forme elliptique du tour *une fois que.*

☐ **une bonne fois.** Cette locution est du langage familier. Dans le langage soutenu, on dit *une fois pour toutes* : *La vérification, en ce qui les concernait, était faite une fois pour toutes, mon pouvoir assuré pour longtemps* (Camus).

☐ **deux fois plus grand** ou **une fois plus grand.** On dit aujourd'hui : *Cette pièce est deux fois plus grande que l'autre*, plutôt que *une fois plus grande*, ou *une fois aussi grande*, qui sont des tours vieillis. *Deux rives inégales, la gauche ayant une superficie deux fois plus grande que la droite* (Butor). Pour la division, on dit de même *deux fois plus petit* ou *deux fois moins grand* plutôt que *une fois*. On raisonne actuellement plus volontiers en s'appuyant sur les notions de multiplication et de division que sur celles d'addition et de soustraction.

☐ **à la fois.** Cette locution est courante en fin de proposition : *Il ne faut pas chasser deux lièvres à la fois.* Mais elle apparaît comme littéraire lorsqu'elle précède les termes sur lesquels elle porte, ou qu'elle se trouve intercalée : *Cette voix suppliante à la fois et impérieuse, avait réveillé le malade* (Mauriac). On emploie plus couramment *en*

même temps (que), dans ce type de contextes.

☐ **à chaque fois (que)** → A

☐ **par deux fois.** La préposition *par* renforce la locution en soulignant en général l'idée d'effort, de difficulté ou d'échec : *Elle a tenté par deux fois de mettre fin à ses jours.*

FOL emploi Cette vieille forme masculine ne s'emploie plus aujourd'hui que devant un mot commençant par une voyelle ou un *h* dit muet : *un fol enthousiasme.* On évitera de l'employer en dehors de ce contexte phonétique, sous peine de créer une ambiguïté doublée d'un archaïsme : *Point ne suis fol* (Queneau). *Ce qu'il y a de fol, et de joyeux, et de formidable dans l'instant même* (Valéry).

FOLICHON orth. Redouble le *n* au féminin : **folichonne.**

FOLIE orth. Ce mot entre en composition de certains noms propres. On écrit : *la Folie Méricourt, la Folie Saint-Jammes, les Folies-Bergère* (*Bergère* est au singulier), *le théâtre des Folies-Dramatiques*, etc.

FOLIO orth. Plur. : *des folios* → IN-FOLIO

FOLIOLE genre Féminin, comme **feuille,** et non masculin, comme **folio.**

FOLKLORE orth. En un seul mot. De même pour le suivant.

FOLKLORIQUE emploi et sens Dévié depuis 1968 de son sens propre, notamment dans le langage des étudiants : «qui est divertissant ou spectaculaire, mais non sérieux quant au fond». *Leur assemblée générale est folklorique* ou «*folklo*».

FOLLICULAIRE sens «Médiocre journaliste, gratte-papier sans envergure.» Ce mot péjoratif, malgré les apparences, et bien qu'il ait été employé comme synonyme de *feuilliste*, n'a pas de rapport étymologique avec **feuille.**

FONCTION emploi Dans l'expression *entrer en fonction(s)*, on peut considérer que le singulier donne un simple équivalent de *profession*, alors que le pluriel valorise la profession, en insistant sur ses *charges* honorifiques. Mais on dira toujours au singulier *faire fonction de, être fonction de.* ♦ **dérivés** : *Fonctionner, fonctionnaire, fonctionnariat, fonctionnement, fonctionnel,* avec deux *n.*

FOND et **FONDS** **sens** Ces deux noms ont la même source latine. Le mot **fond** a un sens spatial, « le plus bas niveau » : *Ils ont laissé le muscat reposer avec sa jolie couleur dans le fond des verres* (Ramuz). *Le chemin s'enfonça entre deux talus vers les fonds* (Vailland). *Il est tombé au fond du puits et s'est noyé.* Au figuré, il signifie « la base, le fondement, le cœur de » : *Tu connais le fond de l'affaire. Dans le fond, quelle importance cela peut-il avoir?* On ne le confondra pas avec **fonds,** qui prend un *-s* final même au singulier et a un emploi plus restreint. *Fonds* désigne un « bien immeuble constitué par un domaine qu'on exploite ou un sol sur lequel on bâtit » (Robert), ou bien un « capital » : *Vendre un fonds de commerce. Veux-tu que je t'avance des fonds? Je ne suis guère en fonds aujourd'hui.* C'est de ce mot qu'il s'agit dans les vers célèbres de La Fontaine : *Travaillez, prenez de la peine / C'est le fonds qui manque le moins* (c'est-à-dire : « Le travail est une valeur que tout le monde possède en soi à égalité »). Au figuré, ce mot désigne le « tempérament profond d'un être » : *Cet enfant n'a pas un trop mauvais fond. Il possède un fonds de générosité vraiment inépuisable.* Ne pas confondre non plus avec **fonts** → ce mot.

FONDAMENTAL **forme** Pluriel : **fondamentaux** → -AL

FONDÉ DE POUVOIR **orth.** Au féminin : **une fondée de pouvoir.**

FONDRE **conjug.** Comme *rendre.* → APPENDICE. Certaines formes sont homonymes du verbe *fonder,* dont la conjugaison est très simple (sur le modèle de *aimer*). On prendra garde aux confusions possibles (présent de l'indicatif : *je fonds* ; imparfait de l'indicatif : *je fondais* ; subjonctif présent : *que je fonde* ; participe présent : *fondant*).

FONTIS **prononc.** Le *s* final reste muet. ♦ **forme** On a eu également la forme *fon-*

dis. ♦ **sens** « Cavité souterraine causée par un affaissement du sol. »

FONTS **orth.** Ne pas confondre ce substantif avec **fond** et **fonds.** → ces mots. ♦ **emploi** Uniquement dans la locution **fonts baptismaux,** qui peut être réduite au premier terme si le contexte est suffisamment explicite : *L'une d'elles a tenu sur les fonts un enfant* (Aragon).

FOOTBALL **prononc.** Les dictionnaires donnent [futbol], mais cet anglicisme est tellement passé dans nos mœurs qu'il n'est pas choquant de prononcer à la française [futbal] ou même [fɔtbal], comme cela s'entend souvent.

FOOTING **emploi et sens** Faux anglicisme. Le sens est « marche hygiénique et sportive ». L'activité et le mot ont été détrônés par la vogue du **jogging** (→ ce mot).

FOR **orth.** Ne pas écrire **fort** dans la locution *en (mon) for intérieur* : *Il se désola en son for intérieur* (Vailland). *J'étais bien décidé dans mon for intérieur à ne pas me rendre aux obsèques* (P. Jardin).

FORCE **emploi** Comme synonyme de *beaucoup de,* évidemment invariable, dans les contextes de ce type : *Millie, qui était très fière de moi, me ramena plus d'une fois à la maison avec force taloches* (Alain-Fournier). *Brillant ingénieur chimiste, il traîne déjà un passé glorieux semé de force diplômes, galons, félicitations du jury et des patrons* (Chaix). Cet emploi est quelque peu archaïsant.

□ **force est de.** Cette locution figée est aujourd'hui littéraire au sens de « on ne peut que » : *Force était d'attendre avril* (Gide, cité par Robert). S'emploie le plus souvent avec un pronom personnel (datif) : *Force m'est parfois de relever le gant et d'accepter le combat* (Duhamel). *Sa vue avait beaucoup baissé. Force lui était de s'en tenir surtout aux titres et aux caractères gras* (Fontanet).

□ **à toute force.** Formule un peu désuète, et souvent remplacée de nos jours par *à tout prix* : *Frank MacKenna voulut à toute force chasser le lièvre un dimanche matin* (Green). ♦ **forme** Toujours au singulier.

FORCÉMENT sens De «par force, par contrainte», le sens est passé à «de façon nécessaire, par une conséquence rigoureuse» : *Et vous n'avez pas un préféré parmi les dieux? – Forcément, puisque j'ai un préféré parmi les hommes* (Giraudoux).

FORCER constr. Ce verbe est suivi de *à* ou de *de* d'une manière souvent indifférente, ou fondée sur l'euphonie (on évitera par exemple *il la força à aller*). Mais l'actif est plus souvent accompagné de *à* et le passif de *de*, sans qu'il y ait de différence sur le plan du sens : *L'acharnement de son épouse et de sa fille forçait parfois à sortir de table M. Lacombe* (Radiguet). *Elle est forcée de convenir que non ; et cette idée lui est pénible* (Romains). *Le bus avait été forcé de s'arrêter à l'entrée de la ville* (Godbout). À la voix pronominale, on a normalement la préposition *à* : *Quand je me forçai à regarder, le point noir avait disparu* (Camus). L'emploi de *de* en pareil tour est affecté : *Je me forçai moi-même d'y croire* (Gide). → CONTRAINDRE

FORCING emploi et sens On peut presque toujours remplacer cet anglicisme par son équivalent français **pression,** surtout dans le domaine du sport (recommandation officielle du 18 février 1988).

FORCLORE conjug. Comme *clore,* mais très défective. Ne sont utilisés que l'infinitif et le participe passé **forclos.** ♦ sens Terme de droit, «ôter la possibilité d'agir juridiquement après l'écoulement d'un certain délai».

FORÊT orth. Accent circonflexe. Ne pas confondre avec **foret** (outil servant à percer des trous). On écrit : *la forêt-galerie* (plur. : *des forêts-galeries*), mais, sans trait d'union, *forêt vierge.*

FORÉTIQUE emploi et sens Ce néologisme désigne «l'ensemble des activités concernant l'industrie du bois» : *Le Défi de la «forétique»* (Grall, *Le Monde,* 9 décembre 1984). L'Académie française lui préfère le mot canadien **foresterie.**

FORINT prononc. [fɔʀint]. ♦ sens «Unité monétaire hongroise.» Ne pas confondre avec **florin,** «unité monétaire des Pays-Bas».

FORMALISER (SE) constr. Ce verbe pronominal n'est suivi aujourd'hui que de l'ensemble *de ce que* + *indicatif* ou *subjonctif.* → DE (CE QUE)

FORME emploi Sert de suffixe dans des adjectifs composés : *difforme, filiforme, protéiforme,* etc.

□ **être en forme.** Cette locution est aujourd'hui très répandue, sous l'influence de la langue du sport : «être dispos, dans un bon état de santé». On ne peut plus la refuser sous prétexte de l'absence d'un adjectif, mais il est permis de préférer *être en bonne forme* ou *en pleine forme.*

FORMER et **FORMULER** emploi et sens Le premier de ces verbes est dérivé de **forme,** d'où ses multiples emplois : *On forme un enfant, une motte de glaise, une matière plastique, un ensemble, des faisceaux,* etc. Le second, dérivé de **formule,** est d'un emploi plus restreint. Il signifie «donner une forme précise, explicite, à un texte écrit ou à des paroles prononcées» : *Ne pas se contenter de former de vagues souhaits, mais formuler expressément un vœu ; formuler ses griefs auprès d'un responsable ; formuler une demande en mariage.*

FORMICATION sens En médecine, «fourmillement». Ne pas confondre avec **fornication** → ce mot

FORMIDABLE emploi et sens Cet adjectif, signifiant à l'origine «redoutable», a vu son sens s'affaiblir considérablement. Il sert de superlatif emphatique dans toutes sortes de contextes : *Quand elle avait souri je l'avais trouvée jolie mais sa voix surtout était formidable* (Duras). On retrouve parfois la valeur première, comme ici : *Ils veulent toujours attaquer, donner de formidables coups d'épée dont on parlera dans les chroniques* (Anouilh). Les mêmes remarques valent pour l'adverbe *formidablement.*

FORNICATION emploi et sens À l'origine, terme biblique, «péché de la chair». Employé aujourd'hui avec une intention le plus souvent ironique, faussement didactique : *Il m'a toujours semblé que nos concitoyens avaient*

deux fureurs : les idées et la fornication
(Camus).

FORS emploi et sens Préposition archaïque : *Tout est perdu, fors l'honneur.*
→ EXCEPTÉ

FORSYTHIA orth. Elle est difficile. ♦ prononc. [fɔʀsisja]

FORT orth. Ce mot se trouve dans plusieurs locutions ou mots composés qui ne prennent pas de trait d'union, notamment : *fort(s) en thème, fort(s) en gueule* (populaire), *un fort des Halles*, et, dans le sens de «lieu fortifié», *château(x) fort(s), place(s) forte(s)*. Mais on écrit *prêter main-forte* (invariable : *Ils étaient trois à me prêter main-forte*). ♦ emploi Lorsque *fort* joue le rôle de l'adverbe *très* devant un adjectif ou un adverbe, il s'agit d'un superlatif absolu qui relève de la langue recherchée et littéraire : *Il faut ajouter qu'on y est fort tranquille pour lire* (Apollinaire). *Malheureusement la prostituée avait une nature fort bourgeoise* (Camus). On trouve aussi cet adverbe employé avec un verbe, à la place de *beaucoup* : *Deux bibliophiles s'étaient attardés dans sa boutique, tandis qu'il traduisait un ouvrage anglais, et ils le dérangeaient fort par leur bavardage* (Apollinaire).
□ **se faire fort de.** Dans cette locution verbale signifiant «assurer qu'on a la capacité de», *fort* demeure en principe invariable : *Elle se faisait fort d'amener Octavie à des confidences* (Mauriac). *Tant de gens se font fort de vous ouvrir toutes les portes* (Romains). Mais l'accord se fait avec le sujet lorsque *fort* joue le rôle, non pas d'un adverbe, mais d'un adjectif, l'expression signifiant alors «tirer sa force de» : *Ils se font forts de la faiblesse de leurs adversaires*. On rencontre aussi l'adjectif seul, en ce sens : *La collection du Précis-Dalloz, encyclopédie juridique et fiscale forte de trente volumes* (Labro).
□ **le plus fort de.** Même quand *fort* est substantivé, il peut se mettre au superlatif : *Dans le plus fort de sa détresse* (Aymé).

«FORTIORI (A)» → «A POSTERIORI»

FORTUNÉ sens À l'origine, «qui est favorisé par la chance» : *Jupiter daigne*

savoir mon existence? Je suis fortunée entre toutes (Giraudoux). Ce sens se retrouve couramment dans l'antonyme **infortuné.** Mais un glissement sémantique s'est produit, qui est passé dans la langue correcte, et a fait de **fortuné** un synonyme «élégant» de *riche : Un homme fortuné a les moyens de s'offrir plus que le superflu.* L'évolution est la même pour le substantif *fortuné : Quand vous laissez des biens à vos héritiers, vous les quittez et ils vous oublient ; vous faites tout ensemble des fortunés et des ingrats* (Raspail). L'antonyme *infortuné* n'a pas subi le même glissement.

FORUM orth. Plur. : *des forums.*

FORURE sens Mot technique, «trou fait avec un foret». Ne pas confondre avec **forage,** «action de forer, de percer».

FOSSE orth. On écrit : *une fosse d'aisances, une fosse septique.* → BAS (BASSE-FOSSE) et CUL (CUL-DE-BASSE-FOSSE)

FOU orth. *Fou furieux, fou rire,* s'écrivent sans trait d'union. Mais : *folle (s)-avoine(s)* et *folle(s)-blanche(s)* → FOL

FOUAILLER → FOUILLER

FOUDRE genre En général, féminin, dans les emplois courants. Masculin au sens spécialisé de «grand tonneau» ou de «cylindre abritant une soufflerie». On dit aussi *un foudre de guerre, d'éloquence,* et *le foudre de Jupiter,* pour l'emblème en forme de zigzag : *On les prendrait pour des foudres de guerre du genre «Ouvrez le ban»* (J. Roy). *Tout l'équipage est silencieux, les yeux fixés sur ce navire qui passe, et qui, pour nous, renferme tous les foudres de Jupiter* (Monfreid).

FOUDROIEMENT orth. Ne pas omettre le *e* intérieur.

FOUDROYER conjug. Comme *aboyer*
→ ce mot

FOUILLER constr. Ce verbe peut être transitif ou intransitif. Dans le premier cas, il a souvent un sens archéologique : *L'abbé Mouton, en compagnie de*

qui j'ai fouillé depuis 1934 les grottes de Farincourt et celles de Morancourt (Jouffroy). Dans le second cas, ce verbe s'emploie très communément, au sens de «chercher», de façon non systématique, en bouleversant : *Tu as encore fouillé dans mes affaires. J'ai fouillé tout l'après-midi dans la commode, sans résultat.* Certains contextes permettent indifféremment l'une ou l'autre construction : *Chaque matin les chiffonniers fouillent (dans) les poubelles.* Ne pas confondre avec **fouailler** : *L'impossibilité pour l'être humain, caressé, entraîné, stimulé, fouaillé par la musique d'échapper au poids aussi bien qu'à l'impulsion* (Claudel). Ce dernier verbe est de la famille de **fouet.**

FOUINER emploi et sens Ce verbe familier est plus pittoresque que **fouiller,** auquel il correspond pour le sens, avec l'idée complémentaire d'indiscrétion. Il ne s'emploie qu'intransitivement : *Deux fois par jour Langlois remettait ses bottes et faisait une inspection soignée, fouinant dans toutes les cours, les basses-cours, les recoins, les culs-de-sac* (Giono).

FOUIR emploi et sens Verbe assez rare, employé au sens de «creuser (le sol)», en parlant des animaux. C'est la base de **enfouir.** Ne pas confondre avec **fouiller.**

FOULE constr. Lorsque le sujet d'un verbe est constitué par la locution **une foule de + un substantif,** l'accord se fait au singulier ou au pluriel, selon le contexte et l'intention du parleur : *Dans nos cervelles toutes neuves devait entrer une foule de noms nouveaux* (Ragon). *Une foule de gens a envahi le hall* (idée de masse indistincte). *Une foule de clients mécontents sont venus inscrire leurs réclamations* (idée d'une somme d'individus). On notera que si le mot *foule* est pris au sens figuré («nombreux»), le pluriel est obligatoire : *On nous a farci la cervelle d'une foule d'idées qui sont respectables, sans doute, mais passablement niaises* (Duhamel). → COLLECTIF

FOULÉE sens Le premier sens est celui de «traces laissées sur le sol par un être vivant» : *On arriva sur des foulées fraîches, profondes et terriblement grandes* (Giono). Aujourd'hui, l'acception la plus répandue marque une extension de sens : «mouvement fait par les pattes d'un animal ou les jambes d'un humain entre deux traces». On la trouve surtout dans le domaine du sport : *La souple foulée d'un coureur* ; et au figuré : *Se placer dans la foulée de quelqu'un.*

FOUR, FOURNEAU orth. Sans trait d'union : *petit(s) four(s)* (pâtisserie), *haut(s) fourneau(x), bas fourneau(x).*

FOURBIR sens «Nettoyer en rendant brillant» : *Fourbir son fusil.* Le participe passé est *fourbi* : *Fourbi, clair, irisé* (Baudelaire). Ne pas le confondre avec **fourbu,** forme isolée et adjectivale, au sens de «harassé de fatigue», à l'origine en parlant du cheval : *J'ai trop marché, je suis fourbu.*

FOURBU → FOURBIR

FOURCHER emploi et sens Familier dans *la langue lui a fourché,* c'est-à-dire : «il a commis un lapsus de prononciation».

FOURGUER emploi et sens D'origine argotique, ce verbe est populaire et signifie «vendre, placer une marchandise sans valeur». Ne pas confondre avec **brader,** «vendre à bas prix».

FOURMILIER prononc. [fuʀmilje] et non *[fuʀmije]. Même remarque pour **fourmilière.** Ne pas confondre ces substantifs avec le verbe **fourmiller.** ♦ orth. Un seul *l.*

FOURMI-LION orth. Prend le plus souvent un trait d'union. Plur. : **des fourmis-lions. ♦ genre** Masculin.

FOURNIL prononc. Le *l* final reste muet : [fuʀni].

FOURNIMENT → FOURNISSEMENT

FOURNIR constr. On dit dans la langue soutenue *fournir quelqu'un de quelque chose* et *se fournir de quelque chose* : *Ils espèrent seulement que vous les entretiendrez dans la bonne idée qu'ils ont d'eux-mêmes, en les fournissant d'une certitude supplémentaire qu'ils puise-*

ront dans votre promesse de sincérité (Camus). Mais on rencontre plus couramment *fournir quelqu'un en quelque chose* ou *fournir quelque chose à quelqu'un*. ◆ **emploi et sens** Absolument, *être fourni* s'emploie avec un sujet nom de personne au sens de « avoir de l'argent » : *Un petit service d'argent, je parie ? Vous n'êtes pas trop bien fournis cette année, mes pauvres enfants, c'est vrai* (Colette) ; avec un sujet non animé au sens de « être approvisionné » : *Cette boutique est assez mal fournie.*

FOURNISSEMENT sens Dans une société, « apport de chaque associé au fonds commun », ou « établissements de lots à distribuer ». Ne pas confondre avec **fourniment**, « équipement du soldat », et, par extension, « ensemble d'objets nécessaires » : *Tout le fourniment ramassé d'un cantonnement à l'autre* (Barjavel). *Nettoyer son fourniment.*

FOURRAGER constr. et sens Intransitivement, « faire du fourrage » et « chercher en bouleversant ». Transitivement, acception figurée, très répandue : *Mme Amparat baissa les yeux, fourragea sa chevelure blanche frisée, essaya d'écarter la confidence* (Colette).

FOURRE-TOUT orth. Invariable : **des fourre-tout.**

FOUTRE emploi et sens Ce verbe, très grossier à l'origine, mais seulement de caractère populaire aujourd'hui, sert de substitut à de nombreux verbes d'action *faire, mettre, donner,* etc. : *Des indications fort claires que nous n'avions rien à foutre dans un endroit pareil* (Giono). *Allons, allons, qu'est-ce que vous foutez ?* (Barbusse). *Y a du bon, mes enfants, les Boches foutent le camp* (id.). → FICHER. Grevisse indique que l'infinitif se prononce généralement [fut], mais ce phénomène n'est en rien spécifique de ce verbe, et se retrouve dans le cas des mots courants *être, battre, quatre,* etc. Bien entendu, les dérivés *foutaise, foutoir, foutrement* ressortissent au même niveau de langage : *Mais l'acquittement est une foutaise* (Salacrou). *Mon isoloir, mon reposoir, ils vont m'en faire un foutoir* (Bazin). → la citation à FROUSSE

FOX-TROT orth. Invariable : *L'orchestre a joué quatre fox-trot.*

FRAC sens Synonyme de « habit noir à queue de morue » (avec deux longues basques par-derrière). Ne pas confondre avec **smoking.**

FRACTIONS emploi On écrira : *les 8/10 d'un bénéfice* (sans le *e* abréviatif) et non *les* **8/10ᵉ d'un bénéfice*, et, en toutes lettres : *les huit dixièmes, les trois quarts,* etc. (sans trait d'union).

FRACTIONNEL sens « Qui tend à diviser, dans le domaine idéologico-politique ». Ne pas confondre avec **fractionnaire,** qui a une valeur purement passive : « se présentant sous forme de fraction ».

FRAGILISER emploi et sens Ce pseudonéologisme (1956), bien formé, est très acceptable, au sens de « rendre fragile » (surtout dans un contexte psychologique) : *L'homme d'affaires émiettait et fragilisait l'électorat de M. Bush* (Frachon, *Le Monde,* 18 juillet 1992).

FRAGRANCE sens Mot très littéraire, « agréable odeur » : *Au mouvement de son menton levé et au battement de ses narines, Alain voyait qu'elle cherchait dans l'air, sauvagement, la fragrance d'un corps blond* (Colette). *Des fragrances inconnues faisaient dilater ses narines* (Bouhéret). Ne pas confondre avec **flagrance,** qui est le substantif correspondant à **flagrant.**

FRAI sens « Ponte ou fécondation des œufs, chez les poissons » et aussi « très jeune poisson qui sert à peupler les étangs » : *À Chanteloup, le frai avait été mangé par les perches d'Amérique* (Genevoix). Il existe un second mot **frai,** identique à celui-ci, qui signifie « usure des pièces de monnaie en circulation ».

FRAÎCHE emploi et sens La locution exclamative *À la fraîche !* est un cri de maraîcher. Mais on en trouve une expression homonyme, dans un emploi circonstanciel : « au moment où il fait frais, aux premières heures de la matinée ou de la nuit ». Le substantif **fraîche** peut d'autre part s'employer dans les fonctions : *Quand la fraîche la* *touchait aux épaules, je sentais le froid* (Chabrol).

FRAIS emploi Comme adverbe modifiant un adjectif, *frais* s'accorde en général : *Elle avait disposé sur le fauteuil le costume, la chemise fraîche repassée* (Jorif). Mais il peut demeurer invariable : *Une brebis fraîche tondue ou frais tondue. On a besoin de viande frais tuée et de légumes frais cueillis* (Kemp). Si on hésite, on pourra toujours préférer l'adverbe *fraîchement : Il avait réussi à vendre quelques peaux fraîchement tannées à quelques clients de passage à l'hôtel* (Duras). *Un professeur, fraîchement débarqué, venu « du Nord »* (Labro).

FRAIS forme Comme substantif, ce mot n'a pas de singulier : *les frais, les faux frais, les frais de vente. La duchesse croit que vous êtes en mission, tous frais payés* (Montherlant). Noter la locution figurée : *se mettre en frais*, « payer de son argent et de son temps ». → ONÉREUX et SOMPTUAIRE

FRANC (adjectif) forme Deux féminins. **Franque** au sens historique, **franche** au sens général : *La monarchie franque est essentiellement ambulatoire* (Levrond), opposé à : *La franche bonté qui émane d'elle.*

FRANC (substantif) orth. Prennent un trait d'union : *franc-or* (plur. : *francs-or*) et *franc-papier* (plur. : *francs-papier*) ; s'écrivent sans trait d'union : *nouveau franc, franc CFA*, etc.

FRANC forme Les composés prennent tous un trait d'union, sauf *franc archer*. Le premier élément, **franc**, ne se met jamais au féminin : *Les enfants des écoles franc-comtoises vont avoir rendez-vous, en juin, à la Saline royale d'Arc-et-Senans* (Loridan, *L'Est républicain*, 23 mai 1992). *La ténacité franc-comtoise est célèbre.* Il prend le *-s* du pluriel dans un substantif composé et peut rester invariable dans un adjectif composé : *les francs-tireurs*, mais *les loges franc(s)-maçonniques.*

FRANC DE PORT → FRANCO

FRANÇAIS orth. On écrit *un Français, un jeune Français* (« un habitant de la

France »), mais, sans majuscule : *un jeune homme français, un Canadien français* (français étant ici adjectif), et *parler le français* (français étant un nom commun). On écrit : *le Théâtre-Français, la Comédie-Française.* Dans les composés *franco-allemand, franco-américain*, le premier élément est invariable : *les guerres franco-allemandes.* → -O et FRANCO-

FRANÇAIS (PARLER) → PARLER, CAUSER

FRANC-COMTOIS forme Comme *franc-maçon*, ce mot s'abrège souvent, par conservation du seul second élément : *Ce Comtois serait-il un maçon ?*

FRANCHISAGE emploi et sens Ce mot, adapté de l'anglais *franchising*, et recommandé par un arrêté ministériel du 29 novembre 1973, désigne une pratique selon laquelle un commerçant indépendant obtient d'une société, moyennant redevance, le droit d'exploiter une marque, un brevet, etc. Ce système se répand en France, avec les mots **franchiseur** (pour la société) et **franchisé** pour le commerçant en question. Ces anglicismes renvoient en fait à l'ancien français *franc, franchir*, etc., et sont parfaitement acceptables.

FRANC-MAÇON et **FRANC-MAÇONNIQUE** emploi Franc-maçon est employé le plus souvent comme substantif, mais on peut le trouver aussi comme adjectif. **Franc-maçonnique** est toujours adjectif.

FRANCO emploi et sens Mot d'origine italienne, très courant dans la langue commerciale sous la forme invariable **franco (de port)**, qui a remplacé à peu près complètement l'ancienne locution *franc de port*, dans laquelle l'adjectif s'accordait facultativement avec son substantif. Le sens est : « dont les frais d'emballage et de port sont compris dans le tarif ».

FRANCO- orth. Comme élément de composition, ce mot est toujours suivi d'un trait d'union : *franco-arabe, franco-russe.* ♦ emploi et sens Le composé *franco-français* s'emploie ironiquement, dans un registre familier, pour qualifier ce qui se passe strictement entre Français, et le plus souvent n'intéresse guère, ou pas du tout, le reste du monde : *Les débats franco-français sur la restructuration de l'opposition ou de la majorité.*

FRANGEANT emploi et sens Se dit en géographie des «récifs de corail tout proches de la terre ferme». Ne pas prendre ce mot au sens de : «qui affleure à la surface de l'eau».

FRANGIPANE sens La *frangipane* est une «crème pâtissière à base d'amandes» et désigne par extension le «gâteau garni de cette crème» : *Une tarte aux cerises pour toi, une religieuse pour moi et une frangipane à partager entre nous deux* (Queneau).

FRANQUETTE (À LA BONNE) emploi Cette locution démodée tend à disparaître de l'usage contemporain. *Recevoir des amis à la bonne franquette,* c'est-à-dire : «sans cérémonie». À l'origine, elle signifiait «sincèrement» : *Le laisser-aller du docteur, à la bonne franquette, était autrement sympathique* (Aragon). La déformation populaire *à la bonne flanquette* est moins fréquente à l'heure actuelle qu'à la fin du siècle dernier.

FRAPPAGE forme Rare, pour **frappe** (des monnaies).

FRAPPE orth. S'écrit également avec un seul *p* au sens de «voyou».

FRASQUE genre Féminin. ♦ sens «Mauvaise farce» ou «écart de conduite». Mot vieilli, employé le plus souvent au pluriel.

FRAYER emploi et sens Verbe assez répandu à la voix transitive ou à la voix pronominale : *On s'écarte, lui frayant un chemin jusqu'au trône* (Anouilh). Aux temps composés de **se frayer,** le participe ne s'accorde qu'avec le complément d'objet direct placé avant lui : *L'eau s'étant frayé un passage entre les pierres plates* (Ramuz). Plus littéraire, lorsqu'il est construit intransitivement, au sens de «fréquenter, avoir des relations suivies» : *Je suis seule à Bordeaux de mon espèce, vous le savez bien : je ne peux frayer avec personne* (Mauriac).

FREEZER prononc. [fʀizœʀ]. ♦ emploi et sens Américanisme demeuré viable en français, malgré son homophonie avec *friseur,* de la famille de *friser.* Il désigne le compartiment de congélation, dans un réfrigérateur.

FREIN orth. On écrit sans trait d'union : *le frein moteur,* et, sans *s* à frein : *des coups de frein, sans frein.* On écrit : *freiner* mais *refréner.*

FRÉQUENTER constr. et sens On disait autrefois *fréquenter chez quelqu'un.* Voir encore ces exemples : *Je suis allé à la taverne du Globe et des Deux-Mondes où il fréquentait au repas* (Queneau). *Ainsi, mon père pouvait-il, comme on disait alors, fréquenter chez ma mère* (P. Jardin). Cette construction intransitive se retrouve aujourd'hui dans la langue populaire en parlant d'un jeune homme ou d'une jeune fille «qui fait dans une famille des visites régulières en vue d'un prochain mariage» : *D'ailleurs, s'enlever avec qui? Tous les garçons du village étaient là. De plus, tout le monde le savait, elle ne fréquentait pas* (Giono). Dans la langue courante, on ne trouve que l'emploi transitif : *fréquenter quelqu'un.*

FRÈRE orth. Avec une minuscule dans l'emploi ecclésiastique : *frère Jean des Entommeures* (chez Rabelais).

FRÉROT orth. Prend un accent aigu, au contraire de **frère,** qui a un accent grave.

FRET prononc. [fʀɛ]. ♦ orth. Sans accent sur le *e.* ♦ sens «Prix du transport», puis «cargaison ou chargement» et, enfin, «le transport lui-même». Mot très répandu dans la langue commerciale.

FRÉTER orth. Prend un accent aigu, ainsi que **fréteur.**

FRIC emploi et sens Synonyme populaire de *argent.* Toujours au singulier.

FRIC-FRAC emploi et sens Synonyme populaire de «cambriolage». Plur. : **des fric-frac(s),** avec ou sans *s.*

FRIGIDAIRE emploi Nom déposé servant de marque à un type de réfrigérateur; s'est substitué dans le langage courant à **réfrigérateur.** La locution de sens figuré *mettre au frigidaire* tend à se répandre dans l'usage actuel : *Cette période où je mobilisais tant d'êtres à mon service, où je les mettais en quelque sorte au frigidaire pour les avoir un jour ou l'autre sous la main* (Camus). → FRIGO

FRIGO forme et sens Abréviation familière pour *armoire frigorifique.* Sert également d'abréviation pour **frigidaire** → ce mot, mais se dit aussi de la viande frigorifiée.

FRIGORIFIER emploi Familier quand il s'applique à une personne, dans les phrases du type : *Je suis frigorifié.*

FRILOSITÉ emploi et sens Ce substantif bien formé (cf. *porosité, rugosité*) n'est nullement un néologisme au sens de « grande sensibilité au froid » ; mais l'acception figurée, « attitude timorée, pusillanimité », s'est développée récemment : *Les partisans du « oui » au traité de Maastricht ont dénoncé la frilosité de ses adversaires.*

FRIME emploi et sens Uniquement dans le registre familier, et surtout dans les locutions suivantes : *C'est de la frime* et *faire quelque chose pour la frime.* Le sens est « apparence, faux-semblant ».

FRINGUES forme et emploi Seulement au féminin pluriel, et dans le registre de la langue populaire. Même emploi pour le verbe *fringuer* : *Pour commencer, vous allez me faire le plaisir de vous fringuer mieux que ça* (Vercel). Il ne faut pas confondre cette forme avec l'ancien verbe **fringuer,** « sautiller en dansant », d'où est issu l'adjectif **fringant.**

FRIRE conjug. Verbe très défectif → APPENDICE. On emploie souvent la périphrase *faire frire* à la place du verbe transitif : *Faire frire des goujons. Il est occupé à tendre un grand voile de brouillard en faisant frire des montagnes de glace au bout de sa petite fourchette* (Claudel). La langue culinaire a créé, sur *frites* (de *pommes de terre frites*), les dérivés **friteuse** et **friter,** ce dernier étant souvent critiqué.

FRITTE sens Mot technique, « mélange de sable et de soude qui est utilisé dans la fabrication du verre, de la céramique, etc. ». Ne pas confondre avec **frite** (un seul *t*) → FRIRE

FROC prononc. [fʀɔk]. ♦ emploi et sens N'est admis par le bon usage que dans les locutions *porter le froc* et *jeter le froc aux orties,* où ce substantif a le sens de « vêtement porté par les moines ». Au sens de « pantalon », ce mot appartient au registre populaire, voire argotique.

FROID emploi Pour la locution **avoir (très) froid** → FAIM

FROIDURE emploi et sens Ce mot est archaïsant et littéraire comme synonyme de *froid* : *Si tout le monde m'a bien répété que le temps serait intenable ce matin, j'espérais néanmoins que le soleil viendrait tempérer cette froidure* (Dhôtel). Mais il est technique en médecine, au sens de « lésion causée par le froid ».

FROISSER constr. À la voix pronominale et à la voix passive, le verbe *froisser,* au sens psychologique de « vexer », se construit couramment avec *de ce que,* mais la langue soutenue ou littéraire préfère *qu'il* : *Elle fut froissée qu'il ne se récriât pas* (Mauriac). → DE (CE QUE)

FROMAGE orth. On écrit *un fromage de Gruyère,* mais *du gruyère ; un fromage de Pont-l'Évêque,* mais *un pont-l'évêque,* etc.

FRONT emploi La locution **avoir le front de** est littéraire : *J'avais même voué une haine spéciale aux spéléologues qui avaient le front d'occuper la première page des journaux* (Camus). On rencontre plus souvent *avoir l'audace,* et, dans le registre familier, *le toupet* ou *le culot.*

FRONTEAU sens Ce substantif désigne le « bandeau de tissu porté sur le front par certaines religieuses », ou un « bijou suspendu sur le front ». En architecture, c'est une sorte de diminutif de **fronton.**

FROUFROU orth. S'écrit avec ou sans trait d'union, et fait au pluriel **frous-frous** ou **froufrous.** On préférera la forme en un seul mot.

FROUSSE emploi Appartient au registre familier. C'est un mot moins bas
que *trouille* : *Je vais foutre la frousse à
Anselmie jusqu'à ce qu'elle m'ait donné
six perdrix* (Giono).

FRUGAL forme Plur. : **frugaux**. → -AL.
♦ **sens** « Simple, peu recherché », en parlant en général d'un repas : « *Au temps
de Littré* », *le hareng* [...] *était le frugal
festin des humbles* (Jorif). On se gardera de prendre cet adjectif au sens de
« substantiel », ce qui constitue un
contresens.

FRUITIÈRE sens En Suisse et dans le
Jura, ce mot désigne la « maison dans
laquelle on fabrique le fromage ». Elle
est tenue par le *fruitier*, ou *maître fruitier*. On évitera de confondre **fruitière**
avec **fruiterie**, qui désigne le « lieu où
l'on conserve les fruits » ou la « boutique dans laquelle on vend principalement des fruits ».

FRUSQUES Mêmes remarques que
pour **fringues** → ce mot. Il n'existe pas
de verbe dérivé de ce mot, mais une expression pittoresque : *le saint-frusquin*
(« ensemble de *frusques* »).

FRUSTE sens À l'origine, « usé par le
frottement », en parlant d'une pièce de
monnaie. Aujourd'hui, pris le p' us
souvent au sens de « rude, ɡ os-
sier, d'une simplicité excessive », sous
l'influence de **rustre** : *Elle savait que
c'était des gens frustes, un peu naïfs
mais courageux* (A. Besson). *Je plon-
geai dans un monde confus, peuplé
d'hallucinations simples et de frustes
idoles* (Sartre). *J'aspirais à l'Afrique
comme à une expérience de rupture, à
une existence plus fruste, plus authentique* (Balandier). Une faute fréquente
consiste à écrire **frustre* pour *fruste*.
C'est sans doute la forme du verbe
frustrer qui contamine cet adjectif.

FUCHSIA prononc. On dit couramment
[fyʃja] plutôt que [fyksja], donné par la
plupart des dictionnaires et correspondant à l'origine germanique de ce
substantif : le nom propre *Fuchs* [fuks].

FUCUS prononc. Le *s* final est prononcé
[fykys]. ♦ **sens** « Algue brune donnant ce
qu'on nomme le 'goémon'. » Ne pas
confondre avec **ficus**, « figuier ».

FUEL-OIL prononciation et forme Cet anglicisme est souvent abrégé en **fuel** qui se
prononce [fjul]. On préférera à ces
termes le substantif **mazout**, qui a le
même sens. → ce mot et FIOUL

FUIR conjugaison On trouve un *i* après le
y aux 1ʳᵉ et 2ᵉ personnes du pluriel de
l'imparfait de l'indicatif et du présent
du subjonctif : *nous fuyions, vous
fuyiez*. → APPENDICE

FULMICOTON orth. S'écrit sans trait
d'union.

FULMINER sens « Lancer (une condamnation) » dans le vocabulaire religieux ; « faire explosion » en chimie.
Employé le plus souvent intransitivement au sens figuré : « se laisser aller à
une violente colère ». On retrouve le
sens originel dans l'exemple suivant :
*Les religions se trompent dès l'instant
qu'elles font de la morale et qu'elles ful-
minent des commandements* (Camus).

FUME-CIGARE orth. On écrit au pluriel : **des fume-cigare**, **des fume-cigarette** (ces termes sont invariables) :
*Pierre-Marie fume des turques dans un
lᵒng fume-cigarette en ivoire* (Japrisot).

FUMETERRE genre Féminin. ♦ **sens**
« Plante à feuilles très découpées et à
fleurs roses. »

FUMISTERIE sens Le sens premier,
« métier de fumiste », est complètement
effacé et même rendu impossible, dans
la langue courante, par le développement de l'acception familière : « chose
peu sérieuse, plaisanterie douteuse » :
*Un savant illustre, décoré jusqu'à droite,
déclara qu'il s'agissait d'une fumisterie*
(Aymé).

FUNÉRAILLES forme Ce substantif n'a
pas de singulier : *Vous n'êtes pas là
pour assister enfin, selon le rêve de
chaque homme, à vos propres funérailles* (Camus).

FUNÉRAIRE emploi Adjectif appartenant à un domaine plus restreint que
funèbre, au sens de « qui concerne les
funérailles ». Surtout employé avec *monument, urne, colonne* : *Une armoire
toute noire et haute comme un monument funéraire* (Roblès). Seul *funèbre*
peut avoir un emploi figuré.

FUR (AU FUR ET À MESURE) emploi
et sens Ce mot, qui ne se trouve jamais à
l'état isolé dans notre langue, forme
avec *mesure* un pléonasme depuis
longtemps admis : *Au fur et à mesure
de leur arrivée, les petits garçons, soulevant leur casquette, passaient devant lui*
(Pergaud). *On distingue pourtant au fur
et à mesure les verres vides ou à demi-
vides* (Velan). *Je le voyais pâlir au fur et
à mesure qu'il entendait la lecture de
cette terrible lettre.* Mais on peut employer simplement *à mesure*. → ce mot.
Le sens est à la fois celui de « concomitance » et de « progression régulière ».
Ne pas dire : *au fur et mesure*, ni *à fur
et à mesure*.

FURIEUX forme On emploie, dans le registre populaire, *furax* (latinisme) et *fu-
ribard*, qui est une déformation de *furi-
bond*. ♦ constr. On dit *être furieux contre
quelqu'un*, plutôt que *après quelqu'un*.
On dit *furieux contre quelqu'un* et *furieux de quelque chose*. → APRÈS. ♦ sens
La nuance classique entre **furieux** (« en
proie à un accès de fureur ») et **furi-
bond** (« qui a une disposition naturelle
aux accès de fureur ») n'est plus sentie
aujourd'hui.

FUSER sens À l'origine, sens technique,
« se répandre en fondant », mais
souvent aujourd'hui, sous l'influence
du substantif, « partir comme une fusée ». Ce verbe a même un caractère
très littéraire, dans certains textes : *À
travers ces paroles cyniques, fusait une
lueur de confiance* (Mauriac).

FUSIL orth. On écrit : *fusil sous-marin*,
mais *fusil-mousquet* (plur. : *des fusils-
mousquets*), *fusil-mitrailleur*.

FUSILIER prononc. [fyzilje]. Il faut bien
distinguer ce substantif du verbe **fusiller**, à la fois pour la prononciation et
pour l'orthographe : *Un assaut massif
de fusiliers balaya la première barricade* (Peyré). → FOURMILIER

FUSTIGER emploi et sens Le sens propre
de « battre, fouetter » a aujourd'hui à
peu près disparu au profit de l'acception figurée, « blâmer, réprimander »,
qu'on rencontre dans des tours littéraires ou figés : *Le monde est fou. Les
gens qui fustigent ma douleur se disent
mes amis* (Duhamel). *Elle me fustigea
de son mépris.* Mais voici un exemple
du sens propre : *Les moines ont beau
fustiger leur corps, le désir les possède et
les hante* (Triolet).

FÛT orth. et sens Dans ses différents sens
(« tronc d'un arbre, corps de colonne,
tonneau », etc.), ce substantif prend un
accent circonflexe sur le *u*. Ses dérivés,
futaie, futaille, futé (synonyme de *rusé*),
s'écrivent sans accent.

FÛT-CE forme *Fût-ce*, avec l'accent circonflexe, est une locution invariable à
sens concessif, « même si c'était(en)t »,
construite avec l'imparfait du subjonctif du verbe *être*. Ne pas la confondre
avec l'inversion du passé simple (tour
également très littéraire) : *Incapable,
fût-ce un instant, de sortir du gouffre où
elle était déjà plongée* (Alain-Fournier).
Mais : *Fut-ce lui ou un autre qui apparut alors, je ne sais.* Dans ce dernier
cas, *fut* s'écrit sans accent circonflexe.
→ ÊTRE

G

G orth. Pour le redoublement de cette lettre → AGG-

GABARIT prononc. [gabaʀi].

GABEGIE prononc. [gabʒi]. ♦ **sens** « Désordre, surtout dans la gestion. »

GABELOU orth. Plur. : **gabelous**. (On écrit **gabelle** avec deux *l.*) ♦ **emploi et sens** Mot rare aujourd'hui, et péjoratif, pour désigner un « douanier ». Dans le Nord, on dit *un noir*.

GÂCHE sens Ce mot, ainsi que son diminutif **gâchette**, désigne, en serrurerie, la pièce de métal mortaisée qui maintient le pène : *Le pène entre dans la gâche avec le bruit sec d'un fusil qu'on arme* (Vailland). Il y a probablement confusion dans cet exemple : *Le déclic léger de la gâchette, le claquement bref de la porte de cuisine* (Sarraute). On attendrait : *le déclic léger du pène.*

GÂCHETTE sens Dans une arme à feu, « pièce invisible maintenant le percuteur en position tendue ». C'est abusivement qu'on dit couramment *appuyer sur la gâchette* (au lieu de *sur la* **détente**) : *Tout mon être s'est tendu et j'ai crispé ma main sur le revolver. La gâchette a cédé* (Camus). → DÉTENTE

GADGET prononc. [gadʒɛt]. ♦ **emploi et sens** Américanisme à la mode, désignant « un objet nouveau de taille réduite et de conception ingénieuse », surtout dans le domaine de l'automobile ou de l'électroménager : *Je n'ai rien contre « gadget », qui se dandine sur ses petites pattes torses et hoquette comme l'onomatopée même de la dérision* (Cavanna).

GADOUE forme La langue populaire utilise souvent la déformation péjorative et expressive *gadouille.*

GAÉLIQUE orth. Accent aigu. ♦ **sens** « Qui a trait au peuple des Gaëls. »

GAFFE emploi et sens On distinguera le tour familier *faire une gaffe*, « commettre un impair » et le tour argotique *faire gaffe*, « prendre garde » : *Tu es fonctionnaire, faut que tu fasses gaffe à cause de ton administration* (Sartre).

GAGER emploi et sens Vieilli et littéraire au sens de « parier », mais vivant dans la langue commerciale au sens de « garantir par un gage » : *Je gage que Folcoche ne tenait pas à paraître devant nous la malade, la vaincue du moment* (H. Bazin).

GAGEURE prononc. [gaʒyʀ] et non *[gaʒœʀ]. Le e n'est là que pour éviter la prononciation de *g* en [g].

GAGNE- forme Les composés commençant par **gagne-** sont invariables, sauf *gagne-denier*, qui prend un *s* au pluriel : *Les gagne-petit, les gagne-deniers, des gagne-pain.*

GAGNER constr. et sens Ce verbe est souvent construit intransitivement, et équivaut à « avoir un salaire, obtenir un profit » : *Sur la porcelaine on gagne*

bien, mais c'est une fois pour toutes (Aragon). Dans l'emploi transitif, on peut dire *gagner une bataille, gagner la guerre,* mais non pas **gagner un succès, la victoire* (dans ce cas, c'est *remporter* qui convient).

GAGNEUR **emploi** Ce substantif est assez fréquent dans le vocabulaire du sport et des affaires, au sens de « joueur qui fait l'impossible pour gagner » : *J'étais le contraire d'un « gagneur ». Au moins ne voulais-je pas être un perdant* (Nourissier). *La mégalomanie des gagneurs prend un second souffle avec la survenue de la cinquantaine* (Cavanna). → LOSER

GAIEMENT, GAIETÉ **orth.** On a abandonné l'accent circonflexe de *gaîment* et de *gaîté,* qu'on écrit aujourd'hui avec un *e* intérieur : **gaiement, gaieté,** sauf dans *rue de la Gaîté,* la *Gaîté-Lyrique,* le *théâtre de la Gaîté.*

GAINE **orth.** Pas d'accent circonflexe sur ce mot ni sur ses dérivés, **gainer, dégainer, rengainer,** etc.

GALANT **orth.** On écrit : *le Vert-Galant* (Henri IV) mais *un vert galant* (homme âgé entreprenant auprès des femmes). ♦ **sens** La place de cet adjectif par rapport au substantif qu'il qualifie est importante. Antéposé, il signifie « qui a de bonnes manières d'agir, honnêtes et élégantes »; postposé, « empressé auprès des femmes et leur faisant la cour ». De là une différence entre *un galant homme* et *un homme galant : Ce que vous m'en avez fait apparaître était plutôt d'un très galant homme que d'un homme très galant* (Hervieu, cité par Le Bidois). Mais on notera qu'*une femme galante* est toujours péjoratif, synonyme de *femme facile* ou même de *prostituée,* et qu'on ne dit guère une *galante femme.* → FACILE

GALE **sens** « Maladie de la peau chez l'homme et chez les animaux. » Ne pas confondre avec la **galle,** « excroissance produite sur certains végétaux par des piqûres d'insectes parasites ». Le premier substantif s'applique également à une « maladie des végétaux », d'où la confusion orthographique.

GALÉJADE **orth.** Avec *-j-* et non pas *-ge-,* de même que pour le verbe **galéjer.** ♦ **emploi et sens** D'origine provençale, **galéjade** désigne un type de « plaisanterie caractéristique d'une certaine exagération méridionale » : *À propos de galéjade* (en italique dans le texte), *dit subitement Tartarin, ils m'en ont fait une bien bonne* (Daudet).

GALETAS **sens** Ce substantif désignait jadis un « logement pratiqué sous les combles » : *La chambrette fleurait le dénuement et l'abandon. Tout naturel : le conseiller Schiller et son beau petit ventre ne montaient pas souvent l'escalier des galetas* (La Varende). Par extension, il en vient à signifier « logis misérable, taudis » : *Quand les mauvais hasards ne l'exposaient pas à coucher dehors, ses logis n'étaient que de misérables galetas* (Aymé). La confusion avec **grabat,** contre laquelle Thomas met en garde, relève d'un niveau de langue assez bas. Ce dernier substantif désigne un « lit misérable » : *Sur le grabat d'un cachot, Évariste se réveillait en sursaut dans une indicible horreur* (France).

GALIMATIAS **prononc.** [galimatja] et non **[sja].*

GALIOTE **orth.** Un seul *t.*

GALLE → GALE

GALLICANISME **sens** « Théorie politico-religieuse de ceux qui étaient partisans des libertés de l'Église catholique de France à l'égard de la papauté. » Ne pas confondre avec **gallicisme,** « emploi ou tour particulier à la langue française, parfois imité ou transposé dans une autre langue ».

GALLICISME → GALLICANISME

GALLO **forme** Il existe également **gallot** et **gallec.** ♦ **sens** « Dialecte français parlé en Bretagne centrale. »

GALLO-ROMAIN ou **-ROMAN** **emploi et sens** Le premier terme s'applique à la « civilisation née du mélange des Gaulois et des Romains », tandis que le second est un substantif qui désigne la « langue mixte » née dans les mêmes conditions historiques : *En apprenant le*

gallo-roman, les Francs ont conservé leur ancienne manière de décliner leurs noms propres : Hugo, Hugon... (W. von Wartburg).

GALLUP emploi Cet américanisme est supplanté de nos jours par **sondage (d'opinion),** qui a le même sens. Mot masculin.

GALOCHE constr. On ne dit plus du tout **un menton de galoche,* mais *un menton en galoche.*

GALOP prononc. Le *p* final ne se fait pas entendre. ♦ orth. Les dérivés de *galop* ne prennent qu'un *p : galoper, galopeur, galopade.*

GAMELLE orth. Deux *l.* Mais on écrit **gamelot** pour désigner un petit saut.

GAMIN forme Ne pas dire **son gamin, leur gamine,* pour *son fils, leur fille,* sinon dans un usage familier. → DAME, DEMOISELLE, HOMME

GAMMA emploi Lettre grecque. Invariable en tant que symbole : *des rayons gamma.*

GANACHE emploi Ce substantif péjoratif et très familier, qui est toujours féminin, s'applique le plus souvent à un homme : *Il disait : «La cassure de la guerre et de l'Occupation a développé dans une proportion inimaginable le nombre de ganaches et d'amoraux»* (Labro).

GANGRÈNE orth. Avec -è- et un seul *n.* Le verbe **gangrener** ne prend pas l'accent à l'infinitif, mais un accent grave sur les formes se terminant par un *e* muet : *La plaie se gangrène.* Pas d'accent sur l'adjectif **gangreneux.**

GANGSTER orth. Plur. : *des gangsters.* ♦ sens Au propre, «membres d'un *gang,* d'une bande».

GANGUE → CANGUE

GARANCE genre Le substantif est féminin : **de la garance.** ♦ forme et emploi Invariable comme adjectif de couleur : *des rideaux garance.* → COULEUR

GARANT emploi et forme Ce mot varie en genre et en nombre lorsqu'il est appli-

qué à une personne ou à une chose «qui garantit» : *Ai-je jamais cru que la plus terrible épreuve fût garante de la plus grave sagesse?* (Malraux). *Ils se sont portés garants de notre sécurité.* Mais il reste au masculin quand il signifie «garantie» : *Ta jalousie est le meilleur garant de ma vengeance.*

GARCE emploi et sens Ce mot très péjoratif ne s'emploie pas du tout dans les mêmes contextes que le masculin **gars,** dont il est à l'origine le féminin : *À quinze ans une fille est une fille. Ces garces savent déjà tout!* (Anouilh). Néanmoins, on constate dans la langue courante un affaiblissement de sens : le mot fait allusion plus fréquemment au «mauvais caractère» qu'à la «mauvaise conduite» d'une fille ou d'une femme : *Il savait ce qu'elles valaient, les garces!* (Zola). S'emploie comme qualification péjorative : *Nous savions que cette garce de monde, malgré ce qu'il nous racontait, s'arrangerait pour ne pas s'écrouler* (Romains).

GARÇON orth. On écrit sans trait d'union : *garçon tailleur, garçon boulanger, garçon de café,* etc.

GARÇONNE emploi et sens Ce mot, employé comme substantif, a dû son succès au roman de V. Margueritte : *La Garçonne* (1922). Mais il était employé dès la fin du XIXe siècle : *Ici ce sont les poitrines anguleuses des garçonnes* (Huysmans). Exemple moderne : *Vint mon temps, où sont apparues les garçonnes* (H. Bazin). Ce mot est aujourd'hui démodé. Sur **garçon** on a forgé le dérivé **garçonnier,** «aux manières de garçon» : *Elle tendit sa joue à Alain avec une grâce si garçonnière et si fraternelle qu'il faillit se réfugier sur son épaule* (Colette). Mais on peut dire aussi : *Elle fait assez garçon. La Muse garçonnière,* titre d'un livre de R. Peyrefitte.

GARDE- orth. Les mots composés de **garde** + **substantif** prennent tous un trait d'union. Quant au pluriel, l'usage est assez indécis. Cependant, le premier élément prend un *-s* s'il désigne une personne, reste invariable s'il représente le verbe *garder* (la distinction est parfois malaisée). Quant au second élément, son emploi au singulier ou au pluriel dépend étroitement du contexte : *Ils ont été pour moi d'excellents gardes-malade* (un seul malade), mais *Le chef de clinique fait recruter des gardes-malades* (probabilité de plusieurs malades). De même : *Tous les gardes-frontière de toute la sainte Russie* (Ikor), à côté de : *Les gardes-frontières qui mitraillaient tout le monde* (Rey). On peut en effet considérer *la* ou *les frontières d'un pays*, dans des contextes voisins. Voici une liste des pluriels de ces composés, les *s* facultatifs se trouvant entre parenthèses : *gardes-barrière, gardes-bœuf(s), gardes-chasse, gardes-chiourme, gardes-côtes* (nom de personne), *gardes-étalon, gardes-frein(s), gardes-ligne(s), gardes-magasin(s), gardes-malade(s), gardes-manège(s), gardes-marine, gardes-manteau(x), gardes-meubles* (nom de personne), *gardes-mines, gardes-mites, gardes-môle(s), gardes-pêche* (nom de personne), *gardes-port(s), gardes-rivière(s), gardes-rôles, gardes-scellés, gardes-vaisselle, gardes-vente(s), gardes-voie(s)*, et pour les noms de choses : *garde-boue, garde-boutique, garde-bras, garde-cendre(s), garde-chaîne(s), garde-cierge(s), garde-col(s), garde-corps, garde-côte(s)* (nom de bateau), *garde-crotte, garde-cuisse(s), garde-feu, garde-fous, garde-infant* (ou *-infante*), *garde-lait, garde-main(s), garde-manche(s), garde-manger, garde-meubles* (nom de lieu), *garde-nappe, garde-note, garde-places, garde-queue(s), garde-rats, garde-reins, garde-robes, garde-temps, garde-vue.* ♦ On notera que le trait d'union n'est pas employé dans les mots composés de **garde** + *adjectif* désignant des personnes : un *garde champêtre, garde forestier, garde maritime, garde municipal, garde sanitaire, garde bourgeois*, etc. : *Tu te donnes bien trop de peine pour une vieille bête comme moi, docteur, dit le garde forestier en retraite* (Desproges). La seule exception est constituée par *garde-française* (pluriel : des *gardes-françaises*), au masculin et avec trait d'union pour désigner le soldat, au féminin et sans trait d'union pour désigner le régiment.

□ **garde-à-vous,** nom invariable, prend deux traits d'union. Ne pas confondre avec le commandement verbal : **garde à vous !** *Garde* reste invariable dans les constructions du type : des *mises en garde*, des *corps de garde*, des *tours de garde*, des *internes de garde*, etc. Mais on écrira : des **gardes à vue.**

GARDE constr. Les diverses locutions formées à partir de **garde** admettent des constructions multiples. Avec la préposition *à*, on peut dire *prendre garde à* et *prendre garde à ne pas*, avec le sens de « faire attention à ». Cela se rencontre surtout dans un registre classicisant : *Marthe s'était de nouveau étendue le long de la cheminée, tisonnant la braise, et prenant garde à ne pas mêler quelque parcelle noire aux cendres* (Radiguet). *Prenez garde à bien respecter les limites qu'on vous a imposées*. On rencontre plus couramment la préposition *de*. La locution *prendre garde de* signifie « éviter de », lorsqu'elle est suivie d'une tournure affirmative (comparer *gardez-vous de*) : *Prends garde de retomber malade.* Suivie d'une tournure négative, elle a le même sens que *prendre garde à* : *Il doit prendre garde de ne pas crever ses chevaux* (Romains). *Garinati s'approche de la petite porte vitrée, en prenant garde de ne pas s'exposer à la lumière qui vient du couloir* (Robbe-Grillet).

□ **prendre garde que.** Ce tour peut être suivi de l'indicatif, au sens de « être attentif au fait que, noter que » : *Monsieur, répondit le moine avec douceur, prenez garde que vous êtes plus brave que moi et que pourtant la mort vous trouble davantage* (France). Lorsque le verbe de la proposition complément est au subjonctif, le sens de *prendre garde* est « chercher à obtenir que » ou, avec *ne*, « chercher à éviter que » : *Quand tu trépasseras, prends bien garde qu'on me cloue avec toi, dans le cercueil, et qu'on m'enterre* (Arnoux). *Elle prenait garde que les commandes de l'orphelinat allassent à des maisons, avant tout, bien pensantes* (Peyrefitte). *Il faut prendre garde que rien ne se mette en travers de notre route*. En fait, l'usage le plus courant tend à construire cette locution comme *veiller*, c'est-à-dire avec le groupe conjonctif *à ce que* : *Veux-tu prendre garde à ce que toutes les portes* *soient bien fermées, et à ce que personne ne puisse s'échapper?*

□ **n'avoir garde de.** Cette locution signifie «avoir soin de ne pas» et appartient au registre littéraire : *Cet être une fois élu, je le laisse libre, je n'ai garde d'y mêler ma personnalité* (Rolland). *François n'avait garde de s'arrêter* (Barrès). *Je n'ai garde de m'y tromper* (Colette). On rencontre parfois, mais avec moins de clarté, *avoir garde de*, sans négation, surtout quand la suite du texte comprend une autre négation, comme dans la phrase suivante : *Dans un sens, et j'aurai garde de le nier, André est mort parce que son père avait perdu à ses yeux le visage qu'il lui prêtait* (Masson).

GARDEN-CENTER **emploi et sens** Cet anglicisme sera avantageusement remplacé par **jardinerie** (recommandation officielle du 29 novembre 1973) pour désigner un «établissement commercial regroupant tout ce qui est nécessaire pour la création et l'entretien des jardins».

GARDEN-PARTY **orth.** Plur. : **des garden-parties.** Ce mot est souvent abrégé en *party.* Il rejoint alors le français *partie.*

GARDER **constr.** À la voix pronominale, **se garder,** ce verbe ne peut être suivi que de la préposition *de,* et signifie «se préserver de, éviter de» (avec l'infinitif) : *Homme à fortes passions et à vices puissants, qui, tout en les cultivant, se gardait d'en rien montrer qui pût effaroucher les clients* (Rolland).

GARE ! **constr.** L'interjection **gare !** peut être employée absolument; mais elle est souvent accompagnée d'un complément; la préposition *à* est facultative devant un substantif : *Lil pensa que Wolf avait eu raison de construire la machine, et qu'enfin ses efforts allaient être récompensés, mais gare à son foie !* (Vian). On pourrait trouver aussi : *gare son foie ! À* est obligatoire devant un pronom ou un infinitif. On rencontre enfin, plus rarement, *gare que,* suivi d'un complément au subjonctif.

GARGOTE **orth.** Un seul *t,* ainsi que **gargotier.** ♦ **sens** «Médiocre restaurant» : *Je l'ai suivi dans une gargote de Tower Street, un sous-sol sans fenêtre* (Butor).

GARGOULETTE **sens** «Vase poreux servant à refroidir les liquides par évaporation.» Ne pas confondre avec le mot populaire **margoulette.**

GARROTTER **orth.** Les dérivés de *garrot* prennent deux *r* et deux *t.*

GAS-OIL ou **GAZOLE** **orth.** La première est celle du mot anglais (sauf le trait d'union), la seconde est une adaptation assez heureuse. ♦ **prononc.** La prononciation dominante reste généralement [gazwal], ni vraiment anglaise [gazɔjl], ni totalement francisée [gazɔl]. → FUEL-OIL

GASTÉROPODES, GASTROPODES **emploi** Les deux termes sont employés indifféremment. En principe toujours au pluriel, mais on trouve dans l'usage des constructions du type : *L'escargot est un gastéropode terrestre.*

GÂT- **orth.** Un accent circonflexe sur le *a,* dans *gâteau, gâter, gâte-bois* (invariable), *gâte-sauce* (invariable), *gâteux* (→ ce mot), *gâtinais, gâtine* (→ ce mot).

GÂTEUX **sens** Cet adjectif, issu de l'argot des hôpitaux, est passé dans la langue familière : *Dans l'arrière-boutique, le gâteux gémissait doucement pour qu'on le torche* (Aragon). Il est employé, par extension, au sens de «personne qui a l'intelligence presque éteinte». ♦ **dérivé : gâtisme :** *Et des vieux professeurs idiots. Des gâteux. Une école de gâtisme* (Vian).

GÂTINE **sens** «Terre marécageuse et stérile en raison de son sous-sol imperméable.» De là l'usage toponymique du mot : voir l'ode *Aux bûcherons de la forêt de Gastine,* de Ronsard. Ne pas confondre avec **gattine,** maladie du ver à soie.

G.A.T.T. **emploi et sens** Ce sigle international désigne un accord international (General Agreement on Tarrifs and Trade) conclu en 1947 entre les États occidentaux pour réduire les droits de douane et favoriser les échanges commerciaux. Un arrêté ministériel du 18 février 1987 recommande d'employer *A.G.É.T.A.C.*, sigle de *Accord général sur les tarifs douaniers et le commerce :* mais le sigle anglais est bien implanté dans les usages, et paraît difficile à remplacer.

GAUCHE (À MAIN) → DROIT (À MAIN DROITE)

GAUFRE orth. Ne prend qu'un *f*, ainsi que les dérivés : **gaufrier, gaufrette, gaufrage.**

GAUSSER (SE) emploi Verbe exclusivement littéraire, auquel on préférera dans l'usage courant **se moquer.**

GAY emploi et sens Ce substantif connaît une grande vogue, depuis 1970 environ (c'est un emprunt à l'ancien français *gai*) : «*Gay*», mot d'argot anglais qui signifie tout crûment «pédé», est en train de détrôner en France «homo», ce raccourci qui représentait la seule façon non injurieuse de désigner un homosexuel (Cavanna).

GAZER emploi et sens Fréquent dans le langage familier, au sens de «aller, marcher, etc.» : *Écoute, Marcelle, ça ne gaze pas aujourd'hui. Nous sommes trop nerveux tous les deux* (Sartre). *Alors, ça gaze ?* L'acception «aller très vite» est moins répandue aujourd'hui.

GAZODUC emploi Néologisme bien formé qui semble désormais admis dans notre langue. → OLÉODUC

GEIGER orth. et prononciation On écrit : **un compteur Geiger,** à prononcer [gajgʀ], ou à la française [ʒɛʒɛʀ].

GEINDRE conjug. Comme *peindre.* → APPENDICE ♦ emploi et sens Ce verbe est moins facile à conjuguer et moins fréquent que son synonyme **gémir.** Il apparaît plus littéraire : *Pablo sentait de nouveau sa fatigue, mais il serrait les dents pour s'empêcher de geindre trop fort* (B. Clavel). *Plus je les entends geindre, moins je crois à la réalité de leur jouissance* (Bernanos).

GEISHA orth. On écrivait jadis **ghesha.** ♦ prononc. [geʃa] et non *[ʒɛʃa].* ♦ sens «Chanteuse et danseuse japonaise.»

GELÉE emploi Dans l'emploi culinaire, ce mot est généralement suivi d'un nom de fruit au singulier : *gelée de groseille.*

GELINOTTE orth. Pas d'accent sur le *e.* ♦ sens «Oiseau très voisin de la perdrix.» Ne pas confondre avec la **linotte,** «passereau siffleur».

GÉMIR constr. Ce verbe se construit avec *de ce que* lorsque la subordonnée exprime la *cause* du gémissement. Mais on trouve aussi la conjonction *que* lorsque **gémir** est pris au sens de «affirmer en gémissant que» : *Elle s'accusait, se frappait la poitrine, gémissait que tout était bien ainsi* (Mauriac).

GEMME genre Fém. : *une gemme.*

GÉMONIES (vouer aux, traîner aux) emploi et sens Locutions vieillies et quelque peu pédantes, signifiant «accabler quelqu'un de mépris, d'outrages».

GENDELETTRE emploi et sens Désignation ironique et péjorative d'un écrivain «homme ou femme, enfermé dans le cercle étroit du milieu littéraire». **Un gendelettre :** ce singulier a été tiré, par plaisanterie, du pluriel **gens de lettres.**

GÈNE orth. Avec un accent grave, masculin. ♦ sens «En biologie, élément défini et localisé sur un chromosome, jouant un rôle important dans la formation des traits héréditaires» : *Il fallut attendre la fin des années 1970, et l'avènement de la biologie moléculaire, pour que la thèse de Mme McClintock soit enfin confirmée : loin d'être l'exception qui confirme la règle, les «gènes sauteurs» se révélaient présents chez toutes les espèces vivantes* (Vincent, *Le Monde,* 5 septembre 1992). Ne pas confondre avec la **gêne.** Ne pas confondre **génétique** (science de l'hérédité) : *La génétique moléculaire naissait à peine, et la théorie chromosomique de l'hérédité alors en vigueur restait relativement simple (ibidem),* avec **génération,** ni avec **gynécologie.**

GÉNÉRAL forme Le féminin **générale** existe, encore qu'il soit assez peu employé : *Madame la Générale.* Dans l'ancienne langue, ce mot servait à désigner la «supérieure de certains ordres religieux». On dit toujours : *le général des Jésuites.*

GÉNÉRAL (adj.) ou **GÉNÉRIQUE emploi et sens** Le premier adjectif est employé de façon très large et ne pose guère de problèmes : son sens est «qui correspond à un ensemble de personnes ou de choses» : *La conversation du dimanche allait du particulier au général, ou du général au particulier, sans ordre déterminé* (Daninos). Souvent on rencontre l'acception extensive de «vague» : *Il s'est livré à des considérations générales sur le civisme et sur l'incivisme.* Quant à **générique,** c'est un adjectif à caractère beaucoup plus technique. Il signifie «qui appartient au genre» ou «qui définit et constitue le genre, la catégorie» ; il s'oppose à *spécifique* : *Le générique est représenté par le type de phrase suivant : Le Français voyage beaucoup à l'étranger pendant les vacances* (Dubois). *Le substantif siège est un terme générique, tandis que* rocking-chair *est un terme spécifique.* ♦ Quant au substantif masculin, c'est un terme de cinéma et de télévision qui est aujourd'hui couramment employé au sens de «partie d'un film dans laquelle on indique les noms de tous les acteurs et techniciens qui ont collaboré à sa réalisation» : *Le plus drôle fut qu'à la sortie de «Monsieur Verdoux» le générique en avait été réduit à un seul nom* (Bessy).

GÉNÉRALISSIME → -ISSIME

GÉNÉRER emploi Fréquemment employé dans le registre technique de la grammaire générative depuis les années 1970, ce verbe (issu du latin *generare* par l'anglais *to gener*) est souvent employé de façon pédante à la place d'**engendrer** : *Les résidents auraient tout pour être heureux s'ils ne souffraient du bruit infernal et de la poussière générée par la circulation ininterrompue place Leclerc* (*L'Est républicain,* 11 juin 1992). Il semble que, dans ce contexte, le verbe **produire** ferait aussi bien l'affaire ! *Que Paul Guimard ose écrire, dans l'ouvrage qu'il vient de consacrer à cet auteur, que «Giraudoux a généré une quantité impressionnante d'études»,*

voilà qui mériterait la Haute Cour (Boucher, *Le Monde,* 5 mars 1988). Jugement bien sévère ! On notera cependant que, dans cette dernière phrase, le sens de *générer* ne correspond pas à «produire» (du moins directement), mais plutôt à «être à l'origine de».

GENÈSE orth. Le premier *e* ne prend pas d'accent, à la différence des adjectifs dérivés : *génésiaque, génésique, généthliaque,* etc., qui s'écrivent avec deux accents aigus : *Son étourderie génésique* (La Varende). Quant aux composés dont le second élément est *genèse,* ils ne prennent qu'un accent grave comme le substantif de base : *Je ne puis vous donner à l'un de mes confrères dans l'état où vous êtes, alors que nous commençons seulement à établir la psychogenèse de votre névrose* (Bernanos). De même pour *biogenèse, glycogenèse, ontogenèse, parthénogenèse, phylogenèse, spermatogenèse,* etc. Enfin il y a concurrence avec le suffixe **-génie,** toujours accentué : *ontogénie, phylogénie.*

GÉNÉSIQUE emploi «Qui a rapport aux faits physiologiques de la génération» : *L'instinct génésique.* Ne pas confondre avec **génésiaque,** «qui est relatif à la genèse».

GENET orth. Sans accent circonflexe : «petit cheval de race espagnole».

GENÊT orth. Avec un accent circonflexe sur le second *e* : «plante à fleurs couleur jaune d'or».

GÉNÉTHLIAQUE orth. Ne pas oublier le *h* après le *t.* ♦ **sens** En astrologie, «relatif à l'horoscope».

GENEVOIS orth. Sans accent, à la différence de *Genève.*

GENÉVRIER orth. Avec un accent aigu. Attention à l'influence de **genièvre.**

GÉNIAL forme Au masculin pluriel : *géniaux.* ♦ **emploi** Cet adjectif est très usité aujourd'hui dans la langue des jeunes, et s'applique élogieusement un peu à n'importe qui ou n'importe quoi. → CANON, FABULEUX, SUPER

GÉNOCIDE sens Mot hybride, mais passé dans notre langue, signifiant «destruction d'un groupe ethnique», «action criminelle contre une race» : *Le crime de génocide.*

GÉNOIS orth. Les adjectifs-substantifs dérivés de *Gênes*, nom propre, prennent un accent aigu. → GENEVOIS

GENOU orth. Pluriel en *-x*. → BIJOU
♦ **constr.** On emploie le singulier ou le pluriel suivant le contexte : *se mettre à genoux. À genoux, elles frottaient le linge, qu'elles rinçaient dans de grands baquets* (Gallo), mais *mettre un genou en terre.*

□ **tomber aux genoux de.** S'écrit au pluriel.

□ **fléchir le genou** ou **les genoux.** Au figuré on emploie le singulier ou le pluriel indifféremment.

GENRE emploi Se rencontre dans certains tours plus ou moins figés au sens de «tournure, aspect extérieur». Le tour **genre + substantif,** avec ellipse de la préposition *de,* est du registre familier : *Un grand gaillard vêtu d'un pardessus en poil de chameau et escorté d'une jolie femme, genre boîte de nuit* (P. Jardin). Au sens de «grand genre, genre distingué» dans l'emploi suivant : *La maîtresse de cette maison, pour faire «genre», recevait devant la porte* (Radiguet). *Mme Françoise, celle qui ne comprenait pas le niçois, qui avait l'accent des prétentieuses, qui «faisait du genre»* (Gallo).

□ **plusieurs genres d'homme(s).** Dans cette locution, le substantif déterminant *genre* peut se trouver soit au pluriel, soit au singulier, suivant le contexte et l'intention de ce^l¹ ¹ qui s'exprime. De même pour *un   ⸱de : Le genre d'hommes qui ont tᴜ ᴜurs l'impression de ne pas avoir mis la lettre dans la boîte* (Queneau). *Je n'ai jamais pu assister à ce genre de cérémonies* (Salacrou).

GENRE DES SUBSTANTIFS

Le genre des substantifs ne repose sur quelque apparence de logique que dans le domaine des êtres sexués. Encore faut-il constater qu'une seule forme correspond aux deux genres, dans les noms qui suivent : *adversaire, aide, ancêtre, arbitre, artiste, bigame, camarade, collègue, complice, concierge, convive, copiste, cycliste, élève, émule, enfant, esclave, garde, libraire, locataire, novice, partenaire, patriote, pensionnaire, philosophe, pianiste, propriétaire, pupille, secrétaire, slave, soprano, touriste,* etc. C'est seulement l'article qui indique le genre : *un* ou *une concierge.*

D'une façon générale, il y a souvent un rapport étroit entre la terminaison du substantif et son genre. Sont *masculins* les mots suffixés en *-age, -ament, -as, -ement, -ier, -illon, -in, -is, -oir, -on,* et *féminins* les mots suffixés en *-ade, -aie, -aille, -aine, -aison, -ande, -ée, -ence, -esse, -eur, -ie, -ille, -ise, -ison, -ité, -ure.*
→ FÉMININ

♦ Nombreux sont aussi les substantifs masculins qu'on ne peut féminiser même par l'article, mais qui peuvent être utilisés pour désigner des êtres féminins. Tels sont, par exemple, *acolyte, agitateur, apôtre, assassin, auteur, bandit, bourreau, censeur, charlatan, cocher, déserteur,* etc. Dans ce cas on dira : *un cocher femme,* ou *une femme apôtre,* etc. → FEMME ♦ Certains homonymes ne sont distingués que par le genre, ou, si l'on préfère, certains substantifs changent de sens en changeant de genre. Tels sont, entre autres : *aide, aigle, aune, barbe, carpe, cartouche, coche, couple, crêpe, enseigne, espace, foudre, garde, greffe, guide, laque, livre, manche, manœuvre, mémoire, merci, mode, moule, mousse, œuvre, office, ombre, page, paillasse, parallèle, pendule, physique, platine, poêle, pourpre, relâche, scolie, solde, somme, souris, statuaire, tour, trompette, vague, vapeur, vase, voile.* On trouvera des explications sur ceux qui font problème, à leur place alphabétique.

♦ Les confusions de genre se produisent fréquemment, et pas seulement chez les étrangers parlant le français. Sont masculins : *abaque, acabit, acrostiche, aéronef, âge, agrumes, albâtre, alvéole, amalgame, ambre, amiante, ampélopsis, anathème, anévrisme, animalcule, anthracite, antidote, antipode, antre, apanage, aphte, apogée, apologue, apostème, après-dîner, ar-*

cane, armistice, aromate, arpège, asphalte, asphodèle, astérisque, astragale,
athénée, augure, auspice, autoclave, automne, balustre, bastringue, bow-window, braque, camée, campanile, capi-
tule, capuce, cèpe, chromo,
chrysanthème, cippe, colchique, cytise,
décombre, effluve, élastique, ellébore,
élytre, emblème, empyrée, encombre, en-
tête, entrecolonne, épeautre, éphémère,
épithalame, équinoxe, ergastule, érésipèle, esclandre, escompte, exergue,
exode, exorde, fastes, girofle, globule,
glomérule, granule, haltère, héliotrope,
hémisphère, hiéroglyphe, holocauste,
hyménée, hypogée, insigne, interstice,
involucre, isthme, jade, jujube, jute,
langes, libelle, lignite, limbe, lobule,
mânes, manipule, midi, millefeuille,
naphte, obélisque, ophicléide, opprobre,
opuscule, orbe, ovule, palpe, pénates, pétale, pétiole, planisphère, pore, poulpe,
quinconce, quine, rail, rifle, sépale, sévices, sesterce, socque, stipe, tentacule,
thyrse, trille, trope, tubercule, ulcère, viscère.
Sont féminins : abside, absinthe, acné,
acoustique, affres, algèbre, ammoniaque, amnistie, anagramme, anicroche, ankylose, antichambre, apostille,
appoggiature, arabesque, argile, arrhes,
atmosphère, autoroute, autostrade,
avant-scène, azalée, bakélite, besicles,
bonace, campanule, chaussetrap(p)e,
clepsydre, clovisse, conteste, créosote,
dartre, dinde, disparate, drachme,
drupe, ébène, ébonite, ecchymose,
échappatoire, écrevisse, écritoire, égide,
encaustique, enzyme, éphémérides, épigramme, épigraphe, épitaphe, équivoque, escarre, estafette, estompe,
gemme, glaire, hécatombe, H.L.M.,
hydre, hypallage, icône, idole, immondice, malachite, mandibule, météorite,
moustiquaire, nacre, oasis, obsèques,
ocre, omoplate, opale, optique, orbite,
oriflamme, patenôtre, patère, phalène,
piastre, prémices, prémisse, primeur, réglisse, scolopendre, scorsonère, sépia,
spore, stalactite, stalagmite, steppe, topaze, urticaire, vêpres, vicomté, volte-
face.
Ordonnance (animé) et palabre sont de
genre indéterminé.

☐ **genre des noms de villes** → VILLE

☐ **genre des noms de bateaux** → BA-
TEAU

☐ **genre des noms des lettres de l'alphabet.** Autrefois, on distinguait entre
les voyelles, qu'on faisait du féminin
(une a, une i), et les consonnes, qu'on
considérait comme du masculin quand
leur prononciation ne commence pas
par une voyelle : un d, un p, et comme
du féminin dans le cas contraire : une s,
une f, etc. Il existe aujourd'hui une heureuse tendance à la simplification dans
le sens du masculin : un a, un c, un h,
un f, un r, un t, un y, etc.

☐ **genre des noms composés.** Ils
prennent le plus souvent le genre du
substantif déterminé : une voiture-
piège, un pied-d'alouette, un cordon
bleu, etc. Quand le premier élément est
un verbe ou une préposition, le nom
composé est masculin (en fait, neutre) :
un porte-voix, un sans-culotte.

GENS orth. L'accord de l'adjectif ou du
participe en relation avec ce substantif
est compliqué. L'adjectif ou le participe
se met au féminin quand il précède
gens et au masculin quand il suit : Il n'y
a que les petites gens qui sont obligés de
travailler pour vivre (H. Bazin). Les
bonnes gens du cru, à cor et à cri, exi-
geaient un coupable (Desproges). Il
s'approcha du banc où étaient assis
deux vieilles gens (Estaunié). [À noter la
discordance du participe assis et de
l'adjectif vieilles.] ♦ **emploi** Ne peut s'employer en parlant d'un nombre déterminé de personnes que s'il s'insère un
qualificatif entre le déterminant et le
substantif. On ne dira pas *trois gens,
vingt gens, mais on peut dire trois
jeunes gens, vingt pauvres gens. Si l'on
n'emploie pas d'adjectif qualificatif, on
usera du mot personne : trois personnes.

☐ **tous... gens.** On emploie en général
l'adjectif indéfini au masculin, le féminin paraissant archaïsant : Ce sont tous
gens bien élevés, mieux que toutes gens.
Comment tous ces gens-là réussiront-
ils ? (Bernanos).

☐ **gens + substantif.** Toujours masculin pour l'accord : D'improductifs
gens de lettres, de pieux gens d'Église, de
vaillants gens de guerre, etc.

☐ **jeunes gens.** Est toujours masculin
(pluriel de jeune homme).

☐ **droit des gens.** Dans cette locution,
gens doit être pris au sens de «na-

tions ». C'est un terme de droit international.

GENT emploi Substantif à ne pas confondre avec le précédent. À peu près inusité aujourd'hui au sens de « race, espèce ». L'emploi de **gent** prend souvent une teinte péjorative, ou à tout le moins plaisante : *N'oublions pas les puristes, cette gent redoutable qui fait régner la terreur dans la langue* (Le Bidois). Dans la phrase suivante, il s'agit d'un archaïsme, sans aucune nuance ironique : *Les chevriers, les laboureurs, les rouliers, les castreurs, les cardeurs, les muletiers, la bonne gent des bergeries, des forges et des moulins en restait là, sur un sabot* (Chabrol).

GENTILHOMME prononc. et orth. On oublie fréquemment d'écrire et de prononcer le *s* intérieur du pluriel : **des gentilshommes.** *Nous avons dans nos rangs suffisamment de gentilshommes capables de mener à bien une action victorieuse contre le Parlement* (A. Besson).

GENTLEMAN prononc. À l'anglaise [dʒɛntləman], mais on entend couramment chez les locuteurs français [ʒɔ̃tləman] qui ne saurait être refusé. ♦ forme On garde le pluriel original : **gentlemen.** *Là, somme toute, la jeunesse ouvrière a son club, tout comme les gentlemen anglais, a dit le sous-préfet* (Aragon). On écrit : *gentleman-farmer* (plur. : *gentlemen-farmers*); *gentleman-rider* (plur. : *gentlemen-riders*).

GEÔLE prononc. L'accent circonflexe sur le o ne doit pas être confondu avec un tréma, et il faut prononcer [ʒol] et non pas *[ʒeol]. Même remarque pour *geôlier*. ♦ emploi Ce mot est aujourd'hui plutôt littéraire : *Toute femme jalouse rêve d'avoir un geôlier pour allié* (Vailland).

GÉRER emploi Une tendance se fait jour, actuellement, à employer ce verbe avec des compléments d'objet très divers, et souvent bien éloignés de renvoyer à une véritable gestion (voir la citation de Poirot-Delpech à TOUT À FAIT). On se gardera d'un abus lassant. L'adjectif **gérable** est également assez en

vogue. On parle aujourd'hui de *gérer sa vie privée, sa névrose, sa réussite, son échec*, etc.

GERMAIN emploi Adjectif. Il s'accorde donc en genre et en nombre dans : *frères germains, cousines germaines.*

GÉRONDIF sens « Nom donné souvent à la locution composée de la préposition *en* et du participe présent » (Littré). Le gérondif marque essentiellement le moyen, la manière ; il « évoque un procès secondaire qui accompagne l'action principale » (Wagner et Pinchon). ♦ emploi 1. Dans l'ancienne langue, la fonction de gérondif pouvait se passer de *en*. Il en est resté quelques tours figés : *chemin faisant, ce disant, ce faisant. Sa déception allait croissant.* 2. En principe, le gérondif doit avoir un sujet le sujet de la proposition principale : *En fermant à demi les yeux, en laissant respirer la mémoire, en la laissant monter du cœur, j'entends encore son pas* (P. Jardin). *Cette nuit-là ou plus tard, en vagabondant, elle avait pu tomber dans quelque fondrière* (Dhôtel). *C'est en forgeant qu'on devient forgeron* (c'est-à-dire « quand on forge »). Mais il peut en être autrement, à condition que le sens soit clair : *En sortant, le visage de Christian l'obsédait* (Brisson). *Les mots, en les écrivant, me faisaient pleurer* (Proust). En revanche, un tour comme *On est prié de payer en servant* est franchement incorrect (la personne qui sert n'est pas celle que représente *on*). 3. On peut renforcer le gérondif au moyen de *tout* (qui ajoute une nuance de concession ou d'opposition) ou de *rien que* (qui exclut) : *Tout en me souhaitant du génie, elle se réjouissait que je fusse sans esprit* (France). *Ils descendirent doucement vers le poste de police tout en se livrant à de subtils calculs* (Perret). *Quelque chose de toi sans cesse m'abandonne / Car rien qu'en vivant tu t'en vas* (A. de Noailles) → PARTICIPE PRÉSENT

GÉRONTOLOGIE et **GÉRIATRIE** sens La **gérontologie** est la « science du vieillissement normal ou accidentel de l'être humain ». La **gériatrie** (ou **gérontiatrie**) étudie les altérations pathologiques de la sénilité.

GÉSIR conjug. Verbe très défectif. → AP-PENDICE On rencontre surtout le présent, l'imparfait et le participe présent : *gisait, gisant. C'est là que gît le lièvre :* « c'est là que réside la difficulté ». *Il faut ensuite concilier le courage, cette vertu magnifique, et l'humilité, cette vertu fondamentale. Voilà, sans doute, où gît le lièvre* (Duhamel).
□ **ci-gît.** Formule ancienne et stéréoty-pée qu'on trouve sur les pierres tom-bales, au sens de « ici repose ». Elle est suivie du nom du défunt.

GESTE genre Masculin, pour le sens le plus répandu : *un geste hostile.* Mais fé-minin lorsque le mot signifie « exploit accompli par un héros » : *la geste de Charlemagne,* d'où l'expression *chan-son de geste* (pluriel : *chansons de geste*), et l'emploi de **geste** pour désigner « l'ensemble des textes célébrant les ac-tions d'un même héros » : *la geste de Guillaume.* On retrouve ce sens actif, mais dégradé, dans la locution cou-rante : *les faits et gestes de quelqu'un.*

GESTION prononc. On peut se deman-der à quoi est dû le succès de la pro-nonciation paresseuse [ʒɛsjɔ̃] au lieu de la prononciation correcte [ʒɛstjɔ̃] : ce phénomène ne se produit jamais pour le mot **question,** dont la forme est tout à fait comparable. → SUGGESTION

GEYSER orth. Avec un *y* et non un *i* : *Ces geysers de brume donnent alors à la nuit des dimensions cauchemardesques* (Godbout). *Chaulanges commandait le feu et la mine explosait avec des geysers d'écume blanche* (Gallo).

GHETTO orth. Un *h* après le *g* initial.
♦ **emploi et sens** Au propre : « quartier dans lequel on parquait les juifs », dans certaines grandes villes (Venise, Varso-vie, etc.). Emplois figurés dans l'usage contemporain : *Combien de ces êtres, parqués jusqu'ici dans un ghetto fétide, font pour la première fois de leur vie connaissance avec la forêt ?* (Ikor).

GIBELOTTE orth. Deux *t.* ♦ **sens** « Fricas-sée au vin blanc. »

GIBERNE sens « Sorte de boîte recou-verte de cuir dans laquelle les soldats plaçaient leurs cartouches. » Ne pas confondre avec **gibecière,** objet très voisin par la forme, mais qui se rap-porte essentiellement à la chasse : *À Clelles, on prit deux gendarmes avec mousquetons et gibernes* (Giono).

GIBIER orth. Gibier à poil, mais **gibier à plume(s)** (avec ou sans *s*). ♦ **dérivé : gi-boyeux,** qui ajoute l'idée d'abondance. *Le Craonnais, parce qu'il est presque en-tièrement terre de seigneurs, est resté gi-boyeux* (Bazin).

GIFLE orth. Un seul *f* (de même *gifler*).

GIGOGNE emploi et orth. Le plus souvent adjectif postposé, qui signifie « composé d'éléments s'emboîtant les uns dans les autres » : *Une poupée gi-gogne, une table gigogne* (sans trait d'union).

GIGOT emploi et sens « Morceau de mou-ton (agneau, chevreuil) correspondant au membre postérieur et groupant la cuisse, la jambe et la croupe » : *Des que-nelles au saint-honoré en passant par le gigot, l'itinéraire du déjeuner était iden-tique* (Daninos). Il est inutile de dire *un gigot de mouton,* qui fait pléonasme, mais cela ne constitue pas une faute grave. Pour le gibier, on peut dire *un gigot de chevreuil* (ou mieux : *une gigue*), mais on emploie générale-ment *cuissot.* → CUISSEAU Enfin, la précision *gigot d'agneau* est acceptable, et ne peut être critiquée comme *gigot de mouton.* Au figuré, **gigot** désigne « de gros bras ou de grosses jambes » : *As-tu vu les gigots de la matrone ?* et, dans le vocabulaire de la mode, une « forme bouffante » pour les manches : *des manches à gigot* (ou plutôt *des manches gigot*).

« GIORNO (A) » orth. Pas d'accent sur le *a.* S'imprime en italique. ♦ **sens** *Éclai-rage « a giorno »,* « aussi intense que la lumière du jour », en parlant d'un éclai-rage artificiel.

GIRAFE orth. Un seul *f,* comme **gira-feau** (ou **girafon**), qui désigne le petit de la **girafe,** mais on écrit indifférem-ment : **girafidés** ou **giraffidés.**

GIRANDOLE sens « Faisceau de jets d'eau, de fusées », ou « chandelier à plu-sieurs branches » ou « bijou suspendu au cou ou aux oreilles» : *La muraille tellement à pic que la neige n'y tient dessus qu'en girandoles* (Giono). Ce mot subit fréquemment l'influence de **guirlande** et en vient à être employé comme équivalent plus ou moins poétique de «guirlande» ou d'«enseigne lumineuse» : *Elle devait débuter le soir, selon l'usage, les girandoles lumineuses lui formant une véritable rampe* (Radiguet).

GIRATOIRE emploi Dans l'expression **sens giratoire**. Emploi plus rare dans l'exemple suivant : *Sur tout cela passent des vents giratoires qui viennent en vingt-quatre heures des quatre points cardinaux* (Morand).

GIRELLE sens «Petit poisson des mers chaudes.» Ne pas confondre avec **girolle**, ou **girole**, espèce de champignon, encore appelée **chanterelle.**

GIRL emploi Emprunt à l'anglais, «fille», féminin de *boy*. Sert en français pour désigner des danseuses : *les girls du Lido*. ◆ **composés** : *pin-up girl*, plur. : *des pin-up girls* ; *cover-girl*, plur. : *des cover-girls*.

GIROFLE orth. Un seul *f*. ◆ **emploi** Masculin. Attention à l'influence de **giroflée.** ◆ **emploi** On se sert plus couramment du composé *clou de girofle.*

GÎT, CI-GÎT → GÉSIR

GÎTE orth. Ne pas oublier l'accent circonflexe, de même que sur le verbe dérivé **giter.** ◆ **genre** Masculin au sens de «refuge», féminin comme terme de marin, dans **donner de la gite,** c'est-à-dire «s'incliner sur un bord», en parlant d'un bateau.

GLABRE sens «Dépourvu de poils» et non «pâle». Attention à l'influence sémantique de **blafard** : *Boris regarda avec horreur ce vieil enfant glabre* (Sartre).

GLACE emploi Pour désigner une **crème glacée.** Ne pas confondre avec **sorbet.** Il y a du lait ou de la crème dans la glace proprement dite, tandis que le sorbet est à base de liqueur ou de jus de fruits.

GLACIAL forme L'usage hésite en ce qui concerne le pluriel : le plus souvent **glacials,** mais on rencontre aussi **glaciaux** : *La boutique rouge et chaude, brusquement traversée par de glacials coups de vent* (Alain-Fournier). *Froids sinistres, vents glaciaux, pluies neigeuses* (Godbout). ◆ **sens** Il ne faut pas confondre ce dérivé de **glace** avec **glaciaire,** dérivé de **glacier** (*l'ère glaciaire*), ou avec **glaceux,** terme de joaillier, «qui présente des traces d'éclat», en parlant d'une pierre précieuse.

GLAIRE genre Féminin. ◆ **sens** «Blanc d'œuf cru», mais plus couramment «matière visqueuse sécrétée par les muqueuses durant certaines maladies» : *Elle regarda les glaires qui glissaient lentement vers le trou de vidange, en laissant des traces luisantes et visqueuses, comme des limaces* (Sartre).

GLANE, GLANER orth. Un seul *n*.

GLAPIR sens Ce verbe désigne un cri bref et aigu, et peut s'appliquer au renard, au lapin, à l'épervier, à la grue, etc. Il est souvent employé au figuré : *On entend çà et là les cuisines siffler, / Les théâtres glapir, les orchestres ronfler* (Baudelaire). *Non, mais vous allez vous presser, tous les deux ! glapit Mme Rezeau* (H. Bazin). ◆ **dérivé** : *glapissement.*

GLATIR sens «Crier», en parlant de l'aigle. Ne pas confondre avec **glapir** → ce mot

GLAUQUE sens «Qui est de couleur vert de mer, c'est-à-dire d'un vert blanchâtre ou bleuâtre» : *Deux yeux glauques* (Balzac). *Les teintes glauques de la mer* (Gautier). À ne pas employer au sens de «trouble», «sans éclat» : *«Glauque», qui signifie «d'une belle couleur verte nuancée de bleu», s'est perdu en route et a décidément pris le sens erroné mais hélas consacré de trouble, sale, répugnant et, au moral, de carrément immonde* (Cavanna).

GLOBULE genre Masc. : **un globule.**

GLORIA orth. Plur. : **des glorias.** ◆ **sens** Désigne un «chant religieux». À la fin du XIXᵉ s., un *gloria* était un «café mélangé d'eau-de-vie» (ce que les habitants du nord de la France appellent *une bistouille*).

GLORIEUX emploi et sens Dans la langue littéraire, cet adjectif-substantif peut s'appliquer à quelqu'un «qui a trop bonne opinion de lui-même». Il équivaut à «vaniteux» dans un registre plus élevé : *Tout d'un coup, chez ce gros homme glorieux, cette petite phrase déchirante* (Mauriac).

GLOTTE sens «Orifice du larynx servant à l'émission de la voix.» Ne pas confondre avec **luette**, «extrémité charnue du voile du palais».

GLOUGLOU orth. En un seul mot. ♦ sens Désigne par onomatopée le «bruit de l'eau» ou le «cri du dindon». On rencontre aussi **glouglouter**.

GLU orth. Pas de *e* : **la glu**. *Passé chez les Anglo-Saxons, (le mot* glu) *est devenu «glue» (prononcez «glioue») et signifie «colle», sans plus. Il nous est revenu par les bandes dessinées américaines, si bien que, partout, on l'écrit «glue», avec un* e *au bout. On ne connaît plus le mot français* (Cavanna). En langage familier : *Ce fâcheux est une véritable glu*.

GLUAU sens «Petite planche ou branche enduite de **glu** pour prendre les oiseaux.» Ne pas confondre avec **glui** → ce mot.

GLUCOSE genre Masculin ♦ sens Terme générique désignant certains sucres.

GLUI orth. Pas de *s*. ♦ sens Ce substantif masculin désigne la «paille de seigle utilisée pour faire des toits ou des liens». Ne pas confondre avec **gluau** → ce mot.

GN- prononc. Presque toujours en [ɲ], sauf dans les mots suivants, où chaque lettre du groupe -gn- correspond à un son : [gn] : *agnat, agnosticisme, agnostique, agnus dei, cognat, cognitif, diagnose, diagnostic, gneiss, gnome, gnomique, gnomon, gnose, gnou, ignition, inexpugnable, magnat, magnicide, magnificat, magnum, physiognomonie, recognition, régnicole, régnolite, stagner,* ainsi que dans des mots savants très spécialisés.

GNANGNAN orth. Pas de trait d'union. Mais on écrit également **gnian-gnian.** ♦ emploi Surtout comme adjectif invariable : *L'Allemagne se délectait de cet art vieillot et enfantin, art de brutes déchaînées et de petites filles mystiques et gnan gnan* [sic] (Rolland). Emploi substantif : *Il aimait trop sa femme, indigne de lui ; il l'appelait de quelque diminutif bébête, du plus écœurant gnangnan* (Arnoux).

GNEISS prononc. [gnɛs]. Même remarque pour les adjectifs **gneisseux** et **gneissique.**

GNOCCHI prononc. [gnɔki] ou [nɔki]. ♦ emploi Nom d'un mets italien. S'emploie surtout au pluriel : **des gnocchi.**

GNOGNOT(T)E orth. Avec un ou deux *t*. ♦ emploi et sens Uniquement dans la locution familière : *c'est de la gnognot(t)e,* c'est-à-dire «une chose sans aucune valeur».

GNÔLE orth. Presque toutes les orthographes possibles pour ce mot populaire sont attestées : *gnole* (avec ou sans accent circonflexe), *gniole, gniaule, niaule, niole.*

GNOME prononc. [gnom]. ♦ orth. Pas d'accent circonflexe.

GNOSE prononc. [gnoz]. ♦ orth. Pas d'accent circonflexe. ♦ sens Terme de philosophie religieuse, «éclectisme visant à concilier toutes les religions» ou «doctrine suprême enfermant toutes les connaissances sacrées ou se donnant pour telle». Ne pas confondre avec **glose,** mot qui signifie «commentaire». ♦ dérivés : *gnostique, agnostique, agnosticisme,* etc., prononcés [-gn-].

GO (TOUT DE) orth. *Ils répondirent tout de go,* et non *tous de go.* L'expression est invariable. ♦ emploi et sens «Sans détour, directement» : *On ne va pas répondre à ça tout de go quand on est en train de moissonner et qu'on vous prend ainsi à l'improviste* (Giono).

GOAL prononc. [gol]. ♦ emploi et sens «Gardien de but.» On dit plus souvent aujourd'hui **gardien de but :** il est à noter que l'anglais, en ce sens, dit *goal kee-*

per, le seul mot **goal** ne désignant que « les poteaux » et non l'individu !

GOBE-MOUCHE(S) orth. On préférera la forme avec un *s* final, au singulier comme au pluriel.

GOÉLAND, GOÉLETTE, GOÉMON orth. Accent aigu, et non tréma.

GOGO (À) emploi et sens Locution familière signifiant « autant qu'on en veut » : *C'étaient des louvards de deux ans, déjà râblés et qui avaient eu jusqu'à présent tout à gogo dans leurs forêts de Golconde* (Giono). Pas de rapport avec le substantif familier **gogo,** « celui qui se laisse facilement duper » (plur. : **des gogos**).

GOGUETTE emploi et sens Ce mot ne se rencontre plus qu'au singulier dans la locution **être en goguette,** c'est-à-dire « légèrement ivre ». On trouvait autrefois le mot au singulier et au pluriel au sens de « partie de plaisir », et *être en goguettes, en ses goguettes,* « être en belle humeur ».

GOÏ → GOY

GOITRE orth. Pas d'accent circonflexe. De même pour **goitreux.**

GOLDEN forme Adjectif-substantif invariable : **des (pommes) golden.**

GOLFE orth. Le mot désignant un « bassin formé par la mer » prend un *e* final : *De grandes prairies s'enfonçaient comme des golfes dans des futaies d'un vert obscur* (Vian). Mais on écrit **golf** le mot qui désigne un sport (d'origine anglaise) ou le « terrain sur lequel on pratique ce sport » : *Des culottes de golf.*

GONADE genre Féminin. ◆ sens « Glande sexuelle. »

GONFANON forme On emploie aussi bien **gonfalon.** ◆ sens Au Moyen Âge, « bannière de guerre faite d'une bandelette à plusieurs pointes ».

GORGE constr. On dit *mettre le couteau sur la gorge* mieux que *sous la gorge,* qui se rencontre néanmoins. ◆ sens *Gorge* est parfois encore employé pour désigner pudiquement les « seins d'une

femme » : *Mais elle était hors d'atteinte, avec sa taille frêle et sa belle gorge dure* (Sartre). De là le mot courant : *soutien-gorge,* pluriel : *des soutiens-gorge.* → COUTEAU

GORGE-DE-PIGEON forme Invariable comme tous les adjectifs de couleur composés. → COULEUR

GOTHIQUE, GOTIQUE orth. En linguistique, on écrit généralement **gotique.** ◆ sens « Langue des Goths. » Dans l'emploi historique et architectural, le mot s'écrit avec un *h.*

GOUAPE genre Fém. : **une gouape.**

GOUGE orth. Avec *g* et non *j* pour les deux homonymes (« outil de menuisier » et « femme de mauvaise vie »). Mais le dérivé **goujon** s'écrit avec un *j.*

GOUJATERIE orth. Un seul *t.*

GOULET, GOULOT emploi On peut dire indifféremment un **goulet** ou un **goulot d'étranglement,** pour désigner un « passage difficile, étroit » : *M. Calvet assure que les (petits) goulets d'étranglement disparaîtront d'ici le printemps prochain* (Le Monde, 15 juillet 1988). Mais comme mot simple, au sens de « passage étroit, défilé », *goulet* semble préférable : *Un goulet étroit, taillé dans la muraille, permettait l'accès de ce port* (Audiberti).

GOULÛMENT orth. Ne pas oublier l'accent circonflexe sur le second *u.* → ADVERBES et CIRCONFLEXE

GOURD forme et sens Au sens propre de « engourdi » (par le froid, la fatigue, etc.), cet adjectif a pour féminin **gourde :** *Ils burent des grogs, le nez rouge, réchauffant leurs doigts gourds en faisant flamber gaiement les archives secrètes du parti* (Chaix). *Le moteur perforait la nuit de sa petite lumière gourde* (Vian). Ne pas confondre ce féminin avec **gourde,** employé au sens figuré de « personne sotte et embarrassée » : *Il allait retrouver ses élèves [...] auxquels il frappait sur les doigts avec le plat de l'épée quand il les trouvait vraiment trop gourdes* (Aragon).

GOURDE → GOURD

GOURMANDER emploi et sens Verbe vieilli au sens de «réprimander» : *Il surveillait l'entrée, gourmandait les traînards* (Pergaud). Ne pas confondre avec **gourmer**, également vieilli, qui signifiait «battre à coups de poing».

GOURMET sens «Personne appréciant finement les plaisirs de la table» : *Les gourmets du club des Cent qui eurent à le traiter ne trouvèrent en lui qu'un homme aussi averti qu'eux-mêmes sur les choses de bouche* (Apollinaire). Ce mot n'est pas synonyme de **gourmand**, qui qualifie un goût immodéré des bonnes choses, ni de **glouton**, «qui mange avec avidité».

GOÛT orth. Ne pas oublier l'accent circonflexe. → DÉGOÛT ♦ **emploi** Ce substantif entre dans de nombreuses locutions, constituées à l'aide de diverses prépositions : *Elle se borne à deux édifices bâtis dans le goût de l'Antiquité* (Green). *Cette toilette est au goût du jour.* Il semble que *à* soit préféré dans les tours affirmatifs : *Ce projet est à mon goût*, et que *de* l'emporte dans les tours négatifs : *Cette plaisanterie n'est pas de mon goût.* ♦ **sens** Il faut se rappeler que ce substantif, dans son emploi sensoriel, est le synonyme de **saveur** (ce qui se goûte par la bouche), et éviter de l'employer au sens de «odeur». Ne pas dire : **Cette chambre sent un goût de moisi.*

GOÛTER orth. Avec un accent circonflexe, à la différence de **goutter.** ♦ **constr.** Elle peut être transitive directe : *La saveur du premier baiser m'avait déçu comme un fruit que l'on goûte pour la première fois* (Radiguet), ou indirecte, soit avec la préposition *à* : *Après avoir goûté en compagnie de Marthe aux charmes de la liberté* (id.), soit avec la préposition *de* : *Goûtez donc de ce vin, vous m'en direz des nouvelles.* Le tour avec *de* indique plutôt un premier contact, une première expérience ; mais *à* se rencontre plus souvent que *de* dans les emplois figurés.

GOUTTE emploi Familier et archaïque avec *voir, entendre*, pour compléter la négation *ne* : *Faut-il être bête quand on n'y voit goutte !* (Boylesve). *Prends mon bras, Lucie, la lune est cachée, on n'y voit goutte* (Mauriac). Dans *n'y voir goutte*, *y* renvoie à un complément de lieu précédemment exprimé ou sous-entendu. Si le complément suit la locution, on doit dire : *ne voir goutte. On ne voit goutte dans ce couloir.* → MAIS, MIE, MOT et NE

□ **se ressembler comme deux gouttes d'eau.** → RESSEMBLER (SE)

□ **goutte-à-goutte orth.** Au sens médical d'«appareil à perfusion», ce mot composé reste invariable : *Il était comme il l'avait redouté, encadré de potences où pendaient des goutte-à-goutte divers* (P. Jardin). Mais quand il s'agit de la locution adverbiale, on ne met pas de traits d'union : *La pluie tombait goutte à goutte.*

GOUVERNAIL forme Plur. : **des gouvernails.** → -AIL

GOUVERNEUR forme Au sens privé et historique, «celui qui est chargé de l'éducation d'un enfant ou d'un jeune homme de l'aristocratie», a pour féminin : **une gouvernante.** Au sens public, pas de féminin : *Elle est gouverneur d'une province.*

GOY prononc. [gɔj]. ♦ **orth.** On écrit aussi **goï.** Plur. : **goym**, ou **des goyim** ; fém. : **une goya** ou **une goïa**, mais on trouve la forme francisée **les goys.** ♦ **sens** Mot hébreu, nom donné par les israélites à ceux qui ont une autre religion et en particulier aux chrétiens.

G.R. emploi et sens Ce sigle est celui de *(sentier de)* **grande randonnée** ; il est couramment utilisé comme nom commun : *Faire le GR 10*, et figure sur les panneaux indicateurs qui balisent les très nombreux sentiers empruntés par les randonneurs.

GRÂCE emploi Ce substantif entre dans de nombreuses locutions. Le singulier ou le pluriel alternent parfois de façon hésitante, notamment dans *rendre grâce(s)* : *Suzanne à l'orgue, le dimanche, rendait grâce au Seigneur de la mésalliance évitée* (Aragon). *Mais à présent, pour rendre grâces à Aphrodite, regardez-la* (Valéry). On écrira *action de grâce* ou *de grâces* indifféremment.

Être dans les bonnes grâces de quelqu'un, faire grâce à un condamné.

□ **grâce à.** Cette locution exprime une idée favorable. Il faut donc éviter de l'employer pour désigner la cause d'un événement malheureux, et ne pas dire par exemple (sinon par ironie) : *C'est grâce à ses questions stupides que j'ai échoué à l'oral.* On emploiera ici à *cause de, par la faute de.* On dira en revanche : *Grâce à Dieu, grâce à votre sang-froid, nous voilà sauvés.*

GRACIEUX orth. Parmi les mots issus de **grâce**, son contraire **disgrâce** est le seul à prendre un accent circonflexe sur le *a. Gracieux, gracier, disgracieux, disgracier* s'écrivent sans accent.

GRADATION et **GRADUATION, GRADUÉ, GRADÉ** et **GRADUEL** emploi et sens Les deux premiers mots sont souvent confondus, à tort. Le premier a le sens de « passage d'un état à un autre par des degrés insensibles » : *Son erreur a été de ne pas créer de gradations entre la réalité et l'état lyrique* (Claudel). *Elle était sensible à la savante gradation de ces trois salles d'apparat* (Peyrefitte). Le second désigne l' « action de marquer des divisions » ou ces divisions elles-mêmes : *Les graduations de ce thermomètre sont effacées et peu lisibles. Le mercure monta rapidement le long des graduations.* On notera que seul le verbe **graduer** existe, au sens de « faire des divisions, des graduations » : *Cette tendresse savamment graduée, dont seuls les chevaux sont maîtres* (Bastide). *Mettre un soin particulier à graduer ses effets.* On ne dit plus d'un étudiant qu'il *s'est fait graduer par l'université de Paris,* ou *qu'il est gradué de l'Université.* Quant à la forme **gradé**, c'est un substantif issu directement de *grade,* le verbe **grader* étant inexistant : *Il croit remarquer chez les hommes, depuis la défaite, une fâcheuse désaffection à l'égard des gradés* (Perret). Enfin, **graduel** est un adjectif-substantif ayant une valeur active, « qui va par degrés », par rapport à **gradué**, qui est plus passif. Il était surtout répandu dans le vocabulaire religieux : *des (psaumes) graduels* sont des « textes ou versets chantés sur une tribune élevée, ou encore, en montant vers Jérusalem,

à l'origine » (les traductions modernes disent « des degrés » ou « des montées »).

GRAFF sens Ce nom, d'origine américaine, désigne une « composition picturale projetée sur un mur par bombage ». Il est distinct du **tag** (→ ce mot). On rencontre le dérivé **graffeur, euse**, pour qualifier celui ou celle qui s'exprime de cette manière.

GRAFFITI forme Un seul *t.* Ce mot s'emploie tant au singulier qu'au pluriel, bien qu'il s'agisse à l'origine d'un pluriel italien. **Un graffiti, des graffitis** (avec *s*). Apollinaire a tenté de franciser ce terme, sans succès durable : *Les graffites patibulaires ou joyeux continuent ainsi jusqu'à une construction ancienne.* On rencontre parfois le pluriel italien, c'est-à-dire sans *s* final : *Cent mille imbéciles qui avaient souillé son âme* [du château fort] *de leurs graffiti indigents* (Desproges). On a forgé sur ce mot le substantif **graffiteur, euse** ainsi que le verbe **graffiter.** → TAG

GRAINER → GRENER

GRAND emploi Cet adjectif a parfois une valeur emphatique qui permet de l'employer en l'appliquant à des unités dont la taille est pourtant déterminée *a priori* : *Je suis content que nous ayons encore quelques grandes heures devant nous* (Beauvoir). → HEURE *(dans une petite heure)*

□ **grand ouvert.** Quand l'adjectif a une valeur adverbiale, devant un autre adjectif, il s'accorde en général avec le substantif qui précède : *Les grilles d'entrée étaient grandes ouvertes* (Romains). *Mais il vit qu'elle avait les yeux grands ouverts et fixes* (Sartre). Toutefois, certains écrivains se dispensent de faire varier la forme de l'adjectif, ce qui est logique, puisque l'adverbe est, en français, le plus souvent invariable : *Elle se dressa sur son lit, les yeux grand ouverts et brillants* (Duras). *Les portes grand ouvertes* (Vialar).

GRAND- orth. Dans les noms composés commençant par **grand-**, le premier élément est aujourd'hui suivi d'un trait d'union : *ma grand-tante.* Cependant on trouve encore l'apostrophe : *J'ai grand'peur que son ombre ne soit du*

côté de chez Ixion (Valéry). *Quelque ou-vrier, qui s'est instruit seul et à grand' peine* (Alain). On écrira mieux : *Les pa-rents de Marthe n'avaient plus à deviner grand-chose* (Radiguet). *La grand-voile de la goélette bouchait la perspective du canal* (Simenon). Ainsi pour : *grand-chambre, grand-chantre, grand-chose, grand-croix, grand-duc, grand-garde, grand-guignol(esque), grand-livre, grand-messe, grand-peine, grand-soif*, etc. Au pluriel, les masculins prennent une double marque : *Mes deux grands-pères sont morts.* Au fémi-nin, on maintient l'invariabilité : *des ar-rière-grand-mères.* Notons qu'on écrit sans trait d'union : *grand officier, grand prêtre, grand prix, grand vizir.* ♦ **emploi** Ces composés sont souvent archaï-sants, et des formes telles que *grande-rue, grande-route, grande-tante*, etc., font une sérieuse concurrence aux mots anciens, plus difficiles à em-ployer.

□ **grand-chose.** Le genre de ce composé est neutre dans la plupart des cas, sauf s'il s'applique de façon néga-tive à une personne : *Ce type-là, c'est un pas-grand-chose marié à une pas-grand-chose.* Ce tour appartient au lan-gage familier. → CHOSE

□ **grand-ducal.** Dans ce composé, le premier élément demeure invariable : *Les cérémonies grand-ducales.*

□ **grand-faim.** → FAIM

GRAND-CROIX genre Féminin ou masculin selon qu'on désigne la déco-ration ou celui qui la reçoit : *Un grand-croix est un homme à qui on a accordé la grand-croix de la Légion d'honneur.*

GRAND-DUCAL → GRAND-

GRANDEUR emploi On emploie de fa-çon adjectivale la locution *grandeur nature.* L'expression *grandeur naturelle* est rare : *Homme ou femme, c'était cer-tainement quelqu'un de debout dans l'ombre ; en pied, presque grandeur na-turelle* (Giono).

GRANIT orth. On trouve **granit** ou **gra-nite.** Le premier est le plus courant. Les géologues emploient plutôt le second.

GRANULE et **GRANULÉ sens** Une **granule** est un « petit grain », mais on

emploie plus couramment en pharma-cie la forme **granulé.** → GRANULEUX

GRANULEUX, GRENU, GRANULÉ emploi et sens Le premier adjectif signifie « composé de petits grains » ou « dont la surface semble couverte de petits grains ». Il est employé surtout dans le domaine médical : *La conjonctivite gra-nuleuse ou trachome est une maladie très grave.* Le deuxième a le sens de « riche en grains » ou de « couvert de pe-tits grains », et s'emploie dans des do-maines très divers : *Il vit de près sa peau brune, ses cernes bleuâtres et gre-nus* (Sartre). *Il aime caresser le cuir grenu de ces beaux livres.* Quant à **gra-nulé,** il est rare comme adjectif, au sens de « qui présente des granulations », et on le rencontre surtout comme sub-stantif, en concurrence avec *granule* → ce mot : *Faire dissoudre les granulés dans de l'eau sucrée.*

GRAPE-FRUIT ou **GRAPEFRUIT em-ploi et sens** Anglicisme auquel on doit préférer le mot français **pample-mousse.**

GRAPPE orth. Deux *p* comme dans **grappiller, grappillage...**

GRAPPIN orth. Deux *p.*

GRAS-DOUBLE orth. Trait d'union. ♦ *Plur. : des gras-doubles.*

GRASSEYER sens « Prononcer les *r* du fond de la gorge et sans recourir au dos de la langue. » Ne pas confondre avec **grailonner,** mot populaire signi-fiant « tousser pour expectorer ».

GRATIFIANT, E emploi et sens Cet adjec-tif, employé en psychanalyse par oppo-sition à **frustrant,** connaît une grande vogue dans le parler usuel, pour quali-fier tout ce qui met en valeur l'individu, lui donne du plaisir, etc. : *Un job très gratifiant, une rencontre gratifiante.* Il faut éviter l'abus et ne pas oublier l'existence de *valorisant, réconfortant, enrichissant*, etc.

GRATIN orth. Un seul *t.* ♦ **emploi et sens** Ce substantif est parfois utilisé méta-phoriquement en français familier, avec le sens de « richesse », de « en-semble des gens riches » : *Il avait tenu*

un bout de rôle dans une de ses pièces, jouées un soir de gratin (Daudet). *De temps en temps elle est énervante, elle lance des bêtises pour «faire gratin»* (Proust).

GRATIS prononc. [gʀatis]. Le *s* final se fait toujours entendre. ♦ **emploi et sens** Cet adverbe latin signifie «gratuitement, pour rien», mais ne s'emploie qu'au sens propre alors que l'adjectif **gratuit** et l'adverbe **gratuitement** se prennent aussi au figuré : *Il me fit à ce sujet sa première scène croyant que j'avais feint de lui annoncer gratuitement la nouvelle* (Radiguet). Dans cet exemple, **gratis** ne saurait convenir.

GRATTE-CIEL orth. Au pluriel, **ciel** s'écrit sans *s* : *Les gratte-ciel ont envahi la Cinquième Avenue à mesure que disparaissaient les résidences* (Morand). Mais voici un exemple divergent : *Gratte-ciels, coupoles d'or, croix grecques* (id.).

GRATUITEMENT → GRATIS

GRAVATS forme Pas d'accent circonflexe. Ce substantif ne se rencontre qu'au pluriel, comme **plâtras.** → ce mot et GRAVOIS

GRAVELLE emploi et sens Mot vieilli pour désigner les «maladies qui se manifestent par des concrétions rénales» : *S'il apprend que nous souffrons de la jaunisse et de la gravelle, il sera furieux contre nous* (Giraudoux). On dit aujourd'hui, dans la langue courante, *avoir des calculs, des coliques hépatiques*, ou *néphrétiques*.

GRAVEMENT → GRIÈVEMENT

GRAVES genre Ce substantif est du féminin pluriel quand il désigne les «terrains tertiaires du Bordelais» et du masculin quand il désigne le «vin des vignobles qui croissent sur ces terrains».

GRAVOIS sens Synonyme de **gravats** → ce mot. C'est la forme employée par les techniciens du bâtiment.

GRÉ constr. On dit *savoir gré à quelqu'un de quelque chose : Peut-être pourrez-vous la retrouver en interrogeant les propriétaires de cette maison et je vous*

saurais gré infiniment de m'en avertir (Japrisot). ♦ **emploi et sens** La locution *de gré à gré* signifie «par un arrangement qui satisfait les deux parties» : *conclure un marché de gré à gré.*

☐ **bon gré mal gré.** orth. En quatre mots, sans virgule. → MALGRÉ

GREC orth. Fém. : **grecque** → FRANC et TURC

GRÉEMENT prononc. [gʀemɑ̃]. ♦ orth. Avec un *-e-* intérieur : *La concentration de 2 200 «vieux gréements», du 11 au 17 juillet à Brest et à Douarnenez, aura attiré près d'un million de visiteurs* (*Le Monde*, 14 juillet 1992). → GRÉER

GRÉER orth. Ce verbe conserve l'accent aigu à toutes les formes conjuguées.

GREFFE genre Féminin dans l'emploi le plus répandu, en arboriculture et en chirurgie : *la greffe du cœur*. Mais masculin quand le mot désigne le «bureau où l'on conserve les minutes des actes judiciaires» : *le greffe du tribunal.*

GRÈGE emploi et sens On rencontre cet adjectif presque uniquement dans le groupe figé *soie grège*, avec le sens de «brut, dans l'état naturel à la sortie du cocon».

GRÈGUES emploi et sens Mot tombé en désuétude et désignant le *haut-de-chausses*, puis la *culotte*. Surtout dans *tirer ses grègues*, «s'enfuir» : *Le chiennot, consterné de leur émoi, gémissait avec tendresse en leur sautant aux grègues* (La Varende).

GRÊLE (subst.) orth. Avec un accent circonflexe (de même pour les dérivés : **grêlon, grêler**).

GRELOTTER sens Outre l'acception courante, il existe un sens propre, «faire un bruit de grelot», qui semble assez curieusement oublié : *Le vaste palier du premier étage sur lequel était installée la collection d'instruments anciens se mit à grelotter à notre approche de toutes ses vieilles guitares et de ses vieux pianos* (Giono).

☐ **grelotter la fièvre.** Expression vieillie : *Ils étaient là grelottant la fièvre, criant de rage* (Flaubert). On dit maintenant : *grelotter de fièvre.*

GRELUCHON emploi et sens Vieux synonyme de **gigolo**, tombé en désuétude : *Le greluchon d'une ci-devant* (France).

GRENAT forme Invariable comme adjectif de couleur : *deux robes grenat*.
→ COULEUR

GRENER forme On emploie également **grainer**, quand le verbe est transitif. ♦ sens « Produire de la graine » en construction absolue, « réduire en petits grains » en construction transitive : *Le sucre a pris l'humidité : il faut le grener* (ou **grainer**). Ce dernier emploi a donné les mots **grenage** ou **grainage**, **greneur** ou **graineur**.

GRENOUILLER emploi Dans le vocabulaire des journalistes parlementaires, au sens de « faire des combines, louvoyer » : *Dirais-tu que Retz ou Mazarin ont grenouillé? Louis XI grenouillait-il avec le duc de Bourgogne?... Le grenouillage n'est grenouillage qu'à l'échelon subalterne* (Dutourd).

GRENU → GRANULEUX

GRÈS orth. Accent grave. Les dérivés techniques **gréser** et **grésoir** prennent un accent aigu.

GRÉSIL et **CRÉSYL** sens Le **grésil** est une « sorte de grêle fine et blanche, qui tombe surtout au printemps, par temps froid » : *Une couche de grésil blanchissait la place de la Concorde sous la lune* (Mauriac). À ne pas confondre avec **crésyl**, qui est le nom déposé, devenu nom commun, d'une « solution aqueuse employée pour la désinfection » : *Les couloirs de la clinique dégagent une forte odeur de crésyl*.

GRÈVE orth. Avec accent grave dans tous les sens de ce mot, mais **gréviste** avec accent aigu. ♦ emploi On doit dire en principe *faire grève* en construction absolue. Mais : *faire la grève de l'impôt, faire la grève perlée*. On trouve *faire la grève* tout court.

GRIBOUILLAGE forme On peut considérer comme équivalent le mot **gribouillis**, bien qu'en principe le **gribouillage** soit une écriture mal formée et le *gribouillis* une écriture illisible.

GRIÈCHE emploi et sens Cet adjectif, doublet de **grecque**, ne se rencontre que dans *pie-grièche*, « petit passereau ».

GRIÈVEMENT emploi Ce doublet de **gravement** ne s'emploie que dans la locution *grièvement blessé*. On doit dire *gravement malade*, et non pas, comme Balzac dans *Le Cousin Pons* : *Il suffit de se figurer la situation d'un célibataire grièvement malade pour la première fois de sa vie*.

GRIGOU orth. Pas de *t* à la fin du mot. Plur. : *des grigous*.

GRI-GRI orth. Toujours le trait d'union au sens de « grillon », mais avec ou sans trait d'union au sens de « talisman, amulette » (on trouve aussi, dans ce sens, l'orthographe **gris-gris**) : *Entre tous les maîtres d'école, le gri-gri du Congo est assurément le plus féru de ses dogmes* (Suarès).

GRIL prononc. [gʀi] mais sous l'influence de l'orthographe on entend de plus en plus souvent le *l* final : [gʀil].

GRILLE et **GRILLAGE** sens La **grille** a des barreaux. Le **grillage** est fait d'un treillis de fils de fer. Même différence entre **grillé** et **grillagé** : *Le panneau d'entre les croisées grillagées offre au pensionnaire le tableau du festin donné au fils d'Ulysse par Calypso* (Balzac).

GRILLE-PAIN orth. Invariable : **des grille-pain.**

GRILL-ROOM prononc. [gʀilʀum] et non *[gʀij-].

GRIMPER conjug. L'auxiliaire est généralement *avoir* : *Nous avons grimpé jusqu'à la chapelle de Saint-Romain. Manuèle a grimpé sur les genoux de Pascal.* On rencontre moins souvent l'auxiliaire *être*, même quand il s'agit d'indiquer le résultat de l'action : *Elle est grimpée au faîte de la maison. Une fois que l'écureuil est grimpé sur le chêne, il se sent en sécurité.* ♦ constr. Parfois transitive : *Il grimpa l'escalier quatre à quatre*, mais le plus souvent intransitive, avec les prépositions *à*, *dans* ou *sur*. *Jean-Christophe, le gourmand,* *grimpe aux cerisiers. L'ouvrier a grimpé sur la poutre maîtresse. J'ai pu grimper dans la voiture au moment où le train s'ébranlait.*

GRINCER emploi Ne se dit qu'à propos des dents, d'une porte, d'une serrure, d'une scie, d'une girouette. On écrit : *il grince des dents*, mais *faire grincer les dents à quelqu'un.*

GRIOT forme Fait au féminin **griotte**. ♦ sens « Noir d'Afrique qui fait partie d'une caste particulière et qui est à la fois musicien, poète et sorcier. »

GRIS emploi Il est à noter qu'en termes de beaux-arts, **gris** désigne non un mélange de blanc et de noir mais n'importe quel mélange de couleurs primaires additionné de blanc. → COULEUR

GRIVÈLERIE sens « Action de *griveler*, c'est-à-dire de tirer d'un emploi des profits illicites, ou encore de consommer sans payer, dans un établissement public. » Ne pas confondre avec **grivoiserie**, « propos leste, égrillard ».

GRIZZLY orth. On écrit également **grizzli**.

GROG emploi et sens Cet anglicisme est complètement passé dans notre langue au sens de « boisson chaude au rhum » : *Mais Marthe repartait dans la cuisine, pour voir si l'eau de mon grog était chaude* (Radiguet). *Les jours de petites grippes, arrosées de grands grogs* (P. Jardin).

GROGGY forme Pluriel des deux genres : **groggys** (féminin peu usité). ♦ sens « Inconscient, à la suite d'un coup », dans le langage familier. Cet anglicisme correspond tout à fait au français familier **sonné** (recommandation officielle du 21 décembre 1990).

GROGNE emploi Substantif déverbal de **grogner** qui est sorti de la désuétude depuis que le général de Gaulle l'a employé dans un de ses discours.

GROGNON forme On emploie pour le féminin **grognonne** ou la forme masculine **grognon** : *Une vieille grognon, prête à rejoindre ses dents dans la*

tombe (Chateaubriand). *Je signale encore la compagnie grognonne des cochons et les mille gentillesses des jolis lézards* (Sainte-Beuve).

GROLLE orth. On écrit aussi **grôle**. ♦ sens et emploi « Chaussure », dans la langue populaire. C'est un mot du Sud-Est, qui n'est pas argotique.

GROOM prononc. [ɡʀum]. ♦ orth. Plur. : **des grooms**.

GROS orth. Invariable comme adverbe : *Il gagna gros, toujours sur les chantiers, ne laissant à personne d'autre le soin de surveiller* (Gallo). *Cette mise peut rapporter gros.*

GROSEILLE orth. *Confiture de groseilles, gelée de groseille(s).* → CONFITURE, GELÉE Le dérivé **groseillier** s'écrit avec deux *i*. ♦ emploi Comme adjectif de couleur, invariable : *Le mur, couvert de damas groseille* (Morand). → COULEUR

GROSSIR forme Comme pour d'autres verbes inchoatifs, on rencontre **grossir** dans l'emploi intransitif à la forme pronominale, sans différence de sens appréciable : *La rivière (se) grossit à vue d'œil. La foule se grossissait encore des apports des rues voisines* (Duras). Mais l'emploi intransitif est le plus courant.

GROSSISSANT sens « Qui devient gros » : *Les superstitions grossissantes de la foule* (Hugo), ou « qui rend gros, qui fait paraître plus gros » : *Des aliments grossissants, des verres grossissants.*

« GROSSO MODO » orth. S'écrit sans trait d'union. S'imprime en italique.

GROUILLER emploi et sens L'acception première, « remuer en tous sens », en parlant d'une masse indistincte d'êtres, a vieilli, mais on la rencontre encore fréquemment sous la forme du participe présent : *L'Église militante est une armée sur cette terre encore grouillante d'infidèles et de forces du mal* (Anouilh). La forme pronominale *se* **grouiller** n'appartient plus aujourd'hui qu'à la langue populaire, au sens de « se presser, se hâter ».

GROUPIE emploi et sens Dans le monde du spectacle ou de la politique, ce nom féminin d'origine américaine désigne depuis les années 1970 une admiratrice passionnée d'une vedette, qui la suit dans ses déplacements. Il ne se confond pas avec **fan.**

GRUME sens « Grain de raisin », mais le plus souvent « écorce demeurant sur le tronc coupé » ou « tronc d'arbre non encore équarri ».

GRUMELER (SE) conjug. Comme *appeler.* → APPENDICE

GRUYÈRE prononc. C'est une faute d'abandonner le [jj] dans ce mot, qu'on doit prononcer [grɥjɛr]. ♦ **orth. Du gruyère** mais des **fromages de Gruyère.** → FROMAGE

GUÊPE orth. Un accent circonflexe, ainsi que **guêpier.** Ne pas écrire sur ce modèle **guépard,** qui prend un accent aigu. Invariable dans : *Elles ont des tailles de guêpe.*

GUÈRE emploi Signifie à l'origine « beaucoup ». N'est pas négatif en soi, mais doit à son association traditionnelle avec *ne* d'avoir pris le sens négatif : *Il travaillait pour la gloire et ne brillait guère sur les palmarès* (France). *Il n'y avait guère d'hommes à qui ce ne fût arrivé au moins une fois* (Duhamel). Dans certaines provinces de l'Ouest (et au Canada), il s'emploie souvent avec la négation noble, *ne pas* ou *point : Elle n'était point guère une richarde* (A. de Chateaubriant). **Guère,** adverbe de quantité, peut s'employer sans la négation, dans des tours elliptiques, comme les réponses : *Une succession de montées et de descentes guère plus profondes que le profil d'une houle de mer haute* (Hémon). *Aimes-tu cette personne? – Guère.*

□ **il ne s'en faut (de) guère.** On évite aujourd'hui dans ce tour l'emploi de la préposition *de.*

□ **ne... guère que.** L'adverbe *guère* a ici une valeur d'approximation et non de mesure : *Il n'y a guère que M. Hugo et ses amis qui sachent les vers de M. Hugo* (Barbey d'Aurevilly).

□ **il n'y a guère.** Cette locution temporelle archaïsante est le plus souvent remplacée par **naguère.** → ce mot

GUÉRILLA emploi et sens Ce mot traduit de l'espagnol *guerrilla* désignait les « partisans » : *Ces compagnons, ces guérillas, ces gentilshommes, n'avaient pas uniquement Dieu et le roi dans leur cœur* (Barbey d'Aurevilly). Il désigne aujourd'hui la guerre des partisans : *Dans le Tibesti, surtout, 400 à 500 Toubous du village de Zouar imposent à l'armée une guérilla coûteuse en hommes et en matériel* (Le Monde). *La guérilla urbaine se moque des gros bataillons et des défenses statiques* (ibid.). Ceux qui participent à la **guérilla** se nomment **guérilleros.** On emploie également *antiguérilla* (adj.) et *contre-guérilla* (adj. et substantif) : *Les autorités brésiliennes ont décidé d'autoriser la diffusion de certaines informations concernant l'opération antiguérilla de grande envergure lancée par l'armée dans la zone de Registro* (Le Monde). *Instruite par l'expérience, la police s'est pourvue de coûteux dispositifs contreguérilla* (ou *de contre-guérilla*). Ces deux mots sont invariables.

GUÉRIR constr. On notera que ce verbe peut être employé soit transitivement, soit intransitivement : *Mais les épouses guérissent plus facilement des larmes que d'un tel sourire* (Giraudoux). Comme pour d'autres verbes exprimant une action qui se fait progressivement. → GROSSIR, on trouve avec la même valeur *guérir* ou *se guérir : Cette plaie a guéri toute seule* ou *s'est guérie toute seule.*

GUERRE orth. On écrit : *guerre éclair* (sans trait d'union), *Première* ou *Seconde Guerre mondiale.* ♦ **emploi** La locution *de guerre lasse* (mot à mot : « las[se] de la guerre ») est figée, et l'orthographe féminine de l'adjectif subsiste même si on parle d'un sujet masculin : *Il a consenti, de guerre lasse, à ta demande.*

□ **après-guerre, avant-guerre.** Substantifs indifféremment masculins ou féminins, invariables en nombre.

□ **entre-deux-guerres.** Avec deux traits d'union dans le cas du substantif.

GUET-APENS prononc. Toujours [gɛta pɑ̃] même au pluriel. ♦ **forme** Plur. (peu usité) : **des guets-apens.**

GUEULE → BOUCHE

GUEULE BÉE → BÉER

GUEULES forme Masculin pluriel. ♦ **emploi et sens** «Couleur rouge de l'écu», en héraldique, surtout dans l'expression *porter de gueules.*

GUIBOLE ou **GUIBOLLE emploi** Populaire, pour **jambe.**

GUIDE genre Lorsque ce mot désigne un objet, il est féminin au sens de «lanière de cuir servant à diriger un cheval». Lorsque *guide* désigne une personne, il n'a pas de féminin : *Cette femme est un guide expérimenté.* → RÊNE

GUIDE-ÂNE orth. Plur. : **des guide-ânes.** ♦ **sens** Synonyme familier de **aide-mémoire.** → PENSE-BÊTE

GUIDEROPE genre Masculin. ♦ **sens** «Cordage qu'on laisse traîner sur le sol, à partir d'un aérostat.»

GUIGNE emploi et sens Appartient au langage familier, et a le même sens que **guignon,** c'est-à-dire «malchance persistante». Mais le mot féminin est plus vivant que l'autre. On dira *avoir la guigne, porter la guigne à quelqu'un,* mais *avoir du guignon.* Ces mots n'ont aucun rapport avec l'homonyme **guigne** désignant une «cerise à longue queue», qu'on trouve surtout dans la locution suivante : *Elle se souciait de lui comme d'une guigne, il lui servait seulement de prétexte pour parler à voix haute* (Sartre).

GUIGNON → le précédent

GUILDE orth. On rencontre plus rarement **gilde** ou **ghilde,** mais la prononciation est toujours la même : [gild]. ♦ **sens** Ce mot a trouvé un regain de faveur à notre époque, au sens de «association commerciale permettant à ses adhérents d'obtenir sur certaines marchandises des prix avantageux» : *Guilde du livre, Guilde du disque.*

GUILLEMET Dérivé : guillemeter, avec un seul *t,* qui se conjugue comme *jeter.*

GUILLOCHER sens «Graver des traits en les entrecroisant, sculpter des ornements en creux.» ♦ **dérivé : guillochis,** «ornement résultant de l'action de guillocher». Ne pas confondre avec **guillochure,** «chacun des traits d'un objet *guilloché*».

GUINGOIS (DE) orth. Ne pas mettre de *u* après le second *g* : *Ça fait trop longtemps qu'on se moque de nous qui sommes revenus de la guerre tout de guingois* (Champion).

GUTTA-PERCHA prononc. [gytapɛrka] et non *[ʃa].

GYMKHANA orth. Elle est délicate. Attention à la place du *h.* ♦ **emploi et sens** Substantif masculin admis au sens de «fête de plein air comportant des jeux d'adresse, intermédiaire entre la kermesse et l'épreuve sportive». C'est un mot hindi venu chez nous en passant par l'anglais.

GYMNASTE sens «Personne s'adonnant régulièrement ou professionnellement à la gymnastique» : *Nos deux corps sont encore aimantés l'un vers l'autre, comme ceux des gymnastes, après leur exercice* (Giraudoux). À ne pas confondre avec **acrobate,** «qui exécute des exercices de gymnastique périlleux» (et qui peut être pris dans une acception péjorative, à la différence de **gymnaste**).

GYNÉCOLOGUE forme Cette forme l'a emporté sur *gynécologiste.* → -LOGISTE

GYPAÈTE genre Masculin. ♦ **sens** «Grand rapace diurne.»

GYPSE genre Masc. : **du gypse.**

-GYRE ou **-GIRE orth.** On peut admettre ces deux orthographes pour le suffixe de quelques termes scientifiques ou techniques. On a symétriquement le préfixe *gyro-* ou *giro-*. On écrit *autogyre* ou *autogire.* Pour le préfixe : *gyravion* ou *giravion, gyromancie, gyroscope,* etc.

H

H prononc. Ce signe typographique, même quand il est dit **h aspiré**, ne correspond plus en français à un phonème : il souligne seulement un hiatus et empêche l'élision de la voyelle précédente ou la liaison entre deux mots. Ces effets sont de plus en plus méconnus par les médias audiovisuels. On trouvera ici, d'après Grevisse, une liste des termes les plus usuels de notre langue ayant à l'initiale le groupe *ha-* (avec *h* dit aspiré) :

Ha !, habanera, hâbleur, hache, hagard, haie, haïk, haïkaï, haillon, haïr, haire, halbi, halbran, haler, hâler, haleter, half-track, hall, halle, hallebarde, hallier, halo, hâloir, halophile, halte, halva, hamac, hamada, hameau, hammam, hammerless, hampe, hamster, han ! (interjection), *hanap, hanche, handball, handicap, hangar, hanneton, hansart, hanse* (mais non pas *hanséatique*), *hanter, happe, happer, haquenée, haquet, hara-kiri, harangue, haras, harasser, harceler, harde, hardi, hard-top, harem, hareng, haret, harfang, hargne, haricot, haridelle, harki, harle, harmattan, harnacher, haro, harpail(le), harpe, harpie, harpon, hart, hasard, haschi(s)ch, hase, hâte, hâtelet, hâtier, hâtif, hauban, haubert, hausse, haussière, haut, hautain, hautbois, hauturier, havane, hâve, havir, havre, havresac, hayon* (et les dérivés). → aussi HE-, HI-, HO-, HU-. Voir d'autre part, à l'ordre alphabétique, les mots difficiles.

HA ! → AH !

HABILETÉ forme Il faut se garder d'écrire et de prononcer **habilité*, qui est un dérivé ancien et tout à fait désuet de **habile**, sauf dans le vocabulaire du droit, où il équivaut à **capacité**.

HABILITÉ (adjectif-participe) sens **Être habilité à**, «être légalement, officiellement autorisé à».

HABILLER constr. La langue courante dit *habiller quelqu'un en bleu marine*, mais la langue soutenue préfère la préposition *de : De plus près, je distinguai une mince jeune femme, habillée de noir* (Camus). ♦ dérivés : *habillage* (valeur active, «action d'habiller»), *habillement* (valeur passive, synonyme de *costume, vêtements*).

HABITAT sens «Mode d'arrangement des établissements humains à la surface de la terre.» Bien que certains n'aient pas fait de différence sensible avec **habitation,** il vaudrait mieux s'abstenir d'employer **habitat** pour «demeure, logement», comme c'est le cas dans l'exemple suivant : *Ceux qui vivent «hors d'un habitat normal»,* euphémisme signifiant dans les hangars, *les bidonvilles et les baraquements de toutes sortes (Le Monde).* On peut également utiliser ce mot pour les animaux et même pour les plantes.

HABITER constr. Avec ou sans préposition devant le complément de lieu, sans différence de sens : *habiter Paris* ou *habiter à Paris*. Mais s'il s'agit simplement de fournir une indication, et non de dé-

crire, on utilise en général la tournure la plus simple : *Denise habite rue de Navarre* plutôt que *dans la rue de Navarre*.

□ **habiter dans** ou **sur** → AVENUE, BOULEVARD

□ **être habité**. La tournure passive est possible : *La maison de la rue Longue n'était que rarement habitée par la famille* (Aragon).

HABITUÉ (ÊTRE) constr. On dit **être habitué à + infinitif** quand le verbe principal et le verbe subordonné ont le même sujet ; **être habitué à ce que + subjonctif** dans le cas de deux sujets distincts : *Un deuxième canonnier-conducteur n'est pas habitué à ce qu'on lui récite ses propres vers* (Apollinaire) → À (CE QUE). De même pour *s'habituer*.

HÂBLER prononc. Avec *h* dit aspiré. ◆ **orth.** Avec un accent circonflexe sur le *a*. De même pour **hâblerie, hâbleur**.

HACHE emploi Ce mot forme les composés : *hache-viande* (invariable ; on dit aussi *hachoir*) ; *hache-légumes* (invariable) ; *hache-écorce* (plur. : *des hache-écorces*) ; *hache-paille* (invariable) ; *hache-fourrage* (invariable).

HACHER prononc. et orth. Avec *h* aspiré. Bien que les dérivés de *hache* se prononcent avec un [ɑ] postérieur, ils ne prennent pas plus l'accent circonflexe que le terme dont ils sont issus : on écrit *hacher, hachage* ou *hachement, hachis*.

HACHIS sens Le *hachis* est fait de plusieurs aliments hachés très fin (*un hachis Parmentier*), tandis que le **haché** désigne dans la langue courante exclusivement « de la viande hachée ».

HACHISCH → HASCHICH

HAÏKAÏ orth. En un seul mot, avec deux trémas. Plur. : **des haïkaïs**. ◆ **sens** « Poème à forme fixe, classique chez les Japonais et tenant en dix-sept syllabes. » On trouve aussi fréquemment, dans ce sens, le terme **haïku** qui, techniquement, est légèrement différent du *haïkaï*.

HAÏR conjug. Beaucoup de formes sont inusitées. Ce verbe perd son tréma sur

le *i* aux formes suivantes : *Je hais, tu hais, il hait ; hais* (impératif). Partout ailleurs, le *i* se fait entendre et prend le tréma. → APPENDICE

HAINE constr. On dit *éprouver de la haine pour* ou *contre quelqu'un*, mais *en haine de*.

HAÏTIEN prononc. [aisjɛ̃]. Avec *h* dit aspiré. Attention à l'influence du nom propre *Haïti* : [aiti]. ◆ **orth.** Avec un tréma sur le premier *i*.

HALER orth. et sens Avec *h* dit aspiré. *Haler* sans accent circonflexe sur le *a* signifie « tirer lentement et avec effort » : *Ivich, la tête tournée en arrière, halait Mathieu à reculons* (Sartre). Substantifs : *halage, haleur*.

HÂLER orth. et sens Avec *h* dit aspiré. *Hâler* avec accent circonflexe signifie « bronzer, assombrir le teint » : *Enfin elle n'est pas hâlée comme tout le monde* (Giono). Substantif : *hâle*.

HALETER prononc. Avec *h* dit aspiré. ◆ **conjug.** Comme *acheter*. → APPENDICE ◆ **dérivé** : **halètement**, avec accent grave.

HALF-TRACK prononc. Avec *h* dit aspiré. ◆ **emploi et sens** Anglicisme peu nécessaire, auquel on pourrait aisément substituer l'ancien mot **autochenille**, tombé en défaveur.

HALL prononc. [ol]. Avec un *h* dit aspiré.

HALLALI prononc. Aujourd'hui plutôt avec un *h* dit muet : *Deux des plus fortes émotions de l'homme, la chasse et l'amour, unies en une seule aventure, confondues dans un même objet, le chasseur joignant le viol à l'hallali* (Delteil). *Il ne resterait rien du parc, ni du château* [...]. *Les appareils de radio, que l'on venait de placer, semblaient sonner l'hallali de Murville* (Peyrefitte). Mais le *h* aspiré était préféré jusqu'au siècle dernier.

HALTE ! emploi Forme d'interjection voisine : **halte-là** (avec un trait d'union), surtout dans une acception figurée : *Halte-là, vous en avez trop dit*.

HALTE-GARDERIE orth. Ce composé prend deux *s* au pluriel : *des haltes-garderies*.

HALTÈRE genre Masculin. **De lourds haltères.**

HAMAC prononc. Le *c* final se prononce [k].

HAMSTER orth. et prononc. Ne pas omettre le *h* initial et prononcer en hiatus : **un hamster** : [œ̃amstɛʀ].

HANAP prononc. Le *p* final se fait toujours entendre : [anap]. ♦ orth. Un seul *n*. ♦ sens «Grand vase à boire monté sur pied.»

HANDBALL orth. Pas de trait d'union.

HANDICAP prononc. Il faut se garder de faire la liaison devant ce substantif très employé dans la langue du turf et du sport : *Ce que je considérais comme un cadeau de la nature pouvait déjà tenir lieu de handicap* (Labro). *Ce cheval a remporté plusieurs* [ ] *handicaps.* ♦ dérivé : *handicapé. Elle est venue se faire opérer un jeune professeur juif, Arno Feldmann, qui a rendu à trois handicapés comme elle une partie de leurs mouvements* (Japrisot) (ne pas faire la liaison entre l'article et le nom).

HARA-KIRI orth. Plur. : **des hara-kiris.**

HARASSER conjug. Ce verbe, sans être défectif, est employé surtout aux temps composés de l'actif, et à la voix passive. ♦ dérivés : **harassant, harassement** (peu usité).

HARCELER conjug. Comme *geler* → APPENDICE ♦ dérivés : **harcelant, harcèlement** (avec accent grave et un seul *l*).

HARD emploi et sens Cet adjectif anglais, qui signifie «dur», s'est bien installé en français familier, pour qualifier soit une certaine musique rock, soit une œuvre (film, roman) fortement pornographique.

HARDE prononc. Avec *h* dit aspiré. ♦ sens En vénerie, «troupe de bêtes sauvages» (ne pas confondre avec **meute**) ou «lien servant à attacher ensemble les chiens». À distinguer de **hardes,** toujours au pluriel, «vêtements en mauvais état» (jusqu'au XIXe s., pas de nuance particulièrement péjorative).

HARDIMENT orth. Pas d'accent circonflexe sur le *i.*

HARDWARE emploi et sens Cet anglicisme, qui désignait en informatique l'«ensemble des éléments physiques employés pour le traitement des données», est pratiquement détrôné aujourd'hui par le mot **matériel** (recommandation officielle du 22 décembre 1981). → LOGICIEL

HARICOT prononc. Avec un *h* dit aspiré et sans liaison ni élision. La langue populaire tend à la liaison : *[dezaʀiko].

HARMONIQUE genre Féminin au sens de «corde harmonique» ou de «grandeur sinusoïdale», en électricité. Masculin au sens de «son dont les fréquences sont les multiples d'une même fréquence» ou de «son produit en un point donné d'une corde d'un instrument de musique».

HARNOIS prononc. Avec *h* dit aspiré. ♦ emploi et sens Cette forme archaïque de **harnais** ne se rencontre plus guère que dans la locution **avoir blanchi sous le harnois,** littéraire ou plaisant : «avoir vieilli dans le métier».

HARPAGON emploi En tant que substantif familier, ne prend pas de majuscule : *Cet homme est un véritable harpagon.*

HARPONNAGE forme On emploie également **harponnement.** Tous les deux avec *h* dit aspiré.

HARUSPICE orth. On écrit aussi **aruspice.**

HASARD prononc. Pas d'élision ni de liaison devant *hasard,* dont le *h* est dit aspiré. Cependant on entend dans la langue populaire la prononciation fautive, pour la locution *à tout hasard :* *[atutazaʀ]. ♦ orth. Ne pas mettre un *z* à la place du *s.*

HASARDER prononc. → HASARD ♦ constr. On dit **se hasarder à :** *Il se hasarda même à la toucher. Elle était tellement familière, Dorothée* (Giono). À la voix active, *hasarder* se construit avec un complément d'objet direct : **hasarder une plaisanterie douteuse** ou avec **de** + **infinitif,** tournure plus littéraire : *hasarder de perdre la vie.* On préfère en général *risquer : Je hasardai* *un conseil de transport immédiat dans un hôpital* (Céline).

HASARDÉ et **HASARDEUX** sens Les deux mots sont équivalents : «qui comporte des risques, dont l'issue est douteuse». Le second est le plus courant : *Ce prêt hasardeux, de la part de son oncle qu'il savait très avare, ne manqua point de le surprendre* (Aymé).

«HAS BEEN» emploi et sens Ce tour anglais, signifiant «il a été», s'applique à un individu dont la célébrité est en déclin, en voie de disparition. On le rencontre surtout dans le monde du spectacle : *Dans «Limelight», Chaplin interprète un rôle de* has been *assez pathétique.*

HASCHICH prononc. Avec *h* dit aspiré. ♦ orth. On écrit encore parfois **haschisch** ou **hachisch.** ♦ sens Synonyme de *chanvre indien.* Cette drogue est aujourd'hui si répandue qu'on l'abrège familièrement en *ha(s)ch* ou *H : Fumer du H.*

HASE prononc. Avec *h* dit aspiré. ♦ sens «Femelle du lièvre», emprunt à l'allemand.

HÂTE orth. Accent circonflexe, ainsi que sur les dérivés **hâter, hâtif,** etc.

HAUSSE-COL orth. Plur. : **des hausse-cols.**

HAUSSE-PIED orth. Plur. : **des hausse-pieds.**

HAUSSIÈRE orth. On écrit ce mot également sans *h :* **aussière.** Mais dans la forme avec *h, h* est dit aspiré.

HAUT orth. Cet adjectif entre dans la formation de noms géographiques. On distinguera les termes donnant une précision physique : *Il a remonté en bateau vers la haute Loire. Les archéologues ont fouillé la région du haut Nil.* On voit que, dans ce cas, l'adjectif conserve son autonomie. Au contraire, dans le cas d'une «entité politique ou administrative», on a un véritable composé, avec une majuscule à l'initiale de **haut,** et un trait d'union : *Il est né en Haute-Saône, mais vit en Haute-Savoie.* ♦ Un certain nombre de lo-

cutions à caractère officiel sont également formées à l'aide de cet adjectif. Prennent des majuscules à l'initiale : *le Très-Haut, la Haute Cour (de justice).* Les autres noms s'écrivent avec une minuscule : *un haut fonctionnaire, en haut lieu, haute trahison.* ♦ emploi Comme adverbe, *haut* reste invariable, ainsi que la plupart des adjectifs employés adverbialement : *L'air ne se renouvelle que par deux vasistas haut placés* (Romains). *Ils avaient tenté tout haut d'ébaucher ensemble une esquisse de la personnalité d'un assassin possible* (Desproges). *Les défaitistes étaient aussitôt pendus haut et court aux bras des fourches patibulaires* (A. Besson). *Ils parlent haut. Haut les mains! Ils sont montés haut. Des gens haut placés* (mais de *hauts personnages*). La remarque vaut pour les adjectifs composés : *En tête, venaient les jeunes filles en corselet blanc et la cotte haut-plissée* (Cendrars).

□ **au haut.** Cette locution qu'on évite dans la langue parlée en raison de l'hiatus, est acceptable dans la langue écrite : *Il m'apparut au haut d'une étroite rue à escaliers* (Roblès).

□ **le haut bout.** Locution désuète au sens de «place d'honneur».

□ **haut** (substantif). *Le haut du pavé. Avoir des hauts et des bas. C'est de l'énervement, la contrepartie de l'excitation de tout à l'heure, elle a souvent de ces hauts et de ces bas, elle passe si facilement d'un extrême à l'autre* (N. Sarraute).

□ **monter en haut.** Il faut éviter ce pléonasme, en précisant : *monter au deuxième étage, au grenier,* etc., ou en se contentant d'une construction intransitive quand le contexte est clair.

□ **haut de gamme** Ce tour signifie «de première qualité, de premier rang». Il s'emploie comme adjectif ou comme substantif dans le domaine commercial : *Acheter un appareil haut de gamme, donner dans le haut de gamme* (recommandation officielle du 17 mars 1982). Il correspond à l'anglais *standing.*

HAUTBOÏSTE orth. Avec un tréma. ♦ sens «Joueur de hautbois.»

HAUT-COMMISSAIRE orth. Ne pas omettre le trait d'union. De même pour *haut-commissariat.* Plur. : **des hauts-commissaires.**

HAUT-DE-CHAUSSE(S) orth. Au singulier, avec ou sans *s* à *chausse.* Au pluriel, *haut* prend toujours un *s* et *chausse* varie facultativement : **des hauts-de-chausse(s).**

HAUT-DE-FORME forme On emploie parfois dans le même sens *haute-forme,* qui demeure masculin. La ressemblance entre la prononciation des deux composés explique sans doute la facilité de glissement de l'un à l'autre. Pluriel : *Ces panoplies de l'honneur commercial anglais : des hauts-de-forme et des parapluies* (Morand). Ne pas confondre avec la construction libre, sans trait d'union, **un chapeau haut de forme** : *Le chapeau haut de forme qu'il tenait sous son bras [...] apportait une note assez distinguée* (Dhôtel).

HAUTE-CONTRE orth. Plur. : **des hautes-contre.** ♦ genre Féminin au sens de « voix masculine aiguë ». Mais quand le mot désigne le chanteur doué de cette voix, l'usage est hésitant : **un** ou **une haute-contre.**

HAUT-FOND → BAS-FOND

HAUT FOURNEAU orth. Plur. : **des hauts fourneaux.**

HAUT-LE-CŒUR orth. Substantif invariable : **des haut-le-cœur.**

HAUT-LE-CORPS orth. Substantif invariable, comme le précédent.

HAUT-LE-PIED orth. emploi et sens Avec traits d'union, cette locution est employée surtout adverbialement au sens de « à la hâte » : *Mandé de toute urgence par son patron, il est parti haut-le-pied.* Plus rare comme substantif, au sens de « homme sans rôle stable » : *On a besoin de quelques haut-le-pied pour faire de menus travaux.* Sans trait d'union, cette locution est un adjectif qualifiant une « locomotive circulant seule, sans wagons » : *Le cheminot s'est fait happer par une machine haut le pied.*

HAUT-PARLEUR orth. Plur. : **des haut-parleurs.** *Haut* fonctionne ici comme adverbe.

HAVANE emploi Comme adjectif de couleur (invariable), ou comme substantif, pour désigner un cigare : **un havane** (noter le *h* dit aspiré).

HÂVE orth. Avec un accent circonflexe sur le *a.* ♦ emploi et sens Adjectif littéraire, « amaigri et pâli » : *Une barbe noire, en collier étroit, soigneusement roulée autour du menton et des joues hâves* (Triolet).

HAVRE orth. Pas d'accent circonflexe, ni sur le nom commun ni sur le nom propre **Le Havre** : *Le laboratoire surtout lui était un havre* (Mauriac).

HE- prononc. On trouve le groupe *he-* avec *h* dit aspiré à l'initiale des mots suivants : *heaume, heimatlos, hein !, hélas !, héler, henné, hennin, hennir, héraut, her(s)cher, hère, hérisser, hernie, héron, héros, herpe, herse, hêtre, heurt.* → H, HI-, HO-, HU-

HÉ ! emploi et sens Interjection servant à interpeller quelqu'un : *Hé ! D'où êtes-vous donc ? dit Frédéric II* (Giono), ou simplement à renforcer une assertion : *Hé ! vous le voyez, répondit le marquis* (France). → EH BIEN

HEBDOMADAIRE sens « Qui a lieu une fois par semaine. »

HÉBÉTUDE forme et emploi Avec deux accents aigus, comme dans *hébéter* et *hébétement.* **Hébétude** est le mot le plus courant en médecine et dans la langue littéraire : *Il avait été en proie à un engourdissement profond ; une sorte d'hébétude le désarmait* (Mauriac). Mais on rencontre aussi **hébétement,** qui insiste davantage sur la notion d'état physique : *Et déjà l'hébétement de la faim était dans leurs yeux* (Duras).

HÉBRAÏQUE forme et emploi Cette forme tend à se spécialiser en tant qu'adjectif appliqué aux choses : *la langue hébraïque : Les murs s'ornaient de portraits d'hommes barbus entourés d'inscriptions hébraïques* (Roblès). *À part l'écriture hébraïque, il y a l'écriture cyrillique pour les Russes, et l'écriture latine pour le reste du monde* (Ikor). Emploi au masculin : *Les phrases latines qu'il citait, ou les noms propres hébraïques* (Butor). **Hébreu** s'emploie comme substantif ou comme adjectif appliqué aux personnes : *les Hébreux, le peuple hébreu*. Aucun des deux mots n'a de forme spécifique du féminin. Attention au pluriel de *hébreu*, qui prend un *-x*. → ISRAÉLIEN, JUDAÏQUE

HÉCATOMBE sens Ce substantif signifiait à l'origine «sacrifice de cent bœufs», et il a conservé une valeur collective et un sens intensif, désignant aujourd'hui le plus souvent «le meurtre collectif, ou la disparition d'un grand nombre de personnes, ou même d'objets» : *Elle était faite pour vivre et pour aimer, et non pas pour attendre la nouvelle hécatombe annoncée par le roulement continu du canon* (Peyré). *Livrant ton corps à mes furies je te pansais / avec la terre des hécatombes* (Emmanuel). *Il paraît que cette hécatombe / Fut la plus belle de tous les temps* (Brassens). → HOLOCAUSTE

HECTO- emploi Préfixe qui, placé avant une unité, la multiplie par cent. Son abréviation est *h*. *Hectomètre (= hm), hectogramme (= hg)*, etc.

HÉGIRE genre Féminin. ♦ **sens** «Première date de la chronologie musulmane» (an 622 de l'ère chrétienne).

HEIN emploi Interjection qui correspond, dans la langue familière, au *n'est-ce pas?* de la langue soutenue : *C'est commode, hein, des lampes de poche?* (Mauriac). *Hein? Quand même... il y a de la ressource* (Perret). Emploi exclamatif : *Est-ce assez bête, hein!* (H. Bazin).

HÉLIANTHE orth. Un *h* après le *t*. ♦ **genre** Masculin. ♦ **sens** Synonyme de **tournesol**.

HÉLICE emploi C'est le mot qu'il conviendrait d'employer pour désigner un «escalier qui monte en tournant autour d'un axe» : *un escalier en hélice*, mieux que *en spirale, en colimaçon*, etc. → ESCALIER

HÉLICOPTÈRE genre Masc. : **un hélicoptère**. On entend le féminin dans le langage populaire. Ce mot a formé les dérivés *héliport* (→ ce mot), *héliporté, héliportage, hélistation, hélitreuillage*.

HÉLIOTROPE genre Masculin.

HÉLIPORT emploi et sens Mot assez mal formé, mais déjà passé dans la langue technique et commerciale. Il désigne «l'ensemble des installations nécessaires à l'utilisation régulière d'une flotte d'hélicoptères». À distinguer de **héligare**, autre néologisme de sens plus restreint, correspondant à **aérogare**, pour les avions.

HELLÉBORE Autre forme de **ellébore** → ce mot.

HELLÈNE prononc. [elɛn] ou [ɛlɛn] indifféremment. ♦ **emploi et sens** Comme adjectif ou substantif, «grec» : *C'est sans rapport avec les vieilles citadelles hellènes comme Trieste* (Morand). Emploi emphatique. On évitera de dire *les Hellènes* pour *les Grecs*, à moins d'une nécessité d'ordre littéraire ou stylistique.

HELVÈTE emploi et sens Ce substantif est à *suisse* ce que *hellène* (→ ce mot) est à *grec*. L'adjectif **helvétique** est d'un emploi plus banal, mais réservé à des expressions du langage politique, telles que *Confédération helvétique*.

HÉMICYCLE genre Masc. : **un hémicycle bondé**.

HÉMISPHÈRE genre Contrairement au mot de base *(sphère)*, ce substantif est masculin, comme *planisphère* → ce mot, mais à la différence d'*atmosphère, stratosphère*, qui sont féminins.

HÉMISTICHE genre Masculin.

HÉMORRAGIE orth. Deux *r*, comme **hémorroïde, hémorrhée** : *Leurs artères étaient sectionnées et il essayait d'arrêter les hémorragies en appuyant dessus avec ses doigts* (Fontanet).

HÉMOSTASE genre Féminin. On dit aussi **hémostasie**. ♦ **sens** Une **hémostase** est «l'arrêt d'un écoulement sanguin». ♦ **dérivé** : *hémostatique*.

HENNÉ prononc. Avec un *h* dit aspiré. ♦ **genre** Masc. : **le henné**. ♦ **sens** «Poudre rougeâtre avec laquelle les musulmanes se teignent les cheveux et certaines parties du corps.»

HENRI prononc. L'usage est variable quant à la liaison et à l'élision, mais le *h*

initial du féminin **Henriette** est toujours « muet » : *la bague de Henri* ou *d'Henri* en face de *le mariage d'Henriette.*

HÉRALDIQUE prononc. Le *h* initial n'empêche ni la liaison ni l'élision, alors qu'il le fait pour **héraut,** qui est de la même famille étymologique. ♦ **emploi et sens** Adjectif ou substantif féminin : « (qui se rapporte à la) connaissance des armoiries ».

HÉRAUT prononc. Avec *h* dit aspiré. → HÉRALDIQUE et HE- ♦ **orth. Héraut, héros, hérault.** Ne pas confondre les trois graphies. **Hérault** (avec un *l*) ne s'applique qu'à un département, à un fleuve français (avec une majuscule) et à un point d'acupuncture, *le point hérault.*

HERBE emploi et sens Les locutions *dans l'herbe, sur l'herbe* et *en herbe* ne sont nullement équivalentes. La première implique que « l'herbe est haute et non coupée » : *Il aperçut, caché dans l'herbe, un orvet. Pour échapper aux regards, ils se couchèrent dans l'herbe.* La deuxième, *sur l'herbe,* considère celle-ci comme « une surface, un tapis » : *Venez, on va déjeuner sur l'herbe. Il est interdit de marcher sur l'herbe des pelouses.* Enfin, *en herbe* a toujours le sens (au propre et au figuré) de « qui n'est pas encore mûr, avant maturité » : *Couper le blé en herbe. Tu fais un sacré archéologue en herbe, avec ton grattoir et ton sac !* Titre d'un roman de Colette : *Le Blé en herbe.*

HERBEUX emploi et sens Distinguer **herbeux,** « où il pousse de l'herbe », et **herbu,** « où l'herbe foisonne ». Les deux exemples suivants d'un même auteur, à quelques pages de distance, marquent la nuance : *Déjà l'eau suintait des bas-côtés herbus et les ornières devenaient boueuses* et *Il posa son fusil et s'étendit sur un talus herbeux* (Vailland). **Herbageux** a un autre sens : « couvert d'herbages », c'est-à-dire de prés entretenus pour l'élevage.

HERBORISER sens Activité de l'*herborisateur,* qui « ramasse des plantes pour les étudier ou encore pour en tirer parti sur le plan médicinal » : *Car elle*

s'occupait de botanique. Certains jours elle partait herboriser, portant en bandoulière sur ses robustes épaules une boîte verte qui lui donnait l'aspect bizarre d'une cantinière (Gide). Ne pas confondre l'**herborisateur** avec l'**herboriste,** « commerçant qui vend des plantes médicinales, de la droguerie, des parfums, etc. ».

HÈRE sens Outre le tour figé **pauvre hère** (avec *h* dit aspiré), cette forme s'emploie dans le vocabulaire de la vénerie : « jeune cerf de plus de six mois ».

HÉRISSER emploi L'Académie autorise les tournures suivantes : *Les cheveux lui hérissèrent à la tête; Le lion hérisse sa crinière quand on l'irrite.* Mais elles sont peu vivantes, et l'usage préfère l'emploi pronominal : *La crinière du lion se hérisse,* ou le participe passé : *Sa crinière hérissée.*

HÉRITER constr. On dit régulièrement **hériter de quelqu'un** et **hériter quelque chose de quelqu'un** : *La baronne de Selle d'Auzelle, qui vient d'hériter de sa belle-mère un hôtel particulier rue de la Marne* (H. Bazin). *De leur père, ils avaient hérité le désordre, l'élégance, les caprices furieux : c'était, hélas ! le plus clair de son héritage* (Cocteau). *Scouffi avait de gros revenus qui lui provenaient des propriétés qu'il hérita de son père* (Modiano). Le Bidois fait l'observation suivante : « Quand un même verbe a deux objets de valeurs différentes, le souci d'être clair exige qu'un signe formel permette de les distinguer nettement. » → FOURNIR, PERSUADER. ♦ On peut dire aussi **hériter de quelque chose** : *Je l'observais beaucoup sans qu'il s'en doutât, voulant voir jusqu'à quel degré il avait hérité de l'humeur de ses parents* (Green). *Ah ! père, en cela au moins j'aurai été votre fille : j'aurai hérité de votre soif* (Sarrazin). ♦ Le passif est possible : *Lui et son frère souffraient d'une infirmité curieuse héritée assurément du grand-père de la Vallée* (Boylesve). Le sujet du verbe passif désigne la chose dont on a hérité.

HERMÉNEUTIQUE emploi et sens Adjectif et substantif féminin : *Est herméneutique toute discipline qui procède* par discernement d'un sens caché sous un sens apparent : c'est la lecture du «double sens» (Lacroix). Ne pas confondre avec **hermétique** (à l'origine terme d'alchimie, «qui a rapport à la science du grand œuvre»).

HÉROÏNE prononc. Le h est dit muet dans tous les dérivés de *héros*, bien que ce mot comporte un h dit aspiré : **une héroïne** [yneʀɔin], opposé à **un héros** [œ̃ɛʀo]; **les héroïsmes** [lezeʀɔism]. De même pour **héroïque**.

HÉROS prononc. Avec h dit aspiré.
→ NOUVEAU, BEAU

HÉSITER constr. Ce verbe se construit le plus souvent avec la préposition à : *J'ai longtemps hésité à en maintenir quelques-unes qui puissent faire planer un doute* (Daninos). *J'hésite à lui confier mes économies.* On rencontre également, quand le complément est un substantif, *entre*, *quant à* et *sur* : *Il hésita longtemps entre deux partis*, ou *quant au parti qu'il prendrait*, ou *sur le parti à prendre*. Quant aux tours **hésiter de** ou **hésiter si**, ils sont aujourd'hui littéraires et archaïsants : *J'hésite depuis deux jours si je ne ferai pas Lafcadio raconter mon roman* (Gide). *Tout m'avait empêché de la reconnaître et fait hésiter si je dormais ou si ma grand-mère était ressuscitée* (Proust).

HÉTAIRIE forme On rencontre aussi **hétérie**. ♦ sens En Grèce, «société politique ou littéraire». Ne pas confondre avec **hétaïre**, «courtisane d'un rang assez élevé» : *Jamais donc je ne connaîtrai ces hétaïres aux noms mérovingiens* (Daninos).

HÉTÉROCLITE, HÉTÉRODOXE, HÉTÉROGÈNE sens Ne pas confondre ces adjectifs. **Hétéroclite** signifie «dépareillé», **hétérodoxe**, «contraire à l'orthodoxie», **hétérogène**, «qui ne peut engendrer une unité».

HEUR emploi et sens Mot archaïque, signifiant «chance» dans *avoir l'heur de*. Cet emploi est recherché, et souvent ironique. Voici un emploi audacieux (et à ne pas imiter), qui cumule et décumule à la fois la construction de *heur* avec les adjectifs *bon* et *mal*, par jeu de mots : *Un an de baptêmes, de mariages,* de morts, de bons et de malheurs (Chabrol). Se garder d'écrire **heure**, avec un e final.

HEURE prononc. Il faut éviter la liaison prétendument distinguée : *six heures et demie* doit se lire [sizœʀɛdmi]. ♦ forme **Cas particuliers :** on écrit *tout à l'heure*, les *Vingt-Quatre Heures du Mans*, *un livre d'heures*. ♦ constr. On insère la préposition *de* entre le nombre d'heures et les mots *matin* ou *après-midi* : *Il était largement trois heures de l'après-midi lorsque Angélique vint place du Marché reprendre ses affaires* (Aragon). ♦ Il faut dire *de trop bonne heure*, et non *trop de bonne heure*, comme on l'entend souvent dans le parler populaire. ♦ On emploie, à la suite de **heure**, le relatif *où* pour marquer le moment : *À l'heure où je vous parle...* sauf dans la locution *à l'heure qu'il est*, figée, et fréquente dans la langue familière : *À l'heure qu'il est, le cannage d'une chaise coûte au bas mot un franc cinquante* (Romains). *Elle doit avoir à l'heure / À l'heure qu'il est / Deux ou trois marmots qui pleurent / Pour avoir leur lait* (Brassens). On emploie généralement *que* lorsque le mot *heure* indique la durée, notamment après les tours *il y a tant d'heures que*, *ça fait tant d'heures que*, etc. : *En réalité, ça faisait trois heures qu'on attendait dans une atmosphère confinée* (Vian).

☐ **gagner quatre francs de l'heure**
→ DE

☐ **par heure**. On dit *Il va deux fois par heure à la fenêtre*, ou *deux fois dans l'heure*, ou même : *Le téléphone retentissait dix ou douze fois dans l'heure* (Duhamel).
→ FOIS et PAR

☐ **une demi-heure** et **une heure et demie** → DEMI

☐ **deux heures et quart** ou **un quart**. On dit aujourd'hui *neuf heures et quart*, *moins le quart*, *trois quarts*, plutôt que *neuf heures (et) un quart*, *moins un quart*, *et trois quarts*, qui ont vieilli : *Huit heures et quart, je n'aurais pas cru* (H. Bazin). → QUART

☐ **à l'heure**. Cette construction ne convient que pour exprimer la vitesse : *La princesse adore foncer à soixante à l'heure entre la capitale et le château royal* (Audiberti). On fait souvent l'ellipse de la préposition, à condition que le nom de l'unité de mesure soit présent : *Avec une vitesse limitée à 80 km/h, la puissance insatisfaite que l'on sent sous ses pieds n'est pas pour rien dans le vagabondage des idées* (Colombier). Cette transcription (avec une barre oblique) est seule admise dans la langue officielle. On ne dira en aucun cas *145 km de l'heure.

□ **de bonne heure.** Cette locution fait au comparatif *de meilleure heure*, et non *de plus bonne heure*, bien que l'adjectif et le substantif forment un bloc peu dissociable : *Sir Herbert quitta le quartier de meilleure heure que d'ordinaire* (Benoit).

□ **à la bonne heure.** Ce tour est vieilli et exprime la «satisfaction devant un résultat attendu» : *Votre licence, dit Brunet d'un air absorbé, votre licence, à la bonne heure ! À la bonne heure ! Toi, au moins, ce n'est pas la modestie qui t'étouffe !*

□ **à huit heures sonnantes** → BATTRE, SONNER, TAPANT et dernier paragraphe de cet article.

□ **pour l'heure.** Locution vieillie, au sens de «pour l'instant» : *Pour l'heure, elle était une petite cigale, pas encore bruyante* (Barrès).

□ **d'heure en heure.** Ce tour signifie soit «toutes les heures» : *Il faut renouveler les compresses d'heure en heure* ; soit «à mesure que le temps s'écoule» : *On s'attend d'heure en heure à la chute du régime.*

□ **dix-neuf heures.** Le compte des heures se fait dans la langue courante de un à onze (plus *midi* et *minuit*), dans la langue administrative et officielle de un à vingt-quatre : *Le magasin restera ouvert jusqu'à vingt-deux heures. Sortie des bureaux à dix-sept heures trente.* Curieusement, on préfère le plus souvent, dans la conversation, recourir à la tournure *sept heures du matin* ou *sept heures du soir.*

□ **dans une petite heure.** La langue familière introduit souvent cette nuance apparemment illogique puisqu'il s'agit d'unités rigoureusement égales, pour suggérer la patience, l'ennui, etc. : *J'ai fini dans une petite heure. Nous avons encore une grande heure devant nous. Sa conférence a duré trois longues heures.*

□ **accord du verbe sonner après l'indication de l'heure.** On trouve tantôt le pluriel, tantôt le singulier, selon que le sujet est lui-même au pluriel ou au singulier : *Onze heures sonnaient à toutes sortes d'horloges lointaines* (Daudet). *Trois heures cependant ont lentement sonné* (Vigny). *Les trois quarts de cinq heures sonnèrent* (Lacretelle, cité par Grevisse). Mais : *La demie de cinq heures venait de sonner* (Martin du Gard). *Midi a sonné. Une heure venait de sonner.* Albert Dauzat a même écrit : *Trois heures et demie a sonné.* Cet exemple se comprend si l'on considère qu'un seul coup (celui de la demie) a effectivement retenti. → SONNER

HEUREUSEMENT emploi et sens Cet adverbe porte rarement aujourd'hui sur un verbe, au sens de «avec succès» : *Une fille de Corinthe, que j'ai heureusement aimée* (Valéry).

□ **heureusement que.** Forme une proposition suivie de l'indicatif : *Heureusement que le monde de l'amour est aussi vaste que le cœur lui-même* (Romains). *Heureusement que le marchand d'estampes était connu de sa section* (France). La conjonction *que* est dans ce contexte d'un emploi facultatif et peut être suppléée par une virgule : *Heureusement, le marchand...*

HEUREUX constr. On dit : **être heureux que** + **subjonctif** dans la langue soutenue : *Je fus heureux qu'en cette circonstance Marthe ne montrât pas de sagesse* (Radiguet). **Être heureux de ce que** suivi de l'indicatif est à déconseiller, en raison de sa lourdeur.

HEURISTIQUE emploi et sens Adjectif et substantif féminin, «(partie de la science) qui a trait à la découverte des faits». On écrit aussi **euristique.**

HEURTER emploi Aujourd'hui, surtout avec un complément d'objet direct, ou à la voix pronominale. On dira *heurter quelque chose* ou *quelqu'un*, ou *se heurter à* ou *contre quelqu'un* : *Il lui prit la tête dans les mains et la heurta plusieurs fois sur le sol* (Green). *Étendant toujours plus leur empire, ils se heurtaient à l'Est à la puissance grandissante des États-Unis* (Cendrars). L'emploi intransitif est rare.

HI- prononc. On trouve le groupe **hi-** avec *h* dit aspiré à l'initiale des mots suivants : *hi!* (interjection), *hibou, hic, hickory, hideur, hie, hiérarchie, hiéroglyphe, highlander, hi-han, hilaire, hile, hisser, hittite.* → H, HE-, HO-, HU-

HIATUS prononc. On fait l'élision et la liaison devant ce mot, qui désigne la «rencontre de deux voyelles consécutives, l'une finissant un mot, l'autre commençant le mot suivant» : *Les classiques proscrivaient formellement l'hiatus de leurs vers.* On dira [œ̃njatys], [dœ zjatys], pour **un hiatus, des hiatus.** Contrairement à une idée répandue, la langue française n'a pas «horreur de l'hiatus» (comme on croyait jadis que la nature «avait horreur du vide»). On prendra garde au fait que l'obsession de l'éviter peut conduire à des cuirs et des pataquès (voir ces mots) ridicules, dont le modèle demeure la phrase souvent citée du *Bossu* de Féval : *Si tu ne vas pas à Lagardère, Lagardère ira-t-à toi...* Du reste, il existe en français de très nombreux hiatus internes, contre lesquels on ne peut rien, par exemple, dans *aéré, ahaner, aorte, cahot, chaos, déhancher, éhonté, huer, oasis,* etc. (À noter enfin qu'un **h** entre deux voyelles ne supprime nullement l'hiatus, puisque celui-ci est un phénomène d'ordre phonétique et non graphique...).

HIBERNER sens «Passer l'hiver dans un état d'engourdissement, quand il s'agit de certains animaux (escargot, marmotte).» Transitivement dans le domaine médical : «mettre en état d'*hibernation*», c'est-à-dire provoquer chez un malade un important abaissement de la température. Ne pas confondre avec **hiverner.** → ce mot

HIBOU orth. Plur. : **des hiboux** → BIJOU

HIDEUR emploi Ce substantif est beaucoup plus rare que l'adjectif **hideux** et l'adverbe correspondant. Littré écrit : «Ancien mot fort nécessaire.»

HIER prononc. On peut dire [ijɛʀ] (deux syllabes) ou [jɛʀ] (une syllabe). *Avant-hier* se prononce [avɑ̃tjɛʀ].

☐ **hier matin, hier soir.** On dit rarement aujourd'hui *hier au matin, hier au soir.* → À

HIÉROGLYPHE orth. et prononc. Attention à la succession du *i* et du *y*. Le *h* initial empêche liaison et élision : *L'être humain, ce hiéroglyphe, est changeant* (Allen).

HIGH-TECH emploi et sens Cet emprunt à l'anglo-américain, abréviation de **high technology,** «haute technologie», s'emploie comme nom féminin au sens de «technologie de pointe», et comme adjectif, qualifie un mobilier ou des appareils d'une haute sophistication.

HILE prononc. Avec un *h* dit aspiré. ♦ genre Masculin.

HINDOU emploi et sens Ce mot a surtout une valeur religieuse : «adepte de l'hindouisme». *Un dieu doré tordait ses membres en une danse plus hindoue que chinoise* (Mallet-Joris). Pour désigner la nationalité, il est préférable d'appeler les habitants de l'Inde les **Indiens.** → INDIEN

HINDOUISME orth. Pas de tréma sur le *i.*

HIPPO- ou **HYPO-** emploi et sens Ces deux préfixes n'ont rien de commun quant au sens : le premier sert à former des composés sur le thème du «cheval» : *J'eus un soulagement lorsqu'il eut terminé, sans apoplexie, son cours d'hippologie commerciale* (Constantin-Weyer). *Le district s'inquiète d'une vente éventuelle de l'hippodrome de Saint-Cloud à des promoteurs immobiliers* (Le Monde). Le second a le sens de «dessous» et sert à former des termes savants ou techniques en grand nombre. → HYPO- et les mots qui suivent.

HIPPIE ou **HIPPY** emploi et sens Mot anglo-saxon, substantif et adjectif, désignant, surtout sous la forme du pluriel **hippies,** des «personnes qui refusent les valeurs sociales et culturelles de la société de consommation» (Petit Robert) : *Un hippie c'est quelqu'un qui cherche la vérité hors de la société et ailleurs - en défonçant systématiquement les tabous avec un idéal mystique, paci-*

fiste et esthétique pour arriver au bonheur (Axel). *L'aventure hippie.*

HISTOIRE orth. Ne prend pas de majuscule : *Le cours de l'histoire, l'histoire ancienne, étudier l'histoire naturelle.* ◆ **emploi** La locution familière **histoire de** s'emploie en apposition pour marquer le but, l'intention : *Et, redressant la tête, il nous disait, histoire de souffler un peu : Eh bien ! ça va, la jeunesse ?* (Alain-Fournier). *J'en ai tué un en duel, histoire de lui prouver qu'il n'existait pas* (Rey).

HIT-PARADE emploi et sens Cet anglicisme courant dans le monde des médias ne dit rien de plus que le français **palmarès**, qu'on doit lui préférer, d'autant qu'il n'est pas plus long (recommandation officielle du 10 octobre 1985).

HIVER constr. Pour l'indication de la saison, on dit généralement **en hiver** ou, pour insister, **dans l'hiver**. Le tour avec **à (à l'hiver)** est rare, alors que cette construction est régulière pour *automne* et *printemps.* En revanche, la construction sans préposition est fréquente, pour marquer la généralité ou le retour régulier : *L'hiver, il fait froid.*

HIVERNER sens « Passer l'hiver dans un abri », ou « mettre les bêtes à l'étable pendant l'hiver », ou, transitivement, « labourer (une terre) avant l'hiver » : *L'hiver avait été pluvieux sur la côte. Les hivernants ont été déçus, ils disent que la guerre a changé le climat* (Gallo). À distinguer de *hiberner* → ce mot. De même, distinguer **hibernal** et **hivernal** : *L'engourdissement hibernal, mais un froid hivernal.*

H.L.M. prononc. Le *h* initial est traité tantôt comme un *h* dit aspiré, tantôt comme un *h* dit muet. ◆ **genre** On dit en principe **une H.L.M.,** puisque ce sigle représente la locution *habitation à loyer modéré,* mais l'attraction du genre de *immeuble* est forte, et on entend de plus en plus fréquemment **un H.L.M.**

HO- prononc. On trouve le groupe **ho-** avec *h* dit aspiré à l'initiale des mots suivants : *hobby, hocco, hocher, hockey, holà, holding, hold-up, Hollande, hollywoodien, homard, home, homespun,*

hongre, hongrois, honnir, honte, hop, hoquet, hoqueton, horde, horion, hors, hot, hotte, hottentot, hou, houache, houblon, houdan, houe, houille, houka, houle, houlette, houlque, houp, houppe, houppelande, hourd, hourdis, houri, hourque, hourra, hourvari, houseau, houspiller, houssaie, houx, hoyau. → H, HE-, HI-, HU-

HO ! emploi et sens Cette interjection, marquant l'appel, l'étonnement ou l'indignation, se distingue peu dans la langue parlée de son homonyme *oh !* La distribution orthographique de ces deux lettres est imprécise.

HOBBY emploi et sens Anglicisme, auquel on peut préférer *passe-temps, violon d'Ingres,* voire *dada* (traduction française de ce terme familier). → LOBBY

HOCHER emploi De nos jours, seulement dans *hocher la tête.*

HOLÀ ! orth. Ne pas omettre l'accent grave sur le *à* final, comme dans *voilà. Holà ! Y a-t-il quelqu'un ?*

HOLDING orth. Plur. : **des holdings.** ◆ **genre** Ce mot est généralement masculin : *M. Gilbert Gross augmente son poids dans le holding britannique AEGIS* (*Le Monde,* 11 août 1992), mais on rencontre le féminin, dû à l'influence du tour *société holding : Cette holding familiale a été créée en 1982 à partir d'un autre château, Duhart-Milon* (*Le Monde,* 2 juin 1992). ◆ **sens** Anglicisme de la langue de l'économie, difficile à franciser, encore que *monopole* ou *société monopoliste* traduise assez bien le contenu de ce mot, qui désigne une « combinaison financière permettant à une firme de jouer un rôle dirigeant dans diverses entreprises ».

HOLD-UP orth. Invariable au pluriel. ◆ **emploi et sens** Américanisme (invariable) bien implanté dans l'usage français et signifiant « attaque à main armée, coup de main ». On pourrait très bien utiliser cette dernière locution à la place du mot étranger.

HOLLANDE orth. Du fromage de Hollande, mais **du hollande** (avec une minuscule). ◆ **prononc.** Ne jamais faire d'élision ni de liaison devant ce mot : *aller en / Hollande, manger du / hollande, les / Hollandais.* Dans le cas du nom de pays, et de l'adjectif *hollandais,* contrairement à l'usage de la radio et de la télévision, on ne doit pas prononcer le double *l* : *Ne se trouvera-t-il personne pour leur dire* (aux parleurs de la radio) *qu'il est malséant de dire : Hol-lan-dais, voie fer-rée?* (Gide).

HOLOCAUSTE genre Masc. : **un holocauste.** ♦ **sens** «Sacrifice religieux dans lequel on consume entièrement la victime» : *Les fouilles de Carthage ont confirmé les rites cruels des holocaustes d'enfants* (Eydoux). Employé souvent comme synonyme «noble» de *sacrifice* : *S'offrir en holocauste.* On applique de plus en plus systématiquement ce mot à l'extermination des juifs par les nazis, au cours de la Seconde Guerre mondiale.

HOMARD prononc. Avec un *h* dit aspiré. ♦ **emploi** On dira *homard à l'américaine* et non *à l'armoricaine,* qui n'est qu'un pédantisme fantaisiste.

HOME prononc. Avec un *h* dit aspiré. ♦ **emploi** Littré écrivait en 1875 : «Mot anglais qui tend à s'introduire en français et pour lequel nous n'avons pas d'autre équivalent que : le chez-soi.» Devenu désuet de nos jours.

HOMICIDE sens «Action de donner la mort à quelqu'un», dans le langage juridique. Signifie aussi «personne ayant donné la mort». S'emploie assez rarement comme adjectif, sauf dans un registre littéraire, au sens de «qui a donné la mort» : *un geste homicide.* On dit plus ordinairement de nos jours **criminel** ou **meurtrier.** → PARRICIDE, SUICIDER (SE)

HOMME emploi L'emploi de ce mot au sens de «mari» relève de la langue populaire : *Elle ne comprenait pas que son homme se soit fourré dans une pareille affaire* (Guilloux). → DAME

□ **il n'est pas homme à,** suivi de l'infinitif. Cette locution est encore assez vivante, et parfaitement correcte, avec une valeur consécutive, «il n'est pas tel, d'une telle nature que...» : *Je ne suis pas homme à faire le malheur de mon fils*

(Maurois). *Il ne serait pas homme à ne l'afficher que pour «la montre» comme on le croit à Bordeaux* (Mauriac). Le tour affirmatif est plus rare : *Il était homme à provoquer sans motif un carabinier dans la rue* (Daudet). *Il est homme à se réveiller frais et dispos, prêt à affronter la perpétuité en ne comptant que sur ses forces* (Chaix). Ce tour n'est d'ailleurs pas propre au mot *homme : Je ne suis pas femme à abuser d'un secret qu'on me confierait* (Becque, cité par Le Bidois).

□ **l'homme Vigny, l'homme Hugo.** Les critiques littéraires usent beaucoup de ce tour : *Une suite de témoignages incontestables sur l'homme Stendhal, si prodigieusement attachant* (Guermantes, *Le Figaro,* 20 juin 1966).

□ **orthographe des composés.** On ne met jamais de trait d'union dans les locutions telles que : *homme d'affaires, d'argent, de bien, de cour, d'Église, d'épée, de loi, de paille, de rien,* etc. De même pour *homme lige, homme propre,* etc. Mais les substantifs suivants prennent un trait d'union : *homme(s)-grenouille(s), homme-mort, homme(s)-orchestre(s), homme-protée, homme(s)-sandwich(es), homme(s)-singe(s).*

HOMO emploi et sens C'est une abréviation familière, non péjorative, d'**homosexuel,** qui s'emploie comme adjectif ou comme nom. → GAY

HOMOGÉNÉISER forme Celle-ci tend à l'emporter sur *homogénéifier,* qui est aussi correct, avec le même sens : «rendre homogène». *Du lait homogénéisé.*

HOMONCULE orth. On écrit aussi **homuncule.** ♦ **emploi et sens.** Mot littéraire de valeur péjorative et signifiant «avorton, minus».

HOMONYME emploi et sens Ce mot, qui signifie «qui a une prononciation identique mais un sens différent», renvoie à deux termes plus précis : **homophone** (identité de la prononciation) et **homographe** (identité de l'orthographe). Les mots *maire* et *mer* sont *homophones,* mais non *homographes,* tandis que le substantif *table* et le verbe (il) *table* sont à la fois *homophones* et *homographes.* Ces diverses ressemblances sont source de nombreuses ambiguïtés, dont sont victimes les enfants et, parfois, les adultes : *Tous les espoirs s'écroulaient quand le garde des Sceaux (dont je me demandais quels sots il pouvait bien garder) [...] changeait de tête ou de parti* (Chaix).

HONCHETS → JONCHETS

HONNÊTE sens Cet adjectif prend parfois un sens différent selon qu'il est placé avant ou après le substantif. Mais ce changement est beaucoup moins net que pour les adjectifs *brave, grand, galant*, etc. *Un honnête homme* peut signifier «un homme cultivé, distingué, de bonnes manières et ayant des lumières en tous domaines», mais seulement dans la langue soutenue et dans un milieu relativement restreint. La majorité des francophones ne fait en réalité aucune distinction entre *un homme honnête* et *un honnête homme*. La différence est plus sensible, dans la langue courante, entre *honnête femme* («de bonnes mœurs») et *femme honnête* («probe»). ♦ En outre, l'adjectif **honnête** a couramment le sens de «moyen, correct», dans un nombre croissant de locutions ; cette extension paraît irrésistible : *Un franc le kilo, c'est honnête ; un repas honnête ; une récompense honnête.*

HONNEUR emploi et sens Ce substantif entre dans diverses locutions plus ou moins figées : *Naturellement, avec Langlois, en tout bien tout honneur, ils s'entendaient comme cul et chemise* (Giono). *Moi seul connus le déshonneur / De ne pas être mort au champ d'honneur* (Brassens). *J'espère bien qu'on va la mettre en prison – En quel honneur? dit Migeon, placide* (Aragon). *Elle nous fit avec simplicité les honneurs de sa bicoque.* On notera le passage du sens abstrait au sens concret, entre le singulier et le pluriel : *Il s'est battu pour l'honneur du nom. Tu es trop sensible aux honneurs.*

HONNIR emploi et sens Verbe archaïque, qui ne subsiste guère que dans la devise *Honni soit qui mal y pense !* Le sens est «vouer au mépris public afin de couvrir de honte» : *Le public français honnit la nouvelle et le*

conte, il veut de beaux gros romans* (Cavanna).

HONOR- orth. Les mots formés sur *honneur* ne prennent qu'un *n*, à la différence du radical de base, dans : *honorable, déshonorant, honoraire, honorariat, honorifique.*

HONORAIRES (subst.). **forme** Pas de singulier. ♦ **sens** «Somme accordée en échange de ses services à un médecin ou à un avocat, et plus généralement à un membre d'une profession libérale» : *Il finirait, au bout de quelques années, par accepter des honoraires, encore qu'il lui répugnât d'engager avec tout être humain le moindre échange à propos d'argent* (Labro). → SALAIRE

HONTE constr. On dit aujourd'hui **n'avoir pas** (ou **point**) **honte de** + substantif ou **infinitif**, mais il **n'y a pas de honte à** (avec la préposition *de* entre pas et honte) : *Oh! citoyen, s'écria Gamelin, n'avez-vous pas honte de tenir ce langage?* (France). *La vérité pas bonne à dire, très mauvaise à dire pour lui si on osait, si on n'avait pas honte de l'humilier* (Sarraute). *Il n'y a pas de honte à le dire.*

□ **toute honte bue.** Cette locution est littéraire et archaïsante, au sens de «sans être sensible au déshonneur» : *Et devant vous, toute honte bue, je ne suis plus qu'un commis voyageur ou un sous-off qui court le jupon* (Montherlant).

HOOLIGAN ou **HOULIGAN orth.** Les deux sont acceptables, le mot étant d'origine anglaise (*oo*), mais fréquemment employé en Russie (transcrit par *ou*). ♦ **sens** «Jeune voyou, n'hésitant pas à employer la violence» : *Les hooligans ont envahi le stade et mis les tribunes à sac.*

HÔPITAL orth. Ne pas oublier l'accent circonflexe.

HOQUETER conjug. Comme *jeter.* → APPENDICE ♦ **emploi** Souvent au figuré : *Alors, le petit moteur du scooter hoqueta sur la route de briques* (Vian).

HORAIRE emploi et sens Ce mot est un adjectif formé sur *heure* : *Si les ouvriers horaires mensualisés sont payés au*

mois, cela pourrait favoriser encore l'usage de la monnaie scripturale au détriment de la monnaie fiduciaire (Le Monde). Mais il est le plus souvent employé comme substantif, soit pour désigner une personne : Les horaires sont moins nombreux dans cette entreprise que les mensuels, soit pour désigner un «tableau ou guide donnant les heures», surtout dans le domaine des transports : Les autobus sont souvent en retard sur l'horaire. Ce substantif a également, dans l'administration, l'enseignement, etc., le sens de «répartition des heures de travail» : Elle espère malgré tout que l'on s'achemine vers une solution : horaire de nuit l'été et horaire de jour l'hiver (Le Monde).

HORION prononc. Avec *h* dit aspiré.
♦ **emploi et sens** Ce mot ne doit pas être employé avec le sens de «marque sur la peau, bleu», mais avec celui de «coup donné avec force».

HORIZON **forme** Invariable comme adjectif de couleur, dans *des uniformes bleu horizon*. ♦ **emploi et sens** Courant au sens spatial de «partie de la terre et du ciel délimitée par un plan perpendiculaire au fil à plomb et passant par l'observateur» : *Pendant longtemps, les bois de Vaux bordèrent l'horizon d'une ligne noire qui allait en s'amincissant* (B. Clavel). *C'était la nuit, mais une énorme lueur embrasait l'horizon* (J. Roy). Il est tout à fait inutile, dans ce sens, de mettre ce substantif au pluriel. Mais cette pratique est répandue chez certains écrivains : *Tout contre la terre, la chaleur faisait vaciller l'air, et les horizons lointains ressemblaient à des fumées volatiles fusant d'entre les brins d'herbe* (Le Clézio). Au figuré, on rencontre le plus souvent le pluriel, au sens de «perspective», mais le singulier est aussi correct : *Le siècle était sans horizon et toutes les avenues aveuglées, sauf celles de la chamaille, du ressentiment, de la haine* (Duhamel); *un horizon extrêmement borné; ouvrir des horizons.* Il n'est plus possible de refuser cet emploi, malgré les réserves de certains grammairiens.

HORLOGE **genre** Ce substantif, autrefois masculin, est aujourd'hui féminin :

Une horloge comtoise. L'horloge parlante.

HORMIS **emploi et sens** Préposition vieillie et supplantée par **excepté** ou **sauf**. → ces mots : *Personne ne croit plus à toi, Jeanne, hormis le menu peuple, qui croit tout, qui en croira une autre demain* (Anouilh). *Elle avait d'abord refusé toute visite, hormis celle de son mari* (Bazin). *Hormis la pluie, ils n'ont rien* (Audiberti). La même remarque vaut pour la locution conjonctive **hormis que** : *Hormis que le printemps n'arrive bientôt, je ne sais pas ce que nous allons faire* (Hémon).

HORMONE prononc. [ɔʀmɔn]. Éviter de prononcer le second *o* comme un [o], ce que font souvent les gens de la radio et de la télévision. ♦ **dérivés** : *hormonal*.

HOROSCOPE **genre** Masc. : **un horoscope**.

HORREUR **constr. et emploi** On dit *éprouver de l'horreur pour quelqu'un* ou *quelque chose* (et non *contre*, qui est possible avec, par exemple *aversion*) : *J'éprouve pour lui de l'horreur, une horreur insurmontable*. Est également répandu : *J'ai horreur de faire attendre mes clients. Le lèche-vitrines, j'ai horreur de ça !* Mais on rencontre plus rarement, aujourd'hui : *Il lui communiqua l'horreur de ses fautes passées. Se rappelant ce qu'il avait fait, il eut l'horreur de son acte*. Ce dernier tour est littéraire. *Horreur* est fréquemment employé au singulier ou au pluriel, avec le sens concret de «objet affreux» : *Il a un mauvais goût tel que son séjour est un vrai musée des horreurs. Cette femme est une horreur*.

HORRIFIQUE **emploi** Vieil adjectif qui n'est substitué à **horrifiant** que dans le registre plaisant et à un certain niveau de culture : *L'horrifique récit de ses exploits*.

HORS prononc. Le *h* initial est «aspiré» : il ne faut donc pas faire la liaison dans *Il est / hors de question que..., Il était / hors jeu*, etc. Cette règle est très souvent violée dans les médias. ♦ **constr.** Cette préposition s'emploie le plus souvent avec *de*, au sens de «à l'extérieur de» ou de «au-delà de» : *hors* *d'affaire, d'atteinte, de combat, de doute, de sens,* etc. : *Hors des bois, on pouvait peut-être encore y voir un peu mais ici c'était fini* (Giono). *Il se sentait dégagé de lui-même, hors de sa possession* (La Varende). Il existe des locutions figées, sans la préposition *de* : *hors banque, hors classe, hors commerce, hors concours, hors jeu, hors la loi, hors l'eau, hors les murs, hors ligne, hors pair, hors rang, hors texte, hors tour, hors tout* : *Les deux principaux partis politiques africains ont été mis hors la loi* (Le Monde). *Et de ce temple hors les murs, auprès de l'autel de Borée, te souvient-il ?* (Valéry). *Des cuirassiers venus pour leur dimanche,* voir «*membrer*» *la section hors rang* (Courteline). Ailleurs, l'absence de *de* relève d'une volonté d'archaïsme : *C'est pourquoi il n'y a pas de salut hors l'Église* (Anouilh). Dans la langue littéraire, on rencontre encore assez souvent la construction directe, au sens de «excepté» : *Hors deux détenus qu'on y avait mis, récemment transférés du Luxembourg à la Conciergerie, il ne s'y trouvait que d'honnêtes gens* (France). *Bordeaux, ville pauvre en arbres, hors ce jardin public* (Mauriac). *Le malheur commun vous avait dépouillé de tout, – hors la noblesse* (Vercors).

□ **hors que.** Cette locution conjonctive ne se rencontre plus guère, même dans la langue littéraire, et fait place à *sauf que, excepté que.* L'emploi suivant est insolite et peu recommandable : *La rue ne présente guère d'animation, hors qu'à la nuit* (Aymé).

HORS- orth. Le trait d'union apparaît dans le cas d'une étroite association sémantique entre **hors** et ce qui suit. On écrira toujours : *un hors-bord, un hors-la-loi,* mais *être mis hors jeu, hors la loi ; un hors-texte,* mais *une gravure hors texte.* Pluriel : *des hors-bord, ils sont hors-concours, des hors-jeu, des hors-la-loi, des hors-texte.* L'invariabilité est de règle.

HORS-D'ŒUVRE forme Invariable au pluriel. Sur un menu le *s* final fait plus riche, mais moins français.

HORSE-GUARD prononc. [ɔʀsg(w)aʀd] ♦ orth. Plur. : **des horse-guards.** ♦ emploi et sens Cet anglicisme désigne un type

bien défini de «soldat britannique : celui qui appartient au régiment des gardes à cheval».

HORSE-POWER forme Souvent abrégé en **HP.** ♦ sens Version anglaise du «cheval-vapeur, unité de puissance». → CHEVAL-VAPEUR

HOSANNA orth. Plur. : des **hosannas.**

HOSTELLERIE prononc. Le -*s*- n'est réintroduit dans ce substantif que par un snobisme mal informé, car *s,* à l'intérieur d'un mot et devant consonne, n'était plus prononcé en français à partir du xiiie siècle. Il est donc recommandé de le considérer comme une lettre «muette». On prononcera [ɔtɛlʀi].

HOT DOG orth. Plur. : **des hot dogs.** Pas de trait d'union : *Le gardien furieux lui servit deux hot dogs et un verre de lait pour tout déjeuner* (Godbout). *Traduire «hot dog» par «chien chaud» – cela fut tenté ! – serait parfaitement ridicule* (Cavanna).

HÔTE forme et sens Au sens actif, «personne qui reçoit», ce mot a pour féminin **hôtesse** : *Malou fut pour toi une hôtesse pleine d'attentions.* Au sens passif, «personne qui est reçue», la forme est unique pour les deux genres : *Ton amie est une hôte charmante.* On trouve plus fréquemment dans ce dernier sens le substantif **invité(e)** ou, dans l'emploi commercial, **client.** Ces deux mots ont vieilli, en dehors d'un usage mondain ou poétique. Lorsque celui qui est hébergé paie une redevance à celui qui héberge, on emploie *propriétaire* et *locataire,* ou, plus spécialement, *hôtelier* et *client.* On dit aussi *hôte payant.*

HÔTEL orth. Prennent un accent circonflexe tous les dérivés sauf **hostellerie** → ce mot (mais on écrit **hôtellerie,** «ensemble des activités relatives au métier d'hôtelier»).

HÔTEL-DIEU orth. En général, écrit avec une majuscule à **Dieu.** Plur. : **des hôtels-Dieu.** Pour désigner l'hôtel-Dieu de Paris, en emploi absolu, deux majuscules : *On l'a reçue à l'Hôtel-Dieu.*

HOTTE orth. Deux *t* : *La hotte du père Noël.*

HOUPPE → HUPPE

HOUPPETTE orth. Avec deux *p* et deux *t.*

HOURRA orth. Avec deux *r* et sans *h* final : *Hourra l'Oural*, titre d'un livre d'Aragon. Ne pas confondre avec la forme anglaise **hurrah**, qu'on rencontre parfois : *Les premiers hurrahs de l'assaut éclataient* (Peyré).

HOURVARI orth. Plur. : **des hourvaris.** ♦ sens « Grand tumulte. »

HOUSEAU emploi Généralement au pluriel : **des houseaux.** ♦ sens « Sorte de jambière protectrice ». Au figuré : *Les érables se guêtrent de houseaux rouges* (Giono).

HP → HORSE-POWER

HU- prononc. On trouve le groupe **hu-** avec un *h* dit aspiré à l'initiale des mots suivants : *hublot, huche, hucher, huer, huerta, huguenot, huis clos* (mais non *huis* et ses dérivés), *huit, hulotte, hum, humage, hune, huppe, hurdler, hure, hurler, huron, hussard, hussite, hutinet, hutte.* → H, HE-, HI-, HO-

HUIS prononc. Le *h* n'est dit aspiré que dans le groupe figé *huis clos* : *Le juge a cru bon de prononcer le huis clos* (et non **l'huis clos*). Mais partout ailleurs, et notamment dans les dérivés **huissier, huisserie,** etc., le *h* est dit muet. ♦ emploi et sens Le mot *huis*, au sens de « porte », est archaïque et littéraire : *Ma voisine affolée vint cogner à mon huis* (Brassens).

HUIT prononc. Avec un *h* dit aspiré quand il est employé seul : *le huit, tous les huit jours, les huit dixièmes.* Mais la liaison se fait en composition : *dix-huit, vingt-huit, trente-huit.* Le *t* final se fait entendre en fin de phrase ou de proposition : *Ils étaient huit* [ɥit], mais a tendance à rester muet devant tout mot à initiale consonantique : *Le huit décembre* [ɥi].

HUITANTE → OCTANTE

HUITIÈME prononc. Mêmes observations que pour *huit.*

HUÎTRE orth. Ne pas omettre l'accent circonflexe sur le *i.*

HULULEMENT, HULULER → ULU-LER

HUMANISTE ou **HUMANITAIRE** sens Le premier mot est surtout substantif, au sens de « personne versée dans la connaissance des langues et des civilisations anciennes, surtout gréco-romaines » : *Les humanistes de la Renaissance.* On le rencontre aussi comme adjectif : *Les théories humanistes d'Érasme.* Quant au second mot, il est avant tout employé comme adjectif, et prend aujourd'hui assez facilement une teinte péjorative : *Les idées de ce philosophe humanitaire sont généreuses, mais irréalistes.* Le sens est « qui est favorable à l'humanité, qui se penche sur ses grands problèmes ». Ces mots sont chargés d'un contenu intellectuel ou affectif, plus nettement que **humain,** qui renvoie directement à **homme.** On parle toutefois plus concrètement d'une *mission humanitaire.* Les rapports entre ces trois mots sont étroits, comme le montre cet exemple : *Le grand poète Hemmet Tekrit vient d'être condamné à mort, à raison de son activité non pas même politique, mais humaine, humaniste, humanitaire* (Duhamel).

HUMANITARISME emploi Ce substantif a souvent une valeur péjorative, ainsi que l'adjectif-substantif **humanitariste.** → HUMANISTE

HUMER sens Autrefois, « boire », devenu « aspirer par le nez pour sentir ». Emploi hardi et fantaisiste dans la phrase suivante : *Des ascenseurs modernes humaient vers le toit la clientèle* (Morand).

HUMÉRUS orth. Prend un accent aigu, ainsi que **huméral.**

HUMOUR ou **IRONIE** sens Le premier substantif est la version anglaise de notre **humeur.** Il désigne une « attitude de raillerie ou de plaisanterie relevant moins du sens commun que d'une vue personnelle et singulière ». Voici des exemples d'humour « français » : *Je suis née des Allocations et d'un jour férié dont la matinée s'étirait, bienheureuse,*

*au son de « Je t'aime Tu m'aimes » joué à
la trompette douce* (Rochefort). *La fille
de l'épicier, celle qu'on avait choisie
pour faire Jeanne d'Arc dans le cortège,
elle a tellement le trac qu'elle grelotte
dans son armure – Gli gli gli – Finalement c'est son cousin qui la remplace
comme pucelle* (Audiberti). L'**ironie** est
un procédé plus répandu à tous les niveaux de langue. Il consiste à « ne pas
donner aux mots leur valeur réelle, ou
complète, à feindre l'ignorance ou la
naïveté », use souvent de l'antiphrase,
et sert comme instrument de moquerie.
En voici des exemples : *Ah ! vous êtes
chouettes, oui vous êtes propres ! De
beaux cadeaux à faire pour le jour de
l'an !* (Courteline). *Une phrase de Descartes lui revenait à l'esprit, une phrase
qui l'avait irrité longtemps parce qu'il
croyait y déceler de l'ironie. Le philosophe avait donc écrit : « Il ne me reste
plus maintenant qu'à examiner s'il y a
des choses matérielles »* (Duhamel).

HUPPE ou **HOUPPE** sens Le premier
substantif désigne une « touffe de
plumes sur la tête de certains oiseaux »,
un « oiseau roussâtre portant une
huppe » ou un « défaut du bois se présentant sous forme d'une poche remplie de bois mort ». Le second est beaucoup plus fréquent et désigne « tout
assemblage de filaments ou de poils
formant une touffe, un bouquet », et en
particulier un « instrument à l'aide duquel on poudre les cheveux ou le visage » : *Les poudres de diverses couleurs
avec chacune sa houppe* (Vailland).

HURE prononc. Avec *h* dit aspiré. ♦ sens
C'est, en principe, la « tête du sanglier »,
et, par extension, celle de certaines
bêtes fauves ou même de certains poissons.

HURLUBERLU forme Le féminin est
rare et appartient au registre familier :
Je la trouve quelque peu hurluberlue.

HUTTE orth. Avec deux *t*, tandis que *cahute* n'en prend qu'un.

HY- prononc. Le *h* n'est jamais « aspiré »
dans ce groupe initial.

HYACINTHE orth. Ne pas intervertir *i*
et *y* : *Les soleils couchants / Revêtent les*

champs / D'hyacinthe et d'or (Baudelaire).

HYDROPISIE orth. D'abord un *y*, puis
deux *i*. Mot construit sur le radical emprunté au grec, *hydro-*.

HYÈNE prononc. Le *h* initial est muet :
l'hyène. Mais nombre d'auteurs ne font
pas l'élision. Pierre Loti, en 1916, inti-
tula un de ses livres *La Hyène enragée*
(= l'Allemagne). Grevisse et Le Gal
citent des exemples analogues de Gas-
car, Arnoux, René Benjamin, Soubiran,
et autres. C'est certainement à dessein
que Céline a écrit : *J'apercevais la pianiste qui passait et revenait au milieu
d'un cercle de passagères, la hyène.* Selon Dauzat, l'usage et le goût opposent
« la délicate *hyacinthe* à la *hyène*, bien
plus expressive avec une prononciation contractée correspondant à la fé-
rocité du fauve » (*Le Monde*, 28 août
1963).

HYGIÈNE orth. Avec un accent grave.
Mais les dérivés **hygiénique**, **hygié-
niste** prennent un accent aigu.

HYMEN forme On emploie aussi bien
hyménée (masc.). ♦ sens Ces mots, au
sens de « mariage », ne s'emploient que
dans un style « poétique » archaïsant,
ou, au contraire, dans un style burlesque : *Cet hymen de pensées qui s'est
conclu de soi-même sur tes lèvres* (Valéry).

HYMNE genre Masculin dans l'acception la plus courante, « chant national »
ou « poème lyrique » : *S'ils ont entendu
mon hymne muet, cela me suffit* (Giraudoux). Mais au sens spécialisé de « cantique religieux chanté à l'église, généralement en latin », le mot *hymne* est
féminin : *Une hymne d'action de grâces.*

HYPALLAGE orth. Avec un *p* et deux *l*
et non l'inverse. ♦ genre Féminin. Les erreurs sont fréquentes : *Les hypallages
subtils* (Queneau). ♦ sens « Figure de
style qui consiste à attribuer à un mot
ce qui convient à un autre. » Les locutions de *guerre lasse, permission libé-
rable,* sont des exemples d'hypallage.
→ PRÉAVIS

HYPER emploi Ce préfixe est productif
dans la langue savante, mais la langue

courante lui préfère en général **extra-**, **super-** → ces formes. Les mots formés sur ce préfixe ne prennent pas de trait d'union : *hyperactif*. ♦ Dans le langage «jeune» et branché, on rencontre **hyper**, seul ou préfixé, avec la valeur d'un degré plus fort que **super** : *Un moustique dans une mercerie hypertraitée à la naphtaline, c'est plutôt pas courant* (Desproges). Quant à l'**hypermarché**, il correspond officiellement à une norme de superficie, et désigne une «grande surface de plus de 2 500 m². → SUPER

HYPNOTISER prononc. Il faut se garder de la métathèse fréquente chez les personnes peu instruites, et ne pas prononcer *[inɔptise]. De même pour **hypnotique.**

HYPO- orth. Ne pas confondre avec le préfixe **hippo-** : on a toujours *y* avec un seul *p* et *i* avec deux *p*. → HIPPO-

HYPOGÉE ♦ genre Masculin. ♦ sens «Construction souterraine, servant souvent de sépulture» : *Tout le monde a entendu parler de ce fameux hypogée* (Apollinaire). Ne pas confondre avec **catafalque.** → ce mot

HYPOPHYSE orth. Avec deux *y* et sans *i.*

HYPOTÉNUSE orth. Pas de *h* dans ce mot, après le *t.*

HYPOTHÈQUE orth. Tous les composés et dérivés s'écrivent avec un accent aigu : **hypothéquer.**

I

ÏAMBE orth. Ce mot et ses dérivés s'é-
crivent généralement avec tréma : *vers
ïambique* (Académie). ♦ sens « Pied
composé d'une brève et d'une longue
(∪ −)», dans la versification antique.

IBÈRE emploi et sens Cet adjectif-substantif désigne le peuple qui a colonisé
autrefois le sud de la Gaule et le nord
de l'Espagne : **les Ibères.** Il ne se
confond pas avec l'adjectif **ibérique,**
qui s'applique à la péninsule comprenant l'Espagne et le Portugal.

« IBIDEM » sens Mot latin signifiant
«au même endroit», qu'on utilise pour
éviter une redite, quand on fournit une
nouvelle citation d'un texte déjà cité antérieurement. Abréviation : *Ibid.* (imprimé en italiques).

IBN orth. Pas de trait d'union entre ce
mot et le nom propre qui suit : *Ibn
Khaldun.* ♦ sens Mot arabe signifiant
«fils de» : *Ibn al-Farid, Ibn Massawayh,
Ibn Zaydun,* etc. → BEN

ICEBERG prononc. À la française [isbɛʀg],
plus fréquemment qu'à l'anglaise :
[ajsbɛʀg]. ♦ orth. Plur. : **icebergs.**

ICE-BOAT orth. Plur. : **des ice-boats.**

ICE-CREAM prononc. À l'anglaise
[ajskʀim]. ♦ orth. Plur. : **ice-creams.** ♦ emploi Ce mot connaît aujourd'hui moins
de faveur que naguère. On dit couramment : **glace** ou **crème glacée.**

ICE-FIELD prononc. Toujours à l'anglaise : [ajsfild]. ♦ orth. Plur. : **des ice-**
fields. ♦ sens «Champ de glace des régions polaires.»

ICHTY- prononc. -*ch*- se prononce [k].
♦ orth. Simplifiée par rapport au grec :
un seul *h*. Au siècle dernier on écrivait
ichthy- pour transcrire χ et θ. ♦ sens
Premier élément de composition signifiant «poisson» : *ichtyologie.*

ICI emploi Ici désignant un lieu avec
une idée de proximité s'oppose couramment à **là,** qui marque l'idée d'éloignement. Ici et là sont corrélatifs, et
marquent l'antériorité quand ils se rapportent à des faits *(ici il triomphe, là il
succombe)* ou simplement dans le
temps de la narration et sans idée
d'éloignement : *Ici, il s'interrompit et reprit haleine. Je crois que nous en
sommes restés ici.*

□ **ici près.** Cette locution est vieillie et
supplantée par le tour plus «logique»
près d'ici.

□ **d'ici (à).** Quand cette locution est
prise en valeur temporelle, on fait généralement l'ellipse de *à* : *D'ici le treize,
tout a le temps de sauter* (Romains).
*D'ici huit mois nous avons largement le
temps de nous retourner* (Montherlant).
*D'ici le soir fatal, pas une allusion qui
vous fasse rien pressentir* (Gide). Mais :
*Le projet doit être précisé d'ici à l'été pro-
chain (Le Monde).* On notera que la séquence **d'ici là** est figée, et admet difficilement l'insertion de *à,* au moins
quand elle a un sens temporel : *D'ici là,
nous avons largement le temps de revoir
le problème.* De même pour *d'ici peu,*

d'ici une heure : *Si tu ne fais pas distri-buer des viandes et de l'or, tu seras ren-versé d'ici deux heures* (Jarry).

□ **d'ici que** : *D'ici que nos enfants soient grands, il se bricolera bien là-dedans une ou deux langues communes* (Parain). *D'ici à ce que* est plus rare : *D'ici à ce que tout le monde vienne sonner à ma porte, il n'y a pas loin.*

□ **ici où** → OÙ

□ **ici-bas, ici même**, etc. **orth.** *Ici-bas*, adverbe du langage religieux ou philo-sophique, prend un trait d'union. Mais *ici dedans, ici dessus, ici là, ici même, par ici* s'écrivent sans trait d'union. *Jus-qu'ici* peut introduire une notion de temps ou de lieu.

ICÔNE orth. Avec un accent circonflexe. Mais les dérivés ne prennent pas d'accent : *iconique, iconoclaste, icono-graphie.* ♦ **genre** Fém. : *une icône dorée.*

ICTÈRE genre Masculin ♦ **sens** «Colora-tion jaune de la peau révélant la pré-sence de pigments biliaires dans les tis-sus.» Ne pas confondre avec **ulcère**.

«ID.» forme Abréviation du mot latin *idem.* ♦ **sens** «Même chose.»

IDÉAL forme L'adjectif et le substantif font leur pluriel masculin en *-als* ou en *-aux* indifféremment, selon l'Académie. Littré préconise le pluriel **idéaux** pour le masculin de l'adjectif : *des êtres idéaux*, et **idéals** pour le pluriel du substantif. Dans la 8ᵉ édition du *Dictionnaire de l'Académie* précise : «*Idéaux* est em-ployé plutôt dans la langue technique de la philosophie et des mathéma-tiques, *idéals* dans le langage de la litté-rature, des beaux-arts et de la morale» : *Il a pleine confiance dans son arme-ment de modèles et d'idéaux mathéma-tiques* (Valéry), mais : *La coexistence de doctrines, d'idéals, de systèmes tout op-posés (id.).*

IDÉATION emploi et sens Mot didac-tique, «formation et enchaînement des idées». Ne pas confondre avec **idéali-sation**, «action de donner un caractère idéal à une personne ou à une chose».

IDÉE emploi *Avoir l'idée de, idée que; dans un ordre d'idées* (le plus souvent

au pluriel); *une idée fixe* (sans trait d'union), mais *une idée-force* (avec trait d'union).

«IDEM» → «ID.»

IDENTIFIER constr. Ce verbe, qu'il se présente sous la forme transitive ou pronominale, se construit indifféremment avec les pré-positions *à* et *avec : Le révolté exige sans doute pour lui-même le respect, mais dans la mesure où il s'identifie avec une communauté naturelle* (Camus). *Il s'identifie volontiers aux* (ou *avec les*) *héros de ses romans préférés.* → AVEC

IDENTIQUE → ANALOGUE

IDÉO-MOTEUR, -TRICE orth. Avec un trait d'union. ♦ **forme** Plur. : **idéo-mo-teurs, -trices.**

IDES forme Ce substantif est toujours au féminin pluriel. ♦ **sens** «Date du calen-drier romain : le 15 du mois en mars, mai, juillet, octobre, le 13 pour les autres mois» : *les ides de mars.* → CA-LENDES

«ID EST» → «I. E.»

IDIOME orth. Pas d'accent circonflexe sur le *o* malgré la prononciation en [o]. ♦ **dérivé** *idiomatique.*

IDIOTISME emploi et sens On n'em-ploie plus aujourd'hui ce substantif au sens de «sorte d'aliénation mentale» (comme ce fut le cas au XVIIIᵉ siècle et encore dans cet exemple de Fromen-tin : *Des distractions de pur idiotisme*), mais seulement dans une acception lin-guistique, «tour ou construction propre à une langue particulière» (même fa-mille que **idiome**). Les idiotismes du français se nomment **gallicismes** (par exemple : *la sentir passer, prendre des vessies pour des lanternes*, etc.). Ne pas confondre avec **idiotie**.

IDOINE emploi Ce mot a beaucoup vieilli et, curieusement, ne peut plus servir de variante à **apte, approprié**, si ce n'est dans un registre plaisant : *J'ai un reginglot 1924 qu'est spécialement idoine* (Vian).

IDOLE genre Fém. : *une idole.* S'em-ploie même pour un homme.

IDYLLE orth. Ne pas oublier l'*y* et les deux *l*. De même dans *idyllique*. ♦ genre Fém. : **une idylle**.

« I. E. » emploi Abréviation de l'expression latine *id est*, « c'est-à-dire ».

-IÈME emploi Suffixe formant les nombres ordinaux sauf *premier : deuxième, troisième*, etc. → GUIDE TYPO.

IGAME sens Ce sigle, paronyme de **igname**, équivaut dans le vocabulaire de l'administration à « Inspecteur Général de l'Administration en Mission Extraordinaire », sorte de préfet itinérant.

IGLOO orth. L'orthographe **iglou** serait plus proche de la prononciation française : *L'iglou de Juditha est semblable aux autres : une cabane de bois entourée d'un mur de tourbe* (Malaurie). Mais la forme esquimaude **igloo** est la plus fréquente. Plur. : **des igloos**.

IGNARE forme Cet adjectif est à forme unique pour les deux genres : se garder de fabriquer un féminin **ignarde*, sous l'influence du suffixe péjoratif *-ard : Comment a-t-elle pu offrir sa collaboration à ces brutes ignares qui ravagent, défigurent tout le pays ?* (N. Sarraute).

IGNÉ prononc. [igne]. ♦ emploi Uniquement littéraire ou technique. De même, les dérivés : **ignifuge, ignifuger, ignition**.

IGNORER constr. On emploie l'indicatif ou le conditionnel si l'on veut présenter le fait comme réel ou possible : *Ils font semblant d'ignorer que le monde change* (Camus). *« Il ignorait que vous étiez là.* Cet indicatif met dans tout son jour la réalité de la présence » (Le Bidois). Mais le subjonctif est fréquent dans la langue littéraire : *Ignorant qu'elle eût donné sa vie pour moi, je la tyrannisais sans contrainte* (Estaunié). [Mon grand-père] *ignorait d'ailleurs qu'il existât une Australie et ne s'en portait pas plus mal* (Ragon). *Diane, ignorant qu'elle fût épiée par deux yeux fixes* (Louÿs).

□ **vous n'êtes pas sans ignorer.** La double négation **ne... pas sans** ayant une valeur positive, cette locution signifie le contraire de ce qu'on veut lui faire dire, et non pas « vous savez ». Il faut dire : *vous n'ignorez pas* ou *vous n'êtes pas sans savoir*. → SANS

□ **pour que nul n'en ignore.** Cette construction du verbe *ignorer* est désuète et ne survit qu'en locution figée, dans un style recherché.

IL prononc. la prononciation [i] est tenue aujourd'hui pour populaire. Prononcer [il]. ♦ emploi Le pronom neutre **il** s'emploie encore dans la langue littéraire ou soutenue à la place de *ce, cela, ça : Il est vrai, dit tristement la mère* (Duras). *Il me vexait que dans une lettre de rupture, Marthe ne me parlât pas de suicide* (Radiguet, cité par Robert). *Il va sans dire* [= cela va sans dire]. ♦ Le pronom **ils**, au masculin pluriel, est employé parfois de façon vague et péjorative, pour désigner des « êtres mal définis qu'on rend responsables de certaines choses, surtout d'événements désagréables » : *Elle est jolie, leur science !... Quand ils auront tout démoli, ils seront bien avancés* (Zola). *Ah ! ils pensent bien à faire pleuvoir pour les pauvres laboureurs !* (Proust). Daninos définit ainsi *ils : Troisième personne du pluriel, souvent réduite à une seule lettre* (« *Y vont encore nous embêter longtemps avec tous leurs trucs ?* ») *et adoptée par les Français pour désigner l'origine de tous leurs maux : députés, percepteurs, communistes, fascistes, piétons, automobilistes, fonctionnaires, gouvernement, Américains, Russes, etc. Tout est la faute de cette troisième personne, jamais de la première.*

□ **il est, il n'est que de** → ÊTRE

□ **ellipse de il.** Elle ne se produit que dans des tours impersonnels figés et bien connus : *qu'importe, peu me chaut, manque, reste que*, etc., et on la distingue parfois malaisément d'une simple inversion du sujet : *Reste à savoir quel sens avait ce vœu* (Daniel-Rops). *Cette première étape franchie, restait à organiser l'État* (Tharaud). → RESTER. L'ellipse de **il** dans *faut, y a* (pour *il faut, il y a*) est un tour populaire. → (VERBES) IMPERSONNELS

□ **il n'y a pas que** → NE *(ne... pas que)*

□ **ce qui se passe** et **ce qu'il se passe** → QUI

-IL prononc. La prononciation de ce groupe final est variable et souvent mal fixée. Le *l* reste muet dans : *chenil, coutil, fournil, fraisil, fusil, gentil, nombril, outil, persil, sourcil.* Il est prononcé dans *courbaril* et *mil.* Enfin, il se fait entendre de façon facultative, et souvent selon l'environnement phonétique, dans : *baril, fenil, grésil* et *gril.*

ÎLE constr. Pour **à** ou **en** + **nom d'île** → à

ILION forme On rencontre aussi **ilium**, qui est prononcé [iljɔm]. ♦ **sens** «Partie supérieure de l'os de la hanche.»

ILLETTRÉ → ANALPHABÈTE

ILLICO orth. Avec deux *l.* ♦ **emploi et sens** Adverbe du registre familier, au sens de «sur-le-champ» : *J'ai des témoins sous la main et vous vous battrez en duel illico* (Queneau).

ILLUSIONNER (S') emploi et sens Ce verbe, qui s'emploie seulement à la voix pronominale, a le même sens que la périphrase *se faire des illusions : Pendant le jour elle s'illusionnait peut-être encore, mais au milieu de la nuit, non, elle devenait lucide et pouvait en parler calmement* (Duras). ♦ **constr.** On dit **s'illusionner sur quelque chose** (ou **sur quelqu'un**).

ILLUSIONNISTE et **PRESTIDIGITATEUR** sens Prestidigitateur, de sens plus restreint, implique le recours à la dextérité manuelle, ou à des manipulations de physique amusante. **Illusionniste** s'applique à tout créateur d'illusion, sans préjuger des moyens.

ILLUSTRISSIME → -ISSIME

ÎLOT orth. Accent circonflexe sur le *i*, comme dans *île*, et non sur le *o* : **des îlots.**

ILOTE orth. Pas de *h* initial. ♦ **sens** «Esclave des Spartiates», souvent utilisé aujourd'hui au figuré.

IMAGINABLE emploi On évitera le contresens qui fait employer le terme contraire, **inimaginable**, dans des phrases analogues à la suivante : *Pour guérir il a essayé toutes les drogues imaginables.*

IMAGINER emploi et sens Ce verbe change de sens suivant la construction de ce qui suit. **Imaginer que** équivaut à «penser, supposer que», tandis que **imaginer de** signifie «inventer, avoir l'idée de» : *Afin que ces deux témoins se tussent, j'imaginai de les marier, en quelque sorte* (Radiguet). L'omission de *de*, devant l'infinitif, et la substitution d'une proposition infinitive à une complétive introduite par *que*, caractérisent un style affecté : *J'imaginais sa robe blanche fuir au détour de chaque allée* (Gide). On dira dans le langage courant : *J'imaginais que sa robe fuyait* ou *Je croyais voir fuir sa robe.* Après *ne pas imaginer que*, on rencontre souvent le subjonctif : *Je n'imaginais pas que cela fût si difficile.*

□ **s'imaginer.** Suivi soit de l'infinitif seul (même sujet pour les deux verbes), soit d'une complétive : *On s'imaginait facilement que c'était le matin* (Sartre). *Il s'imagine être un grand joueur de bridge.* Aux temps composés, le participe passé reste invariable si le complément direct de **imaginer** suit le verbe : *Ils se sont imaginé que l'argent leur viendrait tout seul*, mais *Les stupidités qu'il s'est imaginées.*

IMAM orth. La forme **iman** est archaïque. ♦ **sens** Ce mot emprunté à l'arabe désigne soit un fonctionnaire laïc employé dans une mosquée comme chef de prière, soit, pour les historiens de l'Islam, le chef d'une école de droit sunnite; aujourd'hui, pour les schiites (par ex. en Iran), il a le sens de «titre donné au successeur de Mahomet et à ceux d'Ali» : *Feu l'imam Khomeiny.*

IMBÉCILE orth. Avec un seul *l*, mais **imbécillité** en prend deux.

IMBRIQUÉ orth. Le dérivé est **imbrication**, avec un *c.*

IMBROGLIO prononc. Le *gl* est aujourd'hui plus souvent prononcé à la française : [ɛ̃bʀɔglio] qu'à l'italienne : [ɛ̃bʀɔljo]. ♦ **forme** Plur. : **imbroglios.** ♦ **sens** «Situation confuse, affaire embrouillée» : *L'Imbroglio agricole du Marché commun*, titre d'un livre de Zeller. *Dans quel imbroglio t'es-tu fourré?*

IMITER emploi Certains grammairiens ont condamné l'expression **imiter l'exemple de quelqu'un** comme étant pléonastique, et ont recommandé de dire : *imiter sa conduite*, ou *suivre son exemple*. Mais l'Académie accepte *imiter l'exemple de*.

IMM- prononc. Avec voyelle nasale [ɛ̃] dans : *immangeable, immanquable, immarcescible, immariable, immesurable, immettable* et voyelle orale [i] dans toutes les autres formes. Il est tout à fait inutile de faire entendre un double *m* dans ce type de mots.

IMMANENT et **IMMINENT sens Immanent :** «qui n'a de cause qu'en lui-même» (antonyme : *transcendant*). On écrira : *une cause immanente, la justice immanente*. **Imminent :** «qui est susceptible de se produire prochainement, avec souvent une nuance de menace» : *Chaque mouvement serait à l'avance deviné, tandis que le risque d'être mordu et mis en pièces devenait imminent* (Dhôtel). → ÉMINENT

IMMANQUABLE ou **INFAILLIBLE prononc.** → IMM- : effet d'insistance. ♦ **sens Immanquable** signifie «qui ne peut manquer d'arriver, ou d'atteindre son but» : *Lance ta flèche immanquable, ô déesse !* (Valéry). L'adjectif **infaillible** signifie «qui ne peut se tromper», ou «dont le résultat est assuré» : *un coup d'œil infaillible, un truc infaillible*. On trouve cet adjectif surtout avec des mots comme *recette, règle, remède, secret, truc*, etc. L'idée de «réussite» domine, tandis que celle d'«apparition inévitable» est plus fréquente avec *immanquable* : *Une pâtisserie justement nommée «éponge», couverte de cette immanquable crème couleur de jonquille fanée* (Butor). *Le feutre tyrolien à plume de faisan qui, immanquablement, avantage toujours son homme* (Giono).

IMMATURE prononc. [im(m)atyʀ]. Il n'y a pas d'accent aigu sur le *e* final. ♦ **emploi et sens** Adjectif scientifique, «qui n'a pas atteint la maturité».

IMMÉDIAT emploi On abuse aujourd'hui de l'emploi substantif : *dans l'immédiat*.

IMMERGER emploi et sens Ce verbe est toujours transitif, au sens de «plonger quelque chose dans un élément liquide», à la différence de **émerger,** qui est intransitif (→ ce mot).

IMMIGRER → ÉMIGRER et MIGRATION

IMMINENT → ÉMINENT, IMMANENT

IMMISCER (S') orth. On notera la différence entre le verbe qui s'écrit avec -*sc*-, et le substantif dérivé **immixtion,** qui comporte le groupe -*xt*- (→ IMMIXTION). ♦ **emploi et sens** Toujours à la voix pronominale, ce verbe s'emploie dans le domaine idéologique et politique, au sens de «prendre part de façon indue à» : *s'immiscer dans les affaires intérieures d'un pays*. → INGÉRER (S')

IMMIXTION prononc. Elle a évolué insensiblement et irrésistiblement de [imikstjɔ̃] à [imiksjɔ̃]. Cette dernière prononciation est la plus courante aujourd'hui. ♦ **orth.** -*xtion*.

IMMONDICE genre Féminin ♦ **forme** On rencontre ce substantif généralement au pluriel, mais le singulier est possible : *Au milieu des immondices que la mer a répudiées cette nuit* (Valéry). *Mathieu avait honte de lui-même. Il était de trop : une grosse immondice au pied du mur* (Sartre).

IMMORAL → AMORAL

IMMUTABILITÉ et **IMMUABILITÉ forme et sens** Ces deux substantifs sont à peu près équivalents, et renvoient à l'adjectif **immuable. Immutable** semble être une création pédantesque de Huysmans : *Glisser dans la ténèbre des immutables dogmes*.

IMPACT emploi et sens On évitera de suivre les journalistes qui parlent à tout moment de *l'impact d'une nouvelle*, et on se rappellera le sens premier de ce substantif, «choc, heurt d'un projectile contre la cible» : *le point d'impact d'une balle*. Si on tient à employer *impact* au figuré, il sera souhaitable de ne pas l'appliquer à n'importe quelle sorte de nouvelle ou d'événement. On évitera : *L'impact économique de l'O.R.T.F. en France* (titre du *Monde*); *l'impact des décisions du gouvernement* (ibid.). On préférera, selon les cas : *effet, répercussion, retentissement*.

IMPARDONNABLE → PARDONNER

IMPARTIR conjug. Défective : seuls existent l'infinitif, le présent de l'indicatif et le participe passé. ♦ **emploi et sens** Ce verbe appartient à la langue soutenue et signifie «donner en partage», d'où «donner en charge» : *La mission qui lui est impartie par la loi pour maintenir l'ordre public (Le Monde)*. → RÉPARTIR

IMPASSE genre Fém. : *une impasse obscure.*

IMPASSIBLE et **IMPAVIDE sens Impassible** : «qui n'éprouve ou ne manifeste pas d'émotion». **Impavide** : «qui n'éprouve ou ne manifeste pas de peur».

IMPATIENCE constr. On dit : l'**impatience de** + infinitif. L'exemple suivant semble faire une entorse à cet usage : *Il redoutait d'interroger, craignant surtout, par une vaine impatience à connaître et à admirer, de blesser une telle âme au point le plus sensible* (Bernanos), mais l'emploi de *à* est dû probablement au désir d'éviter l'ambiguïté et la lourdeur qui auraient résulté de l'accumulation des *de*.

IMPECCABLE emploi et sens Avec le sens premier, «qui ne peut pécher», l'adjectif ne peut s'appliquer qu'à un nom de personne. Mais cet adjectif s'emploie depuis longtemps avec des noms de chose, au sens de «sans défaut», et cette extension naturelle est sans doute irréversible : *Il avait encore des bottes impeccables qu'il salissait imperturbablement* (Giono). *Voilà un raisonnement qui me paraît impeccable* (Queneau). *Une conduite, une langue, une attitude impeccables.*

IMPÉCUNIEUX emploi et sens Adjectif rare et littéraire, «qui manque d'argent». Ne pas le prendre au sens de «qui ne se soucie pas de l'argent» (sous l'influence de **insoucieux**).

IMPEDIMENTA prononc. [ĕpedimĕta]. ♦ **forme** Ce mot est surtout employé au pluriel : **des impedimenta** (sans accent et sans *s*). ♦ **emploi et sens** Latinisme dont le sens premier est «bagages encombrants d'une troupe», mais qui est le plus souvent employé figurément, au sens de «entrave, obstacle».

IMPENSABLE emploi Cet adjectif, autrefois critiqué par les puristes, est maintenant accepté, au sens de «inconcevable», «qu'on ne peut admettre dans sa pensée». Grevisse, dans ses *Problèmes de langage*, a donné d'excellentes raisons qui justifient l'emploi de *impensable* : *L'idée de persécution était impensable ici* (Véraldi). *Un énorme effort d'imagination presque impensable* (Parain). *Il est impensable que de Gaulle ait commis cet acte gratuit [...] sans avoir de profondes raisons* (Mauriac).

IMPER forme C'est une abréviation de la langue familière, pour **imperméable**.

IMPÉRATIF orth. À la deuxième personne du singulier, l'impératif prend un *s* final, sauf pour les verbes en *er*, ainsi que ceux qui suivent : *assaillir, couvrir, cueillir, défaillir, offrir, ouvrir, savoir, souffrir, tressaillir, vouloir*. Cependant, tous les impératifs se terminent par un *s* s'ils sont suivis des pronoms **en** et **y** ne précédant pas un infinitif : *Serre-les moins et fumes-en deux. – Ou serre-les plus et fumes-en trois, dit-il* (Giono). Mais on écrira : *viens en chercher, va en acheter*, etc. Fait exception l'impératif du verbe *laisser* : *laisses-en partir quelques-uns*. De même pour *y* : *files-y*, mais : *file y prendre ce dont tu as besoin*. Quand *en* est préposition, l'impératif ne prend pas de *s* : *marche en silence*. Le trait d'union ne relie que des éléments très proches par le sens et par la syntaxe, c'est pourquoi il est le plus souvent absent entre l'impératif et un mot dépendant d'un élément postérieur.

□ **va-t'en.** L'apostrophe marque l'élision des pronoms personnels *te, me, le, la* devant en et *y* : *défais-t'en le plus tôt possible. Voyons, félicite-m'en ! Fais-l'y entrer. Laisse-l'en partir.* On notera que des constructions correctes comme *consacre-t'y, pousse-m'y, jette-l'y*, sont ridicules et à peu près impossibles à employer. On les remplace par *consacre-toi à cela, pousse-moi dans cette direction* (ou à la rigueur *pousses-y-moi), jette-le dedans.*

◻ **dis-le-lui.** Quand l'impératif est suivi d'un ou de deux pronoms dépendant de lui, on met un trait d'union : *fais-le*, ou deux : *fais-le-lui*. *Remettons-nous-en au destin* (Mauriac). Mais on écrira : *laissez-le en faire d'autres* (*en* dépend de *autres* et non de *faire*). *Venez le prendre* (*le* dépend de *prendre* et non de *venez*). *Envoyez-nous y apprendre la sagesse* (*y* dépend de *apprendre* et non de *envoyez*).

◻ **ordre des pronoms.** Quand un impératif sans négation admet deux pronoms compléments, ceux-ci sont placés après, et c'est le pronom complément d'objet direct qui apparaît le premier : *Alors, décris-la-moi, ton amitié* (Giraudoux). *Donne-la-lui, racontez-le-nous, renvoyons-le-lui.* Les pronoms *en* et *y* sont toujours rejetés en fin de phrase : *parle-nous-en, placez-vous-y.* Quand l'impératif est accompagné d'une négation, l'ordre est inverse. Les pronoms sont antéposés au verbe, et c'est l'objet indirect qui apparaît le premier : *ne te le fais pas redire, ne me l'enlevez pas*, etc. Mais il y a exception pour *lui* et *leur*, qui apparaissent en seconde position : *ne le leur cachez pas, ne la lui laissez pas voir*, etc. La langue populaire ou familière fait de nombreuses entorses à ces règles, soit pour des raisons d'euphonie, soit par souci d'analogie de structure entre les phrases affirmatives et les phrases négatives. En voici un exemple : **Fie-toi pas aux ivrognes* (Perry), de même structure que *Fie-toi aux sobres*. De même pour **décris-moi-la, *dis-moi-le*, de même structure que *décris-moi ton action, dis-moi ton avis*, au lieu de : *décris-la-moi, dis-le-moi*, seuls admis par le bon usage.

◻ **et me donnez des nouvelles.** Quand deux impératifs étaient coordonnés, la langue classique plaçait le pronom complément du second avant lui, et non après comme aujourd'hui. Il en reste des traces dans le registre littéraire : *Venez avec moi dans le jardin, mon jeune hôte, et me donnez des nouvelles du Paris penseur* (Gide). *Enseignez-moi sourdement les exigences de la nature et me communiquez ce grand art dont vous êtes doué* (Valéry). Ce tour paraît maintenant très affecté, mais il n'est pas fautif.

◻ **tiens-le-toi** ou **tiens-toi-le** pour dit → TENIR

IMPÉRATIF et **IMPÉRIEUX** sens Ces deux adjectifs renvoient étroitement à l'idée d'ordre, de commandement, mais le premier ne doit s'employer qu'avec un nom de chose : *Ce n'était pas un appel timide, non, c'était un appel discret mais impératif* (Duras). Le second est d'un emploi plus large, et s'applique aussi bien à une personne qu'à une chose : *une femme impérieuse. Patrice alléguait, non sans raison, ses devoirs et le caractère impérieux de ses obligations* (Duhamel). *Encore une fantaisie de mon Juanico, poursuivait, approchant, la voix impérieuse* (Peyré).

IMPERFORATION sens « Occlusion complète et congénitale d'un orifice naturel ou d'un canal. » Ne pas confondre avec **perforation.**

IMPÉRIEUX → IMPÉRATIF

IMPERSONNELS (VERBES) forme Les verbes proprement impersonnels ne possèdent que l'infinitif et la troisième personne du singulier, tel *falloir*. Mais on notera que la plupart des verbes français peuvent être employés sous une forme impersonnelle, par déplacement du sujet et ajout du pronom neutre *il* (ou parfois *ce, cela*) : *Cependant on ne sait pourquoi il lui avait pris la fantaisie de lui faire construire un petit berceau* (Duras). On pourrait écrire avec la même valeur : *la fantaisie l'avait prise*. Même remarque pour les verbes pronominaux : *bien des choses se sont dites* peut être transformé en : *il s'est dit bien des choses. Il se fit un essai de conversation générale* (Romains). *Il ne s'en est jamais dit plus entre nos familles* (Chabrol). Le tour dit « passif impersonnel » peut d'autre part servir pour beaucoup de verbes. On voit que la notion de conjugaison « impersonnelle » s'éten⊟ à un plus grand nombre de cas qu'⊟ ⊟e pourrait sembler au premier abord : *J'estime qu'il a été dit là-dessus beaucoup de bêtises à la commission du budget* (Romains). *Il lui était venu la passion des fleurs* (Simenon). *Il fut décidé que le curé serait averti s'il n'était déjà au courant* (Vidalie). *Il n'a pu être pris aucune mesure* *contre lui* (Morand). *Un événement historique, dont il serait parlé dans le pays* (Peyrefitte). *Il a été accédé à toutes les exigences que vous m'aviez chargé de défendre* (Martin du Gard).

IMPERTINEMMENT **emploi et sens** Cet adverbe peu répandu signifie le plus souvent aujourd'hui « insolemment » ; mais il garde parfois son sens ancien, « d'une façon inopportune, mal à propos » : *M. de Saint-Auréol parfois, tout à coup, flanquait un énorme coup de pincette au travers du feu, si impertinemment qu'il en éclaboussait au loin la braise* (Gide).

IMPÉTRANT **sens** Ce terme de la langue administrative signifie « qui a obtenu » (en général un diplôme, un titre) et non « qui brigue », comme on le croit trop souvent. Dans ce dernier sens, c'est **candidat** ou **postulant** qui conviennent.

IMPLICITE → EXPLICITE

IMPLOSION et **EXPLOSION** **sens** De formation récente, **implosion** désigne un phénomène de destruction violent qui a son effet orienté vers un centre (par différence de pression), au contraire de l'**explosion**, dont l'effet est expansif ; *l'implosion d'un récepteur de télévision.* On rencontre également le verbe *imploser*, qui s'emploie souvent métaphoriquement (comme *implosion*) : *Le R.P.R. a implosé, ont estimé alors certains gaullistes* (Didier, *L'Est républicain*, 15 septembre 1992).

IMPONDÉRABLE **emploi** Exactement, « qui échappe à l'action de la pesanteur ». De là, l'emploi figuré au sens de « dont on ne peut apprécier exactement le poids » : *Que d'impondérables dans l'issue d'une guerre!* (Acad.). Ne pas confondre avec **fortuit** ni avec **imprévu.**

IMPORTER **forme** Dans les tours **peu importe** et **qu'importe,** le verbe peut soit s'accorder avec le sujet, soit rester invariable : *Peu importe les noms* (Vercors). *Mais qu'importent ces vérités et ces chiffres et ces hasards?* (Roblès). Quand le verbe est à un autre temps que le présent, il y a généralement ac-

cord : *Mais qu'importaient ces vétilles?* (Gide). **(Il) n'importe** est toujours invariable.

□ **ce qu'il** ou **ce qui importe.** On écrira : **ce qu'il importe de** ou **que,** mais **ce qui importe** si le verbe est en position finale : *Il me rendait le service d'apprendre à Jacques ce qu'il importait qu'il sût* (Radiguet). *Ce qui est suffisant à notre but, voilà ce qui nous importe* (Valéry). *Je vais te dire ce qu'il importe de faire,* en face de : *Sais-tu ce qui m'importe, en ce moment même?*

IMPORT-EXPORT **prononc.** [ɛ̃pɔʀɛkspɔʀ]. Les *t* ne se font pas entendre. ♦ **orth.** Invariable. ♦ **emploi et sens** Anglicisme de la langue commerciale, très acceptable puisque sa forme pourrait être aussi bien, par l'orthographe comme par la prononciation, une abréviation des mots français **importation** et **exportation.** Le sens est « commerce de produits circulant dans les deux sens ».

IMPOSER (EN) **emploi et sens** Le verbe *imposer* peut avoir deux sens : « commander le respect », ou « faire illusion, induire en erreur » (d'où **imposteur**). L'ancienne langue distinguait ces deux acceptions. La première s'exprimait par **imposer** (sans *en*) ; la seconde par **en imposer.** De bons écrivains font encore cette distinction : *Sa démarche compassée et sa parole grave t'imposaient ; tu lui découvris toutes les vertus* (France). *Protos a eu sur vous de l'influence. – Peut-être. Il m'imposait* (Gide, cité par Robert). *Tout le passé ne lui imposait que fort peu* (Valéry). Mais il faut reconnaître que l'on emploie de plus en plus souvent le tour avec *en,* quel que soit le sens : *L'assurance de Jacques Blanche leur en impose à tous* (Gide). *Cet auteur en imposait énormément à Jacques Lamberdesc* (Aragon). *Oh! les belles phrases ne m'en imposent plus, pensez donc! à mon âge* (Bernanos). L'emploi de *imposer* seul, dans ces deux sens, est aujourd'hui désuet. En revanche, **s'imposer,** au sens de « faire valoir son autorité, sa force, son intelligence, etc. », est courant : *il s'impose par ses mérites.* On dit aussi : *c'est un choix qui s'impose.*

IMPOSTE **genre** Fém. : *une imposte.*

IMPOSTEUR forme Ce mot n'a pas de féminin. → ESCROC

IMPRÉSARIO prononc. Avec un [z] plutôt qu'un [s]. ♦ forme Mot italien, à l'origine sans accent aigu sur le *e*, mais qui est suffisamment francisé pour que, dans l'usage, on mette un accent. Pluriel courant : **imprésarios.** → SCÉNARIO

IMPRESCRIPTIBLE sens « Dont il est impossible de se libérer, de se défaire. » Terme de droit souvent employé au figuré dans la langue soutenue : *Il est temps que je vous rende clairs leurs rapports avec les hommes, les hypothèques imprescriptibles, qu'ils ont sur les habitants de la terre et leurs épouses* (Giraudoux). → PRESCRIPTION

IMPRESSION orth. Les mots de la même famille prennent deux *n* : *impressionner, impressionniste, impressionnant, impressionnable,* etc.

IMPRESSIONNER et **IMPRIMER** sens Le premier verbe a un sens affectif, « faire éprouver une vive impression, émouvoir fortement » : *J'ai été vraiment impressionné par sa démonstration. L'assurance de l'accusé a fortement impressionné l'auditoire.* Il a aussi, en photographie, un sens technique : *Cette photo est sous-exposée : le soleil n'a pas eu le temps d'impressionner le film correctement.* Le verbe **imprimer,** outre son sens technique bien connu, s'emploie dans la langue littéraire au sens de « communiquer, transmettre » : *imprimer un mouvement à un objet.*

IMPRIMATUR forme et sens Mot latin invariable, signifiant « que (cela) soit imprimé » et qui désigne « l'autorisation accordée par la hiérarchie (surtout ecclésiastique) de faire paraître un ouvrage ».

IMPROMPTU prononc. On prononce le *p.* ♦ forme Ce latinisme, depuis longtemps complètement francisé, doit être considéré comme un adjectif variable en genre et en nombre. Le maintien de l'invariabilité est d'autant moins justifié que son application est très capricieuse. On écrira : *des vers impromptus*

(Littré). *Une belle histoire et une pendaison impromptue* (Arnoux).

IMPROPRIÉTÉ sens Ce mot désigne l'emploi incorrect d'un mot, surtout au point de vue du sens, le **barbarisme** désignant l'incorrection au point de vue de la forme du mot et le **solécisme** une incorrection au point de vue de la construction syntaxique : *Je m'excuse à l'avance pour les impropriétés et les fautes de frappe qui pourraient se trouver dans mon texte en dépit de mes révisions* (Le Clézio). *Courbet fut la victime d'un mot, le mot* déboulonner, *dont l'impropriété fit le succès* (Descaves). *À coup sûr l'impropriété est le vice capital du style* (Romains). *Amnistie* pour *armistice, climatérique* pour *climatique, emprise* pour *empreinte, démantibuler* pour *démanteler, solution de continuité* au sens de « liaison », sont des impropriétés flagrantes et fréquentes. → ces mots

IMPUDENCE, IMPUDEUR et **IMPUDICITÉ** emploi et sens Ces trois substantifs sont formés sur le même radical, mais ont des sens assez distincts. Le premier signifie « audace, cynisme » et n'a pas de rapport avec le domaine sexuel : *Les entendez-vous, les mots qu'ils ont tous dits sur les bûchers, les échafauds, au fond des chambres de torture, chaque fois que nous avons pu nous saisir d'eux ? Les mots qu'ils rediront encore dans des siècles, avec la même impudence* (Anouilh). L'adjectif correspondant est *impudent.* Le deuxième substantif, **impudeur,** signifie « manque de retenue, sur le plan sexuel ou sur le plan psychologique » : *Je réprouve le sans-gêne et ne pratique pas l'impudeur : je n'ai jamais regardé un domestique, si ce n'est le jour où il vient s'engager* (Peyrefitte). *La passion inattendue qu'elle développait pour lui et qu'elle lui jetait au visage tous les jours avec une impudeur si parfaite qu'il en était fasciné* (Sagan). Quant à **impudicité,** son sens est limité, et renvoie exclusivement au domaine sexuel : « acte, geste ou parole inconvenante ou obscène » : *Tout journal, de la première ligne à la dernière, n'est qu'un tissu d'horreurs. Guerres, crimes, vols, impudicités, tortures, une ivresse d'atrocité universelle* (Baudelaire). *L'impudicité* *des exhibitionnistes est un phénomène pathologique.* On notera qu'un seul adjectif, **impudique,** correspond à la fois à *impudeur* et à *impudicité* : *Forbin, évidemment, n'avait pu cacher son admiration, mais sans se permettre ses anciennes libertés verbales ni ses impudiques enthousiasmes* (La Varende). Il s'agit dans la phrase précédente d'*impudeur,* et dans la phrase suivante, d'*impudicité* : *Elle se tenait, nue et impudique, devant le petit escalier qui donnait accès à l'intérieur de la roulotte* (Vidalie).

IMPUISSANCE, STÉRILITÉ et **FRI-GIDITÉ sens** Dans le domaine sexuel, on ne doit pas confondre le premier substantif, qui signifie «incapacité de l'homme à pratiquer le coït», avec le deuxième, qui a le sens de «incapacité de féconder (pour l'homme) ou d'être fécondée (pour la femme)», ni avec le troisième, qui désigne, chez l'homme comme chez la femme, le «manque d'appétit sexuel», indépendamment des capacités sur le plan physique. Le mot **infécondité,** synonyme de **stérilité,** ne s'emploie plus guère.

IMPULSER emploi et sens Ce verbe est assez critiqué, bien que sa formation soit régulière. Il signifie «lancer, donner un élan à», surtout en parlant d'une campagne publicitaire, de méthodes commerciales, politiques, etc.

IMPUNÉMENT emploi et sens Cet adverbe signifie «sans s'exposer à un dommage, sans subir aucun tort» : *Il est démontré aujourd'hui qu'un homme peut impunément exercer un césarisme impitoyable dans la République* (Péguy). Mais on rencontre aussi souvent *impunément* avec le sens affaibli de «en vain, sans résultat» : *Ce n'était pas impunément que depuis quinze ans il visitait toutes les grandes usines de tissage du monde pour y vanter la qualité de ses fils* (Duras). Cette extension de sens est à éviter aussi longtemps que l'idée de «punition, dommage» est encore perçue dans ce mot.

IMPUTER constr. On dit couramment **imputer quelque chose à quelqu'un,** au sens de «attribuer à quelqu'un (ou à quelque chose) la responsabilité de».

Seule la langue littéraire emploie des tournures comme **imputer à crime à quelqu'un :** *Pour eux, pas de circonstances atténuantes, même la bonne intention est imputée à crime* (Camus), en face de : *Il semblait difficile d'imputer son suicide à des souffrances passionnelles* (Romains).

«IN-» emploi Préposition latine entrant dans plusieurs locutions d'origine latine ou italienne : *in-pace, in-plano, in petto, in-folio, in-quarto, in-octavo, in partibus, in situ, in vitro,* etc. → ces mots à leur ordre alphabétique

IN- emploi Ce préfixe, lorsqu'il a une valeur de négation, entre en concurrence avec **non-,** qui semble plus productif de nos jours. Les écrivains usent assez librement de cette double possibilité : *Posant nos têtes sur l'oreiller de l'inespérance* (Montherlant). *Il faut qu'un bon historien ne laisse intraitée aucune partie du sujet que ses maîtres scolaires ou ses maîtres les événements lui ont donné à traiter* (Péguy). Certains auteurs abusent parfois de ces formes en **in-.** On trouve ainsi chez Gide : *inappétissant, inartistique, inartistisme, incuriosité, inextirpable, insupprimable* ; chez Huysmans : *imprescrite, inexauçable* ; chez Proust : *influerissable, inintellectuel, inversibilité,* etc. On dira aujourd'hui, pour le substantif, le *non-traitement,* le préfixe *in-* étant ici... inemployable. En revanche, sont admis simultanément *inexistence* et *non-existence,* ce qui permet de risquer ce «néologisme» littéraire : *Quant à M. Jo, du moment qu'il avait donné le phonographe, il inexistait d'autant* (Duras). → NON et PAS

INACCESSIBLE et **INTERDIT sens** Le premier adjectif a le sens de «dont l'accès est impossible pour des raisons matérielles, physiques» : *un pic inaccessible.* Au figuré : *Il est vain et dangereux de se proposer un objectif inaccessible* (Maurois). Avec un nom de personne, le mot a le sens de «difficile à aborder» : *un chercheur inaccessible.* Il faut éviter la confusion avec **interdit,** qui doit s'employer seulement «dans le cas où c'est une défense, un veto légal ou personnel qui empêche l'accès» : *Quoique aisément accessible de la route,* *cette plage est interdite à ceux qui ne sont pas membres du club. La reproduction de ce document est interdite.*

INATTENTION emploi Pour **faute d'inattention** → FAUTE

INAUDIBLE sens À l'origine, cet adjectif signifie « qu'on ne peut entendre », pour des raisons qui tiennent à l'acoustique : *Il jouait en sourdine, avec une douceur infinie, rendant des sons presque inaudibles* (Le Clézio). *Le moribond eut un murmure inaudible. Les ultra-sons sont inaudibles à l'homme.* Il n'y a guère de raison de refuser l'extension de ce sens au domaine esthétique : « qu'on ne peut entendre en raison du contenu, de la discordance, de l'inharmonie, etc. ». *Pour moi, la musique sérielle est quelque chose d'inaudible.* Toutefois, on peut préférer l'emploi de **inécoutable,** dont l'existence est signalée par Robert et le *TLF,* et qui est aussi bien formé que **inécouté,** mot enregistré par Littré et qui n'a guère vécu : *Une symphonie inécoutable.*

INCA forme Comme adjectif, toujours invariable ; comme substantif, prend un *s* au pluriel ou demeure invariable : *les tribus inca, le peuple des Inca(s).*

INCARNADIN emploi et sens Dans la langue littéraire, double l'adjectif de couleur **incarnat,** en s'accordant, comme lui, avec le substantif : *des pommes incarnadines* ou *incarnates.*

INCARNAT → INCARNADIN

INCARTADE sens « Autrefois, écart de langage, injure », mais aujourd'hui le substantif vise plutôt le comportement humain, la conduite : *En renouvelant ces aimables incartades, je réussis seulement à désorienter un peu l'opinion* (Camus).

INCERTAIN constr. Le complément de cet adjectif est en général introduit par *de,* comme celui de **certain.** Cependant, l'usage penche pour l'emploi absolu de **incertain,** et l'on constate un flottement dans l'emploi des prépositions introduisant le complément : *Je le crois incertain de son avenir, sur son avenir, quant à son avenir.*

INCESSAMMENT sens Cet adverbe s'emploie de plus en plus au sens de « dans un délai très court » : *Je sentais mon cœur se gonfler et me proposai d'avoir incessamment avec lui une conversation tragique* (Gide). Cependant, le sens originel est « sans interruption » : *Ce que je constate surtout [...] devant un corps vivant d'homme, c'est qu'il change à chaque seconde, qu'incessamment il vieillit* (Giraudoux). *Si je n'étais pas incessamment inquiet pour lui, je ne l'aimerais pas* (Montherlant). Cet emploi est vieilli alors que **incessant** s'emploie couramment comme synonyme de **continuel, ininterrompu.**

□ **incessamment sous peu.** Ce renforcement pléonastique, aujourd'hui très répandu dans la langue parlée, est tout à fait inutile, **incessamment** et **sous peu** étant quasi synonymes.

INCESTE genre Quand ce substantif désigne un « rapport ou un sentiment incestueux », il est au masculin : *commettre un inceste. L'inceste violant une des lois les plus antiques des hommes* (Maurois). On l'employait autrefois aux deux genres quand il désignait la « personne qui commet l'inceste ».

INCHOATIF prononc. Le groupe -*ch*- se prononce [k]. ◆ **emploi et sens** En linguistique, « se dit d'une forme marquant le commencement ou la progression d'une action ».

INCIDENT → ACCIDENT

INCIPIT forme Substantif invariable. ◆ **sens** Ce mot latin qui signifie « il commence » désigne le début d'un texte, d'un chapitre, etc. Certaines éditions contiennent une table des **incipit,** c'est-à-dire des premiers vers des poèmes qui n'ont pas de titre particulier.

INCISE → DIRE *(in fine)*

INCLÉMENT, INCLÉMENCE emploi et sens Se dit surtout dans le registre littéraire : « qui n'a pas de clémence, rigoureux ». *Des dieux incléments.* Au figuré : *un ciel inclément. Des piles de bûches s'y consumaient sans fin quand la température devenait inclémente* (Green). Le substantif est plus rare que l'adjectif correspondant : *l'inclémence de la sai-son.* On ne parle plus guère de *l'inclé-mence d'un juge.*

INCLINATION et **INCLINAISON em-ploi et sens Inclination** appartient à la langue soutenue, et évoque l'idée de «pente naturelle», dans le domaine psychologique : *Il y a des chances pour que nous ayons en commun des inclina-tions, des dégoûts, des tentations* (Mau-riac). *Gilbert* [...] *s'occupait aussi de la cuisine avec ce garçon charmant et muet par inclination naturelle* (Dhôtel). *L'inclination au bien, de mauvaises in-clinations.* **Inclinaison,** «état de ce qui est incliné», s'emploie dans le domaine matériel : *Des escaliers feuilletés, rappe-lant, sous les courbes de l'asphalte, l'in-clinaison des vieux terrains maraîchers* (Morand).

INCLURE conjug. Comme *conclure,* sauf au participe passé, qui prend un *s* final : **inclus,** fém. **incluse.** Ce verbe n'est guère employé qu'à l'infinitif et au participe passé. **Ci-inclus →** JOINDRE

INCLUSIVEMENT emploi et sens Cet ad-verbe est moins fréquent et moins connu que **exclusivement,** auquel il s'oppose. Il signifie «en comprenant, en incluant» : *Ce curieux mélange d'hu-milité et d'insolence, de grandeur et de bon sens, jusqu'au bûcher inclusive-ment* (Anouilh). On emploie plus cou-ramment l'adjectif-adverbe **compris.** → ce mot

INCOGNITO prononc. Deux prononcia-tions sont également correctes : [ĕkoɲito] ou [ĕkɔgnito]. ♦ **forme** Plur. : **incognitos** (rare). ♦ **sens** «En cachant volontaire-ment son identité» ou, comme substan-tif, «fait de cacher son identité au cours d'un déplacement» : *À la bonne heure, Jupiter ! Si vous renoncez à votre inco-gnito, je puis vous assurer que, d'ici quelques minutes, je l'aurai convaincue de vous attendre au coucher du soleil* (Giraudoux). → ANONYMAT

INCOLLABLE emploi Adjectif très ré-pandu, mais n'appartenant qu'au re-gistre familier, comme tous les termes dérivés de **colle** au sens de «question embarrassante».

INCOMMENSURABLE sens Bien que ce terme ait au point de vue scienti-fique une signification précise, «qui n'a pas de mesure commune avec, qui ne peut être mesuré au moyen de la même unité sans décimales», il n'empêche que l'acception la plus répandue est celle de «trop grand pour pouvoir être mesuré, sans commune mesure avec quoi que ce soit, immense». Cette ex-tension de sens, considérée comme abusive par certains, ne peut plus ce-pendant être refusée. Elle est ratifiée par de très bons auteurs : *Raymond comprit qu'aux yeux de Maria son beau-fils planait au-dessus de lui à une distance incommensurable* (Mauriac). *L'autre partie de sa vie, que la douleur venait d'atteindre, se révélait d'une in-commensurable étendue* (Rolland). *Au cœur de la forêt, la paix est incommen-surable* (Ragon).

INCONGRÛMENT orth. Avec un accent circonflexe sur le *u.* → AD-VERBES et CIRCONFLEXE (ACCENT)

INCONNU constr. En principe avec *à* : *inconnu à toute la terre.* Mais la construction avec *de* est maintenant ré-pandue : *Il vit inconnu de tous.*

INCONSCIENT emploi et sens Employé comme substantif ou comme adjectif, s'applique en psychologie à «tout ce qui échappe à la conscience du sujet» : *Le comique est inconscient* (Bergson). Ne pas confondre avec **inconscience,** qui désigne principalement une «pri-vation momentanée de la conscience» ou, dans la langue courante, une sorte d'«aveuglement», d'«irresponsabilité».

INCONTOURNABLE emploi et sens Cet adjectif néologique (apparu vers 1980 selon Robert) est bien formé et n'a rien en soi de répréhensible. C'est seule-ment son emploi trop fréquent, pour qualifier tout ce qu'on est obligé de traiter, d'affronter, etc., qui est quelque peu lassant : *Pour les Verts, cette al-liance est toutefois soumise à un accord préalable entre les deux partis fondé sur les cinq «points incontournables» déjà définis à la fin du mois de mars dernier* (Le Monde, 30 août 1992).

INCONVERTIBLE forme On rencontre également **inconvertissable.** Mais **in-**

convertible est le terme usuel dans le lexique financier : *une monnaie inconvertible.*

INCULQUER emploi et sens C'est un équivalent de **enseigner,** avec une nuance de sens : « faire entrer dans la tête de quelqu'un, faire admettre et retenir » : *J'essayais de le soustraire à cette influence et, quand je le pouvais, de lui inculquer quelques idées justes* (Green).

INCULTURE sens C'est l'opposé de **culture** au sens social et non au sens « agricole » : *Le rédacteur de cet article trahit son inculture.* Mais on dira aussi bien *un champ inculte* ou *un esprit inculte.*

INCUNABLE sens Ce mot désigne « tout imprimé antérieur à l'an 1500 ». Il ne faut pas le confondre avec **manuscrit** ni avec **palimpseste** (→ ce mot). On l'emploie parfois ironiquement, pour parler de vieux livres plus ou moins précieux : *Le pupitre du vieux professeur (il lui donna cent ans d'après la poussière accumulée et les incunables empilés)* (Godbout).

INDEMNE orth. Ne pas substituer -*mm*- au groupe -*mn*-. → DILEMME ♦ sens Adjectif signifiant « sans dommage, sain et sauf ».

INDICE genre Masc. : *un indice intéressant.*

INDICIBLE emploi Se dit surtout de la joie, de la douleur, du plaisir, dont il caractérise le haut degré. **Ineffable,** de même sens (« qu'on ne peut exprimer »), désigne plutôt la qualité : *Des prénoms de tous les jours, ineffables de banalité* (Labro). **Inénarrable,** de nos jours, s'applique plutôt à un épisode comique « qu'on ne peut raconter sans être saisi par le rire ». **Innommable :** « qu'on ne peut nommer », en parlant d'une chose répugnante.

INDIEN emploi et sens Cet adjectif-substantif désigne tantôt certains « autochtones d'Amérique du Nord », tantôt les « habitants de l'Inde ». Ne pas confondre avec **hindou** → ce mot

INDIFFÉRER emploi Ce verbe n'appartient qu'au registre familier et se construit seulement avec un pronom personnel comme complément d'objet direct : *Tout le restant m'indiffère, / J'ai rendez-vous avec vous* (Brassens). La langue soutenue exigerait : *Tout le reste m'est indifférent.* Voici cependant d'autres exemples : *Son prénom m'indiffère, dit-elle* (Sagan). *Je me suffisais, mon corps m'indifférait* (Montherlant). Emploi absolu : *Qu'il pleuve ou qu'il fasse beau temps cela indiffère* (Le Clézio). L'emploi du pronom personnel en objet indirect est exceptionnel : *C'était prouver que tous les sujets leur indifféraient* (Wyzewa, cité par Nyrop).

INDIGÈNE emploi et sens Cet adjectif-substantif s'applique à une personne née dans le pays dont il est question, et il n'a rien de péjoratif en soi. C'est un certain racisme qui l'a fait parfois employer avec la valeur de « personne de couleur » ou même de « sauvage ». Si l'on veut éviter d'employer ce mot, on utilisera son synonyme **autochtone,** ou **aborigène** → ces mots

INDIGESTE → DIGESTE

INDIGÈTE emploi et sens Cet adjectif ne doit pas être confondu avec **indigène :** il s'applique dans l'Antiquité romaine aux dieux « propres à une famille, à une ville ou à un pays ».

INDIGNER constr. À la voix passive ou pronominale, on dit **être indigné de** ou **par, s'indigner de quelque chose** (ou **de** + infinitif), et *être indigné* ou *s'indigner contre quelqu'un.* **S'indigner** et **être indigné** se construisent d'autre part avec *que* suivi du subjonctif : *Des gens criaient, s'indignaient que ses maîtres ne fissent rien pour sauver cette malheureuse* (Radiguet). On trouve parfois *de ce que,* avec tantôt l'indicatif, tantôt le subjonctif : *Il était surtout indigné de ce que le vieil oncle Goisland se portât très bien* (Boylesve). *Les grands-parents s'indignaient de ce que leur petit-fils ne comprenait rien à la Belle Époque.*

INDIGO forme Invariable comme adjectif de couleur. → COULEUR

INDIVIS forme Fém. : **indivise.** Est adverbe dans la locution **par indivis.** ♦ emploi et sens Terme de droit s'appliquant à un bien «dont la propriété est commune à plusieurs personnes».

IN-DIX-HUIT → IN-FOLIO

INDOU orth. Autre orthographe : **hindou** → ce mot

IN-DOUZE → IN-FOLIO

-INDRE (verbes en) → APPENDICE

INDU orth. Pas d'accent circonflexe sur le *u*, à la différence de *dû* → ce mot, INDÛMENT et CIRCONFLEXE (ACCENT)

INDUIRE emploi et sens Ce verbe est aujourd'hui assez rare, si ce n'est la locution **induire en erreur.** Parfois employé en logique, avec une valeur correspondant à **induction,** «raisonnement remontant des faits à la loi».

INDULGENT constr. Avec les prépositions *pour* ou *envers.*

INDÛMENT orth. Avec un accent circonflexe sur le *u.* → ADVERBES et CIRCONFLEXE (ACCENT)

INDUSTRIEUX et **INDUSTRIEL** emploi et sens Ces deux adjectifs sont issus de **industrie.** Le premier, rare et littéraire aujourd'hui, renvoie au sens classique de «qui montre de l'adresse, de l'habileté» : *Le plus habile opérateur du monde, qui met ses doigts industrieux dans ta plaie* (Valéry). *On avait fermé les volets bien avant la nuit, mais les jumeaux, toujours industrieux, avaient réussi, canifs à la main, à élargir une fente entre deux lattes de bois* (Labro). *Il y a loin des cordeliers pouilleux et ignares de Fontenay-le-Comte aux bénédictins industrieux et lettrés de Maillezais* (Ragon). On rencontre plus couramment *habile, ingénieux,* etc. Quant à l'adjectif **industriel,** il ne renvoie qu'au sens moderne d'*industrie,* c'est-à-dire «ensemble d'activités économiques visant à l'exploitation des richesses naturelles et à la transformation des matières premières» : *De nombreuses sociétés industrielles s'installent au Gabon (Le Monde).*

INÉDIT sens «Qui n'a pas encore été imprimé, édité» : ce mot est aussi bien adjectif que substantif. Par extension,

on emploie également l'adjectif au sens de «neuf, qu'on n'a encore jamais vu» : *voulez-vous passer des vacances inédites? Il s'y est pris d'une façon inédite.* On évitera d'utiliser *inédit* au sens de «secret».

INEFFABLE orth. Avec deux *f.* ♦ emploi → INDICIBLE

INÉNARRABLE orth. Pas de double *n* dans cet adjectif. ♦ emploi → INDICIBLE

INEPTE sens Ce mot n'est rien d'autre qu'une variante de **inapte,** dont le sens s'est restreint et spécialisé : «qui trahit la sottise, l'absurdité». Il est beaucoup plus péjoratif que son doublet. ♦ dérivé *ineptie* [inεpsi]. ♦ constr. Autrefois, comme *inapte,* avec *à.* Aujourd'hui, le plus souvent en construction absolue, sans complément.

INEXACT prononc. Comme **exact** (→ ce mot)

INEXPUGNABLE prononc. Avec [gn] et non *[ŋ]. ♦ sens «Qu'on ne peut prendre de vive force, après un siège.» Surtout au figuré aujourd'hui.

«IN EXTENSO» prononc. [inεkstẽso]. ♦ sens «Intégralement, dans toute sa longueur» : *Le Journal officiel publie les débats «in extenso».*

INEXTINGUIBLE prononc. On entend plus fréquemment aujourd'hui [inεkstẽgibl] que [inεkstẽɡɥibl], mais les deux prononciations sont correctes.

«IN EXTREMIS» sens «Au dernier moment.»

INFÂME orth. Avec un accent circonflexe sur le *a,* mais les dérivés **infamant, infamie** n'ont pas d'accent. ♦ sens Adjectif de sens très fort, mais d'un emploi surtout littéraire et emphatique : *Infâme insecte, qui nous fait de ces peurs!* (Giraudoux).

INFANTILE emploi et sens À la différence de **enfantin,** cet adjectif s'emploie avec une valeur technique («qui se rapporte à l'enfant»), notamment dans le lexique médical : *les maladies infantiles.* Il signifie également «qui ne dépasse pas le niveau mental d'un enfant » : *Ses raisonnements sont infantiles* (*enfantins* aurait ici un sens moins fort). De là l'emploi, dans ce sens, du dérivé **infantilisme.**

INFARCTUS **forme** Éviter l'erreur fréquente consistant à inverser dans l'écriture et dans la prononciation le *a* et le *r* : **infractus.* ♦ **sens** « Épanchement sanguin à l'intérieur d'un tissu », en général le tissu cardiaque dans l'usage courant, qui considère surtout l'*infarctus du myocarde : Ils disent, les cardiologues, «infarctus du myocarde». Quand j'étais jeune, on disait endartérite ou coronarite, je ne sais plus* (Duhamel). *Les hommes comme lui ne meurent que de ça* [de chagrin], *leurs infarctus et leurs cancers ne sont que des alibis* (P. Jardin).

INFATUÉ **emploi et sens** Adjectif toujours pris en mauvaise part, et surtout dans les locutions telles que *infatué de soi-même, de sa personne, de son talent.* Le sens est « trop satisfait, fier sans motifs sérieux » : *Infatuée de ses fabrications éphémères, elle se croit capable d'une infinité de réalités différentes* (Valéry).

INFATUER (S') **constr.** Avec *de.* ♦ **sens** *S'infatuer de quelqu'un* : « s'exagérer le mérite ou l'importance de quelqu'un ». Ne pas confondre avec **s'enticher de.**

INFECTER **emploi et sens** Ne pas confondre ce verbe, qui signifie « donner de l'infection, communiquer des germes morbides », avec **infester,** qui signifie « ravager, piller », et aussi, par extension, « envahir » : *une plaie infectée,* mais *un pays infesté de brigands.* L'exemple suivant est ambigu : *Il en mourait tellement dans ces villages infestés de paludisme* (Duras).

INFECTIEUX **sens** « Qui produit une infection, ou qui donne une infection » : *une maladie infectieuse.* Ne pas confondre avec **infecté.** → INFECTER

INFÉRER et **RÉFÉRER** **sens** Ne pas confondre **inférer,** qui signifie « tirer une conclusion » (par ex. dans l'expression *en inférer que*), **se référer,** dans le sens de « se reporter », et **en référer,** dans le sens de « en appeler (à) ».

INFÉRIEUR **emploi** Cet ancien comparatif peut admettre des degrés de comparaison, à partir du moment où l'on distingue plus de deux niveaux : *Les géologues firent d'intéressantes trouvailles dans la plus inférieure des strates.* Néanmoins, on préférera, dans ce cas, employer les adjectifs tels *bas, profond,* etc. → ANTÉRIEUR, EXTÉRIEUR. Pour marquer un degré particulier d'infériorité, on pourra dire : *C'est un résultat très inférieur à celui que vous avez obtenu le mois dernier.*

INFERNAL **forme** Au masculin pluriel, cet adjectif fait toujours **infernaux,** qu'il ait son sens primitif « de l'Enfer, des enfers » ou un sens dérivé « extrêmement pénible » : *À l'intérieur de ces rapports infernaux, il ne coulait jamais la moindre paix* (P. Jardin).

INFESTER → INFECTER

INFILTRER **emploi et sens** Outre l'emploi traditionnel à la voix pronominale, au sens de « pénétrer lentement, en parlant d'un liquide », on rencontre de plus en plus souvent ce verbe sous la forme transitive directe, au sens idéologico-politique de « noyauter » : *La grande force des pays du bloc socialiste est d'avoir su infiltrer tout de suite et au plus haut niveau des organisations d'immigrés* (P. Besson), ou au sens physique de « pénétrer, envahir » : *Un bloc urbain serré* [...] *que, dès qu'on s'écarte un peu du centre, les jardinets placides de la banlieue viennent infiltrer* (Gracq).

INFIME **emploi et sens** À l'origine, superlatif signifiant « le plus bas, le dernier ». En fait, cet adjectif est souvent pris comme un positif, au sens de « tout petit, minuscule » : *une somme infime.* On peut dire *une dose aussi infime que celle d'hier,* mais on s'abstiendra d'employer les tournures *plus, moins, très infime.*

« IN FINE » **emploi et sens** Locution latine indiquant qu'il faut se reporter « à la fin du texte de référence ». Elle s'emploie surtout dans les apparats critiques.

INFINITÉ **constr.** Pour **une infinité de** et l'accord du verbe qui suit → COLLECTIF. ♦ **emploi** Ne pas confondre **infinité, infimité,** caractère de ce qui est « infime »

(→ INFIME), et **infinitude**, «qualité de ce qui est infini, sans bornes».

INFINITIF emploi

□ **et lui de rire.** Cet infinitif de description ou de narration appartient exclusivement à la langue littéraire : *En avant, marche ! Et l'ivrogne de se diriger vers la porte et de sortir* (Malraux). *Il a une drôle de bobine, dit-il. Et de boire une gorgée, le regard absent* (Marceau). La juxtaposition de l'infinitif (sans *et*) est plus rare : *S'il s'en plaignait à elle, elle de se plaindre à son tour* (Montherlant). *Je lui dis que c'est du chantage ; aussitôt de s'écrier : En effet ; mais du chantage légitime* (Gide) : dans cet exemple l'infinitif a pour sujet la personne représentée par *lui.*

□ **je pourrai la voir** ou **je la pourrai voir.** Le pronom personnel complément de l'infinitif s'intercale aujourd'hui entre cet infinitif et le verbe régissant. Mais les écrivains contemporains recourent encore au tour ancien **pronom + verbe régissant + infinitif :** *Elle avertirait son mari qu'on l'avait voulu violer* (Aymé). *Je m'échappe une seconde et je vais voir* (Duhamel). *À présent, elle la devait reconnaître, en prendre possession* (Bernanos). *Pourtant autre chose m'aurait dû renseigner sur mes véritables sentiments* (Radiguet). *Un lion lui venait creuser une fosse avec ses ongles* (France). *Personne qui lui en désire parler* (Estaunié). *Ou alors il me pose des questions d'un air de n'y pas toucher* (Sartre).

□ **verbe + infinitif.** L'infinitif sans préposition se rencontre après les verbes suivants (voir à l'ordre alphabétique des indications complémentaires pour les mots marqués d'un °) : *accourir, affirmer, aimer autant* (et *mieux*), *aller, apercevoir, assurer, avoir beau, avouer, compter, conduire, confesser, courir, croire, daigner, déclarer, descendre, désirer, détester, devoir,* °*dire* (seulement comme verbe déclaratif), *écouter, entendre,* °*envoyer,* °*espérer, estimer, être* (au sens de «aller»), °*faillir, faire, falloir, figurer (se), imaginer (s'), laisser, mener, monter, oser,* °*partir, penser, pouvoir,* °*préférer, présumer,* °*prétendre,* °*rappeler (se), reconnaître, regarder, rentrer, retourner, revenir, savoir, sentir, supposer,* °*venir, voir,*

vouloir. Pour les verbes se construisant avec la préposition **à** ou **de** + **infinitif,** on les trouvera à leur ordre alphabétique.

□ **infinitif après préposition.** Lorsqu'un infinitif, complément d'un verbe, est introduit par une préposition, il doit avoir le même sujet que le verbe dont il est complément : *L'enfant embrasse sa maman avant de s'endormir.* Si les deux sujets sont différents, il faut employer une proposition circonstancielle avec un verbe à mode personnel. Ne pas dire : *Avant de passer à la douane, les policiers ont vérifié nos papiers d'identité,* mais : *avant que nous (ne) passions à la douane...*

□ **proposition infinitive.** Cette proposition est caractérisée par un double fait : d'une part, elle dépend d'un verbe principal dont elle sert de complément ; d'autre part elle comporte un terme (substantif ou pronom) qui est à la fois objet du verbe principal et sujet de l'infinitif. On a donné à ce terme le nom d'«entrejet» (Damourette et Pichon) ou d'«objet-agent» (Le Bidois). La proposition infinitive soulève deux problèmes principaux : la place de l'objet-agent et sa présentation, directe (sans préposition), ou indirecte (avec préposition, ou au «datif», dans le cas des pronoms).

1. **Place du substantif.** Deux constructions sont possibles : *Elle regardait sa propre jeunesse dormir* (Sagan). *Il entendit chanter sa mère.*

2. **Présentation de l'objet-agent.**

a) **objet direct.** *Des nouvelles un peu moins bonnes les firent précipiter leur départ* (Gide). *À trente ans, une énorme soif d'agir le fait abandonner soudain le chemin facile* (Chaix).

b) **objet indirect** (datif). *Elle lui faisait pousser le piano et tourner les pages* (Proust). *Une phobie du mariage qui lui fit rompre net avec sa jeune fiancée* (Aymé).

c) L'objet-agent est un substantif : *Cette fleur que vous laissiez cueillir aux demoiselles de boutique* (France). *Le nom de Bonaparte a fait lever les yeux au voisin* (Aragon).

d) L'objet-agent peut être un pronom relatif : *Des parents qu'il prétendait s'être mal conduits à son égard* (Proust). *Des hommes que je savais être de grands pécheurs* (Mauriac). *C'est un peu surprenant de la part d'un homme de science tel qu'on me le dit être* (Henriot) : cette dernière phrase n'est pas à imiter.

INFIRMER sens « Affaiblir, diminuer la valeur de » d'où « dénier la vérité de ». Ce verbe est très éloigné, on le voit, de **infirme** : *Il faut donc que le jeune homme ait imaginé une bonne partie de la promenade dont il nous parle. Cela infirme le récit tout entier* (Green).

INFIXE genre Masculin ♦ sens En linguistique, « élément introduit dans le corps d'un mot », par opposition à l'**affixe**, qui désigne à la fois le **préfixe** et le **suffixe**.

INFLAMMATION forme Ne pas dire, par attraction de **enflammer**, *enflammation. ♦ emploi Surtout au sens figuré, médical. Pour le jaillissement des flammes, au propre, on emploie plutôt **embrasement**.

INFLATION emploi et sens Anglicisme du domaine financier, qui s'est tout à fait acclimaté dans notre langue et désigne le « phénomène d'accroissement excessif de la monnaie par rapport aux produits ». Ne pas employer ce mot pour désigner l'augmentation du coût de la vie. Le contraire de **inflation** est **déflation** ou **désinflation**.

INFLUENCER constr. Ce verbe est transitif direct, tandis que **influer**, de sens voisin, mais de registre plus élevé, se construit avec la préposition *sur* : *Ma mère ne voulant pas que cela influât sur mes prix, mes couronnes, se réservait de dire la chose, après la distribution* (Radiguet).

INFLUENT forme et sens Distinguer **influent** adjectif et **influant** participe présent. L'adjectif signifie « qui a de l'influence, du crédit » : *C'était généralement un gros électeur influent et qu'on savait ambitieux* (Giono).

INFLUENZA prononc. On hésite entre [ɛ̃flyɑ̃za] et [ɛ̃flyɛnza].

INFLUER → INFLUENCER

INFO emploi et sens Cette abréviation du mot **information** est devenue très cou-

rante, dans le registre familier, surtout au pluriel : *regarder, écouter les infos.*

IN-FOLIO orth. Plur. : **des in-folio,** invariable : *Les fichiers américains avaient détrôné les vieux in-folio* (Morand). Même remarque pour **in-quarto, in-octavo.** Selon certains grammairiens, il convient de laisser invariable quand il y a un nom pluriel : *douze volumes in-octavo* (du format in-octavo), mais de faire l'accord dans le cas contraire : *douze in-octavos. Il a lu beaucoup d'in-folios* (Sainte-Beuve). **In-douze, in-seize, in-dix-huit** ne prennent jamais de *s* final. ♦ sens Terme d'imprimeur, désignant le « format d'un livre composé de feuilles pliées en deux et fournissant chacune quatre pages », et par extension, le livre lui-même. Le plus grand format est l'**in-plano** (feuille non pliée) et le plus petit l'**in-soixante-quatre**, dont la feuille, pliée six fois, donne cent vingt-huit pages.

INFORMEL emploi et sens Dans les beaux-arts, cet adjectif correspond à peu près à *non figuratif*. On l'emploie aussi dans des locutions comme *assemblée informelle*, au sens de « qui n'est pas convoquée ou réunie conformément aux statuts ».

INFORMER constr. On dit **informer que,** plutôt que **informer de ce que** : *Ils m'informèrent que mon ami était prisonnier en Sibérie* (Aymé). **S'informer** se construit généralement avec la préposition *de* et un complément nom de chose : *Ernest la Jeunesse alla s'informer d'une pièce qu'il avait déposée dans je ne sais plus quel théâtre* (Apollinaire). On peut employer aussi la préposition *sur*, qui admet à sa suite aussi bien l'animé que le non-animé : *s'informer sur quelqu'un* ou *sur quelque chose*.

☐ **s'informer si.** Cette construction condensée est bien préférable au pesant *pour savoir si* : *Raymond s'informait si rien ne manquait au voyageur* (Mauriac). *Tous s'empressaient autour d'eux, s'informant s'ils étaient fatigués, s'ils étaient contents de leurs chambres, s'ils n'avaient besoin de rien* (Rolland).

INFORTUNÉ → FORTUNE

INFRA- Les mots construits avec **in-fra-** ne prennent pas de trait d'union : *infrastructure*, sauf lorsque le radical commence par une voyelle. Exception : *infra-son* et l'adjectif *infra-sonore*.

INFUS emploi et sens Adjectif signifiant « répandu (dans) » est très rare aujourd'hui, en dehors de la locution **science infuse**, « savoir qu'on possède sans avoir étudié » (en général ironique) : *Et je me sens l'esprit vaguement pressenti tout le trésor infus des réponses qui s'ébauchent en moi devant une chose qui m'arrête et qui m'interroge* (Valéry).

INFUSOIRE genre Masculin ♦ sens « Animal microscopique vivant dans les liquides. »

INGAMBE sens « Qui se sert normalement de ses jambes. » Ne pas croire que le préfixe *in-* a ici une valeur négative et ne pas prendre ce mot au sens de « impotent ».

INGÉNIERIE emploi et sens Cet heureux substitut de l'anglais **engineering**, au sens d'« activité de définition, de conception et d'étude d'un projet, ou encore de coordination, d'assistance pour la réalisation d'un projet technique » ou de « profession de ceux qui exercent ce type d'activités », a été approuvé par l'Académie et recommandé par l'arrêté ministériel du 12 janvier 1973 : *L'ingénierie doit être simultanée (conception/industrialisation en parallèle) pour gagner du temps* (Gosselin, *Le Monde*, 13 octobre 1992).

INGÉNIEUR-CONSEIL orth. *ingénieur* n'est suivi d'un trait d'union que dans les composés **ingénieur-conseil** et **ingénieur-docteur** (plur. : *ingénieurs-conseils, ingénieurs-docteurs*). Partout ailleurs, pas de trait d'union : *ingénieur civil, ingénieur chimiste*, etc.

INGÉNUMENT orth. Pas d'accent circonflexe sur le *u*, ni de *e* intérieur.

INGÉRER (S') emploi et sens On rencontre souvent ce verbe dans la langue politique ou économique, au sens de « s'introduire indûment dans, se mêler indiscrètement de (la politique d'un autre pays) ». Ce verbe et le substantif dérivé **ingérence** sont d'un emploi plus commode que leurs quasi-synonymes **s'immiscer** et **immixtion** (→ ces mots).

INGUINAL prononc. [ɛ̃gyinal] et non *[ɛ̃ginal]. ♦ sens « Relatif à l'aine » : *On l'a opéré d'une hernie inguinale.*

INHABITUÉ et **INHABITUEL** emploi Ne pas confondre ces deux mots. **Inhabitué** : « qui n'a pas l'habitude » (peu usité). **Inhabituel** : « dont on n'a pas l'habitude » : *Sa santé a souffert de ces occupations inhabituelles.*

INHIBER, INHIBITION orth. Ne pas oublier le *h*. ♦ emploi Dans l'ancienne jurisprudence, **inhibition** était le synonyme de **prohibition**, « défense ». Aujourd'hui, il appartient au lexique médical : « phénomène d'arrêt dans l'organisme ». On l'emploie couramment au sens de « blocage », d'« impossibilité de passage à l'acte ».

INHUMER emploi et sens C'est l'équivalent de **enterrer**, dans la langue administrative : [L'inscription] *disait que Clotilde Périot, née Demoncelle en 1882, avait été inhumée là en 1943* (Duhamel). ♦ dérivé *inhumation*.

INIMITIÉ emploi Plus littéraire que son contraire **amitié** : *Je rencontrai des inimitiés surtout parmi ceux qui ne me connaissaient que de très loin* (Camus).

ININTELLIGIBLE et **INCOMPRÉHENSIBLE** sens Le premier adjectif signifie « qu'on ne peut saisir par l'intelligence » et s'applique surtout au domaine de la réflexion et du langage : *Les propos de cet illuminé sont inintelligibles. Il m'a écrit une lettre inintelligible.* Le second adjectif a un sens très voisin, « impossible ou difficile à comprendre » : *Les raisons de son acte me semblent incompréhensibles. Il a eu là un geste incompréhensible.* Les nuances qu'ont cherché à définir les lexicographes semblent aujourd'hui peu senties et sans fondement bien rigoureux : *Inintelligible se dit par rapport à l'expression ; inconcevable par rapport à l'imagination ; incompréhensible par rapport à la nature de l'esprit humain* (Guizot).

INIQUE emploi et sens Synonyme très fort de **injuste**. Appartient à la langue soutenue.

INITIAL forme Masculin pluriel : **initiaux.** → -AL

INN- orth. Les mots suivants, formés avec le préfixe *in-* sont seuls à redoubler le *n* : *innavigable* (et ses dérivés), *innervé* (et ses dérivés), *innocent* (et ses dérivés), *innocuité, innombrable, innommé* (et ses dérivés), *innover* (et ses dérivés).

INNÉ prononc. [in(n)e]. ♦ sens Même sens que **infus** (→ ce mot), mais plus répandu : *L'admiration et la compréhension du mal, il les portait innées en lui* (Colette). ♦ dérivé : *innéité*.

INNOCENCE et **INNOCUITÉ** emploi Ces deux substantifs sont de sens voisin, mais le premier s'applique surtout aux personnes, et le second uniquement aux choses : *Dans son innocence, elle croyait à l'innocuité de ce breuvage !*

INNOMMABLE → INDICIBLE

INNOMMÉ orth. Il est préférable, conformément à l'avis de Littré, d'adopter la même orthographe, avec deux *m*, que pour *nommer, innommable*, etc., malgré la curieuse position de l'Académie à ce sujet, qui écrit **innomé** : *Son désir, en suspens, innomé, se mua lentement en une sorte d'angoisse* (Sartre).

INOBSERVANCE sens « Manque à observer des prescriptions religieuses et morales. » Ne pas confondre avec **inobservation,** d'emploi plus général.

IN-OCTAVO orth. → IN-FOLIO. Abréviation : *in-8⁰*.

INOUÏ emploi et sens Cet adjectif est généralement employé avec une valeur de superlatif, comme équivalent de **extraordinaire,** et on oublie souvent qu'il signifie au propre « qui n'a pas encore été entendu ». Cette évolution est depuis longtemps ratifiée par le bon usage : *Alors, il y eut une minute inouïe dans la vie du Bombé* (Aymé). *Une table de jeux d'un luxe inouï en marqueterie d'ivoire et d'ébène* (Giono).

IN-PACE orth. Avec trait d'union, dans l'emploi substantif. Plur. : **des in-pace** (invariable). ♦ sens Ce latinisme désigne un cachot, une prison souterraine où l'on gardait certains coupables jusqu'à leur mort, dans les anciens couvents.

« IN PARTIBUS » emploi et sens Se dit familièrement de quelqu'un qui « n'exerce pas de fonction réelle » : *Depuis que son fils a pris sa succession, c'est un boucher « in partibus ».*

« IN PETTO » orth. Pas de trait d'union. ♦ emploi et sens Cet italianisme (ce n'est pas du latin...) signifie, dans le langage familier, « en son for intérieur, pour soi-même ».

IN-PLANO → IN-FOLIO

IN-QUARTO → IN-FOLIO. Abrév. : *in-4⁰*.

INQUIET constr. On distinguait autrefois *inquiet de,* exprimant la cause de l'inquiétude, et *inquiet sur,* exprimant l'objet de l'inquiétude. Cette nuance n'est plus guère observée aujourd'hui et on dit à volonté : *Je suis inquiet de sa santé* ou *sur sa santé*.

INQUIÉTER emploi Transitivement, signifie « donner de l'inquiétude à ». **S'inquiéter** se construit avec *que* et le subjonctif, ou avec *de ce que* et l'indicatif : *Elle s'inquiétait que Galbert ne la volât pas* (Mauriac). *Elle s'inquiétait de ce qu'il allait nous manquer* (Aymé).

INRACONTABLE forme Éviter la forme fautive : **irracontable* (mais *irrachetable, irrecevable, irréconciliable,* etc., et non **inrachetable, *inrecevable,* etc.).

« I.N.R.I. » sens Cette inscription, mise sur la croix par Pilate, est formée des initiales de « Jésus de Nazareth Roi des Juifs » (en latin, le *J* est un *i* majuscule).

INSANE emploi et sens Adjectif littéraire et recherché, qui équivaut exactement à **insensé.** Le substantif **insanité** est rare, mais expressif : *La mort / Mêle son ironie à ton insanité* (Baudelaire).

INSATIABLE prononc. [ɛ̃sasjabl]. Pas de [z] ni de [t] dans ce mot. → SATIÉTÉ

INSECTE sens La dénomination d'*insecte,* d'un point de vue scientifique, ne convient qu'à de «petits animaux invertébrés, articulés, à six pattes». En réalité, la langue courante étend ce nom à toutes sortes de «petites bêtes».

IN-SEIZE → IN-FOLIO. Abrév. : *in-16.*

INSERMENTÉ **sens** C'est le contraire de **assermenté,** qui concerne le «serment de fidélité à la Constitution civile du clergé que les ecclésiastiques devaient prêter en 1790» : *Un prêtre insermenté.*

INSIGNE (subst.) **genre** Masc. : *un bel insigne doré.*

INSIGNE (adj.) **sens** «Remarquable. »

INSINCÈRE **emploi** Cet antonyme de **sincère** appartient à la langue littéraire.

« IN SITU » **emploi et sens** Locution latine de caractère didactique, signifiant «dans son cadre naturel», utilisée surtout par les biologistes et les botanistes.

INSOMNIAQUE **forme** On emploie également **insomnieux :** *La bourdonnante, obsédante et insomnieuse nuit d'août* (Huguenin). Ces adjectifs appartiennent à la langue littéraire.

INSOUCIANT et **INSOUCIEUX** **constr.** Le premier adjectif est employé le plus souvent sans complément, tandis que le second admet à sa suite *de + substantif : Il est insouciant. Edmée vivait donc dans une paix très grande, insoucieuse de l'avenir aussi bien que du passé* (Dhôtel). *Il est insoucieux de ce qui peut lui arriver.* ♦ **sens** Les deux adjectifs sont presque équivalents, mais **insouciant** signifie «qui ne se fait aucun souci, d'une manière générale», tandis que **insoucieux** a pour complément un mot qui désigne un objet précis.

INSTANCE **emploi et sens** Autrefois, synonyme de **insistance,** qu'on emploiera de préférence, avec des verbes comme **demander, prier,** etc. Mais au pluriel, ce substantif n'est pas rare au sens de «demande, prière» : *Vous savez, dit-il, j'imagine aussi qu'il l'aurait fait de lui-même un jour, même sans ses instances à elle* (Duras). Quant au sens de «autorité détenant un pouvoir de décision», il est discuté, mais on ne peut plus guère le refuser : *Il a fait appel aux plus hautes instances de l'État.*

□ **en instance de constr.** Avec un substantif ou un verbe : *en instance de divorce* ou *en instance de divorcer.* ♦ **sens** «Sur le point de. »

INSTANT **forme** Au pluriel dans **par instants :** *Il s'arrêtait par instants.* Mais au singulier dans **à tout instant.** ♦ **emploi** La langue soutenue préférerait toutefois *par intervalles.* → MOMENT, PAR

INSTAR (À L'... DE) **emploi et sens** Cette locution littéraire ne signifie pas, comme on le croit parfois, « *à l'opposé de*», mais «de la même manière que» : *Ces bagnards, ces grands criminels, «découverts» par les blancs à l'instar des champignons, étaient des condamnés à vie* (Duras). Ne pas dire *à ton instar, *à son instar,* mais *à l'instar de lui.*

INSTIT **prononc.** [ɛ̃stit]. ♦ **emploi** Cette abréviation est très répandue dans le registre familier. On peut se demander si la nouvelle appellation **professeur des écoles** remplacera, dans la langue usuelle, le beau mot d'**instituteur,** qui date du XVe s. et auquel Jules Ferry donna, à partir de 1881, ses lettres de noblesse.

INSTRUMENTS DE MUSIQUE **emploi** Il est toujours possible d'employer le verbe **jouer** pour désigner «l'action de se servir d'un instrument de musique particulier» : *Au début on pouvait parler en riant des premiers prix de grec, des parties de tennis enlevées en quelques jeux, du piano dont elle jouait mieux que Saint-Saëns* (Nimier). Le verbe **toucher,** qui ne peut s'appliquer qu'aux instruments à touches, est vieilli : *Je suis une jeune fille bien élevée qui sait toucher le piano, laver une aquarelle* (Queneau). On dit aussi *toucher du piano : Elle touchait du piano avec grâce.* Le verbe **sonner** est en général utilisé par les spécialistes, quand il s'agit de certains instruments à vent : *sonner du clairon, de la trompe, de la trompette,* mais l'utilisateur a le droit de conserver le verbe *jouer,* même dans ce cas. Certains veulent également qu'on ne puisse que *battre le tambour* ou *pincer la guitare*, mais cette affirmation est contredite par le bon usage actuel et par un certain bon sens, qui évite d'identifier absolument langue de métier et langue commune. Si l'on poussait l'exigence puriste à ses extrêmes conséquences, il faudrait alors se servir des verbes spécifiques *claironner, harper, tambouriner* (dont le sens s'est élargi), et même connaître le vocabulaire de la vénerie dans son détail. Ce n'est alors ni *jouer* du cor de chasse ni *sonner* de la trompe qu'il faudrait dire, mais *grailler, forhuer,* etc. → JOUER, TOUCHER

INSULTER constr. Transitif direct le plus souvent, avec un complément nom de personne, ce verbe peut se construire, dans le registre littéraire, avec la préposition *à* devant un complément non animé : *Ces tristes sires, qui acclament ce qu'ils croient ma faute et insulteraient à ma vertu* (Giraudoux).

INSUPPORTER emploi Verbe mal formé tiré d'**insupportable,** surtout courant dans la phrase *Ça m'insupporte : Malgré tout et même en dehors de la question convenance, je crois qu'Albertine eût insupporté maman* (Proust). Le tour serait *eût été insupportable à maman,* ou *que maman n'eût pas supporté Albertine.* → INDIFFÉRER

INTANGIBLE et **INTOUCHABLE** sens **Intangible,** terme didactique, «qui ne doit pas être changé» (par ex. une institution). **Intouchable,** «qui ne peut être touché, pour quelque raison que ce soit, matérielle, affective, morale, etc.».

INTÉGRALITÉ et **INTÉGRITÉ** sens On distingue aisément ces deux substantifs en se reportant au sens des adjectifs dont ils sont issus : *intégral* a le sens de «complet, entier», tandis que *intègre* a le plus souvent une valeur morale, «honnête, probe». Néanmoins, *intégrité* peut signifier «état d'une chose qui est dans sa totalité» : *conserver l'intégrité de son territoire.* **Intégrité** se réfère plutôt à une conception qualitative de l'entier, **intégralité** à l'entier dans sa totalité.

INTÉGRER et **INCORPORER** sens Le premier verbe est le plus ancien. Il appartient au domaine des mathématiques au sens de «calculer l'intégrale (d'une fonction)» ou à celui des techniques, «faire entrer dans un ensemble plus vaste» : *Il a intégré ses nouvelles théories dans le système précédent.* Fréquent au figuré : *Ceux qu'on a appelés les rapatriés se sont dans l'ensemble bien intégrés dans la population de la métropole. Ce raisonnement s'intègre parfaitement dans la pensée collective.* On dit aussi d'un lauréat au concours d'une grande école qu'il *a intégré* (construction intransitive). Le verbe **incorporer** a un sens voisin, mais s'applique à des domaines plus divers, et indique une «fusion moins complète» que le verbe précédent : *Les jeunes gens seront incorporés début septembre. Nous nous sommes incorporé quelques spécialistes de l'informatique.*

INTELLIGENTSIA prononc. [ɛ̃teligen (t)sja]. ♦ orth. On rencontre parfois **intelligentzia.** ♦ emploi et sens Ce mot russe désigne de façon quelque peu affecté «l'ensemble des intellectuels d'un pays».

INTELLO emploi et sens À partir de 1977, cette abréviation d'**intellectuel,** qui prend un *s* au pluriel mais demeure invariable en genre, est assez souvent employée dans un contexte familier, avec une valeur plus ou moins péjorative : *Ça, c'est une vue d'intello ! Une soirée très intello, des copains intellos.*

INTEMPÉRIE et **INTEMPÉRANCE** sens On évitera de confondre ces deux substantifs. Le premier désigne «les rigueurs du climat» et s'emploie presque uniquement au pluriel : *les intempéries de cet hiver ; affronter les intempéries.* Le second signifie «manque de modération, de retenue» : *Ce buveur est d'une rare intempérance ; des intempérances de langage.*

INTEMPESTIF sens Cet adjectif signifie «qui survient mal à propos» : *Son geste intempestif déclencha la colère du père. Une demande intempestive, une démarche, un zèle intempestifs.*

INTEMPOREL → ATEMPOREL

INTENSE et **INTENSIF** **sens** Le premier adjectif a le sens de « qui agit avec force », d'où par extension « qui dépasse la mesure ordinaire » : *L'affaire a soulevé une intense émotion. Une intense satisfaction se peignit sur son visage. Il règne dans ce défilé une chaleur intense.* Quand à **intensif**, il a toujours une valeur active, et signifie « qui met en œuvre des moyens importants » ; il ne s'applique pas à un phénomène naturel, mais à un « haut degré d'intensité recherché systématiquement » : *Ils furent soumis pendant des heures à un pilonnage intensif. La culture intensive des légumes.* Cet adjectif a fourni les dérivés très fréquents aujourd'hui **intensifier** et **intensification**.

INTENSÉMENT **orth.** Malgré Thérive, qui préférait *intensement*, on met un accent sur le second *e* : **intensément**. ♦ **emploi et sens** Cette forme a complètement supplanté, de nos jours, **intensivement**, qui n'est plus signalé par les dictionnaires que pour mémoire. Il semble bien que *intensément* serve d'adverbe aux deux adjectifs étudiés ci-dessus : *Jean-Pierre et Lise se regardèrent intensément.*

INTENTION **constr.** On ne dit plus aujourd'hui *avoir intention de*, mais seulement **avoir l'intention de** : *J'ai l'intention de remettre l'affaire entre les mains de mon ami, le procureur Déterne* (Sartre).

INTENTIONALITÉ **orth.** Avec un seul *n*, à la différence de **intentionnel**.

INTENTIONNÉ et **INTENTIONNEL** **sens** Le premier adjectif s'emploie toujours accompagné des adverbes *bien* ou *mal*, comme *famé* (→ ce mot) et ne s'applique qu'à un nom de personne, avec le sens de « qui a de bonnes ou de mauvaises intentions (envers quelqu'un) » : *Tous les gens bien intentionnés / Riaient de me voir emmener* (Brassens). On ne confondra pas avec **intentionnel**, « fait à dessein, exprès » : *Il y a eu là un geste intentionnel, une sorte de provocation.*

INTER- **forme** Les composés commençant par **inter** ne prennent jamais de trait d'union. Les adjectifs de ce type

qui se terminent en *-al* font leur pluriel en *-aux*, sans exception : *intercostal, -pariétal, -syndical,* etc. → -AL

INTERARMES ou **INTERARMÉES** **forme** Ces deux adjectifs sont invariables et se présentent toujours avec le *s* du pluriel.

INTERCALATION **forme** Ne pas utiliser **intercalement*, qui n'existe pas : *L'intercalation d'un mot dans un texte.*

INTERCHANGER **emploi** Curieusement, ce verbe calqué sur l'anglais *to interchange* et employé par Proust en 1918 n'est guère accepté en français (bien que présent chez Robert et dans le *TLF*), alors que l'adjectif **interchangeable** (déjà issu de l'anglais vers 1870) ne nous pose aucun problème : *Ils entreprirent de questionner Gregory dans la cuisine et Terounech au salon. De temps à autre ils interchangeaient les rôles* (Godbout).

INTERCLASSE **orth.** Au singulier, s'écrit un *s* final. ♦ **emploi et sens** Néologisme tout à fait admis aujourd'hui, au sens de « intervalle qui sépare deux heures de classe ».

INTERCLUBS **orth.** Avec *s* : *une rencontre interclubs.*

INTERDIRE **conjug.** Comme *contredire, médire* (→ ces mots).

INTÉRESSER **orth.** Les dérivés de *intérêt* ont toujours un seul *r*. ♦ **constr.** Ce verbe se construit normalement avec le groupe conjonctif *à ce que* (et le subjonctif) : *Il faut intéresser l'opinion publique du monde entier à ce que la paix future soit juste* (Rolland).

INTÉRÊT **emploi** On dit **avoir intérêt à** et non plus **de** + **infinitif** : *Vous n'avez aucun intérêt à.* En outre, *avoir intérêt à ce que* est à la fois admis par le bon usage et beaucoup plus répandu que le tour plus sobre *avoir intérêt que* : *Je ne vois pas l'intérêt qu'il y a à ce signe de cette façon-là* (T. Bernard). *Ayant grand intérêt à ce que le gouvernement ne reçût aucune insulte écla-*

tante et que les ministres pussent jouir en paix de cette indifférence [...] (France).

INTERFACE emploi et sens Cet anglicisme technique, qui désigne la « limite commune à deux appareils » ou la « jonction entre deux éléments d'un ensemble informatique », est souvent employé en un sens métaphorique d' « intermédiaire », de façon plus ou moins pédante : *Songeons plutôt à organiser l'interface entre ce qui doit, dans l'intérêt de la justice et celui des parties, demeurer nécessairement confidentiel et ce qui peut être délivré au public* (Vogelweith, *Le Monde*, 5 juin 1992).

INTERFÉRER emploi Intransitif. Marcel Cohen observe : *Il arrive souvent que leurs fonctionnements interfèrent* (il faut dire ainsi jusqu'à nouvel ordre si on ne veut pas être repris, et non *s'interfèrent* comme *s'entrecoupent*).

INTÉRIEUR constr. Cet adjectif, bien qu'il soit à l'origine un comparatif, admet des degrés de comparaison, comme *antérieur, extérieur, inférieur, intime*, etc. : Zola, s'il a voulu, pour la série des « Rougon-Macquart », une unité plus forte et plus intérieure aux parties, ne l'a pas obtenue autant qu'il le pensait* (Romains). On dira du reste très correctement *venez donc un peu plus à l'intérieur*. Il y a, au moins pour la langue commune, des degrés dans l'intériorité. ◆ **sens** Cet adjectif a un sens spatial, même quand il s'agit de *politique intérieure* : *Un goulet long et profond met un grand lac intérieur en communication avec la mer* (Cendrars). On le rencontre souvent au figuré : *Il est riche d'une profonde vie intérieure. Le débat du cœur et du corps est tout intérieur.* On ne saurait confondre avec **interne**, qui a un caractère plus « technique » : *Le blessé a succombé à une hémorragie interne. Montrez-moi les angles internes de cette figure.*

INTÉRIM emploi et sens Adverbe latin signifiant « pendant ce temps », devenu en français un substantif désignant la « période durant laquelle une place se trouve dépourvue de titulaire » et « l'action de remplacer quelqu'un dans sa fonction » : *Il y avait fait l'intérim de la critique théâtrale après la mort de Ca-*

tulle Mendès (Apollinaire). *Par intérim ; assurer l'intérim de quelqu'un.* ◆ **dérivé :** *intérimaire.*

INTERJECTIONS orth. L'usage est parfois hésitant quant à l'orthographe ou à l'emploi de certaines interjections que l'on peut confondre avec un homonyme.

□ **çà !** et **ça. Çà !**, exclamation (qui peut être employée seule ou intégrée à une locution interjective : *Ah çà !, or çà !*), prend un accent grave sur le *a* ; **ça,** démonstratif (contraction de *cela*), ne prend pas d'accent.

□ **ô, oh !** et **ho ! Ô** (accent circonflexe) marque souvent, dans un style lyrique, un transport affectif tel que l'étonnement, l'admiration, la joie, la douleur, la colère ou l'invocation : *ô mon Dieu !* **Oh !** exprime la surprise, avec parfois une nuance d'indignation : *Oh ! quelle surprise !* **Ho !** peut être une interjection d'appel (dans le sens de *hé !*, de *holà !*) ou témoigner l'étonnement, l'admiration, etc. à un moindre degré ou dans un style moins recherché que **ô.**

□ **ah !** et **ha ! Ah !** exprime un soudain mouvement d'esprit, ou un avertissement, un appel, une douleur. **Ha !** indique la surprise, le regret, ou, répété *(ha ! ha !)* une exclamation amusée ou le rire.

□ **eh !** et **hé ! Eh !** exprime divers mouvements d'esprit : *Eh ! quel vacarme !, Eh bien !* **Hé !** sert plus particulièrement à interpeller ou figure le ricanement.

□ **oui-da** a un trait d'union et ne prend pas d'accent sur le *a.*
→ ces interjections à l'ordre alphabétique

INTERJETER emploi et sens Uniquement dans le vocabulaire judiciaire, et surtout dans la locution **interjeter appel,** « introduire un appel à la suite d'un procès ».

INTERLIGNE genre Masculin au sens de « espace entre deux lignes », mais féminin quand il désigne, en imprimerie, une « lame d'espacement ».

INTERLOPE emploi et sens Autrefois, « navire marchand commerçant en fraude ». Aujourd'hui, adjectif qui signifie « dont l'activité est illégale » ou, plus généralement, «ayant un air louche, suspect».

INTERLUDE genre Masc.: *Les interludes trop longs lassent les téléspectateurs.*

INTERMÈDE genre Masc.: **un intermède.**

INTERMÉDIAIRE genre Ce substantif a les deux genres selon le sexe de la personne qui s'entremet : **un** ou **une intermédiaire.**

INTERMISSION emploi et sens Ce substantif signifiait anciennement «interruption». Aujourd'hui, les médecins l'emploient au sens de «intermittence». Ne pas confondre dans l'emploi médical avec **rémission.**

INTERNE → INTÉRIEUR

INTERPELLER prononc. [ɛ̃tɛʀpɛle] et non [-pəle], qui se rencontre sous l'influence de **appeler. ♦ orth.** Partout avec deux *l*, à la différence de *appeler* (→ ce mot) : *nous interpellons, il a interpellé. Des rempailleurs de chaises [...] les interpellèrent avec des mots qu'ils ne comprirent pas* (Gallo). **♦ emploi et sens** Il s'est répandu depuis les années 70 une mode, dont il ne faut pas abuser, consistant à employer ce verbe en un sens psychologique, voire psychanalytique, quelque chose comme «adresser un message auquel on ne peut rester insensible» : *Le problème* [de la laïcité à l'école] *nous interpelle comme il avait interpellé François Mitterrand alors candidat à la présidence de la République* (A. Savary, 8 mai 1982).

INTERPRÈTE genre Masc. ou fém.: **un** ou **une interprète,** selon le sexe de la personne.

INTERPRÉTER conjug. Comme *céder* → APPENDICE

INTERROGATION constr. Il faut éviter le cumul de la tournure avec inversion du sujet *(l'enfant a-t-il bien compris?)* et de la tournure avec *est-ce que (est-ce que l'enfant a bien compris?).* Cette faute risque de se produire quand le sujet est séparé du verbe par un long membre de phrase.

□ **parle-t-on? parla-t-il?** Dans la tournure par inversion, si le pronom personnel commençant par une voyelle suit une forme verbale s'achevant elle-même par une voyelle, on intercale un *-t-* «euphonique».

□ **tu vas où?** La langue populaire a tendance à conserver au tour interrogatif la même structure qu'au tour affirmatif, en supprimant l'inversion sans pour autant employer *est-ce que : Mais je lui dirai d'aller où?* (Romains). *Et vous faites combien pour ce business?* (Carco). *C'est quel dimanche après la Pentecôte?* (Mauriac).

□ **aimé-je?** Avec les verbes de la 1ʳᵉ conjugaison, l'inversion relève de la langue très littéraire. Prend un *é* et non un *è*. → -É

□ **mangez-vous, ou si vous attendez qu'il revienne?** L'interrogation disjonctive peut très correctement avoir son second élément introduit par *ou* et le *si* de l'interrogation indirecte → OU et SI

□ **qui est-ce qui** ou **qui, qu'est-ce qui** ou **ce qui, qu'est-ce que** ou **ce que.** Proscrire la faute grossière qui consiste à employer *qu'est-ce que* dans l'interrogation indirecte, alors que ce tour ne convient qu'à l'interrogation directe : *Je me demande ce qui va sortir de là* (Dhôtel) et non pas **qu'est-ce qui va sortir de là.* → QU'EST-CE QUE

□ **valait-il pas mieux** → NE

INTERROMPRE conjug. Comme *rompre* → ce mot

INTERSTICE genre Masc.: *un étroit interstice.*

INTERVALLE genre Masc.: **un intervalle. ♦ emploi** Au pluriel plutôt qu'au singulier dans la locution **par intervalles.**

INTERVENIR conjug. Toujours avec l'auxiliaire *être.*

INTERVIEW prononc. [ɛ̃tɛʀvju]. **♦ orth.** Le *w* se trouve seulement à la finale. Plur.: **interviews. ♦ genre** Féminin, mais Gide, par exemple, l'emploie tantôt au féminin, tantôt au masculin. **♦ emploi et sens** Cet anglicisme est aujourd'hui passé dans notre langue, malgré sa forme mal assimilée, au sens précis de «entretien accordé à un journaliste par une personnalité». On a formé sur ce substantif un verbe : *S'agissait de me voir, de m'interviewer* (Verlaine). *On l'a interviewé plus souvent que M. Edmond Rostand* (Apollinaire).

INTERVIEWER (subst.) prononc. [ɛ̃tɛʀvjuvœʀ]. ♦ **emploi et sens** Ce substantif, qui se confond graphiquement avec le verbe, est peu employé, au sens de «journaliste spécialisé dans les interviews». On devrait pouvoir l'écrire **intervieweur.**

INTESTIN emploi Bien que l'*intestin* soit composé, *grosso modo,* de deux parties, l'*intestin grêle* et le *gros intestin,* l'emploi du pluriel appartient surtout au registre familier : *J'ai mal dans les intestins.* On évitera donc de s'exprimer ainsi, et l'on préférera *avoir mal à l'intestin,* ou *avoir des douleurs d'intestin :* *Les maladies de l'intestin sont très fréquentes et peuvent donner lieu à des complications multiples et parfois graves* (Dr Sliosberg).

INTESTINE emploi et sens Comme adjectif, ce mot n'apparaît guère qu'au pluriel, dans l'expression **querelles intestines.** C'est un synonyme de **interne :** *Jamais Suter ne se laissa entraîner dans ces luttes intestines* (Cendrars).

INTIMEMENT orth. Pas d'accent aigu sur le *e* central : on se gardera donc de prononcer *[ɛ̃timemɑ̃] comme on l'entend parfois.

INTRA- forme Les mots construits avec **intra** ne prennent un trait d'union que si le radical commence par une voyelle *(intraveineux,* mais *intra-oculaire),* et dans l'expression **intra-muros.**

INTRANSITIF sens Ce mot appartient au vocabulaire de la grammaire et s'applique à un «verbe qui exprime une action limitée au sujet et ne passant sur aucun objet». *Rire, pleurer, venir* sont des verbes intransitifs. Mais il s'agit plus de la construction du verbe que de sa nature : en effet, un verbe dit intransitif peut souvent admettre un complément d'objet dont le sens correspond à celui du verbe : *pleurer toutes les larmes de son corps, vivre une existence difficile,* etc. Inversement, un verbe dit transitif peut très bien se pas-

ser de complément explicite, et donc se construire intransitivement : *Il écrit toute la journée. Est-ce qu'on mange? Il ne faut pas dire, il faut faire,* etc. Il est préférable de ne pas nommer intransitifs les verbes qui sont construits avec un complément d'objet indirect, c'est-à-dire «relié au verbe par une préposition», et de leur réserver le nom de transitifs indirects. Dans la phrase *Cela ne plaît pas à ton père,* le verbe *plaire* est transitif indirect. Mais dans la phrase *Naturellement, il faut que ça plaise,* il est construit intransitivement.

INTRICATION sens «État de ce qui est entremêlé», assez proche de **imbrication,** mais plus rare et plus didactique.

INTRIGANT ou **INTRIGUANT** forme La première est celle de l'adjectif et surtout du substantif : *Elle n'oubliait rien pour le persuader qu'elle l'aimait d'amour. C'était une intrigante* (Vailland). *Une cabale d'intrigants est parvenue à s'emparer du pouvoir.* La seconde est celle du participe présent du verbe **intriguer :** *C'est en intriguant contre sa patrie qu'il a trouvé la mort.* → PARTICIPE (PRÉSENT)

INTRODUCTION et **PRÉFACE** emploi L'**introduction,** rédigée par un commentateur, est une présentation de l'ouvrage. La **préface,** qui peut être écrite par un commentateur ou par l'auteur lui-même, peut avoir trait à l'œuvre en général, à la biographie de l'auteur, ou développer un aspect complémentaire de l'ouvrage. L'**avant-propos** est une introduction ou une préface très brève. L'**avertissement** signale à l'attention un ou plusieurs points particuliers.

INTROVERTI emploi et sens Adjectif et substantif, s'applique, en termes de psychologie, à celui qui prête une attention exclusive à son «moi» : *Le sujet qui fait trop attention à ce qui se passe en lui-même, qui s'occupe trop de son humeur, est un introverti* (Romains). C'est le contraire de **extraverti** (→ ce mot). Ne pas confondre avec **inverti,** synonyme de *homosexuel,* ♦ **dérivé :** **introversion,** à ne pas confondre avec **introspection,** «observation de ce qui se passe en soi-même».

INVAGINATION sens En médecine, «repliement d'une partie de l'intestin dans le secteur suivant». Pas de rapport sémantique avec **vagin,** sinon dans l'étymologie des deux mots (*vagina,* gaine).

INVECTIVER constr. La construction classique est **invectiver contre quelqu'un** (recommandée par Littré) : *Il invectivait contre Gertrude, qui le regardait stupide* (P. Adam). *Ils invectivent contre tout* (Suarès). On emploie aujourd'hui plus couramment le tour direct, qui reste cependant condamné par l'Académie : *Mais déjà l'abbé invective Fred* (Bazin).

INVENTAIRE sens «Revue analytique et descriptive d'un ensemble d'objets, surtout dans la langue commerciale, en parlant d'un stock.» Ne pas confondre avec **éventaire,** «corbeille portée devant soi pour vendre certains objets, ou, plus généralement, étalage en plein air» : *un éventaire de bouquiniste.*

INVENTEUR forme Le féminin, peu usité, est **inventrice. ♦ sens** Une acception ancienne subsiste dans la langue juridique : «celui qui a découvert un trésor» : *Tranquillisez-vous, continua le garçon. L'inventeur d'un trésor, s'il doit déclarer sa trouvaille, n'en a pas moins des droits* (Dhôtel).

INVENTORIER emploi Bien que correspondant au substantif **inventaire,** ce verbe synthétique est moins usité que la périphrase **faire l'inventaire de :** *Je mis plus d'une heure à inventorier ce que je vous dis en cinq minutes* (Giono).

INVERSE sens Cet adjectif signifie «qui est exactement opposé» : *Cette roue tourne en sens inverse des aiguilles d'une montre. Il faut maintenant se pencher sur le processus inverse.* On ne confonda pas avec **inversé,** le participe-adjectif du verbe **inverser,** qui présente cette notion de «contraire» sous un aspect dynamique, et non plus statique : *Le sens de la marche est inversé grâce à cet appareil. Les fils sont inversés volontairement.*

**INVERSION** emploi On signalera seulement pour mémoire les tours dans lesquels l'inversion du sujet est, en principe, obligatoire : les propositions dites «incises» *reprit-il, dit-elle, annoncèrent-ils,* etc. *Syntaxe : endroit où le français est, dit-on, chatouilleux* (Daninos); et l'interrogation directe → INTERROGATION

□ Elle se rencontre systématiquement dans :
1. Certaines formules officielles : *Sera punie d'un emprisonnement de six mois à deux ans toute personne qui...*
2. Les définitions : *Est bon tout ce qui réunit les qualités de son espèce* (emploi vieilli).
3. Les indications scéniques : *Entre le valet. Exit Paul* (emploi vieilli, les dramaturges actuels disent : *Le valet entre, Paul sort,* etc.).

□ Dans une proposition indépendante ou principale, le sujet peut être rejeté après le verbe pour des raisons de rythme ou d'insistance. Le cas se produit fréquemment aussi quand la phrase commence par un verbe (surtout de mouvement) ou un adjectif attribut : *Le soir tombe. Se lève un tout petit vent qu'on n'entend pas* (Giono). *Arrive Milan qui va rejoindre les deux hommes* (Vailland). *Vint un moment où, penché sur une de mes molaires, le dentiste murmura ceci [...]* (Nourissier). *Étroits sont les vaisseaux [...]* (Saint-John Perse). *Noires sont les lueurs des casques dans les âmes* (P. Emmanuel). *Innombrables sont les récits du monde* (Barthes). Si cet usage est à peu près inexistant dans la langue parlée, il est très répandu dans la langue littéraire.

□ Toujours dans une proposition principale (au point de vue de la forme), on rencontre l'inversion à valeur hypothétique, avec un verbe (surtout *être*) au subjonctif imparfait ou plus-que-parfait : *Les conversations avec le «pape des juifs» – fût-il de nationalité israélienne – n'auraient eu aucun caractère officiel* (Le Monde). *Patrice ne prenait pas la moindre part à l'entretien. L'eût-il voulu qu'il l'eût tenté en vain* (Duhamel). Cet emploi de l'inversion équivaut à une subordonnée circonstancielle commençant par *même si...*

□ Enfin, après certains adverbes en tête de proposition, le sujet est en principe inversé : *à peine, ainsi, aussi, diffi-*

cilement, du moins, (et) encore, en vain, peut-être, à plus forte raison, rarement, sans doute, vainement, etc. Elle est obligatoire après *tel* (→ ce mot). *Mais vous, Monsieur, peut-être avez-vous un plus long trajet* (Mauriac). La langue populaire pratique volontiers une sorte d'inversion à valeur expressive : *Tenez, il y avait Bobby et puis un grand, que je vous ai vu avec lui, Corbin, aux abattoirs il est* (Sartre). Ce tour n'est évidemment pas admis par le bon usage.

□ Dans une subordonnée circonstancielle ou relative, l'inversion est fréquente, mais n'apporte le plus souvent aucune nuance ou aucune insistance dans la phrase : *Lorsque la rejoignit son compagnon* (Mauriac). *Je sentais combien blâmable pour la morale courante était ma conduite* (Radiguet). *Il ne pensait à rien lorsque à côté de lui s'assit un monsieur à l'aspect grave* (Queneau). *Quelques rares familiers que n'avait point rebutés son avarice* (Aymé). *Les petits ridicules qu'estompait leur totale et irréfléchie bonté* (Mallet-Joris). *Un panier plat où s'étalaient des fromages sur un lit de feuilles de vigne* (Roblès). Le tour normal *sujet + verbe* est possible dans chacun de ces exemples. De même dans ce qu'on nomme les comparatives : *Une chair un peu rosée comme seules en ont les blondes* (R. Benjamin). *C'était plus qu'en pouvait supporter Octavie* (Mauriac).

INVERTI → INTROVERTI

INVERTIR emploi Moins courant que **inverser** ou **intervertir.**

INVESTIR conjug. Comme *finir* → APPENDICE

INVESTISSEMENT et **INVESTITURE emploi et sens** Le premier substantif dérive du verbe **investir** employé avec un complément d'objet non animé : *l'investissement d'une place forte* (*investir une place forte,* «l'assiéger en l'environnant de troupes»), *l'investissement de capitaux dans une entreprise* (*investir des capitaux,* «les utiliser en vue d'un profit»). **Investiture** dérive du même verbe employé avec un objet personnel : *l'investiture d'un candidat par son parti* (*investir quelqu'un du droit de représenter un parti*).

INVÉTÉRÉ emploi et sens Cette forme adjectivale du verbe pronominal **s'invétérer,** «devenir ancien», est la seule à demeurer vivante. Elle est le plus souvent prise en mauvaise part, au sens de «ancré dans le temps», en parlant d'un défaut, d'une habitude : *une haine invétérée.* Mais on la rencontre aussi avec une valeur neutre : *Le seul* [peuple] *qui soit à l'aise et qui sache se tenir et se présenter dans l'histoire, en ayant une longue habitude, ayant une habitude invétérée de cette forme et de ce niveau d'existence* (Péguy).

«IN VITRO» emploi et sens Locution adverbiale technique, «en milieu artificiel, en laboratoire». S'oppose à *«in vivo»,* «dans l'organisme vivant». → «IN SITU»

IONIEN ou **IONIQUE emploi** Ces deux adjectifs sont synonymes, mais le premier est un terme géographique ou linguistique (*les îles Ioniennes, le dialecte ionien*), et le second est réservé au domaine de l'architecture : *l'ordre ionique, des colonnes ioniques.*

IOTA prononc. On évite de faire la liaison devant ce mot : *Il n'a pas changé un / iota dans cette phrase.* ♦ **sens** En général, sens figuré : «détail infime», d'après la lettre grecque **iota,** qui, dans la graphie, occupe le moins de place.

IRONIE → HUMOUR

IRONISER emploi Verbe intransitif, «prendre le ton de l'ironie».

IRONISTE emploi Substantif, «celui qui affecte l'ironie». Ne pas dire **ironiseur.*

IRRADIER constr. et sens Ce verbe était à l'origine intransitif au sens de «se propager en rayonnant à partir d'un centre» : *Et les regards, au lieu d'irradier des nerfs optiques, vous arrivent d'un foyer extérieur à vous à travers votre crâne* (Giraudoux). Plus récemment, on s'est mis à dire **irradier quelque chose,** au sens de «soumettre à l'action de certaines radiations» (surtout en physique nucléaire et en biologie).

IRRATIONNEL orth. On écrit (avec deux *n*) : *irrationnel, irrationnellement,* mais (avec un seul *n*) *irrationaliste, irrationalisme, irrationalité.* → RATIONNEL

IRRÉ- orth. Contrairement au terme de base, certains mots composés prennent un accent aigu sur le premier *e*. Ainsi de *irrécouvrable, irréligieux, irréligion, irrémédiable, irrémissible, irréprochable.* On écrit en revanche, *irrecevable, irreprésentable.*

IRRÉFRAGABLE emploi et sens Adjectif assez pédant, au sens de «qu'on ne peut contredire» : *un témoignage irréfragable.* On emploie plus couramment **irrécusable,** ou **indiscutable.**

IRRUPTION → ÉRUPTION

-ISER emploi Ce suffixe est actuellement très productif, et il ne faut pas en abuser, comme le font souvent les journalistes : *Palestiniser le conflit israéloarabe (Le Monde). Personne n'a été traduit en justice ou victimisé d'une manière quelconque* (ibid.). *Un système infantilisant de contrôle* (ibid.). Mais il est parfaitement acceptable dans le vocabulaire des sciences et des techniques : *Optimiser les investissements de toute nature (Le Monde). Assister à la «Commission des études pour la normalisation des appareils de mesure»* (Duhamel). *Un moteur miniaturisé et entièrement transistorisé* (Chraïbi), etc. Certains de ces termes sont entrés dans notre langue, comme *militariser, optimiser : La militarisation du conflit cambodgien vient renforcer la division de l'Indochine en deux camps (Le Monde).*

ISLAM orth. Ce substantif commence par une minuscule ou une majuscule selon qu'il s'agit de désigner la «religion fondée sur le Coran» ou «l'ensemble des adeptes de cette religion et la civilisation qu'ils représentent» : *Se convertir à l'islam,* mais *parcourir l'Islam, à travers l'Islam.* ◆ **dérivé :** *islamique.*

-ISME prononc. Il faut éviter le relâchement phonétique qui fait prononcer *[izm]* au lieu de [ism], faute ou affectation très répandue. ◆ **emploi** Ce suffixe est de nos jours encore très productif, surtout à partir d'un nom de personne :

La démission du waldeckisme et le commencement du combisme (Péguy).

ISOCHRONE et **SYNCHRONE** sens Ces deux adjectifs appartiennent exclusivement à la langue technique. Le premier signifie «dont la période a une durée constante» : *les vibrations isochrones de ce fil de cuivre.* Le second implique un rapport entre au moins deux phénomènes «qui se produisent dans le même temps ou selon la même périodicité» : *La narine se soulevait d'un souffle lent, qui n'était pas synchrone avec les battements du cœur* (Aragon).

ISOLATIONNISME orth. Avec deux *n*.

ISOTOPE et **ISOTROPE** sens Isotope, terme scientifique s'appliquant aux corps «ayant le même numéro atomique, mais des nombres de masse différents». Ne pas confondre avec **isotrope,** «qui a les mêmes propriétés physiques dans toutes les directions».

ISRAÉLIEN prononc. [israeljɛ̃] et non *[izra-]*, faute fréquente. ◆ sens «Qui se rapporte à l'État d'Israël.» Ne pas confondre avec **israélite,** «qui appartient par sa religion à la communauté juive». → HÉBRAÏQUE, JUDAÏQUE

-ISSIME emploi et sens Ce suffixe à valeur superlative se rencontre dans quelques rares adjectifs, comme *doctissime, excellentissime, gravissime, rarissime, révérendissime, richissime : Il se prénommait Paul et possédait une automobile – fait rarissime en ces temps de pénurie et de privations* (Labro). Il renvoie assez souvent à un registre plaisant. Quant à *généralissime,* c'est un substantif qui désigne le «commandant suprême des forces mobilisées d'un pays».

ISSU emploi C'est la seule forme encore vivante du vieux verbe *issir,* qui signifie «sortir». Noter un emploi technique du participe présent *issant* pour décrire, dans un blason, des animaux «ne présentant que la partie supérieure du corps». ◆ **dérivé : issue,** «passage permettant de sortir» : *chercher une issue pour s'échapper.* La **sortie** est une issue aménagée dans un lieu public. On dit *chercher une issue* mais *chercher la sortie.*

ISTHME genre Masc. : *un isthme étroit.*

ITALIQUE sens Cet adjectif a deux sens très distincts. Une **lettre italique** ou **une italique** est un « caractère d'imprimerie incliné vers la droite » → GUIDE TYPO. Le second sens est « qui a trait à l'Italie antique » : **les (peuples) italiques.** On appelle également **italique** chacune des langues romanes parlées dans l'Italie ancienne.

« ITEM » forme Invariable comme adverbe, variable comme substantif. ♦ emploi et sens Terme de comptable, « de même, en outre » ; en linguistique et en psychologie, « élément d'un ensemble lexical ou grammatical ; élément d'un test ».

-ITION orth. Les mots dont la fin se prononce [-isjɔ̃] s'écrivent en *-ition,* excepté

fission, mission (et tous les mots préfixés à partir de cette base : *admission, démission,* etc.), *scission* et *suspicion.*

-ITRE orth. Les mots se terminant ainsi ne prennent pas d'accent circonflexe sur le *i,* sauf : *bélitre, épitre, huitre.*

IVRE MORT orth. Pas de trait d'union. Plur. : **ivres morts.**

IVROGNESSE forme Ce féminin étant très péjoratif, maints écrivains préfèrent conserver la forme masculine pour les deux genres : *Elle titubait sur les tuiles, sans, d'ailleurs, avoir l'air d'une ivrogne* (Radiguet).

IXIÈME forme Dérivée de *x* (xième). ♦ emploi et sens Comme adjectif synonyme de **énième,** ce mot appartient au registre familier : *C'est la ixième fois qu'il essaie de me convaincre, mais je ne céderai pas !*

J

JABOTER orth. Un seul *t*.

JACASSEUR forme Plus fréquente aujourd'hui que l'ancien **jacassier**. Fém. : **jacasseuse**.

JACK-POT prononc. [djakpɔt]. ♦ emploi et sens Cet anglicisme, quand il désigne la somme à gagner dans certains jeux d'argent (notamment à la télé), peut être remplacé par le français **cagnotte**, vieux mot expressif qui a le même sens. Parfois aussi, il désigne la *machine à sous* des casinos, appelée aussi *bandit manchot* (traduction de l'américain).

JACQUERIE, JACQUET orth. Avec -*cq*- (dérivés de *Jacques*) : *Plusieurs de ses hommes s'étaient fait massacrer par des paysans réfugiés dans les bois. S'agissait-il d'une jacquerie dirigée contre l'armée française ?* (A. Besson).

JADE genre Masc. : *des jades chinois*.

JADIS et **NAGUÈRE** sens Adverbe de temps, **jadis** est le synonyme littéraire de *autrefois*. Il se différencie de **naguère**, qui signifie « il y a peu de temps » → ANTAN. Dans l'expression *au temps jadis*, **jadis** est employé comme adjectif : *Mon prince on a les dames du temps jadis qu'on peut* (Brassens).

JAIS sens « Lignite d'un noir luisant, qui peut être travaillé et poli. » C'est le mot qui entre dans les locutions *un noir de jais, noir comme du jais*. Ne pas confondre avec **geai**.

JALONNER orth. Avec deux *n* (dérivé de *jalon*). De même *jalonnement*.

JALOUX constr. Avec la préposition *de*, devant un nom ou un pronom : *J'étais jaloux de lui, de ses succès*. Avec la conjonction *que*, suivie du subjonctif (plus rare) : *J'étais jaloux que le bénéfice de cette habitude revînt à Jacques* (Radiguet).

JAMAIS emploi On méconnaît souvent la valeur positive de cet adverbe, qui peut signifier « à un moment quelconque », lorsqu'il est employé sans *ne*, soit dans une subordonnée au subjonctif, soit dans une phrase interrogative : *Ai-je jamais fait preuve d'étroitesse d'esprit ?* (Anouilh). Cet emploi positif se trouve avec un superlatif, après la conjonction *si* et dans l'interrogation directe et indirecte : *C'est ce qu'on a jamais écrit de plus touchant* (Proust). *Sait-on jamais qui vous observe ?* (Gide). On le trouve aussi dans les locutions figées **à jamais, pour jamais** : *L'esprit règne sur tous les temps, la douleur de vivre est à jamais révolue* (Camus). Dans *Le Grand Jamais*, titre d'un roman d'Elsa Triolet, dans les réponses et dans certaines locutions, on trouve *jamais* employé seul mais ayant une valeur négative : *Et elle dormait vraiment par désir de dormir, avec délices et entêtement, comme jamais encore* (Duras). *Est-ce que vous voyez quelquefois des choses intéressantes ? Moi, jamais* (France). Voir aussi **au grand jamais, à tout jamais** : *On ne devait au grand ja-*

mais interrompre une partie (Masson). Pour l'ellipse de *ne* → ce mot.

☐ **jamais plus** ou **plus jamais**. La première séquence est littéraire : *Quitter la maison de mon oncle sans sa permission, n'était-ce pas me condamner à ne jamais plus y remettre les pieds?* (Green). La langue usuelle dit **plus jamais** : *Nous n'aurons plus jamais besoin de lui.*

☐ **jamais de la vie**. Expression qui renforce le sens négatif de **jamais**.

JAMBE orth. Jambe est au pluriel dans les expressions : *à toutes jambes, n'avoir qu'une jambe*, mais *des ronds de jambe.* ◆ **emploi** *Jambe* peut, dans une acception didactique, s'appliquer aux animaux : *la jambe de la girafe, du chardonneret* ; mais on dira plus communément : *la patte de la girafe, du chardonneret*, etc. ◆ **mots composés** : *croc-en-jambe* (pluriel : *des crocs-en-jambe*), *entre-jambes* (invar.).

JAPONAISERIE forme On a dit aussi **japonerie**. ◆ **emploi** Ces termes ont connu à la fin du siècle dernier une grande vogue, mais ils n'ont plus aujourd'hui qu'un sens péjoratif et, dans une description neutre, on parlera plutôt d'*objets*, de *bibelots du Japon*. Le **japonisme** est la recherche des objets qui viennent du Japon.

JAPPER orth. Avec deux *p* (à la différence de **laper**).

JAQUEMART orth. On rencontre parfois *jacq-* ; mais toujours un *t* final (et non un *d*).

JAQUETTE orth. Ce mot, dérivé d'un ancien *jaque* (sorte de justaucorps), s'écrit avec un *q*, et non avec *cq* comme **jacquet**. → JACQUERIE

JARGON sens Nous emprunterons la définition de ce mot à P. Guiraud, linguiste qui s'appuie lui-même sur une citation des grammairiens Damourette et Pichon : il s'agit de la langue telle qu'elle est parlée par un cénacle, par un de ces milieux « qui recourent, soit par intérêt, soit par fantaisie, soit par traditions particulières, à des tours ou à des vocables incompréhensibles pour les non-initiés ». L'argot des malfaiteurs est une des formes les plus caractéristiques de ces jargons. On notera que **jargon** prend souvent une valeur péjorative, plus peut-être – le paradoxe n'est qu'apparent – que **argot** lui-même, qui se cantonne dans une certaine zone socio-culturelle. Daninos commente ironiquement cette valeur dans la remarque suivante : *Jargon : le « leur ». Jamais le nôtre.*

JARGONNER, JARGONNESQUE, JARGONNEUR orth. Avec deux *n*. Dérivés de **jargon**, au sens de « langage corrompu ».

JARRETELLE et **JARRETIÈRE** sens La **jarretelle** est une « bande élastique servant à retenir le bas sur le haut de la jambe, en l'attachant à la gaine ou au porte-jarretelles ». Quant à la **jarretière**, c'était une bande élastique ornée qui serrait le bas à mi-cuisse ; elle a servi aussi à « tenir la chaussette masculine au-dessous du genou en l'enserrant dans une sorte de bracelet élastique ».

JASPE genre Masculin comme **jade** (→ ce mot).

JAVEL → mot suivant et EAU

JAVELLISER orth. Avec deux *l* (mais un seul dans la prononciation). Mot formé sur le nom propre *Javel (eau de)*.

JAZZ prononc. [dʒaz] ou, à la française, [ʒaz]. ◆ **constr.** Forme les composés *jazz-band* (plur. : *des jazz-bands*), *orchestre de jazz*, *jazzman* (plur. : *des jazzmen*).

JE emploi Le pronom tonique *je* ne peut plus être séparé du verbe, si ce n'est dans le tour figé **je soussigné**.

☐ **qu'entends-je ?** L'inversion de *je* dans l'interrogation directe est uniquement littéraire, et ne peut se produire avec certains verbes en raison des risques de calembours involontaires ou de cacophonies, tels que *cours-je? mens-je?* etc. Quant à la modification *mangé-je? dussé-je?* etc., elle est rare et passe pour pédante : *Ne parlé-je pas d'eux comme d'autant d'adversaires?* (Colette). *De quoi souffré-je?* (Jaloux). Certains auteurs ont commis des barbarismes : *Le voyé-je mieux?* (Giraudoux). *Ô Jupiter, vraiment vous plaisé-*

je? (id.). La langue parlée emploie dans tous ces cas le groupe *est-ce que* suivi de l'ordre affirmatif : *Est-ce que je cours, mens, mange, dois,* etc.? → -E ET INVERSION

□ le **je**. Le pronom **je** peut être substantivé (langage de la linguistique ou de la philosophie). Il se prononce avec [ə], par opposition à la prononciation de **jeu**, dans *le jeu* : [ʒø].

JEEP prononc. En général à l'américaine : [dʒip]. → JERRYCAN

JE-NE-SAIS-QUOI forme Substantif, s'écrit avec des traits d'union : **un je-ne-sais-quoi**. Mais *je ne sais quoi vous dire* → QUE (pronom interrogatif).

JERRYCAN ou **JERRICAN** prononc. Le plus souvent [ʒɛʁikan]. ♦ **orth.** Ce mot a tendance à se franciser, et on le trouve parfois écrit **jerricane**, ce qui est très acceptable.

JET prononc. [dʒɛt]. ♦ **emploi et sens** Anglicisme équivalent à **avion à réaction**, et qui a sur la locution française le mérite d'une brièveté synthétique.

JETER conjug. Prend deux *t* devant un e muet : *je jette, je jetterai,* mais *nous jetons.* → APPENDICE

JEU orth. Attention aux pluriels : *des jeux de mots, des jeux de cartes, des jeux d'orgues* (technique), mais *des jeux d'esprit, des jeux d'adresse, de hasard, de société.* Proverbe : *Jeux de main, jeux de vilain,* mais : *le jeu de mains d'un pianiste.* ♦ **emploi** Le pronom *en* est facultatif dans la locution bien connue et de sens figuré : *Le jeu vaut* (ou *en vaut*) *la chandelle ; le jeu ne vaut pas* (ou *n'en vaut pas*) *la chandelle.*

JEUN, JEÛNE, JEÛNER orth. et emploi Le mot **jeun** (prononc. [ʒœ̃]) n'est employé que dans le tour **à jeun,** et le *u* ne prend pas d'accent circonflexe contrairement au substantif **jeûne** et au verbe **jeûner.** → DÉJEUNER

JOAILLIER orth. Ne pas omettre le *i* après les deux *l.* ♦ **dérivé** : *joaillerie.*

JOGGING emploi et sens Cette pratique hygiénique a détrôné l'ancien **footing** (→ ce mot), et fait florès depuis 1974, ainsi que le mot qui la désigne, issu de l'anglo-américain *to jog,* trottiner : *Je veux bien, chaque matin, m'adonner à la trottine, comme font les Québécois, mais je laisse le jogging aux enragés du franglais* (Jorif). Cependant, cet anglicisme est bien implanté, et désigne non seulement le sport, mais aussi la tenue adéquate... On ne peut aujourd'hui le refuser, d'autant qu'il existe déjà le verbe dérivé **jogger** (v. intr.), et le substantif **joggeur, -euse.**

JOINDRE conjug. Comme *craindre* → APPENDICE. ♦ **constr.** Ce verbe se construit le plus souvent avec la préposition *à : Les enfants se joignent à nous pour vous souhaiter une bonne fête.* On peut aussi employer *avec,* pour exprimer l'idée d'« une liaison plus étroite » : *On a joint l'acier avec le béton pour obtenir une construction plus solide.* Le *Petit Robert* ne signale pas cette construction, cependant admise par l'Académie. La règle est la même pour *allier, associer, unir,* etc. → ces mots, et AVEC

□ **ci-joint.** Ce groupe, de même que *ci-inclus* et *ci-annexé,* est considéré tantôt comme adjectif : *Vous trouverez ci-jointe la preuve écrite de ce que j'avance* ou *Vous trouverez une copie ci-jointe,* tantôt comme adverbe : *Vous trouverez ci-joint la preuve de ce que j'avance* ou *Vous trouverez une copie ci-joint.* L'antéposition est généralement considérée comme une marque d'adverbialisation, et entraîne l'invariabilité.

JOLIMENT orth. Pas de *e* entre *i* et *m.* Pas d'accent circonflexe sur le *i.* ♦ **emploi** Souvent au sens de *très, beaucoup : Un samedi, elle eut joliment du mal* (Zola).

JONCHETS forme Il existe la variante **honchets,** avec un *h* dit aspiré.

JONCTION et **JOINTURE** sens Jonction a plutôt un sens dynamique, et désigne l'« action de joindre », tandis que **jointure** a le plus souvent un sens statique et désigne l'« endroit où se fait une jonction ». Mais *jonction* est ambivalent, et l'on dira *la jonction de deux routes,* non pas *la jointure de deux routes.*

JONQUILLE orth. Adjectif de couleur invariable. → COULEUR

JOTA prononc. [xɔta], avec un son initial que le français ne connaît pas et qui correspond à un raclement tiré du fond de la gorge. ♦ **orth.** Il serait plus normal d'écrire ce mot en français avec un *r* initial : *rota.* ♦ **sens** «Chant et danse espagnols.»

JOUER constr. Ce verbe est transitif direct : *Un orchestre hawaiien jouait des airs barbares* (Cendrars), ou indirect. On emploie la préposition *à* quand le complément désigne un «jeu» : *Ils jouent aux quilles, aux cartes, au nain jaune, à la belote, à qui perd gagne,* etc. ; la préposition *de* quand le complément désigne certains instruments de musique : *Il apprit qu'elle avait joué de plusieurs instruments, harpe et flûte, notamment* (Fontanet). Au figuré : *jouer du couteau, du revolver. Le père Lambert commença à jouer du pique-feu* (Giono) → INSTRUMENTS DE MUSIQUE et TOUCHER ; la préposition *avec* quand le complément désigne le «partenaire», au sens propre ou figuré : *Il joue avec les enfants, avec le feu,* etc.

☐ **jouer** est souvent construit avec un objet interne, animé ou non animé, et prend alors une valeur comparable à celle de *faire* (→ ce mot) ou de *feindre* : *Pour mieux jouer l'étonnement il jeta sa cigarette et ouvrit les mains en parenthèses des deux côtés de son visage* (Gide). *Elle voulait jouer l'esprit fort* (Romains). *Je vous remercie et j'accepterais si j'étais sûr de ne pas jouer les fâcheux* (Camus).

JOUFFLU orth. Deux *f.* → MAFFLU

JOUG prononc. Le *g* final est muet, et on fera bien d'éviter la liaison dans *un joug insupportable* [œ̃ʒuɛ̃sypɔʀtabl].

JOUIR emploi Ce verbe implique une idée de plaisir, d'avantage, et ne doit pas s'employer avec un complément désignant «quelque chose de pénible ou de désagréable» : *Johann August Suter va enfin pouvoir jouir et se réjouir de ses richesses* (Cendrars). Les tours suivants prennent une valeur stylistique, en soulignant une alliance de mots paradoxale : *Jean d'Anville jouissait d'une anomalie généreuse infiniment rare* (La Varende). *Pour mieux jouir de la guerre* (B. Clavel).

JOUJOU orth. Plur. : **des joujoux.** → BIJOU

JOUR orth. Un trait d'union dans *contre-jour, demi-jour,* et des majuscules dans *les Cent-Jours.* Mais pas de trait d'union dans *faux jour, petit jour, plein jour,* etc. On écrit au singulier *à jour,* au sens de «ajouré», et dans *se faire jour,* le substantif reste invariable : *Elles ont revêtu des chemisiers à jour. Les revendications se sont fait jour, malgré les pressions exercées.* ♦ **constr.** Pour indiquer le moment à partir duquel commence un procès, on emploie concurremment les tours prépositionnels suivants : *de ce jour, du jour où, depuis ce jour, à compter de ce jour.* La préposition *de* est surtout employée dans un registre soutenu : *Du jour où je fus alerté, la lucidité me vint, je reçus toutes les blessures en même temps* (Camus). *Et nous avons commencé à être battus de ce jour-là, contre toutes les lois de la stratégie* (Anouilh).

☐ **il n'y a pas de jour que... ne** → QUE et SANS

☐ **quel jour sommes-nous ?** C'est le seul tour acceptable actuellement. → COMBIEN et QUANTIÈME

☐ **au jour d'aujourd'hui** → AUJOUR-D'HUI

☐ **mettre à jour** ou **mettre au jour.** On connaît l'emploi que font les comptables de la première locution, qui signifie «tenir en ordre, ne pas laisser prendre de retard à un compte» : *Est-ce que le registre est bien mis à jour* (ou *tenu à jour*) *régulièrement?* Quant à **mettre au jour,** le sens de cette locution est «faire sortir, porter à la connaissance de tous» : *La mise au jour, sous la basilique de Saint-Denis, de la tombe de la reine Arnegonde* (Eydoux). On ne dit plus *mettre un enfant au jour,* mais soit *donner le jour à un enfant,* soit *mettre au monde un enfant.*

JOURNAL forme Plur. : **des journaux.** ♦ **emploi** On dira indifféremment **un journal** ou **un quotidien,** mais il y a dans l'usage une tendance à l'extension de l'emploi de *journal* à toute parution régulière ayant le format d'un quotidien (on dira plus exactement, dans ce sens, **un périodique**). *Lire sur le journal,* autrefois accepté par Littré, a été remplacé par *dans le journal : Je n'ai pas eu le temps de jeter un coup d'œil ce matin sur mon journal, dit M. Travot* (Romain Roussel). → DANS et LIRE.

JOVIAL forme Le masculin pluriel est incertain : **jovials** ou **joviaux.** On préférera **jovials.**

JUBILÉ sens « Indulgence plénière accordée par le pape pour l'année sainte », et, dans le domaine profane, « fête célébrée lors du cinquantenaire d'une entrée en fonctions ». Ne pas confondre avec **jubilation,** dérivé de **jubiler** au sens de « se réjouir beaucoup, vivement ».

JUDAÏQUE ou JUIF emploi et sens Judaïque est employé surtout dans un contexte religieux et antique, au sens de « qui se rapporte à la religion des anciens juifs ». Son aire est plus limitée que celle de **juif.** Il est moins répandu que le substantif **judaïsme :** *Le judaïsme oriental tournait ainsi délibérément le dos au judaïsme occidental des temps modernes, éclos au Siècle des lumières* (*Histoire générale des religions* Quillet). → HÉBRAÏQUE, ISRAÉLIEN.

JUDOKA emploi et sens Ce mot japonais est entré dans notre langue. Il désigne « toute personne pratiquant le *judo* », et peut par conséquent s'employer au féminin aussi bien qu'au masculin. Plur. : **des judokas.**

JUGEOTE orth. Avec un seul *t.*

JUGER contr. Ce verbe est transitif au sens juridique de « trancher un différend par les voies judiciaires » : *Pourquoi l'ont-ils jugé? demanda Étienne* (Troyat). On dit aussi **juger un procès.** Dans la langue courante, on dit **juger de quelque chose,** au sens de « se faire une opinion » : *Il est encore trop tôt pour juger de la limitation de vitesse* (*Le Monde*). On construit souvent avec *sur* ou *à* le complément qui désigne les « motivations du jugement » : *Il ne faut pas juger les gens sur la mine.* Sont également corrects les tours : *Il s'obstine à juger de ses amis par les ragots qu'on lui rapporte. Si on en juge d'après les sondages, le Premier ministre est très populaire.*

□ **juger que.** Comme avec les verbes d'estimation, *croire, estimer, penser, trouver,* etc., le mode est l'indicatif quand la principale est affirmative : *On juge, dans les milieux autorisés, que l'expérience s'arrêtera là. Nous jugeons que tu as fait tout ce qui était possible ;* et le subjonctif quand elle est négative ou interrogative : *Nous ne jugeons pas, ton père et moi, que tu aies fourni un effort suffisant. Jugez-vous qu'il y ait là un prétexte à saisir?* Le mode indicatif et le conditionnel sont également possibles dans les deux cas : *Tu juges sans doute qu'il faudrait faire quelque chose de plus utile. Nous ne jugions pas qu'il était nécessaire de recommencer.*

JUILLETTISTE emploi et sens Pas plus qu'**aoûtien,** ce mot qui fleurit dans les médias au retour de chaque été n'est très heureux. Il faut sans hésiter lui préférer **vacancier** ou **estivant** (→ ces mots).

JUKE-BOX prononc. [dʒykbɔks]. ♦ **orth.** Plur. : **des juke-boxes.** ♦ **emploi et sens** Américanisme désignant une « machine à disques automatique ».

JUMELER orth. Un seul *l.*

JUMELLE emploi En optique, on dit à peu près indifféremment **une** ou **des jumelles,** bien que cet instrument comprenne toujours deux éléments distincts, mais on évitera de dire une *paire de jumelles* pour désigner un *seul* instrument. Dans l'automobile, une *jumelle* est une « articulation située entre le ressort de suspension et le longeron du châssis » : le singulier et le pluriel s'emploient dans ce cas normalement.

JUNGLE prononc. La plus courante est [ʒɔ̃gl], mais on entend encore celle que recommandait naguère l'Académie : [ʒɔ̃gl].

JURASSIEN ou JURASSIQUE emploi Le premier adjectif a un emploi très large et s'applique à tout ce qui « se rapporte au Jura », alors que le second est cantonné dans le domaine de la géologie et caractérise les « terrains de l'ère secondaire dont le Jura est composé pour l'essentiel ».

JURÉ forme Ce mot n'a pas de féminin.
♦ emploi Les **jurés** sont constitués en **jury** (plur. : des *jurys*).

JUREMENT emploi Doublet vieilli de **juron**. L'exemple suivant est archaïsant ou plaisant puisque l'auteur songe manifestement au « serment d'Hippocrate » : *Si les médecins n'étaient pas d'authentiques disciples d'Hippocrate, selon leur jurement [...]* (Queneau).

JUS constr. Le substantif qui détermine *jus* se met tantôt au singulier, tantôt au pluriel, de façon très variable selon les textes : *Il aime boire du jus de pomme (s), de tomate(s)*, etc. Mais on écrit au singulier *du jus de viande*, et au pluriel, *du jus de légumes, du jus de fruits*.

JUSQU'AU-BOUTISTE orth. Avec un trait d'union.

JUSQUE orth. Le *e* final s'élide devant une voyelle : *jusqu'à, jusqu'alors, jusqu'ici*, etc. Le *s* final devant la préposition *à* est un archaïsme assez littéraire : *Jusques à présent* (Hermant). *Jusques à quand ? Jusques y compris le 1ᵉʳ jour*.
♦ constr. **Jusque** peut être suivi de prépositions très diverses et non pas seulement de *à* : *Plusieurs tables et chaises s'avancent jusque près du milieu du plateau* (Ionesco). *Jusque vers une heure du matin, j'errai avec mes camarades par les rues berlinoises* (Roblès).
□ **jusque** s'emploie en valeur adverbiale, au sens de « même », pour mettre un objet en relief : *Ils les ont dépouillés de leurs provisions et jusque de leurs semences* (Romains) : « et même de leurs semences ». La langue littéraire emploie de même **jusqu'à** devant un sujet isolé : *Ainsi jusqu'à la source de sa vie était empoisonnée* (Rolland). Une variante de ce tour consiste à introduire un relatif entre le sujet ainsi renforcé et le verbe : *Jusqu'aux poules qui s'en mêlent* (Dorgelès). *Jusqu'à la pluie qui lui plaisait ici* (Aragon). Devant un complément d'objet : *Le pas des chevaux sans fer ne sonne pas sur les cailloux, les pieds nus trompent jusqu'à la vigilance des chiens* (Bernanos).
□ **il n'est pas jusqu'à... qui ne...** C'est une variante développée du tour précédent : *Il n'est pas jusqu'aux simples besognes ménagères qui n'imposent au* corps par leurs pratiques une certaine définition de l'espace* (Allen). *Il n'est pas jusqu'aux poules qui ne s'en mêlent*. Ce tour très expansif comporte une double négation *(ne pas... ne)* et le mode subjonctif dans le second terme.

□ **le mode après jusqu'à ce que.** Dictionnaires et grammaires déclarent un peu imprudemment que cette locution régit le subjonctif : *Il resta là jusqu'à ce que le jeu prît fin* (Queneau). *Jusqu'à ce que mort s'ensuive*. Cependant l'indicatif est correct quand la phrase ne contient aucune idée de finalité ni d'incertitude : *J'éprouvai un sentiment de pitié douloureuse jusqu'à ce que je vis que cette petite fille n'avait pas une seule fois regardé sa captive* (Barrès). *L'étoile qu'ils avaient vue en Orient les précédait jusqu'à ce que, venant au-dessus du lieu où était l'enfant, elle s'y arrêta* (France). Dans cette phrase, par exemple, le subjonctif *s'arrêtât* ferait un véritable contresens. On notera à ce propos que très souvent la proposition introduite par **jusqu'à ce que** est détachée, par un signe de ponctuation, de la phrase précédente : *Ils reprenaient haleine ; jusqu'à ce qu'enfin Louis, s'étant à demi soulevé, regarda la fenêtre blanchissante* (Mauriac, cité par Robert). Le Bidois voit dans cet emploi un « cas de désubordination » analogue à celui que présentent les conjonctions concessives, lorsqu'elles sont éloignées du verbe régissant.

□ **jusqu'à** + **infinitif.** Construction possible quand le sujet des deux verbes est le même : *Il pressa violemment ses yeux jusqu'à voir des taches fulgurantes* (Vian). *Pour trouver vie et liberté, elle serait allée jusqu'à marcher sur les genoux* (Peyré).

□ **jusqu'à tant que.** Cette locution conjonctive est archaïque ou régionale : *Plusieurs années s'écoulèrent ainsi, grâce aux subventions d'Estelle jusqu'à tant que la mère mourût* (Henriot). Cet auteur emploie aussi parfois **jusqu'à temps que** : *Laissez-moi vous regarder sans parole, jusqu'à temps que mon front s'abaisse* (cité par Grevisse).

□ **jusqu'aujourd'hui.** Ce tour apparaît littéraire : *Je puis te le dire, maintenant, je ne t'aimais guère, jusqu'aujourd'hui*

(Louÿs). C'est **jusqu'à aujourd'hui** qui l'emporte dans l'usage : *En somme, le prestige a été, jusqu'à aujourd'hui, l'unique raison d'être de cette émission* (Mauriac). *Ce morceau de paysage amené ainsi jusqu'à aujourd'hui* (Proust).

☐ **jusqu'à plus soif.** Tour populaire. Le tour académique est : *jusqu'à satiété.*

☐ **jusqu'au moment où** → MOMENT

JUSTE emploi Cet adjectif prend parfois le sens de « à peine suffisant, étriqué » : *Ces chaussures me font mal, elles sont un peu justes.* L'emploi adverbial est de plus en plus répandu, soit au sens de « justement, exactement » : *chanter juste, voir juste ;* soit au sens de « seulement » : *J'ai juste bu deux pastis à l'auberge* (Vailland).

☐ **comme de juste.** Naguère encore critiquée, cette locution est aujourd'hui pleinement admise. → COMME

☐ **au juste.** Cette locution est répandue dans le registre populaire, avec le sens de « exactement » : *Elle ne savait pas au juste pourquoi elle s'ennuyait* (Vilmorin).

JUSTIFIER constr. Avec la préposition *de* au sens de « apporter la preuve de », surtout dans des locutions du type *justifier de son identité* (en montrant ses papiers), *justifier d'un paiement.* Le plus souvent, la construction est directe : *On justifie quelqu'un* ou *quelque chose. Presque toute vie d'homme est corrompue par le besoin qu'il a de justifier son existence* (Montherlant).

JUTE genre Masc. : *Il a tendu toute sa chambre de jute gris.*

KABBALE → CABALE

KAKATOÈS → CACATOIS

KAKI (adj.) **orth.** On rencontre encore parfois l'ancienne orthographe **khaki.** ♦ **forme** Adjectif de couleur invariable : *Il portait une chemise kaki et un short de même couleur* (Duras). → COULEUR

KAMIKAZE **prononc.** [kamikaz(e)]. ♦ **orth.** Pas d'accent aigu sur le *e.*

KARATÉ **orth.** Avec un accent aigu et un seul *t.* On appelle **karateka** la personne qui pratique le **karaté.**

KARTING **emploi et sens** Anglicisme du langage sportif désignant une course de petits engins automobiles très simplifiés, **les karts.**

KEEPSAKE **prononc.** [kipsek]. ♦ **orth.** Plur. : **des keepsakes.** ♦ **sens** « Livre-album illustré de gravures, à l'époque romantique. »

KHMER **orth.** Un *h* après le *k.*

KIBBOUTZ **orth.** Avec deux *b* et un *z.* Plur. : **des kibboutzim** ou **des kibboutsim.** ♦ **sens** « Exploitation agricole collective en Israël. »

KIDNAPPING **forme et emploi** On lui préférera **enlèvement** ou **rapt ; kidnapping** ne s'applique qu'au rapt des enfants.

KILO- **emploi et sens** Ce préfixe, dont le sens est « mille fois », est assez productif dans le vocabulaire technique : *kilocalorie, kilofranc, kilotonne, kilovolt,* etc.

KILOGRAMME **forme** Abrév. : **kilo** (plur. : **des kilos**). Symbole : **kg** (jamais de point ni de *s* final). → GUIDE TYPO.

KILOGRAMMÈTRE **orth.** Avec deux *m.* ♦ **sens** « Ancienne unité d'énergie et non de poids, de puissance » (ne pas **confondre** avec le **kilogrammètre-seconde**). Symbole : **kgm.**

KILOMÈTRE **forme** Le symbole est **km** et ne prend jamais de point ni de *s* final. → GUIDE TYPO.

KILOWATT **forme** Symbole : **kW** et pour le kilowattheure : **kWh.** Plur. : **des kilowatts, des kilowattheures.**

KIMONO **orth.** Pluriel du substantif, **des kimonos,** pluriel de l'adjectif invariable, **des manches kimono.**

KITCHENETTE **emploi** Ce faux anglicisme (le suffixe est français) tend à être remplacé dans le vocabulaire de l'immobilier par son équivalent français **cuisinette** (recommandation officielle du 17 février 1986).

KLAXON **emploi** Ce mot a vieilli et se trouve fortement concurrencé par **avertisseur,** qui serait franchement à préférer malgré sa longueur, si le verbe **klaxonner** avait un correspondant précis en français : *Le cri strident d'un klaxon dont la poire était actionnée à la main* (Labro).

KLEPTOMANE orth. On peut préférer la forme francisée **cleptomane**. ♦ **sens** « Qui a une passion morbide du vol. »

KOHOL forme On le transcrit aussi sous les formes **koheul** et **khôl**. ♦ **sens** « Poudre noirâtre et onctueuse servant de fard aux Orientales ». → HENNÉ

KOLA forme Souvent écrit **cola**. ♦ **genre** Masculin quand il s'agit de la plante. Féminin pour la graine et le produit : **de la kola.** ♦ **sens** « Fruit du kolatier dont on fait une boisson tonique ».

KOLKHOZE orth. Le *h* se trouve après le second *k*. Ne pas remplacer le *z* par un *s*. → SOVKHOZE

KOPECK orth. Un *c* devant le *k* final.

KRACH prononc. [kʀak]. ♦ **sens** « Terme de Bourse, effondrement brutal et massif des cours ». Emploi extensif au sens de « effondrement brutal d'une entreprise industrielle ou commerciale » : *un krach immobilier.* Ne pas confondre avec **crack** ni avec **krak** (→ ces mots).

KRAK orth. On trouve aussi **krac** et **ka-rak.** ♦ **sens** Nom de plusieurs « places fortes édifiées en Syrie par les croisés ». → KSAR.

KSAR forme Plur. : **des ksour.** ♦ **sens** « Lieu fortifié en Afrique du Nord ». → KRAK

KYSTE orth. Avec un *y* : **un kyste.**

L

LA (article ou pronom féminin). → LE

LÀ emploi et sens L'adverbe de lieu **là** (qui s'écrit avec un accent grave) s'oppose en principe à **ici** (→ ce mot), comme «lointain» à «proche», mais cette opposition se perd dans de nombreux emplois à caractère emphatique : *Ah! pour se faire tuer, ils sont un peu là : tous volontaires!* (Anouilh). *Là* s'emploie aussi au sens temporel : *À quelques semaines de là, maman demanda de l'argent* (Duhamel) (= de ce moment-là). *D'ici là, nous avons le temps de nous retourner.* Comme particule suffixée, *là* sert à former les pronoms-adjectifs composés exprimant l'éloignement, par opposition à ceux qui sont formés avec *ci* (→ ce mot et CECI).

□ Les démonstratifs formés avec **là** peuvent aussi désigner «ce dont on vient de parler», par opposition à ceux formés avec *ci*, qui désignent «ce dont il va être question par la suite» : *Je vous ai apporté des cadres. Il y a ces deux-là, qui vont très bien ensemble, ou bien ces deux-ci. Ces deux-ci étaient un Sacré-Cœur de Jésus et une Sainte-Vierge. Ces deux-là n'étaient que des chromos* (Romains). *Maman passa cette nuit-là dans ma chambre* (Proust). *Ces femmes-là sont comme les médecins. Mais celle-ci est malgré tout très consciencieuse* (Romains).

□ **là** est souvent employé même quand l'objet est proche, avec une force plus grande que pour les démonstratifs en *ci* : *Elle m'en avait coûté dix-sept. – Cette pipe-là?* (Courteline). *On ne risque pas d'attraper des poux là-dedans?* (Romains).

□ **là où.** Cette association n'est admise que si le groupe n'est pas précédé de *c'est*, et l'adverbe *là* y est toujours d'un emploi facultatif : *Là où était notre trésor, là aussi était notre cœur* (Mauriac). *Elle rétablira les erreurs qu'il a pu commettre en même temps qu'elle complètera son récit là où il pourrait sembler insuffisant* (Green). *De là où je me tiens, debout sur mon banc de pierre, je ne parviens pas à distinguer les visages* (Labro). Mais, dans la phrase suivante, l'auteur imite le parler provincial et emploie un tour qui n'est pas admis par le bon usage : *La maison, c'est là où ils ont ouvert l'épicerie-mercerie, et les meubles c'est là où j'ai trouvé la photo de Callas Delphin-Jules et d'Anselmie* (Giono). La langue soutenue dit : **c'est là que.**

□ **là contre.** Cette locution, qu'on trouve déjà chez Molière, est pleinement admise aujourd'hui et s'écrit sans trait d'union : *Que peut faire la raison là contre?* (Duhamel).

□ **d'ici là.** Locution adverbiale de temps. → ICI

□ **là, particule adverbiale.** *Là* est lié par un trait d'union au nom qui le précède et ce nom est lui-même précédé d'un adjectif démonstratif : *cet endroit-là, cet homme-là, ce Marseille-là, ces deux-là,* etc., mais on écrira *ce curieux endroit là, cette moitié d'homme là.* Prennent un trait d'union les composés : *celui-là, celle-là, ceux-là,* celles-là ; là-bas, là-dedans, là-dessous, là-haut ; jusque-là ; de-ci de-là (ou de-ci, de-là) (mais *au-delà, par-delà*), *par-ci par-là* (ou *par-ci, par-là*). S'écrivent sans trait d'union *çà et là, de là, d'ici là, là contre, par là, là même, par là même.* Mais on écrit *voilà* en un seul mot, et *cela* sans accent grave.

LABO emploi Cette forme abrégée de **laboratoire** est très fréquente, et tout à fait acceptable, dans un contexte à la fois familier et technique : *On a créé de nouveaux labos dans cette fac.*

LABYRINTHE orth. Noter la place du *y*, du *i*, du *h*. De même pour **labyrinthique**. Au sens figuré, on emploie plutôt **dédale**.

LAC emploi La locution **tomber dans le lac** est aujourd'hui passée dans la langue correcte, bien qu'elle résulte d'une confusion entre deux mots : **lac**, et le vieux **lacs** (prononciation : [la]), qui signifiait « lacet, filet, piège ». Du reste, on dit couramment : *L'affaire est dans le lac.*

LACRYMOGÈNE orth. Avec un *y* et non un *i*. De même les autres mots qui, dérivés ou composés, sont construits sur ce radical : *lacrymal, lacryma-christi* (vin italien).

LADITE → DIRE

LADY forme Le pluriel « à l'anglaise », **ladies**, est le plus courant. **Lady** est initialement le féminin de *lord* et, par extension, le féminin de *gentleman*. Ce mot prend, en principe, la majuscule devant un nom propre : *une lady* mais *Lady Macbeth.* S'adressant à une *lady*, on dira *Milady*.

LAGON sens Bien que certains réservent ce terme pour désigner « l'étendue d'eau au centre d'un atoll », par opposition à **lagune**, « étendue d'eau de mer située entre la terre ferme et un cordon littoral », la confusion est fréquente.

LAÏC, LAÏQUE forme Le substantif s'écrit au masculin **laïc**, au féminin **laïque** ; l'adjectif s'écrit toujours **laïque** : *l'enseignement laïque, l'école laïque* (contraire de *confessionnel*). Ce genre d'apostolat *laïque aggravé par le farouche esprit d'indépendance qui animait Céline, choquait l'aristocratie franc-comtoise* (A. Besson).

LAIDERON forme et genre On dit **un laideron**, qu'il s'agisse d'un homme ou d'une femme. La forme du féminin, **laideronne** (avec deux *n*), est rare. Autrefois *laideron* était du féminin : *Mlle Corneille est une laideron extrêmement piquante* (Voltaire).

LAÏQUE → LAÏC

LAISSÉ-POUR-COMPTE orth. Le substantif, toujours masculin, s'écrit avec des traits d'union. Plur. : **des laissés-pour-compte.**

LAISSER forme En principe, le participe **laissé**, suivi d'un infinitif, s'accorde avec le complément d'objet quand il est le sujet de l'infinitif, et reste invariable s'il est l'objet de l'infinitif : *Cette femme que j'ai laissée peindre* (« à qui j'ai permis de peindre »), et *Cette femme que j'ai laissé peindre* (« que j'ai permis que l'on peignit »). *Je suis tout de même un sagouin de vous avoir laissés tomber comme ça. La femme qu'il a laissé insulter.* Beaucoup d'auteurs négligent cette « règle ».

☐ **laissé à la forme pronominale.** L'accord dépend aussi de la fonction que joue le pronom objet. Il se fait si le pronom est sujet de l'infinitif : *Je me suis laissée aller moi-même à parler trop* (Vildrac). *Elle s'était laissé marier par son père* (France). *J'admire combien peu ses jugements et sa pensée se sont laissé fausser ou entamer par des considérations de prudence ou de sympathie* (Gide). Il faut reconnaître que rares sont les écrivains qui observent cette distinction. **→** FAIRE

☐ **ne pas laisser de.** On rencontre dans la langue littéraire **ne pas laisser de**, au sens de « ne pas s'abstenir, ne pas cesser » : *Tous porteurs de souliers dont une police tatillonne avait enlevé les lacets, mince détail qui ne laissait pas d'incommoder ces hommes de mérite dont beaucoup étaient fort âgés* (Duhamel). Le tour **ne pas laisser que de**, avec le même sens, est plus rare : *Sa visite ne laisse pas que de m'embarrasser* (France).

LAISSER-ALLER, LAISSER-FAIRE orth. Ces substantifs composés invariables sont formés sur l'infinitif des deux verbes, tandis qu'on trouve l'impératif dans **laissez-passer,** également invariable : *Ils devraient être là. Leurs laissez-passer étaient en règle* (Chaix). Ces mots prennent un trait d'union.

LAIT forme Les locutions composées avec ce mot ne prennent pas de trait d'union, sauf **petit-lait.**

LAITANCE forme On emploie également **laite.**

LAMBDACISME emploi et sens Didactique. Ce mot désigne un défaut de prononciation concernant le [l] ou ne distinguant pas le [ʀ] de ce son. Exemple : *une* [lɔb] *pour une robe.*

LAMENTER (SE) forme Ce verbe n'existe plus guère que sous la forme pronominale. Les autres tours **lamenter** (emploi intransitif ou transitif au sens de «déplorer») sont archaïques : *Ils affectaient parfois de lamenter la fuite du temps* (Duhamel).

LANCE orth. Les composés de *lance* prennent tous un *s* final au pluriel, mais l'orthographe du singulier varie selon les mots : *un lance-bombes, un lance-flammes, un lance-fusée(s), un lance-grenades, un lance-pierre(s), un lance-roquettes, un lance-torpille(s).*

LANCER ou **ÉLANCER** sens Seul le second verbe s'emploie au sens de «provoquer une sensation de douleur brève et intense» : *Cette coupure m'élance : je sens battre mon sang tout près d'elle.* On utilise de la même façon le substantif **élancement** (→ ce mot).

LANDAU orth. Plur. : **des landaus.** Pas de *e* (faute fréquente).

LANGAGE orth. Pas de *u* (ne pas confondre avec la forme anglaise *language*).

LANGUE-DE-BŒUF, LANGUE-DE-CHAT orth. Avec des traits d'union. Dans ces composés, *langue* seul varie en nombre : **des langues-de-bœuf,** etc.

LAPALISSADE orth. Avec deux *s,* bien que ce mot soit formé sur le nom propre **La Palice.** → TRUISME

LAPAROTOMIE forme Ne pas employer, pour ce terme de chirurgie, la forme **laparatomie.*

LAPER orth. Avec un seul *p,* ainsi que *lapement.* → JAPPER

LAPIS-LAZULI prononc. Le *s* se prononce. ♦ forme Plur. : **des lapis-lazulis.** Ce mot se présente souvent sous la forme abrégée **lapis.** ♦ sens «Pierre précieuse de couleur bleue». → LAZURITE

LAPON orth. Le féminin prend un seul *n* : **lapone.**

LAPSUS prononc. Le *s* final se fait entendre. ♦ emploi On trouve parfois les groupes **lapsus linguae,** «faux pas de la langue», **lapsus calami,** «faux pas de la plume».

LAQUE genre Masculin quand il désigne un «objet d'art laqué» : *de coûteux laques de Chine.* Masculin ou féminin quand il désigne divers vernis ou produits : *un laque noir,* mais de *la laque pour les cheveux.* Uniquement féminin au sens de «résine extraite des sumacs».

LAQUELLE → LEQUEL

LARGE emploi Comme adverbe, devant un adjectif, ce mot s'accorde le plus souvent : *des yeux larges ouverts.* Mais on trouve *large ouverts* : *Ses beaux yeux large ouverts* (Daudet). *Les deux fenêtres large ouvertes* (Mauriac). → COURT, FRAIS, GRAND

□ **trois mètres de large** ou **de largeur.** Ces deux tours s'emploient indifféremment.

LARGUER dérivés : **largage** et **largable** (sans *u*).

LARRON forme Le féminin est rare : **larronnesse** ou parfois **larronne.**

LARYNGÉ forme On emploie également **laryngien,** de même sens.

LARYNGOLOGISTE forme On emploie aussi **laryngologue.**

LAS (de guerre lasse) → GUERRE

LASCIVETÉ forme L'emploi de la forme **lascivité**, dérivé de **lascif**, est inégalement admis. On préférera **lasciveté**.

LASER prononc. [lazɛʀ] ♦ **emploi et sens** Terme scientifique bien admis aujourd'hui, et formé à partir des initiales d'une locution anglaise : *Light Amplification by Stimulated Emission of Radiations*. Le sens est « amplificateur quantique de radiations ». Plur. : **des lasers**.

LASSER (SE) constr. Généralement avec la préposition *de* : *Je commence à me lasser de porter tout seul le poids écrasant de mon génie* (Mirbeau). *Une fraîche volupté dont je ne me fusse jamais lassé* (Proust). Mais aussi avec *à* quand on veut exprimer l'idée d' « effort » et non de « renonciation » : *Il s'est lassé jusqu'à l'épuisement à secourir ses camarades*. Il s'agit alors plutôt d'un complément de cause que de la construction spécifique du complément d'objet de **se lasser**.

LASTEX sens « Fil de caoutchouc guipé de fibres textiles ». Ne pas confondre avec **latex,** « suc extrait de certaines plantes ».

« LATIFUNDIUM » forme Plur. : **des latifundia**, ou plus simplement, **latifundiums**. On rencontre aussi les formes italiennes **un latifondo, des latifondi**. ♦ **sens** « Grand domaine rural au mode d'exploitation archaïque ».

LATIN orth. On écrit *le Quartier latin* (majuscule à *Quartier*), *le bas latin* (sans trait d'union), *l'Amérique latine*.

« LATO SENSU » sens « Au sens large », s'oppose à « *stricto sensu* ».

-LÂTRE, -LÂTRIE orth. Ne pas omettre l'accent circonflexe. ♦ **emploi** Suffixes exprimant l'idée d'adoration.

LAURÉAT et CANDIDAT sens Le **lauréat** a remporté une distinction, un prix dans un concours. Le **candidat** n'est que le prétendant à un choix (par examen, concours, élection, etc.).

LAURIER forme Les composés de *laurier* prennent tous le trait d'union. Ils ont, au pluriel, un *s* à la fin de chaque élément, à l'exception de *laurier-sauce* (qui fait au pluriel *lauriers-sauce*) : des *lauriers-cerises, lauriers-roses, lauriers-tins* (et non : **thyms*) : *C'est un jardin paisible avec des lauriers-roses* (Tahar Ben Jelloun). *Sous les lauriers-tins de la maison de Tiraqueau, les deux corde-liers vont passer de délicieuses soirées* (Ragon).

LAVALLIÈRE sens Parfois adjectif de couleur, invariable : « teinte de feuille morte », mais plus souvent substantif féminin : « sorte d'ample cravate portée jusqu'en 1914 ». → COULEUR

LAVE- orth. Lave-glace : pas de *s* au singulier, mais un *s* final au pluriel : *des lave-glaces*. **Lave-mains** a un *s* final au singulier comme au pluriel. **Lave-vaisselle** et **lave-linge** sont invariables.

LAZURITE sens Substantif féminin qui double **lapis-lazuli** (→ ce mot).

LAZZI forme Mot italien, plur. : **des lazzi** ou **lazzis**. *Parmi la grande rumeur brassée, fusaient les lazzi fulgurants et l'apostrophe capitale* (Jorif).

LE, LA, LES (articles)
□ **devant un superlatif :**
1. Quand la comparaison porte sur des êtres ou objets différents, l'article prend le genre et le nombre du nom qualifié : *L'un des hommes les plus malheureux que j'aie jamais connus* (Mauriac). *La femme la plus élégante de Paris*. Il faut donc voir une faute dans le manque d'accord de l'article de cette phrase : *C'est la un des moments les plus pénible de l'épreuve* (Beauvoir).
2. La comparaison porte sur des états ou degrés différents d'un même être ou objet. Quand Proust écrit : *Ce n'est peut-être pas là qu'elle est le plus admirable*, il ne compare pas cette femme à d'autres femmes, mais il envisage le cas particulier où cette femme provoque le maximum d'admiration qu'elle est capable de susciter (Le Bidois, *Le Monde*, 28 mars 1962). Il en est de même dans les phrases suivantes : *C'est toujours quand une femme se montre le plus résignée qu'elle paraît le plus raisonnable* (Gide), c'est-à-dire « résignée au maximum ». *La re-*

traite, c'est l'opération dont ils étaient le plus fiers (Dorgelès) : «l'opération dont les soldats tiraient le maximum de fierté». *C'était de ce côté que les lapins étaient le plus nombreux* (Genevoix). *N'est-ce pas avec moi qu'elle était le plus sincère?* (Romains). Il faut reconnaître que beaucoup d'auteurs n'observent pas cette distinction : *Elle montra la place d'où l'esquisse était la mieux en lumière* (Maupassant). *Comme si ce n'était pas au moment où elle se fait que l'histoire est la plus émouvante* (Romains).

□ **l'article devant un nom propre de personne** (→ ARTICLE).

1. Emploi péjoratif : *Si quelqu'un disait la Kabby, au lieu de mademoiselle Kabby, j'éprouverais ce sentiment de haine et d'horreur* (Stendhal). *Je te répète : méfie-toi de la Champvaux* (Queneau).

2. En parlant d'une actrice : *Stances à la Malibran* (Musset), *la Pavlova, la Callas* (→ GUIDE TYPO.).

3. La langue populaire et paysanne emploie souvent le féminin *la* pour désigner la femme : *la Colas, la Mathurin (la femme Colas)*. Devant un nom d'homme, l'article est plus rare : *L'Abel qui était allé au regain* (Chabrol).

□ **vers les deux heures.** L'article a une valeur d'approximation dans des tours de caractère familier : *Elle est sortie de chez elle vers les trois heures de l'après-midi* (Giono). On trouve même l'article *les* devant un singulier : *La messe à la mode finit vers les une heure* (Stendhal). → DANS, SUR et VERS

□ **deux fois le jour** → FOIS et PAR

□ **le dénouement du «Rouge et le Noir»** → ARTICLE et TITRE

□ **tous les deux** ou **tous deux** → DEUX

□ **entre deux** ou **entre les deux** → DEUX et ENTRE

□ **la 3ᵉ et la 4ᵉ région.** Dans les tours non figés de ce type, on peut soit répéter l'article : *J'ai manqué le premier et le deuxième acte*; soit l'employer une seule fois au pluriel : *Il préfère les XVIIIᵉ et XIXᵉ siècles*. On rencontre rarement l'article au singulier et une seule fois. Les tours figés contiennent soit l'ellipse : *les us et coutumes, les fruits et primeurs, les farces et attrapes*, soit la répétition : *perdre le boire et le manger*.

□ **il s'est cassé le bras (droit), lavé les mains**, etc. L'article remplace l'adjectif possessif chaque fois qu'il est question d'une partie du corps dont le possesseur est clairement indiqué. On dit : *avoir mal à la tête, aux yeux*. Mais dès qu'on veut préciser, le possessif peut réapparaître : *Il les écouta, ses yeux dans mes yeux* (Prévost). *Il a mal à sa jambe gauche. Il s'est cassé son pouce droit.* De même dans le cas d'un phénomène qui revient régulièrement : *Je n'entends rien qu'avec mes oreilles* (Vallès). *Je relevai la tête, retirai mes lunettes et frottai mes yeux* (Giono). *Roger a encore mal à son genou.*

□ **ledit, ladite, lesdits** → DIRE

LE, LA, LES (pronoms) forme

□ **le, la, les en fonction d'attribut.** Quand ce pronom renvoie à un nom déterminé, il s'accorde généralement avec ce nom : *Tu devrais être ma femme, n'est-ce pas fatal que tu la sois un jour?* (Zola). *Je ne serai jamais sa maîtresse, je ne la serai jamais de personne* (Henriot, cité par Grevisse). Si le nom représenté est indéterminé, le pronom *le* reste invariable : *On m'avait annoncé que vous étiez... – Dites une coquette. Je ne suis plus beaucoup avec les gens qui vous plaisent* (Maupassant). Quand le pronom représente un adjectif ou un participe au féminin ou au pluriel, il reste en principe invariable : *Dans le même temps que les mœurs devenaient plus libres, l'intelligence le devenait moins* (Rolland). *Avez-vous remarqué parmi les princes que les plus gentils ne le sont pas tout à fait?* (Proust). La langue familière ou négligée fait souvent l'accord dans ce cas : *J'ai été calme, très calme* [dit une femme]. *Je la suis plus encore ce matin* (Bourget). *Je n'ai jamais été vraiment amoureuse; à présent, je la suis* (Colette, citée par Sandfeld).

□ **le, représentant un participe passif.** Littré interdit formellement de remplacer par *le* «un verbe mis à l'actif, si *le* fait sous-entendre un sens passif [...] Ne dites donc pas : *Il corrigerait ces abus s'ils pouvaient l'être*. Mais dites : *s'ils pouvaient être corrigés*». Cette règle trop absolue appelle des réserves. Il semble assez naturel d'écrire : *protéger ce qui peut l'être*, car le pronom *le* remplace alors le participe passé *protégé* qui a exactement la même consonance que l'infinitif qu'il représente. Mais il n'en va pas de même dans les phrases suivantes : *Cela permet de ne pas punir ce qui ne doit pas l'être* (Montherlant). *Nul aujourd'hui ne prend la peine de lire avec soin ce qui peut l'être* (Duhamel). *La session qui va s'ouvrir le sera dans un climat plus œcuménique encore que la précédente* (Daniélou). Dans ces exemples, l'emploi de *le* est artificiel et oblige le lecteur à faire un effort pour rétablir la forme qu'il est censé représenter.

□ **je veux le faire** ou **je le veux faire** → INFINITIF

□ **tu leur expliqueras.** Quand on se trouvait en présence d'un pronom personnel complément d'objet direct suivi d'un pronom personnel complément d'objet indirect, la langue classique admettait volontiers l'ellipse du premier, mais ce n'est plus possible aujourd'hui que dans la langue parlée : *Quant à sa vocation, qu'est-ce que cela peut bien être, j'aurais dû lui demander* (Queneau). *Si le notaire te demande pourquoi tu prends cet argent, ne lui dis pas* (Perry). La langue soutenue conserve la séquence indiquée ci-dessus : *J'avais commencé une lettre d'injures. Je croyais la lui devoir, par dignité !* (Radiguet). *Le curé le lui fit bien sentir* (Giono).

□ **je le laisse** ou **je lui laisse faire ce qu'il veut** → INFINITIF

□ **on la connaît.** *Le, la* entrent dans de nombreux gallicismes où ils ne représentent rien de précis : *Mais tu nous le paieras, société bête ! qui affame les instruits et les courageux quand ils ne veulent pas être tes laquais !* (Vallès). *Il allait pouvoir se la couler douce* (Romains). *Swann veut nous la faire à l'homme du monde* (Proust). *Vous nous la baillez belle. Ils l'ont échappé belle.*

□ **agis comme tu (le) veux.** Dans les propositions comparatives, introduites par *aussi, comme, mieux, moins, plus,* etc., le pronom neutre de rappel est d'un emploi facultatif : *Elle souffrait grandement de ne pouvoir parler autant qu'elle l'aurait voulu* (Green). De même avec certains verbes fréquents, surtout des semi-auxiliaires : *Il faut bien en*

faire profiter les autres chaque fois que nous le pouvons. Le pronom n'est pas toujours exprimé : *Tout est bien plus simple que vous ne pensez* (Maurois). *Pressé d'argent comme il est toujours* (Romains). Dans les exemples suivants, le pronom *le* est indispensable : *Aux cœurs blessés comme l'est le mien* (Proust). *Il fut content comme on l'est d'une bonne action accomplie* (Maupassant). En revanche, la langue parlée use souvent de la redondance consistant à annoncer un contenu de pensée par le pronom neutre *le* : *Ils le sauront bien au cadastre que tous mes intérêts sont payés* (Duras).

LÈCHE- emploi Ce mot forme quelques composés : *lèche-bottes* et *lèche-vitrines* sont tous deux invariables. *Lèchefrite* ne prend pas de trait d'union (→ ce mot). *Lèche-cul,* adjectif ou substantif invariable, appartient à la langue très familière : *Quand plus de licence fut dans le vocabulaire, on l'appela lèchecul, de bouche à oreille* (Aymé).

LÈCHEFRITE orth. Pas de trait d'union.
♦ **genre** Féminin.

LÉCHER forme Ce verbe ne possède pas de substantif dérivé qui soit vraiment usuel : **léchage** est récent, **lèche** (féminin) est du registre populaire, **lèchement** est relativement rare : *Qu'est-ce que ton baiser ? Un lèchement de flamme* (Hugo). Mais on dit : *des lécheries de style, un ouvrage trop léché, « d'un soin trop apparent ».*

LÈCHE-VITRINES emploi Ce mot de registre familier équivaut à peu près au mot anglais **shopping ;** les Québécois disent **magasinage.** La recommandation officielle (arrêté du 17 mars 1982) **chalandage** n'a jamais réussi à s'imposer (car le mot **chaland,** client, est aujourd'hui obscur pour la plupart des gens).

LEDIT → DIRE

LÉGÈRE, LÉGÈRETÉ, LÉGÈREMENT orth. Accent grave après le *g.*

LÉGION orth. On écrit : *la Légion d'honneur, la Légion étrangère, la Légion arabe,* mais *les légions romaines,* et toujours au singulier dans le sens de «nombreux» : *Nous étions légion. Les visionnaires étaient légion en ces premières années du XVI⁰ siècle* (Chamson).

LÉGUME genre Masculin. On entend le féminin dans le langage familier, pour désigner un personnage important : *C'est une grosse légume*, et dans le langage populaire, au sens propre : *achetez ma légume* (sur les marchés). Mais dans l'emploi familier et péjoratif de «malade ou blessé atteint de dégénérescence, réduit à une vie végétative», le mot est toujours masculin, quel que soit le sexe de la personne considérée : *Deux jeunes filles avaient été attaquées, la semaine précédant son arrivée, à coups de couteau. L'une en était morte, l'autre serait pour le reste de ses jours un légume en chaise roulante* (Godbout).

LEITMOTIV prononc. [lajtmɔtif]. ♦ **forme** Pas de trait d'union. Au pluriel, **des leitmotive.**

LÉNIFIANT ou **LÉNITIF emploi** Lénifiant signifie «qui calme, qui apaise», en parlant de paroles, **lénitif** signifie «adoucissant, calmant», en parlant d'un médicament.

LEQUEL emploi et sens

□ **lequel, interrogatif.** Ce mot-outil est le plus souvent un interrogatif, à valeur sélective : *Lequel de ces gâteaux préfères-tu ? Laquelle des deux sœurs aime-t-il le mieux ?* On n'oubliera pas qu'il peut être employé au neutre : *Lequel choisissez-vous ? Partir, ou demeurer ici ?* Dans ce type de contexte, *lequel* est plus précis et appartient à un niveau de langue plus relevé que le tour *qu'est-ce que...*

□ **lequel, pronom relatif.** *Lequel* peut avoir pour antécédent un nom de personne, d'animal ou de chose, à la différence de *qui*, d'emploi plus restreint (→ QUI). C'est le seul relatif possible après *parmi* (→ ce mot). On rencontre *lequel* surtout en fonction de complément circonstanciel, après une préposition, et en fonction de sujet : *Un col cassé sous les pointes duquel s'épanouissait une tendre cravate-papillon à pois* (Véry). *Des soldats de métier, pour lesquels rien n'était en jeu qu'un trophée de plus* (Peyré). *Plût d'ailleurs au ciel*

que les rares morts auxquels il a été laissé le pouvoir de se faire entendre de nous, parlassent seulement trop haut ! (Bernanos). *Au milieu, la porte par laquelle ils étaient entrés* (B. Clavel). *Il ne parvenait pas à guérir son rhume de cerveau, lequel tournait à la sinusite* (Barjavel). *Dispensatrice des fonds communs, elle fit venir le menuisier et l'entrepreneur de bâtisses, lesquels, flanqués de leurs aides, expédièrent l'ouvrage en huit jours* (Courteline). On peut juger ces formes lourdes en comparaison de *qui*, mais elles permettent parfois d'éviter des répétitions considérées comme fâcheuses (surtout depuis Flaubert) : *Ce qui n'est pas le sort que vous préparait M. Lubert, lequel, si j'ai bonne mémoire, vous donnait et vous laissait espérer pour longtemps une existence oisive* (Queneau). Elles lèvent aussi certaines ambiguïtés : *J'ai aperçu la femme de mon frere, laquelle m'a parlé de toi* (le relatif *qui* pourrait renvoyer aussi bien à *frère* qu'à *femme*). Mais il peut néanmoins subsister une équivoque : *Lazaridès souffla dans une petite peau molle qu'il tenait au creux de sa main, laquelle devint un canard vert qui prit son essor par-dessus la table* (Morand). Enfin, notons la valeur déictique et insistante de cette forme du relatif, plus pleine et plus suggestive que celle du relatif simple : *Cela peut conduire à des victoires temporaires, mais non à la paix véritable, laquelle suppose l'assentiment général des intéressés* (Le Monde). *Il inculpe Valpreda et ses amis d'association de délinquants, lesquels sont qualifiés d'«inconnus»* (ibid.). *Le chemin du Haut-Soleil qui descendrait vers la route départementale, laquelle mènerait à la route nationale, laquelle mènerait jusqu'à Paris* (Labro).

□ **lequel, adjectif relatif.** Dans cet emploi, *lequel* est aujourd'hui rare et appartient au registre littéraire : *Il pensa même à un bout de cire vierge qui devait se trouver dans la boîte marquée «Épices», là sur la cheminée, avec laquelle cire il y aurait de quoi donner du lustre et masquer les joints* (Giono). Mais **auquel cas** en tour figé, qu'on rencontre assez fréquemment même dans la langue parlée : *L'ennui, c'est qu'il n'arrivait pas à savoir si Socrate se* *vantait et était aussi pauvre que lui – auquel cas il l'eût écrasé de son mépris et se fût cherché un autre protecteur – ou s'il était simplement avare* (Mallet-Joris).

LES → LE et LEZ

LÈS → LEZ

LÈSE-MAJESTÉ, LÈSE-HUMANITÉ, LÈSE-SOCIÉTÉ emploi On ne trouve ces mots qu'au singulier, et seulement construits sur un mot féminin.

LÉSINE sens Vieux mot pour «avarice». Le verbe **lésiner (sur)** est plus courant.

LEST orth. Ne pas confondre ce mot *(jeter du lest)* avec l'adjectif **leste.**

LÉTAL orth. Pas de *h* (à la différence de **léthargie**). ♦ **sens** «Se dit de ce qui cause la mort».

LETTON forme Fém. : **lettone**, avec un seul *n*. ♦ **emploi** Adjectif ou substantif. Il existe également **lette** et **lettonien**.

LETTRE orth. On écrit : *des lettres de cachet, de change, d'introduction, de créance,* mais *une lettre de condoléances, de félicitations, d'affaires.* En toutes lettres, en lettres de feu, de sang, mais *(demeurer) lettre morte. Un homme, une femme de lettres, des gens de lettres, le papier à lettres, une lettre de faire part* (mais *un faire-part). À la lettre, au pied de la lettre, avant la lettre. Lettres supérieures. Une lettre de remerciements* (par gratitude), mais *une lettre de remerciement* (pour congédier). *Les belles-lettres* (avec un trait d'union). On dira : *lire, écrire dans une lettre* (et non **sur une lettre).*

LEUR

□ **leur,** pronom personnel. *Leur,* pluriel de **à lui, à elle,** se place toujours *devant* le verbe (sauf à l'impératif) : *Je leur ai parlé ; dites-le-leur.* À la différence du singulier *lui, leur* ne se fait jamais précéder de *à.*

□ **leur,** adjectif possessif. Avec un sujet pluriel, on hésite parfois entre le possessif du singulier et le possessif du pluriel : *Ils ont travaillé chacun de son côté* ou *chacun de leur côté.* → CHACUN

□ **leur couverture est abimée.** Comme adjectif possessif, *leur* s'applique en fait aussi bien à des non-animés qu'à des animés, malgré les prescriptions de certains grammairiens. On admettra donc : *Il faut rafistoler ces livres, leur couverture est abimée,* à côté de : *La couverture en est abimée,* qui est d'un registre plus littéraire.

□ **ils ont mangé leur(s) pomme(s).** Le nombre du possessif dépend dans ces phrases du contexte et de l'intention de celui qui le emploie : *Sept petits chacals se tiennent assis sur leur derrière* (France). *Nous sommes les tendres lapins,* / *Assis sur leurs petits derrières* (Banville). On notera que la langue parlée maintient l'ambiguïté et qu'il est préférable d'utiliser un autre tour si on veut être tout à fait précis : *Chacun a mangé sa pomme* ou *Ils ont mangé chacun trois pommes.* → CHACUN

□ **ils y ont mis du leur** → METTRE

LEURRE orth. Deux *r,* ainsi que dans **leurrer.**

LÈVE-GLACE(S), LÈVE-VITRE(S) forme Ces deux mots techniques, synonymes et de sens clair, s'écrivent avec ou sans *s* final au singulier : *actionner le lève-glace(s),* mais prennent toujours un *s* final au pluriel : **des lève-vitres.**

LEVER (LE) et **LEVÉE (LA) emploi** On dira, dans le sens de «dresser», «hausser», «hisser», «s'éveiller», etc., *le lever du roi, le lever du soleil, le lever de rideau ;* mais, dans le sens de «ôter», «percevoir», «abolir», «protester», etc., *la levée des scellés, la levée du courrier, la levée d'un impôt, d'une séance, d'une interdiction, une levée de boucliers.*

LÈVE-TARD forme Ce mot composé reste invariable au pluriel, de même que son contraire **lève-tôt :** *Les lève-tôt dérangent, en général, les lève-tard.* Le registre de ces deux mots est familier.

LÉVITE genre Masculin quand il désigne «un membre de la tribu de Lévi», dans la religion judaïque ; féminin quand il désignait une «longue redingote».

LEVRAUT orth. Terminaison -aut. ♦ **sens** « Petit du lièvre. »

LÉVRIER forme Fém. : **une levrette.** Ce mot ne désigne pas la femelle du lièvre (→ HASE)! En revanche, **levretter** signifie «mettre bas» en parlant de la hase.

LEZ emploi et sens Vieille préposition signifiant «près de», qu'on rencontre aujourd'hui exclusivement dans des noms de lieux : *Margny-lez-Compiègne, Plessis-lez-Tours,* etc. Avec l'orthographe **lès** : *Villeneuve-lès-Avignon, Vaux-lès-Saint-Claude,* etc. On confond souvent **lez,** ce qui n'a rien de surprenant, avec le pluriel de l'article défini. C'est du reste cet article lui-même qu'on rencontre dans des noms tels que *Colombey-les-Deux-Églises, Plombières-les-Bains,* etc.

LIAISON **emploi** On ne peut donner ici toutes les «règles» concernant la liaison, d'autant que l'usage est très variable. Mais il faut dénoncer une certaine manie de la prononciation «liée» chez des personnes qui voient là, systématiquement, et bien à tort, une marque du «beau langage». On notera que chaque registre a des usages extrêmement complexes, et on se gardera de classer et de juger les interlocuteurs d'après ce critère incertain. Un exemple particulièrement fâcheux de liaison, qui sévit quotidiennement à la radio et à la télé, est celle qui relie un verbe à la 3ᵉ personne au pronom personnel de soulignement ou d'insistance qui le suit et doit, au contraire, être détaché : *Les organisateurs sont, / eux, assez déçus. Marguerite fait, / elle, bande à part. Les petites filles sont, / elles, très intimidées.* On notera que, dans les deux derniers exemples, la liaison peut faire hésiter l'auditeur entre la phrase affirmative et la phrase interrogative (fait-elle, sont-elles, etc.)! En règle générale, la virgule *empêche* la liaison... → CUIR, HIATUS, PATAQUÈS.

LIBELLE genre Masculin. ♦ **sens** «Court écrit de caractère pamphlétaire.» Ce mot est à distinguer soigneusement de **libellé,** «termes dans lesquels est rédigé un texte (surtout officiel)».

LIBERTIN orth. Fém. : **libertine.** ♦ **sens** Ne pas oublier le sens classique, qui apparaît encore dans la langue littéraire : «qui n'observe pas les règles

prescrites par la religion». Mais ce mot est plus couramment employé au sens de «déréglé dans ses mœurs, sa conduite».

LIBRE orth. C'est un adjectif variable dans la locution *libre penseur* (pas de trait d'union) : *des libres penseurs.* On écrit : *amour libre, union libre, à l'air libre, le libre arbitre, la libre pensée,* mais *le libre-échange, libre-échangisme, libre-échangiste* (→ ce mot), *libre-service* (→ ce mot).

LIBRE-ÉCHANGISTE orth. Le premier élément est invariable : **des libre-échangistes.**

LIBRE-SERVICE orth. Plur. : **des libres-services.** ♦ **emploi** Ce composé peut heureusement concurrencer **self-service** (→ ce mot).

LIBYEN orth. Ne pas inverser le *i* et le *y* (faute fréquente).

LICE et **LISSE orth.** La **lice** désigne le «champ clos où avaient lieu joutes et combats au Moyen Âge», ou «la femelle d'un chien de chasse». La **lisse** est une pièce du métier à tisser : *un métier de haute lisse* (dérivés : *haute-lissier, basse-lissier*).

LICENCE ÈS LETTRES → ÈS

LICOU forme La forme **licol** est archaïsante.

LIED forme Le pluriel d'origine est **lieder,** mais on emploie souvent la forme française : **des lieds.**

LIE-DE-VIN emploi Adjectif et nom de couleur invariable. → COULEUR

LIEU orth. On écrit : *un haut lieu, en haut lieu, des lieux saints* (avec la majuscule si l'on désigne les localités et sanctuaires historiques : *les Lieux saints*); *un lieu commun, avoir lieu (de), en tous lieux,* etc. Ne pas confondre avec **lieue** (mesure itinéraire) dans l'expression *être à cent, à mille lieues de.* ♦ **emploi** On substitue à *au lieu de* pour insister, la locution *au lieu et place* ou bien *en lieu et place de,* dont tous les éléments sont au singulier : *Au lieu et place du lycée promis, les parents ne* *trouvèrent qu'un terrain vague.* Le mot *lieu* entre dans de nombreuses locutions figées, tantôt au singulier, tantôt au pluriel.

□ **au lieu que.** Avec l'indicatif, oppose deux actions ou états différents (= «alors que») : *Au lieu qu'elle allait partir brouillée avec lui, elle allait accourir, heureuse, reconnaissante* (Proust). *Au lieu que d'ordinaire les plantations forment des bois en quinconces, c'était là-bas une sorte d'étoile* (Dhôtel). ♦ Avec le subjonctif (= «loin que»), «introduit un fait qui n'a pas eu lieu, mais qui a été remplacé par le fait énoncé dans la principale» (Le Bidois) : *Au lieu que son histoire l'ait calmé, on dirait plutôt qu'il s'aigrit* (Romains). *Au lieu que la langue s'apprenne par la seule pratique, elle est enseignée aux enfants dès l'école primaire* (Marouzeau).

LIEU-DIT orth. S'écrit avec un trait d'union. Plur. : **des lieux-dits.** Ne pas confondre avec la forme libre **le lieu dit ...**

LIEUTENANT orth. Composés : *lieutenant(s)-colonel(s),* mais *lieutenant(s) de vaisseau ; lieutenant général* (plur. : *des lieutenants généraux*). ♦ **forme** Le féminin **lieutenante** n'est plus employé pour désigner la «femme du lieutenant». Les classiques l'admettaient.

LIÈVRE forme La femelle du lièvre est la **hase** (→ ce mot).

LIGHT emploi et sens On rencontre souvent cet adjectif anglais pour qualifier des produits (principalement culinaires) **allégés :** on préférera ce dernier mot, même s'il est plus long que son équivalent d'outre-Manche.

LIGNAGE emploi et sens Ce substantif archaïsant est remplacé par **lignée** au sens de «ensemble des parents issus d'une même personne», mais il connaît une acception moderne dans le vocabulaire de l'imprimerie : «Nombre de lignes imprimées entrant dans la composition d'un texte.»

LIGNE orth. On écrit : *des avions, des bâtiments de ligne, monter en ligne* («front de bataille»), mais, au pluriel : *les lignes ennemies. Être en ligne, hors*

ligne, en ligne de compte ; la Ligne avec une majuscule pour désigner l'équateur : *passage, baptême de la Ligne,* mais *la ligne Maginot, la ligne Siegfried* (avec une minuscule).

LIGNÉE → LIGNAGE

LIGNITE genre Masc. : **du lignite.**

LIMAÇON → ESCALIER

LIMBE et **LIMBES** sens Au singulier, «bord extérieur du disque d'un astre» (ne pas confondre avec **nimbe,** «cercle lumineux»), ou «bord gradué d'un cercle», ou, en botanique, «région centrale d'une feuille». Au pluriel, **les limbes :** «séjour de certaines âmes avant la Rédemption», mais surtout, au figuré, «endroit vague et mal défini» : *Si tu crains d'avoir peur de ces limbes laiteux, je ferai apparaître dans leur angle ta fleur préférée* (Giraudoux).

LIMINAIRE, LIMINAL, PRÉLIMINAIRE sens Le premier adjectif a le sens de «qui se trouve au seuil d'une œuvre» : *une note liminaire.* Le deuxième n'est employé qu'en psychologie, au sens de «nécessaire pour provoquer le plus petit ébranlement perceptible de la conscience» : *Ce stimulus reste bien au-dessous de l'excitation liminale.* Quant à **préliminaire,** il a un emploi beaucoup plus vaste que les deux premiers mots, et se substantive aisément. Il signifie «qui se trouve au début, en tête» : *les préliminaires d'un traité.*

LIMITE orth. et emploi Ce mot s'emploie parfois en apposition avec valeur d'adjectif. L'expression ne prend alors pas de trait d'union : *un cas limite, une expérience limite* (→ CLEF). On écrit : *les dates limites, une ambition sans limites.* Le tour *à la limite,* qui a le sens de «presque», est devenu au début des années 90 un véritable tic du langage «branché» : *Il ne murmure plus que des mots incompréhensibles, le corps agité de faibles mouvements réguliers. On aurait pu croire, à la limite, qu'il pleurait* (Velan).

LIMITROPHE constr. **Limitrophe de** et non **limitrophe avec* ou *d'avec,* ou *à.*

♦ **sens** «Qui a des frontières communes avec».

LIMON sens Même sens que **brancard**, on en compte deux par attelage : **les limons**. Ne pas confondre avec le **timon**, «flèche unique».

LINGUAL prononc. [lɛ̃gwal] à la différence du suivant. ♦ orth. Avec *-gu-*.

LINGUISTIQUE prononc. Non pas *[lɛ̃gwistik], ou *[lɛ̃gistik], mais [lɛ̃gɥistik]. De même pour **linguiste**.

LINO forme Cette abréviation est commune à **linoléum, linotype** et **linotypiste**. Plur. : **des linos**.

LINON sens «Tissu fin et transparent en lin ou en coton» : *Elle avait du corsage et elle l'agrémentait de jabots de linon* (Giono). Ne pas confondre avec **nylon**.

LIPPE, LIPPÉE, LIPPU orth. Deux *p*.

LIQ- prononc. De tous les mots commençant par ce groupe, seul *liquation* se prononce avec un [w]; les autres font [like], [liki] ou [liko] : *liquéfier, liquidité, liquoreux*.

LIRE constr. On dit : *lire dans un livre, dans la Bible, dans le journal*, mais *sur une pancarte, sur un mur*, etc. → JOURNAL

□ **lu et approuvé**. Cette formule est invariable.

LIS prononc. [lis]. ♦ orth. L'orthographe **lys** est archaïque.

LISÉRÉ prononc. et orth. Avec un accent aigu sur chaque e : *Je fixais mes yeux sur ce liséré sombre qui s'allongeait sur la mer* (Gracq). *Il se tourna vers Lisa qui versait lentement la tisane dans la tasse au liséré bleu* (Gallo). La prononciation est [lizere], mais l'usage actuel tend de plus en plus à escamoter le premier [e] : [lizʀe].

LISSE → LICE

LIT orth. On écrit (sans trait d'union) *lit (s) de camp, lit(s) clos, lit(s) gigogne(s), ciel(s) de lit, lit(s) de plume, lit(s) de roses*, mais *lit(s)-cage(s)*, et, en un seul mot, *châlit(s)*.

LITANIES emploi et sens Toujours au pluriel dans le sens premier de «prière adressée à Dieu et aux saints». Au singulier, dans une extension figurée et familière : «propos ennuyeux».

LITH- forme Cet élément, issu du grec et signifiant «pierre», s'écrit toujours avec un *h* étymologique quand il est en tête du mot : *lithosphère*, etc. Mais on le trouve parfois simplifié en -lite à la fin du mot : *aérolithe* ou *aérolite*.

LITOTE sens Figure de style consistant à dire le moins pour exprimer le plus. En voici deux exemples : *Les Huault, tenanciers de la Vergeraie, accablés de filles, dont l'une ne me sera pas cruelle* (Bazin). *Son élocution saccadée n'a pas peu contribué à dramatiser la nouvelle* (Colombier). C'est le contraire de l'**hyperbole**.

LITRE emploi Après un nombre en chiffres, s'abrège en l minuscule non suivi d'un point : *120 l, 13,5 l*.

LITUANIEN orth. Ce mot s'écrit aujourd'hui sans *h*, de même que le nom du pays.

LIVIDE sens Le sens originel de cet adjectif est «bleuâtre ou violacé», mais il en vient à signifier, dans l'usage courant, «d'une pâleur grise et terne». On l'emploie surtout en parlant de la peau, du teint.

LIVING-ROOM orth. Plur. : **des living-rooms**, ou **des livings**. ♦ emploi et sens Cet anglicisme, souvent abrégé en **living**, peut être remplacé par le mot **séjour** (→ ce mot), mais son existence est assez solide, en partie grâce au snobisme. Il est regrettable que l'usage n'ait pas adopté la «traduction» des Canadiens français, qui disent **vivoir**.

LIVRESQUE sens Le sens souvent péjoratif, «qui ne vient que des livres», en opposition à la «vérité de la vie».

LOBBY orth. Plur. : **des lobbies**. ♦ sens «Groupement quelconque exerçant des pressions sur le pouvoir.» Il est plus simple et plus clair de remplacer cet anglicisme par la locution **groupe de pression**. Ne pas confondre avec **hobby**.

LOBECTOMIE et **LOBOTOMIE** sens Le premier mot désigne l'ablation d'un **lobe** (du poumon ou du cerveau), le second la section de fibres nerveuses du cerveau.

LOCK-OUT prononc. [lɔkawt]. ◆ orth. Mot invariable : **des lock-out.** ◆ sens « Fermeture d'une usine décidée par le patron pour répondre à une grève ». ◆ dérivé : *lock-outer.*

LŒSS prononc. [lœs]. ◆ sens « Fin limon calcaire ».

LOGARITHME orth. Ne pas oublier le *h.* Pas de *y.*

LOGICIEL emploi et sens Ce néologisme a heureusement remplacé l'anglais **software,** pour désigner l'« ensemble des programmes, procédés et règles permettant le fonctionnement d'un ensemble de traitement de données » (recommandation officielle du 22 décembre 1981) : *La directive du 14 mai 1991 [...] vise à renforcer la protection donnée aux auteurs de logiciels, tout en facilitant l'utilisation des programmes d'ordinateurs* (Le Monde, 16 octobre 1992). Il s'emploie aussi comme adjectif, au sens de « qui se rapporte à un logiciel ».

LOGIQUE et **LOGISTIQUE** sens Le premier adjectif signifie « qui est conforme à la logique » ou « qui résulte de la nature ou de la vérité des choses » : *un raisonnement parfaitement logique.* **Logistique** est un adjectif ou un substantif du lexique militaire : « (ayant trait au) domaine de l'art militaire qui étudie l'ensemble des procédés permettant aux armées de combattre ou de faire mouvement dans les meilleures conditions possibles » : *La profondeur des intuitions logistiques de Napoléon a été mise en doute par Tolstoï dans* Guerre et Paix.

-LOGISTE ou **-LOGUE** emploi et sens Ces deux suffixes s'emploient à peu près l'un pour l'autre dans les noms qui désignent les spécialistes d'un secteur de la science, et particulièrement dans le domaine médical : *gynécologue* ou *gynécologiste, radiologue* ou *radiologiste,* etc. Mais on emploie exclusivement : *biologiste.*

LOGO forme Plur. : **des logos.** ◆ emploi et sens Ce mot assez récent est employé couramment au sens de « petit dessin ou graphisme symbolisant une entreprise, un organisme, une association, etc., et servant de signe de reconnaissance » : *La Fédération française de ski a retiré la protestation qu'elle avait émise, mardi 11 février, contre les slalomeurs italiens du combiné alpin en raison de la taille d'un logo publicitaire porté sur le bras gauche* (Le Monde, 17 février 1992).

LOGOMACHIE sens « Querelle à propos de choses insignifiantes » ou « assemblage de mots creux, discours ou raisonnement tournant en rond ». Ne pas confondre avec **tautologie** (→ ce mot).

LOI-CADRE orth. Avec un trait d'union. De même dans *loi-programme* et *décret-loi.* Plur. : **des lois-cadres,** *des lois-programmes, des décrets-lois.*

LOIN orth. Invariable, car il s'agit d'un adverbe : *Elles sont loin.* ◆ emploi Cet adverbe entre dans de nombreuses locutions qui marquent la distance, soit dans le temps, soit dans l'espace, soit au point de vue logique entre deux faits, deux idées, etc.

□ **loin de.** Suivi de l'infinitif seulement lorsque le sujet des deux verbes est le même : *Loin de se complaire à cette évocation, elle se hâtait de faire ses emplettes* (Jorif). Si les sujets sont différents, on emploie **loin que** et le subjonctif : *Bien loin qu'il la dissimulât, l'oncle Suprême parlait volontiers de cette avarice et s'en faisait gloire* (Aymé).

□ **du plus loin que, d'aussi loin que.** Ces groupes conjonctifs se construisent avec l'indicatif au sens spatial : *Du plus loin que j'apercevais une canne hésiter sur l'angle d'un trottoir, je me précipitais* (Camus), et avec le subjonctif au sens temporel : *D'aussi loin que je m'en souvienne, je l'ai toujours haï* (Gide).

□ **loin de (moi).** Cette locution elliptique est admise par le bon usage et peut être suivie soit d'un substantif, soit directement d'un infinitif précédé de la préposition de : *Loin de moi, cependant, la pensée de renoncer à des droits qui sont incontestables* (Lautréamont). *Loin de moi de vous en faire le reproche !* On pourrait avoir aussi : *loin de moi l'idée de.*

☐ **de loin en loin.** Cette locution a aujourd'hui complètement supplanté le tour classique *loin à loin* ou *de loin à loin : Mes clients firent ce pas et se raréfièrent. De loin en loin je plaidais encore* (Camus). Le sens est tantôt temporel, comme ici, tantôt spatial.

☐ **c'est le meilleur de loin.** De loin peut renforcer un superlatif ou un ensemble comparatif : *Cet athlète l'a emporté de loin sur ses concurrents.* La place est variable : *C'est de loin le plus âgé des quatre* ou *c'est le plus âgé des quatre, (et) de loin.* → BEAUCOUP et PEU

☐ **loin s'en faut.** Cette locution a été forgée dans les années 80 à partir d'un télescopage entre **loin de là** et la locution plus ancienne **tant s'en faut.** Elle est mal formée, *falloir* au sens de « manquer » exigeant un terme de quantité ; mais elle est bien implantée dans la langue usuelle, même si les dictionnaires ne l'enregistrent pas encore : *Les pays développés, entre eux, et ceux du tiers monde, ne partagent pas, loin s'en faut, la même analyse de ces obstacles* (Grall, *Le Monde,* 12 juin 1985).

LOISIBLE emploi et sens Synonyme vieilli de **permis,** qui ne s'emploie guère que dans le tour impersonnel **il m'est loisible de** + infinitif.

L'ON → ON

LONG prononc. Le *g* final se liait autrefois devant une voyelle en donnant le son [k]. On prononce aujourd'hui plus souvent un *g* : **un long ennui** [œ̃lɔ̃gɑ̃nɥi] ou [œ̃lɔ̃kɑ̃nɥi]. ♦ emploi S'emploie à la place de *longueur* dans le type de phrases suivant : *Cette digue a six cents mètres de long.*

☐ **tout au long** ou **tout du long.** La seconde locution est la plus courante. Toutes deux signifient « complètement, sans rien laisser de côté » : *Des documents d'un caractère si particulier qu'il s'amusa à les recopier tout au long* (Green). Pourtant, *dit mon père en laissant tomber le journal, c'est écrit là tout au long* (Guilloux).

☐ **il est tombé de tout son long.** Ne pas dire **tout de son long.*

☐ **au long de** ou **le long de.** La première locution apparaît plus littéraire : *Il se promenait au long du canal,* mais on dira également *le long du canal.*

☐ **(ne pas) faire long feu** → FEU

LONG-COURRIER orth. Avec un trait d'union. Plur. : **des long-courriers** ou *des avions, des navires, des transports long-courriers.* **Long cours** s'écrit sans trait d'union et ne s'emploie qu'au singulier : *un capitaine au long cours, la navigation de long cours.*

LONG-JOINTÉ forme et sens *Des chevaux long-jointés* : les vétérinaires nomment ainsi les bêtes « qui ont le paturon trop long ».

LONGUEUR → LONG

LOOPING emploi et sens Anglicisme déjà ancien et passé dans notre langue sans francisation orthographique, au sens de « boucle acrobatique faite par un avion ». Plur. : **des loopings.**

LOQUACE prononc. On dit aujourd'hui [lɔkas] et non **[lɔkwas]. De même pour le dérivé **loquacité** [lɔkasite]. ♦ sens Synonyme de **bavard,** dans un registre plus élevé : *Eh bien, mes enfants, vous n'êtes pas loquaces. Avez-vous déjà le mal du pays ?* (Bazin).

LORD prononc. À la française [lɔʀ] ou approximativement, à l'anglaise : [lɔʀd] (avec un [ʀ] très faible). Même remarque pour *lord-maire.* ♦ orth. Employé devant un nom propre, **lord,** en principe, prend une majuscule : *Lord Byron.* Le féminin est **lady** (→ ce mot). Prennent un trait d'union, avec *lord-maire : lord(s)-avocat(s), lord(s)-lieutenant(s), lord(s)-lieutenance(s).* Mais, en un seul mot : *landlord(s).*

LORS emploi Cet adverbe de temps, qui ne se rencontre guère sous cette forme simple (→ ALORS) est encore vivant dans quelques locutions : *dès lors, depuis lors, pour lors,* etc., et surtout dans le tour prépositionnel *lors de : C'est un exemple parfait de réussite, disait Merani à Ritzen qui l'interrogeait sur Carlo Revelli, l'un des gros entrepreneurs de la ville, la preuve que dès lors qu'on veut travailler, tout est possible* (Gallo).

□ **lors même que.** Se construit avec le conditionnel et aussi l'indicatif, pour introduire une proposition concessive. Appartient à la langue littéraire exclusivement : *On dînait chez eux lors même qu'ils n'y étaient pas* (Funck-Brentano). *Ce qui est juste est juste, lors même que le monde devrait crouler* (Zola).

LORSQUE forme Le *e* final s'élide devant *il, elle, on, un, une* et parfois *en*. ♦ emploi **Lorsque** est plus soutenu que **quand.** Ne pas confondre **lorsque** (« au moment où ») avec la locution **dès lors que** (« du moment que »).

LOSER orth. et sens Cet américanisme, qui a le sens de « perdant » (issu de *to lose*, perdre) et s'oppose au *gagneur* (→ ce mot), est souvent écrit à tort *looser*, sans doute en raison de la prononciation (correcte) [lu:zœʀ], qui correspond généralement en anglais à la graphie *oo* : *Son destin* [de Vince Taylor] *l'apparente aux loosers sublimes.* [...] *Il ne se relèvera jamais de ses triomphes* (Marmande, *Le Monde*, août 1991).

LOUIS-PHILIPPARD forme Trait d'union. Le premier élément est évidemment invariable : *Une bergère louis-philipparde.* De même, *louis-quatorzien.*

LOUKOUM forme On rencontre aussi **lokoum** et parfois la locution arabe complète : **rahat lo(u)koum.** ♦ sens « Friandise orientale. »

LOUP orth. Dans les composés, *loup* reste invariable au pluriel quand il est précédé de la préposition *de* : *des gueules-de-loup*, et il prend un *s* quand il est en tête : *Les loups-garous épouvantaient les petits enfants.* ♦ sens Dans divers jargons de métier (la couture, la métallurgie, la typographie, etc.), un *loup* est un « défaut », acception qui a donné le verbe familier *louper* : *Ma jupe godaille : la couturière m'y a fait un loup.*
□ **loup-cervier.** Plur. : **des loups-cerviers.** Fém. : **loup(s)-cerve(s).**
□ **loup-garou.** Prend un trait d'union.
□ **loup de mer.** Pas de trait d'union. Plur. : **des loups de mer.**

LOUVETEAU orth. Un *e* après le *t*.

LU ET APPROUVÉ → LIRE

LUBIE sens « Caprice, tocade. » Ne pas confondre avec **phobie** (→ ce mot).

LUBRIFIER orth. Ne pas écrire *lubréfiant* ou *lubréfier* (faute assez répandue).

LUI orth. Complément d'un verbe à l'impératif, *lui* est précédé d'un trait d'union : *dites-lui, fais-lui* (impératif). ♦ emploi Peut se rencontrer comme sujet insistant dans un verbe personnel, sans être la reprise d'un *il* antérieur : *Lui se sentait perclus de timidité* (Mauriac). *Faites comme moi ! Couchez-vous ! Lui ne se couche qu'à moitié* (Romains). *Lui qui n'avait plus entendu parler de toi depuis des années transmet immédiatement la nouvelle au portier* (Delay). Il est parfois séparé du verbe par une virgule : *Frédéric II savait que, lui, n'abandonnerait pas* (Giono). *Lui aussi, gagné par le plaisir, il se mit à poursuivre le grand Pierrot* (Alain-Fournier). *Lui* peut être objet direct : *Tout est prêt sous mon toit pour recevoir lui et sa suite* (Louÿs). *Nous n'accusons que lui.*
□ **à lui confié.** Ce tour, qui remonte au XVIIIe s., est marqué par l'antéposition du pronom personnel objet indirect, introduit par la préposition *à*, devant un participe : *Un des attraits du livre à lui consacré par M. G. Jean-Aubry* (Henriot). La même construction se fait avec *moi, toi, vous, elle, eux* : *Ceux qui, comme moi, ont gardé pour le Racine à eux enseigné jadis un secret penchant* (Billy). Plus rarement, le même tour se présente avec d'autres prépositions : *de, pour, par*, etc. *Deux de ses espions particuliers de moi bien connus* (Stendhal). *Les nations industrielles qui produisaient et vendaient les articles par elles fabriqués* (Duhamel).
□ **il lui a dépensé tout son argent.** Le pronom *lui* est parfois employé, comme les autres pronoms, pour indiquer au profit ou au détriment de qui se produit l'action : *Pour le convaincre, il l'avait même menacé de ne plus lui écouler son Pernod* (Duras). → PRONOMS PERSONNELS, ÉTHIQUE (DATIF)
□ **lui / soi.** Le plus souvent, **lui** est substitué à **soi** quand le sujet est bien déterminé : *Il ne pense qu'à lui. Jacques est chez lui.* Cependant, *soi* est employé pour éviter une équivoque ou

quand le sujet est indéterminé : *On est chez soi. Chacun chez soi.*

□ **lui-même** → MÊME

LUIRE conjug. Comme *conduire*, mais le participe passé ne prend pas de *t* final. Le passé simple *je luisis* et l'imparfait du subjonctif *que je luisisse* sont pratiquement inusités. On tend à employer *je luis, ils luirent.* Le participe passé *lui* est invariable. → APPENDICE

LUMBAGO prononc. [lɔ̃bago] et non *[lœ̃-] qui tend à se répandre.

LUMIÈRE emploi et sens Archaïsme, au sens de « connaissance » ou de « capacité intellectuelle » (le plus souvent au pluriel) : *Mais, je m'aperçois que je fais rentrer en scène un septième personnage sur lequel je ne vous ai point fourni de lumières* (Bazin). *Le Siècle des lumières* (le XVIIIᵉ siècle). Distinguer *faire de la lumière* (« allumer ») et *faire la lumière* (« donner les explications nécessaires »). *Donner de la lumière* → ALLUMER.

LUNCH prononc. [lœ̃ʃ] ou [lœnʃ]. ♦ orth. Plur. : **des lunchs** ou **lunches.**

LUNETTE(S) emploi et sens Au singulier, « instrument d'optique à un seul oculaire » : *lunette d'approche, lunette astronomique.* Au pluriel, « paire de verres enchâssés dans une monture » : *Un vieux monsieur qui s'arrête, met ses lunettes et déchiffre avec application le texte entier* (Robbe-Grillet). *Porter des lunettes ; une paire de lunettes,* assez courant, est négligé. → JUMELLES

LURON forme Fém. : **une luronne,** avec deux *n* (rare). ♦ emploi et sens Bien que ce substantif désigne par lui-même une personne « gaie, enjouée », le pléonasme *gai luron* (ou *joyeux luron*) est aujourd'hui passé dans l'usage. → DRILLE

LUTH, LUTHERIE, LUTHIER orth. Ne pas omettre le *h.*

LUXATION sens « Déplacement de deux surfaces articulaires, bloquant une articulation. » Ne pas confondre avec **foulure** ou **entorse,** qui sont seulement des « distensions de ligaments plus ou moins douloureuses ». Attention à l'influence formelle de *foulure,* qui fait parfois créer un faux **luxure* (→ LUXURIANT).

LUXURIANT et **LUXURIEUX** sens Le premier adjectif correspond à la **luxuriance,** au sens de « abondance », surtout en parlant de la végétation : *Ce paysage aurait eu une certaine beauté s'il n'avait recelé en lui comme la promesse d'une mort luxuriante* (R. Jean). *Une végétation luxuriante.* Le second vient de **luxure,** et signifie « ayant trait à la débauche, aux désordres de la chair » : *Il faut être au moins duchesse pour faire tolérer dans un salon cette touche de caissière luxurieuse* (Romains). Une confusion comique, et regrettable, se produit parfois : *Cet hôtel pourtant se vante, dans ses prospectus, d'être « le plus luxurieusement meublé » qui soit en Europe !* (Colette).

LY- S'écrivent avec *ly* et non avec *li,* notamment les mots : *lycée, lycéen, lymphe, lyncher* (et dérivés), *lynx, lyophiliser* (et dérivés), *lyre, lyrisme, lyrique, électrolyse, électrolytique, élyséen, élytre, olympique.*

LYNCHER forme Ce verbe est dérivé de *Lynch,* nom propre, et remplace ordinairement la locution **loi de Lynch,** qu'on déforme parfois en **loi du lynch.* ♦ dérivé *lynchage.*

LYOPHILISER orth. Un seul *y,* ainsi que pour *lyophilisation, lyophilie, lyophile.*

LYS → LIS

M

M emploi Cette lettre commande plusieurs abréviations conventionnelles courantes, introduisant à des noms de personne.

MABOUL orth. Pas de *e* final au masculin. Plur. : **mabouls.**

MAC forme S'abrège en *M'*, *Mc* ou *M*. ♦ sens Mot celtique, qui signifie « fils » et qui, parfois abrégé, entre en composition de noms propres d'origine écossaise ou irlandaise : *Douglas Mac-Arthur, Joseph MacCarthy* (deux majuscules et en un seul mot), mais on écrira *Pierre Mac Orlan, le maréchal de Mac-Mahon.*

MACARONI forme On peut dire **du macaroni** ou **des macaroni(s).** Le *s* est facultatif, *macaroni* étant un pluriel italien.

MACH prononc. [mak]. ♦ emploi et sens Terme technique servant à désigner une ou plusieurs fois la vitesse du son : *Ce jet volera bientôt à Mach 2.* Ce mot conserve la majuscule du nom du savant dont il est issu. → JET

MÂCH- orth. On écrit (avec accent circonflexe) : *mâche, mâchefer, mâchelier, mâcher, mâchicoulis, mâchoire, mâchurer* et sans accent : *machette, machinal, machinalement, machine,* etc.

MÂCHICOULIS orth. Accent circonflexe sur le *a* (même famille que **mâcher**), et *s* terminal : *Véritable nid d'aigle couronnant un tertre abrupt de*

ses tours à mâchicoulis, le château de Germigney profilait sa silhouette (A. Besson).

MACHINE orth. Ce mot forme des composés qui prennent un trait d'union : *machine(s)-outil(s); machine (s)-frein(s); machine(s)-transfert(s).* On écrira sans trait d'union : *une machine à écrire, faire machine arrière.* Mais : *la théorie de l'homme-machine.*

MACHINER emploi et sens Ce verbe qui signifie « bâtir en secret, fomenter », est moins courant que son dérivé **machination.** Quant à **machinerie,** il ne s'emploie que dans le lexique industriel.

MACHO prononc. [matʃo]. ♦ orth. Ne pas insérer de *t* : la prononciation est celle du *ch* espagnol. ♦ emploi et sens Ce mot très à la mode (surtout depuis les mouvements féministes de 1968) désigne un « mâle qui abuse de sa prétendue supériorité sur le sexe féminin » : *Les Argentins sont souvent machos.* Le français a créé le dérivé *machiste,* adjectif et nom de même sens : *un comportement machiste.*

MACKINTOSH orth. Compliquée et arbitraire : on a rajouté à l'original un *k* pour éviter la prononciation *[masɛ̃-]. Mais le nom d'un célèbre modèle d'ordinateur s'écrit sans *k* : *MacIntosh.* ♦ sens « Imperméable d'origine écossaise. »

MACRO- orth. Les mots construits sur cet élément ne prennent pas de trait d'union, même devant une voyelle. On écrit : *macroévolution, macroéconomique,* etc. ♦ **sens** Ce préfixe à caractère scientifique signifie « grand » et ne doit pas être confondu avec **micro-** (« petit »), dans un certain nombre de composés tels que *macrocosme,* « univers » (surtout par opposition à l'homme), *macrophotographie,* « photographie donnant une épreuve plus grande que l'objet réel » (alors que la *microphotographie* est la « photographie d'objets qui ne sont visibles qu'au microscope »), *macroscopique,* « qui se voit à l'œil nu » (par opposition à *microscopique*), etc.

MADAME forme Plur. : **mesdames.** ♦ **emploi** Dans le langage enfantin ou par ironie, ce substantif est employé pour lui-même : *la belle madame, jouer à la madame.* Il peut être employé seul lorsqu'on s'adresse à une personne : *Bonjour, madame,* et par déférence : *Madame est sortie.* On peut dire : *la belle madame Untel.* → MONSIEUR et GUIDE TYPO.

« MADE IN » emploi et sens Formule invariable figurant sur les objets manufacturés, suivie du nom du pays d'origine. Le sens est : « fabriqué en ».

MADEMOISELLE forme Plur. : **mesdemoiselles.** ♦ **emploi** On ne dit pas plus **une mademoiselle* qu'on ne dit **une madame* (sauf dans le langage enfantin). La langue populaire abrège parfois ce mot en *mam'selle, mam'zelle, m'zelle.* → GUIDE TYPO.

MADRAS prononc. Le *s* final se fait entendre [madʀas] au contraire de celui de **damas** [dama]. ♦ **orth.** Pas de majuscule : *un madras, un châle de madras.*

MADRIGAL forme Plur. : **madrigaux.**

MAELSTRÖM prononc. Le *e* reste muet et le *s* ne se prononce jamais **[ʃ]* : on entend [malstʀɔm], [-øm] ou [-om]. ♦ **orth.** Plur. : **maelströms.** ♦ **forme** On rencontre également : **maelstrœm, malstrom.**

MAFFIA orth. On écrit aussi **mafia.** ♦ **dérivé** On emploie parfois le mot italien **maffioso** « membre de la maffia ». Plur. : **maffiosi.** Mais la tendance actuelle est de franciser en **maffieux, maffieuse.**

MAFFLU emploi et sens Adjectif très désuet, au sens de « qui a de grosses joues » : *Une troisième sœur entre aussitôt, mafflue, difforme* (Aymé). → JOUFFLU

MAGASIN orth. Avec un *s.* Mais on écrit (avec un *z*) : *un magazine.* → ce mot

MAGAZINE orth. Avec un *z* et non un *s.* Ne pas céder à l'analogie de **magasin.**

MAGE orth. On écrit aussi **maje,** quand ce mot est un adjectif dans la locution *juge mage* (ou *maje*). *Les Rois mages* (où *mage* est un autre mot) : majuscule à *Rois ;* pas de trait d'union. Mais *les Mages.*

MAGISTRAL forme Masc. plur. : **magistraux.**

MAGMA orth. S'écrit sans *t* final. Plur. : **magmas.**

MAGNAT prononc. [magna]. ♦ **sens** Ce mot d'origine polonaise désigne un « capitaliste tout-puissant ».

MAGNÉTO- emploi Ce radical, qui entre dans la formation de nombreux composés, est suivi d'un trait d'union devant une voyelle : *magnétodynamique, magnétomètre,* mais *magnétoélectrique, magnéto-optique.*

MAGNIFICAT prononc. [magnifikat]. ♦ **orth.** Mot invariable.

MAGNIFICENCE prononc. [maɲifisɑ̃s]. → MUNIFICENCE

MAGNITUDE prononc. [maɲityd]. ♦ **emploi et sens** Ce synonyme de **grandeur** n'est utilisé qu'en astronomie, pour estimer l'importance des dimensions d'un astre, et en sismologie : *Le 14 novembre 1981, un séisme de magnitude 7 sur l'échelle de Richter avait touché la région du barrage d'Assouan* (Le Monde, 14 octobre 1992).

MAGNOLIA prononc. [maɲɔlja]. ♦ **orth.** Pas de *i* après le *n.*

MAGOUILLE emploi et sens Ce mot et ses dérivés connaissent depuis 1970 une très grande vogue dans le domaine de ce qu'on appelait jadis la **combine,** c'est-à-dire l'opération ou la tractation douteuse, malhonnête. On emploie aussi les dérivés *magouiller, magouillage, magouilleur, magouilleuse :* de registre familier au départ, ces mots sont employés dans des secteurs très larges de la société actuelle.

MAHARAJA forme On rencontre aussi **maharadjah,** ou **maharajah :** *Un maharadja, celui de Palempour, acheta la première licence pour l'étranger* (P. Jardin). Plur. : **maharajas** ou **maharaja.** Le féminin est **maharani.** ♦ **sens** « Titre princier en Inde. »

MAH-JONG orth. S'écrit parfois plus simplement **ma-jong.**

MAI orth. Plur. : **des mais.** Majuscules pour désigner la fête du Travail : *le Premier Mai.*

MAIGRIR conjug. Avec *avoir* pour les temps du passé : *Il a maigri* et *être* pour l'état résultant de l'amaigrissement : *Il est bien maigri* (ou mieux *amaigri*).

MAIL-COACH forme Plur. : **mail-coaches.**

MAILLE emploi Dans **avoir maille à partir,** il s'agit d'un vieux mot, *maille,* qui signifiait « demi-denier », employé avec l'ancien verbe *partir,* « partager ». → PARTIR 1

MAIN orth. On écrit *main* au singulier dans les expressions : *une poignée (des poignées) de main ; avoir* ou *prendre en main ; un vote à main levée ; des jeux de main ; un coup (des coups) de main ; bien en main ; de main de maître ; ne pas y aller de main morte ; faire main basse ; un homme (des hommes) de main ; à main armée ; de longue main ; de main en main ; (avoir, être) en main ; en sous-main ; un tour (des tours) de main.* Ce substantif prend le pluriel dans : *à pleines mains ; en mains sûres ; en bonnes mains.* On écrit indifféremment : *en main propre* ou *en mains propres, changer de main* et *changer de mains,* et sans trait d'union : *Haut les mains ! Réussir haut la main.* Mais :

prêter main-forte, la main-d'œuvre. Et en un seul mot : *mainlevée, mainmise, mainmorte.* ♦ **emploi** La locution *à main droite* (ou *gauche*) est vieillie, on dit plus souvent aujourd'hui *à droite* (ou *à gauche*). → DROIT

□ **en un tour de main.** Cette locution est plus claire que *en un tournemain,* qui a vieilli et paraît régional : *Tandis qu'en un tour de main j'avais quitté tous mes vêtements et les avais jetés en tas sur une chaise au chevet de mon lit* (Alain-Fournier). → TOURNEMAIN

MAINLEVÉE sens « Acte mettant fin à une saisie ou à une hypothèque. » Ne pas confondre avec **(voter à) main levée,** en deux mots.

MAINMORTE sens Se dit en droit de certains biens inaliénables. C'était autrefois le « droit pour le seigneur de disposer des biens laissés par un vassal à sa mort. » Ne pas confondre avec l'expression **ne pas y aller de main morte.**

MAINT orth. *Maint* s'emploie au singulier ou au pluriel, pourvu qu'il soit accordé : *en mainte occasion* ou *en maintes occasions ; maint ennemi* ou *maints ennemis.* ♦ **emploi et sens** L'emploi pronominal de cet indéfini est archaïque : *Maintes de tes insolentes réponses nous l'ont prouvé* (Anouilh). *Une philosophie dont se réclame maint d'entre eux* (Benda, cité par Grevisse). Il se rencontre comme adjectif au sens de « plus d'un », pour le singulier, et de « un assez grand nombre de », pour le pluriel : *En échangeant maint signe et maint clignement d'yeux* (Baudelaire). *Une grille, sans laquelle maint roman ou poème nous resterait obscur* (Paulhan). *Patrice, depuis 1936, recevait en outre maints papiers qui provenaient de gens qu'il ne connaissait pas* (Duhamel). Ce mot appartient essentiellement au registre littéraire, sauf dans quelques locutions stéréotypées : *mainte(s) fois, à mainte(s) reprise(s).* Il demanda donc à Pilar d'user à leur intention du recours maintes fois employé par les moines* (Peyré). Avec redoublement intensif : *maintes et maintes fois. Quart d'heure après quart d'heure les compagnons s'emparent de maintes et maintes tables haut situées* (Romains). *Ces rudes marins y ont déjà embarqué maintes et* *maintes cargaisons de planches, de peaux, de talc* (Cendrars).

MAINTENANCE sens Anciennement, abstrait, au sens de «action de maintenir». Aujourd'hui, acception néologique : «maintien à leur nombre normal des effectifs et du matériel d'une troupe au combat», et, par extension, «maintien d'un matériel technique en état de fonctionnement».

MAIRE genre et forme On dit *madame le maire* (comme madame le ministre, etc.). Quand on rencontre **mairesse**, ce mot désigne généralement la femme du maire et non pas un maire de sexe féminin : *Je suis un vieux célibataire, dit-il, et là-haut je gênerais la mairesse* (Giono).

MAIS emploi Ce mot n'est plus adverbe aujourd'hui, si ce n'est dans la locution archaïsante **n'en pouvoir mais**, c'est-à-dire «plus». On trouve parfois **n'y pouvoir mais**. Dans l'emploi courant, *mais* est conjonction de coordination. Il est alors le plus souvent précédé d'une virgule. Il sert souvent à renforcer ce qui vient d'être dit : *Il avait pris à Monte-Carlo une de ces culottes, mais alors une de ces culottes!* (Aragon). ♦ Voici un curieux emploi humoristique : *J'entends Sonia se plaindre qu'il n'y a rien-maisrien* (Daninos). ♦ La langue littéraire répète parfois **mais** devant plusieurs sujets juxtaposés : *Mais la retenir, mais forcer la porte, mais pénétrer n'importe comment dans la maison, non, cela ne m'était pas possible* (Gide).

□ **mais bien**. Ce groupe adversatif se rencontre à la suite d'une proposition négative, et renchérit avec vigueur. Cet emploi est plus familier que celui de *mais au contraire : Je n'aime pas la pensée qui s'attife; mais bien celle qui se concentre et se raidit* (Gide). *Une phrase qui n'est nullement une interrogation mais bien une constatation formulée sur le mode explosif* (Cavanna).

□ **non mais (des fois)!** Ce renforcement interjectif expressif (indignation) appartient à la langue populaire.

□ **non seulement... mais**. Après *non seulement...* on emploie *mais encore, mais, mais aussi, mais surtout*. → SEULEMENT

MAISON emploi et sens Fréquent dans la langue courante comme apposition, au sens de «qui a été fait à la maison» : *Un pâté maison*. Se dit aussi dans la langue commerciale : *le genre maison* pour «le genre de la maison». Emploi extensif : *Je dois avoir un complexe de derrière les fagots. – Tout comme moi, nous avons des complexes maison* (Sartre). Familièrement, *maison* peut exprimer la qualité, de manière intensive : *Jacques Perret, dans son «Caporal épinglé», parle de commando maison. J'ai relevé de même un petit exposé maison chez Raymond Guérin et quelque chose de maison, je te le jure, chez Romain Gary* (Georgin).

□ **maison d'enfants** : forme à conseiller au lieu de *home d'enfants*. On écrit : *maison d'arrêt, maison de jeu, maison de retraite*.

MAÎTRE orth. Les mots composés avec ce substantif, soit par juxtaposition : *maître(s) carrier(s), maître(s) chanteur (s), maître(s) nageur(s)*, soit avec la préposition de ou parfois à : *maître de maison, maître à danser* (au sens animé), *maître(s) de ballet, d'équipage, d'école, d'hôtel, d'œuvre, de maître(s) d'armes, de cérémonies, de conférences, des requêtes*, ne prennent pas de traits d'union, sauf *maître-à-danser* (au sens de «compas d'épaisseur»), *maitre-autel, maitre-couple, petit-maitre* (vieilli), premier-maitre, quartier-maitre, maitre-aspirant.

MAÎTRISER emploi et sens Certains critiquent le glissement de sens consistant à employer ce verbe avec pour objet le nom d'une discipline ou d'une spécialité : *Il était admis que l'instruction dite «primaire» devait faire qu'à douze ans chaque Français avait non seulement acquis (je ne dis pas «maîtrisé», je m'efforce de parler français) la lecture, l'écriture* (Cavanna). On peut cependant très bien voir là une métaphore tout à fait acceptable, qui assimile la chose apprise à un animal rétif, qu'il faut «dompter»! Voici tout de même un exemple assez inutilement pédant : *Entretenant des relations privilégiées avec le chancelier, il a su maitriser la problématique allemande* (Fralon, *Le Monde*, 27 juin 1992).

MAJESTÉ → EMINENCE

MAJOR orth. Composés : *adjudant-major, sergent-major, médecin-major, infirmière-major, tambour-major,* avec trait d'union. Plur. : *sergents-majors,* etc. Mais *commandant major, major général,* sans trait d'union.

MAJORETTE → SUFFRAGETTE

MAJORITÉ → COLLECTIF

MAJUSCULE → GUIDE TYPO.

MAL emploi Comme adjectif épithète, ce mot n'existe plus que dans certains tours figés : **bon an mal an, mourir de male mort** (ne pas écrire **mâle),* etc. : *Le père Justo était toujours de male humeur* (Peyré). Mais on le rencontre fréquemment sous la forme négative, comme attribut invariable : *On ira jusqu'à dire : « Elle est pas mal »* ou *« Elle est jolie »* (Giono). **Pas mal** est plus souvent adverbe de quantité. Devant un nom au pluriel, il prend le sens de « un assez grand nombre de » : *Autrefois, quand Pierre l'intimidait, il y avait pas mal de choses qu'elle laissait comme ça de côté* (Beauvoir). *Comme chez nous et chez pas mal d'autres* (Colette). *On a pas mal ouvert de portes à ces monstres, depuis quelque temps* (Cocteau). Devant un nom au singulier, *il marque un degré qui se place sensiblement entre «assez» et «beaucoup»* (Le Bidois) : *Cette ardeur douloureuse que j'ai observée avec un peu de pitié et pas mal de dégoût* (Prévost). Cet emploi quantitatif, sans la particule *ne,* est du registre familier.
□ **mal embouché, mal famé,** etc. → EMBOUCHER, FAMÉ

MAL- forme Les composés ne prennent pas de trait d'union sauf *mal-en-point, mal-être* (langue classique) et *mal-jugé* (terme de droit). Ils s'écrivent en un ou deux mots de façon très variable : *maladroit, malaisé, malappris, malavisé, malbâti* ou *mal bâti, malchance, maldonne, malembouché* ou *mal embouché, malfaçon, malfaisant, malfamé* ou *mal famé, malformation, malgracieux,* etc. La plupart cependant s'écrivent en un seul mot. *Mal-logé* prend un trait d'union : *Avec le retour du froid, les associations humanitaires se remo-* bilisent pour venir en aide aux 400 000 sans-abri et aux 2 500 000 *mal-logés que compte notre pays* (*L'Est républicain,* 16 octobre 1992) ♦ emploi À côté de certains termes tout à fait admis dans la langue moderne, tels que *maladroit, malhonnête,* etc., il y en a plusieurs qui ont une allure archaïsante et s'emploient surtout dans la langue littéraire, de façon affectée : *C'est vrai, vous ne connaissez pas cette cellule de basse-fosse qu'au Moyen Âge on appelait le malconfort* (Camus).

MALADIE orth. On écrit : *une assurance maladie, des assurances maladie.* ♦ emploi La locution **maladie sexuellement transmissible** (sigle *MST*) est désormais le substitut officiel de **maladie vénérienne,** qui renvoie trop au moralisme bourgeois de la fin du XIXᵉ s. : *L'émoi des milieux catholiques [...] constitue le premier accroc dans les campagnes de prévention tant publiques que privées menées depuis peu en France sur les MST et le SIDA et confirme que « le dernier des tabous » n'est pas mort* (Bernard, *Le Monde,* 22 février 1987).

MALAPPRIS orth. En un seul mot, sans trait d'union. ♦ emploi Adjectif vieilli, auquel on substitue d'ordinaire *mal élevé.* On ne doit pas dire **malpoli.* → ce mot

MALBÂTI orth. En un ou deux mots, mais sans trait d'union.

MALCOMMODE emploi On utilise plus couramment **incommode.**

MAL-EN-POINT orth. Deux traits d'union : *Un boxeur mal-en-point.* Mais certains auteurs écrivent : *Un boxeur mal en point.*

MALENTENDU orth. Comme substantif, s'écrit en un seul mot, sans trait d'union. → QUIPROQUO

MALFAISANT prononc. [-fə-] ainsi que pour **malfaisance,** mais [-fɛ-] dans **malfaiteur.** ♦ orth. En un seul mot, ainsi que *malfaisance,* sans trait d'union. Mais *mal faire* s'écrit aujourd'hui en deux mots et non plus en un seul.

MALFAMÉ orth. En principe en un seul mot, sans trait d'union, mais on trouve aussi **mal famé.** → MAL- et FAMÉ

MALGRACIEUX orth. En un seul mot, sans trait d'union; pas d'accent circonflexe : *Ses vêtements trop amples qui faisaient flotter son corps malgracieux* (Labro).

MALGRÉ emploi La locution **malgré que**, suivie du subjonctif et introduisant une subordonnée concessive, est aujourd'hui passée dans l'usage des meilleurs écrivains : *Justin, malgré qu'il fût peu physionomiste, demeura frappé par la ressemblance qu'accusait son visage avec celui de M. Rasselène* (Aymé). *Même il faisait déjà presque chaud, malgré qu'à ces hauteurs les matinées ordinairement soient assez fraîches* (Ramuz). *Malgré que le soir fût d'une tiédeur extrême* (Mauriac). *Malgré que me le conseillât la prudence* (Gide). *Malgré qu'il fût sévèrement jugé par les bourgeoises de la petite ville, ce constant souci de toilette n'alla jamais jusqu'à la faire suspecter de légèreté* (Vidalie). L'indicatif et le conditionnel après *malgré que* sont très rares. ♦ Les puristes admettent *malgré que* seulement dans la tournure classique : **malgré que j'en aie**, «quelque mauvais gré que j'en aie», c'est-à-dire «malgré moi, en dépit de moi, contrairement à mon opinion ou à ma volonté» : *Il avait recommencé de figurer sur les estrades, de haranguer, malgré qu'il en eût, de grandes foules qu'il aimait* (Duhamel). Mais Gide a justifié depuis longtemps l'extension d'emploi de cette locution.

MALHABILE, MALHONNÊTE orth. En un seul mot, sans trait d'union. → DÉSHONNÊTE

MALIN forme Le féminin est **maligne** : *Tu es plus maligne que nos grands capitaines peut-être, qui ne peuvent plus que se faire piler à tous les coups, de nos jours* (Anouilh). Le substantif correspondant est **malignité**. On entend dans la langue populaire le féminin analogique **maline** (d'après *mâtin, mâtine*, etc.). – Désignant le Démon, le mot prend une majuscule : *le Malin*.

MALINTENTIONNÉ forme En un seul mot, sans trait d'union.

MAL-JUGÉ forme En un seul mot, avec un trait d'union (→ MAL-). ♦ emploi et sens Substantif. Terme de droit, «fait de n'être pas conforme à l'équité» : *Ce procès s'est terminé par un mal-jugé*.

MALLE orth. Deux *l*. ♦ emploi Forme le composé **malle-poste** (plur. : **des malles-poste**).

MALNUTRITION emploi Anglicisme bien adapté et viable : «état d'une personne insuffisamment nourrie». Il ne se confond pas avec **dénutrition**, qui désigne un phénomène d'ordre pathologique, un trouble de la nutrition.

MALODORANT forme En un seul mot, sans trait d'union.

MALPOLI emploi Cet adjectif (en un seul mot), employé pour *impoli*, est refusé par le bon usage, de façon assez arbitraire si on regarde les autres adjectifs composés avec *mal* : *Il eut un petit sifflement si malpoli qu'une seconde elle faillit se mettre en colère* (Sagan). On dira plutôt **impoli**.

MALSÉANT emploi et sens Cet adjectif (en un seul mot) appartient à la langue littéraire et a le sens de «non conforme à la bienséance, à la correction».

MALSONNANT orth. En un seul mot, sans trait d'union.

MALSTROM → MAELSTRÖM

MALUS forme Invariable : *Additionner les malus*. ♦ sens Mot latin désignant, dans le vocabulaire des assureurs, la pénalisation financière infligée par eux aux conducteurs responsables d'accidents. Le contraire est **bonus**, «diminution de prime consentie aux "bons" conducteurs».

MALVENU emploi Cet adjectif (en un seul mot, sans trait d'union) est peu répandu, mais parfaitement correct, suivi de la préposition *à* et d'un verbe à l'infinitif, au sens de «ayant peu ou pas de raison de» : *Il est malvenu à se plaindre* (Acad.). → BIENVENU

MAMELLE orth. Pas de double *m*. De même, dans les dérivés *mamelon, mamelu, mamillaire*. Mais *mammaire, mammifère, mammite* prennent un double *m*.

MAMELOUK orth. Préférable à **mame-luk.**

MAMIE ou **MAMY** orth. Les deux sont acceptables, pour transcrire la désignation de la grand-mère au petit enfant : *Chaque après-midi, l'enfant est gardé par sa mamy.*

MAMMAIRE, MAMMIFÈRE, MAMMITE → MAMELLE

MAM'SELLE ou **MAM'ZELLE** → MADEMOISELLE

MANAGEMENT emploi et sens Ce néologisme ambitieux est d'une forme très viable, puisqu'elle coïncide graphiquement et oralement avec nos usages : [Le management] *est la mise sous tension rationnelle de l'ensemble des éléments qui composent une entreprise* (Priouret).

MANCHOT forme Fém. **manchote,** avec un seul *t.*

MANDANT sens « Celui qui donne mandat de. » Ne pas le confondre avec **mandataire,** « celui qui reçoit un mandat » : *Le mandant est tenu d'exécuter les engagements contractés par le mandataire (Code civil).*

MANDARIN forme Dans un contexte humain, ce mot n'a pas de féminin, sauf par plaisanterie et jeu de mots.

MANDARINE forme Invariable comme adjectif de couleur. → COULEUR

MANDER et **MANDATER** emploi et sens **Mander,** rare et archaïsant, signifie « faire venir quelqu'un » : *Je l'ai mandé auprès de moi,* ou « faire savoir (par écrit) à quelqu'un » : *Je lui ai mandé ce que je savais.* Ne pas le confondre avec **mandater** : *mandater quelqu'un,* « investir quelqu'un d'un *mandat,* d'une mission », *et mandater une somme,* « payer par mandat ».

MÂNES forme Toujours au masc. plur. Ne pas omettre l'accent circonflexe sur le *a.* ♦ sens « Âmes des morts, dans la religion romaine. » Ne pas confondre avec **lares,** « dieux protecteurs du foyer » (pour le sens), ni avec **manne** (pour l'orthographe) → ce mot

MANETTE orth. Un seul *n* (et deux *t*) au sens de « levier de commande », à la différence de **mannette,** avec deux *n,* qui est un diminutif : « petite manne ».

MANGEOTTER orth. Ce diminutif s'écrit avec deux *t.*

MANGER (verbe) constr. Le complément d'agent du passif ou du pronominal peut être introduit dans certaines locutions par la préposition *à,* à côté de *par* ou de *de,* qui sont habituellement employés : *Il regardait ce vieil homme réduit, mangé aux vers* (Mauriac). On dit aussi : *par les vers.* Voir également : *Sa figure était toute mangée d'un poil roux sauvage* (Cesbron). *Le tigre mécanique se mangeait aux mites, le boa mourait* (Cocteau). → RONGER

MANGER (subst.) emploi Très familier : *Chacun avait apporté du manger* (Thérive). *On peut apporter son boire et son manger.*

-MANIA emploi et sens Ce composant (qui n'est pas sans faire penser au *-rama* du *Père Goriot!)* est assez à la mode au début des années 90, dans le registre familier et journalistique. Il a le sens d' « adoration excessive et un tantinet ridicule vouée à un personnage en vue » : *tontonmania, gorbimania,* etc. : *Étonnante Bruelmania, à laquelle rien apparemment ne prédisposait ce pays* (Chartier, *Le Monde,* 10 juin 1992). Cette dernière création repose sur le nom d'un jeune chanteur, Patrick Bruel. Le succès de ce petit mot ne doit pas tourner à... la manie! L'adjectivation se fait en *-aque* : *Des Français plus « gorbiphiles » que « gorbimaniaques »* (*Le Monde,* 2 juillet 1989).

MANIÈRE orth. *Maniéré, maniérer, maniérisme, maniériste* : accent aigu après le *n.* De **toute manière** s'écrit au singulier (mais on écrira **de toutes les manières**). ♦ contr. Le tour de **manière à ce que,** jugé encore aujourd'hui incorrect et lourd, est cependant employé par de bons écrivains : *Elle sait s'arranger de manière à ce qu'on lui manque* (Gide). On doit dire en principe : *de manière que* (suivi du subjonctif) : *On a soin de les changer de place chaque jour, de manière que toute l'herbe soit utilisée* (Ramuz). → FAÇON et À (CE QUE)

□ **une manière de...** Synonyme de *une sorte de : Maisons-Laffitte est une manière de parc d'entraîneurs semé de villas* (Cocteau). *C'est une manière de monstre* (Valéry). → FAÇON

MANIF emploi et sens Cette forme abrégée de **manifestation** (uniquement au sens de «mouvement de protestation ou de revendication idéologique, politique ou sociale») est passée dans la langue familière depuis 1968 : *Attends-moi, on va à la manif ensemble.*

MANIFOLD orth. Plur. : **manifolds**.
♦ **emploi et sens** Anglicisme désignant un «carnet à doubles, contenant des feuilles de papier blanc et de papier carbone en alternance».

MANIGANCE, MANIGANCER orth. Pas de *u* après le *g*.

MANIP emploi et sens Cette forme abrégée de **manipulation** a toujours un sens péjoratif, et désigne l'«action par laquelle une personne, une organisation, etc., tente de falsifier quelque chose ou d'influencer quelqu'un sur des bases mensongères» : *L'éclatement du syndicat résulte d'obscures manips de couloirs !*

MANIPULE genre Masc. : *un manipule romain.*

MANNE orth. Deux *n*. ♦ **sens** «Nourriture miraculeuse» ou «grand panier». → MÂNES

MANNEQUIN orth. Deux *n*. On écrit sans trait d'union : **la taille mannequin**, et, dans la graphie flamande : **le Manneken-Pis.** ♦ **genre** Ce mot n'a pas de féminin, bien qu'il désigne un métier exercé surtout par des femmes : *Elle est mannequin chez Cardin.*

MANQUANT orth. Avec *-qu-* et non *c* : *On a recensé les personnes manquantes. Les manquants.*

MANQUER constr. et sens Le tour **manquer à** + **nom de personne** a encore parfois, à côté du sens courant «faire défaut», le sens de «ne pas rendre ses devoirs à» : *Envers celle-là, Pilar avait manqué à la charité* (Peyré). *C'est lui qui m'a manqué* (Camus). *Je crois pou-*

voir dire que je n'ai jamais manqué à ma mère* (Duras). Le contexte seul nous indique ici qu'il ne s'agit pas de la notion d'«absence» mais de celle de «faute». Devant un infinitif, on rencontre le plus souvent la préposition *de : La torpeur que ne manquent jamais de provoquer les événements officiellement importants* (Péguy). *Serons-nous acculés à quelque réflexe de défense nationale, tel que celui de notre grand-oncle, qui ne manquait jamais, lorsqu'il faisait pipi, de se tourner du côté de l'Angleterre ?* (Montherlant). Mais dans la langue littéraire la préposition *à* n'est pas rare : *Il n'avait jamais manqué à visiter, une fois la semaine, son oncle Suprême* (Aymé). Dans la langue courante, on trouve un emploi sans préposition, avec l'infinitif en construction directe : *Je manquai tourner bride* (Radiguet). Ce mot a ici la même construction et le même sens que *faillir* (→ ce mot). On trouve aussi, dans le même sens, *manquer de : Le bois de Boulogne est vaste, et, de plus, dangereux. On manque de s'y faire écraser à tout bout de champ* (Queneau).

□ **il ne manquait plus que cela.** *Swann t'a présenté à Bergotte ? Excellente connaissance, charmante relation ! s'écria ironiquement mon père. Il ne manquait plus que cela !* (Proust). Le locuteur veut dire que le fait d'avoir été présenté à Bergotte a mis le comble à une situation à laquelle il *manquait* encore, pour être détestable et achevée, cette dernière circonstance : la présentation du narrateur audit Bergotte. Par analogie (ou comparaison) avec ce tour à l'imparfait, la langue familière emploie fréquemment le tour *Il ne manquerait plus que cela : Il ne manquerait plus que d'être reconnu par ce mendiant !* (Maupassant). *Cela risquait de dégénérer, Julien pouvait recevoir un mauvais coup. Il ne manquerait plus que ça !* (Colombier). Il en est de même avec le conditionnel passé. *C'est tout de même moins pénible que si cela se passait du vivant de ton père* [...] – *Il n'aurait plus manqué que ça !* (Romains). Dans toutes ces phrases, l'emploi du conditionnel est franchement illogique, car si l'hypothèse exprimée par ce verbe au conditionnel venait à se réaliser, elle entraînerait une certaine conséquence, et l'événement même qui provoque cette exclamation ironique, du seul fait qu'il se produirait, aurait du même coup cessé de «manquer».

MANUCURE forme Un ou une manucure. ♦ dérivé manucurer, «faire les mains de quelqu'un».

«MANU MILITARI» emploi et sens Le sens de cette locution latine s'est étendu de la notion d'intervention «militaire» à celle de la «force publique» : *Les contradicteurs ont été expulsés «manu militari».*

MANUSCRIT sens On emploie désormais ce terme même lorsqu'il s'agit d'un texte original «dactylographié» et l'on voit même couramment la forme **tapuscrit,** composé contestable mais sans doute commode... Ces extensions sont admises, faute d'un autre substantif approprié. En termes d'imprimerie, d'édition, de journalisme, on dit aussi **copie** pour désigner le texte destiné à la composition.

MAOUS prononc. [maus] au masculin comme au féminin. ♦ orth. On écrit également **mahous.** ♦ forme Le féminin est **ma(h)ousse** : *La Bête mahousse,* titre d'un roman de Jacques Perret. ♦ emploi et sens Dans le registre populaire : «de grande taille, superbe».

MAPPEMONDE emploi La *mappemonde* n'est pas une sphère mais une *carte,* donnant une représentation *plane* du globe terrestre : *Ils ont, à Mourane, établi une mappemonde complète. Elle reproduit, à quelques erreurs près, les longueurs et les profils de la Terre* (Audiberti). → PLANISPHÈRE.

MAQUIGNON forme Le féminin **maquignonne** est rare. ♦ dérivé *maquignonnage,* avec deux *n.*

MARAÎCHER orth. Ne pas omettre l'accent circonflexe sur le *i.* Fém. : **maraîchère.**

MARAIS emploi Forme sans trait d'union : **marais salant** (plur. : **marais salants**); on dit aussi **salin(s).** Le **Marais** : «parti politique de la Convention», ou «quartier de Paris», s'écrit avec une majuscule.

MARÂTRE orth. Un accent circonflexe sur le second *a* (comme **parâtre**).

MARCESCENT sens Se dit en botanique d'un organe se flétrissant sur la plante sans s'en détacher : *Les feuilles de la charmille sont marcescentes.* Ne pas confondre avec **marcescible,** qui est un adjectif plutôt littéraire et signifie «sujet à se flétrir, à dépérir». Antonyme : **immarcescible.**

MARCHANDISAGE emploi et sens Ce néologisme, recommandé officiellement par l'arrêté du 10 octobre 1985, peut remplacer avantageusement l'anglicisme **merchandising,** au sens d'«ensemble des techniques commerciales visant à assurer un meilleur écoulement des produits sur les points de vente». Les personnes qui mettent en œuvre lesdites techniques s'appellent **marchandiseur** et **marchandiseuse.**

MARCHANDISE emploi On écrira avec un *s : un train de marchandises, le transport de marchandises.*

MARCHÉ (BON) forme Cette locution est introduite par la préposition à, lorsqu'elle a une valeur adverbiale, dans **acheter, vendre quelque chose à bon marché.** Avec la valeur adjectivale, on omet *à : Elle avait été transbahutée à travers l'Europe comme une valise, ballottée comme une denrée bon marché* (Labro). **Bon marché** demeure toujours invariable : *Ces poires sont bon marché, très bon marché, elles sont meilleur marché que celles-ci* (→ BON). On écrit : *le marché noir, le marché aux puces* et, avec une majuscule pour désigner la Communauté économique européenne, *le Marché commun.*

MARCHEPIED orth. Pas de trait d'union.

MARCHER emploi et sens La locution **marcher à pied** est pléonastique, bien qu'employée par certains écrivains pour sa valeur expressive. On dira plutôt *aller à pied,* et on évitera *faire de la marche à pied.* Voici deux emplois modernes, très répandus dans la langue familière : *Cela ne marcha pas très bien en classe, ce matin-là* (Pergaud). *J'ai* *commencé une autre œuvre qui marche selon mes souhaits* (Queneau).

□ **marcher sur ses cinquante ans.** Ce tour n'est pas incorrect, mais familier : *M. Eugène marchait sur ses quarante-sept ans* (Aragon). Dire plutôt : *Il va sur ses cinquante ans.* → ALLER

□ **faire marcher.** «Se moquer de, mystifier quelqu'un » (langage familier) : *Au contraire de la farce dite de Boronali, qui ne mystifia personne, celle de Paul Birault fit « marcher » tous les parlementaires qui avaient été choisis pour victimes* (Apollinaire).

MARCOTTE, MARCOTTER, MARCOTTAGE orth. Avec deux *t.*

MARDI GRAS orth. Pas de trait d'union. Avec majuscule, s'il s'agit de la fête : **Mardi gras.** Sans majuscule dans l'emploi figuré : *Il est vêtu comme pour mardi gras.*

MARÉCHAL orth. Pas de trait d'union pour les composés *maréchal de camp, maréchal des logis, maréchal de France.* On écrit : *maréchal des logis-chef, maréchal des logis-major.* Plur. : *maréchaux.* → mot suivant

MARÉCHAL-FERRANT orth. Avec un trait d'union. Prend un *t* à la fin. ♦ **forme** Abrégé en **maréchal** quand le contexte ne prête à aucune confusion : *Le maréchal laissait à petits coups pesants et clairs retomber son marteau sur l'enclume* (Alain-Fournier). Plur. : **des maréchaux-ferrants.**

MARÉE emploi Au sens de « poissons, fruits de mer, crustacés » dans l'expression *arriver comme marée en carême,* « inévitablement », que l'usage populaire a déformé en *arriver comme mars en carême.*

MARGINAL forme Plur. : **des marginaux.** ♦ **emploi et sens** Ce mot, adjectif et substantif, connaît une grande vogue depuis 1968 pour qualifier un individu peu ou pas intégré à la société. Il tend à remplacer le mot **asocial,** voire **clochard :** *L'audience permettra peut-être d'établir comment J. H., un marginal recruté dans un bar parisien, est mort* (Peyrot, *Le Monde,* 14 octobre 1992). Les dérivés **marginaliser, marginalisation** sont également très répandus.

MARGUILLIER orth. Ne pas omettre le *i* après les deux *l.*

MARIAL forme On rencontre les deux pluriels, au masculin : **marials** et **mariaux.** ♦ **sens** Cet adjectif est le dérivé de (Vierge) *Marie,* à l'exclusion des autres emplois de ce prénom : *l'année mariale.*

MARIER constr. On dit indifféremment **(se) marier à** ou **avec :** *Quand il a marié le duc d'Angoulême avec Madame Royale, Louis savait bien que c'était éteindre de ce côté l'avenir* (Aragon). Mais le substantif **mariage** ne se construit qu'au moyen de la préposition *avec : Qui donc avait répandu à Paris la légende du mariage avec Mme Brown?* (Aragon). Mêmes règles pour le verbe *fiancer* (→ ce mot).

MARIE-SALOPE sens « Chaland à fond mobile servant à transporter en haute mer les produits de dragage», ou, populairement, «femme malpropre ».

MARIJUANA forme Mot féminin. On rencontre plus rarement **marihuana.** Traduction populaire : **marie-jeanne,** *fumer de la marie-jeanne.* ♦ **sens** « Variété de chanvre voisine du chanvre indien, et utilisée comme stupéfiant. »

MARIN → MARITIME

MARINE (adj.) forme Invariable : *Un peu d'air passe et fait bouger les longs rideaux marine de la penderie* (Huguenin). On dit plus souvent **bleu marine.** → COULEUR

MARINE (subst.) genre Masc., désigne un « soldat de l'infanterie de marine », dans l'armée américaine : **un marine, des marines.** Cet emprunt est utile et ne se confond nullement avec **marin.**

MARIOLE orth. On écrit aussi **mariolle.** ♦ **emploi et sens** Cet adjectif-substantif est rare au féminin et signifie, dans la langue populaire, «malin, intéressant » : *faire le mariole.*

MARITALEMENT emploi et sens Cet adverbe est d'un emploi restreint et se rencontre surtout dans la langue administrative, en dehors de laquelle il est d'emploi parodique : *Car tout le monde*

sait bien que les artistes ne mangent pour ainsi dire pas et vivent maritalement avec les filles du Péché (Aymé). Il signifie «en concubinage» (en parlant d'un homme).

MARITIME emploi et sens Cet adjectif se rapporte de moins près à son origine *mer*, que **marin**, mais tous deux peuvent s'appliquer à «ce qui a trait à la navigation sur mer», et leur distribution respective correspond à un usage contraignant : *brise, carte marine* en face de *canal, chantier, pin maritime.*

MARK emploi Invariable : *une pièce de 10 mark.*

MARKETING emploi et sens Anglicisme qui est à peu près à la vente des marchandises ce que le *management* (→ ce mot) est à leur production. L'Académie française a proposé de lui substituer **commercialisation.** Un autre équivalent, **mercatique,** a été suggéré par la commission de terminologie du ministère des Finances (J.O. du 2 avril 1987) : *Un premier regret, le non-emploi du terme français mercatique adopté par le Haut-Commissariat de la langue française* (Sauvy, *Le Monde,* 10 janvier 1989).

MARMOT forme Substantif masculin, qui n'a pas de forme féminine correspondante (**marmotte** a un tout autre sens).

MARMOTTE orth. Deux *t.* De même pour **marmotter.**

MAROCAIN → MAROQUIN

MAROLLES forme et prononc. On rencontre aussi **maroilles,** prononcé [marwal]. ◆ **sens** «Fromage de lait de vache fabriqué en Thiérache.» → FROMAGE

MAROQUIN forme et sens Ce mot désigne une «peau de chèvre ou de mouton» et, par extension, un «portefeuille ministériel». Il s'agit d'une autre orthographe de l'adjectif **marocain,** mais on ne doit pas confondre ces deux formes. ◆ **dérivés** *maroquinage, maroquinerie,* avec un seul *n.*

MAROUFLER, MAROUFLAGE orth. Un seul *f.* ◆ **emploi** Termes techniques de peinture.

MARQUE emploi Les noms de marques déposées prennent une majuscule initiale : *les sous-vêtements «Petit-Bateau», la marque de pastis «Pernod».* Mais certains de ces noms sont plus ou moins passés dans l'usage pour désigner non plus seulement une spécialité, mais l'ensemble des produits auxquels se rattache cette spécialité. Ils prennent alors une minuscule. C'est le cas notamment de *klaxon,* devenu synonyme de *avertisseur* et si bien assimilé par l'usage qu'il a engendré le verbe *klaxonner. Frigidaire* (et la contraction *frigo*), de la marque «*Frigidaire*», est moins bien accepté pour désigner un *réfrigérateur,* si bien qu'il faut écrire un *réfrigérateur* ou un *Frigidaire* (avec majuscule). Il en est de même de *Scotch* pour *ruban adhésif,* de *Meccano* pour *jeu de construction en métal,* de *fermeture Éclair* pour *fermeture à glissière.* Employés en tant que dénominations courantes, les noms de marques sont cependant assimilés à des noms communs : *l'apéritif Martini,* mais : *Donnez-moi un martini.*

MARQUER emploi et sens Verbe vieilli, mais encore utile, au sens de «spécifier, indiquer» : *Dès le studio, Camille jeta loin d'elle son béret et ses gants, comme pour marquer qu'elle n'abandonnait pas la querelle* (Colette). *Je voudrais vous marquer que votre opinion sur ces contestations est elle aussi de peu d'importance* (Montherlant).

MARQUETERIE orth. Un seul *t.* → BONNETERIE

MARRON forme Invariable comme adjectif de couleur : *Des souliers anglais marron trop grands à la semelle trop lourde* (Godbout). Mais le féminin est **marronne** quand l'adjectif se rapporte à un personnage «qui exerce illégalement une profession». → COULEUR

MARTEAU-PILON, MARTEAU-PIQUEUR orth. Avec un trait d'union. Plur. : **des marteaux-pilons, des marteaux-piqueurs.**

MARTÈLEMENT orth. On écrit plus rarement **martellement,** mais le verbe *marteler* se conjugue comme *geler* : *Et puis le martèlement d'heures vides, les glapissements de la sonnerie* (Colombier).

MARTIAL forme Masc. plur. : **martiaux.** → -AL

MARTRE forme On emploie aussi couramment **marte.**

MARTYR(E) orth. Il importe de bien distinguer **martyr,** « personne martyrisée » (fém. **martyre)** de **martyre,** « le supplice » : *Le four crématoire où il avait cru entendre (il ne le jurait pas) crépiter les corps des martyrs* (Cesbron). *Votre père, lui, doit se souvenir de mon martyre, lorsque M. Larousselle me traînait au Lion-Rouge* (Mauriac). ♦ **emploi et sens** Comme on voit par le dernier exemple et par le suivant, ce mot est souvent pris dans un sens emphatique, et se dégrade dans le domaine profane : *Elle avait gardé ses épaisses rondeurs ; elle n'avait pas essayé de se corseter à la martyre* (Giono).

MARTYROLOGE forme et sens « Liste des martyrs.» La forme **martyrologue* (avec un *u*) n'existe pas.

MASO forme Cette apocope de **masochiste** est très répandue dans la langue familière : *Ils sont complètement masos !*

MASSE emploi et constr. Quand ce substantif est accompagné d'un complément déterminatif au pluriel et qu'il est sujet d'un verbe, ce dernier se met au singulier ou au pluriel, selon le contexte et l'intention de celui qui produit la phrase : *Cette grande masse d'hommes, ayant oscillé quelque temps, s'arrêta* (Flaubert). → COLLECTIF

□ **il n'y en a pas des masses.** Cet emploi est répandu dans le langage populaire ou familier : *L'envie de beaucoup manger, de dormir des masses* (Sarrazin). Mais on l'évitera dans la langue soutenue. De même pour **une masse de** + **animé,** à moins qu'on ne cherche à présenter une foule comme « un amas confus où se perdent les individus» : *Mais, je ne sais pas, tu peux avoir vu une masse de gens* (Sartre). On préfé-

rera dans la plupart des cas : *une (grande) quantité, un grand nombre, beaucoup de.*

MASTÈRE forme Elle est francisée à partir de l'anglais *master,* «maître». ♦ **sens** C'est le nom d'un diplôme à finalité professionnelle de haut niveau, récemment créé dans certaines grandes écoles.

MASTICAGE orth. On ne doit pas écrire **mastiquage* (bien que le verbe correspondant soit **mastiquer,** «joindre avec du mastic»). Ne pas employer, en ce sens, **mastication,** qui signifie uniquement «action de broyer avec les dents ».

MASTOC forme Adjectif invariable, qui se rencontre parfois sous la forme **mastoque :** *C'était une façon de colosse, mastoc et apoplectique* (Courteline). *Une grosse chose brune et mastoc posée au fond du grand salon-salle à manger* (Labro).

MASTOÏDITE forme On ne doit pas dire ni écrire **mastoédite.*

M'AS-TU-VU orth. Deux traits d'union. Invariable : **des m'as-tu-vu.** ♦ **emploi** Substantif ou adjectif.

MAT, MATER emploi Mat (prononc. [mat]) est adjectif (fém. **mate),** dans le sens «qui ne brille pas», et substantif dans le jeu d'échecs *(faire mat, être mat)* avec pour dérivé le verbe **mater** qui a le sens de **dompter.**

MÂT emploi *Mât* (avec un accent circonflexe, prononc. [mɑ]) est un terme de marine. On écrit : *le grand mât,* par extension *un mât de cocagne* (pas de majuscule à *cocagne)* et, pour désigner certains bateaux, *un trois-mâts, un quatre-mâts.* Les dérivés gardent l'accent circonflexe sur le *a* : *mâture, démâter,* etc.

MATCH forme Le pluriel anglais est **matches :** *Les matches du dimanche, dans un stade plein à craquer* (Camus). On rencontre de plus en plus la forme francisée **matchs.**

MATELOTE orth. Un seul *t* dans la dernière syllabe. On écrit : **une matelote d'anguille** (sing.).

MATÉRIAU ou **MATÉRIEL** forme Le singulier **matériau** a été fabriqué d'après le pluriel **matériaux**, parfois seul considéré comme correct. **Matériau** est de plus en plus courant pour désigner une « matière première » : *un matériau de choix*. Il ne se confond nullement avec **matériel**, qui désigne un « ensemble d'outils ou d'instruments nécessaires à l'accomplissement d'une tâche » : *Une Muse qui s'exprime par l'entremise de fantômes et d'un matériel encore en enfance si on le compare à l'usage de l'encre et du papier* (Cocteau). (Il s'agit du cinéma.) → HARDWARE

□ **matériel** emploi La locution **temps matériel**, critiquée par les puristes, est entrée depuis quelque temps déjà dans l'usage normal.

MATÉRIEL emploi et sens Ce nom masculin a heureusement remplacé l'anglais **hardware**, au sens de « ensemble des éléments physiques employés pour le traitement informatique de données » (recommandation officielle du 22 décembre 1981).

MATHÉMATIQUE(S) forme Ce substantif est presque toujours employé au pluriel. On rencontre néanmoins parfois le singulier, qui donne au contexte une teinte d'archaïsme ou de didactisme : *Lui qui était aussi réfractaire aux beautés de la mathématique qu'aux règles de l'orthographe* (Pergaud). Abréviation familière : **maths** (quand le mot est employé sans adjectif : *le prof de maths*), mais **math** dans *math élem* (classe de mathématiques élémentaires), *math sup* (classe de mathématiques supérieures), *math spé* (classe de mathématiques spéciales), *math géné* (certificat de mathématiques générales).

MATIÈRE emploi Toujours au singulier dans les locutions verbales **avoir, donner, être matière (à)** : *Ces subtilités théologiques – qui peuvent être matière à discussion entre clercs* (Anouilh).

MATIN orth. Ne pas confondre, pour l'orthographe, avec **mâtin**, nom désignant un chien, **mâtiné(e)**, adjectif signifiant « mélangé », **mâtin(e)**, personne délurée, et avec l'interjection familière **Mâtin !** ♦ constr. On peut dire *au matin,*

le matin, chaque matin. On emploie cet adverbe absolument dans *se lever matin, dimanche matin, hier matin, demain matin.* → À

□ **tous les dimanches matin**. Dans ce type de locutions, *matin* demeure en principe invariable. Mais on le trouve parfois accordé comme un adjectif, avec le *s* final du pluriel.

MATINÉE emploi Ordinairement pour désigner le temps compris entre le lever du soleil et midi : **une belle matinée**. Mais, s'agissant d'une réunion, d'un spectacle ou d'une fête, le mot désigne l'*après-midi*, par opposition à la *soirée* : *une matinée musicale, une matinée dansante, deux séances en matinée,* etc.

MATINES orth. Pas d'accent circonflexe. ♦ forme Toujours au féminin pluriel. → COMPLIES

MATRICE emploi En termes de physiologie, on garde parfois la forme latine **matrix.**

MATRICULE genre Quand ce substantif désigne « un registre sur lequel on inscrit des noms », il est féminin : **inscription sur la matricule**. Quand il désigne le « numéro sous lequel une personne est inscrite dans un registre », il est masculin ; c'est le cas le plus fréquent : *Marquez ces vêtements à mon matricule.*

MATRONE orth. Un seul *n*.

MAUDIRE, MAUDIT conjug. Ce composé ancien ne suit pas la conjugaison du verbe *dire*, mais celle de *finir*, excepté à l'infinitif et au participe passé, qui prend un *t* final : *Nous maudissons, je maudissais, maudissant.* → APPENDICE ♦ **Maudit,** désignant le Démon, s'écrit avec une majuscule : **le Maudit**. On dit aussi **le Malin**. → ce mot

MAURE prononc. [mɔʀ] et non *[moʀ]. ♦ forme L'orthographe **more** est vieillie : *Je vais te les faire goûter, chien maure, tailleur de Gênes* (Claudel). Le féminin est **mauresque** (ou **moresque**), mais on trouve parfois cette forme pour les deux genres quand il s'agit d'un non-animé : *un bain maure,* ou *mauresque*. On écrit toujours : *style mauresque.*

MAUVE forme et emploi Variable comme adjectif de couleur, bien qu'il s'agisse à l'origine d'une plante. → COULEUR

MAXI → MINI

MAXIMA (A) emploi et sens On notera que, dans la langue du droit, l'**appel a maxima** vise à une *diminution de la peine*, tandis que l'**appel a minima** est interjeté par le ministère public pour obtenir un *accroissement* de la peine. → MAXIMAL

MAXIMAL, MAXIMUM emploi L'adjectif **maximal** est recommandé par l'Académie des sciences, à la place de **maximum**, qui est tantôt francisé, tantôt décliné comme un mot latin : *la vitesse maximum.* Il est bien plus aisé d'employer *maximal(e), maximaux : Les langues de civilisation, aspirant à l'extension maximale pour satisfaire les besoins de la communication* (Bally). *Faire en sorte que l'expression écrite ait une efficacité maximale, voire une certaine élégance* (Cavanna). *Une adéquation maximale de mes images à une probabilité dont moi seule possédait le fin mot* (Allen). En météorologie, par exemple, on parle, en général, de températures *maximales* (ou *minimales*) et non pas de *températures maximum(s).* Il reste que *maximum* continue à être employé à la fois comme substantif et comme adjectif. L'Académie admet deux formes de pluriel : le pluriel français, **maximums,** et le pluriel latin, **maxima :** *les prix maximums, les prix maxima.* Il semble raisonnable de conseiller le pluriel français, *maximums,* pour le substantif, et la forme *maximal* pour l'adjectif. Il en va de même pour *minimum* et *minimal, optimum* et *optimal.* (→ ces mots). **Maximaliste** et **minimaliste** sont des termes du lexique politique.

□ **au maximum, c'est un maximum.** Inutile d'ajouter *grand,* qui fait pléonasme.

MAYA forme Pas de marque de genre à cet adjectif substantif, mais il prend un *s* final au pluriel.

MAZOUT prononc. Le *t* se fait entendre : [mazut]. → FUEL-OIL

MEA-CULPA orth. Ce mot invariable s'écrit avec un trait d'union, sans accent aigu ni circonflexe.

MÉANDRE genre Masc. : *De grands méandres.*

MÉCANICIEN(S)-DENTISTE(S) orth. Prend un trait d'union alors qu'on écrit : *Un officier mécanicien* (sans trait d'union).

MÉCANO orth. Cette abréviation familière de **mécanicien** ne doit pas être confondue avec le nom du jeu de constructions, qui s'écrit **Meccano** (sans accent sur le *e* et avec une majuscule) : *En ce temps-là, je n'étais point mécano* (Queneau).

MÉCÉNAT orth. Avec deux accents aigus, à la différence de **mécène.**

MÉCHANT emploi et sens Appliqué à une personne, cet adjectif a à peu près le même sens, antéposé ou postposé : *C'est un méchant homme* ou *un homme méchant* («qui cherche à faire du mal») : *Ce méchant homme va me tuer* (Jarry). Avec un non-animé, il peut être amphibologique en antéposition : *Il a écrit là un méchant livre.* Le sens est, selon le contexte : «qui attaque méchamment quelqu'un, ou une catégorie de la société» ou bien «sans valeur» : *Nous sommes tentés de dire que ses odes sont de méchantes odes* [= «sans valeur»] *et ses épigrammes des épigrammes méchantes* (Faguet, cité par Le Bidois). ♦ L'emploi de ce mot est parfois archaïsant, notamment dans quelques tours figés : *L'oncle Suprême était d'assez méchante humeur* (Aymé). On peut employer ici aussi bien **mauvaise.**

MÈCHE orth. Accent grave et non circonflexe : *J'étais de mèche avec les cuistots* (Japrisot).

MÉDECIN et DOCTEUR emploi Médecin désigne par sa fonction la personne légalement habilitée à soigner les malades. **Docteur** est l'abréviation de **docteur en médecine** et désigne le médecin, de façon plus honorifique, par son titre. On dit *aller chez le médecin, chez le docteur,* et non **aller au médecin, au docteur.* → À

MÉDIA forme On dit **un média** au singulier, **des médias** au pluriel (selon le ministère de la Communication, en 1983), ou plus rarement et plus étymologiquement **un medium, des media.**
♦ **emploi et sens** Ce latino-anglicisme, abrégé de l'anglo-américain *mass media* (en 1960 chez Sartre), est apparu en français en 1964 : il désigne de façon utile les «grands moyens de diffusion de l'information et de la publicité» : *Vous savez que dans les médias du monde entier on affirme que la Californie prépare l'avenir de l'Occident* (Godbout). «*Média» est désormais naturalisé français, il jouit pleinement des droits et des devoirs attachés à la qualité de citoyen français à part entière, collez-lui donc un accent aigu, s'il vous plaît, et un s au pluriel* (Cavanna). Les dérivés **médiatique,** adj., «qui concerne les médias» ou «qui se prête bien à la communication (surtout télévisuelle)» ou substantif, «ensemble des techniques relevant des médias», et **médiathèque,** «bibliothèque regroupant des documents tels que journaux, cassettes, photographies, etc.», sont également passés dans la langue usuelle.

MÉDICAL et **MÉDICINAL emploi Médical** est relatif à la médecine, aux médecins : *soins médicaux, corps médical.* **Médicinal** signifie «utilisé en tant que remède».

MÉDICASTRE emploi et sens Désignation familière et très péjorative du **médecin :** *Georges n'est pas un médicastre !*

MÉDICATION sens «Emploi systématique de procédés médicaux aux fins de guérison». Ne pas confondre avec **médicament** ou **remède.** Une *médication* peut être constituée de plusieurs *médicaments.*

MÉDICO-LÉGAL orth. Avec un trait d'union.

MÉDIÉVAL, MOYENÂGEUX, MÉDIÉVISTE emploi et sens Médiéval est l'adjectif dérivé de *Moyen Âge* au sens propre : *De sa grosse écriture de copiste médiéval* (Bastide). La forme **moyenâgeuse** (sans trait d'union) est plus fréquente dans les emplois figurés, iro-

niques ou métaphoriques : *Il a une façon de raisonner vraiment moyenâgeuse.* Quant à **médiéviste,** c'est un substantif qui signifie «spécialiste de la langue ou de l'histoire du Moyen Âge». On dit *les études médiévales,* non les *études moyenâgeuses* ou *les études médiévistes.* → MOYEN (ÂGE)

MÉDIRE conjug. Comme *dire,* sauf *vous médisez,* et le participe *médit,* qui ne peut se rencontrer au féminin, puisque ce verbe n'est jamais transitif direct. → CONTREDIRE, DÉDIRE, INTERDIRE, PRÉDIRE

MÉDITERRANÉEN orth. Avec deux *r* et un seul *n.*

MÉDIUM orth. Accent aigu sur le *e,* ainsi que *médiumnique, médiumnité.* Plur. : **des médiums. ♦ forme** Pas de féminin, même quand ce susbtantif désigne une femme.

MEETING prononc. [mitiŋ]. ♦ **orth.** Plur. : **des meetings. ♦ Emploi et sens** Cet anglicisme est largement accepté dans notre langue, au sens de «grande réunion populaire» : *Travailleurs niçois, vous assisterez tous à ce grand meeting* (Gallo).

MÉFIER → DÉFIER

MÉGAPOLE forme et sens Les variantes **mégalopole** et **mégalopolis** semblent moins fréquentes que la forme brève. Toutes désignent une très grande agglomération urbaine, appelée aussi **conurbation :** *Ils sont des centaines de milliers, sinon des millions, de Cairotes qui, comme cette famille, sont descendus dans la rue de la mégapole* (Buccianti, *Le Monde,* 15 octobre 1992).

MÉHARI forme Plur. : **méharis** ou **méhara. ♦ sens** «Dromadaire d'Arabie», domestiqué en Afrique du Nord. Le cavalier qui monte le **méhari** est un **méhariste.** Ne pas confondre ces deux mots.

MEILLEUR emploi C'est le comparatif de *bon* (→ ce mot), mais on peut rencontrer *plus… bon* quand ces deux éléments sont disjoints ou quand *bon* a le sens de «crédule». → COMPARATIF

□ **prendre le meilleur emploi et sens** Les journalistes sportifs traduisent ainsi directement l'anglais *to take the best*, en oubliant (ou en ignorant) que le français dit la même chose avec **prendre l'avantage** *(sur son adversaire)*. Il faut de même éviter de dire *le deuxième (troisième, etc.) meilleur temps*, traduit de l'anglais *the second best time*.

☐ **la meilleure bonne foi.** L'association de *meilleur* et de *bon* est possible quand *bon* fait corps avec le substantif qui suit : *Il m'accorda cela de la meilleure bonne grâce.* Toutefois il est préférable en ce cas d'éviter le cumul en écrivant : *de la meilleure grâce.* On doit dire *arriver de meilleure heure, être de meilleure humeur.* → HEURE

☐ **des étoffes meilleur marché** → MARCHÉ (BON)

☐ **bien meilleur** → COMPARATIF

☐ **il est meilleur qu'on ne (le) croit** → NE

☐ **le meilleur ami que j'aie.** Dans la proposition relative qui suit le superlatif, le verbe est en général au subjonctif : *C'était un navigateur fini, le meilleur qui ait jamais ramé sur les galères de Barberousse* (Claudel).

MÉLANGER constr. Ce verbe se construit avec les prépositions *à* ou *avec*, sans nuance de sens bien importante et selon le contexte. On dira : *Il a mélangé les bonnes poires avec les mauvaises*, ou *aux mauvaises* ou encore *les bonnes poires et les mauvaises.* → ALLIER et AVEC

MELBA forme Ce nom propre est devenu adjectif invariable : *des pêches melba.*

MÊLÉE orth. Accent circonflexe sur le premier *e.* On écrit : *une mêlée*, mais *un mélange.*

MÉLI-MÉLO orth. Pas d'accent circonflexe, bien que ce mot familier vienne du verbe **mêler.** Un trait d'union. Plur. : **mélis-mélos.**

MELLIFLUE forme Unique (avec le *e* final) pour les deux genres : *un discours* ou *une gentillesse melliflue.* ♦ **emploi et sens** Adjectif littéraire ou péjoratif, « qui a la douceur, la suavité du miel » : *(Le) crincrin du phono qui [...] reproduit la voix melliflue d'André Claveau chan-*

tant *« Il pleut sur la route »* (Labro). On dit aussi **mellifluent :** *La langue n'était plus le babil mellifluent des Andalous* (Montherlant). → MIELLEUX

MÉLO forme Abréviation familière de **mélodrame.** Plur. : **des mélos.** Les emplois figurés sont fréquents.

MELON forme Ce mot reste invariable dans la locution **chapeau melon :** *Justin était doux, laborieux et portait des chapeaux melon* (Aymé). Mais on rencontre souvent l'ellipse : *porter un melon, des melons.*

MEMBRÉ et **MEMBRU** sens Membré : « pourvu de membres ». Cet adjectif s'emploie en général précédé de *bien* ou de *mal*, à la différence de **membru,** qui signifie à lui seul « ayant de gros membres ». → OSSU ♦ **dérivé** *membrure.*

MÊME emploi et forme Placé entre le déterminant et le substantif, *même* varie comme tout adjectif : *Dans le même restaurant, depuis trente ans, je mange aux mêmes heures les mêmes plats apportés par des garçons différents* (Maupassant). *Les mêmes vagues arrivaient toujours, longues, puissantes, l'une suivant l'autre* (Genevoix). On peut le trouver sans déterminant : *Nous avions même taille, même aspect, même démarche, mêmes goûts* (Gide). ♦ Comme adverbe, il est invariable, précédant un déterminant ou un substantif, ou accompagnant un verbe : *Tous ces visages, qu'ils soient d'hommes, de femmes, même d'enfants* (Giono). *Même les autobus paraissaient des cages tristes* (Romains). Après un substantif, on a souvent le choix entre l'adjectif ou l'adverbe : *La guerre vous permet tout, d'aiguiser vos armes sur les statues même des dieux!* (Giraudoux). Le tour est ici adverbial et équivaut à : *même sur les statues.* Mais on pourrait avoir : *sur les statues mêmes*, au sens de « sur les statues elles-mêmes » : *Une altercation dont les éclats semblaient monter des marches mêmes de la tourelle* (Peyré). Joint au pronom personnel (avec un trait d'union) ou au démonstratif, *même* est un adjectif et par conséquent s'accorde : *Ceux mêmes que j'aidais le plus souvent étaient le plus méprisés* (Camus). *C'est elle qui vous a*

remis [ce pli] *pour moi ? – Elle-même à
moi-même pour moi-même* (Claudel).

□ **cela même, ici même, là même, par
là même** s'écrivent sans trait d'union.

□ **même plus** ou **plus même.** L'adverbe **même** est en général antéposé,
mais la langue littéraire pratique volontiers l'inversion : *Je crois que je ne
songeai pas même à lui en vouloir*
(Green). *Il ne lui restait plus même les
corps d'enfants souples comme des
plantes* (Mauriac).

□ **à même.** Cette locution se rencontre
surtout dans les phrases du type suivant : *Il y avait un escalier si noir et si
puant qu'il semblait percé à même un
bloc de crasse* (Duhamel). *Ici il meurt
tellement de petits enfants qu'on les enterre à même la boue des rizières* (Duras). Le sens est «directement dans». La
locution **à même de** est un substitut familier de «capable de, en situation
de» : *Je jouai les chevaliers servants
avec la première et mis la seconde à
même de connaître quelques réalités*
(Camus).

□ **même que.** Cette locution renchérissante ou explicative appartient au registre populaire : *Elle ne s'est convertie
au catholicisme que pour son mariage
avec Barrel. Même que c'était cela qui
avait fait romance dans ce mariage*
(Aragon).

□ **tout de même.** Ce tour a aujourd'hui
une valeur d'opposition : *Tout de même,
dit-il, tout de même, l'insolence de cette
génération passe les bornes de la décence* (Maurois). *Tout de même son linge
était plus propre que cette chemise mal
attachée sur un poitrail de bête velue*
(Mauriac). Mais on rencontre encore
parfois la valeur d'identité : «de la
même façon (que)» : *Il était bon époux
tout de même qu'il était bon employé*
(Aymé).

□ **voire même** → VOIRE

□ **c'est le même que tu as vu hier.** On
préfère souvent cette construction elliptique au tour complet et normal, qui
est assez lourd : *C'est le même que celui
que tu as vu hier. Elle boutonna son
manteau du même geste précis dont elle
avait déboutonné sa blouse* (Mallet-Joris). *Hélène se regardait dans la glace
avec le même étonnement qu'une chanteuse qui entend pour la première fois sa*

voix reproduite sur un disque (Vailland).
*Elle emprunta, à la lisière de la forêt de
Chaux, le même itinéraire que les Suédois du colonel Rantzau avaient suivi
une semaine auparavant* (A. Besson).

□ **de même que... de même.** Cette
construction comparative appartient
essentiellement à la langue écrite. Le
deuxième terme comparatif peut être
ainsi.

□ **deux sujets reliés par de même.** Le
verbe qui suit est en général au singulier : *Jean, de même que son camarade,
a été reçu à son examen.* → AINSI QUE et
COMME

MÉMOIRE genre Féminin, quand il désigne la «faculté de se souvenir», et
masculin dans les autres acceptions.
Au pluriel : *Les subtils et mensongers
Mémoires de Talleyrand* (*Le Monde*,
13 juillet 1984). On écrit *un aide-mémoire* avec un trait d'union.

MÉMORANDUM forme Plur. : **mémo-
randums.**

MÉMORIAL forme Plur. : **mémoriaux.**

MENACER emploi et sens Menacer de,
suivi de l'infinitif, peut s'employer correctement avec un sujet non animé, au
sens de «laisser craindre» : *Il entrepre-
nait de biffer le nom des morts. Le travail menaçait d'être long* (Duhamel). *Les
dettes s'accumulaient, le mont-de-piété
menaçait d'engloutir les maigres richesses sauvées de l'avenue Rodin*
(Chaix).

MÉNAGER constr. et sens Le tour *être
ménager de son temps*, au sens de
«économe», est vieilli. Cet adjectif s'emploie aujourd'hui surtout au sens de
«qui concerne l'intérieur, la maison» :
Le Salon des arts ménagers.

MENDIGOT orth. Fém. : **mendigote,**
avec un seul *t*.

MENER emploi Ce verbe, au sens de
«faire aller avec», ne s'emploie en principe qu'avec un complément d'objet
animé : *Tu as mené pour la première
fois ton chien à la chasse*, en face de :
Elle portait le panier à provisions.
L'exemple suivant montre bien l'opposition : *Et vous l'avez mené jusqu'ici*

toute seule? Mené? Pilar avait presque porté Juan sur les chemins (Peyré). Mais cette distinction tend à s'estomper, au profit de *mener* et de ses composés, l'idée principale étant exprimée par les préfixes *a*- ou *em*- bien plus que par le verbe lui-même. → AMENER, EMMENER, EMPORTER

□ **mener grand bruit.** *Mener* admet dans certains tours archaïsants un complément d'objet sans déterminant : *Il mourut dans le courant de 1918, tandis que les Berthas et les Gothas menaient sinistre bruit* (Apollinaire).

MÉNÉTRIER sens « Violoniste campagnard qui jouait dans les noces. » Ne pas confondre avec le doublet **ménestrel**, qui désignait au Moyen Âge un « musicien et chanteur ambulant ».

MENSUEL et **MENSTRUEL** emploi Les deux mots ont la même origine (lat. *mens*, « mois »), mais le second a un emploi spécifique dans le lexique de la physiologie féminine.

-MENT → ADVERBES

MENTALITÉ emploi et sens En principe ce substantif se rapporte à une collectivité : « ensemble des mœurs et des usages qui constituent la vie sociale et religieuse d'un groupe » : *Il y a un mot nouveau pour exprimer un tel genre d'esprit [...] On dit « mentalité » [...] Ah! mentalité, j'en prends note, je le resservirai, dit le duc* (Proust). *Qu'est-ce que c'est, la mentalité? – Une façon de penser, une tendance de l'esprit* (Triolet). Mais une acception individuelle, celle d'« état d'esprit, caractère », se rencontre de plus en plus fréquemment, y compris chez les écrivains : *Tu vois comme j'ai bien pris la mentalité de la femme mariée* (Vailland).

MENTERIE emploi Ce substantif est uniquement du registre familier, voire rustique : *Il cherche encore quelles menteries il pourrait bien inventer* (Pergaud).

MENTIR conjug. Comme *dormir*. Le participe *menti* ne peut se mettre au féminin ni au pluriel, au contraire de *démenti*, car *mentir* est un verbe intransitif.

MÉPRENDRE (SE) constr. Ce verbe se construit avec la préposition *sur*, mais aussi, de façon plus littéraire, avec la préposition *à*. Le participe passé s'accorde : *Elle ne s'est nullement méprise sur le sens de tes paroles*, ou *au sens de tes paroles*.

MÉPRIS (AU – DE) emploi La locution **au mépris de** se rencontre parfois sous la forme **en mépris de** (sans doute sous l'influence de *en méprisant*) : *Et comment allait-on l'établir cet impôt? En mépris du secret de la vie privée des gens?* (Aragon).

MÉPRISER constr. Le motif du mépris peut être introduit par *de* ou par *pour* : *Avec fermeté, il se méprisa d'avoir tout ignoré des plaisirs qui font la vie plus belle* (Aymé).

MERCANTI forme Cet emprunt à l'italien est un pluriel. Mais on écrit en français : **un mercanti, des mercantis**.

MERCI genre Masculin au sens de « remerciement » : *Toute la famille vous dit un grand merci*. Féminin au sens de « bon vouloir » (ne pas ajouter un *e*) : *Céline se sentait de plus en plus désespérée. Elle restait entièrement à la merci du baron* (A. Besson). *Votre destinée est à la merci d'un faux pas* (Bernanos). ♦ constr. En principe avec la préposition *de* : *Merci de toutes vos gentillesses*, mais l'usage actuel admet de plus en plus la préposition *pour* : *T'a-t-elle dit merci pour ce que tu as fait?* Ces remarques valent également pour le verbe **remercier**. Devant l'infinitif, il convient d'employer *de* : *Merci de m'avoir téléphoné*. ♦ emploi Archaïque au féminin et au sens de « pitié » : *Une guerre à nulle autre seconde, sans merci d'aucune sorte* (Chabrol).

□ **merci bien.** Cette locution, ainsi que **merci beaucoup**, remplace le tour classique **grand merci**, qui ne peut plus aujourd'hui être employé, sinon ironiquement : *La concierge apportait d'un air pompeux un plateau avec deux verres et une bouteille de vin. « Merci bien »*, fit Françoise (Beauvoir). *Merci beaucoup, madame, vous êtes habile comme une infirmière* (Sartre). Ces deux locutions peuvent signifier l'acceptation ou le refus, c'est le contexte qui l'indique : *Et la*

*nuit y passerait. Merci bien. J'aime
mieux dormir* (Colette). *Et je serai obligé
à nouveau, comme toi, de m'ouvrir la
cuisse ou le gras du mollet. Merci bien!*
(Giraudoux).

MÈRE orth. Ce mot entre dans la
composition de nombreux substantifs,
soit en antéposition, soit en postposition. Dans le premier cas, les mots ne
prennent pas de trait d'union, *mère patrie, mère branche,* etc. Dans le
deuxième cas, on écrit *belle-mère, fille-
mère, grand-mère* (→ GRAND), *dure-
mère, pie-mère,* etc., mais *branche mère,
cellule mère, idée mère, langue mère,
maison mère, reine mère,* etc. Ne pas
confondre le mot **mère** (< latin *mater*)
en composition, comme dans les
exemples précédents, avec l'élément
-mère (< grec *meros*), qui forme des
composés sans trait d'union dans le
lexique scientifique, avec le sens de
« partie » : **isomère.**

□ **mère** est employé (avec une minuscule à l'initiale), dans un registre familier, devant un nom propre : *La mère
Michel.*

MÈRE-GRAND orth. Plur. : **des mères-
grand.** ♦ **emploi** Ce substantif est archaïsant ou plaisant. Le terme usuel est
grand-mère.

MÉRITANT et **MÉRITOIRE** emploi et
sens Méritant : « digne d'éloge ou de récompense », seulement en parlant
d'une personne : *N'ayant pas le cœur
assez grand pour partager mes richesses
avec un pauvre bien méritant, je les laissais à la disposition de voleurs éventuels*
(Camus). *C'est une petite femme bien
méritante, et que je connais beaucoup*
(Colette). Ne pas confondre avec **méritoire,** qui s'applique plutôt à un « acte »
ou à « un trait de caractère » : *Je continue pourtant de les oublier, avec une
obstination assez méritoire* (Camus).

MERLE forme Le féminin est **merlette,**
la forme **merlesse** étant à peu près
abandonnée.

MERLON → CRÉNEAU

MERVEILLE emploi Archaïsant dans la
locution **c'est** ou **ce n'est pas merveille,**
suivie en général de **que** et du subjonctif (mais **si** avec l'indicatif est également

possible) : *Je me vois, distinctement, là
sur la chaussée, poitrine ouverte. Et c'est
merveille que, cependant, une auto véritable ne fasse pas, de moi, réelle marme-
lade* (Duhamel). Dans cet emploi,
comme dans les autres emplois figés, le
substantif est toujours singulier : *On disait merveille du costume de la capitaine* (Giono). Dans *faire merveille, à
merveille,* le mot est toujours au singulier. Mais on écrit *monts et merveilles,*
au pluriel.

MÉSESTIMER emploi et sens « Ne pas
estimer (quelqu'un) à sa juste valeur. »
À distinguer de **sous-estimer,** « estimer
au-dessous de son importance », qui
peut avoir un complément non-animé.
On dira *sous-estimer une difficulté* plutôt que *mésestimer une difficulté.*

MESSEOIR conjug. Comme *seoir.* Verbe
défectif. → APPENDICE ♦ **emploi et sens** Ce
verbe, qui signifie « ne pas convenir »,
est très littéraire et peu courant : *Et,
pour un parent, cela ne messiérait point*
(La Varende).

MESSIEURS-DAMES emploi Ce tour
est très répandu dans la langue populaire, mais déconseillé par le bon
usage : *Ces messieurs-dames désirent?
Au revoir, messieurs-dames.* On peut
préférer le dédoublement : *Entrez mesdames, entrez messieurs, j'ai écrit cette
pièce, je la joue* (Salacrou).

MESURE orth. *Mesure* reste au singulier dans *sur mesure, en mesure, sans
mesure, être en mesure de, à mesure,
faire bonne mesure, perdre (dépasser)
toute mesure.* ♦ **emploi** À **mesure que** est
une locution conjonctive moins intéressante et plus moderne que **au fur et à
mesure** (→ FUR), mais cette dernière
présente l'avantage de pouvoir se
construire avec *que* ou avec *de,* ce qui
n'est pas le cas pour *à mesure,* qui admet seulement *que* : *L'angoisse presque
voluptueuse de sentir son bonheur se rétrécir dans sa poitrine à mesure que les
stations dépassées faisaient plus proche
l'arrivée* (Aymé). *À mesure qu'il mangeait, c'était un peu de paix qui pénétrait en lui* (B. Clavel).

MÉSUSER DE emploi et sens Verbe très
littéraire, rare : « Faire un mauvais
usage ou un abus de. »

MÉTA- emploi Ce préfixe entre dans la composition de nombreux mots à caractère technique, avec le sens général de « transfert » ou de « changement interne, transformation ». Ces termes s'écrivent en un seul mot, sans trait d'union.

MÉTAPHORE sens « Figure de style attribuant à un être ou à une chose le nom d'un autre être ou d'une autre chose par des rapports d'analogie ou de ressemblance. » C'est une sorte de « comparaison éclair » dans laquelle les mots grammaticaux sont réduits au minimum, par exemple : *En troisième lieu enfin, maniant le sextant, le compas et la boussole de ma profession – métaphore risquée, car j'ignore si ce sont bien là les instruments qui servent à cet usage, je veux dire à faire le point* [C'est un policier qui parle] (Queneau). *Cet homme vivra cent ans ; c'est un roc.* → MÉTONYMIE

MÉTATHÈSE sens « Interversion de sons ou de syllabes », qui peut aller jusqu'à la contrepèterie, et que pratiquent involontairement ceux qui prononcent *Brecht* *[bʀɛtʃ] ou *Liszt* *[lits] ou encore *aréopage* : *[aeʀɔpaʒ].

MÉTEMPSYCOSE orth. Pas de *h* après le *c* (contrairement à **psychose**).

MÉTÉORE genre : Masculin. Mais : **une météorite** → ce mot

MÉTÉORITE genre Fém. : *Pour les uns, l'extinction des dinosaures serait due à la chute d'une ou de plusieurs météorites géantes* (Rebeyrol, *Le Monde*, 18 septembre 1991).

MÉTÉOROLOGUE forme On dit aussi : **météorologiste**.

MÉTÈQUE emploi et sens Pour les Athéniens de l'Antiquité, « étranger résidant en Grèce et ne jouissant pas du droit de cité ». Aujourd'hui ce mot est devenu péjoratif : *Une fille que des métèques, des fois, ramenaient à leur hôtel* (Carco).

MÉTHODISTE sens Adepte d'une secte protestante fondée en Angleterre au XVIII⁰ s.

MÉTIS forme Fém. : **Métisse**. ♦ **sens** Se dit de quelqu'un dont « le père et la mère sont de race différente ». Substantif de sens plus étendu que **mulâtre**. → ce mot et CRÉOLE

MÉTONYMIE sens « Figure de style consistant à désigner un objet de façon indirecte, en prenant la partie pour le tout, le contenant pour le contenu », etc. Par ex. *une assiette de soupe*. Ne se confond pas avec la **métaphore**. → ce mot

MÈTRE orth. On écrira : 15,5 m et non 15 m 50. **Mètre carré**, **mètre cube**, ne prennent pas de trait d'union. → GUIDE TYPO.

MÉTRORRHAGIE forme On écrit également **métrorragie**. ♦ **sens** « Hémorragie utérine. »

METS orth. Ne pas oublier le *s*. De même pour **entremets**.

METTRE constr. On peut dire indifféremment : *Les chambres d'adjoints abandonnées où l'on mettait sécher le tilleul et mûrir les pommes* (Alain-Fournier), ou bien : *Je mets l'eau à bouillir ; ça sera prêt dans un instant* (Butor).

□ **mettre à jour** ou **au jour** → JOUR

□ **mettre bas** → ACCOUCHER

□ **mettre en place** ou **à sa place** → PLACE

□ **mettre sa confiance en** ou **dans**. La construction est la même que pour *avoir confiance*. → CONFIANCE

□ **mettons**. Au sens de « supposer, admettre », cette forme se rencontre dans la langue familière, surtout en début de phrase ou en incise : *Au bout de, mettons, deux minutes, pas plus, la porte s'ouvrit* (Giono). **Mettons que** se construit avec le subjonctif ou l'indicatif : *Mettons que je n'aie rien dit* (Queneau).

□ **y mettre du sien, du leur**. Cette construction stéréotypée emploie le pronom possessif au neutre : *Il vous a fait cette proposition en pensant que vous y mettriez du vôtre* (Becque). *En y mettant chacun du sien, on peut trouver un peu d'argent* (Guilloux).

MEUGLER emploi et sens En parlant des bovins, « pousser son cri ». C'est une simple altération de **beugler**, qui est plus fréquent. À peu près synonyme de

mugir. Le même rapport existe entre **meuglement** et **beuglement** : *Du fond de la vallée, montaient quelques sons de cloches mêlés aux meuglements du bétail* (Labro).

MEURTRE sens « Action de donner volontairement la mort à quelqu'un. » → ASSASSINAT

MÉVENTE sens Autrefois, « vente à perte », aujourd'hui « diminution importante de la vente » : *Il y a une forte mévente d'appartements dans la région parisienne.*

MEZZANINE prononc. À l'italienne [mɛdzanin]. ♦ genre Fém. ♦ sens « Petite fenêtre à l'entresol ; petit étage intermédiaire, ou petite galerie dans une salle très haute. »

MI- forme et emploi Ce préfixe, de même sens que **demi**, est invariable, et toujours suivi du trait d'union : *mi-bas, mi-carême, mi-temps, mi-voix, à mi-chemin, à mi-corps, mi-clos, à mi-côte, mi-fin* : *Il s'est assis, croisant ses mains autour de son verre mi-vide* (Butor). *Il eut de l'eau jusqu'à mi-bottes* (Vailland). *Il suivit le chemin qu'il avait découvert, se glissant à mi-côte à travers la haie* (Dhôtel). *C'était une bien bonne idée de Frédéric que de donner à ce chat gris souris, mi-chartreux mi-gouttière, le patronyme de Littré !* (Jorif). *Un magasin mi-consacré à l'ornement des tombes et mi à celui des têtes vivantes* (Aragon). Ce dernier emploi de *mi*, isolément, est exceptionnel. → DEMI

MI-AOÛT orth. Anciennement, *mi* prenait un *e* devant un nom féminin : *En chemin de retour sur la mie-nuit* (Chabrol). ♦ genre Devant un substantif désignant une tranche de temps, *mi* donne toujours le genre féminin au mot composé : *la mi-décembre, la mi-carême, la mi-temps*, etc.

MICMAC orth. En un seul mot. Plur. : **des micmacs.** ♦ emploi et sens Dans le registre familier, « combinaison suspecte ».

MICRO- orth. Les composés ne prennent un trait d'union que lorsque le second élément commence par une voyelle : *micro-ampère, micro-analyse,*

micro-onde, micro-organisme. Le pluriel est marqué par un *s* final. *Des micro-ordinateurs, des microglossaires.* ♦ sens « Petit. » Dans les mots techniques, marque la « division au millionième » : le *micro-ampère* est un millionième d'ampère. → MACRO-

MICROCOSME emploi et sens En philosophie, « l'homme considéré comme un monde complet, en réduction ». D'une façon générale, « image réduite de l'univers » présentée par divers systèmes : *Le contenu du microcosme scénique doit à lui seul supporter et faire reconstituer l'univers de l'œuvre – le macrocosme théâtral* (Souriau). → MACRO-

MICTION sens Mot savant pour « action d'uriner » : *miction douloureuse* (il s'agit de la capacité d'uriner plutôt que de l'action elle-même). Ne pas confondre avec **mixtion**, « action de mélanger des substances, des drogues », etc.

MIDI orth. Prend une majuscule pour désigner la région géographique du sud de la France : *l'accent du Midi.* ♦ genre Aujourd'hui masculin, de même que **minuit**. *Il est midi et demi. Il est midi précis.* Il existe encore des tours archaïsants ou régionalistes. ♦ constr. Quand *midi* est sujet, le verbe *sonner* se met au singulier : *Quand midi sonnait, j'étais au regret de partir* (Gide). → DEMI et SONNER

☐ **après-midi** → le mot à son ordre alphabétique

☐ **ce midi.** Ce tour, dû à l'analogie de **ce matin, ce soir,** n'est pas proprement incorrect, mais familier : *Depuis ce midi, il avait gagné cinquante-cinq francs* (Van der Meersch). *Pierre-Marie l'a lu et relu pas plus tard que ce midi* (Japrisot). Mais on dit : **à midi.** *Attendsmoi aujourd'hui à midi.* On dit du reste : *le midi de ce jour.* Mais on évitera le pluriel : *vers les midi,* encore que *les* puisse ici avoir une valeur d'estimation, comme dans : *Il arriva sur les une heure.*

☐ **demain à midi** ou **demain midi.** Les deux tours sont également corrects. → À

☐ **midi (et) un quart** → QUART

MIE emploi et sens Avec *ne*, équivaut à *pas* dans des contextes archaïsants : *Monsieur, cela ne nous regarde mie* (Queneau). Cet emploi est très rare. → GOUTTE

MIELLEUX emploi Toujours péjoratif. → MELLIFLUE. Quant à **miellé**, il est seulement littéraire. On dira couramment *au miel* ou *de miel*.

MIEN emploi Rare comme adjectif épithète : *La même politesse avait été faite, deux années auparavant, à un mien domestique qui me l'avait rapporté* (Montherlant). On a dans l'exemple suivant la traduction d'une interjection espagnole : *Dieu mien ! Vite !* (Peyré). Un peu plus fréquent comme adjectif attribut : *Un seul être était mien dans le désert du monde, tu me l'as enlevé* (Rolland). Mais *mien* est surtout employé comme pronom personnel, précédé de *le, la, les*. ♦ Dans certains contextes, **les miens** « sont non pas ceux qui m'appartiennent, mais les êtres qui tiennent à moi par un lien de parenté ou de relation » (Le Bidois) : *Tes enfants, c'est toi encore. Et même ta femme. La preuve : tu dis toujours « les miens »* (Peuchmaurd).

MIEUX emploi Sert parfois de substitut à **plus** dans certains comparatifs insistant sur l'idée de « qualité » : *Cet endroit où elle se plaisait mieux que partout ailleurs* (Vidalie). *Elle est mieux que jolie. Elle est autre chose. Elle a un charme* (Aragon). Mais on évitera de dire, comme font de nombreux chroniqueurs sportifs : **Cet athlète a fait deux secondes de mieux que son adversaire*, alors qu'il s'agit ici de « quantité » et que la différence peut s'exprimer par *plus* ou par *moins* : *Untel a couvert le parcours en deux secondes de moins que son concurrent*, ou *a tenu deux secondes de plus*, dans une épreuve de durée, par exemple en vol à voile. → COMPARATIF

□ **des mieux.** L'adjectif qui suit ce groupe s'accorde entièrement avec le substantif précédent : *Ton ami est des mieux habillés.* C'est une sorte de superlatif absolu, équivalant à « très bien habillé ». Mais le tour suivant est archaïque et figé : *Bien, disais-je, Cela va des mieux* (Jaloux, cité par Robert).

□ **d'autant mieux que.** Même fonctionnement que pour *d'autant que* → AUTANT

□ **mieux vaut, il vaut mieux.** La première locution est plus littéraire que la seconde : *Si après m'avoir lu vous deviez dire : « Ce n'était que cela ? », mieux vaudrait cent fois me taire* (Vercors). *Mieux vaut donc nous rallier librement à la France et en tirer le plus de profit possible* (A. Besson). On évitera de confondre **valoir** et **falloir**, comme le fait souvent la langue populaire : l'idée d'obligation contenue dans le verbe *falloir* ne peut en effet admettre qu'une détermination par *oui* ou par *non* et non pas une qualification. → AUTANT

□ **aimer mieux... que** → AIMER et PRÉFÉRER

□ **le mieux** ou **du mieux.** Ces deux constructions sont également correctes : *La gauche va au ballottage en serrant les rangs du mieux qu'elle peut* (Le Monde).

□ **au mieux.** Ce tour superlatif a une valeur adverbiale, et accompagne généralement un verbe : *Germanisant au mieux son yiddish, il tenta d'expliquer sa distraction* (Ikor). On ne confondra pas avec la locution *être au mieux avec quelqu'un*, c'est-à-dire « en très bons termes » : *Comme Mérani était puissant, au mieux avec le préfet et donc avec la police, on respectait Gobi Revelli* (Gallo).

□ **à qui mieux mieux.** Cette locution figée, comme **à l'envi** (→ ce mot), ne s'emploie qu'avec un sujet au pluriel : *Les grandes maisons de la trahison continuent de publier à qui mieux mieux* (Vercors). *Elle entend les hommes revenir. Ils se congratulent à qui mieux mieux dans le jardin* (Japrisot).

□ **mieux que... (ne).** On rencontre facultativement la négation *ne* dans la proposition complément de *mieux* : *Je les connais bien mieux que bien, et en quelque manière, un peu mieux qu'elles se connaissent elles-mêmes* (Valéry).

□ **mieux que ça.** En tête de proposition, cette locution renchérissante appartient à la langue familière : *Ils sont incapables de distinguer le beau du laid... Mieux que ça, ils aiment la laideur* (Sartre).

□ **le mieux** ou **la mieux coiffée** → LE, MOINS et PLUS

□ **qui mieux est.** Locution figée et archaïsante. → QUI

MIEUX-ÊTRE orth. Avec un trait d'union, comme **bien-être.**

MIGRATION emploi et sens On emploie ce substantif surtout pour désigner les «déplacements de certaines espèces animales» ou, dans les sciences, «certains déplacements d'organismes ou de substances». Pour les déplacements humains, on précise généralement en parlant d'**émigration** ou d'**immigration.** → EMIGRER

MI-JAMBE emploi Au singulier ou au pluriel, indifféremment, dans : *Il avait de l'eau jusqu'à mi-jambe(s).*

MIJOTER orth. Un seul *t.*

MIL → MILLE 1

MILE → MILLE 2

MILIAIRE orth. Avec un seul *l,* signifie «qui offre l'aspect d'un grain de mil», en parlant surtout de boutons et d'éruptions cutanées. Pas de rapport avec *mille.* À distinguer de **milliaire** (→ ce mot).

MILIEU emploi Pour la locution **milieu ambiant** → AMBIANT

□ **au beau milieu, en plein milieu.** Ces locutions intensives sont légèrement familières.

MILLE (1) orth. Jamais de *s* final s'il s'agit du numéral. On écrit : **les mille dangers, deux mille francs, l'an mille.** ♦ **forme** L'abréviation **mil,** qui est plutôt un doublet ancien de **mille,** se rencontre encore parfois, surtout dans les dates : *Les jeunes gens qui dansaient avec nos grand-mères dans les bals de mil huit cent trente* (Alain-Fournier). Mais elle n'est jamais obligatoire, et l'on peut toujours écrire *mille.*

□ **mille deux cents** ou **douze cents** → CENT

□ **gagner des mille et des cents.** Mille reste invariable, mais **cents** prend le *s* du pluriel.

□ **mille et un.** On ne dit guère **mille un,** en raison de l'attraction exercée

par les nombreux emplois emphatiques dans lesquels la conjonction est de règle : *Les mille et un soucis de l'existence. Les Contes des Mille et Une Nuits.*

MILLE (2) forme Substantif variable quand il s'agit d'une «mesure». ♦ **sens** Ne pas confondre **mille** terrestre (prononc. [mil]), qui s'écrit parfois **mile,** à l'anglaise (prononc. [majl]), et qui vaut 1 609 mètres, avec le **mille marin,** qui vaut 1 852 mètres : *Mais c'était assez pour rassurer un homme haletant, à 7 000 milles marins de sa patrie* (Supervielle). → NŒUD

MILLEFEUILLE orth. Avec ou sans trait d'union, et un *s* final seulement au pluriel : **des millefeuilles.**

MILLÉNAIRE orth. Un accent aigu et un seul *n.* ♦ **sens** Adj. : «qui a mille ans». Subst. : «durée de mille ans».

MILLE-PATTES orth. Avec un trait d'union.

MILLIAIRE sens Terme de l'Antiquité romaine : «qui marque une distance d'un mille». Ne pas confondre avec **miliaire** → ce mot

MILLIARD et **MILLION** forme Substantifs variables en nombre comme **billion** et **trillion** : *deux milliards cinq cents millions.* → CENT

MILLIONNAIRE orth. Avec deux *n,* mais **millionième** s'écrit avec un seul *n.*

MIME emploi Le **mime** est la personne qui joue dans les **pantomimes** (fém.) → ce mot

MIMODRAME sens «Spectacle de pantomime, scène muette avec accompagnement musical.» Ne pas confondre avec **mélodrame.**

MINERAI orth. Ne prend pas de *s* au singulier.

MINESTRONE prononc. À la française : [minɛstʀɔn]. ♦ **genre** Masc. Attention à l'attraction du genre de **soupe.** ♦ **sens** «Soupe épaisse contenant légumes, riz et pâtes.»

MINEUR constr. Ce mot se suffit à lui-même, au sens de «qui n'a pas atteint l'âge de la majorité». On ne doit pas dire : *Ce film est interdit aux mineurs de (moins de) dix-huit ans. Ne pas confondre avec **minoritaire.** ♦ Dérivé **minorer** «Évaluer une chose en dessous de sa valeur réelle.» → MINORITÉ

MINI forme et emploi Ce préfixe, très en vogue, ainsi que son contraire **maxi,** est acceptable, mais on ne doit pas en abuser. *Une minijupe, une minicassette,* etc. Il est toujours invariable, même dans l'emploi isolé, comme adjectif : *la mode mini, des tuniques maxi.* Le substantif **minibus** est entré dans l'usage courant : *Le minibus put se frayer un chemin dans la foule bigarrée qui arrivait de la campagne* (Godbout).

MINIMA (A) → MAXIMA

MINIMAL emploi Cet adjectif est préférable à la forme **minimum.** → MAXIMAL

MINIME emploi Cet adjectif a par lui-même la valeur de «très petit» (→ INFIME) : *Il me serait bien difficile de préciser à quel moment s'est produit tel minime événement* (Butor). *On résolut de ne plus faire attention à lui et d'oublier cet incident minime* (Dhôtel). Il peut cependant admettre des degrés de comparaison : *Il est indispensable de rechercher la plus minime défectuosité.*

MINIMUM forme Plur. : **minimums,** plutôt que **minima.** → MAXIMAL

MINISTRE forme Le féminin **ministresse** n'a pu s'imposer. On dit : *Mme Untel, ministre des Affaires sociales,* ou *le ministre, Mme Untel* (→ DOCTORESSE, FEMME, MAIRE). *Ministre* s'emploie comme adjectif dans *bureau ministre, papier ministre ;* il prend la marque du pluriel. On écrit : *le ministre de l'Intérieur, le Conseil des ministres,* et, pour désigner le chef de gouvernement : *le Premier* (ou *premier) ministre.*

MINORITÉ constr. Comme sujet d'un verbe → COLLECTIF ♦ dérivé **Minoritaire,** dans le lexique politique.

MINUIT genre Aujourd'hui masculin, comme **midi** (→ ce mot). Gouverne le singulier du verbe : *Minuit sonnait.* On rencontre encore parfois le féminin, à

titre d'archaïsme : *Ils se quittèrent en titubant à la minuit* (Desproges). (→ cit. de Chabrol à MI-AOÛT.) Pour d'autres remarques → MIDI

MINUSCULE typogr. → GUIDE TYPO.

MINUTE orth. → GUIDE TYPO.

MI-PARTI emploi Il vaut mieux conserver à ce mot son statut de participe-adjectif (de *mi-partir),* s'accordant en genre et en nombre avec le substantif auquel il se rapporte : *Son costume est mi-parti noir et gris,* ou *mi-parti noir, mi-parti gris,* ou *mi-parti de noir et de gris ; elle portait une tunique mi-partie rouge et noire* ou *mi-partie rouge, mi-partie noire* ou *mi-partie de rouge et de noir.* L'emploi d'une forme *mi-partie,* qui serait un substantif féminin par analogie de **partie,** est une erreur.

MIRAGE emploi Éviter le tour pléonastique : *mirage trompeur.* Un mirage est trompeur par définition.

MIRE-ŒUFS forme Ce substantif est invariable.

MIRIFIQUE emploi et sens Cet adjectif, toujours ironique, est vieilli : *Il m'a berné de mirifiques promesses,* c'est-à-dire de «promesses d'autant plus belles qu'elles n'ont pas été tenues». *Vous vous insérez là-dedans avec une facilité mirifique* (Queneau).

MIROBOLANT → MYROBOLAN

MIROTON forme Ce substantif est souvent déformé dans la langue courante en *mironton.* ♦ sens «Plat de bœuf bouilli avec des oignons.»

MISANTHROPIE sens «Aversion pour le genre humain.» → MISOGYNIE

MISÉRABLE et **MISÉREUX** sens Ces deux adjectifs-substantifs ont un sens très voisin : «qui est dans la misère», mais le premier avait aussi le sens, qui tombe en désuétude, de «malhonnête, malfaiteur». Le second est d'un registre plus littéraire : *Gilbert se tourna vers le miséreux comme pour solliciter une aide* (Dhôtel).

«MISERERE» orth. Ce mot latin (signifiant «ayez pitié») ne prend jamais de s final au pluriel : des « miserere ». Il peut se franciser graphiquement au moyen de trois accents aigus : **un miséréré.** Dans l'orthographe latine, il s'imprime en italique.

MISOGYNIE orth. D'abord un *i*, ensuite un *y*. ♦ **sens** « Hostilité envers les femmes » : *J'ai toujours trouvé la misogynie vulgaire et sotte* (Camus). À distinguer de **misanthropie** → ce mot

MISS forme Le pluriel est **misses**, à l'anglaise (prononc. [misiz]), ou **miss**, à la française. ♦ **emploi** Ce mot n'est pas à recommander en dehors des cas où il désigne une demoiselle anglaise (il doit alors être suivi du prénom), ou une gouvernante, auquel cas il peut s'employer seul : *Ils traversent tous deux la chambre de miss* (Supervielle). Noter l'emploi moderne, pour désigner les reines de beauté : **Miss France.** → LADY

MISSILE emploi Ce substantif est un exemple d'anglicisme bien adopté par notre langue. ♦ **sens** « Projectile destructeur téléguidé », à la différence de la **roquette** (→ ce mot). *Missile téléguidé* est un pléonasme à éviter. **Antimissile** s'écrit sans trait d'union.

MISSIVE emploi Ce mot a le sens de « lettre (qu'on envoie à quelqu'un) » : il est vieillot et ne s'emploie plus guère qu'ironiquement, mais peut aider à éviter dans certains contextes l'ambiguïté du mot lettre : *Il écrivit une lettre pour donner un rendez-vous à Edmée, après quoi il se rendit à ces établissements où il demanda simplement qu'on remît son mot à Mlle Edmée Santaragne ou même à Mme Santaragne (afin que cette missive parût tout à fait honorable)* (Dhôtel). *Il dictait du courrier sans répit et expédiait des missives que les coursiers de son hôtel livraient dans tout Paris* (P. Jardin).

MISTRESS forme et emploi Abréviation : **Mrs.** (un point après le *s*). Ne s'emploie que devant un nom de personne, pour désigner une femme anglaise : **Mrs. Robinson.**

MI-TEMPS → MI-

MITES (MANGÉ AUX) → MANGER et RONGER

MITHRIDATISATION forme On dit aussi **mithridatisme.** ♦ **sens** « Immunité à l'égard des poisons, obtenue par des ingestions à dose progressive » (du nom du roi *Mithridate*).

MITONNER orth. Avec un *t* et deux *n*. ♦ **sens** « Faire cuire lentement, faire mijoter », d'où « préparer avec amour ».

MITRE orth. Pas d'accent circonflexe (de même pour les dérivés). → -ITRE

MIXAGE emploi et sens Anglicisme appartenant à la langue du cinéma et désignant le « regroupement de tous les éléments sonores d'un film ». Le **montage** ne concerne que les éléments visuels.

MIXER ou **MIXEUR** forme On préférera la forme en **-eur** à la forme anglaise. ♦ **sens** « Appareil culinaire. »

MIXTION → MICTION

MNÉMONIQUE ou **MNÉMOTECHNIQUE** emploi et sens Ces deux adjectifs sont à peu près équivalents, « qui aide à mémoriser, à retenir par cœur » : *La fameuse formule mnémonique* Mais où est donc Ornicar ? *permet de se rappeler aisément les conjonctions de coordination.*

MOBILE emploi et sens L'acception récente, « objet de décoration suspendu en équilibre » est un anglicisme d'autant plus acceptable qu'il rejoint un emploi technique déjà ancien en français : *Les mobiles de Calder* (→ STABILE).

MOBILE HOME, MOTOR-HOME emploi et sens Ces deux mots (anglicismes) désignent un « vaste véhicule à moteur aménagé pour le camping ». Un arrêté ministériel du 17 mars 1982 recommande d'employer **auto-caravane.** → CAMPING

MOBYLETTE emploi Ce nom est un bon exemple contemporain de nom de marque déposée devenu nom commun : *Les employés rentrent du bureau en mobylette* (plutôt que *à mobylette*). → MARQUE et À

MODE genre Fém. pour le sens courant : *la mode nouvelle, un journal de*

mode. Masc. pour les sens « savants » (en philosophie, musique, grammaire, etc.), et au sens de « type, catégorie » : *Il s'avisa néanmoins d'imposer à Gilbert un nouveau mode de travail* (Dhôtel). Sur l'emploi des modes en grammaire, voir à l'ordre alphabétique les verbes qui appellent des remarques sur ce sujet.

MODÈLE orth. Accent grave sur le *e*.
♦ **dérivé Modéliste,** avec un accent aigu.

MODELER conjug. Comme *geler*. → APPENDICE

MODERATO orth. Ce mot ne porte jamais d'accent aigu.

MODERNISTIQUE emploi Cet adjectif, calqué sur l'anglais *modernistic,* semble doubler inutilement – et de façon quelque peu risible en français – l'adjectif **moderne :** *M. Dory, directeur artistique des disques Odéon* [en 1934] *finit par laisser tomber, glacial :* « *Après délibération, notre Conseil d'administration a trouvé cet orchestre trop modernistique pour notre firme* » (Marmande, *Le Monde,* 16 novembre 1988).

MODERNITÉ emploi et sens Ce substantif ne se confond pas avec **modernisme,** mais désigne le « caractère de ce qui est moderne ». On peut employer sans hésiter ce terme, qui remonte à Chateaubriand.

MODERN STYLE prononc. [mɔdɛʀnstil]
♦ **orth.** Pas de trait d'union ni d'apostrophe. ♦ **emploi** Cette expression s'emploie soit comme substantif *(le modern style),* soit comme adjectif invariable : *des sièges modern style.*

MODULE genre Masc. ♦ **sens** « Unité de mesure, d'abord en architecture, puis dans d'autres domaines. » La vogue des kits, notamment dans l'ameublement, a favorisé le sens de « élément – par exemple de mobilier – qu'on peut assembler progressivement à d'autres, pour obtenir un ensemble plus ou moins complexe » : *Une bibliothèque qu'on peut agrandir à l'aide de modules.*

« MODUS VIVENDI » forme Locution latine invariable. ♦ **sens** « Transaction intervenant entre deux parties en litige. » Souvent employé à tort au simple sens de « manière de vivre, mode de vie ».

MOELLE prononc. [mwal] et non *[mwɛl].
♦ **orth.** Pas de tréma ni de œ lié (de même : *moelleux, moellon).* ♦ **emploi et sens** Au pluriel, emploi littéraire et vieilli pour désigner « le plus intime de l'être » : *Il faudrait changer jusqu'aux moelles* (Sartre). *Ah ! c'est terrible, mon cher ; je me sens catholique jusqu'au fond des moelles* (Martin du Gard).

MOI emploi Employé seul, ne peut faire fonction de sujet que d'un infinitif : *Moi, vous trahir ?,* d'un participe dit « absolu » : *Moi vivant il ne remettra pas les pieds ici !,* ou d'un verbe sous-entendu : *Il est mieux renseigné que moi.* Dans une comparaison : *Il a besoin de moi, pensa-t-elle. Moi pas* (Maurois). En relation et coordonné à un nom ou un pronom : *Max et moi ne fîmes aucune allusion à nos lettres* (Hériat).

□ **moi** sert à renforcer le pronom *je. Moi, je ne verrai plus, je serai morte, moi* (Noailles). On veillera à ne pas abuser de ce genre de renforcement, que dénonce avec humour Cavanna : *Un étranger écoutant la télévision ou la radio française est vite convaincu que le pronom personnel de la première personne du singulier n'est nullement « je », ainsi qu'on le lui a enseigné, mais bien « moi personnellemanj »*. *En effet, chaque fois qu'est posée une question, par exemple :* « *Que pensez-vous de... ? » la réponse commence ainsi :* « *Moi, personnellement, je... ».*

□ **moi,** attribut. *Un autre que moi, qui serait moi* (Romains) : *Maintenant, je me sens être quelqu'un... Je suis devenu moi* (Hervieu).

□ **moi,** objet direct et indirect. *Regardez-moi. Il nous a vus, ma femme et moi.* Avec certains verbes exprimant le mouvement, l'intérêt, la pensée, la forme *me* est remplacée par *à moi. Je le vis se lever et venir à moi* (Bourget). *Je songe à toi. Je songe à moi* (Jammes). *Je saurai t'intéresser à moi* (Gide).

□ **c'est moi qui suis là** → QUI (PRONOM RELATIF)

MOINDRE emploi Ce comparatif de **petit** est plus littéraire que la forme analytique **plus petit**, surtout comme attribut : *Les humbles et les femmes, qui ont un cerveau moindre que celui des hommes* (Barbusse). *La véritable survie du plus apte, c'est la capacité de vivre, de survivre à moindres frais* (Siegfried). Superlatif : **le moindre.** *D'événements dans la vie de Jack, pas le moindre* (Daudet). *Tu sais qu'elle en connaît les moindres beautés, les moindres taches* (Giraudoux). *Était-il vraiment destiné à vivre la moindre des paroles qu'Edmée avait prononcées avec sa voix de prophétesse?* (Dhôtel). Quand il s'agit d'une grandeur concrète, on ne peut employer que le comparatif analytique : *Paul est plus petit que sa sœur.* Ne pas dire : **le moindre petit* qui fait pléonasme.

◻ **le moindrement.** Presque toujours accompagné de la négation *ne... pas,* et plus littéraire que **le moins du monde** : *Comme si cette façon d'être avec moi se fût imposée à lui sans même qu'il eût eu besoin d'y réfléchir le moindrement* (Aymé). *Dehors, Frédéric ne recouvra le moindrement son âme légère* (Jorif).

MOINS prononc. [mwɛ̃]. ♦ **constr.** Devant un nom de nombre, *moins* est en général relié par *de :* en moins de deux heures ; mais on rencontre également *que,* soit dans la langue cursive, soit pour insister : *Il n'y a pas eu moins que deux cents personnes pour assister à ta conférence.*

◻ **le moins** ou **la moins.** *Cette robe est la moins coûteuse. C'est en uniforme qu'ils sont le moins ridicules.* Avec *possible : Une partenaire le moins bavarde possible sera la bienvenue* (Romains) = « qui soit le moins bavarde qu'il est possible ». Ne pas écrire ici : *la moins bavarde.* → LE.

◻ **d'autant moins** → AUTANT

◻ **cent francs de moins** ou **en moins.** Les deux locutions sont correctes, la seconde étant plus répandue dans la langue cursive. *Il a trouvé cent francs de moins* ou *en moins dans sa caisse.* On dit plus rarement : *cent francs de manque.*

◻ **des moins** → MIEUX (des mieux) : *N'est-ce pas que cet homme est des* *moins ordinaires?* (Rostand, cité par Grevisse).

◻ **deux fois moins grand.** Cette locution est parfois concurrencée par **une fois moins grand,** qui affirme (moins clairement) que l'objet déterminé est équivalent à la *moitié* de l'autre.

◻ **moins de deux.** Contre toute logique, le verbe qui suit ce tour se met toujours au pluriel : *Moins de deux ans ont passé.* L'accord se fait avec le complément de *moins.*

◻ **moins... (et) moins.** Deux *moins* en corrélation peuvent être reliés par *et* quand on veut insister sur la nécessité de la conséquence concomitante : *Moins il travaille, (et) moins il a envie de travailler.*

◻ **moins... plus...** Cette tournure marque une relation inversement proportionnelle : *Moins le facteur m'apporte de lettres, plus je suis content* (Stendhal, cité par Robert). → PLUS

◻ **j'ai moins hâte de partir.** En principe, l'adverbe *moins* ne peut pas modifier un substantif, mais il y figure constamment dans les locutions composées d'un verbe et d'un substantif non déterminé. → FAIM, GRAND

◻ **moins un quart** et **moins le quart.** Les deux locutions sont correctes, mais la seconde est la plus fréquente dans la langue cursive : *À sept heures moins un quart, le carillon du réveille-matin les arracha au sommeil* (Aymé). *Ils sont partis à (huit heures) moins le quart.* → QUART

◻ **au moins** ou **du moins.** Le sens de ces locutions adverbiales est proche : elles marquent une restriction, la seconde avec plus de force : *Je pense que cela vous conviendra, au moins pour quelques jours* (Butor). *Sans la guerre elle aurait disparu ou du moins serait devenue méconnaissable* (Apollinaire). Il y a en principe inversion du pronom sujet quand ces locutions sont en tête de proposition. Cette inversion est très fréquente et naturelle après **du moins :** *Et quand les chevaliers allaient en guerre, du moins n'y étaient-ils pas forcés* (France). *Du moins me suivait-elle dans mes chasses et ne répugnait-elle pas trop à retourner avec moi bouses et charognes* (Gide). Après **au moins,** l'in version est possible mais moins fréquente : *Au moins faudrait-il que la décision se prononçât toute seule* (Romains). *Tout au moins était-il tombé sur un excellent spécimen* (Barrès). Elle est plus rare encore après **pour le moins** : *Ces idées, c'est peut-être à lui que je les dois ; ou, pour le moins, les a-t-il encouragées* (Gide). On emploie dans un registre plus littéraire **tout au moins**, ou **à tout le moins** : *Sous quelle forme Jupiter doit-il venir ? Il faudrait tout au moins que ce fût sous un aspect que j'aime* (Giraudoux). *À partir de cet instant, il put tout au moins avoir l'assurance d'être introduit chez Mme Santaragne comme un familier de sa maison* (Dhôtel).

□ **il travaille moins qu'il (ne) le faudrait** → NE

□ **à moins que... (ne)** → NE

□ **le moins qu'on puisse dire** → PLUS

□ **à moins que de partir.** Ce tour sera heureusement remplacé dans la langue moyenne par **à moins de partir.**

□ **moins que rien.** Locution péjorative et méprisante qui appartient à la langue familière et s'emploie comme substantif : *Il suffisait d'un petit miracle, d'une apparition, de moins que rien* (Romains).

□ **rien (de) moins que** → RIEN

MOIS emploi Quand il s'agit d'indiquer la date, on ne se sert plus guère des formules anciennes : *ce 29 septembre*, ou *le 29 de septembre*. On peut dire : *c'était le 3 août*, ou *c'était le 3 du mois d'août*, ou *c'était le troisième jour (du mois) d'août*.

□ **au mois, par mois.** On dit : *je paie ma location au mois*, mais *je paie 2 000 F par mois de location, il touche 8 500 F par mois* (et non *au mois*).

MOISIR constr. On rencontre indifféremment la construction intransitive ou la construction pronominale : *Les confitures ont moisi* ou *se sont moisies par manque de sucre*. La construction transitive est moins répandue : *Les larmes de la femme moisissent le cœur de l'homme* (Audibert). *L'humidité de la cave a moisi les conserves*.

MOITIÉ constr. Quand **la moitié de,** suivi d'un substantif pluriel, est sujet d'un verbe, celui-ci se met de préférence au pluriel : *Plus de la moitié de ses auditeurs lui étaient inconnus* (Romains). *Aussitôt la moitié des conseillers l'imitèrent* (Guilloux). Voir cependant : *La moitié des personnes présentes n'osait pas rester, se levait* (Proust). Le singulier est peu naturel. → COLLECTIF

□ **plus d'à moitié** ou **plus qu'à moitié.** Ces deux locutions sont également correctes : *L'anglo-américain nous envahit, mais l'anglo-américain est lui-même français plus qu'à moitié, tout au moins en ce qui concerne le vocabulaire* (Cavanna). *Ils l'ont laissé plus d'à moitié, ou plus qu'à moitié assommé*.

□ **moitié-moitié.** On rencontre ce tour soit en agglutination (avec un trait d'union) : *partager le butin, moitié-moitié*, soit séparément : *Il lui servait même une rente, moitié je crois dans l'espoir de calmer ses velléités subversives, et moitié pour qu'il pût entretenir la vieille Nénène, qui avait la garde de son fils* (Masson). Ces emplois appartiennent à la langue familière.

□ **ma moitié.** Cet emploi relève du style plaisant ou même burlesque, et l'on ne peut guère désigner ainsi son « époux » ou plus souvent son « épouse » qu'avec une affectueuse ironie.

□ **moitié moins.** Tournure familière : *Mettez-m'en moitié moins.* (C'est-à-dire *mettez-m'en seulement la moitié*.)

□ **à moitié prix, à moitié chemin.** Pas de trait d'union.

MOL emploi Cette forme masculine archaïque s'emploie surtout devant un mot commençant par une voyelle ou un *h* dit non aspiré : *Un mol oreiller. Un mol abandon. Balancé voluptueusement par les mols effluves de la lenteur majestueuse* (Lautréamont). Plus rarement devant une consonne, au moins dans la langue littéraire : *Le mol caramel et la lisse dragée étaient chargés de compenser, sucés interminablement, l'intolérable séparation d'avec un père adoré* (Allen). Mais on n'ira pas jusqu'à écrire : *Cet affreux mélange du sec et de l'humide, du dur avec le mol, de la lumière avec les ténèbres* (Valéry). → BEAU et FOL. Dérivé diminutif : **mollet** *(un œuf mollet).*

MOLAIRE orth. Un seul *l*, pour désigner la dent.

MOLETER conjug. Comme *jeter* → APPENDICE

MOLETTE orth. Un seul *l*, à la différence de **mollet**.

MOLLASSE (adj.). forme Unique pour les deux genres, mais surtout appliqué aux femmes. Pour les hommes on dit plutôt : **mollasson**.

MOLLETIÈRE orth. Avec deux *l* et un *t*.

MOLLETONNER orth. Avec deux *l* et deux *n*.

MOMENT forme Au pluriel dans **par moments** : *Que dois-je penser de ma tête ? Par moments, devant une glace, sous un certain jour, j'ai envie d'en penser beaucoup de bien* (Romains). Mais on trouve plutôt le singulier dans **à tout moment, de moment en moment.** → INSTANT

☐ **au moment que.** Archaïsme pour **au moment où** : *Ils se livraient sur sa personne à mille farces d'écolier, comme de lui retirer sa chaise au moment qu'il s'asseyait* (Aymé). L'exemple suivant est plus courant : *Au moment où il se courbait pour passer sous la voûte basse, elle le rappela* (Peyré). → OÙ, QUE

☐ **du moment où, du moment que.** Ces deux locutions se rencontrent parfois avec le sens temporel : *Il ne comptait jamais ni ses peines ni ses pas, du moment qu'il s'agissait de rendre service* (Roland). Mais le plus souvent avec le sens causal (« puisque ») : *Du moment où ça plaît à Coupeau nous n'avons pas à nous en mêler* (Zola). *Du moment que vous ne vous occupiez pas de la femme, vous pouviez vous occuper de Langlois* (Giono).

☐ **jusqu'au moment où.** Cette locution périphrastique est suivie de l'indicatif ou du conditionnel, à la différence de *jusqu'à ce que* : elle est donc à recommander chaque fois que l'idée d'attente de l'événement disparaît au profit de celle de réalisation complète : *Wolf la suivit des yeux jusqu'au moment où la tête brune disparut sous le plancher bleu de la mer* (Vian).

MOMERIE orth. Pas d'accent circonflexe sur le *o*, contrairement à **môme** (« enfant » ou « jeune fille » dans un registre populaire).

MON prononc. Il est préférable, d'après le phonéticien Pierre Fouché, de ne pas dénasaliser la voyelle nasale de *mon* devant un substantif à initiale vocalique : *mon agréable propos* doit se dire [mɔ̃agʀeabl] et non *[mɔnagʀeabl]. Même remarque pour *ton, son*, mais non pour les adjectifs terminés en *-ain, -ein, -on.*

☐ **mon lieutenant.** Devant un nom de grade militaire (sauf dans la marine), on emploie *mon* pour parler d'inférieur à supérieur : *D'où venez-vous ? – De Billancourt, mon lieutenant, répondit l'homme* (Lanoux). Les seules exceptions sont : *monsieur l'aspirant* et *monsieur le maréchal.* Les civils s'adressant à un militaire n'ont pas à suivre cette règle, même lorsqu'il s'agit d'un grand personnage. De même, à plus forte raison, pour les femmes.

☐ **ma mère, mon père.** Le possessif ne s'emploie plus guère pour adresser la parole à un parent : cet usage paraît aujourd'hui cérémonieux et guindé. On peut du reste faire la même remarque pour les noms de parenté employés seuls : *Et moi je compte sur vous, ma mère, pour convaincre papa de la nécessité de notre départ* (H. Bazin). *Père, voici vos fils qui se sont tant battus* (Péguy). → POSSESSIF

MONDE orth. On écrit : *l'Ancien Monde, le Nouveau Monde* (désignations géographiques) mais, sans majuscules : *une femme du monde, l'autre monde, le monde moderne ;* mais *monsieur Tout-le-monde.*

☐ **du monde** ou **au monde.** Ces deux expansions servent de complément intensif au superlatif ou à la négation : *Je suis venu avec les meilleures intentions du monde* (Vian). *Ils arrivent, sur une planète relativement si peu éclairée, à voir plus clair dans leurs maisons qu'aucun être au monde* (Giraudoux). Noter les expressions figurées : *pas le moins du monde, pour rien au monde, pour tout l'or du monde, il faut de tout pour faire un monde, c'est le monde ren-*

versé. Mathilde retrouve ses chats, qui ne sont pas intimidés le moins du monde (Japrisot).

MONDIAL orth. Masc. plur. : **mondiaux.**

MONDOVISION forme On rencontre aussi **mondiovision,** mais la première forme est préférable, parce que plus facile à écrire et à prononcer. ♦ emploi et sens Ce terme technique désigne la « transmission télévisée entre les continents, à l'aide de satellites-relais ».

MONNAIE emploi On écrit : *le papier monnaie, la fausse monnaie* (mais avec trait d'union : *les faux-monnayeurs*).

MONO- orth. Les composés ne prennent jamais de trait d'union, même lorsque le second élément commence par une voyelle : **monoacide, monoatomique,** etc.

MONOBLOC forme Invariable comme adjectif : *des châssis monobloc.* Mais le substantif prend un *s* au pluriel : *Les monoblocs sortent des moules.*

MONOCAMÉRISME forme Ce mot a supplanté **monocaméralisme.** ♦ sens « Système d'assemblée à une seule chambre. »

MONOCHROME forme On emploie de la même façon **monochromatique.**

MONOÏDÉISME orth. Avec un tréma sur le premier *i.*

MONOLITHE genre et emploi Surtout adjectif à forme unique (comme **monolithique),** mais aussi substantif de genre masculin. → AÉROLITHE

MONOSYLLABE ou **MONOSYLLABIQUE** forme Ces deux formes s'emploient indifféremment comme adjectifs.

MONSEIGNEUR forme → GUIDE TYPO.

MONSIEUR prononc. [məsjø] souvent syncopé en [msjø] dans le parler populaire et enfantin, en s'adressant à un homme. ♦ forme On rencontre parfois la transcription de la prononciation ci-dessus, sous des formes variées : *m'sieu*

(r), msieur, et même : *Jamais, mmsieur* (Queneau). L'abréviation officielle est **M.** pour le singulier et **MM.** pour le pluriel, sans ajout de *r* (erreur fréquente). Se garder de la confusion avec *Mr.* (dont on oublie souvent le point), abréviation anglaise de *mister* → GUIDE TYPO. Le pluriel est **messieurs,** mais il existe le pluriel **monsieurs,** rare et se cantonnant dans le registre plaisant ou enfantin : *Il y avait là tout plein de beaux monsieurs.* → MESSIEURS-DAMES et GUIDE TYPO., Majuscules, Abréviations. ♦ emploi En principe, *Monsieur* n'est pas suivi du nom de famille quand on s'adresse à quelqu'un : « *Monsieur Dubourg, commença-t-elle bravement... – Ne dites jamais ainsi, s'il vous plaît ! D'inférieur à supérieur, rien n'est plus vulgaire, rien ne sent de plus loin la province, dans le plus mauvais sens du mot, ou la familiarité très déplacée. Dites « Monsieur », tout court, et toujours* (Farrère, cité par Le Bidois). Sam roucoula : « *Si madame votre mère et monsieur votre père ne voient pas d'inconvénients à ce que je franchisse le seuil d'une chambre de jeune fille !* » (Labro). « *Le seul cas où l'on puisse, sans risque d'être incorrect, ajouter le patronyme à l'appellatif Monsieur* (et à plus forte raison *Madame),* c'est quand, dans un groupe de plusieurs personnes, on désire attirer l'attention d'une personne déterminée à qui l'on va parler » (Le Bidois).

MONSTRE genre Masculin, mais la langue familière le fait parfois féminin, exactement comme **masque** : *N'essaie pas de me monter contre ta mère. La mienne était une sainte, je sais. Mais la vôtre n'est tout de même pas un monstre* (H. Bazin). ♦ emploi Parfois adjectivé : *Des porte-avions dormaient comme des parkings monstres dans une brocante de fer, d'acier et de cuivre* (Godbout). *Il assista à des réunions monstres.* Le sens est alors « très fourni, très important ».

MONTBÉLIARDE emploi et sens La **montbéliarde** désigne une race de vache laitière très estimée : *La haute foire est aussi une fête agricole. Pendant deux jours [...] la montbéliarde est la reine de la manifestation* (*L'Est républicain,* 15 septembre 1992). On se gardera de confondre avec **montbéliardaise**, qui désigne l'habitant de Montbéliard.

MONT-DE-PIÉTÉ orth. Deux traits d'union : *Elle avait attendu qu'il se mette à parler, expliquant que Luigi lui avait laissé cette montre en dépôt, il avait une dette à régler ce soir, le mont-de-piété était fermé, eux pouvaient la déposer s'ils avaient besoin* (Gallo). Plur. : **des monts-de-piété**.

MONTE- orth. Sont invariables les composés : *un* ou *des monte-charge, un* ou *des monte-courroie, un* ou *des monte-en-l'air* (→ ce mot), *un* ou *des monte-fûts, un* ou *des monte-plats, un* ou *des monte-sacs*. Prend la forme du pluriel : *monte-pente* (plur. *monte-pentes*) – on dit plus souvent *remonte-pente(s)*. *Monteur-mécanicien, monteur-électricien* prennent un trait d'union et les deux termes varient en nombre : *des monteurs-mécaniciens*.

MONTE-EN-L'AIR orth. Deux traits d'union et une apostrophe. Invariable au pluriel. ♦ **emploi et sens** Seulement dans le registre familier, « cambrioleur ».

MONTER conjug. Avec l'auxiliaire *être* plus souvent qu'avec l'auxiliaire *avoir*, mais seul ce dernier est possible quand le verbe **monter** admet un complément d'objet direct : *Il n'était jamais monté dans un de ces cars qui, grâce à lui pourtant, roulaient sur la piste* (Duras). On peut trouver l'auxiliaire *avoir* même dans l'emploi intransitif : *Un jour, avec Monsieur l'abbé, j'ai monté là* (Gide).

☐ **monter à Paris**. Ce tour familier est assez répandu en province, et ne s'explique pas seulement par l'opposition nord-sud sur une carte de France, puisqu'on peut dire cela à partir de Lille comme de Marseille. Il existe également la locution antonyme **descendre en province** ou **dans le Midi** : *On descendait en province, et on montait à Paris ; cette notion nous habita pendant toute notre enfance, au point que j'imaginais la France comme un pays composé d'une seule et gigantesque colline, dont l'unique sommet, l'épicentre, se situait à Paris* (Labro).

☐ **monter en haut** → BAS, DESCENDRE, HAUT, PLÉONASME et SORTIR.

☐ **monter le cou** ou **monter le coup**. La seconde forme est normale après « monter » (sans *se*) : *Je pensais que Denis m'avait monté le coup* (Dabit). Le sens est « m'avait abusé, avait manigancé quelque chose contre moi » : *J'sais pas si c'est vrai ou si on nous monte le coup là-dessus aussi* (Barbusse). Quand *monter* est employé à la forme pronominale *(se monter...)*, c'est la forme *cou* que l'on attend, car on voit mal comment une personne de bon sens pourrait « monter un coup contre elle-même ». Voici des exemples : *Je ne me monte pas le cou, je ne me gonfle pas* (Mauriac). *Jeune homme, M. Aubigny n'eût souffert de personne qu'on lui damât le pion en fait de sublime : lui aussi, on l'avait dressé à se monter le cou* (Montherlant). Dans ces phrases, **monter le cou** est synonyme de « se monter la tête », ce qui justifie l'emploi du mot *cou*. Bien entendu, nombre d'auteurs emploient *coup* après *se monter : Et on est là qu'on s'agite, qu'on se monte le coup* (Léautaud). → COU

☐ **monter à** ou **en bicyclette** → A

☐ **bien** (ou **mal**) **monté**. Cette locution appartient au registre familier et signifie « bien ou mal équipé, pourvu » : *Mathieu vit une bouteille de teinture d'iode, des aiguilles, des ciseaux, des bandes de crêpe Velpeau. « Vous êtes bien montée », dit-il* (Sartre).

☐ **faire monter quelqu'un**. Cette locution est l'abréviation de **faire monter à l'arbre**, « exciter la colère de quelqu'un », qu'on rencontre encore parfois : *Il la faisait monter à l'arbre comme on emmène un chien faire un tour* (Gide).

☐ **monter son ménage** ou **se monter en ménage**. On peut employer indifféremment l'un ou l'autre tour.

MONTRE emploi et sens Ce mot est vieilli au sens de « action de montrer » ou de « étalage », sauf dans la locution figée **faire montre de** : *Le proviseur, l'insignifiant monsieur Poussière, faisait montre, à la surprise générale, d'une forte dose d'initiative* (Labro).

MONTRE-BRACELET orth. Un trait d'union. Les deux éléments prennent le

s du pluriel : **des montres-bracelets.**
♦ **genre** Fém., mais on peut aussi employer la forme inverse **bracelet-montre,** qui est masc.

MOQUER constr. On rencontre encore parfois la construction transitive directe : *L'enfant maigre que j'étais alors et dont on moquait la maigreur s'en réjouissait* (Fouchet). Le passif est plus vivant : *Il ne me déplaît pas d'être moqué* (Gide). *Il aurait voulu n'être plus seul, se sentait moqué par cette chambre* (Mauriac). La construction pronominale est la plus répandue : *se moquer de quelqu'un.* Sans complément, elle prend un aspect vieillot : *Vous moquez-vous, jeune homme? Elle est dans la rue* (Radiguet).

□ **se faire moquer de soi.** Cette locution, quoique pléonastique, est depuis longtemps utilisée et on ne peut plus la refuser : *Je n'ai pas envie de me faire moquer de moi* (Romains). L'emploi suivant est familier : *Ils mangeront tes sous, et tu te feras moquer de ta figure* (Guilloux).

MORAL sens « Qui concerne la morale, les mœurs », mais peut être employé comme synonyme de **mental,** surtout par opposition à **physique,** et, par extension, dans le sens de « disposition d'esprit » : *avoir un bon, un mauvais moral.* Un **moraliste** est un philosophe qui s'occupe de morale, un **moralisateur** (fém. *moralisatrice*), une personne qui donne des conseils. Ce dernier mot est souvent pris en mauvaise part.

MORATOIRE forme Ce mot a détrôné la forme latine **moratorium,** dont le pluriel était en -**ums.** ♦ **sens** En droit, « disposition légale de suspension, de retardement ». L'acception donnée aux États-Unis à ce substantif ne paraît pas devoir s'étendre : [Le président] *veut susciter une contre-offensive en direction des pacifistes américains pour tenter d'effacer l'impact du moratoire du 15 octobre dernier (Le Monde).* Il s'agit ici d'une « vaste manifestation silencieuse antibelliciste ». Ne pas confondre avec **mémorial,** dans le sens de « monument commémoratif ».

MORBIDESSE emploi et sens Mot littéraire, signifiant « langueur, noncha-

lance », ou terme de peintre, désignant un « modelé souple et délicat dans les chairs ». Ne se confond pas avec **morbidité,** dérivé de **morbide** uniquement pour le domaine médical.

MORCELER conjug. Comme *appeler*
→ APPENDICE

MORDILLAGE forme On rencontre également **mordillement.**

MORDORÉ sens « D'un brun chaud, avec des reflets dorés. » Ne pas confondre avec **moiré,** « qui offre l'aspect de la moire ».

MORE, MORESQUE → MAURE

MORMON forme Fém. : **mormone,** avec un seul *n.*

MORNE (subst.) Genre et sens. Une **morne** est, en archéologie, un « anneau dont on coiffait le fer de lance dans les joutes ». Un **morne** est, dans certaines îles (Réunion, Antilles), « une petite montagne isolée, de forme arrondie » : *Je m'empare du mauser et me dirige seul vers un morne sur la gauche* (Godbout).

MORT orth. *Nature(s) morte(s), lettre(s) morte(s), poids mort(s),* etc., s'écrivent sans trait d'union.

□ **ivre mort** → cette locution à l'ordre alphabétique

□ **mort-né.** Le premier élément demeure invariable : *une petite fille mort-née. Pourquoi ne mange-t-on pas les veaux mort-nés?* (Vailland). L'emploi de **né mort,** locution dont les deux éléments varient, est affecté et en voie de disparition.

□ **faire le mort.** Dans l'emploi figuré, il vaut mieux considérer cette locution comme un bloc, et laisser *mort* invariable : *Ne faites pas le mort, Georges et Colette, répondez à mes lettres* (Aymé). → FAIRE

MORT-AUX-RATS prononc. On tend à ne plus lier le *t* comme autrefois : [moroRa] est aujourd'hui plus courant que [moRtoRa].

MORTE-EAU orth. Plur. : **mortes-eaux.**

MORTE-SAISON orth. Avec un trait d'union. Plur. : **mortes-saisons.**

MORTINATALITÉ orth. En un seul mot. ♦ sens Mot didactique, «ensemble des naissances d'enfants mort-nés dans une situation historique et géographique donnée».

MORTUAIRE emploi et sens « Relatif aux cérémonies en l'honneur d'un mort» : *Cérémonie, couronne, drap mortuaire.* Ne pas confondre avec **mortel.**

MOT emploi et constr. Ce substantif entre dans plusieurs locutions figées de caractère archaïsant, sans être précédé d'un déterminant, notamment après *dire, répondre, souffler* : *De tout cela, Derancourt ne disait mot* (Duhamel). *Qui ne dit mot consent. Il ne souffla mot.* Avec *sans*, le mot est généralement antéposé au verbe *dire* : *Meaulnes, sans mot dire, remisa sous le hangar la bêche et la pioche qu'il avait sur l'épaule* (Alain-Fournier). *Ils cheminèrent sans mot dire jusqu'aux approches de Percy* (Dhôtel). L'ordre inverse est rare : *Sans dire mot, elle quitta la pièce* (Huysmans).

□ **mot à mot, mot pour mot, à demi-mot.** Locutions invariables.

□ **mot d'ordre, mot de passe, mot d'esprit.** orth. Au pluriel, *mot* prend seul un *s.*

□ **mots croisés.** Toujours au pluriel. Avec ou sans trait d'union. ♦ dérivé *Mots-croisiste*, concurrencé par *cruciverbiste*.

MOTEL emploi et sens Cet anglicisme est passé facilement dans notre langue. Bien motivé, il évoque à la fois «hôtel» et «véhicule à moteur», et son sens est effectivement : «hôtel pour automobilistes, situé à proximité des routes» : *Depuis, motels, drugstores, cafétérias, sont venus, fonctionnels et sans charme, s'aligner le long de la route (Le Monde).*

MOTEUR forme Fém. : **motrice** (→ FREIN).

MOTO orth. Plur. : **des motos.** ♦ constr. On peut dire **aller à** ou **en moto.** → A

MOTORISER emploi et sens Le sens premier «munir d'un moteur» est rare, et l'on trouve plus fréquemment un emploi collectif : *Il est nécessaire à notre époque de motoriser l'agriculture,* c'est-à-dire de la «pourvoir d'engins à

moteur». L'application de ce verbe, surtout sous la forme passive, à un être humain, appartient uniquement au registre familier. Le sens est alors «pourvu d'une voiture» : *Lou est présent dans chaque voiture qui passe, peut-être a-t-il touché le gros paquet et s'est-il motorisé* (Sarrazin).

MOTS-CROISISTE → MOT et CRUCIVERBISTE

«MOTU PROPRIO» forme Invariable : **des motu proprio.**

MOU forme → MOL
□ **mou comme une chiffe** → CHIFFE

MOUCHE orth. Des **bateaux-mouches** (avec *s* et trait d'union) mais **des poids mouche** (sans *s*).

MOUCHER constr. Le plus souvent à la voix pronominale : *Il se mouchait toutes les cinq minutes.* On trouve aussi : *moucher un enfant, moucher du sang.* L'emploi intransitif est archaïque.

MOUDRE conjug. Prendre garde à la confusion de certaines formes, par exemple *je moulais,* avec celles du verbe **mouler.** → APPENDICE

MOUFFETTE forme On trouve aussi **mouffete, mofette.** → SCONSE

MOUFLE orth. Un seul *f.* ♦ genre Au féminin : «sorte de gant». Au masculin : «Système de poulies» ou «vase en terre» ou encore «four à porcelaine».

MOUJIK orth. La transcription de ce mot russe se fait avec un *i.* Plur. : **des moujiks.**

MOULT emploi et sens Ce mot archaïque, qui signifie «beaucoup de», est parfois employé dans un registre plaisant, légèrement ironique : *Après moult batailles contre les coupe-coupe de la direction du budget, M. Jean-Noël Jeanneney, secrétaire d'État à la Communication, peut aujourd'hui faire état d'un budget en hausse (Le Monde, 3 octobre 1992).*

MOUMOUTE orth. Un seul *t.* ♦ emploi et sens Familier, pour «perruque», et parfois «manteau de fourrure».

MOUQUÈRE orth. Cette forme francisée est préférable à **moukère**.

MOURIR conjug. Toujours avec l'auxiliaire *être*. À la voix pronominale, ce verbe est défectif : *il se meurt, il se mourait* (pas de forme composée). ♦ **emploi et sens** Entre la voix active et la voix pronominale, la différence est surtout stylistique : *Elle se maria avec un instituteur, qui, comme elle, se mourait d'impatience dans un village du Nord* (Duras). Le réfléchi insiste sur l'aspect duratif : *Dès le lendemain, Mme de   se mourait* (Vilmorin).

MOUSCAILLE emploi et sens Dans la langue populaire, désigne la «misère», comme le substantif **mouise**. Saint-Exupéry le fait employer par un personnage d'aviateur, pour désigner la brume : *Bon ! Voilà que je rentre dans la mouscaille.* On connaît mieux l'adjectif dérivé : *Il est bien emmouscaillé* (qui sert d'euphémisme à *emmerdé*). → EMMENER

MOUSSE forme et emploi Adjectif à double genre (**une lame mousse**) auquel on substitue en général à notre époque le participe-adjectif **émoussé**.

MOUSTACHE emploi Le singulier et le pluriel s'emploient indifféremment. Cependant le singulier convient mieux aujourd'hui pour désigner un «groupe de poils ne débordant pas sur les joues et ne se divisant pas en deux branches», comme c'est le cas pour les *moustaches à la gauloise : Des larmes tremblaient aux vieilles moustaches grises, tombaient une à une sur la chemise crasseuse* (Vidalie). Littré et l'Académie recommandent le singulier : *Son café bu, il se levait, essuyait sa grosse moustache* (Guilloux).

MOÛT orth. Avec un accent circonflexe, sur le *u*. ♦ **sens** «Jus du raisin qui vient d'être pressé. »

MOUTON forme Le féminin du substantif est **brebis**, celui de l'adjectif **moutonne**. ♦ **emploi et sens** Ce substantif peut s'employer comme adjectif, mais **moutonnier** est plus courant et il a aussi une valeur plus péjorative : «obéissant et conformiste comme un mouton dans un troupeau» : *Pas plus que moi vous*

n'êtes homme à confondre le pacifisme raisonné avec le pacifisme moutonnier (Vercors). **Moutonneux** et **moutonnant** ont toujours une acception figurée, et ne s'appliquent qu'au ciel ou à la mer «prenant l'aspect d'une toison». La désignation technique des caractères propres au mouton s'exprime par l'adjectif **ovin**.

□ **à saute-mouton.** orth. Un trait d'union. Locution invariable.

MOUVOIR conjug. → APPENDICE ♦ **emploi** Ce verbe difficile à conjuguer est fortement concurrencé dans la langue courante par *bouger, déplacer, remuer*, etc. : *L'espace où se meuvent les mortels* (Valéry). *Les bras et les jambes ne se mouvaient pas de la même façon* (Labro). → MÛ

MOYEN emploi Ce substantif entre dans la composition de nombreuses locutions courantes ou populaires : *M. le curé, s'il a de la visite, il n'y a plus moyen de s'en dépêtrer* (Giono). Ce tour peut s'abréger, et la phrase passe tout entière à la tournure interrogative ou exclamative : *Et le moyen de ne pas donner tort à celle qui, étant sa femme, avait la maladresse de se gâter ce bonheur !* (Rolland). On dit aussi : **Quel moyen... ?**

□ **avoir les moyens.** Au sens de «ressources matérielles ou intellectuelles», le substantif se rencontre presque toujours au pluriel : *Un charmant secrétaire qu'elle a réussi à extorquer pour trois cents francs à une vieille rentière de tout petits moyens qui habite rue Guénégaud* (Romains).

□ **tâcher moyen.** Contraction de «tâcher de trouver le moyen de » : *Eh ! les poteaux, j'tez-en un coup, tâchez moyen de m'décrotter ça en cinq sec* (Barbusse). Tour populaire.

□ **il n'y a pas moyen de moyenner.** Tour fantaisiste et populaire qu'on ne saurait évidemment recommander.

□ **Moyen Âge.** orth. Les deux éléments sont toujours séparés dans le mot composé, qui s'écrit sans trait d'union, avec deux majuscules quand il est substantif et deux minuscules quand il est adjectif : *un costume du Moyen Âge*, mais *un costume moyen âge*. Le dérivé *moyenâgeux* s'écrit en un seul mot,

avec un seul *n*, et prend l'accent circonflexe. → MÉDIÉVAL

□ **moyen-courrier. orth.** Trait d'union.
Plur. : **moyens-courriers.**

□ **moyen terme** → TERME

MST → MALADIE

MÛ orth. Participe passé du verbe **mouvoir.** Prend un accent circonflexe au
masculin singulier seulement. → CIR-
CONFLEXE

MUCOVISCIDOSE orth. On prendra
garde aux deux consonnes *sc* qui
rendent le son |s|. ♦ **sens** « Grave mala-
die des glandes exocrines ».

MUCUS prononc. [mykys]. ♦ **sens** « Liquide
visqueux tapissant certaines mu-
queuses ». S'emploie toujours au singulier. On peut préférer **mucosité** (singulier et pluriel), qui a une forme
française et un sens équivalent.

MUFLE orth. Un seul *f*.

MUFTI orth. Celle-ci, plus simple, doit
être préférée à **muphti.**

MUGIR → MEUGLER

MULASSIER (adj.) **sens** « Qui se rapporte au mulet », dans le domaine vété-
rinaire, tandis que **muletier** ne s'applique guère qu'à un *chemin* ou à une
piste.

MULÂTRE forme Unique pour les deux
genres comme adjectif : *une jeune fille
mulâtre,* mais le substantif fait **mulâtresse.** ♦ **sens** Il est plus restreint que celui de **métis** (→ ce mot) et s'applique à
« celui qui est issu d'un Blanc et d'une
Noire ou d'une Blanche et d'un Noir ».
→ QUARTERON

MULTI- orth. Les mots composés sur cet
élément s'écrivent sans trait d'union :
multiforme, multinationale, etc.

MULTIPLICANDE et **MULTIPLICA-
TEUR sens** Le premier de ces deux mots
exprime, dans une multiplication, celui
des facteurs qui est énoncé le premier
(*deux* dans 2 × 3 = 6, *deux multiplié
par trois font six*); le second exprime le
second facteur (ici, *trois*).

MULTIPLIER forme Au sens de « proli-
férer », l'emploi intransitif est désuet.
On dit : **se multiplier.**

MULTITUDE constr. → COLLECTIF et
FOULE

MUNIFICENCE sens Substantif littéraire et rare, « générosité dans l'accueil », à ne pas confondre avec **magnificence,** qui renvoie à une idée de
« richesse ou de luxe éclatant » : *Recevoir ses amis avec munificence.*

MUNITION emploi Très rare au singulier : *Je m'en vais voir si les Orihuela apportent la munition* (Peyré).

MUPHTI → MUFTI

MÛRISSAGE forme On emploie également **mûrissement.**

MUSARDISE forme On emploie également **musarderie.** ♦ **sens** « Action de
musarder, de flâner. » → MUSER

MUSCAT forme Le féminin **muscate** est
acceptable. Colette lui a donné ses
lettres de noblesse. ♦ **emploi et sens** Le
mot **muscat** est surtout employé
comme substantif, au sens de « vin fait
avec des raisins muscats, c'est-à-dire à
odeur de musc ». Ne pas confondre
avec **muscade,** ou **noix de muscade,**
graine du **muscadier.**

MUSELER conjug. Comme *appeler*
→ APPENDICE

MUSELLEMENT orth. Avec deux *l* et
non un accent grave.

MUSER emploi et sens Verbe vieilli et
rare, concurrencé ainsi que **musarder,**
par **flâner,** ou, dans le registre familier
se baguenauder. Il existe aussi un sens
spécial, en vénerie : « Entrer en rut, en
parlant du cerf ». → MUSARDISE

MUSÉUM forme Avec un accent aigu,
ce mot latin étant francisé. Plur. : **des
muséums.**

MUSIC-HALL orth. Plur. : **music-halls.**
S'écrit toujours avec un trait d'union.

MUSULMAN emploi On écrit sans majuscule **un musulman, un chrétien,** etc.
→ GUIDE TYPO.

MUTUEL, MUTUELLEMENT → RÉCI-
PROQUE

MYOPATHIE orth. Ne pas oublier le y,
issu du grec *mus*, «muscle». ♦ sens
«Grave atrophie musculaire», dont
souffrent les **myopathes.**

MYRIADE emploi et sens Exactement :
«dizaine de mille». Substantif à valeur
emphatique, employé pour évoquer
«une immense quantité» : *Le plus savant homme de notre temps est privé de
myriades et encore de myriades de
connaissances dont il peut être curieux*
(Alain).

MYRMIDON sens «Être chétif.» Ne
pas confondre avec **mirmillon**, «gla-
diateur romain».

MYROBOLAN emploi et sens «Vieux
nom donné en pharmacie aux fruits sé-
chés de certains arbres exotiques, employés comme remèdes». Ne pas
confondre avec **mirobolant**, «fabuleux», dans un registre familier.

MYRTE genre Masc. : **le myrte** (mais **la
myrrhe** des Rois mages).

MYSTIFIER sens «Tromper en abusant
de la crédulité de quelqu'un», mais
plus souvent aujourd'hui «duper par
une tromperie collective» : *L'homme
raciste est d'abord un homme mystifié
(Le Monde)*. Ce mot a subi l'influence
sémantique de **mythe.** → DÉMYSTIFIER
et MYTHIFIER

MYTHE, LÉGENDE, MYTHOLOGIE
emploi La **légende** est un simple «récit
imaginaire, le plus souvent à caractère
merveilleux». Le **mythe** comporte une
signification symbolique ou une figura-
tion allégorique. La **mythologie** est
l'histoire des dieux et des héros (*la mythologie grecque, nordique*, etc.).

MYTHIFIER emploi et sens Néologisme
qui signifie, en emploi transitif, «transformer en mythe». L'emploi intransitif,
«construire un mythe», est encore
rare : *Il y a tant de mythes en nous
qu'on ne peut en parler sans mythifier
encore* (Valéry). → DÉMYSTIFIER

NABI Plur. : **les nabis. ♦ sens** « Personne inspirée par Dieu [= prophète]», chez les Hébreux, et, aujourd'hui, «nom que se donna à la fin du XIX° s. un mouvement de jeunes peintres indépendants ».

NÆVUS forme Plur. : **des nævi. ♦ sens** « Maladie de la peau ».

NAGUÈRE orth. S'est écrit parfois avec *s* : *Lui, naguères si beau, qu'il est comique et laid* (Baudelaire). **♦ sens** Adverbe signifiant « il y a peu de temps » : *Le Café Napolitain, sur les boulevards, eut naguère une grande vogue comme café littéraire* (Apollinaire). *Il paraissait mieux que naguère tout dévoué à leur service* (Dhôtel). S'oppose à **autrefois** et à **jadis** → JADIS

NAÏADE sens « Divinité des sources et des ruisseaux. » Ne pas confondre avec **dryade**, «déesse des forêts», **néréide**, «nymphe habitant les grottes sous-marines» et **oréade**, «nymphe des grottes et des montagnes».

NAIN emploi Le pléonasme **petit nain** est passé dans l'usage et donc tolérable pour désigner certains personnages des récits ou légendes destinés aux enfants. Il est à bannir dans les autres cas.

NAÎTRE conjug. → APPENDICE. **♦ orth.** Ce verbe prend un accent circonflexe sur le *i* dans toutes les formes où cette lettre précède un *t*.

□ **c'est un chanteur-né.** Le participe **né** sert souvent de suffixe pour souligner l'idée de «vocation prédestinée». On le joint au substantif qui précède par un trait d'union. Il prend la marque du pluriel : *Cet ambassadeur-né était parti en Abyssinie* (Malraux).

□ **mort-né** → MORT

□ **nouveau-né, premier-né** → NOUVEAU-, PREMIER-NÉ

NANKIN forme Invariable comme adjectif de couleur. → COULEUR

NAPHTALÈNE et **NAPHTALINE forme** La seconde forme est le nom courant (féminin) du produit désigné en chimie par la première forme, de genre masculin.

NAPHTE genre Aujourd'hui masculin : **Le naphte.**

NARCO orth. Seul *narco-analyse* prend un trait d'union. On écrit *narcothérapie, narcomanie,* etc. Le trafic grandissant de la drogue favorise les néologismes tels que *narcodollars, narcotrafiquants* (avec ou sans trait d'union), etc. : *Dans la traque contre les narcodollars, les Européens veulent de l'efficacité* (*L'Est républicain,* 29 septembre 1992). *Le scandale Yomagate, une affaire de blanchiment d'argent de narcotrafiquants en Argentine* (Bole-Richard, *Le Monde,* 6 juin 1992).

NARGUILÉ orth. S'écrit également **narghileh. ♦ orth.** «Pipe orientale. »

NASAL forme Masc. plur. de cet adjectif : **nasaux.** La forme *nasals aurait l'avantage d'éviter l'homonymie avec *naseaux* (→ ce mot, et BANAL, FINAL, NAVAL, etc.).

NASEAUX orth. et emploi Ce mot, qui prend un *e*, ne s'emploie qu'au pluriel. Mais les dictionnaires attestent le singulier **naseau.**

NATIF emploi La locution **né natif** est un pléonasme populaire. **Natif** signifie : « Originaire, qui est né dans une famille de » : *La Jaguar noire, artistement conduite par Luciano, natif de Ravenne* (Rivoyre). **Les natifs** peut signifier aussi *les indigènes.*

NATIONAL-SOCIALISTE orth. Invariable au féminin : *La doctrine national-socialiste.* Fait au pluriel : **nationaux-socialistes.** → NAZI

NATURE emploi Comme adjectif, demeure invariable : *Il se dit qu'il n'avait jamais triché. On l'aimait nature, comme il buvait son scotch* (Godbout). *Il préfère manger ses yaourts nature. Ils sont tellement nature qu'ils ont dit cela sans songer à mal.* → NATUREL (AU)

□ **en nature.** Cette locution s'oppose pour le sens à *en espèces, en argent,* dans *payer en nature.*

□ **de nature.** En valeur d'adverbe, cette locution équivaut à *naturellement* : *La jalousie empoisonna tout à fait François, qui était emporté de nature* (Aragon). Ce tour est plus familier que **d'une nature emportée,** qui a sensiblement le même sens.

NATUREL (AU) sens Cette locution s'emploie comme *nature* (→ ce mot) : *du thon au naturel* ou *du thon nature,* ou, moins souvent, comme *de façon simple et naturelle, sans préparation* : *Il jouait les aigris au naturel et n'avait nul besoin de composer.*

NATURELLEMENT emploi Avec *que,* forme un début de phrase soulignant une « évidence » ; assez répandu dans le registre populaire : *Naturellement que si votre idée était vraie, ça changerait le cours des choses* (Romains). *Et naturellement qu'il n'oubliait jamais dans sa clientèle ouvrière d'appeler l'abbé*

quand il en était besoin (Aragon). La langue soutenue emploierait : *Et naturellement il...* → APPAREMMENT, BIEN (SÛR), HEUREUSEMENT, etc.

NATURE MORTE orth. Pas de trait d'union. Plur. : **des natures mortes.**

NAUTONIER orth. Avec un seul *n.*

NAVAL forme Masc. plur. : **navals.** → -AL

NAVIGANT ou **NAVIGUANT orth.** La première forme est seulement celle de l'adjectif ou substantif : *Le personnel navigant de la compagnie Air Inter est en grève depuis ce matin* (Le Monde). **Les navigants :** ce terme s'emploie dans la marine et dans l'aéronautique. **Naviguant** est la forme du participe : *C'est vous qui voulez rejoindre les Indes en naviguant vers l'Ouest?* (Claudel). On écrira sans *u* après le *g* : *navigable* (adj.) et *navigateur, navigation, navigabilité,* etc.

NAVIRE Pour l'orthographe et le genre des noms de navire → BATEAU et GUIDE TYPO.

NAZI forme Ce mot, qui est une abréviation de **national-socialiste,** peut prendre les marques habituelles de genre et de nombre, malgré les hésitations de certains à écrire **la défaite nazie** : *Une douzaine de personnes au moins que les nazis eussent été heureux d'emprisonner ou de déporter* (Vercors).

NE emploi En français moderne, la négation est généralement marquée par *ne,* devant le verbe suivi d'un « contrefort » : *pas, point, plus, jamais,* ou d'un indéfini de valeur semi-négative : *aucun, nul, rien, personne...*

□ **ne s'emploie seul dans les cas suivants :** 1. Dans certaines phrases sentencieuses ou locutions figées : *Il n'est jeu si passionnant qui ne soit aussitôt interrompu* (Duhamel). *Il avait l'air on ne peut plus allègre* (Romains). *C'est le neveu de Parencloud. Qui ne connaît ses aventures dans le bas de la vallée?* (Dhôtel). *Si ce n'est, n'était, ne fût-ce que, ne vous déplaise, n'empêche que, n'importe.* 2. Avec les verbes *cesser, oser, pouvoir, savoir* → ces verbes. 3. Après *savoir* en phrase d'interrogation indirecte : *Ne sachant que dire.* **4.** Après *que,* en fonction d'adverbe, dans des tours interrogatifs ou exclamatifs : *Que son fils n'était-il présent!* (Chateaubriant). → QUE. **5.** Dans la langue soutenue, certains auteurs, par imitation de la syntaxe classique, emploient **ne** seul, là où l'on s'attendrait à trouver un contrefort négatif : *Ne voulait-il manger dans sa maison?* (Mauriac). *Mais Belzébuth ne répond* (Chateaubriant).

□ **ne dit explétif.** Dans certaines propositions subordonnées (comparatives, complétives ou circonstancielles), **ne,** sans exprimer une négation de plein exercice, s'emploie régulièrement pour marquer une nuance négative. **1. Comparatives.** Après les comparatifs d'inégalité, *davantage, plus, moins, mieux, meilleur, pire, moindre : Ils sont plus puissants que Louis XIV ou Napoléon ne le furent jamais* (Maurois). *L'âme de saint François était plus belle que n'est la mienne* (France). *Je suis donc condamné à gagner peu, moins que ne l'exigent des besoins réduits au minimum* (Romains). *J'ai moins de regrets que tu ne crois* (Morand). *C'est moins gai que je n'aurais cru* (Beckett). Même construction avec *autre, autrement : Tu ne peux plus agir autrement que tu ne ferais, animé par la foi la plus vive* (Gide). → MOINS, PLUS, PIRE, PLUTÔT, QUE, PRÉFÉRER. **2. Complétives,** introduites par les verbes *craindre, avoir peur, redouter, empêcher, éviter* et locutions de même sens : *En prévenant mon père, je craindrais qu'il ne m'interdit toute relation avec Jean de la Sorgue* (Mac Orlan). *Il était comme un homme qui retient son souffle et craint de respirer, de peur que l'illusion ne cesse (id.)*. *De crainte que l'une des deux blessées ne fût endormie* (Alain-Fournier). →PEUR *Empêche aussi que la discussion ne dévie ou ne s'éternise* (Vildrac). *Pour éviter que les conversations ne devinssent difficiles* (Maurois). → GARDE **3. Temporelles,** introduites par *avant que.* L'emploi de **ne** est fréquent, surtout lorsque la phrase exprime une intention : *Allez-vous-en avant qu'Oriane ne redescende* (Proust). *Dis, mon petit, avant qu'elle n'entre ici, tu fileras, n'est-ce pas?* (Vildrac). *Je veux arriver avant que le train ne s'ébranle* (Thérive).

Mes yeux ne quittaient jamais ma victime avant même qu'elle ne se fût effondrée (Mauriac). *Ils se dépêchent pour arriver avec une bonne loi, ou une organisation impeccable, avant que la terre ne soit déserte* (Camus). **4.** Après **à moins que :** *Le pot de faïence qu'il avait fendu, à moins que ce ne fût la gelée* (France). *Elle oubliera. À moins qu'elle ne meure, pensais-je* (Mauriac). *À moins que dans l'intervalle ne fût entrée Mme Verdurin* (Proust). *À moins qu'il ne s'avisât de faire de la morale* (Peyrefitte). → HORMIS **5.** Après **sans que,** l'emploi de **ne** est inutile → SANS. ♦ Remarque sur ces emplois du **ne,** dit explétif : ils ne sont jamais obligatoires et les grammaires (→ notamment *Le Bon Usage*) donnent des listes d'exemples où ce *ne* est omis.

□ **que... ne.** Lorsque la conjonction **que** a la valeur de «avant que, à moins que, sans que, de peur que», **ne** est indispensable : *Elle ne les lâcha plus qu'elle n'en eût extrait jusqu'à la dernière ligne* (Rolland). → QUE

□ **ne... que.** Ce tour a une valeur restrictive et équivaut à «seulement»; aussi évitera-t-on de lui adjoindre cet adverbe, parfaitement inutile : *Toute question de l'esprit à l'esprit même n'est, et ne peut être, qu'une naïveté* (Valéry). *Ses projets ne rencontrent partout que le scepticisme et l'ironie* (Claudel). Le pléonasme est fréquent dans la langue populaire : *Crois-moi, mon trésor, tu n'as simplement qu'à ne pas lui faire tuer sa femme* (Queneau).

□ **ne... pas que.** Pour nier la restriction marquée par **ne... que...,** on se sert aujourd'hui de la locution **ne... pas que...** Ce tour a été dénoncé par les puristes, ce qui n'empêche pas nos meilleurs écrivains d'en user régulièrement : *Mais il n'y avait pas que des louvards* (Giono). *Tu n'es pas qu'un pur et étincelant esprit de chat* (Colette). *Vous n'avez pas qu'une seule corde à votre arc* (Queneau). *Tout de même, ma mère, ce n'était pas qu'un ventre* (Perry). *Elle n'est pas remplie que de noble mélancolie et de souvenirs* (Barrès). À cette liste d'exemples, on pourra ajouter les quelque soixante citations alléguées par Grevisse (*Le Bon Usage,* § 889). On peut donc conclure que le tour négatif *Je n'ai pas qu'un ami* s'oppose en toute rigueur et exactement au tour positif *Je n'ai qu'un ami.*

□ **ellipse de ne. 1.** En phrase interrogative (ou exclamative), la langue familière (ou littéraire) fait souvent l'ellipse de **ne** devant **pas** ou **point** : *Noire du Voison – dirait-on pas un nom de noblesse paysanne?* (Colette). *Croirait-on pas que vous avez le monopole de la clairvoyance?* (Vildrac). *Était-il pas plus raisonnable de se réserver, d'attendre pour juger...?* (Hériat). *Connais-tu point quelque remède spécifique?* (Valéry). Ce tour se retrouve en poésie, où il permet d'équilibrer le vers en gagnant une syllabe : *Vais-je pas m'efforcer et prendre un air funeste?* (Hugo). **2.** En phrases elliptiques sans verbe exprimé, ou dans lesquelles le mot négatif ne s'applique pas directement au verbe : *Un jardin pas très grand, pas très beau* (Gide). *Je me sentais bien reposé, point faible, joyeux (id.). Vous les connaissez? – Pas plus que ça* (Romains). *Mais vous avez un restaurant pas très loin d'ici, la jeune fille vous indiquera* (Butor). *J'étais à l'aise en tout, il est vrai, mais en même temps satisfait de rien* (Camus). **3.** La langue familière ou populaire supprime constamment le **ne** : *Plaise ou non, le «ne» négatif disparaît à toute vitesse de la langue parlée. Il faut vraiment se surveiller pour dire : «Je ne l'ai pas vu»* ... *«Je l'ai pas vu» vient spontanément aux lèvres* (Cavanna). *Je peux pas lui dire ça* (Merle). *Ils disent rien, ils parlent pas, ils sont seulement assis* (Gerber).

□ **ne omis après «on».** Comme le pronom personnel indéfini **on** se lie dans la prononciation avec le mot suivant si celui-ci commence par une voyelle, il arrive fréquemment qu'un auteur, articulant intérieurement le *n* final de *on*, s'imagine en être quitte avec la négation *ne*. Cette «illusion acoustique» (Le Bidois) joue parfois dans des cas où le *ne* est indispensable à l'expression de la négation : *Ce tour* [c'est comme si] *équivaut à dire qu'on aboutira à rien* (Brunot). Cette omission est particulièrement fréquente dans le cas du *ne* explétif. Nombre de bons auteurs, qui emploient régulièrement ce *ne* dit explétif, l'omettent après le sujet *on : (Elle) souffrait moins qu'on eût pu*

croire (France). *La lettre était moins terrible qu'on aurait pu s'y attendre* (Daudet). *Là aussi, il faudrait aller plus loin qu'on allait il y a cinquante ans* (Guéhenno). *La perspective du temps et de l'espace empêche qu'on en détruise l'invisibilité* (Cocteau).

□ **pour ne pas que.** Ce tour appartient au langage populaire. → PAS

□ **n'était, ne fût-ce, ne serait-ce** → ÊTRE

□ **que de fois ne l'ai-je pas cherché.** Ce tour, qui mêle l'exclamation à la construction négative, équivaut à une forte affirmation. On ne le trouve que dans la langue littéraire : *Que de fois ne l'avais-je pas cherchée entre les objets séduisants qui remplissaient nos casiers et nos vitrines!* (Mac Orlan). *Si nous partagions vraiment le malheur des autres, quelle société fraternelle ne serait pas déjà la nôtre!* (Vercors). Cet emploi exclamatif se rencontre même sans accompagnement de pronoms-adjectifs commençant par **que** : *Un de mes amis ne veut-il pas m'emmener à Venise!* (Allen). → AUCUN, JAMAIS, PAS, PERSONNE, RIEN, etc.

NÉ → DERNIER, NAÎTRE, NATIF, MORT, NOUVEAU, PREMIER

NÉBULEUX et **NUAGEUX emploi et sens** Le premier de ces deux mots est fréquent surtout au figuré, et évoque l'idée de «confusion mentale» : *La pensée de ce philosophe est des plus nébuleuses. Il échafaude sans cesse on ne sait quels rêves nébuleux.* Le second est courant au sens propre, notamment dans le domaine de la météorologie : *Le temps est si nuageux qu'il faut allumer la lampe en plein jour.*

NÉCESSITANT emploi et sens En théologie, **une grâce nécessitante** est une grâce «qui contraint l'homme à suivre son inspiration».

NÉCESSITEUX sens Synonyme vieilli de **pauvre, indigent** : *Une famille nécessiteuse.*

«NEC PLUS ULTRA» orth. Pas de trait d'union. Invariable. ♦ **Emploi et sens** Locution latine substantivée, signifiant «ce qu'on trouve de mieux dans le genre».

NÉFASTE constr. Sous l'influence des adjectifs *funeste, nocif, nuisible*, on rencontre souvent le tour **néfaste à**, qu'il est aujourd'hui difficile de refuser : *Cette cure lui a été plutôt néfaste.*

NÉGATION → AUCUN, JAMAIS, NE, NI, NON, PAS, PERSONNE, etc.

NÉGLIGENT orth. L'adjectif ne prend pas de *a*, ce qui le différencie du participe présent de **négliger** : *un élève négligent*, mais *en négligeant sa tâche*. On écrit : **négligeable**.

NÉGOCIER emploi Négocier un virage est un cliché du lexique de la conduite automobile. C'est la traduction de la locution anglaise : **to negotiate a curve**.

NÈGRE forme Unique pour les deux genres dans le cas de l'adjectif : **les peuplades nègres**. Le substantif a pour féminin **négresse** : *L'homme dit quelques mots d'une langue étrangère à son mécanicien, un nègre fort déférent* (Supervielle). ♦ **emploi** Ce mot étant aujourd'hui entaché de colonialisme et de racisme, on lui substitue le plus souvent la forme **noir**, qui est un doublet plus « neutre » : *Le problème noir se pose aux États-Unis d'une façon aiguë. Les Noirs et les Blancs* (désignent les personnes, avec majuscules). **Nègre** subsiste dans les emplois figurés : *travailler comme un nègre, le nègre d'un écrivain*, etc. On conserve d'autre part : *l'art nègre, la musique nègre.*

NEGRO-SPIRITUAL orth. Avec un trait d'union et sans accent sur le *e*. Plur. : **des negro-spirituals**. ♦ emploi et sens Ce mot est bien acclimaté chez nous, malgré sa forme qui résiste à la francisation. Il désigne les chants religieux des Noirs américains.

NÉNUPHAR orth. Pas de *d* final. La forme officielle est **nénuphar**, avec *-ph-*. On rencontre parfois **nénufar**.

NÉO- orth. Le trait d'union est employé de façon extrêmement variable dans les composés. Ceux-ci prennent un trait d'union, à l'exception des mots suivants, qui s'écrivent en un seul mot : *néobaleine, néobisium, néocomien, néocyte, néodamode, néogène, néoglucogenèse, néoglucose, néographie, néolithique, néologisme, néomembrane, néoménie, néomycine, néophyte, néoplasie, néoplasme, néoplastie, néoprene, néostomie, néoténie.* On écrira donc *néocalédonien, néo-classicisme, néo-colonialisme, néo-criticisme, néo-gothique, néo-impressionnisme, néo-réalisme* (et *néo-réaliste*), *néo-romantisme* (et *néo-romantique*), etc. ♦ **emploi** Ce préfixe est très productif et permet de fabriquer de nombreux adjectifs ou substantifs. Il ne faut pas en abuser, comme font certains journalistes, et se rappeler l'existence de l'adjectif **nouveau**. Il est vrai que le grec ancien nous a donné l'exemple d'une grande liberté créatrice dans ce domaine.

NÉOLOGIE ou **NÉOLOGISME** sens
Le premier mot, vieilli, désigne plutôt la pratique consistant à « innover en matière de lexique », tandis que le second désigne le plus souvent l'« innovation » elle-même : *Il existe deux types tout différents de néologisme. Les uns, que l'on pourrait appeler « néologismes de nécessité », répondent au besoin de désigner des objets nouveaux, inventés par la science et par la technique, ou des conceptions nouvelles de la réflexion critique et de la pensée philosophique. Les autres sont des néologismes « littéraires » qui visent à des fins d'expressivité, créations de luxe inspirées par les caprices de la fantaisie ou par le goût du terme rare* (Le Bidois). On citera, parmi les premiers : *baladeur, camescope, compact-disc, cristaux liquides, navette spatiale, puce électronique, 4 × 4* (véhicule), *scanner, télématique, vidéo, zapper*, etc., d'une part, *art brut, décrispation, déprime, hyper-réalisme, minimalisme, montée en puissance, multiracial, pluriculturel, punk, société de consommation*, etc. ; d'autre part, parmi les seconds, qui sont innombrables : *armerdre* (Jarry), *bicornuité* (Ionesco), *envertueuser, endéificoquer* (France), *exeaté* (Sarrazin), *petitdéjeunait* (Triolet), *cantharodrome* (Queneau), *déplonger* (Cocteau), *nudifiée* (Duras), etc. On se reportera pour les seconds à *L'Insolite*, de Maurice Rheims (Larousse, 1989). Il faut distinguer le cas des réécritures de mots ou des arrangements orthographiques, qui n'apportent pas vraiment de « mots nouveaux », comme

filolog (Péguy), *vécés, ouiquende, bifetèque,* etc.

NÉOPHYTE sens Autrefois, ce mot
s'appliquait à «une personne récemment convertie au christianisme et
baptisée». Aujourd'hui, son emploi est
surtout figuré et légèrement ironique.
Il désigne une «personne ayant récemment adopté une théorie, choisi un
parti, etc.».

NERVOSISME sens «État de déséquilibre nerveux, syndrome d'une maladie
sociale.» Ce mot existe, et ne se
confond nullement avec **nervosité**, qui
présente toujours un caractère passa-
ger, momentané, ni avec **névrose** (dont
le dérivé est **névrotique** et non pas **né-
vrosique*), qui désigne une affection
nerveuse durable, liée à la vie psychique du malade.

NET prononc. Le *t* final se fait toujours
entendre : [nɛt]. ♦ emploi et forme Quand
cet adjectif a une valeur d'adverbe, il
demeure invariable : *Elle a été tuée net.*

NETTOYAGE emploi La locution **nettoyage par le vide**, bien que très
inexacte, et fort peu scientifique, est répandue dans la langue familière. **Nettoiement** est d'un emploi plus technique et plus administratif : *Le service
du nettoiement.*

NEUF (numéral) prononc. Le *f* final se
prononce [f] dans la plupart des cas, et
même devant une voyelle, bien qu'on
dise plutôt [nœvɔm] que [nœfɔm] pour
neuf hommes.

NEUF (adjectif qualificatif). emploi et sens
Cet adjectif est souvent substantivé
dans la langue courante et employé
pour *nouveau : Quoi de neuf? Des spectacles neufs.* Il s'applique surtout au
non-animé, et n'apparaît auprès d'un
nom de personne que dans des acceptions figurées : *Les peuples neufs croient
trop volontiers que tout s'enseigne* (Siegfried). *Pour accomplir cette tâche, il faut
un homme neuf. Il est trop neuf dans ce
domaine pour pouvoir rendre de grands
services.*

□ **à neuf** et **de neuf.** Ces deux locutions ne se confondent pas. La première signifie «en donnant de nouveau

l'apparence du neuf» : *remettre à neuf,
repeindre à neuf. Pour rebâtir à neuf,
c'est du sol même qu'il faut partir*
(Gide). La seconde signifie «en utilisant
des objets ou des vêtements neufs» :
être habillé, vêtu de neuf.
□ **flambant neuf** → FLAMBANT et
BATTRE

NEURAL forme Masc. plur. : **neuraux.**
♦ emploi Équivalent scientifique de **nerveux.**

NEURO- orth. Les composés de **neuro**-
ne prennent un trait d'union que si le
second terme commence par une
voyelle : *neurochirurgie,* mais *neuro-ar-
thritisme.*

NEUROLOGISTE ou **NEUROLOGUE**
→ -LOGISTE

NEURONE orth. Pas d'accent circonflexe sur le *o,* malgré une tendance
croissante à le prononcer [o]. ♦ genre
Masculin.

NEUTRE emploi et sens Bien que le
neutre ne soit pas une catégorie du
genre reconnue en français, il existe cependant de nombreux cas dans lesquels le grammairien est obligé de parler d'un neutre, au moins sur le plan
formel : *Quelque chose de beau. Rien de
nouveau. À quoi pensez-vous? Le vrai,
le beau, le bon. Ceci tuera cela! Crois-
tu qu'il le sache. – Je le crois. Le comique
de la chose, c'est...,* etc. Sur le plan de
l'accord, le **neutre** prend une forme
non marquée se confondant avec le
masculin.

«NE VARIETUR» prononc. [nevarjetyr].
♦ orth. Pas de trait d'union. ♦ emploi et sens
Locution latine servant en général
d'adjectif dans un très petit nombre de
cas, au sens de «définitif, qui ne doit
pas être modifié» : *Une édition «ne varietur».*

NÉVROSE → NERVOSISME

NEW-LOOK prononc. [njuluk]. ♦ orth. Mot
composé invariable. ♦ emploi et sens Adjectif-substantif familier s'employant
dans les secteurs de la mode, de la politique, etc., pour désigner un «nouveau
style». Cet emprunt vieilli n'apporte
rien d'original au français **nouveau
style.**

NEZ orth. On écrit, sans trait d'union : *nez à nez, un pied de nez* (mais *un* ou *des cache-nez.*)

NI emploi On ne trouve plus de nos jours cette négation en dehors de la présence d'une autre négation, qui peut être la même : *Car il n'y a plus de fleurs ici, non plus, ni aucune espèce de vie* (Ramuz). *Toi qui ne prescris ni ne préconises, baumes, ni bols, ni les mastics mystérieux* (Valéry). *Le Clézio ne fait pas de cours d'histoire ni ne donne de leçons de politique* (*Le Monde*, 8 mai 1992). *Contre son habitude il n'avait ni allumé ni bourré sa pipe* (Dhôtel). Le vers célèbre d'Apollinaire : *Ni les amours reviennent* (sans *ne*) est une licence poétique qu'on ne peut imiter.

□ **ni... ni...** Le premier *ni* est parfois supprimé dans la langue littéraire : *Je ne suis pantin ni marionnette* (Queneau). *Cette ostentation dans le désordre et dans la saleté, parents ni maitres ne surent y voir une bravade de l'adolescent* (Mauriac). *La peinture ni la poésie n'ont cette vertu* (Valéry) *Le neveu ni l'oncle ne se doutaient que quelqu'un les suivait du regard* (Mauriac). *La mesure, ni la rigueur, ni la profondeur ne les tourmentaient à l'excès* (Valéry).

□ **sujets joints par ni.** Quand deux ou plus de deux sujets au singulier sont joints par *ni*, le verbe se met au pluriel ou au singulier, selon que les sujets forment un ensemble ou s'excluent l'un l'autre : *Ce n'est pas leur destination, ni même leur figure générale, qui les animent à ce point* (Valéry). Si un des sujets coordonnés est au pluriel, le verbe se met alors obligatoirement au pluriel. Si *ni* est répété une fois, les deux groupes de mots ne sont pas séparés par une virgule. Si *ni* est répété plus d'une fois, on sépare les groupes par des virgules : *Ni les militaires, ni les missionnaires, ni les enseignants, ne sont liés aux colons* (Malraux). *Ni les plaintes ni la douleur de son compagnon ne la touchèrent.*

□ **ni vous ni moi.** Si les sujets joints par *ni* ne sont pas de la même personne, le verbe se met au pluriel et à la personne qui a la priorité : *Ni mes cousines ni moi n'avions avec elle une grande intimité* (Gide). *Ni toi ni lui ne pouvez le contester* (Lemaitre, cité par Grevisse). Cependant, le verbe reste au singulier si le contexte montre que les deux sujets s'excluent : *Ni vous ni lui n'obtiendra le poste de directeur.* De même, l'accord parait faux dans cette phrase de Camus que cite Grevisse : *Ni moi ni personne ne pouvons ici les juger.*

□ **et ni.** *Ni superstitieux, ni craintif, ni crédule... – Alors, sceptique? – Et ni sceptique* (Duhamel). Dans cet exemple, les trois premiers *ni* correspondent à l'usage normal, le quatrième, *et ni*, est insolite et affecté. *Et ni la terre en joie et ni le ciel en flamme, / Rien ne détourne plus du rêve nos deux âmes* (Ch. Guérin). Ce tour est fréquent chez Valéry : *Rien, ni les vieux jardins reflétés par les yeux / Ni la clarté déserte de ma lampe / Et ni la jeune femme allaitant son enfant...; Je sais bien que tu ne dédaignais pas la douceur des campagnes, la splendeur de la ville, et ni les eaux vives, ni l'ombre délicate du platane.*

□ **ni employé en relation avec sans, ou un terme de valeur négative :** *Une jeune fille sans dot, trousseau ni bijoux* (Colette). *Choisissant* [pour mourir] *une semaine toute blanche, sans crime, ni duel, ni procès célèbre, ni incident politique* (Daudet). *Sans tambour ni trompette.*

□ **ni plus ni moins (que).** *C'est ni plus ni moins des fous* (Proust : c'est Françoise, la bonne, qui parle). Locution familière.

□ **ni sans** → SANS

□ **ni l'un ni l'autre** → UN (UN + AUTRE) et AUTRE

NICKEL emploi et sens Dans le registre populaire : «d'une propreté exemplaire». Le mot, employé comme adjectif, est alors invariable : *La tradition en est restée : pour un fusil qui est nickel on dit encore qu'il est Langlois* (Giono). Comparer la locution *propre comme un sou neuf.*

NICKELER conjug. Comme *appeler* → APPENDICE

NID orth. Le complément de nom est au singulier quand il désigne un oiseau pris comme «type» : *un nid d'alouette, de mésange, de pinson,* etc. *Son grenier ressemblait à un nid d'aigle.* Il est au pluriel quand il désigne d'autres animaux que les oiseaux : *un nid de chenilles, de frelons, de guêpes, de termites* (mais : *un nid d'écureuil*), et dans les emplois figurés ou métaphoriques suivants : *Nos codes sont encore un nid d'injustices* (France). *Cette route est pleine de nids de poules. Un linge de toilette en nid d'abeilles. Il y a sur le coteau un nid de mitrailleuses.* (Mais : *Les Allemands se heurtèrent à un nid de résistance.*)

NIDATION **sens** « Implantation de l'œuf fécondé dans la muqueuse utérine, chez les mammifères. » Ne pas confondre avec **nidification,** « art de construire un nid » ou simplement « construction d'un nid ».

NIÈME → -ÉNIÈME

NIER **constr.** 1. Avec un infinitif. On supprime couramment la préposition *de* entre ce verbe et son complément à l'infinitif : *Votre associé Ezra nie avoir pris l'argent* (Morand). Mais elle existe encore dans la langue soutenue : *Il nie d'avoir sollicité aucune décoration* (Barrès, cité par Grevisse). 2. Avec *que* et le subjonctif : *Il fut difficile quelques années de nier que Trotski ait fait l'Armée rouge* (Malraux). *Tu nies qu'il ait ressuscité Lazare ?* (Anouilh). *On ne peut pas nier que, pour le moment, du moins, il faille des juges, n'est-ce pas ?* (Camus). *Nierez-vous qu'un fils naturel m'ait été volé en bas âge ?* (Anouilh). *Opportune cassure ! Qui nierait qu'elle fût providentielle ?* (Boylesve). L'emploi du *ne* dit explétif est rare : *Nierez-vous que ce ne soit du gazon ?* (Arnoux, cité par Grevisse). *Je ne nie pas que ces interventions ne soient ingénieuses* (France, *ibid.*). Exceptionnellement, le verbe est à l'indicatif si l'on tient à insister sur la réalité du fait : *Nier cela, c'est nier qu'il fait jour en plein midi* (Martinon).

NIETZSCHÉEN **orth.** L'orthographe de cet adjectif, dérivé du nom de *Nietzsche,* est difficile. Respecter l'ordre des consonnes : *-tzsch-.*

NIGAUD **forme** Substantif et adjectif. Le féminin **nigaude** est rare. On le rencontre cependant, dans le registre familier surtout : *Lui qui ne souhaitait que de disparaître et qui balbutiait de nigaudes excuses* (Mauriac).

N'IMPORTE QUI **constr.** Les locutions commençant par *n'importe* sont aujourd'hui considérées comme figées, et il ne faut pas y introduire de préposition : *N'hésite pas à t'en servir, contre n'importe qui* (Benoit). *Il acheta tout ce qu'il put, à n'importe quel prix* (Gallo). Dire **à n'importe quelle heure** et non pas **n'importe à quelle heure,** qui est un tour archaïque.

NIPPON **orth.** Fém. : **nippone,** sans doublement du *n.*

NIRVÂNA **orth.** Avec un accent circonflexe sur le premier *a.*

NITOUCHE **forme** Altération de **n'y... touche pas** (pas de majuscule ni à **sainte** ni à **nitouche**). ♦ **sens** Une **sainte nitouche :** « personne qui affecte l'innocence ». → SAINT

NITRE **genre** Masculin. ♦ **sens** Ancien mot de l'**azotate de potassium.**

NITRO- **orth.** Les composés de *nitro-* ne prennent de trait d'union que si le second terme commence par une voyelle : *nitro-aérien,* mais *nitrocellulose.*

NIVEAU **emploi** La locution **au niveau de** est d'un emploi très répandu dans les exposés ou les analyses de caractère didactique. Il ne faut pas en user à tout propos : *Ce qui est parfaitement valable au niveau des techniques proprement dites* (G. Marcel, cité par Le Bidois). *Il y a là un grave problème au niveau de la foi et de la représentation que l'on se fait de l'Église* (Oraison). On a raillé à juste titre l'emploi passe-partout de cette locution : *Toutes ces prépositions, ces conjonctions de truc et de machin, c'était la barbe, trop long à apprendre, trop compliqué. On les a balancées pour n'en retenir que deux : « sur » et « au niveau ». Exemple pris en classe de terminale C : Où t'en es sur Flaubert ? – Au niveau Bovary, à la page 35. – Et au niveau temps, ç'a t'a pris quoi ? – Dix mois. – Ben, dis donc, t'es drôlement fort sur la lecture !* (C. Sarraute, *Le Monde,* 19 octobre 1991). → PLAN

NIVÔSE **orth.** Accent circonflexe sur l'*o.*

NÔ **orth.** Plur. : **des nôs.** ♦ **sens** Terme de théâtre japonais.

NOBILIAIRE (particule) → DE

NOCES emploi et sens Au pluriel, surtout dans des locutions figées : *fêter ses noces de..., nuit de noces, voyage de noces.* Au singulier, quand il s'agit de désigner concrètement la «cérémonie du mariage» ou au sens dévié de «débauche» : *Le repas de noce. Aller à la noce. Faire la noce.*

NOCTUELLE genre Féminin. ♦ sens «Nom de plusieurs papillons nocturnes.» Ne pas confondre avec la **noctule**, «chauve-souris de grande taille».

NOËL genre Masc. : *Nous avons eu cette année un Noël glacial.* Mais ce nom est féminin dans la locution figée et ancienne : *à la Noël.* On met une majuscule quand il s'agit de la «fête» ou du «cadeau reçu à cette occasion», mais une minuscule quand le mot désigne «un chant» : *Les noëls bourguignons, recevoir son petit Noël.*

NŒUD emploi et sens Cette unité de vitesse correspond à «un mille marin», c'est-à-dire 1 852 mètres à l'heure, et s'emploie dans le domaine de la navigation maritime, mais aussi aérienne. On dira *un bateau qui file vingt-trois nœuds* sans ajouter l'expression *à l'heure*, qui ne s'emploie qu'avec le mot *mille* : *Un bateau qui fait quinze milles à l'heure*, en face de : *Cargo mixte. Deux cheminées; douze nœuds* (Masson). → MILLE (2)

NOIR → NÈGRE

NOISETTE orth. Invariable comme adjectif de couleur → COULEUR

«NOLI ME TANGERE» emploi et sens Cette locution latine se comporte comme un substantif masculin invariable, au sens de «ulcère rebelle aux remèdes externes habituels», ou bien de «balsamine des bois» (et prend alors deux traits d'union). Le sens premier de ces mots latins est «ne me touche pas». On les imprime en italique.

NOM emploi et sens En grammaire, le **nom** tantôt s'oppose à l'**adjectif**, tantôt regroupe le **substantif** et l'**adjectif**, selon les théoriciens. On prendra garde à cette différence de classification : *La*
classe grammaticale du nom est constituée par le substantif et l'adjectif qualificatif (Grammaire Larousse du français contemporain). *On distingue deux sortes de noms :* 1. *Les noms communs*; 2. *Les noms propres* (Radouant). → ARTICLE, LE (LA, LES), TITRE, BATEAU, PERSONNE, VILLE, etc.

□ **avoir (pour) nom.** emploi et sens Ce tour analytique est synonyme de *se nommer.* La locution courante comprend la préposition *pour*, tandis que l'ellipse de celle-ci correspond à un registre plus recherché : *Un poète, en notre siècle, a contré l'Ecclésiaste ; il a nom René Char* (Fontanet).

□ **sans nom.** Cette locution a une valeur péjorative, «trop détestable pour être nommé» : *Les chirurgiens se penchaient sur son cas, aggravé par une négligence sans nom envers sa propre santé* (Bazin).

NO MAN'S LAND emploi Cet emprunt semble bien admis. Il est le plus souvent invariable au pluriel.

NOMBRE emploi Comme sujets à valeur collective, les locutions *un petit* ou *un grand nombre de, un certain nombre de, le plus petit* ou *le plus grand nombre de*, suivies d'un substantif, gouvernent le singulier ou le pluriel du verbe selon le contexte et les intentions de celui qui parle ou écrit. Plur. : *Le plus grand nombre croyaient par hasard* (Rolland). *Un très grand nombre de personnes s'étaient rassemblées dans la pièce* (R. Jean). Sing. : *Ils ont peine à imaginer que le plus grand nombre y reste insensible* (Mauriac). *Un petit nombre d'entre eux seulement ira jusqu'à se dire...* (Alain). → COLLECTIF

□ **être au nombre de** ou **du nombre de.** Ces deux tours sont équivalents, mais seul le second est possible quand il n'y a pas de complément au mot *nombre : Serez-vous au nombre* ou *du nombre des invités ?* Mais on peut dire seulement *Serez-vous du nombre ?* Le sens est «faire partie de», «être compté parmi».

□ **nombre de + substantif.** Le verbe dont cette locution est sujet se met toujours au pluriel : *Nombre des anciens convives regretteront ce coin pittoresque de Paris* (Apollinaire). *Nombre d'entre* *eux avaient connu déjà les affres de la famine après des années de sécheresse* (A. Besson). Ce tour est littéraire et ne se rencontre pas dans la langue parlée.

NOMINALE (PHRASE) sens Désignation grammaticale d'un type de phrase dépourvu de forme verbale conjuguée. On ne parlera pas nécessairement d'ellipse du verbe. En voici un exemple : *Un peu des genres de bonnes sœurs. Pas de cornettes, mais des robes grises bien montantes, exactement toutes deux semblables, et puis des mitaines* (Céline). Cette syntaxe est répandue dans la littérature ou la presse contemporaines, et n'a rien de choquant, si on la pratique sans excès.

NOMINALEMENT → NOMMÉMENT

NOMINER emploi et sens Ce verbe, calqué sur l'anglais *to nominate*, a été répandu dans le monde du spectacle, pour signifier «mentionner (le nom d'un film ou d'un acteur)» dans une présélection avant l'attribution des oscars ou des césars». Très critiqué, ce mot est cependant bien formé et acceptable dans un contexte précis, car ni **nommer** ni **sélectionner** ne lui correspondent vraiment... On se rappellera qu'**auditionner, réceptionner,** etc., aujourd'hui admis par l'usage, ont été formés dans le même esprit, en dépit de la préexistence d'**entendre** et de **recevoir.**

NOMMÉMENT sens C'est un synonyme plus bref de **nominativement :** *Le patron vous a nommément désigné pour ce travail.* **Nommément** peut aussi s'employer au sens de «spécialement» : *L'influence du climat, et nommément celle de l'humidité* (Littré, cité par Robert). Ne pas confondre avec **nominalement,** qui signifie soit «par son nom», soit «de nom», par opposition à «réellement» : *Il gouverne nominalement, mais le pouvoir réel est exercé par d'autres.*

NOMMER constr. L'attribut du sujet ou du complément d'objet est construit directement, sans préposition : *Enfin, prenez-le comme vous voudrez, mais j'ai été nommé pape dans un camp de pri-*

sonniers (Camus). Il est inutile d'insérer *comme* entre *nommé* et *pape*.

NON emploi et sens Cet adverbe de négation devient parfois une interjection marquant «la surprise, l'étonnement» : *Tu étais là depuis longtemps? demandait Annette. – Oh! depuis une demi-heure! affirme sans hésiter Sylvie. – Non? s'exclamait la crédule Annette* (Rolland). Parfois substantif, il demeure alors invariable : *les oui et les non au référendum.*

☐ **ou non.** On présente en général une alternative, dans la langue soutenue, en réduisant le second membre à **ou non,** en fin de phrase : *Ceux qui trouvent naturel de démontrer par gendarmes si la Terre tourne ou non* (Alain). *Que Percy fût ou non un sceptique, le capitaine s'en moquait bien* (Maurois). *Et puis quoi? A-t-on voté ou non?* (Ramuz). Mais la langue courante emploie plus souvent **ou pas. →** PAS

☐ **lui non.** La même remarque que ci-dessus vaut pour la négation d'un sujet ou d'un complément ayant la forme d'un pronom personnel tonique, ou même d'un substantif : *Suzanne et Joseph s'étaient mis à table. Mais elle, non* (Duras). *Dieu mien, il est devenu fou! – Fou, non. Il suit son idée* (Peyré).

☐ **non que, non pas que, ce n'est pas que.** Ces locutions s'emploient en tête de proposition pour introduire une explication, une justification, et sont toujours suivies du subjonctif : *Non qu'ils fissent du potin, mais ils semblaient tous perdus dans un nuage* (Pergaud). *Elle préférait rester chez elle, non point qu'elle fût femme d'intérieur, mais elle flânait là, en déshabillé* (Aragon). *Si son ardeur s'essouffla, ce n'est pas que sa foi se fît chancelante* (Chaix). On rencontre après *que* les négations *ne* ou *ne pas,* qui sont équivalentes, quand il s'agit d'affirmer, par annulation de deux négations, et non de nier l'hypothèse : *Non que ta curiosité ne soit pas infiniment compréhensible* (Romains).

☐ **non ou pas.** Dans d'assez nombreux cas, ces deux particules de négation sont en concurrence. La langue littéraire préfère chez elle, non : *Le travail, punition qu'Adam mérita peut-être, mais non moi* (Montherlant). *Je sais que Juan veut faire carrière de diplomate et* *non de militaire* (Peyré). *Il l'avait irritée, certes, – non de la manière qu'il avait cru* (Mauriac). *Sur le lit mon corps était étendu, mais non comme je l'y avais laissé* (Green). Mais : *Lil devait s'occuper de la maison, pas loin de là* (Vian). – De même pour **pourquoi non, pourquoi pas ?** Le cumul des deux particules *non* et *pas* marque, dans le registre littéraire, une insistance : *La pièce est coiffée non pas d'un dôme, comme la plupart des marabouts, mais de deux dômes* (Tahar Ben Jelloun). Il ne s'agit pas là, quoi qu'en dise Cavanna, d'un «horripilant pléonasme», mais d'un renchérissement très ancien, et qui a ses lettres de noblesse.

□ **non** au sens de **n'est-ce pas.** *Ça veut dire que vous gagnerez beaucoup d'argent, non ?* (Beauvoir). *J'ai le droit de pleurer, non ? (id.).* Ce «comprimé négatif-interrogatif» (Le Bidois), constant chez cette romancière, se retrouve dans la langue familière : *Je parle tout de même français, non ?* (Daninos). *Qu'est-ce que tu fais ? – Tu le vois, non ? Je repeins les rames* (Cesbron).

□ **non seulement... mais (encore, aussi).** Dans cette locution à deux termes corrélatifs, seuls les mots ou groupes de mots qui s'opposent directement peuvent s'insérer entre **seulement** et **mais** : *Le respect qu'elle professait non seulement pour les parents mais encore pour l'étranger, à qui on donne l'hospitalité* (Proust). Cependant, nombre d'auteurs ne se font pas faute d'insérer des corps étrangers entre les deux membres de cette locution : *Le peuple juif se relève de son effroyable martyre non seulement dans un monde qui n'a pas désarmé à son égard, mais si j'en crois la réponse de M. D..., ses protecteurs d'autrefois semblent vouloir refermer devant lui les portes de la Terre promise* (Mauriac). *Mon oncle Gilbert a eu mille fois raison non seulement de faire cette algarade, mais aurait dû en finir il y a plus de six mois avec un dreyfusard avéré* (Proust). Dans cette dernière phrase, il est évident que les mots *non seulement* sont mal placés et auraient dû être exprimés immédiatement après le sujet : *«Mon oncle Gilbert non seulement a eu raison...»*

□ **ne... pas non plus** → AUSSI. *Christophe ne dormit pas non plus* (Rolland). Le contraire serait : *Christophe dormit aussi.* **Moi non plus** est le contraire de **moi aussi.** Il s'emploie en relation avec une phrase négative : *Je n'y ai jamais été. – Moi non plus, dit Simon* (Sagan).

□ **que (non pas).** Dans une réponse négative, on peut renforcer **non** au moyen de certains termes : *que non, non pas, que non pas, vraiment non,* etc. Tous ces tours appartiennent à une langue recherchée et littéraire : *Voilà qui est bien banal. – Que non pas* (Queneau).

□ **non compris** → COMPRIS

NON- orth. Invariable en composition : *des non-inscrits, des non-lieux.* ♦ **emploi** Ce préfixe est très productif et fait concurrence tantôt à *in-,* tantôt à *a-* privatif. On le rencontre surtout dans le vocabulaire abstrait de la philosophie, de la science politique, de la linguistique, etc. Voici des exemples : *non-belligérance, non-être, non-cumul* (des peines), *non-intervention, non-violence, non-prolifération,* etc. *Le traité de non-prolifération est enfin entré en vigueur* (Le Monde). *Pourquoi priver quelqu'un de la liberté du non-malheur ?* (Giraudoux). *De quel prix devrai-je payer un jour cette longue non-souffrance de toute une vie ?* (Montherlant). *Je ne pense pas que les non-savants soient désormais condamnés à ignorer les grandes conclusions de la science* (Rostand). *Le théâtre populaire veut atteindre le non-public. Sans être aussi tragique qu'en France, la non-lecture est une maladie qui a touché la Belgique* (Le Figaro littéraire, 17 mars 1969). **Non** est presque toujours séparé du mot qui le suit par un trait d'union, sauf pour les composés anciens tels que *nonchalance, nonobstant, nonpareil,* etc. On écrit : *des non-fumeurs.* Il faut en distinguer l'emploi de celui de *non,* adverbe libre, devant un adjectif : *Une phrase non achevée, une expérience non vécue.* → POINT (point de non-retour) et IN-

NONANTE **emploi et sens** C'est l'équivalent – plus logique par rapport à la série *quarante, cinquante,* etc. – de **quatre-vingt-dix,** qui est employé en

Belgique et en Suisse romande (ainsi que les dérivés *nonantième* et *nonantaine*), ou en France régionalement ou comme archaïsme : *L'archevêque est trop vieux. Il a plus de nonante ans* (A. Besson). → OCTANTE, SEPTANTE. Mais **nonagénaire** fait partie du français standard : *Quoi qu'il en soit, Tata était presque nonagénaire* (Ragon).

NONOBSTANT emploi et sens Préposition vieillie et littéraire : *C'est dans ces dispositions d'esprit que nous trouva madame mère, quand, soudain, nonobstant les recommandations des médecins, elle quitta la clinique* (Bazin). *Nonobstant la terreur qu'il allait susciter, il se sentait momentanément apaisé, comme le comédien, à la fin de sa première* (Desproges). On emploie plus couramment **malgré**.

NONPAREIL orth. Toujours en un seul mot.

NORD → GUIDE TYPO.

NORD-AFRICAIN, NORD-AMÉRICAIN, etc. orth. Plur. : les **Nord-Américains, les Nord-Africains**, avec des majuscules pour l'emploi substantival (minuscules pour l'adjectif : *les immigrés nord-africains*).

NORD-EST, NORD-OUEST prononc. Dans la langue standard, on évitera, pour ces deux mots, de faire entendre le *d* : [nɔʀɛst], [nɔʀwɛst]. L'usage des marins est différent : **nord-est** aboutit aux formes **nordé** ou **nordet**, tandis que **nord-ouest** donne **norois**. → ce mot.

NORMALISER emploi et sens Ce verbe, bien formé au sens de « rendre normal », ainsi que le dérivé **normalisation** sont, depuis leur apparition en 1968, admis largement dans notre langue, dans un contexte essentiellement politique et diplomatique : *Les présidents bosniaque et yougoslave souhaitent normaliser leurs relations* (Le Monde, 21 octobre 1992). Ils ne font pas double emploi avec **régulariser, régularisation**, de sens plus lâche, souvent temporel, en tout cas moins institutionnel.

NOROIS orth. On écrit également **noroît**. ♦ **sens** « Vent du nord-ouest », dans le vocabulaire des marins. → SUROÎT

« **NOTA BENE** » **forme** Locution latine invariable, souvent raccourcie en **nota** ou abrégée en **N. B.** ♦ **emploi et sens** Très fréquente dans les ouvrages à caractère didactique : *Cf. § 12, Rem. 2, N. B.* (qui se lit : *Voyez paragraphe 12, remarque 2, nota bene*).

NOTABLE → NOTOIRE

NOTAIRE forme Le féminin, peu fréquent, est **notairesse** ou **notaresse**.

NOTOIRE et **NOTABLE emploi et sens** **Notoire** peut caractériser une chose, au sens de « qui est bien connu » : *Il est notoire que... Un garçon d'une méchanceté notoire.* Le substantif correspondant est **notoriété** : *la notoriété d'un savant. Je n'espérais pas pour mes travaux la notoriété dont ils commencent à jouir* (Bazin). **Notoriété** s'applique plus couramment à un être que l'adjectif *notoire*, encore qu'on dise : *un criminel notoire*, « bien connu comme tel ». **Notoire** doit être distingué de **notable**, qui signifie « digne d'être remarqué » : *un incident, un progrès notable*, ou « qui occupe une situation importante » (adjectif ou substantif) : *les notables de cette cité. Attendons-nous à voir des personnages notables, comme M. Ubu et le tzar, forcés de caracoler en tête-à-tête sur des chevaux de carton* (Jarry). Le substantif correspondant à *notable* est **notabilité** : *Elle invitait dans son château du Ray tout ce que Nice et Cannes comptaient de célébrités internationales ou de notabilités locales* (Gallo). Ne pas dire : **M. Untel est une notoriété*, mais *M. Untel est une notabilité, un notable.*

NOTORIÉTÉ → NOTOIRE

NOTRE et **NÔTRE orth.** Jamais d'accent circonflexe sur le *o* quand ce mot est *adjectif*, c'est-à-dire quand il précède immédiatement un substantif, mais seulement quand il est *pronom* : *Vous êtes notre allié*, opposé à : *Ne tire pas ! C'est un des nôtres* (Peyré). On notera que la forme pronominale sert d'adjectif en fonction d'attribut : *Ces revendications, nous les faisons nôtres.* Les deux emplois (adjectif et pronom) se trouvent réunis dans la phrase suivante : *Tu connais cette carte... C'est notre Baltique. – Oui, « notre » Baltique et* *je veux qu'elle soit davantage nôtre* (Peisson).

NOTRE-DAME orth. Toujours avec des majuscules : *Près de la Notre-Dame ou du Saint empaillé* (Rimbaud). On distinguera l'indication de la ville dans laquelle se trouve l'église : *Notre-Dame de Chartres, de Bourges*, du nom composé, qui s'écrit avec des traits d'union : *Notre-Dame-de-Lorette, Notre-Dame-des-Victoires*, etc. *La vue glauque et trouée de Notre-Dame de Paris* (Alain-Fournier). Les noms de villes prennent également des traits d'union : *Notre-Dame-de-Bellecombe, Notre-Dame-des-Monts*, etc. Invariable au pluriel : *des Notre-Dame en chromo. Elle a deux petites Notre-Dame sur sa cheminée.*

NOUS emploi Le *nous* dit «de majesté» ou au contraire «de modestie» n'entraîne pas la mise au pluriel de toute la phrase, mais seulement des formes verbales conjuguées : *Nous allons périr, car nous mourons de soif et sommes fatigué* (Jarry). *Nous sommes convaincu que cette étude pourra aider les lecteurs.* Au féminin : *Nous sommes disposée à la clémence.* Voir aussi cet exemple de Proust : *Nous sommes ravi que vous soyez venu, dit-il [le baron], en employant ce nous, sans doute parce que le roi dit : nous voulons.*

☐ **avons-nous été sage ?** Le pronom *nous* peut s'employer dans la langue familière pour s'adresser à un enfant, à un élève, à un malade. Il équivaut alors à *tu* si on s'adresse à un tiers : *Puis se tournant vers moi comme pour l'excuser : – Nous n'avons pas encore grand usage du monde* (Gide).

☐ **nous qui ne l'étions pas. constr.** → QUI

☐ **nous autres, nous deux, nous seuls, nous tous.** Quand le pronom sujet *nous* est séparé du verbe par un adjectif indéfini ou numéral, il se répète généralement devant le verbe : *Les romans, nous autres, Héléna et moi, nous les vivons chaque jour* (Gallo). *Mais nous deux, dans notre chambre, là-haut, nous restâmes longtemps à rafistoler nos blouses décousues* (Alain-Fournier).

☐ **ton frère et moi, elle et moi (nous) sommes...** Quand le pronom **moi** est à la fin d'une énumération de sujets, on

reprend facultativement l'ensemble de ces sujets par **nous :** *Les babioles que ton frère ou moi t'avons offertes* (Vailland). *Suzanne et moi ne nous étions rendu compte de rien* (Godbout). *Tata de La Rochelle n'a peut-être jamais été atteinte d'aucune des folies dont le Nain jaune et moi l'accusions sans répit* (P. Jardin). Il y a d'ailleurs tendance à répéter le *nous.*

☐ **nous deux mon frère** → DEUX

☐ **nous, on s'aime bien.** Le cumul de **nous** et de **on** dans la même phrase et pour désigner les mêmes personnes appartient à la langue parlée : *Alors, nous, on risque de servir d'otages* (Romains). → citation de Colette à RODER

☐ **beaucoup d'entre nous ont** ou **avons.** Quand le sujet du verbe est constitué par une locution à valeur collective, suivie de **nous** (ou vous), l'accord se fait généralement à la troisième personne du pluriel, et non à celle du pronom : *La plupart d'entre nous étaient tenus au courant de cette affaire.* Mais : *Tous ceux d'entre nous qui reçûmes cette culture helléno-latine* (Mille). Même règle pour *quelques-uns, la plus grande partie, certains d'entre nous*, etc.

NOUVEAU forme L'adjectif prend la forme **nouvel** devant un substantif masculin commençant par une voyelle ou un *h* dit non aspiré : *un nouvel amour ; le nouvel an ; un nouvel habit*, etc. Devant les autres mots commençant par une voyelle (article, préposition, conjonctions *et, ou*), on emploie la forme **nouveau** sauf si cet adjectif, coordonné par *et* à un autre adjectif, se rapporte à un substantif commençant par une voyelle ou un *h*. Dans ce cas, on emploie *nouvel : un nouvel et encore plus élégant habit.* → BEAU, FOL, VIEUX

☐ **de nouveau** ou **à nouveau.** Ces deux locutions ne sont pas synonymes. La première signifie «une fois de plus» : *De nouveau soufflait le grand vent du premier soir* (Alain-Fournier). *Et de nouveau régnera ce silence solennel* (Mauriac). *Je me retournai vers l'île et, de nouveau, j'entendis le rire dans mon dos* (Camus). **À nouveau** signifie proprement «sur nouveaux frais, d'une manière différente, à neuf» : *L'homme n'a* *droit à rien. Il faut qu'il conquière chaque chose, à nouveau, chaque jour* (Rolland, cité par Robert). Il faut reconnaître cependant que même nos meilleurs auteurs n'observent plus cette distinction et emploient *à nouveau* pour marquer la répétition pure et simple : *Le bruit de la voiture qui s'ébranlait à nouveau* (Green). *La paix s'était faite à nouveau* (Jaloux). Les journalistes et les parleurs des médias ne connaissent plus guère **de nouveau**.

NOUVEAU... orth. On écrit : *le nouvel an, le Nouveau Testament, la Bonne Nouvelle* (pour désigner l'Évangile ou son enseignement), le *Nouveau Monde* (l'Amérique). ♦ **forme** Dans les expressions construites avec *nouveau* et un adjectif ou un participe substantivé, le premier élément est variable malgré sa valeur adverbiale, sauf dans *nouveau-né : des nouveaux riches, les nouvelles venues*, etc. (pas de trait d'union) ; mais : *des nouveau-nés* (avec un trait d'union). *On y a gagné trois cent mille nouveau-nés allemands de plus par an* (Giraudoux).

NOVÉLISATION orth. On rencontre aussi **novellisation.** ♦ **emploi et sens** Inspiré de l'anglais *novel*, roman, ce mot désigne l'opération d'écriture par laquelle on transforme un film ou un scénario en roman (c'est ce qu'on appelait autrefois **ciné-roman**).

NOYAU orth. On écrit **des fruits à noyau.**

NOYAUTER orth. Un seul *t*. ♦ **emploi et sens** Ce terme est aujourd'hui tout à fait assimilé par notre langue, et signifie « introduire à l'intérieur d'un groupe un noyau d'individus chargés de le transformer peu à peu et éventuellement d'en prendre la direction ». ♦ **dérivé : noyautage** : *C'est du camouflage – Du noyautage – De la propagande* (Vian).

NU orth. Devant un substantif désignant une partie du corps, cet adjectif est invariable et forme un nom composé s'écrivant avec un trait d'union : *Je me rappelle, en cet instant, le grand écolier paysan, nu-tête* (Alain-Fournier). Placé derrière le substantif,

il s'accorde avec lui et n'en est pas séparé par le trait d'union : *Il était pieds nus comme toujours* (Duras). *Aller tête nue.* → VA-NU-PIEDS.

NUBILE emploi Terme de droit, « qui est en âge d'être marié ». Ne pas confondre avec **pubère**, qui est un terme de physiologie, « ayant atteint l'âge de la puberté ».

NUCLÉAIRE sens En cytologie : « relatif au noyau de la cellule ». En physique : « relatif au noyau de l'atome ». → ATOMIQUE

NUÉE orth. Une nuée de, suivi d'un substantif au pluriel, gouverne généralement le singulier du verbe : *Une nuée de touristes a envahi les plages.* → COLLECTIF, FOULE

NUE-PROPRIÉTÉ orth. Plur. : **des nues-propriétés.** De même : *nus-propriétaires.*

NUIRE conjug. Comme *conduire.* → APPENDICE. Mais le participe passé reste invariable, puisque ce verbe n'est jamais transitif direct : *Elles se sont nui.* → COMPLAIRE, PLAIRE, etc.

NUL emploi Comme pronom, **nul** se rencontre surtout comme sujet, et appartient principalement à la langue soutenue : *Si je vous presse d'accepter, reprit-il, c'est que nul mieux que vous ne peut se charger d'une si haute mission* (Duhamel). On trouve parfois **nul de** : *Nulle de ses pensées n'était perdue pour lui* (Rolland). *Ce qui, pour nul de nous, ne peut s'extérioriser* (Proust). Comme adjectif, *nul* placé devant le substantif a la valeur d'un indéfini, et correspond dans la langue courante à **aucun** : *Nul désordre suspect ne troublait la poignante monotonie du magasin* (Desproges). On trouve **nul autre** : *Mon univers ne coïncide avec nul autre* (Romains). Le pluriel est rare : *Nuls métiers n'impliquent des obligations périodiques, le mot le dit, comme la fabrication des périodiques* (Péguy). *Nul* s'emploie normalement avec *ne*, sauf dans les phrases elliptiques sans verbe exprimé : *Fiévreuses années : nul répit, nulle relâche* (Rolland). ♦ Après le substantif, ou employé comme attribut, il a le sens de « sans va-

leur» : *Des tas de cousins ou de tantes,
nuls en math* [sic], *mais prodigieusement calés dans la comptabilité en partie double des indulgences* (Bazin). *Un
garçon charmant ici, mais d'un nul à
Paris !* (Vautel).

□ **nul doute que** → DOUTE

NÛMENT sens «Sans déguiser, sans
détours.» → ADVERBES

NUMÉRO emploi Ne s'abrège en **n°**
(plur. : **n°ˢ**) que lorsqu'il est suivi d'un
chiffre : *Le matricule n° 3826.* Ne s'a-
brège pas s'il est employé en tant que
nom : *Il est entré au numéro 19. Le numéro 7 a été opéré ce matin.*

NUMÉROTAGE forme On emploie également **numérotation.** ♦ **sens** La première forme désigne plutôt l'action de
numéroter, la seconde le résultat de
cette action, mais les deux s'emploient
couramment l'une pour l'autre. Ne pas
confondre **numérotage, numérotation** : «disposition de numéros d'ordre»
avec **numération** : «manière d'écrire
ou d'énoncer les nombres».

«NUMERUS CLAUSUS» emploi et sens
Ne se rencontre guère au pluriel. Le
sens est «limitation discriminatoire».

NU-PIEDS forme et emploi Ce mot invariable s'emploie surtout au pluriel,
pour désigner de légères sandales
d'été, retenues sur le pied par des lanières.

NU-PROPRIÉTAIRE → NUE-PRO-
PRIÉTÉ

NYMPHÉA forme On écrit également
nymphæa. Le pluriel est **nymphéas** :
*Les «Nymphéas» de Monet constituent
un ensemble pictural célèbre.*

O' sens Dans les noms d'origine irlandaise, le **O'** initial, suivi d'une apostrophe, signifie «fils de»: *Maureen O'Hara*.

-O emploi et forme Le *o* qu'on trouve à la fin du premier élément de nombreux composés ne prend jamais de *s* au pluriel : *Des incidents italo-grecs* (Morand), *des électro-aimants, des cumulo-nimbus*. Mais les substantifs terminés ou abrégés en **o** subissent le traitement habituel : *Des apéros, des mécanos*.

Ô et **OH! emploi et sens** L'interjection transcrite par un simple **ô** portant un accent circonflexe est rare et littéraire : *Ô mère ensevelie hors du premier jardin* (Péguy). *Bientôt, ô gens de bien, le jour basculera dans les ténèbres* (Tahar ben Jelloun). Mais sa valeur est ironique dans **ô combien** → COMBIEN. Il n'y a jamais de point d'exclamation immédiatement après cette interjection, alors qu'il y en a toujours un après **oh!** Cette dernière forme est l'orthographe la plus courante quand il s'agit d'exprimer une émotion, une surprise, etc. → HO! et INTERJECTIONS

OASIS genre Féminin. Beaucoup d'auteurs (Gide, Aragon, etc.) font le mot masculin.

OBÉIR emploi Le passif est possible pour ce verbe, exceptionnellement, bien qu'on ne puisse plus dire aujourd'hui **obéir quelqu'un** : *Les lois ne sont obéies que quand elles sont en rapport avec les mœurs* (Brunot). → PARDONNER

OBÉLISQUE genre Masc. : *M. Chirac a simplement offert le cadeau de Paris pour le 350ᵉ anniversaire de la fondation de Montréal : un obélisque de 150 tonnes, haut de 17 mètres* (Le Monde, 18 juillet 1992).

OBÉRER emploi et sens «Charger, accabler», surtout en parlant de dettes et dans la langue soutenue : *Épouse de Lusignan, [Mélusine] avait obéré la fortune de ce dernier* (Ragon). On emploie plus couramment **endetter.** Éviter le pléonasme : *obérer de dettes*.

OBJECTIF et **SUBJECTIF emploi et sens** Ces termes sont en opposition de sens dans la langue philosophique, **objectif** marquant le rapport à l'objet, c'est-à-dire à la chose perçue, **subjectif** au sujet, c'est-à-dire à la personne qui perçoit. On retrouve *objectif* dans l'usage en tant que synonyme assez galvaudé d'**impartial** ou de **réaliste** : *Ce journal est (ou n'est pas) objectif. Voyons, soyez objectif...*

OBJET emploi et sens Ce terme désigne soit une chose matérielle soit, dans une acception figurée, ce à quoi s'applique la réflexion, la volonté, etc. On dira : *l'objet d'une réflexion, l'objet d'une démarche*. Dans ce sens, alors que le **sujet** *(le sujet d'une réflexion, d'une démarche)* marque le rapport à la cause, **objet** est relatif à l'effet escompté.

OBLIGEAMMENT orth. Ne pas omettre le *a*, ainsi que dans **obligeance, obligeant.**

OBLIGER constr. On rencontre indifféremment les prépositions *à* ou *de* devant un infinitif : *C'est moi qui l'obligeais de répondre avec douceur* (Radiguet). *Pilar avait cette fois obligé les soldats à créneler le bas de la façade postérieure* (Peyré). *Surtout je m'obligeais à visiter régulièrement les cafés spécialisés* (Camus). Le tour avec *de* est souvent plus littéraire, surtout à la voix active. Si le complément de *obliger* est un substantif non animé, il se construit avec *à* : *Nous sommes obligés aux mêmes prudences que le dompteur* (Camus). Si le verbe a pour seul complément un nom de personne, le sens est «lier par une dette morale, un sentiment de reconnaissance, etc.» : *Il ne pensait pas qu'un lien de parenté ou d'amitié ancienne l'obligeât en aucune sorte* (Aymé).

OBOLE genre Fém. : *une obole.*

OBSCÈNE orth. Un *s* avant le *c*. Accent grave sur le *e*. **Obscénité** s'écrit avec deux accents aigus.

OBSERVER emploi On évitera de dire **Je vous observe que vous êtes en retard de deux minutes* on fera précéder ce verbe, dans ce sens, de l'auxiliaire *faire* : *Celle-ci n'a pas tardé à observer – et à faire observer à sa grande amie Notre Mère – certaines malpropretés intolérables* (Sarrazin). → REMARQUER

OBTUS sens Outre le sens géométrique, dans *un angle obtus*, on rencontre cet adjectif au sens intellectuel, «dont l'esprit est faible et borné» et, très rarement, comme synonyme concret de **émoussé.**

OBUS prononc. [ɔby]. Le *s* ne se prononce pas.

OBVIER constr. Toujours avec la préposition *à* : *Nous avons cherché à obvier à cet inconvénient majeur.* ♦ **sens** Équivaut à **remédier** dans la langue soutenue.

OCCASIONNER orth. Avec deux *c* et deux *n*, ainsi que les mots de cette famille. ♦ **emploi et sens** Dans la langue

cursive, ce verbe tend à remplacer, parfois abusivement, et toujours avec une certaine lourdeur au point de vue stylistique, les verbes *causer, provoquer, susciter,* etc.

OCCIRE emploi et sens Archaïsme utilisé seulement par plaisanterie malgré le sens de «tuer» : *Convaincue de m'avoir occis / La voilà qui se radoucit* (Brassens).

OCCUPER (S') constr. **S'occuper à, être occupé à** signifie «passer son temps, ses loisirs à». **S'occuper de, être occupé de** signifie «avoir en charge, avoir souci de» : *Mes sœurs et moi nous étions occupés à jouer avec des catalogues* (Guilloux). Il en est de même pour la construction du participe-adjectif. On dit aussi : *Sa Majesté est occupée par les affaires de l'État* (Claudel). *Je les ai sentis fort occupés de leurs petites histoires* (Vercors).

□ **je suis occupé avec le représentant.** Ce tour fréquent dans la langue cursive est incorrect.

□ **il n'a que toi à s'occuper.** Ce tour est négligé. On dira : *Il n'a à s'occuper que de toi.* → PROFITER

□ **t'occupe !** Ce tour elliptique est populaire, au sens de «ne te mêle pas de cela».

OCCURRENCE orth. Avec deux *c* et deux *r*. ♦ **emploi et sens** Mot littéraire au sens de «circonstance, occasion», mais néologisme de sens en linguistique, «apparition d'un mot dans le discours» : *Elle disait qu'il fallait ruser avec la nature ; et suivant l'occurrence, l'imiter pour la contraindre, l'opposer à elle-même* (Valéry). Noter le tour assez affecté **en l'occurrence,** qui abonde dans la presse écrite et parlée : *Un détective privé, M. Herbert Parson justement, qui, en l'occurrence, montra un remarquable flair* (Dhôtel).

OCÉAN emploi → GUIDE TYPO.

□ **la mer océane, la porte océane.** Limitée à ces deux expressions, **océane,** adjectif féminin, a le sens de «relatif à l'océan Atlantique». Ne pas confondre avec **océanique,** «relatif à l'Océan ou à un océan déterminé», ni avec **océanien,** «qui a trait à l'Océanie».

OCTANTE emploi et sens C'est l'équivalent – plus logique dans la série *quarante, cinquante*, etc. – de **quatre-vingts** en Belgique et au Québec. La Suisse, quant à elle, utilise **huitante,** ainsi que les dérivés *huitantième* et *huitantaine.*
→ NONANTE, SEPTANTE

OCRE forme Invariable comme adjectif de couleur. On emploie aussi **ocreux.**
→ COULEUR

OCTAVE genre Ce substantif est toujours féminin, qu'il s'agisse de l'acception religieuse ou de l'acception musicale.

OCTOSYLLABE ou **OCTOSYLLA-BIQUE** → SYLLABE

OCULAIRE orth. Un seul *c,* de même que pour les mots de cette famille.

OCULISTE sens Ce substantif désigne le «médecin des yeux». Ne pas confondre avec **opticien,** «commerçant qui vend des lunettes et des montures» : *On va voir l'oculiste quand on a mal aux yeux et l'opticien quand on a perdu ou cassé ses lunettes.* On dit plus volontiers **ophtalmologiste** (→ ce nom), la science étant l'**ophtalmologie.**

ODORIFÉRANT sens Cet adjectif a un sens nettement positif, «qui répand un parfum agréable», tandis que **odorant** est neutre. Le contraire est **malodorant** → ce mot

Œ- prononc. Au début d'un mot, ce groupe graphique se prononce [œ] s'il est suivi d'un *i* ou d'un *u* : par exemple, dans *œil, œillet, œuf, œuvre,* et [e] (rarement [ɛ]), s'il est suivi d'une consonne : par exemple, dans *œcuménique, œdème, Œdipe, œsophage,* etc. La seule entorse à cette règle concerne des termes empruntés à certaines langues étrangères comme *œrsted, œrstite* qui se prononcent [œ] (d'origine danoise). On doit éviter de dire *[ødip] pour [ɛdip]. Cette faute est très répandue.

ŒIL forme Plur. : **des yeux.** ♦ prononc. Le tour familier *entre quatre-z-yeux* [ɑ̃ tʁakatzjø] est assez répandu, mais on évitera cette liaison par *z* dans *être tout yeux,* etc. ♦ emploi Ce substantif entre dans de nombreuses locutions,

de caractère souvent populaire et de sens clair : *Elle tourna de l'œil un jour en visite chez une Rinaldi de la plaine* (Aragon). *S'en battre l'œil, ne pas fermer l'œil, ouvrir l'œil, faire de l'œil, taper dans l'œil, n'avoir d'yeux que pour, n'avoir pas froid aux yeux,* etc. En botanique, on emploie ce mot au sens spécial de «bourgeon naissant» : *Combien de fois faut-il qu'on vous le répète? Coupez toujours au-dessus de l'œil* (Gide).

ŒIL-DE- forme Le pluriel des composés de **œil-de-bœuf, -chat, -perdrix, -pie** est **œils-de...** (et non *yeux*). Le second substantif est invariable.

ŒUF prononc. [œf] au singulier, [ø] au pluriel. On évitera de dire *[dezœf].
♦ constr. *Un œuf sur le plat* est plus fréquent qu'*un œuf au plat.*

ŒUVRE orth. On écrit sans trait d'union : *bonnes œuvres, hautes œuvres, maître d'œuvre, mis en œuvre, grand œuvre, gros œuvre, à pied d'œuvre, œuvres vives.* Sont seuls à prendre le trait d'union : *chef-d'œuvre, hors-d'œuvre* (→ ces mots) et *main-d'œuvre.* ♦ genre Masculin, dans la locution **gros œuvre** : *Le gros œuvre de la maison a été terminé en automne ;* de même dans **grand œuvre,** qui désigne la «recherche de la pierre philosophale», pour les alchimistes. Quand le mot désigne l'ensemble des réalisations artistiques d'un graveur, d'un peintre, ou d'un musicien, un usage ancien le fait masculin : *L'œuvre complet de Chopin dans la grande édition Ricordi* (Gide). *Tout l'œuvre peint de Léonard de Vinci.* En parlant des ouvrages, il n'y a aucune raison de mettre *œuvre* au masculin. Cependant, beaucoup d'auteurs semblent préférer le masculin alors que la plupart des grammairiens estiment que c'est là un emploi affecté. Au pluriel, **œuvres** est toujours féminin. ♦ sens Au pluriel, *œuvres* signifie parfois, dans des contextes archaïsants, «action de rendre une femme enceinte» : *La femme du caporal enfantait sans arrêt et toujours des œuvres des seuls miliciens* (Duras). → OPUS

ŒUVRER emploi et sens Équivalent littéraire, et généralement affecté, de *ac-*

complir une œuvre, travailler, agir : *Tous les habitants s'étaient prêtés de bonne grâce à ces corvées, conscients qu'ils œuvraient pour leur propre sécurité* (A. Besson). *Nous avons œuvré constamment en faveur de la paix.*

OFFENSER (S') **constr.** La locution conjonctive *de ce que* semble préférable au simple *que,* théoriquement possible : *Sa morale n'était pas offensée de ce qu'un homme cédât à ses passions* (France). *Il s'est offensé de ce qu'elle ne l'a pas appelé Monsieur,* en face de : *Il est offensé qu'elle ne l'ait pas appelé Monsieur.* → DE (CE QUE)

OFFICE **genre** Ce substantif est en principe du féminin quand il désigne le « lieu où les domestiques préparent le repas », mais cette règle est mal observée. Dans tous les autres sens, il est masculin.

OFFICIER (verbe) **constr. et sens** Ce verbe est toujours intransitif, au sens de « agir avec cérémonie, accomplir les gestes d'un rituel » : *Tandis que redoublait le bombardement, l'officiant avait annoncé la grande attaque* (Peyré). Emploi au sens figuré : *Des poissons, indubitablement chinois, officiaient dans un aquarium verdâtre au fond de la salle* (Mallet-Joris).

OFFRIR **conjug.** → APPENDICE ♦ **constr.** Avec **à + nom de personne** et **de + infinitif** : *J'ai offert à Geneviève de lui céder la place* (Mauriac). La construction *s'offrir* à est plus littéraire : *Il s'est offert à m'aider.*

OFFUSQUER (S') **constr.** Identique à celle de *s'offenser* → ce mot

OFLAG **sens** Mot d'origine allemande, « camp d'officiers prisonniers » : *Vous étiez dans un stalag allemand ?* demanda Choralita sans réfléchir. – *Non, j'étais officier. On disait oflag* (Bastide).

OH ! **orth.** Cette interjection est toujours suivie immédiatement d'un point d'exclamation. ♦ **sens** Indique la surprise ou l'admiration. Mais peut aussi renforcer une phrase, avec des valeurs très diverses : *Oh ! Ne vous inquiétez pas pour moi. Oh ! J'en ai assez de ces re-*

proches, etc. Ne pas confondre avec **ho !** → AH !, HO !, et Ô INTERJECTIONS

OIGNON **prononc.** [ɔɲɔ̃] et non pas *[waɲɔ̃]. ♦ **emploi** Très fréquent dans la locution populaire suivante : *Les affaires de la France, après tout, ce n'est pas ses oignons* (Anouilh). On la rencontre surtout sous cette forme négative, mais aussi dans une phrase affirmative : *S'il voulait croire à une humanité perfectible, c'était ses oignons* (Guilloux).

OINDRE **conjug.** Comme *joindre.* Verbe très défectif et en voie d'extinction. On n'utilise plus que l'infinitif et le participe passé **oint, ointe.**

OINT (subst.) **orth.** On écrivait anciennement **oing.** ♦ **sens** « Graisse d'animal, souvent de porc, employée à divers usages. »

OISEAU- **orth.** On écrit un *oiseau-chat* (des *oiseaux-chats*), un *oiseau-lyre* (des *oiseaux-lyres*), un *oiseau-mouche* (des *oiseaux-mouches*). Le second substantif n'est invariable que dans *oiseau-tempête* (des *oiseaux-tempête*).

OISEUX **emploi et sens** Cet adjectif s'applique aujourd'hui uniquement à un non-animé, au sens de « inutile, vain » : *Rien n'est propice au travail comme ces promenades apparemment oiseuses* (Péguy). Ne pas confondre avec **oisif,** qui ne s'applique qu'à un être humain, ainsi que le dérivé **oisiveté.**

OISILLON → OISON

OISON **sens** « Petit de l'oie. » Ne pas confondre avec **oisillon,** « petit de n'importe quel oiseau de taille réduite ».

O.K. **prononc.** [ɔkɛ]. ♦ **emploi** Cet américanisme est familier. On préférera *entendu, d'accord, compris,* etc.

OLÉ **orth.** On écrit aussi **ollé.** ♦ **prononc.** En général, en faisant sentir un double *l* [ɔlle]. ♦ **sens** Interjection espagnole par laquelle on encourage : *Olé, vaillante !* (Peyré). *D'une brève question posée au bon moment, Lou l'encourageait, comme d'un « ollé » jeté au chanteur de flamenco* (Mallet-Joris). Sous la forme redoublée **olé olé,** on a un adjectif très familier, qui est invariable et qui signifie « de mœurs ou de langage assez libre » : *Je trouve ta petite amie assez olé olé.*

OLÉCRANE orth. Pas d'accent circonflexe sur le *a* (attention à l'influence de **crâne**). ♦ **genre** Masculin. ♦ **sens** « Apophyse constituant la saillie du coude. »

OLÉODUC emploi et sens Ce néologisme tend à remplacer avec bonheur dans la langue française l'anglicisme **pipeline**, qui n'était pas assimilable, mais qu'on rencontre encore parfois : *Un oléoduc Iran-Turquie est envisagé (Le Monde).* → PIPE-LINE, GAZODUC

OLIFANT orth. On rencontre également **oliphant, olifan, élifan.** ♦ **sens** Autrefois, « cor d'ivoire ».

OLIVAIE forme On emploie également **oliveraie** et **olivette.**

OLIVE forme Invariable comme adjectif de couleur. → COULEUR

OLIVERAIE → OLIVAIE

OLOGRAPHE orth. Celle-ci est préférable à la forme étymologique **holographe.** ♦ **emploi et sens** Adjectif rare, caractérisant un « testament entièrement écrit de la main du testateur ».

OMBILIC sens Nom savant du **nombril.** Ce mot désigne aussi divers renflements ou dépressions au centre d'une plante, d'un objet, etc.

OMBLE genre Masculin. ♦ **sens** « Poisson salmonidé, appelé aussi **omble-chevalier** ou même **ombre-chevalier**, mais tout à fait distinct de l'**ombre.** »

OMBRAGEUX emploi et sens Cet adjectif ne s'emploie qu'à propos d'une personne ou d'un animal et signifie au propre « qui a peur de son ombre », d'où « excessivement méfiant » : *De ces sentiments qu'un mari, aussi ombrageux soit-il, peut considérer avec indulgence* (Vilmorin). On ne confondra ni avec **ombragé**, « rempli d'ombre » : *Tout mon univers se bornait donc à quelques places ombragées en arrière d'un petit port inactif* (Green), ni avec **ombreux**, de même sens qu'*ombragé* mais de registre littéraire : *Deux ailes sombres battaient lentement dans le brouillard ombreux* (Vailland), ni avec **ombré**, terme de dessin, « où on a figuré l'ombre avec des traits de crayon ou de plume », ou employé littérairement comme synonyme d'*ombragé* : *Elle avait un visage aux traits fins, d'abondants cheveux bruns, des yeux bleus ombrés de longs cils* (A. Besson).

OMBRE genre Masculin, quand ce substantif désigne un « poisson » → OMBLE. Féminin pour *terre d'ombre*, « terre brune utilisée en peinture », appelée aussi *terre de Sienne.*

OMBREUX → OMBRAGEUX

OMNIPRATICIEN emploi et sens C'est la désignation officielle du « médecin sans spécialité ». On peut dire également **médecin généraliste.**

OMNIPRÉSENT et **UBIQUITAIRE** sens Omniprésent, « présent en tous lieux », suppose une présence consciente, voire agissante ; **ubiquitaire**, de même sens littéral, est relatif au seul phénomène et n'implique pas nécessairement une attention ou une intervention (on dit aussi **ubiquiste**).

OMNIUM forme Pluriel francisé : **des omniums.** ♦ **sens 1.** « Société s'occupant de toutes les branches d'un secteur économique » : *La société prendrait le titre d'Omnium Méditerranéen* (Morand). **2.** « Course en plat ouverte aux chevaux de tout âge » ou « compétition cycliste complexe ».

OMOPLATE genre Fém. : *De dures omoplates.*

ON emploi Ce pronom « indéfini » est en réalité un pronom personnel se substituant en fonction de sujet à n'importe lequel des mots *je, tu, il, elle, nous, vous, ils, elles.*

□ **on pour je.** Par modestie, un auteur écrit dans sa préface : *Ces notes furent écrites en 1910. On était fort loin de penser qu'on les donnerait enfin au public. On les a laissées dans leur ordre* (Valéry, cité par Le Bidois).

□ **on pour nous :** *On avait notre façon d'être et de considérer les choses. On* *parlait à notre manière. On avait nos idées* (Gerber).

□ **on pour vous :** *On est injuste, dit Denise. – Qui, on? dit Mme Herpain* (Maurois). *Je sais qu'on ne m'attendait pas aujourd'hui, dit un médecin. En général ils disent on à des malades du sexe féminin* (A. de Châteaubriant).

□ **on pour il, elle.** *Où en êtes-vous avec la comtesse? Vous rend-on heureux?* (Hervieu). *On tient essentiellement, ma mère – on, c'est mon client – à ce que, le moment venu, Miss Arabella épouse* (Benoit).

L'attribut peut donc prendre les marques de nombre et de genre, et ne reste pas nécessairement invariable : *Je me demande s'il a pris l'argent. On serait beaux !* (Sartre). *Mon frère Simon et moi, on est montés dans la Ford américaine* (Jardin). De même pour l'apposition : *Sortis pour voir le roi, on regardait le peuple* (Péguy).

□ **l'on.** Le *l'* se place parfois devant *on* par souci d'euphonie, notamment pour éviter un hiatus ou la prononciation [kɔ̃] : *Les meilleures places, celles d'où l'on avait une vue imprenable sur la scène, avaient été prises d'assaut* (Colombier). *J'ai vu l'escalier raide avec sa rampe qui tremble toute, dès que l'on y pose la main* (Butor). Mais cet emploi n'est jamais obligatoire, et paraît souvent affecté, surtout en début de phrase, où il ne répond à aucune nécessité d'ordre phonétique : *L'on se rappelait qu'il y a cent ans cette église de la Madeleine avait failli être une banque* (Morand).

□ **nous, on.** L'association de ces deux pronoms dans la même partie de phrase est considérée comme populaire : *Nous, on n'est que des ouvriers* (Benjamin). *Si on était malins, on le garderait pour nous, le studio de Patrick* (Colette). Il est préférable d'employer *nous*, mais le contexte suffit le plus souvent à lever l'ambiguïté de *on*, ce qui explique la faveur que rencontre son emploi dans toutes sortes de phrases. → NOUS

□ **on n'est pas parti.** Ne pas oublier le *n'* après *on*, quand la liaison ne permet en aucun cas de percevoir l'absence ou la présence de la négation. → NE

□ **on dirait (d')un château.** → DIRE

□ **on... et non.** Le pronom **on** se répète devant chaque verbe : *On a mangé et on a bu comme des goinfres.* Mais l'ellipse se rencontre quand elle ne nuit pas à la clarté : *On a bien mangé et bien bu.*

□ **on en relation avec vous :** *Et un bonheur tremblant vous pénétrait le corps, comme si on avait échappé à un accident* (Troyat). *On* ne peut être complément d'objet : dans cette fonction, il est remplacé par *vous.*

ONC forme On écrivait aussi **oncques** ou **onques. ♦ emploi et sens** Très vieil archaïsme, qui ne peut plus être employé que parodiquement, au sens de «jamais» : *«Chienne de vie» n'était pas mal pour une personne qui avait huit cent mille livres de rentes et oncques ne connut un ennui* (Montherlant). Attention à l'emploi erroné de ce mot par certains auteurs avec le sens de «personne», sans doute sous l'influence de **quiconque...**

ONCLE constr. Ce substantif, de même que *tante, cousin, cousine, grand-père, grand-mère*, peut être précédé ou non de l'article dans toutes les fonctions autres que l'apostrophe : *Oncle soucieux de ses varices ne va jamais à la piscine* (Sarrazin). *L'oncle Georges est venu te voir.* Mais on n'emploie jamais l'article quand on s'adresse à la personne : *Oncle Charles, tu es un fripon.* L'absence de l'article donne en général un ton plus affectueux à la phrase. → MON

ON-DIT forme Substantif invariable : *Ça n'a pas de réalité. Ce ne sont que des on-dit* (Beauvoir).

ONDOIEMENT orth. Ne pas oublier le *e* intercalaire, et ne pas transformer le *i* en *y.*

ONDOYER conjug. Comme *noyer.* → APPENDICE

ONDULÉ ou **ONDULEUX** emploi et sens Ces deux adjectifs sont voisins mais **ondulé** s'emploie pour «qui a été ondulé» et **onduleux** pour «qui ondule» : *De la tôle ondulée. Une mer onduleuse.*

ONÉREUX emploi et sens Cet adjectif signifie «qui coûte cher». On évitera donc de l'employer auprès de substantifs désignant des « sommes d'argent » : *Mon oncle ne veut pas envisager d'onéreux frais de pension ailleurs* (Masson). On ne l'appliquera qu'à des substantifs désignant des « motifs de dépenses » : *Les menaces budgétaires les plus graves, aggravées encore par tant de promesses de tant de réformes onéreuses* (Péguy). *Et d'une façon précaire, fugitive (combien onéreuse aussi), Socrate était redevenu le roi* (Mallet-Joris). → SOMPTUAIRE

ONOMATOPÉE sens « Mot suggérant la chose qui est dénommée par une association de sons plus ou moins proche de la réalité acoustique » : « *Oh! yaya! ohoh! yaï! ya!* » *qu'il arrêtait pas de glapir* (Céline). L'onomatopée fait partie de la catégorie grammaticale de l'interjection, mais s'en distingue en ce qu'elle est de création relativement libre : *Le clic-clac de ses gifles* (Huysmans). *J'entends le moulin tique tique taque* (Rolland). *Il entendait encore le flic-flac de ses bottes dans la vase* (R. Jean). Il existe aussi des substantifs, des adjectifs ou des verbes de formation onomatopéique : *cliquetis, zézaiement, zozoter*. Il faut se garder de croire que les bruits ou les cris sont rendus à peu près de la même façon par les différentes langues. On constate une grande variété dans ces transcriptions. Les principales onomatopées sont : *ahan, atchoum, badaboum, bang, bim, boum, brr, bzz, cocorico, coin-coin, couac, crac, cric, crin-crin, croâ, cui-cui, ding ding dong, drelin* (ou *grelin*), *dring, dzing, flac, floc, flic-flac, flon-flon, froufrou, frrt, glouglou, grr, hi-han, meuh, miam miam, miaou, ouah, ouf, paf, pan, patatras, pif, pouf, poum, rataplan* (ou *rantanplan*), *ronron, snif, tac, tagada, teuf-teuf, tic-tac, toc-toc, tut-tut, vlan, vraoum, vroum, vrrout.*

ONQUES → ONC

ONTOGENÈSE forme On rencontre également **ontogénie**. ♦ **sens** « Développement complet de l'individu. » S'oppose à **phylogenèse** → ce mot. Les adjectifs dérivés sont **ontogénique** ou **ontogénétique**. → GENÈSE

ONYX genre Masculin. ♦ **sens** « Variété d'agate. »

ONZE prononc. Devant *onze* et ses dérivés, il n'y a ni liaison ni élision, en dehors de la locution plaisante *bouillon d'onze heures* et de quelques entorses à caractère stylistique : *Le thème du onzième panneau* (Butor). *Les invités de la onzième heure.* → ÉLISION

□ **onze cents ou mille cent.** → CENT

OPALINE sens « Substance vitreuse qui sert à fabriquer des vases ou des objets décoratifs ». Ne pas confondre avec **opale**, substantif également féminin, qui désigne une « pierre précieuse ».

OPÉRA orth. Forme avec *comique* un nom composé qui prend un trait d'union. Plur. : **des opéras-comiques.** En revanche, l'association avec *bouffe* est plus lâche : « *La Servante maîtresse* » *est le premier grand opéra bouffe.*

OPÉRATIONNEL emploi et sens Cet adjectif provient du langage militaire. Il constitue un néologisme dans le *management* (→ ce mot), où il s'applique à « l'étude scientifique des phénomènes d'organisation ». C'est, dans ce cas, ce qu'on pourrait appeler un « anglicisme invisible ».

OPHTALMOLOGISTE forme On dit aussi **ophtalmologue** : *Ce que nous appelons* « *ophtalmologue* » *(et qui, lorsque j'étais enfant, n'était qu'un* « *oculiste* », *c'était déjà pas mal, mais pas encore assez ronflant) se contente, chez* [les Allemands], *d'être un* « *Augenarzt* », *soit un* « *médecin des yeux* », *tout simplement* (Cavanna). → -LOGISTE, et OCULISTE. S'abrège dans la langue familière ou dans le jargon médical en **ophtalmo.** → -O

OPIMES emploi et sens Cet adjectif ne se rencontre que dans la locution **dépouilles opimes**, « trophée que remportait un général romain qui avait tué de sa main le général de l'armée ennemie ». Il n'a plus qu'un intérêt historique, à moins qu'il ne soit employé au figuré.

OPINER emploi et sens Verbe vieilli et appartenant souvent au registre plaisant, au sens de « donner son avis » (en général fa./orable) : *Ils vont attaquer, opina le colonel* (Peyré). *À chacune de mes remarques, il opinait du chef.*

OPINIÂTREMENT orth. On ne met plus d'accent aigu sur le premier *e*, comme on le faisait encore à l'époque de Baudelaire.

OPOSSUM orth. Avec un seul *p*.

OPPIDUM forme Plur. : **des oppidums.** ♦ sens En archéologie, «place forte romaine».

OPPORTUNITÉ sens Au sens traditionnel de «caractère propice, opportun de quelque chose», par exemple dans *Discuter de l'opportunité d'une réforme*, s'est ajouté les sens «anglais» de «occasion favorable» : *Maintenant, adossé à son peuplier, Antoine était saisi par l'un de ces instants de lucidité que vous donne l'opportunité d'une action dangereuse* (Labro). *Ce commerçant a trouvé l'opportunité d'écouler son stock.* Cette extension est acceptable : il ne faut pas cependant oublier l'existence du mot français **occasion,** qui n'est pas nécessairement péjoratif !

OPPOSITE genre Masculin. Mais le seul emploi de ce mot se rencontre dans la locution vieillie **à l'opposite de,** supplantée de plus en plus fréquemment par *en face (de)*, *à l'opposé* : *Son quartier est situé à l'opposite du mien.*

OPPRESSER sens «Accabler», surtout en relation avec les fonctions respiratoires : *Mon père s'était senti délivré d'une gêne qui l'avait oppressé toute la soirée* (Guilloux). Le verbe **opprimer,** de sens très voisin, s'emploie plutôt au figuré, dans les domaines de la morale, de la politique, etc. : *Les peuples opprimés.* Il a le plus souvent une valeur collective. On notera que le dérivé **oppression** est commun aux deux verbes.

OPPRESSION → le précédent

OPPRIMER → OPPRESSER

OPPROBRE orth. et prononc. Ne pas supprimer le second *r* par dissimilation. ♦ sens Masculin. ♦ emploi et sens Mot littéraire et vieilli, au sens de «honte, déshonneur», ou «état d'abjection extrême».

OPTER emploi et sens Se construit avec *pour.* Ce verbe, qui appartient à la langue littéraire ou à celle du droit, double **choisir** d'une façon parfois inutile : *Et Patrice Périot opta pour la rue Damrémont, soudainement* (Duhamel). → OPTION

OPTICIEN → OCULISTE et OPHTALMOLOGISTE

OPTIMAL emploi Cette forme est préférable, en tant qu'adjectif, à la forme **optimum,** qu'on hésite à mettre au pluriel : *Cette expérience nous a permis d'obtenir des résultats optimaux.* → MAXIMAL

OPTIMISER emploi et sens Néologisme du domaine économique, «calculer le programme optimal d'une structure économique» : *L'ensemble des activités essentiellement intellectuelles ayant pour objet d'optimiser les investissements de toute nature (Le Monde).*

OPTIMUM forme Plur. : **des optimums** ou **des optima,** seulement pour le substantif. Pour l'adjectif → OPTIMAL

OPTION emploi et sens Les locutions **prendre une option, lever l'option** appartiennent à la langue des affaires. Le mot signifie «promesse de vente à un prix déterminé sans engagement du futur acheteur» : *Qu'est-ce que vous en voulez de votre option?* (Morand). Un certain snobisme les fait parfois employer à tort et à travers, au lieu de faire un choix, choisir. → OPTER

OPUS emploi et sens Ce mot latin signifiant «œuvre» est employé sous la forme abrégée **op.** pour classer une œuvre musicale et la situer dans l'ensemble des créations d'un compositeur (surtout classique) : *La sonate op. 13 en ut mineur dite «Pathétique», de Beethoven.* L'abréviation **op. cit.** *(opus citatum)* sert pour renvoyer à un «ouvrage cité».

OPUSCULE genre Masculin. ♦ sens «Petit livre», équivalent savant de **brochure.**

OR (conjonction) emploi et sens Cette conjonction intervient dans une étape moyenne du raisonnement logique ou du déroulement d'un événement : *On ne voyait qu'un visage inerte. Or, ce visage s'anima. Les traits se tendirent* (Simenon). Il est en général suivi d'une virgule, pour détacher et mettre en relief ce qui suit : *À chaque instant, elles avançaient leur tête pour voir s'il arrivait. Or, quand il arriva, il ne les regarda même pas* (A. de Châteaubriant) : « Ici, *or* attire l'attention sur un moment de grosse déconvenue » (Le Bidois).

□ **or donc.** Ce renforcement est aujourd'hui désuet.

OR (substantif) **emploi et sens** Ce substantif est rare au pluriel. Il désigne alors non plus la matière en général, mais des objets, fils, détails, réalisés dans cette matière.

□ **vieil or.** Cette locution fonctionne comme un adjectif de couleur invariable : *Colette a fait accrocher des rideaux vieil or.*

□ **en francs-or.** Comme suffixe, ce mot est invariable et tout se passe comme si on avait ici un tour elliptique : *(en) or.*

-ORAMA emploi et sens Ce suffixe, qui signifie « vue », est souvent simplifié abusivement en -rama → ce mot.

ORANGE forme Invariable comme adjectif de couleur : *Un fond de galets orange et violets* (Duras). → COULEUR

ORANG-OUTAN orth. Pas de *g* final, bien que l'Académie française le mette.

ORANT emploi et sens Ce substantif s'emploie aux deux genres (fém. : **orante**) pour désigner la « représentation sculpturale d'une personne en prière », par opposition au **gisant**, terme mieux connu et plus répandu.

ORBE genre Masculin. ♦ **sens** « Espace, cercle circonscrit par une orbite. » Ne pas confondre avec le mot suivant.

ORBITE genre Féminin. Attention à l'influence du genre de **orbe** → le précédent. ♦ **sens** « Trou dans lequel se trouve l'œil » et « trajectoire décrite par un corps céleste » : *La dernière poignée de sable s'amassa dans les orbites creuses* (Vian). *La pâleur de ma figure aux orbites profondes* (Barbusse). Le sens « astronomique » est transféré au domaine astronautique malgré certaines critiques : *Le satellite « OTAN-1 » a été placé sur une orbite stationnaire (Le Monde). Mes réactions devant les hasards de la vie, en une époque tout spécialement épouvantable, m'ont projeté hors de l'orbite assignée* (Cavanna).

ORDINAIRE emploi et sens Ce substantif forme plusieurs locutions qui marquent toutes un « retour régulier de faits ou d'habitudes » : *D'ordinaire, quand nous allions dans les champs, mon père m'expliquait beaucoup de choses* (Guilloux). On fait souvent précéder de *comme* les tours suivants : **d'ordinaire** ou **à l'ordinaire.** *Il s'occupait, comme à l'ordinaire, à rectifier ses traits* (Duhamel). On peut enfin employer un adjectif possessif pour insister sur une particularité individuelle : *Il monologuait, à son ordinaire, sur les thèmes qu'il appelait les « thèmes de l'évidence » (id.).* → ACCOUTUMER

ORDINAND sens « Celui qui est ordonné prêtre ». Ne pas confondre avec **ordinant,** qui s'applique à l'évêque conférant un ordre.

ORDINATEUR orth. Un seul *n* (prendre garde à la contagion de **ordonnateur, ordonnance**). Ce mot, comme l'objet qu'il désigne, est passé dans nos mœurs, et a supplanté définitivement l'anglais *computer*, de même que les équivalents français *cerveau électronique* ou *calculateur électronique*, rapidement tombés en désuétude.

ORDONNANCE genre Quand ce mot désigne un « soldat au service d'un officier », le genre logique (masculin) l'emporte souvent dans l'usage sur le genre traditionnel (féminin).

ORDONNER orth. Tous les dérivés prennent deux *n : ordonnance, ordonnancement, ordonnateur, ordonnée, coordonnée,* etc. : *L'ordonnateur des pompes funèbres, un homme précis et navré, s'est multiplié* (Colombier), mais on écrit *ordinal, ordinateur, ordinand, ordinant, ordination.* ♦ **constr.** Le verbe de la subordonnée est en général au subjonctif : *Le roi a ordonné qu'on fasse périr le traître.* Mais on rencontre aussi le futur et le conditionnel : *Le Conseil ordonne que la façade de la maison commune sera sur-le-champ illuminée* (France, cité par Grevisse).

ORDRE emploi et construction La locution **de premier ordre** (ou **second**, ou **dernier**) joue le rôle d'un adjectif et se présente parfois, dans la langue littéraire, sous la forme **du premier ordre** : *En ce moment même, un poète du premier ordre, un poète fou erre à travers le monde* (Apollinaire). L'article défini marque une insistance, et présente cette classification en « ordres » comme connue de tous.

ORDRE DES MOTS → INVERSION

OREILLE (rebattre les oreilles) → RE-BATTRE

ORES emploi Dans la locution **d'ores et déjà**, « dès maintenant, à partir de ce moment, désormais » : *Ma mère avait, aidée de Dora, d'ores et déjà commencé de ranger une partie des provisions dans des bocaux* (Labro). *C'est la chose qu'il convient d'ores et déjà de noter* (Benoit).

ORFÈVRERIE orth. Accent grave, comme **orfèvre** ; mais on écrit avec accent aigu **orfévré**.

ORFRAIE emploi et sens La locution *pousser des cris d'orfraie* repose sur une confusion entre **l'orfraie**, « rapace diurne », et **l'effraie**, « rapace nocturne au cri inquiétant ». Mais elle est trop ancrée dans l'usage pour qu'on puisse songer sérieusement à la corriger.

ORGE genre Ce substantif est exceptionnellement masculin dans les deux locutions *orge mondé* et *orge perlé*. Il est féminin dans tous ses autres emplois : *L'orge est semée en automne ou au printemps.* ♦ **sens** Les adjectifs ci-dessus désignent l'orge qu'on a débarrassée de sa pellicule et passée entre deux meules pour l'affiner.

ORGUE genre Ce substantif est toujours masculin au singulier. Au pluriel, si le mot désigne plusieurs instruments, il demeure masculin : *Ces deux églises sont pourvues d'excellents orgues.* Il est quelquefois féminin pour

désigner l'ampleur de l'instrument : *Orgues triomphantes, cloches, coups de canon* (Anouilh). *Les grandes orgues de Notre-Dame.* → AMOUR et DÉLICE

ORGUEIL orth. Ce mot s'écrit avec le *u* immédiatement après le *g* (et non *-euil*) : *euil* devient *ueil* après g [g] et c [k], cf. *accueil, cueillir.*

ORIFLAMME genre Fém. : **une oriflamme.**

ORIGINAL ou **ORIGINEL sens** Originel, qui ne peut être substantivé (à la différence de *original*), est dérivé de *origine*, dans un sens neutre : *Le chaos originel.* **Original** porte en général un jugement de valeur positif ou négatif sur le « fait de ne pas avoir de modèle, de remonter à une source unique et rare » : *Un travail original. Quel original!*

ORIGNAL forme Plur. : *des orignaux.* On emploie également **orignac.** ♦ **sens** « Nom donné à l'élan du Canada. »

ORMAIE forme On emploie également **ormoie.** ♦ **sens** « Lieu planté d'ormes. »

ORNEMANISTE sens Adjectif ou substantif désignant un « artisan ou artiste dont la principale activité est de réaliser des ornements ». Noter que *ornementiste* n'existe pas.

ORNITHOLOGISTE forme On emploie aussi **ornithologue.** → -LOGISTE ♦ **sens** « Spécialiste de l'étude des oiseaux ».

ORO- sens Préfixe entrant dans la composition de mots surtout techniques rattachés au sens de « montagne » : *orogénie, orographie*, etc. (jamais de trait d'union).

ORTEIL emploi Ce terme étant réservé pour nommer les doigts de pied, on se gardera de pléonasmes du genre : *les orteils des pieds.* On rencontre parfois dans l'usage **orteil** pour désigner le gros orteil. On dira le **petit orteil** pour nommer le plus petit de ces doigts. En anatomie et en médecine, on désigne les orteils par *premier, deuxième orteil*, etc., en partant de l'intérieur du pied (du gros orteil).

ORTHO- emploi et sens Ce préfixe, qui est très productif, contient l'idée de «droit, correct, régulier» et sert à former surtout des mots techniques : *orthoépie, orthogonal, orthographe, orthophonie,* etc. (pas de trait d'union).

OS prononc. [ɔs] au singulier, [o] au pluriel. ♦ emploi La locution intensive *jusqu'à l'os* est à la fois familière et vieillie.

OSCILLER prononc. [osile] ou [osille], mais jamais *[osije]. Cette remarque est valable pour les dérivés **oscillation, oscillomètre,** etc.

-OSE emploi et sens Ce suffixe, substantivé par les chimistes, désigne de façon générique les «hydrates de carbone». En médecine, il sert à former les «noms de maladie non inflammatoires» : *arthrose, sclérose,* etc.

OSER constr. La négation accompagnant ce verbe est souvent réduite à *ne,* surtout quand le complément qui suit est à l'infinitif : *Il n'osait fumer tout son saoul, par égard pour sa mère* (Gide). Sans complément, le tour est littéraire et affecté : *Seigneur! c'est trop! Vraiment je n'ose* (Verlaine). → NE

OSMOSE emploi et sens «Phénomène de diffusion à travers une membrane semi-perméable.» Souvent au figuré au sens de «interpénétration, combinaison lente» : *Par une sorte d'osmose, ces deux personnages ont fini par se ressembler.*

OSSO BUCO orth. Un seul *c* à **buco.** Pluriel inusité. ♦ sens «Plat italien, constitué par un jarret de veau servi avec du riz à la tomate».

OSSU et **OSSEUX** emploi et sens Ossu est un adjectif rare, au sens de «qui a de gros os». **Osseux** signifie plutôt «qui a les os saillants». → MEMBRE

OSTENSIBLE et **OSTENTATOIRE** emploi et sens Est **ostensible** ce que l'on donne à voir, ce qu'on ne dissimule pas. Est **ostentatoire** ce qui fait l'objet d'une montre excessive par affectation, par orgueil, par esprit de parade...

OSTRACISME sens Anciennement, «bannissement de dix ans». Est devenu

synonyme d'**exclusion, mise à l'écart.** On a formé sur ce mot le verbe **ostraciser** (quelqu'un).

OSTROGOTH forme On emploie également **ostrogot** : *Peut-être mon père avait-il cru clore toute discussion avec cet «ostrogot», qui sonnait comme un mariage entre escargot et australien, mais le mot nous avait remplis de joie* (Labro), et seulement comme adjectif, **ostrogothique.** ♦ emploi et sens Souvent au figuré, au sens de «homme barbare et grossier» ou «excentrique» : *Qui est-ce qui m'a fichu un ostrogoth pareil?*

OTAGE genre Toujours masculin : *Dans ces mêmes archives, l'un des otages fusillés est bel et bien noté comme agent infiltré dans la Résistance* (La Casinière, *Libération,* 29 juin 1992). ♦ emploi et sens Le grand nombre des *prises d'otage* qui se sont déroulées dans le cadre du terrorisme international des années 1980-1990 a favorisé l'emploi métaphorique – et souvent abusif – de la locution *prendre en otage* : *Les grévistes ne devraient pas prendre en otage la masse des usagers.*

ÔTÉ emploi Même possibilité d'emploi invariable, en tant que préposition, que pour **compris, excepté,** etc. (→ ces mots) : *Ôté quatre, il reste deux.*

OTO - RHINO - LARYNGOLOGISTE forme Ce substantif est souvent abrégé en **oto-rhino.** Plur. : **des oto-rhino-laryngologistes.** → -LOGISTE

OÙ (adverbe) orth. L'adverbe de lieu prend toujours un accent grave, à l'opposé de la conjonction, qui reste sans accent. ♦ emploi Il ne faut pas, dans une proposition commençant par *où,* qu'un *y* renvoie au même mot que l'antécédent du relatif. On ne dira pas : *La maison où il y a vécu dix ans,* mais : *où il a vécu.* Autre type de pléonasme très répandu – et inutile – dans le parler des médias : renforcement de *où* par un *là* qui le suit immédiatement, par exemple : *Rafraîchissement général du temps, excepté en Corse où, là, il fera une température nettement plus élevée.* ♦ L'antécédent de **où,** adverbe relatif, est en principe un nom désignant un «lieu» ou un «moment», mais certains auteurs l'emploient de façon large : *L'obligation où je me trouvais de cacher la partie vicieuse de ma vie* (Camus). *Elle se rappelait les étranges conditions où ces jouets avaient été reçus* (Supervielle). *Un jeu superficiel où son être profond n'était pas intéressé* (Mauriac).

□ **où... c'est quand.** Tour littéraire : *Mais où Bloch se trompait, c'est quand il croyait que M. de Norpois eût pu, s'il l'avait voulu, lui dire la vérité sur le rôle d'Henry* (Proust).

□ **je ne peux me rendre (là) où il se trouve.** L'antécédent de *où* est parfois un adverbe de lieu, employé facultativement, sauf si la relative est en première place, auquel cas *ici* ou *là* sont presque indispensables : *Ici où vous êtes, vous ne craignez plus rien. Là où je t'ai caché, tu peux être sûr qu'on ne viendra pas te chercher.* Cependant : *Où le passant ne voit qu'une élégante chapelle, j'ai mis le souvenir d'un clair jour de ma vie* (Valéry).

□ **c'est là où.** Ce tour est pléonastique et affecté : *C'est là, en somme, où aboutit à un moment donné le spiritisme* (Huysmans). On doit dire : **C'est là que...**

□ **d'où.** Cette locution conclusive et particulièrement sobre peut être suivie immédiatement d'un substantif ou d'une proposition : *D'où ces simulacres prennent assez souvent d'étranges puissances* (Valéry). On emploie plutôt **d'où vient que** ou **de là vient que.** → D'OÙ

□ **d'où** ou **dont.** → DONT

□ **où** ou **que.** Au sens temporel, *que* à la place de *où* est une élégance de la langue littéraire : *Au moment que nous quittions la salle à manger, Mme Floche s'approcha de moi* (Gide). *Au temps que j'habitais rue de Condé* (Léautaud). L'exemple suivant combine les deux constructions avec une hardiesse qui n'est pas à imiter : *Je me détacherais de Marthe, le jour où sa jeunesse se fanerait, et que s'épanouirait la mienne* (Radiguet). On notera cependant que, si l'indication du temps est construite sans préposition et introduite par l'article indéfini *un, une,* l'emploi de *que* est quasi obligatoire : *Un jour d'été qu'il faisait très chaud* (Rolland).

□ **pas une chaise où m'asseoir.** On rencontre parfois des subordonnées à l'infinitif introduites par *où,* avec un sens final : *Il nous faut une maison... une Maison du Peuple, où faire nos conférences, abriter nos syndicats* (Guilloux). *Il vit avec plaisir qu'il disposait d'une armoire personnelle où ranger ses vêtements* (Jorif). *L'homme lui trouverait un lieu honorable où se cacher* (Dhôtel).

□ **où qu'il soit.** Ce type de relative indéfinie (toujours avec le subjonctif) n'appartient qu'à la langue littéraire : *Il n'est pas possible qu'il y ait, dans un autre hêtre, où qu'il soit, une peau plus lisse* (Giono). *Où que j'aille et quoi que je fasse, c'est toujours à contre-saison* (Gide). *Il se déplaçait vite, cherchant un angle de prise de vue convenable, mais où qu'il veuille se mettre, le mur était toujours derrière lui* (P. Jardin).

□ **par où, jusqu'où,** etc. L'adverbe relatif *où* peut être précédé de certaines prépositions : surtout *de, par, jusque,* et plus rarement, *pour, vers.*

□ **où = alors que.** Cet emploi est rare et littéraire : *Les princes de la terre éclatent de rire de lui voir se donner tant de mal, où il leur suffirait à eux d'un bout de corde* (Anouilh).

□ **où, adverbe interrogatif.** *Où* et ses composés *d'où, par où, jusqu'où...* servent à interroger sur le lieu, le but, etc., mais, à la différence du relatif, n'ont pas d'antécédent et ne peuvent se rapporter au temps : *Où votre ami demeure-t-il à Paris?* (Proust). *D'où venait ce souffle?* (Rolland). *Par où s'est échappée la chienne?* (Colette). *Où est-ce que vous me menez? Où je vous mène? Nulle part* (Romains). Dans la langue familière, l'adverbe interrogatif est parfois exprimé en fin de phrase : *Ce serait où, que je pourrais l'avoir vu?* (id.). *Il est allé où?* appartient à la langue parlée. On doit mettre en tête de phrase le mot interrogatif, dans la langue soutenue : *Où est-il allé?* Néanmoins, certains écrivains ne rejettent pas cette construction : *Cette mauvaise pente nous eût conduits jusqu'où?* (Bazin). → INTERROGATION

OU (conjonction) **orth.** Jamais d'accent grave, à la différence de l'adverbe relatif. On reconnaît qu'on a affaire à la conjonction à ceci, qu'il est toujours possible de substituer **ou bien** à **ou** : *Il*

boit du lait, ou du vin, ou de l'eau, ou de la cervoise, indifféremment dans l'or, dans le verre, dans la corne ou dans l'onyx (Valéry). ♦ **emploi** Dans une approximation située entre deux nombres consécutifs, on emploie la conjonction **ou** : *Il y avait là neuf ou dix personnes.* Mais → A

□ **l'homme ou le singe se comporte(nt) ainsi.** Quand deux sujets au singulier sont coordonnés par *ou*, le verbe se met au pluriel ou au singulier suivant que domine l'idée de coordination ou l'idée de disjonction. Pluriel : *L'idée gravée en moi que Mme Swann, ou son mari, ou Gilbert allaient entrer* (Proust). *Quand le crépuscule ou la pluie me chassaient du fleuve* (Mauriac). Singulier : *Je ne sais si la roche ou l'arbre l'entendit* (Hugo). Si les sujets sont des noms personnels, le verbe est toujours au pluriel et à la personne dominante : *Toi ou moi (nous) avons ce qu'il faut pour le faire. Lui ou toi (vous) pouvez l'accepter.* → AINSI, COMME, NI

□ **ou même, ou plutôt.** Dans ces deux tours, il s'agit d'une rectification et l'accord se fait généralement avec le dernier sujet : *La princesse de Guermantes, ou plutôt son frère, a connu le vrai* (Proust, cité par Grevisse).

□ **ou non, ou pas.** → NON, PAS

□ **ou si... ?** Cette façon de poser une seconde question est parfaitement correcte et du reste très répandue à tous les niveaux de langue : *Mort naturelle? ou s'il avait pris le véronal? Naturelle, sans doute* (Montherlant). *Mentait-elle ou si seulement elle s'abusait?* (Plisnier). → INTERROGATION et SI

□ **soit... ou, soit que... ou.** La conjonction **ou** peut servir de substitut dans les locutions disjonctives : *Soit qu'il fasse beau ou qu'il pleuve, il ne manque jamais sa promenade. Soit par envie ou par dégoût, il ne peut supporter sa présence.* Mais l'emploi de la locution parallèle est plus naturel : *Soit par envie, soit par dégoût,* etc.

□ **ou sinon.** Ce pléonasme est admis dans la meilleure langue : *Fais cela immédiatement ou sinon tu t'en repentiras.* Mais on peut toujours se contenter de **sinon.**

OUAILLES emploi et sens Surtout au pluriel, et dans un registre familier et même plaisant pour désigner les « paroissiens » par rapport à leur curé : *Mme Barbentane était la piété même, et l'une des meilleures ouailles de la paroisse* (Aragon).

OUAIS emploi Cette ancienne interjection, qui marquait la surprise, le doute, tend aujourd'hui à disparaître ou plutôt à se confondre avec la prononciation négligée de **oui** → ce mot : *C'est une question facile, cela, n'est-ce pas? – Ouais, dit Wolf* (Vian).

OUATE prononc. On pratique facultativement l'élision devant ce substantif : **de l'ouate** ou **de la ouate.**

OUBLIER constr. Après ce verbe, la préposition complétive se met généralement à l'indicatif, plus rarement au conditionnel, et au subjonctif seulement dans la langue littéraire : *Nous avions oublié tous deux que M. de Dalens existât* (Musset).

OUED forme On emploie plus fréquemment le pluriel **oueds** que la forme arabe **ouadi** : *Les oueds algériens.*

OUEST → GUIDE TYPO.

OUI prononc. L'élision est facultative devant *oui*, mais elle ne se fait guère dans le code écrit : *Cette théorie est-elle vraie? Je crois que oui* (Sand). *On lui a demandé si maman se plaignait de moi et il a dit que oui* (Camus). Dans la langue familière : *Et moi, je te dis qu'oui.*

□ **oui bien.** On renforce parfois la particule d'affirmation *oui* à l'aide de certains adverbes : *vraiment oui, oui bien, oui certes, mais oui,* etc. Ces tours sont assez littéraires, excepté le dernier. On écrit *oui-da* (avec trait d'union).

□ **tu ne l'as pas vu? Oui.** On évitera de répondre à une question de forme négative par *oui* au lieu de *si*. Cette habitude est fréquente surtout dans le Midi, peut-être sous l'influence de l'italien qui n'a que *si* comme équivalent sémantique de nos deux particules affirmatives. On prendra garde aux ambiguïtés possibles. On notera cependant : *Mais ne savez-vous pas ce qu'il convient de faire? – Oui, dit-il, de jouer à l'hombre, qui se joue à trois* (France). *N'est-ce pas? Oui, peut-être* (Romains).

□ **oui substantif.** Quand ce mot est pris comme substantif, il demeure invariable : *Comme elle est enfantine dans ses oui ! L'intonation d'une poupée à qui l'on presse le ventre* (Montherlant). *Et les surprises, et les oui, et les non, et les pas tristement perdus* (Valéry).

OUÏ-DIRE emploi Cette locution est employée comme un substantif invariable : *Justin ne connaissant le mal que par ouï-dire* (Aymé). → ON-DIT

OUÏE ! orth. Cette interjection familière s'écrit aussi **ouille !** Mais elle appartient essentiellement à la langue parlée.

OUÏR conjug. Très défective. On ne rencontre guère que l'infinitif et le participe passé, dans un contexte archaïsant ou recherché : *Je le trouve presque insupportable à ouïr* (Valéry). *Mon père était du mas dit le Gravas, de même que mes aïeux ou trois ou trois générations, ainsi que j'ai toujours ouï dire* (Chabrol). ♦ **constr.** On peut dire : *J'ai ouï parler Untel* ou *J'ai ouï Untel parler*, et aussi : *Je l'ai ouï parler de. Je lui ai ouï parler de.* → INFINITIF et ENTENDRE

□ **ouï la femme Unetelle.** Dans la langue juridique, le participe passé peut s'employer à la façon d'une préposition et demeurer invariable. → ATTENDU, ENTENDU, VU, etc.

OUKASE orth. On préférera celle-ci, qui rend mieux la prononciation réelle, à **ukase.** ♦ **genre** Masculin. ♦ **sens** À l'origine, « édit promulgué par le tsar », d'où couramment aujourd'hui, « décision autoritaire et sans appel » : *Cet ukase lui creva le cœur* (Daudet). Ce terme se rencontre principalement dans les textes de caractère politique.

OURDIR emploi et sens Dans le domaine technique, « réunir et tendre les fils de chaîne, avant le tissage ». Mais généralement au figuré, dans le domaine littéraire, avec l'acception « disposer les éléments d'une intrigue, d'un complot, etc. » : *Depuis ce matin, j'admire ton courage et ton obstination, et comme tu ourdis tes ruses avec loyauté* (Giraudoux). *J'inventerai un roman ; j'en cherche l'intrigue, j'en ourdis le mensonge* (Vallès). Le verbe **tramer** s'emploie plus fréquemment en ce sens.

OURS emploi Au sens propre, **ourse** pour nommer la femelle de l'ours. Au sens figuré, indifféremment : *Cette femme est un ours* ou *une ourse.* Dans une acception populaire et toujours au masculin pluriel (et non au féminin pluriel), ce mot désigne les menstrues.

OUST(E)! orth. Cette interjection s'écrit avec ou sans *e* final.

OUTLAW prononc. [awtlo]. ♦ **forme** Plur. : **des outlaws.** ♦ **emploi et sens** Synonyme désuet de **hors-la-loi** : *Les outlaws des premiers westerns.*

OUTRAGEUX emploi Cet adjectif est aujourd'hui très vieilli et littéraire. On tend à l'abandonner pour le participe-adjectif **outrageant** : *Il a tenu sur mon compte des propos outrageants.*

OUTRE emploi et construction La locution adverbiale **en outre** ne pose pas de problème. Quant à la préposition, on rencontre en général **outre** tout seul, au sens de « sans parler de, sans tenir compte de » : *Outre une crainte réelle qu'elle lui inspirait, il voulait encore justifier ses paroles* (Mazeline). La locution prépositive **en outre de,** condamnée par les puristes, s'implante dans le meilleur usage, sur le modèle de **en plus de** : *En outre des combattants, des témoins, et des médecins* (France). *Même à la cour, l'usage s'est établi qu'un homme ait une amie régulière en outre de sa femme légitime* (Montherlant).

□ **plus outre.** Cette association est correcte, mais vieillie : *N'allez pas plus outre.* On dit plus souvent : *N'allez pas plus avant.*

□ **outre que.** On construit avec l'indicatif ou le conditionnel les subordonnées qui ajoutent un argument à la proposition principale : *M. de Courpière, outre qu'il ne disait rien non plus, m'abandonnait* (Hermant). La langue populaire ne connaît guère cette locution conjonctive et lui substitue **sans compter que.** La principale peut du reste être implicite : *Sans compter qu'il avait tout fait pour réussir !* → COMPTER

□ **outre-Rhin, outre-tombe.** *Outre* se lie par un trait d'union à certains noms communs et noms propres dans les locutions : *outre-mer, outre-tombe, outre-*

monts, etc., et *outre-Atlantique, outre-Manche, outre-Rhin*, etc. *Outre* a alors le sens de « au-delà de » : *Les pays d'outre-mer, aller outre-Rhin*. Il est à remarquer que, lié à un nom propre, *outre-* ne prend pas de majuscule initiale.

OUTRECUIDANT **sens** Synonyme vieilli de **vaniteux** ou d'**impertinent.** De même, **outrecuidance** est un synonyme vieilli de **vanité** ou d'**impertinence :** *L'impression diffuse que [...] venait de se produire, avec toute la force de son outrecuidance, un de ces moments décisifs où l'existence, telle qu'elle avait été envisagée jusque-là, change de sens* (Labro).

OUTREMER **orth.** En un seul mot comme adjectif de couleur invariable. Il ne faut pas confondre avec **les départements d'outre-mer** (en deux mots).

OUVRABLE **sens** Cet adjectif se rattache étymologiquement au vieux verbe *œuvrer*, c'est-à-dire « travailler », et non pas à **ouvrir**, comme on le croit généralement. Il semble aujourd'hui difficile de maintenir le sens originel, « où il est possible de travailler » : *Téléphonez pendant les jours ouvrables*.

OUVRAGE **genre** Masc. : *Mon père avait de l'ouvrage pressé à livrer* (Guilloux). La langue populaire le fait cependant souvent féminin : *C'était de la belle ouvrage vraiment !* (Pergaud).

OUVRANT **sens** Substantif désignant un panneau mobile se repliant sur un tableau ou la partie mobile d'un châssis de menuiserie, par opposition à **dormant :** *Les ouvrants du retable étaient scellés.*

OUVRE- **forme** Les composés dont le premier élément est *ouvre-* sont tous invariables et ont un *-s* final, même au singulier : *ouvre-boîtes, ouvre-gants, ouvre-huîtres*, etc.

OUVRIR **constr. et sens** La locution **s'ouvrir de quelque chose à quelqu'un** relève de la langue littéraire et s'emploie au sens figuré, « faire confidence de quelque chose à quelqu'un » : *Il avait donc eu sa petite idée, Adrien, et il s'en était ouvert à M. Delobelle* (Aragon).

OVAIRE **genre** Masculin, de même que *ovule*.

OVARIECTOMIE **forme** On emploie aussi **ovariotomie.** **♦ sens** « Ablation d'un ovaire ou des deux ovaires » pour la première forme. Le second mot désigne parfois une opération moins radicale qui n'aboutit pas nécessairement à l'ablation.

OVATIONNER **emploi et sens** Créé à la fin du siècle dernier, ce verbe discuté peut être admis de la même façon que *sélectionner*, qui est contemporain : *Durant toute la traversée de la cité, les chefs de l'armée de secours furent ovationnés par les habitants* (A. Besson). La langue du sport l'utilise volontiers : *La foule a longuement ovationné l'équipe de France victorieuse*. On n'oubliera pas néanmoins l'existence de *acclamer, applaudir, fêter*, etc.

OVE **genre** Masculin. **♦ sens** « Ornement architectural ».

OVERDOSE **emploi et sens** Cet anglicisme est d'une tragique actualité, au sens de « dose de drogue mortelle » ; on peut le remplacer avantageusement par le néologisme **surdose,** qui dit exactement la même chose : *L'apparition de nouvelles drogues pourrait être à l'origine de la recrudescence des surdoses mortelles dans la région niçoise* (*Le Monde*, 30 mai 1992).

OVIDÉS et **OVINÉS** **sens** La première forme désigne la famille des moutons et des mouflons ; la seconde classe cette même famille comme une tribu appartenant à la grande famille des **ovidés.** La différence ne porte pas sur le sens, mais sur la manière dont on classe les animaux du point de vue zoologique.

OVIPARE → -PARE

OVOGENÈSE **forme** On emploie indifféremment **ovogenèse** et **ovogénie.** → GENÈSE

OVOÏDE **sens** « En forme d'œuf. » **Oviforme,** rare dans l'usage courant, appartient plutôt au langage des sciences naturelles.

OVULE **genre** Masculin. → OVAIRE

OZONISEUR **forme** On préférera celle-ci à **ozonisateur,** inutilement lourd. **♦ sens** « Appareil producteur d'ozone ».

P

P prononc. Le *p* final ne se fait entendre que dans les mots empruntés aux langues étrangères, et dans *cap* et *cep*. Le double *pp* est toujours prononcé comme un *p* simple. Il est abusif de faire entendre [pp] dans la langue parlée. Parfois le son [p] prend un accent d'insistance, au début des mots, pour accentuer leur vigueur sémantique : *Il a une **p**uissance de travail inimaginable.*

PACHYDERME prononc. [paʃidɛʀm] à la française, plutôt que [pakidɛʀm], conforme à l'étymon grec, mais rare et pédant. ♦ **emploi** Les zoologues emploient aujourd'hui le terme de **ongulés** pour désigner les animaux appelés auparavant **pachydermes.** Mais le vieux mot survit au figuré pour désigner un être d'une grosseur ou d'une lourdeur rebutante : *Combien de vocations se sont cassé le nez sur cet épais pachyderme, le roman ?* (Cavanna). On notera le pléonasme, qui n'est plus senti aujourd'hui : **pachy-** vient du grec *pakhus*, qui signifie... « épais ».

PACKAGE, PACKAGING emploi et sens Ces anglicismes commerciaux peuvent être remplacés par leurs équivalents français **achat groupé** (arrêté du 24 janvier 1983) ou **forfait** (arrêté du 17 mars 1982) pour le premier, **conditionnement** (arrêté du 10 octobre 1985) pour le second.

PACOTILLE orth. Un *c* et un *t*.

PAGAILLE orth. On écrit aussi, quoique moins fréquemment, **pagaïe** et **pagaye.** ♦ **emploi et sens** Seulement dans le registre familier, pour désigner un « désordre blâmable ». Ne pas confondre avec **pagaie,** « aviron court », qui se prononce toujours [pagɛ].

PAIE orth. et prononc. On écrit désormais *paie.* Mais la prononciation comprend généralement un [j] : [pɛj]. *Le lundi de paie était à Oyonnax une tradition quasi sacrée.* L'hésitation quant à l'orthographe vient de la conjugaison du verbe correspondant. → PAIEMENT et PAYER

PAIEMENT orth. On rencontre aussi **payement,** mais la première forme est plus moderne. → PAYER

PAILLE forme Invariable comme adjectif de couleur : *Des jaunes paille* (Goncourt). → COULEUR

PAILLET orth. Dans l'expression : *vin paillet* (c'est-à-dire « clairet ») et non **paillé.*

PAILLOTE orth. Avec un seul *t.*

PAIN D'ÉPICE → ÉPICE

PAIRESSE sens Ce féminin de **pair** ne s'applique plus qu'à une « dame anglaise possédant un titre de pairie ou mariée à un pair ».

PAÎTRE conjug. Comme *connaître,* mais défectif : pas de temps composés, ni de passé simple, ni de subjonctif impar-

fait. Le participe est pratiquement inusité. Mais le composé **repaitre** a une conjugaison complète → ce mot.
♦ **contruction** Surtout intransitive : *La forêt s'annonça par une clairière où paissaient des chèvres et des porcs* (Duras). On rencontre aussi la construction transitive, avec pour complément d'objet le terme désignant la nourriture : *Un peu plus loin le cheval paissait un maigre gazon de montagne* (Vidalie) ; ou, plus rarement et dans la langue littéraire, le substantif animé désignant les bêtes : *Lads dans les écuries, fermières dans les granges, enfants qui paissaient les troupeaux* (Peyrefitte).
□ **envoyer paitre.** Locution appartenant au registre familier, un degré au-dessous de « envoyer promener » : *Il me rasait : je l'ai envoyé paitre.*

PALABRE genre Masc. ou fém. : *Dans le couloir, il réfléchit qu'il ignorait où se situait ce champ clos des hautes palabres* (Jorif). *Il se complait à des palabres oiseux* ♦ **emploi** Généralement au pluriel.

PALADIN → BALADIN

PALE-ALE prononc. [pɛlɛl]. ♦ **sens** « Bière anglaise blonde. »

PALÉO- sens Ce préfixe, qui signifie « ancien », sert à former des mots savants. (Pas de trait d'union.)

PALIMPSESTE sens « Manuscrit sur parchemin dont le texte s'est substitué à un autre texte antérieur, qui a été gratté ». Ne pas confondre avec **incunable** → ce mot

PALINODIE genre Féminin. ♦ **emploi et sens** Au pluriel, c'est la version pédante et politique du « changement d'opinion rapide et peu justifié ».

PALISSANDRE genre Masculin. ♦ **sens** « Bois exotique odorant ».

PALLIER constr. C'est un verbe transitif direct : *Tout ce que l'homme a inventé pour essayer de pallier les conséquences de ses fautes* (Gide). *Julien possédait suffisamment de charme et d'intuition pour pallier l'absence d'un avocat* (Colombier). Mais son sens, proche de « remédier à, parer à », entraîne souvent la construction indirecte, par analogie avec ces verbes.

PALONNIER orth. Avec deux *n*.

PALPITANT emploi et sens Cet adjectif s'emploie non seulement au sens actif de « qui palpite », mais aussi au sens factitif de « qui fait palpiter, qui passionne » : *Les palpitantes aventures d'Arsène Lupin.* Le bon usage a aujourd'hui ratifié cette extension d'emploi.

PÂMER emploi et construction Ce verbe, aujourd'hui vieilli, apparait dans la langue littéraire comme une survivance archaïsante. On ne le construit plus guère que sous la forme réfléchie : *Il se pâma de rire en entendant cela.* → citation de Vercors à DAME

PÂMOISON orth. Avec un accent circonflexe sur le *a*. ♦ **emploi** Ce mot vieilli prend souvent une nuance plaisante : *C'est le même élancement de tiges, cambrées avec une coquetterie voluptueuse, et menacées de pâmoison* (Romains).

PAMPLEMOUSSE genre Aujourd'hui, seulement masculin : **un pamplemousse.** → GRAPE-FRUIT

PANACÉE emploi et sens Ce substantif, qui signifie « remède à *tous* les maux », ne doit pas être suivi d'un adjectif du type de *universel* : *Elle espérait de ce breuvage la guérison de ses rhumatismes et le vantait même comme une véritable panacée* (Peyrefitte).

PANDIT prononc. Le *t* final est généralement prononcé [pãdit], mais il peut rester muet. ♦ **sens** « Titre honorifique donné à certaines personnalités de l'Inde » : *Le pandit Nehru.*

PANÉGYRIQUE sens « Éloge public et officiel. » Ne pas confondre avec **apologie.** → ce mot

PANETIÈRE sens « Coffre où l'on garde le pain » ou, anciennement, « gibecière, sac dans lequel on met du pain et des aliments ».

PANIQUE emploi et sens Comme adjectif, ce mot s'emploie surtout avec des substantifs désignant la « peur » et a une valeur intensive : *J'avais la peur*

panique de manquer totalement d'argent (Vailland). Comme substantif : *Dans le couvent, c'était une panique. Les sœurs prises d'épouvante s'enfuirent d'abord dans la chambre* (Barrès).

PANIQUER emploi Ce verbe, au sens de « prendre peur », n'est pas un néologisme, il apparaît pour la première fois en 1828. Néanmoins, c'est surtout à partir de 1966 qu'on le rencontre couramment, notamment dans les médias, au sens de « prendre peur, perdre ses moyens, son sang-froid » : *Peu de Cérillacais, donc, pleurèrent sur le cruel trépas de Monique Poinsard, mais tous, en revanche, commencèrent à vraiment paniquer, principalement les femmes* (Desproges). *Tante Victorine, paniquée par cette immensité d'eau, obligeait son gendre à garer son engin à l'abri des dunes* (Ragon). Bien formé, ce verbe ne doit cependant pas faire oublier l'existence de **s'affoler, s'effrayer,** etc.

PANONCEAU orth. Avec un seul *n*. Attention à l'influence de **panneau.**

PANSER orth. La deuxième lettre est un *a* dans le sens de « soigner ». Il en est de même de **pansement** et **panseur** (qui fait un pansement). ♦ **emploi** À noter l'acception particulière « procéder à la toilette d'un animal ». *Panser un cheval, un chien,* etc., n'implique pas que ceux-ci soient blessés ou malades, mais consiste à les laver, brosser, étriller, etc.

PANTALON emploi Au singulier pour désigner un seul vêtement : *Il étendit sur les membres inférieurs de la statue les jambes du pantalon* (Pergaud). On trouve parfois le pluriel lorsque ce substantif désignait, autrefois, une « culotte de femme ». → CALEÇON, CULOTTE, etc.

PANTOMIME orth. Ne pas confondre – on le fait souvent – la finale de ce mot avec **mine,** ce qui constitue une faute grossière. ♦ **genre** Féminin au sens non animé ; vieilli comme synonyme masculin de **mime.** On dit aujourd'hui : *Les brillantes pantomimes du mime Marceau.* → MIME

PAPESSE emploi Ce féminin de **pape** est rare et a un caractère quasi légen-

daire, ne s'appliquant pratiquement qu'à *la papesse Jeanne.*

PAPI ou **PAPY orth.** Les deux sont acceptables, pour transcrire la désignation du grand-père par le petit enfant : *Jeannot adore se promener avec son papi.*

PAPIER forme Les nombreux composés formés à partir du substantif **papier** ne prennent pas de trait d'union, sauf *papier-calque, -émeri, -filtre, -monnaie, -parchemin, -pierre.* ♦ **Dérivé** *Papeterie* ne prend pas d'accent sur le *e.*

PAPILLOTE orth. Avec un seul *t* ainsi que les dérivés **papillotement, papilloter.**

PÂQUE(S) orth. et genre Sans *s* final et féminin quand le mot désigne la « fête juive ou russe ». La majuscule initiale est alors facultative. Quand le mot désigne la fête chrétienne, il est masculin si on insiste sur la date et prend une majuscule : *Quand Pâques sera arrivé,* mais féminin (et pluriel) s'il est accompagné d'une épithète : *L'herbe est douce à Pâques fleuries* (Brassens). C'est un nom commun dans la locution : *faire ses pâques,* au sens de « recevoir la communion à la date de Pâques ».

□ **la semaine de Pâques.** Cette locution désigne la semaine qui s'écoule « après Pâques, jusqu'au dimanche de Quasimodo ». Ne pas confondre avec la **semaine sainte,** qui se situe « avant Pâques ».

PAR orth. La plupart des adverbes formés avec **par** prennent un trait d'union, excepté *par en haut, par en bas, par ici* et *par là* (mais *par-ci, par-là*). On écrit donc : *par-dessus, par-dessous, par-derrière, par-devant, par-dedans, par-dehors, par-deçà, par-delà, par-devers.* J'ai *l'affirmation devant notaire de ces deux marins de Palos* (Claudel). *Le destin de notre personnage se poursuit par-delà la mort* (Tahar Ben Jelloun). On ne rencontre plus guère la locution archaïsante *par-devers soi,* qui signifie « en sa possession » : *C'était aussi le sentiment de Mamitate, qu'elle gardait par-devers soi* (Jorif). ♦ **emploi** Ce mot s'emploie généralement comme préposition, mais il est adverbe quand

il renforce la valeur intensive de **trop** :
*Ses aménagements étaient par trop
sommaires* (Romains).

□ **de par.** Cette locution est lourde et
pédante quand on l'emploie en dehors
de son contexte d'origine : *Monsieur,
vous êtes appelé de par le roi* (Jarry),
c'est-à-dire « de la part de, au nom de ».
La construction suivante appelle des
réserves : *De par la situation de la maison dans la rue de Pabostre, le nouveau
Réduit imprenable méritait une attaque
à fond* (Peyré). On dira : *Il était, en raison même de ses fonctions* (ou *par ses
fonctions mêmes*), *tout désigné pour accomplir cette tâche*, et non : **de par ses
fonctions.*

□ **par** ou **pour.** L'emploi de *par* pour
exprimer la cause ou le motif, très
fréquent dans l'ancienne langue, est
aujourd'hui un archaïsme : *Par la raison que les contraires s'attirent* (Musset). *Madame mère les trouva dispendieux et, par ces motifs, les déclara
malsains* (Bazin).

□ **par en concurrence avec de, marquant l'agent du passif** → DE

□ **par les rues, par les jours de pluie.**
Cette préposition désigne parfois une
« traversée errante ou hésitante dans le
temps ou dans l'espace » : *Par les jours
de pluie, ils me donnent vingt sous pour
aller chercher un taxi à leurs clients*
(Aymé).

□ **par ailleurs, par contre,** etc. → AIL-
LEURS, CONTRE, etc.

□ **deux fois par an, par semaine,** etc.
→ FOIS

□ **par instants, par moments,** etc.
Dans toutes les locutions de ce type, le
substantif est au pluriel, en raison de la
valeur distributive de la préposition :
*Par sursauts, elle redevenait fraîche et
claire, puis elle bâillait* (Colette). → INS-
TANT, INTERVALLE, MOMENT, etc.

□ **gagner cinq francs par heure.** On
dit plus correctement *gagner cinq
francs (de) l'heure.* → HEURE et DE

□ **homme s'écrit par deux m.** On dit
plutôt aujourd'hui : *avec deux m.*
→ AVEC, CRAINTE, EXPRÈS, PARENTHÈSE,
TROP, etc.

PARADIS constr. On dit plus souvent :
aller en paradis que *au paradis* ou
dans le paradis. On emploie toujours

en dans la locution figée : *Vous ne l'em-
porterez pas en paradis,* au sens de
« Vous regretterez bientôt d'avoir agi
ainsi, et en serez puni ». → ENFER

PARAFE orth. Certains auteurs préfèrent cette orthographe, plus simple, à
la forme **paraphe,** pourtant plus répandue dans l'usage. De même pour **para-
fer** et **parapher.** ♦ **sens** « Trait de plume
ajouté à la signature proprement dite »,
ou « signature abrégée, réduite aux initiales ». Ce mot ne doit pas être pris
pour un simple « synonyme » de **signature** : *D'une plume d'aile légère, elles
bouclent d'inimitables parafes* (Renard).

PARAFFINE orth. Un *r* et deux *f.* De
même pour les dérivés : **paraffiner, pa-
raffinage,** etc.

PARAGES forme Ce substantif est toujours au pluriel, au sens de « environs » : *On s'étonna de me voir retourner
dans ces mêmes parages où j'errais depuis trois années* (Montherlant). Mais
on le trouve au singulier au sens de
« naissance » : *Une dame de haut pa-
rage,* ou aux sens techniques de « action
de parer les morceaux de viande » et de
« labour des vignes avant la mauvaise
saison ».

PARAGRAPHE forme Cette notion est
symbolisée par le signe suivant : §.

PARAÎTRE conjug. Comme *connaître.*
→ APPENDICE ♦ **constr.** L'attribut du sujet
est en général construit directement :
*Même les autobus paraissaient des
cages tristes* (Romains). → APPARAÎTRE

□ **il paraît que.** On évitera l'ellipse de
il, qui donne à la phrase un aspect négligé : *Père Bellonnet, paraît que Poin-
caré fait un ministère avec Daudet*
(Aymé). *Paraît qu'ils n'ont pas mangé de
meilleur gigot depuis qu'ils sont en
France* (Chaix). La proposition qui suit
est à l'indicatif ou au conditionnel,
mais peut être au subjonctif quand la
principale est négative. Quand *il paraît*
est suivi d'un adjectif attribut, le mode
de la complétive dépend du sens de cet
adjectif : *Un jour où il paraîtra inconcevable qu'un pouvoir social ait pu s'arroger le droit de fusiller un homme* (Martin du Gard, cité par Robert).

□ **à ce qu'il paraît** est familier : *Oui, à ce qu'il paraît qu'il y a un chambard épouvantable là-bas* (Donnay). On préférera utiliser la proposition incise **paraît-il** : *C'étaient de vrais Normands, paraît-il, teigneux et sûrement alcooliques* (P. Jardin).

□ **sans qu'il y paraisse.** Tour figé de la langue littéraire : *Les gaillards avaient tous une méthode personnelle pour rouvrir, sans qu'il y parût, le livre fermé par ordre supérieur* (Pergaud).

□ **ce livre a paru** ou **est paru.** Bien que le verbe se conjugue généralement avec l'auxiliaire *avoir*, on emploie le verbe *être* pour indiquer que la publication d'un livre est un fait accompli : *Ce livre est paru depuis trois mois,* en face de : *Ce livre a paru chez un grand éditeur.* Le choix du verbe auxiliaire dépend étroitement du contexte. Si le sujet est un nom de personne, l'auxiliaire *avoir* insiste sur « l'action considérée dans son accomplissement », tandis que *être* insiste plutôt sur l'état et le résultat de l'action : *Ils ont paru, puis ont disparu ; on ne les voit plus, ils sont disparus* (Le Bidois).

PARALLÈLE ou **PARALLÉLISME emploi et sens** Comme substantifs, ces formes sont très voisines, mais la seconde évoque des notions plus précises que la première, qui suggère une « comparaison ou une progression simultanée » : *Mettre en parallèle deux attitudes, faire un parallèle entre deux comportements.* On parlera dans la langue technique du *parallélisme de deux flasques, de deux roues,* etc., et en philosophie du *parallélisme des phénomènes physiques et psychiques,* etc.

PARALLÉLÉPIPÈDE orth. Elle est compliquée, et les erreurs sont fréquentes. On ne doit pas raccourcir ce mot, ni le déformer en *parallélipipède,* orthographe adoptée néanmoins par l'Académie mais proscrite par Littré. Ne pas confondre avec **parallélogramme.**

PARAMÈTRE sens Terme de mathématicien, parfois galvaudé. Il désigne une « quantité fixée à volonté, figurant comme variable dans une équation ou une expression ». Pris souvent par extension au sens de « élément constant

dans un calcul » : *Ces stations déterminent très précisément la position et la vitesse de l'engin ainsi que les paramètres de l'orbite sur laquelle il se trouve* (Le Monde).

PARAPHE → PARAFE

PARATAXE sens « Construction juxtaposée, n'indiquant pas explicitement le rapport logique qui existe entre deux propositions ou deux phrases ». Elle est fréquente dans la langue parlée, mais se rencontre également chez de bons écrivains : *Ce que j'aime, il a déclaré, c'est votre simplicité* (Toulet). *Seulement c'est une de ces personnes, on ne peut pas boire un verre de lait devant elles sans se sentir une mauvaise conscience* (Beauvoir). (Au lieu de la subordination : *devant lesquelles,* etc.)

PARC emploi et sens Les tentatives faites pour remplacer par ce mot l'anglicisme **parking** n'ont pas abouti : *La richesse vous retire de la foule du métro pour vous enfermer dans une carrosserie nickelée, vous isole dans de vastes parcs gardés* (Camus). La remarque vaut aussi pour **parcage,** au sens de « action de se garer ».

PARCE QUE orth. Le *e* de *que* ne s'élide que devant *à, il, elle, on, un, une.* ♦ **pronnonc.** On évitera, dans la langue soignée, de prononcer [paskə] au lieu de [paʀs(ə)kə]. ♦ **emploi** Cette locution conjonctive s'emploie absolument dans le registre familier, quand on refuse de répondre à une question, ou qu'on en est incapable : *Pourquoi ? – Parce que ! Le plus terrible des motifs et la plus indiscutable des réponses. Parce que.* (Hugo, cité par Le Bidois). Dans un dialogue familier, **parce que** peut avoir le sens de « pourquoi ». *Je voudrais quitter cette maison. Parce que ? Parce que je n'aime plus ma mère* (Renard, cité ibid.). On fait souvent l'ellipse du sujet et du verbe quand ils seraient les mêmes que ceux de la principale : *Nous sommes têtus, parce que franc-comtois.*

□ **parce que** ou **par ce que.** On ne confondra pas les deux tours. Dans le second, on peut remplacer **ce** par un substantif : *On ne savait pas si elle était gênée par ce qu'elle disait ou par la présence de quelqu'un* (Tahar Ben Jelloun).

Si j'ai été peiné, ce n'est pas parce que vous m'avez dit mes vérités, mais par ce que vous avez dit de ma mère (... par les propos que vous avez tenus sur ma mère). On ne trouve plus que rarement **pour ce que** avec une valeur causale : *Son visage a atteint à la noblesse pour cela seul qu'elle est devenue grave* (Montherlant).

PAR-CI PAR-LÀ orth. Ne pas oublier les traits d'union. → PAR et LA Quand **par-ci** et **par-là** sont juxtaposés, la virgule disparaît généralement. ♦ **emploi et sens** Dans cette locution adverbiale, les deux termes apparaissent toujours en corrélation. Le sens est le plus souvent spatial, mais on rencontre également assez souvent l'idée de répétition : *C'était toujours : la sœur par-ci, la sœur par-là* (Guilloux).

PAR-DELÀ,   PAR-DEDANS, etc. → PAR

PARDON ? emploi Ce substantif est correct, pour demander à l'interlocuteur de répéter ce qu'il vient de dire et qu'on n'a pas entendu. Il a supplanté l'ancien *Plaît-il ?*

PARDONNER constr. On dit en général **pardonner quelque chose à quelqu'un** et rarement **pardonner quelqu'un,** qui est archaïque : *Notre Seigneur n'a pas à pardonner les pères qui tapent sur leurs filles, Jeanne* (Anouilh). Mais le passif est plus répandu dans ce même emploi : *Et je n'ai jamais su si j'étais pardonné* (Sully Prudhomme). → OBEIR

-PARE sens Ce suffixe signifie : « Qui engendre sous forme de » ou « qui produit ». Il forme de nombreux adjectifs-substantifs, en zoologie : **ovipare, vivipare...,** et en physiologie : **sudoripare.** Il entre en concurrence avec son synonyme **-gène,** qui s'applique aussi bien au non-animé, par exemple en chimie.

PARE- orth. Les noms composés à l'aide de ce préfixe verbal sont tous invariables : *pare-balles, -boue, -brise, -chocs, -éclats, -étincelles, -feu, -fumée,* etc.

PAREIL emploi Les grammairiens condamnent en général l'emploi adverbial de cet adjectif dans des tours tels que :

Je compris que chaque soir, en sortant de l'école, il faisait pareil et qu'il collait son nez au carreau (Giono). *Ça se prononce pareil et ça s'écrit autrement* (Perry). La langue populaire use beaucoup de ce procédé, qui ne se distingue pas foncièrement de *chanter juste, sentir bon.* On l'évitera dans la langue châtiée.

□ **à pareille heure.** Cet adjectif est souvent construit sans article, très correctement : *Je priai Mme Grangier de m'excuser de la déranger à pareille heure* (Radiguet). On dit également **à une heure pareille :** *La confiance que pareille politesse lui serait bientôt rendue* (Aymé).

□ **pareil que.** La langue populaire et familière ne connaît guère que cette construction analogique de **même... que,** mais tenue pour incorrecte : *Le murmure de Paris n'était pas pareil que d'ordinaire* (Romains). On construit normalement l'adjectif avec *à* : *On entendait le bruit du verrou de l'étable à cochons pousser longuement son cri tout pareil à celui des bêtes qu'il tient enfermées* (Ramuz). *Pareil à ces orateurs et à ces poètes auxquels tu pensais tout à l'heure* (Valéry). Néanmoins, **pareil à** est aujourd'hui une construction assez littéraire, et on tend de plus en plus soit à employer l'adjectif absolument : *Pour moi, c'est exactement pareil,* soit à utiliser *même* : *Françoise dit la même chose que toi.*

□ **c'est du pareil au même.** Cette expression figée et pléonastique appartient à la langue familière : *Un beuglement de veau enrhumé auquel Pierre-le-Brave répondit du pareil au même* (Giono).

□ **sans pareil(le).** L'adjectif s'accorde généralement en genre avec le substantif dont cette locution est le complément : *Ces fleurs sont d'une beauté sans pareille.* → EGAL

PARENTÈLE emploi et sens Mot vieilli et rare, au sens de « consanguinité » ou « ensemble des parents » : *Voici que je revois en effet ma parentèle en chemin de retour* (Chabrol). On rencontre aussi parfois **parentage,** avec le même sens : *Nos noms et notre parentage (auxquels nous tenons comme à la prunelle de nos yeux)* (Giono).

PARENTHÈSE forme et construction On ne peut dire que **mettre entre parenthèses** (au pluriel), mais, dans la plupart des contextes, **entre parenthèses** et **par parenthèse** sont interchangeables : *Celle-là, entre parenthèses, il faudra qu'elle se décide à me débarrasser de son chat* (Barjavel). *Soit dit par parenthèse, il aurait mieux fait de ne pas venir.* ♦ **sens** La parenthèse ne désigne pas seulement le « signe typographique », mais aussi le « procédé rhétorique qui consiste à interrompre la construction syntaxique d'une phrase par une insertion ». C'est pourquoi le substantif est au pluriel dans *entre parenthèses* et au singulier dans *par parenthèse*. Certains écrivains, tels Giono et Cendrars, font, par style, un usage très large de ce double signe : *Il était probable alors que seule la peur (du soleil, pour prendre un exemple) pût l'aider à rester dans les limites de la pondération* (Le Clézio).

PARER orth. Ne pas confondre **il parait**, à l'imparfait, avec **il parait**, présent du verbe paraître. ♦ **constr. et sens** Le tour **parer à** signifie : « se mettre en garde contre, se préparer à » : *parer à toute éventualité.* Transitif ou pronominal, le verbe a un tout autre sens : « orner, décorer ». → PALLIER

PARESTHÉSIE sens « Anomalie de la perception des sensations. » Ne pas confondre avec **cénesthésie,** qui désigne la « sensation qu'on a des états internes du corps ».

PARFAIRE conjug. et emploi Comme *faire,* mais seuls sont employés l'infinitif et les temps composés : *Il est allé parfaire son accent en Angleterre.*

PARFOIS emploi Cet adverbe tend à s'effacer de la langue parlée, qui lui préfère **quelquefois** et même **des fois** : *Nathalie courait devant eux dans les allées, au bord du lac. Un écureuil parfois s'immobilisait sur les pelouses* (Gallo). → FOIS

PARIER constr. On dit **parier avec quelqu'un** ou **contre quelqu'un.** L'enjeu n'est pas toujours exprimé : *Je vous parie (cent francs) qu'il n'y arrivera pas.* ♦ **emploi et sens** La langue familière use fréquemment de ce verbe pour affirmer quelque chose avec force, l'idée de « pari » réel s'estompant, surtout quand le verbe de la complétive est à un temps passé : *Je parie que vous n'y avez jamais mis les pieds !*

PARIÉTAIRE genre Féminin. ♦ **sens** « Plante commune poussant sur les murs ». Ne pas confondre avec les **pariétales,** « groupe de plantes comprenant les orchidées ».

PARJURE genre et sens Toujours masculin au sens non animé, « violation de serment », mais masculin ou féminin quand le mot désigne la « personne qui viole son serment ».

PARKING emploi et sens On a tenté, sans grand succès, de remplacer cet anglicisme par **parc** pour désigner le « lieu où l'on gare sa voiture » (on dit concurremment *parc automobile, parc à voitures, parc de stationnement*) et par **parcage** pour l'« action de garer ». → PARC

PARLER constr. On dit **parler à quelqu'un,** mais aussi **parler avec quelqu'un,** alors que cette double construction n'est pas admise pour le verbe *causer* → ce mot : *Avec qui parlais-tu ? Réponds, ou je te bats comme plâtre* (Anouilh).

☐ **parler français.** Il est incorrect ou populaire de dire : *causer (le) français.* → CAUSER

☐ **tu parles (si)...** Cet emploi appartient à la langue populaire et met en relief une « évidence positive ou négative » : *Vous parlez si le fils Baculard aurait raté sa place d'un millimètre et d'une seconde* (Giono). Le sens est ici négatif, tandis qu'il est positif dans la phrase suivante : *Vous êtes libre ce soir ? – Tu parles si je l'étais* (Duras).

☐ **parler (de) politique.** On fait volontiers l'ellipse de la préposition dans ce type de locutions : *J'ai parlé littérature. Je parlerais tout aussi bien langage : discussion, cri, aveux, récits à la veillée* (Paulhan). → CAUSER

☐ **il a été parlé de...** Bien que *parler* ne soit pas transitif direct, le passif impersonnel se rencontre, de façon très correcte : *Des traductions de poèmes fran-*

çais où il était parlé du désespoir de la terre et de l'indifférence du ciel (Green).

□ **parler français comme une vache espagnole.** → BASQUE

PARLOTE orth. Un seul t. ♦ **emploi et sens** Dans la langue courante, « bavardage futile » : *Toutes ces parlotes nous mènent à quoi?* (Salacrou). Mais pour les avocats, « exercice de parole » ou « local où ils s'entraînent à plaider ».

PARMI emploi Cette préposition ne se rencontre aujourd'hui que devant un nom pluriel ou de sens collectif (avec un nombre supérieur à deux) : *Les noëls ne sont-ils point parmi les plus curieux monuments de notre poésie religieuse et populaire?* (Apollinaire). *Alors, de parmi les morts amassés, on voyait se lever étrangement l'officier allemand* (Vercors). *Étienne est, Dieu merci, un des plus pieux parmi ses camarades* (Thérive). Devant un singulier non collectif, l'emploi de **parmi** est archaïque : *Parmi l'égouttement des fontis et le débordement des ruisseaux* (Daudet). *Il l'aperçut parmi la foule.* Il est exceptionnel que **parmi** s'emploie adverbialement (à la différence de *autour, avant,* etc.) : *Des livres en perspective linéaire, les fameux dictionnaires Larousse parmi, garnissaient des rayons de bois* (Aymé).

□ **parmi lesquels.** On ne peut avoir le relatif *qui* après la préposition *parmi.* Le verbe est parfois sous-entendu : *Pilar avait fait relever les hommes exténués, parmi lesquels le sous-officier d'Olivenza* (Peyré).

PARODIE → PASTICHE

PARONYME sens « Se dit de mots presque homonymes, qui ne diffèrent que par un ou deux sons, une ou deux lettres ». Exemples : *Conjecture, conjoncture; recouvrir, recouvrer; démythifier, démystifier.* Le rapprochement des mots *chat* et *rat* dans le proverbe : *À bon chat bon rat* constitue ce que la rhétorique ancienne appelait une **paronomase,** à ne pas confondre avec **paronyme.**

PARPAING orth. Ne pas oublier, sous l'influence de **pain,** le *g* final : *Il était l'un de ces ouvriers qui, toute leur vie,* ont porté des parpaings sur les épaules (Gallo).

PARRICIDE genre Masculin au sens non animé, « meurtre du père ou de la mère », mais des deux genres au sens animé, « personne ayant tué son père ou sa mère » : *Cette jeune parricide a bénéficié de circonstances atténuantes.*

PARSEC emploi et sens Terme scientifique, formé du début des mots **parallaxe** et **seconde,** et désignant en astronomie une « unité de longueur valant 3,26 années-lumière ».

PART emploi On a dans la locution vieillie **à part moi** (**toi,** etc.) une altération graphique de **par,** qui est l'inverse de celle qu'on trouve dans *de par le roi.* → PAR : *Lorsqu'il m'interdit de sortir après le dîner, je le remerciai à part moi d'être encore mon complice* (Radiguet). Le sens est « en moi-même » : *À part lui, il pense que sa femme était irrémédiablement idiote* (Henriot).

□ **à part ça.** Locution appartenant à la langue populaire, et extrêmement répandue dans le registre familier : *À part ça, ils devaient être en affaires tous les deux* (Giono).

□ **de toute(s) part(s).** On emploie indifféremment le singulier ou le pluriel dans cette locution. Le pluriel est plus fréquent : *C'était une copie du Panthéon de Rome. Une large terrasse l'entourait de toutes parts* (Green). → CÔTÉ, SORTE et TOUT

□ **à part (de) montrer.** L'emploi de la préposition *de* est bizarre dans cette locution : *Que pouvait faire la petite femme grise à part de montrer soigneusement que ses soies étaient de parfaite qualité?* (Giono).

□ **faire part.** Cette locution verbale ne se construit qu'avec un substantif complément, ou avec la relative substantivée : *Je me contente de vous faire part de ses intentions, de ce qu'il m'a dit textuellement.* Le substantif **faire-part** prend un trait d'union (plur. : **des faire-part**). → INFORMER

□ **part à deux!** Locution interjective vieillie, employée pour exiger un partage équitable.

PARTAGEUX emploi et sens Désignation rustique, vieillie et péjorative de celui qui est «partisan d'une meilleure distribution des richesses» : *L'idée que les hommes de la Commune étaient des «partageux» et que ceux qui avaient quatre sous seraient obligés d'en donner deux* (Goncourt).

PARTANCE emploi Vieilli et littéraire, sauf dans le vocabulaire maritime et ferroviaire : *Les trains en partance pour Tours.*

PARTANT emploi et sens Mot vieilli, comme conjonction équivalant à **par conséquent :** *Leur échec n'aurait en effet d'autre résultat que d'accroitre la tension et, partant, de relancer la course aux armements (Le Monde). Puis j'ai cessé de travailler, partant de me perfectionner* (Duhamel).

PARTENARIAT emploi et sens Régulièrement formé sur **partenaire,** ce néologisme utile est très en vogue dans le domaine économico-politique : *L'octroi de la garantie financière américaine : Relance du «partenariat» entre Washington et Jérusalem (Le Monde,* 13 août 1992). *(Le film) a été fort bien soutenu par les Affaires culturelles (la DRAC), le Conseil régional et la ville de Besançon qui ont joué le jeu d'un partenariat efficace (L'Est républicain,* 8 octobre 1992).

PARTI orth. Pas de trait d'union à *parti pris.* ♦ emploi Les locutions **prendre parti pour quelqu'un** ou **prendre le parti de quelqu'un** sont absolument équivalentes. Le fait que **parti** et **partie** soient homonymes, et parfois proches quant au sens, peut amener certaines ambiguïtés dans la langue parlée : *Les parti(e)s adverses.* On écrit *prendre à partie,* et non plus **prendre à parti.*

PARTIAL forme Masc. plur. : **partiaux.** ♦ sens Cet adjectif renvoie à *(prendre) parti,* tandis que **partiel** renvoie à *part.*

PARTICIPE orth. et emploi Il n'est pas question de traiter ici en détail l'irritante question de *l'accord du participe.* On tentera de condenser le plus possible ces «règles», en tenant compte des tolérances permises par l'arrêté de 1901.

1. PARTICIPE PASSÉ **conjugué avec avoir :** Il s'accorde en principe avec son complément d'objet direct si ce dernier

est placé avant le participe : *Ma tante me parlait aussi beaucoup de l'Ancien et du Nouveau Testament qu'elle avait lus et relus bien des fois* (Green). *Que de tours elle m'a joués!* (Cocteau). *La dernière nuit que j'y ai vécue* (Mauriac). On notera cependant qu'il peut y avoir un accord «anticipé» du participe passé lorsque celui-ci est assimilé à un adjectif en apposition, et ne fait pas partie intégrante d'un passé composé : *Il n'était pas assez borné pour avoir ancrée en lui la certitude de l'inexistence d'autres êtres pensants sous d'autres cieux lointains* (Desproges). Il demeure invariable dans les autres cas, c'est-à-dire lorsque le verbe n'a pas de complément d'objet direct, par nature ou en raison du contexte (verbes construits intransitivement, transitifs indirects ou impersonnels) : *Les efforts qu'il a fallu déployer pour y parvenir (que* = complément d'objet direct de *déployer* et non de *falloir).* On notera que ces règles d'accord concernent surtout la langue écrite, et que, dans la langue parlée, seuls sont modifiés les participes terminés par *s* et par *t : Les démarches qu'il avait faites ces temps-ci ne l'encourageaient guère* (Dhôtel). *Ça les avait surprises en face de : Ça nous avait frappées, Mme Tim et moi* (Giono). D'où de fréquentes entorses, même dans la conversation des personnes instruites. Il est nécessaire de pratiquer une analyse précise du complément, surtout quand il se présente sous une forme élidée ou non marquée en genre ou en nombre : *Cela m'a étonné (m'* = «un homme»), *Cela t'a étonnée (t'* = «une femme»), *Elle a été moins étonnée que je ne l'aurais cru (l'* = «neutre», parce que représentant une idée, reprenant le contenu de ce qui précède : qu'elle serait étonnée).

☐ **les choses que tu as dit que tu ferais.** Dans ce type de phrases, le relatif *que* n'est pas complément du premier verbe *(dire),* mais du second : d'où l'invariabilité du participe.

☐ **les habitants que j'ai vu(s) piller.** Devant un infinitif, l'accord ne se fait que si le complément d'objet direct du participe est en même temps le sujet de l'infinitif : *Jamais on ne les avait entendus dire avec autant d'assurance que tout allait changer* (Guilloux). *Un chargé* *de cours, qui les avait entendues dis-cuter* (Godbout). Mais : *Des paroles que j'avais entendu prononcer autrefois par un ecclésiastique anglais* (Green). On notera cependant que l'arrêté de 1901 admet l'invariabilité du participe dans tous les cas, et que le participe **fait** ne varie jamais devant un infinitif. → FAIRE, LAISSER, etc.

□ **elle s'est coupé le doigt.** Les verbes qui sont toujours pronominaux : *s'éva-nouir, s'enfuir, se suicider,* etc., ac-cordent leur participe avec le sujet du verbe, qui désigne le même acteur que le pronom réfléchi *se : Elles se sont en-fuies de leur école.* La seule exception est constituée par le verbe *s'arroger* (→ ce mot). Les verbes occasionnelle-ment pronominaux sont traités comme s'ils étaient conjugués avec l'auxiliaire *avoir : Tu t'es mise à san-gloter au milieu des blessés* (Anouilh). *Elle s'est réservée pour le dessert,* mais : *Mme de Saint-Papoul s'est réservé la chambre aux boiseries* (Romains). Dans la première phrase, *s'* est complément d'objet direct, dans la se-conde complément d'attribution (« pour elle »).

□ **le nombre de gens qu'elle a connu (s).** Après un nom à valeur collective, le participe peut s'accorder avec lui ou avec son complément, suivant le contexte ou l'intention de celui qui s'ex-prime : *La pile de livres que Milan lui a choisis au début de la soirée* (Vailland). (On choisit chaque livre séparément, et non la pile.)

□ **des pommes que j'avais cru(es) (être) bonnes.** Le participe reste inva-riable quand le relatif *que* est sujet d'une complétive à l'infinitif : *Mon amie, que j'avais pensé être absente.* Sans infinitif exprimé, on accorde en général le participe : *Ses yeux étaient si clairs qu'on les aurait dits aveuglés par la lumière* (Duras).

□ **(combien) il en a lu(s)** → EN, PLUS, etc.

□ **les devoirs qu'il a eu(s) à faire.** Avec les locutions verbales *avoir à, donner à,* etc., l'accord est facultatif : *La leçon que la maîtresse t'a donné(e) à ap-prendre.*

□ **cette colère et (ni, ou) cette honte que j'ai éprouvée(s).** Le participe suit

dans ce type de phrases les mêmes règles d'accord que l'adjectif, et prend les marques du ou des sujets de façon variable selon le sens général du contexte : *Aucune trace de cette préfé-rence ni de cette haine qu'avait ressen-ties l'enfant qu'il n'était plus* (Mauriac). Il s'agit ici de deux sentiments distincts et antagonistes. On a dans d'autres cas de coordination une synonymie, ou une gradation, un renchérissement, et l'accord est affaire de réflexion person-nelle et de bon sens.

□ **morte la bête.** La construction abso-lue du participe est courante, et a souvent une forte valeur expressive : *Finie la vie glorieuse, mais finis aussi la rage et les soubresauts* (Camus). *Venu le temps des désastres, en 1940, la maison de Patrice Périot avait été l'objet, de la part des Allemands, de plusieurs per-quisitions* (Duhamel). *Les invités partis, la marquise avait retenu Jean* (Peyré). Il faut distinguer :
– le participe est placé avant le nom. Dans ce cas, l'accord se fait ou non se-lon que l'on considère le participe comme un adjectif, ou au contraire comme une sorte de mot neutre. (→ PASSÉ). *Mais aujourd'hui fini les nouvelles* (Prasteau). *Fini, la tranchée, les obus, fini les attaques, la gamelle froide* (Dorgelès). Dans ce tour, il faut interpréter « C'est fini de... ». En re-vanche : *Quittée la salle de bains, l'odeur du pain grillé lui fit grand ac-cueil* (Jorif).
– si le participe est placé après le nom, il s'accorde nécessairement : *La jeu-nesse une fois passée, il est rare qu'on reste confiné dans l'insolence* (Proust). *La cour d'assises évitée, il respire* (Mau-riac). *Toutes informations prises, le condamné est bien certainement le cou-pable* (Gide). Certaines formes se sont figées pour donner de véritables pré-positions. → ATTENDU, COMPRIS, EN-TENDRE, EXCEPTÉ, ÔTÉ, OUÏR, PASSÉ, REÇU, VU, etc.

□ **nous sommes convaincu** → NOUS

□ **on est parti(es) hier matin** → ON

□ **un des plus chers amis que j'aie eu (s).** L'accord du participe se fait avec *un* ou avec le complément au pluriel selon la signification globale de la phrase. → UN : *Une des meilleures choses que* *j'aie écrite* (Gide). *Une des choses les plus importantes qu'elle ait faite* (Kessel).

On trouvera à leur ordre alphabétique de nombreux verbes commentés au point de vue de l'accord du participe.

2. PARTICIPE PRÉSENT : Il est invariable, de même que le gérondif formé de **en + participe présent** : *Elle nous surprend ainsi, pissant, riant, pleurant, rotant, pétant, dans l'intimité si convenable de ses commodités !* (Jardin). *Ils sont partis, (en) marmonnant des menaces.* Font exception quelques locutions figées appartenant à la langue juridique : *les ayants cause, ayants droit* (→ AYANT CAUSE) ; *toute(s) affaire (s) cessante(s), la partie plaignante*, etc. On reconnaît le participe en *-ant* est un participe à ce qu'elle admet un complément d'objet, direct ou indirect, un adverbe, bref une expansion plus ou moins importante, tandis que l'adjectif verbal, qui a en général la même forme que le participe présent, s'emploie et s'accorde à la façon d'un adjectif épithète ou attribut : *Vers qui dans la mémoire sonnent et retentissent comme une fanfare, vibrants, trépidants, sonnant comme une fanfare* (Péguy). *Le Cabinet des Archives plein de mouches mortes, d'affiches battant au vent* (Alain-Fournier). *Il raconta les derniers bruits circulant dans la capitale comtoise* (A. Besson), en face de : *Malgré le froid de la porte battante* (Alain-Fournier). La distinction entre adjectif verbal et participe s'efface parfois, et d'autant plus aisément que l'ancienne langue les accordait de la même façon : *Je le voyais recouvert de ces tables de marbre ruisselantes de bière et de limonade* (Giono). *Ils sont sortis trottinants dans un frou-frou de robes* (Anouilh). *Albert déambule entre les arbres nus, le long des allées craquantes de gel* (Chaix).

□ **en partant, je (tu, il**, etc.). Le participe et le gérondif doivent se rapporter au sujet de la proposition principale, sous peine de créer une ambiguïté : *En partant pour l'Espagne, il me confia ses craintes.* C'est *lui* qui part, et non pas *moi.* Sinon, on dira : *Comme je partais pour l'Espagne...,* ou encore : *En partant pour l'Espagne, je reçus ses confidences.* Cette règle de bon sens n'était pas suivie par les classiques, et les entorses sont encore fréquentes aujourd'hui : *Et, ne t'ayant pas raconté l'histoire de France, tu en déduis quoi ?* (Giono). Le sens est : «comme je ne t'ai pas raconté » : *En me voyant, leur musique entonne un petit air* (Montherlant). *Cette idée m'était déjà venue. En te la suggérant, elle ne devient pas mauvaise* (Queneau). On évitera en tout cas de construire des phrases du genre : *En prenant le car, la foudre est tombée.* → GÉRONDIF

□ **excellant** ou **excellent, naviguant** ou **navigant ?** Parfois le participe et l'adjectif verbal ou le substantif se distinguent par l'orthographe. → ADHÉRENT, EXCELLENT, FATIGANT, INTRIGANT, NAVIGANT, etc.

De même que pour le participe passé, on trouvera maint renseignement sur le participe présent dans les rubriques que nous avons consacrées aux verbes, à leur ordre alphabétique. → ALLER, CESSER, FLAMBANT, PASSANT, SONNER, TAPER, etc.

PARTICIPER constr. Avec un sujet humain, on emploie la préposition *à*, et le sens est «prendre part à » : *Elle venait de discuter avec son amie de parties de boules en Angleterre auxquelles cette amie avait participé* (Dhôtel). *Participer à un combat, à la guerre, à une réunion*, etc. En revanche, avec un sujet nom de chose, le sens est «faire partie (d'un ensemble)» et la préposition est en ce cas *de* : *Je maintiens donc que cette mort de madame la comtesse et les attentats ne participent pas d'un même univers criminel* (Pilhes). Mais l'idée de «participation involontaire» peut être exprimée, même dans le cas d'un sujet humain, avec la préposition *de* : *Dans la grande lignée des romans noirs, et sans savoir de quoi il s'agissait, nous participions de ces messes noires, de ces sabbats de sorcières calfeutrées* (Llaona).

PARTICULE → DE et GUIDE TYPO.

PARTIE constr. Quand **une (petite, grande**, etc.**) partie** + **substantif pluriel** est sujet d'un verbe, celui-ci se met au singulier ou au pluriel selon le contexte, et l'intention du locuteur : *Une*

partie des assistants s'est élevée ou *se sont élevés contre le projet.* → COLLECTIF

□ **parties du discours.** Ce terme est employé en linguistique pour classer « les types de mots dont une langue se compose ». La grammaire française classique distingue neuf parties du discours : nom, verbe, article, adjectif, pronom, adverbe, préposition, conjonction et interjection.

□ **prendre à partie.** Ne pas confondre l'orthographe ni le sens de cette locution avec **prendre le parti de quelqu'un** ou **prendre son parti de quelque chose.** → PARTI

PARTIR (1) **emploi et sens** Ce verbe n'existe plus au sens ancien de « partager », si ce n'est dans la locution archaïque **avoir maille à partir avec quelqu'un,** c'est-à-dire « avoir une querelle mesquine, comme celle qui consisterait à vouloir partager une pièce de monnaie » (c'est ici le sens de *maille* → ce mot).

□ **mi-parti.** → MI-PARTI

PARTIR (2) **conjug.** L'auxiliaire *avoir* n'est plus guère employé. Il subsiste parfois à titre d'archaïsme. ♦ **constr.** Quand **partir** est suivi d'un infinitif marquant le but, la destination, on n'emploie pas de préposition : *Il est parti se reposer à la montagne.* La préposition *pour* n'est pas incorrecte, mais le plus souvent lourde et inutile. Au sens de « se mettre à », *partir* se construit avec la préposition *à* : *Elle partit à rire.* Ce tour tombe en désuétude.

□ **partir en vacances.** Ce tour est aujourd'hui pleinement admis, bien qu'il ait été condamné jadis : *Est-il parti en voyage ?*

□ **il part pour Paris.** On emploie de plus en plus les prépositions *à*, *en*, et même *vers*, en concurrence avec *pour*, seul admis par les grammairiens : *J'aimerais mieux partir pour Paris à pied que dans sa voiture* (Vailland). *Elle part en Auvergne, à Clermont-Ferrand.* → POUR

□ **il est parti soldat.** Cette construction est populaire. On préférera : *Il est allé* ou *parti faire son service (militaire).*

PARTISAN forme Le féminin **partisane** (avec un seul *n*) se rencontre surtout appliqué à un non-animé : *Il ne craint pas de prendre des positions partisanes.* Mais on ne dira guère : *Luce se montre partisane de l'émancipation des femmes* (encore moins **partisante*, forme barbare). Dans ce cas, on laissera le mot invariable, ou on emploiera *prôner, soutenir, défendre*, etc.

PARTITIF (ARTICLE) → ARTICLE, DE et DU

PARTITION sens L'ancienne acception, « division » → PARTIR (1), se rencontre encore parfois, surtout dans le domaine politique : *La partition de l'Algérie fut un instant envisagée.*

PARTOUT constr. Cet adverbe de lieu peut très correctement servir d'antécédent à *où* : *Partout où va la veuve dans la pièce, le défunt la suit de son froid regard de papier* (Supervielle).

□ **tout partout.** Cette locution appartient à la langue populaire : *Ils ont fouiné tout partout.*

□ **de partout.** Locution familière. On l'évitera dans la langue soutenue : *On l'avait entaillé de partout* (Giono). *Il saigne de partout.*

PARUTION emploi et sens Ce synonyme de **publication** est aujourd'hui admis dans notre langue, bien que sa formation soit discutable, si on le rapproche de **apparition :** *Afin de me précipiter le plus rapidement possible après la parution de l'annonce* (Butor). *La parution de ce roman est échelonnée en feuilletons.*

PARVENIR constr. On peut faire suivre ce verbe du groupe *à ce que*, lorsque le sujet de la subordonnée est distinct du sujet de la principale : *Il est parvenu à ce que tu lui prêtes plus qu'il ne demandait.* On peut préférer : *Il est parvenu à se faire prêter par toi*, etc. → À (CE QUE)

PAS (adverbe) **emploi Pas** est aujourd'hui plus courant que **point,** comme particule de négation absolue. *Point* est affecté ou rustique : *Je ne l'ai pas vue* ou *Je ne l'ai point vu.* Exemples littéraires : *Il faisait bon dans le compartiment, l'on n'était point serré* (Aymé).

Comment n'y avons-nous point pensé?
(Giraudoux). *Mais n'y a-t-il point des
ivresses qui n'aient point leur source
dans le vin?* (Valéry). *Albert est impressionné mais ne se déclare point encore
convaincu* (Chaix).

□ **pas** ou **ne... pas** → NE

□ **moi pas** ou **pas moi.** Dans la langue
courante, ces deux tours concurrencent
moi non, seul admis à l'origine. On
prendra garde aux ambiguïtés possibles : *Je l'ai fait entrer dans mes appartements ; toi pas.* Le sens est ici : «Tu
ne l'as pas fait entrer», mais on risque
d'interpréter en «Je ne t'ai pas fait entrer». → NON

□ **en avoir ou pas.** Comme ci-dessus,
pas remplace couramment *non* dans
l'alternative : *Il s'agit de savoir si tu es
courageux ou pas.*

□ **pas mal** → MAL

□ **pour ne pas que** ou **pour que... ne...
pas...** La langue familière tend à grouper cet ensemble de mots-outils, vraisemblablement sous l'influence de la
construction de l'infinitif *pour ne pas
partir : Pour ne pas qu'elle se défît prématurément, il en noua les extrémités
avec un bout de corde* (Roblès). Et
même (populairement) : *Alors moi, je le
voyais dehors pour pas qu'elle m'attrape*
(Sartre).

□ **ce n'est pas rien** → RIEN

□ **pas moins de** ou **pas moins que.** La
première locution est la plus répandue,
mais la seconde n'est pas incorrecte.
→ MOINS

□ **il n'y a pas que toi** → NE

□ **pas un.** Ce tour se rencontre
souvent sans verbe, pour créer une
phrase nominale à forte valeur expressive : *Pas un pli sur les joues lisses et
rondes* (Vailland). *Pas un seul orphelin
devant ce monument aux morts* (Giraudoux). Combiné avec *comme, pas un*
forme une sorte de superlatif : *Il savait
comme pas un jouer de la politique et
découvrir la vérité* (A. de Châteaub-
briant). Dans ce tour, *comme* équivaut
sensiblement à *mieux que.*

□ **je n'ose** → NE et OSER

□ **ne pas être** ou **n'être pas.** Le fait
d'encadrer l'infinitif par *ne... pas* (au
lieu de grouper *ne pas*) est, chez
certains écrivains, qu'une affectation
de classicisme : *Il me venait toujours à*

*l'esprit que ce pouvait n'être pas le capi-
taine* (Green). *Comme elle feignait de
n'entendre pas cette remarque du docteur* (Mauriac). On visera dans l'usage
courant à la plus grande simplicité : *ne
pas entendre, ne pas être,* etc.

□ (**un** ou **une**) **pas-grand-chose**
→ GRAND-

□ **tu ne sais pas mentir** ou **tu sais ne
pas mentir.** On prendra garde à la distribution de *ne... pas* dans la phrase :
selon que la négation porte sur l'auxiliaire ou sur l'infinitif, le sens de la
phrase est tout différent : *Il ne sait pas
mentir quand il le faut* (on reproche
«d'ignorer le mensonge») s'oppose à : *Il
sait ne pas mentir quand il le faut* (on
félicite «de ne pas pratiquer le mensonge»). Les nuances sont parfois fragiles.

PAS-D'ÂNE **forme** Substantif invariable. ♦ **sens** En botanique, synonyme
de **tussilage.**

PAS DE DEUX **emploi** En termes de
chorégraphie, on écrira sans trait
d'union **un pas de deux, de trois, de
quatre...**

PAS-DE-GÉANT **forme** Substantif invariable. Deux traits d'union (tandis que
faire un pas de géant s'écrit sans trait
d'union). ♦ **sens** «Appareil de gymnastique permettant de faire de grandes
enjambées en tournant autour d'un
mât».

PAS-DE-PORTE **orth.** Invariable au
pluriel.

PASIONARIA **orth.** Ne pas mettre, sous
l'influence de **passion,** un double *s* à cet
emprunt espagnol. ♦ **sens** Ce mot désigne, par référence à Dolorès Ibarruri,
héroïne de la guerre d'Espagne (morte
en 1989), une femme militante et passionnée, devenue par son exemple le
symbole d'un parti ou d'un mouvement
humanitaire.

PASO DOBLE **orth.** Pas de trait d'u-
nion. Invariable au pluriel.

PASSANT **emploi et sens** Il faut dire *une
rue passante* et non **une rue passagère :
La rue d'Odessa est, au dire de ses habitants, très passante* (Mallet-Joris).

PASSATION emploi et sens Ce terme de la langue juridique, *la passation d'un contrat*, tend à se répandre, malgré les critiques, dans le domaine politique : *La passation des pouvoirs a eu lieu à l'Élysée.* On peut toujours préférer, pour le second type d'emploi, le mot **transmission,** ou bien **renouvellement :** *Pour empêcher le jeune Lewis d'avoir accès au Conseil, lors du renouvellement des pouvoirs* (Morand).

PASSE genre Ce substantif n'est masculin que comme abréviation populaire de **passe-partout.**

PASSE- orth. Les composés prennent un trait d'union, sauf quand les deux éléments ne sont plus envisagés séparément : *un passeport.* Les uns sont invariables : *passe-bande, -bouillon, -boules, -crassane, -debout, -de-sac, -dix, -garde, -guides, -lait, -partout, -purée, -sauce, -temps, -thé, -velours, -vin.* Les autres prennent un *s* final au pluriel.

PASSÉ forme et emploi Ce mot s'emploie souvent avec la valeur d'une préposition. Il demeure alors invariable : *Passé les arbres, le vent criait moins* (B. Clavel). *Tous les petits ritals, passé la porte de chez eux, ne connaissaient que le français* (Cavanna). *Passé les premiers frissons d'horreur, une bruissante fébrilité de jour de foire, à la limite de l'indécence, s'empara du village* (Desproges). Mais certains auteurs font l'accord : *Passée la stupeur des premiers jours* (Mauriac). *Passées les courses de feria* (Montherlant). *Passée cette seconde d'étourdissement* (Perret). Il s'accorde comme un adjectif quand il est postposé : *Il était neuf heures passées* (Peyré). *La semaine passée, il fut saisi.*

□ **passé quoi...** Ce tour est très affecté, et l'on ne conseillera pas d'imiter ce grand auteur : *Force est de marcher en plein champ, heureux encore si l'on distingue ses limites ; passé quoi, l'on roule dans la fondrière* (Gide).

PASSEPORT orth. Pas de trait d'union. → PASSE-

PASSER conjug. L'auxiliaire *avoir* devient rare, sauf lorsque le verbe est transitif : *Et après avoir encore passé dans deux ou trois estaminets, il remonta définitivement sur sa bicyclette* (Van der Meersch). *Être* l'emporte généralement dans tous les contextes : *Je ne sais pas où sont passées mes forces* (Peyré). *Où est passé le monsieur assis à cette table ?* (Queneau).

□ **passer sous-directeur.** Cet emploi très courant ne fait pas encore partie, semble-t-il, de la langue soutenue : *Les jeunes ouvriers, en arrivant au régiment, pouvaient très vite être nommés de première classe, passer caporaux* (Aragon).

□ **passer** ou **y passer.** Au sens de « mourir » (cf. **trépasser**), le verbe *passer* s'emploie dans le registre populaire ou paysan (avec l'auxiliaire *avoir*) : *Elle a eu bien du mal à passer. Elle est morte sur les deux heures du matin* (Guilloux).

□ **trois bouteilles y ont passé.** Dans cet emploi familier, l'auxiliaire employé est souvent *être* : *Tous les modèles y étaient passés* (Peyré).

□ **passer** ou **dépasser.** Le verbe simple est souvent utilisé avec le sens du verbe composé : *Je lui tournai le dos et, passant la grille, m'engageai dans une allée* (Green). *La poursuite d'un objet indéfinissable qui nous passe infiniment* (Valéry).

□ **passer outre (à) quelque chose.** On dit aujourd'hui *passer outre à un inconvénient* plutôt que *passer outre un inconvénient : Il a passé outre à mes admonestations.* Et absolument : *Il n'y a que ce seul homme ici qui veut passer outre* (Claudel).

PASSIF IMPERSONNEL forme et emploi La plupart des verbes, même s'ils n'ont pas la possibilité de recevoir un complément d'objet direct, peuvent être mis au passif impersonnel ; le sujet est toujours le pronom neutre *il : Engager une bataille où il ne pouvait être espéré de victoire* (Maulnier). *J'estime qu'il a été dit là-dessus beaucoup de bêtises, à la Commission du Budget* (Romains). *Il n'a été pris aucune mesure contre lui* (Morand). Ensuite, il avait été convenu qu'on irait voir sur place où les choses en étaient* (Ramuz). On évitera les contextes ambigus, dans lesquels *il* pourrait représenter une personne. → IMPERSONNEL et PARLER

« PASSIM » **forme et sens** Cet adverbe latin signifiant «çà et là» est employé
dans les ouvrages didactiques, pour
renvoyer le lecteur à une œuvre, sans
référence précise : cf. RABELAIS, *Tiers
Livre, passim.*

PASSIONNÉ **constr.** On dit à peu près
indifféremment **passionné de** + **substantif** ou **passionné pour** + **déterminant** + **substantif,** toujours dans le domaine du non-animé : *Il est passionné
d'archéologie.* Mais : *Uncle se passion-
nait pour la perpétuelle création de vocables* (Vailland). *Il se plaisait au
commerce des gens passionnés pour
n'importe quel idéal* (Aymé). On dit
aussi, mais moins bien, **passionné par :**
Il est passionné par son métier.

PASSIVITÉ **forme** **Passiveté** n'est pas un
barbarisme, mais ne s'emploie plus.

PASTEL **forme et emploi** Ce mot est invariable quand il est employé adjective-
ment : *Le ciel a de délicieux tons pastel.*
Ce n'est pas à proprement parler un
«adjectif de couleur» : pastel ne désigne plus aujourd'hui une teinte précise, mais plutôt une sorte de «modula-
tion de la lumière».

PASTEURIEN **forme** Cet adjectif dérivé
du nom de Pasteur se présente parfois
sous la forme un peu pédante **pasto-
rien :** *Les théories pasteuriennes apparaissent aujourd'hui comme des évidences.*

PASTICHE et **PARODIE** **emploi et sens**
S'agissant de genres littéraires, la **parodie** est la «déformation burlesque et satirique d'une œuvre», alors que le **pastiche** est un «exercice de style dans la
manière de l'original». Ne pas
confondre avec **plagiat ;** qui désigne
une imitation ou un emprunt fraudu-
leux.

PASTIS **sens** Outre le sens bien connu,
il existe une acception régionale populaire, «ennui, désagrément» ou «situation confuse» : *Il s'est fourré dans un
drôle de pastis.*

PATAQUÈS **sens** «Faute de prononciation consistant dans une mauvaise liaison». Exemple : *il va-t-à Paris.* Par extension, désigne «toute incorrection

grossière en matière de langage».
→ CUIR et VELOURS

PATCHWORK **emploi et sens** Ce mot
venu des États-Unis est souvent employé métaphoriquement au sens de
«assemblage plus ou moins hétéroclite» : *Les centaines de feuillets multicolores qui couvraient comme un patchwork les poteaux de téléphone du
quartier* (Godbout). *Au Palais des
Congrès : Soirée «patchwork» du Kirov*
(*Le Monde,* 8 juin 1982). Rappelons qu'il
désigne à l'origine (par exemple, chez
les Amish) l'art populaire d'assembler
(*work* = ouvrage) géométriquement
des morceaux *(patch)* de tissu de provenance, de matière et de couleur diverses : la rigueur y est en général plus
importante que la disparate...

PÂTE **prononc.** Avec un [ɑ] postérieur,
très ouvert. Ne pas prononcer, comme
beaucoup de Parisiens, **[pat]* : cette
prononciation est réservée au mot
patte. ♦ **orth.** Un accent circonflexe et un
seul *t* : *Des pâtes au gratin, la pâte à papier,* etc.
  □ **pâte d'amandes, de fruits.** Le
complément est généralement au pluriel, mais ce n'est pas absolu : *Voici une
délicieuse pâte d'abricot(s).* C'est une
tolérance de l'arrêté ministériel de 1901.
→ CONFITURE, JUS

PÂTÉ **genre** Masc. : **un pâté en croûte.**
Au féminin, **la pâtée** désigne plus particulièrement la nourriture que l'on
donne à certains animaux.

PATELIN **emploi et sens** Mot vieilli
comme adjectif, au sens de «doucereux, hypocrite». Surtout employé
comme substantif, dans le langage familier, pour désigner une «localité de
faible importance» : *Les deux aînés qui
avaient plaqué leurs amies pour quitter
le patelin* (Aragon).

PATER **forme** Invariable au sens de
«prière» : **les Pater noster** (voir citation
de Brassens à AVE) ; mais prend un *s* final au pluriel, au sens de «gros grain
de chapelet» : **les paters.** → AVE
  □ **pater familias.** ♦ **forme** Invariable.
♦ **sens** «Chef juridique de la famille romaine» et, dans la langue littéraire,
«père·autoritaire» : *Sam eut un rire de*

dérision, presque condescendant à l'égard du pater familias à cheveux blancs (Labro).

PATHOS emploi et sens Terme de la langue soutenue appartenant à l'origine à la rhétorique : « Ensemble des moyens propres à émouvoir l'auditeur. » Aujourd'hui, valeur nettement péjorative « Pathétique déplacé, senti comme abusif, et en tout cas, inefficace » : *C'est du pathos !*

PÂTISSER emploi et sens Ce verbe n'est pas un barbarisme, mais on le rencontre rarement, au sens de « faire de la pâtisserie » ou « travailler la pâte ». Dans un registre populaire, on trouve dans le Midi de la France le terme **pastisser** qui a le sens de « salir abondamment ». → PASTIS

PÂTRE orth. Accent circonflexe sur le *a*.

PATRON forme Le féminin est **patronne**, au sens habituel du mot, mais **patronnesse** quand on veut désigner une « dame responsable de l'organisation d'une œuvre de charité » : *Priant elle aussi sa sainte patronne pour tous les morts du lendemain* (Peyré). *Pour faire une bonne dame patronnesse / Il faut avoir l'œil vigilant* (Brel).

PATRONAGE orth. Avec un seul *n*, comme **patronal** et **patronat**, mais on écrit **patronner, patronne.** → PATRON

PATTE- orth. Tous les composés formés sur le type **patte- de- + substantif** s'écrivent avec un trait d'union. Au pluriel, on met un *s* final seulement à *patte* : *des pattes-d'éléphant, des pattes-d'oie, des pattes-de-mouche*, etc.

PÂTURAGE orth. Un accent circonflexe sur le premier *a*, ainsi que dans **pâture, pâturer, pâturable.**

PATURON orth. Sans accent circonflexe sur le *a*.

PAUSE emploi et sens Ce substantif, qui correspond au verbe *pauser*, « cesser », signifie un « arrêt » ou un « silence » et non une **« attitude »*. On dira *faire la pause*, pour « interrompre le travail », et non **faire la pose* : *Ma pause n'a duré qu'un crépuscule à présent que la nuit même ne peut m'arrêter* (Chabrol).

□ **la pause café.** Ce tour est en vogue dans le langage familier, et l'ellipse qui le caractérise est acceptable : *Pause café gratuite sur l'aire de Marchaux* (*L'Est républicain*, 29 août 1992). → CÔTÉ, POINT (DE VUE), QUESTION, etc.

PAUVRE forme Le féminin de l'adjectif est identique au masculin : *Un garçon ou une fille pauvre*, mais celui du substantif, assez rare, est **pauvresse** : *La tête enfoncée dans les épaules, elle avait l'air d'une vieille pauvresse* (Sartre).

□ **ton pauvre père.** L'adjectif *pauvre* sert de substitut à *défunt* dans la langue courante.

PAVEMENT sens Aujourd'hui, ce substantif désigne principalement le « résultat de l'action de paver », mais on rencontre plus souvent **pavage,** au double sens de « action de paver » et « résultat de l'action de paver » : *Le pavage de cette rue est indispensable. Cet atrium est décoré d'un admirable pavement de mosaïque.*

PAYE emploi Dans la langue populaire, **une paye** prend le sens de « longtemps » : *Les Boches seraient à Bordeaux depuis une paye* (Dorgelès). → PAIE

PAYER conjug. Devant un *e* muet, le *y* se change facultativement en *i* : *il paiera* [ilpɛʀa] → BALAYER et APPENDICE

□ **payer quelque chose à quelqu'un.** Au sens de « offrir, acheter pour », le verbe *payer* se rencontre dans certaines locutions très répandues mais qui ne sont pas admises par le bon usage : *Tout juste de quoi me payer un petit cigare* (Giono). *J'ai payé un pourpoint à mon frère de lait qui part comme maître-canonnier* (Claudel).

□ **ça paye.** L'emploi intransitif de ce verbe, au sens de « être d'un bon rapport, donner des bénéfices », ou, au figuré, « des résultats appréciables », appartient à la langue populaire.

PAYSAGER emploi et sens Cet adjectif déjà ancien (1846), et qui réfère à la simulation architecturale d'un paysage naturel, connaît sous la plume des promoteurs une certaine vogue « écologiste » : *Sous les jardins « paysagers », les aires de jeux, les allées caillouteuses, le*

cœur des Halles aurait pour toujours cessé de battre (Jorif).

PAYSAGISTE emploi et sens Cet adjectif-nom se rapporte aux architectes qui conçoivent un « paysage artificiel » : *Depuis un an, le même diplôme de paysagiste DPLG est préparé dans les mêmes conditions* [qu'à l'ENSP de Versailles] *dans la section paysage de l'École d'architecture de Bordeaux* (*Le Monde*, 14 octobre 1992).

PEAUCIER emploi et sens Adjectif ou substantif : **un (muscle) peaucier**, c'est-à-dire « en surface ». Ne pas confondre avec **peaussier**, également dérivé de **peau**, et désignant comme adjectif ou substantif un « (ouvrier) chargé de préparer et de travailler les peaux ».

PEAUSSIER → PEAUCIER

PÊCHE orth. Toujours un accent circonflexe sur le premier *e*, qu'il s'agisse du « fruit » ou de la « prise du poisson ». ♦ **constr.** On dit *la pêche au brochet* aussi bien que *la pêche du brochet*, mais lorsque deux compléments sont présents dans ce type de locutions, l'un indiquant le « poisson qu'on pêche », l'autre la « technique » ou l'appât utilisé, on dira : *la pêche de la truite au lancer*, *la pêche du gardon au coup*, etc.

PÊCHER et **PÉCHER conjug.** Le verbe **pêcher** conserve l'accent circonflexe à toutes les formes verbales, tandis que **pécher** transforme son accent aigu en accent grave devant un [ə] terminal : *Elle pèche, ils pèchent*, etc. → APPENDICE ♦ **orth.** Le premier *e* porte un accent circonflexe au sens de « prendre du poisson » et pour désigner l'arbre fruitier, un accent aigu au sens de se « commettre une faute ». On prendra garde que la prononciation ne distingue pas toujours nettement ces deux verbes : *Elle a beaucoup péché. Il a péché beaucoup de poissons.*

PÊCHEUSE et **PÉCHERESSE forme** Le féminin **pêcheuse** au sens de « qui prend des poissons » est rare, et le féminin **pécheresse**, « qui commet des fautes », appartient au vocabulaire de la religion : *Il parlait doucement à la pécheresse* (Camus).

PÉCUNIAIRE forme Adjectif à forme unique, auquel il est inutile de substituer un **pécunier, pécunière*, formes fantaisistes. ♦ **sens** Il renvoie à la notion d'« argent monnayé » : *Tant pis pour les conforts pécuniaires, je n'avais qu'à écouter mon père* (Sarrazin). *Des difficultés pécuniaires, un ennui pécuniaire.*

PÉDÉRASTE emploi et sens Souvent employé comme synonyme général d'**homosexuel**, ce terme désignait un homosexuel masculin adulte entretenant des rapports sexuels avec de jeunes garçons, appelé aujourd'hui **pédophile**. Les dérivés sont *pédérastie* et *pédophilie* (plus ou moins équivalents d'*homosexualité*). La forme apocopée **pédé** est très méprisante, et appartient au registre populaire. → GAY, HOMO

PÉDIATRE orth. Pas d'accent circonflexe sur le *a*. De même pour **pédiatrie**. → -ÂTRE ♦ **sens** « Médecin spécialiste des maladies des enfants ».

PÉDOLOGIE forme On emploie aussi **paidologie** au sens 1. ♦ **sens** 1. « Étude de la conduite et de l'évolution de l'enfant ». 2. « Étude du sol, de ses composants chimiques et de sa fertilité ».

PEDZOUILLE orth. On écrit aussi **pédezouille**. ♦ **emploi et sens** Équivalent populaire de **péquenot**. → ce mot

PEIGNER conjug. Attention à l'homonymie de plusieurs formes de ce verbe et du verbe **peindre** : *Je peignais, en peignant.* ♦ **emploi et sens** La locution **peigner la girafe**, qui est du langage familier et plaisant, signifie « perdre son temps à une activité futile et sans intérêt ».

PEINARD orth. On écrit plus rarement **pénard**. ♦ **emploi** Familier : *Tiens-toi peinard.*

PEINDRE conjug. Comme *craindre*, → APPENDICE et aussi PEIGNER

PEINE emploi La locution **à peine** (valeur temporelle), en tête de proposition, entraîne généralement l'inversion du sujet si celui-ci est un pronom personnel, et sa reprise par un représentant personnel si c'est un substantif : *À peine avait-on balayé leurs feuilles qu'il*

fallait recommencer (Morand). *À peine y fut-il monté* [dans l'omnibus] *qu'il en sauta pour aller acheter des journaux* (Dhôtel). *À peine l'homme était-il parti...* La proposition qui suit celle dans laquelle se trouve la locution adverbiale est introduite par *que* (plus rarement *lorsque* ou *quand*) ou simplement juxtaposée. La non-inversion est beaucoup plus rare : *À peine j'en étais guéri, qu'il renaissait sous une autre forme* (Proust). *À peine les yeux de sa raison s'étaient ouverts au jour qu'il avait aperçu autour de lui cet amas de ténèbres* (Rolland).

☐ **(c'est) à peine si.** Ce tour, qui a une valeur semi-négative (« presque pas »), peut servir à présenter de façon expressive une proposition qui n'a rien de « conditionnel », et équivaut à une indépendante dans laquelle se trouverait le groupe négatif *ne... presque pas : C'est à peine si on a eu le temps de faire ses malles* (Proust). *Quand Anna lui avait annoncé qu'elle était enceinte, à peine s'il avait hoché la tête* (Gallo).

☐ **à peine de.** On peut construire la locution *à peine* avec un *de* partitif, au sens de « presque pas » : *Suivant un régime, il mange à peine de pain.*

☐ **avoir (de la) peine à.** Avec l'article, cette locution évoque l'idée de « difficulté » (sauf en construction absolue : **avoir de la peine,** « du chagrin ») : *Il a de la peine à assimiler les mathématiques modernes.* Sans article, elle signifie à l'origine « répugner à, se refuser à ». Mais on tend aujourd'hui à employer l'article dans tous les cas : *Il a (de la) peine à admettre son triste sort.*

☐ **à grand-peine.** Cette locution s'écrit avec un trait d'union et non une apostrophe. → GRAND-

☐ **être en peine de.** (Surtout à la forme négative.) Dans cette locution, le substantif *peine* équivaut à *manque, faute : Je n'étais pas en peine de discours, étant avocat, ni de regards, ayant été, au régiment, apprenti-comédien* (Camus). *N'être pas en peine de faire qqch,* pouvoir le faire aisément : *Elle accepta, quoiqu'elle ne fût pas en peine d'enfourcher un vélo pour cette petite course* (Dhôtel).

PÉLASGIEN forme On rencontre également **pélasgique.** ♦ **sens** Terme d'ar-

chéologie, « attribué aux Pélasges, peuple de l'Antiquité préhellénique ». Ne pas confondre avec **pélagique** (relatif à la haute mer) et **pélagien** (adepte de la doctrine de Pélage).

PÊLE-MÊLE orth. Toujours invariable, qu'il s'agisse de l'adjectif, de l'adverbe ou du substantif : *Au milieu d'un épais nuage de poussière et de fumée, des dizaines de corps déchiquetés gisaient pêle-mêle parmi les décombres* (A. Besson). *Il vit là des vêtements (entassés) pêle-mêle.*

PELER conjug. Comme *geler* → APPENDICE

PÈLERIN orth. Un accent grave, ainsi que pour tous les dérivés : *un pèlerinage, le faucon pèlerin, une pèlerine* (vêtement)...

PELLAGRE sens « Maladie de la peau causée par un manque de vitamine PP. » Ne pas confondre avec **pelade,** « maladie qui fait tomber poils et cheveux par endroits ».

PELLE-BÊCHE orth. Plur. : **des pelles-bêches.** On écrit aussi : *une pelle-pioche. Des pelles-pioches.*

PELOTARI orth. Plur. : **des pelotaris.** ♦ **sens** « Joueur de pelote basque. » Mot peu utilisé par les non-spécialistes, et cependant commode et bref : *Le pelotari guipuzcoan avait dû renoncer à atendre son bras* (Peyré).

PELOTE orth. Un seul *t* ainsi que les dérivés : **peloter, pelotage.**

PELOTONNER orth. Avec deux *n.* Ne pas omettre le *e,* qui est le plus souvent escamoté dans la prononciation [plɔɥtɔne].

PELUCHER orth. On suit souvent la prononciation en supprimant le *e* : **plucher.** De même pour l'adjectif **pelucheux,** mais non pour le substantif **peluche,** en raison de la confusion avec **pluche(s).** → ce mot ♦ **constr.** On dit indifféremment qu'un *tissu p(e)luche* ou *se p(e)luche.*

PENALTY orth. Terme sportif emprunté à l'anglais. Pas d'accent sur le *e,* un y à la fin. On dit plus souvent aujourd'hui **pénalité.**

PÉNARD → PEINARD

PENAUD forme Le féminin **penaude** n'est pas très répandu : *Annette fit la mine penaude* (Rolland).

PENCE → PENNY

PENDANT (substantif) **forme** Dans la locution verbale **se faire pendant,** on met le mot *pendant* indifféremment au singulier ou au pluriel, quand le sujet représente deux choses : *Ces deux tableaux se font pendant(s) de part et d'autre de la cheminée.*

□ **des pendants d'oreille(s).** On peut écrire *oreille* au singulier ou au pluriel : *Pourquoi as-tu mis ces pendants d'oreille, ce soir?* (Peyré). De même pour *boucle d'oreille(s).*

PENDANT (QUE) emploi La locution conjonctive *pendant que* a un sens principalement temporel. Il faut éviter de l'employer, dans la langue soutenue, au sens adversatif de «tandis que» : **Il préfère la montagne, pendant que vous, vous préférez la mer.* On dira beaucoup mieux : *tandis que toi; alors que vous; mais vous, en revanche,* etc.

□ **tout pendant que.** Ce renforcement est archaïque ou populaire : *S'amuser avec sa mort tout pendant qu'il la fabrique, ça c'est tout l'homme, Ferdinand!* (Céline). → CEPENDANT

PENDULE genre Masculin au sens technique de «système oscillant» ou «masse mobile suspendue à un point fixe» : *Le physicien comme le sourcier utilisent le pendule.* Féminin au sens courant de «petite horloge».

PÊNE orth. Masculin et avec un accent circonflexe. Ne pas confondre avec **penne** (féminin), qui désigne notamment une plume d'oiseau. ♦ **sens** «Pièce de la serrure s'engageant dans la gâche et maintenant la porte fermée». → GÂCHE

PENNE → PÊNE

PÉNIBILITÉ emploi et sens Ce néologisme est bien formé et très acceptable (comme *faisabilité*) au sens de «carac-

tère pénible» ; il ne fait pas double emploi avec **difficulté** : *Côté pénibilité, le job de publicitaire ne le cède en rien à celui de journaliste* (Le Canard enchaîné, 25 mars 1992).

PÉNICHETTE emploi et sens Ce néologisme bien formé remplace très heureusement l'anglais *houseboat,* pour désigner un bateau plat, de plaisance, aménagé comme une caravane pour des voyages touristiques sur les canaux et rivières : *Dans le port de Gray, on peut louer des pénichettes pour descendre la Saône.*

PENNY forme Le pluriel est **pence,** dans un compte : *Trois livres cinq shillings quatre pence,* mais **pennies** pour désigner les «pièces de bronze» : *Nanette retrouva deux pennies dans le fond de son sac.*

PENSE-BÊTE orth. Plur. : **des pense-bêtes.**

PENSER orth. Se garder de l'homonymie de **panser** (bien que l'origine des deux verbes soit la même, le latin *pensare*) : *Maintenant encore je ne puis penser à la désespérée sans panser en mon cœur la plaie innombrable de sa féminitude* (Allen). ♦ **constr.** Ce verbe est tantôt transitif indirect, tantôt transitif direct.

□ **penser à.** «Avoir présent à l'esprit, appliquer son esprit» : – *À quoi penses-tu, maman? – Mais à rien, mon chéri... À ce que tu me disais* (Mauriac). On notera que, dans cet emploi, le pronom personnel objet est toujours à la forme tonique ou introduit par *à* : *Je m'efforçais de ne plus penser à Marthe, et, par cela même, ne pensais qu'à elle* (Radiguet). Si le personnel représente un nom de chose, c'est *y* qui convient.

□ **penser (à) + infinitif.** «Ne pas oublier, avoir l'idée de, songer à» : *Comment ai-je pensé à mettre ce cahier dans mes bagages?* (Mauriac). Ou encore dans le sens de «croire», ou «compter, avoir l'intention de», ou «être près de, manquer» : *Du diable si je pensais vous rencontrer ici* (Carco). *Un instant, il avait pensé acheter un drageoir ancien* (Simenon, cité par Sandfeld). *La douleur fut si forte, qu'il pensa s'évanouir* (Mirbeau). La construction avec *de* est rare et littéraire : *Il pensa de s'adresser à son évêque* (Peyrefitte).

□ **penser + substantif** (ou pronom objet). «Embrasser par la pensée, réfléchir sur» : *Voici la nuit qui se peuple. L'homme pense la terre, les champs, les forêts, une vallée étroite* (Duhamel, cité par Le Bidois, *Le Monde*, 29 juin 1960). *Une tête qui pense le drame français, oui, j'aurai le ridicule de la chercher encore et toujours* (Mauriac).

□ **penser + substantif non déterminé.** *Pour que je pense civilisation, sort de l'homme, goût de l'amitié dans mon pays* (Saint-Exupéry). Ici l'objet «direct» exprime moins un objet proprement dit qu'une certaine manière de penser.

□ **penser + adjectif.** *Le premier courage à avoir, c'est de penser vrai* (Romains) : ici l'adjectif exprime plutôt une «qualité» de la pensée. *Elle pense périssable, elle pense individuel, elle pense par raccrocs* (Valéry).

□ **penser que.** «Après une principale interrogative ou négative, on rencontre l'indicatif ou le subjonctif suivant que celui qui parle est incertain ou sûr de la réponse» (Nyrop) : *Au reste, il ne pensait pas que la vie fût tout à fait mauvaise* (France). *Vous ne pensez pas que ce soit plutôt un vol?* (Queneau). L'emploi de *c'est* au lieu de *ce soit* donnerait à l'ensemble une valeur plus affirmative.

□ **je me pensais (que).** Cette construction pronominale est fautive et semble être due à l'analogie de *je me disais*; dans le Midi, c'est un provençalisme.

□ **il est plus fort que je (ne) (le) pensais.** L'ellipse de *le* est fréquente, mais celle de *ne* est moins : *Il se trouvait possesseur d'un paquet d'actions trois fois plus gros qu'on ne pensait* (Morand).

□ **le penser. emploi et sens** L'infinitif substantivé du verbe *penser* est archaïsant au sens de «faculté, ou façon de penser, ou résultat de l'action de penser». On n'emploie aujourd'hui que *la pensée*, ou des termes philosophiques issus du grec : *noème, noèse*, etc.

□ **bien-pensant.** Avec un trait d'union. Adjectif et substantif. Plur. : **des bien-pensants.** *Des paroles bien-pensantes.* → BIEN

□ **penseur.** Le féminin est rare. On maintiendra plutôt le masculin : *Marie Curie fut un penseur de génie.*

□ **libre penseur.** Pas de trait d'union dans cet adjectif substantif. Plur. : **des libres penseurs.** Au féminin : *Élevée par un père sceptique, une mère libre penseuse* (Rolland). → LIBRE

PENTHOTAL prononc. [pɛ̃tɔtal] ♦ **orth.** Attention à la place du *h*. ♦ **emploi et sens** Synonyme de *penthiobarbital*, plus connu sous le nom familier de *sérum de vérité : Une piqûre de penthotal.*

PENTODE orth. On préférera celle-ci, pour sa simplicité, à **penthode** qu'on rencontre souvent. ♦ **sens** «Tube à vide à cinq électrodes».

PÉNULTIÈME emploi et sens Terme technique souvent employé en phonétique, signifiant «avant-dernier» (et non pas «dernier») et surtout, comme substantif, «avant-dernière syllabe» : *Dans le mot latin* patrem, *l'accent tonique est sur la pénultième.* On nomme **antépénultième** ce qui précède l'avant-dernier.

PÉPINIÉRISTE orth. Prend deux accents aigus, alors que *pépinière* s'écrit avec un accent aigu et un grave. ♦ **emploi et sens** Ne pas confondre **pépinière**, lieu où l'on cultive des arbres destinés à être replantés, et **pinède** (ou **pinière**), bois de pins.

PÉQUENOT forme C'est, au masculin, la forme la plus courante. On trouve aussi **péquenaud.** Le féminin est en général **péquenaude.** ♦ **emploi et sens** Ce mot appartient à la langue parlée et désigne de façon péjorative le «paysan» : *Ils peuvent pas se coller une couronne d'oranger sur la tête. Ça ferait péquenot* (Aymé).

PERCE- orth. Les composés formés avec **perce-** prennent tous un *s* final, sauf *perce-neige* → ce mot

PERCE-NEIGE orth. Substantif invariable : *Les premières fleurs éclosaient, à l'abri des murs : éranthes d'un jaune acide, perce-neige et même quelques primevères* (Fontanet). ♦ **genre** Masculin ou féminin selon les dictionnaires et les

auteurs : *Les perce-neige sont fleuri(e)s.*
Le masculin semble plus courant.

PERCER emploi Dans la langue soutenue, on rencontre ce verbe au sens abstrait de « paraître » : *Il laissait percer des
opinions respectueuses de l'ordre établie*
(Bazin).

PERCHERON forme Le féminin est **per-
cheronne.**

PERCHISTE emploi et sens Néologisme
bien formé, employé au sens d'« athlète
sautant à la perche » ou de « technicien
chargé du maniement de la perche,
pendant le tournage d'un film ».

PERCLUS forme Le féminin est **per-
cluse,** et non **perclue : La musique
qu'on y jouait était tout juste bonne
pour des vieilles femmes percluses de
rhumatismes* (Gerber). Attention à l'a-
nalogie de *conclu(e).* → EXCLURE et IN-
CLURE ♦ emploi et sens Le verbe *perclure*
n'existe plus qu'au participe passé, qui
signifie « paralysé (par) » : *Lui se sentait
perclus de timidité* (Mauriac). *Le village,
sommeillant, perclus, ossifié, était triste
comme un dimanche au paradis*
(Aymé). → COURBATURE et RECRU

PERDURABLE emploi et sens Adjectif
rare et littéraire, au sens de « éternel ».
→ PÉRENNE

PÈRE emploi et forme On dit : *le père Tru-
bel* (Bazin), *le père abbé* ; sans majuscule, pour nommer un ecclésiastique.
En abrégé, le *P. Untel,* les *PP. Untels.*
Quand on s'adresse à la personne, on
dit *Père* ou *Mon père.* Ces appellations
tendent à supplanter *Monsieur l'abbé*
ou *Monsieur le curé* : *Quant à « Mon
père » ou plus familièrement « Père », il a
tendance à se généraliser depuis quelques années pour le clergé séculier ; certains jeunes évêques lui manifestent
leur préférence (Le Monde).*
□ **tes père et mère.** Malgré les puristes, ce tour est fréquent dans la
langue familière, où il constitue peu à
peu un groupe figé : *Ses propres père et
mère, il les leur livrerait* (N. Sarraute).
On peut préférer *tes parents* ou encore
le tour analytique *ton père et ta mère.*

PÉRÉGRINATION forme Ne pas déformer ce substantif en **pérsignation.*

♦ emploi et sens Surtout au pluriel, au
sens de « voyages fréquents et divers » :
*Je ne vais pas vous faire le récit complet
de mes pérégrinations.*

PÉRENNE emploi et sens Adjectif didactique et rare, « qui dure longtemps ».
Les géographes le prennent encore au
sens étymologique de « qui dure toute
l'année ». → PERDURABLE On écrit **pé-
rennité, pérenniser.**

PERFECTIONNISME emploi et sens Ce
substantif désigne de façon souvent
critique la « tendance à rechercher la
perfection » dans de nombreux domaines. De même pour *perfectionniste.*

PERFORMANT emploi et sens Cet adjectif très à la mode double souvent sans
grande utilité des mots comme *efficace,
fécond, productif,* etc. : *M. Védrine, qui
s'emploie depuis sa nomination à reconstituer un état-major qui soit non
seulement aussi performant que les précédents mais composé de compétences
reconnues* (Rollat, *Le Monde,* 29 juillet
1992). *L'invasion se borne au vocabulaire, qui fait tellement plus efficace
(pardon : « performant ! »)* (Cavanna).
On évitera l'abus de ce mot, qui se justifie surtout dans un contexte de compétition...

PERFUSION sens Moins répandu que
transfusion, ce terme désigne le « fait
d'injecter dans un organisme le sérum
ou le sang conservé dans un récipient
stérile ». La **transfusion** se fait au
contraire immédiatement, de personne
à personne : *Ce blessé n'a pu survivre
que grâce à plusieurs perfusions.*

PÉRI- emploi et sens Préfixe signifiant
« autour » et entrant dans la formation
de nombreux mots savants : *périarti-
culaire, péricarde,* etc. (Jamais de trait
d'union).

PÉRIGÉE sens → APOGÉE

PÉRIL emploi et sens → DEMEURE

PÉRIMER constr. Ce verbe se rencontre
surtout à la voix pronominale ou à la
voix passive : *Les systèmes autrefois cor-
rosifs vieillissent et se périment avec les
civilisations qui les ont vus naître (Le
Monde). Les vêtements à la mode se pé-*

riment rapidement. On emploie parfois *périmer* de façon transitive, au sens de « rendre caduc » : *Le texte périmera la linguistique, comme la linguistique est en train de périmer l'œuvre* (Barthes).

PÉRIODE genre Ce substantif n'est masculin que dans l'acception classique de « chacun des degrés par lesquels passe une chose pendant sa durée » : *Un couple, au plus haut période de son bonheur, compose une sorte d'écho, un assemblage de miroirs parallèles* (Valéry).

PÉRIPHRASE sens « Figure de rhétorique par laquelle on remplace le mot propre, qui est simple, par une tournure ou locution explicative » (Morier) : *Les « précieuses » du Grand Siècle usaient de nombreuses périphrases.* Voici des exemples : *le bas du dos* (pour le *postérieur*), *le nerf de la guerre* (pour *l'argent*). La périphrase peut prendre la forme d'un **euphémisme**, c'est-à-dire d'une « expression adoucie ». L'adjectif correspondant est **périphrastique.**

PÉRIPLE sens Au sens propre et géographique, ce mot équivaut à **circumnavigation** : *Poésie pour apaiser la fièvre d'une veille au périple de mer* (Saint-John Perse). On passe aisément au sens de « voyage », et même à celui de « n'importe quel circuit compliqué », l'idée de « navigation » se perdant peu à peu : *Peu de gens visitent pour leur seul plaisir l'Éthiopie, d'autant plus que le renversement du négus n'a pas rendu les périples touristiques particulièrement aisés* (Godbout). *Déjà ce court périple m'avait égaré ; j'étais arrivé dans une autre gare* (Butor). La langue a admis aujourd'hui ce glissement sémantique.

PÉRIR conjug. Ce verbe s'emploie surtout aux temps composés, avec l'auxiliaire *avoir : Un petit voilier a chaviré jeudi près du Tréport. Deux hommes ont péri noyés (Le Monde).* L'auxiliaire *être* est à peu près complètement sorti de l'usage. Mais le participe passé *péri* est toujours vivant avec un sens passif, et se rencontre même parfois sans auxiliaire : *Qui sait ?... Divinité peut-être, périe avec le même vaisseau qu'elle était faite pour préserver de sa perte ?* (Va-

léry). ♦ emploi Ce verbe appartient au langage littéraire, et la langue courante lui préfère le simple **mourir,** sauf dans certaines locutions figées où le verbe ancien s'est bien conservé : *Mon oncle se faisait un curieux point d'honneur de ne presque jamais sortir de sa bibliothèque, mais il s'y ennuyait à périr et n'y travaillait point* (Green). L'adjectif **périssable** peut avoir le même emploi recherché, mais il s'applique également, dans la langue courante, à des « marchandises ou denrées qui s'abîment rapidement » : *Le transport des denrées périssables.*

PÉRISSOLOGIE sens Synonyme savant de **pléonasme** (→ ce mot) ou, en rhétorique, procédé d'insistance par répétition, du type : *Je l'ai vu, dis-je, vu, de mes propres yeux vu, ce qu'on appelle vu* (Molière).

PERMETTRE orth. Le participe passé du verbe employé pronominalement est invariable s'il n'y a pas d'objet direct qui précède : *Elle s'est permis de me tutoyer.* Mais : *La familiarité qu'il s'est permise à mon égard.* → PARTICIPE PASSE ♦ constr. On dit **permettre à quelqu'un de faire quelque chose,** et plus rarement **permettre que** (sans préciser le complément animé) : *Qui a permis qu'on touche à ces fleurs ? Permettre que* est en général suivi du subjonctif : *Il ne permettait pas à ces désordres de la rêverie qu'ils commandaient son activité* (Barrès). On trouve parfois l'indicatif dans la langue classique.

PERMUTATION sens Ce mot désigne un « échange réciproque », une « interversion », et ne doit pas être confondu avec la **commutation,** qui désigne une « substitution ». La plaisanterie : *– Que faites-vous, mon brave, dans le civil ? – Euh... colonel, mon charcutier !* repose sur une **permutation.** Au contraire, le fait de remplacer un mot par un autre, en raturant un texte, est une *commutation.* Cette distinction est souvent mal observée.

PÉRORER emploi et sens Ce verbe est toujours péjoratif et signifie « parler avec suffisance et emphase » : *Il y avait en lui un professeur sans élèves, dont*

*ces occasions de pérorer décongestion-
naient la cervelle* (Bazin).

PERPÈTE (À) emploi et sens Expression
populaire signifiant «à perpétuité». On
écrit aussi **à perpette.**

PERPÉTRER sens Ce verbe s'emploie
comme **commettre,** au sens de «accomplir (une action délictueuse)». Son
sens est donc fort et spécialisé : *S'il
avait pénétré chez Chassegrange, c'était
avec l'intention certaine de perpétrer un
drame à sa façon* (Dhôtel). *Cet attentat a
été perpétré par un commando qui a
voulu exercer des représailles* (*Le
Monde*). On ne confondra pas ce verbe
avec **perpétuer,** qui signifie «continuer» et s'applique généralement à
une habitude, une tradition, etc. : *Cette
présence en pointillé suffisait à perpétuer, au fond de moi, une époque dont
j'avais du mal à admettre la fin* (Colombier). *Laisser se perpétuer la situation
actuelle.*

PERPÉTUER → PERPÉTRER

PERRUQUE emploi et sens Ce mot est
souvent péjoratif. On lui substitue,
dans le vocabulaire de la mode, le
terme de **postiche,** comme adjectif ou
substantif. → ce mot et MOUMOUTE

PERSAN ou **PERSE emploi et forme** Le
premier mot est l'adjectif-substantif utilisé pour l'histoire moderne de la
Perse : *Persans et Persanes se précipi-
tèrent pour voir le chah.* On emploie
plutôt, de nos jours, le mot **iranien.** Le
second appartient au vocabulaire des
historiens de l'Antiquité et des linguistes : *La victoire des Perses sur les
Athéniens à Aigos Potamos. L'étude de
la langue perse est ardue.* Quant au
substantif féminin **la perse** (sans majuscule), il désigne une «cretonne imprimée».

PERSIFLER orth. Un seul *f*, à la différence de **siffler.** De même pour *persi-
flage.*

PERSIL prononc. Contrairement à une
habitude qui tend à se répandre, le *l* final ne doit pas se faire entendre : [pɛʀsi].

**«PERSONA (NON) GRATA» emploi et
sens** Locution latine utilisée le plus

souvent sous la forme négative et dans
la langue de la diplomatie, au sens de
«officiellement indésirable» : *L'attaché
militaire a été déclaré «persona non
grata» et reconduit à la frontière.*

PERSONNE (pronom) **genre** L'indéfini
est généralement considéré comme
neutre, même s'il désigne une femme :
*Je ne connais personne de plus gentil
que cette fille.* ♦ **constr.** Comme indéfini,
ce pronom a un sens positif à l'origine
et n'est pas nécessairement accompagné de *ne.* C'est le cas notamment en
phrase interrogative ou après un terme
de comparaison : *Je suis meilleur juge
que personne de ce qui lui convient* (Augier). *Connaissez-vous personne qui
puisse vous répondre?* («qui que ce
soit»). Avec un verbe de sens négatif :
*Elle nia avoir jamais donné d'œillets
rouges à personne qu'à Évariste*
(France). *Je vous défends de laisser pénétrer ici personne* (Méré, cité par
Sandfeld). On notera que ce tour est
très proche de l'emploi comme substantif (→ le suivant) : *As-tu déjà vu une
personne plus séduisante que lui?*
Néanmoins on trouve le plus souvent
ne avec, éventuellement, *jamais, plus* et
rien, à l'exclusion de *pas* et *point* : *Il se
fit conduire rue de Courcelles. Plus personne* (Gide). *Il ne pouvait plus rien
pour personne, ni pour le navigateur, ni
pour la femme qu'il aimait* (J. Roy). On
peut cependant employer **pas** et **personne** dans la même phrase, à condition qu'ils appartiennent à des propositions différentes : *Il ne faut pas que
personne reste en arrière* (Guilloux). *Ce
mot d'ailleurs n'a plus de sens; il ne
vaut pas qu'on risque de choquer personne* (Camus). *Ne vous figurez pas que
vous choquerez personne* (Romains).

□ **place de personne.** La construction :
Je n'ai vu venir personne semble la plus
naturelle, mais on trouve aussi l'intercalation entre les deux verbes, qui est
correcte : *Ne voyant personne venir,
j'entrai dans la maison* (Apollinaire).

□ **ne... personne qui (ne).** La relative
qui a pour antécédent ce pronom indéfini a en général son verbe au subjonctif, avec une valeur consécutive ou finale : *Elle n'avait vu personne, à l'arrêt
de Vierzon, qui ressemblât au grand
Meaulnes* (Alain-Fournier).

PERSONNE (substantif) **emploi et sens**
Comme substantif, **personne** se distingue de **gens**, en ceci qu'on peut l'accompagner d'un adjectif numéral : *Deux ou trois personnes étaient présentes*, ce qui est impossible pour « gens », bien qu'on puisse dire à peu près indifféremment *certaines personnes* ou *certaines gens*. → GENS

□ **la personne de...** Il s'agit d'un emploi emphatique : *Il s'en est pris à la propre personne du ministre et lui a dit son fait*. De même pour : *Les responsables sont venus en personne assister à l'inauguration*.

□ **en personne.** Construit en apposition à un nom abstrait, renforce ce substantif : *C'est la bonté en personne* (= « la bonté personnifiée »).

□ **bien fait de sa personne.** Cet emploi est pléonastique et figé : *Je n'étais pas mal fait de ma personne, je me montrais à la fois danseur infatigable et discret érudit* (Camus).

□ **comme personne.** « Aussi bien que qui ce soit » : *Elle frottait, cousait, mijotait les plats comme personne* (Dorgelès).

□ **personne de.** *Huit jours sans que l'on vit personne des Baillard* (Barrès) (ici *aucun* serait plus courant).

PERSONNEL emploi et sens Ce substantif a un sens collectif : « ensemble des personnes qui ont une activité au sein d'une entreprise ». On évitera de l'utiliser au sens d'« agent, employé, cadre, etc. ».

PERSUADER forme Le participe passé peut s'accorder ou non avec le sujet à la voix pronominale : *Elle s'est persuadé (e) que je l'avais prise en grippe*. Cela s'explique par la double construction, commentée ci-après. ♦ **constr.** On dit également bien **persuader quelqu'un de (faire) quelque chose (que)**, ou **persuader quelque chose à quelqu'un** : *Je ne suis pas arrivé à la persuader de m'accompagner*, opposé à : *Son tacite langage* [de la nature] *nous persuade l'insuffisance de tout vocable humain* (Rostand). Aussi, à la voix pronominale, le pronom réfléchi est-il considéré tantôt comme complément d'objet direct, tantôt comme objet indirect : *Je suis tranquille à présent, parce que je me suis persuadée que, où que j'aille, le reste du monde se déplace avec moi* (Beauvoir), opposé à : *Ils s'étaient persuadé qu'on n'oserait les contredire* (Acad.). Cet accord est indifférent et ne modifie ni le sens du verbe ni celui de la phrase dans laquelle il se trouve.

□ **persuader que.** On ne doit pas employer *de ce que* mais toujours *que*. Le mode est l'indicatif après une principale affirmative, le subjonctif ou parfois l'indicatif après une principale négative ou interrogative : *Il se persuada qu'il n'était plus rien à ses yeux qu'un vieux mur à abattre* (Mauriac).

PESANT emploi et sens Employé comme substantif notamment dans le tour figé : *Cela vaut son pesant d'or*.

PÈSE- forme Dans les composés formés avec **pèse-**, le premier élément étant verbal demeure invariable. Le *s* du pluriel est facultatif dans le substantif complément : *des pèse-acide(s), -alcool (s), -bébé(s), -esprit(s), -lait(s), -lettre (s), -liqueur(s), personne(s),* etc.

PÈSE-PERSONNE emploi et sens Ce mot, auquel il n'y a rien à reprendre du point de vue de la forme, a remplacé le substantif **bascule**.

PESER forme La règle d'accord du participe passé est la même que pour *coûter*. Si le verbe est intransitif, l'accord ne se fait pas : *Les quatre-vingts kilos qu'il a pesé, au temps où il mangeait trop*. S'il a un complément d'objet direct antéposé, l'accord habituel apparaît : *Les quatre-vingts kilos de viande que le boucher a pesés dans la journée pour ses clients*. Au figuré : *Toutes les raisons qu'il a longuement pesées*. → COÛTER

PESETA prononc. On hésite entre [z] et [s]. De plus, au pluriel, le *s* final peut ou non se faire entendre : *des* [pezeta(s)]. Même remarque pour **peso**, « monnaie ayant cours en Amérique latine ». ♦ **forme** Parfois francisée en **pésète**.

PÉTALE genre Masculin, contrairement à ce qu'on croit souvent : *Des milliers de pétales blancs et roses* (Radiguet). → PÉTIOLE

PÉTANT(ES) emploi Dans le registre familier, on emploie ce participe-adjectif précédé d'une heure quelconque, pour insister sur la précision ; l'accord est facultatif : *Je t'avertis que, sitôt habillé, je me sauve. On entre à sept heures trente pétant, chez Jouvenceau* (Romain Roussel). → SONNER et TAPANT

PET-DE-LOUP orth. Avec deux traits d'union, comme les autres composés *pet-de-nonne* et *pet-en-l'air.* Au pluriel, des **pets-de-loup** et des *pets-de-nonne,* mais des *pet-en-l'air.*

PÈTE-SEC forme et emploi Mot invariable, comme adjectif ou comme substantif : *Sont-ce ses descendants* |du peuple| *ces arrivistes pète-sec, aussi fermés à la véritable beauté que la serrure de leur attaché-case?* (Cavanna). *Ce sont des (femmes) pète-sec.*

PÉTIOLE prononc. |pesjɔl| et non *|petjɔl|.
♦ **genre** Masc. ♦ **sens** Nom scientifique de la « queue » d'une feuille : *Cette plante possède de très fins pétioles.*

PETIT orth. Distinguer les substantifs de parenté : *petit-fils, petite-fille, petit-neveu, petite-nièce,* comportant un trait d'union et dont les deux éléments prennent la marque du pluriel, ainsi que *petits-enfants* (sans singulier), des formes libres : *des petits enfants* (des enfants en bas âge), *sa petite nièce* (sa jeune nièce), etc. ♦ **emploi et sens** On prendra garde que, lorsque ce mot est employé comme préfixe et séparé du mot suivant par un trait d'union, il a généralement un sens spécialisé s'éloignant plus ou moins du sens spatial originel : *petit-bourgeois, petit-fils, petit-maître, petit-lait, petit-nègre,* etc. (tous ces mots prennent le *s* du pluriel sur les deux éléments). Comme substantif, **les petits** s'applique très souvent aux enfants et non pas seulement aux « petits d'animaux ». On évitera cependant de dire, en parlant d'une femme : **Elle est venue avec ses petits.*

□ **sa petite enfance.** Cette construction est passée dans la langue des meilleurs écrivains, de même que la *toute enfance.* → TOUT (ADJECTIF)

PETIT-BEURRE forme Plur. : **des petits-beurre.**

PETIT-BOURGEOIS sens Adjectif et nom désignant ce qui appartient à la petite bourgeoisie, à ce qu'on appelle communément les classes moyennes : *Je suis le fils de petits-bourgeois* (Vailland). Souvent péjoratif : *Des pensées petites-bourgeoises.*

PETIT-SUISSE orth. Avec trait d'union, et double *s* au pluriel : **des petits-suisses.**

PÉTROCHIMIE forme On critique à juste titre cette forme, malencontreuse, et qu'il faudrait remplacer par **pétrolochimie. Pétrochimie** semble cependant s'être imposé de façon irréversible. Même remarque en ce qui concerne l'adjectif *pétrochimique : L'industrie pétrochimique va être fortement développée autour de l'étang de Berre (Le Monde).*

PÉTROLIER ou PÉTROLIFÈRE emploi et sens Le second adjectif comporte l'idée de « contenir, produire » : *roche, terrain, couche, gisement pétrolifère,* tandis que **pétrolier** signifie simplement « qui concerne le pétrole » : *Au Canada, les sociétés pétrolières françaises renforcent leurs positions (Le Monde).* Seul ce dernier adjectif se substantive, au sens de « bateau servant au transport du pétrole » : *On construit des pétroliers au tonnage de plus en plus important,* et parfois avec un sens animé : *Les pétroliers opérant en Libye (Le Monde).*

PEU emploi et sens Peu est utilisé, soit comme adverbe de quantité : *En décembre, la chose était peu croyable* (Guéhenno). *Il mange si peu qu'il s'anémie,* soit comme nominal (substitut d'un nom) : *Son peu de désir de revenir à Paris* (Vailland). On passe aisément de l'un à l'autre emploi dans l'exemple suivant : *Il y a quelques belles choses, mais peu. Ce peu, c'est encore beaucoup pour moi* (Rolland). On se gardera de confondre pour le sens **peu** et **un peu,** qui s'opposent dans : *Il est peu nerveux* et *il est un peu nerveux.*

□ **le peu de + subst. plur.** Quand ce tour est sujet d'un verbe, celui-ci se met au singulier ou au pluriel, selon qu'on veut insister sur l'idée de manque et d'insuffisance ou sur le contenu positif du complément de *peu.* Il en est de même, en principe, pour l'accord du participe passé. Il va sans dire que beaucoup d'auteurs n'observent pas cette distinction. Ainsi, Duhamel écrit : *Le peu de cheveux qui me reste grisonne allégrement*. Or, il est clair que ce qui grisonne allégrement, ce n'est pas le manque de cheveux, mais les quelques cheveux qui restent. De même, dans cette phrase de Romains : *Les doigts perdaient le peu d'assurance qu'ils auraient eu*, le peu de signifie « la possible assurance » et non pas « le défaut d'assurance », et le participe *eu*, au masculin, n'est pas conséquent.

□ **de peu inférieur** ou **inférieur de peu.** Quand *de peu* modifie un comparatif synthétique, il est presque toujours antéposé : *Elle est de peu supérieure à sa sœur*, mais on peut dire : *supérieure de peu à sa sœur*. En revanche, *peu*, seul, est nécessairement antéposé : *Elle est peu supérieure à sa sœur*. Avec les comparatifs analytiques, on emploie seulement *un peu*, toujours antéposé : *Elle est un peu plus grande que sa sœur*.

□ **je l'ai trop peu vu** ou **vu trop peu.** Les locutions *assez peu, bien peu, trop peu* sont relativement mobiles dans une proposition dont le verbe est à un temps composé ; on dira aussi bien : *Je l'ai trop peu fréquenté pour me faire une opinion*, que *je l'ai fréquenté trop peu*.

□ **peu s'en faut que, il s'en faut de peu** → FALLOIR et BEAUCOUP

□ **un petit peu, un tout petit peu.** Ce tour pléonastique est complètement passé dans le bon usage : *Gévigne s'agitait un tout petit peu trop* (Boileau-Narcejac). Mais un certain snobisme – qui dans les médias tourne parfois au tic – use et abuse de ces douteuses litotes, et Cavanna raille avec esprit : *Attendons-nous à ce que Monsieur l'abbé, au catéchisme, parle de Dieu qui est un petit peu tout-puissant et un petit peu infiniment bon, tandis que Satan serait peut-être pas tout à fait recommandable et un petit peu damné*.

□ **peu ou prou.** Locution archaïsante, signifiant « peu ou beaucoup » : *L'échec de mouvements de guérilla rurale dont les dirigeants s'inspiraient peu ou prou de l'expérience cubaine* (*Le Monde*).

□ **un peu bien, un peu beaucoup.** Ces emplois sont ironiques : le premier est plutôt littéraire, le second familier : *Des farces un peu bien grosses* (Pourrat, cité par Grevisse). *Ça me paraît un peu beaucoup, tu devrais en enlever*.

□ **un peu là.** Cet emploi expressif est franchement populaire, de même que *un peu* suivi ou non d'une proposition débutant par *que* : *S'il y a du grabuge, le gaillard est là, et même un peu là ! Un peu, qu'ils se sont battus !* → LÀ

□ **va voir un peu ce qu'ils font.** *Un peu* a auprès de certains verbes une valeur d'atténuation familière : *Viens un peu là. Dis-moi un peu, qu'est-ce qu'ils t'ont raconté ?*

□ **peu (de personnes) le connaissent.** Quand *peu* est employé en valeur nominale, comme sujet simple ou accompagné d'un complément au pluriel, le verbe se met nécessairement au pluriel : *Peu de chers amis venaient rendre visite au prince* (Bastide).

□ **pour peu que.** Cette locution conjonctive introduit une proposition concessive : *Pour peu que nous revenions sur nos vies, les occasions ne manquent pas de nous étonner et de nous scandaliser nous-mêmes* (Camus). *Pour peu qu'on ait pratiqué les savants, on s'aperçoit qu'ils sont les moins curieux des hommes* (France). Le sens est très voisin de **si peu que,** qui se construit également avec le subjonctif : *Mais si peu que ce soit, il lui parlait quand même plus qu'à la mère* (Duras). On évitera de combiner ces deux tours et d'écrire **pour si peu que*, qui est considéré comme incorrect.

□ **(un) tant soit peu.** Locution restrictive : *Aucune vue tant soit peu nouvelle* (Romains). *Il n'est pas possible qu'une femme tant soit peu propre puisse habiter dans ces endroits* (Giono).

□ **pour un peu.** Cette locution est très répandue dans la langue familière : *Pour un peu, on se fût attendu à les voir en blouse blanche* (Chraïbi). *Pour un peu*, en corrélation avec un verbe au conditionnel, marque une donnée hypothétique : *Pour un peu, il se fût imaginé qu'il les connaissait depuis longtemps* (Romains) (= « si on l'avait poussé un peu »).

PEUPLE emploi et sens Comme adjectif, ce mot est invariable. Il a une valeur nettement péjorative et ne se confond pas avec **populaire** : *L'importance du dos, aussi large que la poitrine, choqua Alain.* «*Elle a le dos peuple*» (Colette). *Faire peuple.*

PEUR constr. On dit en principe : *Avoir grand-peur*, mais bien plus souvent *avoir très peur.* → FAIM

□ **avoir peur que.** Cette locution verbale se construit avec le subjonctif. Le *ne* est facultatif : *Il a peur qu'on ne me prenne*, pensa Mathieu (Sartre). *C'est son seul bien, il a peur qu'on le lui vole* (Claudel). *Il se levait comme s'il avait peur que Mme Oberti ne lise son avenir ou ne lui jette un sort* (Gallo). *Elle avait peur qu'on la prit pour une femme des déserts chauds* (Giono). La construction est la même pour la locution *de peur que* : *Elle osait à peine toucher la poignée, de peur que tout ne se réduise en ombre* (Vian). *Elle se retenait, de peur qu'on la remarquât trop, de tousser, de pleurer* (Saint-Exupéry). On trouve aussi *par peur*, dans la peur : *Les femmes évitaient de s'essuyer les yeux par peur qu'ils ne vissent le geste* (Vercel). *Elle me renvoyait par peur que je la fatigue* (Proust). → CRAINDRE et CRAINTE

PEUT-ÊTRE forme Ne pas confondre avec la construction libre **peut être**, sans trait d'union, et qui fait au pluriel **peuvent être**. ♦ constr. Placé en tête d'une phrase, cet adverbe entraine généralement l'inversion : *Peut-être l'une d'elles est-elle à point?* (Vailland). *Mais peut-être après tout avez-vous raison de traiter les dieux comme de simples hommes* (Giraudoux). Cependant, l'ordre sujet-verbe n'est pas impossible : *Peut-être il avait l'intention de donner a Edmée les bagues volées chez Chassegrange* (Dhôtel). Et on le rencontre systématiquement à la suite de **peut-être que** : *Peut-être que je pensais à mon travail tout en l'écoutant* (Masson). *Peut-être bien aussi que je m'étais mis dans la tête de ne pas céder?* (Gide). C'est par contamination qu'on entend souvent dans la langue populaire : *Peut-être que le rhinocéros s'est-il échappé du jardin zoologique!* (Ionesco). → INTERROGATION

PHALÈNE genre Féminin, bien que les emplois au masculin soient fréquents : *Comme une phalène attirée par une lampe nocturne* (Marcel, cité par Grevisse), mais *l'aile d'un phalène* (Colette, cité id.).

PHALLUS orth. Deux *l*, ainsi que **phallique** (relatif au phallus) que l'on ne doit pas confondre avec **phalloïde**, ce dernier adjectif n'étant employé que pour qualifier un champignon : *Une amanite phalloïde.*

PHANTASME → FANTASME

PHARAMINEUX → FARAMINEUX

PHARAONIEN forme On rencontre également **pharaonique**.

PHARYNX sens «Carrefour très complexe, dans le fond de la gorge, où aboutissent de nombreux conduits, digestifs et respiratoires». Ne pas confondre avec le **larynx**, qui est englobé par le **pharynx** et désigne seulement l'«organe de la phonation, à l'issue de la trachée-artère».

PHILANTHROPE orth. Noter la position des *h*. ♦ sens Littéralement «ami des hommes», par opposition à **misanthrope** («qui n'aime pas les hommes, qui fuit leur société»).

PHILATÉLIE orth. Pas de *h* après le *t*.

PHILISTIN orth. Un seul *l* : *Philistins, épiciers* (Brassens).

PHILTRE emploi et sens Ce substantif, qui n'est autre qu'un doublet du mot courant **filtre**, appartient à la langue littéraire et désigne un «breuvage magique destiné à inspirer l'amour».

PHLEGMON orth. Il serait souhaitable de remettre en vigueur l'ancienne orthographe **flegmon**, plus simple. ♦ sens «Abcès en profondeur».

PHOBIE sens «Peur excessive et maladive causée par un danger imaginaire», en pathologie. Le plus souvent pris comme équivalent de «crainte très forte» : *Il était affligé d'une phobie du mariage qui lui fit rompre net avec sa jeune fiancée* (Aymé). Se garder de confondre avec **manie** et **lubie**.

PHONIATRIE orth. Pas d'accent circonflexe sur le *a*. → -ATRE ♦ **emploi et sens** Terme tout à fait admis au sens de « étude des troubles de la phonation ».

PHONOGRAPHE emploi et sens Ce substantif a à peu près disparu de notre langue (sauf sous la forme abrégée **phono,** mieux conservée), au profit de **tourne-disque,** et surtout, de **platine** (→ ce mot). → PICK-UP

PHOTO- orth. Pas de trait d'union quand le second élément commence par une consonne : *photogénique,* etc. Il est suivi d'un trait d'union devant une voyelle : *cellule photo-électrique.* Le cas de **photo-finish** (→ ce mot) est différent, car **photo-** n'y désigne pas la lumière, mais est une abréviation de *photographie.* ♦ **emploi et sens** Préfixe signifiant « lumière » et très productif dans le domaine de la photographie, du cinéma, de la télévision, voire de l'imprimerie *(photocomposition).*

PHOTO-FINISH genre Fém. ♦ **emploi et sens** Anglicisme de la langue du sport, désignant le « procédé qui consiste à prendre une photographie de l'arrivée d'une course, afin de départager des concurrents en apparence *ex æquo* ». → FINISH

PHTISIE orth. Pas de *y.* ♦ **sens** Nom populaire donné anciennement aux formes graves de la tuberculose. Il n'est plus en usage dans la médecine d'aujourd'hui. Mais **phtisiologue, phtisiologie** sont encore employés couramment.

PHYLLOXÉRA orth. Un *y,* deux *l* et un accent aigu sur le *e.*

PHYLOGENÈSE forme On emploie également **phylogénie,** et comme adjectif, **phylogénique** ou **phylogénétique** indifféremment. → GENÈSE

PHYLUM orth. Un seul *l.* Plur. : **des phylums** ou **des phyla.** ♦ **sens** « Lignée biologique ».

PHYSIOGNOMONIE orth. Veiller à l'orthographe difficile de ce mot. ♦ **sens** « Art de connaître le caractère d'une personne d'après l'interprétation de sa physionomie ».

PIANO emploi et sens Adverbe invariable au sens de « doucement », en musique : *Cette partie doit être jouée piano.* Le superlatif est **pianissimo,** qui peut aussi s'employer comme substantif : *La beauté de chaque seconde de l'exécution,* [...] *ces pianissimos impondérables* (A. Rey, *Le Monde,* 26 mai 1992). Ces deux mots sont utilisés couramment dans la langue familière, à propos de toute espèce d'acte.

PIC forme On écrit un **à-pic** avec trait d'union, pour le substantif, mais la locution adverbiale s'écrit toujours **à pic,** en deux mots : *Les à-pics beaux comme des temples où s'appuie / Le soleil* (Emmanuel). Mais : *Il voit, à pic sous ses pieds, de l'eau qui paraît fumer* (Simenon). ♦ **emploi et sens** Le substantif a toujours le sens spatial (→ APLOMB), tandis que la locution adverbiale s'emploie tantôt au sens propre : *Il distingua, au-dessus de lui, une muraille de rocher presque à pic où s'attachaient des végétaux* (Vian), tantôt, familièrement, au sens figuré : *Il tendait le bras, tirait n'importe quelle feuille du grimoire, et nous tombions à pic chez les Guermantes ou chez les Verdurin* (Cocteau).

PICK-UP emploi et sens Cet anglicisme s'est nettement démodé au profit de **tourne-disque,** puis d'**électrophone,** et enfin de **platine,** qu'on préférera : *Il ne manque qu'un pick-up pour secouer ce désert par ses hurlements* (Roblès). *Un sous-sol du boulevard Saint-Germain, qu'un pick-up inondait de rythmes sud-américains* (Sagan). → PHONOGRAPHE, PLATINE

PICORER ou **PICOTER** emploi et sens Ces deux verbes sont proches par le sens : Littré définissait le premier « aller à la recherche de nourriture », de façon très large, tandis que **picoter** signifiait « chercher des graines ». Aujourd'hui, **picorer** s'emploie exclusivement au sens de « chercher sa nourriture à droite et à gauche », en parlant d'oiseaux ou, ironiquement, de personnes (mais plus du tout à propos des abeilles) : *Philippe Viniès développa une grappe de raisin qu'il se mit à picorer* (Maurois). *Grimpe aussi haut que tu veux / Que tu peux / Et tu croques et tu picores* (Brassens). Quant à *picoter,* le sens ancien se rencontre rarement : *Il aperçoit le perdreau piétant et picotant à travers le chaume* (J. Renard). Le plus souvent, ce verbe signifie «piquer à plusieurs reprises» : *Sa pelote est toute picotée*, ou évoque, à propos d'une personne, les «démangeaisons, les fourmis».

PIC-VERT → PIVERT

PIE forme Invariable comme adjectif de couleur. → COULEUR

☐ **queue-de-pie** → QUEUE-

PIÈCE orth. **Pièce** est au pluriel dans *mettre en pièces, tailler en pièces, de pièces et de morceaux*; au singulier dans *pièce à pièce*.

☐ **de toutes pièces** (toujours au pluriel) : *Il s'était donc créé de toutes pièces une vie de complications et de drames* (Camus). Le sens est «à partir de rien» : c'est une version cursive de *ex nihilo*. Ne pas confondre avec **tout d'une pièce**, c'est-à-dire «d'un seul bloc», surtout au figuré, en parlant d'un caractère, etc. : *Ivich se laissa aller avec raideur, tout d'une pièce, comme si elle perdait l'équilibre* (Sartre).

PIÉCETTE orth. Avec un accent aigu, à la différence de **pièce**.

PIED (1) emploi et sens La locution **marcher à pied**, longtemps condamnée comme pléonastique, est aujourd'hui passée dans l'usage. On lui préférera cependant **aller à pied**.

☐ **couper l'herbe sous le pied à quelqu'un**. La forme ancienne de cette locution figée est parfois modifiée, le singulier paraissant bizarre à certains : *M. Nixon coupe l'herbe sous les pieds de M. Wallace, auquel il enlève un argument de poids* (Le Monde).

☐ **pied** ou **patte**. Le pied est la «partie inférieure du membre de certains animaux, recouverte d'un sabot ou d'un onglon (mais non munie de griffes)», tandis que la **patte** désigne l'«ensemble du membre animal, au moins dans sa partie principale, au-dessous de la cuisse». La locution familière *ne pouvoir remuer ni pied ni patte*, pour «être réduit à une immobilité complète», souligne de façon plaisante cette distinction.

PIED (2) sens Il n'y a pas une correspondance exacte entre la mesure de longueur ancienne, qui valait 0,324 m, et la mesure anglo-saxonne, employée encore aujourd'hui, même en France, pour mesurer l'altitude, qui vaut 0,304 m : *L'altimètre indiquait quinze cents pieds* (J. Roy). Quant au sens d'«unité rythmique dans un vers», il doit être réservé à la métrique ancienne et ne peut s'appliquer aux vers français : *La caractéristique du vers français est qu'il fonde son rythme sur le compte des syllabes* (Grammaire Larousse du français contemporain).

PIED- orth. Dans les composés formés avec *de*, seul varie le premier élément au pluriel : *des pieds-d'alouette, -de-biche, -de-cheval, -de-chèvre, -de-loup, -de-poule, -de-veau, -d'oiseau*. Mais les deux éléments prennent un *s* dans : *pieds-bots, pieds-noirs, pieds-plats*.

PIED-À-TERRE orth. Substantif invariable au sens de «demeure occasionnelle». Plur. : **des pied-à-terre**. Ne pas confondre avec la locution adverbiale, dans **mettre pied à terre** (qui s'écrit sans trait d'union).

PIÉDESTAL forme Le pluriel, rare, est : **piédestaux**.

PIED-DROIT orth. On écrit également **piédroit**.

PIE-GRIÈCHE → GRIÈCHE

PIE-MÈRE orth. Le pluriel est **pies-mères**. ◆ sens «Nom de la plus profonde des méninges».

PIERRERIES forme Toujours au pluriel : pour le singulier, on doit employer **pierre précieuse**.

PIETÀ forme Ce substantif est invariable et conserve l'accent grave de son origine italienne sur le *a* final. ◆ sens «Représentation de la Vierge de douleur» : *Des pietà sculptées*.

PIÉTEMENT orth. Accent grave. ◆ sens «Ensemble des pieds et des traverses d'une table ou d'un siège.» Ce mot assez récent est passé dans notre langue sans difficulté.

PIÉTON ou **PIÉTONNIER** forme et sens
Le premier mot a été employé dès 1862
par Hugo comme adjectif, au sens de
« réservé aux piétons ». Vers 1967 est apparu un synonyme **piétonnier, piéton-
nière,** qui ne s'imposait pas vraiment.
On dira plus simplement : *Un sentier
piéton, une rue piétonne.*

PIGEON forme Le féminin **pigeonne** est
rare : *Il vaut mieux rester à la maison
comme le pigeon auprès de sa pigeonne*
(Claudel). ♦ sens Le sens figuré de
« dupe » est très ancien.

PILE emploi et sens Adverbe très répandu dans la langue familière, notamment avec les verbes *s'arrêter, tomber :
Il s'arrêta pile et se mit à examiner les
environs* (Queneau). Sens de *net.*

PILER emploi et sens Familier au sens figuré de « abattre, écraser quelqu'un » :
*Je suis en train de me faire piler parce
qu'en ce moment je suis le moins fort*
(Anouilh).

PILIER emploi et sens Familier au sens
animé de « qui hante, qui ne quitte
pas », avec les substantifs *cabaret, bistrot,* etc. : *Bouvard qui la connaissait
d'Ève et d'Adam, qui était un pilier du
Café de la Route* (Giono).

PILORI orth. Sans *s* final au singulier,
contrairement à **pilotis.**

PILOTE emploi et sens Élément de
composition productif, au sens de « qui
sert de modèle » : *Une usine pilote. Des
classes pilotes* (pas de trait d'union).

PILULE orth. Ne pas redoubler le premier *l* (faute fréquente).

PINCE- forme Sont invariables les
composés suivants : *pince-cul* (ou
*pince-fesses), pince-nez, -notes, -sans-
rire.* Le classicisant *pince-maille,* au
sens de « personne très avare », fait au
pluriel *pince-mailles. Pince-monsei-
gneur* prend deux *s : pinces-monsei-
gneurs* (car il s'agit ici du substantif et
non du verbe *pincer*).

PINÉAL forme Masc. plur. : **pinéaux.**

PINEAU ou **PINOT** sens On évitera de
confondre le premier substantif, « vin

de liqueur des Charentes », avec le second, qui désigne « divers cépages de
l'est de la France, mais surtout des crus
bourguignons ». On distingue le *pinot
noir,* le *pinot blanc* et le *pinot gris.* Il est
vrai que **pinot** est parfois écrit également **pineau.**

PINGOUIN sens « Oiseau marin des régions arctiques », très différent du
manchot, spécial à l'Antarctique.

PING-PONG orth. Invariable et un trait
d'union. ♦ emploi À l'origine, nom déposé. S'est donc écrit avec deux majuscules, mais l'usage en a fait un nom
commun. La dénomination officielle est
tennis de table. → PONGISTE

PINOT → PINEAU

PIN'S forme et emploi Ce néologisme a
une forme pseudo-anglaise ridicule, l'a-
postrophe suivie de *s* n'étant justifiée
par rien (surtout au singulier). On préférera, pour désigner ce qui est assez
proche du **badge** ou de la **broche** de jadis, la version française **épinglette :** *Les
fabricants de pin's (qu'il est désormais
conseillé d'appeler épinglettes) voient-
ils dans les néo-nazis une clientèle po-
tentielle à ne pas négliger?* (*Le Monde,*
13 octobre 1991).

PIN-UP forme Mot invariable : **Des
pin-up.** ♦ emploi Cet américanisme, lié
aux réalisations cinématographiques
de Hollywood, est démodé. → GIRL

PIPELET, PIPELETTE emploi et sens Populaire. Plus fréquent au féminin, au
sens de « concierge » ou plus généralement de « femme bavarde et canca-
nière », qu'au masculin, bien qu'il s'a-
gisse à l'origine du *ménage Pipelet*
(*Mystères de Paris,* Sue) : *Ainsi,
m'avait-il annoncé triomphalement, pas
de loyer! pas de pipelette !* (Carco).

PIPE-LINE prononc. La prononciation à
la française, [piplin] paraît moins prétentieuse que la prononciation à l'anglaise, [pajplajn]. ♦ orth. Plur. : **des pipe-
lines.** ♦ emploi et sens Cet anglicisme est
en déclin, au profit de **gazoduc** et **oléoduc** → ces mots : *Ils poseront bientôt un
pipe-line du Cotentin à la Lorraine* (de
Gaulle).

PIPER-CUB orth. Plur. : **des piper-cubs.**

PIPI (FAIRE) ou **PISSER emploi** Le choix d'un verbe, ici, est délicat. La locution verbale garde quelque chose d'enfantin ou d'humoristique. D'autre part, le verbe **pisser** est assez brutal et nous choque plus que nos ancêtres : *Dites-moi, il en met du temps pour pisser, notre Icare* (Queneau). Enfin, **uriner** a un caractère « administratif » ou « médical » qui rend son emploi difficile dans la langue cursive : *Défense d'uriner.* Même problème pour *urinoir* et *pissotière.* Cela dit, on peut user de divers euphémismes : *passer aux toilettes,* etc.

PIQUE- **forme** Dans les composés, le premier élément, qui représente le verbe **piquer**, demeure invariable. Ne prennent un *s* final au pluriel que : *pique-bœuf(s), pique-nique(s).* Sont invariables : *pique-assiette, -feu, -notes.*

PIQÛRE orth. Ne pas omettre l'accent circonflexe sur le *u.* ♦ **emploi** Quoi qu'en disent certains puristes, on parlera indifféremment d'une **piqûre** ou d'une **morsure** de serpent, car ce dernier inocule son venin par le moyen de *crochets* et non de *dents.* Littré écrivait : *(Piquer) se dit aussi des serpents, des insectes.*

PIRATE → CORSAIRE

PIRE et **PIS forme et emploi Pire** et **pis** sont des comparatifs, dont le sens général est « plus mauvais », « plus mal ». Précédés de l'article défini ou du déterminatif, ces deux mots sont des superlatifs. Le premier vient du masculin et du féminin latin *(pejor),* le second du neutre *(pejus).* C'est ce qui fait que **pis** est souvent adverbe ou nom, ou adjectif attribut d'un sujet neutre, mais jamais adjectif épithète. Au contraire, **pire,** qui joue surtout un rôle d'adjectif, peut aussi servir de nom, mais jamais d'adverbe. On notera que *pire* ne peut pas remplacer le comparatif *plus mauvais,* si cet adjectif est pris au sens de « défectueux, imparfait ». On dira donc : *Cette solution est pire que l'autre,* mais : *Cette machine à laver est plus mauvaise que le modèle précédent.* Voici une série d'exemples :
1. **Pire :** *Qu'elle était désagréable cette sonnerie, le matin ! Pire que celle du ly-*cée. *Pire que celle du tribunal* (Colombier). *Rien ne peut arriver de pire que cette indifférence* (Mauriac). **Pire** peut être renforcé par *bien* ou *encore : Une surprise encore pire m'attendait* (Cocteau). Mais *plus* n'est pas compatible avec *pire,* si ce n'est dans le langage enfantin, comme ici : *Théo ne dira rien, car la plus pire injustice, la plus terrible de toutes, vient d'être épargnée à la race des hommes* (Gerber).
Emploi nominal : *Et si, tout à coup, il envisageait le pire et s'il ne la ressentait pas, cette joie ?* (Mallet-Joris). *Mais le pire, je ne te l'ai pas encore dit* (Triolet). *Le pire c'est d'avoir réuni en un même procès l'affaire Albert B. à caractère politique et l'affaire M. où il s'agit de meurtres* (Chaix). **Le pire qui, ... que :** quand **le pire** est antécédent d'un relatif, le verbe qui suit se met régulièrement au subjonctif : *Le sort qui m'attendait, le pire que j'eusse pu imaginer, m'était inconnu* (Mauriac). → SUBJONCTIF

Emplois fautifs ou discutables : *Ils font des petits toutes les six semaines, c'est pire que des lapins* (Jarry). *Aujourd'hui pourtant, c'était pire* (Mallet-Joris). Dans ces exemples, **pis** serait plus correct. *Chaque chose à sa place, chaque itinéraire balisé, pire que pour une revue royale* (Giono) : cette phrase se trouve dans un contexte de langue populaire et même langue paysanne. De même pour : *En tout cas, l'envie y était. Et pire que l'envie (id.).* Bien entendu, la locution **tant pire* est franchement mauvaise : on ne dit que **tant pis.**
2. **Pis :** *Il n'y a rien de pis que mépriser la grâce de Dieu* (Bernanos). *« Après tout, pensa-t-il, je n'ai rien fait de mal. » Mais c'était pis : il s'était laissé frôler par le Mal* (Sartre).

Emploi nominal : *En mettant tout au pis, il aurait un retard d'une demi-heure* (Mauriac). *C'est le pis qu'on puisse faire.* Emploi figé : **qui pis est.** *Il avait engrossé la fille Martin, de Bourgueil, rien qu'en la regardant, et qui pis est, d'un seul œil, car il louchait affreusement* (Boylesve).
Emplois incorrects : *Cet homme est pis que ses compagnons,* tour à éviter. On ne dira pas non plus : **C'est bien plus pis,* mais seulement : *C'est encore pis.* D'une façon générale, la forme **pis** est plus rare et plus littéraire que l'autre.

PIS-ALLER forme Substantif invariable : *des pis-aller*. Mais on écrira sans trait d'union la locution adverbiale **au pis aller.**

PISSE-FROID forme Substantif invariable : *des pisse-froid.* Il en est de même pour **pisse-vinaigre.**

PITHÉCANTHROPE orth. Noter la place des *h.*

PITOYABLE sens L'emploi de cet adjectif avec un sens actif, «qui éprouve de la pitié», est littéraire : *Le chevalier s'en alla content, car les enfants sont rarement pitoyables* (Boylesve). On trouve plus souvent le sens passif, «digne de pitié», ou intensif, «lamentable» : *Une attitude pitoyable.*

PITRE orth. Pas d'accent circonflexe sur le *i.* → -ITRE

PITUITE sens «Mucosité ou vomissement glaireux se produisant à jeun chez les alcooliques ou chez certains sujets atteints de gastrite». ♦ dérivé On dit plus fréquemment **pituitaire** que **pituiteux.**

PIVERT forme On écrit aussi bien **picvert** ou **picvert** (qui se prononce [pikvɛʀ]), par analogie avec *pic-épeiche, pic-rouge,* etc.

PIZZA forme Mot italien, de même que **pizzeria.** On francise généralement le pluriel en **pizzas** et **pizzerias.**

PIZZICATO forme Plur. : *des pizzicatos* (à la française) ou **pizzicati** (à l'italienne).

PLACAGE ou **PLAQUAGE** orth. Le mot s'écrit avec un *c* dans ses acceptions techniques (surtout en ébénisterie), quoique les teinturiers écrivent souvent **plaquage** pour désigner «l'action de déposer une couleur sur une face d'un tissu». Dans la langue du rugby, on orthographie d'ordinaire **plaquage,** de même que, dans la langue familière, pour désigner «l'action d'abandonner (une maîtresse)». → TRUCAGE

PLACE emploi et sens On peut, au sens spatial, dire indifféremment **en place** ou **à sa place** : *Épaulée par la masse vivante, la porte était restée en place* (Peyré). Mais au sens figuré, **à sa place** est le seul usuel : *Je l'ai remis vertement à sa place.*

□ **par places.** Cette locution se présente toujours au pluriel, de même que *par endroits : Des galets et du sable avaient recouvert, par places, la chaussée de la rue Saint-François-de-Paule* (Gallo). → ENDROIT. Mais *de place en place* est au singulier : *Des lampes, de place en place, guidaient les pas de Wolf et de Lazuli* (Vian).

□ **au lieu et place de.** Ce tour est plus répandu que *en lieu et place,* seul admis à l'origine, dans la langue du droit. → LIEU

□ **sur place.** Cette locution, qu'elle soit employée comme adverbe ou comme nom, ne prend pas de trait d'union : *Il est resté sur place afin de mieux observer la situation. Les embouteillages nous obligent à faire du sur place.*

□ **n'avoir place que pour.** Dans un certain nombre de locutions, le substantif *place* s'emploie sans déterminant : *Car je n'avais place que pour la joie* (Radiguet). *Dansez! Il n'y a place aujourd'hui que pour la gaieté! Faites place!* On rencontre cependant aussi : *Faites de la place, il n'y a de (la) place,* etc. L'usage est assez indécis.

PLAIDER constr. On dit *plaider pour quelqu'un,* et aussi *plaider la folie, la légitime défense.*

PLAIDOIRIE orth. Pas de *e* après *-oi-.* ♦ sens Ce substantif désigne de façon neutre et technique «l'action par laquelle un avocat défend un client». Il se confond partiellement avec **plaidoyer,** qui a cependant une valeur plus affective, et s'emploie souvent en dehors du contexte strictement juridique : *La plaidoirie de mon avocat me semblait ne devoir jamais finir* (Camus). *Plaidoyer pour un rebelle* est le titre d'une pièce d'Emmanuel Roblès.

PLAIN emploi et sens Comme substantif, ce mot désigne le «plus haut niveau de la marée». → ÉTIAGE. Mais il ne s'emploie couramment que dans la locution **de plain-pied,** c'est-à-dire «au même niveau», au propre ou au figuré : *Les*

portes-fenêtres aux rideaux rejetés sur le côté donnaient de plain-pied dans un jardin (J. Roy). Se garder de confondre avec **plein**. → ce mot, et le suivant.

PLAIN-CHANT orth. Ne pas écrire **plein-chant*. Plur. : **des plains-chants**. ♦ **sens** «Type musical monodique de la liturgie catholique».

PLAINDRE constr. À la voix pronominale, ce verbe est suivi régulièrement de **que** + subjonctif ou, très couramment, de **de ce que** + indicatif ou sub-jonctif : *Justement on entendait tout le monde se plaindre que Paris fût odieusement encombré* (Romains). *Ils se plaignaient que la soupe ne fût pas salée, leurs assiettes pas chaudes* (Morand).

□ **plaindre sa peine**. Tour archaïque, «ménager, épargner sa peine», le plus souvent dans des prépositions négatives : *Il ne plaignait pas sa peine*.

PLAIRE conjug. → APPENDICE ♦ orth. Ne pas omettre l'accent circonflexe sur le *i*, à la 3ᵉ personne du singulier de l'indicatif : *S'il te plaît*.

□ **plaise à Dieu**. Locution vieillie. On rencontre également *Plût à Dieu*, qui renvoie davantage au passé, à un regret, plutôt qu'à un souhait. La forme négative *À Dieu ne plaise* est franchement archaïque et se rencontre aussi dans le tour figé *ce qu'à Dieu ne plaise!* L'insertion de ces formules dans une proposition relative est devenue exceptionnelle, y compris dans la langue littéraire : *Cette rive ultérieure que plaise à la grâce Divine de nous faire atteindre* (Claudel).

□ **se plaire à** + infinitif. Cette construction appartient surtout à la langue littéraire : *Bien des choses se feraient facilement, sans les chimériques objections que parfois les hommes se plaisent à inventer* (Gide).

□ **il plaît**. Le tour impersonnel avec *il* est également du domaine littéraire : *Je me déclare prête à subir la sentence qu'il lui plaira de m'infliger* (Anouilh). Voir dans la langue familière : *ça me plaît (de...)*.

□ **ce qu'il me plaît** ou **ce qui me plaît** → QUI (PRONOM RELATIF)

□ **participe passé** → COMPLAIRE, DÉ-PLAIRE et PARTICIPE

□ **plaît-il?** Ce tour est assez désuet. → PARDON?

PLAISIR emploi et sens La locution **à plaisir**, au sens de «autant qu'on le souhaite» ou de «sans sujet réel», appartient à la langue littéraire : *Mon cerveau déformait à plaisir sa physionomie un peu rude* (Green). On ne confondra pas avec la formule d'adieu **au plaisir**, qui est l'abréviation populaire, bannie du bon usage, de **au plaisir de vous revoir**, locution correcte, mais rare. Queneau s'en moque dans la parodie suivante : *Maître d'hôtel : – Oui, madame. Au plaisir de vous revoir, madame, au plaisir de vous revoir, monsieur.*

□ **faire (le) plaisir de** + infinitif. Ce tour exprime une «aimable obligation» : *Peut-être n'avez-vous pas encore dîné? Vous me ferez plaisir de dîner ici. – Oui, Monsieur* (Aymé). On rencontre aussi la construction avec le gérondif : *Faites-moi plaisir en gardant pour vous ce que je viens de vous dire. Faites-moi le plaisir de* (impératif) : *Tais-toi donc! murmura-t-il. Hein? fais-moi le plaisir de te taire* (Zola, cité par Robert).

PLAN emploi et construction Au sens figuré de «domaine, niveau, point de vue», la langue soutenue n'admet que le tour **sur le plan (de)** : *Sur le plan nucléaire aussi, son alliance avec le groupe Schneider aurait un heureux effet (Le Monde). Sur le plan des connaissances scientifiques, il n'a rien à envier à ses confrères*. Mais on rencontre couramment : *Au plan du diocèse, l'évêque était tout, les prêtres rien. Sans oublier ce qui peut nous séparer aux plans politique et philosophique*, etc. Ce tour subit l'influence de *au niveau de*. → NIVEAU. En outre, on dit correctement : *au premier plan (de l'actualité), à l'arrière-plan*, etc.

PLANISPHÈRE genre Masc. : *Le vernis écaillé d'un planisphère* (Alain-Fournier) (prendre garde à l'influence de *sphère*). ♦ **sens** Ce substantif est à rapprocher de **mappemonde** (féminin), «représentation *plane* du globe terrestre», mais à distinguer de **globe, globe terrestre**.

PLANNING orth. Deux *n*. ♦ **emploi et sens**
Cet anglicisme apparaît irremplaçable.
Il désigne la notion de « programme de
travail détaillé et schématisé par des tableaux, dans une entreprise », et même,
de plus en plus, le « tableau présentant
l'organisation de l'entreprise ou le programme de travail ». On pourrait préférer le terme de **plan**, bien qu'il ait une
acception plus étendue. La locution
planning familial est un peu bizarre,
mais bien implantée dans l'usage au
sens de « dispositions visant à régler le
nombre des naissances dans une famille ». La recommandation officielle
est **planisme familial**.

PLAQUAGE → PLACAGE

PLASTIC orth. Avec un *-c* final. ♦ **sens**
Ce substantif (qui a pour dérivés *plasti-
quer*, *plasticage* ou *-quage*, *plastiqueur*)
ne doit pas être confondu avec **(matière) plastique**, dont les dérivés sont
en *-fier* : *plastifier*, *plastifiant*. ♦ **sens**
Forme anglaise de **plastique**, qui désigne un « explosif se présentant sous
l'apparence d'une sorte de mastic
jaune » : *Quelques commerçants sans
doute las de mettre à sac ou de plasti-
quer des perceptions* (Le Monde).
→ PLASTIQUE

PLASTIQUE genre Curieusement, l'a-
brégement de *matière plastique* donne
un plastique : *L'éclat de la vie moderne
qui étale autour d'eux ses plastiques
éclatants* (Mallet-Joris). Le substantif
est féminin quand il désigne « un art
de la représentation formelle, tel que
sculpture, peinture, etc. ».

PLAT emploi et sens Néologisme au sens
de « non gazeux », en parlant de l'eau :
*Cela que vous avez gâché en versant
barbarement de l'eau plate à gros débit !*
(Queneau).

PLAT-BORD forme Plur. : *des plats-
bords.*

PLAT-DE-CÔTE forme On rencontre rarement aujourd'hui **des plates-côtes**,
qui n'est pas incorrect. ♦ **sens** « Région
moyenne des côtes du bœuf ».

PLATE- forme Le premier élément étant
adjectif dans tous les composés, ceux-ci
prennent un double *s* au pluriel : *des*

*plates-bandes, -cuves, -faces, -failles,
-formes, -longes.*

PLATINE genre Masculin au sens de
« métal précieux » et féminin au sens
technique de « plaque, support plat ».
Cette dernière acception se rencontre
dans de nombreux domaines : optique,
horlogerie, mécanique, serrurerie, etc. :
*Pour obtenir la meilleure audition de
ces disques, il faut avoir une excellente
platine.* → PICK-UP

PLATONICIEN et **PLATONIQUE** emploi et sens Le premier adjectif sert de
dérivé au nom de *Platon*, dans le langage philosophique. Le second s'applique généralement à un « sentiment
qui cherche à demeurer sur un plan de
pureté idéale » : *Un amour platonique.*

PLÂTRAS forme Ce substantif est aussi
bien singulier que pluriel : *Jacinto parut, tandis que Fermina balayait les plâtras* (Peyré).

PLÂTRE orth. Accent circonflexe sur le
a, ainsi que pour tous les dérivés **plâ-
trier, plâtrage**, etc.

PLÉIADE orth. Pas de tréma sur le *i*.
♦ **emploi et sens** Ce substantif désignait à
l'origine un groupe de poètes rassem-
blés autour de Ronsard. Aujourd'hui, le
mot **pléiade** (sans majuscule) désigne
de façon flatteuse un petit groupe de
personnes de talent : *Une pléiade de ve-
dettes.* On ne confondra pas avec **myriade** (→ ce mot) et on évitera d'employer *pléiade* pour désigner un grand
nombre de personnes.

PLEIN orth. Ne pas confondre avec
plain (→ ce mot) dans **de plain-pied**, **le
plain-chant**, etc. ♦ **emploi et sens** Comme
adjectif, ce mot est très familier au sens
de « ivre » (avec ou sans expansion) :
*Enfin, plein comme un œuf, il vint finir
la nuit chez Ravanel* (Giono). Mais on
rencontre cet adjectif dans la langue littéraire, appliqué à un animé humain et
au sens psychologique : *Elle était pleine
de ce sujet* (Green). Dans ce cas, il a toujours un complément.

□ **de la terre plein les poches.** Comme
préposition, *plein* est très répandu
dans la langue cursive, et ne peut être
considéré comme incorrect : *Lola a des*

sous plein sa mallette et elle n'en fait rien (Sartre). *Il avait de petites rondelles de plâtre plein les cheveux et la moustache* (Guilloux).

□ **plein d'hommes.** Comme adverbe de quantité, *plein* se rencontre à la place de **beaucoup** dans la langue familière : *Il y avait plein d'hommes dans la salle, comme à la messe* (Sartre). *Il y avait plein de gens dans l'antichambre* (Aragon). *Et tu as des petits camarades ? – Plein ! dit Théo* (Gerber). Cet emploi gagne du terrain.

□ **en plein.** Locution familière signifiant « exactement, juste » : *Tu es en plein parti pour me dire des choses affreusement supérieures* (Vian).

□ **battre son plein.** → BATTRE

PLEIN(-)EMPLOI orth. Le trait d'union est facultatif, mais il semble que l'usage va l'imposer. ♦ **emploi et sens** Terme d'économie utile pour désigner « la théorie de l'emploi de tous les travailleurs » : *Une politique de plein-emploi.*

PLÉONASME sens C'est, d'après Grevisse, *une abondance d'expression non exigée par l'énoncé strict de la pensée.* Selon les grammairiens, il est jugé plus ou moins sévèrement. Cependant une tendance de la langue cursive au renchérissement a fait admettre depuis longtemps certains tou~ s trop riches, mais dont un ou plusieurs éléments ne sont plus bien compris par l'ensemble des parleurs : *au fur et à mesure (fur =* « mesure, proportion »), *comparer avec (com < cum =* « avec »), etc. ♦ Certains tours pléonastiques sont considérés comme populaires ou régionaux : *La provocation habituelle était : « Sors dehors et tu vas voir si je te "peux" » !* (Roblès). *Il dit que les curés vont devenir intenables et qu'en fin finale ils deviendront les maîtres de tout* (Aymé). *Approchons encore un peu plus* (Alain). Il est inutile de s'indigner contre ce type de surenchère quand il a une valeur expressive, pittoresque ou stylistique. Le Bidois, dans *Le Monde* du 24 mai 1962, à une position nuancée et ouverte : *Rappelons ici nombre d'expressions familières ou négligées qui servent à compenser l'usure sémantique d'un verbe : prédire l'avenir, prévoir d'avance, suivre derrière, joindre ensemble,*

etc. *Il ne manque d'ailleurs pas de cas où ces apparentes tautologies ont leur raison d'être et leur utilité.* On trouvera de nombreux compléments et exemples dans l'ordre alphabétique : → APANAGE, AUJOURD'HUI, BAS, DESCENDRE, HAUT, LURON, MARCHER, MONTER, PANACÉE, PRÉPARER, PRÉVENIR, PUIS, RENVERSER, SISMIQUE, SORTIR, TOPOGRAPHIE, UNANIME, etc. ; → aussi TAUTOLOGIE

□ **pléonasme de syntaxe.** On rencontre soit dans la langue populaire, soit dans la langue familière, des phrases contenant deux formes qui renvoient à la même notion ou au même objet. Par exemple, le rappel de l'antécédent à l'intérieur de la proposition relative par un pronom est incorrect : **La ville où j'y suis allé. *La maison d'où, après bien des efforts, il en est sorti. *C'est à lui à qui je pense*, etc. Il s'agit ici, en termes de linguistique, d'une *redondance* qui rappelle une information déjà donnée et n'ajoute rien au discours, ni du point de vue du sens ni du point de vue de l'expressivité. Mais on acceptera les tours suivants, dans certains contextes : *Vous voyez ! J'étais sûr qu'on oublierait mon sacre ! On n'y pense jamais à mon sacre* (Anouilh). *Mais vous savez où le trouver, lui, le docteur ?* (Boylesve). *La comprend-il assez, sa sonate, le petit misérable ?* (Proust). *Charge-t'en, toi, alors, de nos affaires* (Becque). → A, EN, LE, Y, DONT, etc.

PLÉTHORE emploi et sens On prendra garde que ce substantif n'est pas un simple synonyme de **quantité**, mais qu'il implique généralement la notion d'« excès, de surabondance » : *Le « boom » de l'ère thatchérienne a provoqué une pléthore de bureaux* (M. Roche, *Le Monde,* 15 octobre 1992).

PLEURE-MISÈRE forme Substantif invariable : **des pleure-misère.**

PLEURER constr. Le plus souvent intransitif. Mais le verbe peut avoir aussi un complément d'objet direct animé (ou plutôt « défunt ») humain : *Elle nous aimait véritablement, elle aurait eu plaisir à nous pleurer* (Proust). *Venez le pleurer avec nous sur le coup de midi* (Brassens), ou un « complément d'objet interne» : *Que pleuraient les déesses, à cette époque, du bronze?* (Giraudoux). *Pleurer toutes les larmes de son corps. Pleurer des larmes de joie.* On dit aussi, avec un complément non animé : *pleurer sa jeunesse perdue,* au sens de «regretter».

PLEUVASSER forme On rencontre aussi, comme diminutifs de **pleuvoir,** les verbes *pleuvoter, pleuviner* et *pluviner.*

PLEUVOIR conjug. Verbe impersonnel ou personnel intransitif. Seules existent normalement les troisièmes personnes du singulier et du pluriel. → APPENDICE ♦ constr. On dira : **Il pleut (fort, longtemps,** etc.) et non *ça pleut,* qui est du langage populaire. Quand le verbe est en tête de phrase, il ne peut être qu'au singulier : *Le lieu est habitable, même s'il y pleut des obus* (Romains). Mais il s'accorde comme un verbe personnel si le sujet le précède : *Des projectiles pleuvaient de tous côtés,* ou simplement si le *il* neutre disparaît du texte : *De tous côtés pleuvaient des projectiles.*

PLEXIGLAS prononc. [plɛksiglas]. ♦ emploi et sens Cette marque déposée a donné sans difficulté un nom commun désignant une «matière plastique lisse et transparente», très employée dans les techniques modernes.

PLI orth. Pas de *s* final au singulier : **un pli.**

PLIER ou **PLOYER** emploi et sens Le premier verbe est concret et précis, c'est «faire un pli». Le second évoque plutôt une «courbure» et appartient en général à un registre plus littéraire : *L'une, de corail rose, et curieusement ployée, souffle dans un énorme coquillage* (Valéry). *Une femme ployée rinçait sa chevelure au robinet de cuivre* (Mallet-Joris). On peut souvent employer **plier** à la place de l'autre verbe. Quant à la forme **éployé,** elle relève exclusivement de la langue littéraire. → EPLOYER et DÉPLISSER

PLINTHE orth. Un *h* après le *t.*

PLIURE sens «Action ou manière de plier», mais surtout «marque faite par un pli» : *Le temps n'est pas. Il est notre*

pliure (Cocteau). Ce substantif a une valeur plus statique que **pliage** et n'est donc pas son strict équivalent.

PLOIEMENT orth. Un *e* intercalé.

PLOMB (À) → APLOMB

PLOYER → PLIER

PLUCHES forme Toujours au pluriel. ♦ emploi et sens Dans la langue familière, et particulièrement dans l'armée, la **corvée de pluches** consiste à «éplucher les légumes». → PELUCHE

PLUME constr. Larousse et Grevisse recommandent le pluriel dans la locution **lit de plumes,** mais le Petit Robert propose le singulier ou le pluriel, indifféremment. Étant donné que **plume** peut être envisagé de façon singulière ou collective, on peut préférer l'une ou l'autre solution selon le contexte. On écrit : *gibier à plume(s),* avec ou sans *s.*

PLUMITIF emploi et sens «Registre tenu à l'audience par le greffier des tribunaux.» Mais surtout au sens animé, avec une valeur nettement péjorative, pour désigner un «greffier» et, par extension, un «bureaucrate» ou un «écrivain médiocre».

PLUM-PUDDING forme On emploie plus souvent **pudding.** Plur. : **des plum-puddings.**

PLUPART (LA) constr. Quand **la plupart** est suivi d'un complément au pluriel, le verbe se met au pluriel : *La plupart d'entre nous ne se creusèrent pas la tête* (Hériat). *Un récit de ses impressions que la plupart des journaux ont reproduit* (Romains). *La plupart de ces messieurs se préparaient à la chasse* (Boylesve). Le complément est rarement au singulier; dans ce cas, le verbe est toujours au singulier : *La plupart du temps se passait en jérémiades* (Thomas). Quand *la plupart* est employé seul, sans complément explicite, le verbe qui suit est régulièrement au pluriel : *Mais la plupart ont de la Beauté je ne sais quelle notion immortelle* (Valéry). *La plupart reviennent de Charleroi ou des environs* (Gide). Il y a en général référence implicite à des êtres animés ou à des objets : c'est le contexte qui éclaire le sens. *La plupart ont été louées quinze jours auparavant* (en parlant de places de théâtre, par exemple). Le singulier est plus rare : *Toutes les femmes s'éveillèrent à regret. La plupart essayait de reprendre le rêve interrompu* (Louÿs).

□ **(pour) la plupart.** On ne fait plus guère l'ellipse de la préposition *pour* dans ce tour : *Ils s'étaient incorporés à la ville et travaillaient pour la plupart à la biscuiterie* (Labro). *Les hommes couchés, les uns près des autres, certains se soulevant sur le coude, la plupart immobiles* (Gallo). *Les candidats ont pour la plupart remis copie blanche.* On notera que *pour la plupart* est plus fréquent avec des animés qu'avec des non-animés.

PLURAL forme Masc. plur. : **pluraux.**
→ -AL

PLUS prononc. Dans le groupe négatif **ne... plus**, le *s* final de *plus* ne se prononce en aucun cas comme un [s]. Devant voyelle, on fait la liaison en [-z-] dans tous les cas. Devant consonne, *plus* signifiant «davantage» se prononce [plys] ou [ply] selon le contexte et l'intention du parleur : *Il en a pris plus que toi.* En finale ou devant une pause, *plus* augmental fait toujours entendre le [s]. D'une façon générale, on cherchera à éviter les ambiguïtés : dans la langue parlée, il sera utile de distinguer entre *J'en veux plus* [plys] (c'est-à-dire «davantage») et *J'en veux plus* [ply] (c'est-à-dire *je n'en veux plus*, avec l'ellipse courante du *ne*). ♦ constr.
1. *Groupe négatif :* **Plus** a une valeur négative non seulement précédé de *ne*, mais aussi de *non, pas, sans* (→ ces mots), et même seul : *Selon l'Agence France-Presse, la capitale royale n'est plus ravitaillée qu'à partir de Vientiane (Le Monde). Aucun rire, aucune exclamation joyeuse ne fusaient des groupes d'adultes non plus que ceux des enfants* (A. Besson). *La place était propre. Plus de charmeurs de serpents, plus de dresseurs d'ânes ni d'apprentis acrobates, plus de mendiants montés du sud à la suite de la sécheresse, plus de charlatans* (Tahar Ben Jelloun).
2. *Groupe positif :* **Plus** entre dans la composition de nombreux tours de valeur comparative ; le superlatif est formé par l'adjectif précédé de **le plus, la plus,** ou **les plus** quand on compare des êtres ou des objets distincts : *Mais il y a bien des espèces d'impuissance. Celle de vos maîtres est la plus dangereuse* (Bernanos). *C'est, avec le cousin, l'une des deux sortes de moustiques les plus répandues dans le monde* (Desproges). *Or, voilà que le plus délicate, la plus dangereuse des situations lui était soudain imposée* (Labro). Mais quand on établit un rapport entre divers états ou qualités d'un même être ou d'un même objet, l'article du superlatif est le neutre *le : Les pièces du mobilier dont Germaine est le plus fière* (Romains). *On vous invite à être lâches, le plus lâches possible* (Vercors). Dans la langue cursive, cette distinction est rarement observée : *C'est aujourd'hui qu'elle est le (ou la) plus gentille.* → LE

□ **le plus... qui.** Quand le superlatif est suivi d'une relative, le verbe de cette proposition est généralement au subjonctif, avec une nuance finale ou consécutive : *C'était un projet ambitieux, le plus vaste qui eût jamais été formé sur la terre* (Boulle). *Les lettres les plus tendres qu'elle lui eût encore écrites* (Proust). *C'est l'expression la plus surannée qu'il m'ait été donné d'entendre* (Delay). On peut employer l'indicatif si on veut insister sur la véracité de l'affirmation «superlative» : *L'un des livres le plus résolument ennuyeux que j'ai lus* (Guermantes). *C'est un des meilleurs devoirs que tu as jamais faits.* Mais cette nuance est parfois mal comprise, et il faut être prudent dans ce domaine.
→ SUBJONCTIF

□ **des plus.** Ce groupe précède un adjectif ou un adverbe, et leur donne une valeur de superlatif. L'adjectif se met généralement au pluriel, à moins que *des plus* soit envisagé comme un groupe figé n'établissant pas de comparaison, mais posant un degré très élevé : *La situation de la Californie était des plus précaires* (Cendrars). *Bien que votre attitude me semble des plus étranges, je puis vous communiquer son adresse* (Queneau). *Le mobilier est des plus composites* (Romains). Dans toutes ces phrases, on peut remplacer *des plus* par *extrêmement.* Singulier : *Bien que ma cuisine soit des plus simple* (Thérive). *L'argot est des plus instructif*

(Bruneau). *C'est un homme des plus loyal* (Brunot). On notera que le singulier s'impose quand l'adjectif se rapporte à un pronom neutre : *Ce qui n'est pas des plus aisé* (Jaloux, cité par Grevisse). *Cela est des plus immoral.*

□ **plus... plus..., plus... moins..., moins... plus, moins... moins.** S'emploient pour marquer corrélativement l'augmentation ou la diminution, soit directement, soit inversement proportionnelles (Grevisse) : *Plus notre ennemi est petit et fragile, plus il est tendre, plus il est pur, plus il est innocent, plus il est redoutable* (Anouilh) (à noter qu'en dépit des apparences il n'y a ici que *deux* groupes comparés : le premier va jusqu'à *innocent*). *De toute manière, il semblait qu'il devait être bafoué. Plus il crânerait, mieux il serait bafoué* (Dhôtel). *Plus on est de fous, plus on rit.* La seconde proposition peut être coordonnée par *et* : *Plus le sentiment où j'avais espéré trouver le repos se trouvait alors menacé, et plus je le réclamais de ma partenaire* (Camus). *Plus on approchait de Théoule et plus l'appréhension d'Edmond grandissait* (Maurois). *Plus on avance dans cette direction, et moins on y voit clair.* On a les deux tours (sans et avec *et*) dans l'exemple suivant : *Plus Rivière regardait Robineau, plus se dessinait sur les lèvres de celui-là une incompréhensible ironie. Plus Rivière regardait Robineau et plus Robineau rougissait* (Saint-Exupéry).

□ **plus de** ou **plus que.** On rencontre en général la préposition *de* devant un numéral : *Il n'est jamais arrivé que le même numéro sortît plus de sept fois de suite* (Vailland). S'il y a une comparaison, ou une insistance sur la notion de qualité, on trouve plus souvent *que* : *J'ai sur les bras plus qu'un orphelin* (Masson). L'objet représente dans la phrase précédente une *seule* personne. → MOINS

□ **plus d'un... plus de la moitié.** Ces locutions sont suivies du singulier ou, plus rarement, du pluriel, selon l'intention du parleur : *Plus d'un homme en avait paru séduit* (Arland). *Comme l'ont fait remarquer plus d'un philologue...* (Thérive). *Plus de la moitié se trouvaient disponibles pour la vente ou la location (Le Monde).* Il y a dans cette dernière phrase référence à des appartements,

et le pluriel est donc logique. → MOITIÉ

□ **plus que... ne.** Le *ne* dit « explétif » est de règle après *plus que* : *Il en savait plus à ce sujet que n'en apprendront jamais les peuples ni leurs ministres* (France). *C'est bien plus admiratif que vous ne le pensez, dit-il* (Sagan). Mais *ne* peut être omis, surtout quand la proposition qui contient *plus* est à la forme négative ou interrogative : *Je consumerai vos trésors avec un peu plus de suite et de génie que vous le faites* (Valéry). *On ne peut pas être plus heureuse que je le suis* (Chamson, cité par Grevisse).

□ **de plus.** En tête de phrase, cette locution a un sens assez abstrait : elle ajoute une remarque, un argument complémentaire : *Cela est bien ancien et ne résout rien. De plus cela est de mauvais ton* (Alain). Mais au sens concret, et dans le cours de la phrase, on emploie à peu près indifféremment **de plus** et **en plus** : *Et les bouches roses des enfants étaient toujours des bouches en plus* (Duras), en face de : *Il lui fallait établir le lien entre cette ville de 1895 qu'il avait quittée et cette cité qui comptait vingt mille habitants de plus* (Gallo). *Il me faudrait cinq cents francs de plus pour finir le mois.* On évitera d'employer en tête de phrase *en plus,* au sens de *de plus,* comme dans les exemples suivants : *Un homme a été entièrement déshabillé et peint en bleu. En plus sa forme avait été modifiée* (Vian). *En plus, ils ont planté des genêts dans le jardin et ils étaient si pressés de s'en aller qu'ils ont laissé tous les outils à l'abandon* (Japrisot).

□ **en plus de.** Cette locution prépositive, qui marque l'addition, doit être considérée comme correcte : *Il n'y avait chez eux, en plus de moi, qu'une jeune femme* (Romains). *En plus des Français, quelques familles juives vivaient mêlées aux nôtres* (Roblès).

□ **d'autant plus** → AUTANT

□ **une fois plus grand** ou **deux fois plus grand** → FOIS

□ **qui plus est** → QUI

□ **plus tôt** ou **plutôt** → PLUTÔT

PLUSIEURS emploi et sens Cet ancien comparatif évoque un pluriel indéfini, qui commence en principe au-dessus de « deux » : *Et j'ai quatorze enfants,* dont plusieurs sont de moi (Courteline, cité par Robert). *Plusieurs de nos ouvriers et employés seront appelés en témoignage* (Salacrou). On peut donc dire : *Deux ou plusieurs personnes.*

□ **se mettre (à) plusieurs pour.** L'ellipse de la préposition *à* est plutôt littéraire. → À

PLUS-QUE-PARFAIT prononc. Le *s* se fait entendre : [plyskəpaʀfɛ].

PLUS-VALUE orth. Plur. : **des plus-values.**

PLUTONIEN ou **PLUTONIQUE** emploi et sens Le premier adjectif est dérivé du nom propre *Pluton*, «dieu des Enfers», mais aussi de **plutonisme**, «théorie géomorphologique aujourd'hui abandonnée, qui expliquait par le feu intérieur la formation de l'écorce terrestre». **Plutonique** est un adjectif descriptif, s'appliquant aux «roches formées à de grandes profondeurs».

PLUTÔT forme La confusion entre cet adverbe et le comparatif **plus tôt**, en deux mots, est plus ou moins grave selon le contexte. Il s'agit en tout cas, à l'origine, des mêmes éléments. → TÔT
♦ emploi et sens On emploie devant un infinitif **plutôt que de** (l'ellipse de la préposition *de* appartient à un registre très recherché) : *Sans doute aurait-il fallu l'envoyer en pension plutôt que de lui offrir l'hospitalité* (Masson). Cette périphrase est souvent utilisée avec le verbe *préférer* → ce mot : *Plutôt que d'être mal loué, je préfère ne l'être point* (Gide). Si le choix concerne des substantifs et non des verbes, il n'y a pas de difficulté : *Un homme qui pourrait en rentrant trouver une calme solitude plutôt qu'un foyer désuni* (Mallet-Joris). Quand *plutôt que* relie deux propositions à un mode personnel, il est généralement suivi de *ne* : *Mes rêves caricaturent hélas! l'organisme même de l'âme et me découragent plutôt qu'ils ne me donnent le moyen de me combattre* (Cocteau).

□ **il semble plutôt bien.** Cet emploi, au sens de «passablement», est passé depuis longtemps dans l'usage : *Cela me donne plutôt bonne réputation parce*

que le motif les amuse (Perry). *Il avait l'air plutôt intimidé* (Sagan).

□ **ou plutôt.** Cette formule est fréquemment employée par les journalistes et les parleurs de la radio, non pour préciser un choix, mais pour introduire un correctif qui peut aller jusqu'à contredire complètement ce qui précède : *Le prochain congrès aura lieu à Orléans le 10 mars prochain... ou plutôt à Tours, excusez-moi.*

□ **pas plus tôt que.** Cette locution a une valeur proprement temporelle : *Il n'eut pas plus tôt menti, qu'il rougit* (Gide). *Mme Tim n'a pas plus tôt tourné le coin de la rue que j'entends trotter* (Giono). Par ce tour à la fois comparatif et temporel, on rapproche dans la pensée deux faits successifs, et l'on feint de nier que le premier se soit produit avant *(plus tôt que)* le second ; en somme, on donne à croire que la succession a été si rapide qu'elle équivaut presque à une simultanéité (Le Bidois, *Syntaxe du français moderne*). On notera que beaucoup d'auteurs confondent souvent cette locution temporelle et le tour *plutôt que*, surtout en phrase négative.

PLUVIAL forme Masc. plur. : **pluviaux.**
♦ emploi Ne pas confondre ce terme scientifique, employé par les géographes, pour parler de ce «qui a un rapport avec la pluie» *(le ruissellement pluvial)* avec **pluvieux**, adjectif courant qui signifie «où il pleut beaucoup» : *Un pays pluvieux, une journée pluvieuse.*

PLUVINER → PLEUVASSER

PNEUMATIQUE forme Comme substantif (dans toutes ses acceptions), s'abrège le plus souvent en **pneu** (plur. : **des pneus**) : *Le lendemain matin, à huit heures, on apportait à Hélène un pneu, écrit à la machine* (Supervielle). *Je projetais de crever les pneumatiques des petites voitures d'infirmes* (Camus). *Mon pneu n'est pas crevé, s'étonna-t-elle* (Vailland).

POCHE constr. On dit à peu près indifféremment *avoir de l'argent en poche, dans la poche, dans ses poches,* mais plutôt *pas un sou en poche.* → DANS et EN. **Poche** est toujours au singulier dans *argent de poche.*

POCHETTE-SURPRISE orth. Plur. : **des pochettes-surprises.**

POÊLE orth. Tous les mots (masc. et fém.) que recouvre cette forme s'écrivent avec un accent circonflexe sur le *e* intérieur, et non plus avec un tréma.

POÊLON prononc. [pwalɔ̃]. Tous les mots de cette famille se prononcent [pwa] et non *[pwɛ].

POÈME orth. Accent grave, ainsi que pour **poète** (mais **poésie, poétique**). Le tréma sur le *e* intérieur correspond à une graphie archaïque.

POÉTESSE emploi Ce féminin est souvent ironique ou péjoratif, et on lui préfère généralement la forme masculine : *Cette femme est vraiment poète.*

POGROM orth. Se garder du barbarisme *progrom.* On trouve parfois **pogrome,** qui peut être assimilé à une forme correcte et rend mieux compte de la prononciation réelle, pour un Français. Plur. : **des pogroms.** ♦ sens «Soulèvement antisémite populaire, d'origine gouvernementale et encouragé par les tsars, souvent meurtrier» : *Le pogrom de Zémyock passa inaperçu parmi des centaines d'autres* (Schwarz-Bart). Ne pas confondre avec **prodrome.** → ce mot

POIDS orth. Un *s* : *Un poids mort, un poids lourd.*

POIGNANT → POINDRE

POIGNÉE forme et construction Les grammairiens et lexicographes sont ici peu écoutés : on trouve fréquemment *une poignée de mains* et *jeter de l'argent à poignées,* alors que Littré, l'Académie, Grevisse et le Petit Robert préconisent le singulier. On écrira donc plutôt : *une poignée de main.* Quand il s'agit d'objets nombrables, le pluriel s'impose évidemment : *Une poignée de jetons, de grains,* etc.

POIL forme Ce mot a une valeur collective et reste au singulier dans certaines locutions, dont : *Du gibier à poil et à plume* → GIBIER et PLUME. Au figuré, et familièrement, dans : *Les galants de*

tout poil viennent boire en mon verre (Brassens).

□ **au poil.** Cette locution exclamative, qui souligne «l'excellence d'un acte ou d'un état», appartient au langage très familier : *La fenêtre donnait sur un jardin ratissé au petit poil* (Bazin). De même pour *être de bon* ou *de mauvais poil,* et de nombreux tours bien connus.

POINÇONNAGE orth. Deux *n,* comme pour **poinçonner,** etc. ♦ forme On emploie également **poinçonnement.**

POINDRE conjug. Comme *joindre* → APPENDICE. Ce verbe de conjugaison délicate est parfois rattaché, de façon erronée, à la première conjugaison ; on se gardera de fabriquer un infinitif *poigner : L'anxiété de ses enfants commence à la poigner à son tour* (Daudet, cité par Grevisse) ou un passé simple en *-a : Un nouveau malaise le poigna au ventre* (Troyat, cité par Grevisse). On comprend que le verbe **empoigner,** qui se conjugue régulièrement comme *chanter,* exerce une influence quasi irrésistible. Mais le verbe *poigner* est vigoureusement condamné par la plupart des grammairiens : car ses formes procèdent plus d'une ignorance de la langue que d'une réelle volonté d'innover ou de simplifier. ♦ emploi et sens Peu de formes existent réellement. Les plus courantes sont l'infinitif, le participe présent *poignant,* les 3ᵉ personnes du présent, de l'imparfait et du futur de l'indicatif. En emploi transitif, le sens est «piquer» : *Je sentis un froid de glace me poindre le dos* (Hériat). *Une douleur subite me poignit à la tête et me contraignit de m'arrêter* (Green). *L'envie qui l'avait point, tout à l'heure, de jouer des jambes, s'était dissipée* (Jorif). Ce mot entre dans un proverbe : *Oignez vilain, il vous poindra, poignez vilain, il vous oindra.* Intransitivement, le verbe signifie «apparaître» : *C'est pourquoi je veux voir avec une tendre émotion, poindre sur cette vivante, le mouvement sacré* (Valéry). *Mon père, qui voyait poindre l'aubaine d'une randonnée célibataire* (Bazin). Le participe *poignant* est courant et sert le plus souvent de simple adjectif : *Ah! capitaine, toutes vos pensées n'étaient pas aussi poi-*

gnantes et vous m'avez parlé des temps heureux de vos vacances (Roblès).

POING forme Ce substantif est au singulier dans la locution *coup(s) de poing*, car le sens est «donné(s) avec le poing» : *Combien de fois ne s'était-il pas écrié : «Je m'appelle Merlin!» en frappant de grands coups de poing sur la chaire* (Guilloux). ♦ **emploi** Ne pas confondre cette locution et le substantif **coup-de-poing.** → ce mot

POINT (signe de ponctuation). Il sert à séparer, à isoler, à distinguer un fragment d'un texte considéré comme un tout indépendant sur le plan formel : *Le point, garde-chiourme de la syntaxe, mais aussi auxiliaire puissant de la pensée* (Cavanna). Il coïncide généralement avec la notion de phrase grammaticale : *Il assiste impassible à la prise en possession et au partage de ses terres. On établit des titres de propriété. Un nouveau cadastre s'enregistre. Les derniers arrivants sont accompagnés d'hommes de loi* (Cendrars). Mais parfois le point souligne un découpage subjectif ou littéraire qui ne correspond plus au découpage en propositions ou en membres de phrase : *Il l'a vu mourir. Un petit hoquet. C'est tout* (Céline).

□ **points d'interrogation et d'exclamation.** Leur emploi est simple, encore qu'ils soient trop souvent remplacés dans l'écriture cursive par de simples points. Cela se produit surtout quand la phrase est nettement interrogative ou exclamative par certains de ses mots. On doit écrire : *Mais alors, le coup de feu? Vous n'avez pas entendu un coup de feu?* (Salacrou). *Pourquoi a-t-il fait cela?* Mais le point d'interrogation disparaît quand on a affaire à une interrogative indirecte : *Je me demande pourquoi il a fait cela,* et quand la question porte sur une phrase se terminant par un autre signe de ponctuation : *Te souviens-tu comme il disait : «Non! Il ne faut pas faire ça!»* Il est en effet impossible de faire se succéder un point d'exclamation et un point d'interrogation, ou vice versa (bien que certains auteurs s'amusent à accumuler ainsi les signes de la surprise, de l'indignation. etc. Par exemple : *Quoi!? s'écria-t-il).*

Le point d'exclamation transforme en interjection, en mouvement affectif (avec une intonation montante) toute phrase ou tout fragment de phrase grammaticale : *Site résidentiel! Site classé! Belle vue sur la Seine, sur la vallée, sur les forêts, sur les collines de l'horizon! Yachting! Bon air!* (Ikor). Il se met après *Oh, Ah, Eh,* mais non après *Ô.* Quand l'interjection comprend deux segments, il se met après le second : *Ah oui! Eh bien! hé quoi!* Mais cette règle n'a rien d'obligatoire et souvent *Eh bien* est suivi d'une virgule.

□ **points de suspension.** Ils servent à indiquer un arrêt de la phrase, une interruption venant soit du sujet d'énonciation, soit de l'interlocuteur : *Quatre ans... La garce... Moi, l'imbécile, j'étais doux avec elle* (Aragon). *Il me regardait affectueusement. Il était ému au possible... Toute sa moustache tremblotait...* (Céline). «*Honoré, tu vas me dire... – Pas les mains! – Ta belle-sœur, tu vas me dire...*» *Honoré ne voulut pas en entendre davantage* (Aymé).
On met les points de suspension entre parenthèses ou entre crochets pour signaler dans le texte une coupure qui n'est pas due à l'auteur : *Il leur était certainement arrivé quelque chose, un bonheur inattendu [...], parce qu'ils avaient commandé du champagne* (Sartre).

□ **le point-virgule.** On le nomme aussi *point et virgule.* ♦ **orth.** Un trait d'union. Plur. : **des points-virgules.** ♦ **emploi** Il sert à alléger une phrase trop longue pour être lue d'un seul tenant, à établir dans une phrase une sorte d'équilibre entre plusieurs parties pouvant avoir un mot – par exemple, un verbe – en commun sur le plan syntaxique : *Et même il n'y aurait eu qu'à l'écrire, ce cahier; écrire n'est rien, tous nos jeunes gens le savent; il était fait d'avance; il n'y avait qu'à rédiger; un devoir de vacances, enfin; naturellement, et comme tout bon Français, j'aurais tout ignoré de la politique extérieure; mais j'en aurais parlé un peu, par politesse internationale* (Péguy). *Bec-Salé était un lâche, oui; et ce Bourrel une brute* (Genevoix). Ce signe est peu employé de nos jours. Il est néanmoins très commode quand un contenu de pensée déterminé exige une longue phrase, et que le lecteur ne paraît pas capable de la suivre tout au long. Beaucoup d'écrivains préfèrent employer le point, qui sépare plus radicalement les divers éléments, mais d'autres l'introduisent comme une sorte de variante typographique, intermédiaire entre le point et la virgule par l'aspect comme par la fonction.

□ **deux points. orth.** On écrit *les deux points* ou *le deux-points*, dans ce cas (trait d'union). ♦ **emploi** Ils servent à annoncer une explication ou à présenter une énumération : *Vous n'avez pas prononcé le cri du ralliement actuel, mais il était déjà sur vos lèvres : la faillite de la science* (Martin du Gard). *Il aurait pu lutter encore, tenter sa chance : il n'y a pas de fatalité extérieure. Mais il y a une fatalité intérieure : vient une minute où l'on se découvre vulnérable* (Saint-Exupéry). *À chaque barbe rencontrée, repérée, des tournois s'improvisaient : quinze, trente, quarante et partie* (Morand). Les deux points annoncent également qu'on va rapporter textuellement les paroles de quelqu'un : *La maîtresse ouvrit le livre, et dit : «Qu'est-ce que Dieu ? Dieu est un pur esprit, infiniment parfait»* (Rochefort).

POINT emploi :

□ **points cardinaux** → GUIDE TYPO

□ **point de vue.** Ce nom composé s'emploie couramment dans des locutions figées : à *tout point de vue* (le singulier est préférable au pluriel) ou *de tout point de vue*. Quant au tour *sous le point de vue de*, il est rare aujourd'hui, et il vaut mieux l'éviter.

□ **au point de vue (de).** *Il demanda une prorogation afin d'étudier l'affaire de plus près, notamment au point de vue de la concession éventuelle par la municipalité d'une voie mixte à la mer* (Morand). L'ellipse du second *de* est fréquente dans la langue cursive, notamment chez les journalistes : *Au point de vue du chômage, on constate une légère régression au cours de ce dernier mois (Le Figaro).* → CÔTE, FACTEUR, QUESTION, etc.

□ **point de non-retour.** Cette expression est traduite de l'américain et se rencontre aujourd'hui dans la langue des journalistes. Le Bidois, dans *Le Monde* du 8 avril 1970, constate que *la formule est définitivement entrée dans la langue courante.* Son origine est militaire : le *point of no return* désigne le «point, sur le trajet d'un bombardier, à partir duquel celui-ci n'a plus les moyens techniques de retourner à sa base». Les hommes politiques en font un usage «pacifique» très étendu : *L'échéance du 1ᵉʳ juillet 1968 marquera le point de non-retour du Marché commun (Le Monde).*

□ **au point que, à tel point que, à un point tel que.** Toutes ces locutions sont correctes et de sens identique : *La pauvre fille pinça la bouche au point que disparut l'étroit liséré violet de ses lèvres* (Mauriac). *La vie est à ce point insipide qu'il faut s'en distraire à tout prix* (France). *Des traces à ce point ineffaçables que nous reconnaissons leur vérité passée à la force de leurs effets* (Maurois). Dans tous ces exemples, le verbe de la consécutive est à l'indicatif. Le subjonctif n'est possible que si le résultat est incertain, c'est-à-dire dans une phrase négative ou interrogative : *Uni voulait voir ce qui captivait l'attention de son fiancé au point qu'il se désintéressât d'une blessure qui eût pu lui être fatale* (Bedel). Dans cette phrase, la consécutive dépend d'une interrogation indirecte. → CE (QUI)

POINT (adverbe de négation) → PAS

POINTE-SÈCHE orth. Le substantif prend un trait d'union. Plur. : **des pointes-sèches.**

POIS emploi On écrit sans trait d'union (et le plus fréquemment au pluriel) *des pois chiches, des pois de senteur, des pois cassés, des petits pois...*

POISSON orth. On écrit sans trait d'union *des poissons rouges, des poissons volants...*, mais les composés formés de deux substantifs ont un trait d'union et chacun de leurs éléments prend la marque du pluriel : *des poissons-chats, des poissons-clowns, des poissons-lunes, des poissons-scies...* Les dérivés de *poisson* prennent deux *n* : *poissonnerie, poissonneux, poissonnière*, etc.

POITRINE sens Ce terme est plus général que **seins** et désigne tout le buste. Peu utilisé aujourd'hui en médecine, il sert parfois d'euphémisme, au même titre que **gorge.** → ce mot

POIVROT forme Au féminin **poivrote**, avec un seul *t*.

POLAR emploi et sens Création discutée du début des années 1980, ce mot, qui est du registre familier, connaît une grande vogue comme synonyme bref (et commode) de **roman policier :** *Depuis les décès successifs des grands rendez-vous annuels de Reims, puis de Grenoble, il y a une place à prendre dans le cœur des amateurs de grand-messe du «polar»* (B. Audusse, *Le Monde,* 24 avril 1992).

POLARISER emploi et sens Ce verbe d'origine technique connaît une vogue un peu abusive dans la langue courante, au sens de «attirer sur un point, concentrer». De même l'acception «obséder», avec un nom de personne : *Il est polarisé par la préparation de son concours.* L'argot des étudiants emploie la forme abrégée **polar** (masc. et fém.) : *Elle ne parle plus que de ça : elle est complètement polar.*

PÔLE orth. Avec un accent circonflexe, à la différence de ses dérivés : *le cercle polaire.* On écrit *le pôle Nord, le pôle Sud.*

POLÉMIQUER emploi Ce verbe a supplanté complètement **polémiser,** signalé et utilisé par Littré au siècle dernier, mais qu'on ne rencontre plus dans aucun dictionnaire.

POLICÉ orth. et sens On évitera de rattacher cet adjectif, qui signifie «aux mœurs adoucies par la civilisation» (Petit Robert), à la famille de **polir,** malgré une certaine affinité sémantique. Le participe passé de *polir* est **poli.**

POLICE SECOURS orth. Pas de trait d'union.

POLICLINIQUE sens «Établissement parfois annexé à un hôpital, où l'on donne des soins à des malades qui ne sont pas hospitalisés». Ne pas confondre avec **polyclinique,** «établissement hospitalier comprenant plusieurs services spécialisés pour le traitement de maladies diverses» : *Les réclames et les devantures de la place de Catalogne : «Voyez ! nous avons des po-lycliniques ! des superproductions !»* (Montherlant).

POLIMENT orth. Ni *e* intercalaire ni accent circonflexe sur le *i*.

POLIOMYÉLITE orth. L'orthographe délicate de ce mot, couramment utilisé, a favorisé son abrégement en **polio,** forme à l'aspect encore un peu familier, mais qui sera sans doute intronisée dans la langue officielle. **Les polios :** les malades atteints de poliomyélite.

POLLEN orth. Deux *l*, ainsi que les dérivés **pollinisation, pollinique,** etc. Plur. : **des pollens.**

POLOCHON orth. et sens Ce synonyme populaire de **traversin** ne prend qu'un seul *l*. On l'écrit et le prononce parfois fautivement **pelochon.*

POLTRON forme Fém. : **une poltronne,** avec deux *n*.

POLY- orth. Se garder de l'assimilation au préfixe **poli** (de *polis,* ville), notamment dans les mots *polyandrie, polychrome, polyclinique, polycopie, polyculture, polyèdre, polygame, polyglotte, polygone, polymorphe, polynévrite, polynôme, polype, polyphonie, polypier, polyptyque, polytechnicien, polythéisme, polyurie, polyvalent,* etc. (Pas de trait d'union.) ◆ **emploi et sens** Préfixe grec signifiant «en nombre abondant». Il est productif, mais concurrencé par les préfixes latins *pluri-* et *multi-*.

POLYCOPIER sens Ce verbe (ainsi que ses dérivés) signifie «reproduire à de nombreux exemplaires par décalque du texte sur une couche de gélatine» : *Les exilés des mêmes pays envoyaient de petits bulletins tirés au polycopiste et le plus souvent illisibles* (Duhamel). Ces mots sont en déclin, au profit de ceux qui désignent le «procédé photographique de reproduction» : **photocopie, photocopier.**

POLYESTER orth. Ce substantif désignant une «matière plastique très utilisée» s'écrit sans *h* après le *t*.

POLYÉTHYLÈNE forme On dit aussi, plus brièvement, **polythène.**

POLYGAMIE et **POLYANDRIE** sens La **polygamie** désigne l'état d'un homme marié à plusieurs femmes à la fois, la **polyandrie** celui d'une femme mariée à plusieurs hommes à la fois.

POLYGLOTTE orth. Deux *t*.

POLYGONE orth. Pas d'accent circonflexe sur le *o*, contrairement à **polynôme.**

POLYPTYQUE orth. Deux *y*. On commet souvent une faute en introduisant un *i* dans la graphie de ce mot. → TRIPTYQUE

POLYSYLLABE forme On rencontre aussi **polysyllabique.** → SYLLABE

POMMÉ et **POMMELÉ** emploi et sens Ces adjectifs, dérivés de **pomme,** ne doivent pas être confondus. Le premier a le sens d'« arrondi » et s'applique surtout aux légumes : *Un chou pommé, une laitue pommée.* Le second a le sens de « parsemé de petits nuages ronds » : *Un ciel pommelé annonce souvent la pluie,* ou « couvert de petites taches rondes grises ou blanches » en parlant de la robe d'un cheval : *À leur place piétinait un gros cheval pommelé qui vint vers nous en secouant sa crinière* (Ragon).

POMME DE TERRE emploi et sens On dira *des pommes de terre en robe de chambre* et non **en robe des champs,* malgré un préjugé tenace, dont témoigne l'exemple suivant : *Mme Rezeau nous a pourvus d'œufs durs, de salade de haricots et de pommes de terre en robe de chambre (je proteste au passage ; on devrait dire : pommes de terre en robe des champs)* (Bazin). Le sens est « qui sont cuites et présentées dans leur peau ».

POMPADOUR forme Invariable comme adjectif. Pas de majuscule à l'initiale.

POMPÉIEN orth. et sens Pas de tréma sur le *i*. « Relatif à la ville de Pompéi, ou à Pompée, rival de César ».

PONANT emploi et sens Vieilli et littéraire comme synonyme de **couchant.**

PONCEAU forme Invariable comme adjectif de couleur (« rouge vif ») : *Toute la richesse des pourpres églantines et des lis ponceau* (Constantin-Weyer). → COULEUR

PONCHO orth. On ne doit pas écrire **puncho.*

PONCIF sens Mot technique, qui désigne « un papier dans lequel un dessin est piqué ou découpé de façon à pouvoir être reproduit à volonté ». Mais l'emploi le plus fréquent est figuré : un *poncif* est « un thème ou une expression stéréotypés, sans originalité » : *Véritable poncif de piété, il émaillait son discours de clichés sacerdotaux* (Bazin).

PONCTUATION → POINT et VIRGULE

PONDÉREUX emploi et sens Doublet « technique » de **pesant, lourd,** qui ne paraît pas toujours d'une utilité réelle.

PONDRE emploi Si *pondre un œuf* est un pléonasme, il est souvent nécessaire de préciser le nombre d'œufs : *Cette poule a pondu huit œufs.*

PONGISTE emploi et sens Néologisme irréprochable, qui désigne un « joueur de ping-pong ». → PING-PONG

PONT emploi On écrit avec un trait d'union *des ponts-levis, des ponts-promenades, des ponts-canaux, des ponts-portiques.* Mais : *entrepont, le service des Ponts et Chaussées.*

PONT-L'ÉVÊQUE orth. Des minuscules, et invariable au pluriel : **des pont-l'évêque** (fromage). (Mais on écrira avec des majuscules : *un fromage de Pont-l'Évêque.*) → FROMAGE

PONT-LEVIS orth. Un trait d'union (contrairement à *château fort*). Plur. : **des ponts-levis.**

POOL prononc. [pul]. ♦ emploi et sens Ce mot est souvent employé en économie moderne pour désigner une « entente momentanée entre producteurs en vue de conserver la maîtrise d'un marché ». Ne se confond pas avec **trust** ni avec **monopole.** L'emploi du mot *pool* est impropre quand il s'agit de la *Communauté européenne du charbon et de l'a-*

cier (la C.E.C.A.), qui était en fait une sorte de «trust supranational».

POPULAIRE ou **POPULEUX** sens Ces deux adjectifs se distinguent nettement. Le premier renvoie aux «couches sociales dénommées **peuple**, par opposition à la bourgeoisie et à l'aristocratie» : *Or, surtout dans les quartiers populaires, «quelqu'un de la Ville» est une autorité* (Romains). Le second signifie «très peuplé», et son emploi est plus limité : *Les messagères d'une arche de Noé bien plus populeuse que la première* (Giono).

PORC-ÉPIC orth. Plur. : **des porcs-épics.**

PORE genre Masculin. L'erreur est fréquente d'employer ce mot au féminin. ♦ sens «Minuscule orifice de la peau». Se garder de l'assimilation à **spore** (féminin), qui désigne un germe végétal.

PORPHYRE orth. Un *y* et non un *i*.

PORT emploi et sens Ce substantif, qui désigne la «manière naturelle de se tenir», peut être employé avec un complément tel que *tête* : *La jeune fille au chien était en effet grande, élancée, d'un port fier* (Peyré). *Quel port de tête, ma fille! (Id.).* On s'en sert également en botanique, au sens de «forme naturelle et distinctive d'un végétal croissant en hauteur».

PORTABLE ou **PORTATIF** emploi Ces deux adjectifs s'emploient concurremment. Le premier, plus récent, est un «anglicisme invisible» qui offre l'avantage d'une plus grande brièveté. La langue commerciale l'utilise beaucoup : *Un téléviseur portable.* Il tend à supplanter l'ancien **portatif**, dont le sens n'est pas foncièrement différent, «conçu pour être transporté aisément» : *Une machine à écrire portative.*

PORTE constr. On dira aussi bien : *La clef est à la porte* ou *sur la porte.* → CLEF ☐ **la Porte.** Absolument, et avec une majuscule initiale, *la Porte* désignait jadis le «gouvernement des anciens sultans turcs». On disait aussi *la Sublime-Porte.*

☐ **veine porte.** Ce mot n'est adjectif que dans cette locution figée, «veine

qui sert de passage pour le retour du sang au foie».

PORTE- orth. Les composés sont généralement invariables. Le premier élément ne prend un *s* que dans *portes-fenêtres*, seul mot dans lequel on ait affaire au substantif **porte** et non au verbe **porter** : *On dine à quatre dans la grande salle, toutes les portes-fenêtres ouvertes* (Japrisot); le second élément varie au pluriel dans *porte-aiguille* (instrument de chirurgie : le *s* est facultatif), *-assiette, -bobèche, -bouchon, -bougie, -broche, -chandelier, -cordeau, -étrivière, -grille*. On constate de nombreux flottements à ce sujet, et une tendance marquée à mettre un *s* final à de nombreux composés désignant des instruments dont chacun porte un objet unique : *des porte-plat* ou *porte-plats*. On écrit *des porte-bonheur*, un (et des) *porte-avions*, un (et des) *porte-cigares*. S'écrivent en un seul mot, et prennent un *s* final (ou *x*) au pluriel : *portechape, portefaix, portefeuille, portemanteau, portemine.*

PORTE(-)À(-)FAUX orth. Cette locution prend deux traits d'union quand elle est employée comme substantif : *Je ne pouvais pas douter que mon pouvoir fût en porte-à-faux* (de Gaulle). La distinction entre la forme substantivée et la construction libre est ici le plus souvent assez arbitraire.

PORTE-À-PORTE orth. Ce groupe, devenu substantif, prend des traits d'union : **faire du porte-à-porte.**

PORTÉE constr. À portée de s'emploie surtout dans des tours figés (avec *fusil, voix*, etc.) : *L'arme était à portée de sa main* (Vailland). *Les choristes allaient glapir dès qu'ils seraient à portée de voix* (Vian). Au figuré, on dit plutôt **à la portée de** : *Cette méthode est à la portée de tous.* On dira également **hors de portée de** ou **hors de la portée de** : *Tu y seras hors de portée / Des chiens des loups des homm's et des / Imbéciles* (Brassens).

PORTE-JARRETELLES → JARRETELLE

PORTER emploi et sens Ce verbe est le plus souvent transitif (→ MENER), mais il s'emploie sans complément d'objet dans certains tours : *L'argument a porté. Cette chatte porte en ce moment : elle est lourde et inquiète.* La locution **porter beau** est vieillie, au sens de «avoir belle apparence, sembler à la fois vigoureux et élégant» : *Il ne faut pas savoir monter à cheval, s'habiller, même en redingote, avoir des éperons, porter beau* (Péguy).

□ **se porter fort de.** Dans ce tour, *fort* reste en général invariable, mais ce n'est pas une règle absolue → FORT

PORTRAITURER emploi et sens Ce verbe a remplacé l'ancien **portraire** dont **portrait** est le participe figé en substantif : *Des loups-garous dont les différentes gueules sont portraiturées* (Giono). On écrit aussi **portraicturer** (mais **portraitiste**).

PORT-SALUT forme Invariable : **des port-salut** → FROMAGE

POSE → PAUSE

POSER constr. Intransitivement, ce verbe a une acception technique, au sens de «servir de modèle à un peintre, un sculpteur», ou dépréciatif, au sens de «avoir une attitude affectée». À la voix pronominale, on rencontre avec un sujet animé, **se poser comme** ou **en** : *Il vient se poser en redresseur de torts,* ou : *Il se pose comme le seul capable de nous tirer de cette situation.* À distinguer de **pauser** → PAUSE

POSITIONNER emploi et sens Ce néologisme n'est pas à recommander, à moins qu'il ne s'agisse d'une acception technique très précise, que ne pourrait donner le verbe **placer.**

POSSÉDANTS emploi et sens Ce participe substantivé se rencontre surtout au pluriel et tend à remplacer **riches.** Il n'est ni nécessaire ni condamnable. Ne pas l'employer, en tout cas, à la place du suivant.

POSSESSEUR orth. Deux fois deux *s* comme dans *possession, possessif, possessionnel,* etc. ♦ **forme** Pas de féminin. S'il s'agit d'une femme, il vaut mieux tourner la phrase d'une autre manière ou employer d'autres termes, par exemple *propriétaire.* Voir cependant : *Peut-être que cette humble herbe que je*

foule au pied attend, possesseuse d'un secret, que l'homme formule enfin la question dont elle serait la réponse (Gide).

POSSESSIF (adjectif) **emploi et sens** Dans certains cas, l'adjectif possessif indique moins la «possession» que le «retour fréquent, l'habitude», et se charge de valeur affective : *Son visage était fripé, durci, il paraissait presque ses vingt ans* (Beauvoir). *Il avait sa table, toujours la même, dans chaque établissement, son maître d'hôtel, son sommelier* (P. Jardin). *Nous travaillons nos huit heures par jour* (Martin du Gard). «*Vite, ma fille, montez : j'ai ma sciatique.*» *Il avait sa sciatique* (Mauriac). Si le premier *ma* marque une certaine valeur «possessive», le second *ma* et le *sa* expriment l'idée d'habitude : *Tu ne veux pas me jouer ton Prélude? Pour Mme d'Hocquinville, Chopin n'avait écrit qu'un Prélude et il était devenu «ton» Prélude parce qu'elle l'associait à sa petite-fille* (Maurois, cité par Le Bidois). *Il cherche à faire son malin.* → FAIRE

□ **possessif** ou **article.** L'indication du possesseur n'est pas nécessaire quand le contexte est suffisamment clair. Aussi trouve-t-on fréquemment l'article défini à la lieu de l'adjectif possessif qu'on attendrait, pour déterminer «une partie du corps» : *Le sang me coulait sur les yeux* (Peyré). *Elle lui passait la main dans les cheveux* (Pérochon). Cependant, le contexte et le besoin de précision peuvent exiger ou recommander la présence du possessif : *Il se rassit devant sa table et prit sa tête dans ses mains* (Troyat). *Gerbert frotta ses yeux* (Beauvoir). L'exemple suivant montre l'équivalence de l'article et de l'adjectif : *Lorsqu'il n'y a personne autour d'elle pour lui troubler les idées et contrarier ses innombrables allées et venues* (Romains). → ARTICLE et LE, LA, LES (article)

□ **chacun de son** ou **de notre côté** → CHACUN

□ **dont** + **possessif.** On ne doit pas rappeler l'antécédent à l'intérieur d'une proposition relative par un adjectif possessif qui ferait double emploi avec le pronom possessif : *Une maison dont le prix est élevé* (et non *son prix*). → PLÉONASME

□ **son plaisir à lui.** Le renforcement de l'adjectif possessif par un pronom personnel est possible à certaines conditions. → À

□ **en** ou **adjectif possessif.** Le même rapport peut être établi entre «possesseur» et «objet possédé» par le pronom *en*, mais seulement quand il s'agit de choses et non de personnes, du moins en principe : *Une usine d'incinération empêchait les Rennais de dormir : ils en bloquent l'entrée (Le Monde).* → EN

□ **on + son, notre, etc.** → ON

□ **mon lieutenant** → MON

□ **mon cousin.** Comme interpellatifs, certains noms de parenté sont suivis ou non de l'adjectif possessif : *Mon cousin, vous serez un juriste éminent !* L'absence de tout mot devant ces noms de parenté donne à la phrase un ton plus solennel : *Père, ne me grondez pas !* On notera que devant *papa, maman, tonton,* etc., qui sont des mots d'intimité, il est difficile de mettre le possessif. → MON

POSSIBLE forme Après un superlatif relatif, *possible* se met ou non au pluriel selon qu'on le rattache au substantif précédent ou au *il* d'une proposition implicite : *Ils échangèrent quelques phrases, les plus pauvres et les plus ordinaires possibles* (Romains). *(Qui seraient possibles.)* Le même romancier laisse *possible* au singulier dans un tour tout à fait analogue : *J'inviterai quelques autres amis. Les moins possible. Et les moins gênants possible (qu'il soit possible de trouver).* Une certaine tolérance est donc admise. C'est *certainement un des meilleurs candidats possible(s).* Bien entendu, le mot *possible* reste invariable s'il fait fonction d'adverbe : *Ils ont tiré le plus possible la couverture à eux.*

□ **(il est) possible que.** Cette locution en tête de phrase peut s'abréger dans la langue familière (les classiques pratiquaient souvent cet abrégement dans la langue soutenue) : *Possible qu'elles soient pareilles aux hommes, dit Wolf* (Vian). L'emploi de l'indicatif ou du conditionnel est devenu exceptionnel.

□ **au possible.** Cette locution invariable sert de substitut au superlatif absolu et se place toujours après un adjectif : *Un tango comme tous les tangos,*

banal à souhait, racoleur au possible (Aragon).

□ **Dieu possible.** Tour figé à valeur exclamative, qu'on rencontre aujourd'hui encore dans certains parlers ruraux : *Ce n'est pas Dieu possible ! s'écria ma mère* (Guilloux).

POST- orth. Voici les seuls composés avec **post** qui prennent un trait d'union central : *post-abortif, -impressionnisme* (et *-iste*), *-partum* et *-scriptum.* Tous les autres s'écrivent en un seul mot : *postopératoire, postscolaire,* etc.

POSTDATER sens «Mettre sur une lettre ou sur un acte une date postérieure à la date réelle.»

POSTER (substantif) prononc. [pɔstɛʀ]. ◆ emploi et sens «Sorte d'affiche, portrait en couleurs ou en noir et blanc, à usage privé, représentant généralement un personnage célèbre, une vedette de cinéma, etc.» Il est malaisé de trouver un substitut français à ce néologisme : *Sa chambre est toute garnie de posters multicolores.*

POSTÉRIEUR constr. Cet adjectif, qui est à l'origine un comparatif, «placé après dans le temps», admet toutefois le degré du superlatif (contrairement à **ultérieur**) : *Cet événement est très postérieur à sa décision.* On peut dire aussi *bien postérieur* ou *de beaucoup postérieur.* → ANTÉRIEUR et BEAUCOUP

POSTICHE emploi et sens Ce mot est adjectif ou substantif, et s'applique à un «élément fabriqué et destiné à remplacer un élément naturel», surtout en parlant de cheveux, de cils, de rembourrage. Le substantif est toujours masculin dans cet emploi. → PERRUQUE

POT orth. On écrit avec des traits d'union : *pot-au-feu* (invariable), *pot-de-vin (des pots-de-vin), pot-pourri (des pots-pourris).* ◆ constr. On ne dit plus aujourd'hui *pot à l'eau,* mais seulement *pot à eau* (destination) et *pot d'eau* (contenant de l'eau). L'article ne s'emploie plus que dans certains tours figés : *découvrir le pot aux roses, s'enfoncer dans le pot au noir.*

POTABLE emploi et sens Cet adjectif est très correct dans **eau (non) potable,**

mais familier au sens figuré « acceptable » : *Ça lui ménageait une sortie potable* (Sartre).

POTRON-MINET emploi et sens Ce mot vieilli désigne l'«aube» dans certains tours figés et rares : *Dès potron-minet.* On dit également **potron-jaquet** ou même, par une déformation fautive, **patron-jaquet* ou *-minet.*

POU orth. Plur. : **des poux** → BIJOU

POUDROIEMENT orth. Ne pas omettre le *e* central.

POUDROYER conjug. Comme *noyer* → APPENDICE

POUFFIASSE orth. On rencontre souvent **poufiasse** avec un seul *f* : *Une de ces poufiasses de province* (Aragon).

POULPE genre Masc. : *On eût dit d'un poulpe mauve* (Mac Orlan). On prendra garde à l'influence du genre féminin de **pieuvre** qui est synonyme.

POUPART sens Autre nom du **tourteau.** Ne pas confondre, pour l'orthographe, avec **poupard,** «bébé gros et joufflu».

POUPE → PROUE

POUR emploi et sens La fonction principale de **pour** est d'exprimer le but : mais cette préposition sert parfois à établir un rapport de cause ou de concession, même devant un infinitif : *Pour n'avoir pas su empêcher le départ des ouvriers en Allemagne, Laval a permis la constitution du maquis* (Chaix). Le sens est « parce qu'il n'a pas su... ». *Elle l'avait tutoyé tout de suite, pour avoir lu sans doute beaucoup de romans français* (J. Roy). Le sens est évidemment «car elle avait lu...». De même : *L'on avait toujours peur d'être grondées pour être en retard* (Boylesve). En relation avec une proposition négative, *pour* a souvent une valeur concessive : *Pour être fée, on n'en est pas moins femme* (France). *De telles considérations, pour être exactes, ne sont propres qu'à gêner les sots* (Gide).

□ **pour + adjectif + que.** La proposition concessive ainsi introduite a un verbe au subjonctif : *Les enseignes lu-*

mineuses sur la place de l'Hôtel-de-Ville, pour brouillées, pour noyées qu'elles fussent, demeuraient lisibles* (Butor). *Pour effrayant que soit un monstre, la tâche de le décrire est toujours un peu plus effrayante que lui* (Valéry). *Leurs relations, pour agréables qu'elles fussent devenues, n'étaient pas encore assez familières à son gré* (Dhôtel). On rencontre rarement l'indicatif : *Je finirai par faire mon profit, pour légèrement contradictoires qu'ils sont, d'enseignements aussi désintéressés* (Colette, citée par Grevisse). L'addition de *si* après *pour* n'est pas un solécisme, mais la reprise d'un tour ancien : *Pour si obstiné qu'il l'observât* (Bernanos). *Pour si fini que ce fût* (Romains). On préférera en général le tour le plus simple et le moins pléonastique.

□ **être pour.** «Être partisan de...» : *À ce que je crois comprendre, vous êtes pour confier le gouvernement aux peuples* (Anouilh). Mais on évitera l'ellipse du complément de but : *Tout le monde était pour, bien entendu* (Giono). *On s'est bien amusés. Il fallait trouver ce qu'il fallait pour* (Triolet). Ces abrégements relèvent de la langue très familière, comme le montre le sketch de F. Raynaud : *C'est étudié pour !*

□ **pour + préposition.** On rencontre le cumul de *pour* et de certaines prépositions : *Tiens-toi prêt pour dans une heure au maximum* (Giono). *Ce qu'il désirait pour après sa mort* (Proust).

□ **ellipse de pour.** Elle a un caractère populaire après les verbes comme *regarder* : *Elle regarde à travers ma vitre voir si j'y suis* (Giono). → VOIR

□ **pour ce qui est de.** Locution sensiblement synonyme de *en ce qui concerne* : *Imbattables, pour ce qui est du paquetage, les Suisses* (Aragon).

□ **avoir (tenir, prendre)... pour,** suivi d'un attribut d'objet : *Je vous tiens pour une niguedouille* (Louÿs). Dans ce tour, *pour* a sensiblement le même sens que *comme.* Avec un verbe tel que *connaître,* l'emploi de *pour* apparaît plus littéraire que *comme* : *Certains itinéraires que l'on connaissait vaguement pour être les itinéraires des cortèges* (Péguy) (= «comme étant»).

□ **pour, terme de soulignement.** Cet emploi est très répandu à tous les niveaux de langue : *Pour un orateur, c'est un orateur* (Romains). *Pour une maison ouverte, on peut dire de cette maison qu'elle est ouverte* (Bernanos).

□ **pour de bon,** etc. La langue écrite (familière) semble accepter les tours *pour de bon* et *pour de vrai* : *Ce fut cette fois un mariage pour de bon* (France). *Il lui fallait l'emmener chez elle pour pouvoir l'embrasser pour de bon* (Sagan). *Moi, je te crois, dis-je à Bonazèbe. Je suis sûr que c'est pour de vrai* (Labro). Mais le tour *pour de rire* appartient au langage enfantin : *Des petites filles aussi [...] qui sautent à la marelle avec des grâces que la danseuse étoile ne saura plus revivre, qui chantent en cristal et qui s'ennuient déjà poliment avec les fusils de la guerre pour de rire* (Desproges).

□ **pour ce que...** Ce tour exclamatif appartient au registre populaire : – *D'ailleurs, pour ce que j'y resterai, dans cette boîte..., disait Sarah avec une vulgarité apprise* (Mallet-Joris). *Pour ce qu'ils payaient, ces cochons d'ouvriers !* (Aragon).

On trouvera de nombreuses indications complémentaires à A, ALLEH, D'ACCORD, DE, MERCI, MOINS, PARTIR, PAS (adverbe), POURQUOI, QUAND, QUOI (interrogatif), RAISON, RECONNAISSANT, REMERCIER, SÛR, TENIR, etc.

POURPRE genre Féminin au sens de « matière colorante », « étoffe teinte au moyen de cette matière » et, par métonymie, « dignité dont la couleur pourpre est le signe » : *La pourpre cardinalice.* Masculin au sens de « teinte pourpre » : *La lumière a des ombres d'un pourpre profond* (Giono). Comme adjectif de couleur, *pourpre* est variable en nombre. → COULEUR

POURQUOI emploi et sens Cet adverbe sert à la fois à interroger et à renseigner sur la cause : *Pourquoi ne l'a-t-il pas dit plus tôt?* (Boylesve). *Pourquoi est-ce que vous saluez cette Cambremer?* (Proust). *Alors, pourquoi vous voulez me revoir?* (Romains). *C'est pourquoi je suis parti.* Combiné avec *ce,* on trouve tantôt **pourquoi** et tantôt **pour quoi :** *Ce pour quoi l'on se sent vocation paraît bon* (Gide). *Mesurait-elle le néant de ce pourquoi elle luttait*

depuis tant d'années? (Mauriac). Dans le passage suivant, l'emploi absolu de **c'est pourquoi** relève de la langue populaire : *C'est bon, dit Suzanne, c'est formidable. – J'y ai mis une goutte de vin blanc, c'est pourquoi* (Duras). On dit plus correctement : *C'est pour ça.*

□ **pour quoi faire** ou **pourquoi faire?** Avec un verbe transitif, on écrira *pour quoi* en deux mots si *quoi* est le seul complément : *Tu me donnes de l'argent? Pour quoi faire?*, mais *pourquoi* en un seul mot si le verbe est suivi d'un complément d'objet ou s'il est intransitif : *Pourquoi faire tant d'histoires?*

□ **pourquoi non** ou **pourquoi pas?** Le premier tour est plus littéraire, le second plus naturel. → NON

POURRISSAGE, POURRISSEMENT, POURRITURE emploi et sens Le premier terme est technique et désigne l'opération qui consiste à « faire macérer des chiffons dans l'eau pour la fabrication de la pâte à papier » et un « traitement de l'argile à céramique par l'humidité ». Le deuxième terme a une valeur surtout abstraite : *Le pourrissement de la situation sociale.* Quant à **pourriture,** il marque plus le « résultat » que l'« action en train de se faire ».

POURSUIVRE (UN BUT) → BUT

POURVOIR conjug. Irrégulière, sur *voir,* avec des anomalies → APPENDICE
♦ **constr.** On dit : *pourvoir à quelque chose* (et non pas **à quelqu'un*) : *Commence, Jeanne, Dieu ne te demande pas autre chose, après il pourvoira à tout* (Anouilh). On dit aussi *pourvoir quelqu'un de* (et non pas : *en) *quelque chose* : *Camille entendit son mari aller et venir, ouvrir un robinet, sut qu'il pourvoyait la chatte de nourriture et d'eau fraîche* (Colette). Le tour *pourvoir un emploi* est courant au sens de « y nommer quelqu'un ». *Pourvoir quelqu'un* (sans complément non animé), au sens de « établir, donner une situation sociale », est plus rare.

POURVU (QUE) emploi et sens Cette locution conjonctive, toujours suivie du subjonctif, *présente la condition comme une exigence qui doit être remplie pour qu'un fait quelconque puisse s'accomplir* (Sandfeld). *Toute histoire*

d'amour la retenait pourvu qu'elle ne falsifiât pas le réel (Mauriac). *Je le laissais faire pourvu qu'il me donnât des billes* (Perry). En tête de phrase, simple valeur de souhait : *Pourvu, au moins, qu'il s'en rende compte! qu'il ne gâche pas ça!* (Romains).

POUSSE-CAFÉ forme Substantif invariable : **des pousse-café.**

POUSSE-POUSSE forme Substantif invariable, souvent abrégé en **pousse.** De même pour *cyclo-pousse,* qui s'abrège en *cyclo : Minh freina brutalement, arrêta son cyclo au milieu de la place* (R. Jean).

POUTRAGE ou **POUTRAISON emploi et sens** Ces mots désignent tous deux, à peu près indifféremment, l'assemblage des poutres d'une charpente.

POUVOIR conjug. → APPENDICE ♦ **forme Je peux** ou **je puis.** La seconde forme est aujourd'hui une survivance littéraire d'une élégance quelque peu désuète, excepté dans la tournure interrogative : *Puis-je vous aider?* **Peux-je* est inusité. *Puis-je vous demander ce qui vous intéresse dans cette quatrième page réservée aux annonces?* (Aymé). *Je ne puis pas répondre* (Valéry). *Méprisé, traqué, contraint, je puis alors donner ma pleine mesure, jouir de ce que je suis, être naturel enfin* (Camus).

▢ **ce peut être** ou **ce peuvent être.** La règle est la même que pour le verbe *être* seul. → CE *(c'est* ou *ce sont)*

▢ **pouvoir + peut-être.** Contrairement à ce qu'ont dit certains grammairiens, l'emploi côte à côte du verbe *pouvoir* et de l'adverbe *peut-être* n'a rien de fautif : *Je pourrai peut-être venir demain* ne dit manifestement pas la même chose que *Je viendrai peut-être demain.* De nombreuses formules d'«affirmation atténuée» présentent cette juxtaposition : *Je fis remarquer au colonel qu'on aurait peut-être pu prévoir un roulement* (Vercors). *Peut-être pourrions-nous convenir d'un rendez-vous?*

▢ **il se peut que.** Se fait généralement suivre du subjonctif : *Il se peut que jouer de l'argent ne soit pas très moral* (Romains). *Il se peut que la maladie ait préparé Dostoïevski à ces états les plus rares de l'intuition* (Suarès). L'emploi de l'indicatif ou du conditionnel est moins fréquent : *Il se peut qu'en Chine on l'entendrait mieux* (Green, cité par Grevisse).

▢ **elle pouvait avoir quarante ans.** Le verbe *pouvoir* a dans ce type de phrases une valeur d'«approximation» : *Il pouvait être huit heures du matin* (Pergaud). → DANS et VERS

▢ **on ne peut mieux** (ou **plus**). Cette locution figée marque un très haut degré : *J'ai tout ça on ne peut mieux présent à l'esprit* (Romains). *C'était on ne peut plus Guermantes* (Proust, cité par Le Bidois). *Notre rôle est on ne peut moins suspect* (Romains).

▢ **on ne peut pas ne pas rire.** La double négation est fréquente avec ce verbe employé comme auxiliaire modal. On aboutit à un sens nettement positif, c'est le cas, par exemple, dans cette phrase : *Tu ne peux pas ne pas te poser la question* (Romains) («il faut absolument que tu te poses la question»).

▢ **n'en pouvoir mais.** Locution archaïque exprimant qu'on est «impuissant devant un fait» et plus souvent «épuisé» : *Sylvie, maussade, turlupinait l'ami, qui n'en pouvait mais* (Rolland).

▢ **ne pouvoir que... ne...** «Être dans l'impossibilité de ne pas.» Ce tour classique, toujours suivi du subjonctif, se rencontre encore sous la plume de certains écrivains précieux : *Le terroriste ne peut qu'il ne mêle à la peur, à l'amour, à la liberté, un continuel souci de langage et d'expression* (Paulhan).

POUVOIR (substantif) **emploi et sens** Dans le vocabulaire de la finance, ce mot signifie «capacité légale d'agir». Il se rencontre surtout dans les tours suivants : *fondé de pouvoir(s)* (singulier ou pluriel) : *Le fondé de pouvoir(s) d'un banquier. Avoir* ou *donner(les) plein(s) pouvoir(s) à quelqu'un* (au singulier ou au pluriel) : *Lewis avait pleins pouvoirs* (Morand). → FONDÉ

PRAGMATIQUE emploi et sens «Relatif à l'étude des faits», ou, par extension, «qui a pour critères des valeurs pratiques». Se garder de l'assimilation à **empirique,** «qui s'appuie sur l'expérience» et à **éclectique,** «qui emprunte à divers genres, à divers systèmes».

PRAIRE genre Féminin ♦ sens « Mollusque comestible voisin des *palourdes* ».

PRATICABLE orth. Un *c*, comme **praticabilité**, mais on écrit **pratiquant** (nom et participe présent).

PRATIQUE (substantif) emploi et sens Mot vieilli au sens de « clientèle » (au singulier) ou de « client » (au singulier et au pluriel) : *J'ai cherché à m'établir sous un autre nom dans quelque endroit où la pratique ne me manquerait pas* (Camus). Le sens le plus courant aujourd'hui est « mise en action de règles ou de principes en vue d'un résultat concret ».

PRATIQUEMENT sens « Dans la pratique, en fait » : *La cabine est donc pratiquement inutilisable (Le Monde)* (opposé à **théoriquement**). *Adeline Serpillon appartenait à cette écrasante majorité des mortels qu'on n'assassine pratiquement pas* (Desproges). Par un glissement de sens souvent condamné par les grammairiens, cet adverbe est pris couramment au sens de « presque, à peu près » : *Il est pratiquement arrivé au résultat qu'il cherchait. Son ouvrage est pratiquement terminé.*

PRÉ- orth. Jamais de trait d'union dans les composés, même quand le second élément est à initiale vocalique : *préexistant, préoccupation,* etc. Seule exception : *présalé* peut s'écrire avec un trait d'union.

PRÉAVIS emploi et sens « Avertissement préalable, qui doit être donné un certain nombre de jours avant la clôture d'un emprunt, le déclenchement d'une grève, etc. » L'habitude est prise aujourd'hui de dire, par une sorte d'hypallage, *un préavis de cinq jours,* bien que l'indication donnée ne concerne pas le préavis lui-même, mais seulement la durée qui le sépare du fait en question. → HYPALLAGE

PRÉCÉDENT ou **PRÉCÉDANT** orth. La première, qui est de loin la plus fréquente, s'emploie comme un adjectif ou un substantif : *C'était une grande nouveauté qu'une jument verte et qui n'avait point de précédent connu* (Aymé). *Son précédent roman était mieux écrit.*

L'orthographe avec un *a* est celle du participe-gérondif exclusivement : *Deux jeunes filles avaient été attaquées, la semaine précédant son arrivée, à coups de couteau* (Godbout). *Il marchait en précédant le cortège.*

PRÉCEPTEUR emploi et sens On ne confondra pas ce mot, signifiant « éducateur privé », et relativement rare aujourd'hui, avec **percepteur** : *Mon petit frère, éduqué à l'ancienne, regagnait à pas sages ses appartements où son précepteur l'attendait afin de lui inculquer les rudiments de la philosophie thomiste* (P. Jardin).

PRÊCHI-PRÊCHA forme Avec un trait d'union. Invariable : **des prêchi-prêcha.**

PRÉCIPITER emploi et sens Surtout à la voix pronominale, avec un sujet animé humain, plus rarement transitif, au sens de « accélérer », avec un objet non animé : *La tension nerveuse à laquelle j'ai soumis ma pauvre mère a-t-elle précipité l'heure de la crise?* (H. Bazin). Intransitivement, au sens technique de « former brusquement un dépôt, en parlant d'un liquide ».

PRÉCIS forme et emploi Cet adjectif s'emploie après un nom d'heure de la même façon que *passé* → ce mot. Il se met au masculin avec *midi* et *minuit,* au féminin dans les autres cas : *À midi précis, tous les voyageurs sont installés, l'alerte retentit* (Chaix). *Le repas qui se prenait à douze heures quarante-cinq précises* (P. Jardin). *Désormais, il arriverait à huit heures précises, voilà — pour commencer* (Aymé). Il ne peut être antéposé.

PRÉCURSEUR forme Pas de féminin : *Nathalie Sarraute peut être considérée comme le précurseur du Nouveau Roman.*

PRÉDÉCESSEUR forme Pas de féminin. → PRÉCURSEUR

PRÉDICANT emploi et sens Simplement descriptif au sens de « ministre du culte protestant principalement chargé de la prédication », mais littéraire et péjoratif comme adjectif, au sens de « moralisateur ».

PRÉDICATION et **PRÉDICTION sens** On évitera de confondre ces deux paronymes, le premier renvoyant à **prêcher** et **prédiquer** (de *prédicat*), le second à **prédire**.

PRÉDIRE conjug. → CONTREDIRE, DÉDIRE, etc., et APPENDICE

PRÉEMPTER emploi et sens Ce verbe néologique (date de 1983 selon le TLF) a été très utilement et sobrement forgé sur **préemption,** et on ne voit pas au nom de quoi on pourrait le récuser (d'autant qu'on aurait pu avoir... **préemptionner !*) : *Était-il opportun d'attribuer le réseau de la Cinq à Arte? Le gouvernement était-il en droit de «préempter» ce réseau pour elle?* (*Le Monde,* 23 juillet 1992).

PRÉFÉRER constr. Avec des substantifs ou des pronoms compléments d'objet, on dit **préférer X à Y :** *Et ce que Jacquette préférait à tout cela, c'était d'écouter aux portes* (Boylesve).

□ **préférer + infinitif... plutôt que (de) + infinitif.** Cette construction est seule admise par les puristes : *Je préfère y voir la jeune héritière en sa pleine beauté, c'est-à-dire, entre vingt et trente ans, plutôt que de l'y suivre à l'âge ingrat* (Boylesve). *Je préférerais ne réussir point, plutôt que de me fixer dans un genre.* (Gide). L'ellipse de *de* (après *plutôt que*) est rare et archaïsante. Aujourd'hui, on construit de plus en plus souvent *préférer* avec deux infinitifs par analogie avec la locution **aimer mieux,** qui se fait suivre normalement du simple *que* : *Sans doute souffrirait-elle, mais elle préférait souffrir qu'être dupe* (Radiguet). *Je préfère suivre ma plume que de la diriger* (Claudel). *Il préfère être assiégé avec tous que prisonnier tout seul* (Camus). On notera que notre langue ne permet pas de construire ce verbe avec deux propositions conjonctives comme complément en raison de la rencontre des deux *que*. On tourne dans ce cas la difficulté en recourant au verbe *voir* et en transformant le second objet : *Je préfère qu'il parte plutôt que de le voir triste,* au lieu de **que qu'il soit triste,* tour impossible. *Il a préféré se suicider plutôt que de se voir injustement condamné* (au lieu de : **que qu'il soit condamné*). Les mêmes

règles s'appliquent à l'adjectif *préférable :* *Sans doute les gendarmes avaient-ils jugé préférable de taire leur échec que de lancer toute la police aux trousses de leur jeune et insignifiant voleur* (Dhôtel).

□ **préférer (de) + infinitif.** L'insertion de la préposition *de* entre *préférer* et l'infinitif est du domaine littéraire : *Mais on peut préférer de voir les choses en pleine lumière* (Roblès).

□ **préférer rester à partir.** Cette construction dans laquelle le second infinitif est introduit par *à* semble assez récente (Littré ne la mentionne pas) : *Il préfère, même quand il est seul, se taire à se tromper* (Romains). *Il préférait souffrir à ne pas aimer* (Triolet). Elle est constante chez Montherlant : *Toutes les femmes préfèrent être dévorées à être dédaignées. Si Dieu voulait me donner le ciel, mais qu'il me le différât, je préférerais me jeter en enfer à devoir attendre le bon plaisir de Dieu.*

PRÉFET forme Le féminin est **préfète**.

PRÉFIX forme Adjectif invariable, dans la langue du droit, au sens de «fixé d'avance» : *le terme préfix.* Le substantif correspondant est **préfixion.** Ne pas confondre avec **préfixation,** terme de grammaire, «formation à l'aide d'un *préfixe*» (avec un *e*).

PRÉGNANT emploi et sens Ce terme de psychologie, «qui s'impose avec force», s'emploie aussi en linguistique, la *valeur prégnante* étant le «sens implicite d'un attribut proleptique». On emploie de plus en plus souvent ce vocable en lui donnant le sens de «convaincant, décisif».

PRÉHENSILE forme et sens «Qui peut saisir», surtout en parlant d'organes chez certains animaux. Ne pas confondre avec **préhensible,** au sens passif, «qui peut être pris».

PRÉJUDICIEL forme Masculin pluriel : **préjudiciels,** sauf dans le tour figé : **frais préjudiciaux**.

PRÉJUGER constr. Dans la langue classique, on dit **préjuger quelque chose,** au sens de «juger d'avance» : *Tu ne saurais préjuger ma conduite.* Aujour-

d'hui, la construction indirecte par *de*
tend à se généraliser : *Sans préjuger de
la suite des événements, on peut penser
que* (formule journalistique fréquente).
L'influence de **juger de** et de **présumer
de** est évidente dans la phrase suivante : *Bourget affirme qu'il n'y a point
de roman qui ne laisse préjuger des opinions de l'auteur* (Boylesve, cité par
Hanse). → PRÉSAGER

PREMIER constr. Cet adjectif est parfois
postposé, avec un sens précis. En mathématiques, un *nombre premier* n'est
«divisible» que par lui-même et par
l'unité». Dans la langue littéraire, le
mot signifie «ancien, abandonné au
moment où on parle» : *Cependant, il lui
reste quelque chose de sa religion première* (Aragon).

□ **le premier... qui.** Par analogie avec
les tours superlatifs, le verbe de la relative qui a pour antécédent cet adjectif-
substantif est au subjonctif, avec une
nuance de conséquence, d'attente, etc. :
Tu es le premier à qui je dise ça, avoua
Palaiseau (Troyat). *Ainsi le premier
homme avec lequel j'aie eu une conversation personnelle dans cette ville dres-
sait contre elle ce réquisitoire* (Butor).
Mais l'indicatif est possible aussi : *Le
premier qui rira aura une tapette* (chanson d'enfant). *La première fille qu'on a
prise dans ses bras* (Brassens).

□ **emploi adverbial.** L'adjectif *premier*
employé adverbialement est toujours
variable : *De grand matin les premiers
arrivés dans la cour se réchauffaient en
glissant autour du puits* (Alain-
Fournier).

□ **tout premier.** Le mot *tout* est invariable dans ce tour, répandu à tous les
niveaux et difficile à refuser, en dépit
du pléonasme apparent : *Il avait été
l'un des tout premiers à donner des
cours réguliers à l'université des ba-
raques* (Lanoux). → DÉBUT

□ **en premier.** Cette locution, abréviation de *en premier lieu*, est très en
vogue et tend à faire oublier l'existence
de **premièrement** et de **primo.**

PREMIER-NÉ forme Le premier élément est aujourd'hui variable : *Votre
première-née est superbe* (on dira plus
simplement : *votre aînée*) : *Les enfants*

*premiers-nés sont bien souvent les plus
chéris.*

**PRÉMISSES et PRÉMICES emploi et
sens** Il ne faut pas confondre ces substantifs. **Prémisses** est rare et spécialisé : il désigne «chacune des deux premières propositions d'un syllogisme»
et ne s'emploie, même figurément, que
dans un registre très intellectuel : *Que
reprochent à Kant, me demandai-je, nos
cerveaux modernes ? De poser pour évidentes des prémisses qui ne le sont plus*
(Vercors). *Le suicide signifierait la fin
de cette confrontation et le raisonnement absurde considère qu'il ne pourrait y souscrire qu'en niant ses propres
prémisses* (Camus). **Prémices** désigne,
dans l'Antiquité, les «premières pro-
ductions de la terre ou du bétail, qu'on
offrait aux dieux». Il est aujourd'hui
souvent employé au figuré, au sens de
«commencements, début» : *Une expérience d'ouverture dans la continuité,
dont certains croient déjà discerner les
prémices (Le Monde).*

PRÉNATAL forme Masculin pluriel :
des examens prénatals. → -AL

PRENDRE constr. Dans certains contextes, les prépositions *pour* et *comme* sont
équivalentes pour introduire l'attribut
du complément d'objet : *Nous déci-
dâmes de la prendre comme premier objectif* (Boulle).

□ **ça l'a pris** ou **ça lui a pris.** Le verbe
prendre est considéré comme transitif
direct ou indirect quand il s'agit d'une
«idée ou d'une maladie qui prend possession de quelqu'un» : *Cela le prenait
tous les matins* (Chraïbi). *Qu'est-ce qui
leur a pris de s'en aller brusquement ?*
□ **se prendre à** ou **de.** On trouve ces
deux constructions à la voix pronominale, avec un sujet animé. *Se prendre à*
signifie «se mettre à» et se construit
avec un infinitif : *Mais Thierry s'était
pris à crier d'une voix sanglotante* (Duhamel). *Songeant aux deux élégantes et
à l'artiste présumé, il se prit à évoquer
des rendez-vous galants dans une garçonnière capitonnée* (Aymé). *Se prendre
de* s'emploie exclusivement devant un
substantif, et signifie «se laisser envahir par» : *Je me pris ainsi d'une fausse
passion pour une charmante ahurie*
(Camus).

☐ **prendre sur soi.** Cette locution figée signifie «supporter une situation sans mot dire» : *Dans le moment, j'ai pu prendre sur moi et, sans éveiller personne, je suis sorti pour aller considérer la situation dans la rue* (Aymé).

☐ **se** ou **s'en prendre à quelqu'un.** Le second tour, qui contient un *en* explétif, tend à être utilisé également à la place du premier : *Il s'en est pris à son voisin de son infortune* signifie «il a rejeté sur son voisin la cause de son infortune», mais aussi bien : «il a attaqué son voisin, à cause de son infortune». Voir, avec jeu de mots sur deux sens de «se prendre» : *Tous ceux qui s'en sont pris à elle s'y sont pris* (Aragon).

☐ **prendre garde à, de, que** → GARDE

☐ **prendre à parti(e), le parti de** → PARTI et PARTIE

☐ **prendre à témoin** → TÉMOIN

☐ **bien** (ou **mal**) lui (en) a pris de. Ce tour est figé et archaïsant, au sens de «l'événement a montré qu'il avait eu raison (ou tort) de...» : *J'ai dû me lever. Bien m'en a pris, d'ailleurs* (Benoit).

PRÉPARER emploi On évitera le pléonasme* *préparer d'avance*, qui n'est pas justifiable. On dira : *La maîtresse de maison avait déjà préparé ses toasts* ou *avait fait d'avance tous ses toasts*.

PRÉPOSITION **constr.** On met toujours la préposition devant son complément, sauf dans le cas de *durant*, qui peut être postposé : *Sa vie durant, il s'est plaint de sa santé*. Le cumul des prépositions est rare dans la langue soutenue, mais la langue cursive n'y répugne pas : *C'était là des propos d'après la table* (Duhamel). *Elle retrouvait ses airs de petite fille et s ...anières de pendant l'amour* (Arago. *De derrière le mince rideau improvisé en toile cirée* [...], *Dora apparut en robe de chambre* (Labro). *Ôte tes coudes de sur la table. C'est pour dans une heure. Il vient de chez toi* (correct à tous les niveaux), etc. ◆ **emploi** Beaucoup de prépositions peuvent s'employer absolument, en fonction d'adverbe. Cet usage remonte à l'ancien français. → APRÈS, AVANT, AVEC, CONTRE, DEPUIS, DERRIÈRE, DEVANT, etc. Mais à *dans, sur, sous*, qui ne peuvent être adverbes, correspondent les formes *dedans, dessus, dessous* (qui s'emploient aussi, mais rarement, comme prépositions). → tous ces mots à l'ordre alphabétique. Il n'existe pas de règles absolues en ce qui concerne la répétition d'une préposition devant des régimes distincts. En général, *à, de* et *en* sont toujours répétés, à moins qu'il ne s'agisse d'un groupe figé, comme *allées et venues, us et coutumes*, ou de plusieurs mots qui ne font que développer le contenu d'un seul : *La méthode de penser en commun et de décider en commun est mauvaise* (Alain). Mais : *Il était tellement prêt à s'occuper d'elle, lui ouvrir les portes, allumer ses cigarettes, courir au-devant de ses moindres désirs* (Sagan). *Elle riait, par moquerie de mon ignorance ou plaisir de mon compliment* (Proust). *On peut se tourner dans un sens ou l'autre de l'étendue* (Barbusse). *Il restait volontiers, les coudes sur la table, à fumer, boire et causer* (Rolland). D'une façon générale, la répétition est utilisée quand les compléments sont tout à fait distingués dans l'esprit, ou qu'on veut insister vigoureusement sur chacun d'eux : *Il a appris à lire, à écrire et à compter en très peu de temps*. ◆ **ellipse** Elle est de deux sortes : 1. Absence de la préposition *de* dans de nombreux tours actuels : *la question salaires, le côté cour*, etc. Ces tours souvent critiqués par les puristes sont très usités. → CÔTÉ, POINT (DE VUE), QUESTION, etc. 2. Absence de la préposition *de* dans des tours anciens : c'est le cas de *(en) face, près, proche, vis-à-vis*. → ces mots. Lorsque le rapport entre deux termes est évident, la langue tend à faire l'économie de la préposition (principalement *de*). Il est certain que, du point de vue du sens, *fin mai* ou *parler littérature* ne sont nullement ambigus. Il ne faut donc pas condamner trop vite les nombreuses ellipses de ce type que nous fournissent la langue des journalistes et celle de maint écrivain.

PRÈS ou **PRÊT constr. et sens** On ne doit pas confondre ces deux mots. Le premier, adverbe ou locution prépositive, se construit avec *de*, et indique la «proximité dans l'espace ou figurément dans le temps» : *Les Leroy achetèrent cette année-là une villa près de Portsaint* (Huguenin). *Il dit qu'il n'est* *pas près de nous oublier* (Guilloux). Le second mot est adjectif, et se construit avec *à*. Son sens est actif, « disposé à, ayant l'intention de ou étant préparé pour ». Il se rapporte généralement à un nom de personne : *Tiens-toi prête à tirer, dit Milan* (Vailland). *Il toisait les passants, tout prêt à engager le fer* (Ikor). *J'étais comme tous ceux dont le cœur débarque, prêt à être Zorro, prêt à être Pasteur, aviateur ou pompier* (P. Jardin). Cependant, on rencontre assez souvent **prêt à** en rapport avec un non-animé, au sens de « apprêté pour » : *Je lui ai monté une grande machine qui est maintenant prête à fonctionner* (Claudel). *Il avait dans tous ses muscles une puissance sauvage prête à bouillir* (Vian). *Je sens l'espace en mouvement, prêt à basculer d'un horizon à l'autre* (Roblès). Les écrivains classiques confondaient souvent ces deux formes, et même les constructions par *à* ou *de*. On peut penser que, dans l'exemple suivant, l'emploi de **près de** aurait été préférable : *Soudain il se sentait la gorge serrée et il était prêt à fondre en larmes* (Dhôtel).

□ **ellipse de de.** Le tour elliptique *près le...*, sans la préposition *de*, est très ancien et se rencontre encore dans la langue du Palais : *Il est avocat près la Cour.* Et même : *Près l'escalier du potager* (Gide).

□ **à cela près (que).** Dans cette locution aujourd'hui courante, *près* est employé adverbialement pour indiquer « le plus ou moins d'exactitude d'une estimation » ou, au figuré, pour corriger légèrement une affirmation qu'on vient de présenter : *A quelques secondes près, il sera trop tard* (Romains). *Max devait, au centième de seconde près, en corriger les ombres, le champ et l'intensité* (Chraïbi).

PRÉSAGER constr. Ce verbe est construit avec un objet direct, au sens d' « annoncer par des signes » : *La jeune fille s'inquiétait de cette absence. Elle se demandait si elle ne présageait pas quelque traîtrise dont la province ferait les frais* (A. Besson). *Dans son visage redevenu très jeune, l'extrême éclat de ses yeux présagea des larmes* (Colette). On évitera de dire *présager de quelque chose*, sous l'influence du tour correct :

Que peut-on présager de ce discours ? Je ne présage rien de bon de la conjoncture présente. Autrement dit, quand ce verbe a un seul complément d'objet, il est toujours direct. → PRÉJUGER

PRESCIENCE orth. Pas d'accent aigu sur le préfixe, mais on écrira avec accent : **préscientifique** qui désigne la qualité ou l'état de ce qui n'est pas encore *(pré-)* scientifique.

PRESCRIPTION sens Dans la langue du droit, « mode de libération de certaines obligations ». On connaît surtout dans l'usage la *prescription extinctive*, « mode d'abandon des sanctions pénales ou d'extinction des poursuites ». Plus généralement, ce mot signifie « ordre ou recommandation précise, explicite » : *Il faut observer les prescriptions du médecin.* Ne pas confondre avec **proscription**, « action de bannir quelqu'un ou, au figuré, quelque chose » : *Je suis prêt à signer de mon sang, dit Gamelin, la proscription des traîtres fédéralistes* (France). Même opposition entre les verbes **prescrire** et **proscrire**.

PRÉSENT constr. Le tour **ici présent** est archaïsant : on le rencontre dans la langue littéraire ou administrative : *Je donne le commandement de mon armée royale à la Pucelle ici présente* (Anouilh).

PRÉSENTEMENT emploi Adverbe vieilli qu'on tend à remplacer par **actuellement** ou **à l'heure actuelle** : *Il est présentement sur la route de Thèbes, maugréant et jurant* (Giraudoux).

PRÉSERVATEUR et **PRÉSERVATIF** emploi La première forme est vieillie et rare, comme adjectif-substantif : *L'ordre moral se veut le grand préservateur de la jeunesse.* La seconde s'est fixée comme substantif, au sens de « condom », ce qui exclut les autres possibilités d'emploi.

PRÉSIDENT forme Le substantif prend un *e* : *Le président de l'assemblée.* Le participe et le gérondif prennent un *a* : *en présidant la réunion.*

PRÉSOMPTIF emploi et sens Généralement auprès du substantif *héritier*, au sens de «désigné à l'avance, soit par la parenté, soit par l'ordre de naissance» : *L'héritier présomptif tenait de mon père tous ses traits essentiels* (Bazin). Ne pas confondre cet adjectif avec **présomptueux** ni avec **présumé**.

PRESQUE orth. Le *e* final s'élide seulement dans **presqu'île**. ♦ **constr.** Quand cet adverbe modifie un verbe, il est postposé à une forme simple : *J'en pleurerais presque*, mais intercalé entre l'auxiliaire et le participe dans un temps composé : *J'en aurais presque pleuré*. La postposition totale dans cette dernière phrase a un caractère littéraire. Il en est de même avec un infinitif : *Il se prenait à la ruminer, à la désirer presque* (Huysmans). Quand *presque* modifie un groupe **préposition + son régime**, il est antéposé, sauf si le régime comprend les déterminants : *chacun, chaque, nul, tout, aucun. Il ne se souvient de presque aucun détail. Il parle à presque chaque personne qu'il rencontre.* Les tours **presque d'aucun, presque à chaque,** etc., sont moins répandus, mais la règle n'est pas impérative. ♦ **emploi** Cet adverbe s'emploie parfois devant un substantif abstrait (sans trait d'union), à la manière de *quasi* : *La presque infinité des rapports possibles assure à l'humanité une presque infinie durée* (Gide). → QUASI

PRESSE- forme Les composés formés sur **presse** (représentant le verbe *presser*) sont invariables : un ou des *presse-bouton, -citron, -étoffe, -étoupe, -garniture, -fruits, -papiers, -purée, -raquette, -viande.* (Noter le *s* à *un presse-fruits* et à *un presse-papiers*.)

PRESSÉ (ÊTRE) emploi Le bon usage évite cette locution, fréquente dans la langue commerciale pour parler d'une commande, d'un objet qu'on doit retirer dans un certain délai : *Et vous en êtes très pressée?* (Romains). On dira mieux : *Est-ce que c'est urgent?*

PRESSENTIR emploi et sens Ce verbe a le plus souvent pour complément un non-animé : *Je ne sais pourquoi j'avais pressenti son échec.* Mais il s'emploie aussi très correctement avec un complément animé, au sens de «prendre contact avec quelqu'un, son-

der ses intentions» : *On disait que le docteur Rébal avait fait «pressentir» les libéraux et les radicaux* (Guilloux). Ce verbe remplace très heureusement, dans ce genre de contexte, l'anglicisme **contacter** → ce mot. Combiné avec *d'avance*, **pressentir** ferait pléonasme. Il suffit de dire : *Je l'avais pressenti*, ou bien : *Je l'avais senti d'avance.* → AVANCE

PRESSURER emploi et sens Cet intensif de **presser** s'emploie dans le domaine technique : «soumettre fruits, graines, etc., à l'action du pressoir, dans un but d'extraction», et surtout, au figuré, au sens d'«accabler, écraser» : *Le contribuable est pressuré par toutes sortes d'impôts.* Ne pas confondre avec **présurer,** «faire cailler avec de la présure».

PRESSURISER emploi et sens Ce néologisme est très répandu dans la langue cursive, au sens de «maintenir, sous une pression correspondant à celle de l'atmosphère, l'intérieur d'un aéronef» : *La carlingue des jets est pressurisée.*

PRESTATION sens Ce mot se rencontre le plus souvent au pluriel ; son sens le mieux connu aujourd'hui est «allocation en espèces versée par l'État à divers titres» : *Une augmentation des prestations familiales est en discussion.* L'expression *prestations de services* relève du langage économique, mais se répand sous l'influence des journalistes. On l'emploie encore, par extension, au sens de «performance accomplie» : *Il faut bien dire que la prestation du Premier ministre a laissé une impression de gêne et de malaise* (*Le Monde*). En revanche, c'est le sens ancien de «impôt direct consistant en corvées, en journées de travail, etc.» qui apparaît dans la phrase suivante : *Nous apprîmes dans la même heure que, sous forme de prestation communale, nous passions avec armes et bagages sous les ordres directs de Langlois pour une battue générale* (Giono).

PRÉSUMER constr. Quand ce verbe est transitif direct, son sens est proche de celui de **présentir** ou **prévoir.** Comme transitif indirect, il s'emploie pour exprimer une idée d'excès de confiance :

Il ne fallait pas trop présumer de ses forces (Bazin). L'adverbe *trop* l'accompagne généralement.

PRÊT → FIN et PRÈS

PRÊT-À-PORTER orth. Plur. : **des prêts-à-porter.** Ne pas confondre avec la construction libre : *Un vêtement prêt à porter.*

PRÊTÉ emploi et sens Malgré son illogisme, la locution **un prêté pour un rendu** est à ce point consacrée par l'usage qu'il est aujourd'hui quasi impossible de la refuser, au sens de « la victime de ce tour se vengera, l'autre ne perd rien pour attendre » : *Je me débrouillais, d'accord, mais je n'ai jamais trompé personne et c'était toujours un prêté pour un rendu* (Japrisot). *Eh bien ! dit le prince en souriant, il s'agit après tout d'un prêté pour un rendu. Vous voilà quitte à présent !* (A. Besson). Le seul tour « correct », *un prêté rendu*, n'a plus d'existence réelle.

PRÉTENDRE, PRÉTENTION constr. et sens Transitif direct, au sens de « soutenir avec force et, souvent, avec la conscience de son droit » : *Eh bien, je prétends, avant toute chose, consulter notre médecin !* (Valéry). *Elle m'a menti, elle a prétendu avoir perdu ces diamants* (Vilmorin). *Quand elle prétendit consacrer tant par mois à éteindre les dettes, il refusa net* (Ikor). Suivi de la préposition *à*, ce verbe signifie « aspirer (en général à juste titre) à » : *C'était son privilège. Il était seul à pouvoir y prétendre* (Cocteau). *La reconnaissance du titre auquel ils prétendent justement* (Le Monde). Dans ce sens, le substantif **prétention** a la même construction que le verbe : *Les prétentions bien connues de Mme Maillecotin à la propreté* (Romains). Le sens est alors moins péjoratif que dans l'emploi absolu : *Il n'est pas sans prétention.* Mais on dira, dans la langue des affaires : *Quelles sont vos prétentions ?* pour : « À quel salaire prétendez-vous ? »

□ **prétendre que + subjonctif.** Cet emploi assez rare est correct quand *prétendre* est assimilé à un verbe de « volonté ». Voici une phrase qui réunit les deux modes : *Je prétends que cette demoiselle recherche visiblement les* bonnes grâces d'un homme beaucoup trop sérieux pour l'épouser et je prétends que, dans ma maison, cette aventure n'aille pas jusqu'au scandale (Pailleron). Dans la première phrase, *prétendre* a le sens de « déclarer, affirmer », et le verbe *recherche* est à l'indicatif (bien que la forme ne l'indique pas nettement) ; dans la seconde, *je prétends* signifie « j'exige », d'où le subjonctif *aille*. → ENTENDRE

□ **prétendu.** Ce participe-adjectif est très courant au sens *actif* de « qui se prétend, se donne pour » (avec un substantif animé humain), ou au sens *passif* de « dont on prétend que, qui est présenté comme » : *Jusqu'au boulevard, où le prétendu sosie de Wallas serait entré dans un bureau de poste* (Robbe-Grillet). *Il y a quelques mois, quand je rencontrais Marthe, mon prétendu amour ne m'empêchait pas de la juger* (Radiguet). Ces exemples montrent que *prétendu* est d'une grande souplesse d'emploi, à la différence de *soi-disant* → ce mot. La postposition est rare et a un aspect littéraire : *N'avez-vous pas honte d'abuser ainsi d'un secret prétendu ?* (Bernanos). Seule exception : *un gendre prétendu* se dit dans certaines campagnes comme équivalent de *promis*, sans aucune idée de « suspicion ».

PRÉTENDUMENT orth. Pas d'accent sur le *u*, contrairement à **dûment** : *Mamitate releva les raisons sociales de quelques entreprises verticales où son neveu avait prétendument occupé un poste d'employé administratif* (Jorif). *Le livre se présente sous la forme, qui fit jadis fortune, de Mémoires apocryphes prétendument retrouvés au hasard d'une succession* (A. Fontaine, Le Monde, 16 octobre 1992). → SOI-DISANT

PRÊTE-NOM orth. Plur. : **des prête-noms.**

PRÉTENTION → PRÉTENDRE

PRÉTEUR et **PRÊTEUR** orth. On ne confondra pas **préteur,** avec un accent aigu, qui désigne, dans l'histoire romaine, un « magistrat chargé d'interpréter et de faire exécuter la loi », et **prêteur,** avec un accent circonflexe, adjectif-substantif dérivé du verbe **prê-ter** : *Un prêteur sur gages.*

PRÉTEXTE constr. Dans la locution **sous (le) prétexte que,** la présence de l'article est facultative : *Je cessai de serrer sous le prétexte que la ficelle, surmenée, pourrait bien casser* (Bazin). *M. Jo avait décidé de prolonger son séjour dans la plaine sous prétexte qu'il avait à surveiller des chargements de poivre et de latex* (Duras). *Oh! vous, dit le sénateur, sous prétexte que rien ne vous amuse, vous croyez que tout le monde est dégoûté de tout* (Vian). ♦ **emploi et sens** On évitera le pléonasme **chercher un faux prétexte,* puisque ce substantif signifie « motif fabriqué, mauvaise raison ». On dira simplement *chercher un prétexte* ou *alléguer de mauvaises raisons (pour).*

□ **être prétexte à.** Cette locution apparaît parfois figée au point que le substantif attribut reste au singulier même si le sujet est au pluriel : *Le jeu, l'alcool ou l'amour ne lui sont que prétexte à flamber* (Vailland).

PRÊTRE orth. On écrit avec un trait d'union *prêtre-ouvrier.* (Plur. : *prêtres-ouvriers.*) **Prêtrise, prêtraille** ne changent pas l'accent circonflexe en accent aigu. ♦ **forme** Le féminin **prêtresse** est rare, et renvoie toujours à un contexte de « mythologie » ou de « religion antique ».

PREUVE emploi Ce substantif entre dans la formation de plusieurs locutions de caractère conclusif : *C'est la preuve que, la preuve en est que.* Dans la langue familière, on rencontre *preuve que, à preuve que.*

PRÉVALOIR conjug. → APPENDICE ♦ **emploi et sens** Ce verbe est le plus souvent employé à la voix pronominale : *Les succès dont elles se sont prévalues,* c'est-à-dire « dont elles ont cherché à tirer avantage ». L'emploi intransitif est rare et assez littéraire : *Je soutins cette suggestion qui, finalement, prévalut* (Boulle).

PRÉVARICATION emploi et sens Ce terme qui désigne tout « crime ou délit commis dans l'exercice d'une charge publique » est à distinguer de **concussion.** → ce mot

PRÉVENIR emploi et sens Vieilli et littéraire au sens de « devancer, aller au-devant de » : *Il ouvrit brusquement la porte d'entrée. Il était trop tard, l'enfant l'avait prévenu : elle s'était enfuie* (Sartre). Dans le sens actuel de « informer d'avance », on évitera d'adjoindre au verbe une locution formant pléonasme, telle que : *au préalable, d'avance,* etc.

PRÉVENTION sens Quoi qu'en disent certains, le sens classique et neutre de ce substantif, « opinion disposée d'avance dans un sens favorable ou défavorable », cède le pas de plus en plus, à l'acception négative, sous l'attraction sans doute de **préconçu, préjugé,** qui connaissent à peu près la même évolution : *Pourquoi ces préventions contre un homme si sympathique?*

PRÉVENTORIUM forme Plur. : **des préventoriums.**

PRÉVISIONNEL emploi et sens Cet adjectif de la langue administrative, qui date de plus d'un siècle, caractérise « ce qui a trait à la prévision systématique dans une entreprise ». Seul son abus peut être blâmé.

PRÉVOIR conjug. → APPENDICE ♦ **constr.** Le participe *prévu* est employé familièrement dans des tours elliptiques : *Tout se passa comme prévu ; mon roman est terminé* (Queneau). *Ayant triomphé plus facilement que prévu, la NASA... (Le Monde).* Le sujet d'une forme active est le plus souvent un nom de personne. Mais on trouve, par extension, certains substantifs non animés : *Enfin, le projet prévoit encore la condamnation de l'employeur à une amende civile (Le Monde).*

□ **prévoir d'avance** → PLÉONASME, PRÉVENIR, etc.

PRÉVÔT orth. Accent circonflexe sur le *o,* ainsi que pour **prévôté, prévôtal** (plur. : *prévôtaux).*

PRÉVU → PRÉVOIR

PRIE-DIEU forme Substantif invariable : **des prie-Dieu.**

PRIER conjug. Le *i* du radical se maintient même lorsque la désinence commence par un *i* également : *Hier,* *vous priiez à la chapelle.* ♦ **constr. et sens** On dit **prier quelqu'un de + infinitif** ou **que + subjonctif**, ou même, pour insister, **afin que + subjonctif** : *Je prie le Dieu tout-puissant afin qu'il me donne lumière et compétence* (Claudel). Quant au tour **prier quelqu'un à**, au sens de « inviter », il est très littéraire et cérémonieux : *J'avais envoyé à Puig un mot le priant à dîner* (Montherlant). *À la fin de la semaine, M. Parencloud recevait une lettre de Mme Santaragne qui le priait à déjeuner* (Dhôtel).

PRIÈRE genre La locution **prière d'insérer** est considérée par certains gens de métier comme de genre masculin, mais un grand nombre la font de genre féminin, comme une « logique » apparente le réclame. C'est cette dernière forme qu'on préférera : *Il ne se fie pas au « prière d'insérer »* (Mauriac). *Dans sa « prière d'insérer »* (Henriot). Tel auteur (André Billy) la fait tantôt masculin et tantôt féminin.

PRIMA DONNA prononc. Il est inutile de faire entendre un double [n]. On dira donc : [pʀimadɔna]. ♦ **forme** Plur. : **des prima donna**, invariable, ou à l'italienne, **des prime donne**. Mais cette dernière forme peut paraître pédante.

PRIMAUTÉ, PRIMEUR, PRIORITÉ sens Primauté appartient au domaine de la logique et non au domaine du temps, au sens de « premier rang, supériorité de fait » : *Il s'est assuré dans son métier une primauté indiscutée.* **Primeur** a une valeur temporelle, au sens de « priorité dans le temps » : *Les enquêtes judiciaires suivent normalement leur cours. La primeur en est évidemment réservée au procureur de la République et au juge d'instruction qui sera nommé (Le Monde).* **Priorité** a un sens temporel ou logique, « antériorité » ou « droit de passer avant les autres » : *L'Éducation nationale est la priorité des priorités* (Mitterand). *Respectez la priorité à droite.*
→ PRIMEUR

PRIME forme et sens Adjectif de forme archaïsante, sauf dans la locution figée **de prime abord,** qui ne se distingue guère quant à l'emploi de *au premier abord : Cette personne, qui fut soumise aux lions en 177, pour la plus grande*

gloire de l'Église, vécut sa prime jeunesse à Cérillac (Desproges). *C'est le prime été aujourd'hui, c'est le seigneur juin qui me reçoit* (Sarrazin). *Il retournait lentement aux limbes de sa prime enfance* (Van der Meersch). Cet emploi, au sens de « premier », appartient à la langue littéraire. De même : *Il est naturel qu'au prime abord nous nous soyons méfiés d'elle* (Vilmorin). On dit plus couramment *de prime abord : De telle sorte que même un connaisseur ne s'aperçoit pas, de prime abord, de la largeur anormale du lit* (Romains). ♦ Comme substantif, **prime** n'a plus que des sens techniques (en dehors du sens commercial bien connu, qui a une autre origine) : « première heure », dans le vocabulaire de la liturgie, ou « position d'escrime ».

PRIMER constr. Au sens de « accorder une prime », ce verbe a toujours un complément d'objet direct, mais au sens de « l'emporter sur », il se construit transitivement ou absolument : *Primer une vache laitière au concours agricole. De nouveau l'émotion prime la réflexion. La peinture de la violence submerge l'effort abstrait* (Caillois). *De toutes ses qualités, c'est sans doute son honnêteté qui prime. La force prime le droit.* On ne dira pas **primer sur.*

PRIMEUR genre Féminin, dans tous les emplois, y compris **fruits et primeurs**.
→ PRIMAUTÉ

PRIMORDIAL sens Cet adjectif a en principe une référence temporelle : « qui existe dès les origines du monde » : *Tout va se passer alors dans le marécage primordial qui est à l'origine même du monde* (Catalogue de l'exposition Toutankhamon). *Le métier d'agriculteur a perdu son principe primordial, l'exercice et l'élément naturel* (Giraudoux). Mais les dictionnaires enregistrent déjà un glissement de sens condamné par certains et qui cependant peut paraître naturel. Il est fréquent que « ce qui est à l'origine » ait une grande importance pour expliquer « ce qui suit ». Ne dit-on pas de même **capital, fondamental**, en employant des métaphores plus ou moins oubliées ? Les exemples de cette extension sont nombreux : *Une entente parfaite sur les choses primordiales de la vie*

courante (Boylesve). *La question pri-
mordiale était, en effet, celle du ravitail-
lement* (Bazin). *Aujourd'hui, dans les affaires, il est primordial de parler
couramment une langue étrangère* (publicité du *Monde*). *Le dictionnaire de
langue, instrument pédagogique primordial* (Rey, préface du Petit Robert).

PRINCE forme Ce substantif reste invariable dans la locution figée **bon
prince :** *Les autorités se sont montrées
bon prince.*

PRINCE-DE-GALLES forme Ce substantif est invariable dans la langue
spécialisée des tailleurs : *Il affectionne
les prince-de-galles.* Dans cet emploi,
minuscule à **prince** et majuscule à
Galles.

PRINCEPS emploi et sens Adjectif invariable, synonyme de *original*, dans la
locution **édition princeps,** qui s'oppose
à *édition définitive*, ou *«ne varietur»*.
→ ce mot

PRINCESSE forme Se met au singulier
ou au pluriel dans les locutions **haricots princesse(s), amandes princesse(s),**
qui désignent des espèces «fines».

PRINTEMPS constr. On dit **au printemps** pour indiquer simplement l'é-
poque, et non **le printemps*, à moins
que le substantif ne soit accompagné
d'une épithète : *Le printemps dernier.*
→ ÉTÉ, HIVER

PRIORI (A) → A PRIORI

PRIORITÉ → PRIMAUTÉ

PRISE emploi et sens La locution **en prise
directe** est souvent employée au figuré,
pour signifier un «étroit rapport entre
un être et le monde qui l'entoure» :
*N'était-ce pas cela, en effet, l'Éden, cher
monsieur : la vie en prise directe?* (Camus). Ne pas confondre avec **être aux
prises avec,** qui évoque une «lutte
concrète ou figurée» : *Presque dans la
même attitude que Thésée aux prises
avec le Minotaure* (Butor).

PRIVATIF emploi et sens Dans la langue
du droit, cet adjectif signifie «qui accorde une chose exclusivement à une
personne déterminée». Cette acception
est banalisée de nos jours par la publi-

cité : *Inutile de compter les mètres carrés
de terrain «privatif», comme disent avec
tant de médiocre ruse nos promoteurs*
(*Le Monde*). Mais la valeur négative est
plus fréquente : *Les préfixes privatifs
«in» et «a» sont assez productifs.*

PRIX (au prix de) → AUPRÈS (DE)

PROBABLE constr. La locution impersonnelle **il est probable que** est suivie
de l'indicatif ou du subjonctif selon le
degré de «probabilité» : *Il est peu probable que des problèmes précis soient
résolus au cours des entretiens de M.
Palme avec MM. Pompidou, Chaban-
Delmas et Schumann* (*Le Monde*). *Il est
probable qu'il viendra.*

PROBLÈME emploi et sens Sous l'influence de l'anglais, l'habitude s'est
prise d'employer le mot *problème* systématiquement sous le sens restreint
d'«obstacle, difficulté» : *Mais Dora,
Jannette et Franck avaient, sans problèmes, atteint à pied la ferme des Bar-
bier* (Labro). *Pour tout ce qui concernait
les rapports du citoyen avec l'État, si
vous étiez de ses amis, il n'y avait plus
de problème* (P. Jardin). On reconnaît
ici la traduction de *No problem! Sans
problème* est à la mode pour «Oui, certainement» en réponse à une demande. On prendra garde à ne pas
abuser de cette facilité, en mettant ce
mot à toutes les sauces : *Quel est le problème? Y a un problème? Un problème
(de) santé, d'argent, un problème vacances*, etc.

PROCÉDER constr. et sens Ce verbe se
construit en général avec la préposition *à.* C'est un équivalent emphatique
et souvent prétentieux de *faire* : *Nous
allons procéder à l'examen de l'article 2.*
À un niveau plus recherché, **procéder
de** s'emploie au sens de «découler, provenir» : *De ce désespoir procédait une
bonne part de sa hâte à conquérir le
bonheur* (Roblès). *Notre prédilection
bien connue pour les conversations sur
le temps procède de notre amour du paradoxe* (Cavanna).

PROCÉDURE et **PROCESSUS** emploi
et sens *Procédure* appartient d'abord à
la langue du droit, et signifie «ensemble des règles qui doivent être né-

cessairement suivies, et dans un certain ordre, pour la revendication de certains droits ou le règlement de certaines situations juridiques» : *Ils devront recourir à une procédure coûteuse, alors que le juge d'instance est près de l'entreprise et n'entraîne pas de gros frais (Le Monde).* Ce mot connaît actuellement une grande vogue, qui le fait passer dans toute sorte de domaines : *La NASA a prévu de longue date toute une série de procédures pour venir au secours d'un équipage spatial en difficulté (id.).* Le sens est ici assez proche de celui de **procédé.** Il ne faut pas confondre ces deux mots avec **processus,** «marche, déroulement plus ou moins réglé ou régulier» : *J'ai toujours eu horreur de faire la cour à une personne selon le processus éprouvé qui consiste à lui parler du clair de lune, du mystère de son regard et de la profondeur de son sourire (Vian). La rénovation devrait être une occasion de freiner le processus d'embourgeoisement constaté dans la capitale (Le Monde).*

PROCÈS orth. Un accent grave sur le *e.* ♦ **emploi et sens** Ce substantif n'a le vieux sens de «marche, déroulement» que dans un contexte archaïsant, ou en grammaire, appliqué à un verbe pour «synthétiser les notions particulières d'action, d'existence, d'état, de devenir, rapportées à un sujet» (Grevisse) : *Le verbe* faire *est par excellence celui d'un procès actif.*

PROCESSUS → PROCÉDURE

PROCÈS-VERBAL orth. Avec un trait d'union. Plur. : **des procès-verbaux.** ♦ **forme** Abrégé dans la langue familière en **P.-V.** ♦ **emploi et sens** On peut *lire* un procès-verbal, qui est une «relation écrite», mais non une contravention, qui est le «fait de contrevenir à la loi». Mais on dit indifféremment *avoir un procès-verbal* ou *avoir une contravention. Glissée sous le balai essuie-glace par un sadique en ciré noir et collée à la vitre par les intempéries, une contravention brillait, si l'on peut dire* (Rivoyre). → CONTRAVENTION

PROCHAIN emploi et sens Pour désigner «autrui», ce substantif est couramment utilisé avec une référence

plus ou moins patente à la religion chrétienne : *Il invitera les participants à s'interroger sur la qualité de leur vie de relations, qu'il s'agisse du prochain «immédiat» ou du prochain «éloigné» (Le Monde).* Dans cet exemple, le caractère de ce terme permet de lui adjoindre des qualificatifs apparemment en contradiction avec son sens usuel.

□ **à la prochaine.** Cette locution elliptique qui abrège *à la prochaine fois* appartient à la langue populaire et n'est pas reçue par le bon usage.

PROCHE contruction L'ellipse de la préposition *de* dans **proche de** n'est pas incorrecte, mais familière et archaïque : *Le citoyen Jean Blaise, marchand d'estampes, rue Honoré, vis-à-vis de l'Oratoire, proche les Messageries (France). Les enfants jouaient proche le bûcher.* On dira mieux, *près du bûcher, près des Messageries.* En revanche, le tour très fréquent **une personne qui nous est proche* est incorrect (*nous* correspond à un complément régi par *à*) : *Il ne s'expliqua point comment, en si peu de temps, cette grande fille brune lui était devenue si proche* (A. Besson). *Les Italiens, qui nous sont pourtant si proches, ont assez peu subi dans leur langue l'influence française* (Cavanna). *Le P.C. avait ouvert les débats [...] d'abord à ses adhérents et aux militants des mouvements ou des syndicats qui lui sont proches (Le Monde,* 20 octobre 1982). Il fallait écrire : *qui sont proches de nous, de lui,* etc. ♦ **emploi et sens** En fonction d'attribut, **proche** est souvent considéré comme adverbe et reste invariable : *Ces maisons sont trop proches de la voie ferrée pour qu'on y dorme bien,* mais : *Les Gauchet habitent tout proche (de chez nous).* Ici comme plus haut, *près* tend aujourd'hui à remplacer *proche.* → PRÈS

□ **proche-oriental** orth. Trait d'union à cet adjectif formé sur Proche-Orient. Plur. : **proche-orientaux.**

PRODIGE ou **PRODIGUE sens** On se gardera de confondre ces deux mots. Le premier est un substantif utilisé en apposition pour souligner des talents «extraordinaires» : *Quelle famille ne possède son enfant prodige?* (Cocteau). *Mozart fut un pianiste prodige.* Le second est d'abord un adjectif signifiant « qui dépense sans compter » ; il renvoie souvent au thème évangélique du « retour de l'enfant prodigue » : *Cet enfant prodige est prodigue de ses dons.*

PRODROME prononc. [pʀɔdʀom]. ♦ **emploi et sens** En médecine, « signe avant-coureur d'une maladie », souvent au pluriel. Ce substantif passe dans la langue littéraire par extension : *Le délit collectif, prodrome de la guérilla urbaine* (Ricœur).

PRODUCTIVITÉ sens Ce substantif est à **production** ce que **puissance** est à **force**. Il désigne le « rapport entre la production et les facteurs qui la conditionnent ». Sa valeur est souvent intensive : *L'agriculture, à mi-chemin de sa mutation, garde des réserves étonnantes de productivité (Le Monde). La recherche de la productivité.*

PROFANE sens « Qui n'est pas initié. » À distinguer de **profanateur**, « qui viole les choses sacrées ».

PROFÈS forme Fém. : **professe**. Adjectif ou substantif : *un (religieux) profès, une (religieuse) professe.* ♦ sens « Qui a prononcé ses vœux dans un ordre religieux. »

PROFESSER emploi et sens Outre le sens tiré du substantif **professeur**, ce verbe, dans le registre littéraire, signifie « assurer avec force » : *Connaissant les plus tristes secrets des hommes, le docteur professait à leur égard une mansuétude sans limites* (Mauriac). Cette acception se retrouve dans la locution figée **profession de foi**, et aussi dans l'exemple suivant : *M. Lorne faisait profession de mépriser l'humanité* (Perry).

PROFESSEUR forme Pas de féminin : *Son professeur de dessin a accouché d'une petite fille.* Mais la forme abrégée **prof** admet mieux un article féminin, surtout dans l'argot scolaire : *C'est von* ou *sa prof de gym qui lui a prêté cet haltère.*

PROFIT emploi et sens La locution **faire du profit** appartient au langage familier et signifie « être économique », toujours avec un sujet non animé : *On peut dire que ces chaussures t'ont fait du profit.*

PROFITER constr. Le bon usage, peu conséquent avec lui-même, condamne le tour *profiter que*, qu'il recommande avec *s'attendre, se réjouir, se soucier,* etc. Il faut dire **profiter de ce que, du fait que :** *Comment lui laisser entendre qu'il fallait profiter de ce que M. Larousselle faisait sa tournée en Belgique?* (Mauriac). *Vous profitez de ce qu'un ancêtre a trahi, dit le Ouapiti* (Vian). On rencontre parfois la construction incriminée, dans la langue écrite : *Profitons qu'il y a beaucoup de monde* (Dorgelès). *Mademoiselle, je profite que c'est dimanche pour vous écrire* (Japrisot). On notera que, dans tous ces exemples, la subordonnée est à l'indicatif. L'emploi du subjonctif est assez rare : *Il profitait de ce que, grâce aux incendies, les pins fussent dépréciés* (Mauriac). ♦ **emploi et sens** Employé intransitivement, ce verbe a divers sens, et n'appartient pas seulement au registre familier, qu'on reconnaît dans : *Au retour de son séjour à la mer, on se rend compte que ta fille a beaucoup profité.*

□ **affaire à profiter.** Cette locution fautive est bien ancrée dans la langue du petit commerce ; il faut dire *affaire à enlever, occasion à saisir,* ou tourner autrement : *Profitez de nos occasions !*

PROFITEROLE orth. Un seul *l.* ♦ sens « Pâtisserie sucrée ou salée à base de pâte à choux. »

PROFITEUR emploi Toujours dépréciatif, à la différence du verbe **profiter**.

PROGRAMMATION emploi et sens Substantif très répandu aujourd'hui, ainsi que **programmer** et **programmeur**, dans la langue de la radio, de la télévision, et surtout de l'informatique. Le sens est « organisation des programmes » ou « codification des opérations nécessaires pour obtenir un résultat de la part d'un ordinateur ».

PROGRAMMER, PROGRAMMEUR → ci-dessus

PROGRESSIF ou **PROGRESSISTE** sens Ne pas confondre ces deux mots,

de sens proche. Le premier signifie
« qui suit une progression, s'accomplit
selon une certaine courbe » : *Son ascension vers le secrétariat général a été progressive*. Le second signifie « qui est po-
litiquement partisan du progrès social,
d'une transformation radicale de la société dans le sens de la justice pour
tous » : *Une politique progressiste*. Dans
cet exemple, l'adjectif s'oppose à *réactionnaire* → RÉACTEUR

PROLEPSE **sens** « Figure de rhétorique
consistant à réfuter d'avance une objection supposée » : *On m'objectera
que... À quoi je répliquerai...* Ce procédé
un peu voyant ne se trouve plus que
dans le style de certains discours judiciaires. Mais le mot **prolepse** a un autre
sens, en linguistique, et désigne une
« anticipation du sens », du type : *Elle le
voyait pris, condamné, exécuté*. On la
rencontre aussi dans cet exemple : *Le
continent saigné à blanc avait cessé
d'exister économiquement et politique-
ment (Le Monde)*.

PROLIFICITÉ **emploi et sens** Ce substantif, qui n'est pas un barbarisme, est surtout employé dans la langue littéraire
ou, au contraire, dans des textes de caractère technique. Il signifie « fécondité
d'un être vivant, d'une espèce ».

PROLIFIQUE ou **PROLIXE** **emploi et
sens** On évitera de confondre ces deux
adjectifs, qui évoquent tous deux l'a-
bondance, mais le premier exclusivement du point de vue « génétique », et le
second du point de vue du « langage »
ou de l'« intellect » : *Baptiste, qui pensait
à part soi que ces juifs sont prolifiques
en diable* (Ikor). *Comment ce petit lopin
de terre pouvait-il à lui tout seul être si
prolifique et convenir à tant d'espèces
différentes ?* (Llaona). Mais : *Il n'a guère
été prolixe au cours de cette réunion. Ce
roman est écrit dans un style prolixe et
confus*.

PROLONGATION ou **PROLONGE-
MENT** **sens** Le premier substantif
concerne exclusivement le temps : *L'arbitre a accordé une prolongation. Il envisage la prolongation de son séjour*. Le
second substantif s'applique surtout à
l'espace, mais aussi au temps, par une
extension admise, souvent avec une

nuance de « conséquence » : *Prolongement en 1971, vers Miromesnil, de la
ligne Porte-de-Clichy-Saint-Lazare (Le
Monde). Cette affaire aura des prolonge-
ments dans les chancelleries*.

PROLONGER ou **PROROGER** **emploi
et sens Proroger**, qui signifie « repousser
une date, un délai au-delà de la limite
fixée », appartient surtout au vocabulaire de l'administration ou de la politique : *Ses pouvoirs ont été prorogés jusqu'au 31 décembre. Le terme de
l'échéance a été prorogé*. Le verbe **prolonger** est d'un domaine plus commun,
et se rencontre dans nombre de contextes, s'appliquant aussi bien au temps
qu'à l'espace. → PROLONGATION

PROMENER **constr.** On distinguera soigneusement : *J'ai envoyé se promener
l'enfant dans le parc* de : *Je l'ai envoyé
promener*. Ce dernier tour sans pronom réfléchi forme bloc et a une valeur
négative, « se débarrasser d'un fâcheux » : *Elle a demandé de l'argent à
mon père, mais il l'a envoyée promener*.

PROMETTRE **constr.** S'emploie en général avec un futur de l'indicatif (ou le
conditionnel de concordance) : *Il me
fait promettre que je reviendrai souvent.
Je vous promets qu'il ne sera plus là
quand vous reviendrez*. Mais le langage
familier ou populaire emploie souvent
ce verbe avec un temps présent ou
passé : *Levez les mains, je vous dis, reprit l'autre, sinon je vous promets que je
vous assomme* (Dhôtel). *Tu me promets
qu'il est bien là ?* Le sens est alors « assurer, certifier ». Un emploi particulièrement répandu en ce sens est celui de
je te promets, en incise : *Si, si, je te promets, je l'ai vu hier*. Avec un sujet non
animé désignant une situation, le sens
du verbe est « laisser attendre un certain développement, risquer de » : *À en
juger par l'ampleur des moyens mis en
œuvre, l'affaire promettait d'être sérieuse* (A. Besson).

PROMOTEUR **emploi et sens** Au sens général de « celui qui donne la première
impulsion », on évitera d'employer avec
ce substantif un terme rappelant la notion de « premier » : *Si le principal promoteur de cette réforme, M. Kossyguine,
doit quitter le gouvernement... (Le*

Monde). L'emploi historique de «prélat tenant le rôle du ministère public auprès d'un évêque» apparaît dans la phrase suivante : *Dans un instant, je crains que Messire le Promoteur ne demande la même chose* (Anouilh). Rien n'empêche d'adjoindre un mot comme *premier*, quand on a le sens, de plus en plus répandu aujourd'hui, de «homme d'affaires faisant construire des immeubles». Le mot **promoteur** signifie dans ce cas «promoteur de construction».

PROMOTION emploi et sens La locution **promotion des ventes**, traduite de l'anglais, au sens de «développement des ventes et ensemble des moyens mis en œuvre», est critiquée, ainsi que l'emploi social ou politique de ce substantif assez galvaudé. «Il est permis de penser, écrit Le Bidois, que ce mot manque de précision et ne s'impose guère, car il y a bien d'autres termes pour désigner la progression dans le domaine social, économique, moral et culturel : progrès, avancement, développement, élévation, perfectionnement.» Le mot *promotion* s'est néanmoins installé dans l'usage.

PROMOUVOIR conjug. On rencontre surtout l'infinitif, le participe présent et le participe passé, ainsi que les temps composés. ♦ **emploi et sens** Ce verbe signifie «faire avancer» et surtout, avec un objet animé humain, «nommer à un grade plus élevé, installer à un poste supérieur» : *C'est grâce à ses qualités que cet employé a été promu si rapidement.* On évitera d'employer ce verbe comme on le fait aujourd'hui, au sens de «créer, proposer, lancer» : *Le Premier ministre pourrait être radical ou socialiste, et appartiendrait au courant réformateur que nous entendons promouvoir* (Servan-Schreiber). *Non que je prête aux enseignants harassés et désireux de bien faire qui promeuvent cette réforme des intentions aussi tortueuses que mercantiles* (Cavanna).
□ **promu.** Pas d'accent circonflexe sur le *u*. On ne peut dire, comme le fait remarquer pertinemment Thomas, **être promu chevalier de la Légion d'honneur*, mais seulement *être nommé*, car il s'agit du premier échelon de l'ordre. En

revanche, on peut être *promu* officier ou commandeur. Pour grand officier ou grand-croix, il est d'usage d'employer l'expression *élevé à la dignité de...*

PROMPT prononc. Le second *p* est muet [prɔ̃], ainsi que dans les dérivés **promptitude** et **promptement.**

PRÔNER orth. Un accent circonflexe sur le *o*, ainsi que dans **prône** (substantif masculin).

PRONOMS PERSONNELS On trouvera diverses sortes de renseignements à chaque pronom, dans l'ordre alphabétique : → AUTRE, DEUX, EN, IL, JE, LE, LEUR, LUI, NOUS, VOUS, Y, etc.
□ **ellipse du pronom.** Celle du pronom sujet est exceptionnelle. C'est soit un archaïsme, soit un régionalisme : *Quant à Marcel, point n'ai l'intention de l'abîmer* (Bazin). *Déodat, mon ami, de vrai, êtes un bien beau facteur* (Aymé). Cependant elle est courante dans une proposition coordonnée : *J'écris cette lettre et (je) la poste immédiatement.* De même pour le pronom complément : *Il m'a aperçu, abordé et invité à dîner. Tu lui as parlé et proposé une affaire intéressante.* Mais, pour que le pronom puisse être omis, il faut qu'il ait la même fonction dans les deux groupes coordonnés. On ne peut dire : **Il m'a vu et parlé*, mais seulement : *Il m'a vu et m'a parlé* (*m'* étant objet direct dans le premier cas et objet indirect dans le second). Nombre d'écrivains font des entorses à cette règle : *Quels sont aussi les livres qui m'ont le plus touché ou plu* (Léautaud, cité par Grevisse).
Le pronom neutre **le** est souvent facultatif : *Il mange plus que sa femme ne (le) voudrait. Je crois que je vais faire comme vous (le) dites. (Le) croyez-vous ? Je ne (le) pense pas*, etc.
Le pronom réfléchi est souvent omis quand le verbe pronominal (proprement dit ou non) est précédé des verbes *faire, envoyer, laisser, mener* (et les composés) → ces mots : *Tes derniers mots me font souvenir de celle-ci* (Peyrefitte).
□ **place du pronom personnel complément** → IMPÉRATIF, INFINITIF, LE, etc.

□ **pronom tonique sujet.** Les formes toniques ne font en général que souligner le pronom sujet, normalement atone. Il est cependant des cas où l'on emploie un pronom tonique comme « sujet immédiat » d'un verbe : *J'eusse voulu dire à mes frères qu'eux aussi étaient oncles* (Radiguet). *Lui était d'une autre espèce* (Sagan). → EUX et LUI

□ **ton frère et moi (nous) avons.** Le pronom sujet est facultatif quand il est la reprise d'une séquence : **substantif(s) + moi, toi, lui** → ces pronoms

□ **pronom « d'intérêt atténué »** (selon Brunot, Grevisse). C'est le cas où le pronom indique « dans l'intérêt ou au détriment de qui se fait l'action » ; il a une valeur plus stylistique que grammaticale : *Tu vas nous attraper une de tes bronchites* (Romains). *Si c'était mon fils, je te le dresserais* (Mauriac). On a dans la phrase suivante un pronom encore plus atténué, correspondant à un vague *on* que l'auteur prend à témoin : *Et je t'arrange, et je te pomponne, et je te fais mousser les dentelles autour* (Giono). → ÉTHIQUE (datif éthique)

□ **chanté-je** → JE et -É

□ **nous, on...** → NOUS et ON

□ **nous autres, vous autres** → AUTRE, NOUS, VOUS, EUX

PRONOSTIQUEUR emploi et sens Ce vieux mot français appartient aujourd'hui surtout à la langue du sport, et désigne celui qui établit les **pronostics** (essentiellement dans les courses de chevaux). On se gardera des barbarismes **prognostic, *prognostique, *pronostiqueur* formés par contagion de *diagnostic* (et ses dérivés).

PRONUNCIAMIENTO prononc. [pʀɔnunsjamjɛnto], à l'espagnole, ou [pʀɔnɔsjamjɛ̃to], à la française, mais jamais avec un **[ʃ]* à la place du [s]. ♦ sens « Refus d'obéissance au gouvernement, de la part d'un chef militaire ». Ce mot, d'origine hispanique, devient par extension synonyme de **putsch, coup d'État** (de caractère militaire).

PROPORTION forme On rencontre plus souvent le pluriel que le singulier dans la locution **toute(s) proportion(s) gardée(s).**

□ **à proportion de.** Cette locution est plus rare et littéraire que *en proportion de* ou *avec* → RAISON

PROPORTIONNÉMENT emploi et sens Cet adverbe très rare ne se confond pas avec **proportionnellement** : il renvoie à l'idée de « juste mesure », tandis que l'adverbe courant relève du sens « mathématique » de **proportion.**

PROPRE constr. et sens Cet adjectif a un sens matériel, « sans souillure » : *Elle a les mains propres. Les assiettes sont-elles propres ?* Dans ce cas, l'épithète est toujours postposée : *Voici un tablier propre.* Mais au sens de « qui appartient véritablement à », l'adjectif est antéposé ou, moins souvent, postposé et sert notamment à renforcer le possessif : *Il respectait son propre personnage de beau jeune homme plein d'avenir* (Mallet-Joris). *On était venu chercher mon père quelque temps auparavant en pleine classe, pour lui annoncer que son propre père venait de mourir* (Labro). *Ce sont les termes propres* (ou *les propres termes*) *qu'il a employés.* Dans cette phrase de Labiche : *J'aurais pu servir ma propre femme dans la reconnaître... si toutefois j'avais eu une femme propre... qui me soit propre,* le premier **propre** renforce l'adjectif possessif *ma,* le deuxième est l'adjectif qualificatif (convenable) et le dernier signifie « qui soit exclusivement à moi ». On notera qu'un substantif abstrait admet les deux constructions sans ambiguïté, puisque le sens de « non souillé » ne peut pas, en général, s'appliquer à lui : *Cet élément du vaisseau possède sa propre autonomie,* ou *son autonomie propre.*

PROPRE-À-RIEN orth. Deux traits d'union. Plur. : **des propres-à-rien.** ♦ emploi Ne pas confondre avec la construction libre : *Cet homme n'est propre à rien.*

PROROGER → PROLONGER

PROSCRIPTION → PRESCRIPTION

PROSPECTIVE emploi et sens Ce substantif n'est pas un néologisme, mais la reprise récente d'un mot de la Renaissance. Il désigne une « science dont l'objet est de dégager une prévision des situations possibles dans le futur ».

PROSTHÈSE → PROTHÈSE

PROTAGONISTE sens « Personne jouant le premier rôle, au théâtre ou dans la vie » : *Des petites capitales pour le nom des protagonistes comme dans les pièces de théâtre imprimées* (Queneau). *À la Comédie Saint-Martin, des protagonistes peu ordinaires* (*Le Figaro*). Ce substantif est souvent employé dans le journalisme politique : *Le pendant de la rencontre d'Erfurt et des entretiens Bonn-Moscou et Bonn-Varsovie, dont les deux protagonistes allemands, MM. Egon Bahr et Duckwitz, accompagnaient M. Willy Brandt* (*Le Monde*). On notera qu'en principe il n'existe qu'un protagoniste – le principal personnage – par « pièce » : *prôtos*, en grec, signifie « premier ».

PROTÈGE- forme Les composés formés sur *protège* prennent un *s* final au pluriel quand ils n'en possèdent pas déjà au singulier. C'est le cas de *protège-cahier*, *-jambe*, *-parapluie*, *-pointe*, *-radiateur*, *-tibia*. Mais on écrira : *un* ou *des protège-bas*, *protège-dents*. Le premier élément reste invariable.

PROTÉGER constr. On dit **protéger de** ou, plus fortement, **protéger contre**, suivant le contexte : *Protéger les fleurs des ardeurs du soleil*, opposé à : *Être protégée contre les malfaiteurs. Il faut protéger l'homme contre lui-même.*

PROTESTER constr. et sens Ce verbe est rarement transitif : **protester un billet**, dans la langue du droit, signifie « faire constater officiellement, qu'il n'a pas été accepté ou payé à l'échéance ». Intransitif, ce verbe a un sens négatif, « affirmer son opposition » : *Le gouvernement a vigoureusement protesté contre le traitement infligé à son représentant.* La construction avec *de* ou *que* est littéraire, et correspond à un sens affirmatif, « assurer avec force » : *Elle s'étonnera : je lui protesterai que je ne peux plus vivre sans elle et alors peut-être...* (Mauriac). *Oh ! comme elle proteste de son inexistence par une légèreté inépuisable !* (Valéry).

PROTHÈSE sens « Partie de la chirurgie qui vise au remplacement partiel ou total d'un membre ou de certains or-

ganes », et « élément de remplacement » : *Porter une prothèse. Les prothèses dentaires.* Les linguistes appellent **prothèse** ou **prosthèse** le fait d'« ajouter en tête d'un mot un élément non étymologique », soit pour des raisons d'euphonie, soit par suite d'une confusion entre deux formes consécutives : *Le é initial de échelle est une lettre pro(s)thétique, de même que le e* et *du très populaire* esquelette.

PROU → PEU

PROVENDE emploi et sens Substantif vieilli et littéraire, au sens de « vivres ». Il s'emploie figurément, comme *pâture* : *Ah ! vous avez déjà tout regardé, dit-il tristement. Sans doute aurez-vous trouvé là peu de provende* (Gide). *Le clan, la tribu faisait ainsi sa provende d'une après-midi enfantine* (Llaona). Mais le sens de « mélange de diverses sortes de fourrage » est encore bien vivant en économie rurale.

PROVERBE → DICTON

PROVOQUER forme Le participe-gérondif est *provoquant* : *C'est en provoquant son ami qu'il s'est attiré cette riposte foudroyante.* Mais l'adjectif est plus répandu, et s'écrit *provocant* : *Un discours provocant. Une toilette provocante.* ◆ constr. et sens Le sens premier de **provoquer** est « appeler à » : *Provoqué à la vérité, je répondrai au défi* (Camus). *La grasse odeur des terres à fleurs, nourries, provoquées sans cesse à la fertilité* (Colette).

PROXIMITÉ sens Se garder de confondre ce terme, de sens neutre, et **promiscuité**, de sens péjoratif.

PRUD'HOMME emploi et sens « Magistrat faisant partie d'un conseil de prud'hommes, tribunal d'exception ayant pour rôle de trancher les différends de caractère professionnel entre patrons et salariés » : *La C.G.T. a réaffirmé avec force son attachement aux prud'hommes* (*Le Monde*). Jadis, ce mot avait le sens moral de « homme de haute vertu », que l'on retrouve dans : *Un prud'homme avec une belle robe bien repassée et deux grandes ailes toutes blanches* (Anouilh). Même remarque pour les dérivés **prud'homal** et

prud'homie, qui ne prennent qu'un *m* : *Je vous entends et vous remercie de votre prud'homie* (Claudel). On ne confondra pas avec **prudhommerie** et **prudhommesque,** qui s'écrivent sans apostrophe et avec deux *m*, et viennent du nom propre Joseph Prudhomme, « personnage médiocre, ridicule et sentencieux » inventé par Henri Monnier en 1831 : *Une déclaration prudhommesque.*

PRUNELLIER prononc. [prynɛlje] et non *[prynəlje].

PSEUDO- forme Les composés ne prennent un trait d'union que si le second élément existe par lui-même : *pseudo-alliage, -bulbe, -glissement, -période,* etc. Mais on écrit, en un seul mot : *pseudogamie, pseudolite, pseudomère, pseudoscope,* etc. L'emploi est plus libre dans un contexte non technique : *Céline de Montbarrey avait mis au point, avec ces pseudos cavaliers français, une machination hasardeuse* (A. Besson). ♦ sens Ce préfixe très productif signifie « faux ». Il entre dans la composition de nombreux mots de caractère scientifique. Son synonyme **simili-** est d'un usage plus commun.

PSITTACISME et **PSITTACOSE** emploi et sens Le premier terme désigne un « trouble du langage qui consiste à répéter des mots et des tours qu'on ne comprend pas ». La **psittacose** est une « maladie infectieuse et contagieuse transmissible à l'homme par le perroquet, et se manifestant par l'asthénie jointe à des troubles pulmonaires ».

PSYCHANALYSE orth. Deux y, ainsi que dans **psychanalyste, psychanalyser,** etc.

PSYCHÉ genre Fém : *une psyché.* ♦ sens « Miroir inclinable ou variété de papillon ».

PSYCHIATRE orth. Pas d'accent circonflexe sur le *a.* Il en va de même pour *psychiatrie* et *psychiatrique.* → ATRE

PSYCHIQUE et **PSYCHOLOGIQUE** emploi et sens Ces deux mots appartiennent au même champ sémantique, mais le premier renvoie à la notion de « esprit, pensée » : *Votre maladie est surtout psychique,* c'est-à-dire « se rattache à des causes qui ne sont ni physiques ni physiologiques, mais mentales ». Le second se rapporte au mot *psychologie,* et a des sens divers : *un roman psychologique, la guerre psychologique.*

PSYCHOPATHIE orth. Deux *h* ainsi que pour *psychopathe, psychopathologie,* etc.

PSYCHOSE sens « Maladie mentale dont le sujet n'est pas conscient » : *La paranoïa est une forme de psychose.* Ne pas confondre avec **névrose,** « trouble moins profond de la personnalité, dont le sujet garde pleine conscience, et qui se manifeste souvent par une angoisse ou une obsession ». Les formes intermédiaires sont nommées **psychonévroses.**

PU forme Ce participe passé de **pouvoir** est invariable quelle que soit sa place dans la phrase, car il ne peut en aucun cas avoir un objet direct : *L'erreur qu'il a pu faire.*

PUBÈRE et **PUBESCENT** sens Se garder de confondre **pubère,** « qui a atteint la puberté », et **pubescent,** synonyme de « duveté » (s'agissant, par exemple, d'un végétal). → NUBILE

PUBLICISTE sens Substantif vieilli au sens d'« écrivain ou journaliste politique ». On ne le confondra pas avec **publicitaire,** seule forme substantivable susceptible de désigner aujourd'hui un « professionnel de la publicité » : *La triomphante bêtise des publicitaires, qui se font plus bêtes encore (ils n'ont aucun mal) que le public qu'ils méprisent pour le flatter* (Cavanna).

PUCEAU forme Fém. : *une pucelle.*

PUDEUR ou **PUDICITÉ** sens Ces deux substantifs ont à peu près le même sens : « Sentiment de honte, de retenue devant ce qui concerne la sexualité ou ce qui paraît attenter à la dignité de l'individu. » Mais le second ne se rencontre que dans la langue littéraire. → IMPUDENCE

PUER emploi Ce verbe n'est pas un « mot bas ». Il s'emploie normalement pour signifier «sentir très mauvais» et se construit intransitivement ou avec un complément d'objet interne, qui précise d'où vient l'odeur en question : *Ne vous approchez pas trop, je dois puer* (Anouilh). *Toute la maison, pourtant, a défilé dans la loge qui puait le phénol* (Camus).

PUÉRILISME et **PUÉRILITÉ** emploi et sens Le premier terme, qui appartient à la langue de la médecine, désigne une «régression mentale au stade de l'enfance». On ne le confondra pas avec le second, qui est de la langue commune et désigne «l'état d'enfance» de façon dépréciative. → INFANTILE

PUERPÉRAL forme Ne pas dire ou écrire *puerpuéral*. ◆ sens «Qui a trait à la période qui suit l'accouchement».

PUÎNÉ orth. Accent circonflexe sur le *i*. ◆ emploi et sens Vieux mot pour **cadet**, aujourd'hui cantonné dans des registres archaïsants et littéraires.

PUIS emploi et sens Cet adverbe très courant marque la succession dans le temps et, secondairement, dans l'espace : *Six heures du matin, un corps intact, heureux de vivre. Puis venaient les petits déjeuners pris à l'aise, et l'hôtel de la Paix* (Mallet-Joris). La langue familière emploie souvent **et puis**, qui est généralement admis. Les locutions **(et) puis après**, **(et) puis ensuite**, bien que condamnées par les puristes, sont très fréquentes également : *J'étais comme ça quand j'étais jeune, j'étais terrible. Puis ensuite bien sûr, j'ai changé* (Duras).

PUISQUE orth. Les grammairiens sont en désaccord quant à l'élision du *e* final devant un mot commençant par une voyelle. La plupart ne le suppriment que devant *il(s)*, *elle(s)*, *ainsi*, *en*, *on*, *un (e)*. L'oreille aujourd'hui admet l'élision quand une voyelle suit immédiatement la conjonction : *Puisqu'Ariane le veut ainsi...* ◆ constr. On admet aujourd'hui l'ellipse du verbe dans la subordonnée, comme après *bien que*, *quoique*, etc. ◆ emploi et sens Cette conjonction fournit une explication, une justification considérée comme évidente, plus qu'une cause : *Puisque la guerre ne l'avait pas*

ramenée en Suède, elle n'avait besoin de rien. Puisqu'elle aimait tant Paris, elle devenait française* (Bastide). *Le 10 août de la même année, torride entre toutes puisqu'on vit se tarir les sources...* (Champion). C'est ce qui la distingue de **parce que**, qui énonce la cause d'une façon en quelque sorte objective et dépourvue d'affectivité : **puisque** suppose dans l'esprit le désir de trouver chez l'interlocuteur un acquiescement (Le Bidois, *Syntaxe du français moderne*). C'est ce que montre bien la phrase suivante : *Vous croyez à la science, parce qu'elle rassemble beaucoup de faits. À plus forte raison vous faut-il croire à la religion, puisqu'elle les rassemble tous* (Rivière). On notera en outre qu'il est impossible de faire précéder *puisque* de *c'est*, tandis que ce tour est fréquent avec *parce que*. L'évidence de *puisque* n'a pas en effet à être soulignée. → PARCE QUE

□ **puisque je te dis.** S'emploie souvent dans la conversation, de façon absolue, pour renforcer une affirmation : *Mais puisque je vous dis qu'il n'y a pas de jardinier* (Mauriac). *Que tu es bête, Louis! Puisque je te dis que nous sommes fiancés...* (id.). *Ce n'est pas possible... elle a dû te dire... – Puisque je te dis que non!* (Aragon). Noter le tour **puisque... il y a :** *Ce récit, puisque récit il y a*, met fréquemment en scène de pauvres gens de la campagne (Billy). Le même tour est fréquent avec *si*.

PUITS orth. Un *s* final même au singulier.

PULLMAN prononc. [pulman] ou [pylman]. ◆ orth. Un seul *n* final.

PULL-OVER prononc. [pulɔvœʀ] à l'anglaise ou [pylɔvɛʀ] à la française. ◆ orth. Plur. : **des pull-overs** ou **des pulls** : *Pour gagner un peu d'argent, elles tricotaient des pull-overs* (Chaix). ◆ forme Souvent abrégé en **pull**.

PULLULER constr. Ce verbe, à la différence de **abonder**, ne peut admettre qu'un animé comme sujet, et non un lieu : *Sur l'innocence morte, les juges pullulent* (Camus). *En amour, le gibier longtemps pullule* (Mauriac). Dérivés : **pullulation** et **pullulement** s'emploient indifféremment.

PULVÉRULENT et **PURULENT** sens Ne pas confondre **pulvérulent** qui signifie communément « à l'état de poussière » et **purulent** dont le sens est « qui exsude du pus ».

PUNCH prononc. Deux mots anglais se cachent sous cette forme unique. Au sens de « boisson alcoolisée », on prononce [põʃ]. Au sens de « capacité d'un boxeur au point de vue de la force et de la rapidité de ses coups », on dit [pœnʃ].

PUPILLE prononc. Le double *l* se prononce en principe sans [j], mais la langue courante dit fréquemment [pypij], que ce mot ait un sens animé ou non animé. ♦ **sens** Quand ce mot désigne un « orphelin en tutelle », il est des deux genres : *C'est un* ou *une pupille de la Nation.* Quand ce mot désigne une « partie de l'œil », il est féminin. Il ne faut pas le confondre avec le « diaphragme coloré » qu'est **l'iris.** Il s'agit du « trou au centre de l'iris, plus ou moins grand selon la quantité de lumière qui se trouve en face de l'œil » : *Elle le regardait avec une tendresse profonde et inquiète, qui lui dilatait un peu les pupilles et la baignait de passion* (J. Roy).

PUPITRE orth. Pas d'accent circonflexe sur le *i*. Se garder de l'influence de **épitre.** → -ITRE

PURÉE forme Ce mot est invariable quand il est en apposition : *Faire des pommes purée.*

PURPURIN sens « De couleur pourpre. »

PUR-SANG forme Substantif invariable : *Ces pur-sang ont bien couru.* On écrit sans trait d'union quand **pur sang** est employé comme adjectif : *un animal pur sang.*

PURULENT → PULVÉRULENT

PUTATIF sens Terme de droit : « Qui est supposé être », en parlant d'un enfant, d'un parent, etc.

PUTRESCENT et **PUTRIDE** sens **Putrescent** s'applique à ce qui est en cours de putréfaction, **putride** à ce qui est putréfié.

PUTRESCIBLE orth. *s* et *c*, ainsi que dans **putrescent, putrescence,** etc. Se garder de la contagion de formes proches comme **compressible.** ♦ **sens** « Qui peut se putréfier, pourrir ».

PUTSCH prononc. [putʃ] et non *[pœtʃ] : ce mot vient de l'allemand, et non de l'anglais. ♦ **emploi et sens** Synonyme expressif de **coup d'État,** vulgarisé par l'usage des journalistes.

PUZZLE prononc. À l'anglaise [pœzəl] ou à la française [pyzl]. Cette dernière prononciation, non signalée par les dictionnaires, est parfaitement justifiable, et gagne du terrain dans la langue cursive.

PYGMÉE orth. Un *e* terminal, même au masculin.

PYLÔNE orth. Un accent circonflexe sur le *o.* ♦ **sens** Il faut admettre aujourd'hui le sens de « construction plus ou moins élevée, en forme de tour ou de pyramide ». Jadis, un pylône était un « portail monumental ».

PYLORE orth. Pas d'accent circonflexe sur le *o.* ♦ **sens** « Orifice situé entre l'estomac et le duodénum ».

PYRÉNÉEN orth. Attention à l'orthographe de ce mot, qui ne possède qu'un *r* et pas de *h.*

PYTHAGORICIEN forme On emploie moins aujourd'hui *pythagorique.*

PYTHIEN ou **PYTHIQUE** emploi Ces deux formes sont synonymes, et s'associent à certains substantifs : *l'Apollon pythien, les jeux Pythiques* (ou *Pythiens*).

Q

QUADR- prononc. Les mots commençant par **quadr-** se prononcent généralement [kwadʀ-]. Font exception : *quadrille, quadriller* (et les dérivés), dans lesquels le [w] disparaît : [kadʀij]. En outre, les mots suivants font [kwadʀ] ou [kadʀ] facultativement : *quadrant, quadrat, quadrimoteur, quadriréacteur, quadrupler*. La tendance à prononcer [kadʀ] semble peu à peu l'emporter, au moins dans la langue cursive.

QUADR-, QUADRI-, QUADRU- emploi Préfixe ou radical signifiant «quatre» et entrant dans la formation de nombreux mots, tels : *quadragénaire*, «âgé de quarante à cinquante ans»; *quadrilatère*, «qui a quatre côtés»; *quadrige*, «char attelé de quatre chevaux»; *quadrupède*, «animal marchant sur quatre pattes», *quadruple*, etc. → QUIN-

QUADRANT sens En mathématiques, «quart de la circonférence». Ne pas confondre avec son homonyme **cadran.**

QUADRATURE → CADRATURE

QUADRIPARTI ou **-PARTITE** → BI-PARTI

QUAKER prononc. [kwejkœʀ] à l'anglaise, ou en simplifiant [kwekœʀ]. ♦ forme Le féminin est **quakeresse.** Pluriel du masculin : **quakers.**

QUALITÉ forme On doit mettre le substantif au pluriel dans la locution **(agir)** ès **qualités.** → ÈS ♦ sens «En tant que, en qualité de.»

QUAND (conjonction) forme Ne pas confondre avec l'homonyme **quant (à)** → ce mot. ♦ constr. et sens Cette conjonction établit entre deux procès un rapport temporel, mais souvent aussi un rapport causal ou adversatif : *Et pourquoi jeûne-t-il quand tout le monde mange?* (Rostand). *Quand on n'a rien à se mettre sous la dent on n'est pas difficile* (Duras). Au sens adversatif, **quand** est fréquemment suivi de **même,** et le verbe de la préposition est à l'indicatif, ou plus souvent au conditionnel : *S'il ne portait pas le poids de la faute dont on l'accusait, il en avait commis d'autres, quand même il ignorait lesquelles* (Camus), en face de : *Et quand même j'en aurais envie, du gosse?* (Sartre). On trouve aussi **quand bien même :** *Quand bien même personne ne sentirait ce que je suis, je le suis* (Rolland). *Je ne vous propose pas expressément mes services, quand bien même ils ont satisfait la presque totalité de mes clients* (Japrisot). La présence de *même* n'est pas indispensable, mais son omission caractérise la langue littéraire : *Quand l'univers entier ferait semblant de s'écrouler, je passe à travers !* (Claudel). Le tour **quand même que** est peu recommandable : *Justin, quand même qu'il fût loin des bureaux de la rue des Francs-Bourgeois, sentait toujours la présence de ces entités en faux cols glacés* (Aymé).

□ **quand même.** L'emploi adverbial ou

exclamatif de cette locution est aujour-
d'hui admis à tous les niveaux de
langue, concurremment à *tout de
même* : *Elle ne pouvait quand même pas
lui sacrifier ses rares heures de travail
personnel* (Beauvoir). *C'est con risqué quand même, murmura Lazuli*
(Vian). *Quand même je ne serais pas
étonné qu'il soit question d'une jeune
fille...* (Dhôtel). *Quand même! Peut-être
que ça ne fera pas revenir Monsieur
Germain, mais Papa, quand même!* (Labro).

□ **quand, introduisant une phrase exclamative, non subordonnée.** 1. *Quand
je vous le disais.* Locution familière soulignant la «justesse d'une prévision» :
*Quand je vous le disais, qu'ils seraient
allés du côté de Guermantes* (Proust). 2.
*Quand je pense que c'est lui qui nous a
fait nous connaître!* (Vildrac). «*Quand
je pense*»... *chaque période débutait par
ce* «*quand je pense*» *étonnant chez une
personne qui pensait si peu* (Mauriac).
Contrairement à l'apparence, ces
phrases ne présentent aucune ellipse.
→ PUISQUE

□ **de quand.** Dans la langue familière,
quand est parfois précédé d'une préposition *(à, de, pour)* : *Ça ressemble à
quand nous voyagerons dans les hôtels*
(Gyp). *Il avait cette expression laide et
touchante de quand il était enfant*
(Mauriac). *Il y a (des chansons) pour
quand tu es triste et pour quand tu es
gai* (Rolland).

□ **quand et.** Au sens de «avec», cette
locution est archaïque : *Il est arrivé
quand et lui.* On dit encore dans certaines régions, notamment en Franche-
Comté et au Canada : *Je suis arrivé
quand lui.* Ce tour s'explique aisément
par l'ellipse d'une proposition subordonnée : *quand lui (il) est arrivé.*

QUANT À emploi et sens Cette locution
prépositive, en tête de phrase, sert à
«souligner un élément de la pensée»,
avec le sens de «en ce qui concerne».
Elle met en relief de façon redondante
soit le sujet, soit le complément, soit
même le verbe de la proposition : *Quant
aux achats qu'on ne peut faire ni
trop à l'avance, ni à la dernière minute,
Mme Maillecotin recourt à divers expédients* (Romains). *Quant à la marquise,*

elle avait fui avec des cris d'horreur
(Peyré). → TANT

□ **quant-à-moi** ou **quant-à-soi.** Ce tour
substantivé s'écrit généralement avec
deux traits d'union.

QUANTA → QUANTUM

QUANTIÈME emploi et sens Ce mot n'a
guère d'existence réelle aujourd'hui,
qu'il s'agisse d'un interrogatif : *Quel
quantième sommes-nous? Le quantième (du mois) sommes-nous?*, ou d'un
substantif : *Cette montre marque aussi
les quantièmes* (on dit plus simplement
les jours). Ce problème est assez irritant
pour un Français, car aucune solution
n'est tout à fait satisfaisante : *Quel jour
(de la semaine* ou *du mois) sommes-
nous?* est ambigu si on ne précise pas
davantage (nom du jour ou date), et
cette façon de s'exprimer est peu
économique. Mais *le combien* et, à plus
forte raison, **le combientième* sont des
tours familiers ou populaires rejetés
par le bon usage. → COMBIEN

QUANTITÉ constr. Comme sujet d'un
verbe, précédé ou non de l'article, ce
substantif collectif gouverne le singulier ou le pluriel selon le nombre du
complément et aussi selon l'intention
du parleur : *Cette grande boutique où
quantité de gens feuilletaient* (Butor).
*Une quantité de Socrates est née avec
moi* (Valéry). *Lucien autrefois s'était livré à des recherches : quantité de leurs
ancêtres étaient morts* (Fontanet). →
COLLECTIF, FORCE, FOULE, NOMBRE, etc.

QUANTUM forme Plur. : **des quanta.**
♦ emploi et sens Ce mot plus connu sous
son aspect pluriel est un néologisme du
début de ce siècle, au sens scientifique
de «quantité élémentaire d'action, sorte
d'atome d'action» (L. de Broglie).

QUART emploi Dans les indications
d'heures, on rencontre de plus en plus
des formules figées, non susceptibles
de variation : *moins le quart* (avec article), *trois quarts* (non précédé de *et*), *et
quart* : *Ils étaient d'abord convenus de
huit heures moins le quart* (Rivoyre).
*Faites décoller le courrier d'Europe à
deux heures et quart* (Saint-Exupéry).
L'emploi de *un quart* est plus rare : *À*

six heures un quart (Cocteau cité par
Grevisse). → ET, HEURE

□ **le quart de.** Il est préférable de préciser, en disant : *Il était le quart après
huit heures* ou *avant huit heures,* quand
il peut y avoir doute. Même problème
que pour *demie.* → DEMI

□ **les trois quarts de.** Pas de trait
d'union, à la différence du substantif
quatre-quarts («gâteau») : *Elle s'est fait
photographier de trois quarts. Il est aux
trois quarts idiot.*

QUARTERON sens «Ancienne mesure» et aussi «métis possédant un
quart de sang d'une race et trois quarts
de sang d'une autre race». Admet le
sens figuré, parfois péjoratif, de «petit
nombre» : *Un quarteron de conjurés
monarchistes* (Aragon). *Un quarteron de
généraux félons* (de Gaulle).

QUARTIER orth. On écrit : *un quartier-
maître (des quartiers-maîtres); un
quartier général (des quartiers généraux); le Quartier latin. Après quinze
mois, il avait été reçu à l'examen de
quartier-maître électricien* (Gallo).

QUARTZ prononc. [kwaʀtz].

QUASI orth. Ne prend pas de trait d'u-
nion devant un adjectif. Prend un trait
d'union quand il précède un substantif.
Ce mot est toujours invariable. ♦ **emploi
et sens** Vieilli, comme adverbe indiquant
une approximation, «pour ainsi dire» :
*Dans ce décor quasi lunaire, d'eaux
noires, de rochers et d'arbres nus* (Vidalie). *Une petite jaca andalouse, quasi
sans bouger, nous donne l'émotion de la
mort* (Montherlant). Mais ce mot est
plus vivant comme préfixe servant à
former des substantifs : *Cette motion a
été adoptée à la quasi-unanimité.*

QUASIMENT emploi et sens Adverbe
comme **quasi,** mais qui tombe en désuétude : *À présent, j'en suis quasiment
certain : la femme qui m'a rendu visite
avait la voix de Tawaddud* (Tahar ben
Jelloun). *Il est quasiment hors service.*

QUATER prononc. [kwatɛʀ]. ♦ **emploi et
sens** Adverbe multiplicateur latin, d'emploi plus rare que *bis* et *ter.* Son sens
est «quatre fois» ou mieux, «pour la
quatrième fois» : *Ce gros immeuble oc-*

*cupe les numéros 25, 25 bis, ter et quater
de la rue.*

QUATRE prononc. On se gardera de
faire la liaison avec un [-z-] senti
comme caractéristique du pluriel
dans le registre populaire : *Je voudrais quatre*[-z-] œufs.* ♦ **orth.** Ne prend
jamais de *s* final au pluriel, même
comme substantif : *J'ai fait trois quatre
au zanzi.*

□ **descendre quatre à quatre.** Cette locution est aujourd'hui admise, soit
construite absolument, soit suivie d'un
complément d'objet tel que : *escalier,
marches, gradins,* etc.

□ **faire son** (ou **ses**) **quatre heures.** Ce
tour est régional, et se rencontre aussi
dans le parler enfantin. On préférera le
substantif *goûter.*

□ **entre quatre** (z') **yeux.** Cette locution, avec ou sans liaison, est familière : *Se regarder entre quatre-z-yeux.*

QUATRE-SAISONS orth. Mot invariable. Toujours un trait d'union : *Une
marchande des quatre-saisons.*

QUATRE-VINGT(S) orth. Cet adjectif
numéral prend un *s* final quand il n'est
pas suivi d'autres unités : *Ils étaient
quatre-vingts chasseurs* (chanson), mais
J'en ai compté quatre-vingt-deux.
Comme ordinal, au sens de «quatre-
vingtième», il s'écrit sans *s* : *Voyez page
quatre-vingt.*

QUATTROCENTⱴ prononc. [kwatʀo
tʃɛnto]. ♦ **sens** Ce mot d'emprunt désigne
le «xvᵉ siècle italien, c'est-à-dire la Renaissance en Italie». On prendra garde
de ne pas «traduire» par *ˣxvᵉ siècle* : il
s'agit des années qui suivent 1400.

QUATUOR prononc. [kwatyɔʀ]. Attention
à l'influence de *quatre.* ♦ **forme** Substantif variable (à la différence de *quatre*) :
Il organisait des quatuors (Cocteau).

QUE (adverbe) emploi et sens Comme adverbe d'intensité, dans une proposition
exclamative, **que** est plus fréquent que
combien, mais moins fréquent que
comme : *Mais va-t-il répondre? Qu'il est
bête!* (Romains).

□ **que ne.** Au sens de «pourquoi», cet
adverbe est en général accompagné de

la particule *ne* et suivi d'une inversion du pronom personnel sujet : *Que ne me suis-je livrée à cette fureur maladroite!* (Mauriac). *Que ne laissez-vous caché dans l'ombre ce vilain démon?* (Boylesve). *Toi qui sèmes des paratonnerres à foison / Que n'en as-tu planté sur ta propre maison?* (Brassens). Ce tour est inconnu de la langue parlée. Il est plus rare encore avec un sujet substantif : *Ah! Qu'Albertine n'avait-elle aimé Saint-Loup!* (Proust). *Ah! Que Furetière n'est-il Molière!* (Gide). On rencontre exceptionnellement un emploi affirmatif, ou plutôt non négatif : *Si vos conclusions ne valent que pour vous, que nous ennuyez-vous avec elles?* (Montherlant).

□ **le jour qu'il est venu.** Le mot *que* peut être considéré ici comme «une sorte d'adverbe conjonctif» (Grevisse), qui marque surtout le moment ou la durée, et peut commuter avec *où* (qui est plus fréquent) : *Le matin qu'Alexis revint à la cabane, la chaleur était accablante* (Cesbron). *Un jour que j'étais là, un monsieur fort bien entra* (Apollinaire). *On aimait mieux pas être là, dans le cas qu'il l'étranglerait* (Céline). *Pendant la saison d'été que les enfants étaient tenus loin de l'école pour garder les troupeaux* (Aymé). → OÙ

QUE (conjonction) **emploi et sens** Ce mot-outil constitue la «conjonction à tout faire du français». Il sert souvent à remplacer une autre conjonction :
1. Quand elle est déjà présente dans la phrase, et pour éviter une répétition : *Mais comme dix heures sonnaient à la mairie, et que mes parents étaient couchés depuis quelque temps déjà, je ne pus attendre* (Radiguet).
2. Dans certains tours littéraires : *Un malheur ne vient jamais qu'un autre ne vienne* (Ramuz) (**que** = «sans que»). *Déshabille-toi, que je t'ausculte* (Martin du Gard). *Il faut cacher cela bien vite, que votre père ne voie rien* (Guilloux) (**que** = «pour que»). *Et cette fois, elle ne les lâcha plus qu'elle n'en extrait jusqu'à la dernière ligne* (Rolland) (**que** = «avant que»). *Mais ma chère nièce serait-elle souffrante, qu'elle ne t'a pas accompagné?* (Aymé) (**que** = «puisque»). On notera que la conjonction s'emploie presque facultativement, ou du moins chargée d'un sens très faible, entre

deux propositions liées par un rapport de concomitance ou d'opposition : *Prenait-on le café qu'elle était déjà repartie* (Vidalie). *Le lendemain il faisait encore nuit que j'étais déjà sur le quai* (Mac Orlan). *Avant son accident, on lui aurait offert une place dans une école qu'il aurait refusé* (J. Roy). *J'accomplirais ces nobles tâches qu'elles me laisseraient torturé de désespoir* (Montherlant). Dans les quatre phrases qui précèdent, la conjonction pourrait être remplacée par une simple virgule ou par la conjonction *et* : *La mort pourrait fondre sur eux, ils ne s'en seraient pas aperçus* (Hermant). *On le mènerait à la boucherie et il ne pousserait pas le moindre bêlement* (Mauriac). On ne confondra pas ces tours, tous corrects et admis par le bon usage, avec les emplois familiers ou populaires suivants, très fréquents dans la langue parlée : *Lambriot, qu'on m'appelle, Ernest* (Aymé). *Ben, qu'elle me répond, elles ne peuvent pas le faire elles-mêmes?* (Triolet). *Pourquoi que vous lui avez donné ça? demanda-t-il au bout d'un petit moment* (Duras). *Regarde comme elle est à l'honneur, qu'on se sent fier d'être son père* (Anouilh). Il ne s'agit cependant ici que de «redondances d'articulation», et on franchit un degré de plus dans l'incorrection quand ce **que** de jonction se trouve à la place d'un pronom relatif mal connu et spontanément évité : **Ceux qui gagnent leur vie en vendant des choses qu'on n'a pas vraiment besoin* (Gerber). On se rappellera que les verbes transitifs indirects construits avec *de* exigent le relatif *dont* ou un pronom relatif complexe formé à partir de *lequel* : *Le couteau dont j'ai besoin.*

□ **c'est un héros que cet homme.** *Que*, dans ce tour, introduit le terme (nom, infinitif) qui précise et complète le pronom neutre *ce* et qui est le véritable sujet. Le grammairien Henri Frei l'appelle un «outil d'inversion», un signaleur expressif» : *C'est une période odieuse que celle des formalités, des entrevues* (Colette). Cette phrase est l'inversion expressive de : *La période des formalités est une période odieuse... Il n'y avait pas de savon, mais c'était déjà une délivrance que ce premier décrassage* (Butor). Le plus souvent, l'infinitif est introduit par *que de* : *Parce que c'eût* *été gâcher ta vie que de te marier et d'a- voir des enfants?* (Salacrou) (→ DE). La même construction peut se faire sans le présentatif *c'est*, dans des tours exclamatifs : *Ô récompense après une pensée / Qu'un long regard sur le calme des dieux!* (Valéry). *Dur labeur que d'être jolie femme!* (Allen).

□ **subordonnée introduite par que, en tête de phrase.** La conjonction a pour effet de substantiver une proposition et de la mettre en relief. Son verbe est presque toujours au subjonctif, même quand l'ordre « normal », **principale + subordonnée,** rétablirait l'indicatif dans cette dernière : *Qu'un danger pût venir d'eux ou de leurs parents nous paraissait absurde, inimaginable* (Roblès). C'est une mise en relief de : *Il nous paraissait absurde qu'un danger pût venir d'eux* (même mode : le subjonctif). *Qu'Annette ne lui donnât plus signe de vie, ne l'inquiétait nullement* (Rolland). *Mais qu'il pêchât dans un lieu ou dans un autre, le résultat aurait été le même* (Dhôtel).

□ **que si...** Cette locution, placée en début de phrase, a un caractère nettement oratoire. C'est un latinisme qui frise aujourd'hui l'affectation : *Que si tu le veux, mon âme, tout ceci est absurde!* (Valéry). *Que si j'avais donné mon héros pour exemple, il faut convenir que j'aurais bien mal réussi* (Gide).

□ **que oui, que si, que non.** Ces locutions employées comme réponses « intensives » appartiennent à la langue familière : *Oh! Que oui! qu'elle est jolie!* (Gyp). *Il joue si mal! – Oh! que non! Vous ne jouez pas mal* (Duhamel). *Ils n'ont pas besoin l'un de l'autre. – Que si!* (Romains). Cet emploi est quasi adverbial.

□ **s'attendre que** ou **à ce que** → À, DE et tous les verbes posant un problème de construction, à leur place alphabétique → aussi NE

QUE (pronom interrogatif) **1.** Dans l'interrogation directe, **que** ne peut guère être employé comme sujet, sinon avec un verbe impersonnel : *Que s'était-il passé entre lui et Marion?* (Troyat). Il est le plus souvent complément d'objet direct, ou circonstanciel avec certains verbes : *Peut- être était-il trop timoré encore. Que ris-*

quait-il pourtant? (Gallo). *Que gagnes- tu par mois* (= «combien»). *Que sert d'essayer de m'abuser?* (Benoit). *Allons! que tardez-vous?* Ce dernier emploi, assez littéraire, rejoint l'emploi adverbial. → QUE (adverbe)

2. Dans l'interrogation indirecte, **que** se rencontre entre un verbe «principal» signifiant la «connaissance» ou son contraire et un infinitif : *Je ne savais que penser de ce discours* (Green). *Mes parents n'ont jamais su que faire de moi* (Dhôtel). La langue courante emploie plus volontiers *quoi : Elle se demandait peut-être quoi faire de tout cet argent maintenant* (Duras). → QUOI et SAVOIR

QUE (pronom relatif) **emploi** Le tour *terrassés qu'ils étaient par la fatigue* peut être considéré comme correct, en dépit de certains puristes. Le relatif y est neutre : *Réduits que nous sommes aux seuls agréments de la conversation, j'aimerais assez de l'entendre* (Valéry). *Cette cité unique où tout d'ailleurs devait être homogène, isolée qu'elle était du reste du monde* (Proust). *La ratatouille de 1940 causa une humiliation géante, et qui n'a pas fini d'agir, ravivée qu'elle fut par les déculottées coloniales* (Poirot- Delpech, *Le Monde,* 10 juin 1992). On ne confondra pas ce tour littéraire avec les emplois populaires du type : *Un petit endroit coquet que c'était le village, bien éclairé* (Céline, cité par Le Bidois). *Bleu qu'il était! Étouffé à demi par l'hostie!* (Mallet-Joris). Le mot **que** n'est pas, dans ce cas, le relatif neutre, mais la conjonction. → QUE (conjonction).

□ **cet enfant qu'elle a vu.** Ce tour n'est pas incorrect, mais paraît lourd, et il vaut mieux l'éviter. C'est une survivance de la langue classique qu'on rencontre surtout chez les écrivains au style recherché : *L'histoire qu'on voit qui vous tient au cœur* (Gide). *Ne serait-on jamais jaloux que de ce qu'on suppose que suppose l'autre?* (Malraux). *Il est étrangement jaloux de cette liberté et de cette ubiquité qu'il croit que possède l'esprit* (Valéry). On tend aujourd'hui à tourner par **dont on dit, dont on voit que,** etc. → DONT. Cette construction paraît cependant assez acceptable avec certains verbes, comme *vouloir : La compassion qu'il* *aurait voulu qu'on lui témoigne dans son enfance* (P. Jardin).

□ **que je sache** → SAVOIR

QUEL emploi Rare comme pronom interrogatif, sauf avec un partitif : *Quelle de nos gloires d'aujourd'hui, que l'on voit se faner si vite, sera encore lumineuse?* (Henriot). *Voyons! Quelle vous semble la couleur de cette bosse?* (Dhôtel). *Dites-moi, de nous deux, quel est à vos yeux le plus sérieux* (avec ou sans point d'interrogation selon l'intonation, qui donne à cette phrase son statut d'interrogation, directe ou indirecte). L'emploi suivant est un pur caprice d'auteur : *Il m'avait préparé un destin bien antipathique. – Peut-on savoir quel?* (Queneau). On emploie d'ordinaire le composé *lequel* (→ ce mot). Mais avec une valeur exclamative et intensive, et non plus interrogative, **quel** est moins rare, employé seul comme pronom : *Nous, on a l'essentiel pour un enfant; un jardin, et quel!* (Colette). *Quelle est votre erreur, ma chérie!* (Romains).

□ **quel... que** → QUELQUE

□ **tel quel** → TEL

QUELCONQUE emploi et sens Cet indéfini signifie à l'origine «quel qu'il soit» : *Écrivez : «L'inspecteur Robineau inflige au pilote Pellerin telle sanction pour tel motif...»* Vous trouverez un motif quelconque (Saint-Exupéry). *Et Julie, les deux mains sur son sac en imitation de crocodile, fixait un point quelconque de l'espace* (Simenon). *Je dis maintenant que l'ensemble de cet arbre est plus complexe que l'une quelconque de ses parties* (Valéry). Mais le plus souvent, cet adjectif est employé comme qualificatif, avec un sens péjoratif : «commun, banal, ordinaire». Il est alors antéposé ou postposé au nom qu'il qualifie, tandis que, dans l'emploi indéfini, il est le plus souvent postposé : *En bas, il trouve un type debout qui attend, un type quelconque, plutôt mieux, pas un habitué* (Robbe-Grillet). *Les meubles étaient quelconques, en acajou de bonne qualité, mais sans plus* (Simenon).

QUELQUE forme et emploi Il est souvent difficile de bien distinguer les emplois de **quelque** adjectif (accord) et ceux de **quelque** adverbe (invariable). Il est adjectif quand il porte sur un nom (accompagné ou non d'un adjectif) et adverbe quand il modifie un adjectif (seul ou en relation avec un substantif) ou un adverbe :

1. *Les quelques mots dont je ne comprenais pas le sens gênaient à peine mes réponses* (Butor). *Par quelque côté qu'on la prenne maintenant, on l'atteignait toujours dans des régions vives et douloureuses* (Duras). *Les quelques rares survivants.*

2. *Quelque terrible qu'il pût être, en effet, un étage entier me séparait encore de lui* (Green). *Quelque savants qu'ils soient, il leur reste beaucoup à apprendre. Quelque habilement qu'ils s'y soient pris, ils ont laissé des traces de leur passage.*

□ **quelque + nom de nombre.** Toujours adverbe, au sens de «à peu près, environ», et donc invariable : *À quelque deux cents mètres j'ai aperçu ce que m'avaient caché la nuit et la brume* (Butor). *Parmi les quelque cent trente employés de tout grade qui travaillaient à la S. B. H.* (Aymé). *Quelque soixante ou soixante-dix minutes plus tard, un mercenaire indifférent nous la ramena sur un chariot* (P. Jardin). Mais on dira, pour ajouter une quantité indéfinie : *Vers dix-sept cent et quelques* (Mazeline). *J'ai dépensé trois cents et quelques francs.*

□ **quelque** ou **quel que.** On se gardera de confondre ces deux tours également concessifs, le premier adverbe, le second pronom, tous les deux se construisant avec le subjonctif. La concession s'exprime par *quel que*, en deux mots, devant un verbe d'état, *être*, *paraître*, *sembler*, ou devant certains verbes semi-auxiliaires, *devoir*, *pouvoir*, etc. : *J'abhorre toutes les soutanes et toutes les fausses enseignes, quelles qu'elles soient* (Martin du Gard). *Il lui semblait nécessaire de laisser les sentiments, quels qu'ils fussent, retrouver un cours normal* (Dhôtel). *Quel que soit le rôle que tu aies joué dans cette affaire, Ferdinand est l'aîné* (Bazin). *Quelle que soit sa rancune envers Louis Martin, elle devrait se rappeler que je suis son fils* (Troyat). On ne peut rencontrer la forme soudée *quelque* immédiatement devant le verbe *être*.

□ **quelque chose.** Le plus souvent, cet ensemble devient neutre : *Quelque chose, en vérité, quelque chose était fini* (Duhamel). *Leur effort a quelque chose de surhumain et de parfait* (Barbusse). La locution *un (petit) quelque chose* appartient au langage familier : *Mitonne-moi un petit quelque chose pour ce soir* (Giono). → CHOSE

QUELQUEFOIS orth. Ne pas décomposer ce mot en **quelques fois* : cette faute est fréquente. ♦ **forme** Cet adverbe équivaut, à un niveau plus neutre, à *parfois*, qui est plus littéraire. ♦ **emploi et sens** On évitera les tours populaires *si quelquefois*, au sens de «au cas où», et surtout *quelquefois que*, qui a le même sens : *Si quelquefois tu le voyais cet après-midi, dis-(le)-lui. Je me prépare, quelquefois qu'il viendrait me chercher.* On note que la langue populaire use volontiers de *fois*, seul ou en composition, pour exprimer l'éventualité, à la place de *si* ou avec le cumul : *si quelquefois, si des fois, si une fois.*

QUELQU'UN forme Le masculin s'emploie absolument pour les deux genres : «*Mort de quelqu'un*» (titre d'un roman de Jules Romains). *Dans tout le lycée de filles, y a-t-il quelqu'un qui l'ignore?* Mais chaque genre a sa forme propre quand ce pronom indéfini est suivi d'un complément partitif : *Pour me rassurer, quelqu'un, quelqu'une d'entre vous m'écriront-ils?* (Colette). *La peinture d'un esprit sollicité par quelqu'une de ces formations naturelles remarquables qui s'observent çà et là* (Valéry). Plur. : **quelques-uns, quelques-unes.** ♦ **emploi et sens** Le maniement de ce mot n'est délicat qu'au singulier. On notera que celui-ci est rare après les pronoms *en* et *dont* : *J'en ai retenu quelques préceptes. – Peux-tu m'en redire quelqu'un?* (Valéry). *Des pauvretés assez surprenantes, dont je montrerai quelqu'une* (id.). Le féminin singulier en position absolue de sujet est très rare : *Quelqu'une demanda : «Et Tourny, il se gratte aussi?»* (Jorif).

□ **c'est quelqu'un.** On rencontre dans la langue populaire un emploi emphatique de *quelqu'un*, au sens de «personnage d'importance» (y compris pour une femme) : *Je murmurais en serrant*

les dents : *je suis quand même quelqu'un, quelqu'un* (Duhamel). *Il est arrivé à devenir quelqu'un.* La langue populaire emploie même *quelqu'un* pour désigner non pas une personne, mais un événement : *Et quel incendie! Des décombres fumants, monsieur. C'était quelqu'un* (Queneau). *Ça alors, c'est quelqu'un!...*

QU'EN-DIRA-T-ON forme et emploi Cette locution invariable est depuis longtemps complètement substantivée, et s'écrit avec des traits d'union (mais une apostrophe entre *qu* et *en*). On la rencontre le plus souvent au singulier : *Se moquer du qu'en-dira-t-on. Les on-dit, les qu'en-dira-t-on.*

QUÉRIR emploi et sens Ce vieux doublet de **chercher** ne se rencontre plus qu'à l'infinitif dans certains parlers régionaux ou dans un registre tout à fait littéraire et archaïsant : *Le majordome, qu'on était allé quérir en hâte, eut un brusque haut-le-corps en voyant le visiteur* (A. Besson). → ALLER *(in fine)*

QU'EST-CE QUE emploi Ce groupe très répandu n'est admis dans le bon usage qu'en tête d'une proposition interrogative directe : *Qu'est-ce que tu as fait? Qu'est-ce que nous devons comprendre?* etc. L'emploi exclamatif et intensif appartient à la langue très familière : *Et, puis, qu'est-ce qu'on ne fait pas quand on aime!* (Mallet-Joris). *Oh, la princesse Grace, dit la blonde ravie, qu'est-ce qu'elle est bien!* (Rivoyre) (→ CE et COMME). Proscrire l'emploi franchement incorrect et pesant, de **qu'est-ce que** à la place de **ce que,** pour introduire une subordonnée interrogative indirecte : **Je ne sais pas qu'est-ce qu'il lui a pris.* On dira mieux et plus simplement : *Qu'est-ce qu'il lui a pris, je ne sais pas!* ou bien : *Je ne sais pas ce qu'il lui a pris. Je n'allais pas entrer dans les détails et raconter ce que fut ma vie* (Tahar ben Jelloun). → CE

QUESTEUR prononc. [kɥɛstœʀ] ou [kɥɛstœʀ], mais non *[kwɛstœʀ]. Même remarque pour **questure.**

QUESTION constr. L'ellipse de la préposition *de* après ce substantif est fréquente dans la langue cursive : *La*

question traitements a été étudiée par la commission. Bien qu'elle soit condamnée assez généralement, elle tend à s'implanter dans notre langue (→ CÔTÉ, POINT (DE VUE), etc.). À noter que cette ellipse n'est plus possible quand le complément du substantif est un infinitif : *Question de changer les idées on ne pouvait pas faire mieux* (Giono). *Pas question de trahir le séminariste, déjà trahi d'ailleurs par Cropette* (Bazin).

QUEUE emploi et sens Au sens métaphorique de «file de clients», **faire la queue** ou **faire queue.** → TÊTE À QUEUE

□ **à la queue leu leu.** Cet archaïsme équivaut à *en file indienne* et n'est plus décomposé ni même compris littéralement (il vient d'une déformation de *à la queue du loup*) : *À la queue leu leu, des ombres commencèrent à traverser* (Ikor).

QUEUE- forme Dans les composés, seul prend un *s* le premier élément : *des queues-d'aronde, -de-chat, -de-cheval, -de-pie,* etc.

QUEUX genre Masculin au sens de «cuisinier», uniquement dans le composé **maître queux** (sans trait d'union). Féminin au sens de «pierre à aiguiser» (il s'agit d'un mot différent). On prendra garde à l'homonymie de **queue.**

QUI (pronom interrogatif sujet) emploi Ce pronom est le plus souvent au masculin singulier : *Qui est satisfait de son sort?* Mais il est parfois féminin et même pluriel : *Qui est idiote? Ma sœur, ma mère, ma nièce?* (Giraudoux, cité par Grevisse). *Qui sont les protégés de tante Adèle?* (Estaunié). Mais on ne pourrait pas dire : **Qui sont venus?*

□ **qui croyez-vous qui soit là?** Ce tour, qui n'est pas incorrect, est littéraire et classicisant : *Qui voulez-vous qui m'attende?* (Mauriac). *Qui voulez-vous qui le lui ait soufflé?* (Sartre). Mais la présence de deux formes commençant par *qu-* dans une phrase courte répugne souvent à nos habitudes. → QUE (pronom relatif). La même remarque vaut pour le tour familier et expressif qu'on rencontre dans l'exemple suivant : *Qui a tué qui, cette nuit? Quand aurai-je à m'occuper d'un beau crime bien insupportable?* (Sagan). *Qui veut mettre au*

courant qui? s'écria-t-elle indignée (Schwarz-Bart).

□ **qui m'empêche de le faire?** L'interrogatif neutre est rare, et risque aujourd'hui de paraître ambigu : *Qu'avez-vous, mademoiselle? Qui vous peine? Vous pleurez?* (Carco). On réservera plutôt *qui* pour désigner un animé humain et on emploiera *quelle chose* ou *qu'est-ce qui* pour un non-animé.

□ **qui est-ce (que c'est) qui ?** Le renforcement de l'interrogation peut se faire à deux degrés. La langue soutenue évite généralement d'alourdir ainsi la phrase, quand le sens est parfaitement clair : *Qui est-ce qui s'occupe de votre santé?* (Proust). *Je sais qui est-ce qui est allé la mettre où elle est* (Giono).

QUI (pronom relatif) constr. Avant le pronom relatif, on rencontre généralement un antécédent : animé ou non si **qui** est sujet du verbe de la relative, mais seulement animé si **qui** est complément précédé d'une préposition : *Il était incroyable que ce fût elle qui prétendît lui apprendre à vivre* (Mauriac). *Il rabattit la couverture sale qui le recouvrait* (Rey). *Une belle personne de qui je pusse contempler la descente de reins* (Montherlant). *L'inimitié tenace de deux épiciers chez qui l'on avait négligé de se fournir* (Vidalie). L'emploi du groupe **préposition + qui** avec un antécédent non animé n'est pas incorrect, mais constitue une survivance classique assez affectée : *Des murs solides et sur qui les balles les plus violentes ne marquent pas* (Cocteau, cité par Grevisse). Il est du reste certains cas où l'animé se trouve à mi-chemin d'un concret animé et d'un abstrait non animé : *Le nouveau gouvernement, entre les mains de qui le Congrès, pris de panique, a abandonné tous ses pouvoirs* (Vercors). Dans tous les exemples ci-dessus, on peut aussi simplifier la question en employant *lequel* et ses diverses formes, ce relatif convenant aussi bien à l'animé qu'au non-animé.

□ **ellipse de l'antécédent.** Dans certaines phrases de type proverbial ou archaïque, l'antécédent de *qui* n'est pas exprimé : *Les hommes sont volages, bien folle est qui s'y fie* (Queneau). *Et qui aime l'homme, n'aime pas Dieu* (Anouilh). *Pendra bien qui pendra le* *dernier* (Audiberti). *Comprenne qui pourra!* (Proust). La langue littéraire emploie volontiers ce tour quand l'antécédent serait *celui : Clameur, ruée, bousculade à qui passera le premier* (Ikor). *Ah! mon cher, pour qui est seul, sans dieu et sans maître, le poids des jours est terrible* (Camus).

□ **mode et personne du verbe de la relative.** Le mode est le subjonctif s'il y a une nuance de «conséquence» ou de «but» : *Je n'ai jamais rien fait qui ne soit efficace* (Anouilh). *Il ne trouvait pas le biais qui lui permit de s'en accommoder* (Romains). Quant à la personne du verbe, c'est celle de l'antécédent ; elle varie donc lorsque ce dernier est un pronom personnel : *C'était une grande surprise pour moi, qui avais écouté si longtemps le claquement de ses pas sur les pierres* (Guilloux). *N'est-ce pas ton avis, écho, toi qui m'as toujours donné les meilleurs conseils?* (Giraudoux). *Ce n'est pas vous qui êtes entré tout brûlant dans mon lit (id.). Nous savons que nous sommes des milliers d'hommes en France qui pensons de même* (Rolland). *C'est donc moi qui ai prié le Magnifique à dîner* (Allen). On prendra garde à l'orthographe des formes verbales, surtout quand il y a homophonie entre la troisième personne et les autres : *C'est toi qui chantes* et non **qui chante*. La langue populaire comprend mal cette règle, d'où les graves solécismes du type : **C'est moi qui va*, ou même **C'est nous qu'on a fait ça* (erreurs très fréquentes). *C'est pas de la blague, y a que nous qui grattent* (Dorgelès).

□ **disjonction du relatif et de l'antécédent.** On ne se fait pas faute, dans la langue littéraire, d'éloigner plus ou moins le relatif et le substantif auquel il renvoie : *Mais quelqu'un est venu qui m'a enlevé à tous ces plaisirs d'enfant paisible* (Alain-Fournier). *Des figures familières nous entouraient alors qui ont disparu aujourd'hui* (Roblès). *Et le courage du suicide ne lui vient pas, qui aurait pourtant la douceur de l'huile tiède* (Masson). *Un standard est installé à la tête de son lit, qui le met en rapport avec ses bureaux* (Morand). *Quand il faisait tempête les mouettes étaient nombreuses qui faisaient escale dans leur fuite vers l'intérieur* (Beckett). Dans ces derniers exemples, la présence d'un autre sub-

stantif entre l'antécédent et le relatif crée une réelle ambiguïté. Il en est de même dans cette phrase de Proust, citée et critiquée par Le Bidois : *Des fauteuils offerts par elle à de jeunes fiancés ou à de vieux époux, qui, à la première tentative qu'on avait faite pour s'en servir, s'étaient effondrés.* On notera que cette disjonction du relatif et de son antécédent se présente aussi avec d'autres pronoms que *qui : Catherine m'attendait, que commençaient à miner mes voyages à Paris* (Colombier). *Des passereaux criaient, qu'il ne voyait pas* (Mauriac). *Autour d'un rond-point, des vasques penchantes s'élevaient où buvaient des colombes* (France).

□ **qui une table, qui une chaise.** Cette valeur distributive de *qui*, avec l'ellipse du verbe de la relative, est assez fréquente chez les écrivains, mais tombe en désuétude dans la langue parlée : *Les petites filles se faufilèrent allègrement dans le lit et s'installèrent en différents points de l'énorme masse affalée sous la mousseline, qui à la tête, qui aux orteils, qui aux genoux, qui au ventre* (R. Jean). *Cinq fiacres faisaient résonner de façon sinistre qui les pavés, qui l'asphalte, qui même la simple boue* (Queneau). *Les danseurs regagnaient qui les tables, qui le vestibule, qui le bar* (Aragon). Le sens est «celui-ci... celui-là ; l'un... un autre... un autre...».

□ **qui ou qu'il.** Avec certains verbes qui admettent à la fois la construction impersonnelle et la construction personnelle, on emploiera à peu près indifféremment : *Tu sais ce qu'il va arriver? On va l'expulser et toi avec* (Gallo) ou : *Tu sais ce qui va arriver? Qu'est-ce qu'il se passe* et *Qu'est-ce qui se passe* correspondent à : *Il se passe quelque chose* et *Quelque chose se passe.*

□ **qui mieux est, qui pis est, qui plus est.** Dans ces tours figés, le relatif est neutre et équivaut à *ce qui.* Il est exceptionnel de rencontrer cette valeur dans d'autres contextes. En voici un exemple, qui n'est pas à imiter : *Il n'y a pas besoin de sauver l'humanité, qui paraîtra un jour un idéal aussi désuet que les autres* (Montherlant). L'antécédent de *qui* n'est évidemment pas *l'humanité*, mais un *ce* neutre non exprimé. → DONT, PIRE (pis)

☐ **un des... qui, un de ceux qui** → UN (indéfini)

☐ **qui... que** (avec le subjonctif). *Oh ! qui que vous soyez, bénissez-la. C'est elle* (Hugo). Ce tour concessif est plus rare quand le pronom *que* fait fonction d'objet direct : *Qui qu'elle fréquentât, désormais elle resterait pour tout le monde marquise de Saint-Loup* (Proust).

☐ **qui que ce soit.** Relatif indéfini à forme presque figée, étant pour un animé humain ce que *quoi que ce soit* est pour un non-animé. → QUOI : *Je n'ai de comptes à rendre à qui que ce soit* (Martin du Gard). *Il n'avait jamais envisagé d'éventrer qui que ce fût* (Vidalie). L'exemple suivant, bien que correct, sonne assez mal : *Pour moi, il est urgent de faire une rien du tout de cette fille... Qui qu'elle soit* (Anouilh). On évitera les rencontres de sons telles que [kikɛl] ou [kikil].

☐ **tout vient à point, qui sait attendre.** Il est inutile d'ajouter la préposition *à* devant le relatif. Dans ce tour très ancien, *qui* y équivaut non pas à «celui qui», mais à «si quelqu'un». Ce tour appartient à la langue littéraire : *Qui s'obstine à ne chercher, ici-bas, que le bonheur, celui-là s'expose à rencontrer d'abord l'ennui, et, plus tard, le remords* (Audiberti).

☐ **comme qui dirait.** Dans ce tour figé, on retrouve l'emploi de *qui* au sens hypothétique de «si l'on disait» : *Tu sais dans quelles conditions je suis venu ici : comme qui dirait à titre amical* (Romains).

☐ **des qui ne s'embêtent pas.** Cette façon de s'exprimer est du registre populaire. Si le singulier est parfaitement admis, c'est parce qu'il est pronom, alors que *des* ne l'est jamais. *En voici un qui ne s'ennuie pas* est correct, à la différence de : *Rien que des affreux coureurs. Des qui dansent, qui s'habillent bien, qui soient bien rasés* (Vian). → UN (indéfini)

QUIA (À) prononc. [akɥija]. ♦ **emploi et sens** Cette locution d'origine latine ne se rencontre guère qu'avec les verbes *mettre* ou *être*, et son emploi est assez pédant. On pourra lui préférer son équivalent sémantique : *réduire à sa merci, être à la merci de*.

QUICONQUE emploi et sens Ce pronom indéfini a en principe exactement le même sens et la même syntaxe que *qui que ce soit qui* : *J'assenais ce maître mot à quiconque me contredisait* (Camus). *Mais quiconque un seul instant peut subsister/dans une telle absence de soi-même/est éternel* (Emmanuel). Emploi fréquent dans les textes de loi. **Quiconque** occupe dans ces phrases une double fonction : il est sujet ou complément du verbe de la proposition principale, et sujet de celui de la subordonnée. Il ne faut pas le reprendre par un pronom personnel. On dira : *Je récompenserai quiconque aura bien travaillé*, plutôt que : *Quiconque aura bien travaillé, je le récompenserai*. ♦ Cependant, à tous les niveaux de langue, on constate que **quiconque** est maintenant traité le plus souvent comme un pronom indéfini non relatif, de la même façon que *personne, n'importe qui* : *Au vrai, elles ne riaient pas plus de Raymond que de quiconque* (Mauriac). *Il ne pouvait tolérer qu'elle montrât devant quiconque le plus petit indice de dépit amoureux* (Vilmorin). *Elle cessait d'être belle, laide, jeune, vieille, comparable à quiconque, même à elle-même* (Duras). D'après Grevisse, «cet emploi est incontestablement reçu aujourd'hui par le meilleur usage». Mais Le Bidois est plus rebelle à l'invasion de ce qu'il appelle «l'ersatz de nos bons et loyaux indéfinis *personne* ou *qui que ce soit*». L'usage a aujourd'hui tranché en faveur de cet «ersatz» si commode : on se contentera de l'éviter quand la phrase contient d'autres [k] à proximité.

QUIET prononc. [kɥijɛ] (ainsi que *quiétisme, quiétude, quiètement*, mais *quiétude* est en train de passer de [kɥijetyd] à [kjetyd] sous l'influence de *inquiet* et *inquiétude*). ♦ **emploi** Cet adjectif est peu employé et archaïque, tandis que son contraire est bien vivant. Fém. : **quiète**.

QUIN- prononc. Les mots commençant par ce groupe se prononcent généralement [kɛ̃] sauf dans le cas où le sens de «cinq» est encore nettement perçu. On dit alors [kwɛ̃] : ainsi dans *quinquagénaire, quinquagésime, quinquangulaire, quinquennal* (et dérivés), *quinquérème, quintette, quintuple* (et dérivés). Cependant la ten-

dance à la simplification se fait fortement sentir chez les parleurs : elle est
du reste enregistrée par les dictionnaires, qui sont souvent en désaccord
sur ce point.

QUINCAILLIER orth. Ne pas omettre le
i après les deux *l*.

QUINCONCE forme On dit au singulier
en quinconce : *De jeunes arbres plantés en quinconce,* car il s'agit d'un
«schéma géométrique, d'une structure abstraite».

QUINTESSENCE emploi et sens Ce
terme de philosophie se rencontre
pour désigner «l'essentiel et le plus pur
de quelque chose».

QUINTEUX emploi et sens Adjectif vieilli
avec un nom de personne, au sens de
«fantasque, ombrageux» (peu de rapport avec *quinte de toux*). Mais on le
trouve qualifiant un cheval «rétif», ou
dans un emploi médical, avec un non-
animé : *Le malade déglutit une salive
imaginaire et dit encore, la voix quinteuse* (Duhamel).

QUIPROQUO. orth. Plur. : **des quiproquos.** ♦ sens Ce substantif résulte de la
locution latine «*quid pro quod*», «quelque chose pour quelque chose
(d'autre)». Il désigne le fait de «se tromper au sujet d'une personne ou d'un
objet» : *Les quiproquos abondent dans
la comédie, chez Molière, chez Marivaux, chez Beaumarchais.* Ne pas
confondre avec **malendendu,** qui, bien
que son sens soit assez proche, désigne
étymologiquement une «erreur d'interprétation d'une parole entendue» :
Simple malentendu, madame la duchesse (Prévert). *Mais ils affirmaient et
moi je raisonnais, c'était toujours le
même malentendu* (Martin du Gard). →
IMBROGLIO

QUITTE constr. L'adjectif **quitte** admet
les prépositions *de* et *pour*. Le sens d'origine est «libéré de» : *Ils en seraient
quittes pour avancer le mariage et ne
monter leur ménage que peu à peu*
(Vailland). La construction absolue, ou
la simple indication du destinataire, se
rencontre quand il n'y a pas de doute
sur «la dette ou l'obligation dont on est
libéré» : *Il vous avait appris beaucoup*

de choses. – *Je l'avais distrait pendant
cinq ans, nous étions quittes* (Vailland).
La locution *quitte à quitte,* toujours au
singulier, ne s'emploie plus du tout.

☐ **Quitte à. sens** «au risque de». Cette
construction entraîne en général l'invariabilité de **quitte,** et l'ensemble **quitte
à** tend à fonctionner comme une locution prépositive plutôt que comme
un adjectif suivi d'un complément :
*D'autres brûlent d'un térébrant désir de
marquer leur indépendance, de ne pas
faire comme leurs voisins, quitte à se
trouver, par la suite, des raisons déterminantes* (Duhamel). *Tes enfants auraient tout aussi bien pu faire leur vie
ici, quitte à choisir eux-mêmes, plus
tard* (Labro). L'accord de *quitte* reste
toutefois assez libre ; on tiendra compte
du contexte, et notamment de la proximité ou de l'éloignement de ce mot par
rapport à celui qu'il complète.

☐ **jouer quitte ou double.** Ce tour est
plus économique et plus fréquent aujourd'hui que *jouer à quitte ou double.*

QUITTER sens Ce verbe signifie «laisser» et admet comme complément
d'objet direct aussi bien la désignation
d'une ville, d'un vêtement, que celle
d'une personne : *Je vais d'ailleurs vous
quitter, vous voici à ma porte* (Camus). *Il
est dur de quitter les lieux de son enfance.*

☐ **quitter la place à quelqu'un.** Ne se
dit plus, et paraît tout à fait archaïque.

QUI-VIVE forme Cette locution, quand
elle est substantivée, est du masculin,
s'écrit avec un trait d'union et demeure
invariable : *J'étais sur le qui-vive, mi-
angoissé mi-impatient des mirages merveilleux de la forêt* (Llaona).

QUOI (pronom interrogatif) forme On
hésite souvent entre **pour quoi** et **pourquoi** (→ ce mot). La forme soudée pose
une question qui porte sur le verbe de
la proposition : *Pourquoi savoir?*
(Carco). *Pourquoi ne l'a-t-il pas dit plus
tôt?* (Boylesve). La forme dédoublée intègre le complément de but : non pas
«pour quelle raison», mais «dans quel
dessein». Quand le verbe *faire* n'est pas
suivi d'un complément, on écrit toujours *pour quoi* en deux mots. *Renseigne-toi.* – *Pour quoi faire?* (Carco).
Dans ce cas, on peut du reste mettre

chaque élément de part et d'autre du verbe : *Pour faire quoi ?* (au moins dans le registre familier). ◆ **emploi** La langue soutenue emploie ce mot dans l'interrogation directe ou indirecte, surtout en fonction de complément d'objet indirect ou de complément circonstanciel : *À quoi s'est consumée sa vie ?* (Rolland). *Sur quoi porte spécialement ton embarras ?* (Romains). *Vers quoi s'achemine la musique ?* (Gide). ◆ Cependant **quoi** peut être sujet dans les tours elliptiques : *Quoi de neuf ? – Rien* (Benoit). *Quoi, dans sa vie, lui donnait le droit de parler ainsi ?* (Daniel-Rops). *Quoi de plus souverain qu'un enfant seul dans la forêt ?* (Bouhéret). Ce tour n'est pas rare quand *quoi* est suivi de *donc* : *Quoi donc me retient auprès d'elle ? Quoi donc me fait supporter, désirer parfois sa présence silencieuse ?* (Colette). *Quoi donc t'a poussée ?* (Châteaubriant). On rencontre aussi *quoi* sujet dans l'interrogation indirecte : *Il n'y a probablement pas lieu de se demander quoi est la cause, quoi est l'effet* (Romains). La langue cursive fait un usage beaucoup plus étendu de cet interrogatif, qui paraît, par son accent et sa sonorité, plus « plein » que le maigre *que*. On le trouve même employé sans inversion : *Mais pour lui dire quoi ?* (Sartre). *On irait, on y ferait quoi ?* (Giono). *On joue quoi ?* demanda Marcel en se rapprochant (Mallet-Joris). *Et nous demandions : «Ça veut dire quoi, un intellectuel ?»* (Labro). Comparer : *Que lui dirai-je ? Qu'y ferait-on ? Que joue-t-on ?* Bien plus, ce pronom interrogatif finit par servir de substitut à n'importe quel mot qu'on ne sait ou qu'on ne peut expliciter : *Vous voulez que je devienne vaniteuse, coquette, ou quoi ?* (Bernanos). *Qu'est-ce que c'est, ça ? dit brusquement Alain. – Ça quoi ?* (Colette). *Crois-tu que c'est un péché mortel ? – Que quoi est un péché mortel ? Dis-le, et je te répondrai* (Peyré). On rencontre aussi *quoi* absolument, pour demander à l'interlocuteur de répéter ce qu'il vient de dire : *Quoi ? qu'est-ce que tu as dit ?* Mais le bon usage préfère dans ce cas l'emploi de *comment ?* ou de *pardon ?* Enfin, *quoi* sert souvent d'exclamation : *Mais quoi, je me faisais dur et je n'ai jamais pu résister à l'offre d'un verre ni d'une femme* (Camus). *J'ai été chargé comme un sac, sur le dos de quelqu'un qui m'emportait, qui a fait quelques pas ; qui m'emportait, quoi* (Giono). *C'était une jeune fille, quoi, une jeune fille de ce temps-là, sérieuse, studieuse, enjouée* (Ragon). Quant à *de quoi* en tête de phrase ou équivalant à une phrase, il appartient exclusivement au registre populaire et exprime le «défi» : *C'est pas croyable ! – De quoi ? Bébert* (Carco).

QUOI (pronom relatif) **emploi** Ce pronom a généralement pour antécédent un substantif ou un pronom indéterminé, et ne se rapporte qu'à des objets : *N'y a-t-il rien à quoi nous puissions nous occuper ensemble ?* (Gide). *Soudain, ce fut précisément le contraire de ce à quoi on s'était attendu* (Giono). *Il y a là quelque chose d'extrême à quoi je répugne* (Aragon). Ce relatif peut même représenter l'idée contenue dans la principale : *Nous ne concevons pas leur formation, et c'est par quoi ils nous intriguent* (Valéry). *Mais que l'on commence par cela, voilà contre quoi je me suis dressé* (Vian). Dans ce cas, la proposition «relative» est souvent séparée de la principale par une ponctuation forte : elle se comporte alors à peu près comme une proposition indépendante, si ce n'est que **quoi** rattache plus étroitement son sens à ce qui précède que le démonstratif *cela* : *Où Respellière l'avait-il trouvée, et qu'était-elle alors ? C'est sur quoi elle restait fort discrète* (Aragon). *Qu'une seule fois, l'une d'entre elles attire votre attention. Après quoi il me semble que vous lirez les autres* (Duras). ◆ En fait, de très nombreux écrivains continuent comme par le passé à employer *quoi* avec un antécédent non animé plus précis et déterminé : *Quant au blason, à quoi travaille un peu en retrait le troisième peintre* (Romains). *Le feu demeurait le plus fort, se fortifiait des flammes par quoi on avait prétendu le combattre* (Mauriac). *Le goût de la vérité à tout prix est une passion qui n'épargne rien et à quoi rien ne résiste* (Camus). Ces tours relèvent tous de la langue littéraire.

□ **de quoi faire.** La relative avec un verbe à l'infinitif est répandue à tous les niveaux et parfaitement admise : *Tu lui donneras de quoi payer son métro et* dix sous pour sa commission (Aymé). *Et comme ils n'ont pas de quoi continuer les travaux, j'ai le temps de voir venir* (Carco). Avoir de quoi (« de l'argent ») est populaire ou rural.

□ **quoi que.** → mot suivant

QUOIQUE orth. L'élision du -e- final est restreinte par certains grammairiens, comme pour *lorsque* et *puisque* (→ ces mots). En fait, rien n'empêche de la faire chaque fois que cette conjonction est devant une voyelle : *Quoiqu'Oscar soit fâché...* ♦ constr. Le verbe qui suit est en principe au subjonctif : *Il ne pleut pas, quoique le ciel soit très nuageux.* On rencontre parfois le conditionnel : *Mais tu ne vois pas dans la nature le citronnier produire des pommes, quoique, peut-être, cette année-là elles lui coûteraient moins cher à former que des citrons* (Valéry), et même l'indicatif, surtout lorsqu'une expression de renchérissement s'intercale entre la conjonction et ce qui la suit : *Nous le savions bien, quoique cette amitié, avouez-le, était bougrement exigeante* (Giono). *Quoique évidemment, ajouta-t-elle, je ne peux pas dire qu'il me laisse indifférente* (Sagan). Les deux modes sont réunis dans la phrase suivante : *Pourtant je ne peux pas quitter Edmée, quoique que je ne sois rien pour elle et que je ne la trouverai jamais* (Dhôtel). Les puristes ne cessent de condamner ces constructions, de même que pour *bien que, encore que,* etc. Mais l'usage penche nettement en faveur de cette possibilité d'user d'autres formes verbales que celles du subjonctif. La conjonction équivaut alors à « et cependant » et se comporte à peu près comme un adverbe marquant l'opposition. → ci-dessous le tour populaire *quoique ça,* et BIEN (QUE)

□ **ellipse du verbe.** Elle est fréquente quand le verbe serait *être* : *Ma mère s'énervait qu'il fût si exact quoique si occupé, si aimable quoique si répandu, sans songer que les « quoique » sont toujours des « parce que » méconnus* (Proust, cité par Robert). On rencontre aussi *quoique* suivi d'un participe actif : *Quoique n'augurant pas grand succès* (Gautier). *Quoique ne se présentant pas*

aux élections, il a une grande influence politique. → BIEN (QUE)

□ **quoique** ou **quoi que.** On distinguera soigneusement dans l'orthographe la conjonction, possible quand un verbe transitif a un complément d'objet direct, et le relatif indéfini, dans lequel *quoi* est complément d'objet direct ou attribut du sujet du verbe de la proposition qu'il régit : *On ne voit jamais les deux époux ensemble quelque part, ni d'accord en quoi que ce soit* (Masson). *Es-tu bien sûr que notre petite Jeanne comprenne quoi que ce soit à ce que tu lui fais dire ou faire ?* (Duhamel). *Quoi qu'il advienne, je resterai aux côtés de l'homme sans tête* (Troyat). *La vitesse d'ascension empêchait de distinguer quoi que ce fût* (Peyré). *Cela forçait l'estime quoi qu'on pût penser par ailleurs* (Guilloux). On écrit **quoi que** en deux mots si on ne peut mettre à la place *bien que.* → QUELQUE

□ **quoi qu'il en ait.** Locution discutée mais courante : *D'être né sur la glèbe, d'en avoir vécu à force jusqu'à l'âge de seize ans, il lui restait, quoi qu'il en eût, un consentement aux réalités absolues* (Aymé). → MALGRÉ

□ **quoi qu'il en soit.** Cette locution figée s'écrit toujours en séparant *quoi* et *qu'* : *Quoi qu'il en soit, et quels que fussent mes faiblesses et mes mérites passés, je me dois de constater aujourd'hui que j'ai failli à ce que je considérais comme mon rôle* (Champion).

□ **quoique ça.** Locution populaire ancienne, qui est tombée en désuétude. On dira *malgré ça.*

QUOTA genre Masculin. Ne pas confondre avec **quote-part.** ♦ sens « Pourcentage déterminé », dans la langue des affaires et de l'économie : *Le CSA reproche à Canal Plus de ne pas respecter les quotas de diffusion de films français* (Le Monde, 8 août 1992). *Le problème des quotas laitiers concerne tragiquement les agriculteurs français.* C'est un néologisme, alors que *quote-part,* qui désigne, dans toute sorte de domaines, la « part proportionnelle de chacun », est un mot ancien (qu'on ne rencontre qu'au singulier).

R

R orth. On rencontre souvent le redoublement erroné du *r* dans les mots *caresse* et *chariot*. Ce dernier substantif (et ses dérivés *chariotage* et *charioter*) est le seul de toute la série *char-* (mots désignant des véhicules) à s'écrire avec un seul *r* (→ CHARRETTE). ♦ **emploi** Le préfixe **re-** se limite parfois à **r-** devant un radical à initiale vocalique, mais on rencontre par exemple *récrire* et *réécrire* (→ RE-).

RABÂCHER constr. Ce verbe peut s'employer avec un complément d'objet direct ou absolument. ♦ **sens** « Se répéter » ou « redire souvent la même chose, par sénilité, sottise, etc. ». Le synonyme **radoter** est beaucoup plus ancien.

RABAT-JOIE emploi Adjectif et nom invariable : *des* **rabat-joie**, *des propos rabat-joie.*

RABATTRE → REBATTRE

RABAT-VENT forme Nom invariable : *des* **rabat-vent.**

RABIOT orth. On ne trouve plus guère les anciennes formes **rabiau, rabiauter** (un seul *t* comme **rabioter**), etc.

RÂBLÉ orth. Avec un accent circonflexe sur le *a*. ♦ **sens** « Robuste et court ».

RAC- Prennent un seul *c* : *racaille, racolage, racoler.* Prennent deux *c* : *raccommoder, raccord, raccourci, raccroc, raccrocher,* et leurs dérivés.

RACCOURCIR constr. Transitive ou intransitive : *Les jours raccourcissent à vue d'œil ; pour être à la mode, elle a dû raccourcir sa robe. Accourcir* n'est plus employé dans la langue courante. On dit *prendre un raccourci* ou *par un raccourci.*

RACCROC emploi et sens Surtout dans la locution **par raccroc**, « grâce à un hasard heureux » : *Ayant échoué plusieurs fois à l'examen du permis de conduire, il l'a obtenu un jour par raccroc.*

RACIAL ou **RACISTE** sens On ne confondra pas ces deux adjectifs : le premier signifie « qui concerne la race » : *la discrimination raciale.* Le second renvoie à une « théorie des races allant dans le sens de la suprématie d'une race sur les autres ». → ANTIRACISTE.

RACINÉ et **ENRACINÉ** sens Raciné signifie « qui possède des racines », **enraciné**, « qui est implanté, qui a pris racine ».

RACKET sens Cet américanisme désigne une « association de malfaiteurs organisant des extorsions de fonds systématiques, par la terreur et le chantage ». Ceux qui font partie du *racket* sont appelés **racketters** ou **racketteurs**. Cette dernière forme, francisée, est à préférer.

RACLER orth. Pas d'accent circonflexe sur le *a*. Prendre garde à l'influence de **bâcler**. Même remarque pour les déri-

vés *raclement, raclée,* etc. → RÂPER et
RÂTELER

RACOLER orth. Un seul *c* (→ RAC-).

RACONTAR orth. Pas de *d* final.
Prendre garde à l'influence du suffixe
péjoratif **-ard.**

RADICELLE sens «Petite ramification
de la racine principale d'une plante».
Ne pas confondre avec la **radicule,**
«partie inférieure de l'axe de l'embryon, qui donne la racine de la
plante».

RADICULAIRE sens «Relatif à la racine» (d'une plante, d'une dent). On
trouve aussi **racinaire** en botanique :
système racinaire, vrilles racinaires.

RADIER sens Comme verbe, n'admet
qu'un complément animé humain, au
sens de «ôter d'une liste, exclure d'une
catégorie» : *Cet avocat a été radié du
barreau.* **Rayer** qui peut avoir le même
sens, s'emploie pour les objets.

RADIN forme et emploi Le féminin **radine**
est souvent remplacé par la forme masculine : *Ce qu'elle peut être radin !*

RADIO- orth. Ce préfixe ne renvoie à
radius que dans *radio-cubital* et *radio-
carpien* (toujours avec un trait d'union).
Tous les autres termes préfixés de caractère technique (ils renvoient à
rayon) peuvent s'écrire sans trait d'u-
nion, sauf lorsque le terme de base
commence par un *i* ou par un *u* : *radio-
immunisation, radio-indicateur, radio-
isotope.* On rencontre cependant le trait
d'union devant d'autres voyelles ou
même devant consonne : *Les pulsars :
des radio-phares tournant dans l'espace
(Le Monde). Un groupe de radio-
astronomes anglais de Jodrell Bank
(id.).* L'usage des scientifiques eux-
mêmes est assez hésitant. On écrira :
radio-activité (ou *radioactivité*), *radioactif* (ou *radioactif*), *radio-astronomie*
(ou *radioastronomie*), *radiocommuni-
cation, radiocompas, radiodiffuser, radiodiffusion, radio-électricien, radio-
électricité* (ou *radioélectricité*), *radiogo-
niométrie, radioguidage, radio-journal*
(ou *radiojournal*), *radionavigation, ra-
diophare, radioreporter, radiosource, ra-
diotélévisé, radiotélévision.*

RADIO forme et sens Abréviation familière de **radiographie** ou **radioscopie.**
On notera que les médecins abrègent
en supprimant le premier élément, ce
qui évite l'ambiguïté : *passer une scopie.*
Comme abréviation de **radiodiffusion**
(devenu obsolète), ce mot est tout à fait
admis aujourd'hui (à la différence de
télé pour *télévision*). Notons enfin qu'en
apposition, au sens de «par radio», il
reste invariable : *La 3ᵉ armée demande
trois contacts radio par jour, ce qui pose
un problème de courant* (Chaix).

RADIOGRAPHIE et **RADIOSCOPIE**
sens Alors que la **radiographie** fournit
une photographie, c'est-à-dire une
image figée, la **radioscopie** consiste en
un examen qui peut porter par
exemple sur le mouvement des organes.

RADIUMTHÉRAPIE sens «Traitement
par la radioactivité, surtout celle du ra-
dium». Ce mot ne se confond pas avec
radiothérapie, «traitement par les
rayons X» (qui ne sont pas radioactifs).

RAFFINER → AFFINER

RAFFOLER orth. S'écrit comme **affoler,**
avec deux *f.*

RAFFUT orth. Pas d'accent circonflexe.
♦ emploi et sens Synonyme familier de **vacarme.**

RAFIOT orth. La forme **rafiau** est rare
aujourd'hui.

RAFISTOLER orth. Avec un seul *f* : *Ma
mère rafistolait d'humbles toilettes*
(Alain-Fournier).

RAFLE orth. Malgré la prononciation
avec un [ɑ], ce mot ne prend pas
d'accent circonflexe. Le *f* ne doit pas
être doublé : *Nos carpes, secrètement ra-
flées de nuit dans notre étang* (Bazin).

RAFRAÎCHIR orth. L'accent circonflexe
se place sur le *i* central. ♦ constr. Verbe
transitif ou pronominal : *La pluie a rafraîchi l'atmosphère. Le temps s'est bien
rafraîchi depuis hier.* On rencontre
aussi la construction absolue : *L'air a
considérablement rafraîchi,* dans laquelle le verbe composé tend à supplanter le verbe simple **fraîchir,** qui
paraît vieilli.

RAGER emploi et sens Ce verbe simple
relève de la langue familière. Son sens
n'est pas différent de celui de **enrager,**
qui appartient à la langue littéraire et
tombe en désuétude.

RAGLAN forme Cet anglicisme est soit
un substantif, soit un adjectif; dans ce
cas il reste invariable : *des manches raglan.*

RAGOÛT orth. Avec un accent circonflexe, comme **goût.**

RAGOÛTANT sens «Appétissant, qui
excite l'appétit.» On le rencontre surtout dans des constructions négatives :
*Ce personnage n'est pas très ragoûtant.
Voici une mixture bien peu ragoûtante.*

RAI orth. Le singulier ne prend de *s* que
dans une graphie archaïque : *Un rais
de soleil, filtrant entre les ramures, fit
scintiller le trésor sous leurs yeux
éblouis* (A. Besson). ♦ **sens** Ce mot masculin désigne un «rayon lumineux» ou
un «rayon de bois joignant la jante au
moyeu» ou encore, en héraldique, les
«rayons d'une étoile ou de l'escar-
boucle» : *Les rais du couchant embru-
maient d'or les lointains* (La Varende).
*Un rai de lumière filtrait sous la porte
de Xavière* (Beauvoir). La confusion est
fréquente avec le mot **raie.**

RAIDE forme La variante **roide** ne se
rencontre plus que dans le registre littéraire ou dans quelques locutions figées, ainsi que *roidement* pour l'adverbe et *roideur* pour le substantif : *Elle
marchait d'un petit pas sec, étriqué, se
tenant très roide* (Mallet-Joris). *Elle su-
çait sa joue à l'intérieur de sa bouche et
esquissait roidement la courte révérence
des fillettes* (Colette). ♦ **constr.** Employé
adverbialement dans la locution **raide**
ou **roide mort,** cet adjectif est variable :
Il les a étendus raides morts.

RAIL genre Masculin ♦ **emploi** Parfois au
sens de «chemin de fer» : *la concurrence du rail et de la route.*

RAINETTE orth. Avec un *a* après le *r*
initial, et non un *e.* Prendre garde à
l'influence de **reine.** → REINETTE ♦ **sens**
« Petite grenouille », diminutif du vieux
mot **raine** : *Lorsqu'on met les petits de*

*la raine dans le lit de la litorne, celle-ci
les adopte* (Buffon).

RAISINÉ orth. Ne pas écrire ***résiné,** ce
substantif ne venant pas de *résine,*
mais de *raisin.* Mais *un vin résiné* dé-
signera un vin contenant de la résine.

RAISON constr. On dit correctement
avoir des raisons de ou **des raisons
pour,** la deuxième construction insistant davantage sur la justification :
*Quelles raisons avez-vous d'agir ainsi?
J'ai mes raisons pour cela.* Même remarque pour **motif,** mais on emploie
plutôt *pour* après **prétexte.**

□ **à raison de** ou **en raison de.** D'après
Littré lui-même, chacune de ces locutions peut avoir deux sens : «en proportion de» ou «à cause de». On constate toutefois que la première, avec la
préposition *à,* s'emploie surtout dans la
langue du commerce et des affaires,
avec l'idée de «rapport proportion-
nel» : *Vous serez payé pour ce travail à
raison de vingt-cinq francs de l'heure. À
raison d'un mètre carré à l'heure, nous
mettrons des années à fouiller ce terrain.*
La seconde locution, **en raison de,** a le
plus souvent un sens causal : *En raison
du froid, nous restions dans les classes*
(Lacretelle). *La voie sur berge sera interdite à la circulation en raison de la
montée des eaux.* Mais certains auteurs
préfèrent dans ce sens employer **à raison :** *Cette revue jouissait d'un mystérieux crédit. Il s'exprimait avec retenue,
presque en confidence, à raison du sujet* (Barbusse). *Ponthieu avait été, sans
nul doute à raison de ce crédit, élu
membre de l'Institut* (Duhamel). Ces
exemples relèvent de la fantaisie littéraire plus que de l'usage courant.

□ **comme de raison.** Ce tour est parfaitement admis par le bon usage, mais il
tombe en désuétude.

□ **raison de plus.** Locution très répandue dans la langue courante et qu'il n'y
a aucun motif de refuser : *Raison de
plus, lui dis-je. Nous l'emmènerons*
(Carco).

□ **pour la raison** ou **par la raison.** Les
deux constructions sont correctes, mais
la préposition *pour* a supplanté *par :
Que ce soit pour une raison, ou pour une
autre, ou pour point de raison du tout, à
cette même minute où je vous parle un*

intrus est sous votre toit (Courteline). *Je ne sus qu'ensuite qu'il m'épargnait sa voix, pour la raison que sa bouche était un canon* (Chabrol). *Nos libres penseurs qui, le plus souvent, ne pensent pas librement pour la raison qu'ils ne pensent pas du tout* (France). **Par la raison** ne se dit plus guère : *Elle ne s'en était pas mêlée, par la raison qu'elle n'avait pas cru un seul instant que...*

RAJEUNIR conjug. En général, avec l'auxiliaire *avoir* : *Il a rajeuni de cinq ans depuis qu'il s'est mis au sport.* Mais l'auxiliaire *être* est possible si on veut souligner l'état qui résulte du « rajeunissement » : *C'est un autre homme, il est tout rajeuni depuis son opération.*

RAJUSTER ou **RÉAJUSTER** → RE-

RÂLE orth. Avec un accent circonflexe, ainsi que dans **râler, râleur.**

RALLONGER → ALLONGER

-RAMA emploi et sens Ce suffixe résulte de la forme **-orama**, issue du grec, et qu'on rencontre régulièrement dans *panorama, diorama,* etc. La langue de la publicité use et abuse de cette forme erronée pour baptiser « toute exposition d'objets destinés à la vente » ou même des « organismes de vente » : *Première exposition organisée cette année par Logirama* (*Le Monde*). « *Loisirama* », *le plus vaste répertoire des loisirs que vous ayez jamais vu* (*id.*).

RAMASSAGE forme On rencontre dans la langue littéraire la forme **ramassement,** qu'il ne faut pas prendre pour un barbarisme. ♦ emploi et sens Le nom composé *ramassage scolaire* n'est pas très heureux, puisqu'on ne dit guère *ramasser quelqu'un* que dans la langue familière, mais il est officiellement employé et adopté par l'usage.

RAMASSE- forme Les composés sont invariables : *un* (ou *des*) *ramasse-pâte, un* (ou *des*) *ramasse-miettes,* etc.

RAMENER ou **RAPPORTER** emploi Le même problème d'emploi se pose pour la plupart des composés de **mener** et de **porter** (→ MENER) : *Benjamin Gordes et le jeune La Rochelle, ayant ramené des prisonniers allemands, reviennent*

vers leurs lignes (Japrisot). On constate que **ramener** tend à l'emporter sur l'autre verbe, et maint bon écrivain l'emploie même avec un complément non animé : *J'ai ramené les poupées de chez les Indiens Hopis* (Breton). *Je ramenai la majeure partie du trésor dans la chambre de Frédie* (Bazin). *Une flamme vacillante se reflétait dans la bibliothèque ramenée d'Argelouse* (Mauriac). *Ils tirent leurs épreuves en une heure ; quand vous me les ramènerez, tout sera prêt* (Butor). *Sur le toit de la voiture ils ramenaient un cercueil en bois clair de fabrication indigène* (Duras). Il faut noter que *ramener* est correct quand il signifie « tirer en arrière (un objet) » : *Elle ramène son châle sur ses lourdes épaules rondes* (Masson). *Ses très beaux cheveux roux presque noirs ramenés en arrière comme ceux de sa sœur* (Butor).

RAMONAGE orth. Les mots de cette série prennent un seul *n*.

RAMPEAU orth. Ne pas écrire *rampot. ♦ sens « Coup supplémentaire qui doit départager deux joueurs » ou encore, « coup nul », dans la locution : *ils ont fait rampeau.*

RAMPON(N)EAU orth. Avec un ou deux *n*. ♦ emploi et sens Mot vieilli signifiant « bourrade, coup » : *L'auteur de ces lignes doit le confesser : il a horreur des ramponneaux* (Nourissier).

RANCART orth. Ce substantif signifie « rebut » et se rencontre surtout dans la locution **mettre au rancart :** *Je suis bonne à mettre au rancart. Je ne vaux plus la soupe pour me nourrir* (Arnoux). Ne pas le confondre avec **rancard** ou **rencard,** avec un *d* final, qui appartient à la langue populaire, au sens de « renseignement confidentiel » : *File-moi un rancard !* ou de « rendez-vous secret » : *Je lui avais donné un rencard au café.* Même remarque pour **rencarder** ou **rancarder,** « donner un renseignement » ou « fixer un rendez-vous ».

RANCH prononc. [ʁɑ̃(n)tʃ] ou plus souvent, à la française, [ʁɑ̃ʃ]. ♦ forme La forme originelle espagnole *rancho* est rare. Plur. : **des ranchs** ou **des ranches.** *On parla durant 25 ans dans les* *ranchs de l'intérieur d'un chariot traîné par 60 couples de bœufs blancs* (Cendrars).

RANCUNIER ou **RANCUNEUX emploi et sens** **Rancuneux** est vieilli et littéraire : *Il vit le mauvais petit visage d'Ivitch tout tassé, avec des yeux rancuneux et vagues* (Sartre). C'est **rancunier** que l'on rencontre le plus souvent, à tous les niveaux de langue : *Ne soyez pas si rancunier !*

RANG emploi et sens La plupart des dictionnaires omettent de mentionner la locution **de rang**, cependant très répandue dans la langue populaire, au sens de «à la suite» : *Une intraitable pluie tiède qui tomba plusieurs jours de rang* (Masson). On dira mieux *de suite* ou *à la file* ou *d'affilée*.

RANIMER ou **RÉANIMER** → RE-

RAP emploi et sens «Sorte de danse très rythmée et syncopée», dont la vogue n'a fait que croître depuis dix ans : *Le voilà, le nouveau phénomène de mode : le rap. Né dans les ghettos noirs new-yorkais, il est aujourd'hui récupéré et commercialisé par l'industrie du disque* (A. Wais, *Le Monde*, 28 novembre 1982). Il a donné le dérivé **rappeur**, déjà assez répandu : *Europe 1 organise une tournée en France et en Angleterre avec quelques-uns de ces* rappeurs *sans reproche (ibidem).*

RÂPER orth. Prend un accent circonflexe ainsi que **râpe** et les mots de même famille (auxquels il faut se garder d'inclure *rapetasser, rapiécer, rapiat, rapin*, etc.). À rapprocher pour l'accent des formes voisines *racler, ratisser* et *râteler*.

RAPETASSER emploi et sens Ce verbe familier et expressif est assez répandu dans la langue littéraire : *Ulysse rapetasse en vain sur la grève les sandales de l'aventure* (Masson). Le sens est à peu près celui de **rapiécer**, mais l'emploi est plus étendu, notamment au figuré.

RAPIAT emploi et sens Mot proche de **radin** (→ ce mot) mais avec en plus une idée de «cupidité» : *Elles sont terrible-*

ment rapiat (mieux que *rapiates*). Cet adjectif tombe en désuétude.

RAPIÉÇAGE forme On emploie aussi bien **rapièçement**.

RAPIÈRE orth. Pas d'accent circonflexe sur le *a* : prendre garde à l'influence (purement graphique) de **râpe**.

RAPPELER constr. Le tour **se rappeler de quelque chose* est considéré comme incorrect par la plupart des grammairiens (→ (SE) SOUVENIR). Cependant, la construction avec *de* n'est pas incorrecte, d'après Littré, quand le complément de **se rappeler** est un infinitif. De nombreux écrivains se laissent entraîner à suivre l'usage courant, et des linguistes tels que Vendryès estiment que ce tour *est dans la tendance naturelle de la langue.* Voici une série de phrases «correctes» : *Il se rappelait le dîner silencieux et rapide* (Clavel). *Alors, je me rappelai le nom de mon camarade* (Hériat). *Et ce matin, Alcmène, où je revins à l'aube de la guerre pour t'étreindre dans l'ombre, te le rappelles-tu ?* (Giraudoux). *Il se rappela seulement avoir ressenti d'abord un grand choc sur les épaules* (A. Besson). Quant aux tours «incorrects» : **Je me rappelle de cette histoire, *il s'en rappelle,* etc., ils sont si nombreux dans la presse et dans la conversation courante qu'il paraît inutile d'en donner des exemples. ♦ Il faut prendre garde à certains tours dans lesquels les pronoms *en* ou *dont* se rapportent non pas au verbe *se rappeler*, mais à un substantif complément du verbe : |La lettre était de Paule.| *Et, tout en parlant, il essayait de s'en rappeler les termes exacts* (Sagan). *Une amie rieuse, à figure plate, dont elle ne se rappelait pas le nom* (Mallet-Joris). Ces deux derniers exemples sont corrects. Mais il y a une certaine ambiguïté dans la phrase suivante : *Aussitôt que je veux retrouver le lointain souvenir de cette première soirée d'attente dans notre cour de Sainte-Agathe, déjà ce sont d'autres attentes que je me rappelle* (Alain-Fournier). Il faut comprendre : *Ce sont certaines autres attentes que je me rappelle.* ♦ Notons enfin que *se rappeler* se construit correctement avec *de* suivi d'un infinitif présent marquant une «intention», un acte «à faire» :

Rappelle-toi de me téléphoner dès que tu seras arrivé.

RAPPORT constr. Le tour **avoir (un) rapport à** est vieilli et paraît aujourd'hui très littéraire : *Deux lettres du mari, où je ne trouvai pas un mot qui eût rapport à moi* (Laclos, cité par Robert). On dit à l'heure actuelle *avoir (un) rapport avec, être en rapport avec,* mais *par rapport à : je n'ai plus aucun rapport avec lui depuis l'affront qu'il m'a fait. Il faut vous mettre en rapport* (ou *en relation*) *avec eux sans tarder. Cet événement est apparemment sans rapport avec sa venue.* Les locutions formées avec la préposition *sous,* bien que critiquées jadis par Littré d'un point de vue logique, sont aujourd'hui pleinement admises : *Sous le rapport de l'authenticité* (Valéry). *Vous avez été blessé? – Oui. Mais rien de grave. Sous ce rapport-là, j'ai toujours eu de la chance* (Romains). *«J'aime les spéculatifs, moi...» Le professeur Chadnown, sous ce rapport, le combla* (Bazin). *On demande jeune homme bien sous tous (les) rapports* (offre d'emploi).

□ **rapport à.** Cette locution elliptique appartient à la langue populaire et signifie sensiblement «à cause de» : *J'avais à travailler du côté de Montmartre, rapport à la fête* (Aymé). *On n'aura plus de pistaches grillées, rapport à la guerre* (Colette). *Tu vas pas discuter, rapport au temps?* (Carco). On trouve même *rapport que, rapport à ce que* (au sens causal, «à cause que»).

RAPSODIE → RHAPSODIE

RAPT emploi et sens Ce mot est à préférer pour sa simplicité à *kidnapping* (→ ce mot). Mais **enlèvement** est le terme français le plus clair et le mieux motivé pour désigner l'«action d'enlever une personne illégalement».

RAREMENT constr. Une faute fréquente consiste à employer avec cet adverbe la négation *ne : Rarement l'esprit le plus traditionnel et le plus facile du Boulevard n'a passé ainsi à l'écran avec cette élégance* (Mauriac). *Rarement la poésie ne s'est mieux accordée avec le physique de son poète, que celle de Cadou avec lui-même* (Ragon). *Rarement, il est vrai, la vue d'un écritoire quel-*conque ne m'a réjoui le cœur* (Perret). Cette «contamination» se présente souvent quand la phrase contient une liaison par |n| : *Rarement on n'avait vu une telle affluence.* Sans doute y a-t-il ici influence du tour, équivalent quant au sens, *ne... pas souvent.* On suivra l'exemple qui est donné dans cette phrase : *Les médecins admirent : rarement on a vu opération si bien faite!* (Simenon).

□ **rarement et l'inversion.** L'inversion du sujet est assez fréquente après **rarement** placé en tête de la phrase : *Rarement, au cours de ma vie, ai-je éprouvé des sentiments de découragement et de tristesse comparables* (Maurois). *Bien rarement passait sur la route poudreuse le pas traînant d'un brave paysan* (Rolland).

RAS forme Invariable dans l'emploi adverbial : *On ne voit plus la flèche du clocher, elle est coupée ras par le nuage* (Giono). L'adjectif s'accorde, lui, normalement : *Elle le cajola comme un bébé, caressant la limite rase de ses cheveux derrière l'oreille* (Vian). Quand il s'agit d'un récipient empli complètement, on emploie de façon très souple et peu codifiée le tour **(à) ras-bord(s),** avec ou sans la préposition *à,* avec ou sans trait d'union, au singulier ou au pluriel : *Des saisons de pluie, impossibles à dénombrer, l'avaient remplie* |la jarre| *à ras-bord* (Labro).

□ **à ras de** ou **au ras de.** La première locution, sans article, est moins répandue que la seconde : *Des frelons passaient à ras du sol* (Morand). *Un grand vent chargé d'ombres et de nuées courait au ras de la terre* (Duhamel, cité par Robert). Les aviateurs disent dans leur argot *voler au ras des marguerites* ou *au ras des parpaings,* avec le sens de «en rase-mottes».

RASE-MOTTES forme Invariable : **des rase-mottes.** *Voler en rase-mottes.*

RAS(-)LE(-)BOL emploi et sens Cette locution argotique est passée en 1968 dans la langue usuelle pour exprimer la saturation, le dégoût total de quelqu'un ou de quelque chose : *Vous pouvez vraiment le dire, on en a ras le bol, les gens de ce quartier sont payés pour le savoir* (R. Jean). La forme substantivée prend des traits d'union : *le ras-le-bol.* On ignore généralement qu'à l'origine *bol* a ici le sens de « postérieur », et que la locution entière est l'équivalent du plus trivial *en avoir plein le cul.*

RASSEOIR conjug. Comme *asseoir* (et non **réasseoir*). → APPENDICE

RASSIS forme et sens Ce participe du verbe **rasseoir** donne au féminin **rassise** : *Aussitôt que l'idée du Déluge se fut rassise* (Rimbaud). Mais quand ce mot est employé comme adjectif, au sens de « desséché », en parlant de certains aliments, la forme féminine est, au moins dans la langue cursive, **rassie**. Bien que le bon usage n'admette pas plus cette déformation que la création du verbe **rassir**, il semble que la plupart des gens, même cultivés, ne comprennent plus que **rassis** est à rattacher au verbe *rasseoir*, et que personne ne se risque à employer le tour correct : *une brioche rassise*. On esquive parfois la difficulté au moyen de la forme active : *cette baguette a complètement rassis*. On écrira sans aucune nuance dépréciative : *une mentalité rassise, un caractère rassis* dans le sens de « calme, sérieux ».

RASSORTIR ou **RÉASSORTIR** → RE-

RAT forme Fém. : **rate** ou **ratte**. Pas d'accent sur *ratier, ratière.*

RÂTEAU orth. Avec un accent circonflexe sur le *a*, ainsi que pour les dérivés : *râtelage, râtelée, râteler, râteleur, râtelier, râtelures.* Mais on écrit sans accent : *ratisser, ratissage, ratissoire*, qui ont la même étymologie que *racler.* → ce mot

RÂTELER et **RATISSER orth. et sens.** Outre l'absence d'accent circonflexe sur le *a* de **ratisser,** il y a entre ces termes une sensible nuance de sens. *Ratisser* suppose une intervention plus minutieuse, voire d'ordre esthétique (→ ratissage). **Râteler** se rapportera principalement à des travaux plus grossiers d'entretien, de ramassage (*râteler les foins*, etc.). Ne pas confondre **râteler** et **ratteler,** « atteler de nouveau ».

RÂTELIER orth. Accent circonflexe sur le *a.* → DENTIER

RATIOCINER prononc. Le *t* est prononcé [s] : [ʀasjɔsine]. ♦ **dérivés** Le substantif dérivé est **ratiocineur.** On n'emploie plus aujourd'hui la forme pesante **ratiocinateur.** ♦ **emploi et sens** Ces termes sont rares et désignent de façon dépréciative l'« action de se perdre dans d'interminables arguties ».

RATIONNAIRE emploi et sens Dans la langue de l'administration, « personne ayant droit à une ration ». Ne pas confondre avec **rationné.**

RATIONNEL orth. Avec deux *n*, à la différence de *rationalisation, rationalisme, rationaliste.* ♦ **sens** Rationnel est relatif à la raison en tant qu'« esprit de logique », **raisonnable** marque le rapport au bon sens et à la convenance.

RATISSAGE orth. → RÂTEAU. ♦ **sens** Dans une acception récente, « opération militaire de contrôle et de fouille méthodique, dans un secteur donné ».

RATTRAPAGE orth. Deux *t* et un seul *p.* De même pour *rattraper* : [...] *Gilbert qu'il se promettait de rattraper bientôt et de corriger de la belle manière* (Dhôtel). → ATTRAPER

RAUCITÉ emploi et sens Ce substantif dérivé de **rauque** est rare et littéraire.

RAUGMENTER emploi Forme surtout populaire. → RE-

RAVI constr. Avec la préposition *de,* quand il s'agit de l'adjectif, au sens de « très content, enchanté » : *Mon fils a été ravi de son séjour chez vous.* Quand le complément est une proposition, on peut avoir, comme liaison, *que* ou *de ce que* : *Il l'encourageait plutôt, ravi que ma précocité s'affirmât d'une façon ou d'une autre* (Radiguet). Mais quand **ravi** est le participe du verbe signifiant « enlever », dans la langue littéraire ou dans certains tours figés, le complément d'agent ou de cause est introduit par la préposition *par* : *Il a été ravi par la maladie à l'affection de sa famille.*

RAVIGOTER orth. Avec un seul *t.*

RAVOIR emploi et sens Ce verbe se rencontre surtout à l'infinitif : *Tous en-*

semble / Nous vaincrons, nous allons tout ravoir (Hugo). *Nos hommes brûleraient-ils Avranches pour r'avoir* [sic] *Des Touches?* (Barbey d'Aurevilly). *N'avais-je pas vu souvent des temps bien lointains nous faire ravoir tout ce qu'ils avaient contenu pour nous?* (Proust). *La sonnerie était très belle mais il fallait attendre une heure pour la ravoir* (Giono). Au sens de «remettre en état un objet abîmé», ce verbe appartient au registre populaire : *Mon pantalon était taché de cambouis : je ne suis pas arrivé à le ravoir.* → PLAISIR

RAYAGE, RAYEMENT ou **RAYURE** **sens** Le premier mot désigne l'action de «rayer», de même que le second, qui est peu usité aujourd'hui. Quant à **rayure**, ce substantif n'indique que le «résultat de l'action de rayer» et non cette action elle-même.

RAYER **conjug.** Comme dans tous les verbes en *-ayer*, le *y* peut se changer en *i* devant un *e* muet. L'Académie recommande le *i* : *Tous les matins il raie une ligne de son calendrier* ♦ **sens.** → RADIER

RAZ DE MARÉE **orth.** Ce mot s'écrit sans trait d'union, contrairement à *rez-de-chaussée.* ♦ **sens** Souvent au figuré, dans la langue des journalistes : *La décision ministérielle a soulevé un raz de marée de protestations.* Le substantif simple *raz* (mot breton) est moins connu. Il désigne un «chenal où les courants sont particulièrement violents».

RAZZIA **prononc.** [Radzja] ou plus simplement [Razja]. ♦ **orth.** Plur. : **des razzias.**

RE- **orth.** Ce préfixe prend toujours la forme **re** devant un radical à initiale consonantique : *Il rebouchait les flacons de parfum, revissait le capuchon du tube de dentifrice* (Troyat). Devant un *h*, on rencontre tantôt *ré*, tantôt *r*, tantôt *re* : *réhabituer, rhabiller, rehausser.* Devant une voyelle, on rencontre *ré* ou *r* de façon assez anarchique. Tantôt les deux formes sont de simples variantes orthographiques : *On a dû ranimer le blessé dans un centre de réanimation,* tantôt elles correspondent à des sens distincts : *Ils haussent l'épaule*

pour rajuster la courroie (Sarraute), mais : *Les syndicats revendiquent un réajustement des salaires.* De même, l'usage général confond **récrire** et **réécrire** : *Et elle avait réécrit son nom :* «*Simon*» (Sagan). *Une fois la pièce écrite, je m'acharnai à la récrire* (Cocteau). Étant donné la productivité intense de ce préfixe, qui sert à créer non seulement des verbes, mais aussi des substantifs, de façon très libre, nous ne donnons ici qu'une liste des principaux doublets orthographiques tolérés (ET = sens différents, OU = même sens) : *rajuster* et *réajuster, ranimer* ou *réanimer, rapprendre* ou *réapprendre, rapprovisionner* ou *réapprovisionner, rassortiment* ou *réassortiment, rassortir* ou *réassortir, rassujettir* ou *réassujettir, récrire* ou *réécrire, rhabituer* ou *rhabituer, rembarquer* ou *réembarquer, remployer* ou *réemployer, rengagement* ou *réengagement, rengager* ou *réengager.* → RESS-

RÉACTEUR **sens** Ce mot n'appartient plus aujourd'hui qu'à la langue scientifique et technique. Il était autrefois employé au sens politique de «partisan d'une politique rétrograde, réactionnaire» : *Je vois, citoyen Gamelin, que, révolutionnaire pour ce qui est de la terre, vous êtes, quant au ciel, conservateur et même réacteur* (France). Ce sens est sorti de l'usage : on dit maintenant **réactionnaire.**

RÉACTION **constr.** On dit aussi bien **en** ou **par réaction à** ou **contre** : *Il ne faut pas nous laisser duper par les mots qu'utilisa Stendhal, par réaction aux fadeurs de la Restauration* (Vailland).

RÉALISER **emploi et sens** Ce verbe est parfaitement admis au sens courant de «faire exister, donner un être concret à» : *En réalisant ses désirs, autrement dit en se réalisant soi-même, l'homme réalise l'absolu* (Montherlant). Doit-on également admettre que, par imitation de l'anglais, on lui donne le sens de «se rendre compte de ou que, se faire une idée précise de» : *On ne réalisera jamais assez que chez Sainte-Beuve la sensibilité prime tout* (Bremond). *Pour comprendre ces invraisemblables allées et venues, il faut réaliser la pagaïe qui règne* (Pineau)? Certains grammairiens n'acceptent ce sens que lorsque le complément du verbe est un substantif et non quand c'est une proposition. Cependant on rencontre souvent ce tour, utilisé avec ou sans précautions : *Les gens qui ont la pratique des sports disent que c'est après l'effort que l'on «réalise» sa fatigue* (Duhamel, cité par Robert). *S'agitant sans paraître «réaliser» qu'elle est fort dévêtue* (Prévert). *On ne peut pas réaliser que les autres gens sont des consciences qui se sentent du dedans comme on se sent soi-même* (Beauvoir). Gide a défendu avec force cet anglicisme, qui est aujourd'hui entré dans l'usage littéraire. Comme le sens matériel est admis, ainsi que le sens financier, dans des phrases telles que : *Il bazarde sa ferme et réalise tout son avoir* (Cendrars). *Air France a réalisé vingt-cinq millions de francs de bénéfice en 1969 (Le Monde)*, il est devenu bien difficile de refuser l'extension de sens «anglaise» de ce verbe. Seul l'abus qu'en font certains est à éviter, comme tout emploi systématique et mal motivé. → VALABLE

RÉANIMER emploi et sens Cette forme ainsi que celle du substantif *réanimation* a surtout un emploi médical, au sens de «remettre en fonction un organisme devenu inerte mais non détruit». La forme *ranimation* est rare, tandis que le verbe **ranimer** a des sens bien plus divers (et notamment figurés) que **réanimer**. → RE-

REBATTRE emploi et sens La locution *rebattre les oreilles à quelqu'un de quelque chose* est courante. On ne doit pas confondre avec le verbe **rabattre**, ce qui arrive parfois, peut-être sous l'influence de *rabattre le caquet : Il cherche encore au fond de lui cette joie, cette paix céleste dont on lui a rebattu les oreilles* (Mallet-Joris). Ce tour se rencontre généralement dans un contexte familier. On emploie de même la participe-adjectif **rebattu**, au sens de «ressassé, éculé» : *Le cliché est donc une façon de dire tellement rebattue qu'elle a du poil aux pattes et de l'ennui plein les yeux* (Cavanna).

REBOND ou **REBONDISSEMENT** emploi et sens La première forme a le plus souvent un sens concret : *Sur un sol* *dur, la balle a de meilleurs rebonds*. La seconde forme évoque dans la langue des journalistes les «développements plus ou moins surprenants d'une affaire» : *On s'attend dans les prochains jours à quelques rebondissements politiques, à la suite de cette déclaration*. Dans la phrase suivante, l'emploi de **rebond** relève sans doute d'une volonté de sobriété «classique» : *L'O.P.A. de Genvrain par la S.A.P.I.E.M. connaîtra encore de nouveaux rebonds (Le Figaro)*.

REBOURS emploi et sens La locution **compte à rebours** est une traduction très heureuse de l'anglais *count down*. Elle a passé très vite dans notre langue, depuis 1960, grâce aux nombreuses expériences de lancement de fusées spatiales : *Le compte à rebours continue à se dérouler normalement pour Saturne V et le véhicule Apollo au port lunaire de Cap Kennedy (Le Figaro)*.

□ **à rebours** ou **au rebours.** La seconde locution est vieillie : *Il n'y a peut-être pas une connaissance, je dis soutenue par ses vraies preuves, dont un homme ne puisse se passer. Au rebours, je dis que toute connaissance est bonne pour réveiller l'esprit, pour lui donner l'expérience du vrai et du faux* (Alain). La forme **à rebours** est plus usuelle : *Elle se le disait parfois, en caressant à rebours les cheveux doux, soyeux, coulants de Simon* (Sagan). *Il n'y avait que l'homme et moi qui marchions à rebours* (Giono). Le sens est «à l'inverse, en sens inverse de». *À rebours* est le titre d'un roman de Huysmans.

REBUFFADE orth. Deux *f.*

RECALER emploi et sens Ce verbe signifie proprement «caler de nouveau» : *cette pièce a glissé, il faut la recaler*. Il est familier au sens de «refuser à une épreuve, un examen» : *Il a été recalé pour la cinquième fois*. On dit officiellement **refuser** ou **ajourner**.

RECELER prononc. [ʀəsle]. ♦ orth. et conjug. Il est préférable de ne pas mettre d'accent aigu à l'infinitif, et de ne pas écrire **recéler*. Le verbe se conjugue comme le simple *celer*, c'est-à-dire sur le modèle *geler* et non sur *céder : On disait aussi que ses cinquante-trois*

chambres recelaient des trésors (Godbout). C'est ainsi qu'on ne rencontrera dans la conjugaison de **receler** que des accents graves : *il recèlera*, etc. → APPENDICE

RECELEUR orth. Pas d'accent sur ce mot, à la différence de **recèlement**, rare il est vrai, et concurrencé par **recel**.

RÉCÉPISSÉ forme et sens Ce mot latin, qui équivaut au mot français **reçu**, est entièrement francisé. Il prend l'accent aigu sur les trois *e*, et un *s* final au pluriel : *On y voyait des récépissés dont il parlait avec respect* (Cesbron).

RÉCEPTIONNER emploi et sens Ce verbe, normalement formé sur **réception**, est critiqué par les puristes, mais est tout à fait acceptable si, loin de doubler inutilement **recevoir**, il est cantonné dans la langue du commerce et de l'industrie, au sens de «vérifier une marchandise livrée afin de constater qu'elle répond aux clauses du contrat, ou simplement qu'elle est en bon état» : *Les commerçants reçoivent leurs clients avec amabilité et réceptionnent leurs livraisons avec minutie.*

RÉCESSION emploi et sens Ce terme est employé en astronomie au sens de «recul, éloignement» ; on se gardera de le confondre avec **précession**, courant dans *précession des équinoxes*, c'est-à-dire «mouvement rétrograde des points équinoxiaux». Le sens économique est très en vogue : c'est selon certains grammairiens un ersatz hypocrite du mot **crise** : *Le danger est que ces politiques ne soient renversées prématurément par crainte d'une récession et qu'il n'en résulte une reprise des pressions inflationnistes (Le Monde).*

RÉCHAMPIR sens «Détacher d'un fond une surface ou un ornement, en marquant les contours à l'aide de différentes couleurs» : *un pinceau à réchampir* ou *à réchampis* (participe passé substantivé). Le verbe simple *champir* n'existe pas.

RECHAPER orth. Sans accent sur le *e* et avec un seul *p*. Prendre garde à l'influence de **réchapper**. ♦ sens «Remettre un vieux pneu en état en reconstituant sa chape de caoutchouc».

RÉCHAPPER emploi et sens Ce verbe se rencontre dans la langue littéraire, ou dans la locution verbale **en réchapper** : *La balle s'était logée dans la paroi du ventricule, il pouvait en réchapper* (Robbe-Grillet). Le doublet **rescapé** n'existe que sous la forme du participe-adjectif et ne se conjugue pas, c'est la forme picarde de **réchappé** : *90 % des effectifs meurent de la fièvre jaune. Les rescapés qui atteignent la côte du Pacifique affrètent des voiliers* (Cendrars). L'infinitif est très rare : *On a eu les plus grandes peines à rescaper le sauveteur* (Duhamel).

RECHAUSSER emploi et sens Ce verbe est employé dans divers domaines techniques, avec le sens de «consolider la base». On dit aussi bien *rechausser une voiture*, «lui mettre des pneus neufs», que *rechausser un arbre*, «mettre de la terre à son pied».

RÊCHE sens Cet adjectif s'applique le plus souvent au toucher, au sens de «rude, râpeux», mais on peut dire aussi *une pomme rêche*, «âpre au goût» : *Il reconnaît le picotement rêche des poils de son grain de beauté* (Huguenin).

RÉCIPROQUE emploi et sens Cet adjectif, ainsi que l'adverbe en *-ment* qui en est issu, établit une «relation à double sens» entre deux objets ou deux personnes. On évitera donc le cumul des termes *réciproque, mutuel, de part et d'autre, entr-*, etc. L'emploi de cet adjectif permet parfois de lever une ambiguïté : *Ils s'aiment d'un amour réciproque* est plus clair que *ils s'aiment*, qui peut signifier «chacun s'aime soi-même» ou «ils s'aiment l'un l'autre». Les mêmes remarques valent pour *mutuel* et *mutuellement* (qui peuvent se dire pour deux ou plus de deux objets ou personnes). Ne pas confondre **réciproque** et **respectif** (faute fréquente) → ce mot.

RÉCITAL forme Plur. : **des récitals**.

RECLUS forme Ce participe, qui s'emploie souvent comme substantif, fait au féminin **recluse** (→ PERCLUS) : *Cette rage de vouloir être de tout en affectant de vivre en recluse* (Morand).

RÉCOLER emploi et sens Verbe didactique, «faire un récolement, c'est-à-dire une vérification accompagnée d'un pointage, sur une liste d'inventaire». On ne le confondra ni avec **recoller**, ni avec **racoler**, «attirer» ou «enrôler».

RECONNAISSANT   constr.   On construit aujourd'hui cet adjectif avec à dans la plupart des cas : *Je suis extrêmement reconnaissant à mes maîtres.* La préposition *envers*, plus employée jadis, paraît assez lourde : *Je suis reconnaissant envers vous de l'accueil que vous m'avez fait.* Mais l'influence analogique de la locution *être obligé*, qui admet toujours la préposition **à**, est grande, et il n'y a pas de raisons sérieuses pour refuser le tour **être reconnaissant à**, quand le motif de la reconnaissance n'est pas explicité. On dit, de toute manière : *je vous (te, lui, etc.) suis reconnaissant* **de** (ou **pour**).

RECORD emploi et forme Comme adjectif, ce mot demeure invariable au pluriel : *battre des records* (substantif), mais : *Les eaux du fleuve avaient débordé pour atteindre des crues record* (Labro). *La spéculation a connu des chiffres record.*

RECORDMAN forme et emploi Ce faux anglicisme, très répandu dans le langage sportif, fait au féminin **recordwoman**, et au pluriel **recordmen** (ou **recordmans**), **recordwomen** (ou **record-womans**). L'anglais dit *record holder* pour les deux genres.

RECOURS sens Ce substantif désigne un «dernier moyen efficace» et correspond à une situation d'impuissance, mais non de détresse comme **secours**, avec lequel il faut se garder de le confondre : *Cette observation lui fit croire qu'il trouverait un recours du côté des exercices physiques* (Romains). *Comme dernier argument, il était décidé à avoir recours au sort des armes* (Cendrars).

RECOUVRER et **RETROUVER** emploi et sens Le premier verbe est aujourd'hui assez littéraire, au sens de «rentrer en possession de», ou «recevoir une somme due» : *Il n'avait pas tardé à recouvrer toute sa confiance. La hardiesse*

en même temps lui était revenue (Genevoix). *L'unique personnage présent en scène n'a pas encore recouvré son existence propre* (Robbe-Grillet). *Un chien délivré s'élançait, muet, tournait autour du jardinet et ne recouvrait la voix qu'après son temps de course sans but* (Colette). *Elle finit par avoir entière confiance en moi et même par former des plans pour me faire recouvrer la liberté* (Boulle). Voici un exemple du sens financier : *Ce contrat doit permettre, à partir de 1971, de recouvrer plus rapidement et de façon plus économique, à Paris, les impôts, les amendes de simple police* (Le Monde). On remarquera que **recouvrer** n'est que la forme «populaire» du mot de formation savante **récupérer.** ♦ Il ne faut pas confondre les formes verbales de *recouvrer* avec celles du verbe **recouvrir**, «couvrir de nouveau» ou «former une couche supplémentaire qui cache la précédente» : *Mais, pour une affiche détruite, cent, mille, dix mille affiches apparaissaient, recouvraient les anciennes* (Roblès). Ainsi, le futur de *recouvrer* est *je recouvrerai*, tandis que celui de *recouvrir* est *je recouvrirai.* ♦ En outre, on est souvent tenté d'employer, au lieu de *recouvrer*, le verbe **retrouver**, de conjugaison claire et de sens proche, mais plus étendu : «trouver ce qu'on a perdu, avoir de nouveau», l'objet étant soit abstrait : «une qualité, un état psychologique, etc.» – comme dans le cas de *recouvrer* –, soit concret, «une chose quelconque, liée à son possesseur de façon plus ou moins forte» : *Les clichés pourront retrouver droit de cité dans les Lettres, du jour où ils seront enfin privés de leur ambiguïté, de leur confusion* (Paulhan, cité par Robert). *Il a retrouvé sa bonne mine de l'été dernier. Le tourneur a retrouvé la place qu'il avait auparavant.* Les dictionnaires enregistrent cette évolution, qui semble irréversible.

RECRÉER et **RÉCRÉER** forme et sens Il y a là deux verbes distincts. Le premier, sans accent sur le préfixe, signifie «créer de nouveau» : *Paule avait sans doute espéré mettre cette trêve à profit pour reprendre Roger, tout au moins le revoir, recréer leur entente* (Sagan). Le second, qui prend un accent aigu sur le premier *e*, se rencontre surtout à la voix pronominale, avec le sens de «se distraire agréablement». Il appartient à la langue littéraire, tandis que le substantif dérivé *récréation* est de la langue commune : *Autrefois, je me récréais en peignant. Et je ne connais rien de plus heureux que la vie d'un paysagiste* (Apollinaire). Il s'agit en réalité des variantes d'un mot unique, dont le sens s'est peu à peu divisé.

RÉCRIER emploi et sens Ce verbe appartient à l'origine au vocabulaire des chasseurs et s'applique aux chiens : «donner de la voix en relançant un animal qui les a mis en défaut». Dans la langue littéraire, à la forme pronominale, **se récrier**, il sert en quelque sorte de forme intensive à **s'exclamer** : *Plus je me récriais d'aise devant de tels résultats, plus elle m'appréciait* (Carco). *Elle examina les toiles du peintre, souriant, se récriant, portée à l'admiration par la beauté de l'artiste* (France).

RÉCRIRE et **RÉÉCRIRE** → RE-

RECRU orth. Pas d'accent circonflexe.
♦ **emploi et sens** Cet ancien participe du verbe *recroire* n'est plus aujourd'hui qu'un adjectif, signifiant «épuisé, accablé par la fatigue ou la souffrance». On admet généralement la locution **recru de fatigue**, bien qu'elle forme pléonasme ; cependant les écrivains soucieux de sobriété l'évitent : *Quant au professeur Antelle, il dormait déjà tant il était recru* (Boulle). L'exemple suivant est d'une propriété douteuse : *Le garçon était si recru de sommeil que même l'idée de sa mort le berçait très doucement* (Cesbron) → PERCLUS

RECTUM sens Ce substantif désigne la «portion terminale du côlon», située à l'intérieur du corps, et qu'il ne faut pas confondre avec l'**anus**, qui est un «sphincter externe» : on peut faire un examen visuel direct de l'anus, mais non du rectum.

REÇU forme Invariable quand il est placé devant l'indication d'une somme d'argent : *Reçu une avance de dix mille francs ; reçu cent francs de M. Untel.* Ce mot fonctionne dans ce cas comme une préposition. Il s'accorde quand il est postposé : *Inscrivez les mille francs reçus de M. Untel.* → PARTICIPE PASSÉ

RECUEILLIR orth. Comme *cueillir*. → ce mot

RECULER forme Ce verbe s'emploie à peu près indifféremment sans complément d'objet ou à la voix pronominale : *Elle se recula un peu et dit d'un air de passion, les dents serrées [...]* (Sartre). Parfois la construction pronominale vise à souligner la part que le sujet prend à l'action, et l'effort qu'il tente.

RECULONS (À) orth. Ne pas omettre le *s* final : *Cette odeur de légumes et de sueur l'incommodait. Elle sortit à reculons sans remercier* (Gallo).

RÉCURER → CURER

RÉCURRENCE orth. Deux *r* après le *u*.
♦ **emploi et sens** Terme de logique, d'anatomie, désigne, de façon générale, ce qui revient sur soi-même, ce qui recommence, ce qui se répète. À distinguer de **résurgence**.

RECYCLER emploi et sens Ce verbe, ainsi que le substantif dérivé **recyclage**, connaît un grand succès dans divers secteurs : «changer l'orientation scolaire d'un enfant», «donner une formation entièrement nouvelle à certains cadres techniques», ou encore, «faire repasser une matière, un fluide, dans un circuit ou un cycle déjà parcouru». Ce dernier sens est précis et acceptable : *Renault et BMW s'associent dans le recyclage des épaves* (Le Monde, 13 octobre 1992). *Le député de la Charente, recyclé dans le recyclage des huiles usées, refuse toutefois de donner de plus amples informations sur cette entreprise française* (Robert-Diard, *Le Monde*, 10 juin 1992). On évitera l'abus de ce verbe : *Il est aussi important de se «décycler» que de se «recycler». Il faut réapprendre à vivre* (Le Monde).

REDAN forme On trouve aussi **redent.**
♦ **sens** En architecture, «découpure en forme de dent». Dans une fortification, un **redan** est un «angle saillant d'au moins 60°» : *Construire par redans.*

REDEVOIR orth. et conjug. Comme *devoir, dû* → ce verbe et APPENDICE

REDIRE conjug. Entièrement comme *dire*, y compris à la deuxième personne du pluriel du présent de l'indicatif : *vous redites*, à la différence des autres composés : *vous contredisez*, etc. → DÉDIRE, MÉDIRE, etc. ♦ **sens** Quand ce verbe a le sens, non pas de « dire une nouvelle fois », mais de « blâmer, reprendre », il ne se rencontre qu'à l'infinitif, dans la locution **trouver à redire à quelque chose** : *On ne peut rien trouver à redire à sa conduite.*

REDONDANCE sens Ce terme a le plus souvent une valeur dépréciative : « surabondance de mots ou d'ornements dans le discours » : *La conférence de ce voyageur est pleine de redondances.* Mais il existe un sens descriptif et neutre de ce mot, dans le domaine de la communication. Il désigne le « retour d'une information donnée antérieurement » : *Le phénomène essentiel dans la structuration de l'énoncé sera donc le système des redondances* (J. Dubois).

REDOUTER constr. Ce verbe se construit comme *craindre*, avec de + *infinitif* ou avec *que* + *subjonctif*, accompagné facultativement de *ne* : *Étienne ne la quittait pas des yeux, comme s'il eût redouté qu'elle disparût par une trappe* (Troyat).

RÉDUPLICATION emploi et sens Terme didactique et redondant signifiant « redoublement, répétition ». Il s'applique notamment au type de répétition expressive qu'on trouve dans *il n'est pas joli joli, je le trouve un peu fou fou*, etc.

RÉFECTION orth. Prendre garde à l'influence de **réflexion**. ♦ **sens** Parfois « collation, repas dans une communauté religieuse », mais plus souvent « réparation » : *À la suite d'un hiver rigoureux, il faut procéder à la réfection de nombreuses routes.*

REFEND orth. Avec un *d* final et non un *t*. Plur. : **des refends**. On écrit : *des lignes de refend.* ♦ **sens** Un *mur de refend* est un « mur intérieur, qui fait séparation et se distingue de la simple cloison ». *Le bois de refend* est un bois « scié en long ».

RÉFÉRENDUM prononc. [ʀefeʀɛ̃dɔm].

♦ **orth.** Ce mot bien francisé prend généralement des accents aigus sur les deux premiers *e*, mais ce n'est pas impératif. ♦ **forme** Plur. : **des référendums** (jamais *referenda, bien que ce soit le pluriel latin qu'on exige par exemple pour *duplicata, errata*, etc.). ♦ **emploi** Par opposition, on trouve parfois **plébiscite**, l'usage donnant à ce terme le sens dépréciatif de « sollicitation à ratifier par voie de scrutin populaire une décision préalablement prise ».

RÉFÉRER constr. Ce verbe se rencontre surtout à la voix pronominale, au sens de « se reporter à » : *Les autres secrets risqueraient fort de t'ennuyer, car ils se réfèrent aux procédés et aux connaissances les plus spéciales de mon art* (Valéry). *L'appareil qui mesurait la dérive se référait au sol, qui n'apparaissait plus que dans les trous du brouillard* (Malraux). Dans la langue du droit, on dit **en référer à** au sens de « en appeler à, faire appel à ». Ce tour, dans lequel le pronom *en* est « vide », passe fréquemment, au figuré, dans le registre littéraire : *Je suis obligé d'en référer immédiatement à votre grand-mère* (Bazin). *Ma mère et les fidèles assemblés le conjurèrent de n'en rien faire et lui suggérèrent d'en référer sur l'heure à son ami de toujours* (P. Jardin). Il y a confusion des deux constructions dans l'exemple suivant : *J'y dressais le dur contre le pur. J'en référais à une admirable phrase de Maritain : « Le diable est pur parce qu'il ne peut faire que le mal »* (Cocteau). On ne rencontre plus la construction transitive *référer quelque chose à quelqu'un*. On rencontre souvent le tour transitif indirect **référer à**, d'origine anglaise, au sens de « se rapporter à, renvoyer à », en parlant d'une notion, d'un objet, etc. Il se distingue des constructions qui précèdent en ce que le sujet n'est pas humain : *signe qui réfère à un objet.*

RÉFLÉCHIR constr. On dit **réfléchir à quelque chose**, mais **réfléchir que** + **indicatif** : *Au moment d'épousseter la machine à coudre, elle réfléchit qu'il est déjà tard, et que ses lits ne sont pas faits* (Romains). *Elle réfléchit aussitôt que cette image était fausse* (Sagan). La construction transitive **réfléchir quelque chose** est réservée au sens physique de «refléter». On évitera de confondre les deux sens du verbe, le sens «physique» et le sens «intellectuel», sous peine de tomber dans le cliché ou dans ce qui peut ressembler à un mauvais calembour, comme la phrase suivante : *Elle lui répondit par des mots que sa pensée n'avait pas réfléchis* (Vilmorin).

RÉFLEXE orth. Avec un accent aigu sur le premier *e* : *Les hommes auraient acquis des réflexes conditionnés, suivant le jargon scientifique* (Boulle). Mais on écrit *un reflex* (sans accent ni *e* final) en photographie.

RÉFLEXION forme La locution **(toute) réflexion faite** s'écrit au singulier. L'adjectif *tout* y est peu nécessaire, et tend à être abandonné.

REFLUX prononc. [-fly], comme pour **flux.**

REFRÉNER orth. De façon inconséquente, ce composé de **freiner** s'écrit avec un *e* et non avec *-ei. Pas d'accent aigu sur *re-. ♦ sens Presque toujours au sens figuré de «retenir, réprimer» : *Il se leva, me laissa, sans que j'aie pu démêler s'il cherchait à refréner ma curiosité ou s'il ne s'amusait pas à l'éperonner au contraire* (Gide). *Il y avait de la lumière dans le salon, j'avais refréné une envie stupide de sonner, d'appeler* (Colombier). On dit maintenant *retenir sa langue* et non plus *refréner sa langue*.
→ FREIN

RÉFRIGÉRATEUR → FRIGIDAIRE

REFUSER constr. À la voix active, ce verbe se construit généralement avec la préposition *de : Cette fois-ci, il avait refusé de partir* (J. Roy). On trouve aussi *refuser à manger à quelqu'un* , mais ce tour est vieilli, et on préfère souvent *refuser de donner à manger*. À la voix pronominale, le verbe est toujours suivi de la préposition *à*, que le complément du verbe soit un substantif ou un infinitif : *Il se refusa à tout commentaire* (Sagan). *L'attitude orgueilleusement raidie de Martine, se refusant à toute camaraderie, à toute aventure, à toute compromission dans ce travail pour lequel elle n'était pas faite* (Mallet-Joris). *Oserez-vous prétendre que tout eût tourné de même si les gouvernements se fussent refusés d'abord à rien faire qui fût immoral?* (Vercors). *Une finesse animale qui s'arrêtait aux apparences et se refusait à aller au fond des choses* (Vidalie).

□ **se refuser à ce que** est rare : *Il se refusait à toute espèce de soin et même à ce qu'on fît son lit* (Balzac).

□ **ça ne se refuse pas.** Cette locution est répandue dans le parler familier, avec une valeur de «passif» et d'«obligation» simultanément : *Et puis, disait-elle, le travail ne se refuse jamais. Il faut le prendre comme il se donne* (Guilloux).

□ **accord du participe passé.** Il s'accorde soit avec le sujet, s'il n'y a pas d'objet direct, soit avec l'objet direct, si cet objet est énoncé avant le verbe : *Elle s'est obstinément refusée à partir ; les douceurs et les fantaisies qu'il s'est toujours refusées.*

REGAIN emploi et sens Au sens propre, «plante repoussant après une première coupe», mais plus fréquent au figuré, au sens de «retour, renouveau». On n'abusera pas de ce genre d'emploi, qui tourne facilement au cliché.

RÉGAL forme Plur. : **régals.**

RÉGALE emploi Adjectif féminin, n'entre plus que dans l'expression **eau régale,** mélange d'acides qui a la propriété de dissoudre l'or et le platine. Ne pas confondre avec **régale,** «droit royal», nom féminin qui a formé l'adjectif **régalien,** «relatif au droit du souverain».

REGARDER constr. Avec la préposition *à* ce verbe a le sens abstrait de «donner son attention à, tenir compte de» : *Si le châtaignier, ou l'orme, ou le chêne y sont également propres, le charron ou le menuisier les emploieront à peu près indifféremment ne regardant qu'à la dépense* (Valéry). Dans la locution familière *il faut y regarder à deux fois avant de...*, on a un tour figé, le pronom *y* n'étant pas analysable pour lui-même : *Vous comprendrez que j'y regarde à deux fois avant de sacrifier ça* (Marceau). *Quand elle achète, elle n'y regarde pas* (R. Benjamin). D'où l'adjectif **regardant,** qui signifie «économe» dans la langue populaire.

□ **regarder comme.** Ce tour équivaut à

considérer comme, mais appartient surtout à la langue littéraire : *Le savant qui possède l'amour de la recherche regardera toujours comme du temps perdu les heures, les minutes accordées à la passion* (Mauriac).

☐ **ça (ne) te regarde (pas).** Avec un nom de chose pour sujet, cet emploi du verbe *regarder* est familier. Il est synonyme de **toucher, concerner :** *Mêle-toi de ce qui te regarde et cesse de me donner des conseils* (Queneau).

☐ **regardez-moi ça.** On a souvent dans la langue familière le pronom dit « expressif d'intérêt atténué » auprès du verbe *regarder*. → PRONOMS PERSONNELS ET ÉTHIQUE (DATIF)

☐ **regardez voir** → VOIR

RÉGIONALISME orth. Un seul *n*, ainsi que **régionaliste.**

REGISTRE constr. On dit plutôt *écrire, lire*, etc., *sur un registre*, que *dans un registre*, bien que ce substantif désigne un objet qui peut être « ouvert ou fermé », de la même façon qu'un journal (→ ce mot) : *En quel lieu se trouvent le registre avec ses paraphes, ses cachets ?* (Cayrol). *Il s'est fait inscrire sur le registre d'attente.*

RÉGLAGE orth. Avec un accent aigu, comme tous les mots de cette famille, à l'exception de **règle** et de **règlement,** qui prennent un accent grave : *réglet, réglementaire*, etc.

RÉGLER ou **RÉGLEMENTER** sens Le premier verbe signifie « fixer avec précision » ou « résoudre » ou « donner un équilibre à un système physique ». On ne le confondra pas avec le second, qui a le sens de « assujettir à un règlement », surtout dans le domaine de l'économie ou du commerce : *C'est une question réglée que celle du marché de la viande : le gouvernement l'a vigoureusement et minutieusement réglementé.*

RÉGLISSE genre Fém. : on doit dire **de la réglisse** et non **du réglisse : Les petits bonbons ronds et aussi la réglisse en bois, qu'il faisait si bon sucer et mâcher en classe* (Pergaud).

RÉGNER forme Ce verbe n'étant jamais

transitif, le participe *régné* ne saurait s'accorder en aucun cas : *Les quarante ans que Salazar a «régné» sur le Portugal*. → PARTICIPE PASSE

REGRET constr. On emploie couramment aujourd'hui *avoir du regret*, plutôt que *avoir regret*, qui est archaïque ou littéraire. On dit aussi *avoir le regret de + infinitif : Nous avons le regret de vous annoncer la fin de votre séjour parmi nous*. Le tour *être au regret de* appartient surtout au style administratif.
♦ sens Au pluriel, **regrets** peut signifier « lamentations » : *se consumer en regrets*.

☐ **faire quelque chose à regret** ou **sans regret.** Dans ces tours figés, le substantif *regret* est au singulier.

REGRÈVEMENT emploi et sens Dans le vocabulaire financier, « augmentation de l'impôt ». C'est le contraire de **dégrèvement.**

RÉGULER emploi et sens Ce doublet ancien de **régler** semble être de peu d'utilité (en dehors d'un contexte très technique).

RÉHABILITER emploi et sens Ce verbe signifie à l'origine « rétablir [quelqu'un] dans ses droits ou dans la considération d'autrui ». Depuis 1968, le sens, issu de l'anglais, de « remettre en état un bâtiment, un quartier, etc. » s'est largement répandu : *Limiter à 17 000 le nombre des logements disponibles, dont 5 000 réhabilités sur les 7 500 existants : c'est le pari des élus* (C. de Chenay, *Le Monde*, 12 octobre 1992). *Le fort de Chaudanne réhabilité par des jeunes* (*L'Est républicain*, 27 août 1992). Si cet emploi n'est pas vraiment condamnable, il entraîne cependant une certaine connotation morale, et on peut lui préférer *rénover*, « remettre à neuf », ou **restaurer,** « rétablir dans son état primitif ». La remarque vaut également pour les noms dérivés *réhabilitation, rénovation, restauration : Dans le cadre du syndicat mixte de la Loue, les travaux de rénovation du barrage ont commencé (ibidem).*

RÉHABITUER ou **RHABITUER** forme Les deux formes sont admises. → RE-

REHAUSSER orth. et prononc. Ce verbe

s'écrit sans accent aigu sur le *e*. Une erreur fréquente consiste à prononcer *[ʀe]* au lieu de [ʀə]. On doit dire : [ʀəose]. → ENREGISTRER

REINE- forme Les composés féminins commençant par cet élément s'écrivent avec des traits d'union et prennent une double marque au pluriel : *des reines-claudes, des reines-des-prés, des reines-marguerites,* etc.

REINETTE orth. C'est le nom de la pomme qui s'écrit ainsi, mais le mot désignant l'«outil du fondeur en caractères» peut s'écrire aussi avec un *a*. ♦ **sens** La *pomme de reinette,* ou plus souvent la *reinette* est une «pomme à la peau tachetée» (comme celle des grenouilles → RAINETTE. D'où les hésitations de l'orthographe. Mais c'est le *e* qui a, en fin de compte, prévalu).

REÎTRE orth. Ne pas oublier l'accent circonflexe. ♦ **emploi et sens** Synonyme vieilli et péjoratif de *cavalier,* qu'on ne rencontre que dans un registre littéraire : *Rantzau, reître brutal commandant «les Gris», ces cavaliers suédois loués à la France par Bernard de Saxe-Weimar* (A. Besson).

RÉJOUIR (SE) constr. Ce verbe peut se construire avec **que** + **subjonctif,** ou, conformément à une tendance très générale pour les verbes «de sentiment», avec *de ce que* + *indicatif* ou *subjonctif,* plus analytique, mais plus lourd. Voici quelques exemples, tous corrects : *Pour le moment, réjouissons-nous qu'il soit sain et sauf, pour le reste, vous verrez bien* (Triolet). *Il se réjouissait que le «senorito» fût là, à défaut de son frère le capitaine* (Peyré). *Je me réjouis de ce que tu es parmi nous.* → DE

RELÂCHE genre Ce substantif est normalement du féminin dans le vocabulaire des marins, où il désigne «l'action de faire halte en un point quelconque» ou «le lieu où séjourne un bateau» : *Le navire trouva une relâche tranquille. Quand ils font relâche dans un port, les marins descendent à terre.* Au masculin, le mot a le sens plus général de «interruption dans une production, un exercice» : *Il travaille avec acharnement, sans s'accorder le plus court relâche. Le*

relâche de ce théâtre a lieu le lundi. On comprend que la forme de ce substantif, ainsi que la communauté de sens, au moins partielle, dans les deux cas, provoque de nombreuses erreurs. On tend souvent à prendre **relâche** pour un féminin quel que soit son sens : *J'y pensais, sans la moindre relâche, en faisant ma toilette du soir* (Duhamel, cité par Grevisse).

RELAIS orth. Ne pas omettre le *s* final. Prendre garde à l'influence de **délai :** *Point d'église, ni de mairie. Jadis simple relais de poste* (Estaunié).

RELATION forme On dit **entrer, se mettre en relation** (singulier) ou **en relations** (pluriel) **avec quelqu'un ;** le pluriel apparaît chez la plupart des écrivains, malgré l'Académie, qui préfère le singulier. Ce flottement quant au nombre vient probablement de ce que ce substantif est couramment employé au pluriel avec le sens concret de «personnes que l'on connaît superficiellement, et le plus souvent pour des raisons socio-professionnelles». On écrira de même *par relation(s)* avec ou sans *s* selon l'idée qu'on a dans l'esprit. ♦ **emploi et sens** La locution *relations publiques* est une traduction de l'anglais, préférable à l'original *public relations,* qui désigne un «ensemble d'activités professionnelles ayant pour objet d'informer l'opinion sur les réalisations d'une collectivité industrielle». Ce mot composé est actuellement répandu.

RELAX emploi et sens Comme adjectif, au sens de «détendu, calme», ce mot est à la fois prétentieux et inutile. On évitera donc de dire et d'écrire : *Il se sentait tout à fait relax.* Avec ou sans *e* final, le problème reste le même.

RELAXATION sens «Méthode thérapeutique visant à relâcher le tonus musculaire et permettant une récupération rapide des forces perdues» : *Il sortait des séances de relaxation dans un état de bien-être vaporeux.* Il ne faut confondre ce mot ni avec **relaxe,** terme de la langue du droit, «action de remettre un prisonnier en liberté», ni avec **relâchement,** qui est toujours dépréciatif, qu'il désigne «l'état d'un objet qui perd une certaine tension nécessaire » ou « le fait pour un être humain de diminuer son effort, de s'abandonner » → mot suivant et RELAX

RELAXER emploi et sens On peut très correctement dire : *Le juge a relaxé* ou *relâché le prisonnier*, indifféremment. **Se relaxer**, v. pron., a été tiré de l'anglicisme *relaxation* et s'emploie couramment au sens de « se détendre » : *Le temps de s'allonger sur son lit, les yeux fermés, de ne penser à rien. De se détendre. De se relaxer* (Sagan) → RELAX et RELAXATION

RELEVER constr. Au sens de « se remettre debout », au propre ou au figuré, ce verbe se construit avec la préposition *de*, et peut s'employer à la voix active ou pronominale : *Si l'homme peut se relever aux yeux de Dieu, jamais il ne se relève aux yeux du monde* (Balzac). *Il relève d'une grave maladie.* D'où le tour répandu : *il ne s'en relèvera pas*, qui a subi l'influence de *s'en sortir, s'en remettre*, etc. Ce verbe s'emploie souvent aussi au sens de « être sous la dépendance, du ressort, du domaine de » : *Il n'y a pas une seule de nos activités humaines dans ses rapports avec la société qui ne relève de cette science nouvelle (Le Monde). Le cas de ce conspirateur ne relève que de la Haute Cour.*

RELIEF forme et sens Rare au sens de « restes », uniquement au pluriel : *Une femme de forte corpulence était occupée à enlever les reliefs du dîner* (Véry). → BAS-RELIEF et RELIQUAT

RELIGIONNAIRE sens « Ancien nom donné aux protestants ». Ne pas confondre avec **coreligionnaire**, « qui appartient à la même religion ».

RELIQUAT emploi et sens Terme de comptabilité, « ce qui reste dû après la clôture d'un compte » : *Une échéance si lointaine que l'attente aurait suffi à absorber le maigre reliquat de la vente de la bague, une fois ses intérêts payés* (Duras). Comme on le voit dans cet exemple, le sens glisse aisément à la simple idée de « reste ».

REMAILLER ou **REMMAILLER** sens La variante orthographique ne sert pas à distinguer le sens. Chacune de ces formes peut donc signifier « raccommoder en refaisant les mailles » ou « assembler côte à côte des tresses de paille pour faire un chapeau ».

REMAKE prononc. [ʀimɛik]. ♦ sens Cet anglicisme appartient à la langue du cinéma et signifie « nouvelle version d'un film à succès » : *Du remake au plagiat, toutes les formules ont été essayées par ce metteur en scène.* On ne peut dire que ce mot se soit bien acclimaté dans notre langue, ni qu'il soit toujours bien compris.

REMARQUER emploi et sens Ce verbe fait dans la langue courante une concurrence croissante à **noter**, et se construit de la même façon : *Remarquez que c'était leur intérêt, naturellement pas immédiat, mais est-ce que c'était l'intérêt immédiat d'Émile Barrel quand il déboursait le prix des jolis vêtements de la clique ?* (Aragon). On dira indifféremment *se faire remarquer par* ou *pour* : *Le gâteau de ptarmigan aux truffes se faisait remarquer pour sa délicatesse* (Queneau). On ne dira pas **remarquer quelque chose à quelqu'un*, mais *faire remarquer quelque chose à quelqu'un.* → OBSERVER

REMBLAI orth. Pas de *s* final. → DÉBLAI

REMBLAIEMENT orth. Ne pas omettre le *e* intercalaire.

REMBUCHER orth. Pas d'accent circonflexe. ♦ emploi et sens Ce verbe de la langue des chasseurs exprime le contraire de **débucher** ou **débusquer**, c'est-à-dire « faire rentrer dans le bois », ou « rentrer dans le bois », à la voix pronominale et avec un nom d'animal comme sujet : *En voyant la meute, le cerf s'est prudemment rembuché.* Contrairement à *débusquer*, ce verbe ne s'emploie pas au figuré. → DÉBUCHER

REMÉDIABLE emploi Cet adjectif est plus rare que son contraire **irrémédiable**, qui, lui, prend un accent aigu sur le premier *e*. On écrit *remédier*. → IRRÉ-

REMÉMORER emploi et sens Ce verbe, qui appartient à la langue littéraire, se présente surtout sous la forme pronominale, avec le sens de « se rappeler, se remettre en mémoire » : *Lorsque Raymond Courrèges se remémora les circonstances de cette nuit, il se souvint de l'amertume dont il avait souffert* (Mauriac). *Pendant les travaux il cherchait à se remémorer, mais c'était si loin, un poème appris en classe* (Godbout).

REMERCIER constr. À côté de la construction habituelle avec la préposition *de*, on peut aujourd'hui admettre celle qui utilise la préposition *pour* : *Il la remercia de ses prévenances* ; *ma mère vous remercie pour vos fleurs.* La préposition *pour* est plus expressive que *de* dans ce contexte, et elle est souvent préférée lorsqu'il s'agit d'un objet concret. Il faut noter que le verbe **remercier** employé isolément a un sens ambigu, comme le mot **merci**, car il ne précise pas à lui seul si on accepte ou si on refuse. D'après Grevisse, l'opinion selon laquelle *je vous remercie pour* ne saurait s'accompagner d'un refus, *de* étant obligatoire dans un contexte négatif, est mal fondée. Rien n'empêche en effet de dire : *Je vous remercie pour votre offre, mais je crois que je saurai me débrouiller seul.* Quoi qu'il en soit, la préposition sera toujours *de* si le complément du verbe *remercier* est un infinitif : *Je vous remercie de m'avoir fait lire votre bel ouvrage* (Barrès, cité par Grevisse). *Nous vous remercions de vous intéresser à notre fils.* Ces remarques valent également pour *merci* (→ ce mot et RECONNAISSANT). On rencontre assez rarement comme complément une proposition complétive au subjonctif : *De sa voix inhumaine, elle remerciait qu'on le l'eût enfin comprise* (Radiguet). Enfin, le sens de « licencier, congédier » a vieilli : *Mauvais recopieur de bordereaux et autres textes insalubres, il fut rapidement remercié et s'inscrivit au « chômage intellectuel »* (P. Jardin).

REMETTRE emploi et sens Dans la langue familière, au sens de « reconnaître » : *Excusez-moi, j'ai beau vous regarder, je ne vous remets pas.* La locution *se remettre quelqu'un* ne s'emploie guère. Mais *s'en remettre à* est fréquent dans le registre littéraire au sens de « se reposer sur quelqu'un du soin de » : *Son fiancé, dont elle savait*

les goûts, s'en était remis complètement à elle du soin de choisir son mobilier (Radiguet). Le pronom *en* n'est pas plus analysable que dans le tour *s'en prendre à*. → PRENDRE

RÉMINISCENCE orth. Avec -sc-. ♦ **sens** « Vague retour d'un événement ou d'un objet à la mémoire », distinct du **souvenir**, qui a un sens plus actif : *Elle n'avait qu'une fragile réminiscence de sa mère qui l'avait abandonnée à l'âge de deux ans* (Labro).

REMMAILLER → REMAILLER

REMMAILLOTER orth. À la différence du précédent, ce verbe prend toujours deux *m*, comme **emmailloter.**

REMMENER → MENER

REMONTE-PENTE forme Plur. : **des remonte-pentes.**

REMONTRER emploi et sens Ce verbe ne se rencontre plus guère que dans la locution **en remontrer à quelqu'un,** avec le sens de « lui donner des leçons, manifester de façon tangible sa supériorité dans un domaine ». Au sens de « faire remarquer », avec une nuance de blâme, l'emploi est archaïque : *Les autres me remontrèrent l'impiété de ma colère* (Chabrol).

REMORDS orth. Invariable (un *s* au singulier) : **un** ou **des remords.** → REPENTIR (substantif)

REMPLACER → SUBSTITUER

REMPLIR → EMPLIR et BUT

REMPLOI ou **RÉEMPLOI** forme On emploie indifféremment deux séries de formes équivalentes, avec le préfixe *ré-* ou avec la forme réduite *r-*. Il en est de même pour le verbe correspondant.

REMPORTER emploi et sens Ce verbe se rencontre le plus souvent au figuré, au sens de « obtenir quelque chose que l'on brigue, en général dans une compétition » : *C'est Alcmène qui avait remporté sur moi la victoire* (Giraudoux).

REMUE-MÉNAGE orth. Invariable : *Et*

c'fut l'plus charmant des remue-ménage
(Brassens).

REMUGLE emploi et sens Ce substantif
masculin est vieux, au sens de «odeur
prise par certains objets à la suite d'un
long confinement» : *L'air qui vous arrive de ce fond de rue, c'est un remugle
d'usines, un suintement de substances
fabriquées* (Romains).

RENÂCLER orth. Avec un accent circonflexe sur le *a*, conformément à la
prononciation [ɑ].

RENAÎTRE conjug. Les temps composés
et le participe passé sont rares et relèvent de la langue littéraire : *Elle* [la
République] *est née et renée trois fois en
cent ans, et toujours par la France* (Mi-
chelet). *Ma chair / se bat avec les armes
folles du désir / dans le passé mué en
femme où je suis nu / et dans l'Orphée
futur où la femme est renée* (Emmanuel).

RENCARDER forme On écrit aussi
rancarder. → RANCART

RENCHÉRIR → ENCHÉRIR

RENDRE emploi et sens Dans le registre
populaire, ce verbe est employé au
sens de «vomir» : *J'ai de la chance, il
paraît qu'il y en a qui vomissent toute la
journée, au deuxième mois; moi, je
rends un peu le matin* (Sartre). Le participe passé **rendu** se rencontre souvent
dans la langue familière avec le sens de
«fatigué» : *Imaginez, dit la concierge en
riant, j'étais si rendue que je m'étais endormie sans éteindre (id.).* Au sens de
«parvenu à un certain endroit, arrivé»,
l'emploi est correct : *On est bientôt
rendu, dit-il sur un ton radouci* (Gide).
Enfin, passé le Val-de-Grâce, la vue
d'une palissade m'apprit que nous
étions rendus* (Carco).

☐ **c'est un prêté pour un rendu**
→ PRÊTÉ

RÊNE orth. Avec un accent circonflexe.
♦ genre Féminin ♦ sens «Courroie fixée
au mors du cheval et servant à le diriger» : *Ces rênes sont craquelées, il faut
les changer.* S'emploie souvent au figuré, au sens de «direction» : *Quelle
volupté de prendre en main toutes les
rênes de l'attelage!* (Delteil). Ne pas

confondre avec **renne** (cervidé) ni avec
reine (féminin de *roi*).

RENFERMER sens Le préfixe *r-* a dans
ce verbe un sens plus intensif que répé-
titif. On ne dit guère d'un malade mental qu'*on a dû le renfermer après une
tentative malheureuse de libération.* Au
figuré l'emploi est courant : *Il est taciturne et renferme en lui-même toutes ses
pensées.* Il en est de même avec un sujet
désignant une chose, au sens de
«contenir, avoir à l'intérieur» : *Ce coffre
scellé renferme le secret de sa mort.*
D'une façon générale, le rapport qui
existe entre les verbes *renfermer* et *enfermer* est très voisin de celui des
verbes *remplir* et *emplir* (→ ces mots).

RENGAINER orth. Pas d'accent circonflexe sur le *i* (→ GAINE).

RENGRENER orth. et conjug. Le second *e*
peut prendre ou non un accent aigu, et
le verbe se conjugue soit comme *celer*,
soit comme *céder.* → APPENDICE

RENIEMENT orth. Ne pas omettre le *e*
intercalaire.

RENOMMÉ constr. On emploie la préposition *pour* ou la préposition *par*, de
même que pour les participes-adjectifs
de sens proche : *connu, réputé*, etc.
*Saint-Claude est une ville renommée
par* ou *pour ses excellentes pipes.* Il
semble que *pour* tende à l'emporter
dans l'usage actuel.

RENONCEMENT et **RENONCIA-
TION** sens Le premier substantif appartient au domaine de la psychologie, de
la morale ou de la religion : *Il vit dans
un renoncement quasi total aux atta-
chements terrestres. Le renoncement de
cet homme à ce qui aurait pu être sa
gloire est un exemple à suivre.* Le second substantif désigne dans la langue
juridique «le fait de renoncer à un bien
ou à un droit» : *Le souverain a décidé sa
renonciation au trône.*

RENONCER constr. Ce verbe est généralement transitif indirect : *Promets-tu
de renoncer à jamais à prendre les
armes?* (Anouilh). *J'appelle bourgeois
quiconque renonce à soi-même, au
combat et à l'amour, pour sa sécurité*
(Fargue). *Sans doute est-il plus facile de*

renoncer à ce que l'on a connu qu'à ce que l'on imagine (Gide). On rencontre, dans la langue littéraire exclusivement, la construction directe, avec le même sens de «abandonner, renier» : *Il les accusait d'être les assassins de leur jeunesse, et, avant qu'elle les renonçât, de la trahir* (Mauriac). Certains écrivains vont jusqu'à employer le tour pronominal : *J'ai essayé de me délivrer de moi-même – J'ai voulu me renoncer* (Mauriac). *Cette montagne / où l'esprit s'était renoncé accède au vide / éternel* (Emmanuel). ♦ Le tour **renoncer à ce que** est conforme aux tendances de la langue et se répand de plus en plus : *Il faut qu'elle renonce absolument à ce qu'on vienne la voir tous les jours.* Il n'est pas toujours possible d'employer un infinitif après ce verbe.

RENSEIGNER constr. C'est la même que celle du verbe *informer*. On ne voit pas ce qui pourrait empêcher de dire **se renseigner si,** à la voix pronominale, par analogie avec *s'informer, s'enquérir* : *Il a cherché à se renseigner s'il y avait un train dans la soirée.* La construction parfois recommandée *se renseigner pour savoir si* est lourde et peu élégante. Le plus souvent, on emploie ce verbe à la voix active avec un nom de personne pour objet direct : *Le rôle du critique n'est point tant de railler ou de rejeter un auteur bien intentionné que de le renseigner sur ses qualités et de l'avertir de ses défauts* (Jaloux).

RENTE emploi D'après l'Académie, ce substantif s'emploie au singulier dans la locution *avoir 30 000 francs de rente*.

RENTRER → ENTRER

RENVERSER emploi et sens On admet depuis longtemps l'extension de sens permettant d'employer comme objet direct de ce verbe non seulement un «récipient» qu'on peut retourner, mettre la tête en bas, mais aussi le «liquide contenu dans ce récipient» : *Le bébé a renversé sa bouillie*. D'un véhicule, on ne dira plus *qu'il renverse*, comme dans la langue classique, mais *qu'il verse* ou *se renverse*. Le sens emphatique de «stupéfier» est courant dans le registre familier : *Andrée, tu es renversante, s'écria-t-elle* (Proust, cité par Robert). *Ce*

que tu me dis là me renverse. Enfin, on peut s'étonner de ce que l'Académie admette *se renverser en arrière,* alors qu'elle est généralement hostile à tout ce qui ressemble à un pléonasme. Dans bien des contextes, on pourra se contenter du seul verbe : *L'acrobate s'est renversé pour attraper les mains de son partenaire. Elle se renversa nonchalamment sur la balustrade.*

REPAIRE et **REPÈRE** sens Repaire désigne le «lieu où se réfugie une bête sauvage» et, au figuré, un «individu plus ou moins dangereux» : *Sous l'escalier de pierre, dans cet angle noir, ce repaire poussiéreux de toutes les araignées du manoir* (Huguenin). Il y a souvent dans l'emploi de ce substantif une emphase plaisante : *Tu verras, c'est très amusant son bistrot, c'est un repaire de matadors* (Rey). La confusion avec l'homonyme **repère** constitue une faute grossière, ce second mot signifiant «marque qui permet une reconnaissance, une utilisation ultérieure» : *Il regarde, à gauche d'Anne, quelque repère qu'il a choisi sur la côte* (Huguenin).

REPAÎTRE conjug. Elle est complète, à la différence de celle de **paître** (→ ce mot). ♦ emploi et sens Surtout à la voix pronominale et au sens figuré de «se remplir, se rassasier de» : *Les animaux se repaissent ; l'homme mange ; l'homme d'esprit sait manger* (Brillat-Savarin). *Durant son séjour à Paris, Marcelle s'est repue de spectacles.*

RÉPANDU orth. Un *a*. Éviter l'influence de **pendre.** ♦ emploi et sens Ce participe-adjectif a dans la langue littéraire, et avec un substantif animé, le sens de «qui fréquente le monde, qui a de l'entregent» : *J'eus l'occasion de rencontrer encore M. Paul Birault ; c'était déjà un journaliste répandu* (Apollinaire).

REPARTIE orth. Il ne faut pas écrire ce substantif avec un accent aigu sur le premier *e*, ni prononcer *[ʀe]*, qui est cependant la prononciation la plus courante, au lieu de [ʀə]. → mot suivant RE-PARTIR

REPARTIR et **RÉPARTIR** forme et sens On se gardera de confondre ces deux formes, qui correspondent à trois

verbes. Sans accent, **repartir** signifie
« partir de nouveau » : *Il s'est arrêté un
court instant, puis est reparti sans m'attendre. Nous sommes repartis à sa recherche malgré notre fatigue.* Il signifie
aussi « répondre immédiatement » : – *Et
moi ? dit Camille. – J'ai deux genoux, repartit Alain* (Colette). Sans doute sous
l'influence de **répondre** et de **répliquer,**
on écrit souvent, de façon fautive, **répartir,* avec un accent (→ REPARTIE).
L'erreur est d'autant plus facile à
commettre que le verbe **répartir**
existe : il a le sens de « distribuer entre
plusieurs personnes, affecter des
parts ». Tandis que *repartir* sans accent
se conjugue comme *partir,* c'est-à-dire
sans suffixe *-iss-,* *répartir* se conjugue
comme *finir : Puis le commandant d'escadre prenait la parole à son tour, ré-
partissait les avions suivant les vagues
du raid* (J. Roy). *Comment se répar-
tissent les cinq cent onze sièges d'admi-
nistrateurs ? (Le Monde).* → PARTIR 1.

REPENTIR conjug. Comme *dormir.* Il
faut prendre garde à la collision homonymique avec des formes de **rependre.**
On écrira par exemple *il se repent,* avec
un *t* pour le premier verbe, et *il se
repend,* avec un *d* pour le second. Le
participe passé suit la règle habituelle
des verbes pronominaux « proprement
dits » : *C'est une faute énorme, dont jamais elles ne se sont repenties.* Précédé
du verbe *faire,* le **se repentir**
perd souvent le pronom réfléchi : *Ton
éloquence les a fait (se) repentir à
temps.* C'est une règle de syntaxe qui
est générale. → FAIRE

REPENTIR (subst.) sens Ce substantif a
un sens proche de celui de **regret** et de
remords, mais il implique une référence plus ou moins lointaine à un
contexte religieux. Il existe aussi un
sens tout à fait profane, « changement
apporté dans l'élaboration d'un ouvrage, par un retour réfléchi » : *Ce manuscrit ne comprend pas un seul repentir.*

REPÈRE → REPAIRE

RÉPÉTER emploi et sens Ce verbe
contient l'idée de « redoublement » et ne
doit pas être employé en même temps
que le tour adverbial **deux fois** : *Il m'a*
répété ce qu'il avait dit la veille. Quand
ce verbe est suivi de *deux fois,* il se
peut que l'auteur veuille indiquer par
là un triple procès : *Pierre-le-Brave se
posta pour sonner une vue magnifique
qu'il répéta deux fois* (Giono). On préférera cependant éliminer toute ambiguïté en employant des formes verbales simples : *dire* ou *faire deux fois,
trois fois,* etc., *la même chose.* Rien à reprendre, en revanche, dans des emplois emphatiques, où l'adjectif numéral perd sa valeur première et son
exactitude : *Et Julie, qui a déjà répété
dix fois que le capitaine n'est pas riche !*
(Simenon). De même avec l'adjectif *plusieurs : Ils commencèrent à parler, répétant plusieurs fois, comme si Carlo n'a-
vait pas compris le français* (Gallo).

RÉPÉTITION → PRÉPOSITION, PRO-
NOM, etc.

REPLET orth. Fém. : **replète** (un seul *t*).

RÉPLÉTION orth. Avec deux accents aigus, à la différence de l'adjectif **replet,
replète,** dont le *e* initial est muet. ♦ **sens**
Anciennement, « excès d'embonpoint »,
aujourd'hui, sens plus ou moins pathologique d'« excès de liquide » ou « état
d'un organe qui est plein ».

RÉPONDRE constr. Ce verbe est parfois
transitif direct, dans telles ou telles locutions
que *répondre la messe, un mémoire,* etc.
Si on ne dit plus *répondre une lettre,* le
passif est encore assez fréquent, selon
Grevisse : *Je l'ai mise ce matin dans le
dossier des lettres non répondues* (G.
Marcel). On évitera cependant ce tour,
où beaucoup imagineraient un solécisme. ♦ La construction transitive indirecte admet la préposition *de,* quand
le verbe a le sens de « se porter caution
pour quelqu'un » ou de « garantir la véracité d'un propos » : *Tu me réponds de
sa sécurité sur ta tête ; je ne réponds pas
de ses réactions, à l'annonce de cette catastrophe.* Dans la langue de la justice,
on dit aussi *répondre pour quelqu'un,*
avec le sens de « s'engager officiellement en faveur de quelqu'un » : *À la demande pressante de mon ami, j'ai ré-
pondu pour lui au cours de son procès.*
La locution *en répondre* est figée et familière : *Il ne bougera plus d'ici, je vous
en réponds.* ♦ **emploi et sens** Dans la

langue familière, *répondre à quelqu'un*, sans objet direct, peut avoir le sens de «être insolent» : «*On ne répond pas à son père*» (Camus).

RÉPONS sens «Chant liturgique exécuté alternativement par le chœur et par un soliste». Il ne faut pas confondre ce substantif avec les **réponses** que fait l'enfant de chœur au prêtre qui célèbre la messe.

REPOSE-PIED orth. Invariable : **des repose-pied.**

REPOSER constr. et emploi Verbe courant à la voix pronominale, mais qu'on rencontre aussi à la voix active, construit intransitivement. La langue littéraire en fait un usage fréquent : *Ses enfants viennent l'embrasser à l'instant du départ, sauf s'il y a eu soirée, la veille, et qu'elle ait donné l'ordre à sa femme de chambre qu'on la laissât reposer* (Romains). Mais quand on parle d'un mort, **reposer** est d'un emploi général : *La phrase décrit très bien le cimetière où repose ta tante* (Green).

REPRÉSAILLES emploi Ce substantif ne se rencontre guère qu'au pluriel, comme un certain nombre d'autres, dépourvus de singulier. → -AILLE(S) : *En représailles, au cours des trois années écoulées, le soupirant éconduit s'était montré le plus exécrable des voisins* (A. Besson). L'emploi au singulier est rare et affecté : *La représaille maladroite apporte un titre de gloire* (Duhamel).

REPRISE emploi et sens Ce substantif entre dans de nombreuses locutions qui contiennent l'idée de «s'y reprendre, tenter de nouveau» : *Par la suite, Julienne essaya à plusieurs reprises de revenir à un tutoiement moins cérémonieux* (Vidalie). Selon que les tentatives sont considérées comme un simple recommencement ou qu'elles s'effectuent au moyen de procédés chaque fois différents, on pourra accepter ou non des tours comme : *À trois reprises différentes, elle tenta de contourner l'obstacle.* Cependant il semble que, sans adjectif numéral, les locutions *à diverses reprises* ou *à différentes reprises* ne soulèvent aucune difficulté. On écrira plutôt *à maintes reprises*, au pluriel, mais le singulier est également possible.

RÉPUBLIQUE orth. Contrairement à **État** qui dans le sens de «pays souverain» prend toujours la majuscule, **république** en tant que nom commun prend une minuscule à l'initiale : *Sommes-nous encore en république?* Il *est malaisé d'instaurer durablement la république dans certains pays.* Mais on perçoit aisément la valeur affective qui peut s'attacher à ce vocable, ce qui fait que la majuscule apparaît souvent, comme une façon plus ou moins consciente de valoriser ce modèle politique : *Que la République était belle, sous l'Empire!* (Aulard). *Sous la République, nous en avons tant vus, de rois* (Péguy). Pour le détail des cas → GUIDE TYPO.

RÉPUGNER constr. Outre le tour connu *cela me répugne*, on rencontre fréquemment avec ce verbe un sujet désignant une personne, et un complément non animé (substantif ou infinitif), précédé de la préposition *à* : *On répugne à se représenter une scène aussi pénible* (Pérochon). *Votre nature si fine, si distinguée, répugne d'instinct à comprendre une telle brutalité* (Mallet-Joris). On ne confondra pas cette construction avec le tour *il* (ou *cela*) *me répugne de + infinitif*, dans lequel le groupe qui suit la préposition *de* est analysé traditionnellement comme le «sujet réel». Certains écrivains du XIXe siècle (Zola, Huysmans) emploient **répugner** de manière transitive, avec pour sujet un nom de chose et pour objet direct un nom de personne : *Cela le répugnait.* C'est un tour archaïque ou incorrect.

RÉPULSION constr. On dit *éprouver de la répulsion pour quelqu'un* ou *à l'égard de quelqu'un*, mieux que *contre quelqu'un.* Et dans le registre littéraire : *J'éprouve à l'endroit de cet homme une invincible répulsion.*

REQUÉRIR conjug. Comme *acquérir* → ce mot. Ainsi entendu, *le métier de roi devient le plus difficile des métiers, le plus dangereux et celui qui requiert le plus du courage le plus exact* (Péguy).

♦ **emploi** Ce verbe appartient au style soutenu, ou à la langue du droit.

REQUIEM prononc. [ʀekɥijɛm] ♦ **orth.** Substantif latin invariable : *Tous les mélomanes connaissent les admirables requiem de Verdi et de Mozart.*

RESCAPÉ → RÉCHAPPER

RÉSERVATION **emploi et sens** Ce vieux mot français signifiait à l'origine «droits qu'on se réserve dans un acte juridique». Aujourd'hui c'est, pour le sens, un anglicisme admis et bien installé dans notre langue : «action de réserver une place». Ce mot, selon la pertinente remarque de Robert, ne fait pas double emploi avec **location,** qui «implique toujours un paiement et ne peut s'employer en parlant d'une chambre d'hôtel».

RÉSERVER **emploi et sens** La forme pronominale *se réserver de,* suivie d'un infinitif, est admise, à côté du tour plus développé *se réserver le droit* ou *la possibilité de,* avec le sens de «conserver pour l'avenir la latitude de» : *Le chef du service sentait chez Galuchey une volonté de révolte et se réservait de le doucher au bon moment* (Aymé).

RÉSIDANT ou **RÉSIDENT** **forme** Le premier mot est le participe du verbe **résider** : *Un membre résidant d'une société savante habite dans la localité où ont lieu les réunions.* Le second mot est un substantif qui désigne un «diplomate ou haut fonctionnaire envoyé auprès d'un gouvernement étranger, ou, anciennement, sous protectorat» : *On dit que le ministre résident a quitté son poste. Il fut de longues années résident général au Maroc.* On désigne également sous ce nom les «personnes établies dans un autre pays que leur pays d'origine» : *Les résidents portugais en France.* → RESSORTIR

RÉSIDENCE **emploi et sens** Ce substantif ne devrait en principe désigner que certains «immeubles ou groupes d'immeubles relativement luxueux», mais les excès de la publicité font qu'on en vient à baptiser de ce vocable à peu près n'importe quel lieu d'habitation à vendre ou à louer.

RÉSIDUAIRE ou **RÉSIDUEL** **emploi et sens** La première forme est rare, au sens de «qui forme résidu»; la seconde est bien plus répandue, dans divers domaines techniques, au sens de «qui appartient aux résidus» : *Les fabriques de produits chimiques ont de graves problèmes d'évacuation de leurs produits résiduels.*

RÉSIGNER **constr.** Avec un complément d'objet direct, et à la voix active, ce verbe appartient à la langue littéraire, au sens de «renoncer à, abandonner» : *Je n'ai rien résigné de ma grandeur obscure* (Emmanuel). *Résigner sa charge.*

RÉSILLE **sens** «Réseau de filet dont on enveloppait les cheveux longs». Ne pas confondre avec **mantille,** «écharpe de soie ou de dentelle que les femmes portent sur la tête, en Espagne et dans les régions du Midi».

RÉSIPISCENCE prononc. [ʀesipisɑ̃s]. ♦ **emploi et sens** «Regret qu'on a d'une faute, accompagné du désir de s'amender». Ce substantif, qui a un caractère littéraire très prononcé, se rencontre surtout dans les locutions *amener quelqu'un à résipiscence* ou *venir à résipiscence.*

RÉSOLUMENT **orth.** Pas d'accent circonflexe sur le *u* : *Il se veut résolument conservateur.* → ADVERBES

RÉSONANCE **orth.** Avec un seul *n,* à la différence de **résonner** et des formes directement issues de ce verbe : *Son discours de vrai fils de France trouve des résonances au plus profond de moi* (Chaix). La faute est fréquente. → SONNER

RÉSORPTION **orth.** Avec le groupe -*pt*- et non *-bt-*. Prendre garde à l'influence de **résorber.**

RÉSOUDRE **conjug.** → APPENDICE. Ce verbe ne garde le *d* de l'infinitif qu'au futur et au conditionnel présent : *Il résoudra, tu résoudrais.* Mais partout ailleurs le *d* disparaît : *Geoffroy [...] ne se résout pas, comme il le dit, à «exiler l'or de toutes les préparations cordiales»* (Bachelard). ♦ **forme** Le participe passé **résous, résoute** n'a aujourd'hui aucune existence réelle, mais **résolu** ne s'emploie qu'au sens abstrait de «décidé». L'Académie ne fait plus mention du participe parallèle à *dissous, dissoute*. Dans la phrase suivante : *Et le visage était celui d'un gars résous, mangé de barbe drue, pas affité, sans doute, mais viril* (Genevoix), la forme *résous* est à la fois un archaïsme et un régionalisme. ♦ **constr.** 1. *Voix active* : ce verbe se construit avec la préposition *de* : *Depuis quelque temps déjà, j'avais résolu de te mettre au courant* (Troyat). *Alors, s'étant fait une certitude, il résolut d'interroger Élodie* (France). Mais si le verbe a un nom de personne (ou un pronom) comme complément d'objet direct, l'infinitif qui suit est précédé de *à* : *Je l'ai résolu à grand-peine à venir à cette réunion*. On emploie plus souvent en ce sens le verbe *décider*. 2. *Voix pronominale* : **se résoudre** est suivi de *en* au sens de «se transformer», et plus rarement de *à* (surtout dans la langue littéraire) : *Cet encouragement se résout en désespoir* (Vian). *Au sein d'un laborieux silence, les paroles les plus complexes se résolvent aux plus simples* (Valéry). Au sens de «se décider», on rencontre presque toujours la préposition *à* : *En attendant son retour, je me résoudrai à reprendre quelques-uns des personnages secondaires* (Queneau). *Le tour se résoudre de* est nettement archaïque. On dit aussi très correctement *se résoudre à ce que* : *Il ne pouvait se résoudre à ce que la Vérité et la Pureté ne fussent que de vains mots* (Psichari). 3. Le tour «passif» **être résolu** est suivi de la préposition *à*, plus rarement de *de* : *J'y vois que tu étais résolue à te tuer, si j'avais été ton amant* (Giraudoux). *Elle ne se souvenait plus que la veille, le matin, elle était résolue à lui marquer sa désapprobation morale* (Rolland). *Je vis qu'il avait deviné la faiblesse de mon caractère et qu'il était résolu de ne pas y faire attention* (Green). Les deux constructions se trouvent réunies dans cette phrase : *Il semblait qu'elle fût résolue d'avance à ne pas entendre ce que j'étais pourtant bien résolu de lui dire* (Estaunié).

RESPECT prononc. [ʀɛspɛ] sauf dans *respect humain*, locution dans laquelle certains font la liaison en prononçant le *c* : [ʀɛspɛkymɛ̃] ; mais cet usage tend à disparaître avec la locution. ♦ **emploi** Au singulier dans *je vous prie de croire à mon profond respect ; avec (tout) le respect que je vous dois*, etc. *Je ne suis pas plus de la Fronde que de la Chouannerie : je suis, sauf votre respect, Mlle de Murville* (Peyrefitte). Au pluriel dans *je vous présente mes respects ; veuillez agréer mes respects*. Dans ce dernier cas, le substantif s'emploie sans adjectif épithète. Ce genre de formule est de rigueur quand à la notion de hiérarchie s'ajoute une importante différence d'âge entre celui qui parle et celui qui écoute. Le singulier correspond mieux au «sentiment», et le pluriel à ses manifestations ou à ses marques extérieures.

RESPECTABLE et **RESPECTUEUX** **emploi et sens** Ces deux adjectifs sont souvent pris l'un pour l'autre. Le premier a la valeur passive de «que l'on doit respecter» : *Moi non plus, je ne te protège pas. Nous ne sommes pas respectables* (Sartre). *Les raisons de votre refus sont parfaitement respectables*. Par une extension acceptable, il peut prendre le sens de «qui a une certaine importance» : *Il aligna devant lui un nombre respectable de billets. Autour de la place stationnaient une quantité respectable de cars de police*. On évitera de confondre cet adjectif avec **respectueux**, dont le sens est actif : «qui marque, traduit le respect», et qui s'emploie parfois avec les mêmes mots qu'on rencontre ci-dessus : *Inscrit aux syndicats patronaux, et respectueux de la respectabilité* (Malraux). *Dès qu'il retrouvait la jeune femme respectueuse et dans l'attente de sa parole, il se rendait à l'évidence de son malheur irrémédiable* (Mauriac).

RESPECTIF **emploi et sens** Cet adjectif se rencontre au pluriel ou plus rarement au singulier collectif, et sert à «distribuer des éléments par rapport à des ensembles» : *Les ministres respectifs de l'un et l'autre royaume parapheront le contrat* (Audiberti). *Pendant le reste du déjeuner, ils parlèrent de leur métier respectif* (Sagan). Ne pas confondre cet adjectif avec **réciproque** (→ ce mot).

RESPECTUEUX → RESPECTABLE

RESPIRER emploi et sens Ce verbe se
rencontre dans le registre littéraire
avec un nom abstrait comme
complément, au sens de « dégager une
impression de » : *Elle avait l'air presque
aussi sérieuse que son aînée malgré la
grâce et la douceur que respirait son visage* (Green).

RESPONSABLE emploi et sens Cet adjectif, qui a le sens de « qui est garant
de quelque chose ou de quelqu'un », est
souvent employé comme substantif, au
sens de « créateur, inventeur ». Cette extension est considérée comme abusive
par Le Bidois qui cite entre autres
exemples : **Fernand Gregh est l'auteur
responsable de très jolis poèmes. *Les
deux premiers responsables de cette
réussite*. Mais on doit surtout se garder
du type de pléonasme suivant : **Les autorités responsables avouent que les
mêmes prélèvements ont été effectués, en
vain, sur les mortes* (Desproges). **Ce qui
permettra aux autorités responsables de
contrôler la limitation de vitesse* (Le
Monde). On dira simplement : **les autorités** ou **les responsables.** Si on tient à
insister, on pourra conserver les deux
mots, à condition de préciser : *les autorités responsables de ce domaine*, ou *de
ce secteur*.

RESQUILLE ou **RESQUILLAGE** forme
Ces deux variantes s'emploient indifféremment.

RESS- prononc. La prononciation du
préfixe ress- sauf dans *ressayer* et *ressuyer*, où elle est [ʀɛ] et dans *ressusciter*,
où elle est [ʀe]. Pour *ressayer*, on rencontre aussi la forme *réessayer*. → RE-
♦ orth. On hésite souvent sur le doublement du *s* dans les verbes commençant
par ce préfixe. Voici la liste de ceux qui
prennent un double *s* : *ressaigner, res-
saisir, ressasser, ressauter, ressayer, ressembler, ressemeler, ressemer, ressentir,
resserrer, resservir* (on rencontre aussi
reservir), *ressortir, ressouder, ressouve-
nir, ressuer, ressusciter, ressuyer*. Les
autres verbes ne prennent qu'un *s*,
mais *resurgir* s'écrit parfois *ressurgir*.

RESSEMBLER forme Ce verbe n'étant
plus transitif direct, le participe passé
est toujours écrit -*é*.

□ **se ressembler comme deux gouttes**

d'eau. Ce tour, qui est passé depuis
longtemps dans notre langue, présente
une ellipse facile à suppléer : *comme
deux gouttes d'eau se ressemblent. Les
deux armes, celle qui tue et l'inoffensive,
se ressemblent comme deux gouttes
d'eau* (L'Est Républicain, 26 mai 1992).
*Nous nous ressemblons comme deux
gouttes d'eau, vous ne vous en êtes jamais aperçue avant?* (Sarraute). On
préférera cependant le tour pronominal, avec sa valeur réciproque : *Pierre et
Jacques se ressemblent comme deux
gouttes d'eau*, au tour actif, où l'image
est moins nette : *Pierre ressemble à
Jacques comme deux gouttes d'eau*. Il
vaut mieux éviter d'employer ce verbe
avec un sujet singulier, comme ici : *On
regarda passer encore des centaines de
prairies. Pas une qui se ressemblât*
(Dhôtel).

RESSORTIR conjug. Cet infinitif est
commun à deux verbes différents. L'un,
dérivé de **sortir,** se conjugue comme
partir; l'autre, qui signifie « être du ressort de », se conjugue comme *finir*. Le
premier utilise les auxiliaires *être* et
avoir : *Hier soir, j'ai ressorti tous mes
« journaux » de jeunesse* (Gide). *Il est ressorti hier malgré la mise en garde du
médecin*. Mais : *Il paraît qu'il existe un
public pour ces âneries qui ressortissent
davantage au fétichisme qu'à la littérature* (Cavanna). On notera que les
temps composés du verbe signifiant
« être du ressort de » sont rarement employés. ♦ constr. On dit *ressortir d'un
lieu*, avec *de*, comme pour tous les
verbes à sens spatial évoquant la séparation, et *ressortir à une juridiction, à
un domaine particulier*. La phrase suivante est donc incorrecte : *Une morale
individuelle appliquée à des actions collectives, lesquelles ressortissent d'une
autre morale : celle des nations* (Dutourd). Les erreurs de forme et de
construction sont souvent cumulées,
comme dans cet exemple fautif : *Elle affirme que l'exclusion de son dirigeant
« ressort de l'arbitraire le plus odieux »*
(Le Monde).

□ **ressortir** a donné le substantif dérivé **ressortissant,** couramment employé au sens de « personne protégée
par les représentants officiels de son
pays, lorsqu'elle réside dans un pays

différent du sien propre» : *les ressortis-
sants vietnamiens.* → RESIDANT

RESSOURCE forme Ce substantif s'é-
crit généralement au pluriel dans la locution *être sans ressources,* car il s'agit
le plus souvent de «moyens finan-
ciers», et le sens est ici plus concret que
dans *avoir la ressource de,* qui renvoie
à l'idée de «moyen personnel plus ou
moins caché».

RESSUER emploi et sens Rare comme
simple «redoublement» du verbe *suer,*
ce mot signifie «rendre son humidité»,
en parlant d'un mur, ou «soumettre au
ressuage, c'est-à-dire à l'action de séparer les composants d'un métal brut par
fusion partielle».

RESSURGIR ou **RESURGIR** → RESS-

RESSUSCITER conjug. Ce verbe se rencontre avec l'auxiliaire *être* ou *avoir* selon le contexte et l'intention du parleur : *Je n'ai abandonné aucune des
belles images que j'ai créées, et Bérénice,
qui me fut l'une des plus chères, est ressuscitée* (Barrès). *Avec l'aide du psychanalyste, il a pour ainsi dire ressuscité.*
→ citation de Proust à HESITER. Bien
entendu, l'auxiliaire est toujours *avoir*
quand le verbe est employé transitivement : *Ce remède l'a ressuscité.*

RESTANT emploi et sens Ce substantif a
toujours un sens concret, et se rencontre plus rarement que **reste,** qui
peut se charger de toutes les valeurs at-
tachées à cette notion : *Vous me donne-
rez le restant quand vous pourrez. Il y a
un restant de soupe dans le fond de la
marmite.* → mot suivant

RESTE forme Au pluriel, ce substantif
prend généralement une valeur plus
concrète qu'au singulier et signifie «ce
qui subsiste d'une personne ou d'un
objet» : *Son assiette, contenant les restes
figés d'un civet de lapin* (Giono). *Voici
ses restes – enfin les restes de son déjeuner* (Salacrou). ♦ constr. Quand le sujet
d'un verbe est constitué par la locution
le reste de + substantif pluriel, le verbe
s'accorde le plus souvent au singulier,
mais se met parfois au pluriel : *Le reste
de ses biens terrestres n'étaient que
livres brochés et reliés, lettres, photographies* (Colette). *Le reste des candidats*

n'a pu pénétrer dans le hall. La présence d'un complément pluriel facilite
l'accord du verbe au pluriel.

□ **au reste, du reste, de reste, en reste.**
Les deux premières locutions sont à
peu près équivalentes, avec le sens de
«au surplus, d'ailleurs». La première,
qui relève surtout de la langue littéraire, tend plutôt à renchérir sur ce qui
précède : *Au reste, je dois vous confesser
que je manquais de goût quand j'entrai
en rhétorique* (France). *Au reste, dit-il
encore, vous êtes le seul, et vous ne devez
donc pas vous dérober* (Duhamel). **Au
reste** se place généralement en tête de
phrase. La locution **du reste** peut soit
renchérir, soit introduire une rupture
ou, au moins, une réserve : *Il était du
reste joli garçon avec sa moustache cirée, son profil de danseur gitan* (Peyré).
Du reste, il ne faut rien exagérer. C'est la
seule locution que connaisse la langue
cursive. Quant à **de reste,** cette locution
a un sens assez différent, sauf dans le
tour vieilli *il a vingt francs de reste.* Elle
signifie «assez, plus qu'il n'est nécessaire» : *Les faiblesses, les abandons,
les déchéances de l'homme, nous les
connaissons de reste et la littérature de
nos jours n'est que trop habile à les dénoncer* (Gide). *De reste* est toujours en
liaison étroite avec un verbe. Enfin, **en
reste** s'emploie correctement dans un
contexte toujours négatif : *ne pas être
en reste* signifie «ne pas avoir de dette
(au figuré) envers quelqu'un» : *Les enfants, jamais en reste, avaient joué aussi
à la guerre des boutons* (Bouhéret).

RESTER conjugaison Avec ce verbe, l'emploi de l'auxiliaire *avoir* est devenu très
rare, même quand il s'agit d'exprimer
l'action plutôt que l'état : *Il est resté caché dix-huit mois dans le maquis. Elle
est restée marquée définitivement par
cette épreuve.* Les deux seuls exemples
d'emploi avec *avoir* que contient le *Robert* nous font remonter à Voltaire et à
Rousseau. ♦ constr. Avec un infinitif de
but, on dit *rester à manger* mais aussi
rester manger : Elle est restée consoler
son amie (Daudet). *Les visiteurs restaient à déjeuner* (Chardonne). La
construction directe a été condamnée
par Littré, mais elle est aujourd'hui
pleinement entrée dans le bon usage :
Voulez-vous rester dîner avec nous?

♦ **emploi et sens** Au sens de «habiter», l'emploi du verbe *rester* appartient aux parlers français régionaux (surtout du Nord) : *Dites, cette maison là-bas, la cinquième, celle qui a deux fenêtres ; vous savez qui est-ce qui y reste?* (Giono).

□ **ce qui reste** ou **ce qu'il reste.** Ces deux tours s'emploient indifféremment, le verbe **rester** admettant fort bien la construction impersonnelle. (→ QUI). Quand *ce qui* (ou *ce qu'il*) *reste de* + *substantif pluriel* est sujet d'un verbe, ce dernier se met le plus souvent au singulier : *Ce qui reste de soldats a été regroupé dans une même compagnie.*

□ **rester (à) court** → COURT

□ **rester + sujet.** L'inversion absolue est très fréquente après ce verbe, surtout quand il fait fonction de simple copule. Dans ce cas, le verbe peut s'accorder avec le sujet pluriel : *Restaient donc, pour faire le point, la boussole et la vitesse* (Malraux). *Restent les cléricaux, tu les connais* (Aymé). Mais il y a une forte tendance à le laisser au singulier : *Reste ceux qu'on n'ose pas déranger* (Triolet). *Reste bien des problèmes à résoudre.* On rapprochera de ces exemples la construction impersonnelle, dans laquelle le verbe reste évidemment invariable : *Il restait les images dorées échangées avec les copains* (Vian).

□ **reste à savoir si.** Cette formule est fréquente dans la langue des journalistes ; elle est admise par les écrivains : *Reste à savoir si, en l'occurrence, il y a un intérêt quelconque pour mon récit à commencer par un signalement du monde* (Marceau).

□ **il me reste de.** On n'emploie plus guère ce tour, sauf dans le cas où l'infinitif correspond à un fait qui a eu lieu ou qui a lieu : *Si ce que j'ai fait est vain, qu'il me reste au moins de m'être dépassé en le faisant* (Montherlant, cité par Grevisse).

□ **reste cinq.** Dans l'énoncé qui accompagne et explique une soustraction, **reste** devient une forme absolument invariable : *cinq ôté de dix, reste cinq.* → EGALER

□ **reste que.** Ce tour concurrence **il reste que :** *Reste que l'extraordinaire est beaucoup plus commun qu'on ne croit* (Pourrat).

RESTITUER sens Outre le sens juridique bien connu, «rendre ce qu'on a pris illégalement», ce verbe a le sens de «rétablir en son premier état» et de «reproduire fidèlement un son, une image, etc.» : *Le voleur a dû restituer intégralement les sommes qu'il avait dérobées. Il a été malaisé de restituer le texte original, en raison de nombreuses interpolations.*

RESTOROUTE emploi et sens Ce néologisme commode semble s'installer sans difficulté dans notre langue. Il désigne exclusivement un «restaurant installé à proximité immédiate d'une route à grande circulation».

RÉSULTER conjug. Ce verbe n'est usité qu'à l'infinitif, au participe présent et à la troisième personne du singulier et du pluriel de tous les temps. Mais ce n'est pas un verbe impersonnel proprement dit : *ce qui en résulte* ou *ce qu'il en résulte, c'est...* L'auxiliaire est *avoir* ou *être,* souvent de façon indifférente : *Ce qui en a résulté pour moi* (Parain). *Une nette amélioration de nos conditions de vie a résulté* ou *est résultée de ces négociations.* ♦ **emploi et sens** Ce verbe signifie «découler de». Il semble que ses formes impersonnelles soient plus répandues dans la langue littéraire : *Il en résulte d'étranges découvertes* (Valéry). → QUI, RESTER

RETABLE orth. Pas d'accent sur le *e.* La forme ancienne **rétable* n'a plus cours.

RETENIR emploi et sens Avec sujet et objet animés, ce verbe entre dans divers tours stéréotypés. *Je ne vous retiens pas* est une litote, qui équivaut à «vous pouvez partir, je souhaite votre départ». *Je vous retiens !* marque l'étonnement devant le comportement négatif d'une personne dont on attendait (par exemple) un service.

□ **retenir à dîner.** Cette locution est courante et correcte aujourd'hui, bien qu'on puisse employer également la préposition *pour.* → RESTER

□ **retenir de.** Cette construction se répand de plus en plus par analogie avec celle de *empêcher de* : *Mais quelque chose le retint de disparaître dans l'ombre* (Rey).

□ **retenir d'avance.** Cette locution fait pléonasme. → AVANCE et PLÉONASME

RÉTENTION emploi et sens Dans la langue du droit, il existe un *droit de ré-tention,* qui «permet à un créancier de retenir un objet appartenant à son débiteur, jusqu'à ce que la dette soit acquittée ». Ne pas confondre avec **détention.** En médecine, la **rétention** est le fait de «retenir dans un organisme un élément qui doit en être évacué » : *La rétention d'urine rend la miction impossible.*

RÉTICENCE sens «Omission volontaire de ce qu'on devrait ou pourrait dire ». Dans la langue du droit, elle peut aller jusqu'au délit de faux témoignage : *La réticence d'Hélène aggravait les soupçons de son ami qui se faisait de plus en plus pressant* (Vailland). Le mot glisse souvent au sens d'«hésitation» ou «réserve» : *Je ne supporte ma joie que sans limites, mon plaisir que sans réticence* (Giraudoux). *Il ne se laisserait pas marcher sur les pieds, lui. Sale caractère, manque de générosité, réticences à se lier avec les Allemands* (Chaix). *Il ne dansait pas, semblant éprouver une réticence maladive devant les jeunes femmes qui se croisaient sur la piste improvisée* (Labro). La remarque vaut également pour l'adjectif : *Il suivait une pensée encore confuse, qu'il exprimait d'une manière très réticente* (Boulle). *Il s'agit du récit de trois journalistes d'un petit journal local,* La Voix de Diyabarkir, *qui, bien que réticents, ont accepté de témoigner* (Le Monde, 14 octobre 1992). On se gardera cependant d'aller jusqu'au sens de «refus» : *Le texte gouvernemental provoque réticences et émoi (Le Monde).* À plus forte raison évitera-t-on de «formuler» ou «d'élever» des réticences comme disent certains journalistes : **Les grands «européens» ont élevé sans tarder les plus vives réticences* (F. Fabiani).

RETOMBEMENT emploi Ce substantif est rare et surtout littéraire, mais ne n'est pas un barbarisme. On connaît surtout **retombée,** au sens propre et au sens figuré : *les retombées radioactives.*

RETOUR emploi La locution elliptique **retour de,** critiquée par les puristes, se rencontre aujourd'hui chez de très bons écrivains, à en juger par les nombreux exemples que fournit Grevisse. En voici d'autres : *Il ne faut pas oublier que ces femmes-là, sur la fin de leur gloire, consolèrent tout le contingent des vieux officiers subalternes retour d'Algérie et du paradis d'Allah* (Giono). *M. Edgar Faure, retour de Katmandou, continue de donner son avis* (Bidault, Le Monde). *Retour d'Italie, Diane avait un diamant* (Aragon). Certains auteurs n'hésitent pas à faire se succéder les deux prépositions *de* : *Passage des filles Moiselet, de retour des sports d'hiver* (Daninos). *Un après-midi, de retour d'un nouveau voyage, il ne sut plus où mettre son butin* (Barjavel). On peut préférer *à mon (ton, son) retour,* qui est presque obligatoire en tête de phrase : *À mon retour, je n'ai fait qu'un saut jusqu'à sa maison.* Cependant il faut noter que l'abréviation de la locution complète n'est ni différente de celle qu'on trouve dans *faute de,* employé pour *par faute de,* ni plus choquante. → FAUTE, et aussi CHAINTE. La locution verbale **faire retour,** au sens de «revenir» est littéraire et archaïsante : *Voici le moment de faire retour du côté des Santaragne* (Dhôtel).

RETOURNER emploi et sens Ce verbe a de nombreux emplois transitifs et intransitifs. On dit couramment dans la langue commerciale *retourner une lettre à l'expéditeur,* et *retourner une gifle, un compliment,* dans la langue familière. Intransitivement, **retourner** est très proche de **revenir,** mais s'applique mieux au retour dans un *lieu* (souvent clos), tandis que *revenir* évoque plutôt le retour à un *point : Ils avaient encore une heure de marche pour retourner à la maison* (Vian). *Il ne retournera jamais dans ce pays, sache-le* (Masson). Mais : *«Je reviendrai à Kandara»,* titre d'un roman de Hougron, dans lequel le nom propre a une valeur ponctuelle.

□ **de quoi il retourne.** Cette locution stéréotypée, qui se conjugue avec l'auxiliaire *avoir,* signifie «de quoi il s'agit, de quoi il est question» : *Ce qui importait, voyez-vous, c'était de quoi il avait retourné dans tout ça* (Giono).

RÉTRACTIF ou **RÉTRACTILE** emploi et

sens Le premier adjectif est surtout didactique, et a le sens actif de « qui provoque une rétraction », le second est plus répandu et a le sens passif de « qui peut être retiré, qui est susceptible de rétraction », en parlant de certains organes des êtres vivants : *Les cornes de l'escargot sont des appendices rétractiles.*

RETRAITE constr. On peut dire indifféremment *être à la retraite* ou *en retraite*, en parlant de quelqu'un qui est parvenu au-delà de son temps d'activité professionnelle.

RETRANCHER emploi et sens Ce verbe s'emploie surtout dans un contexte de non-animé, au sens d'« ôter, séparer » : *Cet arbre s'est développé de façon anarchique : il faut lui retrancher toutes les branches basses. Retranchons de cette somme la part qui vous revient. La prison a retranché à sa vie de précieuses années.* On voit que ce verbe admet aussi bien la préposition *à* que la préposition *de*. Au lieu de *on lui a retranché une partie de son salaire*, on emploiera plutôt les verbes *enlever, ôter, supprimer*.

RÉTRO- orth. Les nombreux mots techniques commençant par ce préfixe productif s'écrivent sans trait d'union : *rétrofusée, rétroviseur*. ◆ **sens** Plus fort que *re-*, et univoque : « d'avant en arrière » dans le temps ou dans l'espace. Ainsi, comparer *rétroaction* et *réaction*.

RETROUSSEMENT, RETROUSSIS emploi et sens Le premier substantif a le sens actif d'« action de retrousser » tandis que le second désigne le plus souvent une « partie (de vêtement) retroussée en permanence, un revers ».

RETROUVAILLES forme et emploi Ce mot ancien, mais toujours assez usuel, ne se rencontre qu'au pluriel : *Pour le Nain jaune et pour elles trois, c'étaient des retrouvailles qu'ils avaient crues longtemps, les uns et les autres, impossibles* (P. Jardin). *La visite en Chine de l'empereur du Japon marquera les retrouvailles des deux géants asiatiques* (*Le Monde,* 18 août 1992).

RETROUVER → RECOUVRER

RETS orth. Pas d'accent circonflexe sur le *e*. ◆ **emploi et sens** Vieux mot qui ne se rencontre qu'au pluriel. Son sens premier est « réseau servant à capturer les animaux », son sens figuré, seul usité aujourd'hui, et dans un registre très littéraire, est « piège » : *À la faveur du sommeil, il redevenait faible, chimérique, attardé dans les rets d'une interminable et douce adolescence* (Colette).

RÉUNIR constr. On emploie le plus souvent la préposition *à*, mais on rencontre aussi *avec,* et : *Chassegrange avait le désir bien arrêté de réunir son domaine à celui de Mme Santaragne* (Dhôtel). Le problème est le même que pour les autres verbes exprimant une idée d'« association ». → ALLIER, ASSOCIER, JOINDRE. *Les discussions de Grenelle ont réuni patronat et syndicats. Les autoroutes réunissent plusieurs régions entre elles. Nous nous sommes réunis entre amis* (mais on dit aussi *avec des amis*). *Un pont flottant, en bois, réunit le corps de la cité avec le faubourg de la ville de Mitau* (Triolet). → AVEC

RÉUSSIR constr. Ce verbe, à l'origine transitif indirect, se construit aujourd'hui très couramment avec un complément d'objet direct : *Il a brillamment réussi à son examen de passage* ou *il a brillamment réussi son examen de passage.* L'emploi du tour direct a aujourd'hui la caution des meilleurs écrivains : *Il réussit cette gageure inouïe de vouloir rendre sensible le signe de la vie spirituelle* (Barrès, cité par Grevisse). Le participe passé se rencontre fréquemment aussi, avec une valeur passive : *Sa réception était parfaitement réussie. Voilà un plat qui ne semble pas très réussi.* On notera cependant que la construction indirecte est seule possible dans certains cas, par exemple quand l'objet constitue un « domaine général et abstrait », ou qu'il se présente sous forme d'un infinitif : *Racontez-moi, je vous prie, comment vous avez réussi à ne jamais risquer votre vie* (Camus). *Il a merveilleusement réussi dans sa profession.*

REVANCHE (EN) → CONTRE (par contre).

RÊVASSER constr. Ce dérivé de **rêver** est le plus souvent intransitif, mais peut se construire aussi avec la préposition *de : Comme un ivrogne qui embrasse tout le monde, je rêvassais d'écrire à Jacques, de lui avouer que j'étais l'amant de Marthe* (Radiguet).

RÉVEILLE-MATIN forme Substantif invariable : **des réveille-matin.** Mais l'abréviation courante **réveil** prend un *s* au pluriel : **des réveils.** Ne pas écrire **réveil-matin.*

RÉVÉLER → AVÉRER

REVENEZ-Y emploi et sens Cette locution verbale est entièrement substantivée et toujours invariable : *Cette liqueur a un petit goût de revenez-y.*

REVENIR emploi Le tour pronominal **s'en revenir** est vieilli ou littéraire : *S'ils allaient à l'église de Percy, ils s'en revenaient comme s'ils avaient les gendarmes à leurs trousses* (Dhôtel).

☐ **pour en revenir à.** On rencontre également, dans le registre familier, l'ellipse du complément, facile à suppléer : *Mais, pour en revenir, vous ne voyez pas notre Langlois, là-bas* (Giono) (= « pour en revenir à ce que nous disions »).

☐ **être revenu de.** Le verbe a le sens figuré de « être blasé, fatigué de », mais seulement aux temps exprimant l'accompli. Voir cet amusant dialogue de Musset : *Tu me fais l'effet d'être revenu de tout. – Ah ! pour être revenu de tout, mon ami, il faut être allé dans bien des endroits* (cité par Robert). *Vous ne m'aurez pas comme ça, dit le sénateur je suis revenu de tout* (Vian). → RETOURNER

RÊVER constr. Suivi d'un verbe, **rêver** est toujours construit avec *de : Les quatre planches d'un mort qui / Rêvait d'offrir quelque douceur / À une âme sœur* (Brassens). Suivi d'un substantif objet, **rêver** peut se construire :

☐ **directement,** mais ce tour est peu répandu : *J'ai rêvé la nuit verte aux neiges éblouies* (Rimbaud). *Je rêve pour toi ce qu'il y a de mieux.*

☐ **indirectement :** avec la préposition *de,* au sens de « voir en rêve quelqu'un ou quelque chose » : *J'ai tant rêvé de toi*

/ que tu perds ta réalité (Desnos). Également au sens figuré de « désirer vivement » : *Elle qui avait rêvé d'un travail de bureau !* (Mallet-Joris).

☐ **avec la préposition à,** au sens de « songer, penser », avec un désir moins vif que ci-dessus : *Né en 1874, ce Lorrain, qui avait rêvé toute sa jeunesse à la conquête de Paris* (Apollinaire). Mais on emploie aussi *de* en ce sens : *Dans le train si lent à traverser la Camargue, je rêvais de ces mornes remparts qui depuis sept siècles subsistent intacts* (Barrès).

☐ **avec la préposition sur,** au sens de « réfléchir profondément sur » : *À force de rêver sur lui-même, il a complètement oublié l'existence d'autrui.*

RÉVÉRENCE emploi et sens La locution **révérence parler,** au sens de « sauf votre respect », est vieillie : *Révérence parler, tout le monde s'en fout* (Brassens).

RÉVERSIBLE orth. Avec un accent aigu sur le premier *e,* à la différence du verbe **reverser,** qui n'a plus que peu de rapports sémantiques avec cet adjectif. → IRRÉ-

REVÊTIR → VÊTIR

RÉVISER orth. et prononc. La forme avec un accent aigu sur le premier *e* a détrôné l'ancienne orthographe sans accent. Cette remarque vaut pour la série *réviseur, révision, révisionnisme,* etc. Ce n'est pas une faute, mais un archaïsme que de continuer à dire et à écrire **reviser,** etc.

REVIVISCENCE orth. Sans accent aigu sur le premier *e.* Prendre garde à l'influence de **réminiscence :** *Un passé révolu, à propos duquel, dorénavant retournés à la terre, aux arbres, à la quiétude de leur pays natal, ils n'éprouvaient aucun regret mais une reviviscence indulgente* (Labro).

REVOICI, REVOILÀ emploi et sens Redoublement familier de **voici, voilà,** qu'on rencontre surtout avec un pronom personnel : *Madame Valérie, nous revoici ! C'est nous* (Vautel). *Tiens, revoilà le chien qui hurle* (Maupassant).

REVOLVER orth. Pas d'accent aigu sur le premier *e*. ♦ **sens** « Pistolet muni d'un mécanisme tournant appelé barillet ». La locution **revolver à barillet* est donc un pléonasme. Elle est cependant fréquente. Les armes à barillet s'imposant aujourd'hui de plus en plus, on a étendu le sens de **revolver** à toute arme de poing. Cette extension est considérée comme abusive par les spécialistes. → GÂCHETTE

REZ-DE-CHAUSSÉE forme Substantif invariable, sur lequel on a forgé récemment *rez-de-jardin*, séquence utile dans le cas d'un immeuble construit sur une pente, et où un appartement peut se trouver à la fois au premier étage d'un côté et, de l'autre, de plain-pied avec un jardin.

RHABILLAGE forme On ne rencontre plus guère **rhabillement,** qui n'est cependant pas incorrect.

RHAPSODIE orth. Avec *rh-*. Il en est de même pour *rhapsode, rhapsodique*. Le *h* était autrefois omis.

RHÉTEUR et **RHÉTORICIEN** emploi et sens Autrefois, **rhéteur** désignait particulièrement le maître de rhétorique, **rhétoricien** l'élève. Actuellement, dans un sens neutre, dépréciatif ou laudatif, *rhéteur* est plutôt relatif à la personnalité de qui pratique la rhétorique, *rhétoricien* marquant plutôt le rapport à l'activité.

RHÉTORIQUE orth. Le *h* se place après le *r* initial et non après le *t : Ils comprirent bien vite que l'offre de M. Wasselin était surtout une effusion rhétorique* (Duhamel). La même remarque s'applique aux autres mots de cette famille.

RHIN- ou **RHINO-** emploi et sens Ce préfixe entre dans la composition de nombreux termes médicaux. Il signifie « nez ». Ne pas confondre avec **rhizo-,** qui signifie « racine ».

RHODODENDRON prononc. [ʀɔdɔdɛ̃dʀɔ̃] et non **[-dɔ̃-]*. Même remarque pour **philodendron.** ♦ **orth.** Un seul *h*, après le *r* initial : *Les mimosas sont en fleur dans le jardin, avec les rosiers, les rhododendrons* (Japrisot).

RICTUS sens « Contraction spasmodique des muscles peauciers de la face ». En fait, ce substantif est pris très couramment au sens de « sourire grimaçant », avec une valeur affective, et non plus pathologique : *Autour de lui, les spectres familiers l'imitent ; chacun y va de son rictus* (Robbe-Grillet).

RIEN orth. Ce mot peut prendre le *s* du pluriel quand il est substantif, au sens de « chose insignifiante » : *Il s'agite trop, et pour des riens* (Bourget). *Il donna le meilleur du jour à des riens* (Duhamel). On écrit : *en un rien de temps,* mais un *rien-du-tout*. ♦ **constr.** On met **rien** après la forme simple du verbe : *je ne vois rien,* mais entre l'auxiliaire et le participe : *je n'ai rien vu* (à la différence de **personne,** qui se place d'ordinaire après toutes les formes verbales : *je n'ai vu personne*). Complément d'un infinitif présent, *rien* se place généralement avant : *Ne rien avouer de tout cela à Roger* (Romains). Quand *rien* est suivi d'un complément, on le place souvent à la suite du temps composé : *Je n'ai fait rien de plus que ce qu'on m'avait demandé.* ♦ Le mot **rien** a un sens positif à l'origine. Aussi le trouve-t-on encore souvent, et (tout au moins dans la même proposition) très correctement, sans qu'il soit accompagné d'une négation formelle, notamment après un verbe à valeur négative : *Je vous défends de rien changer brusquement à l'ordonnance de notre petite vie* (Bernanos). *Et de nouveau le bruit a empêché de plus rien entendre de ce que le Président disait* (Ramuz). *Il fit le plein d'essence, but un demi au comptoir d'un café – où Anne refusa de rien prendre* (Huguenin). Le sens de *rien* dans ces exemples est « quelque chose, quoi que ce soit ». Il en est de même en phrase interrogative, hypothétique et après *sans, sans que : Y a-t-il rien, aujourd'hui, de moins exceptionnel que l'accident d'automobile ?* (Prévost). *Tu parles comme si rien la pouvait remplacer dans mon cœur* (Gide). *Il est parti sans rien dire.* On rencontre généralement *ne (plus, jamais) rien* avec un sens global négatif : *Ses élèves, de braves petits idiots qui ne comprendront* *jamais rien aux papillons* (Rey). Mais ce sens négatif peut subsister même en l'absence de la particule *ne* : *Rien de sinistre comme la lumière verte sur les amants qui s'éveillent* (Giraudoux). *Le Temps rapide réduit les roses à rien* (Valéry).

□ **rien de bon.** La préposition *de* sert à relier le pronom *rien* aux adjectifs tels que *autre*, *tel*, *mieux*, *bon*, *vrai*, ainsi qu'aux adverbes de quantité tels que *plus*, *moins*, *mieux* (mais → ci-dessous *rien (de) moins que*) : *Ce qui l'avait poursuivi jusqu'alors, ce n'était sans doute rien d'autre que l'étrange prophétie d'Edmée* (Dhôtel). Seule la langue littéraire omet *de* devant *autre* : *La lecture ne lui suggérait rien autre* (Aymé). *Rien autre ne lui avait été donné par la vie* (Malraux). *Revendiquer le droit – le devoir – de ne se préoccuper de rien autre, lorsqu'il sécrète, que de faire beau* (Martin du Gard) → AUTRE. ♦ **emploi et sens** Combiné avec *jamais*, **rien** peut former quatre constructions différentes : *Jamais je n'ai vu rien de si beau. Jamais je n'ai rien vu de si beau. Je n'ai jamais vu rien de si beau. Je n'ai jamais rien vu de si beau.* Dans toutes ces constructions, dont les plus usuelles sont celles où *rien* précède le participe, *jamais* se place nécessairement avant l'indéfini.

□ **rien qui.** La relative qui suit **rien** a le plus souvent son verbe au subjonctif, avec une nuance de conséquence : *Avec cela il a une foi de fétichiste. Rien qui ne lui soit signe bénéfique ou néfaste* (Masson). *Le plus subtil, le plus enthousiaste commentateur de l'œuvre de Hugo ne me fera jamais rien partager qui vaille ce sens suprême de la «proportion»* (Breton).

□ **ce n'est pas rien.** Cette litote, condamnée par les puristes en raison du cumul de deux «négations», est courante dans la langue familière, au sens de «c'est quelque chose d'important» : *150, peut-être 200 francs de plus chaque mois, ce n'est pas rien* (Mauriac, cité par Grevisse). On ne confondra pas avec la double négation, qui s'annule : *Il ne savait pas ne rien faire* (Mauriac).

□ **rien que.** Ce groupe s'emploie comme locution adverbiale avec la valeur restrictive de «seulement», ac-

compagné ou non de la négation : *Je voudrais le voir rien qu'un instant* (Proust). *Ils accuseraient père et mère rien que pour avoir une bonne histoire à raconter* (Simenon). À distinguer de **rien que de**, qui signifie «rien d'autre que», «rien si ce n'est» : *Pourtant ce projet n'avait rien que de raisonnable* (Beauvoir). *Au temps où elle s'amusait avec Gilbert, il n'y avait entre eux rien que de simple* (Dhôtel).

□ **rien (de) moins que.** Cette double locution fait problème depuis longtemps pour la plupart de ses utilisateurs. La règle est cependant très simple : **rien moins que**, le groupe le plus *court*, a le sens négatif de «nullement, absolument pas», tandis que **rien de moins que**, le groupe le plus *long*, a le sens positif de «précisément, bel et bien». Voici des exemples :
1. Sens négatif : *Je ne suis rien moins qu'un philosophe, je suis un biologiste anxieux* (Rostand, cité par Grevisse). *Le «oui» a été des plus ternes et rien moins que massif (Le Monde). D'humeur et de tempérament, je ne suis rien moins que révolutionnaire* (Gide).
2. Sens positif : *Cette lucidité, ce n'était rien de moins que le sens profond de leur amour* (Sartre). *Il ne s'agit de rien de moins que de choisir entre saint Bernard et le pape* (Bremond).
Mais «il faut reconnaître que ces deux locutions sont d'un maniement délicat, et prêtent à confusion, puisque la valeur – positive ou négative – de la phrase dépend tout entière de la présence ou de l'absence de la préposition *de*. On conçoit que tant d'auteurs s'y trompent» (Le Bidois). En effet, on donne souvent à *rien moins que* une valeur positive, alors que l'erreur inverse est très rare : *Pour la ramener, il ne faudrait rien moins qu'un désastre* (Estaunié). *On dit que par enfantillage ou par coquetterie, Alcmène affecte de ne pas apprécier la faveur de Jupiter, et qu'elle ne songe à rien moins qu'à empêcher le libérateur de venir au monde* (Giraudoux). Si ces tours de maniement délicat jouissent d'une telle faveur chez les écrivains, cela est dû sans doute à la valeur intensive qui naît de la figure nommée *litote*. On a l'impression de dire plus avec *rien de moins* qu'avec un tour direct comme *bel et bien*, etc. Mais

dans le doute, on fera bien d'éviter l'emploi de *rien (de) moins que*, qui est en général fort mal compris par la plupart des gens.

◻ **un rien (de).** Cette locution fonctionne tantôt comme substantif, au sens de « petite quantité », tantôt comme adverbe, au sens de « légèrement » :
1. *Même quand je suis très loin et comme étranger à ces années englouties, un rien suffit parfois à les faire revenir* (Roblès), avec *au fond se font d'un larmes* (Colette). *Justin était chaussé de souliers neufs, les plus pointus qu'il eût trouvés et qui craquaient avec un rien d'insolence* (Aymé).
2. *La présence de ces gardiens coiffés d'un béret noir un rien insouciants et pas du tout rébarbatifs (Le Monde). Barner sursauta un rien* (Duras). On ne confondra pas ce dernier emploi, adverbial, avec le suivant, considéré comme vulgaire, et qui donne à *rien* le sens intensif de « très » : *Eh bien, c'est rien moche, par ici, dit Vandaële* (Benoit). *Vous êtes rien vicieux, dit Gerbert* (Beauvoir).

◻ **il ne m'est (de) rien.** Avec ou sans *de*, cette construction appartient à un niveau de langue très soutenu : *Le fait ne m'est de rien tant que je ne pénètre pas sa cause* (Gide). *Il est toute ma vie, tout le reste ne m'est rien* (Rolland). La collision homophonique avec le verbe *aider* peut être gênante.

◻ **comme si de rien n'était.** Cette locution figée s'écrit plutôt avec la préposition *de* que sans elle : *Frédéric II a dépassé la maison comme si de rien n'était* (Giono).

◻ **rien du tout, rien qui vaille.** Ces locutions sont invariables comme substantifs. La première se rencontre surtout en apposition à un substantif : *Il avait eu de la difficulté même à se payer une petite Peugeot de rien du tout* (Aragon). *Tu te dis : c'est une petite bergère de rien du tout, bon !* (Anouilh). On notera que *du tout* donne une allure familière à l'expression, qui est moins nettement méprisante que **de rien** : *Ces hommes de rien, qui avaient détruit la royauté, renversé le vieux monde* (France).

◻ **servir de** ou **à rien** → SERVIR

◻ **il a fait ça comme rien.** Ce tour appartient à la langue très familière, voire populaire, au sens de « avec une grande facilité ». On rencontre aussi *comme un rien*.

RIGOLO forme Un seul *l* et pas de *t* final. Ne pas confondre avec un **rigollot**, « papier sinapisé ». Le féminin est **rigolot(t)e**, avec un ou deux *t*, ou parfois identique au masculin : **rigolo**. *Et puis les envoyés de Dieu, il est rare que ce soient des rigolos* (Anouilh). *Des heures rigolo dans le métier* (Courteline).

RINCE- forme Les composés *rince-bouche, rince-bouteilles* et *rince-doigts* sont invariables.

RINGARD emploi et sens Cet adjectif connaît depuis 1980 une vogue extraordinaire. Employé à l'origine pour qualifier un comédien sans talent, il est aujourd'hui synonyme de **démodé** et de **rétrograde** : *Nous avons peur, une peur panique, d'avoir l'air de n'être pas dans le coup, «ringards». Ringard ! Mot terrible, le pire mot de notre époque, mot qui vous anéantit un être humain sans rémission...* (Cavanna). Le dérivé **ringardise** est également très vivant. La langue argotique a même fabriqué l'adjectif *ringardos*.

RIPAILLE orth. Pas de *s* final : *D'une voix de sonneur en ripaille* (Courteline). *Bombance ! allez ! c'est bien ! Vivez ! faites ripaille !* (Hugo). Prendre garde à l'influence des substantifs en *-aille(s)* le plus souvent au pluriel. → -AILLE(S)

RIRE conjug. Le *i* du radical s'ajoute au *i* de la désinence aux première et deuxième personnes du pluriel de l'indicatif imparfait et du subjonctif présent : *(que) nous riions, (que) vous riiez.* Le participe passé *ri* est invariable, puisque ce verbe ne peut en aucun cas être construit transitivement : *Ils se sont ri de nous.*

◻ **laisse-moi rire.** Dans cette locution familière, ainsi que dans **tu veux rire,** le verbe a le sens de « se moquer, railler ».

◻ **pour de rire** → POUR (de bon)

◻ **pince-sans-rire** → PINCE-

RIS-DE-VEAU orth. Ne pas écrire **riz-de-veau*, sous l'influence de **riz**.

RISOTTO emploi Le pluriel est inusité. On dit *manger un risotto* ou *du risotto*.

RISQUER emploi et sens Ce verbe comporte en principe une idée de « danger », ou tout au moins d' « issue fâcheuse ou douloureuse » : *Je serai prudent, j'emprunterai les lignes secondaires qui ne risquent pas d'être bombardées* (Chaix). *C'est un peu risqué quand même*, murmura Lazuli (Vian). *L'événement risque d'accroître les difficultés de Mme Golda Meïr* (Le Monde). Cependant l'idée de « danger » est bien affaiblie dans certains cas, surtout avec la construction transitive directe : *Deux, trois fois, il risque de l'argent dans des expéditions lointaines* (Cendrars). *En tout cas, nous nous accordions à ne jamais risquer une parole quant à la moralité du bonhomme* (Aymé) ; ou le tour pronominal **se risquer à** : *Au moment où j'allais me risquer à exprimer maladroitement ce que je voyais avec mes yeux de tous les jours, il me venait – quelquefois – une idée* (Perry). Aussi ne faut-il pas s'indigner lorsqu'on rencontre, chez de très bons écrivains, le tour **risquer de**, avec le sens de « avoir une chance (bonne ou mauvaise) de » : *Puisque les vertus viriles risquent de demeurer sans emploi dans les guerres de demain* (Gide). *Les nécessités d'une enquête difficile l'obligent à interroger, un peu au hasard, toutes les personnes du quartier qui risquent de fournir le moindre indice* (Robbe-Grillet). On voit par le dernier exemple qu'on en vient même là à exprimer par ce verbe la simple idée de probabilité. Mais le sens de **risquer** est déformé dans : *Vous risquez de gagner cent francs* ou *le cheval risque de gagner le Grand Prix*. Feu la Loterie nationale a donné le bon exemple autrefois en publiant une annonce qui marque nettement la différence entre le *risque* et la *chance* : *Qui risque peu à la Loterie nationale a des chances de gagner beaucoup*. → CHANCE et HASARDER

RISQUE-TOUT orth. Invariable : des risque-tout.

RIVIÈRE → FLEUVE

ROAST-BEEF → ROSBIF

ROBE DE CHAMBRE ou **ROBE DES CHAMPS** → POMME DE TERRE

ROBINETTERIE orth. Deux *t*.

ROCKING-CHAIR orth. Pluriel : des rocking-chairs.

ROCOCO forme Invariable comme adjectif, et sans pluriel comme substantif. ♦ sens Au figuré, synonyme de **vieillot**.

RODÉO orth. Un accent sur le *e*, dans la forme francisée.

RODER et **RÔDER** orth. et sens Il faut éviter de confondre ces deux verbes de formes très voisines. **Roder** s'écrit sans accent, se prononce [ʀɔde] ou souvent [ʀode] et signifie « user certaines pièces par frottement afin que le mécanisme fonctionne ensuite avec douceur et précision » : *Nous déjeunons en forêt de Rambouillet, on va roder... Il se reprit : – Nous allons roder la voiture, vous comprenez* (Colette). Au figuré, ce verbe prend le sens de « mettre au point un nouveau système » : *La machine est maintenant suffisamment rodée pour que ces progrès se poursuivent d'eux-mêmes, sur leur lancée, sans intervention de l'État* (Le Monde). **Rôder** s'écrit avec un accent circonflexe sur le o, se prononce avec un o fermé et signifie « errer avec une intention plus ou moins louche ou suspecte » : *Il fait des bêtises, ne rejoint pas son bateau, rôde pendant des semaines sans travailler* (Simenon). Les mêmes remarques concernant l'accentuation, la prononciation et le sens s'appliquent également aux dérivés.

ROGOMME orth. Deux *m*. ♦ emploi et sens Désigne l'eau-de-vie, dans un registre populaire. Surtout dans l'expression *une voix de rogomme*, « une voix rendue rauque par (ou comme par) un abus de boissons alcooliques ».

ROIDE, ROIDEMENT → RAIDE

ROMANCE genre Masculin au sens de « composition poétique formée d'octosyllabes, genre typiquement espagnol » : *Mais devant cette fuite, ce que le monde appelle tout de même une dérobade, le romance de la petite infante de Castille me revenait* (Montherlant). Féminin au sens de «composition musicale, plus ou moins sentimentale» : *Il ouvrait la fenêtre et poussait sa romance préférée : «Femmes, que vous êtes jolies!»* (Camus).

ROMAN-FEUILLETON forme Les composés de **roman** s'écrivent avec un trait d'union et prennent au pluriel une double marque : *Les romans-fleuves semblent avoir quelque peu passé de mode, mais non les romans-feuilletons.*

ROMANICHEL forme Parfois abrégé en **romani** ou **romano**. ♦ emploi et sens Désignation plus ou moins péjorative des «nomades» : *On les appelle les gitous, les rabouins, les cinnetines, les gitans, les manouches, les boumians, les tziganes, les zingari, les gipsies, les bohémiens ou les romanichels, suivant l'heure, le climat et le pays qu'ils traversent sans jamais s'y poser* (Vidalie).
→ BOHÈME et TSIGANE

ROMPRE conjug. → APPENDICE. Le *p* se maintient devant les désinences *s* et *t* du singulier, même quand il est muet : *tu romps, il rompt.* ♦ emploi et sens Ce verbe apparaît comme littéraire et vieilli, au sens de «briser» : *La vitre se rompit sous une violente poussée.* Cependant il entre dans d'assez nombreuses locutions stéréotypées qui s'emploient couramment : *Attends! tu irais te rompre la tête!* (Peyré). *Il tomberait de haut, un jour, et se romprait les os* (Guilloux). *Elle décida de rompre... Rompre, le pouvait-elle encore, quand elle venait de s'engager?* (Rolland). *Les personnes timides ont des difficultés à «rompre la glace».*
□ **être rompu à.** Cette locution est du registre littéraire, et signifie «être très expérimenté dans» : *Rompu à toutes sortes de sports, il pouvait indifféremment pêcher le brochet à la carabine, grimper aux arbres, tricoter des chaussettes* (Bazin).

ROMSTECK orth. Elle résulte d'une francisation incomplète de l'anglais *rumpsteak.* → BIFTECK et ROSBIF

ROND-DE-CUIR forme Seul le premier élément prend un *s* au pluriel : *Encore un sigle breveté par tous ces ronds-de-cuir du Marché commun payés pour déplacer des papiers de corbeille en corbeille* (C. Sarraute, *Le Monde*, 4 avril 1990).

RONDE-BOSSE orth. Le substantif prend un trait d'union, mais non la locution *(sculpter) en ronde bosse.* ♦ sens En sculpture, on dit désigne un «relief complet», par opposition à **bas-relief** (→ ce mot) et à **demi-bosse.**

RONÉOTYPER forme Ce verbe est parfois abrégé en **ronéoter,** forme acceptable et même peut-être préférable à la précédente, pour sa simplicité.

RONGER constr. Ce verbe offre les mêmes possibilités de construction du complément de cause que pour le verbe *manger* (→ ce mot) : *Les murs étaient délabrés, les fenêtres disjointes, les boiseries rongées des vers* (Guilloux).
□ **se ronger le(s) sang(s).** Cette locution populaire et vieillie signifie «se faire beaucoup de souci» : *Elle qui se rongeait le sang pour ses petits!* (Peyré).
→ SANG

ROQUETTE orth. Cette forme a remplacé dans la langue des militaires l'anglais *rocket.* ♦ genre Féminin ♦ sens «Projectile autopropulsé non guidé, à la différence du *missile*». → ce mot.

ROSAT forme Cet adjectif est invariable en genre et en nombre, malgré l'autorité de Colette : *Les géraniums rosats qui prodiguaient leur méridional parfum.* ♦ sens En général, «qui est fait à partir de roses», plutôt que «qui a l'aspect de la rose» (sauf pour *géranium rosat).*

ROSBIF forme Ce mot est une francisation, qu'on doit sans hésiter préférer à l'original, de l'anglais *roast beef.*

ROSE emploi On écrit au pluriel *de l'essence, de l'huile de roses,* et au singulier *un teint de rose, l'Aurore aux doigts de rose, une histoire à l'eau de rose.* L'adjectif de couleur varie au pluriel : *des joues roses.* → COULEUR
□ **confiture de rose(s)** → CONFITURE
□ **rose moussue** ou **mousseuse** → MOUSSU

ROSE-CROIX forme Pas de *s* au pluriel : **des rose-croix.** ♦ **sens** «Membre d'une confrérie secrète d'Allemagne», la **Rose-Croix** (avec deux majuscules).

ROT orth. On écrit aussi sans accent **ro-ter.** ♦ **sens** Étant donné que la forme **rôt,** pour *rôti,* est tombée en désuétude, on ne risque plus guère de la confondre avec le **rot,** qui s'écrit sans accent circonflexe et désigne le «fait d'émettre par la bouche des gaz stomacaux» : *Le bébé a-t-il bien fait son rot?*

ROTATIF ou **ROTATOIRE** sens Le premier adjectif est de beaucoup le plus répandu. Il signifie «qui agit en tournant» : *La scène change grâce à un mouvement rotatif du plateau.* Le second adjectif est d'un niveau plus technique, et signifie «qui est caractérisé par la rotation».

RÔTIE emploi et sens Ce mot désigne une «tranche de pain grillée», ce qui est différent du **toast** (pain de mie) : *Il cassa bien nettement l'une des rôties, qu'il aimait sèches* (Velan). S'emploie aussi pour *toast* au Québec, et dans certains hôtels.

ROTURIER orth. Pas d'accent circonflexe sur le *o*. De même pour **ro-ture.**

ROUAN forme Fém. : **rouanne.** ♦ **sens** Cet adjectif qualifie la robe d'un animal quand elle est «mélangée de blanc, d'alezan et de noir». → ALEZAN, BAI

ROUGE forme Adjectif de couleur variable. → COULEUR

ROUILLE forme Invariable comme adjectif de couleur. → COULEUR

ROULIS sens «Mouvement d'oscillation d'un bord sur l'autre». Ne pas confondre avec **tangage,** «mouvement d'oscillation dans le sens longitudinal».

ROUVRIR forme On notera la différence arbitraire, mais enregistrée par l'usage, entre le verbe, et le substantif dérivé **réouverture** : *Israël a décidé de rouvrir partiellement la bande de Gaza* (P. Claude, *Le Monde,* 7-8 juin 1992). *Un petit tronçon de la voie express sur berge a été rouvert à la circulation automobile (Le Monde). Une petite affiche*

manuscrite annonçant la date de la réouverture (Gallo).

ROYALTIES emploi et sens Anglicisme, presque toujours au pluriel avec le sens de «redevances versées au propriétaire d'un brevet, ou d'un sol dont on extrait du pétrole, etc.». Parfois étendu abusivement au sens de «redevances quelconques».

-RRAGIE et **-RRHÉE** sens Ces deux suffixes ont un sens proche, le premier désignant un «jaillissement», le second un «écoulement». Seul ce dernier peut avoir un emploi figuré : *Cet orateur est atteint de logorrhée* (= «excès verbal»).

RU orth. Sans accent circonflexe, Prendre garde à l'influence de mots tels que **crû** (de *croître*), etc. ♦ **emploi et sens** Mot vieilli, bien connu des cruciverbistes, qui signifie «petit ruisseau».

RUBRIQUE constr. On dit *vous trouverez ces indications à la rubrique financière* ou *sous la rubrique financière,* mieux que *dans la rubrique,* car ce substantif conserve toujours quelque chose de son sens ancien de «titre».

RUCHE orth. Pas d'accent circonflexe, non plus que sur les dérivés : *On nomme* trou de vol *l'orifice permettant aux abeilles d'entrer et de sortir de la ruche.*

RUDEMENT emploi et sens Outre son sens propre, «d'une façon rude», cet adverbe a dans un registre familier celui de «très fortement» et sert fréquemment à constituer un superlatif absolu : *Elle est rudement bien !*

RUE (orth. des noms de) → GUIDE TYPO
□ **habiter (dans la) rue de** → HABITER
□ **sur la rue.** Cette construction est correcte dans les locutions *avoir vue sur la rue, donner sur la rue, avoir pignon sur rue,* mais non après des verbes comme *jouer, marcher, habiter,* etc. On dira *les enfants jouent dans la rue* (et non **sur la rue*), mais : *L'immeuble avait deux façades : l'une donnait sur la rue de P... et portait le n° 3, l'autre sur la rue R... et portait le n° 36* (Triolet).

□ **être à la rue.** Cette locution signifie

une «exclusion», le «fait de se trouver sans logement», et ne saurait se confondre avec *être dans la rue.*

☐ **rue passante** → PASSANT

RUFFIAN forme On rencontre plus rarement **rufian** (avec un seul *f*) et **rufien,** qui est vieilli. ♦ **sens** «Homme débauché, entremetteur, souteneur».

RUINE emploi et sens Ce substantif, au sens statique de «restes, débris d'une construction», se rencontre le plus souvent au pluriel : *Le château de la Quartfourche dont il ne restera bientôt plus que des ruines* (Gide). Appliqué par métaphore à une personne, le singulier est cependant assez courant : *Cet intellectuel surmené n'est plus qu'une ruine.* Enfin, au sens dynamique de «processus d'écroulement», le mot **ruine** se rencontre au singulier dans des locutions stéréotypées comme *menacer ruine* ou *tomber en ruine.*

RUINEUX sens Cet adjectif a généralement l'acception figurée de «très coûteux», mais on le rencontre parfois au sens propre de «qui menace ruine» ou «qui tombe en ruine» : *Une voie mal tenue, pleine de cailloux et d'ornières et que bordent des murs ruineux* (Apollinaire).

RUPESTRE emploi et sens Ne pas faire de ce mot le synonyme de **rural** ou de **champêtre** («relatif à la campagne»). **Rupestre** désigne ce qui pousse sur les rochers ou a le sens de «sur la roche», «dans la roche», dans des locutions telles que *dessins rupestres, tombe rupestre,* etc.

RUSH prononc. [Rœʃ]. ♦ **emploi et sens** Cet anglicisme, qu'on peut à la rigueur admettre dans la langue du sport, au sens de «effort final, qui décide de l'arrivée», est inutile dans la langue courante, où il ne dit absolument rien de plus que **ruée** : *À la suite de ces informations alarmistes, il y a eu un rush,* ou mieux *une ruée des ménagères sur les produits de première consommation.*

RUTILANCE forme On emploie aussi **rutilement.**

RUTILER sens Ce verbe signifie «briller d'un vif éclat», l'idée originelle de «rouge» s'étant peu à peu effacée : *Et tout ça est fait de ce que le monde a de plus rutilant et de plus vermeil* (Giono). La forme du participe-adjectif *rutilant* est de beaucoup la plus fréquente. Quelques écrivains reviennent par coquetterie au sens premier : *Certains buissons pourprés rutilaient à travers l'averse* (Gide). *Il portait un rutilant blazer de drap rouge à boutons dorés* (Labro).

S

S prononc. Un [ɛs] ou un [s]. ♦ **genre** Le masculin s'est aujourd'hui imposé. On dit *un «s»*. ♦ **emploi** Certains adverbes ont pris jadis, par analogie avec des formes régulières comme *plus, moins*, etc., un *s* final, appelé plus tard adverbial par les grammairiens : *avecques, doncques, encores, naguères*, etc. On le rencontre encore parfois dans *jusques*, surtout dans la locution emphatique *jusques à quand*. → JUSQUE Pour les divers emplois abréviatifs, → GUIDE TYPO., Abréviations

□ **parles-en à ta mère.** Les impératifs qui se terminent normalement par un *e* à la deuxième personne du singulier prennent un *s* final devant *y* et *en* quand ces mots sont des adverbes ou des pronoms compléments de l'impératif : *Manges-en un peu. Penses-y.* Mais : *Mange en silence*, etc. Cette règle fondée uniquement sur un souci d'euphonie explique la faute fréquente qui consiste à écrire tous les impératifs de la deuxième personne du singulier avec un *s* final. → IMPÉRATIF

SABBAT orth. Avec deux *b*. De même pour les dérivés : *Ces antres de perdition, les fabriques – où le jour du Sabbat n'est pas respecté* (Schwarz-Bart). – Ne pas confondre avec **Saba** (dans *la reine de Saba*).

SABLEUX ou **SABLONNEUX** emploi et sens Le premier adjectif, le moins fréquent, signifie «qui est de la nature du sable» ou «qui contient du sable» : *un terrain sableux*. Le second adjectif est courant, au sens de «riche en sable» : *Elle venait par l'allée sablonneuse, bordée d'épicéas et de pommiers alternés* (Genevoix).

SABORDAGE forme On rencontre aussi bien **sabordement**.

SACCADE, SACCADÉ orth. Avec deux *c*, comme *saccager* : *Le corps de Carlo résonna des saccades de son sang, un coup, deux coups, elles le secouaient, martelant ses tempes* (Gallo).

SA(C)QUER orth. Avec ou sans *c*. ♦ **emploi et sens** Dans la langue familière, «congédier» ou plus souvent «réprimander avec vigueur» et aussi «mal noter» : *Il s'est fait saquer par son patron.*

SACRAMENTAIRE, SACRAMENTAL ou **SACRAMENTEL** emploi et sens Les deux premiers mots sont le plus souvent des substantifs masculins, **sacramentaire** désigne un «livre qui contenait jadis les prières de la messe et des autres sacrements» ou un «réformé ne croyant pas à la présence réelle du Christ dans l'Eucharistie». **Sacramental** désigne un «rite sacré institué par l'Église pour obtenir un effet spirituel, de moindre importance que le *sacrement*». Quant à **sacramentel,** c'est l'adjectif issu de **sacrement** par la voie latine, qu'il ne faut pas déformer en **sacrementel*, etc. On employait aussi autrefois **sacramentaire** comme adjectif.

SACRIFIER constr. En plus de sa construction directe, ce verbe admet la préposition *à*, seulement dans la langue littéraire, au sens de «se conformer à, se plier à» (avec le plus souvent une nuance de blâme): *Ils se demandent si le gouvernement de Pretoria n'est pas en train de sacrifier à la théorie raciste de la suprématie de la race blanche (Le Monde).*

SACRIPANT prononc. On entend dire parfois, de façon fautive, *[sakʀispɑ̃]*, par analogie (peut-être) avec le participe présent du verbe **crisper,** ou avec l'ancien juron *sacristi.*

SACRO-SAINT emploi et sens Cette sorte de superlatif de **saint** ne s'emploie plus qu'ironiquement: *Dans l'enceinte / Sacro-sainte / Quel émoi* (Brassens). *Il a, une fois de plus, appliqué le sacro-saint règlement.* Le sens est: «à quoi on attache une importance exagérée, qu'on respecte avec un formalisme dérisoire».

SADISME emploi et sens À comparer à **masochisme.** Le *sadique* prend plaisir à la souffrance des autres, le *masochiste* à la sienne propre. On dit aussi: *sadomasochisme* pour désigner la réunion des deux tendances chez un même individu.

SAFARI orth. Plur.: **des safaris.** *Des safaris-photos.*

SAFRAN forme Invariable comme adjectif de couleur: **des chemisiers safran.** → COULEUR. Les dérivés *safraner, safranière* s'écrivent avec un seul *n.*

SAGA orth. Plur.: **des sagas.** ♦ emploi et sens «Anciens récits d'origine scandinave». Il y a une légère impropriété, ratifiée par l'usage littéraire, à employer ce mot au sens général de «légende, mythe, cycle, suite romanesque», etc.: *Le public français [...] veut de beaux gros romans bien gras, plus ils sont gros plus il aime, et par-dessus tout il chérit les sagas interminables, dix-huit tomes épais à la queue leu leu ne lui font pas peur* (Cavanna).

SAGACE emploi et sens Cet adjectif, qui relève surtout d'un usage littéraire, signifie «plein de pénétration, de finesse et d'intuition»: *Monsieur peut compter... répétait la fille en agitant comiquement sa tête ronde, d'un air sagace* (Bernanos). Ne pas employer **sagace** et **sage** l'un pour l'autre.

SAGE-FEMME orth. Plur.: **des sages-femmes.**

SAGITTAIRE orth. Deux *t*, quel que soit le sens de ce mot (qui prend une majuscule dans le sens de «constellation» et de «signe du zodiaque»).

SAILLIR conjug. Au sens de «jaillir», il a existé une conjugaison de *saillir* sur le modèle de *finir* (*il saillissait*, etc.), mais ces formes sont devenues caduques et se confondent en partie avec la seule conjugaison actuellement pratiquée, qui prend pour modèle *assaillir.* ♦ sens Voici un exemple du sens ancien: *À cette vision, ses yeux saillirent, environ un pied et demi de leurs orbites, et y rentrèrent toutefois* (Aymé). Le sens le plus courant aujourd'hui est celui de «faire saillie, dépasser»: *Ses frêles épaules saillaient sous la robe de chambre de grosse laine* (J. Roy). *Les os de ses pommettes saillaient sous la peau trop fine* (Guilloux). L'adjectif **saillant** est plus répandu: *Cette corniche est légèrement saillante. Quel a été le fait saillant de cette période?*

SAIN forme Fém.: **saine.** Il ne faut pas confondre cet adjectif (à rattacher à *santé*) avec **saint, sainte, ceint.**

SAIN ET SAUF orth. Ce groupe adjectival varie et s'accorde comme l'adjectif seul: *Les trois Nancéiens sont sortis hier matin sains et saufs de la cavité où ils étaient bloqués depuis douze heures* (D. Christophe, *L'Est républicain*, 9 juin 1992).

SAINT orth. L'adjectif **saint** ne prend une majuscule et n'est séparé du substantif par un trait d'union que lorsqu'il désigne une «époque, une fête, un lieu, une rue»: *La chapelle Saint-Jean. L'église Saint-Étienne-du-Mont.* Mais pour désigner la «personne du saint», on écrit le mot avec une minuscule et sans trait d'union: *Ah! tu as rendez-vous avec saint Michel, petite coureuse* (Anouilh). *J'ai une lettre de saint François pour le roi d'Espagne* (Claudel).

◆ **forme** Dans les noms composés, *saint* est invariable : *des saint-bernard, des saint-cyriens, des (poires) saint-germain, des saint-honoré, les saint-simoniens.* Quant à *sainte nitouche* il ne prend pas de trait d'union et les deux éléments varient : *Ce sont de vraies saintes nitouches.* → NITOUCHE

SAISIE- forme Les composés de *saisie,* qui appartiennent à la langue judiciaire, prennent un trait d'union, et un double *s* au pluriel : *L'huissier se remémora tous ses exploits et fit le compte des saisies-arrêts, des saisies-brandons et des saisies-contrefaçons auxquelles il avait procédé.*

SAISINE emploi et sens Ce mot, proche de **saisie,** appartient exclusivement au vocabulaire juridique et signifie « prérogative accordée à une personne ou à un organisme de saisir en justice une autre personne ou un autre organe afin de faire exercer ses droits » : *Le bureau de l'Assemblée examine la demande de saisine de la Haute Cour dans l'affaire du sang contaminé* (Le Monde, 14 octobre 1992).

SALACE emploi et sens Cet adjectif est rare et littéraire, au sens de « très porté aux plaisirs charnels » : *Madame Blèze avait pris son congé de la province, sans avoir trahi le secret qui la liait au petit garçon trop salace* (Labro). Il s'applique à un nom de personne, et c'est par confusion avec **salé,** au sens de « osé », qu'on trouve des emplois extensifs du genre : *Il ne pouvait s'empêcher de croire que toute plaisanterie salace, visant les femmes en général, insultait sa mère en particulier* (Troyat).

SALADE constr. Le complément de ce substantif est toujours au pluriel : *de la salade de fruits, de tomates, d'oranges.* Quand le plat se compose exclusivement de « feuilles comestibles », il est inutile de préciser par un complément, et on a le choix entre le terme général : *Nous avons mangé de la salade,* et le terme précis : *Nous avons mangé de la mâche, de la laitue, du cresson,* etc. Mais on peut dire : *manger (un légume) en salade,* quand ce légume peut être préparé autrement : *des endives en salade,* ou *une salade d'endives.*

L'exemple donné par l'Académie : *une salade de laitue, de chicorée,* est tombé en désuétude, mais on dit couramment *de la salade verte.*

SALAIRE sens Le **salaire** est « la somme régulièrement versée à un ouvrier pour son travail ». L'employé touche des **appointements** mensuels, le fonctionnaire un **traitement.** Cependant *salaire* est souvent étendu à des catégories de travailleurs autres que l'ouvrier, même dans la terminologie officielle. Par exemple, un employé ou un fonctionnaire dont la femme ne travaille pas reçoit, outre ses *appointements* ou son *traitement,* une prime de *salaire* unique. Les trois catégories ci-dessus ont des *bulletins de paie* (ou *paye*). On voit par là l'extension nouvelle de la notion de « salarié ». Les militaires reçoivent la *solde,* le *prêt* ou le *complément de paquetage,* les greffiers, huissiers, conservateurs des hypothèques ont des *émoluments* (→ ce mot), les médecins et les avocats des *honoraires* (→ ce mot), les artistes un *cachet,* les experts des *vacations.* Mais *gages,* pour un employé de maison, est désuet.

SALAMI forme Ce mot italien est un pluriel, mais en français il s'emploie surtout au singulier : *manger du salami, acheter un salami.* Plur. : **des salami,** ou **salamis.**

SALAUD forme C'est le mot **salope** qui tient lieu de féminin à cet adjectif-substantif. Aussi trouve-t-on en retour, parfois, l'orthographe **salop** (avec un *p* muet) pour le masculin : *Si tu crois que tu l'épouseras, ton salop... Jamais!* (Zola). ◆ **emploi** Ce mot se rapporte toujours au domaine moral, à la différence de **sale :** *Je bois, j'ai volé pour boire, je suis un salaud, c'est la prison des salauds qui me guette* (Masson).

SALE constr. et sens La place de cet adjectif influe sur son sens, comme pour bien d'autres adjectifs : *un chien sale* est « malpropre », *un sale chien* est « une bête suspecte ou hostile ». Un *métier sale* n'est pas nécessairement un *sale métier.*

SALLE constr. Ce substantif sert à former divers composés, avec un complément au singulier ou au pluriel : *salle d'armes, de conférences, des ventes,* mais *salle d'audience, d'étude, de jeu, de spectacle,* etc. On écrit indifféremment *salle de bain* ou *de bains,* avec une préférence pour le pluriel. Quant à *salle d'eau,* c'est une séquence utile qui désigne une « pièce aménagée pour la toilette » lorsqu'il ne s'y trouve pas de baignoire.

SALMIGONDIS orth. Un *s* au singulier : *Un effroyable salmigondis.* ♦ **sens** Au sens propre, « ragoût », mais aussi dans une acception familière : « désordre dans les paroles, les écrits, les actes ».

SALON(N)ARD orth. Avec un ou deux *n.* ♦ **emploi et sens** Ce mot péjoratif désigne l'« habitué des salons ». À distinguer de **salonnier,** « critique spécialisé dans la chronique des Salons de peinture ».

SALOON prononc. [salun]. ♦ **sens** « Bar, tripot américain ». Mot impossible à franciser, tant il correspond à un décor spécifique, qu'on trouve notamment dans les *westerns.*

SALOP, SALOPE → SALAUD

SALVE orth. Il peut être utile d'écrire **salvé** (avec accent aigu) ce substantif masculin, au sens de « prière à la Vierge commençant par les mots *Salve, regina* » pour le distinguer graphiquement du substantif féminin une **salve.**

SAMOURAÏ orth. Cette forme est aujourd'hui plus fréquente que *samurai.* Plur. : **des samouraïs.**

SANATORIUM forme Le pluriel est **sanatoriums** (avec un *s* final). Voir cependant : *Ainsi les services d'hygiène n'emmenaient aux sanatoria que les tuberculeux déclarés* (P.-H. Simon). Le mot s'abrège souvent en **un sana, des sanas.**

SANCTION emploi et sens Le sens premier de ce substantif est « consécration, ratification » ou, dans la langue du droit, « peine ou récompense prévue pour assurer l'exécution d'une loi » : *Ce mot a reçu la sanction du bon usage. Cette remise de peine a été la sanction normale d'un acte aussi courageux.* Mais **sanction,** de même que le verbe dérivé **sanctionner,** glisse de plus en plus vers l'acception négative de « punition, châtiment » : *Les pénalités très graves qui sanctionnaient ce genre d'entreprises* (Camus). *Le surveillant général a pris des sanctions. Nous nous rebellerions devant une sanction injuste.* Il est difficile aujourd'hui de refuser cette restriction de sens.

SANCTUAIRE emploi Ce mot, qui a en français le sens de « lieu saint, sacré », connaît chez les journalistes politiques un emploi extensif : « asile, refuge » venu de l'anglais et difficile à refuser.

SANDWICH forme Au pluriel, on écrit **sandwiches,** conformément au pluriel anglais : *Une boîte à sandwiches, en aluminium* (Morand). Plus rarement, *sandwichs,* qui est discuté.

SANG prononc. En liaison, le *g* final se prononce [k] dans certains emplois traditionnels : *Qu'un sang impur abreuve nos sillons. Suer sang et eau.* Mais on tend aujourd'hui à prononcer [sɑ̃] dans tous les contextes. ♦ **orth.** On écrit : *Il a le sang vif; il a le sang chaud,* mais *du sang-froid.* ♦ **emploi et sens** Il subsiste de nombreuses locutions plus ou moins figées : *se tourner, se ronger les sangs, se faire du mauvais sang,* etc. : *Au diable cet enfant! Il m'a fait tourner les sangs* (Mac Orlan). *Lubert doit se ronger les sangs* (Queneau). *Elle se fait un sang noir pour lui* (Peyré). Dans ces phrases, *sang* désigne une « humeur en relation directe avec l'état psychique de la personne ». → PUR-SANG et RONGER

SANGLOTER orth. Un seul *t.*

SANG-MÊLÉ forme Substantif invariable. ♦ **sens** Synonyme péjoratif de **métis** → ce mot, ainsi que MULÂTRE

SANISETTE emploi et sens Ce néologisme, nom déposé vers 1980 pour désigner des «toilettes publiques payantes à fonctionnement automatique», remplace avantageusement l'ancien *pissotière* et même les *W.-C. publics : Une minuscule cabine métallique dotée d'une sanisette et d'un distributeur de boissons* (C. Sarraute, *Le Monde*, 3 octobre 1992).

SANS emploi Le complément régi par la préposition *sans* se met au singulier ou au pluriel, de façon extrêmement variable selon le contexte, la vraisemblance, la logique du contenu, etc. Voici quelques exemples du singulier : *De si puissants rois qu'ils n'avaient plus rien à désirer qu'une tombe sans pareille* (Valéry). *Ce J.-C. Hamilton sans visage, sans adresse, sans état civil, sans biographie* (Butor). *Les ouvriers étaient partis sans gilet de laine sous leur veste* (Romains). *De très belles jambes dans des bas sans défaut qu'elle achetait en cachette* (Colette). Et pour le pluriel : *Mais on ne retire pas ses enfants à une jeune femme sans motifs graves* (Bazin). *Pour chaque bout, une came, et le passage d'une came à l'autre, sans heurts* (Triolet). *On resta un an sans nouvelles de lui* (Aragon). *L'instinct parlait clairement, sans faux-fuyants, dans mon attitude* (Camus). On voit par ces exemples que le nombre du complément est fonction de la signification de l'ensemble. L'intention de l'auteur joue ici souvent un rôle prédominant, et il est assez utopique de chercher à donner une «règle» dans ce domaine.

□ **sans… ni…** *Une jeune fille sans dot, trousseau ni bijoux* (Colette). *C'est une petite pièce sombre et nue couverte de boiseries sales, sans chaise ni table* (Chaix). Même construction avec *sans que : Sans qu'il se rapproche ni s'éloigne* (Romains). *Il avait achevé ce récit sans qu'une inflexion ni qu'un geste témoignât qu'une émotion quelconque le troublât* (Gide).

□ **ni sans.** Ce tour apparaît littéraire, à côté de *et sans*, aujourd'hui beaucoup plus naturel : *L'image d'un caprice sans but, sans commencement, ni fin, ni sans autre signification que la liberté de mon geste dans le rayon de mon bras* (Valéry). *Ces transformations ne peuvent intervenir sans difficultés ni sans troubles* (*Le Monde*).

□ **n'être pas sans + infinitif.** Ce tour est souvent mal employé et mal compris dans la langue courante. Les idées de négation contenues dans *ne… pas* et dans *sans* s'annulent pour donner une valeur positive à l'ensemble : *Elle n'avait pas été sans remarquer une série de colloques, ni sans deviner qu'elle en était l'objet* (Romains) = «elle avait effectivement remarqué». *Cependant la certitude de son chef n'est pas sans le troubler* (Robbe-Grillet) = «le trouble réellement». *D'ailleurs, son amour-propre n'était pas sans remarquer que sa sœur n'approuvait pas tout en elle* (Rolland). On évitera surtout de dire **vous n'êtes pas sans ignorer*, au lieu de *vous n'êtes pas sans savoir*, pour signifier «vous savez pertinemment» : *En tant que médecin, poursuivit Kohaine, vous n'êtes pas sans savoir que les dépressions nerveuses se manifestent chimiquement par une destruction partielle des molécules d'acide désoxyribonucléique* (Desproges). La même remarque vaut pour le tour plus littéraire et plus rare **ne pas aller sans** : *Ces paradoxes soigneusement mûris n'allaient pas sans soulever des protestations* (Aymé). Elle vaut aussi pour la locution **non sans** : *En fait, sa pensée commençait de s'orienter, non sans faux pas, non sans hésitations* (Duhamel).

□ **sans guère.** L'association de ces deux mots appartient exclusivement au registre littéraire : *Ce qui lui a donné un total d'une part un un autre total de l'autre, deux totaux sans guère de peine* (Ramuz).

□ **sans plus + infinitif.** Dans ce tour, qui exprime la «cessation d'un procès à partir d'un moment donné», l'infinitif est généralement postposé à *sans plus*, ou bien intercalé : *Et sans plus m'expliquer, je le pris par la taille* (Carco). *Sans plus penser à la recommandation de sa mère, je lui demandai* (Hériat). Exception pour certaines locutions verbales : *Mais l'autre, sans faire plus attention à lui, a continué son chemin vers le pont* (Robbe-Grillet). Lorsque *sans plus* régit un substantif, celui-ci est forcément postposé : *Il était tout d'un coup un pauvre homme esquinté, sans plus de raisons d'être, autorité et prestige cassés* (Aymé).

□ **emploi adverbial.** Tandis que la préposition *avec* est considérée comme correcte dans cet emploi adverbial : *Il a pris ta voiture et il est parti avec*, la préposition *sans*, selon le bon usage, n'est admise que dans un contexte très familier : *Vous n'en avez pas ?... C'est aussi bien allez... pour la reconnaissance qu'on en a ! On est bien mieux sans* (Daninos). [Il s'agit d'enfants.] *Nous sommes bien obligés de compter avec* [cet argent]. *Que ferions-nous sans ?* (Duhamel).

□ **sans nul, personne, jamais,** etc. Le cumul des mots négatifs après *sans*, avec renforcement de la valeur négative de l'ensemble, est admis dans la langue : *Il se sentait capable d'attendre bien plus sans éprouver nulle trace d'ennui* (Romains). Mais les tours *sans pas, sans pas un* ne sont plus possibles aujourd'hui.

□ **sans presque** ou **presque sans.** Le premier tour est plutôt littéraire. → PRESQUE

□ **sans (aucun) doute** → DOUTE

□ **sans égal, sans pareil** → ÉGAL, PAREIL

□ ***sans dessus dessous.** Forme fautive pour **sens dessus dessous** → SENS

□ **sans que.** Dans la subordonnée introduite par *sans que*, on constate une tendance croissante à insérer un *ne* parfaitement inutile puisque cette locution conjonctive a par elle-même une valeur négative : *Il m'arrivait même de passer des soirées de pure amitié, sans que le désir s'y mêlât* (Camus). *Je restai là, ma cigarette intacte aux lèvres, sans qu'il s'en aperçût* (Marceau). Mais le plus souvent, la subordonnée introduite par *sans que* contient un mot négatif ou un des indéfinis « mi-positifs, mi-négatifs » *rien, personne, aucun,* etc. Dans ce cas encore, le *ne* est inutile : *Sans que leur liaison fût en rien rompue, il était devenu pour elle un étranger* (France). *Un typhon de ferrailles éclatait sans que rien l'ait fait prévoir* (Lanoux). *Il était là sans que personne l'eût entendu* (Mauriac). Mais les exemples de *ne* en pareilles phrases sont nombreux : *La vie reprenait paisible, monotone, sans que rien ne justifiât une inquiétude singulière* (Bernanos). *Je voyais s'approcher la rue sans que rien*

ne se produisit (Radiguet). *Il pénètre en ville sans que personne ne le reconnaisse* (Cendrars).

□ **ne** apparaît souvent aussi après **sans que** quand la principale contient une négation : *Je n'apprends rien de malencontreux sans qu'il n'y ait sa part de responsabilité* (Louÿs). *Cette croyance que rien ne m'arrivait sans que l'Être incréé ne s'en mêlât* (Mauriac). *Il ne s'est pas écoulé une seule journée sans que je n'aie cru entendre ainsi les pas du châtiment en marche* (Benoit).

SANS- forme Les composés formés à partir de ce premier élément demeurent invariables : *sans-abri, sans-cœur, sans-Dieu, sans-façon, sans-gêne, sans-le-sou, sans-soin, sans-souci, sans-travail,* etc. Font exception : *sans-culotte* et *sans-filiste,* qui prennent un *-s* final au pluriel.

SANS-ABRI forme Plur. : *des sans-abri.*
♦ **emploi et sens** Ce néologisme bien motivé est passé dans notre langue sans difficulté : *Les sans-abri de l'esplanade du château de Vincennes veulent être relogés en Ile-de-France* (J. Perrin, *Le Monde,* 27 mai 1992). On désigne ainsi des « personnes n'ayant plus de logement », tandis que **sans-logis** signifie en principe qu'« elles n'en ont jamais eu ».

SANSKRIT forme On écrit aussi, en francisant, **sanscrit.**

SANTAL forme On n'emploie plus la forme **sandal.** Le pluriel, rare, est **santals,** sauf dans la locution employée par les pharmaciens, *poudre des trois santaux.*

SANTÉ emploi et sens Il est absurde de dire *qu'on *jouit d'une mauvaise santé,* ce verbe ne pouvant avoir qu'une valeur positive : *Il jouit d'une excellente santé.* → JOUIR. La locution *pour raison de santé* est figée et se rencontre toujours au singulier : *Il a demandé un congé sans traitement pour raison de santé.* On dit également *pour cause de maladie.*

SAOUL → SOÛL

SAPEUR-POMPIER forme Plur. : **des sapeurs-pompiers.**

SAPHIQUE orth. Avec un seul *p*, à la différence du nom propre *Sap(p)ho*, qui peut être écrit avec deux *p* (selon son orthographe grecque) ou un seul. ♦ sens Nom donné à un «type de vers grec composé de onze syllabes ». Dans une acception moderne : adjectif, «relatif au *saphisme*», qui désigne l'homosexualité féminine.

SAPIDE emploi et sens Cet adjectif didactique est le contraire rare et mal connu de **insipide**, et signifie «qui a une saveur».

SARBACANE → BARBACANE

SARCOME orth. Pas d'accent circonflexe sur le *o*, malgré la prononciation en |ô|. Un seul *m*. ♦ sens «Tumeur conjonctive maligne, une des formes du cancer».

SARCOPHAGE → CATAFALQUE

SARIGUE orth. Un seul *r*. ♦ genre Le masculin n'est plus guère employé de nos jours : *La sarigue porte ses petits sur son dos*.

SARONG prononc. [saRɔ̃]. Le *g* final reste muet. ♦ sens «Jupe étroite et serrée portée en Malaisie ». Ne pas confondre avec **sari**, qui désigne le costume national des femmes en Inde, ni avec **sarrau** (→ ce mot).

SARRASIN orth. Jamais de *z* dans ce mot, qu'il désigne une céréale : *le sarrasin*, ou la population musulmane du Moyen Âge : *J'évoquais ces mystérieux Sarrasins* (Barrès).

SARRAU forme Plur. : *des sarraus*. ♦ sens «Blouse de travail, ample et portée par-dessus les vêtements ». Désuet.

SAS prononc. [sa]. On entend souvent [sas], sous l'influence de l'orthographe, et pour mieux distinguer ce mot des homonymes *ça* et *sa*.

SASSAFRAS prononc. Le *s* final reste muet. ♦ orth. Avec un double *s* et un seul *f*. ♦ sens «Arbre d'Amérique du Nord, aux racines aromatiques ».

SATANÉ emploi et sens Adjectif de la langue familière. Plus faible que **sata-**nique, il est toujours placé avant le substantif et a le sens de «fieffé, maudit » : *Bobo, j'ai toujours vérifié que cette satanée liqueur était une dangereuse cochonnerie* (Salacrou).

SATIÉTÉ prononc. [sasjete] et non *[satjete]. → INSATIABLE

SATIN orth. Les dérivés de ce substantif ne redoublent pas le *n* : *satiner, satinette*, etc.

SATIRE ou **SATYRE** orth. et sens Ne pas confondre ces deux substantifs. **Une satire** est un «écrit qui tourne en dérision quelqu'un ou quelque chose» : *Knock est une divertissante satire des médecins*. **Un satyre** est un «être mythologique à cornes et pieds de chèvre », et le plus souvent aujourd'hui, par extension, un «homme lubrique, exhibitionniste ou sadique » : *Et tous se sont répandus, contre le satyre, en un concert d'injures trop grandes* (Barbusse). Les deux orthographes ont été confondues jusqu'au XVIᵉ siècle.

SATISFAIRE constr. Ce verbe est généralement suivi d'un complément d'objet direct : *Chacun cherche à satisfaire aveuglément ses désirs*. Mais au sens de «remplir une exigence, agir en conformité à une règle», on rencontre la construction indirecte avec la préposition *à* : *Il comptait sur elle pour satisfaire à certaines dépenses auxquelles le service de la République l'avait engagé* (France).
□ **être satisfait que** ou **de ce que** → DE

SATISFECIT forme Substantif invariable : *des satisfecit*.

SATRAPE emploi et sens Dans une acception figurée, «personne tyrannique vivant dans le faste et les plaisirs». Ne pas confondre avec **sybarite**, «personne molle et voluptueuse».

SATYRE → SATIRE

SAUCISSONNER emploi et sens Ce verbe appartient à la langue familière, au sens de «pique-niquer», «manger sur le pouce » : *Que faisait le gouvernement pendant que les soldats saucissonnaient ?* (Dutourd).

SAUF emploi et sens L'adjectif **sauf** s'emploie comme préposition, au sens de «excepté». Dans ce cas, on ne peut avoir de postposition : *Chez le vrai savant, il est impossible que, sauf éclipses passagères, la science ne l'emporte pas sur l'amour* (Mauriac). La locution prépositionnelle **sauf à**, d'emploi littéraire, signifie «en se réservant de, sans exclure que» : *Jeannerin était le seul qui observât par-devers Galuchey une neutralité sans arrière-pensée – sauf à empiler les dossiers sur sa table* (Aymé). *Sauf à croire qu'Esperanza ait confondu une autre arme avec des dragons, ce qui est plus qu'improbable* (Japrisot).

□ **sauf que.** Cette locution conjonctive est courante et correcte au sens de «avec cette réserve que» : *Ça ressemble aux trucs en papier mâché que l'on voyait à l'Exposition, sauf que c'est en fer* (Romains, cité par Le Bidois). *Sauf qu'elle était très pâle, on aurait pu croire qu'elle somnolait* (Duras). Au sens de «à moins que», on n'emploiera pas **sauf que**, mais **sauf si**.

□ **sauf + préposition.** La préposition qui introduit un complément repris après *sauf* se répète généralement : *Il pense à tout, sauf à l'essentiel. Je veux bien m'occuper de tout, sauf de ta mère.*

□ **sauf votre respect** → RESPECT

SAUF-CONDUIT forme Plur. : **des sauf-conduits :** *Je rapporte des sauf-conduits qui nous permettront de nous faire connaître des éléments avancés de son armée* (A. Besson).

SAUMÂTRE sens «Qui a un goût salé», au sens propre : *une eau saumâtre.* Ne pas confondre avec **trouble, sale.** Au figuré, cet adjectif signifie «aigre, désagréable, acerbe», etc. : *un accueil saumâtre, une plaisanterie saumâtre.*

SAUNA genre Masculin. ♦ sens «Sorte de bain de vapeur en usage dans les pays scandinaves».

SAUPOUDRER emploi et sens «Couvrir d'une mince couche de». On emploie ce verbe, en dépit de son sens étymologique, «poudrer de sel», avec n'importe quel complément de «matière» : *Le petit garçon tenant à la main une tartine de beurre salé saupoudrée de sable* (Huguenin). *Cochon de lait farci à la rissole et saupoudré de farine de tapioca* (Cen-

drars), et au figuré : *Il n'est pas de carrefour de la ville, de bâtiment public qui ne soit saupoudré de leur présence* [des C.R.S.] (R. Jean).

SAUTE-MOUTON sens Cette locution invariable, employée surtout dans *jouer à saute-mouton* ou *faire une partie de saute-mouton* ne doit pas être confondue avec **saut-de-mouton** (plur. : **sauts-de-mouton**), qui désigne, en construction, un «croisement de deux voies de même nature à des niveaux différents».

SAUTERIE emploi Ce substantif pourrait être préféré à *surprise-partie* ou à ses variantes familières (*surboum, surpatte*, etc.), pour des raisons de simplicité et d'économie.

SAUTERNES orth. Ne pas omettre le *-s* final, et ne pas mettre de majuscule à l'initiale, quand on écrit **du sauternes,** pour désigner du **vin de Sauternes.**

SAUTE-RUISSEAU forme Invariable : **des saute-ruisseau.**

SAUVAGE forme Le féminin de l'adjectif est identique au masculin : *J'ai seul la clé de cette parade sauvage* (Rimbaud). Celui du substantif est **sauvagesse**, ou parfois **sauvage** : *Une sauvagesse, dis-je, appartenant à quelque race attardée* (Boulle). *Tu te conduis comme une vraie sauvage.* Le diminutif **sauvageon** redouble le *n* au féminin : **une sauvageonne,** mais n'existe au masculin qu'au sens de «arbre non greffé».

SAUVE-QUI-PEUT orth. Substantif invariable.

SAUVEUR et **SAUVETEUR** forme Ces adjectifs-substantifs n'ont pas de féminin dans la langue courante. La forme **sauveuse** est rare, et **salvatrice**, adjectif de caractère savant, ne s'emploie que dans un registre soutenu : *Enfin nous est parvenue la parole salvatrice.* Le plus souvent, on emploie le masculin pour les deux genres, ou on a recours à une périphrase : *Elle fut pour nous un sauveur inattendu. L'innocence est ce qui vous sauve* (mieux que : *votre sauveuse*). *Salvateur* est à peu près inusité en tant que nom.

SAVANE orth. Avec un seul *n*.

SAVOIR conjug. → APPENDICE. La plupart des formes du subjonctif imparfait *(que je susse)* sont quasiment inusitées, en raison de leur collision homonymique avec celles du verbe **sucer.**
♦ **constr. Savoir + proposition infinitive.** L'emploi d'un infinitif après *savoir* ne pose pas de difficulté quand ces deux verbes ont le même sujet : *Il savait y revoir la belle institutrice* (Maurois, cité par Grevisse). Le sens est clair : « il savait qu'il y reverrait ». Mais le tour se complique quand l'infinitif régi par *savoir* a pour sujet un substantif antécédent du relatif *que* : *Pour le grand patriote que tous savaient n'avoir jamais existé* (Daudet). *Une matière noirâtre que je ne savais pas être du caviar* (Proust). *Enfin il eut l'idée d'aller chercher à l'office un poulet froid qu'il savait s'y trouver* (Montherlant). *La fin de cette tirade s'adressait à un monsieur ennuyé que nous sûmes ainsi être notre père* (Bazin). On préférera cette construction, chaque fois que cela est possible, à : *un monsieur ennuyé dont nous sûmes ainsi qu'il était notre père.* Plus rarement, l'infinitif a pour sujet un pronom personnel qui est objet direct du verbe *savoir* : *Il me savait alors souffrir de troubles respiratoires* (Gide) = « il savait que je souffrais alors » (→ DONT et INFINITIF). ♦ **emploi et sens** Avec certains substantifs compléments, ce verbe s'emploie au sens de « connaître », surtout dans la langue littéraire : *Je sais peu d'époques aussi désastreuses dans ma vie* (Louÿs). *Je ne sais rien de plus divin* (Valéry). *Après tout, j'en sais d'autres qui ont les apparences pour eux* (Camus). Avec une négation (souvent limitée à *ne*) et au conditionnel, *savoir* équivaut presque à *pouvoir*, et marque plus l'impuissance que l'ignorance : *La princesse ne saurait avoir de meilleur guide et de plus ferme tuteur que moi* (Audiberti). *On ne saurait penser à tout.*

□ **savoir si.** En tête de phrase, cette locution introduit de façon familière une interrogation : « est-ce que » ? *Il y en a, du porc, aujourd'hui ! Savoir s'il y a eu autant de sang ailleurs* (Louÿs). *Savoir si l'usine de Bertrand est en grève ?* (Romains, cité par Le Bidois). On trouve aussi **savoir** devant un mot interrogatif : *Il est parti le quatrième jour ; mais savoir quand il reviendra ?* (Pourrat).

□ **à savoir.** Cette locution développe le contenu du mot précédent, et annonce une explication ou une énumération : *Il fut arrêté le lendemain, pour être expédié par les voies coutumières, à savoir : poignets tranchés, langue arrachée, yeux crevés* (Chabrol). La langue familière abrège parfois en **savoir,** qui ne se confond pas avec l'« interrogatif » ci-dessus : *Une œuvre qui se serait ornée d'un abominable crime. – Savoir ? – À coups de hachoir* (Queneau). → ASSAVOIR

□ **que je sache** et **je ne sache pas que.** Ces deux locutions appartiennent exclusivement à la langue littéraire et sont toutes deux correctes. La première est relativement mobile dans la phrase : *Mallarmé, que je sache, n'était pas mallarméen* (Cocteau, cité par Grevisse). *Elle ne se drogue pas, que je sache* (Mauriac). La seconde se place en tête : *Je ne sache pas qu'un beau talent s'y soit jamais gâté* [dans le journalisme] (France). *Je ne sache pas que personne m'ait parlé de vous en ces termes* (Jorif). Le sens est « d'après ce que je sais, à ma connaissance ». C'est un subjonctif « d'atténuation », à rapprocher du conditionnel *je ne saurais*. La même construction se fait parfois avec le pronom *on* : *On ne sache pas que le gouvernement soviétique ait l'intention de...* (Le Monde). Plus rarement, cette locution se présente dans une phrase positive : *Cela est, que je sache, sans exemple* (Gide). *Vous avez signé un pacte avec Benès. Or son gouvernement est, que je sache, provisoire* (de Gaulle, cité par Le Bidois). *Mais Reims est aux Anglais, que je sache* (Anouilh).

□ **ne savoir que** ou **quoi faire.** Le premier tour est tenu pour plus élégant, mais le second est répandu même dans la langue soutenue : *Les démocraties ne savent quoi faire des peuples depuis que les peuples se demandent à quoi elles servent* (Bernanos). *Il avait cent fois raison et je ne sus que répondre* (Boulle). Les deux tours sont parfois réunis dans une même phrase : *Aujourd'hui je ne sais plus que dire et, ce qui est plus grave, je ne sais pas quoi penser* (Martin du Gard, cité par Sandfeld). → QUE

□ **on ne sait qui, quoi, quel.** Le verbe

savoir entre dans de nombreuses locutions de sens indéfini, où le pronom sujet varie à volonté : *On préparait je ne sais quel jeu guerrier dont nous étions exclus* (Alain-Fournier). Ces locutions sont considérées tantôt comme un bloc syntaxique, tantôt comme une séquence, dans laquelle peut s'insérer une préposition. **1.** *Il tira soudain d'on ne sait où une liasse de fiches qu'il consulta* (Vian). *Tout occupée d'il ne savait quelle passion* (Mauriac). *Le boulevard ivre de bruit, de mouvement, d'on ne sait quelle avide et sombre fureur* (Duhamel). **2.** *Une partie de commode, signée je ne sais par qui* (Peyrefitte). *Un jour, je ne sais à quel propos...* (France). *Des vestiges d'idées étrangères venues Dieu sait d'où* (Romains).

☐ **vous n'êtes pas sans savoir** → SANS
☐ **l'homme dont on sait que** → DONT

SAVOIR-FAIRE emploi Pas de pluriel, de même que pour **savoir-vivre.**

SAVONNETTE orth. Avec deux *n* et deux *t.*

SAYNÈTE orth. Bien que la prononciation de ce mot le rattache au français **scène**, il n'y a entre eux aucun rapport étymologique et on ne doit donc pas écrire **scénette* : *Il encourageait l'expression orale, nous faisait jouer des saynètes tirées de Courteline et de Labiche* (Labro). La langue actuelle emploie plus couramment **sketch.** → ce mot

SCABREUX sens Le sens premier de cet adjectif est « rude, raboteux », puis « qui présente des dangers », et ce n'est que par une extension relativement récente qu'on lui a donné le sens de « qui choque la décence ».

SCARABÉE orth. Un *e* final dans ce mot masculin : **un scarabée.**

SCAROLE forme On emploie aussi **escarole.** ♦ **sens** « Variété de salade ».

SCATOLOGIQUE sens. « Qui a trait aux excréments », surtout pour ce qui est des propos. À distinguer de **stercoral,** « qui concerne les excréments » et

des substantifs **coprolalie** qui désigne l'état mental d'une personne obsédée par les excréments et **coprophilie,** le fait de se complaire dans les excréments.

SCELLÉ emploi et sens Le plus souvent au pluriel, au sens de « bande de papier ou d'étoffe fixée à chaque extrémité par un cachet de cire, « empêchant (par décision de justice) d'ouvrir une porte, une fenêtre ou un meuble ». Ce nom s'emploie surtout dans les locutions stéréotypées *apposer, lever, rompre les scellés.*

SCÉNARIO orth. Plur. : **des scénarios.** *Il y a des gens pour vous prononcer, le petit doigt en l'air, « des scenarii », en détachant bien les deux* i, *ce qui exige un certain double sursaut de la glotte assez peu compatible avec la phonie française. Je regrette : « un scénario », « des scénarios ». Ce rital est désormais bien de chez nous* (Cavanna).

SCEPTIQUE et **SEPTIQUE emploi et sens** Sceptique, adj. et nom, est relatif au fait de douter ; **septique,** adj., signifie « qui peut être cause d'infection ». On écrit : *une fosse septique.*

SCHEIK → CHEIKH

SCHELEM → CHELEM

SCHELLING → SCHILLING

SCHÉMA orth. Une faute fréquente est d'écrire **shéma.* Ce mot est parfois adapté en **schème,** avec un sens plus théorique ou plus abstrait que **schéma,** qui évoque une « représentation géométrique » : *Le carré rouge du schéma des itinéraires des bus* (Butor).

SCHÉRIF orth. Autre graphie pour **chérif,** « prince arabe » → ce mot. Ne pas confondre avec **shérif,** « officier de police. »

SCHILLING forme Parfois « francisé » en **schelling** ♦ **sens** « Unité monétaire de l'Autriche ». → SHILLING

SCHIZOPHRÉNIE prononc. [ski] et non **[ʃi].* ♦ **sens** « Psychose se manifestant par la perte du contact avec la réalité ». On nomme **schizoïdie** la prédisposition à cette psychose que l'on oppose classiquement à l'**hystérie**.

SCHOONER prononc. |ʃunœʀ| ou |skunœʀ|.

SCIENCE-FICTION → FICTION

SCIENTISTE emploi et sens Cet adjectif-substantif qualifie ou désigne celui « qui prétend résoudre par la science tous les problèmes ». Il prend assez souvent une valeur péjorative, totalement absente de **scientifique**, avec lequel on se gardera de le confondre.

SCOLOPENDRE orth. Avec un *e*, non un *a*. ♦ genre Fém. : **une scolopendre**. ♦ sens « Fougère commune » ou « espèce de mille-pattes carnivore et venimeux ».

SCONSE forme Celle-ci, qui est francisée, est à préférer aux nombreuses autres : **skunks, skuns, sconce**, etc. ♦ sens « Fourrure des animaux du genre *mouffette* ». (→ ce mot).

SCOOP emploi et sens Cet anglicisme, très employé dans les médias, a le sens d'« information importante ou à sensation qui est donnée en exclusivité par un journal ou une chaîne » : *Tel est en tout cas le projet explicite d'un livre dont on pouvait craindre qu'il n'incite, par cette logique même, vers la révélation jubilatoire, le « scoop » fracassant ou le procès oblique.* (Guillebaud, *Le Monde*, 16 octobre 1992). Un arrêté ministériel du 10 octobre 1985 recommande de le remplacer par **exclusivité** ou **primeur** : mais le premier mot est trop long pour avoir des chances de s'imposer, et le second évoque le groupe de mots *fruits et primeurs*...

SCORE emploi et sens Cet anglicisme de la langue du sport désigne la « présentation numérique d'une performance » : *L'équipe de Saint-Étienne a fait le meilleur score.* Ce terme sportif est en train de passer dans le vocabulaire politique : *Le candidat a fait un score brillant.*

SCORSONÈRE genre Fém. ♦ sens Synonyme de *salsifis noir*. On déforme souvent ce mot en **scorsenère*.

SCOTCH orth. Pas de majuscule, de même que *whisky*. Plur. : **des scotches**.

SCOUT forme S'accorde en tant qu'adjectif : *l'amitié scoute*.

SCRIPT genre Masculin au sens de « écriture simplifiée » ou de « document remis à un obligataire par un débiteur momentanément insolvable ». Féminin quand il s'agit de l'abréviation de *script-girl* (plur. : *des script-girls*), « secrétaire de plateau ». En ce cas, s'écrit officiellement avec un *e* final : **une scripte**.

SCULPTEUR prononc. Le *p* est muet. La difficulté d'articuler *|skylptœʀ| fait que l'influence de l'orthographe sur la prononciation de ce mot (et de ceux qui appartiennent à la même famille) est moins forte que pour **dompteur** → DOMPTER ♦ forme Pas de féminin.

SE constr. et emploi Le pronom réfléchi ne peut être séparé de l'infinitif que dans un registre littéraire et principalement par un autre verbe auxiliaire de mode : *Mille intrigues se nouaient dans sa propre maison pour que les fiancés se pussent rejoindre à son insu* (Mauriac). La langue courante dit : *puissent se rejoindre*. → INFINITIF ♦ Le pronom **se** ne doit renvoyer qu'à un sujet à la troisième personne : *il(s), elle(s), on*. Cependant on rencontre assez souvent dans la langue populaire des tours discordants du type suivant : *Alors, nous devons se laisser exploiter par les capitalistes?* (Dorgelès, cité par Le Bidois). *On se r'pliait parce qu'on nous avait dit de se replier* (Barbusse). Mais dans certains cas, on peut admettre, dans la même phrase qu'un verbe conjugué avec *nous*, l'infinitif pronominal avec *se*, lorsqu'il a une valeur généralisante : *Pétrifiés par l'incapacité de s'exprimer en public, nous avions bredouillé nos identités en mangeant nos mots* (Labro). On pourrait avoir : *l'incapacité des enfants de s'exprimer...* et dès lors la syntaxe ne poserait plus de problème.

☐ **je l'ai fait (se) laver de force**. Après certains verbes comme *faire, laisser*, le pronom réfléchi peut disparaître, même dans le cas d'un verbe pronominal « proprement dit ». → FAIRE et PRONOMS PERSONNELS

☐ **il se frotte la jambe** ou **il frotte sa jambe** → POSSESSIF

SÉANT emploi et sens Pour le participe et l'adjectif → SEOIR. Le substantif ne se rencontre guère que dans les locutions vieillies : *être, se trouver, se mettre sur son séant : Je rougis, haussai les épaules et me dressai sur mon séant* (Boulle). Certains écrivains emploient cependant ce substantif de façon assez libre, au sens de «derrière d'une personne» : *Il s'arracha de son fauteuil, épaule après épaule, et les reins ensuite, et enfin le séant* (Colette).

SEC orth. On écrit **sèchement** (accent grave) mais **sécheresse** et **séchoir** (accent aigu). *Sèche-cheveux* est invariable. ♦ emploi et sens Cet adjectif peut s'employer de façon adverbiale, et demeure invariable dans ce cas : *Elle a démarré sec.* Le sens ne se confond pas avec celui de **sèchement,** bien qu'on puisse dire *parler sec* ou *parler sèchement.* La valeur intensive de cet adverbe est si nette dans la langue populaire qu'on en vient à l'employer au sens de «abondamment», même quand le contexte semble en contradiction avec l'«idée de sécheresse» : *Il pleut sec ! Ils boivent sec !* (au sens de «beaucoup» et non plus de «sans mettre d'eau dans leur boisson», qui est l'acception première). → PÈTE-SEC

SÉCABLE orth. Un seul *c*, comme **sécateur.** ♦ sens «Qui peut être divisé.» Antonyme : **insécable.**

SECCOTINE orth. Avec deux *c* et un *t.* Nom de marque déposée. Comme tel, prend une majuscule : **la Seccotine.**

SÉCESSION orth. On écrit : *un sécessionniste ; la guerre de Sécession.*

SÉCHER → ASSÉCHER

SECOND → DEUXIÈME

SECONDE (substantif) forme S'abrège en *s* (non suivi du point abréviatif).

SECOURS → RECOURS

SÉCRÉTER orth. Deux accents aigus, ainsi que les dérivés : *des organes sécréteurs, des sécrétions,* etc. Toutefois, dans sa forme latine, *secreta,* mot pluriel qui désigne l'ensemble des sécrétions glandulaires utiles à l'organisme (par opposition à *excreta,* qui nomme les excrétions ou déchets). ♦ sens «Produire une substance en la laissant sortir lentement» : *Il aperçut Christine qui semblait sécréter du silence* (Duhamel). *Des villages interdits aux couples avec enfants devaient sécréter une nouvelle idée du bonheur* (Godbout). Il ne faut pas confondre ce verbe avec **secréter** (un seul accent sur le *e* médian), qui signifie «frotter les peaux avec une solution de nitrate mercurique acide», ni céder à l'influence de **secret.**

SECTATEUR et **SECTAIRE** emploi et sens Substantif rare et vieilli, **sectateur** signifie «adepte d'une théorie» et ne doit pas être confondu avec l'adjectif **sectaire,** «qui a des opinions étroites et intolérantes».

SECTION constr. L'ellipse de la préposition *de* est admise, à la suite de ce substantif, dans la langue des archivistes, bibliothécaires, conservateurs, etc. : *Je le ferais empailler et je le mettrais au musée de l'Homme, section vingtième siècle* (Sartre).

SÉCULAIRE et **SÉCULIER** sens Le premier de ces deux adjectifs signifie «qui a lieu tous les cent ans», ou plus souvent «qui date d'un ou de plusieurs siècles, qui est très ancien» : *Ils se sont faits d'eux-mêmes, en quelque sorte ; l'usage séculaire a trouvé nécessairement la meilleure forme* (Valéry). *Imposer un ordre nouveau aux lois séculaires de la nature* (Cendrars). *Il est malaisé de se débarrasser d'une tradition séculaire.* Le second appartient au domaine de la religion et signifie «qui appartient au siècle, c'est-à-dire au monde profane». Il s'oppose à **régulier** («qui appartient à un ordre ecclésiastique») et à **moine :** *Je réclame pour Jeanne l'excommunication, le rejet hors du sein de l'Église, et sa remise au bras séculier pour qu'il la frappe* (Anouilh). On oppose le *clergé séculier* (le prêtre de paroisse) et *le clergé régulier* (hommes d'Église appartenant à un ordre, par exemple les bénédictins).

SÉCURITÉ et **SÛRETÉ** orth. On écrit la **Sécurité sociale** (avec une majuscule pour désigner l'organisme), mais **la sécurité sociale** (pour les mesures prises).

♦ **emploi et sens** Ces deux substantifs se font concurrence au sens de «situation calme résultant d'une absence de danger» : *J'ai parlé jadis de la sécurité des imbéciles* (Bernanos). *Elle n'a pas de métier, dit Milan, et l'amour de la sécurité vient avec l'âge* (Vailland). *M. Kossyguine accuse M. Nixon de saper les assises de la sécurité internationale* (*Le Monde*). *On se sent en sûreté* (ou *en sécurité*) *auprès de lui. Il a fait installer dans son entrée un dispositif de sûreté* (ou *de sécurité*). *La route est bordée par des glissières de sécurité. Les ceintures de sécurité sont devenues obligatoires.* Mais on emploie toujours **sûreté** dans les acceptions «judiciaires» : *L'hypocrisie de l'éloquence associée aux odeurs de cuir de la Sûreté générale!* (Audiberti). *La Cour de sûreté de l'État. Les inspecteurs de la Sûreté.* Il faut noter également qu'au sens actif de «fermeté, maîtrise», seul s'emploie **sûreté** : *Ce tableau est peint avec une étonnante sûreté de trait. Ce pilote a une rare sûreté de coup d'œil.*

SÉDIMENT ou **ALLUVION emploi et sens** Contrairement aux **alluvions** (→ ce mot), dépôt fertile laissé par les eaux courantes, les **sédiments** désignent toutes sortes de dépôts laissés par toutes sortes d'agents physiques (la mer, le vent, etc.).

SÉDUIRE **constr.** On rencontre encore parfois le tour classique *se laisser séduire à*, à côté de la construction habituelle avec la préposition *par : Il s'est laissé séduire à ses artifices.* → SUR-PRENDRE

SÉGRÉGATION **orth.** Deux accents aigus. On écrit (avec un seul *n*) : *ségrégationisme, ségrégationiste.* On rencontre quelquefois dans l'usage *ségrégatif*, formé sur le modèle d'*agrégatif* et que reprennent le *Grand Larousse de la langue française* et le *GLU.*

SEICHE **orth.** Ne pas écrire **sèche.* ♦ **sens** «Mollusque céphalopode». On connaît moins l'homonyme, qui désigne des «vagues stationnaires», sur le lac Léman».

SÉIDE **sens** «Adepte fanatique.» Proche de **affidé** : *L'irruption des Alle-*

mands en vert-de-gris, bientôt suivis de leurs séides, Français en uniforme de la Milice ou en civil (Labro).

SEIGNEUR **orth.** On écrit avec des majuscules : *Notre-Seigneur, le Seigneur,* pour désigner Jésus-Christ.

SEIGNEURIE **forme** Ne pas dire ni écrire **seigneurerie.* ♦ **sens** «Droits, pouvoirs, terre, ou titre attachés à certains dignitaires» : *Nous prions humblement Votre Seigneurie de nous rendre notre parole* (Claudel).

SEIN **emploi et sens** La locution **au sein de**, qui a le sens figuré de «à l'intérieur de», appartient au registre littéraire et apparaît vieillie ou stéréotypée.

SEING **emploi et sens** Ce substantif qui signifie «signature» est rare aujourd'hui, en partie à cause des collisions homonymiques nombreuses (avec **sain, sein,** etc.), ne survit que comme archaïsme : *Ce fut même ce pauvre pasteur qui remarqua que j'avais reçu la vie terrestre le jour même où l'édit de révocation avait reçu le seing royal* (Chabrol), ou dans quelques locutions de la langue administrative, telles que *sous seing privé.*

SÉISME **forme** L'adjectif dérivé est **sismique** plutôt que *séismique* (indiqué aussi par les dictionnaires). On dit *un sismographe.* Haroun Tazieff écrit : *Une remarque d'ordre philologique : faut-il dire (et écrire) sisme, sismique, sismographe, sismologie ou séisme, séismographe... Logiquement, c'est le premier terme de l'alternative qu'il faut adopter, et c'est ce que j'ai fait, sauf pour le mot séisme, où la phonie à deux syllabes s'est généralisée à tel point qu'il est inutile d'aller contre cette coutume, bien ancrée.* → SISMIQUE

SÉJOUR **emploi et sens** Ce substantif est vieilli au sens général de «lieu où on séjourne» : *J'ai parcouru notre pâle séjour, je t'ai demandé de toutes parts* (Valéry). Mais il est très répandu comme abréviation de **salle de séjour,** et tend dans cet emploi à supplanter *living* (*-room*) (→ ce mot), *salle à manger, salon : Il m'a reçu dans son séjour encore encombré par les caisses des déménageurs.*

SELECT forme Cet anglicisme est resté longtemps inaccentué et invariable, mais on tend aujourd'hui à l'écrire avec un accent aigu : **sélect,** et même parfois à lui ajouter un *s* au pluriel. On écrira donc soit *des bars select* (sans accent ni *s*) soit *des bars sélects* (avec accent et *s*). Vieilli.

SÉLECTIONNER emploi et sens Ce verbe implique plus de rigueur dans le choix que son « synonyme » **choisir.** Il signifie « établir une classification précise permettant de conserver une partie d'un tout » : *Parmi les nombreux candidats, il a fallu sélectionner les plus sérieux.* Ce verbe est particulièrement employé dans la langue du commerce et dans celle du sport. Sa longueur ou sa lourdeur le fait souvent éviter aux écrivains, bien que, grâce à la facilité de sa conjugaison, il soit passé dans l'usage. → RÉCEPTIONNER, SOLUTIONNER

SÉLÉNIEN forme et sens « Qui a trait à la lune. » On dit aussi **sélénique** et l'on trouve le mot **sélène.** A formé **sélénographe** et **sélénologue,** ces deux termes désignant une personne spécialisée dans l'étude de la Lune. Ne pas confondre avec **sinologue,** personne étudiant la langue, la culture ou la politique chinoises.

SELF emploi et sens Ce préfixe anglais qui équivaut à notre préfixe *auto-* entre dans la composition de termes appartenant aux domaines de la politique, de la psychologie, etc. Il signifie « (par) soi-même » : *self-control, self-made-man, self-service* (abrégé en *self*) : *Il se mit à mener un tapage d'enfer, en conservant assez de self-control pour miauler de temps en temps, comme un bon chat domestique* (Vian). *Déjeuner au self.*

SELF-SERVICE forme Plur. : **des self-services.** S'emploie plutôt pour des restaurants où l'on se sert soi-même, **libre-service** (plur. : **des libres-services**) s'employant pour divers établissements commerciaux. → SELF et LIBRE-SERVICE

SELLETTE (ÊTRE SUR LA) orth. Deux *l* et deux *t*.

SELON ou **SUIVANT emploi et sens** Comme prépositions **(selon, suivant)** ou conjonctions **(selon que, suivant que** avec l'indicatif), ces deux mots s'emploient à peu près indifféremment : *Suter leur distribuait des terres ou les employait selon leurs capacités* (Cendrars). *Le fils aîné l'a recollé à la Seccotine, après avoir chauffé les deux bords de la cassure suivant les instructions qui figurent sur le tube* (Romains). *Suivant la vieille coutume française, on ne mettait jamais de nappe le matin* (La Varende). Il semble que *selon* soit plus littéraire. Quoi qu'il en soit, son sens de « en se conformant à » est moins immédiatement senti que lorsqu'on emploie *suivant,* qui fonctionne encore partiellement comme le participe présent du verbe *suivre.* Devant un pronom régime, on ne peut employer que *selon* et non *suivant* : *Selon moi, il ne dit pas la vérité.* Enfin, le tour elliptique, **c'est selon,** au sens de « cela dépend, peut-être bien », est vieilli. ♦ Voici des exemples de **selon que,** locution conjonctive : *Ça sera un cache-nez, ou une écharpe, ou une couverture, selon que j'aurai plus ou moins longtemps besoin d'occuper mes doigts* (Giono). *Cela, sachez-le, vous pouvez l'entraver ou l'aider selon que vous lui montrerez votre méfiance ou votre foi* (Vercors). *Selon que,* au sens comparatif de « comme », est désuet : *L'heure de l'épreuve est venue en Babylone, selon qu'il est dit dans les prophètes* (France).

SEMAILLES forme Ce substantif n'a pas de singulier : *De nouvelles semailles arrivent d'Europe* (Cendrars). → -AILLE(S)

SEMAINE emploi et sens Employée comme complément circonstanciel, la locution **la semaine** évoque une durée variable : six, sept ou même huit jours : *Il est absent la semaine, pour la semaine.* Pour signifier « un jour de la semaine », on dit **en semaine :** *Si vous voulez voir mon mari, il ne faut pas venir en semaine.*

□ **deux fois la semaine, par semaine** → FOIS et PAR

□ **à la petite semaine.** Cette locution est du registre familier et signifie « sans plan d'ensemble » (comparer *au jour le jour*) : *Tu peux t'en servir pour jouer aux cartes et pour continuer à rou-*

ler l'Archevêque à la petite semaine
(Anouilh).

SEMBLABLE et **SIMILAIRE** sens «Qui
ressemble à», équivalent de **analogue**,
tandis que **identique** implique une
«ressemblance parfaite, rigoureuse» :
*Dans le prolongement du sentier, le so-
leil, semblable à une grosse orange,
monte très vite vers le zénith* (Cendrars).
Le doublet savant **similaire** est moins
usité et se rencontre dans la langue du
commerce : *Au cas où l'article commandé ne serait plus disponible, nous
vous proposerions un article similaire.*
→ ANALOGUE

SEMBLANCE emploi et sens Ce substantif ne s'emploie plus que dans la langue
littéraire : *Regardez donc là-bas. – Il y a
quelque semblance* (Queneau). Le sens
est «apparence».

SEMBLER constr. À la forme impersonn-
nelle, ce verbe est suivi d'une proposition dont le verbe est au subjonctif ou à
l'indicatif, selon le degré de probabilité
ou de certitude (que *sembler* soit accompagné ou non d'un pronom personnel complément d'objet indirect) : *Il
semblait qu'elle les eût fort bien connus*
(Aragon). *Il semble que cette pièce n'ait
jamais été habitée que par le temps* (Huguenin). *Il me semblait parfois qu'une
impression de beauté naquit de l'exactitude* (Valéry). Avec l'indicatif : *À dix-
huit ans, il me semble que j'ai le droit de
savoir quelles sont tes intentions exactes
pour l'avenir* (Troyat). *Il lui semblait
qu'il avançait environné de lumière*
(Barjavel). On notera cependant que
l'indicatif est plus fréquent si le verbe
sembler est accompagné d'un objet secondaire (pronom personnel ou substantif) et le subjonctif quand il est employé absolument : *Il me semble qu'il y
a, il semble qu'il y ait.* De plus, quand
sembler se trouve dans un contexte négatif ou interrogatif, le verbe qui suit se
met normalement au subjonctif,
comme après les verbes *croire*, *penser*, etc. : *Il ne me semble pas, cependant, que cette discrimination fondamentale soit admise aujourd'hui*
(Daniel-Rops, cité par Robert). *Vous
semble-t-il qu'il y ait là matière à discussion?*

□ **sembler (de)** + **infinitif.** Cette

construction est franchement archaïque : *Il me semble d'avoir fait de
l'existence qui me fut donnée, une sorte
d'ouvrage humain* (Valéry). La
construction directe, sans *de*, est la plus
normale : *Il me semblait découvrir l'envers de l'ouvrage* (Lacretelle).

□ **que te semble de?** Ce tour est littéraire et archaïsant : *Ô Socrate, que te
semble de la danseuse?* (Valéry). La
langue courante dit : *que penses-tu de?*

□ **à ce qu'il** ou **qu'il me semble.** Les
deux formes sont correctes, puisque
sembler est tantôt personnel, tantôt impersonnel : *Longtemps après, à ce qui
lui semblait, le mot féroce venait l'atteindre* (Bernanos). → QUI, RESTER, etc.

□ **ce (me) semble.** Avec ou sans pronom complément, cette locution appartient au registre littéraire, et forme une
proposition incise : *Tu ne lui es pas, ce
me semble, indifférent.*

SEMESTRIEL sens «Qui a lieu tous les
six mois» ou «qui se rattache à une
période de six mois, à un semestre».

SEMI → DEMI

SEMIS orth. Un *s*, même au singulier :
un semis de jacinthes.

«SEMPER VIRENS» emploi et sens Nom
invariable de certaines plantes «dont
les feuilles sont toujours vertes». On
trouve chez plusieurs botanistes l'adjectif **sempervirent** : *une forêt semper-
virente.*

SÉNESCENT ou **SÉNILE** emploi Sé-
nescent se réfère au vieillissement biologique, c'est un terme d'acception
scientifique, alors que **sénile** marque
l'affaiblissement des facultés.

SENESTRE orth. Sans accent aigu sur
le premier *e*. ♦ emploi et sens Adjectif devenu très rare, au sens de «gauche, à
gauche» : *Il constate enfin que la statistique des dextres et des senestres accuse
une forte préférence pour les premières*
(Valéry).

SENS prononc. Le *s* final se fait entendre, sauf dans les locutions sens *dessus dessous* et sens *devant derrière*, qui
se prononcent [sɑ̃dsydsu] et [sɑ̃vɑ̃dɛʀjɛʀ].
♦ orth. Les locutions précédentes

s'écrivent aujourd'hui **sens,** et non **sans* ou **c'en : Elle s'affolait, voulait tout emmener et mettait la maison sens dessus dessous* (B. Clavel). **Contresens** s'écrit en un seul mot, sans trait d'union, mais **faux sens** en deux mots.

□ **d'un sens.** Cette locution relève de la langue populaire : *D'un sens, ça vaut mieux, qu'il soit arrivé au dernier moment* (Hériat). *Ça, c'était plutôt bien d'un sens* (Sartre). Pour signifier « d'une certaine manière », on emploiera **en un sens** ou **dans un sens** : *Il y a encore des policiers ? Dans un sens, j'aime mieux ça, et voilà qui me tranquillise un peu* (Salacrou).

□ **à mon sens, à ton sens,** etc. « Selon moi, toi, etc. » : *À son sens, M. Rezeau ne pouvait nous donner nulle preuve plus péremptoire de sa tendresse* (Bazin).

SENSÉ et **CENSÉ** → CENSÉ

SENSORI-MOTEUR orth. Le premier élément reste invariable : *des troubles sensori-moteurs, des affections sensori-motrices.*

SENTE emploi et sens Ce mot est rare, au sens propre ou figuré de « petit sentier » : *Et tout de suite, sa pensée se trouvait ramenée aux sentes familières* (Duhamel). Ne pas confondre avec **sentine,** qui désigne le « fond de la cale d'un navire » et, par extension, un « lieu sale et humide ».

SENTIR conjug. Comme *dormir.* → APPENDICE ♦ **emploi et sens** La locution de sens figuré *sentir le pédant* ou *sentir son pédant* est admise par le bon usage, à la différence de *faire le* ou *son malin* (→ FAIRE) : *Il craignait que sa sœur ne dit ou ne fît quelque chose qui sentît trop son village* (Mérimée, cité par Le Bidois). Quant à *ne pas pouvoir se sentir,* c'est un tour exclusivement familier, qu'on ne rencontre pas sous la forme affirmative et qui a la valeur réciproque de « ne pas se supporter mutuellement » : *Ces deux femmes ne peuvent pas se sentir.*

SEOIR conjug. Très défective. → APPENDICE ♦ **emploi et sens** Ce verbe est rare et littéraire, au sens de « convenir, s'accorder à » : *Quatre ou cinq pages de développements qu'il siérait ici de gonfler* (Gide). *Si les choses doivent s'arranger, il sied que le médecin ne les trouble point* (Valéry).

□ **séant** ou **seyant.** Ce sont deux variantes du participe, la seconde forme étant la plus fréquente, et fonctionnant en général comme un adjectif : *Mes culottes cyclistes sont des plus seyantes* (Queneau). *J'ai passé là-haut deux jours de brume et de neige, plus seyantes au pays que le ciel bleu que nous espérions y trouver* (Gide). La première forme se rencontre au sens propre de « qui siège » dans certains tours de la langue judiciaire : *La Cour de cassation séante à Paris* (accord du participe selon l'ancien usage, d'après Grevisse). → SÉANT

SÉPALE genre Masc. : **un sépale,** comme **pétale** (→ ce mot).

SÉPARER constr. Comme pour les verbes *détacher, discerner, distinguer,* etc., on peut construire *séparer* avec un simple *de* ou avec le groupe *d'avec* : *Et vous voudriez commettre la mauvaise action de vous séparer d'eux ?* (Martin du Gard). *Il vit séparé de sa femme* ou *d'avec sa femme.* *Les bonnes âmes disposent de mystérieux critères pour séparer les bons d'avec les méchants,* ou *séparer les bons des méchants.* Le groupe *d'avec* est plus lourd, mais permet parfois d'éviter une ambiguïté. Il en est de même pour le substantif **séparation** : *Toute séparation, même courte, d'avec l'expérience lui était funeste* (Romains).

SEPT prononc. [sɛt]. Le *p* est muet ainsi que dans *septain, septième, septièmement, septmoncel* (fromage et localité). Il se prononce partout ailleurs : *septante, septembre, septuple,* etc. ♦ **forme** Invariable dans tous les cas. *« Les sept samouraïs ».* On écrit avec deux *n : septennat, septennal* et l'on prononce le *p.*

SEPTANTE prononc. [sɛptɑ̃t]. ♦ **emploi et sens** C'est l'équivalent – plus logique dans la série *cinquante, soixante...* – de **soixante-dix,** couramment utilisé en Belgique et en Suisse, de même que les dérivés *septantième* et *septantaine.* Mais *septuagénaire* appartient au français standard.

SEPTENTRIONAL emploi et sens Cet adjectif, d'emploi didactique ou littéraire, signifie «qui est au nord»: *Une maison de bonne apparence, construite sur le trottoir septentrional de la rue* (Duhamel). On dirait plus couramment: *le trottoir nord*. **Nordique** a un sens plus précisément géographique: *Les pays nordiques*.

SEPTIQUE → SCEPTIQUE

SÉPULTURE, SÉPULCRE emploi et sens **Sépulture** a soit le sens actif de «action d'ensevelir»: *La porte de la chambre de Pilar, dont celle-ci avait pris sur elle la clé afin de garder son père jusqu'à la sépulture* (Peyré), soit le sens de «tombeau»: *Il faut explorer dans le froid et l'obscurité des sépultures qui avaient été violées dans les temps anciens* (Eydoux). Il est littéraire et vieilli, en dehors d'un contexte archéologique (comme dans l'exemple qui précède). De même **sépulcre**: *La découverte de sépulcres souterrains*. Voir aussi le *Saint-Sépulcre* (avec deux majuscules), qui désigne le «tombeau du Christ».

SÉQUENTIEL prononc. [sekãsjɛl] (comme *séquence*) et non *[sekwã-].

SÉQUESTRER orth. Un accent aigu sur le premier *e*. De même pour **séquestration** et **séquestre**.

SÉQUOIA prononc. [sekɔja] ♦ **orth.** Un accent aigu sur le *e*. Pas de tréma sur le *i*.

SÉRÉNADE emploi et sens À l'origine, la **sérénade** est destinée à être jouée le soir (ou dans la nuit) et en plein air, sur des instruments à vent et sur les instruments à corde les plus légers à véhiculer. Elle remplace ou supporte un chant vocal et s'oppose à l'**aubade**, donnée au lever du jour (Massin). Le mot prend parfois une valeur dépréciative: *On dirait que vous allez me chanter une sérénade* (Romains). → AUBADE

SERF prononc. Le *f* final est toujours prononcé: un ou des [sɛrf]. ♦ **forme** Le féminin est **serve**. ♦ **emploi et sens** Le système féodal ayant disparu, ce substantif se rencontre surtout dans des emplois figurés, de même que **esclave**, dont il est synonyme: *Serfs dans l'âme, ils en-*

voient à la Chambre une demi-douzaine de vicomtes républicains (Bazin).

SERGENT orth. On écrit: *un sergent-chef, des sergents-chefs; un sergent-major, des sergents-majors*.

SERGENT DE VILLE emploi Ce nom composé est aujourd'hui remplacé par **agent de police** et **gardien de la paix**.

SÉRIE constr. Comme pour les substantifs à sens collectif, l'accord du verbe qui suit varie, quand **série** a un complément au pluriel: *Toute une série de mannequins a* ou *ont défilé sous nos yeux*. → COLLECTIF, FOULE, etc.

SÉRIER emploi et sens Ce verbe, qui signifie «établir une classification rigoureuse», insiste plus que **classer** ou **classifier** sur la notion de «division, séparation»: *Nous allons sérier, répondit-il. Nous allons faire une série de découpages psychologiques dans votre vie de femme* (Chraïbi).

SERIN forme Invariable quand il est employé comme adjectif de couleur: *Un petit-maître en culotte serin* (France). → COULEUR

SERMON et **PRÊCHE emploi** Le **sermon** est prononcé par un catholique, le **prêche** par un protestant.

SERPENT orth. On écrit *serpent à lunettes, à sonnettes* (avec *-s*).

SERPILLIÈRE prononc. [sɛrpijɛr]. ♦ **orth.** Ne pas omettre le *i* après les deux *l*: *Va me chercher la serpillière et un seau d'eau* (Jelinek).

SERRE- forme La plupart des composés formés à l'aide de cet élément verbal invariable ne prennent pas de *-s* ou de *-x* au pluriel, sauf quand le singulier en est déjà pourvu: *des serre-bijoux, -bosse, -ciseaux, -écrou, -file, -fils, -frein* (ou *-freins*), *-joint* (ou *-joints*), *-livres, -nez, -papiers, -tête, -tube*. Le seul qui varie régulièrement est *serre-gouttière*. *Serre-nœud* peut prendre ou non un *s* final au pluriel.

SÉRUM et **VACCIN emploi** **Sérum** désigne une préparation curative, **vaccin** une préparation administrée à titre préventif.

SERVAL forme Plur. : **des servals.** ♦ **sens** « Chat-tigre d'Afrique. »

SERVANTE ou **SERVEUSE emploi et sens** Servante (féminin de **serviteur**) est un terme vieilli qui désignait une femme ou fille employée à des travaux ménagers. On dit actuellement une *bonne* ou une *femme de ménage*. **Serveuse** (féminin de **serveur**) s'applique à une personne qui sert dans un café ou dans un restaurant.

SERVICE emploi On dit *offrir ses services à quelqu'un*, mais *faire des offres de service* (au singulier).

SERVIETTE-ÉPONGE orth. Trait d'union. Plur. : **des serviettes-éponges.**

SERVIR constr. Dans les tours impersonnels et interrogatifs **à quoi sert(-il) de** et **que sert(-il) de** + infinitif, on notera que le pronom neutre *il* est facultatif : *À quoi lui avait-il servi de s'enfuir?* (Vidalie). *Mais que sert de rappeler ici tant d'espoir?* (Gide). → QUE (Pronom interrogatif)

▢ **servir à rien** ou **de rien.** Ces deux constructions sont équivalentes pour le sens. Il semble que de nombreux écrivains aient une préférence pour la préposition *de*, même quand il ne s'agit pas seulement d'éviter la rencontre *servir à X… à faire* : *Nous refusons distraitement l'avenir à ce qui ne nous sert de rien* (Valéry). *Elle ne lui servait plus de rien, elle n'autorisait plus le Rêve de sa vie* (Schwarz-Bart). *Il ne servirait de rien que je vous dise que je suis ici par devoir* (Mauriac). *Je sais que les conseils ne servent absolument de rien* (Duhamel). *Même si je parvenais à me glisser jusqu'à la porte de votre coffre, ma clef ne me servirait de rien* (Romains). Mais la construction la plus courante est la suivante : *Le fait est qu'ils ne m'ont servi à rien* (Bernanos). *Une force qui ne servirait jamais à rien d'autre qu'à vivre, sans pensées et sans regrets* (Mallet-Joris). Quant à la construction transitive directe, elle correspond au sens de « être au service de », au propre comme au figuré : *On trouvait encore des gens pour vous servir* (Daninos). *Depuis cinquante ans, il n'est pas une découverte de la science qui n'ait finalement servi la guerre* (Bernanos).

SERVITEUR emploi et sens On ne dit plus guère **je suis votre serviteur,** ou, elliptiquement, **serviteur!** pour remercier quelqu'un ou, avec une nuance d'ironie, pour décliner une proposition. Mais on rencontre encore, dans le style plaisant, **votre serviteur,** au sens de « moi-même » : *Qui est-ce qui a encore tout arrangé? – Votre serviteur!* → SERVANTE

SERVITUDE emploi et sens Vieilli et littéraire au sens de « esclavage » (→ SERF), mais courant avec des noms d'objet, au sens de « restriction d'ordre juridique ou mécanique » : *Elles s'opposaient* […] *à ce que la jouissance leur fût supprimée d'une servitude qui appartenait à leur immeuble* (Barrès).

SERVOMÉCANISME orth. Se garder du barbarisme **cerveau-mécanisme.* De même pour *servocommande, servodirection, servofrein, servomoteur.*

SESSION et **CESSION sens** Ces homonymes ne doivent pas être confondus dans l'écriture. Le premier renvoie à **siéger :** *Le thème principal de cette session de l'Otan sera celui des rapports Est-Ouest (Le Monde).* Le second renvoie à **céder,** surtout dans le domaine des affaires : *Tout souscripteur ou actionnaire qui a cédé son titre cesse, deux ans après la cession, d'être responsable des versements non encore appelés (statuts de société immobilière).* Ne pas confondre avec **cessation,** qui renvoie au verbe **cesser.**

SESTERCE genre Masc. : **un sesterce.** ♦ **sens** « Monnaie romaine d'argent ».

SEUL constr. Cet adjectif change de sens suivant qu'il est placé avant ou après le substantif qu'il qualifie : *C'est un homme seul* (c'est-à-dire « qui vit et décide dans la solitude »). Mais : *C'est le seul homme compétent dans ce domaine* (c'est-à-dire « il n'y en a aucun autre, il est unique de son espèce »).

▢ **le seul… qui** ou **à.** Ce tour s'apparente à la construction du complément du superlatif relatif. Le verbe de la relative qui suit peut être : **1.** À l'indicatif pour insister sur la réalité du fait : *La seule vie dont il pouvait entendre le récit, c'était la sienne* (Rey). *Le seul* *d'entre nous pour qui la venue de Swann devint l'objet d'une préoccupation douloureuse, ce fut moi* (Proust). Ce mode se rencontre surtout quand le verbe principal est au passé. **2.** Au subjonctif, avec une nuance au but ou de conséquence. C'est le cas le plus fréquent : *La seule chose qu'elle ait entendue parmi tout ce qui était dit, crié, toussé, pleuré ; – et la seule chose qu'elle ait comprise, c'est qu'elle pourrait passer, puisque Romain avait passé* (Ramuz). *Ces deux beaux yeux jadis, les seuls qui m'aient jamais regardé* (Claudel). *Elle le regardait, lui, le seul être qu'elle aimât de tendresse, le seul qui lui fût nécessaire* (Peyré). *Le sentiment de sa fatigue était le seul dont Stéphane n'arrivât pas à tirer le moindre effet* (Mallet-Joris). **3.** Au conditionnel : *Tu as fait disparaître les seuls insectes qu'il aurait fallu garder.* ♦ Quand le mot se rapportant à **seul** est également sujet du verbe qui le complète, on peut employer **seul à +** **infinitif** : *Bleston est la seule ville de toute l'Angleterre à posséder de beaux spécimens de cette période* (Butor). On rencontre aussi le tour *pas un seul X... pour* : *Peut-elle imaginer qu'il se soit trouvé un seul chef de nos armées pour passer outre à cette signature ?* (Japrisot).

□ **le seul... au lieu de seul le...** Ce tour est une survivance de la langue classique qu'affectionnent certains écrivains : *C'est pourquoi la seule danseuse peut le rendre visible par ses beaux actes* (Valéry). La langue courante antépose l'adjectif à l'article : *Seule la danseuse...*

□ **seul à seul.** Quand cette locution se rapporte à deux hommes, elle reste invariable : *Le père et le fils restèrent seul à seul.* S'il s'agit de deux femmes, on écrit normalement : *Elles se sont parlé seule à seule.* S'il s'agit au contraire de deux personnes de sexe différent, on fait généralement l'accord suivant le sens, et le premier **seul** se met généralement à la personne de celui qui parle. Ainsi Verlaine écrit : *Nous étions seul à seule et marchions en rêvant.* De même : *Il eût voulu lui parler seul à seule* (Rolland). Mais on trouve aussi l'ordre inverse : *À présent qu'il la possédait seule à seul* (M. Prévost). Conformément à l'usage ancien, certains auteurs laissent la locution invariable même s'il s'agit d'un homme et d'une femme : *Peut-être aurait-il mieux valu que chacun parle à Françoise seul à seul* (Beauvoir).

□ **à seule fin de** → FIN

SEULEMENT **emploi et sens** La langue soutenue évite en général l'emploi de cet adverbe associé à la locution **ne... que,** qui a déjà un sens restrictif par elle-même. On entend fréquemment à la radio ou à la télévision : *Il n'y a seulement qu'à...,* ce qui n'est pas heureux. Cependant, il est parfois nécessaire d'employer **seulement** pour éviter une équivoque, par exemple avec **ne... plus que** : *Et déjà, elle ne faisait plus seulement que de se résigner* (Martin du Gard). L'absence de *seulement* aboutirait ici à un véritable contresens. ♦ Le sens restrictif de cet adverbe porte en général sur un segment de phrase : *Il y a seulement trois jours qu'il est parti.* Dans le groupe **non seulement... mais encore,** on veillera à assurer l'équilibre des deux éléments comparés : *Non seulement il a été grièvement blessé, mais encore (de plus, etc.) il ne s'en remettra jamais tout à fait. Non seulement son père, mais aussi sa mère est venue* (ou : *sont venus*) *me voir.* La règle est la même que pour les autres mots coordonnants, qui doivent relier entre eux des éléments de même nature : *Non seulement elle était capable de faire ce qu'elle disait, mais de dire ce qu'elle faisait* (Rolland). *Cela dit, non seulement nous devons remercier J.-M. Marcel d'avoir tenté l'expérience, mais reconnaître dans son film des qualités évidentes* (A. Brincourt). Le Bidois qui cite ces phrases (*Le Monde,* 26 juin 1968) fait justement remarquer qu'elles présentent une anticipation illogique de *non seulement.* La construction régulière serait : *Elle était capable non seulement de faire, mais de dire. Nous devons non seulement remercier, mais reconnaître.* → MAIS

□ **seulement,** en tête de phrase, marque l'opposition ou la restriction : *Un homme de six pieds allonge le bras et prend ce livre sur le plus haut rayon ; un petit homme n'en peut faire autant ; seulement il prend l'escabeau* (Alain). ♦ La langue familière dit volontiers :

Faites-le seulement, et vous verrez. Mais le sens temporel est parfaitement correct : *Je viens seulement de me rendre à l'évidence.*

□ **ne... seulement pas.** Ce tour est littéraire lorsque **seulement** signifie «cependant» : *Celles-ci sont vénérables personnes que ne j'introduirai seulement pas dans un conte où l'on badine* (Boylesve). Il est familier lorsque *seulement* signifie «même». On trouve plus souvent, dans ce sens *ne... pas seulement* : *Vous n'avez pas seulement dit bonjour à Marcel* (Bazin).

SÉVIR conjug. Comme *guérir*. → APPENDICE ♦ **emploi et sens** Ce verbe signifie «exercer une répression», et, par extension, «exercer une activité pénible pour autrui» : *Cette attaque semble le fait de jeunes voyous qui sévissent fréquemment aux abords de la gare (Le Monde). Il y avait du soleil sur les vitres. Pourtant la corne de brume sévissait toujours* (Simenon). Quant au substantif dérivé, **sévices**, il ne s'emploie qu'au pluriel et au sens propre de «mauvais traitements corporels, tortures» : *L'intervention énergique de cette grand-mère nous avait sauvés de sévices inconnus* (Bazin). *Elle l'avait vu un soir, la menaçant – elle, sa mère ! – des pires sévices si elle «gâchait» tout* (Sagan).

SEXE emploi et sens Ce substantif est désuet au sens de «ensemble des femmes» : *Cette stupidité sans prétention qui est un charme chez le sexe* (Montherlant). On disait aussi : *les personnes du sexe,* pour «les femmes». Dans l'emploi actuel, ce mot est accompagné d'un adjectif : *Le sexe masculin, prétendu fort, et le sexe féminin, prétendu faible, ou beau.*

SEYANT → SEOIR

SH- orth. Initiale de certains mots d'origine anglo-saxonne par contraste avec les mots d'origine germanique, qui s'écrivent avec **sch-**.

SHAMPOOING prononc. [ʃɑ̃pwɛ̃]. ♦ **forme** Ce substantif, bien qu'il soit admis aujourd'hui dans notre langue, a conservé une forme assez barbare. Il prend un *s* au pluriel : *Shampooings bariolés gonflant de petites vessies transparentes* (Mallet-Joris). Il a donné les dérivés **shampouiner, shampouineur, euse.**

SHANT(O)UNG orth. Le nom de cette soie d'origine chinoise peut s'écrire avec ou sans *o* : **shantung** ou **shantoung.**

SHÉRIF orth. Ne pas confondre avec **schérif** ou **chérif.** → ces mots. ♦ **sens** «Magistrat» (en Angleterre), «officier d'administration élu» (aux États-Unis).

SHILLING sens «Unité monétaire anglaise» : *Une livre vaut vingt shillings.* Ne pas confondre avec **schilling.** → ce mot

SHINTO sens «Religion nationale au Japon». On dit aussi **shintoïsme.**

SHOOT prononc. [ʃut]. ♦ **forme et emploi** Terme de football. Plur. : **des shoots.** ♦ **dérivés shooter, shooteur** (ou **buteur**). Ces mots sont désuets et remplacés par **tir (au but), tirer, tireur.**

SHOPPING orth. Avec deux *p.* ♦ **emploi et sens** Anglicisme très répandu et snob : *J'acceptai de l'accompagner dans un safari de shopping du côté de Union square* (Godbout). Il peut être remplacé par les mots **lèche-vitrines** (registre familier) et, au cas où, ne se contentant pas de regarder, on achète, par **emplettes.**

SI (adverbe)
1. **d'affirmation :** Les locutions **si fait** et **que si** sont vieillies, pour confirmer ou renforcer une affirmation précédente : *Tu n'y es pas allé? – Si fait! Oh! que si! ♦* On a le plus souvent le choix entre **oui** et **si** dans les tours *pronom personnel tonique + adverbe d'affirmation : Tu ne l'apprécies pas? Moi si* ou *Moi oui!* Et même parfois après une question négative : *Comment? Tu ne l'as pas vu? – Si, je l'ai vu* ou *Mais oui, je l'ai vu, et après?* → OUI
2. **d'intensité :** En principe, on emploie **si** (et **aussi**) devant des qualificatifs, des participes-adjectifs et des adverbes, **tant** (et **autant**) devant des verbes : *Pourtant elle m'agaçait parce qu'elle était si douce avec lui, si patiente et lui, si lent, si lent* (Duras). *Elle marche d'un pas si modéré, coupé de tant de haltes,*

qu'elle est pour toute la rue un exemple de repos (Romains). *La vie était si belle, / Elle entrait si bien dans ses prunelles / Qu'il éclata de rire* (Desnos). Néanmoins, on rencontre fréquemment *si* à la place de *tant* : *La tranquillité d'esprit dont j'aurais pourtant si besoin* (Du Bos). *Elle a été si éprouvée par cette disparition qu'elle ne s'est jamais consolée.* Quant à **si tellement*, c'est un cumul à éviter. On ne le rencontre que dans la langue populaire. → TANT et TELLEMENT

3. de comparaison : Il entre en concurrence avec **aussi** dans les tours négatifs et interrogatifs, plus rarement dans les tours affirmatifs : *Vous ne serez jamais si étonné que moi* (Marceau). *Ce n'est jamais si simple qu'on le dit, un divorce* (Colette). *Dans une âme si claire et si complète que la tienne, il doit arriver...* (Valéry). Le tour **ne pas être si... que de** est désuet : *Il n'était pas si sot que de ne pas prévoir la lutte* (Vercors). On dit couramment : *pas assez sot pour ne pas prévoir.*

4. la locution conjonctive si... que, à valeur concessive. Il y a inversion du nom sujet quand *si... que* encadre un adjectif attribut : *Si grand que soit votre esprit de conciliation, vous n'accepterez pas, je pense, les solutions de commodité* (Duhamel). *Ils ne surent jamais comment il leur avait échappé, si incroyable que puisse paraître un tel défaut de perspicacité* (Dhôtel). Mais, avec un pronom sujet : *Les puissances de l'heure, si passagères qu'elles fussent* (Aragon). *Si abandonnés qu'ils aient pu être, les morts sont toujours là, et ne se font pas prier pour répondre à notre appel* (Sallenave). On rencontre fréquemment **aussi** dans cet emploi, chez les meilleurs écrivains, malgré la condamnation des puristes (→ AUSSI). Il y a parfois ellipse de *que*, avec inversion du sujet, que ce soit un nom ou un pronom : *Si ennuyeux soit-il de faire le même chemin* (Romains). *Aucun fil, si mince fût-il, ne la rattachait plus à cette auto* (Duras). *Tous ces voyageurs français, si courte fût leur vue, souffraient tous d'un même mal* (Bastide). On rencontre même l'ellipse archaïque de *si* : *Boiteux qu'il fût, avec sa jambe raide, Louis n'était pas manchot pour ce qui est des filles* (Aragon).

5. la locution si... que, à valeur consé-

cutive. Il n'y a aucune difficulté quand la phrase est affirmative : *À ces hauteurs, l'air était si pur, si raréfié, que Christophe avait peine à respirer* (Rolland). *Il est si grand qu'il dépasse tout le monde.* Mais quand la principale est négative ou interrogative, le verbe de la subordonnée est au subjonctif : *Ce problème n'est pas si difficile qu'on ne puisse le résoudre.*

☐ **si tôt** → SITÔT

SI (conjonction) **orth.** Une faute très fréquente consiste à oublier de faire l'élision du *i* devant *il(s)* : on doit écrire **s'il (s)** et non **si il(s)*. ◆ **constr.** L'ellipse du verbe après *si* est rare, sauf dans les tours figés *si possible, si oui, sinon.* Le mode du verbe de la subordonnée est l'indicatif (ou le subjonctif, dans la langue littéraire) quand *si* a une valeur conditionnelle : *Ah ! si j'avais des capitaux, j'aurais un plan irrésistible.* La langue populaire emploie parfois le conditionnel dans les deux propositions : **Si j'aurais su.* Mais ce mode se rencontre très correctement quand *si* a une valeur d'opposition : *Si le pluriel «olympiens» aurait été possible, «grands hommes» ne l'était pas à cause de la liaison qui choquerait l'oreille* (Georgin), ou quand il introduit une interrogation indirecte (sans valeur conditionnelle) : *Il savait, en écoutant le sifflet des locomotives, si le temps serait à la pluie* (Guilloux). *Le commissaire regardait son lit en se demandant s'il dormira·ʼ quelques heures* (Simenon). De même le futur est exclu du contexte hypothétique : *S'il fait beau demain* (et non **s'il fera beau*), *je sortirai*, mais il est admis quand il y a simple opposition. Quant au subjonctif, dont il a été question plus haut, en voici deux exemples : *Tout se passait comme s'il dût jouer un premier rôle dans une pièce qu'il ne connaissait pas encore* (Aragon). *Mme Marin, peut-être indulgente si j'eusse servi ses plans, ne nous pardonna pas son désastre* (Radiguet). La syntaxe de *si* et de *comme s'*est comparable, sauf que *comme si* en tête de phrase admet plus aisément le conditionnel. → COMME

☐ **si... et que.** Pour éviter la répétition de *si* en tête de deux propositions coordonnées, on peut remplacer la seconde

conjonction par *que*, qui doit être suivi
du subjonctif : *Si jamais vous allez à
Rome et que vous puissiez y faire un petit séjour, je vous donnerai des adresses*
(Romains). Il en est de même après
sauf si, et **comme si**. L'emploi de l'indicatif après *que*, dans ces tours, est incorrect. → QUE

□ **ou si**. Tour fréquent pour introduire
le deuxième terme d'une interrogation
directe : *Est-ce qu'il est déjà nuit, ou si
ce sont mes yeux ?* (Peyré). → OU et IN-
TERROGATION

□ **regardez si...** *Regarde-moi ça, mon
vieux Jack, si c'est beau !* (Daudet). Ce
tour, fréquent dans la langue parlée,
doit être modifié dans la langue soutenue pour être admis : *Regarde comme
(ou combien) c'est beau !*

□ **si ce n'est**. Cette locution ne varie
pas en nombre quand elle est employée comme variante de *sinon* : *Il n'y
a pas plus casanier, si ce n'est les tigres,
que les conquérants au repos* (Giraudoux). De même pour **s'il en fut**, avec le
verbe à l'indicatif et sans accent circonflexe sur le *u : Pierre Louÿs et Paul
Valéry, puristes s'il en fut* (Billy). *Elle dé-
crivit un demi-cercle, filmant le building
de la T.T.C., œuvre moderne s'il en fut*
(Chraïbi).

□ **si tant est que**. Ce tour restrictif se
construit avec le subjonctif : *Si tant est
que le versificateur doive à tout prix célébrer ce qui le touche* (Audiberti). *Beaucoup estiment pourtant que c'est la réforme qui l'a sauvée, si tant est qu'elle
dût l'être* (Peyrefitte). Mais l'indicatif est
possible aussi : *Que tous les pères et
mères de Paris tremblent, si tant est
qu'ils ont une fille de cet âge !* (Supervielle).

□ **si c'était... qui**. Après ce groupe de
soulignement, on met le plus
souvent à l'indicatif : *Si c'était moi qui
commandais...* (Sartre, cité par Grevisse). La langue littéraire emploie parfois le subjonctif pour insister sur l'ir-
réalité de l'hypothèse : *Ah ! si c'était le
cœur qui fît l'homme* (Jouhandeau, cité
id.).

□ **c'est à peine si** → PEINE

□ **si encore** → ENCORE

□ **si j'étais (de) vous** → ÊTRE

SIBYLLE **orth.** Nom commun et nom

propre, ce mot s'écrit avec un *i* puis un
y, et non l'inverse.

SICCITÉ **prononc.** [siksite] et non *[sisite].
♦ **emploi et sens** Substantif didactique,
« état de ce qui est sec ».

SIDA **emploi et sens** Le nom de ce nouveau fléau de la fin du xxe s. est l'acronyme de *Syndrome d'Immuno-Défici-
cience Acquise* (traduction française
apparue vers 1983 de l'anglais AIDS, de
même sens). Le dérivé créé pour désigner la personne qui en est atteinte est
sidéen, -enne, adjectif et nom : *Mille
deux cents hémophiles sidéens représentés par quelques dizaines des leurs qui
se sont constitués parties civiles* (Greil-
samer, *Le Monde*, 23 juin 1992). *En 1991,
500 millions de subventions ont été ver-
sés à l'Assistance publique pour soigner
les sidéens* (*Le Canard enchaîné*, 17 juin
1992). Les créations telles que *sidaïque*
et *sidatorium* (sur le modèle de *sanatorium*) très tendancieuses, ont été jusqu'à présent rejetées : *Sans craindre de
s'opposer à l'avis des meilleurs spécialistes de la maladie, le Front national
souhaite également la création de « sida-
toriums » pour « isoler et soigner tous les
malades qui ne pourraient ou ne voudraient appliquer les règles de la prévention »* (*Le Monde*, 3 décembre 1986).
La forme « normale » serait *sidatique*
(cf. *traumatique*), enregistré par le PLI.

SIDE-CAR **prononc.** On ne dit plus
guère, à l'anglaise, [sajdkaʀ], mais seulement [sidkaʀ]. ♦ **orth.** Plur. : **des side-cars.**

SIDÉRER **emploi et sens** Ce verbe est
courant dans la langue familière, au
sens de « stupéfier » : *Beaudricourt, si-
déré : – Qui t'a dit ça ? C'est secret*
(Anouilh).

SIÈCLE **orth.** On dit, au singulier : *le xix^e
et le xxe siècle* ou *le xixe siècle et le xxe* (le
mot siècle est sous-entendu) ; au plu-
riel : *les xixe et xxe siècles*. Cependant le
substantif reste parfois mis au pluriel,
même quand les deux articles sont au
singulier : *au xve et au xvie siècles* (Littré), *au xviie et au xviiie siècles* (Académie, à l'article *sarabande*, cité par Gre-
visse). Dans les textes littéraires, les
noms de nombres sont transcrits soit
en lettres, soit en chiffres romains et

imprimés en petites capitales (I, II, III, etc.), non pas en chiffres arabes (*1, 2, 3, etc.). Enfin, l'ellipse du substantif **siècle** est générale, quand le contexte est clair : *Ce vitrail est attribué à des maîtres de votre pays. – De quelle époque ? – Le milieu du seizième* (Butor). → LE, LA, LES (article)

SIEN (METTRE DU) → METTRE

SIERRA emploi Ce mot désigne une chaîne de montagnes dans les pays de langue espagnole. Son équivalent portugais et italien est *serra : la sierra Madre,* mais *la serra de Estrela.*

SIFFLOTER orth. Deux *f* comme *siffler,* et un seul *t.* De même pour **sifflotement :** *J'eus quelque mal à comprendre les mots qu'il lâchait entre deux sifflotements* (Labro).

SIGNALER et **SIGNALISER sens** On ne confondra pas ces deux verbes. Le premier a le sens de « attirer l'attention sur », le second, plus récent, signifie « pourvoir de signaux » : *Ces travaux ne sont pas signalés, bien que la route soit généralement assez bien signalisée.*

SIGNE emploi On n'abusera pas de la locution *sous le signe de,* dont le sens est d'origine astrologique, et qui est souvent employée à tort et à travers. On notera la précaution minutieuse avec laquelle Montherlant l'insère dans la phrase suivante : *J'y vis « sous le signe » de la vieille formule militaire « C'est du... et la suite ! »*

SIGNÉ DE constr. Le complément d'agent de ce verbe se construit plutôt avec *de* qu'avec *par : Cette lettre est signée de son sang, d'un grand nom, de la main même de l'auteur,* etc. Quand il s'agit d'une création de caractère esthétique, on peut omettre la préposition : *Dans son bureau signé Majorelle, M. de Champcenais à une conversation téléphonique* (Romains).

SIGNIFIER sens Avec un nom de personne comme sujet, ce verbe a le sens de « faire connaître, en général dans un cadre légal et avec une certaine autorité » : *Un jour, il me fut signifié que j'aurais à commettre mon crime dans la nuit qui allait suivre* (Green). *C'est ainsi*

qu'elle me signifiait qu'elle ne voulait pas être dérangée (Hougron).

SILHOUETTE orth. Un *h* après le *l.*

SILICE et **CILICE sens** La silice (féminin) est un minéral, le **cilice** (masculin) est une étoffe.

SIMILAIRE → SEMBLABLE

SIMILI emploi et sens Ce mot, qui est tantôt préfixe (sans trait d'union) *similibronze, similicuir, similipierre,* etc., tantôt substantif masculin : **du simili,** désigne diverses « matières synthétiques imitant un élément naturel ». Il a beaucoup vieilli, et sa valeur est souvent péjorative. C'est pourquoi la publicité et l'industrie ont inventé aujourd'hui toutes sortes de termes, pour ne pas alerter le consommateur sur le caractère artificiel du matériau. Par exemple, le **similicuir** a été supplanté par le **skaï,** le **skivertex,** etc.

SIMONIE sens « Trafic des choses saintes, vente de biens spirituels ».

SIMOUN orth. Sans majuscule, comme tous les noms de vents : *le mistral, le sirocco, la tramontane,* etc. → GUIDE TYPO.

SIMPLES emploi et sens Ce nom de plantes médicinales est masculin et s'emploie toujours au pluriel.

SIMULER emploi et sens Ce verbe peut s'employer avec un sujet non animé, au sens de « être disposé de manière à ressembler à » : *Une de ces lampes à essence qui, une fois accrochées au mur, simulent tout à fait une lampe à gaz* (Romains).

SINÉCURE sens On se trompe souvent sur la signification de ce substantif, qui est positive : « Emploi profitable et peu astreignant » : *La patrie a bon d∍s ! – Toutes ces prébendes... – Ces sinécures !* (Daninos). *Moi, je t'offre une sinécure et tu seras nourri, logé, blanchi* (Cendrars). L'emploi de *C'est une vraie sinécure* pour « c'est une cause de soucis multiples » est un contresens.

«SINE QUA NON» sens Mots latins, imprimés en italique, et signifiant « absolument nécessaire ».

SINGE forme Le féminin **singesse** n'est
pas un barbarisme. Il a existé, à côté de
guenon, et, au figuré, son sens est
moins péjoratif que ce dernier substantif.

SINO- sens Préfixe servant à former de
nombreux mots ayant un rapport avec
la Chine : *sinologue, sinophile*, etc.

SINON emploi et sens Cette conjonction,
toujours en un seul mot, exprime : **1.** L'opposition ou la restriction : *La
chevelure d'un blond, sinon artificiel,
du moins accentué artificiellement*
(Romains). *La religion est soumise, sinon à la mode, du moins au développement moral de l'humanité* (Martin
du Gard). *J'ai horreur d'arriver en retard, à cause du manque de tact dont
peuvent à bon droit s'offusquer sinon
le regretté du moins ses proches* (Colombier). On évitera d'employer, pour
s'opposer à la partie concessive, la
conjonction adversative *mais* et de
dire ou d'écrire : **Il vient sinon tous les
jours, mais assez souvent :* c'est *au
moins, à tout le moins, du moins, en
tout cas*, qui seuls conviennent. **2.** Une
donnée d'hypothèse négative, quand
la phrase qui suit contient un conditionnel : *J'ai pensé que l'assassin de
Cardelec était probablement jeune, sinon, il n'aurait pas eu l'audace de se
glisser sur le rebord du toit* (Hougron).
3. Le renchérissement positif, «et
même peut-être» : *Le droit du maître
sur l'esclave, vieux de centaines sinon
de milliers de siècles, qui devait sembler aussi naturel que celui de marcher
et de respirer* (Vercors). On évitera les
ambiguïtés pouvant résulter de ce
double sens : *Il faut que cet intrus soit
réprimandé, sinon chassé* peut signifier «sans qu'on le chasse» ou au
contraire «et (je souhaiterais même)
chassé».

▢ **rien (d'autre), sinon.** Cette conjonction peut remplacer **que** sans difficulté,
après un segment de phrase négatif ou
interrogatif : *Pour Suter même, loin
d'être un hommage, ces noms ne signifient rien, sinon la ruine de son établissement et la menace de sa vie* (Cendrars). *De quoi il avait l'air et s'il était
parfaitement déguisé, personne n'aurait
pu le lui dire, sinon les anges* (Dhôtel).

*Que me restait-il de mon enfance, sinon
quelques gros chagrins?* (Ragon).

▢ **sinon que.** Cette locution conjonctive est vieillie, sauf après **rien :** *Je ne
veux rien, sinon que vous n'entriez pas
tous à la fois dans ma chambre* (Colette). *On ne savait rien d'eux, sinon
que Mme Parmesny était une femme
encore jeune* (Vidalie).

▢ **ou sinon.** Le cumul de ces deux mots
n'a rien de choquant pour Littré, à plus
forte raison pour nous aujourd'hui : *Il
ne voyait personne, si ce n'est dans des
buts très précis, ou sinon, comme avec
Paule et un seul ami, pour parler* (Sagan).

SINOQUE orth. On rencontre également **sinoc** et **cinoque.** Au pluriel, un
-s, quelle que soit la forme. ♦ **emploi et
sens** «Fou», dans la langue populaire.
Vieilli.

SIPHON orth. Avec un *i* et non un *y*.

SIROCCO orth. Avec deux *-c*. Toujours
une minuscule à l'initiale (→ SIMOUN).

SIROP constr. Le complément de ce
substantif se met à peu près indifféremment au singulier ou au pluriel :
Du sirop de fraise ou de fraises. → JUS

SIROTER orth. Un seul *t*.

SIS emploi Ce participe du verbe *seoir*
(→ ce mot) est employé à la place de
situé dans la langue du droit ou par archaïsme plus ou moins pédant : *L'hôtel
où il habitait, hôtel sis au bout d'un
lointain boulevard* (Apollinaire). *Le cheminot Maluzier, qui s'occupait à serrer
les boulons de la voie ferrée au niveau
du passage du même nom sis à la sortie
du bourg* (Desproges).

SISMIQUE forme → SÉISME ♦ **emploi et
sens** Cet adjectif signifiant à l'origine
«qui secoue, qui tremble», on devrait
éviter d'employer le pléonasme *secousse sismique*. Mais ce dernier mot
s'emploie seulement pour les trembre-
ments de terre et non pour d'autres
types de secousses, ce qui fait que *secousse sismique* est acceptable. Autres
emplois : *Plus que l'amplitude, c'est l'accélération qui est capitale dans les
ondes sismiques (Le Monde). En poin-*

tant soigneusement tous les épicentres connus, il a donc été facile de dessiner les zones sismiques (id.). → TELLURIQUE

SISTRE → CISTRE

SITE orth. Sans accent circonflexe sur le *i*, de même que **cime.**

SITÔT ou **SI TÔT orth.** On distingue parfois malaisément les deux locutions homonymes. La première, en un seul mot, a le sens de « aussi rapidement » : *Sitôt dit, sitôt fait.* La seconde s'oppose à *si tard* et signifie « de si bonne heure » : *Cela m'ennuie que vous arriviez si tôt, je ne suis pas prêt.* En réalité, seul ce dernier contexte permet d'écrire en deux mots **si tôt** sans hésitation. On constate en effet pour les autres tours des flottements considérables. Robert signale que *si tôt* est l'orthographe la plus courante. Il semble toutefois que, dans le tour figé *pas de sitôt*, on écrive toujours **sitôt** en un seul mot : *La coterie avait gagné. Elle n'oublierait pas de sitôt son offense* (A. Besson). → AUSSITÔT

□ **sitôt que.** Cette locution conjonctive alterne avec *aussitôt que*, au sens temporel de « dès le moment où » : *Sitôt que j'y touche, je l'abîme* (Gide). *On va aller au spectacle, sitôt qu'on sera arrivés,* dit *Lil* (Vian).

□ **sitôt + participe.** La formation d'une proposition participiale ou d'un groupe participial en apposition est très répandue : *Une première étoile parut sitôt le jour retiré* (Ramuz). *Sitôt le déjeuner terminé, il a dû sauter le petit mur* (Alain-Fournier). *Elle n'avait pas fait comme tant d'autres qui se négligent sitôt mariées* (Ikor). Ce tour elliptique et élégant se trouve même en l'absence d'une forme verbale : *Les enfants morts sitôt le jour ne seront point exemptés de ces supplices* (France). *J'espérais bien, sitôt mon brevet en poche, écrire une demande* (Mac Orlan). *Sitôt debout, mitraillette à la main, j'entrouvre la porte* (Chaix).

SIX prononc. Ce numéral suit à peu près les mêmes contraintes phonétiques que *dix* (→ ce mot). On prononce [si] devant un mot à initiale consonantique ou devant un *h* dit aspiré : *six personnes, six maisons, six hiboux,* etc. Cependant, on

peut prononcer [sis] devant un nom de mois : *le six mai* : [ləsismɛ] ou [ləsismɛ]. On dit [siz] devant un mot à initiale vocalique ou devant un *h* dit muet : *six armes, six hôtels,* etc. Mais on prononce avec une finale sourde [sis] devant les conjonctions *et, ou* : *six ou sept personnes, six et même sept, six et quatre font dix.* Devant un nom de mois : *le six avril* se prononce aussi bien [ləsisavʀil] que [ləsizavʀil]. Quand le mot **six** est placé à la fin d'un groupe rythmique, ou quand il est substantif, il se prononce toujours [sis] : *Nous étions six. Le nombre six me porte bonheur. En l'année mil(le) neuf cent quarante-six,* etc. ♦ **orth.** On écrit *sixième, sixièmement,* avec *x* et un accent grave.

SIXAIN orth. On écrit également **sizain.**

SKETCH forme Plur. : *des sketches* : *Actualités, dessins animés, sketches, documentaires* (Butor). ♦ **sens** *Le sketch est une esquisse destinée à la scène ou au cinéma, sous forme de monologue, de dialogue très court ou encore de mime* (décision du tribunal de Paris, *Le Monde*). → SAYNÈTE

SKI constr. On dit aller **à skis** (pour certains, **en skis.** → À), *une épreuve de ski, un tremplin de ski, un saut de ski, faire du ski* ou *skier.* Mais en ce qui concerne le *ski nautique,* avec un ou deux skis, on pourra, suivant le cas, employer le singulier ou le pluriel : *Il file sur l'eau à ski(s).*

SKUN(K)S → SCONSE

SLOOP prononc. [slup]. ♦ **sens** « Petit navire à mât vertical gréé en cotre ».

SMASH prononc. Ce terme de la langue du sport devrait se prononcer [smaʃ] et non *[smatʃ], comme on le fait trop souvent, par analogie avec **match.** La remarque vaut également pour le verbe *smasher.* ♦ **forme** Plur. : **des smashes** ou **smashs.**

SNACK-BAR forme Ce mot s'abrège souvent en **snack.**

SNOB orth. Plur. : **des snobs.** ♦ **forme** Même forme pour les deux genres. Les féminins **snobette** ou **snobinette** apparaissent dans la langue familière seulement : *Gilberte était devenue très snob* (Proust). *Si vous saviez comme les policiers sont snobs!* (Salacrou). Le verbe **snober,** au sens de «traiter de haut», appartient aussi à la langue familière : *Il se demandait s'il fallait trouver cette provinciale singulière, ou la snober* (Aragon).

SOCIAL- forme Ce premier élément de certains noms composés varie généralement au féminin et au pluriel : *Les listes sociales-démocrates. La tentative des sociaux-chrétiens.* Mais par imitation de l'allemand, on le laisse parfois invariable : *Les social-démocrates l'ont emporté.* Et dans le style polémique : *les social-traîtres. Social-démocratie* ne prend pas de *e* final à **social.**

SOCIÉTÉ orth. Dans le sens de «communauté humaine», **société** s'écrit avec une minuscule : *La société moderne. À bas la société! Des sociétés de commerce.* Vieilli au sens de «compagnie» : *La bonne sœur Marthe alla dans l'étable tenir société à la vache* (Barrès). ♦ dérivé Le néologisme **sociétal,** forgé par les sociologues et figurant dans le *GLU.* au sens de «qui se rapporte aux divers aspects de la vie sociale des individus, en ce qu'ils constituent une société organisée», ne se confond pas avec **social** : *Il refusait d'admettre qu'il ait accepté l'offre de l'AASC pour son seul plaisir. Il ne pouvait rien entreprendre qui n'ait une valeur sociétale* (Godbout). → CIVIL

SOCQUE orth. Un *c* devant *q,* de même que **socquette.** ♦ genre Masc. : *En sautant à cloche-pied, il a perdu un socque.*

SŒUR orth. S'agissant d'une religieuse, on écrira (avec une minuscule) : *sœur Geneviève, sœur Marie-Madeleine.* On écrit : *les Petites Sœurs des pauvres, une demi-sœur.* → PÈRE

SOFA orth. Celle-ci a supplanté l'ancienne forme **sopha** : *C'était sous cette glace qu'il y avait un sofa profond* (Aragon).

SOFTWARE → LOGICIEL

SOI emploi et sens Ce pronom réfléchi est très rare en fonction d'attribut ou de sujet : *Il faut être soi.* On le rencontre surtout comme complément d'objet et complément prépositionnel. Il renvoie en principe à un sujet non déterminé représentant une ou plusieurs personnes : *Le goût étrange, et quelque peu malsain, de se scandaliser soi-même – d'être «mal pensant» par rapport à soi* (Rostand). *On n'a pas toujours son curé avec soi, sauf les riches* (Anouilh). *La boutique fut un endroit plein d'étincelles et de bruit, où chacun ne pensa que pour soi* (Alain-Fournier). *Elle lui apprit qu'il ne fallait pas écrire pour soi seul* (Rolland). En fait, de nombreux auteurs, parmi les meilleurs, emploient ce pronom même lorsque le sujet est bien déterminé : *Elle a dit quelque chose pour soi seule* (Valéry). *Alcmène porte en soi maintenant le jeune demi-dieu* (Giraudoux). *Puis comme cette douleur au côté l'obligeait à penser à soi, il fut presque amer* (Saint-Exupéry). *Il tourne à nouveau le canon vers soi* (Robbe-Grillet). *Comme tous ceux qui ont devant soi un long avenir* (Rolland). Notons que cet emploi est constant chez Mauriac. ♦ On rencontre même **soi** employé avec un nom de chose comme sujet : *L'amour, qui est l'égoïsme à deux, sacrifie tout à soi* (Radiguet). Cet emploi est surtout fréquent avec les locutions *de soi, en soi* : *Il s'agit de l'Injustice en soi, de l'Injustice absolue* (Vercors). *Tout jugement porte en soi le témoignage de notre faiblesse* (Gide). *C'est une chose qui allait de soi entre nous* (Sartre). Bien que le renvoi à un sujet pluriel soit plus rare que le renvoi à un sujet singulier, il n'est nullement incorrect : même si on remonte au latin – ce qui n'est nullement nécessaire – on se rend compte que la forme d'origine, *sibi,* appartient aux deux nombres. On dira donc aussi bien : *Il murmura à part soi : Jamais!* que *Ils se sont dit à part soi que cela n'avait pas d'importance.* On peut aussi décliner normalement le pronom complément : *à part eux, à part lui, à part elle(s),* etc. → PART et LUI

SOI-DISANT forme Ce mot reste invariable même quand il est adjectif épithète. On veillera d'autre part à ne pas écrire **soit-disant.* ♦ emploi et sens Ce composé doit en principe se rapporter à des personnes «qui se disent ceci ou cela, qui prétendent être ceci ou cela» :

Nombre de soi-disant révolutionnaires avaient pris peur (Romains). On le rencontre dans la langue du droit, ou plus souvent avec une nuance de raillerie : *Des prétendus coiffeurs, des soi-disant notaires* (Brassens). *Que savent-elles sur le soi-disant André VS?* (Robbe-Grillet). On notera que maint écrivain emploie cet adjectif au sens non pas réfléchi, mais passif, de «dont on dit que» : *La protestation contre le procès de Dimitrov et des autres soi-disant incendiaires du Reichstag* (Malraux). **Prétendu** conviendrait mieux ici, car on se doute bien que ce ne sont pas les inculpés qui se disaient incendiaires. Un autre emploi très critiqué, mais qui a pour lui l'usage de bons écrivains, applique **soi-disant** à des noms de choses : *Une promesse ou soi-disant promesse* (Montherlant). *Est-ce qu'elle n'avait pas accepté la table et les deux chaises de la soi-disant salle à manger?* (Giono). *Ce continuel effort d'originalité, de grimace, qui fait la faiblesse des poésies soi-disant modernes* (Radiguet). Enfin, *soi-disant* est également employé assez librement comme adverbe, au sens de «en prétendant, à ce qu'on dit» : *Les Duffy m'ont demandé la permission de venir, soi-disant parce qu'ils sont à l'étroit* (Mallet-Joris). *Son père qu'il prétendait revenu, signal de la révolution et dont nous voulions soi-disant le séparer* (Masson). *L'après-midi quand tu montes soi-disant faire la sieste* (Huguenin). Il semble difficile aujourd'hui de refuser ces diverses extensions d'emploi, mais on veillera à éviter les ambiguïtés gênantes.

□ **soi-disant que.** Cette locution conjonctive n'est pas sortie du registre populaire. Le langage soutenu emploie : *On prétend que..., il paraît que...*

SOIF → FAIM

SOIR **emploi** Ce mot suit les mêmes règles que *matin* → ce mot, ainsi que A et DEMAIN, HIER, etc.

SOIT prononc. Le *-t* final se fait entendre dans l'adverbe d'affirmation : *Tu le veux? Soit!* [swat], mais reste muet dans la conjonction. ◆ **forme** Ce subjonctif du verbe **être** est généralement figé quand il se trouve en tête de proposition. Il peut cependant varier quand il signifie «supposons» : *Soient*

les deux phrases «j'adore Dieu» et «Dieu est bon» (Vendryès). ◆ **emploi et sens** Cette conjonction apparaît dans une alternative, en corrélation soit avec elle-même, soit avec *ou* : *Elle ne figure pas dans le Littré qui ne connaît que le substantif désignant soit une plante soit une mouette* (Queneau). *Les amis sourirent, soit de bienveillance, soit à Meg ou pour l'une et l'autre raison ou une autre encore* (Velan). L'emploi de *ou* comme second élément est plus littéraire : *Plusieurs, soit paresse ou prudence, étaient restés au seuil du défilé* (Flaubert).

□ **soit que.** Cette locution se construit avec le subjonctif : *Soit qu'il fût auprès d'Odette, soit qu'il pensât seulement à elle* (Proust). *Toi tu fais tout exprès, chéri, soit que tu entes tes cerisiers sur tes prunes, soit que tu imagines un sabre à deux tranchants* (Giraudoux).

□ **soit dit.** Ce tour elliptique se rencontre correctement à côté de *ceci soit dit* : *Ils marquent, soit dit sans fâcher la plus distinguée de mes paroissiennes, la venue et le triomphe de l'homme* (Peyrefitte).

SOJA **forme** *Soya* est périmé.

SOLDAT **forme** Pas de féminin, bien qu'on rencontre parfois, employée par plaisanterie, la forme **soldate**. On dira plutôt : *Une femme soldat.* → FÉMININ et GENRE

SOLDE **genre et sens** Masculin au sens de «différence apparaissant entre crédit et débit, après mise à jour d'un compte» : *Votre balance d'hier soir doit être fausse, le solde créditeur ne correspond pas avec le chiffre de Plume* (Aymé). Masculin aussi, généralement au pluriel, au sens de «marchandises vendues au rabais» : *J'ai trouvé des soldes avantageux.* Féminin au sens de «rémunération versée aux militaires» : *Dès aujourd'hui, ma solde personnelle vous sera partagée* (Peyré). → SALAIRE et DEMI

SOLÉCISME **sens** Ce mot désigne une «faute contre la syntaxe», par opposition aux fautes contre la forme et contre le sens que sont respectivement le **barbarisme** et l'**impropriété** (→ ces mots). Voici des exemples de grossiers solécismes : *Ma tête commence à bouil-*

lir, moi que mon vélomoteur, qui n'est qu'un vélomoteur, il suffit que sa dynamo bafouille pour que je me sente emprunté (Audiberti). *J'attends donc la Mireille qu'elle rentre* (Céline). *Tu t'as fait mal? interrogea Tintin. – T'as tombé?, reprit La Crique* (Pergaud). Mais il y a des erreurs plus insidieuses, dont les auteurs ne sont pas toujours conscients : *J'en ai eu marre de chercher et j'ai demandé ce qui m'intéressait de savoir* (Duras) (au lieu de : *ce qu'il m'intéressait...*). On notera cependant qu'avec l'évolution de la langue bien des «solécismes» ont été intégrés dans la langue correcte, par exemple : *Je me souviens de* (pour *il me souvient de*), *s'attendre à ce que*, etc.

SOLEIL emploi On dit indifféremment : *Il fait du soleil* ou *Il fait soleil*. Avec un adjectif : *Il fait un soleil radieux, torride*, etc. Ou encore : *Va donc te promener, il y a un soleil magnifique*.

SOLENNEL orth. Un *l* et deux *n*.

SOLFATARE genre Féminin ♦ **orth.** Plur. : **des solfatares** (à la française, bien qu'il s'agisse d'un mot italien).

SOLIDAIRE, SOLIDARISER constr. On dit **être solidaire de quelqu'un** ou **de quelque chose**, mais quand le sujet est pluriel, il ne faut pas ajouter de complément à valeur réciproque : *C'était leur mémoire humaine qui les rendait solidaires sans amour* (Le Clézio). *Pierre est solidaire de Jean dans son malheur*, ou *Pierre et Jean sont solidaires dans leur malheur* (et non *solidaires l'un de l'autre*, qui est un pléonasme). Mais le verbe transitif ou pronominal **(se) solidariser** est suivi de la préposition *avec* : *se solidariser avec les victimes d'une injustice*.

SOLILOQUE et MONOLOGUE sens **Soliloque** signifie «entretien d'une personne avec elle-même, dans la solitude». Un **monologue** peut être prononcé en présence de tiers, silencieux ou non : *Sa vie est triste et faite de soliloques moroses. Il a débité un brillant monologue, sans écouter aucune de nos propositions*.

SOLLICITER constr. Suivi d'un infinitif, ce verbe peut se construire avec *à* ou

de. L'emploi de la première préposition est vieilli ou affecté : *Vous sollicitez mon âme à sortir de son isolement* (Vogüé). *De* est plus courant, et indispensable quand le verbe est au passif : *Ils l'avaient sollicité d'entrer dans leur parti* (Acad.). *Les plus vieux sollicitaient le curé d'exorciser la jument verte* (Aymé). *Je passais entre les rangs compacts, tantôt sollicité d'aumônes et tantôt apostrophé* (Louÿs). Le tour *solliciter quelqu'un* sans autre complément, au sens de «séduire, attirer» est aujourd'hui très répandu : *La société de consommation nous sollicite de toutes parts*.

SOLO forme Plur. : **des soli** (à l'italienne) ou, mieux, **solos** (à la française).

SOLUTION emploi et sens Ce substantif renvoie tantôt au verbe **dissoudre** : *une solution aqueuse*, tantôt au verbe **résoudre** : *la solution de tous nos problèmes*. D'où le contresens fréquent qui consiste à prendre la locution **solution de continuité** au sens de «moyen d'assurer la continuité, lien», alors qu'elle signifie exactement le contraire, «rupture de la continuité», comme le montre l'exemple suivant : *Presque aussitôt, il prit conscience d'un brusque changement de décor ; malgré quoi il n'eut pas la notion d'une interruption, d'une solution de continuité quelconque* (Vian).

SOLUTIONNER emploi et sens Ce verbe dont il faudra se garder d'abuser n'est toutefois ni plus audacieux ni plus «laid» que *auditionner, réceptionner, sélectionner* (→ ces mots). **Solutionner une question**, *c'est trouver une solution, ce qui n'est pas exactement la résoudre* (Dauzat). Aussi bien la facilité de conjugaison de ce mot explique sa faveur.

SOMBRE (COUPE) → COUPE

SOMMATION orth. Deux *m*. ♦ **sens** 1. «Appel réglementaire, intimation». 2. «Somme de plusieurs quantités». 3. Terme de physiologie.

SOMMÉ emploi et sens Ce participe-adjectif d'origine héraldique, souvent oublié par les dictionnaires, est encore employé par certains écrivains au sens de «pourvu à son sommet, couronné de» : *Une île ovale bordée de petits aulnes en boule, sommée d'épicéas alignés* (Genevoix). *L'affiche jaune encadrée de noir et sommée de la marque Evening News* (Butor). Il ne faut pas confondre cette forme avec celle du participe passé de **sommer**, «enjoindre à, ordonner sans réplique».

SOMMITÉ forme Ne pas écorcher ce substantif en **somnité*. → DILEMME
♦ **emploi et sens** Généralement au pluriel, pour désigner des «spécialistes» ou des «personnages haut placés» : *Son père, une des sommités de la ville* (Aragon).

SOMNIFÈRE et **SOPORIFIQUE** emploi et sens Ces deux mots signifient tous deux «qui procure le sommeil». Le premier tend à se figer en substantif, le second en adjectif, souvent dans un sens figuré et péjoratif : *Il se fit une tasse de tisane et prit un comprimé soporifique* (Duhamel). *Prendre des somnifères.* Au figuré : *un discours soporifique.*

SOMPTUAIRE et **SOMPTUEUX** emploi et sens Ces deux adjectifs sont souvent confondus. Le premier, rare, qualifie «ce qui se rapporte aux dépenses» : **une loi somptuaire** (dans la législation antique). Au sens de «trop coûteux», il est condamné par les puristes, bien que Valéry lui-même l'ait employé ainsi. Voici un exemple irréprochable : *On croirait que vous m'avez deviné* [*il y a, dans mes projets somptuaires* [= «de dépenses»], *une préoccupation politique* (Peyrefitte). Quant à **somptueux**, son sens est bien connu : «splendide, superbe» : *une réception somptueuse.* C'est le sens de ce dernier adjectif qui provoque la confusion que nous venons de signaler.

SON, SA, SES → BATTRE, CHACUN, FAIRE, LEUR, POSSESSIF (ADJECTIF), SENTIR, etc.

SONGE-CREUX orth. Substantif invariable. Plur. : **des songe-creux**, car *songe* est ici une forme verbale, et non nominale.

SONNER orth. Avec deux *n*, ainsi que *sonnaille, sonnette, consonne* et le verbe *résonner*. Mais on écrit avec un seul *n* : *sonar, sonate, consonance, dissonance, résonance, résonateur,* etc. ♦ **emploi et**

sens Pour indiquer l'heure, ce verbe s'emploie normalement à la voix active : *Dix heures sonnèrent à la cathédrale* (Guilloux). *Quatre heures sonnaient à Tarcy lorsque Gilbert entra dans le couloir* (Dhôtel). On rencontre aussi le tour impersonnel, plus littéraire : *Il sonne onze heures. Il sonne minuit* (Ramuz). → HEURE et MIDI

□ **à dix heures sonnant(es).** Dans ce type de locutions, le participe s'accorde facultativement, comme celui des verbes **taper** et **péter** (d'emploi populaire dans ce sens) : *Il est arrivé à huit heures sonnant(es).* → PILE. On rencontre aussi le participe passé, le plus souvent accordé : *La nuit venue et sept heures sonnées, les routes mêmes lui étaient permises* (Genevoix).

SONOTHÈQUE emploi et sens «Collection d'enregistrements de bruits et d'effets sonores.» Distinct de **phonothèque**, «collection d'enregistrements de la voix humaine», et de **discothèque**, «collection de disques et d'enregistrements musicaux».

SOPHISTIQUÉ emploi et sens Cet adjectif ancien qualifiait autrefois, de façon péjorative, un vin frelaté ou un style maniéré, affecté. Aujourd'hui, sous l'influence de l'américain, le mot a pris le sens «positif» de «complexe, subtil, très élaboré» : *Les gamins s'en vinrent caresser, de l'œil et du doigt, la silhouette métallisée de la Peugeot, aussi sophistiquée dans son élongation rectiligne qu'une star de cinéma au regard de phares vides* (Champion). Cavanna se moque, non sans raison, du snobisme auquel donne souvent lieu ce savant et malheureux adjectif : «*Sophistiqué*» *connaît chez nous une vogue insensée* [...] *Vous n'entendrez jamais l'homme ou la femme dans le poste dire que telle nouvelle voiture, telle fusée, telle arme est perfectionnée. Non, elle est «sophistiquée» : «Un catamaran hautement sophistiqué»* (Cavanna).

SOPORIFIQUE → SOMNIFÈRE

SOPRANO Prononc. On laisse souvent tomber la voyelle finale : un ou des [sɔpʀan]. ♦ **forme** Plur. : **des soprani** (à l'italienne) ou, mieux, **des sopranos** (à la française). → SOLO

SORT emploi et sens La locution *faire un sort à* possède une signification positive, «faire valoir» : *Il faudra bien, un jour, par un éloge public, faire un sort à ce chef-d'œuvre méconnu.* Mais la langue familière emploie ce verbe en sens contraire, pour exprimer l'idée de «liquider, en finir avec» : *Il ne restait plus que deux tranches du gâteau : on lui a fait un sort.*

SORTE constr. Le groupe **une sorte de** + **substantif** impose à ce qui le suit un accord non avec *sorte*, mais avec le substantif complément : *Une sorte de vagabond a été aperçu dans le parc. C'est une sorte d'hommes assez bizarres.* → ESPÈCE

□ **toute(s) sorte(s) de.** Cette association se rencontre fréquemment devant un substantif : *Elle avait toutes sortes d'idées personnelles sur la question* (Vailland). On hésite souvent sur le nombre. Voici un exemple de **toute sorte de** : *Toute sorte de mots, de gestes, d'incidents s'évanouissaient dans la clarté du feu* (Aragon). Noter l'accord du verbe au pluriel. Le pluriel de *sortes* paraît le plus fréquent, mais on pourra essayer de faire coïncider le nombre de ce substantif avec celui de son complément : *Le psychologue étudie toute sorte d'intelligence* n'a pas tout à fait le même sens que : *Le psychologue étudie toutes les sortes d'intelligences.* On évitera surtout de mettre le complément au singulier après *sortes* au pluriel, comme dans la phrase suivante : *Quelques hommes protestaient de leur aversion pour ces sortes de pugilat* (Aymé). Les mêmes remarques valent pour *de toute(s) sorte (s)*, placé après le nom : *Elle s'imaginait recevant quelques amies d'enfance réchappées des naufrages de toute sorte* (Jorif). → CÔTÉ et PART

□ **de (telle) sorte que, en sorte que.** La première locution conjonctive, avec ou sans l'adjectif **telle**, est courante : *Tu relevais un peu la tête, de sorte qu'on voyait l'ombre en demi-cercle que laissait le café sur tes lèvres* (Le Clézio). La seconde est plus littéraire : *Un patronat éclairé, dont les conseils d'administration étaient bourrés de généraux, réduisait les salaires de près de la moitié, en sorte que les produits manufacturés*

français triomphaient sur tous les marchés étrangers (Aymé). **En sorte que** ou **en sorte de** est préférable quand la phrase a un sens final plutôt que consécutif : *Je compte sur vous pour faire en sorte que tout se passe bien. D'accord avec son père, Céline fit en sorte de dissuader ses prétendants en leur opposant un refus poli mais catégorique* (A. Besson). La locution **de la sorte que** est exceptionnelle : *Il faut faire de la sorte que la manette réponde au cerveau, sans l'intervention de la main* (Triolet). On notera que le subjonctif est de règle quand ces locutions ont un sens final : *La boîte* [de fruits confits] *était toujours à peu près vide, de sorte qu'on n'osât se servir qu'avec discrétion* (Gide).

□ **de sorte à + infinitif.** À la différence du tour **de façon à... de sorte à** est archaïque : *Souffre que je dise que tu n'as pas toujours agi de sorte à dissiper leur malheureuse erreur* (France).

□ **de la sorte.** Cette locution qui signifie «de cette manière» se trouve surtout dans un contexte négatif ou interrogatif ; ailleurs elle paraît littéraire : *Vous avez tort de vous coiffer de la sorte* (Radiguet). *La sibylle de Panzoust procédait de la sorte : elle faisait un potage de choux verts avec une couenne de lard jaune* (France).

SORTIR conjug. Comme *partir*, sauf au sens juridique de «obtenir» : dans ce cas, **sortir** se conjugue sur *finir*. En emploi intransitif, *sortir* forme ses temps composés avec l'auxiliaire *être* : *Il est sorti en courant. Elle est sortie depuis deux heures.* ♦ **constr. et emploi** *Sortir* se construit très bien avec un complément d'objet direct représentant une chose (dans ce cas, auxiliaire *avoir*) : *Seul le ton de l'épopée peut sortir le roman de son ornière réaliste* (Gide). *Il a sorti sa voiture du garage.* Mais avec un nom de personne comme objet, il appartient à la langue familière : *Sortez les protestataires !* De même au sens de «dire, proférer» : *Qu'est-ce qu'il m'a sorti, quand je lui ai raconté l'histoire !*

□ **(se) sortir de.** Le tour pronominal, par analogie de *s'en tirer*, gagne du terrain à tous les niveaux de langue : *Comment voulez-vous qu'on s'en sorte, avec ce que gagne mon mari ?* Le réflé-

chi donne plus de force à l'expression, par rapport à la forme simple **en sortir**.
→ RELEVER

□ **sortir de + verbe.** Tandis que cette construction est parfaitement admise quand le complément est un nom de lieu : *Il est sorti de clinique avant-hier*, elle est critiquée quand le complément est un verbe. Cependant, l'usage tend à répandre même dans la langue littéraire le tour commode *Je sors de : Tu vas prendre un verre avec moi, dit-elle. – Non, merci, je sors d'avaler le mien* (Zola). *Quand on sort de manger, on a toujours un peu faim* (Daudet). Il prend volontiers une valeur ironique : *Vous voulez des émotions ? – Merci, je sors d'en prendre !* On se gardera du pléonasme *sortir dehors (→ PLÉONASME).

□ **au sortir de.** Cette locution ne fait pas double emploi avec *à la sortie de*, car elle a un sens actif : *Faites attention de ne pas vous refroidir au sortir du lit* (Romains). *Et, au sortir de la ville, on fonce littéralement dans un mur de brouillard* (Simenon). **À la sortie de** désigne aussi bien « l'endroit où l'on sort » que « l'action de sortir » : *Je vous attendrai à la sortie de la gare. Un incident s'est produit à la sortie des ouvriers.*

SO(T)TIE orth. Avec un ou deux *t*. ♦ **sens** « Sorte de farce satirique, genre littéraire des XVᵉ et XVIᵉ siècles ».

SOUBRESAUT et **SURSAUT** sens Ces deux substantifs ont le sens de « mouvement brusque », mais le premier peut se rapporter indifféremment à une personne ou à une chose : *Ses membres se tordaient, étaient animés de soubresauts mécaniques* (Simenon). Le second ne s'applique qu'à une personne, excepté au sens figuré, assez fréquent, de « regain subit ».

SOUCI emploi La locution **avoir souci de**, « se préoccuper de » est littéraire : *Faisant un effort pour échapper à soi, pour n'avoir plus souci que de son enfant* (Mauriac). La langue courante dit plutôt **avoir soin** ou **s'occuper de**. *Avoir du souci (à cause de)* a un autre sens : « être préoccupé, être inquiet à cause de ». → mot suivant

SOUCIER conjug. Comme pour les autres verbes dont le radical se termine par *i*, cette lettre est redoublée à l'imparfait de l'indicatif et au présent du subjonctif : *(que) nous nous soucions, (que) vous vous souciiez.* ♦ **constr.** Ce verbe n'est pas transitif direct que dans un registre littéraire : *Cet aspect de la situation me souciait fort* (Pilhes). *Au vrai, cette question ne souciait guère Béatrix* (Peyrefitte). On dit plus normalement : *Béatrix ne se souciait guère de cette question*, ou *Cette question ne préoccupait guère Béatrix.*

SOUFFLER → BOURSOUFLER

SOUFFRE-DOULEUR forme Substantif invariable : **des souffre-douleur.**

SOUFFRIR constr. Avec un complément d'objet, ce verbe appartient à la langue littéraire, au sens de « tolérer, admettre » : *La duchesse ne saurait souffrir une vitre ouverte* (Montherlant). *Je souffrais impatiemment la lecture de ses dissertations* (Green). Avec l'objet « interne » : *Je souffre une souffrance, une souffrance inconnue, au-delà de tout ce que tu pourrais imaginer* (Péguy). Mais le tour négatif **ne pas pouvoir souffrir quelqu'un** est usuel dans la langue courante.

□ **accord du participe passé.** On distinguera entre *l'horrible fin qu'il a soufferte* (Green) (le mot *qu'* est complément d'objet) et *les deux années qu'il a souffert* (où le mot *qu'* est complément circonstanciel de temps). → COÛTER, RÉGNER, etc.

□ **(ne pas) souffrir que** ou **de ce que.** Le tour avec *que* signifie « (ne pas) admettre (que) ». Il se construit avec le subjonctif : *Je ne souffrirais pas que cette conversion fût publique* (Gide, cité par Robert). Le tour avec *de ce que* signifie « éprouver de la souffrance du fait que ». Il se construit avec l'indicatif ou le subjonctif : *Il ne pensait pas à souffrir de ce qu'un autre avait possédé Gisèle* (Mauriac).

SOUFRE orth. Un seul *f* ainsi que les dérivés : *soufrage, soufreur, soufroir*, etc. ♦ **sens** Désigne un métalloïde. Ne pas confondre avec **souffre**, forme du verbe *souffrir*.

SOUHAITER constr. On dit indifféremment **souhaiter faire** ou **souhaiter de faire** quand le sujet des deux verbes est le même : *Laurent ne pouvait plus se retenir, il souhaitait éperdument parler* (Rivoyre). *Il avait souhaité de voir ses enfants* (Duhamel). *Elle ne souhaitait pas de mourir* (Mauriac). Les deux constructions sont parfois réunies dans la même phrase : *Il y a bien des manières d'être sincère, je souhaiterais l'être à la mienne, je souhaiterais d'être assez bêtement sincère pour décourager les gens malins* (Bernanos). Quand le sujet de l'infinitif est distinct de celui du verbe *souhaiter*, la préposition *de* est nécessaire : *Il leur souhaita de rentrer bientôt*. On rencontre également *souhaiter que* et le mode subjonctif, dans le cas de deux procès avec deux sujets distincts : *Nous souhaitons vivement qu'il réussisse*. Certains auteurs, par attraction sans doute de la construction d'espérer (→ ce mot), emploient le conditionnel, qui paraît lourd : *Il souhaitait ardemment que son enfant – comme tous ses autres fils et filles qu'il chérissait [...] – saurait toujours ainsi s'indigner* (Labro).

SOUILLON genre On dit indifféremment **un** ou **une souillon,** mais toujours pour désigner une femme. → LAIDERON

SOÛL et **SAOUL** orth. On rencontre encore l'orthographe étymologique **saoul** (sans accent) : *Ces nobles personnages ne sont pas saouls du tout* (Jarry). La remarque vaut également pour le verbe : *Vous dites, Joseph, que l'homme de la police s'est saoulé à en crever?* (Salacrou). On préférera cependant la contraction (qui ne modifie pas la prononciation et tend à supplanter la première forme dans l'usage) : **soûl, soûler, soûlerie, soûlard** : *Vous avez pris quatre petits verres de rhum et vous étiez complètement soûle* (Sartre). *Quoi, s'étonna Duval, chez cette femme qui se soûle?* (Vailland). Il est préférable de mettre l'accent sur le verbe **dessoûler,** bien que l'Académie l'écrive par inadvertance sans accent circonflexe.

SOULEVER emploi et sens Ce verbe appartient au registre populaire au sens de « ravir, ôter » : *Il lui a soulevé sa petite amie en moins de deux.* On notera qu'il est incorrect de dire **soulever un lièvre,* dans le sens de « faire partie devant soi, en chassant », ou dans celui figuré de « susciter une difficulté », mais on doit dire : *lever un lièvre.*

SOÛLOGRAPHIE orth. Avec un accent circonflexe. ♦ emploi et sens Création fantaisiste et familière, comme synonyme pittoresque de **beuverie** : *Soûlographie passée, Buergues était rentré chez lui* (Giono). → SOÛL

SOUPE ou **POTAGE** sens À l'origine, la **soupe** était le « morceau de pain qu'on trempe avec du lait, du bouillon, etc. ». D'où le sens actuel de « plat chaud et liquide, dans lequel on met des légumes, écrasés ou non, et éventuellement du pain », par opposition avec le **potage,** qui est plus « léger ». Cette distinction n'est plus toujours bien comprise.

SOUPER constr. On dit **rester souper** ou **rester à souper** (→ RESTER). Pour le complément : *souper avec des amis, souper d'un bout de fromage* (→ DÉJEUNER). ♦ emploi et sens De nos jours, on dit plutôt le **dîner** pour désigner le repas du soir. **Le souper** est cependant d'un emploi fréquent dans les campagnes et a pris pour le citadin le sens de « repas pris très tard dans la soirée, par exemple à la sortie d'un spectacle » (→ DÉJEUNER). Ce mot passe très facilement de la catégorie du verbe à celle du substantif. D'où la possibilité de dire : *avant souper* ou *avant de souper,* etc. : *Le soir, avant souper, il nous réunissait en face de la charcuterie Florès* (Roblès). La locution redondante *j'en ai soupé de* est populaire : *J'en ai soupé, de vos recommandations.*

SOUPIRAIL forme Plur. : **des soupiraux.** *Ce cellier prenait jour par deux soupiraux* (Guilloux).

SOUPIRER constr. Ce verbe au sens de « désirer, éprouver de l'amour pour » se construit le plus souvent avec *après* : *Boulogne, pour lui, c'est la retraite après laquelle il soupire* (Rivoyre). *Elle souffrait, elle soupirait après lui* (Huguenin). On rencontre aussi *pour* et *vers,* mais plus rarement : *C'est pour vos beaux yeux que je soupire. Il soupire en vain vers la sérénité.* ♦ emploi et sens En dehors du sens propre, « pousser un soupir », ce verbe est d'emploi vieilli ou plaisant. → ASPIRER

SOURCILLER et **SOURCILIER** orth. et prononc. On évitera de confondre ces deux mots. Le premier est un verbe formé sur **sourcil** (dont le *l* final ne se prononce pas → -IL) : prononc. [suʀsije]. Le second est un adjectif, que l'on prononce [suʀsilje] et qu'on rencontre principalement dans la locution *arcade sourcilière*. Le verbe **sourciller** s'emploie surtout dans une construction négative : *Il n'a pas sourcillé ; sans sourciller*.

SOURD emploi et sens Cet adjectif a toujours un sens figuré quand il est suivi de la préposition *à* : *Sourde au merveilleux s'il n'en porte pas les attributs* (Cocteau). Dans son sens physiologique, **sourd** s'emploie absolument.

SOURD-MUET forme Les deux éléments varient en genre et en nombre : **sourds-muets, sourdes-muettes**. Il est inutile d'insérer la conjonction *et*, comme on le fait parfois : *un sourd et muet*. Le substantif dérivé **surdi-mutité** est un mot savant.

SOURDRE conjug. Ce verbe est très défectif. Seules existent les formes de l'infinitif et des 3ᵉ personnes de l'indicatif : *Et le soleil sourdait de tout l'espace, un soleil neuf de nouvel an* (Genevoix). *Il sentit que le sang sourdait toujours, entre ses doigts* (Van der Meersch).

SOURIS emploi et sens Vieux mot masculin, au sens de **sourire**.

SOUS- orth. Sont invariables au pluriel les composés suivants : *sous-gorge, -main, -verge, -verre*. Les autres prennent un *s* final : *des sous-fifres, sous-préfets*, etc. ♦ emploi et sens Ce préfixe est productif et permet des créations assez libres, avec le sens « spatial » ou « hiérarchique » dans les substantifs, et le sens d'« insuffisance » dans les verbes : *Au sous-sol, un sous-officier légèrement sous-estimé*.

SOUS-DÉVELOPPÉ emploi S'agissant d'un pays ou d'un peuple de très faible niveau de vie, les déclarations officielles et l'usage tendent à substituer à ce terme la formule non dépréciative *en voie de développement* ou *du tiers monde*.

SOUS-ESTIMER orth. Avec un trait d'union, à la différence de *mésestimer* et de *surestimer*. → SOUS

SOUS-JACENT sens « Situé au-dessous », au sens propre, mais le sens figuré est plus répandu : « caché » : *Les mobiles sous-jacents de son acte*.

SOUS-MAIN forme Invariable : *Des sous-main sur tous les bureaux*. ♦ emploi et sens La locution invariable *en sous-main* a toujours le sens figuré de « en secret, avec discrétion » : *Souvent, ces procureurs s'intéressent en sous-main à des coupes de bois* (Giono).

SOUS-ŒUVRE emploi et sens Ne pas confondre la locution **en sous-œuvre** « par la base », avec **en sous-main** : *Il faut reprendre toute cette étude en sous-œuvre*.

SOUSSIGNÉ orth. Ne pas omettre le double *s*. ♦ emploi Cet adjectif n'appartient qu'à la langue de l'administration et s'accorde toujours avec le substantif ou le pronom sujet : DE LA PART DE DIEU *devant nous soussignés Enfants de Dieu portant son glaive,* NOUS, *soussignés, l'avons requis de se rendre à Saint-Florent* (Chabrol). Ce dernier exemple reproduit la forme ancienne ; le trait d'union est aujourd'hui supprimé, ainsi que la virgule après **soussigné**, sauf si on cite un nom propre : *Je soussigné, Dupont Michel, sain de corps et d'esprit, déclare léguer...* Ce mot s'emploie aussi comme substantif : *Les soussignés demandent instamment que...*

SOUTIEN-GORGE orth. Formé avec **soutien** (substantif) : ne pas mettre de *t* à la fin du premier élément. Au pluriel, on écrit : **des soutiens-gorge** (et non **soutien-gorges*).

SOUVENIR (SE) constr. Le tour impersonnel **Il me (te, lui,** etc.**) souvient** était à l'origine le seul admis. Il se rencontre aujourd'hui seulement dans un registre littéraire et quelque peu affecté : *Il lui souvenait aussi du jour où Joseph Gamelin l'avait demandée en mariage* (France). *Te souvient-il de ces construc-*

tions que nous vîmes faire au Pirée? (Valéry). Ou comme pur archaïsme : *Cela rappelait à Béatrix un autre dicton : «Toujours souvient à Robin de ses flûtes»* (R. Peyrefitte). *Il me souvient soudain de la fois que je descendis en Alais* (Chabrol). Le tour courant est **se souvenir de...** ou **que... :** *Tu t'en souviens, de ton texte?* (Audiberti). *Martine se souvenait d'être descendue de voiture* (Simenon). L'ellipse de la préposition *de* devant l'infinitif se produit parfois, sous l'influence du tour *se rappeler : Il se souvient avoir marché devant lui très vite et très loin* (Bourget). *Il ne doit pas se souvenir nous avoir dit qu'elle demeurait à deux kilomètres de là* (Proust). *Je ne me souviens pas les avoir entendus pendant mon enfance* (Labro). → RAPPELER

□ **se souvenir que.** La proposition complétive est à l'indicatif quand la principale est affirmative, au subjonctif dans le cas contraire : *Brusquement, monsieur X... se souvint que les documents qu'il cherchait étaient restés dans son bureau* (R. Jean). *On ne se souvenait pas que des recherches bien conduites n'eussent pas fini par réduire le personnage fabuleux* (Proust). *Je ne me souviens pas qu'il ait pris part à cette réunion.*

SOUVENT emploi et sens La locution **souventes fois** (ou **souventefois**, en un seul mot) est archaïque ou régionale : *Et, souventes fois, j'apportais en sus le corbeillon de figues* (Chabrol). *M'est avis qu'elle n'aura plus souventes fois à le suivre* (Genevoix).

□ **plus souvent,** qui a en général un sens négatif, «pas du tout, jamais de la vie», est une locution familière et vieillie, qui est commentée avec humour dans cet exemple : *Il ferait beau voir qu'un homme entrât dans la chambre des mortes! – Plus souvent! – Hein? – Plus souvent! – Qu'est-ce que vous dites? – Je dis plus souvent. – Plus souvent que quoi? – Révérende mère, je ne dis pas plus souvent que quoi, je dis plus souvent* (Hugo, cité par Robert). Mais on en rencontre des exemples plus modernes : *D'ailleurs, le petit aussi vous écrira. – Plus souvent* (Mauriac). *– Oui, dit Wolf. Mais toi, tu ne le diras pas à Folavril. – Plus souvent! grogna*

Lazuli (Vian). On trouve aussi, en tête de phrase, **plus souvent que :** *Plus souvent que je voudrais revenir dans des fourmilières comme Erfurt ou Wittenberg* (Benoit). Ce tour est très familier.

SOUVENTEFOIS → mot précédent

SOUVERAIN constr. et sens Au sens de «très efficace», cet adjectif est suivi des prépositions *pour* ou *contre : L'air est souverain pour les blessures* (Giraudoux).

SOVKHOZE orth. Elle est compliquée. Ne pas oublier le *h*, et ne pas remplacer le *z* par un *s*. ♦ **sens** Dans l'ancien système soviétique, «ferme pilote appartenant à l'État». → KOLKHOZE

*SOYE(NT) forme Populaire et fautive pour **soi(en)t,** subjonctif présent de *être.*

SOYEZ orth. Jamais de *i* après le *y.* Même remarque pour **soyons** (→ ÊTRE).

SPAGHETTI → CONFETTI, MACARONI, etc.

SPATIAL orth. Avec un *t* et non un *c.* Prendre garde à l'influence de **spacieux** et de **espace.** Le masculin pluriel est **spatiaux.**

SPEAKER prononc. [spikœʀ]. ♦ forme Fém. **speakerine.** ♦ emploi et sens Ce substantif est sorti de l'usage; on le remplace par *annonceur, présentateur, commentateur,* pour désigner une «personne dont le métier est de parler à la radio et à la télévision».

SPÉCIFIQUE constr. On hésite souvent entre les prépositions *de* et *à* : il semble que la première soit préférable (comme pour *caractéristique, typique*) : *Un médicament spécifique de la toux.* La préposition *à* provient sans doute de l'influence des adjectifs **spécial** et **propre,** qui se construisent ainsi.

SPÉCIMEN forme Ce substantif-adjectif est entièrement francisé. Accent aigu sur le premier *e,* et *s* au pluriel : **des spécimens.** ♦ emploi et sens Ce substantif appartient à la langue savante ou technique, sauf dans la locution familière *un drôle de spécimen,* qui s'emploie couramment pour désigner un «individu bizarre, original».

SPEECH prononc. [spitʃ]. ♦ **orth.** Cet anglicisme, quoique bien vivant, n'est pas francisé. Plur. : **des speeches.** ♦ **sens** « Petite allocution de circonstance ».

SPÉLÉOLOGIE forme Spéléologie, spéléologue et non pas *spéologie, spéologue.

-SPHÈRE genre Les mots composés ayant **-sphère** pour second élément sont féminins, comme **sphère,** à l'exception de *hémisphère* et de *planisphère* (→ ces mots).

SPHINX orth. Avec un *i* et non un *y* : *Un vieux sphinx ignoré du monde insoucieux* (Baudelaire). ♦ **forme** Le féminin est assez rare, c'est **sphinge.** On trouve parfois **sphynge :** *La Sphynge levait sa croupe au niveau du cheval Pégase* (Louÿs).

SPIDER orth. Ne pas écrire *speeder, sous l'influence de l'anglais *speed,* «vitesse».* ♦ **sens** «Coffre à l'arrière de certaines voitures».

SPINOZISME ou **SPINOSISME** orth. L'orthographe des mots dérivés du nom propre *Spinoza* tend à se franciser, et l'on peut écrire **spinosisme, spinosiste** aussi bien, et même mieux, que **spinozisme, spinoziste.**

SPIRAL(E) orth. et sens Ne pas confondre un **spiral,** sans *e* final, qui a le sens technique de «ressort enroulé en spirale», et une **spirale,** terme de géométrie, qui désigne une «courbe *plane* décrivant autour d'un point fixe des révolutions s'en écartant progressivement». La langue courante emploie souvent ce substantif féminin à la place de **hélice,** pour désigner «n'importe quelle courbe tournant autour d'un axe ou d'un point» : *Une mince bandelette enroulant ses spirales indéfinies autour des membres* (Gautier). *Des cris variés tourbillonnent dans la spirale de l'escalier comme des fleurs éclatantes* (Colette). Il vaut mieux, dans un espace à trois dimensions, dire avec précision *s'enrouler, monter,* etc., *en hélice* et non *en spirale.* → cependant ESCALIER et HÉLICE

SPLEENÉTIQUE et **SPLÉNIQUE** sens. Ne pas confondre ces deux adjectifs. Le premier est dérivé de **spleen.** Le second signifie «qui se rapporte à la rate» et appartient à la langue médicale. La confusion est d'autant plus aisée que le premier mot s'écrit parfois **splénétique,** et que *spleen,* en anglais, veut dire «rate», ou «bile, humeur».

SPONSOR emploi Cet anglicisme très répandu dans le monde des affaires pourrait être avantageusement remplacé par le mot **parrain** ou même le néologisme *parraineur* (recommandation de l'arrêté du 6 janvier 1990) : *Finie l'inflation du nombre de parrains ou sponsors. Atlanta parie sur un club restreint – douze sponsors – dotés de privilèges exorbitants* (A. Cojean, *Le Monde,* 18 août 1992). De même, **parrainage** a sensiblement le même sens que **sponsoring** ou **sponsorisation,** encore que le premier mot n'implique pas obligatoirement un soutien financier : *L'incident n'en est pas moins révélateur du bourbier dans lequel s'enfoncent les instances sportives en matière de sponsoring* (*Le Monde,* 17 février 1992). Ajoutons enfin que *parrain* renvoie *aussi,* assez fâcheusement, aux redoutables chefs de la Maffia (cf. les films *Le Parrain I et II*).

SPORE et **PORE** → PORE

SPORT forme Invariable comme adjectif : *Je l'aurais cru plus sport, a-t-elle dit* (Aymé). *Des mocassins sport.* ♦ **sens** Avec un nom d'objet, «approprié pour faire du sport». Avec un nom de personne, «loyal, fair-play».

SQUA- prononc. Les mots français commençant par ce groupe de lettres se prononcent [skwa] : *squale, squameux,* etc.

SQUATTER prononc. [skwatœr] ou [ɛr]. ♦ **emploi et sens** Ce mot a un sens historique : «pionnier s'installant aux États-Unis sur une terre encore non occupée». Par extension, il a servi, vers les années 1950, à désigner les «personnes occupant illégalement un logement». A donné les verbes dérivés **squatter** et **squattériser.**

STABILE emploi et sens Ce substantif

(masculin) a été formé régulièrement pour désigner une sculpture de conception abstraite dont l'ensemble et les éléments sont fixes, par opposition à *mobile* (→ ce mot) : *La même année* [1937] *apparurent les « stabiles » (le titre est d'Arp),* a priori *l'antithèse exacte des mobiles, mais qui conservent une impression de dynamisme absolu* (H. Bellet, *Le Monde,* 12 octobre 1992).

STAFF ou **STUC** sens Ces deux termes ont des sens voisins. Le premier désigne un « enduit plastique employé en guise de pierre et composé de plâtre, de ciment et de glycérine pour l'essentiel ». Le second désigne également un enduit, « à base de chaux éteinte, de plâtre et de poussière de marbre ou de craie ».

STAGNANT prononc. [gn] et non *[ŋ] ainsi que pour les mots formés sur la même base : *stagner, stagnation* (→ GN-).

STALACTITE et **STALAGMITE** genre Ces deux substantifs sont féminins. ♦ sens On se rappellera le vieux moyen mnémotechnique : le deuxième *t* de **stalactite** évoque pour nos oreilles « l'action de tomber », tandis que le *m* de **stalagmite** évoque « l'action de monter » : *Le petit épicéa se tenait debout raide comme une stalagmite en glaçon* (Llaona).

STALAG sens C'était, pour les hommes de troupe et sous-officiers, l'équivalent de l'OFLAG (→ ce mot) pour les officiers : *Cet homme courtois avait assisté comme interprète à mon dernier interrogatoire au stalag* (Perret).

STANDARD forme Invariable comme adjectif : *Je sais qu'une simple épingle recourbée vient à bout d'une serrure standard* (Prou). Pluriel du substantif : **des standards.** ♦ sens Comme substantif, on n'emploie plus guère ce mot au sens de « niveau de vie ».

STANDING emploi et sens Cet anglicisme répandu a le sens de « position sociale et économique », voire de « niveau de vie », de « niveau de culture » : *le standing culturel.* C'est un mot prétentieux, qu'on trouve notamment dans le vocabulaire de la publicité immobilière : *Une résidence de haut standing.*

STAR emploi Ce terme, qui a vieilli, désigne surtout les actrices des débuts du cinéma parlant. On disait aussi une *étoile.* On dit de nos jours une *vedette de cinéma,* mais plus communément une *actrice.* → ÉTOILE

STATIONNER constr. Intransitif à l'origine, ce verbe est souvent construit aujourd'hui avec un complément d'objet : *Il stationna la Toyota sur le côté de la chapelle* (Godbout). C'est une tendance générale et acceptable au moins dans les domaines techniques. → DÉBUTER, DÉMARRER

STATION-SERVICE forme Plur. : **des stations-service.** ♦ emploi L'Académie française a proposé le 15 décembre 1988 d'adopter, pour éviter ce mot composé faussement « franglais », le dérivé **essencerie,** bien formé et couramment employé au Sénégal.

STATUAIRE genre Féminin, ce substantif signifie « art de faire des statues » : *La statuaire accidentelle des rivages est offerte gracieusement par les dieux à l'architecte* (Valéry). Masculin, il désigne le « créateur de statues » : **un statuaire.**

STATUFIER emploi et sens Ce verbe assez récent ne s'emploie que par ironie : « représenter quelqu'un sous forme d'une statue » ou « rendre aussi immobile qu'une statue » : *Elle ne bougea pas d'un centimètre, se statufia dans le genre noble* (Bazin).

« STATU QUO » emploi et sens Cette locution latine, inusitée au pluriel, se rencontre parfois sous la forme plus complète « statu quo ante ». Elle a le sens de « état présent (ou parfois antérieur) des choses » et se trouve surtout dans la langue des journalistes et de la politique : *maintenir le « statu quo* (ante)».

STEEPLE-CHASE prononc. [stipəlʃɛz], mais plutôt [stipl] en abréviation. ♦ forme Pluriel : **des steeple-chases.** ♦ sens « Course de chevaux à obstacles ».

STÈLE genre Fém. : **une stèle.**

STENDHALIEN prononc. [stɛ̃daljɛ̃] et non *[stɑ̃], encore moins *[stɛ̃daljɛ̃].

STEPPE genre Fém. : *Une steppe unie et toute blanche* (Giono).

STÈRE genre Masc. : **un stère.**

STÉRÉOTYPIE forme On emploie aussi, rarement, **stéréotypage.** ♦ sens «Tendance à la conservation psycho-physiologique de certaines attitudes ou de certains comportements».

STERLING prononc. [stɛʁliŋ]. ♦ forme Adjectif invariable, toujours après le mot **livre,** «monnaie anglaise». On abrège parfois **livre sterling** (fém.) en **sterling** (masc.).

STEWARD prononc. On adapte généralement la prononciation de ce mot en [stiwaʁd] au lieu du [stjuwa(ʁ)d] originel, difficile à articuler pour un Français.

STIGMATE genre Masc. ♦ sens À l'origine, «marque miraculeuse laissée sur le corps». Employé le plus souvent au figuré; «marque profondément imprimée, et souvent infamante». *Que veut dire ce pli vertical entre vos yeux? C'est un stigmate de tonnerre?* (Giraudoux) *Les soldats, quand ils passaient la vareuse ou la capote, découvraient une pièce rectangulaire, comme un stigmate sur leur poitrine ou dans leur dos* (Gallo). Ne pas confondre avec **symptôme,** d'acception purement médicale.

STILLIGOUTTE orth. Deux *i* et deux *l.* Les dictionnaires n'enregistrent pas l'orthographe *styligoutte,* plus rarement employée. ♦ emploi et sens Cet adjectif-substantif est un synonyme technique de **compte-gouttes.**

STIMULUS form. Plur. : **des stimulus** ou **stimuli.** ♦ sens Les psychologues entendent sous ce vocable un «agent capable de provoquer une réaction de la part d'un organisme».

STOCK orth. Un *c* et un *k,* ainsi que dans les dérivés **stocker, stockage.**

STOMACAL et **STOMACHIQUE** orth. On prendra garde à l'absence de *h* dans le premier adjectif. ♦ sens **Stomacal,** qui est le mot le plus employé, qua-lifie tout «ce qui se rapporte à l'estomac» : *contractions stomacales.* Le second adjectif signifie «qui est bon pour l'estomac» : *Suivant la nature de la substance employée, (les tisanes) sont diurétiques, pectorales, sudorifiques, calmantes, stomachiques* (Larousse). On a parfois employé par erreur cet adjectif au sens du premier : *J'aurai des sursauts stomachiques, / Si mon cœur triste est ravalé!* (Rimbaud).

STOPPER constr. Ce verbe est aujourd'hui très utilisé, aussi bien intransitivement que transitivement, dans la langue des transports, et non plus seulement dans celle des marins, dont il est issu : *Le train s'arrêta deux heures; puis il repartit pour stopper une seconde fois* (Louÿs, cité par Robert). *La voiture a stoppé à temps. Un grave accident nous a stoppés.* Le verbe *(s')arrêter* fait aussi bien l'affaire, lorsqu'on n'a pas le répéter, comme dans la phrase de Louÿs.

STRAS(S) orth. Sous l'influence de la prononciation avec un [s] final, on rencontre plus souvent aujourd'hui l'orthographe **strass** avec deux *s,* bien que l'origine de ce mot soit le nom propre *Stras* (avec un seul *s*). ♦ sens «Sorte de verre coloré». On ne confondra pas ce substantif masculin avec le féminin **strasse,** qui désigne la «bourre de soie».

STRATÉGIE et **TACTIQUE** sens Ces deux mots sont souvent employés à peu près indifféremment au sens figuré de «manœuvre plus ou moins habile en vue d'obtenir quelque chose». Mais ils se distinguent nettement dans le domaine militaire. La **stratégie** est «l'art de coordonner et de combiner l'action des forces militaires en vue d'atteindre un but de guerre déterminé par le pouvoir politique». La **tactique,** de sens plus restreint, est «l'art de diriger une bataille terrestre, navale ou aérienne». La tactique met en œuvre, dans une action localisée, les grandes règles d'ensemble établies au niveau de la stratégie. → aussi LOGIQUE

STRICT emploi et sens Cet adjectif signifie «qui constitue le minimum permis», ou «réduit à la valeur la plus faible». Il se rencontre souvent dans des locutions stéréotypées : *Aussi les liaisons en phonie ont-elles été réduites au strict minimum (Le Monde).* Le léger pléonasme de ces tours est admis sans difficulté. Par glissement de sens, il s'emploie aussi comme quasi-synonyme de **rigoureux, austère :** *un costume strict.*

STRIDENCE emploi et sens Substantif rare et littéraire : « *bruit strident* ».

STRIP-TEASE orth. Plur. : **des strip-teases.** ♦ dérivé *Strip-teaseuse.*

STUC → STAFF

STUPÉFAIT et **STUPÉFIÉ** emploi et sens En principe, **stupéfait** est un adjectif qui ne peut se construire qu'avec *de :* *Antoine est stupéfait de ne pas la voir au balcon ni en bas* (Supervielle). *Il était stupéfait d'être plus grand qu'elle* (Mauriac). *Il avait posé la main sur le bras de Paule stupéfaite* (Sagan). **Stupéfié** est le participe du verbe **stupéfier :** *Soudain, il s'arrêta sur le seuil, stupéfié par la lumière immense des midis de la terre africaine* (Louÿs). On a glissé aisément vers le solécisme qui consiste à construire *stupéfait* avec *par : Germain, stupéfait par la réponse, restait coi* (Aymé), ou vers celui qui fait de *stupéfait* le participe d'un inexistant *stupéfaire : Suppression qui l'avait stupéfaite la veille, mais qu'il lui semblait maintenant si vulgaire de ne pas connaître* (Proust, cité par Robert, qui donne d'autres emplois de ce tour chez Romains et Mauriac). Autre erreur : l'emploi du participe *stupéfié* au lieu de l'adjectif *stupéfait : Anne Desbaresdes resta un long moment dans un silence stupéfié à regarder le quai* (Duras).

STUPIDE emploi et sens Cet adjectif a le plus souvent un sens péjoratif : « inintelligent, abruti ». Mais on le rencontre parfois dans la langue littéraire, au sens de « interdit, incapable de réagir » : *J'écoutais, stupide, l'arrêt du médecin, comme un condamné sa sentence* (Radiguet).

STYLIQUE, emploi et sens Ce nom féminin a été proposé par l'arrêté ministériel du 24 janvier 1983 pour remplacer **design** (→ ce mot). Il est de même conseillé d'appeler **stylicien, styli-** cienne le (ou la) **designer.** Le **stylisme** serait l'« activité professionnelle qui regroupe l'ameublement des décors, la recherche des accessoires et le choix des vêtements en vue d'une présentation publicitaire » : ce mot traduirait économiquement l'anglais *styling elements ;* enfin le substantif **styliste** (angl. *stylist*) est recommandé pour désigner le professionnel chargé du *stylisme,* qui peut être à la fois ensemblier, accessoiriste et costumier.

STYLOGRAPHE forme Ce substantif est aujourd'hui abrégé en **stylo.** Plur. : **des stylos.** La forme entière est vieillie, et à peu près sortie de l'usage.

SUBALTERNE emploi et sens « Dépendant ». Comme adjectif et substantif, on emploie aussi, dans un sens voisin **subordonné.**

SUBJECTIF → OBJECTIF

SUBJONCTIF conjug. Les seules formes qui soient délicates à conjuguer sont celles du présent et de l'imparfait, puisque les subjonctifs passé et plus-que-parfait sont des temps composés, formés à partir des subjonctifs présent et imparfait des auxiliaires *avoir* et *être : que j'aie chanté (= que j'aie), que je fusse parti (= que je fusse).* On retiendra donc : **1.** Qu'au présent, tous les verbes prennent aux 1re et 2e personnes du pluriel un *i* à la suite du radical, même quand ce radical se termine lui-même par un *i* ou un *y : que nous pliions, que vous riiez, que nous balayions, que vous niiez,* etc. La seule exception est constituée par les verbes *avoir* et *être,* qui ne prennent jamais de *i* après un *y : que nous soyons, que vous ayez* (→ AVOIR et SOYEZ). **2.** Qu'à l'imparfait, tous les verbes, sauf *haïr* et *ouïr,* prennent un accent circonflexe sur la voyelle de la dernière syllabe : *qu'il mangeât, bâtit, bût, vint,* etc. On évitera de confondre ces formes avec celles du passé simple de l'indicatif, et, lorsqu'elles entrent dans la composition du subjonctif plus-que-parfait : *qu'il eût mangé, bâti, bu, qu'il fût venu,* avec celles du passé antérieur de l'indicatif, qui sont : *il eut* (sans accent) *mangé, bâti, bu, il fut venu.* ♦ emploi et sens Le subjonctif est, selon la formule de G. et R. Le Bidois, le *mode de l'énergie psychique* beaucoup plus que celui de la subordination. On le rencontre en effet : en proposition principale avec des nuances affectives très diverses. Il peut en effet exprimer : *a*) l'ordre (ou la défense), l'exhortation (valeur impérative) : *Qu'on se dépêche! b*) le souhait, le désir, le regret (valeur optative) : *Vienne la nuit sonne l'heure* (Apollinaire). c) la concession : *Fût-il beaucoup plus riche, qu'est-ce que cela change?* d) la supposition, l'éventualité : *Vienne l'hiver, et tu le verras partir! Soit deux triangles semblables. Qu'il survienne brusquement, et tu seras découvert! e*) l'exclamation causée par divers mobiles psychologiques : *Qu'il se soit abaissé à cette démarche! Moi, que je fasse son travail? f*) l'affirmation atténuée, avec le tour *Je ne sache pas que* (→ SAVOIR). Cette brève énumération montre la relative indépendance du subjonctif par rapport à ce *que*, qui semble lui être attaché indissolublement dans l'apprentissage trop scolaire des conjugaisons. ♦ Le subjonctif est très répandu dans les subordonnées introduites par *que* ou par une locution conjonctive formée sur ce «mot à tout faire». On le rencontre après : *à condition que, afin que, à moins que, au cas que, avant que, bien que, de crainte que, de peur que, en attendant que, en cas que, encore que, loin que, malgré que, pour que, pourvu que, quoique, sans que, si peu que, si tant est que, soit que, supposé que.* Mais il alterne avec l'indicatif dans bien des cas, par exemple après *au lieu que, autant que, de ce que, de façon que* (ou *de manière*) *que, jusqu'à ce que,* etc. (→ CONJONCTIONS). ♦ Il se rencontre aussi dans les complétives, après une principale interrogative ou négative dont le verbe est dit d'opinion ou de perception : *Je pense qu'il a fait cela* devient *Je ne pense pas* ou *Crois-tu qu'il ait fait cela?* On emploie généralement le subjonctif après un verbe principal marquant la crainte, le doute, la volonté, l'ordre, la négation, etc., et dans les cas où il s'agit d'exprimer un profond mouvement intérieur, de suggérer l'attitude psychologique du sujet en face d'une stimulation quelconque. ♦ Enfin, le subjonctif est de règle dans les propositions relatives qui ne se

contentent pas de qualifier ou de déterminer l'antécédent, mais contiennent une idée de but, de conséquence ou de restriction. En voici des exemples : *Je cherche cette forme avec amour, m'étudiant à créer un objet qui réjouisse le regard, qui s'entretienne avec l'esprit* (Valéry) [idée de but]. *Ce n'était pas une nouvelle qui se communiquât de bouche en bouche, que l'on se communiquât, latéralement, comme les nouvelles ordinaires* (Péguy) [idée de conséquence]. *Et Françoise seule ne trouvait rien en elle qui s'accordât avec la voix émouvante du saxophone* (Beauvoir) [idée de restriction]. On trouve notamment ce subjonctif restrictif dans la plupart des cas où l'antécédent de la relative est un superlatif, ou un substantif déterminé par *le dernier, le premier, le seul, l'unique,* etc. (→ la plupart de ces mots, et QUI).

□ **emploi de l'imparfait.** Les formes comportant les suffixes -ass-, -iss-, -uss- sont de plus en plus délaissées même dans la langue écrite, pour des raisons d'esthétique. C'est ainsi qu'on ne peut plus employer des formes comme : *que je l'assassinasse, que tu me débarrassasses, que nous mourussions,* qui sont aujourd'hui ridicules, bien que morphologiquement «correctes». D'autre part, on évite *que je le susse, que tu lusses* (verbes *savoir* et *lire*) en raison de la confusion dans la langue parlée avec les verbes **sucer** et **avoir** (cette dernière étant moins probable, puisque le subjonctif imparfait est rare dans la langue parlée, sinon inexistant). Il n'en va pas de même pour la troisième personne du singulier, qui ne comporte jamais ce double -s-. Aussi rencontre-t-on cette forme assez couramment : *Il aurait fallu qu'il arrivât à temps, qu'il nous dît ce qu'il avait à dire, et qu'il repartît par le premier train, sans que personne crût bon de le retenir.* Ces emplois n'ont rien de choquant. Mais on oublie parfois l'accent circonflexe, et l'on confond plus ou moins ce subjonctif avec un indicatif (→ ci-dessus). Les nombreuses entorses faites à la concordance des temps (→ APPENDICE) font que bien des auteurs n'emploient plus que le subjonctif présent, ainsi que le subjonctif passé, qui n'en est que l'expansion. Les exemples de formes en -ss- que l'on rencontre encore doivent être considérés comme des archaïsmes voulus ou comme des parodies : *Vous auriez voulu que je vous aimasse, par-dessus le marché !* (La Varende). *Je ne savais pas ? C'était sans doute avant que j'existasse* (Queneau). Déjà, en 1902, Remy de Gourmont déclarait, à propos des formes : *Il faudrait que nous sussions, que nous reçussions : N'hésitons pas à les proférer lorsque nous voulons exciter le rire ou la stupeur.*

SUBMERGER → EMERGER, IMMERGER

SUBORNATION sens « Action de suborner, c'est-à-dire. de séduire. » Ne pas confondre avec **subordination.** Même remarque pour **suborner** et **subordonner :** *Ainsi donc, tu n'es qu'un barbon qui suborne une jouvencelle* (Labro). Le verbe *suborner* est souvent pris dans le sens de « corrompre des témoins, dans une affaire judiciaire ».

SUBROGÉ orth. Pas de trait d'union dans la locution **subrogé tuteur.** Plur. : **des subrogés tuteurs.**

SUBSONIQUE emploi et sens Ce mot technique est bien formé, et a obtenu droit de cité dans notre langue, au sens de « inférieur à la vitesse du son ». Antonyme : **supersonique.**

SUBSTANTIEL orth. Tous les dérivés de **substance** s'écrivent avec un *t* et non un *c* : *une indemnité substantielle.*

SUBSTANTIF → NOM

SUBSTITUER constr. et sens On rencontre fréquemment le tour fautif **être substitué par,* sous l'influence de *remplacer.* Ces deux verbes sont inverses et non pas synonymes, ils désignent la même opération de deux *points de vue* différents : **remplacer** *A par B, c'est* **substituer** *B à A ! : Au découragement, elle lui avait permis de substituer le calme, un sens simple et nouveau de la direction* (Labro). *À l'habituelle ceinture de cuir des moines, les franciscains avaient substitué une corde (d'où leur surnom de cordeliers)* (Ragon).

SUBSTRAT forme Celle-ci, francisée, a

supplanté l'ancienne, **substratum,** qu'on rencontre encore parfois. ♦ sens « Ce qui sert de support à », et spécialement, en linguistique, « parler supplanté par un autre parler sur un territoire donné, de telle façon que le premier laisse des traces dans le second ».

SUBVENIR conjug. Toujours avec l'auxiliaire *avoir,* à la différence du simple *venir : Il a subvenu à tous nos besoins.*

SUC sens « Tout liquide contenu dans une substance animale ou végétale » : *Le suc gastrique, extraire le suc de certaines plantes.* Au figuré, « ce qu'il y a de plus substantiel » : *Le suc d'une réflexion.* Prendre garde à la ressemblance avec **sucre** (→ ce mot).

SUCCÉDANÉ genre Masc. ♦ emploi et sens. Ce substantif a le même sens que **ersatz,** c'est-à-dire « produit de remplacement ». On le préférera, malgré sa longueur : *Il faut bien se procurer des succédanés de cette immortalité* (Camus).

SUCCÉDER forme. Le participe ne s'accorde jamais, ce verbe n'admettant pas de complément d'objet direct : *Les gens auxquels ils ont succédé. Ils se sont succédé de père en fils.*

SUCCESSEUR forme. Ce substantif n'a pas de féminin, bien qu'on entende parfois **[syksesʀis].* On dira : *Elle est le successeur du professeur que vous avez connu,* ou mieux : *Elle a pris la succession de, elle a succédé à...*

SUCCINCT prononc. Le dernier *c* ne se fait entendre ni au masc., ni au fém., non plus que dans **succinctement.** → DISTINCT

SUCCION prononc. [syksjõ]. Prendre garde à l'influence de **sucer, suçon.** ♦ emploi et sens Terme didactique, « action de sucer ».

SUCCOMBER conjug. Toujours avec l'auxiliaire *avoir,* à la différence de **mourir.** ♦ emploi et sens Littéraire au sens propre : *Je te répète que ta pauvre maman a succombé parce qu'elle n'avait pas eu confiance* (Martin du Gard).

On dit au figuré : *Succomber sous le fardeau des responsabilités,* et *Nounou laissez-nous succomber à la tentation* (Desnos).

SUCCUBE genre Masc. ♦ **sens** « Démon femelle (malgré le genre) qui vient la nuit s'unir à un homme ».

SUCCULENT orth. Deux *c,* un seul *l.* De même pour *succulence, succulemment.*

SUÇOTER orth. Avec un seul *t.*

SUCRE constr. On met le complément au singulier dans *sucre de canne, d'orge, de pomme, de raisin,* au pluriel dans *sucre de fruits.* ♦ **emploi et sens** Ce substantif désigne la « matière » : *du sucre, un peu de sucre, quelques morceaux de sucre,* etc. Mais la langue familière, par une métonymie classique, dit *un sucre* pour *un morceau de sucre.* → SUC

SUD → GUIDE TYPO

SUDORIPARE forme et sens Cet adjectif signifiant « qui sécrète la sueur » a supplanté l'ancien **sudorifère.**

SUFFIRE conjug. → APPENDICE ♦ **constr.** Lorsqu'il a un sujet propre, ce verbe se construit avec la préposition *à,* suivie d'un nom de personne ou d'un nom de chose : *Je ne t'en fais d'ailleurs aucun reproche : tu ne pouvais suffire à tout* (R. Peyrefitte). *Toutefois, j'aurais pu parler dans les comités, les réunions, suffire à toute l'activité d'un politicien* (Barrès). *Nos regards, nos noms, ça aurait suffi à notre bonheur* (Rochefort). **Suffire,** suivi d'un infinitif, s'emploie également avec *à : Un rien suffit à inquiéter un amant* (Maurois). *Ces quelques années ont suffi à nous lier indissolublement. Se suffire à soi-même,* bien que de construction pléonastique, est fréquent dans l'usage et admis par l'Académie. ♦ Le tour impersonnel *il suffit* se construit avec *de* suivi de l'infinitif : *Il ne suffit pas de croire aux sirènes pour en rencontrer sur les eaux* (Paulhan). *Il lui suffisait de fermer les yeux pour revoir l'estropié avec sa barbe de feu* (Barjavel). *Cela suffit* se construit avec *pour : Un tapis ou un tableau était-il de travers ? Cela suffisait pour mettre Béatrix en mouvement* (R. Peyre-

fitte). *Il suffit que* gouverne le subjonctif : *Mais il suffisait qu'on lui répondît en anglais pour lui faire perdre pied de nouveau* (J. Roy).

□ **suffit!** La langue familière abrège souvent *cela suffit* ou *il suffit* (en construction absolue) en supprimant le pronom : *Suffit, dit Milan, voilà une demi-heure que je t'attends* (Vailland).

SUFFISAMMENT constr. Construire cet adverbe de la même façon que les adverbes « de quantité », avec la préposition *de,* est admis par le meilleur usage (d'après Grevisse) : *Nous avons dans nos rangs suffisamment de gentilshommes capables de mener à bien une action victorieuse contre le Parlement* (A. Besson). *On a suffisamment d'ennuis comme cela, ne viens pas t'y ajouter.*

SUFFOCANT et **SUFFOQUANT orth.** Le premier mot est l'adjectif, le second, le participe présent du verbe **suffoquer** : *La chaleur était là, moins orageuse et moins suffocante* (Duhamel). *Il traversa la place en suffoquant parmi les gaz lacrymogènes.* → PARTICIPE PRÉSENT

SUFFRAGETTE orth. Avec deux *f* et deux *t.* ♦ **emploi** Ne pas confondre **suffragette,** qui désignait à la fin du XIXᵉ siècle une femme réclamant le droit de vote : *La mère de mon collègue de bureau avait été, au tournant du siècle, une suffragette célèbre sur les barricades, toujours au premier rang des défilés* (Godbout) et **majorette,** « jeune fille participant à des parades en uniforme de fantaisie ».

SUGGESTION et **SUJÉTION prononc.** On confond fréquemment ces deux substantifs, qui n'ont pourtant de commun que leur suffixe. Le premier se prononce [sygʒɛstjɔ̃] (avec **suggérer**) et signifie « idée ou réflexion qu'on suggère, qu'on propose ». Le second, plus rare, se prononce [syʒesjɔ̃] et signifie « fait d'être soumis à, subordination, dépendance ». La confusion phonétique se fait toujours au profit du second. Il faut l'éviter soigneusement, et ne pas suivre l'exemple des annonceurs de la radio qui parlent des [syʒɛs(t)jɔ̃] *des syndicats.* Car les différences d'articulation ont ici une valeur distinctive. → GESTION

SUICIDAIRE emploi et sens Cet adjectif, né au début du siècle, est bien admis aujourd'hui : *Son thème favori était la lâcheté des patrons, leur sentimentalité criminelle et suicidaire* (Aymé).

SUICIDER (SE) emploi et sens Ce verbe, qui a le sens de «se tuer soi-même», n'existe qu'à la voix pronominale. Il peut apparaître comme un pléonasme, puisque l'élément **sui-** exprime à lui seul le réfléchi (-**cider** exprimant l'idée de «tuer») : *Au vieux sens du mot* : se suicider, *que Littré imputait à pléonasme, dans le même siècle où Jouffroy écrivait* : «*Dans le suicide, ce qui tue n'est pas identique à ce qui est tué*» (Allen). Mais il est passé ainsi dans notre langue : *Un de mes amis s'était récemment suicidé pour de nobles motifs* (Vailland). La construction transitive *suicider quelqu'un* est une fantaisie d'auteur ou relève de l'insinuation : *C'est le succès de cette expérience qui vous incite aujourd'hui à «suicider» d'abord les femmes?* (Desproges).

SUISSE forme Le substantif féminin **Suissesse** est parfois senti comme péjoratif et remplacé par l'adjectif **suisse**, qui a la forme unique : *Les soucis ménagers auxquels il n'est pas une jeune Suissesse qui puisse demeurer étrangère* (D. Fabre). *La femme suisse, de quelque milieu qu'elle soit, appartient à la catégorie des laborieuses* (*ib.*).

SUITE emploi et sens Les deux locutions **de suite** (d'acception sensiblement familière) et **tout de suite** sont de plus en plus confondues, au sens de «immédiatement, sur-le-champ» : *Allez de suite vous restaurer* (Gide). *On sait de suite à quoi s'en tenir* (Montherlant). *La concierge revient de suite, en face de* : *Installez-vous, je reviens tout de suite, dit Françoise* (Beauvoir). Cependant, le sens de «à la suite, en suivant» se maintient pour *de suite* lorsque cette locution se trouve après un substantif accompagné d'un numéral : *Jamais plus la même douzaine ne sortit trois fois de suite* (Vailland). *Ils ont marché plusieurs jours de suite.* Si certains grammairiens entendent maintenir la distinction que

n'observent plus tant de bons auteurs, nombre d'autres (tels que Thérive, Brunot et Grevisse) estiment cette confusion irréversible. On peut y remédier en employant la locution *à la suite* ou *d'affilée* : *Puisqu'il s'était révélé si difficile de faire deux expéditions à la suite, je choisirais chaque soir une seule adresse* (Butor). Notons d'autre part que *tout de suite* peut seul s'employer devant une préposition (*avant, après, derrière*, etc.) : *À Saint-Ouen, tout de suite après la barrière* (Duhamel). Quant aux locutions **par suite** et **par la suite**, elles restent plus distinctes que les précédentes : la première peut devenir locution prépositive *(par suite de)* et évoque une idée de «conséquence» : *Par suite d'un arrêt de travail, la distribution du courrier sera perturbée* ; la seconde ne peut être qu'adverbiale et exprime une simple idée de «postériorité» : *Tous les ouvrages qu'il m'a été donné de composer par la suite* (Duhamel, cité par Robert).

□ **tout de suite que.** Cette locution appartient à la langue populaire exclusivement : *Tout de suite qu'il eut quitté sa femme, il fut pris d'un remords aigu et la rappela* (Aymé). On dit correctement : **dès que** (ou : *tout de suite après avoir...*).

□ **suite à.** Cette formule, qui ressortit à la langue de l'administration, passe difficilement dans le registre littéraire : *M. Grimaud s'est porté garant que, suite à une augmentation des loyers, les améliorations des logements seraient effectuées* (*Le Monde*).

SUIVANT → SELON

SUIVRE conjug. → APPENDICE ♦ **forme** La seule formule possible pour l'interrogation, à la première personne du singulier de l'indicatif présent, est : *Est-ce que je suis...* à moins qu'on emploie un verbe auxiliaire : *Vais-je suivre, faut-il que je suive?* ♦ **constr.** Ce verbe est assez rarement utilisé de façon impersonnelle, sauf dans la locution stéréotypée *comme (il) suit* : *C'était l'épitaphe du tombeau de ma tante. Elle était conçue comme il suit* (Green). On peut dire : *Il suit de là que...* mais on emploie de préférence le verbe **s'ensuivre** (→ ce mot). Le complément du passif se construit à l'aide des prépositions *de*, le plus souvent, et aussi *par*, quand il y a dans le contexte une idée de surveillance ou d'hostilité : *Il était suivi de toute une ribambelle d'enfants*, à côté de : *Par qui as-tu été suivi ?* On dira, au figuré : *L'affaire a été suivie de près par les autorités*. → DE

□ **suivre par-derrière.** Ce pléonasme est sans utilité

□ **en suivant.** On ne peut employer ce gérondif absolument, au sens d'«à la suite» : **Après cette page, vous lirez en suivant...*

SUJET → INTERROGATION, INVERSION, JE, PRONOMS PERSONNELS

SUJÉTION → SUGGESTION

SULFAMIDE genre Masc. : **un sulfamide.**

SUMMUM prononc. [sɔmɔm]. ♦ **emploi et sens** Mot vieilli au sens de «sommet, comble» : *Il atteint le summum de la crétinerie*. → APOGÉE

SUPER-, SUR- emploi et sens Ces deux préfixes très productifs servent à former des termes techniques, des termes publicitaires et même, dans la langue littéraire, des mots emphatiques ou plaisants. **Super-** : *Une super-production en couleurs au «Miramar»* (Mallet-Joris). *Le cap, le supercharger droit, l'essence, le froid étaient les préoccupations du pilote* (Roblès). *Elle était, à cause de cela même, superindifférente* (Triolet). *Pendant trois mois, j'ai mené une vie de luxe et de superbagnole* (Aymé). *La région de l'espace où trône en souveraine l'étoile supergéante Bételgeuse* (Boulle). *C'est super est devenu une formule passepartout, employée jusqu'à l'abus par les jeunes*. **Sur** : *Les dés ne sont pas jetés sur le marché français des aliments surgelés* (Le Monde). *Les particuliers ayant «surconsommé», s'étant «couverts» en biens d'équipement ménager* (id.). *Avec la contradiction fulgurante qui est une des constantes de certains intellectuels surdoués, il me communiqua trois informations* (P. Jardin). *Nous figurons toute la journée une sorte d'étalage divin de surbeautés* (Giraudoux). Gide use volontiers de ces

composés en *sur* : *Suroccupé du matin au soir ; Toujours, par quelque côté, notre moi reste dévêtu : toujours survêtu par quelque autre ; L'aspect surélégant du public m'a fait fuir ; Grandes cités surpopuleuses*, etc. Si tous ces exemples ne sont sans doute pas à imiter, ils n'en témoignent pas moins de la vitalité de ces préfixes. ♦ Quant à **supra**, il est plus rare et se rencontre surtout dans l'adjectif politique *supranational*, «placé au-dessus des institutions nationales» : *C'était une institution supranationale qui avait son efficacité* (Chraïbi). *Il n'est pas question pour eux de reparler de «supranationalité»* (Le Monde). *Super* et *supra* signifient tous deux en latin «au-dessus, par dessus» ; mais *super-* dénote plutôt un «plus haut degré», et *supra-* un «au-delà».* → HYPER

SUPERFÉTATOIRE emploi et sens Cet adjectif à la forme quelque peu burlesque est un équivalent de **superflu** : *Et autres superfétatoires matérialités* (Prévert).

SUPÉRIEUR emploi Comme bien d'autres comparatifs synthétiques, cet adjectif admet assez souvent des «degrés» : *De Piis est un poète du Premier Empire bien peu supérieur aux confrères que lui fournit cette époque décriée* (Claudel). *L'homme le plus intelligent... Bien qu'officier presque supérieur...* (Audiberti). *Elle est d'une superficie sensiblement supérieure à celle de la France* (Cendrars). *Les ex-licenciés de juillet sont-ils repris avec des rémunérations très supérieures ? (Le Monde)*. → INFÉRIEUR

SUPERLATIF constr. Le complément du superlatif relatif *(le plus, la plus, les plus...)*, introduit généralement par *de*, est le plus souvent postposé : *J'attendrai, tant qu'il le faudra, que cette guerre, dans toutes les têtes, soit ce qu'elle a toujours été, la plus immonde, la plus cruelle, la plus inutile de toutes les conneries* (Japrisot). Mais il est parfois antéposé, pour les besoins de la mise en relief : *Or, de tous les actes, le plus complet est celui de construire* (Valéry). *Cherchait-on un visa de sortie ? Sous le négus c'était de tous les docu-*

ments le plus difficile à obtenir (God-bout).

□ **le plus heureuse** ou **la plus heu-reuse** → PLUS et LE

□ **le plus... qui + subjonctif** → PLUS, SUBJONCTIF

SUPERSONIQUE → SUBSONIQUE

SUPERSTRAT sens Antonyme de **subs-trat** (→ ce mot).

SUPERVISER emploi et sens Ce néolo-gisme, après avoir été contesté, semble aujourd'hui admis avec le sens de «contrôler l'ensemble d'un ouvrage»: *Je pourrais obtenir qu'on te charge de superviser tout ce qui concerne la déco-ration* (Vailland). *Je me suis rendu aux Chantiers Morel pour superviser le tra-vail de notre navire* (Masson).

SUPPLÉER constr. Ce verbe est tantôt transitif direct, tantôt transitif indirect. Dans le premier cas, il signifie «mettre à la place de, mettre en plus, combler, remplacer, tenir lieu de», avec un complément représentant une chose ou une personne : *Mais, suppléant la serrure brisée, un cadenas maintenait la porte* (Gide). *Mais l'expérience supplée la mémoire, pour relater les horreurs or-dinaires dont mes parents et parrains furent alors témoins* (Chabrol). *Les autres parties d'une phrase se suppléent, s'évoquent, mais le nom est tout seul* (Barbusse). Avec la préposition *à*, le verbe **suppléer** a le sens d'«utiliser à la place» ou de «remédier à» et ne se construit qu'avec un objet représentant une chose : *Je ne vous ai pas caché qu'elle avait été élevée sans principes et qu'elle était dépourvue de cette intelli-gence robuste qui parfois supplée à cet inconvénient* (Boylesve). On ne doit ja-mais dire **suppléer à quelqu'un.* →-PAL-LIER

SUPPLÉMENTER emploi et sens Ce verbe, qui date de plus d'un siècle, s'emploie au sens de «faire payer un supplément», dans le domaine des transports.

SUPPORTER (subst.) emploi et sens Cet anglicisme de la langue du sport signi-fie «personne qui soutient et encou-rage une équipe»: *L'intégration des supporters, le contrôle des clubs profes-sionnels et l'institution des concours de pronostics (Le Monde). La concision! C'est toujours l'argument que mettent d'abord avant les admirateurs fer-vents (les «supporters»!) des anglo-américanismes* (Cavanna). Par un ana-chronisme voulu, Montherlant emploie ce néologisme dans une indication scé-nique de son *Don Juan : Mouvements divers et mimiques de supporters des carnavaliers derrière des arbres.* Une francisation en *supporteur* serait aisée et souhaitable (car le mot *souteneur* est ici évidemment impossible!). En re-vanche, le verbe **supporter** au sens de «soutenir financièrement» ou «encou-rager» (anglais *to support*) doit absolu-ment être évité, notre verbe *supporter* («subir») signifiant quasiment l'inverse. Attention! l'informatique encourage l'implantation d'un verbe *supporter* qui rend exactement (si l'on peut dire) l'an-glais *to support*.

SUPPOSÉ forme et emploi Ce participe-adjectif suit les mêmes règles que *at-tendu, excepté, ôté, vu,* etc. : *L'honnêteté supposée de cet homme a des crevasses. Supposé son honnêteté, il reste que...* On dit aussi, en tête de phrase, **supposé que** (locution invariable) et **à supposer que** ou **en supposant que** : *Supposé que cette division des femmes en espèces incomparables soit fondée* (Valéry). *À supposer que l'Europe devienne paci-fique, ne voyez-vous pas que l'Amé-rique devient guerrière?* (France).

SUPPOSER constr. Ce verbe régit dans la complétive l'indicatif au sens de «es-timer, accepter comme vrai» : *Je sup-pose que vous êtes d'accord avec moi sur ce point,* mais le subjonctif quand il a le sens d'«imaginer, poser une hypo-thèse» : *Supposons que j'aie accepté de défendre quelque citoyen attendrissant* (Camus). → ADMETTRE et METTRE

SUPPOSITION emploi et sens La locution **une supposition que...** appartient à la langue populaire : *Une supposition que Boulot garderait le saint frusquin et que nous autres on se battrait?* (Pergaud). Il faut employer le verbe ci-dessus.

SUPRA- → SUPER-

SUR emploi et sens Cette préposition

entre dans de très nombreux tours, dont voici quelques-uns : *Être d'accord sur quelque chose* (ou *de*), *blasé sur les nouveautés* (ou *de*). *Nous partirons sur les dix heures* (Audiberti). *Cette fenêtre donnait non pas sur la rue mais sur des prés* (Giono). *Elle allait sur ses trente-cinq ans* (Aymé). *Elle ne se souvenait plus, d'une année sur l'autre* (Vidalie). *Il m'a fallu attendre près d'une heure, buvant tasse de thé sur tasse de thé* (Butor). *Il faut être propre sur soi. Soixante-dix élèves sur cent ont été admis* (à côté de : *soixante-dix pour cent des élèves*). *Le ministre de l'Intérieur ouvre une enquête sur deux associations qui organisaient des voyages en Inde* (*Le Monde*). *Elle est sur son départ, sur son trente-et-un*, etc. Il n'est pas possible de fournir ici une liste exhaustive mais on trouvera les renseignements utiles dans l'ordre alphabétique. → BLASÉ, RUE, etc.

□ **sur Besançon.** Avec un nom de localité, cette préposition tend, depuis quelques années, à assumer des acceptions discutables : *Je pense au mot SUR. Tendez l'oreille : il est en train de supplanter toutes les prépositions de lieu. Non seulement on rentre SUR Paris, mais on travaille SUR la capitale à la façon dont les vendeurs, jamais en retard d'une métaphore guerrière, mettent le paquet SUR une région, SUR un produit* (B. Poirot-Delpech, *Le Monde*, 21 février 1990). Cet emploi n'ajoute rien à la préposition **à**. On peut, si l'on veut être précis (?), employer le tour *dans le secteur de*.

□ **sur le journal** → JOURNAL

□ **sur l'initiative de.** Ce tour très correct est souvent remplacé dans la langue des journalistes, par : *À l'initiative de* (par analogie avec : *à la demande de*) : *C'est à l'initiative de l'Institut international du théâtre qu'a été organisé le récent colloque.*

□ **de sur.** Le cumul de ces deux prépositions est courant dans la langue familière : *Ôte tes mains de sur la table.* → PRÉPOSITION

SUR- (préfixe) → SUPER-

SUR et **SÛR** orth. Il ne faut pas confondre ces deux adjectifs. Le premier ne porte pas d'accent et signifie «acide» : *des pommes sures*. Le diminu-

tif est rare : *Le fumet d'une ménagerie de petites bêtes tristes, surettes, musquées* (Romains). L'autre adjectif, avec accent circonflexe, a le sens de «infaillible», «certain», etc. : *Un tenace écho répétait sa menace, l'amplifiait, la faisait résonner, implacable, sûre* (Masson).

□ **sûr et certain.** Locution figée fréquente dans la langue familière. Ce pléonasme n'est guère plus condamnable que **sain et sauf.**

□ **pour sûr** ou **bien sûr (que).** La première locution est plus familière que la seconde. Toutes deux s'emploient pour confirmer ce qui vient d'être dit et se rencontrent parfois en tête de phrase, avec une valeur d'insistance : *Mes amis nocturnes avaient gagné leur lit. Pour sûr, ils devaient dormir, et sûrement en ronflant* (P. Jardin). *J'aurais voulu crier, mais je ne pouvais pas, tellement mon sang battait fort dans ma gorge. – Bien sûr, dit Milan* (Vaillant). *Bien sûr que vous ne savez pas, alors poussez-vous, beugle le père* (Rivoyre). *Bien sûr qu'il restait toujours enfantin, elle le savait trop* (La Varende). → SÛREMENT

SURANNÉ orth. Avec un *r* et deux *n* : *Des mots simples, aujourd'hui surannés, autrefois magiques* (Labro).

SURCROÎT orth. Ne pas omettre l'accent circonflexe. ♦ **emploi et sens** Surtout dans les locutions **de surcroît** et **par surcroît,** dont le sens est équivalent, «en supplément». Mais il semble que **de** *surcroît* soit plus fréquent : *N'était-il pas, de surcroît, Juif, c'est-à-dire bien autre chose que Russe?* (Ikor). *Une instruction secondaire à suivre aux colonies, où mon père, de surcroît, changeait souvent de poste* (Hériat). *Par surcroît : Tout cela était triste à pleurer et, par surcroît, Boris arrêta volontairement sa pensée sur les vieilles personnes qui viennent acheter ces objets* (Sartre). *Rien qu'un pauvre type, un raté, bien sûr, et un salaud par surcroît* (Rey). → RESTE et SURPLUS

SÛREMENT emploi La locution **sûrement que,** en tête de phrase, appartient au registre familier, mais n'est pas plus incorrecte que **bien sûr que** (→ SUR et SÛR) : *Sûrement que le pont à présent serait gardé* (Ramuz).

SURENCHÉRIR constr. et sens Ce verbe est toujours intransitif et signifie «augmenter l'offre», avec un sujet animé, et «devenir plus cher» avec un sujet non animé. Au figuré : *Il me suffisait d'approuver Mme Tim, de surenchérir un tout petit peu même parfois* (Giono). → ENCHÉRIR

SURET → SUR

SÛRETÉ → SÉCURITÉ

SUR-LE-CHAMP orth. Avec des traits d'union : *Des projets dont la plupart étaient formés sur-le-champ et par hasard* (Green). ♦ sens Ne pas confondre avec **derechef.** → ce mot

SUROÎT orth. Avec un accent circonflexe sur le *i*. ♦ sens Chez les marins, «vent du nord-ouest» et «chapeau à larges bords couvrant la nuque» : *La pluie redoublait ; des hommes d'équipe en suroit jaune gesticulaient* (Fontanet). → NOROIS

SUR PLACE → PLACE

SURPLIS orth. Ne pas omettre le *s* final : prendre garde à l'influence de l'orthographe de **pli** : *Un ecclésiastique d'âge mûr, en surplis, m'a abordé* (Butor).

SURPLOMBER constr. Ce verbe est le plus souvent accompagné d'un complément d'objet direct : *La chapelle de Saint-Romain surplombe la Bienne à une très grande hauteur.* Mais il est aussi construit intransitivement : *Cet éperon surplombe vertigineusement.*

SURPLUS emploi et sens Les locutions **au surplus** et **en surplus de** sont courantes, et font concurrence à celles qui sont formées avec **plus** et **surcroît** (→ ces mots) : *Il n'y avait pas de charge sérieuse contre lui. Au surplus, Maigret n'avait pas du tout envie de l'arrêter* (Simenon). *Vous avez eu tort d'accepter ce travail en surplus de vos autres tâches.*

SURPRENDRE constr. On dit aujourd'hui **se laisser surprendre par** plutôt que **à quelque chose,** construction archaïque : *Il s'est laissé surprendre par la nuit, par le charme de cette fille,* etc. Cependant le tour *il s'y est laissé prendre* est encore très vivant. Au passif, ce verbe peut se construire avec une proposition complétive introduite par *que* ou *de ce que.* L'emploi de *que* est plus élégant : *Mais je fus surpris, sans vouloir le paraitre, que mon nom ne suivit pas celui du jeune héros slave* (Hériat). *Mais je ne serais pas surprise qu'il m'en veuille encore* (Vailland). *Je suis surpris de ce que vous ne m'avez donné aucune nouvelle.* Après *de ce que,* on trouve aussi le subjonctif, avec une valeur d'atténuation ou de doute : *N'êtes-vous pas surpris de ce qu'il ait pu réussir un exploit aussi rare ?* → SÉDUIRE

SURPRISE-PARTIE forme Les deux éléments varient au pluriel : *Ces années que mes copains usaient dans les surprises-parties* (Nourissier). → GARDEN-PARTY, SAUTERIE

SURRÉALISME orth. Pas de majuscule. De même pour **surréaliste.**

SURRÉNAL orth. Pas de *h* dans ce mot : *la glande surrénale.*

SURSEOIR conjug. Proche de **seoir,** mais complète, et avec des formes en -*oy*- et non en -*ey*- (→ APPENDICE). Le *e* central disparaît dans toutes les formes, sauf dans celles du futur et du conditionnel : *je surseoirai, il surseoirait.* ♦ emploi et sens Ce verbe se rencontre surtout dans la langue du droit, au sens de «remettre à une date ultérieure» : *surseoir à statuer.*

SURTOUT emploi et sens La locution familière **surtout que** permet de souligner la valeur causale. Elle ne peut être sévèrement condamnée si on la rapproche de *d'autant (plus) que,* également fréquent en tête de phrase : *Je ne me laisserai point calotter, surtout que je suis en tenue* (Audiberti). On ne confondra pas avec l'adverbe d'insistance, parfaitement admissible dans l'exemple suivant, où *que* ne dépend pas de *surtout* : *Empêchez-les de trop s'approcher. Et surtout qu'on ne monte pas* (Ramuz).

SURVENIR conjug. Comme *venir.* → APPENDICE

SUS emploi et sens Cet adverbe est vieilli au sens de «à la rencontre de» : *Il ne se*

voyait pas courant sus aux poulets, il renonça (Jorif). *En courant sus à un voleur / Qui venait de lui chiper l'heure / À sa montre* (Brassens). On rencontre davantage **en sus de,** dans les formules officielles, au sens de «en plus de» : *Vous devrez payer en sus les frais de port et d'emballage.* Quant à **sus donc, or sus,** ce sont des interjections désuètes, qui avaient jadis valeur d'exhortation.

SUS- orth. et prononc. Les composés commençant par **sus** font entendre le *s* intérieur, même devant consonne : *susdit* [sysdi], *susnommé* [sysnɔme], etc. Ils prennent généralement un trait d'union, excepté *suscrit, susdit, susmentionné* et *susnommé : Les pharmaciennes de Cérillac ne recevaient jamais personne, en dehors des deux fringants susnommés* (Desproges). On écrit par exemple *sus-indiqué.*

SUSCEPTIBLE emploi et sens → CAPABLE. Ajoutons ici quelques exemples illustrant la valeur «passive» de l'adjectif **susceptible,** qui s'applique aussi bien à des personnes qu'à des choses : *Songeant que l'un d'eux était peut-être susceptible de l'entendre, Ernie suscitait des paroles douces et joyeuses dans le palais de glace de son cerveau* (Schwarz-Bart). *Toute manifestation de violence susceptible d'être déclenchée à l'occasion d'une grève générale (Le Monde). Dans la liste ci-dessous, voici parmi tant d'autres quelques termes susceptibles d'être lus ou entendus par tous (Le Chasseur français).* Mais on rencontre assez fréquemment cet adjectif à la place de **capable : Les officiers de marine qui venaient en escale, eux, étaient susceptibles de faire des folies** (Duras). Employé absolument, *susceptible* a le sens de «qui se vexe facilement».

SUSCRIPTION emploi et sens C'est le terme officiel qui désigne l'**adresse** écrite sur une enveloppe. On se gardera de confondre avec **souscription.**

SUSDIT, SUSMENTIONNÉ, SUSNOMMÉ → SUS-

SUSPECT prononc. Il y a lieu de garder l'opposition ancienne entre le masculin [syspɛ] et le féminin [syspɛkt], bien que celle-ci soit mal établie dans l'usage. → CIRCONSPECT

SUSPENSE et **SUSPENS** emploi et sens L'anglicisme **suspense** (prononc. [sœspɛns], à l'anglaise, ou [syspɑ̃s], à la française), fréquent dans le domaine du film et du roman policiers, au sens d'«attente d'une chose dont on ne connaît pas la nature, et qui se manifestera d'une façon énigmatique et inassimilable par la raison» (Narcejac), irrite certains, qui voudraient lui substituer la forme francisée **suspens,** qu'on rencontre dans notre vieille langue comme adjectif : *J'ai peur de tenir trop lontemps le lecteur suspens touchant la provision curieuse de notre langage* (H. Estienne). Voici un exemple de l'anglicisme critiqué : *On ne prit pas le temps d'explorer cette usine, mais on s'attarda sur ces deux portes, avec le «suspense» cher aux auteurs de romans policiers* (Chraïbi), et quelques exemples d'emploi heureux de la forme *suspens : Et les ayant obtenues* [ces faveurs] *par une sorte d'interruption de ma vie (adorable suspens de l'ordinaire durée)* (Valéry). *Suspens délicieux des souffles et des cœurs (id.) Il laisse planer un énorme, informe suspens* (Masson). *Ce suspens auquel vise toute parole, le grand orateur l'obtient presque toujours* (Guitton). *L'art de conter, de fixer l'attention du lecteur, de ménager les suspens* (P.-H. Simon, *Le Monde*). On notera que c'est dans la locution adverbiale **en suspens** que ce mot apparaît le plus fréquemment : *Et tout le travail qui reste en suspens !* (Troyat).

SUSTENTER sens Synonyme recherché de **nourrir.**

SUSURRER orth. Avec un *s* et deux *r.* On écrit : **susurrement.**

SVASTIKA orth. et genre Ce mot est féminin et peut s'orthographier aussi **swastika.** ♦ sens C'est à l'origine un mot sanskrit très pacifique signifiant «de bon augure» et désignant une croix qui est aujourd'hui plus connue sous le nom de **croix gammée,** prise pour emblème par les nazis : *À l'horizon, cernant la piste, une muraille d'étoffe écarlate immobile, percée de meurtrières* *blanches où se découpe cent fois, mille fois, la svastika noire* (Chaix).

-SYLLABE forme Ce mot entre comme second élément dans un certain nombre d'adjectifs ou de substantifs composés : *un vers octosyllabe* ou *un octosyllabe*. On dit aussi très bien *un vers octosyllabique.*

SYLLEPSE **sens** En grammaire, accord selon le sens et non selon la rigueur formelle et «logique» : *Une espèce de grand diable s'est avancé* (et non : **avancée*, en accord avec *espèce*). *La plupart sont arrivés* (et non : **est arrivée*, en accord avec le «sujet» formel).

SYLPHE, SYLPHIDE, SYLVE sens Ne pas confondre **sylphe**, masculin, «génie de l'air, dans certaines mythologies européennes» : *Ce n'est pas un homme et ce n'est pas une femme, c'est un sylphe* (Claudel), avec le not féminin **sylphide**, «femme de rêve» : *Le plaisir vaporeux fuira vers l'horizon / Ainsi qu'une sylphide au fond de la coulisse* (Baudelaire). Ne pas confondre non plus avec **sylve**, nom poétique (féminin) donné à la forêt : *Il comparait sa propre chevelure aux sylves à reflets violets, qui sur Camille laissaient apercevoir la blancheur étrange de l'épiderme* (Colette). → NAÏADE

SYLVICULTURE orth. On écrit aussi **silviculture**. ♦ **sens** «Science qui a pour objet la culture des bois». À distinguer de **arboriculture** qui s'applique à la culture d'arbres fruitiers.

SYMPTÔME orth. Avec un accent circonflexe sur le *o*, à la différence des dérivés *symptomatique, symptomatologie,* etc., et de **syndrome** (→ ce mot).

SYNCHRONE → ISOCHRONE

SYNCLINAL forme Plur. : **des synclinaux.**

SYNDIC orth. Avec un *c* final (toujours prononcé) : *Celui-ci avait demandé qu'on veuille bien lui indiquer l'habitation du syndic de la commune* (Cendrars).

SYNDROME orth. Pas d'accent circonflexe sur le *o*. Prendre garde à l'in-

fluence de **symptôme** → ce mot. ♦ **sens** «Ensemble de symptômes déterminés, mais insuffisants pour faire un diagnostic sûr».

SYNECDOQUE **genre** Féminin ♦ **sens** Figure de rhétorique qui consiste à «prendre le plus pour le moins, la matière pour l'objet, et d'une façon plus générale à donner à un terme un sens plus étendu que ne l'admet l'usage habituel». Exemples de synecdoque : *Ils forgeaient leurs propres fers.* «*In vinculis*», *ils furent jetés dans les fers ; cette belle synecdoque m'a fait souvent rêver en suçant mon porte-plume* (J. Perret). *Il a le cheveu rare. Je te l'ai dit vingt fois. La voiture, c'est bien pratique,* etc. Le procédé est proche de la **métonymie** (→ ce mot).

SYNESTHÉSIE sens «Transfert du lexique des sensations, d'un domaine à l'autre», de la vue au toucher, par exemple : *Cette couleur est chaude.* Ne pas confondre avec **cénesthésie.**

SYNONYME orth. Deux y. ♦ **sens** Désigne deux ou plusieurs mots de formes différentes qui dénotent la même chose et ont des sens voisins. Distinct d'**homonyme** (→ ce mot).

SYNOPSIS genre En principe féminin, mais on le fait le plus souvent masculin. ♦ **sens** «Tableau d'ensemble» ou «texte sommaire se trouvant à l'origine d'un scénario de cinéma» : *Ces pages composent une synopsis de la phonétique historique du français* (H. Bonnard). Ne pas confondre avec **tableau synoptique**, «tableau qui permet de prendre connaissance d'un ensemble de faits, d'un seul coup d'œil», ni avec **scénario** (voir plus haut) : *Les livres de classe neufs lui offraient en tableau synoptique, cette année-là qu'il devenait philosophe, tous les songes et tous les systèmes humains* (Mauriac).

SYNOPTIQUE → mot précédent

SYNTAXIQUE ou **SYNTACTIQUE emploi et sens** Ces deux adjectifs sont équivalents et renvoient à **syntaxe.**

SYNTHÉTIQUE emploi et sens Cet adjectif qualifie «tout ce qui est créé artificiellement, à l'imitation des objets naturels». On va même jusqu'à parler de *diamant synthétique*, alors que le diamant est un corps *pur*, tant la notion de «fabrication artificielle» l'emporte sur celle de «combinaison chimique de plusieurs éléments».

SYPHILIS orth. Un *y* puis deux *i*. Les erreurs sont fréquentes.

SYRTE genre Fém. ♦ **sens** «Région côtière sablonneuse.»

SYSTÈME orth. Accent grave. Les dérivés prennent un accent aigu : **systématique, systématiser.**

T

T prononc. Les emprunts qui se terminent par *t* se prononcent en général
[t]. Pour les mots français d'origine,
l'usage est très variable → DOT, FAT,
FAIT, MAT, MÂT, NET, etc. Dans l'ouest de
la France, le *t* final est toujours prononcé, au moins dans les substantifs et
adjectifs : *On prend le «canote»? demanda Tintin* (Mac Orlan). ♦ emploi Le *t*
final est la marque de la troisième personne du singulier des verbes du 2ᵉ et
du 3ᵉ groupe, à l'exception des verbes
en *-dre* qui ne sont ni en *-indre* ni en
-soudre : *il perd, détend, répond, mord,*
etc. (dont l'inversion sera *perd-il, dé-
tend-il, répond-il, mord-il,* etc.). Mais : *il
plaint, dissout* (et *plaint-il, dissout-il,*
etc.).
verbe + pronom sujet : dans ce tour
inversé, quand on rencontre un *t* intercalaire, dit euphonique, et analogique
du *t* grammatical de *part-il, voulait-il,*
etc., on doit l'écrire entre traits d'union,
et ne pas le faire suivre de l'apostrophe : *va-t-on enfin, a-t-elle cru,
parla-t-il,* etc. En revanche, c'est l'apostrophe qui convient lorsque ce *t* représente la forme élidée du pronom *toi : Il
faut t'en aller, va-t'en, délivre-t'en,
pousse-t'y,* etc. L'insertion d'un *t* gauche
ou non justifié dans la prononciation se
nomme *pataquès* (→ ce mot) : **On l'em-
mènera-t-à l'école.*

TA → POSSESSIF (ADJECTIF)

TABAC constr. On abrège souvent dans
la langue familière la locution *un bureau de tabac* en : **un tabac.** C'est une
synecdoque (→ ce mot).

TABLER emploi et sens Ce verbe, suivi de
la préposition *sur,* peut dans bien des
cas se substituer à *se baser sur,* pour
ceux qui craignent encore d'employer
ce verbe jadis contesté (→ BASER) : *Ta-
blant sur les désordres que peuvent entraîner les grands concours de foule*
(R. Jean). La construction transitive, si
elle est néologique, n'en paraît pas
moins acceptable : *Et en trois jours elle
prit l'habitude de tabler l'avenir sur la
vente du phonographe* (Duras).

TABOU forme L'usage est indécis, quant
à l'accord de cet adjectif avec un substantif : *L'appellation est taboue* (Georgin). *Deux animaux que l'imagination
populaire avait faits tabous* (Vendryès).
Mais : *Je connais une maison d'édition
dont tous les auteurs, poètes ou romanciers, sont tabou sur la route* (Giraudoux). Il semble préférable de faire l'accord au féminin et au pluriel.

TAC emploi On écrit sans traits d'union
du tac au tac, faire tic tac, mais **le tic-
tac** (→ ce mot).

TACHE et **TÂCHE** orth. et prononc. On
confond fréquemment ces deux homonymes. Le premier, sans accent et prononcé [taʃ], a le sens de «altération,
marque colorée». Le second, avec un
accent circonflexe sur le *a,* et prononcé
[tɑʃ], a le sens de «travail à exécuter».
On écrit donc avec un accent cir-

conflexe : *tâcher de, tâcher que, tâche-ron.*

TACHER ou **TACHETER** sens Le premier verbe signifie «faire une ou des taches» : *Ce maladroit a taché la nappe. Le cahier est tout taché.* Le second verbe s'emploie surtout au passif, et seulement lorsqu'il s'agit de «plusieurs taches, dues soit à un phénomène naturel, soit à un acte volontaire, à visée plus ou moins esthétique» : *Une vache blanche tachetée de noir. Ce peintre tachette systématiquement ses toiles.*

TÂCHER constr. On emploie le plus souvent la préposition *de* : *Laisse-moi t'expliquer, écou.te-moi, et tâche de comprendre ce que je vais te dire* (Martin du Gard). *Tâche de voir Caroline seule* (Mauriac). Mais la construction avec *à* est encore fréquente dans le registre littéraire : *Il n'est point exceptionnel qu'on tâche à se racheter de ses œuvres par ses jugements* (J. Rostand). Pour certains, l'idée d'effort est plus sensible dans cette construction que dans la première, mais cela n'a rien d'absolu. Avec une proposition complétive, on emploie *que* : *Il faut tâcher que tout le monde soit là pour la clôture.*
□ **tâcher moyen de** ou **que** est un tour populaire : *Tâchez moyen de me faire une rentrée triomphale à Paris* (Cesbron).

TACTIQUE → STRATÉGIE

TAFFETAS orth. Deux *f*, un *s* à la fin.

TAG emploi et sens «Sorte de graffiti très élaboré et à visée esthétique, dépourvu de message et d'idéologie, d'origine américaine». Les dérivés **taguer, tagueur** sont assez répandus. Plur. : **des tags.**

TAILLE- forme Les composés suivants demeurent invariables : *taille-buissons, -légumes, -mer, -ongles, -pain, -racines, -vent.* Prennent facultativement un *s* final : *taille-crayon(s)* (même au singulier), *taille-plume. Taille-douce* (dans lequel *taille* est substantif) prend deux *s* au pluriel et s'écrit toujours avec un trait d'union : *des tailles-douces, mais des gravures en taille-douce.* De même pour *basse(s)-taille(s)* et *haute(s)-taille(s).*

TAIRE orth. Pas d'accent circonflexe à *il tait, il (se) tait.* ♦ constr. Le verbe pronominal à l'infinitif perd presque toujours son pronom quand il est précédé de *faire* : *Je les ai fait taire.* Le participe passé s'accorde dans les phrases du type : *Elles se sont tues définitivement. Les ennemis se sont tus.* La construction transitive est exclusivement littéraire : *Rivière taisait une pitié profonde* (Saint-Exupéry).

TAMBOUR forme Au singulier dans : *partir sans tambour ni trompette* et dans : *Langlois dut mener son affaire tambour battant* (Giono). → JOUER

TAMBOURINER orth. Un seul *-r-* et un seul *-n-*, ainsi que ses dérivés **tambourinage** et **tambourinement.**

TAMPON-BUVARD orth. Plur. : **des tampons-buvards.**

TAM-TAM orth. Plur. : **des tam-tams.** ♦ emploi Ce terme ne s'applique qu'à un tambour africain et, ce qui est moins connu, à un instrument à percussion d'origine chinoise.

TANDIS QUE prononc. Il ne faut pas articuler le *s* final. ♦ sens Cette locution conjonctive a tantôt un sens temporel, «en même temps que» : *Ma belle-mère est arrivée tandis que je donnais une leçon particulière à un élève de quatrième* (Hougron), tantôt un sens d'opposition, «alors qu'au contraire» : *Je vis de mon métier et de lui seul. – Tandis que moi, n'est-ce pas, je n'ai pas de métier* (Vildrac).

TANGO forme Invariable comme adjectif de couleur, au sens d'«orange très vif» → COULEUR. Pluriel du substantif : **des tangos.**

TANIÈRE orth. Un seul *n.*

TAN(N)IN orth. Avec un ou deux *n*, ainsi que *tan(n)isage* et *tan(n)iser*, mais toujours deux *n* à *tanner, tanneur, tannique.*

TANT constr. Après **tant de** + **substantif**, le verbe ou l'adjectif s'accorde plutôt avec le complément : *C'était leur tour, après tant d'autres camarades qui avaient un temps valsé comme eux*

avant de s'abattre (J. Roy). *Tant de richesse est bien belle !* (Proust). ♦ **emploi et sens** Comme adverbe d'intensité, **tant** s'emploie avec des formes verbales, et non plus avec des adjectifs : *Mais cette indifférence, tant remarquée, de la nature créatrice, peut être celle de l'homme créateur* (Montherlant). *Des cadavres, elle en avait tant vu à présent* (Peyré). Il est fortement concurrencé dans cet emploi par **tellement** (→ ce mot). Devant un adjectif, il est remplacé par **si** : *Les demi-réussites où il ramenait contre soi l'objet tant convoité, et soudain diminué, ça l'appauvri, si différent de ce que le docteur avait éprouvé, de ce qu'il avait souffert à son propos* (Mauriac). En tête de proposition, il a une valeur causale, et lie étroitement la cause à la conséquence : *Il leur sembla, tant ils s'aimaient, ne pouvoir plus jamais se séparer* (Vilmorin). *Ce mouvement me donnerait la nausée, tant il est triste et irrésistible* (Valéry). Ces tours appartiennent au registre littéraire. La langue courante dit, en inversant les termes : *Ce mouvement est si triste et irrésistible qu'il me donnerait la nausée.* ♦ L'adverbe **tant** sert également à former des tours comparatifs et entre en concurrence avec **autant** (→ ce mot), surtout quand le début de la phrase est négatif ou interrogatif : *J'ai telle idée de leur ministère que je ne souhaite rien tant que leur retour* (Chabrol). *L'endroit avait déjà beaucoup souffert des tirs d'artillerie, tant alliés qu'ennemis* (Japrisot). On ne peut pas remplacer *tant* par *autant* dans certaines locutions figées : *tant soit peu* (→ PEU), *si tant est que* (→ SI [conjonction]), *tous tant que vous êtes, (ils ont ri) tant et plus, tant et si bien que, tant et tant, tant (il) y a que* (tour vieilli), *tant bien que mal* et même *tant mal que bien : J'étais arrivé à sauver la face tant mal que bien* (Mauriac).

□ **en tant que.** Cette locution de valeur restrictive est suivie d'un substantif, d'un participe ou plus rarement d'une forme conjuguée d'un verbe : *En tant que couple, ils n'existaient guère que pour leur concierge* (Aymé). *Le Nain jaune, en tant que maître des lieux, venait d'être servi par son valet de chambre en dernier* (P. Jardin).

□ **tant que.** Le sens est « aussi long-

temps que » : *Grâce au fil S.B. qu'ils fabriquent et fabriqueront tant que le monde sera monde, c'est-à-dire tant qu'il y aura des actionnaires* (Aragon). Quant au sens de « pendant que », il est populaire : *Vous n'en voulez pas un, hennin, vous aussi, tant que j'y suis ?* (Anouilh). *Tant qu'on y était, le capitaine Favourier n'avait peut-être jamais existé* (Japrisot).

□ **tant qu'à + substantif et infinitif.** Cette tournure est populaire. On la condamne généralement devant un substantif, malgré l'exemple de Claudel souvent cité : *Et tant qu'au chameau, qu'avons-nous besoin de cet alambic à quatre pattes ?* Aussi : *M. le Comte est en voyage depuis quinze jours. Tant qu'à Madame, elle est allée dans une maison de santé pour conduire sa sœur* (T. Bernard). Il faut évidemment dire **quant à** (→ ce mot). Devant un infinitif, on peut l'admettre à la rigueur, comme un substitut économique de **à tant faire que de,** qui relève de la langue soutenue : *Tant qu'à marcher, autant se diriger du côté de la délivrance* (Gide). *Et tant qu'à changer pourquoi ne pas avoir donné à ce boulevard le nom de Guépin ?* (Ragon).

□ ***tant pire :** faute grossière pour **tant pis.** → PIRE.

□ **tant plus... tant plus.** Ce balancement comparatif est considéré comme populaire, de même du reste qu'avec l'adverbe seul : **tant... tant,** parallélisme ne subsistant plus que dans les maximes et dictons.

TANTÔT emploi et sens On prend en général cet adverbe de temps au sens restreint de « cet après-midi » : *Vous pourrez aller tantôt jusqu'à l'hôpital* (Guilloux). L'emploi d'un déterminant ressortit à la langue familière ou à certains usages provinciaux : *Le tantôt, vers les quatre heures, on attendait* (Céline). *Je crois qu'il viendra sur le tantôt. A ce tantôt !* Mais on notera que, dans la langue classique et parfois encore aujourd'hui, on peut avoir le sens de « bientôt » : *S'il continue ainsi, il sera tantôt plus grand que toi !,* ou celui de « naguère » : *Tire le rideau ╱ Sur tes misères de tantôt* (Brassens).

□ **tantôt... tantôt...** Ce tour oppose des éléments équivalents (comme les autres mots de coordination) : *Et comme, tantôt le chaud, tantôt le froid, tantôt nous attaquent, tantôt nous défendent, ainsi le vrai et le faux, et les volontés opposées qui s'y rapportent* (Valéry). Le second terme est parfois coordonné par *ou* ou bien *et* : *Tantôt un domestique l'escortait et tantôt un prêtre* (Mauriac). L'accord du verbe est fait le plus souvent selon le voisinage, mais quand un des deux sujets est au pluriel, c'est ce nombre qui l'emporte : *Les lents bateaux plats que mènent tantôt une voile gonflée, tantôt des chevaux percherons* (Boylesve).

TAON prononc. [tɑ̃].

TAPANT forme et emploi Dans la langue familière, on dit indifféremment : *À neuf heures tapant, Armand réclamait son enveloppe au garçon d'hôtel* (Aragon), ou bien : *à neuf heures tapantes.* → BATTRE et SONNER

TAPE-À-L'ŒIL forme Mot invariable comme adjectif ou substantif : *Elles ont choisi des tentures assez tape-à-l'œil. C'est du tape-à-l'œil.*

TAPER emploi et sens Ce verbe a de nombreux emplois. Dans la langue familière ou populaire, on rencontre, entre autres, le sens de «emprunter à quelqu'un» : *Tu te doutes bien que je viens te taper* (Sartre), celui de «faire telle vitesse» : *Il tape le 180 sur l'autoroute*, et surtout, à la voix pronominale, celui de «manger ou boire» : *On va se taper un whisky, a dit le type* (Duras). *Se taper la cloche.*

TAPIS-BROSSE orth. Plur. : **des tapis-brosses.**

TAPOTER orth. Un seul *t*.

TAPUSCRIT → MANUSCRIT

TARBOUCHE genre Masculin ♦ sens «Sorte de bonnet rouge à gland». Ne pas confondre avec **babouche.**

TARD emploi Surtout adverbe (donc invariable) : *venir tard.* « *Il est plus tard que tu ne penses*» (roman de Cesbron). On le trouve aussi comme substantif : *Sur le tard, une compagnie de mitrailleuses lourdes vint prendre ses cantonnements dans le collège des jésuites* (Nimier).

TARDER constr. Avec un sujet personnel, ce verbe se construit avec *à* : *Combien de temps encore tarderai-je à suivre l'appel de ce soleil qui m'invite à le suivre!* (Claudel). Mais avec un sujet impersonnel, ou la locution *le temps me* (*te*, etc.) *tarde*, on a la préposition *de* : *Pauvre petite, comme il devait lui tarder d'être partie!* (Benoit). On emploie également la conjonction *que* : *Il me tarde que tout cela soit terminé.* On évitera les pléonasmes **trop tarder* et **tarder trop.*

TARIFER orth. Avec un seul *f*.

TARTUF(F)E orth. Depuis Molière, on écrit ce mot et son dérivé *tartuf(f)erie* avec un ou deux *f*, indifféremment. Mais dans l'acception courante, on préconisera un seul *f*, qui est d'ailleurs l'orthographe de l'Académie : *N'ayant pas l'étoffe d'un tartufe* (Aymé). *Le personnage de Molière se nomme* **Tartuffe.**

TAS → COLLECTIF et AMAS

TÂTE-VIN orth. et prononc. On préférera cette orthographe à celle de **taste-vin,** dont le *s* est depuis fort longtemps inutile et muet. → HOSTELLERIE

TATILLON orth. Pas d'accent circonflexe sur le *a*, à la différence de **tâter.** ♦ forme Le féminin est **tatillonne,** mais on emploie parfois la forme du masculin : *Elle est assez tatillonne,* ou *tatillon.*

TAULE ou **TÔLE** orth. Au sens populaire de «chambre» ou de «prison», ce mot peut s'écrire indifféremment de l'une ou l'autre façon. De même pour **taulier** ou **tôlier.**

TAUTOLOGIE sens «Façon de s'exprimer dans laquelle on n'affirme que ce qui est déjà dit et évident». Exemples : *Étant en effet Boubouroche, Boubouroche déclara qu'il était Boubouroche* (Courteline). *Un garçon qu'on ne peut pas épouser, puisqu'on ne peut pas l'épouser, on ne l'épouse pas* (Salacrou). *Elle fait défaut parce qu'elle n'y est pas, elle n'y est pas parce qu'elle manque, et elle manque parce qu'elle n'y est pas* (Claudel). Cette figure de style, ou cette maladresse, selon les cas, se distingue du **pléonasme** → ce mot.

TAXER constr. Ce verbe s'emploie souvent avec un nom de personne comme complément d'objet direct et un nom abstrait comme complément indirect : *Ce candidat aux élections a été taxé de démagogie.* Mais le fait qu'on puisse dire, selon l'Académie : *On le taxe d'être avare,* ainsi que l'influence des verbes **qualifier, traiter,** etc., tendent à répandre la construction avec un adjectif : *Il a été taxé de démagogue,* qui est critiquée par les puristes.

TAXINOMIE forme Celle-ci semble préférable, pour des raisons étymologiques, à **taxonomie,** qu'on rencontre assez souvent (sauf en linguistique). ♦ sens Ce mot savant désigne la science des lois de la classification (à l'origine, en biologie) et, de façon banalisée, un système de classification.

TEINDRE et **TEINTER** conjug. Le premier verbe se conjugue comme *feindre,* le second comme tous les verbes du 1er groupe. ♦ sens Le verbe **teinter** signifie « colorer légèrement » : *une eau légèrement teintée de rouge* et s'emploie souvent au figuré : *une intelligence teintée de fantaisie.* Le verbe **teindre** a un sens plus fort, « changer la couleur d'un objet, en utilisant de la teinture » : *teindre une robe. L'âge le blanchissant, il fit teindre ses cheveux en noir.* Dans la langue littéraire, on rencontre parfois *teindre* au sens de *teinter* : *Aux vitraux teints de rougeâtres couleurs* (Nerval). *Mes mains couvertes, teintes, imprégnées de cette épaisse couleur lumineuse* (Butor).

TEL constr. Quand *tel* est **épithète,** il est toujours antéposé, sauf s'il est en corrélation avec *que* : *Il m'a dit de telles injures !* à côté de : *Il m'a dit de telles injures que* ou *des injures telles que...* Quand *tel* est **attribut** et en tête de proposition, l'inversion du sujet est de règle : *Telle était cette lande et tel notre débat qu'il me semblait que nous revenions d'une promenade sur l'emplacement de la forêt des Ardennes défrichée* (Barrès).

□ **tel non suivi de que** s'accorde le plus souvent avec le nom qui suit : *La*

fatigue, le sentiment de la solitude, tels de longs serpents de vase froide (Butor). *Ceux-là vinrent qui en avaient les moyens ou purent saisir une occasion, tel Bichos-Rocoa, exportateur de cuirs bruts* (Bazin). *Le navigateur se hissa sous l'astrodôme, fit glisser Arcturus dans l'œilleton, telle une tremblante fleur de givre* (J. Roy). Cet accord semble s'imposer quand *tel* est en tête de phrase : *Telle une éponge dont les pores s'imbibent, son cœur se gonflait* (Estaunié). Mais *tel* peut aussi s'accorder avec le nom auquel il se rapporte : *Le bonheur, tel les anémones roses et blanches de mon enfance, est une fleur qu'il ne faut pas cueillir* (Mauriac). *Le chat se déroula, tel une couleuvre de velours* (Colette).

□ **tel suivi de que** s'accorde toujours avec le nom auquel il se rapporte : *Compétence illusoire mais telle qu'on lui avait même proposé du travail* (Queneau). *C'est l'Amérique telle qu'elle était connue alors, telle qu'elle émergeait peu à peu du sein des eaux* (Claudel). *Une de ces fins fulgurantes, telles que les ont subies d'autres peuples saturés d'histoire et de culture* (Giraudoux). Dans la langue administrative ou technique, le groupe **tel que** est parfois suivi d'un participe, avec ellipse du verbe conjugué : *L'article 314 tel que proposé n'organise pas la répression des coupables* (Le Monde). *Ensuite, forgez la pièce telle que décrit ci-dessus.*

□ **comme tel, en tant que tel, prendre pour tel.** Ces locutions font l'accord de *tel* : *Elles sont les paralytiques. Du moins elles seront présentées comme telles à Jupiter* (Giraudoux). *Une règle du jeu, qui n'était pas sérieuse, et qu'on s'amusait à prendre pour telle* (Camus).

□ On dit aujourd'hui **rien de tel** et non plus *rien tel,* courant à l'époque classique.

□ **tel et tel, tel ou tel + verbe.** Quand le sujet d'un verbe est constitué par les groupes ci-dessus, soit comme pronoms soit comme adjectifs (auquel cas le nom qui suit est le plus souvent au singulier, mais peut aussi se construire au pluriel), l'accord du verbe est assez variable : après **tel ou tel,** on rencontre généralement le singulier : *Tel ou tel de nos ascendants nous aurait gouvernés*

(Lacretelle). *Tel ou tel candidat peut se présenter.* Après **tel et tel,** il semble que l'on ait le choix entre le singulier et le pluriel (le pluriel étant plus logique) : *Les chiffres des recettes qu'avaient faites telle et telle pièce* (Rolland). *Tel et tel survient à l'improviste et vous interroge. Tel et tel ont bien réussi cette ascension : pourquoi pas toi?*

□ **tel quel.** Cette locution, qui s'accorde avec le mot auquel elle se rapporte, signifie «dans l'état où il(s) |elle (s)| se trouve(nt)» : *Tel quel, il ressemblait à une brute* (Simenon). *Ces faveurs surabondantes et mystérieuses, loin de les accueillir telles quelles* (Valéry). On évitera la déformation populaire en **tel que,* qui s'explique cependant par la réduction de *tel que je l'ai dit, fait, trouvé,* etc. : *Il était plus vaste que mes trois pièces du Café de la route et c'était, tel que, un endroit très agréable à vivre* (Giono).

□ **(un) tel, (une) telle.** Ces pronoms ou adjectifs indéfinis s'emploient souvent pour remplacer un nom propre ou servir d'exemples : *Machin, chose, un tel, une telle / Tous ceux du commun des mortels* (Brassens). *Tel veuf, telle veuve, lors des condoléances, me donnait l'accolade, me remerciait avec effusion* (Colombier). Après *monsieur* ou *madame,* on met volontiers une majuscule, pour que la fiction soit complète : *monsieur Untel* ou *M. Un tel, mademoiselle Une telle,* etc. Il faut noter que l'habitude se répand d'écrire le masculin, dans ce cas, en un seul mot : *M. Untel, les Untel.*

TÉLÉ → TÉLÉVISION

TÉLÉ- orth. Ce préfixe productif s'ajoute sans trait d'union au radical : *télébenne, télésiège, téléscripteur,* etc.

TÉLÉFÉRIQUE orth. Cette orthographe simplifiée, de plus en plus fréquente, est préférable à **téléphérique.**

TÉLÉPHONE emploi On évitera d'utiliser ce substantif à la place de **coup de téléphone** ou de **numéro de téléphone,** comme c'est pourtant le cas dans ces phrases : *Roger avait dit qu'il appellerait le lendemain. Elle attendrait son téléphone pour sortir* (Sagan). *Il avait trouvé un mot de Nivéa. Elle lui donnait*

les téléphones des endroits où elle serait dans la journée (Weyergans). → FIL

TÉLÉVISION forme On admettra l'abréviation **télé,** de préférence à la forme anglaise *tévé* ou à l'abréviation *T.V.,* qui ont du reste quasiment disparu de l'Hexagone. Comparer à *radio,* pour *radiodiffusion,* etc.

TÉLEX sens «Service de dactylographie à distance équipé d'appareils téléimprimeurs, auquel on peut recourir par abonnement.» Il y a des chances que le mot et la chose soient bientôt remplacés par **fax** (→ ce mot), qui désigne un système de transmission télématique beaucoup plus rapide et efficace.

TELLEMENT constr. et emploi On distinguera avec soin **tellement que** (souvent disjoint), qui introduit une subordonnée de conséquence : *Le pauvre, il tremblait tellement qu'on l'entendait à quatre pas* (Peyré), et **tellement** (sans *quel*), qui introduit une proposition à valeur causale : *J'eus une peur épouvantable, tellement tout cela était proche* (Barbusse). *Il s'endormait à table, tellement il avait couru* (Mauriac). *Il semblait qu'on aurait pu toucher du doigt le soleil au-dessus de la prairie, tellement toutes choses étaient soudain présentes* (Dhôtel). Les propositions sont ici inversées par rapport au tour consécutif régulier : *Il avait tellement couru qu'il s'endormait à table.* On notera que la proposition consécutive a son verbe au subjonctif si la principale est négative ou interrogative : *Il n'est pas tellement éloigné qu'on ne puisse le rejoindre.* La langue populaire emploie parfois *tellement que* en tête d'une causale : *Y avait de quoi lui foutre une pâtée tellement qu'elle était crispante* (Céline).

□ L'adverbe **tellement,** à la fois intensif et affectif, fait une forte concurrence à **si** (avec un adjectif) et à **tant** (avec un verbe) : *Birch Park que j'ai revu tellement désert, il y a quelques mois* (Butor). *Oh! Lil, je voudrais tellement que ça ne soit pas arrivé* (Vian) (→ SI et TANT). Il s'emploie très normalement devant un comparatif, pour le renforcer dans un contexte exclamatif : *C'est tellement plus gentil que toi!* Mais il est d'un emploi familier : **1.** Comme adverbe de quantité, avec un substantif complément : *Il y a tellement d'eau partout, dit-il* (Vian). *J'ai tellement de choses à faire!* **2.** Dans les locutions *avoir faim, froid*, etc. : *Il a eu tellement froid que ses pieds ont gelé.* On dit d'après le bon usage *si grand froid*, mais plus couramment *si froid*. **3.** Dans des tours négatifs, à la place de *beaucoup*, ce tour se répand jusque dans la langue littéraire : *Maroussel n'a pas tellement de mérite, dit Palaiseau* (Troyat). *Je ne crois pas tellement aux progrès de l'automobilisme* (Queneau).

□ **si tellement.** Ce pléonasme appartient au registre populaire : *Ma vieille est si tellement à cheval sur ses gélines* (Pergaud). *Monsieur le comte, d'un bout à l'autre, vous êtes trompé, volé, si tellement que c'est une dégoûtation* (Genevoix).

□ **tellement quellement.** Au sens de «comme on peut, vaille que vaille», cette locution est tombée en désuétude : *Je prononçai, tellement quellement, la petite dissertation que j'avais préparée dans ma tête* (Duhamel).

TELLURIQUE forme On emploie aussi **tellurien.** ♦ Aussi «Qui tient à la nature du sol» ou «qui provient de la terre» : *Paysage minéral, parfaitement tellurique : gneiss, porphyre, grès* (Giono). *Le Caire (douze millions d'habitants) a été la principale ville touchée par le secousse tellurique* (*Le Monde*, 14 octobre 1992). Ne pas confondre avec **terraqué** et **sismique** (→ ces mots).

TÉMOIGNER constr. On dit **témoigner quelque chose** au sens de «certifier en déclarant qu'on a vu et entendu» : *Je témoigne formellement avoir vu M. Un tel à telle heure*, ou de «faire connaître» : *Je meurs pour témoigner qu'il est impossible de vivre* (Sartre), ou encore d'«être l'indice de» (mais on construit plutôt dans ce cas avec *des* → ci-dessous) : *Cette familiarité des équipages témoignait non du mépris mais de l'affection* (J. Roy). Aujourd'hui, la construction indirecte avec **de** est fréquente, soit au sens de «déposer en justice» ou «confirmer la vérité de» : *Il n'avait rien à proposer, mais témoignait ainsi de sa bonne volonté* (Saint-Exupéry), soit surtout au sens de «être le signe de», le sujet étant un nom de chose aussi bien qu'un nom de personne : *Seules quelques automobiles arrêtées devant les portes témoignent de l'activité qui règne à présent derrière les murs de brique* (Robbe-Grillet). *La Lettre à Maritain témoigne de cette crise de confiance* (Cocteau). *Cette ambition, de la part de ceux qui se retranchent derrière elle, ne témoigne de rien que de peu honorable* (Breton).

TÉMOIN forme Ce substantif, qui n'a pas de féminin, reste en principe invariable : **1.** En tête de proposition : *Témoin les invités qui vont venir* (Estaunié). *Il a fourni un gros effort : témoin les résultats que vous pouvez constater.* **2.** Dans la locution **prendre à témoin,** où le mot *témoin* est une vieille forme de *témoignage* : *Alors j'ai pris tous les gaziers à témoin* (J. Roy). Certains cependant font l'accord comme s'il y avait la préposition *pour* : *Je vous prends à témoins, Messieurs* (Genevoix). Mais l'accord se fait normalement quand *témoin* est attribut : *Elles furent témoins de la catastrophe.*

□ **sans témoins.** Le pluriel est de règle dans cette locution : *Le crime s'est commis sans témoins.*

□ **lampe témoin, butte témoin.** On ne met pas de trait d'union quand *témoin* est utilisé adjectivalement.

TEMPORAIRE et **TEMPOREL** sens Le premier adjectif est le plus courant. Il signifie «qui ne dure qu'un temps limité» : *Fermeture temporaire des bureaux pour cause de travaux. Il cherche un emploi temporaire, car il faut absolument qu'il soit libre à l'automne.* Quant à **temporel,** c'est un adjectif plus spécialisé. Dans le domaine religieux, il signifie «qui appartient au monde matériel» et s'oppose à la fois à *spirituel* et à *éternel* : *Nous rebâtirons toujours des églises temporelles* (Péguy). *Le pouvoir temporel du pape.* C'est aussi l'adjectif qui renvoie normalement au *temps* grammatical : *une locution adverbiale à valeur temporelle.* C'est enfin un adjectif employé en philosophie et renvoyant au concept de «temps» : *un processus temporel.* On ne confondra pas avec **temporal,** qui renvoie exclusivement à **tempe** : *Un coup dans la région temporale peut être mortel.*

TEMPORISATEUR forme Celle-ci est plus aisée à employer, puisqu'elle possède un féminin, **temporisatrice,** tandis que **temporiseur** n'a que la forme masculine. ♦ **sens** «(Personne) qui diffère quelque chose en attendant un moment plus propice».

TEMPS emploi et sens Ce substantif entre dans de nombreuses locutions plus ou moins stéréotypées. Il est pris tantôt au sens de «durée» : *un temps de réflexion, ne durer qu'un temps, pour un temps, faire son temps, le temps de, peu de temps,* soit à celui de «moment, époque» : *au temps de, de mon temps, il fut un temps où, de temps en temps, il est temps, en tout temps, entre-temps,* etc.

□ **du temps de** ou **au temps de.** Ces deux constructions sont correctes et s'emploient indifféremment : *La rue Raynouard ressemblait encore à ce qu'elle était du temps de Balzac* (Apollinaire). *C'était du temps de l'Occupation* (Troyat).

□ **temps + où** ou **que.** Les locutions temporelles *au temps, dans le temps, du temps* sont suivies dans la langue courante de l'adverbe relatif *où,* et dans un registre plus soutenu de la conjonction *que : Dans le même temps à peu près que sa femme obtenait le divorce* (Masson). *Du temps qu'il y avait des esclaves* (Aragon). *C'était au temps où Bruxelles rêvait / C'était au temps du cinéma muet* (Brel). Il semble que *où* soit préféré quand il s'agit du «moment» ou de la «simultanéité», tandis que l'adverbe conjonctif *que* conviendrait mieux pour la «durée». → MOMENT, OU, QUE

□ **le temps que.** Ce tour s'emploie familièrement, avec le subjonctif, au sens de «jusqu'à ce que» : *Cinq minutes de grâce, le temps que le cœur se calmât* (Dutourd).

□ **temps matériel** → MATÉRIAU

TEMPS SURCOMPOSÉS emploi Certains grammairiens et lexicographes enregistrent l'existence de formes verbales dites «surcomposées», qui apparaissent surtout dans la langue parlée ou familière et qui sont caractérisées par un double auxiliaire. Le passé composé *j'ai mangé* devient *j'ai eu mangé,* le plus-que-parfait *j'avais mangé* devient *j'avais eu mangé,* le futur antérieur *j'aurai mangé* devient *j'aurai eu mangé,* etc. Ces tours surcomposés se présentent le plus souvent dans des subordonnées introduites par les conjonctions *quand, lorsque, dès que, après que.*

□ **en subordonnée.** *À peine les avais-je eu quittés qu'ils s'étaient reformés* (Proust). *Quand elle a eu effacé à l'eau froide les traces de ses pleurs, je l'ai assurée que je ferais pour elle tout ce qu'elle jugerait être utile* (Aymé). *Dès que j'ai eu vu qu'elle ne me concernait pas* [cette lettre], *je te l'ai renvoyée* (Dutourd). *Après que le chirurgien a eu fait la ligature de la carotide, il m'a déclaré* (Hervieu). Le grand avantage de cette conjugaison «parallèle», largement admise par les grammairiens contemporains, est de souligner l'achèvement total de l'action et de marquer la relation d'antériorité de la subordonnée par rapport au verbe de la principale.

□ **en phrase principale.** On trouve souvent les temps surcomposés quand le verbe est accompagné d'un adverbe de temps *(vite, bientôt, tôt)* qui souligne la rapidité de l'action : *Les pêcheurs avaient eu vite épuisé toute la surprise de l'aventure* (Vercel). *En pratique, le peuple a eu bientôt fait de décider que le mot automobile était du féminin* (Vendryès). La langue populaire emploie même ces formes surcomposées dans des phrases qui ne contiennent ni rapport d'antériorité ni aucun adverbe de temps : *Comme M. le Curé nous l'a eu fait ressortir bien des fois...* (dit la Françoise de Proust). *Le froid l'a eu saisi* – c'est un marchand de vins qui parle (Romains). Ces emplois ne sont pas à imiter.

TENABLE emploi Cet adjectif ne peut être utilisé qu'avec une négation : *Cette position ne me paraît pas tenable.*

TÉNACITÉ orth. Un accent aigu sur le *e* après le *t,* contrairement à **tenace, tenacement.**

TENAILLE(S) forme Surtout au pluriel : **des tenailles.** Il s'emploie souvent au figuré : *En lui une jalousie était une torture physique, une plaie avivée, élargie par*

toutes les tenailles de l'imagination
(France).

TENDER prononc. [tɑ̃dɛʀ].

TENDRE (verbe) **forme** Le participe
présent n'est jamais considéré comme
un adjectif : *Une mesure tendant à ra-
lentir la hausse des prix.* ♦ **constr.** Au
passif, ce verbe se construit avec la préposition *de*, au sens de «décorer de tentures» : *Pour la circonstance, l'Hôtel de
la Bienne avait été tendu de rouge.*

TENDRETÉ **emploi et sens** Bien que ce
substantif soit l'exact pendant morphologique de **dureté**, il est d'un emploi assez rare. Son sens est «caractère de ce
qui est tendre», exclusivement à propos d'une matière : *Cette viande est
d'une tendreté remarquable.* Sa défaveur s'explique d'autant moins qu'il serait très utile, opposé à **tendresse**, qui
ne s'applique qu'au sentiment.

TÉNÈBRES **forme** Ce substantif se
trouve seulement au pluriel, et dans le
registre soutenu : *Les goujons, d'un
coup de queue vif, piquaient du nez vers
les ténèbres fraîches* (Genevoix). Mais
de nombreux auteurs emploient à l'occasion le singulier : *Des grenouilles,
comme des cailloux, troublaient cette ténèbre mouvante* (Mauriac). *Les ardeurs
sans nom de la ténèbre* (P. Emmanuel).
Il tâta du bout des doigts cette ténèbre
(Barjavel). Cet emploi n'est possible
qu'à des fins stylistiques.

TÉNIA **orth.** On préférera cette forme,
plus simple, à **tænia** (sans accent).

TENIR **conjug.** → APPENDICE ♦ **constr.** Ce
verbe peut admettre un attribut du
complément d'objet, introduit ou non
par *pour* : *Je vous tiens pour une niguedouille* (Louÿs). *Tu sais bien qu'on ne
peut se tenir pour certain d'avoir gagné
tant que la dernière boule n'a pas été
jouée* (Vailland). *Je les tiens très heureux
que tu sois un architecte mort !* (Valéry).
Le verbe **considérer** est plus répandu
dans ce sens. ♦ Le tour **tenir pour**, sans
complément d'objet direct, est vieilli et
signifie «être partisan de » : *Larouselle,
qui tenait pour une refonte de la société*
(Aymé). → POUR ♦ On dit aussi **tenir
(quelque chose) de quelqu'un** : *Vous
avez de qui tenir, au fond* (Sarraute).

Cropette, qui tenait des Pluvignec (Bazin). Avec un nom de chose comme
sujet : *Cette sûre divination domestique qui semble tenir de la double vue*
(La Varende). ♦ La locution verbale **se
tenir de**, au sens de «s'empêcher de»,
ne se rencontre que dans la langue littéraire : *Mais il ne put se tenir de courir
tant bien que mal* (Colette). *Madame de
Matafelon ne se tint pas de s'en ouvrir à
M. l'abbé Puce* (Boylesve). On dit plus
couramment *se retenir* : *Olivier loucha
sur les sandwiches et, finalement, ne put
se retenir d'en prendre un autre* (Triolet).
♦ Au passif, **être tenu** se construit avec
de et l'*infinitif* (plus rarement *à*) : *Au
coucher du soleil, nouvel office religieux
auquel chacun était tenu d'assister,
même les malades* (Cendrars). *Nous ne
nous croyons plus tenus de regarder les
simples hommes de deuxième classe
d'un regard tragique* (Péguy). Avec *à* :
*La citoyenne Blaise n'était pas très éloi-
gnée de croire qu'en amour la femme est
tenue à faire des avances* (France). Si le
complément est un nom, il se construit
avec *à* : *Je ne suis tenu à aucune honnêteté vis-à-vis des autres* (Giono). *Seuls
les fournisseurs étaient professionnellement tenus à moins de morgue* (Radiguet).

□ **tenir à ce que.** Avec un sujet animé,
le sens est «désirer vivement» : *Mon
père avait interrompu ses études assez
jeune. C'est pourquoi il tenait tant à ce
que je termine les miennes. A ce que je
les commence, par conséquent* (Vian). Si
le sujet est un non-animé, le verbe signifie «provenir du fait que» : *Cela
tient à ce que nous n'avons pas la même
nature* (France).

□ **il ne tient (que, pas) à moi que.**
Après cette locution impersonnelle,
comme après *il dépend de... que*, la
construction est la suivante : **1.** Quand
la principale contient *il ne tient que* ou
il dépend de... que, on met dans la
complétive la négation complète, ou
aucune négation, selon le sens : *Il ne
tient qu'à toi qu'elle te prenne* (Gide). *Il
ne tenait qu'à moi qu'elle ne renonçât
pas à la vie (id.). Il n'a tenu qu'à vous
que cette épreuve ne vous fût épargnée*
(Romains). **2.** Quand la principale est
négative ou interrogative *(il ne tient
pas à moi que, il ne dépend pas de moi
que...)*, on met facultativement le *ne*

dit explétif : *Il ne tient pas à vous que cela (ne) se passe bien.* Mais bien entendu, si *pas* est nécessaire, *ne* le précède obligatoirement : *Il ne tient pas à vous que cela ne fasse pas de bruit.* → NE

□ **tiens-le-toi** ou **tiens-toi-le pour dit.** On rencontre plus souvent le premier tour que le second : *Quant à toi, tiens-le-toi pour dit* (Gide). *Tenez-le-vous pour dit* (Colette). Mais ce serait l'inverse au pluriel, d'après Grevisse, et on aurait plus souvent *tenons-nous-le, tenez-vous-le pour dit.* → IMPÉRATIF et PRONOMS PERSONNELS

□ **tiens** ou **tenez !** Lorsque **tiens** exprime seulement la surprise, il est figé et s'emploie même dans un contexte pluriel : *Tiens, vous êtes là !* Mais il varie lorsque le verbe *tenir* a son sens habituel, ou celui de «prendre comme exemple» : *La belle-mère de Raoul, tenez, c'est une Chazottes* (Giono). *Tenez, regardez ce que je vous ai apporté.*

TENSION emploi et sens Bien que fautive, la locution* *avoir de la tension* est bien implantée dans l'usage courant. **Tension** signifie ici, en réalité, « hypertension ». On comparera avec ***avoir de l'albumine.* → ALBUMINE

TENTACULE genre Masc. : **un tentacule.**

TÉRÉBENTHINE orth. Prendre garde à la place du *h.*

TÉRÉBRANT emploi et sens Dans le vocabulaire médical, «qui pénètre profondément dans les tissus». Dans la langue littéraire, «aigu, violent». On emploie à peu près de la même façon, au sens figuré, **taraudant.**

TERME emploi et sens Au pluriel dans : *Être en bons* ou *en mauvais termes avec son voisin. Voici ses propres termes. Il faut parler en termes propres si on veut éviter toute ambiguïté.* Au singulier dans *moyen terme* : *N'y a-t-il donc pas de moyen terme entre les femmes à vocatif et les femmes à impératif?* (Morand). Au sens de «fin», on écrit : *Arriver au terme de son mandat.*

TERMINER constr. Ce verbe s'emploie surtout avec un simple complément

d'objet direct : *terminer un ouvrage, la soirée, ce qu'on a commencé,* etc. Mais par analogie avec *finir,* on rencontre assez souvent **terminer par** et même **terminer de.** La première construction se rencontre chez Stendhal et Sainte-Beuve, la seconde, qui relève surtout de la langue populaire, n'est signalée que dans le *Grand Larousse de la langue française.* → DÉBUTER

TERRAIN emploi Toujours au singulier dans *véhicules tout terrain.*

TERRAQUÉ sens «Composé de terre et d'eau» : *L'oscillation des eaux universelles, le plissement des couches terraquées* (Claudel).

TERRE emploi En dehors de certaines locutions stéréotypées : *descendre à terre, courir ventre à terre, mettre pied à terre,* on emploie à peu près indifféremment **à terre** ou **par terre.** Avec **à :** *L'enfant regarde à terre, peut-être pour y chercher une décision* (Supervielle). *Si les adversaires étaient de force égale, ils s'embrassaient étroitement, se neutralisaient, parfois roulaient à terre* (Roblès). *Alors elle renversa le panier, les fleurs tombèrent à terre* (Vilmorin). *Les grands marronniers roux ployaient leurs branches jusqu'à terre* (Gide). Avec **par :** *J'ai ramassé par terre un long bout de ficelle blanche* (Butor). *Maïa, emportée par l'élan, manquait de piquer une tête par terre* (Guilloux). *Par terre aussi c'était tout rouge* (Ramuz). *Il buta contre le trottoir et se trouva par terre* (Sartre).

TERRE À TERRE orth. Sans traits d'union.

TERRE-NEUVE forme On dit *des chiens de Terre-Neuve* ou **des terre-neuve** (invariable).

TERRE-PLEIN forme Plur. : **des terre-pleins.**

TERTIAIRE emploi et sens En économie, cet adjectif a reçu l'acception de «qui concerne les activités qui ne sont pas directement productrices de biens» : *Le secteur tertiaire comprend les professions dites intellectuelles, le commerce, les transports, pour certains le bâtiment.*

TEST forme On écrit sans trait d'union

un objet test, des objets tests, etc. À noter l'existence du seul composé **test-objet** (plur. : *des test-objets*) qui, d'emploi très restreint, désigne une certaine préparation pour microscope.

TÊTARD orth. Avec un accent circonflexe sur le *e,* comme dans **tête.**

TÊTE emploi Ce substantif entre dans de nombreux tours plus ou moins figés : *se gratter la tête, tête baissée, crier à tue-tête, se mettre en tête de, se mettre* (une idée) *dans la tête,* etc.

□ **tête à tête** → TÊTE-A-TÊTE

□ **tête de pipe.** Cet emploi très familier ne se rencontre que dans la locution à sens distributif **par tête de pipe,** c'est-à-dire « par personne ».

TÊTE-À-QUEUE orth. Deux traits d'union. Substantif invariable.

TÊTE(-)À(-)TÊTE orth. La locution adverbiale ne prend pas de traits d'union : *Elle gagna une fortune, resta de nombreuses nuits tête à tête avec la chance* (Vilmorin), à la différence du substantif : *Je veux qu'elle ne règne sur mon peuple qu'après avoir, dans le tête-à-tête et sans le concours des huiles, régné sur mon cœur* (Audiberti). ♦ **forme** Le substantif est invariable, au sens d' « entretien », de « meuble » ou de « service à déjeuner » : *Elle s'emploie de son mieux pendant ces longs tête-à-tête* (Martin du Gard). ♦ **constr.** La construction *rester tête à tête* (sans traits d'union), recommandée par les puristes, tombe en désuétude, au profit de *en tête-à-tête* (avec traits d'union), qu'on rencontre chez de bons auteurs : *Il déjeuna donc, en tête-à-tête avec Mme Hortense* (Duhamel). *Un amour maladif à m'enfermer en tête-à-tête avec mon passé* (Barbusse).

TÊTE-BÊCHE orth. Mot invariable.

TÊTE-DE-NÈGRE forme Invariable comme adjectif de couleur : *des foulards tête-de-nègre.* → COULEUR

TÉTER orth. Un accent aigu. ♦ **conjug.** Comme *céder* → APPENDICE. L'accent aigu se transforme en grave sur le premier *e,* quand la voyelle qui suit est un [ə] muet.

TÉTIÈRE orth. Prend un accent circonflexe : *une têtière de cuir.*

TÉTRASYLLABE ou **-SYLLABIQUE**
→ SYLLABE

TÊTU orth. Avec un accent circonflexe.

TEUF-TEUF forme Ce substantif onomatopéique reste invariable dans : *une course de teuf-teuf.*

TEUTON et **TEUTONIQUE** emploi et sens Le premier adjectif, dont le féminin est **teutonne,** est généralement péjoratif quand il désigne les Allemands. Mais on parle correctement de *langue teutonne* pour désigner la « langue germanique du haut Moyen Âge ». Quant à **teutonique,** c'est surtout un adjectif employé par les historiens, et dans certaines locutions. Il se rapporte à l'« ancien peuple de Germanie » et n'a rien de péjoratif.

THAUMATURGE orth. Ne pas omettre le *h.* ♦ **emploi et sens** Substantif littéraire qui signifie « faiseur de miracles ».

THÉORIE emploi et sens Vieilli et littéraire au sens de « file, cortège » : *Derrière ce pitoyable cortège de vivants venaient les moribonds, longue théorie de malheureux aux figures simiesques* (A. Besson). *Je regardais à travers la vitre filer la théorie des stations si familières* (Hériat).

THERMO- orth. Ce préfixe prend un trait d'union devant un *e : thermoélectrique, -esthésie,* mais non devant une consonne : *thermocouple, thermogenèse,* etc. On écrit *thermo-ionique* ou *thermoïonique.* → ÉLECTRO-, RADIO-

THERMOS genre Masculin ou féminin, selon que l'emporte l'idée de « récipient » ou celle du groupe initial **bouteille Thermos** (à l'origine, nom déposé) : *Premièrement, se procurer un thermos : une boisson chaude sera plus sûre* (Fontanet). *Antoine avait pris la fuite et rapporté les thermos remplies pour les pique-niqueurs* (Labro).

THÉSAURISER constr. On dit, intransitivement : *il thésaurise,* et plus rarement, avec un complément d'objet : *il voudrait bien avoir des écus à thésauri-*

ser. ♦ **emploi et sens** Ce verbe est rare et très littéraire. Il a le sens d'«amasser (de l'argent)», avec une nuance dépréciative.

TICKET, BILLET, COUPON sens Les deux premiers noms sont à peu près synonymes quand ils désignent un «petit carton imprimé, donnant droit à l'entrée dans certains lieux publics, dans certains véhicules de transport en commun, etc.». Mais on dit : *un billet d'avion, de théâtre, de concert, d'orchestre, de parterre, de logement*, etc., et plutôt : *un ticket de métro, d'autobus, une denrée sans tickets, le ticket modérateur*, etc. On disait aussi bien *un billet* ou *un ticket de quai*, et dans bien des cas il est indifférent d'employer l'un ou l'autre substantif. Quant à **coupon**, il se rencontre surtout dans le vocabulaire de la banque, au sens de «feuillet détaché d'un titre et permettant de toucher des intérêts, des dividendes, etc.»; on l'emploie cependant aussi, en région parisienne, pour désigner un coupon (hebdomadaire ou mensuel) de carte orange.

TIC-TAC orth. On écrit en principe **tic tac** en deux mots quand il ne s'agit que de reproduire le bruit : *J'ai mon cœur qui fait tic tac* (chanson). Mais le substantif prend un trait d'union : **tic-tac**, et peut même être écrit en un seul mot : **tictac** : *Le tictac de la montre cachée sous l'oreiller le berçait.* Ce substantif est rare au pluriel, mais ne prend jamais de *s*. Ces remarques valent aussi pour les autres onomatopées en *i/a*. → ONOMATOPÉES

TIÉDIR constr. Généralement intransitif, ce verbe admet cependant fort bien un complément d'objet direct : *Je peux le tiédir sur la plaque* (Colette).

TIERS orth. Pas de trait d'union dans *tiers état, tiers monde, tiers ordre, tiers payant.* ♦ **forme** Le féminin est **tierce**. ♦ **emploi et sens** Ce mot est bien connu comme substantif, au sens animé de «troisième personne» ou non animé de «troisième partie». Mais il subsiste comme adjectif, au sens de «troisième», dans des tours stéréotypés ou littéraires : *Envisages-tu que toujours un tiers nom soit sur nos lèvres ?* (Girau-

doux). *Cette résolution, non moins qu'à la personne de Nadja, s'applique ici à de tierces personnes comme à moi-même* (Breton). Pour l'accord du verbe après **le tiers de + substantif pluriel** → COLLECTIF, MOITIÉ.

TIERS-POINT forme Plur. : **des tiers-points.** ♦ **sens** «Très fine lime à section triangulaire».

TIMBALE → CYMBALE

TIMBRE forme On emploie assez rarement, dans la langue courante, la forme complète **timbre-poste**, qui fait au pluriel des **timbres-poste** : *Tu vois que c'est instructif, les timbres-poste* (Japrisot). Quant à *timbre-quittance*, Larousse fait varier les deux éléments : *des timbres-quittances*, tandis que Robert ne met un *s* qu'au premier : *des timbres-quittance*, et signale qu'on dit également *des timbres de quittance*, ce qui justifie, apparemment, l'invariabilité de ce dernier mot quand il entre en composition. ♦ **sens** On évitera l'emploi de *timbre* au sens de «cachet», sous peine d'ambiguïté : *Cette enveloppe porte de nombreux cachets* ou *cette enveloppe porte de nombreux timbres (-poste).*

TIMING prononc. [tajmiŋ]. ♦ **emploi et sens** On aura avantage à remplacer cet anglicisme prétentieux par ses équivalents **minutage** ou **calendrier** qui ont exactement le même sens : «prévision temporelle pour l'accomplissement des différentes phases d'un processus» (arrêté ministériel du 12 août 1976).

TIMON orth. Les dérivés prennent un seul *n* : **timonier, timonerie.**

TINTAMARRE orth. Deux *r*.

TINTINNABULER orth. Avec deux *n*, mais pas de double *t*. ♦ **emploi et sens** Verbe rare et littéraire : «Sonner à la façon de multiples clochettes».

-TIQUE emploi et sens Ce faux suffixe est tiré d'**informatique** par une mauvaise coupe : on a formé avec lui des mots comme **bureautique, domotique** (dans **forétique, monétique, procréatique, productique, robotique**, etc., on peut considérer que c'est plutôt le suffixe traditionnel -**ique** qui est employé, le *t* appartenant au radical du mot). Quant à **télématique,** c'est un mot-valise formé avec le préfixe **télé-** et une autre coupe aberrante d'**informatique :** *In-formatique, télématique, bureautique, robotique... Les néologismes surgissent au rythme des novations technologiques, dont ils permettent de borner approximativement le champ. Toutefois, quand la mutation se fait explosion, ils jaillissent en florilège et leur imprécision se fait criante : un mini-ordinateur est-il un produit informatique ou bureautique ou de la télématique? Un ordinateur de processe s'apparente-t-il à l'informatique ou à la robotique?* (A. Minc, in *Le Monde,* 23 septembre 1989).

TIRE- forme Sont invariables les composés suivants : *tire-à-barrer, -au-cul, -au-flanc, -bourre, -braise, -cendre, -crins, -feu, -fond, -gargousse, -jus, -laine, -lait, à tire-larigot, tire-l'œil, -plomb, -sève, -terre, -veille.* On écrit *à tire-d'aile,* et plus rarement *à tire-d'ailes.* Enfin, le trait d'union disparaît dans les dérivés de *tire-bouchon : tirebouchonner, tire-bouchonnement ; En pantalon tirebouchonnant* (Apollinaire), ainsi que dans *tirefond.* Les composés non précités prennent un *s* final au pluriel : *des tire-balles, -clous, -joints,* etc.

TIRER emploi et sens À la voix pronominale, **se tirer** est de la langue populaire, sans complément et au sens de «s'en aller» : *Je finis celui-ci et je me tire, reprit Mlle Suzanne* (Troyat). Mais on dit très correctement *se tirer d'affaire, s'en tirer : Il arrive que le gosse, ou le boucher, manquent de mémoire, et se tirent d'affaire au jugé* (Romains). *La propriétaire du chien s'en tirait avec une repartie de paséo dominical* (Peyré). Dans le domaine de la chasse, il semble bien que *tirer un lièvre* ait un sens plus «volontaire» et moins «accidentel» que *tirer sur un lièvre : Quand on chasse le canard, on ne tire pas les ramiers* (Vailland). *Comme des lapins ils nous tiraient !* (Daninos).

□ **tirer parti.** On dit : *Il est arrivé à tirer parti de cette vieille voiture.* Ne pas confondre avec : *Il en a retiré une partie.*

□ **tirer un chèque.** Le sens du verbe est ici «émettre». Il s'oppose à celui du verbe **encaisser,** «mettre en caisse, à son compte».

TIRETS emploi On les rencontre dans le dialogue, à partir de la 2ᵉ phrase rapportée :
«Veux-tu que je te ramène chez toi tout de suite?
– Non.
– Demain matin?
– Jamais» (Supervielle).
Parfois, on trouve même un tiret dès le début du dialogue, à la place des guillemets : cette convention dépend entièrement des typographes. En dehors du dialogue, le tiret permet de mettre en relief aux yeux du lecteur un mot, une locution jugés remarquables par l'auteur ou de détacher, avec des intentions variées, les termes d'une énumération : *Il y avait le mépris de la mort nippon – la suprématie des aciers suédois – la ténacité britannique – la qualité des crayons tchèques – les tempêtes subites du Léman* (Daninos). Parfois les tirets équivalent exactement aux parenthèses : *J'ai été peu à peu obligé – oh! non par vous! par mon sens réveillé de la propreté – d'admettre que je n'étais qu'un petit marin* (Masson). Enfin, le tiret est parfois employé seul, pour ménager une attente, une sorte de pause spectaculaire dans le cours de la phrase : *À moi aussi, les exécutions répugnent – même lorsqu'elles sont justifiées* (Vailland).

TISSU emploi et sens Cet ancien participe passé du verbe disparu *tistre* fait concurrence, dans la langue littéraire, au participe régulier de **tisser,** avec les mêmes significations : *Le mur du fond était orné d'un immense Gobelins, tissu d'après un carton de Boucher* (Peyrefitte). *Notre vie est tissue de ces actes locaux, où le choix n'intervient pas* (Valéry).

TISSU-ÉPONGE orth. Plur. : **des tissus-éponges.**

TITANESQUE ou **TITANIQUE emploi et sens** Ces deux formes s'emploient indifféremment au sens de «gigantesque», mais la première est mieux reçue dans l'usage.

TITILLATION prononc. Le plus souvent avec un [j] : [titijasjõ], plutôt que [titil (l)asjõ], qui tend à disparaître. La remarque vaut également pour le verbe **titiller**. ♦ forme Aucun dictionnaire n'indique **titillement**, qu'on rencontre notamment chez Gide : *Il ne laissait paraître son émotion qu'à l'irrépressible titillement d'un petit muscle de sa joue.*

TITRE orth. des **titres d'œuvre** → GUIDE TYPO. ♦ forme En plus du problème des majuscules traité dans le GUIDE TYPO., un autre problème délicat est celui de la contraction de la préposition *à* ou *de* et de l'article initial du titre. Elle se fait en général : *Les héros du «Voyage d'Italie» sont en proie à la tentation (Le Monde). Depuis «Un Américain bien tranquille» jusqu'aux «Comédiens» (id.). J'ai achevé la lecture du «Sursis». Le dénouement des «Mauvais Coups» est tragique.* Mais on peut, pour mieux détacher le titre, ne pas faire la contraction : *Vous gardez votre titre? – «Un amour de Messaline.»* Ça ne vous plaît pas? J'avais pensé à «Le Dernier Amour de Messaline» (Romains). Quand le titre est une proposition, on fait généralement la contraction : *De la narratrice du «Rossignol se tait à l'aube», l'auteur fait une comédienne (Le Monde). L'atmosphère du «Soleil se lève aussi».* Avec deux substantifs, la contraction ne se fait en principe que pour le premier article : *La densité du «Cru et le Cuit» de Lévi-Strauss. L'humour exquis du «Prince et le Pauvre», de Mark Twain.* On rencontre parfois la double contraction : *À l'exception des «Nus et des Morts», l'œuvre de Mailer a eu une certaine peine à s'imposer en France (Le Monde).* L'absence totale de contraction est rare : *La lecture passionnée de «Le Rouge et le Noir»* (Gracq). Il semble préférable, dans tous les cas de titres coordonnés, d'éviter la contraction par l'ajout d'un substantif précisant la nature de l'œuvre : *À l'exception du roman «Les Nus et les Morts»; La densité de l'étude «Le Cru et le Cuit»*, etc. ♦ constr. Tantôt le genre et le nombre du titre sont ceux du substantif principal, tantôt ils sont neutralisés par la présence implicite d'un terme comme *livre, œuvre, poème, roman*, etc.
1. Singulier dans le titre : *Sa «Folle de Chaillot» a été massacrée par les Américains (Le Monde). «L'Âme enchantée» est emplie de tendresse pour le genre humain.* Au neutre : *«La Grande Peur des bien-pensants» fut écrit avec passion. «La Modification» est savamment structuré sur le plan temporel.* Si on préfère éviter des ambiguïtés, telles que *«Le Disciple» est médiocre, «La Joie» est inspirée,* on aura encore la ressource qui consiste dans l'insertion d'un substantif «de précision» : *À propos du livre «Une guerre perdue en quatre jours» (Le Monde).*
2. Pluriel dans le titre : *Il nous donna «Les Aventures», remarquables par leur sobriété (Le Monde). Un roman engagé sur une thèse morale comme sont «Les Nouveaux Prêtres» de Michel de Saint-Pierre* (P.-H. Simon). *Ce modèle de critique psychologique que sont «Écrivains intelligents du XXᵉ siècle» (id.).* Accord au singulier : *«Cases d'un échiquier», qui est une somme, pourrait fort bien marquer aussi un tournant (Le Monde). «Voyages avec ma tante» est un livre magique (id.).* Depuis *«Orages d'acier», qui date de 1920 (id.), «Les Petits Enfants du Siècle» est une savoureuse satire de la vie en H.L.M.* En général, deux substantifs au singulier coordonnés dans un titre ne sont pas considérés comme un pluriel : *«Le Pain et le Vin» est un beau livre. «Sganarelle ou le Cocu imaginaire» est une comédie de Molière.*

□ **tout + titre d'ouvrage.** L'adjectif *tout* ne s'accorde que devant l'article défini féminin : *J'ai lu toute «L'Astragale» en deux heures.* Mais : *J'ai lu tout «Marie-Claire», tout «Les Thibault», tout «Les Asiates», tout «Guerre et Paix»,* etc. On évitera : *Il a lu tout «Une Vie» de Maupassant.* Dans les cas douteux, comme ce dernier, on pourra préférer la postposition de *tout entier,* considéré comme adverbe, et invariable : *J'ai relu «Les Mandarins» tout entier, «Les Cloches de Bâle» tout entier.*

TMÈSE orth. Pas de *h.* ♦ sens «Disjonction morphologique exceptionnelle», du type *puis donc que* (pour *puisque donc*), *lors donc* (ou *même*) *que*, etc.

TOBOGGAN orth. Un *b* et deux *g,* et non l'inverse.

TOCANTE orth. On écrit aussi **to-quante**.

TOCARD orth. On écrit également **to-quard**.

TOI constr. Quand ce pronom est anté-cédent d'un pronom relatif sujet, le verbe de la subordonnée se met régu-lièrement à la deuxième personne : *Toi qui le connais*. On peut rencontrer cet accord même lorsque le pronom est sous-entendu : *Père terrible qui n'es pas le mien, je vais jouer mon rôle d'orphe-line* (Chaix) → QUI. **Toi** peut être direc-tement employé comme sujet d'un verbe, surtout quand il est suivi de *même, seul*, etc. : *Toi seule as une raison d'y croire* (Anouilh). → PRONOMS PER-SONNELS

TOKAI ou **TOKAY** orth. et prononc. On écrit indifféremment cet mot avec un *i*, un *y* ou même un *j* final. La prononcia-tion est en général [tɔkɛ], mais on dit également [tɔkaj] (finale en *j* ou en *ï*). ◆ **sens** « Cépage hongrois, acclimaté dans les pays rhénans ».

TÔLE → TAULE

TOLLÉ forme Plur. : *des tollés*.

TOMAHAWK prononc. [tɔmaok]. L'inver-sion en *[tɔmawak] est fautive.

TOMBE et **TOMBEAU** emploi et sens Ces deux substantifs se distinguent surtout par le registre dans lequel on les em-ploie : dans le langage courant, **tombe** désigne « la fosse, le lieu dans lequel une personne est enterrée » et aussi la « pierre tombale » : *Dès que la tombe fut refermée, ils s'en allèrent* (Clavel). *La tombe de Paul est au fond du cimetière*. Quant à **tombeau**, il désigne, dans un registre littéraire (ou parodique), un « monument funéraire », en principe plus élevé que la *tombe*. Il a souvent une valeur « noble » ou emphatique : *Combien de civilisations ne sont prati-quement connues que par leurs tom-beaux !* (Eydoux). Les deux substantifs s'emploient également au figuré : *avoir un pied dans la tombe, mener au tom-beau*, etc. → CERCUEIL

TOMBER conjug. Ce verbe ne s'utilise plus aujourd'hui avec l'auxiliaire *avoir*, sauf dans la langue du sport, en emploi transitif, au sens de « triompher de » : *Le catcheur a tombé son adversaire*. On ne dira donc pas *J'ai tombé quelque chose* mais *J'ai fait* (ou *laissé*) *tomber quelque chose*. Il en est de même pour la tour-nure fautive *J'ai tombé* que l'on entend parfois pour *Je suis tombé*. ◆ **emploi** Les locutions *tomber la veste, tomber pile*, appartiennent à la langue familière, *tomber une fille* à la langue populaire.

◻ **tomber à terre** ou **par terre** → TERRE

◻ **tomber sur quelqu'un**. Cette lo-cution, suivant le contexte, a un sens neutre, « rencontrer », ou un sens hos-tile, « assaillir quelqu'un par surprise ». Mais il faut noter que *Il m'est tombé dessus* renvoie toujours au second sens, et non au premier.

TOME et **TOMME** orth. Tome (mas-culin), qui désigne une division d'ou-vrage, prend un seul *m*. **Tomme** (fémi-nin), qui désigne une variété de fromage, en prend deux.

TOMETTE ou **TOMMETTE** orth. et sens On rencontre les deux orthographes indifféremment, pour ce mot qui dé-signe une « petite brique servant à car-reler, à paver » : *Les gosses couraient dans les grandes pièces, les tommettes rouges tremblant quand ils sautaient* (Gallo).

TON (possessif) prononc. Devant une voyelle, la prononciation en [ɔ̃] sans dé-nasalisation est, selon Fouché, préfé-rable : *ton essai* [tɔ̃nɛsɛ], mieux que [tɔnɛsɛ]. → MON et POSSESSIF

TON (substantif) constr. Il semble bien qu'en dehors de tours stéréotypés, comme *le prendre sur un ton, répéter sur tous les tons*, la construction par *de* ou *sur* soit à peu près indifférente : *Il déclame ces vers sur un ton emphatique. Il m'a dit cela d'un ton !* ou *sur un ton !*, etc.

TONDRE conjug. Ce verbe conserve le *d* aux première, deuxième et troisième personnes du singulier : *je, tu tonds, il tond*. ◆ **emploi et sens** On dit indifférem-ment *tondre sur un œuf* ou *tondre un*

œuf, au sens de «être d'une avarice sordide», mais cette locution est vieillie : *Ce vieux grigou tondrait (sur) un œuf.*

TONNELLE orth. Avec deux *n* et deux *l.*

TONNERRE orth. Avec deux *n* et deux *r.* ♦ **emploi et sens** Ce substantif désigne seulement le «bruit» qui accompagne la foudre. Dans la langue familière, la locution *du tonnerre (de Dieu).* postposée à un substantif ou employée seule, a une valeur de superlatif : *Le procureur avait fait une toilette du tonnerre de Dieu* (Giono).

TOPOGRAPHIE et **TYPOGRAPHIE** sens La **topographie** est la représentation des formes d'un terrain et a pris le sens extensif de «description détaillée d'un lieu», ou «caractéristiques d'un lieu quant à sa disposition, sa distribution, son relief, etc.». On évitera donc le pléonasme **topographie des lieux...* La **typographie** est un terme d'imprimerie désignant un procédé d'impression.

TOPOLOGIE et **TYPOLOGIE** sens Ne pas confondre ces mots. Le premier désigne la «science récente consistant dans l'étude des propriétés des figures géométriques indépendamment de leur forme et de leur grandeur», et le second la «science des types humains», en anthropologie, ou la «science de l'élaboration et de la classification des types», dans divers domaines.

TORD-BOYAUX orth. Toujours avec un *x* final.

TORDRE conjug. Le *d* se maintient aux trois premières personnes de l'indicatif présent. → TONDRE ♦ **emploi** La locution **se tordre de rire** ou, elliptiquement, **se tordre** est familière et vieillie : *D'un bout à l'autre des gradins, du haut en bas de la salle, on se tordait* (Gide). Le participe-adjectif **tordant** est plus vivant.

□ **tordu ou tors** → TORS

TORE genre Masc. : *un cordage aux tores serrés.*

TORERO et **TORÉADOR** emploi et sens Le second mot ne s'emploie plus en tauromachie. Seul le premier convient pour désigner «celui qui affronte le

taureau dans l'arène». Il s'écrit sans accent.

TORRENTIEL et **TORRENTUEUX** emploi et sens Le premier adjectif est le dérivé «normal» de **torrent**, «qui appartient à un torrent ou qui ressemble à un torrent» : *Le régime de ce cours d'eau est torrentiel. Des pluies torrentielles ont inondé la région.* Le second adjectif est plus littéraire et s'emploie, au propre comme au figuré, au sens de «qui a l'impétuosité d'un torrent» : *une éloquence torrentueuse* (mieux que *torrentielle*).

TORS, TORTU, TORDU forme Tors : le féminin est **torse**, parfois **torte**. ♦ **emploi et sens** Ce mot, qui est l'ancien participe du verbe **tordre**, s'applique à certains objets : *fil tors, colonne torse, soie torse.* Il est plus rarement employé avec d'autres substantifs : *Un pays à vingt et un kilomètres d'ici, en route torse, au fond d'un vallon haut* (Giono). Le sens est péjoratif dans *jambes torses.* On emploie également **tortu** de cette façon : *Le nez de ce bonhomme n'est pas moins tortu que son esprit.* Cependant **tordu**, forme actuelle du participe, tend peu à peu à assumer les emplois libres des mots précédents : *Il faut avoir l'esprit tordu pour parler ainsi.*

TORTICOLIS orth. Toujours un *s* à la fin : **un torticolis.**

TÔT prononc. On lie facultativement le *t* final dans *tôt ou tard* : [totutaʀ] ou bien [totaʀ]. ♦ **emploi et sens** Cet adverbe ne s'emploie plus guère au sens de «rapidement», si ce n'est dans la locution *avoir tôt fait de* ou dans *plus tôt* : *Mourez un peu et vos économies seront tôt dévorées* (Aymé). *Nous avions tôt constaté qu'il y avait deux sortes de garçons* (Labro). On dit correctement : *Mieux vaut plus tôt que plus tard. Faites-moi ce petit travail au plus tôt* (le plus tôt possible). → AUSSITÔT, BIENTÔT, PLUTÔT, SITÔT

TOTAL forme Le masculin pluriel, pour le substantif comme pour l'adjectif, est **totaux** : *Vous ne voyez pas que je suis en train de faire mes totaux, non?* (Raynaud). *Le ton doucereux qu'on sert aux fous totaux pour les amadouer en*

attendant l'arrivée de l'ambulance (Desproges). ◆ **emploi et sens** La langue populaire emploie souvent cet adjectif en tête de phrase, avec une valeur adverbiale : *Il s'est attaqué à tout le monde de façon incessante. Total, il se retrouve sans un ami !* On dira mieux : *en fin de compte, pour finir.* Seule la locution *au total* est admise par le bon usage, mais son emploi est assez limité.

TOTALITÉ constr. Quand **la totalité de + substantif pluriel** est sujet d'un verbe, celui-ci se met au singulier ou au pluriel selon l'intention de l'auteur : *La totalité des déchets radioactifs entreposés au Bouchet pourraient être évacués* (*Le Monde*, 10 juillet 1992). *La totalité des gens sont partis. La totalité des présents a voté oui.* → COLLECTIF

TOUAREG forme et emploi Ce mot, généralement employé au pluriel, est issu d'un singulier arabe **targui**, rarement connu : *Peu ferrés sur les questions grammaticales, ces aventuriers ignoraient que le mot Touareg fût le pluriel de Targui. Chacun d'eux, en conséquence, était un Touareg. Et de leur chef, bonnement, ils avaient fait le Touareg des Touaregs* (Véry). En outre, tantôt ce mot est considéré comme invariable, tantôt il est accordé comme un adjectif-nom français : *Bons offices de la France pour le règlement de la question touarègue* (*Le Monde*, 27 juin 1992).

TOUCHANT emploi et sens Ce participe employé comme préposition, au sens de « au sujet de », est littéraire et désuet : *Des choses profondément mouvantes touchant la folie humaine* (Aragon). *Puis-je vous dire quelques mots touchant votre projet ?*

TOUCHE-À-TOUT orth. Adjectif ou substantif invariable, prend deux traits d'union : *des (enfants) touche-à-tout.*

TOUCHER constr. On dit **toucher quelque chose** ou **toucher quelqu'un** (« entrer en contact avec », ou « émouvoir »), mais avec la préposition *à*, on ne peut dire que **toucher à quelque chose**. Dans la seconde construction, le verbe signifie souvent « atteindre », et peut s'employer au figuré : *Tout ce qui ne touchait pas au travail là-bas était ac-*

cessoire (Masson). *En ces moments-là, Paule touchait à la vieillesse, à cette passion merveilleuse, unique, de l'amour qu'a la vieillesse* (Sagan). Au passif, au sens de « être ému », il se construit avec *que* ou *de ce que* : *Il écoutait Camille aussi bien qu'il le pouvait, touché qu'elle feignit l'oubli de ce qui s'était passé* (Colette). → DE ◆ **emploi et sens** Ce verbe entre dans de nombreuses locutions plus ou moins figées : *toucher un mot à quelqu'un, toucher au vif, ne pas toucher terre, avoir l'air de ne pas y toucher,* etc. Le sens de « jouer », avec un instrument de musique, se rencontre parfois, surtout avec *de.* → INSTRUMENTS DE MUSIQUE

TOUFFE orth. Deux *f.* De même pour **touffu.**

TOUJOURS emploi et sens Outre son sens temporel, **toujours** peut avoir un sens légèrement concessif, que Damourette et Pichon nomment « de constance logique » : *Fais toujours ton droit : nous verrons après* (Maurois) : ici *toujours* signifie « en tout état de cause ». *Il y en a deux* [des fusées] *qui ne sont pas parties : nous allons toujours les allumer, dit-il d'un ton tranquille et de l'air de quelqu'un qui espère bien trouver mieux par la suite* (Alain-Fournier).

□ **toujours est-il que** sert à opposer un fait certain à d'autres faits, probables ou virtuels. Cette tournure paraît réunir le sens proprement temporel et le sens d'opposition (« en tout cas, quoi qu'il en soit ») : *Toujours est-il que je gagnai finalement la Tunisie où une tendre amie m'assurait du travail* (Camus). *Sans doute avait-il dû faire des dépenses inattendues ou rembourser d'anciens créanciers. Toujours est-il qu'un jour on vendit tout ce qui lui appartenait, ainsi que sa maison* (Dhôtel).

□ **pas toujours** ou **toujours pas.** Le sens est tout différent selon la place de *pas* dans la phrase. 1. *Il y a à prendre et à laisser dans ses tableaux. Ce n'est pas toujours sans talent* (Proust) : « en tout cas, ce n'est pas sans talent ». *Il ne se couchait toujours pas* (A. de Châteaubriant) : « il continuait à ne pas se coucher ». 2. *Il ne se couchait pas toujours* signifierait, au contraire, qu'« il lui arrivait de ne pas se coucher » : *Ces* *bouleversements politiques ne s'étaient pas toujours effectués sans heurts* (A. Besson).

TOUR emploi Ce substantif masculin entre dans de nombreuses locutions, surtout au sens de « moment précis auquel doit se faire quelque chose » : *C'est à mon tour de jouer,* ou *à jouer* (→ A). *Il y a une sorte de Dieu qui habite chacun d'eux tour à tour* (Le Clézio). *Ils y sont passés à tour de rôle. Il faut venir chacun à votre tour* (et non **chacun votre tour,* faute fréquente).

TOURNE- orth. Le trait d'union se distribue capricieusement dans les composés de **tourne.** On le met dans : *tourne-à-gauche, -disque* (avec ou sans *s* au singulier), *-fil, -gants, -pierre, -vent.* Mais : *tournebride, tournebroche, tournedos, tournemain, tournesol, tournevire, tournevis* s'écrivent en un seul mot lié. Le trait d'union est facultatif dans *tourne(-)bouler.* ♦ **forme** Ces mots prennent un *s* final, au pluriel, sauf *tourne-à-gauche, -fil, -vent,* qui demeurent invariables. ♦ **genre** Tous les composés de *tourne-* sont masculins : c'est en effet la forme verbale qui constitue l'élément principal, et non pas le substantif complément : *une broche,* mais *un tournebroche,* etc.

TOURNEMAIN emploi et sens On dit plus souvent **en un tour de main** que **en un tournemain,** au sens de « en un temps très court ». Au sens de « habileté professionnelle », c'est *tour de main* qui convient : *Un tour de main du métier, Monseigneur, qui est de coutume quand il n'y a pas d'instructions spéciales* (Anouilh). → MAIN

TOURNIS orth. Avec un *s* final. Prendre garde à l'influence de **tournoi,** qui ne prend pas de *s,* sauf s'il s'agit de l'adjectif : *une livre tournois* (« frappée à Tours »). ♦ **emploi et sens** Ce substantif désigne « une maladie des bêtes à cornes », mais s'emploie surtout familièrement au sens de « vertige ».

TOURNOI → mot précédent.

TOURNOIEMENT orth. Ne pas omettre le *e* central.

TOUR OPERATOR → VOYAGISTE

TOUT prononc. Il faut noter que dans certains contextes la prononciation ou la non-prononciation du *s* final, au pluriel, peut avoir une valeur distinctive : *Ils ont tous* [tus] *leurs bagages* a le sens de « chacun a ses bagages », tandis que *Ils ont tous* [tu] *leurs bagages* signifie « leurs bagages sont au complet ». ♦ **constr.** Comme nominal complément d'un infinitif, **tout** est généralement antéposé à l'infinitif : *Il croit tout savoir.* Voir *à tout prendre,* locution figée ; *bonne à tout faire.* Mais on trouve parfois la postposition, en vue d'un effet d'insistance : *Je brûlai de lui raconter tout* (Radiguet). *Elle va venir arranger tout* (Peyré). ♦ **emploi** Ce mot peut être adjectif, adverbe, nom ou pronom. Ce sont les deux premières catégories qui posent le plus de problèmes. 1. ADJECTIF. Dans les locutions du type *C'est tout un roman,* certains considèrent l'adjectif comme un adverbe et ne le font pas varier en genre : *Ah! mon cher, c'est tout(e) une histoire.* Mais l'accord est plus fréquent. Devant un nom propre féminin, l'accord ne se fait généralement pas : « *Tout Sonia* », titre d'un livre de Daninos. Dans la langue familière : *Ça, c'est tout Luce.* Devant les noms de ville, on rencontre rarement l'accord, qui n'est guère euphonique quand ce nom commence par une consonne : *Toute Moscou a brûlé en 1812* le laisse un exemple recommandable. Il est préférable de laisser *tout* invariable, que le nom de ville renvoie à la « population » ou aux « habitations et monuments ». On peut évidemment expliciter : *Toute la ville de...* ♦ Dans de nombreuses locutions, **tout** précède immédiatement un substantif sans déterminant :

a) Au singulier : *à toute allure, contre toute attente, en tout bien tout honneur, à toute bride, de tout cœur, à toute force, à tout bout de champ, à tout hasard, en toute hâte, à toute heure (du jour et de la nuit), en toute franchise, en toute liberté, à tout prix, à toute vitesse,* etc.

b) Au pluriel : *à tous crins, toutes choses égales d'ailleurs, à tous égards, à toutes fins utiles, à toutes jambes, de toutes pièces, toutes proportions gardées, toutes voiles dehors,* etc. *Les petites villes subissaient déjà le cyclone, toutes portes closes* (Saint-Exupéry). *Il y en a de toutes formes et de toutes grandeurs* (Apollinaire). *L'avion volait, tous feux éteints* (Roy). *Certains avaient envoyé des attestations, «à toutes fins utiles»* (Labro).

On écrit au singulier ou au pluriel, selon le contexte : *toute affaire cessante, en tout cas* (mais *dans tous les cas* toujours au pluriel), *en toute chose, tout compte fait, de tout côté, de toute façon, en tout genre, de toute manière, de toute sorte, en tout sens, en tout temps,* etc. *Il sait qu'à ce jeu-là on se trompe à tout coup* (Simenon). *Certaines injustices criantes d'apparence sont, tous comptes faits, assez équitables* (Hougron). *Des troubles de tous ordres en ont dérivé* (Martin du Gard). *À tous les coups l'on gagne! Des gens de toute espèce.* Cette liberté relative d'accord vient de ce que la totalité peut être envisagée soit de façon distributive, avec le singulier (comme pour *chaque*), soit de façon collective, avec le pluriel.

☐ **toute autre personne.** *Tout* devant **autre** est adjectif quand l'ensemble signifie «n'importe quel(le)» : *Ce long regard bouleversa Patrice mieux que toute autre effusion* (Duhamel). *Toute autre qu'elle se fût insurgée* (Benoit). Il est adverbe et invariable quand il signifie *tout à fait* : *Tous étaient déjà prévenus on ne sait comment, par infiltration, par radiation ou d'une tout autre manière* (Pergaud). *J'ai une tout autre origine* (Queneau). *En effet, elle était venue pour tout autre chose* (France). *On va parler de tout autre chose pendant ce temps-là* (Anouilh). → AUTRE et, ci-dessous, TOUT adverbe

☐ **au tout début.** Cette locution est très fréquente dans la presse écrite et parlée. *Début,* étant un substantif, ne peut être modifié par l'adverbe *tout.* Au contraire, on dira correctement : *tout au début.*

☐ **les tout débuts.** Bien qu'adjectif, *tout* est dans certaines locutions familières invariable au masculin, tout en prenant un *-e* final au féminin : *Il s'agit de huit cents peintures, dessins et gravures de ses tout débuts à 1917 (Le Monde).* On peut penser qu'il y a ici ellipse de *premier,* cependant l'exemple de *la toute enfance,* locution relativement répandue, infirme cette hypothèse. Il est plus probable que l'expression *les tout*

débuts est due à l'analogie de *les tout premiers.*

☐ **tout le premier.** Cette locution a vieilli : *Les hommes sont gourmands, et toi tout le premier!* Elle est concurrencée par *le tout premier,* qui n'a du reste pas tout à fait la même valeur affective.

☐ **tout «La Mousson»** ou **toute la «Mousson»** → TITRE

☐ **tous (les) deux, trois,** etc. → DEUX

☐ **tout (un) chacun** → CHACUN

☐ **tous, toutes, récapitulatifs.** Après plusieurs substantifs, on emploie *tous* sans article, et suivi d'un nom, pour rassembler l'idée générale ou résumer ce qu'on vient de dire : *Un petit bordeaux, un petit bourgogne, un demi-setier de picolo, de beaujolais, enfin tous vins qui t'iront droit au cœur* (Vildrac, cité par le *Petit Robert*).

☐ **tout à tous.** Dans cette locution vieillie, le premier mot s'accorde avec le sujet, sauf si celui-ci est un masculin pluriel : *Elle a voulu être toute à tous. Ils se sont donnés tout à tous.*

☐ **de tout quoi.** Formule rare et réservée à la langue administrative : *De tout quoi nous avons dressé procès-verbal.*

2. ADVERBE. Devant un adjectif, un adverbe ou un verbe, **tout** est invariable quand il est employé adverbialement, au sens de «tout à fait». Cependant, l'usage ou plutôt une règle quelque peu artificielle veut qu'il s'accorde en genre et en nombre devant un mot féminin commençant par une consonne ou un *h* dit aspiré : *Les gens du premier rang s'étaient reculés sur leurs chaises, tout intimidés* (Sartre). *Mes vacances en furent tout enchantées* (Hériat), à côté de : *Oui, elle se sent encore toute battue par l'air du dehors, tout effleurée par les passants, toute touchée par les faces tendues des hommes* (Barbusse). *Elle est petite, menue et toute gris argenté, de ses cheveux bien coiffés en chignon jusqu'au bout de ses chaussures fines* (Chaix). *Elles étaient toutes joyeuses* (Rolland). On notera que cet accord rend la phrase ambiguë. Dans le dernier exemple, seul le contexte permet de savoir que le sens est : «Elles étaient très joyeuses», et non : «Toutes étaient joyeuses.» Comparer cette phrase : *Elles étaient toutes bêtes, et la plupart*

laides (Le Clézio) qui signifie : «Toutes étaient bêtes.»

Cette règle s'applique tant bien que mal à un grand nombre de cas syntaxiques : **Tout à** : *Mais Alain ne rit pas, tout à l'horreur d'imaginer dans sa maison une servante nouvelle* (Colette). *Nous le lui payâmes, cependant, enchantés de notre acquisition et tout à l'idée du plaisir que nous procurerait le lendemain* (Courteline). Il y a des flottements dans l'orthographe : *Elle ne s'étonna pas, toute à son désarroi* (Duras). *Une femme, dit-il, n'est jamais toute à nous, elle a une famille, un monde* (Aragon). Dans ces deux exemples, l'idée d'«appartenance» est censée être exprimée plus fortement par la forme adjectivale, mais en fait cette observation ne vaut que pour les phrases écrites. **Tout aussi** : *L'autre affaire, plus récente mais tout aussi prospère* (Rivoyre). Mais on distinguera, par l'orthographe : *La route est tout aussi mauvaise que l'an dernier, de La route est toute aussi mauvaise?* (c'est-à-dire «est mauvaise tout du long?»). **Tout contre** : *La tête du type est tout contre celle de Solange* (Rivoyre). **Tout d'une pièce, tout de travers** : L'invariabilité est normale : *Ivich se laissa aller avec raideur, tout d'une pièce* (Sartre). *Je vous l'avouerai, je suis attiré par ces créatures tout d'une pièce* (Camus). → THAVERS. **Tout en** : *Les renseignements recueillis sur votre compte sont tout en votre faveur* (Courteline). *Tout en pleurs, elle écarta son carrick* (France). Cependant l'exemple suivant paraît acceptable : *L'action toute en nuances et en profondeur des castors laborieux du parti ne devait en aucun cas se relâcher* (Chaix). **Tout entier** : Toujours invariable : *Ses deux belles jambes tout entières s'entrouvrent sur le profond miroir* (Boylesve). *Au long d'une vie tout entière dévouée à la connaissance* (Duhamel). *La maison des Maloret gémissait tout entière* (Aymé). **Tout + substantif** : *Un reflux de gens aimables, tout sourires* (Bastide). *C'était un petit être tout nerfs* (Courteline). *C'est tout saucisse pour elle* (Claudel). Mais l'accord se fait parfois avec le substantif qui suit : *Cet homme était toute sagesse* (Montherlant). *Cet homme était envers moi toute simplicité et bienveillance*

(Romains). *(Ses yeux) étaient à présent toute prière et respect* (Genevoix). L'usage est assez indécis dans ce cas particulier.

3. LOCUTIONS DIVERSES.

▢ **tout avec une négation.** On prendra garde que *du tout* est pris tantôt dans un sens négatif, abréviation de *pas du tout*, tantôt dans un sens affirmatif, «absolument» (cet emploi est vieilli) : *Vous trouvez que ça fait vulgaire, dit Mathieu. – Du tout. Mais ça rend le visage indiscret* (Sartre). (Le possédant) *ne vise du tout à découper l'espace du désir, [...] mais à l'accumuler, à le thésauriser* (Allen). *Cela est du tout admirable.*

▢ **tout que** constr. Cette locution conjonctive à sens concessif, très voisine de **si... que** et de **quelque... que** (→ SI et QUELQUE), se construit de plus en plus avec le subjonctif, alors que l'indicatif était tenu jadis pour seul correct. *Tout*, bien qu'étant adverbe, varie selon la règle indiquée plus haut : *Il s'inclina tellement que sa culotte se déchira, toute catholique qu'elle était* (Peyrefitte). *Tout mort qu'il est, il vient encore de faire peur au chien de Radiguet* (Vailland). *Il y a dans ce peuple, tout gâté qu'il soit par un demi-siècle de démagogie, tant de courage* (Péguy). *Tout périssable que vous soyez, vous l'êtes bien moins que mes songes* (Valéry).

▢ **ne... pas tous** ou **tous ne... pas.** L'ordre des mots a ici une grande importance : *Tous les enfants ne sont pas malades* est ambigu, car on se demande si la négation s'applique à *tous* ou au verbe. Pour nier la totalité, il vaut mieux écrire : *Les enfants ne sont pas tous malades* («quelques-uns seulement le sont»), et pour nier le procès : *Aucun enfant n'est malade.*

▢ **tout ce qu'il y a de + adjectif.** Cette locution figée a une valeur de superlatif, qui peut modifier ou non l'accord de l'adjectif suivant : *Nous on parle tout ce qu'il y a de sérieusement* (Duras). *Il a le poil fin, et un collier tout ce qu'il y a de propre* (Romains). *Elles sont tout ce qu'il y a de plus gentil* (ou *gentilles*). Ces emplois appartiennent à la langue familière.

▢ **tout ce que** sert parfois de sujet collectif à un verbe, mais ce dernier reste en général au singulier : *Tout ce que la province comptait de personnalités importantes fut convié* (Vidalie). Le pluriel n'est toutefois pas incorrect.

□ **tout à fait, tout à l'heure.** Ces locutions s'écrivent sans traits d'union. On se gardera d'abuser de *tout à fait* pour répondre positivement à une question : *TOUT À FAIT conjugue tous les avantages recherchés : cela vous donne un air compétent et disert d'assureur-conseil pour film publicitaire, de patron sachant gérer son temps (très in, de gérer toute chose, ses loisirs, son couple, etc.). «On te verra, vendredi ? – Tout à fait.»* (Poirot-Delpech, *Le Monde*, 21 février 1990). → ABSOLUMENT

□ **tout à coup** ou **tout d'un coup** → COUP

□ **tout de même, tout partout, tout... que, tout de suite.** → MÊME, PARTOUT, TOUT... QUE, SUITE

□ **en tout ou partie.** Ce tour est figé et se rencontre surtout dans la langue administrative : *Il faut décider si on doit adjuger le lot en tout ou partie.*

□ **et tout (et tout).** Redoublé ou non, l'emploi de ces mots en fin d'énumération appartient au registre familier : *Évidemment, vous êtes plutôt spécialiste du côté bien-pensant, et tout et tout* (Giono). *Une forte femme, tatouée, nazi et tout* (Carco).

TOUT-À-L'ÉGOUT orth. Avec deux traits d'union : *Le tout-à-l'égout fonctionne si mal* (Romains). ♦ **forme** Le pluriel est inusité.

TOUT-PARIS orth. Avec un trait d'union et deux majuscules : *Dans le Tout-Paris des arts et des plaisirs, chacun le connaissait* (Rolland). ♦ **forme** L'extension de cette formation à d'autres villes est libre, mais paraît fantaisiste, ou parodique : *Le Tout-Menton mondain et tuberculeux* (Maeterlinck).

TOUT-PUISSANT forme Dans cet adjectif composé, le premier élément ne s'accorde qu'au féminin : *Les tout-puissants actionnaires de cette toute-puissante société. Je connais des drogues toutes-puissantes.* En ceci, le mot ne fait que suivre la règle générale de *tout* devant un adjectif. → TOUT

TOUT... QUE → TOUT

TRACE emploi Au singulier, dans *suivre à la trace, sans laisser de trace, je n'en ai pas trouvé trace* (ou *de trace*). Au pluriel, dans *suivre*, ou *marcher sur les traces de*.

TRACH- prononc. Le groupe *ch* se prononce [ʃ] dans *trachée*, mais [k] dans tous les mots de cette famille : *trachéite, trachome, trachyte,* etc.

TRADITIONNEL orth. Avec deux *n*, à la différence de **traditionalisme** et **traditionaliste,** qui n'en prennent qu'un.

TRAFIC emploi et sens Ce substantif est aujourd'hui très employé au sens de «circulation des voitures, des avions, des bateaux, etc.» : *Les routes connaissent autour du 1er août un intense trafic. Le trafic aérien est perturbé par le brouillard.* Dans le domaine du «commerce», ce substantif est le plus souvent péjoratif.

TRAFIQUANT orth. Elle ne change pas, que ce mot soit participe présent-gérondif ou substantif, à la différence de **fabricant / fabriquant** → FABRICANT

TRAIN emploi et sens Ce substantif ancien, outre son sens moderne bien connu, a dans certaines locutions celui d'«allure, vitesse», ou celui de «domesticité» et, par extension, de «niveau de vie» : *L'homme, tout en soutenant son pas solide, allait son train, sans hâte et sans variation* (Giono). Dans la phrase : *On se demande comment fait ce promoteur pour mener si grand train,* la locution verbale a le sens de «vivre sur un pied si élevé». Dans la langue familière, on rencontre aussi le sens de «grand bruit, tintouin» : *Ils ne te donnent pas trop de train ? – Non, disait la grand-mère. Ils sont sages* (Guilloux).

□ **en train de.** Les tours *être en train de, avoir quelque chose en train* sont admis par le bon usage et expriment bien «le déroulement continu d'un procès en cours» : *Elle s'étendrait, fumerait, lirait... mais quoi ? rien en train d'intéressant* (Mauriac).

□ **le train de Paris** ou **pour Paris.** → DE ET PARTIR

TRAÎNER orth. Ce mot et ses dérivés prennent sur le *i* un accent circonflexe : **traînard, traîneau,** etc.

TRAIN-TRAIN forme On rencontre encore la vieille forme **trantran** (avec ou sans trait d'union), parfaitement correcte : *Le trantran que les larves appellent bonheur, et qui n'est qu'une absence de souffrance aiguë* (Montherlant). *Chacun dans son atmosphère, avec son petit tran-tran journalier* (Simenon). Mais **train-train** est aujourd'hui bien plus répandu : *Nous sortirons de notre petit train-train, nous gagnerons quatre ou cinq batailles* (Anouilh). *Train-train* est invariable.

TRAIRE conjug. Verbe très défectif. Le passé simple et le subjonctif imparfait sont inusités → APPENDICE. Sur ce modèle se conjuguent les composés *abstraire, distraire, extraire, rentraire, retraire, soustraire.*

TRAIT D'UNION → de nombreux préfixes et mots à leur place alphabétique.

TRAITEMENT → SALAIRE

TRAITER orth. Pas d'accent circonflexe. De même pour **traité, traitement,** etc. ♦ **emploi et sens** Ce verbe est vieilli au sens de « accueillir à sa table » : *Ses meubles, ses tapis, sa vaisselle servent au spoliateur à traiter ses amis* (Vercors). *Les gourmets du club des Cent qui eurent à le traiter ne trouvèrent en lui qu'un homme aussi averti qu'eux-mêmes sur les choses de bouche* (Apollinaire). Ce verbe a aussi un sens médical : *Lucie se fait traiter à La Roche-Posay pour son eczéma. Il est traité à l'hôpital pour un début de pleurésie.* On dit plus souvent *se faire soigner* ou *être en traitement, suivre un traitement.*

TRAÎTRE forme Le féminin est **traîtresse :** *Je ne savais point qu'une femme pût être à ce point traîtresse* (Queneau). Cependant, la forme masculine s'emploie parfois pour les deux genres, surtout en fonction d'attribut : on distingue mal dans ce cas l'adjectif du substantif : *La Côte d'Azur est traître* (Montherlant). *Elle est déclarée traître à sa patrie.* Dans ce dernier exemple, il s'agit d'une formule figée, et *traîtresse* y paraît impossible.
□ **prendre en traître.** Dans cette locution verbale, il semble plus juste de laisser *traître* invariable pour le genre : *Ils m'ont pris en traîtres. Elle m'a pris en traître.*

□ **pas un traître mot.** Tour intensif renforçant la négation : *Il n'a pas dit un traître mot. Ne pas connaître un traître mot d'espagnol.*

TRANCHE emploi Au pluriel, dans **un livre doré sur tranches.** Mais le singulier est plus fréquent au sens figuré : *Voici un parti doré sur tranche.*
□ **coupé en** ou **par tranches.** On dit le plus souvent *un cake coupé en tranches,* pour décrire l'« état », mais on emploiera plutôt *par* si on veut insister sur la « manière, la méthode de division » et notamment, au figuré, avec une valeur distributive : *Les conscrits sont enrôlés par tranches d'âge.*

TRANS- orth. Jamais de trait d'union dans les composés. On a un double *s* quand le second élément commence par cette lettre : *transsaharien, transsibérien, transsonique, transsubstantiation, transsuder,* etc.

TRANSCENDANT emploi et sens Cet adjectif signifie « qui s'élève au-dessus de » et se rencontre surtout dans le domaine des mathématiques et de la philosophie, comme **transcendantal.** L'emploi suivant est familier ou prétentieux : *Il n'est pas transcendant.* On dira plus simplement : *Ce n'est pas un génie, une lumière.*

TRANSES prononc. Avec un [s] et non un *[z] :* [tʁɑ̃s]. On évitera, pour des raisons d'euphonie : *J'entre en transes* [ʒɑ̃tʁɑ̃tʁɑ̃s]. ♦ **emploi et sens** Presque uniquement au pluriel et dans la langue littéraire, au sens de « vive appréhension » (moins fort toutefois que *affres* → ce mot) : *Mes transes ne se calmèrent qu'après avoir passé quatre heures à recoller la lettre et le portrait* (Radiguet). Voir cependant : *Cet homme couvert de boue, immonde, pitoyable comme un épileptique dans sa transe* (Butor).

TRANSFERT et **TRANSLATION emploi et sens** Ces substantifs sont des doublets plus ou moins savants de **transport.** Le premier est couramment appliqué à des personnes ou à des choses : *Le transfert du prisonnier du dépôt au ca-*

binet du juge d'instruction (on dit aussi en ce sens **transfèrement**). *Opérer un transfert de fonds. Ce malade a agi par transfert positif.* Quant à **translation,** c'est aujourd'hui essentiellement un mot technique, utilisé au sens de «déplacement régulier», en astronomie, en géométrie, etc. Il a une apparence savante, même dans la langue littéraire : *Ces images fixes tirées sur le côté par translation, l'une chassant l'autre* (C. Simon).

TRANSFUGE genre Pas de féminin : *Cette femme est un transfuge.*

TRANSFUSION → PERFUSION

TRANSIR prononc. [trãsir], mais on entend très fréquemment le *s* prononcé en sonore : [trãzir] → TRANSES. La même remarque s'applique aux autres formes de ce verbe. ♦ **conjug.** Complète, mais fort peu employée, en dehors de l'infinitif et du participe passé. ♦ **emploi** Il semble qu'on doive admettre *transi de froid,* puisqu'on peut également être transi sous l'effet de différents agents : *Mais, transi par une mortelle chaleur, il s'abattit front sur le marbre* (Peyré). Toutefois, le participe seul suffit le plus souvent : *Transis, ils viennent demander, en toutes langues, du genièvre à Mexico City* (Camus).

TRANSISTOR emploi et sens Ce mot, qui désigne un «dispositif électronique basé sur des matériaux semi-conducteurs», est pris couramment, par métonymie, au sens de «appareil de radio pourvu de transistors» : *Son blouson glissait du dos de sa chaise, emporté par le poids d'un petit transistor dans une poche* (Triolet). Il est illusoire de chercher à imposer la locution «correcte» *poste à transistors,* tant la chose et le mot sont passés dans nos mœurs et dans notre langage.

TRANSITER emploi et sens Au sens de «passer (fret)» ou de «voyager (personnes) en transit», ce verbe n'est nullement un néologisme. La langue des transports l'admet sans réserve.

TRANSITIF → INTRANSITIF

TRANSLATION → TRANSFERT

TRANSLUCIDE et **TRANSPARENT**

sens Le premier adjectif a le sens de «qui laisse passer seulement la lumière, et de façon diffuse» : *Le verre dit «cathédrale» est translucide. Il planait un épais brouillard, à peine translucide.* Le second a le sens de «qui laisse percevoir les contours des objets situés au-delà» : *L'eau du lac Léman est si transparente qu'on distingue aisément le fond.* On notera que seul ce dernier adjectif s'emploie au figuré : *L'allusion est transparente !*

TRANSMUER et **TRANSMUTER sens** Ces deux verbes sont rigoureusement équivalents quant au sens, mais les écrivains semblent préférer le premier. Quoi qu'il en soit, un seul substantif leur correspond, qui est **transmutation,** «transformation profonde» : *L'or excite et favorise la transmutation de toutes les choses réelles, les unes dans les autres* (Valéry).

TRANSPARENT → TRANSLUCIDE

TRANSPERCER constr. Ce verbe est rarement employé intransitivement, au sens de «se manifester au dehors» : *Le soir même il faisait une visite à M. le curé. Visite, celle-là, dont rien ne transperça* (Giono). On trouve d'ordinaire en ce sens les verbes **percer** ou **transpirer.** Ces emplois sont tous littéraires. → PERCER

TRANSVASER et **TRANSVIDER emploi et sens** La distinction entre ces deux verbes est mal assurée. Le premier a le sens de «faire passer un liquide d'un récipient dans un autre» : *Colette transvase le whisky dans une carafe.* Le second, qui paraît moins répandu, et qui est d'origine dialectale, insiste davantage sur l'idée de «vider un récipient en versant son contenu dans un autre» que sur celle de «transfert» : *Elle a transvidé ses fonds de bouteilles pour faire du vinaigre.* Il est préférable de ne pas employer *transvider* s'il s'agit d'une bouteille qu'on vient d'acheter, et qui est pleine.

TRANTRAN → TRAIN-TRAIN

TRAPPE orth. Deux *p.* → CHAUSSE-TRAPPE

TRAPU orth. Avec un seul *p*. Prendre garde à l'influence de *trappe*.

TRAUMATISER emploi et sens Ce terme de médecine et de psychanalyse signifie « provoquer un choc physiologique et émotionnel très violent ». On se gardera donc de l'employer à tort et à travers, au simple sens de « choquer ». Voici deux exemples corrects : *S'efforcer de parvenir à la cote moins huit cent me paraissait l'exploit de caractères pervertis ou traumatisés* (Camus). *Lorsque j'étais pensionnaire, je me représentais les drames les plus sombres entre mes parents dont la mésentente me traumatisait* (Allen). Mais les emplois suivants sont quelque peu emphatiques : *Qui a décidé [...] qu'il faut englober l'enseignement dans beaucoup de « ludique », comme la pilule dans du sucre, pour ne pas rebuter, voire traumatiser, les fragiles têtes blondes ?* (Cavanna). *Quant aux plus faibles, parmi lesquels j'avais la malchance de me trouver, traumatisés à la fois par le « frère », le curé et les forts, nous osions à peine respirer* (Ragon).

TRAVAIL forme Plur. : **des travaux,** sauf quand ce substantif a le sens de « dispositif servant à immobiliser les grands animaux, pour les opérer, les ferrer, etc. ». ♦ emploi et sens On rencontre encore **être en travail** au sens d'« être en train d'accoucher ou de mettre bas » : *La Blonde est en travail depuis le début de l'après-midi* (Vailland) ; dans les hôpitaux, la salle d'accouchement est dite *salle de travail.* → -AIL

TRAVELLING orth. On écrit aussi **traveling** avec un seul *l.* ♦ sens Ce terme de cinéma désigne le « mouvement qu'on fait suivre à la caméra pour obtenir certains effets » : *La caméra n° 1 qui montait l'escalier en travelling arrière se déplaça derrière son dos* (Chraïbi). La francisation de ce mot par Marcel Aymé, dans son roman *« Travelingue »* (1941), est restée sans lendemain.

TRAVERS emploi et sens Les locutions **à travers** (sans **de**) et **au travers de** ne se distinguent guère quant au sens et s'emploient indifféremment. La première est sans doute la plus courante : *Attendue / À travers les étés qui s'en*nuient dans les cours (Alain-Fournier). *Ce grand niais de fusil tout juste bon à me geler les doigts à travers l'épaisseur tricotée de mes gants* (Courteline). *À travers la vitre il peut voir l'océan çà et là* (Huguenin). *Le type avait tiré à travers la poche de son veston* (Romains). Certains auteurs cependant utilisent volontiers *au travers de,* qui leur paraît probablement plus substantiel : *Sous la coupole de vitres vertes au travers desquelles on devinait d'énormes taches* (Butor). *On voit encore vos prunelles au travers de vos paupières quand vous clignez* (Giraudoux). *On voyait, au travers du jeune feuillage des arbres, clairsemé, la Seine dans la nuit* (Rolland). Et sans complément : *Il entra dans un cirrus comateux. Le soleil jouait au travers* (Roblès). Mais **à travers de quelque chose* comme **au travers quelque chose* sont fautifs : *Je passe à travers d'une cascade de verre et de débris* (Céline). Avec le verbe *passer,* on dira mieux *passer à travers* que *passer au travers* (sans complément).

□ **en travers (de)** et **de travers.** Dans *en travers (de),* il n'y a pas l'idée de « franchir » mais celle d'« être placé obliquement ou transversalement par rapport à une direction donnée » : *Elle se leva, passa dans le salon où dormait Simon, en travers du canapé* (Sagan). *Il y avait des vêtements en travers du lit* (Simenon). On dit aussi absolument : *La route est coupée, cet arbre est toujours en travers.* On ne confondra pas avec *de travers,* locution adverbiale, qui, à la différence de la précédente, implique le plus souvent une infraction par rapport à une norme : *Un écriteau, plaqué de travers sur la vitre du café* (Mallet-Joris). Cependant : *L'homme peut aller en avant, en arrière, obliquement ou de travers* (Valéry). La locution *tout de travers* est toujours invariable. → TOUT

□ **par le travers (de).** Cette locution s'emploie surtout à propos de bateaux, ou encore pour évoquer l'idée d'une « collision » : *Une bourrade amicale, mais à assommer un bœuf, lui arrivait par le travers de l'épaule* (Ikor).

TRAVERSE emploi et sens Ce substantif féminin sert souvent d'abréviation à **chemin de traverse.** Le sens d'« obstacle psychologique» est littéraire et vieilli : *Rien ne serait plus déplaisant que la traverse où vous seriez de lui interrompre vos soins* (Audiberti).

TRAVERSER emploi On peut accepter aujourd'hui sans hésiter la locution **traverser un pont,** qui a la caution des meilleurs écrivains. Ceux qui disent qu'on ne peut traverser qu'une rivière, un cours d'eau, etc., s'en tiennent à une conception étroite de la logique linguistique.

TRÉFONDS orth. Avec un *s* final : **un tréfonds.** ♦ **emploi et sens** Mot littéraire signifiant «ce qu'il y a de plus profond dans» : *Elle venait du tréfonds des âges, portée par son enfant à elle* (Duras).

TREMBLER (que... ne) → CHAINDRE et NE

TREMBLOTE orth. Un seul *t* ainsi qu'à **tremblotement, trembloter.**

TREMPER emploi et sens Ce verbe s'emploie, dans la langue littéraire, intransitivement au sens de «se trouver mêlé». Le complément renferme en principe l'idée de «complot». Mais : *Vous ne vous doutiez pas que votre vieille amie trempait dans la théologie comme le premier presbytérien venu* (Green).

□ **tremper la soupe.** Cette locution très correcte est aujourd'hui mal comprise : *Il marchait dans la cuisine pour se réchauffer les pieds, pendant qu'elle trempait la soupe* (Guilloux). → SOUPE

TRÉMULER emploi et sens Verbe rare et littéraire, doublet savant de **trembler** : *Le trémulant et oscillant Mathieu Pierquin* (Duhamel).

TRÈS emploi et sens Cet adverbe sert à former le superlatif absolu des adjectifs et des adverbes : *Quand la flamme fut très vive, il y jeta le chiffon déplié* (Romains). *Ils étaient très riches ces gens-là* (Céline). L'emploi de **très** est plus courant et plus naturel que celui de **fort** → ce mot. On le trouve correctement utilisé devant de nombreuses locutions à valeur d'adjectif ou d'adverbe : *Nous sommes très à même d'y parvenir. Je te trouve très en forme. Ce procédé ne semble pas très au point.* Il faut éviter le redoublement de *très* (à fortiori le tri-

plement !) quand il n'a pas de valeur affective forte : certains médias abusent de ce procédé.

□ **très intimidé.** On ne peut mettre *très* devant un participe passé que s'il est employé comme adjectif : *Elle entra, très intimidée.* Mais : *La présence de son patron l'a beaucoup intimidée.* Il y a de nombreux flottements, surtout quand la forme participiale est construite avec un complément : *Elle entra, très* (ou *beaucoup*) *intimidée par la présence de son patron.* Avec un verbe intransitif, on ne peut avoir que *beaucoup* : *Elle a beaucoup marché, ri,* etc. Les grammairiens critiquent donc des phrases comme celles-ci : *J'ai très réfléchi* (H. Bataille). *Un homme que ce drame a très excité dans sa jeunesse* (Henriot). → BEAUCOUP

□ **elle est très garçon.** Quand un substantif s'emploie pour qualifier, il admet évidemment les mêmes degrés de comparaison que l'adjectif : *Il est très seizième arrondissement. Je la trouve très fleur bleue,* etc.

□ **avoir très faim, très peur,** etc. → FAIM, GRAND. Comme le remarque le Petit Robert, «ces locutions verbales expriment un état physique ou affectif susceptible de variations d'intensité et appellent naturellement l'intensif *très* ».

□ **très, pas très** (en emploi absolu). La langue familière emploie couramment cette formule d'acquiescement ou de réponse, qui permet de ne pas reprendre un adjectif précédemment énoncé : *Denis est très intelligent. – Très !* (Bernstein, cité par Grevisse). *Est-elle satisfaite de son séjour ? – Pas très.*

□ **à très bientôt.** → BIENTÔT

TRESSAILLIR conjug. → APPENDICE, *assaillir*

TRÉTEAU orth. Un accent aigu.

TRÊVE orth. Avec un accent circonflexe (et non grave) : *Et maintenant, cher mari, trêve de paroles* (Giraudoux).

TRI- orth. Pas de trait d'union dans les composés : *trialcool, triceps, trident, trioxyde, trirème.*

TRIBORD → BÂBORD

TRICENTENAIRE emploi Substantif ou

adjectif (plus rarement). → BICENTE-
NAIRE

TRIENNAL sens «Qui a lieu tous les
trois ans» ou «qui dure trois ans»: *Un
colloque triennal, un mandat triennal.*
Ne pas confondre avec **tricennal,** beaucoup plus rare, qui a le sens de «qui
porte sur trente ans».

TRIÈRE et **TRIRÈME** sens Ces deux
mots ont le sens de «navire à trois
rangs de rames». Le premier évoque
les anciens Grecs, le second les anciens
Romains. La phrase suivante contient
une erreur volontaire: *Quelque pays
assez extraordinaire pour être digne de
nous, puisqu'on nous y conduit sur une
trirème à quatre rangs de rames!*
(Jarry).

TRILLE genre Masc.: *Mais tout restait
tranquille et presque immobile, sans
autre bruit que les trilles espacés d'un
merle* (Llaona). *Lancer de joyeux trilles.*

TRIMBAL(L)ER orth. Ce verbe et ses
dérivés s'écrivent aujourd'hui avec un
l: *Cette habitude de se faire trimbaler à
Ram* (Duras). On trouve parfois **trim-
baller** avec deux *l*: *Maintenant, trim-
baller ça!* (Aragon). ♦ **dérivés: trimbal-
lage** et, d'un emploi plus rare,
trimballement.

TRINITÉ et **TRILOGIE** sens Par référence au sens religieux, le premier substantif évoque la «très grande cohésion
de trois éléments»: *Avec son frère et sa
sœur, il formait une véritable trinité. La
fausse trinité des Trois Mousquetaires.*
Trilogie désigne une «œuvre littéraire
à trois volets»: «*Le Culte du moi», de
Barrès, est une célèbre trilogie, qui
comprend: «Sous l'œil des barbares»,
«Un homme libre» et «Le Jardin de Bérénice».* Dans le domaine de la peinture, ou parfois figurément, on se sert
de **triptyque**: *C'est Nicolas Froment
qui a peint le triptyque du Buisson
ardent, à la cathédrale d'Aix-en-Pro-
vence.* Le sens est: «tableau à trois volets» → TRIPTYQUE.

TRIOMPHAL et **TRIOMPHANT** sens
Ces deux mots sont voisins. Cependant
le premier s'emploie surtout pour qualifier une chose qui «a trait au
triomphe» ou «qui suscite l'enthou-

siasme»: *Et ma tête surgie / Solitaire
vigie / Par les vols triomphaux / De
cette faux* (Mallarmé). *Ce chanteur a fait
une tournée triomphale en Amérique du
Sud.* Le second mot est appliqué à une
personne «qui triomphe»: *Le général
triomphant a posé ses conditions au
vaincu.* On l'emploie aussi avec certains substantifs, au sens de «qui exprime la joie, la fierté»: *J'ai eu dix sur
dix, dit-il triomphant. Eh bien? Quel est
cet air triomphant?* Dans les mêmes
contextes que **triomphant,** on rencontre parfois **triomphateur,** plus insistant, et qui peut être également substantif.

TRIPARTI ou **TRIPARTITE** → BIPARTI

TRIPLICATA → DUPLICATA

TRIPTYQUE orth. Le préfixe s'écrit ici,
comme ailleurs, avec un *i*. C'est le radical qui prend un *y*. → TRINITÉ

TRIRÈME → TRIÈRE

TRISSYLLABE orth. Avec un ou deux *s*
comme *trissyllabique.* → SYLLABE

TRISTE sens Comme *brave,
pauvre,* etc., cet adjectif a un sens objectif en postposition: *Un regard triste,
une histoire bien triste, un jeune homme
triste.* Mais en antéposition, le sens est
nettement affectif, soit méprisant: *Il
use de tristes procédés. C'est un triste
sire,* soit «pitoyable»: *Quelle triste histoire! Il a vécu une triste aventure.* Les
deux sens se trouvent réunis dans cette
phrase: *Comment ne pas visiter un
pays où même la religion doit avoir tant
de charme, qu'un «saint triste» y passe
pour un «triste saint»* (Grente, cité par
Le Bidois).

TROÈNE orth. Avec un accent grave, et
non circonflexe.

TROGNON → TROP

TROIS-ÉTOILES orth. Avec ou sans
trait d'union. ♦ **emploi et sens** Dans les
guides touristiques, ce mot qualifie un
hôtel ou un restaurant: *Un (restaurant)
trois-étoiles.*

TROMBONE orth. Avec un seul *n*.

TROMPE-L'ŒIL orth. Toujours avec un

trait d'union, qu'il s'agisse de la locution adverbiale : *Rien de voyant, pas même le décor, avec des meubles en trompe-l'œil* (Salacrou), ou du substantif invariable : *Ces peintures murales sont de parfaits trompe-l'œil.* Ce mot est parfois adjectif : *La concession du nouvel arrivant, c'est-à-dire les cinq hectares trompe-l'œil du haut* (Duras).

TROMPETER orth. Un seul *t* à l'infinitif et au participe. ♦ **conjug.** Comme *jeter* → APPENDICE

TROMPETTE genre Féminin pour désigner l'instrument de musique → EM-BOUCHER. Masculin quand il s'agit, dans la cavalerie, du joueur de trompette d'un régiment : *Le trompette porte la trompette à sa bouche, bat de la main une mesure légère et, enfin, sonne* (Giraudoux). Par extension, ce mot s'applique aussi à « tout musicien jouant de la trompette » : *Le chef d'orchestre marchant à reculons, un trompette aux yeux exorbités, le béret sur la nuque* (Huguenin). → INSTRUMENTS DE MUSIQUE et JOUER

TROP forme Cet adverbe admet divers renforcements à valeur superlative : *Il était beaucoup trop loin, ce petit morceau de verre, et pour une fois bien trop lumineux* (Butor). La formule *par trop* est plus figée : *Les pasteurs qui prenaient par trop leur exil en patience* (Chabrol). *On reprochait aussi à Céline la manière par trop familière avec laquelle elle se mêlait aux humbles pour les secourir* (A. Besson). ♦ **constr.** Quand **trop** a un complément de « quantité », le verbe ou l'adjectif qui dépendent du groupe à sens collectif s'accordent avec le complément plutôt qu'avec l'adverbe : *Trop de gens en sont informés à l'heure actuelle.* Cependant : *Trop de viandes en sauce est tout à fait contre-indiqué pour ton foie* (ici, *trop* = « l'excès de »). Quant à l'emploi absolu et récent : *Il est trop, ce type !*, il provient de l'anglais *too much*, et exprime de façon stéréotypée et quelque peu snob l'intensité d'une qualité particulière. C'est un trait du français dit branché, qui passera sans doute assez vite... On peut le rapprocher de la contraction, faite dans le registre familier, de *trop mignon*, qui devient... *trognon* : *Les sou-

ris étaient trognon, avec leurs petits yeux rouges* (Guibert).

□ **trop... pour** + **infinitif** ou **subordonnée consécutive (introduite par que)** : *Mon fils, j'ai connu trop de sortes de personnes et traversé des fortunes trop diverses pour m'étonner de rien* (France). *Je suis trop fatigué pour en rien dire* (Gide). *Trop... pour que* se fait suivre du subjonctif : *Ces impressions sont aussi trop rares pour que l'œuvre d'art puisse être composée seulement avec elles* (Proust). *Mais les malheurs de la patrie sont trop récents et mes pouvoirs trop bien reconnus pour qu'aucun veuille et puisse songer à jouer isolément* (de Gaulle). ♦ **emploi et sens** *Trop* marque en général l'excès, mais son sens est très atténué dans les formules aimables du genre : *Vous êtes vraiment trop bons pour moi.* Avec une négation, il s'emploie de façon plus châtiée que **tellement** (→ ce mot), au sens de « pas beaucoup, pas très bien, guère » : *Ayant sans succès essayé de tromper la Sécurité sociale, il était mort de honte, on ne savait trop si c'était de son vol ou de sa maladresse* (Mallet-Joris). *Déjà papa ne voulait pas m'expliquer comment ça marche, la radio et la télévision. Mais c'est parce qu'il n'en sait trop rien lui-même* (Triolet).

□ **ne... que trop.** Combiné avec *ne... que*, *trop* en vient à prendre une valeur d'augmentatif : *Paresse de penser incurable, qui n'avait que trop d'excuses* (Rolland). *Il n'avait déjà que trop laissé libre cours à son imagination en enveloppant le pauvre Gilbert dans des intrigues inadmissibles* (Dhôtel). Quand l'excès est en quelque sorte « mesuré » par un nom ou un pronom qui précède, on rencontre, très correctement, le tour *de trop* (plus rarement en *trop*) : *Un autre homme pour qui un sou versé de trop témoigne d'une lamentable inconséquence* (Masson). *Cherchant son regard une seconde de trop* (Sagan). De même après des verbes tels que *être, se sentir, sembler*, on rencontre le même tour avec une valeur d'attribut, pour évoquer l'idée d'une « présence inutile ou indésirable » : *Étienne se sentit de trop et retourna dans sa chambre* (Troyat). *Qu'est-ce qui n'était pas de trop ?* (Duras). On notera la différence de sens entre : *Ils sont de *trop*, c'est-à-dire «en surnombre, par rapport à ce qui est admissible ou convenable», et : *Ils sont trop*, c'est-à-dire «trop nombreux» (absolument). La langue populaire non seulement confond ces deux constructions, mais a tendance à mettre *de* à la suite de n'importe quel verbe : *Il ne faut pas que cela se voie de trop* (Bazin). *Il n'y en a pas de trop*. Ces exemples sont fautifs.

□ **de trop bonne heure.** → HEURE

□ **avoir trop faim, trop soif,** etc. → FAIM

□ **trop de deux.** On ne dit plus guère aujourd'hui : *C'est trop de deux*, mais : *C'est deux de trop*.

TROPHÉE genre Masc. : *des trophées prestigieux*.

TROP-PLEIN emploi Peu employé au pluriel **(des trop-pleins),** car il est plus aisé de faire varier en nombre le complément : *Un peu embarrassé de son trop-plein de forces* (Mallet-Joris).

TROUBADOUR et **TROUVÈRE sens** Ces substantifs désignent des «poètes lyriques du Moyen Âge», le **troubadour** dans le sud de la France (langue d'oc), le **trouvère** dans le nord (langue d'oïl).

TROUBLE-FÊTE forme Invariable au pluriel : *Quels trouble-fête!* On lit cependant : *Profondément en moi, un autre garçon se félicitait de ces trouble-fêtes* (Radiguet). ♦ **genre** Ce substantif est des deux genres : *Tu n'es qu'un(e) trouble-fête*.

TROUPE constr. Quand ce substantif, suivi d'un complément au pluriel, est sujet d'un verbe, on suit la règle générale des noms collectifs. → COLLECTIF

TROUVER constr. On dit : *Je trouve qu'il est bien portant*, mais *Trouves-tu qu'il soit bien portant?* et *Je ne trouve pas qu'il aille bien* (Martin du Gard). Ne pas confondre ce dernier exemple avec : *Je trouve qu'il ne va pas bien*. On prendra garde à l'ambiguïté du type de phrase suivant : *Je suis allé chez lui et l'ai trouvé malade*. Seul le contexte permet de décider si le sens est «il était réellement malade» ou «il m'a paru malade». ♦ **emploi et sens** Ce verbe entre dans de nombreux tours bien connus :

M. Rezeau se trouva fort bien d'une soupe aux choux (Bazin). *Comment me trouves-tu? Il se trouve qu'on l'a oublié sur la liste* (le subjonctif n'est pas impossible, mais rare). *Elle s'est brusquement trouvée court, et n'a plus dit un mot*. Sont populaires les locutions suivantes : *Si ça se trouve, ça pourra t'aider dans ton commerce* (Dutourd). *Si ça se trouve, le lieutenant est en train de planter des petits drapeaux sur la carte Michelin* (Perret). *Tiens! Comme ça se trouve!*

□ **trouver bon que...** Dans ces tours, le verbe de la complétive est toujours au subjonctif : *Elle trouvait tout naturel qu'elle ne vînt pas nous voir l'été sans avoir à la main un panier de pêches* (Proust, cité par Le Bidois). *Je trouve singulier que je sois informé de vos projets par le général* (France).

TROUVÈRE → TROUBADOUR

TRUBLION sens Ce substantif, qui signifie «agitateur», avec une nuance diminutive et péjorative, n'a rapport étymologique avec **trouble ;** mais il a été créé (par A. France) pour évoquer ce mot, dont il est difficile de ne pas le rapprocher : *Ou bien il s'agit vraiment d'une poignée de trublions, et alors il ne devrait pas être nécessaire de mettre en jeu tout l'appareil de la puissance publique pour en venir à bout* (Le Monde).

TRUCAGE forme On écrit aussi, plus lourdement, **truquage.**

TRUFFE orth. Deux *f*.

TRUISME sens «Vérité évidente» : *C'est un truisme : l'avenir du livre et de la lecture appartient aux nouvelles générations, à leur appétit ou à leur répugnance [...] Mais cette évidence énoncée, personne n'est plus d'accord sur le diagnostic* (Le Monde, 16 octobre 1992). C'est la version distinguée de **lapalissade** → ce mot

TRUST prononc. [tʀœst]. ♦ **sens** Ce terme d'économie n'est pas un néologisme. Il désigne une «concentration d'entreprises sous une direction unique» et, par extension, une «très grosse entreprise jouissant d'un quasi-monopole» : *Ces grandes entreprises que l'on appe-*

*lait «konzern» et «trusts» il y a trente
ans pour en dénoncer les dangers (Le
Monde).* → HOLDING et BRAIN-TRUST

TRUSTER emploi et sens Ce verbe est assez courant au sens d'«accaparer, mo-
nopoliser».

TSAR forme On rencontre aussi **tzar** et
czar. Mais **tsar** est l'orthographe la
plus simple et la plus proche de notre
prononciation habituelle [tsaʀ].

TSÉ-TSÉ forme Les dictionnaires sont
discrets quant au pluriel de ce mot. Il
semble souhaitable de le laisser invariable : *Les (mouches) tsé-tsé trans-
mettent la «maladie du sommeil».*

T.S.F. emploi et sens Abréviation de *Télé-
graphie Sans Fil*, ce sigle-substantif a
été supplanté par **radio.** On le lit encore : *L'appartement somptueux à
l'énorme T.S.F. trônant sur une soie lie-
de-vin* (Mallet-Joris). → RADIO

TSIGANE ou **TZIGANE** orth. L'Académie ne reconnaît que **tsigane** mais l'on
trouve également **tzigane** : *Les tsiganes
qui flonflonnent l'air à la mode* (Queneau). *Ce qu'a prédit la tzigane* (Apollinaire). → citation de Vidalie à ROMANI-
CHEL

TU emploi Ce pronom ne peut être séparé du verbe que par *ne* ou un autre
pronom. Il a parfois une valeur indéfinie, proche de celle de **on :** *L'organisation fonctionne comme une entreprise
commerciale : tu verses tant, et tu ne
t'occupes de rien, passage garanti,
rendu à domicile* (Ikor). Il s'agit ici
d'un discours qui ne s'adresse à personne en particulier et à tout le
monde en général. → ON, PRONOMS
PERSONNELS et TOI

□ **dire tu à quelqu'un.** Cette locution
s'emploie correctement, mais de façon
légèrement familière, à côté de **tutoyer.**

TUBERCULE genre Masc. : *de nourris-
sants tubercules.*

TUER orth. Pas de tréma à l'imparfait de
l'indicatif ni au présent du subjonctif :
(Que) nous nous tuions. ♦ emploi et sens
Nombreux emplois figurés ou emphatiques : *Elle est à tuer, comment tuer le
temps, il se tue à la tâche, je me tue à*

*vous le répéter, etc. Dix heures à tuer
avant le jour* (Sartre).

□ **cinq hommes de tués** → DE

□ **à tue-tête.** Locution invariable : *Ils
chantaient à tue-tête.*

TULLE orth. Deux *l.*

TUMULUS forme Invariable au pluriel :
*Ces tumulus étaient des cairns préhisto-
riques* (Eydoux).

TURBO- orth. Les composés ne
prennent pas de trait d'union, à la
seule exception de *turbo-alternateur.*
On écrit *turboforage, turbopropulseur,
turbotrain,* etc.

TURC forme Le féminin est **turque,** et
non **turcque*. Prendre garde à l'influence de **grecque,** féminin régulier de
grec : *Une construction un peu féodale,
un peu turque* (Marceau).

TUSSILAGE orth. Deux *s,* mais un
seul *l.*

TUTÉLAIRE orth. Avec un seul *l.* ♦ emploi et sens Équivalent littéraire de **protecteur :** *Ma gouvernante me fut toujours tutélaire et du meilleur conseil*
(Audiberti).

TUTOIEMENT orth. Ne pas omettre le *e*
central.

TUYAU et **TUYÈRE** prononc. [tɥijo] et
non **[tyjo],* qui est populaire et négligé.
Mais on dit correctement [tɥijɛʀ] à côté
de [tɥijɛʀ].

TYMPANISER emploi et sens Verbe
vieilli et littéraire, au sens de «décrier
publiquement» : *On le bousculait, on
lui froissait les épaules de bourrades
meurtrières, on le tympanisait avec
rage : «Quel ahuri celui-là», «Ne restez
pas devant la porte si vous ne descendez
pas !»* (Jorif).

TYPE forme Pas de féminin (si ce n'est
typesse, qui appartient à un registre
trivial). On dira : *Les petites filles modèles sont un type en voie de disparition.
Ce n'est pas mon type de femme.*

□ **du type + substantif.** L'ellipse de la
préposition *de* est courante : *Une admiration délirante pour les héros du type
Boni de Castellane* (Daninos).

□ **la formule type.** Un certain nombre de locutions sont formées par postposition de *type* à un substantif, avec le sens de «qui sert ou doit servir de modèle, qui est caractéristique de» : *Ce service, pour qui connaît le collège, était l'idée type du collégien* (Radiguet). Pas de trait d'union en ce cas ni dans les expressions : *liste type, formulaire type, objet type,* etc. → CLEF, MÈRE, TEST

TYRAN genre Pas de féminin : *Ce n'est pas une mégère, c'est un tyran.* Les dérivés prennent deux *n* : *tyrannique, tyrannisé, tyrannie,* etc.

TZAR → TSAR

TZIGANE → TSIGANE

U

U orth. Les participes-adjectifs se prononçant [y] à la finale s'écrivent au masculin singulier avec un *u*, à l'exception de : *abstrus, contus, inclus, intrus, obtus, occlus, perclus, reclus*. On écrit *exclu, conclu*. Les substantifs féminins s'écrivent avec -*ue* en finale, sauf *bru, glu, tribu, vertu* (d'après Thomas).

UBAC sens « Versant orienté au nord », par opposition à l'**adret** → ce mot.

UHLAN orth. On prendra garde à la place du *h*. On ne fait pas l'élision (ni la liaison) : *Un beau uhlan*.

-ULE genre Les substantifs qui se terminent en -*ule* sont le plus souvent du féminin. Mais voici une liste de noms masculins « difficiles » (nous laissons de côté *module, préambule*, etc., qui sont bien connus) : *adminicule, animalcule, calicule, denticule, diverticule, édicule, ergastule, follicule, forficule, fuligules, funicule, globule, glomérule, granule, iule, limule* (prendre garde à l'influence de *limande*), *lobule, manipule, mergule, opercule, opuscule, oscule, ovule, pannicule, pédicule, régule, saccule, spicule, tentacule, tubercule, utricule*. Quant à *émule* (→ ce mot), c'est un adjectif-substantif à double genre.

ULTRA- orth. Les mots commençant par ce préfixe s'écrivent sans trait d'union quand ils sont enregistrés par les dictionnaires : *ultrafiltre, ultramontain, ultranoir*. Font exception *ultra-basique, ultra-marin* et *ultra-zodiacal*. On écrit généralement avec un trait d'union *ultra-son* et *ultra-violet*. Les nombreuses créations individuelles prennent le trait d'union, d'une façon générale : *Je suis ultra-cultivé* (Queneau). *La signification ultra-secrète de ce geste* (Bazin). Employé seul comme nom et adjectif, **ultra** varie en nombre : **les ultras.**

ULULER orth. On écrivait naguère **hululer** (avec un *h* dit aspiré). On peut aujourd'hui, devant cette forme en *u*-, faire l'élision et la liaison. De même pour **ululation** et **ululement :** *Les premiers semblaient surtout des cris de frayeur. D'horreur, parfois : tel cet ululement qui vient de déchirer l'air* (Fontanet).

UN (numéral) **prononc.** L'élision se fait généralement devant **un**, sauf s'il sert à désigner un chiffre ou un numéro : *La concierge du un*, ou si on veut insister sur l'idée de « mesure » ou de « quantité » : *Des bonds de un mètre en l'air* (Jouhandeau). Ailleurs, on dit et on écrit : *Une planche d'un mètre de long, un pain d'un kilo ; trois pièces d'un franc ; une machine d'une tonne*, etc. Dans la région parisienne, on prononce très généralement [ɛ̃] au lieu de [œ̃], comme d'ailleurs dans *chacun, aucun* et les autres mots comportant cette nasale : *Melun, lundi*, etc.

Il faut éviter la dénasalisation de [œ̃] devant un substantif masculin à initiale vocalique. C'est ainsi que des masculins comme *un ange, un ouvrage*, etc., ont été transformés en féminins par la diction populaire : [ynɔ̃ʒ],

|ynuvʀaʒ]. On doit prononcer [œ̃nãʒ], [œ̃nuvʀaʒ]. ♦ **genre** Il y a souvent collision entre le nom de nombre, invariable (comme *deux, trois,* etc.), et l'article indéfini, l'adjectif ou le pronom, qui font **une** au féminin : *Un... Deux... Trois... Partez !* Mais : *Combien as-tu de billes? Compte avec moi, une, deux et trois.* On dit généralement : *À la page un. Voyez la strophe vingt et un. Il a obtenu la note un.* Mais aussi : *À la page quarante et une.* De même, on dit plutôt : *Trois heures vingt et une* que *Trois heures vingt et un,* parce qu'il ne s'agit pas dans ce cas précis de décimales abstraites et neutres, mais bien de *minutes,* et le mot est présent dans la pensée de celui qui parle.
On écrit *trente et un mille, quarante et un mille,* etc., quel que soit le genre du nom auquel se rapporte le numéral.
□ **c'est tout un.** Cette locution figée a le sens de «c'est exactement la même chose»; ne pas confondre avec **tout est un,** locution dans laquelle *un* est adjectif, et signifie «cohérent, uni», ou parfois, dans un registre littéraire, «uniforme» : *Quel ennui! Tout est un* (Cocteau). → TOUT

UN (indéfini) **forme** Le pronom indéfini se présente sous une double forme : **un** ou **l'un.** Cette dernière est surtout fréquente en tête de phrase, ou suivie d'un pronom pluriel complément : *L'un de nous.* On dit toujours : *De deux choses l'une.* L'adjectif n'est jamais précédé de l'article défini. ♦ **constr.** Le pronom **un** se rencontre surtout en relation avec *en* antéposé, comme antécédent de *qui* : *J'en avais trouvé une que je pensais aimer* (Vian).
□ **un, antécédent de qui.** C'est une tournure plus littéraire que la précédente, sauf dans le tour suivant : *Un qui savait commander, capable de déployer ses galons et de dire à un gars : «Sors dehors si t'es un homme !»* (Malraux). De même *comme un qui : Ô vous, comme un qui boite au loin* (Verlaine). *Il boit comme un qui aime le vin* (Nourissier). *Un qui a eu de la chance, c'est lui. Un que je plains de tout mon cœur.* → QUI
□ **un... qui.** Quand *un* a un complément au pluriel, l'accord du verbe de la relative qui suit est délicat. On distinguera :

1. un des (...) + qui. Le verbe se met au pluriel ou au singulier, selon que l'action se rapporte à tous les éléments du groupe ou à l'un d'entre eux seulement : *La concierge est un des rares personnages sacrés qui subsistent à notre époque* (Mallet-Joris). *Celui-là était l'un des seuls qui lui semblât dévoué* (La Varende). *C'est un des hommes qui a le plus contribué à l'édification du régime.*
2. un de + démonstratif + qui. L'accord se fait au pluriel lorsque la relative a une valeur générale : *Je suis un de ces êtres ridicules qui ne savent pas faire de l'argent* (Aymé). *Il lui rédige un de ces livres robustes qui font la gloire corporative des bibliothèques des petites municipalités* (P. Jardin). Mais on accorde au singulier : *Maline lui désigna l'un de ces châteaux qui paraissait en meilleur état que les autres* (Vidalie), parce que la relative caractérise l'un des châteaux opposé à tous les autres. Il est même possible de rencontrer le double accord dans la même phrase, sans aucune entorse à la logique, comme le montrent les exemples suivants : *Il faudrait que l'un de ceux qui ont assisté à ces séances innombrables prît la peine de les décrire avec précision* (Breton). *L'un de ceux qui en reviennent regrette sa cellule* (Le Monde).
□ **un des (...) que.** Ce tour pose le problème de l'accord du participe passé. Le participe s'accorde avec *un* ou *une* si l'on veut insister sur la chose ou la personne représentée par l'indéfini : *Une des choses les plus importantes qu'elle ait faite* (Kessel). L'accord se fait avec le complément pluriel si l'action «passe sur tous les êtres ou objets du groupe dont on parle» (Grevisse) : *Une des plus misérables maisons que j'eusse encore rencontrées* (Mérimée).
□ **monsieur a une mine ! monsieur a une de ces mines !** Ces tours sont à la fois exclamatifs et elliptiques. Ils supposent une qualification affective *(affreuse, incroyable, indicible, splendide,* etc.), ou, selon la remarque de G. Mayer, «un mot superlatif qu'on s'avoue impuissant à trouver» : *Françoise s'approchait tous les jours de moi en me disant : – Monsieur a une mine !... On dirait un mort* (Proust). *Alors je leur ai fait une de ces installations !* (Triolet). *Et moi qui n'avais plus*

d'appétit, j'ai une de ces fringales ! (Salacrou). Pour le tour : *C'est d'un humide !* → DE (cette histoire est d'un drôle !)

□ **pas un.** Cet adjectif-pronom a un sens plus vigoureusement négatif que *aucun*, mais n'est pas nécessairement lié à *ne* : *L'intolérable interrogation que pas un Dieu n'a satisfait* (sic) (Salacrou). Mais : *Ici, pas un seul drapeau à croix gammée. Pas une seule affiche nazie intacte* (Roblès). On notera dans cette phrase la curieuse absence du second terme de la comparaison : *Il y a soixante-dix fontaines à Grenade et pas une n'a le même goût* (Claudel). On attendrait : *le même goût qu'une autre,* ou bien : *il n'y en a pas deux qui aient le même goût* (→ à RESSEMBLER le tour : *se ressembler comme deux gouttes d'eau*). La relative qui suit *pas un* se met le plus souvent au subjonctif, avec une valeur finale ou consécutive : *Pas une qui n'ait dans son chignon quarante épingles et une fleur rouge* (Louÿs). L'indicatif est rare : *Pas un cheveu de sa tête qui pensait à autre chose qu'à ruser* (Giono).

UN + AUTRE emploi et sens Ces adjectifs-pronoms se rencontrent séparément, avec une valeur d'opposition : *Étonnant dialogue entre deux êtres aussi contradictoires : l'un, amusé et stimulé par les pirouettes de l'autre – et l'autre, soucieux de gagner le respect et l'estime de l'un* (Labro). On étudiera ici les cas de juxtaposition, de coordination et de subordination.

1. Juxtaposition : l'un l'autre, les uns les autres. Ces locutions expriment la réciprocité, et se rencontrent toujours après un verbe : *Elles se font valoir l'une l'autre* (Peyrefitte). Le premier mot *(une)* est sujet, le second *(autre)* complément d'objet direct.

2. Coordination : l'un ou l'autre, l'un et l'autre. Le verbe se met presque toujours au singulier après *l'un ou l'autre,* au singulier ou au pluriel (selon le sens ou l'intention) après *l'un et l'autre* : *Sans que l'un ou l'autre songeât à rompre le silence* (Martin du Gard). Mais quand il y a une totale équivalence des sujets, et qu'ils sont considérés comme non exclusifs l'un de l'autre, on peut avoir le pluriel : *Dans un ins-*

tant où l'un ou l'autre ont besoin d'amour (Vailland). *Ils s'examinaient l'un et l'autre conscients qu'il n'y avait rien à dire* (Sagan). *Quand j'entends citer les deux bouts de la fameuse chandelle, ça me brûle les doigts, je secoue la main. Mais l'un comme l'autre sont banals, ressassés, exsangues* (Cavanna).

Le nom suivant *l'un et l'autre* employé comme adjectif reste en général au singulier : *L'un et l'autre syndicat a obtenu satisfaction.* Cependant, le pluriel est possible aussi : *L'une et l'autre explications étaient également vraisemblables* (Louÿs).

Si *un* est précédé d'une préposition, celle-ci est souvent répétée devant *autre* : *N'est-ce pas également le fait de l'un et de l'autre ?* (Valéry). Mais la répétition n'est pas constante : *J'ai souvenance de nos prières pour l'un et l'autre* (Chabrol).

□ **ni l'un ni l'autre.** Le pluriel est le plus fréquent : *Ni l'un ni l'autre ne disaient mot* (Arland). Mais : *Ni l'un ni l'autre n'avait envie de parler* (Prévost).

3. Subordination. De nombreux rapports peuvent s'établir entre *l'un* et *l'autre* au moyen des prépositions *à, de, pour, avec,* etc. : *Les cartons à chapeaux de couleur claire ou sombre avaient été empilés les uns sur les autres* (Labro). *Il les regarda descendre le sentier l'un derrière l'autre, maladroits* (Gallo). Quand il s'agit d'une locution prépositive formée avec *de,* on intercale soit *de,* soit la locution prépositionnelle entière : *Ils mangeaient en face l'un de l'autre* (Mallet-Joris). *Nous étions très près l'un de l'autre* (Aymé). *Marchant à côté l'un de l'autre* (Gide) ; et : *Nous avons passé vingt fois l'un près de l'autre* (Duhamel). *Ils étaient de nouveau l'un à côté de l'autre* (Ramuz). *J'allumais les cigarettes les unes au bout des autres* (Hougron). Tous ces exemples sont très corrects.

□ **problèmes de nombre.** On emploie obligatoirement le singulier quand il n'y a que deux objets, deux personnes ou deux ensembles. Quand il y a plus de deux éléments, on emploie à peu près indifféremment le singulier ou le pluriel : *Le silence des bureaux lui plut. Il les traversait lentement, l'un après l'autre* (Saint-Exupéry). Mais : *La pluie les chassait les uns après les autres* (Le Clézio).

UNANIME emploi et sens Cet adjectif a le sens de « qui est accepté, dit, fait par tous » : *L'opinion de nos pasteurs est unanime sur ce point* (Peyrefitte). On évitera donc d'employer cet adjectif avec un autre mot, tel que **tout,** évoquant la totalité. → PLÉONASME

UNIMENT emploi et sens Cet adverbe a le sens de « avec régularité ». Il s'emploie souvent de façon figée, précédé de **tout,** avec le sens de « en toute simplicité ». Ne pas confondre avec **uniquement :** *Il m'a avoué tout uniment sa faute.*

UNIR constr. Ce verbe gouverne les prépositions **à** ou **avec,** la seconde renforçant le sens du verbe plus que la première. ♦ emploi et sens Ce verbe assez abstrait est concurrencé par **réunir, joindre** et beaucoup d'autres verbes de ce type. → AVEC, ALLIER, ASSOCIER, JOINDRE, etc.

UPPERCUT orth. Avec deux *p.*

URBANISER emploi Ce verbe et ses dérivés, *urbanisme, urbaniste, urbanisation,* sont passés dans la langue officielle et dans l'usage : *Z.U.P. est un sigle désignant une « zone à urbaniser en priorité ».*

URETÈRE et **URÈTRE** sens Ces substantifs masculins désignent tous deux des « canaux ». Le premier va « du rein à la vessie », il est interne. Le second va « de la vessie au méat urinaire », il aboutit à l'extérieur du corps. Les dérivés sont, pour le premier, **urétéral,** et de nombreux mots en **urétéro-** ; pour le second, **urétral,** et de nombreux mots en **urétro-.**

URGENT emploi et sens Comme bien d'autres adjectifs à valeur de superlatif, **urgent** admet des renforcements adverbiaux, en dépit du pléonasme apparent : *Rien de très urgent ne l'obligeait à sortir* (Martin du Gard). *Je vous en prie, c'est extrêmement urgent.* La dévalorisation des intensifs comme *excellent, formidable, intime,* etc., explique cet usage très répandu. On rencontre également le superlatif familier **urgentissime :** *Fallait, pouvez m'en croire, qu'elle ait urgentissime besoin*

de s'entendre déblatérer pour vous avoir ouvert sa porte (Champion).

URGER emploi et sens Verbe très familier, surtout employé après *ça : Puisque je vous dis que ça urge !* (Queneau). On dit mieux : *C'est urgent, très pressé,* etc.

URINER → PIPI (FAIRE)

US prononc. [ys]. ♦ emploi et sens Très rarement seul, et généralement dans **us et coutumes.** C'est un doublet de **usage.**

USAGE emploi et sens On n'emploie plus l'infinitif substantivé *user,* au sens de « usage prolongé ».

□ **à l'usage du dauphin.** Cette formule classique est souvent employée ironiquement, au sens de « pour que le successeur puisse en faire son profit » : *Un petit résumé d'histoire contemporaine à l'usage des dauphins patients* (Péguy).

USAGÉ et **USÉ** sens Le premier mot est adjectif (il n'y a pas de verbe *usager*). Il signifie « qu'on a beaucoup employé, mais qui n'est pas détérioré » : *Cette machine à laver est usagée, mais peut encore servir.* En revanche, **usé,** participe-adjectif, a un sens dépréciatif, « mis hors d'usage par un emploi long ou intensif » : *Ce moteur est usé, il faut faire un échange standard. C'est un homme usé,* c'est-à-dire « fatigué et démoralisé par les difficultés qu'il a rencontrées ».

USER constr. On distinguera **user quelque chose** ou **quelqu'un,** au sens négatif (→ le précédent), et **user de quelque chose,** au sens de « se servir de » (dans un registre soutenu) : *J'usai en tout cas sans retenue de cette libération* (Camus). *Certains chefs de l'opposition dont il semblait user comme de contrepoids* (P. Jardin). L'adjectif qui correspond à ce sens n'est pas *usé,* mais *usité* (auquel ne correspond aucun verbe) : *Le tour « Aimer trop mieux son ennemi que soi » n'est plus usité. On le trouve employé maintes fois par Ronsard.*

□ **en user bien, mal avec quelqu'un.** Cette locution est littéraire et recherchée, au sens de « se comporter de telle manière » : *Il en usait galamment avec toutes les femmes* (France).

VA → ALLER, IMPÉRATIF

VACANCE(S) sens Au singulier dans la langue administrative ou littéraire, au sens de «fait d'être disponible, sans titulaire»: *Le service des urgences de l'hôpital vient d'être fermé par suite de la vacance prolongée des postes de chirurgien et d'anesthésiste titulaires (Le Monde).* Il y a dans l'exemple suivant confusion avec **vacuité** (→ ce mot): *Et brusquement, dans les rues immobiles, il se fit une grande vacance (Cesbron).* **Vacances** est le plus souvent au pluriel, au sens de «congé»: *Ce que fut la guerre pour tant de très jeunes garçons: quatre ans de grandes vacances (Radiguet).* → le suivant

VACANCIER emploi et sens C'est le meilleur substantif, à l'heure actuelle, pour désigner des «personnes en vacances»: *Mais le vacancier de l'hiver se différencie-t-il beaucoup de celui de l'été? (Le Monde).* → AOÛTIEN et ESTIVANT

VACANT ou **VAQUANT orth.** La première est celle de l'adjectif: *Je vais faire exécuter tous les nobles, et ainsi j'aurai tous les biens vacants (Jarry).* La seconde est celle du participe de **vaquer**: *Mademoiselle Verdure, en toilette de nuit, vaquant à de derniers rangements (Gide).* → PARTICIPE PRÉSENT

VACATIONS → SALAIRE

VACILLER, VACILLATION prononc. Tous les mots de cette famille se prononcent aujourd'hui avec un [j] et non plus avec un ou deux [l]: [vasije] et non *[vasil(l)e].

VA-COMME-JE-TE-POUSSE (À LA) orth. Cette locution invariable prend des traits d'union.

VACUITÉ sens «État de ce qui est vide», surtout dans un contexte abstrait: *Ce chef-d'œuvre était d'une si palpitante vacuité (Prévert).* On se gardera de confondre avec **viduité**, qui signifie «état du veuf ou de la veuve»: *Le délai de viduité empêche une veuve de se remarier avant que dix mois se soient écoulés depuis la mort de son mari.* Il ne faut pas céder ici à l'attraction de l'adjectif **vide**, qui est très forte.

VADE-MECUM prononc. [vademekɔm]. ♦ **orth.** Avec un trait d'union, mais sans accent sur les *e.* ♦ **forme** Invariable.

VA-ET-VIENT forme Substantif invariable: *Bien sûr, je n'ai jamais vu ces va-et-vient (Salacrou).*

VAGUER et **VAQUER sens** Vaguer, rare et littéraire, signifie «errer sans but précis»: *Les yeux du mourant, qui vaguaient, effleurent Cécile (Martin du Gard).* **Vaquer** est transitif indirect, au sens de «s'occuper de»: *Elle vaque à ses propres affaires (Claudel),* ou intransitif, au sens de «être inoccupé» ou de «interrompre ses fonctions»: *Les classes vaqueront à compter du 27 juin.* → VACANT

VAINCRE conjug. → APPENDICE. Ce

verbe est difficile à conjuguer et souvent estropié. Le *c* final du radical se conserve dans **vaincs** (impératif), **je vaincs, tu vaincs, il vainc**. Ces formes sont très peu employées. Ces remarques valent également pour *convaincre* : *Je tenais d'abord à ce que vous le convainquiez de la nécessité de se retirer de mon chemin* (Dhôtel).

VAINQUEUR forme Pas de féminin. Pour l'adjectif, on emploie souvent **victorieuse**, féminin de **victorieux** : *Elle est sortie victorieuse* (ou *vainqueur*) *de cette lutte acharnée*.

VAISSEAU → BATEAU (pour le genre des noms de vaisseaux) et GUIDE TYPO.

VAL forme Plur. : **des vals**. Mais on a dans certains tours figés ou dans des noms géographiques la forme **vaux** : *Par monts et par vaux. Les Vaux-de-Cernay.* → -AL.

VALABLE emploi et sens Cet adjectif est parfaitement acceptable dans les emplois que voici : *Des arguments valables pour la dialectique de la foi* (Bazin). *Les lignes qui suivent sont toujours valables* (Vercors). *Votre réponse est peut-être valable pour un enfant quelconque* (Vian). Mais il n'en est plus de même dans les phrases suivantes : **De toute façon, il n'y a guère que deux moyens d'organiser un enseignement supérieur valable* (*Le Monde*). **Rien de valable ne s'est jamais accompli sans qu'il y ait eu quelqu'un* (Mauriac). **Le style de Stendhal dans « De l'amour » n'est aussi valable aujourd'hui qu'il l'était en 1822* (Henriot). On note un certain abus de cet adjectif dans l'usage. Il ne manque cependant pas d'adjectifs à sens positif, qu'on pourra dans beaucoup de cas employer avec plus de pertinence : *talentueux, inspiré, doué, remarquable, efficace,* etc.

VALOIR conjug. → APPENDICE et la rubrique PRÉVALOIR. ♦ **forme** Le participe **vaillant** est invariable dans la locution vieillie et rare : *Il n'a pas dix écus vaillant.* Ce mot a dans ce cas une valeur adverbiale. → COMPTANT, DURANT, etc. Le participe passé *valu* suit la même règle que celui des verbe *coûter* (→ ce mot), *mesurer,* etc. : *On est loin des*

quinze sous que cet objet a valu avant 1914! (*que* = complément circonstanciel). *Tu te souviens de la raclée que m'a value mon incartade?* (*que* = complément d'objet direct).

□ **il vaut mieux** ou **mieux vaut** → MIEUX

VANILLIER orth. Avec un *i* après le double *l*. → JOAILLIER

VANTAIL sens « Partie mobile d'une porte » ou « châssis d'une fenêtre ». ♦ **forme** Plur. : **des vantaux.** → -AIL, VENTAIL.

VA-NU-PIEDS forme Invariable : *Ces croquants, ces va-nu-pieds des forêts limousines, des landes de Bretagne* (Gallo).

VAQUER → VACANT et VAGUER

VARAPPE orth. Deux *p.* ♦ **sens** « Escalade en montagne ».

VARECH prononc. [vaʀɛk].

VARIABLE, VARIANTE et **VARIATION sens** Le premier substantif appartient à la langue des mathématiques : « symbole susceptible de recevoir différentes valeurs numériques », ou de la physique et de la chimie : « facteur dont dépend l'état d'un système ». Le deuxième désigne un « élément de substitution », surtout en matière de langage et de philologie : *Le r dit « bourguignon » est une variante du r parisien. Ce texte comporte de nombreuses variantes.* Le mot **variation** désigne essentiellement le « passage d'un état à un autre », ou encore l' « écart entre deux états » : *La région a connu de brusques variations de température.* On connaît également le sens musical, « modification d'une mélodie dans ses éléments secondaires » : *Variations sur un thème de Haydn, de Brahms.*

VA-T-EN-GUERRE forme Substantif invariable. ♦ **emploi et sens** Ce mot appartient à la langue familière, au sens de « partisan de la guerre à outrance » (le plus souvent ironique).

VA-TOUT forme et emploi Substantif invariable. Il n'est utilisé que dans **jouer son va-tout,** c'est-à-dire « risquer sa dernière chance ».

VAU-L'EAU (À) → A VAU-L'EAU

VAUVERT → DIABLE (au diable vert)

VÉCU → VIVRE (verbe)

VEDETTE prononc. [vədɛt] et non *[vɛdɛt].
♦ genre Ce mot n'a pas de forme masculine, mais s'applique aussi bien à un homme qu'à une femme. ♦ dérivé : vedettariat (double *t*), mot mal formé, le suffixe étant -*at* et non *-*ariat* (**notaire /
notariat** est normal).

VEILLER constr. Ce verbe se construit normalement avec **à ce que** : *Le clergé
doit veiller à ce qu'aucune faute n'échappe au châtiment* (Chabrol). On rencontre parfois le simple *que*, soit dans la langue populaire, soit dans la langue littéraire, par une sorte d'hypercorrection (sous l'influence de la condamnation portée par les puristes contre *s'attendre à ce que, consentir à ce
que*, etc.) : *Elle veillait que le petit vacher
les fît courir dans la prairie* (R. Peyrefitte). ♦ On dit : *veiller sur la santé de
ses enfants, veiller au bon déroulement
du scrutin, veiller à la casse* (familier),
veiller au grain, etc. Mais on construira le verbe transitivement dans : *veiller un
malade, un mort, veiller l'écoute* (locution de marin).

VÉLIN orth. Ne pas omettre l'accent aigu.

VÉLO → A (**à** ou **en** + **moyen de locomotion**)

VELOURS sens Ce mot mal connu désigne une « faute de liaison consistant à insérer sans nécessité dans un groupe phonique le son [z] » : *Mais attendez un
peu, je les leur-z-y ferai voir, moi, mes
fesses* (Aragon). *C'est un z'oiseau*
(Jarry). → CUIR, LIAISON et PATAQUÈS

VELU et **POILU** emploi et sens Poilu est neutre : « qui possède des poils ». Mais il prend dans le langage familier le sens de **velu**, qui s'emploie en zoologie et en botanique dans une acception plus insistante et précise : « dont les poils sont nombreux, longs et souples ». Cette nuance se retrouve dans **pilosité**
et **villosité** → VILLEUX

VÉLUM orth. Ce mot est entièrement

francisé : on l'écrit donc avec un accent aigu sur le *e*, et, au pluriel, avec un *s*
final.

VÉNAL forme Masc. plur. : **vénaux.**

VENDETTA prononc. [vɑ̃dɛta] et non
*[vɛ̃]. ♦ orth. Plur. : **des vendettas.**

VÉNÉNEUX et **VENIMEUX** emploi et sens On ne doit pas confondre ces adjectifs. Le premier, essentiellement non animé, s'applique à un « objet qui contient du poison » : *Oui, il y a ici et là
dans le parc du lierre vénéneux mais aisément reconnaissable et isolé* (Velan).
*Petit malheureux, disait-il, tu ne sais
pas que ce sont des espèces vénéneuses,
que dis-je, mortelles !* (Perry) [il s'agit de champignons]. Au figuré : *Vos cheveux
sont les vins vénéneux de l'été* (P. Emmanuel). Le second adjectif s'applique à un animal « qui a du venin » : *La morsure de vipère est venimeuse*. On parle, par extension, du *dard venimeux d'une
abeille* et surtout, au figuré, d'une *personne* ou *d'un propos venimeux*, c'est-à-dire « très méchant » : *Au milieu de ce
monde hostile et venimeux était la
France, la France éternelle* (Daninos).
On notera que seul **venimeux** a des dérivés, qui sont **venimeusement** et **venimosité,** tous deux assez rares.

VÉNERIE orth. Un accent aigu sur le premier *e*.

VÉNÉRIEN orth. Les deux premiers *e*
portent un accent aigu. → MALADIE

VÉNÉZUÉLIEN orth. Des accents aigus, alors que le nom du pays, **Venezuela,**
ne prend aucun accent.

VENGEUR forme Le féminin **vengeresse** ne se rencontre que dans un registre soutenu, et surtout en tant qu'adjectif : *Le père Bellonet, jaune de fureur
démocratique, le cou gonflé d'éloquence
vengeresse* (Aymé). Dans le cas du nom, appliqué à une femme, on emploie plutôt **vengeur :** *Elle s'est faite le vengeur
de son père.* → FÉMININ et -ESSE

VENIR conjug. Comme *tenir.* → APPENDICE et ADVENIR, CONVENIR, etc. ♦ constr.
Suivi de la préposition *à,* et d'un infinitif, ce verbe a le sens de « se trouver dans le cas de », et il marque l'aspect

accidentel de l'action : *Je voulais juste te dire, puisque nous venons à en parler...* (N. Sarraute). *Mais, si l'ouvrage venait à manquer, comment ferait-elle ?* (Guilloux). Le groupe verbal **en venir à** prend un sens différent, celui de «en arriver à» ou de «avoir l'audace de» : *Ils en vinrent à parler de la guerre de 70 et de la trahison de Bazaine* (Apollinaire). *Mais elle en venait presque à regretter chez elle l'absence de ce goût* (Sagan).

□ **venir de + infinitif.** Cette locution à valeur aspectuelle, qui marque une «très légère antériorité», ne s'emploie guère qu'au présent et à l'imparfait de l'indicatif : *Les toutes dernières toiles qu'il vient de peindre* (Romains). *Je venais de terminer ma seconde année de droit* (A. de Châteaubriant).

□ **s'en venir.** L'emploi de ce verbe à la voix pronominale est régional ou archaïque : *Tío Andrés s'en vint à la brèche de l'ancien judas pour recevoir les visiteurs* (Peyré).

□ **d'où vient que** → D'OÙ et OÙ

□ **impersonnel.** Dans certaines locutions : *Il m'est venu à l'esprit (que)... Il lui est venu une idée géniale.*

□ **aller** ou **venir.** Le verbe **venir** implique un «mouvement en direction du sujet» : *Viens-tu ? – On y va !*, ou un «accompagnement du sujet» : *Il faut absolument venir voir ça avec nous !* Mais le verbe **aller** est parfois évité, peut-être en raison des difficultés de sa conjugaison. → ALLER

□ **vienne...** Parfois en tête de phrase, avec inversion du sujet, pour indiquer une supposition, une éventualité (plus fréquemment qu'un souhait) : *Vienne à présent la mort et son atroce calme !* (A. de Noailles). *Viennent à tonner les canons, à se répandre les gaz, cela ne sera qu'à l'appui* (Gide). Ces emplois ressortissent à la langue très soutenue.

□ **bien** ou **mal venu** → BIENVENU, MAL-VENU

VENTAIL forme Plur. : **des ventaux.**
♦ **sens** «Partie de la visière des casques clos, ajourée pour le passage de l'air». Ne pas confondre avec un **vanteau** (plur. : **des vanteaux**), qui a le sens technique de «ouverture dans une soufflerie», ni avec **vantail** → ce mot et -AIL

VER orth. On écrit (sans *s* au singulier) : **un ver de terre** → VERS (substantif et préposition). → MANGER et RONGER

VÉRANDA orth. Ne prend plus de *h* après le *a* final.

VERBES conjug. À l'APPENDICE, on trouvera les modèles de conjugaison, ainsi que les verbes irréguliers et défectifs. Pour de nombreux verbes, on se reportera à leur place alphabétique, où de multiples renseignements sont donnés. → aussi JE, TU, IL(S), NOUS, VOUS, LE, LEUR, LUI, PRONOMS PERSONNELS, IMPÉRATIF, SUBJONCTIF, etc.

□ **problèmes d'accord.**
1. *En personne :* Quand le sujet est un substantif, le verbe est à la 3e personne. Quand c'est un pronom, le verbe prend la personne représentée par ce pronom. Fait exception la subordonnée relative, dans laquelle le verbe se met non à la 3e personne, mais à celle de l'antécédent quand ce dernier est un pronom personnel : *Moi qui sais des lacs les reines* (Apollinaire). *C'est toi qui vas* (et non **qui va*). → QUI, MOI, TOI, etc. ♦ Quand le verbe a pour sujets plusieurs pronoms différents, c'est le pronom de la première personne qui l'emporte sur les deux autres, et celui de la deuxième qui l'emporte sur la troisième : *Oui, vous et moi, sommes les plus anciens locataires* (Estaunié). La reprise par un pronom conjoint est souvent commode et donne plus de précision à la phrase : *Vous, moi, tous les chercheurs, nous sommes de petites têtes noyées sous un lac d'ignorance* (Curel, cité par Le Bidois). L'accord se fait de la même façon quand le sujet est constitué par un substantif (équivalant à un pronom de la 3e personne) coordonné à un pronom : *Adèle pas plus que moi n'avons de sens critique* (Perry). *Tu ne te rends pas compte parce que, tes sœurs et toi, avez été très gâtées* (Maurois). Mais la 3e personne l'emporte parfois sur les deux autres, pour des raisons de «modestie» ou de «proximité» (Grevisse) : *Lorsque moi et tous les autres sont partis à la campagne.* Le verbe est nécessairement à la 3e personne quand il y a inversion du sujet : *Plus tôt que ne le*

pensaient mes amis et moi, à côté de : *Mes amis et moi (nous) le pensions*.

2. *Accord en genre :* Le problème ne se pose que pour les formes adjectivales du verbe. → PARTICIPE PRÉSENT et PARTICIPE PASSÉ

3. *Accord en nombre :* Si le sujet est unique, le verbe prend normalement son nombre : *Le petit chat est mort*. Il y a des exceptions : *La plupart sont chauves. Ce sont des escargots. Vingt ans est un âge difficile*. → CE, COLLECTIF, IL, SYLLEPSE, TITRE, etc. ♦ Le verbe reste au singulier quand ses sujets grammaticaux désignent une seule et même personne : *C'est le ministre et en même temps le citoyen qui s'adresse à vous*. Il est au singulier également si les sujets présentent une gradation, dont le premier ou le dernier terme reprend souvent et résume l'ensemble : *Vaincre les êtres et les conduire au désespoir est facile* (Maurois). *Une confidence, un souvenir, une simple allusion, ouvrait des perspectives insoupçonnées* (Martin du Gard). *Un obstacle quelconque, une bagarre, un coup, voire une blessure, ne l'aurait pas empêché de parvenir à bon port*. On peut cependant employer le pluriel quand on envisage l'action conjuguée de tous les éléments énoncés : *L'envie, l'animosité et même la haine passaient et repassaient sans qu'il les vit jamais devant ses yeux candides* (Bosco). *J'avais découvert en moi une zone d'ombre où se terraient une couardise, une bassesse qui refusaient leur nom* (Colombier). *Une telle aversion de l'instituteur, une telle mise au rancart, une telle brutalité contribuaient à isoler le fils de l'épicière* (Ragon). → AINSI, COMME, (DE) MÊME QUE, etc.

□ **répétition du verbe.** On constate fréquemment l'ellipse d'un verbe, quand il a été exprimé antérieurement. En principe, cela n'est possible que si la seconde forme doit être rigoureusement identique à la première. En fait, on constate de nombreuses infractions à cette règle : *Tu seras dame, et moi comte* (Hugo). *Ils sont partis par là, et elle, dans la direction opposée*.

VERGEURE prononc. [vɛʀʒyʀ]. → GAGEURE. ♦ sens « Marque laissée par les fils de cuivre dans le filigrane du papier vergé ». Ne pas confondre avec

vergeture, « fines raies apparaissant sur une peau distendue ».

VERGLACER orth. Avec un *c* et non un double *s*. Prendre garde à l'influence de **verglas**. ♦ emploi Ce verbe n'existe qu'aux formes impersonnelles : *Il verglace*, et au participe-adjectif : *La route est verglacée*.

VÉRITABLE, VÉRIDIQUE, VRAI sens Alors que **vrai** est d'une formulation absolue, **véritable** est plus particulièrement relatif à un critère déterminé, à une attente, et **véridique** s'applique à la manifestation de la vérité dans le discours. Pour les dérivés, **vérité** a l'emploi le plus général ; **véracité** sert surtout de substantif correspondant à *véridique*. **Véridicité** est très peu employé.

VERMOUTH orth. Avec un *h* à la fin.

VERNIR ou **VERNISSER** sens Le premier verbe est le plus employé. Il a le sens de « enduire de vernis » : *Un meuble verni résiste mieux aux insectes qu'un meuble ciré*. Le second a le même sens, mais est employé surtout pour des objets à caractère esthétique : poterie, céramique, etc., ou au figuré, pour le brillant de certaines feuilles. À noter que plusieurs formes verbales peuvent se confondre. Il peut s'agir de l'un ou l'autre verbe dans la phrase suivante : *Le soleil couchant vernissait son visage* (Huguenin).

VERNIS orth. C'est le substantif qui s'écrit ainsi, le participe du verbe **vernir**, au masculin singulier, ne prenant pas de *s*.

VERS (substantif). orth. Un *s*. **Un vers.** ♦ sens « Ligne rimée d'un poème, d'une pièce de théâtre, etc. »

VERS (préposition) emploi et sens Cette préposition, qui marque proprement la direction, sert aussi à indiquer une « approximation de temps ou d'espace » : *Vers une heure, vers minuit*. On dit aussi : *vers les une heure(s)*. → DANS et SUR

□ **vers où.** Ce tour relatif ou interrogatif est critiqué, mais assez en vogue : *Fougueusement, vers où revolait sans* *cesse ma pensée* (Gide). *Vers où se dirige-t-il?*

VERSO orth. Plur. : **des versos.** ♦ **emploi** À distinguer de **Verseau,** signe du zodiaque.

VERT forme Une robe verte, une robe vert clair → COULEUR. **Au diable vert** → DIABLE

VERT-DE-GRIS forme Invariable : *les soldats vert-de-gris.*

VESCE orth. Avec *-sc-* et non **ss-.* ♦ **sens** « Plante herbacée à vrilles fleuries ». Ne pas confondre avec **vesse,** rare, au sens de « gaz intestinal », ni surtout avec **vesse-de-loup,** nom d'un « champignon non comestible ».

VESTIAIRE emploi et sens On rencontre couramment aujourd'hui, outre le sens de « local où l'on dépose les vêtements », celui de « vêtements déposés au vestiaire » ou celui d'« équipement vestimentaire » : *Une jeune personne adossée au bar me regarda donner mon vestiaire au chasseur* (Carco). Cette extension est souvent critiquée.

VÊTIR conjug. → APPENDICE. On rencontre assez souvent des formes faites sur *guérir : je vêtissais,* au lieu de **je vêtais,** *qu'il vêtisse,* au lieu de **qu'il vête** (subjonctif présent), *se vêtissant,* au lieu de **se vêtant.** Elles ne sont plus admises aujourd'hui. ♦ **constr.** On dit **(se) vêtir de,** mieux que **en** ou **avec,** quand le complément désigne la « couleur » ou la « matière » : *Elle se vêtait d'une étoffe raide et sombre* (Green). *Elle allait vêtue de neuf. Tout de blanc vêtue.* ♦ **emploi et sens** On dit : *Marie a vêtu sa poupée* aussi correctement que : *Marie a vêtu son imperméable* ou *s'est vêtue de son imperméable.* La construction de ce verbe est donc d'une grande souplesse. Mais on emploie davantage le verbe plus plein, **revêtir,** surtout au sens d'« endosser » : *Il est plus facile de revêtir l'uniforme de la guerre que celui de l'absence* (Giraudoux). De même pour **dévêtir** (même conjugaison et mêmes emplois) : *Le soleil qui se couche et dévêt sur l'horizon ses lumineux habits* (Renard). Toutefois, on dit surtout *dévêtir quelqu'un* et *se dévêtir.* Les verbes ha-

biller, rhabiller, déshabiller sont d'un usage plus courant.

□ **court-vêtu** → COURT-

VÉTIVER prononc. [vetivɛʀ]. ♦ orth. On écrit aussi **vétyver.**

VETO orth. Pas d'accent. ♦ **emploi et sens** À côté de la locution **mettre son veto à :** *Habitué à ce que mon père ne mit son veto à aucun de mes actes* (Radiguet), on emploie plus souvent : **opposer son veto.** Le pléonasme n'est pas plus condamnable que dans *opposer un refus catégorique.* On dit également **avoir le veto** ou **le droit de veto.**

VÉTUSTE emploi et sens Cet adjectif s'emploie surtout pour qualifier un bâtiment, au sens d'« abîmé et défraîchi par le temps » : *La démolition de certains bâtiments vétustes dans le centre des villes (Le Monde).* Le substantif correspondant est **vétusté,** qui apparaît plus rarement.

VEULE prononc. [vøl] et non **[vœl].*

VEXER constr. On dit **se vexer de quelque chose, pour un rien, se vexer de ce que** ou **de + infinitif passé,** et enfin **être vexé que** ou **de ce que,** à peu près indifféremment : *J'étais vexé qu'elle me parlât ainsi* (Carco). *Il s'est vexé de ce que vous ne l'avez* (ou *l'ayez*) *pas invité.* → DE

VIABILITÉ sens 1. « État d'une route carrossable » ou « ensemble des travaux d'aménagement d'un terrain avant construction ». 2. Dans un sens plus général, « état d'un organisme viable (vivant ou non) » : *La viabilité de ce processus n'est pas démontrée.* Ne pas confondre avec **fiabilité.** → ce mot

VICE- forme Toujours invariable : **des vice-rois, des vice-légats,** etc.

VICE VERSA prononc. [visevɛʀsa], mais aussi, à la française, [visvɛʀsa]. ♦ orth. Pas de trait d'union, au contraire de *vis-à-vis, volte-face,* etc. Se garder d'écrire **vice et versa* (le [e] dans la prononciation n'étant pas toujours compris).

VICISSITUDE emploi et sens Se rencontre surtout au pluriel, au sens de « changements, variations », etc., et de plus en plus à celui d'«ennuis, difficultés» : *Je prends, à travers la cloison qui sépare nos deux logements, ma part de vos vicissitudes amoureuses* (Courteline). Ce mot a évolué de la même façon que *avatar*. → ce mot

VICOMTÉ **genre** Féminin, comme **Franche-Comté.** → COMTÉ

VIDE- **orth.** Tous les composés formés sur cet élément sont invariables. *Un* ou *des* vide-ordures, -bouteilles, -cave, -poche, etc.

VIDUITÉ → VACUITÉ

VIEILLARD **forme** Le féminin **vieillarde** est très péjoratif et à éviter, pour désigner une «vieille femme» ou une «femme âgée» : *Ça s'arrêtera quand il n'y aura plus que des vieillards et des vieillardes dans l'oasis* (Tournier). On dira mieux : **une vieille (femme).** → les suivants

VIEILLOT **forme** Fém. : **vieillotte** (avec deux *t*).

VIEUX **forme** On trouve la forme masculine **vieil** seulement pour l'adjectif et devant un substantif à initiale vocalique (ou *h* dit muet) : *La main de Wolf crispée comme une serre, sur le cou du vieil homme courbé* (Vian). *Remplacer ce vieil escalier vermoulu* (Ionesco). On distinguera **un vieil aveugle** («un aveugle qui est vieux») et **un vieux aveugle** (sans liaison entre **vieux**, substantif, et **aveugle**, adjectif : «un vieux qui est aveugle»). Parfois **vieux** est conservé pour donner plus de relief au sens : *Je suis / Un vieux homme qui va sur la route* (Hugo). *Depuis que je suis près de vous, il me semble que je suis comme un vieux homme* (Claudel). En revanche, **vieil** devant un masculin à initiale consonantique est un archaïsme aujourd'hui très rare : *Un vieil savorados* (France). ◆ **emploi et sens** L'adjectif substantivé tend à supplanter **vieillard** dans la langue administrative : *La retraite des vieux est surtout un thème de discours électoral*. Il en est de même dans la langue courante : *Ce pauvre vieux est mort de froid*. Souvent aussi avec une nuance péjorative : *C'est un vieux, il ne comprend plus rien à ce*

qui se passe. Mes vieux sont partis. → ÂGE

VIF-ARGENT **orth.** Un trait d'union. ◆ **emploi et sens** Nom donné jadis au mercure. Dans son extension figurée, s'applique à une personne d'une grande vivacité.

VIGIE **genre** Substantif féminin, bien qu'il désigne toujours un «matelot placé en observation dans la mâture».

VIGILE **sens** Féminin au sens de «veille d'une fête», dans la liturgie catholique, ou de «office célébré ce jour-là». Masculin au sens de «veilleur de nuit» (sens repris à l'Antiquité romaine) : *Le vigile a été attaqué par les cambrioleurs*. Ne pas confondre avec **vigie.**

VILEBREQUIN **orth.** Ne pas omettre le premier *e*.

VILENIE **orth.** Ne pas écrire avec un accent aigu sur le *e*.

VILIPENDER **emploi et sens** «Tenir pour peu, dénigrer». S'emploie indifféremment pour les choses ou les personnes. À distinguer de **vitupérer.** → ce mot

VILLE **orth.** Les composés sur **ville** prennent un trait d'union et leurs éléments varient en nombre : *des villes-champignons, des villes-dortoirs, des villes-satellites.* ◆ **genre** De villes sont tantôt considérés comme masculins, ou plutôt neutres, tantôt féminisés arbitrairement, surtout en raison de la présence d'un *e* à la fin du mot, ce *e* étant senti comme marque de féminin : *Chaque fois que Paris s'était débarrassé d'une enceinte, il s'était heurté aux villages* (Romains). *Orléans est pourri de pâtissiers* (Audiberti). *C'était Menton-Garavan, voué au bleu* (Morand). Au féminin : *Le musulman a été chassé, Grenade est prise* (Claudel). *Quoi! Lyon, Marseille, Bordeaux insurgées, Mayence et Valenciennes tombées au pouvoir de la coalition* (France). *Dubrovnik a été de nouveau attaquée* (*Le Monde*, 1er juin 1992). L'influence du mot *ville* est souvent sensible : *Ville du Wurtemberg, Pforzheim, avant la guerre, était riche de ses industries horlogères. Elle travailla ensuite pour la Luftwaffe* (Roblès). En réalité, l'usage est assez flottant. Quand on veut par le nom de la ville désigner sa population, c'est généralement le masculin qu'on rencontre : *Une mystérieuse vieille fille que tout Abbeville appelle Mademoiselle, avec un grand M* (Maurois). *Tout Saragosse devait d'ailleurs croire à une trahison* (Peyré). → TOUT. On lit cependant : *Thèbes entière est au pied du palais, Jupiter, et entend que vous vous montriez au bras d'Alcmène* (Giraudoux). Le genre neutre gagne du terrain et doit être préféré chaque fois que c'est possible.

VILLÉGIATURE emploi et sens Ce substantif, ainsi que les mots qui en sont dérivés, est vieilli et paraît un peu recherché. On emploie plus souvent **séjour, vacances,** etc.

VILLEUX orth. On écrira de même avec deux *l* **villosité** (qui diffère de *pilosité* comme *velu* de *poilu* → VELU. ♦ **emploi et sens** En zoologie et en anatomie, « qui porte des poils ». Aucun rapport avec **vil, vilain.**

VIN orth. marchand de vin. On n'écrit plus guère cette locution en mettant un *s* à **vin,** qui est considéré plutôt comme ayant un sens collectif. Avec des traits d'union, il s'agit d'un substantif désignant un « grand pain de boulanger » ; et, sans traits d'union, une sauce au vin.

VINGT prononc. Le *t* final est muet devant une consonne : *vingt maisons* [vɛ̃] et en fin de groupe rythmique : *Ils étaient vingt.* Cependant il s'articule dans les noms de nombre de 22 à 29, et devant une voyelle (ou un *h* dit muet). ♦ **orth.** Ce mot prend un *s* final dans *quatre-vingts, les quinze-vingts,* mais *quatre-vingt* s'écrit sans *s* quand il a une valeur d'ordinal : *page quatre-vingt.* **Vingt** s'écrit sans *s* chaque fois qu'il ne termine pas le nom de nombre : *quatre-vingt-trois mots.* Mais on écrit toujours : *cent vingt* (sans *s*). → CENT, QUATRE-VINGT(s). ♦ On écrit sans trait d'union *vingt et un* (sauf s'il s'agit du substantif qui désigne un jeu de hasard, le *vingt-et-un*), *vingt mille,* mais *vingt-deux, vingt-trois, quatre-vingt-dix-neuf* prennent le trait d'union.

VINICOLE et **VITICOLE sens** Le premier adjectif renvoie à **vin** : *La coopérative vinicole.* Le second à **vigne** : *La politique viticole est souvent incohérente.* Le second tend à englober le premier.

VIOLENTER et **VIOLER sens** Ces deux verbes, de nos jours, ne se distinguent plus très nettement. On les emploie concurremment au sens de « posséder sexuellement, pénétrer quelqu'un contre son gré » : *Il fallait, pour contenter son génie, qu'elle eût été prise par force ou par ruse, violentée, précipitée dans des pièges tendus sous tous ses pas* (France). Le verbe **violenter,** au figuré, paraît souvent littéraire : *N'avais-je pas sur moi de quoi violenter son silence?* (Gide). Le verbe **violer** est d'un emploi beaucoup plus étendu, aussi bien au sens propre qu'au sens figuré. Tous deux contiennent l'idée de « faire violence d'une façon ou d'une autre à une personne ou à une règle ».

VIRAL forme Masc. plur. : **viraux.**

VIREVOLTE → VOLTE-FACE

VIRGINAL forme Masc. plur. : **virginaux.**

VIRGULE emploi À la différence du point, qui correspond à une pause importante dans la diction, la virgule indique une pause faible : *Joyau étincelant de la grammaire française. Nulle autre langue au monde n'a su tirer de la virgule le subtil et magistral parti qu'en a tiré le français* (Cavanna). Elle sert à **séparer des mots juxtaposés,** de même catégorie grammaticale, et en principe non coordonnés : *C'étaient des mots comme « puissance », « rayonnement », « sang », « soleil », « bonté virile », « confiance », « profusion et soulèvement de la vie », des mélanges de mots et de visions, comme « chants autour du pressoir », « chants dans les plaines de blé », « bénédiction du Père sur les nommes en sueur »* (Romains). La présence de *et, ni, ou* entre deux de ces éléments exclut la virgule, sauf si l'on cherche à produire un effet particulier ou une pause combinée à la coordination. Le dernier sujet d'un verbe n'est en principe pas séparé de lui par la virgule : *Le père, la* *mère, les enfants sont réunis.* Cependant il n'est pas rare de rencontrer une virgule avant le verbe : *Une confidence, un souvenir, une simple allusion, ouvraient des perspectives insoupçonnées* (Martin du Gard). ♦ La virgule sert aussi à **séparer des membres de phrase ou des propositions :** *Ils pédalèrent longtemps, côte à côte, dans les allées vertes qui sentaient la poussière* (Troyat). *Depuis deux mois qu'ils se l'étaient appropriée, qu'ils y venaient chaque jeudi, chaque dimanche (et, depuis la sortie de Pâques, tous les jours), les enfants ne se rassasiaient pas de leur royaume* (Cesbron). ♦ Il n'existe pas de règle absolue dans ce domaine. On observera cependant que la virgule ne sépare de la proposition principale une proposition relative que si cette dernière n'est pas indispensable au sens, et ne fournit qu'une explication, à la manière d'un adjectif qualificatif : *Les spectateurs, qui étaient fatigués, sont rentrés.* (On comprend : «l'ensemble des spectateurs».) Mais on écrira : *Les spectateurs qui étaient fatigués sont rentrés,* si le sens de la phrase est : «Parmi les spectateurs, ceux qui étaient fatigués sont rentrés, les autres non ».

VIRTUOSE genre Ce substantif est des deux genres : *C'est une virtuose de la resquille.*

VIS genre Fém. **une vis.** ♦ sens Il faut distinguer la **vis,** élément mâle, de l'**écrou,** élément femelle. → BOULON

VIS-À-VIS constr. L'ellipse de la préposition *de* est admise au sens spatial : *Vis-à-vis la poste se trouvait la mairie.* ♦ emploi et sens Cette locution signifie à l'origine «visage à visage» (comparer *nez à nez*). Elle s'emploie aujourd'hui au sens de «en face de», en parlant de personnes ou d'objets. Le sens de «en ce qui concerne, à l'égard de» est répandu à tous les niveaux de langue, malgré les réserves des puristes. On trouve cette forme chez Aymé, Martin du Gard, Giraudoux, Masson, etc. Au sens spatial, on rencontre non seulement cette locution prépositive, mais aussi l'adverbe : *Je reste assis là, dans le jour perdu, vis-à-vis du coin de la glace* (Barbusse). *Vis-à-vis, du côté de l'Épitre,*

une estrade s'élevait (France). Le substantif **vis-à-vis** s'emploie également dans divers sens : «personne placée en face d'une autre», «face-à-face», «siège destiné à la conversation à deux», etc. : *Son vis-à-vis restait muet* (Vian). *Le reflet, répété à l'infini dans un vis-à-vis de miroirs, des quatre becs de gaz* (Courteline).

□ **vis-à-vis l'un de l'autre.** On dit aussi correctement : **l'un vis-à-vis de l'autre.** → UN + AUTRE

VISCÈRE genre Masc. : *Le docteur avait néanmoins agi posément, systématiquement, en suivant la procédure conventionnelle, par ensembles anatomiques, des viscères inférieurs aux viscères supérieurs* (Demouzon).

VISCÉRAL forme Masc. plur. : **viscéraux.**

VISER constr. Verbe transitif au sens de «diriger (son regard) vers le but» ou de «revêtir d'un visa » : *L'intelligence n'a sa véritable valeur que lorsqu'elle vise un but extérieur à elle* (Martin du Gard). *Un homme en casquette galonnée, au bord du quai, vise des papiers* (Simenon). Ce verbe se construit généralement avec *à* quand le sens est figuré, et le complément représenté par un nom abstrait ou un infinitif : *Plusieurs projets de loi visent à rénover les logements insalubres (Le Monde).*

VISIONNEUSE emploi Mot technique parfaitement formé et passé dans notre langue.

VISITATION emploi et sens Ce substantif, qui désigne la «visite faite par la Vierge à sainte Élisabeth », ne peut s'employer comme simple substitut de **visite,** sinon dans un contexte plaisant : *Venez vite, cher Archange : nous attendons avec impatience votre visitation* (Sartre). Employé absolument et dans son sens propre, ce mot prend une majuscule initiale.

VITE emploi et sens Ce mot est surtout un adverbe. Son emploi comme adjectif, synonyme de **rapide,** est très vieilli, sauf dans la langue du sport, où les journalistes l'emploient assez volontiers : *Les coureurs les plus vites du*

monde. Dans la langue littéraire : *Son parler est de plus en plus vite et indistinct* (Gide).

VITESSE emploi Les locutions **à toute vitesse, à vitesse réduite** sont parfaitement correctes, mais **en vitesse** appartient uniquement à la langue familière : *Maintenant si vous préférez, vous pouvez déguerpir, mais alors, en vitesse* (Duras).

VITICOLE → VINICOLE

VITRAIL forme Plur. : **des vitraux** → -AIL

VITUPÉRER constr. Ce verbe, dont le sens est « critiquer avec force et vivacité », est transitif : *Le pendu devait être un de ces couards vitupérés par El Rayo parce qu'ils parlaient de se rendre* (Peyré). On ne dit guère *vitupérer quelque chose.* Mais la construction indirecte, avec la préposition **contre,** se répand de plus en plus, sans doute sous l'influence de verbes tels que **invectiver** (→ ce mot), **s'emporter,** etc. : *Il est bien temps de vitupérer contre le monsieur* (Triolet). « *Ne tuez pas nos bébés, assassins, fascistes* », *vitupérait la foule contre les soldats de l'ONU* (F. Hartmann, *Le Monde,* 25 juin 1992). Condamnée par la plupart des grammairiens, elle paraît devoir être admise à plus ou moins longue échéance.

VIVAT prononc. Le *t* se prononce. ♦ **emploi et sens** Vieilli comme interjection, ce mot se rencontre aujourd'hui comme substantif, au sens de « acclamation » : *La voiture s'ébranle. On pousse des vivats* (Cendrars).

VIVE forme Ce mot est généralement invariable, et considéré comme une interjection : *Vive Venceslas et la Pologne !* (Jarry). *Et vive les récipiendaires !* (Vian). Parfois, on le considère encore comme le subjonctif de *vivre,* et on l'accorde : *Vivent donc les enterrements !* (Camus). Avec un non-animé, l'invariabilité semble plus logique : *Vive les vacances !*

VIVOTER orth. Avec un seul *t.*

VIVRE(S) (substantif) emploi et sens Rare au singulier, si ce n'est dans *Il m'assure le vivre* (c'est-à-dire « la nourriture ») et *le couvert* (« l'abri », et non « ce qu'on met sur la table » !). Le plus souvent au pluriel, au sens de « victuailles, aliments nécessaires à la subsistance » : *Il obtint des vivres et des effets de toutes sortes pour les prisonniers français (Le Monde). Les vivres vinrent à manquer* (Chanson du *Petit Navire*).

VIVRE (verbe) conjug. → APPENDICE. ♦ **forme** Le participe passé *vécu* suit la règle des verbes *coûter, mesurer, peser* (→ PARTICIPE PASSÉ) : *Durant les dix années qu'elle avait vécu dans ce pensionnat* (Benoit) (**que** = complément circonstanciel de temps). Mais : *Les moments difficiles que nous avons vécus* (**que** = complément d'objet direct). *Les années écoulées sans vous, je ne les ai pas vécues* (France). *Ces deux jours sont les plus beaux que j'ai vécus* (Boylesve). Dans ces deux exemples, **vivre** a le sens fort de « éprouver intimement, réellement, pour l'expérience même de la vie » (Robert). ♦ **constr.** On sait que ce verbe, en principe intransitif, se construit aisément de façon transitive, avec un « objet interne », pour peu que son complément soit accompagné d'un déterminant ou d'une qualification : *Cremnitz vivait la vie des dépôts d'infanterie* (Apollinaire). → SOUFFRIR ♦ On dit **vivre de ses rentes,** quand l'idée de « moyen pratique et concret » domine : *Il vit de peu, de la fortune de sa femme,* etc. On emploie la préposition **sur** quand c'est l'idée de « prélèvement » qui l'emporte : *Il vit sur le petit capital que ses parents lui ont laissé.* Au figuré, on préfère presque toujours *sur : Il vit sur un rêve impossible.*

□ **vive** ou **vivent...** ! → VIVE

VLAN ! orth. On écrit plus rarement **v'lan !** → ONOMATOPÉES

VOCAL forme Masc. plur. : **vocaux.**

VŒU emploi et sens La formule habituelle **Meilleurs vœux** est critiquée, parce qu'elle a l'aspect d'un comparatif. Le sens n'est évidemment pas « meilleurs vœux que l'an dernier », mais : « Je vous adresse mes vœux les meilleurs. » Il est donc préférable d'employer un déterminant : **Mes meilleurs vœux,** bien que dans la langue classique le comparatif et le superlatif aient été parfois confondus. → COMPARATIF et SUPERLATIF

VOICI et **VOILÀ** **emploi et sens** En principe, **voici** s'applique à une « personne ou à un objet proche de celui qui parle », à « ce qu'on va dire ou faire », à un « état actuel » : *Voici le temps des assassins* (Rimbaud). *Voici Antoine et son sommeil chez le voleur* (Supervielle). *Voici que je suis une fois encore entre les murs noirs de mon mas foulé* (Chabrol). *Voici que des intellectuels parmi les plus connus se mettent à discuter des vrais problèmes* (*Le Monde*). **Voilà** s'applique en principe à « une personne ou à un objet relativement éloigné de celui qui parle », à « ce qui vient d'être dit ou fait », à un « état prochain ou actuel » : *Le garde était mort voilà trois semaines* (Montherlant). *Voilà vingt ans qu'on laisse perdre ainsi de la belle herbe* (Ramuz). *Voilà qu'on nous apprend ce matin que la Bulgarie a proclamé son indépendance* (Romains). En fait, *voici* est beaucoup moins employé que *voilà*, qui prend souvent une valeur emphatique ou affective, et la nette distinction de sens s'efface peu à peu, comme pour *ici* et *là, ceci* et *cela*, etc. (→ CI, CECI, ICI, LÀ) : *Des vieilles oubliées que leur homme a quittées voilà déjà huit ans* (Desproges). *Les bons défenseurs de la loi que voilà !* (Anouilh). *Voilà qui va nous rendre des forces* (Beauvoir). Et dans la langue familière : *En voilà des manières !* (Ionesco). Dans la langue familière parlée, *vlà* : *Tirez-vous, vlà l'directeur ! Voilà-t-il pas qu'une lettre arrive un matin, qui disait que mon frère Henri était malade* (Guilloux). Le premier mot ne se maintient fermement que dans le tour archaïsant *voici + infinitif* (le plus souvent : *venir*) : *Voici venir le temps des villes* (Farrère), et lorsque *voici* et *voilà* servent à opposer deux éléments (comme *ici* et *là*, etc.) : *Voici la maison du maire, (et) voilà celle du curé.*

□ **le voilà qui vient, voilà qu'il vient.** Ces deux locutions de sens voisin ne doivent pas se contaminer, en donnant le tour redondant et fautif : **Le voilà qu'il vient.* Avec **voici**, ce tour est plus rare : *Le voici qui monte enfin l'escalier* (Supervielle). On s'étonne de trouver

sous la plume de Valéry : *Le voici qu'il ne peut plus se contenir dans l'étendue.*

□ **voici bien longtemps que tu (n')es (pas) venu.** Ces locutions présentent la même réalité sous deux points de vue différents. Sans négation, on met en relief « l'éloignement dans le temps du dernier acte accompli », avec négation, on insiste sur la « durée de l'absence ».

□ **revoici, revoilà.** Ces mots à redoublement appartiennent à la langue familière : *Tiens, tiens, revoilà le duelliste de tout à l'heure* (Queneau).

□ **voilà que le maire arrive** ou **qu'arrive le maire.** Après **voilà** (ou **voici**) **que**, on trouve souvent l'inversion du sujet substantif : *Voilà que s'affrontent deux puissances, l'étranger et l'indigène* (Barrès). *Puis soudain voici que lui survenait un grand orage de dure actualité* (Céline, cité par Le Bidois).

VOIE **emploi et sens** S'écrit **voie** au sens (propre ou figuré) de « route, chemin, direction », au singulier dans : *Trois informations [...] qui marquaient son estime pour le Nain jaune et qui, par voie de conséquence, sonnaient comme une condamnation de ce que je suis* (P. Jardin). *Être en bonne voie.* Au pluriel dans : *Condamné à mort pour voies de fait sur la personne d'un officier* (Vercors). *Il est toujours par voies et par chemins.* On se gardera de confondre avec **voix** (« résultat de la phonation, conseil, suffrage », etc.) dans certains tours, comme *les voies du Seigneur ; suivre la même voie que quelqu'un*, etc.

VOILÀ → VOICI

VOILE **emploi** On écrit au singulier *faire voile vers, la navigation à voile, du vol à voile* (« du planeur »), et au pluriel *faire force de voiles, voguer toutes voiles dehors, avoir le vent dans les voiles* (du vent dans les voiles est figuré et familier), *aller pleines voiles*, etc. Il y a hésitation sur le nombre dans *la marine à voile(s)* : Thomas conseille le singulier, mais on lit dans le *Grand Larousse encyclopédique*, à l'article *marine* : *L'apparition du vaisseau, qui va constituer, jusqu'à la fin de la marine de guerre à voiles, le bâtiment de ligne par excellence.* Même orthographe dans le *Petit Robert*, mais le *GLU*, lui, reprend le singulier...

VOIR conjug. → APPENDICE et POURVOIR, PRÉVOIR. ♦ **forme** Pour l'accord de *vu* → ce mot. ♦ **constr.** Ce verbe est le plus souvent transitif, mais avec la préposition *à*, il a le sens de «songer, aviser à» : *Il faut voir surtout à ne pas éveiller sa méfiance.* *Voir après quelqu'un* est un tour incorrect et pesant : *Il a demandé à voir après lui.* → APRÈS

☐ **voyons voir.** La langue familière combine de nombreux verbes avec le mot **voir**, que certains identifient à l'adverbe *voire* (→ ce mot), mais qui est plutôt l'infinitif de but, librement associé à un verbe : *Des conditions? Voyons voir : la chose paraît curieuse* (Queneau). *Revenant vers Pablo qui tapait à grands coups de serpe, elle lança : Arrêtez voir!* (B. Clavel). On peut penser que ces emplois, qui évoquent une idée d'attente ou parfois de défi, proviennent d'une ellipse. Ainsi, le tour analytique : *Chante un peu, pour voir si tu as du coffre,* donnerait : *Chante un peu, pour voir,* puis : *Chante voir un peu, chante voir.* Quoi qu'il en soit, *voir* fait participer davantage le sujet à l'action, par l'intérêt qu'il y prend.

☐ **il ferait beau voir.** Locution un peu désuète et littéraire, qui sert à «repousser une hypothèse à laquelle on ose à peine songer» : *Elle a tout son sang-froid. Il ferait beau voir qu'elle n'eût pas son sang-froid* (Arland, cité par Robert).

☐ **de mes yeux vu.** Ce pléonasme est admis, en tant que référence littéraire au *Tartuffe* de Molière : *J'ai vu, de mes yeux vu, une pièce authentique délivrée par la mairie d'Enghien* (Apollinaire). *Il est tombé en arrière, les bras en croix. J'étais là. Cela, je l'ai vu de mes yeux* (Japrisot). → PLÉONASME

☐ **voir, verbe auxiliaire.** Voir perd souvent sa valeur de verbe de perception, pour servir d'auxiliaire ou de «relais syntaxique» qui permet d'éviter certains tours délicats. Ainsi, au lieu de dire : *On lui préféra son rival,* on peut dire : *Il se vit préférer son rival.* Au lieu de : *J'aurais voulu qu'il partît, J'aurais voulu le voir partir.* Celui qui aurait avancé un doigt du côté de sa bouche aurait parfaitement pu se le voir sectionner* (P. Jardin). ♦ De même, pour éviter la collision de deux *que,* l'un introducteur de la complétive, l'autre se-

cond terme de comparaison : *Elle aime mieux supporter ses infidélités que de le voir s'éloigner d'elle.* → PRÉFÉRER

VOIRE emploi et sens Le sens premier de cet adverbe est un «oui, mais», il exprime un doute : *Je serai lu dans un demi-siècle. Par la postérité. – Voire. Crois-tu qu'on s'intéresse encore à l'adultère et au duel dans ce temps-là?* (Queneau). On le rencontre le plus souvent avec un sens renchérissant, «et même» : *Il fallait être sur le pied de guerre à l'aube pour ne sortir parfois qu'à onze heures, voire midi* (Colombier). *Toute mon enfance avait été et continuerait d'être dominée, voire obsédée, par notre curiosité à l'égard de ces deux hommes* (Labro). *Certains restent rue des Poissonniers plusieurs mois, voire plusieurs années* (Le Monde). On renforce parfois ce mot par **même** : cette association, très critiquée par les puristes, n'est pas incorrecte, mais seulement archaïsante, au sens de «et vraiment même» : *À la bourrellerie, je trouvai mes premiers copains : les apprentis, voire même le compagnon qui n'avait pas vingt ans* (Ragon). *Il écrira au préfet, voire même au ministre.* Littré ne condamnait pas cette locution. Mais il vaut mieux se contenter de l'un de ses éléments : *Il écrira au préfet, et même au ministre* (ou *voire au ministre*).

VOIRIE orth. Pas de *e* intérieur. Prendre garde à l'influence de **voie** et de **nettoiement.**

VOITURE et **WAGON emploi et sens** Dans le lexique officiel de la S.N.C.F., le premier mot désigne un «véhicule pour voyageurs», et le second un «véhicule pour marchandises ou animaux». Les deux mots se rejoignent dans certains cas : *Nous suivons notre père, qui arpente le quai d'un pas propriétaire, vers la très vieille voiture wagon-lits dont il a obtenu de la Compagnie qu'elle la laisse sur le parcours Paris-Lausanne* (P. Jardin). Cependant, la langue courante, sans doute pour bien distinguer les «véhicules ferroviaires» des «voitures automobiles», a tenu à employer **wagon** aussi bien quand il s'agit du transport de voyageurs que du transport de marchandises : *Un froid couloir de pierres mouil-*

lées où les fougères glissent le long des vitres du wagon (Morand); cet usage est en voie de disparition : on est habitué à parler de « voiture-lits », « voiture-bars » ; et invité à monter «en voiture». Pour le transport par route, le mot **voiture**, depuis la quasi complète disparition des « voitures attelées», a remplacé *voiture automobile* et a supplanté *auto*, un peu vieilli : *Cette voiture marche sans chevaux, aussi l'appelle-t-on voiture automobile* (Queneau) : cet exemple est volontairement archaïsant.

VOIX emploi et sens C'est bien ce substantif qu'on trouve dans la locution **avoir voix au chapitre,** c'est-à-dire « pouvoir exprimer son avis sur un sujet», et non, comme on le croit parfois, le substantif *voie,* au sens de «accès» : *Si j'aime mieux le cabriolet, moi? Je pense que j'ai tout de même voix au chapitre?* (Colette). → CHAPITRER, VOIE

VOLATIL et **VOLATILE** orth. Pas de *e* final au masculin pour l'adjectif signifiant «qui passe aisément de l'état gazeux» : *Fixer le sel volatil par la chaux, c'est aussi lui faire perdre sa puissance* (Bachelard). Prendre garde à l'influence de **volatile** (masc.), «oiseau (domestique)».

VOL-AU-VENT forme Invariable : des vol-au-vent.

VOLÉE emploi et sens La locution **à la volée,** «avec un mouvement ample et fort», est vieillie, sauf dans **semer à la volée.** On dit plus souvent **à toute volée,** qui peut paraître familier, mais ne l'est nullement : *Vincent lui envoya son poing à toute volée dans la figure.*

VOLETER conjug. Comme *jeter* → APPENDICE

VOLONTÉ emploi Les comparatif et superlatif de la locution **bonne volonté** sont synthétiques, malgré la cohésion des deux éléments, et on dit **être de (la) meilleure volonté,** non pas **de (la) plus bonne volonté.*

VOLONTIERS orth. Un *s* final. ♦ emploi et sens Cet adverbe est parfaitement admis même dans un contexte non animé, au sens de «aisément, facile-

ment» : *Le lierre pousse volontiers dans les sous-bois.*

VOLTE-FACE forme Le substantif **volte,** employé surtout en équitation au sens de «tour complet qu'on fait faire au cheval», s'emploie parfois au figuré, dans la langue littéraire : il prend un *s* au pluriel, à la différence de **volte-face** (invariable), beaucoup plus usité, au sens de «demi-tour» (non pas «tour complet») et, surtout au figuré, de «brusque revirement». On écrit sans trait d'union **virevolte** et **virevolter.**

VOTER constr. La langue soutenue exige **voter pour les démocrates,** mais la langue familière emploie couramment **voter démocrate** (qui n'a pas du tout le même sens que **voter démocratiquement**). On évitera toutefois de dire *voter Untel* et aussi *voter utile.* → ACHETER

VOTRE et **VÔTRE** orth. et emploi On peut faire les mêmes remarques que pour *notre* (→ ce mot). **Votre** (sans accent circonflexe) fait **vos** au pluriel. **Vôtre** (avec accent circonflexe) fait au pluriel **vôtres.** Le premier est adjectif, le second pronom. → aussi MIEN et METTRE

□ **à la vôtre.** Cette formule de souhait est une abréviation de **votre santé,** que le bon usage n'admet qu'en réponse à un souhait précédent : *À la vôtre, les gars! – À la vôtre, dit Pablo* (B. Clavel). **À la bonne vôtre** est franchement familier.

□ **vous avez fait des vôtres.** Cette locution, dans laquelle **vôtre** est pronom, représentant l'idée de «sottises, fredaines», se dit beaucoup moins qu'à la 3ᵉ personne : *Ils ont fait des leurs,* et surtout au singulier : *Il a encore fait des siennes.*

VOULOIR conjug. → APPENDICE. ♦ forme L'impératif a deux séries de formes. La plus employée est : **veuille, veuillez** (**veuillons** est très rare) : *Veuillez agréer, monsieur,* etc. La seconde est **veux, voulons, voulez.** Littré la condamnait, mais elle s'est bien implantée, surtout quand le contexte est négatif : *Mon bon vieux, ne m'en veux pas d'être parti comme un fou* (Rolland). *Ne lui en voulez pas de sa négligence.* Certains grammairiens assurent même que cette dernière forme a un sens plus fort que celles qui sont proches du subjonctif : il est certain que les formules de politesse du genre **veuillez agréer, croire**, etc., ont contribué à affaiblir ces impératifs. ♦ On n'emploie au subjonctif que les formes **(que) nous voulions, (que) vous vouliez**, et non plus *veuillions, veuilliez* (avec un *i* avant et un *i* après les deux *l*) : *Il faut que nous voulions vraiment réussir pour créer un minimum de confiance. Bien que vous ne vouliez pas en convenir, cela est.* ♦ **constr.** On dit couramment **vouloir quelque chose** (ou **quelqu'un**), sans préposition, mais **vouloir de** est parfaitement correct, au sens de «accepter». La préposition a ici une valeur partitive : *Je veux bien de ton aide, à une condition.* En phrase négative : *Je ne veux pas de votre amitié ! Je n'en veux pas* (France). *Je ne veux pas de la gloire ! Je ne veux pas de la joie ! Je ne veux même pas de l'espérance* (Bernanos). ♦ La langue populaire emploie aussi le tour absolu : **il en veut,** dans lequel le pronom **en** représente, selon le contexte, des contenus très divers.

□ **vouloir que.** Le mode qui suit est généralement le subjonctif, mais peut être l'indicatif quand on constate ou qu'on admet la réalité d'un fait : *Je veux donc bien que toute règle de justice est vaine* (Alain). Dans les tours du type *le hasard veut que, le malheur a voulu que,* la subordonnée peut également se mettre à l'indicatif : *Si le malheur veut que je vous ai perdue pour toujours* (Becque, cité par Robert). L'indicatif, dans ces tours, s'explique par le fait que **vouloir** ne marque plus ici la volonté.

□ **elle mène la vie qu'elle a voulu(e).** → PARTICIPE PASSE

□ **se vouloir.** Avec un nom de chose, l'emploi de **se vouloir** (comme celui de *se voir*) est assez discuté. Georgin cite par exemple les phrases suivantes, qu'il a relevées dans la presse : *L'obscurité qui se voulait totale. La structure du pays se veut industrielle.* Ces emplois abondent : *La poésie ne se veut jamais absence ni refus* (Saint-John Perse). *Quand l'actualité se veut saugrenue* (Dutourd).

□ **bien vouloir** ou **vouloir bien** → BIEN

□ **je veux !** Formule emphatique de la langue populaire, qui confirme avec vigueur ce qui vient d'être dit : *Il connaît son affaire. – Je veux, dit le typo* (Sartre).
→ PARLER et COMMENT

VOUS constr. Le **vous** de politesse désignant une seule personne entraîne pour l'adjectif attribut ou le participe le même accord que le nous de majesté. *Vous êtes trop aimable. Vous êtes parti le 10.* → NOUS

□ **peu d'entre vous s'en tireront.** Quand le sujet du verbe est constitué par une locution collective, suivie de **vous,** l'accord se fait à la troisième personne du pluriel, et non à celle du pronom : *La plupart d'entre vous se décideront un jour. Dix parmi vous ont réussi.* → NOUS

□ **vous-même (vous) étiez.** Après **vous-même(s), vous autres, vous seul(s),** la reprise du pronom sujet est facultative : *Avouez que vous-même n'étiez pas fâché de vous révéler à elles* (Giraudoux). → NOUS

□ **si j'étais (que) (de) vous** → ÊTRE

□ **c'est à vous à** ou **de** → A

□ **c'est (à) vous à qui je m'adresse.** Ce double **à** est aujourd'hui considéré comme un pléonasme. On doit dire : *C'est à vous que je m'adresse,* ou plus rarement : *C'est vous à qui je m'adresse.* On doit surtout éviter le redoublement de la préposition dans les phrases où **à vous** est séparé du verbe par une apposition ou une relative complétant le pronom : *C'est bien à vous, qui avez si longtemps assumé ces responsabilités, que je m'adresse* (et non *à qui*).

□ **vous = on.** Ce pronom se substitue à **on,** surtout en fonction de complément : *Quand une certaine ivresse du désespoir vous possède, tout est préférable à un choix de la volonté* (Romains). *Que vous soyez bancal, bossu, gracieux, mal attifé, raffiné ou ridicule, il faut de toute manière se présenter au monde et tâcher de faire figure* (Dhôtel). Comparer : *Quand on est possédé par...* → NOUS et ON

VOUVOIEMENT forme Celle-ci est la plus répandue, mais on dit aussi correctement **voussoiement,** ou, avec un seul *s,* **vousoiement.** Même remarque pour les verbes **vouvoyer, voussoyer** et **vousoyer.**

VOYAGISTE emploi et sens Ce néologisme bien formé est recommandé (arrêté ministériel du 17 mars 1982) pour remplacer la séquence anglaise *tour operator,* peu conforme aux règles du français, même sous la forme «améliorée» de *tour-opérateur.* Ces mots désignent une «personne morale ou physique commercialisant les voyages à forfait, directement ou par l'intermédiaire de revendeurs» : *Dans l'immédiat, les voyagistes occidentaux amenant des touristes dans ce pays devraient tenter d'obtenir de leurs interlocuteurs chinois le maximum de garanties sur les moyens de transport envisagés* (F. Deron, *Le Monde,* 12 octobre 1992). L'*agence de voyages,* quant à elle, désigne plus l'établissement que le responsable...

VOYELLES genre Le genre des voyelles est toujours masculin aujourd'hui : **un a, un i,** etc. → CONSONNES

VOYER orth. Pas de trait d'union dans **agent voyer.**

VRAI emploi et sens → VÉRITABLE

□ **à vrai dire** ou **à dire vrai.** Ces locutions s'emploient indifféremment : *À vrai dire, il eût bien aimé avoir la clef* (Courteline). *À dire vrai il n'est pas souvent de bonne humeur* (Robbe-Grillet). On emploie, de façon plus littéraire, **au vrai :** *Au vrai, elles ne riaient pas plus de Raymond que de quiconque* (Mauriac). Quant à **vrai,** au sens de «vraiment», il appartient à la langue familière : *Mais, vrai, si les saints sont de cet acabit, ce ne sont pas des gens faciles à vivre* (Duhamel).

□ **vrai faux.** L'alliance de ces deux adjectifs antonymes est devenue courante depuis l'affaire du Carrefour du Développement (1986), pour suggérer, sur le modèle de trop fameux *vrais faux passeports,* une grave ambiguïté dans une opération moralement douteuse : *Il a également suspendu sur-le-champ la secrétaire, soupçonnée d'avoir monté de toutes pièces une vraie fausse affaire d'abus sexuels* (A. Dusart, *L'Est républicain,* 11 juin 1992).

□ **de vrai.** Tour archaïque, fréquent chez certains auteurs précieux, comme Paulhan : *De vrai la joie n'est-elle guère plus sensible dans fou-de-joie.* → citation d'Aymé à PRONOMS PERSONNELS

□ **pour de vrai.** Cette locution est répandue dans la langue enfantine et dans la langue populaire : *Il revit les larmes sur son visage, et il en fut plus vivement bouleversé qu'alors, quand elles coulèrent pour de vrai* (Aragon). → BON et POUR

VRAISEMBLABLE constr. On rencontre, après la locution **Il est... vraisemblable que,** l'indicatif ou le subjonctif, selon le degré de «probabilité». Le conditionnel est également possible : *Il est vraisemblable, dans cette hypothèse, que le régime aurait besoin de renforts considérables.* Après une principale négative ou interrogative, le subjonctif est constant : *il n'est pas vraisemblable qu'on l'ait chargé de cette mission pour se débarrasser de lui ensuite.* → POSSIBLE et PROBABLE

V.T.T. emploi et sens Ce sigle, désignant le *vélo tout terrain,* type de bicyclette sportive très en vogue depuis environ 1987, est recommandé par un arrêté ministériel du 18 décembre 1990 pour remplacer l'anglicisme *moutain bike,* qu'il a aujourd'hui détrôné.

VU emploi et sens Lorsque ce mot précède un substantif, il fonctionne comme une préposition et demeure invariable : *En rougissant d'une légère confusion, vu son extrême délicatesse touchant les procédés amoureux* (Courteline). Après le substantif, c'est le participe-adjectif normalement accordé : *«Choses vues»,* de Hugo.

□ **vu que.** Cette locution conjonctive semble appartenir davantage à la langue administrative que la précédente, et a une allure plus pédante : *La mère Ubu lui prodiguera ses soins, vu qu'elle s'évanouit fort souvent* (Jarry).

□ **au vu et au su de.** Cette locution est vieillie, mais commode pour insister sur la «publicité» d'une action : *Cette femme entretenue au vu et au su de toute la ville, qui étalait un luxe insolent* (Mauriac). Le tour **au vu de** est nettement plus rare que **à la vue de :** *Au vu d'un monceau de cadavres, ils reviennent en courant* (Chaix).

VUE emploi Au singulier dans **à vue** : *tirer à vue, grandir à vue d'œil*, etc. ; **de vue, en vue.** Au pluriel dans *hauteur, largeur, profondeur de vues* au sens de «conceptions, desseins» et dans *prise de vues*.

VULNÉRAIRE genre Masculin au sens de «médicament» (emploi vieilli). Féminin au sens de «plante herbacée servant de fourrage, appelée aussi **trèfle jaune**».

W - Z

W prononc. Les mots commençant par cette lettre sont toujours empruntés à une langue étrangère. Ceux qui sont d'origine germanique se prononcent [v] : **wagnérien, Weber, wergeld, wolfram,** etc. Les autres se partagent entre le [v] initial : **wagon, welter, wyandotte,** ou bien le [w] anglo-saxon ou flamand : **wapiti, watt, western, whisky, whist,** etc. Mais il y a une forte tendance, surtout dans la langue populaire, à ne pas distinguer *v* et *w* dans la prononciation des mots, à quelque place qu'ils soient : **water** donne souvent [vatɛʀ], et la langue officielle elle-même hésite pour **warrant** entre [w] et [v]. Quelques noms de lieux du Nord se prononcent avec [y] comme dans *huit* : *Wissant, Wimereux.*

WAGON → VOITURE

WALLON prononc. [walɔ̃]. Prendre garde à l'influence de **vallon.**

WATER-CLOSET(S) forme Souvent abrégé en **water(s)** avec ou sans *s* final. Le sigle **W.-C.** est aussi très courant : il se prononce plus souvent [vese] que [dublœvese] comme il serait normal. ♦ **emploi** Ce mot est un faux anglicisme, auquel on préférera les mots **toilettes, lavabos** : *Une pièce exiguë où trône un lavabo double et, au fond, un water-closet que laisse deviner une porte entrouverte* (P. Jardin). → AISANCE, CABINETS

WEEK-END prononc. [wikɛnd] et non pas *[wikɛd]. ♦ **emploi et sens** Cet anglicisme s'est tout à fait implanté dans nos mœurs et dans notre langue, et on ne peut plus le refuser, comme naguère, sous prétexte qu'il est possible de dire *fin de semaine* (qui ne possède pas toujours le même sens) ou *semaine anglaise,* qui ne distingue pas entre le « mode d'emploi du temps » et la « période de fin de semaine ». Il a été proposé de former le néologisme *samedi-dimanche* qui n'a pas eu grand succès.

WHISKY forme Plur. : **des whiskies,** à l'anglaise. Plus rarement **whiskys,** à la française : *Moi, j'aime les petits whiskies bien tassés* (Sartre).

X prononc. Ce signe graphique correspond le plus souvent à deux sons : [ks] ou [gz] et non à un seul comme la plupart de nos lettres. Toutefois, il se prononce [z] dans **deuxième, dixième, sixième, sixain** (plus souvent écrit **sizain**), [s] dans **Auxerre, Auxonne, Bruxelles, coccyx, soixante.** Il est muet à la finale de **crucifix, croix, flux, Sioux.** Il se prononce toujours dans les finales en -*ex.* ♦ En début de mot, **x** correspond à [ks] avec une tendance à la sonorisation en [gz] : **xénophobe, xylophone,** etc. De même pour **x** devant consonne ou devant voyelle à l'intérieur des mots : **excuse, saxifrage, vexer,** etc. Quant au groupe initial ex-, il s'adoucit devant une voyelle, sauf dans **exécrable, exécration,** qui se prononcent généralement [ks] pour renforcer la valeur négative de ces mots. **Exigence, exotique, exulter** font [gz].

XÉNOPHOBE sens « Hostile aux étrangers ». Ce mot se distingue de **raciste** en ce sens qu'il s'applique à « toute personne d'une autre nationalité, quelle que soit sa race » : *Cette xénophobie est réapparue lors du meeting organisé samedi à Phnom Penh (Le Monde).*

XÉRÈS prononc. On dit couramment [gzeʀɛs], mais d'autres veulent [keʀɛs], plus proche de la prononciation espagnole d'origine : [xeʀɛs] (Jerez), le premier son étant comparable à celui que contient le mot allemand *Buch*, et absent de notre système phonétique. On préfère parfois le mot anglais *sherry*.

Y prononc. Tout se passe comme si y en tête de mot était précédé d'un *h* dit aspiré : on ne fait ni la liaison ni l'élision, sauf pour **yèble** (autre orthographe de **hièble**), **yeuse, yeux, ypérite** : *le yankee, du yaourt*, etc. Mais : *atteint par l'ypérite*. En général, le *y* intervocalique modifie la prononciation de la voyelle qui précède : **rayon** [ʀɛjõ] et non [ʀa], **moyen** [mwajɛ̃] et non plus [mɔjɛ̃], etc. Mais on prononce sans modification de la voyelle : **bayer, cobaye, gruyère, mayonnaise** et d'autres mots biens connus. Il y a hésitation pour **tuyère** → TUYAU

Y (adverbe) **emploi et sens** Ce mot, dont l'appartenance à la catégorie des adverbes ou des pronoms est souvent malaisée à discerner, s'emploie en principe pour représenter des animaux, des choses ou des idées abstraites. Il équivaut à **à** + **représentant** : *Il faut absolument y aller* (adverbe = *aller là*). *J'y veille comme à la prunelle de mes yeux* (pronom neutre = *à cela*). *Cet homme y est obligé (id.). Ce couteau, j'y tiens beaucoup* (pronom masculin = *à lui*). Il n'est cependant ni rare ni incorrect de l'appliquer à des personnes : *Je penserai à vous. J'y pense sans cesse* (Lavedan). *Vous vous intéressez à lui? – Je ne m'y intéresse pas ; je m'en divertis* (Augier). Mais on dira : *Je me présente à lui, je m'attaque à lui*, etc. L'exemple suivant est de la langue populaire : *J'y dis : «Sont pas très grasses», mais il a insisté, alors j'y ai dit : «Eh bien, venez.»* On a fait le tour du hangar et j'y ai attrapé une oie

(Giono). On n'emploiera pas non plus **y** en fonction de complément d'objet direct, comme on le fait dans certaines régions de France, notamment à Oyonnax : *J'y sais bien, j'y mange, il faut y terminer*, etc. ♦ Dans de nombreuses locutions, **y** ne représente rien de précis et dans l'analyse ne se sépare pas du verbe : *Suzanne passa dans la salle à manger en laissant la porte ouverte pour mieux y voir* (Duras). *Il y va de la sécurité des personnes (Le Monde). Sans avoir l'air d'y toucher, il ne s'y prend pas trop mal. On n'y voit goutte.* → GOUTTE

□ **devant irai(s).** On supprime généralement l'adverbe par souci d'euphonie : *On n'y vivrait pas, mais on irait bien* (Daninos).

□ **où + y.** Ce cumul dans une proposition relative est un pléonasme condamné. On ne dira pas : **C'est la maison où j'y habite*, mais : *C'est la maison où j'habite.* Bien entendu, ce pléonasme est toléré dans le cas de *il y a : C'est la maison où il y a le plus de pièces.*

□ **il y a** ou **il est** → ÊTRE

□ **vas-y** → IMPÉRATIF et ALLER

□ **y compris** → COMPRIS

□ **s'y connaître à** ou **en** → CONNAÎTRE

YACHT prononc. La prononciation néerlandaise d'origine est généralement évitée : on ne dit guère [jakt], qui paraît à tort « paysan », mais plutôt [jak] ou de façon plus affectée, [jɔt]. Mais **yachting** se prononce [jɔtiŋ]. ♦ **orth.** Plur. : **des yachts.**

YACK orth. On peut simplifier en **yak.**

YAOURT forme Celle-ci l'emporte nettement sur la forme **yogourt,** qu'on écrit parfois fautivement **yoghourt.*

-YER (verbes en) → BALAYER et APPENDICE

YIDDISH orth. Cette forme plus proche de la prononciation habituelle est préférable à **yddish.** Quant à la finale, elle est mal fixée : on rencontre *-sh, -ch* et *-sch.* Parfois, ce mot ne comprend qu'un *d* : **yidish.** ♦ **sens** « Ensemble de parlers juifs d'origine germanique » : *Une riche collection d'ouvrages en yiddich* (Apollinaire). Également adjectif (invariable) : *Tandis qu'elle balbutiait des mots yiddisch sans suite* (Ikor).

YOGA et **YOGI** sens Le premier mot désigne la «technique hindoue», le second «celui qui pratique cette technique».

YPÉRITE prononc. → Y. ♦ orth. Pas de *h* initial (vient de la ville d'*Ypres*). ♦ genre Fém. : *La redoutable ypérite.*

ZAGAIE orth. On écrit plus souvent **sagaie.**

ZAPPING emploi et sens Qu'on l'apprécie ou non, cet emprunt à l'anglais (onomatopée), qui désigne l'action «consistant à changer fréquemment de chaîne de télévision au moyen d'une télécommande», est tellement installé dans notre lexique qu'il paraît irremplaçable. On a formé sur lui le verbe **zapper** et même le substantif **zappeur.** Au Québec, on dit **pitonner.**

ZÉRO forme et emploi Prend un *s* comme substantif : *Tout élève ayant eu trois zéros de suite sera exclu.* Comme adjectif, son emploi est fréquent encore que discuté : *Depuis zéro heure, le camp, la guerre n'existaient plus* (Cayrol). *Minorque, année presque zéro* (*Le Monde*). *Il me reste zéro franc zéro centime.*

☐ **partir de zéro.** Il faut préférer dans ce tour la préposition *de* qui indique le point de départ, mais la préposition *à* est fréquente : *Après la ruine de son entreprise, il a dû repartir de zéro. Repartir à zéro* est un tour familier.

ZÉZAYER et **ZOZOTER** emploi et sens Le premier verbe appartient à la langue soutenue : *Qu'est-ce que c'est donc? de-*

manda-t-elle d'une voix qui zézayait, à cause des épingles qu'elle mordait de côté (Rolland). *Ce n'était là pour eux qu'un balbutiement de province, un zézaiement* (Giraudoux). Le second verbe, plus expressif, est de la langue familière ou populaire. Tous deux ont le sens de «parler en transformant les [s] en [z]». On dit aussi **bléser.**

ZIGOTO Plur. : *des zigotos.* orth. On écrit rarement **zigoteau.**

ZIGZAGUER orth. Pas de trait d'union dans ce composé onomatopéique (même remarque pour **zigzag**) : *Il marchait en zigzaguant. Nous fûmes surpris de sa démarche zigzagante.* → PARTICIPE PRÉSENT

ZINC orth. Un *c* et non un *g.* ♦ forme D'après la prononciation, ce substantif a donné *zinguer, zingueur, zingage,* mais d'après sa forme écrite, des mots savants : *zincifère, zincographie.*

ZONE orth. Pas d'accent circonflexe sur le *o,* de même que dans les dérivés *zonage, zonal, zonard, zoner* : *Clément et Helga vivent en zone libre.*

ZOO prononc. La simplification de ce mot en [zo] est fréquente. Elle a l'inconvénient de créer des ambiguïtés par homophonie avec *eaux,* prononcé en liaison [zo]. On dira donc [zoo], au moins chaque fois qu'il pourrait y avoir confusion ou effet comique involontaire : *Il faut que vous alliez au zoo!* (distinct de *aux eaux*).

ZOZOTER → ZÉZAYER

APPENDICE GRAMMATICAL

– CONJUGAISON DES VERBES

On trouvera dans les tableaux qui suivent des modèles de conjugaison pour les verbes traditionnellement classés dans les 1ᵉʳ et 2ᵉ groupes.

La *conjugaison passive ne figure pas ici* : elle n'existe pas en soi, et n'est rien d'autre que la conjugaison complète de *être*, suivie du participe passé du verbe en question.

De même, *la conjugaison pronominale n'a rien de spécifique* et ne méritait pas d'être enregistrée sous forme de modèle. En effet, tout verbe accidentellement ou fondamentalement pronominal se conjugue aux temps simples comme un verbe actif : *Je (me) sers*, aux temps composés avec l'auxiliaire *être*, sans aucune exception : *Je me suis servi, je me serai servi*, etc.

Enfin, à la voix active, la très grande majorité des verbes français utilisent l'auxiliaire *avoir* aux temps composés : *J'ai parlé, j'avais mangé*, etc. Font exception un petit nombre de verbes qui expriment un déplacement ou un changement d'état : *Je suis descendu, il en est arrivé à, vous êtes devenus*, etc.

Pour les temps dits *surcomposés* → TEMPS SURCOMPOSÉS, dans l'ordre alphabétique.

On répartit les verbes autres que **être** et **avoir** en trois groupes.

		Présent	Imparfait	Futur	Passé simple
INDICATIF	1	je suis	étais	serai	fus
	2	tu es	étais	seras	fus
	3	il est	était	sera	fut
	1	nous sommes	étions	serons	fûmes
	2	vous êtes	étiez	serez	fûtes
	3	ils sont	étaient	seront	furent

		Passé composé	Plus-que-parfait	Futur antérieur	Passé antérieur
INDICATIF	1	j' ai été	avais été	aurai été	eus été
	2	tu as été	avais été	auras été	eus été
	3	il a été	avait été	aura été	eut été
	1	nous avons été	avions été	aurons été	eûmes été
	2	vous avez été	aviez été	aurez été	eûtes été
	3	ils ont été	avaient été	auront été	eurent été

		Présent	Imparfait	Passé	Plus-que-parfait
		que			
SUBJONCTIF	1	je sois	fusse	aie été	eusse été
	2	tu sois	fusses	aies été	eusses été
	3	il soit	fût	ait été	eût été
	1	nous soyons	fussions	ayons été	eussions été
	2	vous soyez	fussiez	ayez été	eussiez été
	3	ils soient	fussent	aient été	eussent été

		Présent	Passé 1	Passé 2
HYPOTHÉTIQUE	1	je serais	aurais été	eusse été
	2	tu serais	aurais été	eusses été
	3	il serait	aurait été	eût été
	1	nous serions	aurions été	eussions été
	2	vous seriez	auriez été	eussiez été
	3	ils seraient	auraient été	eussent été

		Présent	Passé		Présent		Présent
IMPÉRATIF	–			GÉRONDIF PARTICIPE	étant	INFINITIF	être
	2	sois	aie été		Passé		
	–				ayant été		Passé
	1	soyons	ayons été		ête		avoir été
	2	soyez	ayez été		en étant		

ÊTRE

		Présent	Imparfait	Futur	Passé simple
INDICATIF	1	j' ai	avais	aurai	eus
	2	tu as	avais	auras	eus
	3	il a	avait	aura	eut
	1	nous avons	avions	aurons	eûmes
	2	vous avez	aviez	aurez	eûtes
	3	ils ont	avaient	auront	eurent

		Passé composé	Plus-que-parfait	Futur antérieur	Passé antérieur
INDICATIF	1	j' ai eu	avais eu	aurai eu	eus eu
	2	tu as eu	avais eu	auras eu	eus eu
	3	il a eu	avait eu	aura eu	eut eu
	1	nous avons eu	avions eu	aurons eu	eûmes eu
	2	vous avez eu	aviez eu	aurez eu	eûtes eu
	3	ils ont eu	avaient eu	auront eu	eurent eu

		Présent	Imparfait	Passé	Plus-que-parfait
SUBJONCTIF		que			
	1	j' aie	eusse	aie eu	eusse eu
	2	tu aies	eusses	aies eu	eusses eu
	3	il ait	eût	ait eu	eût eu
	1	nous ayons	eussions	ayons eu	eussions eu
	2	vous ayez	eussiez	ayez eu	eussiez eu
	3	ils aient	eussent	aient eu	eussent eu

		Présent	Passé 1	Passé 2
HYPOTHÉTIQUE	1	j' aurais	aurais eu	eusse eu
	2	tu aurais	aurais eu	eusses eu
	3	il aurait	aurait eu	eût eu
	1	nous aurions	aurions eu	eussions eu
	2	vous auriez	auriez eu	eussiez eu
	3	ils auraient	auraient eu	eussent eu

		Présent	Passé		PARTICIPE		INFINITIF	
IMPÉRATIF	–					Présent		Présent
						ayant		avoir
	2	aie	aie eu			**Passé**		
	–					ayant eu / eu		**Passé**
	1	ayons	ayons eu		GÉRONDIF			avoir eu
	2	ayez	ayez eu			en ayant		
	–							

AVOIR

Modèle : **blâmer.** On compte environ 4 000 verbes de ce type. Ils posent peu de problèmes au point de vue morphologique. Ce groupe est très ouvert, et c'est en lui que s'intègrent les nombreuses créations actuelles en *-fier*, *-iser*, etc. Notons les particularités suivantes, en ce qui concerne les modifications du radical :

a) **Verbes en -ayer** : Le *y* se change facultativement en *i* devant une syllabe muette : *Il se fraye* ou *fraie un chemin. Je m'en égaye* ou *égaie*, etc. Dans la prononciation, il y a passage concomitant de [ɛj] à [ɛ]. De nos jours, on tend à unifier l'orthographe sur la forme en *-aie*.

b) **Verbes en -cer ou -ger** : Pour que la prononciation demeure à toutes les formes en [s] et en [ʒ] (et ne devienne pas [k] ou [g]), on écrit ç et *ge* devant les lettres *a* et *o*. Ce changement est dû à une vieille tradition de transcription graphique de certains sons en français. D'où : *Je tance, nous tançons ; Je range, nous rangeons*, etc. Le *e* de *rangeons* n'appartient pas à la désinence verbale. Comparer *Nous chantons* (pas de *e*).

c) **Verbes en -eler et -eter** : Devant une syllabe muette, ces verbes redoublent en général la consonne finale de leur radical : *Ils appellent, vous jumellerez ; Ils banquettent, vous projetterez*. Font exception les verbes suivants, qui gardent une simple consonne et prennent un accent grave :

– *Celer, ciseler, congeler, déceler, dégeler, démanteler, écarteler, geler, marteler, modeler, peler, receler, regeler ;*

– *Acheter, corseter, crocheter, fureter, haleter, racheter.*

On écrit donc : *Tu cisèleras, nous gèlerions ; Tu achèteras, elle furète*, etc.

d) **Verbes dont l'avant-dernière syllabe de l'infinitif comporte un *e* muet :** *Mener, crever*, etc. Devant une syllabe muette, ce *e* muet devient *è* (jamais *é*). *Mener : Je mène, nous mènerons ; Crever : Je crève, nous crèverons*, etc.

e) **Verbes dont l'avant-dernière syllabe de l'infinitif comporte un *é* :** *Céder, gérer*, etc. Ce *é* devient *è* seulement devant une syllabe muette finale. On écrit donc : *Elle cède, il gère*, mais : *Elle céderait, il gérera*, etc.

f) **Verbes en -yer** : Ils changent obligatoirement (sauf les verbes en *-ayer*, cidessus) le *y* en *i* devant un *e* muet : *Nous appuierons, elle nettoiera, essuie, tu te noierais*, etc. Font exception les verbes en *-eyer*, qui conservent toujours le *y* : *Il grasseye*. Une uniformisation de ces verbes serait souhaitable et aisée.

g) **Verbes en -éer** : Ils conservent le *e* final du radical à toutes les formes : *il béait, elle créa, une demande agréée*. Ne pas hésiter à faire se succéder trois *e* graphiques quand il s'agit, comme dans ce dernier exemple, du participe passé féminin.

		Présent	Imparfait	Futur	Passé simple
INDICATIF	1	je blâme	blâmais	blâmerai	blâmai
	2	tu blâmes	blâmais	blâmeras	blâmas
	3	il blâme	blâmait	blâmera	blâma
	1	nous blâmons	blâmions	blâmerons	blâmâmes
	2	vous blâmez	blâmiez	blâmerez	blâmâtes
	3	ils blâment	blâmaient	blâmeront	blâmèrent

		Passé composé	Plus-que-parfait	Futur antérieur	Passé antérieur
INDICATIF	1	j' ai blâmé	avais blâmé	aurai blâmé	eus blâmé
	2	tu as blâmé	avais blâmé	auras blâmé	eus blâmé
	3	il a blâmé	avait blâmé	aura blâmé	eut blâmé
	1	nous avons blâmé	avions blâmé	aurons blâmé	eûmes blâmé
	2	vous avez blâmé	aviez blâmé	aurez blâmé	eûtes blâmé
	3	ils ont blâmé	avaient blâmé	auront blâmé	eurent blâmé

		Présent	Imparfait	Passé	Plus-que-parfait
SUBJONCTIF		que			
	1	je blâme	blâmasse	aie blâmé	eusse blâmé
	2	tu blâmes	blâmasses	aies blâmé	eusses blâmé
	3	il blâme	blâmât	ait blâmé	eût blâmé
	1	nous blâmions	blâmassions	ayons blâmé	eussions blâmé
	2	vous blâmiez	blâmassiez	ayez blâmé	eussiez blâmé
	3	ils blâment	blâmassent	aient blâmé	eussent blâmé

		Présent	Passé 1	Passé 2
HYPOTHÉTIQUE	1	je blâmerais	aurais blâmé	eusse blâmé
	2	tu blâmerais	aurais blâmé	eusses blâmé
	3	il blâmerait	aurait blâmé	eût blâmé
	1	nous blâmerions	aurions blâmé	eussions blâmé
	2	vous blâmeriez	auriez blâmé	eussiez blâmé
	3	ils blâmeraient	auraient blâmé	eussent blâmé

		Présent	Passé
IMPÉRATIF	–		
	2	blâme	aie blâmé
	–		
	1	blâmons	ayons blâmé
	2	blâmez	ayez blâmé
	–		

GÉRONDIF PARTICIPE

Présent
blâmant
Passé
ayant blâmé
blâmé
en blâmant

INFINITIF

Présent
blâmer
Passé
avoir blâmé

Ier groupe : BLÂMER (voix active)
La conjugaison passive est constituée par la conjugaison
complète du verbe *être*, suivi du participe *blâmé* : *Je suis
blâmé, J'ai été blâmé*, etc.

IIe GROUPE

Modèle : **guérir** (traditionnellement : *finir*). On compte un peu plus de 300 verbes de ce type. Ils sont caractérisés par l'apparition du suffixe -*iss*- au présent, à l'imparfait de l'indicatif et du subjonctif et au participe-gérondif.

Les seules irrégularités constatées portent sur de minces détails.

a) **Bénir** prend au participe passé un *t* final dans les locutions anciennes et consacrées *eau bénite, pain bénit.*

b) **Fleurir** change son radical en *flor-* à l'imparfait de l'indicatif et au participe présent, au sens figuré de « prospérer » : *Cette mode florissait ; une santé florissante.*

c) **Haïr** perd son tréma aux trois premières personnes du présent de l'indicatif : *Je hais, tu hais, il hait,* et à la deuxième personne du singulier de l'impératif présent : *Hais.* Partout ailleurs il garde le tréma. Mais le passé simple est presque inusité. *Nous haïssions, vous haïtes,* etc.

→ ces trois verbes à leur place alphabétique.

		Présent	Imparfait	Futur	Passé simple
INDICATIF	1	je guéris	guérissais	guérirai	guéris
	2	tu guéris	guérissais	guériras	guéris
	3	il guérit	guérissait	guérira	guérit
	1	nous guérissons	guérissions	guérirons	guérîmes
	2	vous guérissez	guérissiez	guérirez	guérîtes
	3	ils guérissent	guérissaient	guériront	guérirent

		Passé composé	Plus-que-parfait	Futur antérieur	Passé antérieur
INDICATIF	1	j' ai guéri	avais guéri	aurai guéri	eus guéri
	2	tu as guéri	avais guéri	auras guéri	eus guéri
	3	il a guéri	avait guéri	aura guéri	eut guéri
	1	nous avons guéri	avions guéri	aurons guéri	eûmes guéri
	2	vous avez guéri	aviez guéri	aurez guéri	eûtes guéri
	3	ils ont guéri	avaient guéri	auront guéri	eurent guéri

		Présent	Imparfait	Passé	Plus-que-parfait
SUBJONCTIF		que			
	1	je guérisse	guérisse	aie guéri	eusse guéri
	2	tu guérisses	guérisses	aies guéri	eusses guéri
	3	il guérisse	guérît	ait guéri	eût guéri
	1	nous guérissions	guérissions	ayons guéri	eussions guéri
	2	vous guérissiez	guérissiez	ayez guéri	eussiez guéri
	3	ils guérissent	guérissent	aient guéri	eussent guéri

		Présent	Passé 1	Passé 2
HYPOTHÉTIQUE	1	je guérirais	aurais guéri	eusse guéri
	2	tu guérirais	aurais guéri	eusses guéri
	3	il guérirait	aurait guéri	eût guéri
	1	nous guéririons	aurions guéri	eussions guéri
	2	vous guéririez	auriez guéri	eussiez guéri
	3	ils guériraient	auraient guéri	eussent guéri

		Présent	Passé		
IMPÉRATIF	–				
	2	guéris	aie guéri		
	–				
	1	guérissons	ayons guéri		
	2	guérissez	ayez guéri		
	–				

PARTICIPE

Présent : guérissant
Passé : ayant guéri / guéri

GÉRONDIF : en guérissant

INFINITIF

Présent : guérir
Passé : avoir guéri

IIᵉ groupe : GUÉRIR (voix active)
La conjugaison passive est constituée par la conjugaison
complète du verbe *être*, suivi du participe *guéri* : *Je suis,
J'ai guéri, Je serai guéri*, etc.

Verbes en -oir, -re, un certain nombre de verbes en -ir, et aller.

Ce groupe comprend tous les autres verbes français, de conjugaison irrégulière ou défective. C'est une catégorie fermée : aucun verbe néologique ne s'y intègre. On trouvera ci-dessous les principaux de ces verbes, avec l'esquisse de leur conjugaison, dans l'ordre suivant (les chiffres indiquent les personnes¹) :

INDICATIF présent : 1. 2. 3., 1. ; Imparfait : 1. ; Futur : 1. ; Passé simple : 1. SUBJONCTIF présent : 1. ; Imparfait : 1. CONDITIONNEL présent : 1 ; IMPÉRATIF présent : 2., 1. PARTICIPE présent. PARTICIPE passé.

Pour les temps composés, on se référera au tableau du verbe *avoir*, ci-dessus, ainsi qu'aux tableaux des verbes *blâmer* et *guérir*. Pour le passif, voir le début de ce texte. Quand une conjugaison est particulièrement délicate, nous indiquons un plus grand nombre de formes (ex. : *acquérir, aller,* etc.).

Nous énumérons les verbes dans l'ordre alphabétique des formes radicales. Les composés, s'il en existe, sont indiqués à la suite de chacune d'elles.

absoudre *J'absous, tu absous, il absout, nous absolvons / J'absolvais / J'absoudrai . J'absolus* (rare) */ (Que) j'absolve / (Que) j'absolusse* (rare) */ J'absoudrais / Absous, absolvons / Absolvant / Absous, absoute.*

De même *dissoudre* et *résoudre* (sauf participe passé *résolu*).

acquérir *J'acquiers, tu acquiers, il acquiert, nous acquérons, vous acquérez, ils acquièrent / J'acquérais / J'acquerrai / J'acquis / (Que) j'acquière / (Que) j'acquisse / J'acquerrais / Acquiers, acquérons / Acquérant / Acquis.*

De même *conquérir, s'enquérir, requérir.*

aller *Je vais, tu vas, il va, nous allons, vous allez, ils vont / J'allais / J'irai / J'allai / (Que) j'aille, allions, alliez, aillent / Que j'allasse / J'irais / Va, allons, allez / Allant / Allé.*

De même *s'en aller.*

apercevoir → DÉCEVOIR

assaillir *J'assaille, tu assailles, il assaille, nous assaillons / J'assaillais / J'assaillirai (moins bien : j'assaillerai) / J'assaillis / (Que) j'assaille, assaillions/ (Que) j'assaillisse / J'assaillirai (moins bien : j'assaillerais) / Assaille, assaillons / Assaillant / Assailli.*

De même *défaillir, tressaillir.*

asseoir *J'assieds, tu assieds, il assied, nous asseyons, vous asseyez, ils asseyent* ou *J'assois, tu assois, il assoit, nous assoyons, vous assoyez, ils assoient / J'asseyais* ou *j'assoyais / J'assiérai, j'assoirai,* ou plus rarement *J'asseyerai / J'assis / (Que) j'asseye, asseyions,* ou *(Que) j'assoie, assoyions / (Que) j'assisse / J'assiérais, j'assoirais,* ou plus rarement *J'asseyerais / Assieds, asseyons,* ou *Assois, assoyons / Asseyant / Assis.*

De même *rasseoir.* → SEOIR et SURSOIR

astreindre et **atteindre** → CRAINDRE

battre *Je bats, tu bats, il bat, nous battons / Je battais / Je battrai / Je battis / (Que) je batte / (Que) je battisse / Je battrais / Bats, battons / Battant / Battu.*

De même *abattre, combattre, débattre,* etc.

boire *Je bois, tu bois, il boit, nous buvons, ils boivent / Je buvais / Je boirai / Je bus / (Que) je boive / (Que) je busse / Je boirais / Bois, buvons / Buvant / Bu.*

bouillir *Je bous, tu bous, il bout, nous bouillons, vous bouillez, ils bouillent / Je bouillais / Je bouillirai / Je bouillis / (Que) je bouille, (qu')il bouille / (Que) je bouillisse / Je bouillirais / Bous, bouillons / Bouillant / Bouilli.*

ceindre → CRAINDRE

choir Défectif : *Je chois, tu chois, il choit /* Imparf. inusité */ Je choirai* ou *cherrai* (vieux) */ Je chus /* Pas de subjonctif */ Je choirais* ou *cherrais* (vieux) */ Pas d'impératif / Pas de participe présent / Chu.* Les seules formes existantes sont celles que nous donnons ici, comme pour les autres verbes défectifs. → DÉCHOIR, ÉCHOIR

clore Défectif : *Je clos, tu clos, il clôt / Pas d'imparfait / Je clorai* (rare) */ Pas* de passé simple / *(Que) je close* / Pas de subjonctif imparfait / *Je clorais* (rare) / *Clos* / *Closant* (rare) / *Clos*.

De même *déclore, éclore, enclore* et *renclore*, à ceci près que *éclore* ne se conjugue guère qu'aux 3ᵉ personnes du singulier et du pluriel, et que *enclore* et *renclore*, au contraire, ont un présent de l'indicatif complet.

comprendre → PRENDRE

concevoir → DÉCEVOIR

conclure *Je conclus, tu conclus, il conclut, nous concluons / Je concluais / Je conclurai / Je conclus / (Que) je conclue, concluions / (Que) je conclusse / Je conclurais / Conclus, concluons / Concluant / Conclu.*

De même *exclure, inclure* et *occlure* (mais ces deux derniers verbes ont un participe passé en *-us : Inclus, occlus*).

conduire *Je conduis, tu conduis, il conduit, nous conduisons / Je conduisais / Je conduirai / Je conduisis / (Que) je conduise / (Que) je conduisisse / Je conduirais / Conduis, conduisons / Conduisant / Conduit.*

De même tous les verbes en *-duire* et aussi *construire, cuire, détruire, instruire* et leurs composés.

confire → SUFFIRE

connaître → PARAÎTRE

coudre *Je couds, tu couds, il coud, nous cousons / Je cousais / Je coudrai / Je cousis / (Que) je couse / (Que) je cousisse / Je coudrais / Couds, cousons / Cousant / Cousu.*

De même *découdre, recoudre*.

courir *Je cours, tu cours, il court, nous courons / Je courais / Je courrai / Je courus / (Que) je coure / (Que) je courusse / Je courrais / Cours, courons / Courant / Couru.*

De même *accourir* (mais l'auxiliaire est parfois *être*), *parcourir, recourir*.

couvrir → OUVRIR

craindre *Je crains, tu crains, il craint, nous craignons / Je craignais, nous craignions / Je craindrai / Je craignis / (Que) je craigne / (Que) je craignisse / Je craindrais / Crains, craignons / Craignant / Craint.*

De même (à la voyelle *a, e, o* près) tous les verbes en [-ɛ̃dʀ] : *adjoindre, astreindre, atteindre, ceindre, contraindre, enfreindre, éteindre,* étreindre, feindre, geindre, joindre, peindre, plaindre, teindre et leurs composés.

croire *Je crois, tu crois, il croit, nous croyons / Je croyais / Je croirai / Je crus / (Que) je croie / (Que) je crusse / Je croirais / Crois, croyons / Croyant / Cru.*

accroire n'a plus que l'infinitif.

croître *Je crois, tu crois, il croit, nous croissons / Je croissais / Je croîtrai / Je crûs* (accent circonflexe à toutes les personnes) / *(Que) je croisse / (Que) je crusse / Crois, croissons / Croissant / Crû.*

De même *accroître, décroître, recroître* (mais *accru* et *décru* ne prennent pas d'accent circonflexe au masculin singulier).

cueillir *Je cueille, tu cueilles, il cueille, nous cueillons / Je cueillais / Je cueillerai / Je cueillis / (Que) je cueille / (Que) je cueillisse / Je cueillerais / Cueille, cueillons / Cueillant / Cueilli.*

De même *accueillir* et *recueillir*.

cuire → CONDUIRE

décevoir *Je déçois, tu déçois, il déçoit, nous décevons, ils déçoivent / Je décevais / Je décevrai / Je déçus / (Que) je déçoive / (Que) je déçusse / Je décevrais / Déçois, décevons / Décevant / Déçu.*

De même tous les verbes en *-cevoir : apercevoir, concevoir, percevoir, recevoir.*

déchoir *Je déchois, tu déchois, il déchoit, ils déchoient* (pas de 1ʳᵉ ni de 2ᵉ personne du pluriel) / Pas d'imparfait / *Je déchoirai* ou *décherrai* (archaïque) / *Je déchus / (Que) je déchoie / (Que) je déchusse / Je déchoirais* / Pas d'impératif / Pas de participe présent / *Déchu.*

défendre → TENDRE

détruire → CONDUIRE

devoir *Je dois, tu dois, il doit, nous devons / Je devais / Je devrai / Je dus / (Que) Je doive / (Que) je dusse / Je devrais / Dois, devons / Devant / Dû.*

dire *Je dis, tu dis, il dit, nous disons, vous dites, ils disent / Je disais / Je dirai / Je dis / (Que) je dise / (Que) je disse / Je dirais / Dis, disons / Disant / Dit.*

De même *redire* et, sauf à la 2e personne du pluriel du présent de l'indicatif, qui fait *-disez* et non *-dites* : *contredire, dédire, interdire, médire* et *prédire*. Quant à *maudire*, il se conjugue sur *guérir*. → tableau de ce verbe.

dormir *Je dors, tu dors, il dort, nous dormons / Je dormais / Je dormirai / Je dormis / (Que) je dorme / (Que) je dormisse / Je dormirais / Dors, dormons / Dormant / Dormi.*

De même pour *s'endormir* et *se rendormir* ainsi que pour *mentir* et *démentir, partir, se repentir, servir* et ses composés, *sentir* et ses composés, *sortir*.
Pour *départir, repartir, ressortir* → à l'ordre alphabétique.

-duire (verbes en) → CONDUIRE

échoir Impersonnel. Seulement *Il échoit / Il écherra / Il échut / Échéant Échu.*

éclore Seulement aux 3es personnes du singulier et du pluriel : *Il éclôt, ils éclosent / Il éclora, ils écloront / (Qu') il éclose, (qu') ils éclosent / Il éclorait, ils écloraient / Éclosant* (rare) */ Éclos.*

écrire *J'écris, tu écris, il écrit, nous écrivons / J'écrivais / J'écrirai / J'écrivis / (Que) j'écrive / (Que) j'écrivisse / J'écrirais / Écris, écrivons / Écrivant / Écrit.*

De même pour les composés *décrire, inscrire, récrire,* etc.

élire → LIRE

enclore → CLORE

enfreindre et **étreindre** → CRAINDRE

extraire → TRAIRE

faillir Très défectif : *Je faillirai / Je faillis / Je faillirais / Failli.* (Au sens de « faire faillite », ce verbe se conjugue entièrement et normalement sur *guérir.*) *Défaillir* se conjugue comme *assaillir* → ce mot

faire *Je fais, tu fais, il fait, nous faisons, vous faites, ils font / Je faisais / Je ferai / Je fis / (Que) je fasse / (Que) je fisse / Je ferais / Fais, faisons / Faisant / Fait.*

De même *défaire, forfaire, parfaire, refaire,* etc.

falloir Impersonnel : *Il faut / Il fallait / Il faudra / Il fallut / (Qu') il faille / (Qu') il fallût / Il faudrait.* Pas d'impératif */ Fallu.*

feindre → CRAINDRE

fendre → TENDRE

fondre et **confondre** → TENDRE

frire Défectif : *Je fris, tu fris, il frit* (pas de pluriel) */ Je frirai / Je frirais / Fris / Frit.*

fuir *Je fuis, tu fuis, il fuit, nous fuyons / Je fuyais / Je fuirai / Je fuis / (Que) je fuie, fuyions / (Que) je fuisse / Je fuirais / Fuis, fuyons / Fuyant / Fui.*

De même *s'enfuir.*

geindre → CRAINDRE

gésir Très défectif : *Je gis, tu gis, il gît, nous gisons / Je gisais / Gisant.*

instruire → CONDUIRE

joindre et ses composés → CRAINDRE

lire *Je lis, tu lis, il lit, nous lisons / Je lisais / Je lirai / Je lus (Que) je lise / (Que) je lusse / Je lirais / Lis, lisons / Lisant / Lu.*

De même *élire, réélire, relire.*

luire → NUIRE

mentir → DORMIR

mettre *Je mets, tu mets, il met, nous mettons / Je mettais / Je mettrai / Je mis / (Que) je mette / (Que) je misse / Je mettrais / Mets, mettons / Mettant / Mis.*

De même *démettre, permettre, remettre, soumettre,* etc.

mordre et ses composés → TENDRE

moudre *Je mouds, tu mouds, il moud, nous moulons, ils moulent / Je moulais / Je moudrai / Je moulus / (Que) je moule / (Que) je moulusse / Je moudrais / Mouds, moulons / Moulant / Moulu.*

De même *remoudre. Émoudre* ne possède plus que le participe passé *émoulu.*

mourir *Je meurs, tu meurs, il meurt, nous mourons, ils meurent / Je mourais / Je mourrai / Je mourus / (Que) je meure / (Que) je mourusse / Je mourrais / Meurs, mourons / Mourant / Mort.*

mouvoir *Je meus, tu meus, il meut, nous mouvons, ils meuvent / Je mouvais / Je mouvrai / Je mus / (Que) je meuve, mouvions / (Que) je musse* (rare) */ Je mouvrais / Meus, mouvons / Mouvant / Mû.*

De même *émouvoir* (mais pas d'accent circonflexe sur le *u* de *ému*) et *promouvoir* (surtout au participe et aux temps composés).

naître *Je nais, tu nais, il naît, nous nais-
sons / Je naissais / Je naîtrai / Je
naquis / (Que) je naisse / (Que) je
naquisse / Je naîtrais / Nais, nais-
sons / Naissant / Né.*

De même *renaître* (mais le participe
passé est presque inusité).

nuire *Je nuis, tu nuis, il nuit, nous nuisons / Je nuisais / Je nuirai / Je nui-
sis / (Que) je nuise / (Que) je nui-
sisse / Je nuirais / Nuis, nuisons /
Nuisant / Nui.*

De même *luire* et ses composés.

offrir → OUVRIR

oindre *J'oins, tu oins, il oint, nous
oignons / J'oignais / J'oindrai / J'oi-
gnis / (Que) j'oigne / (Que)
j'oignisse / J'oindrais / Oins,
Oignons / Oignant / Oint.* (Ce verbe
se rencontre surtout à l'infinitif et au
participe passé.)

ouvrir *J'ouvre, tu ouvres, il ouvre, nous
ouvrons / J'ouvrais / J'ouvrirai /
J'ouvris / (Que) j'ouvre / (Que) j'ou-
vrisse / J'ouvrirais / Ouvre, ouvrons /
Ouvrant / Ouvert.*

De même *couvrir, offrir, souffrir* et
leurs composés.

paître → le suivant

paraître *Je parais, tu parais, il paraît,
nous paraissons / Je paraissais / Je
paraîtrai / Je parus / (Que) je
paraisse / (Que) je parusse / Je parai-
trais / Parais, paraissons / Paraissant / Paru.*

De même *apparaître, disparaître,
comparaître, reparaître,* etc., *connaître*
et ses composés, *repaître.* Quant à
paître, il suit aussi ce modèle, mais n'a
ni passé simple ni participe passé.

partir → DORMIR

peindre → CRAINDRE

pendre → TENDRE

percevoir → DÉCEVOIR

perdre → TENDRE

plaindre → CRAINDRE

plaire → TAIRE

pleuvoir Impersonnel : *Il pleut / Il pleuvait / Il pleuvra / Il plut / (Qu') il
pleuve / (Qu') il plût / Il pleuvrait /
Pleus, pleuvons / Pleuvant / Plu.*

poindre → OINDRE. Mais on n'emploie
plus que l'infinitif et les 3ᶜˢ personnes
du singulier du présent et du futur

de l'indicatif : *Il point / Il poindra.
Poignant* est un adjectif et non plus
un participe.

pondre → TENDRE

pouvoir *Je peux, tu peux, il peut, nous
pouvons, ils peuvent / Je pouvais / Je
pourrai / Je pus / (Que) je puisse /
(Que) je pusse / Je pourrais / Pas
d'impératif / Pouvant / Pu.*

prendre *Je prends, tu prends, il prend,
nous prenons, ils prennent / Je pre-
nais / Je prendrai / Je pris / (Que) je
prenne / (Que) je prisse / Je pren-
drais / Prends, prenons / Prenant /
Pris.*

De même *comprendre, surprendre,* etc.

prévoir → VOIR

rendre → TENDRE

repaître → PARAÎTRE

répandre → TENDRE

répondre → TENDRE

résoudre Comme *absoudre,* sauf le participe passé *résolu.*

rire *Je ris, tu ris, il rit, nous rions / Je
riais / Je rirai / Je ris / (Que) je rie /
(Que) je risse / Je rirais / Ris, rions /
Riant / Ri.*

De même *sourire.*

rompre *Je romps, tu romps, il rompt,
nous rompons / Je rompais / Je rom-
prai / Je rompis / (Que) je rompe /
(Que) je rompisse / Je romprais /
Romps, rompons / Rompant / Rompu.*

De même *corrompre, interrompre.*

saillir Comme *assaillir,* mais seulement
aux 3ᶜˢ personnes du singulier et du
pluriel : *Il saille / Il saillait / Il sail-
lera / (Qu') il saille / Il saillerait /
Saillant / Sailli.* Mais → à l'ordre
alphabétique.

savoir *Je sais, tu sais, il sait, nous
savons / Je savais / Je saurai / Je
sus / (Que) je sache / (Que) je susse /
Je saurais / Sache, sachons /
Sachant / Su.*

seoir Seulement aux 3ᶜˢ personnes du
singulier et du pluriel : *Il sied, ils
siéent / Il seyait / Il siéra / Pas de
passé simple / (Qu') il siée* (rare) */ Il
siérait / Pas d'impératif ni de temps
composés. Les participes sont surtout
des adjectifs : *séant, seyant* et *sis* sont
étudiés à l'ordre alphabétique.

servir et ses composés → DORMIR

sortir → DORMIR

souffrir → OUVRIR

sourdre Très défectif. Seulement à l'infinitif et à ces deux personnes du présent de l'indicatif : *Il sourd, ils sourdent*, et de l'imparfait : *Il sourdait, ils sourdaient.*

suffire *Je suffis, tu suffis, il suffit, nous suffisons / Je suffisais / Je suffirai / Je suffis / (Que) je suffise / (Que) je suffisse / Je suffirais / Suffis, suffisons / Suffisant / Suffi.*

De même *confire*, sauf le participe passé *confit*, qui prend un -*t* final, et fait au féminin *confite.*

suivre *Je suis, tu suis, il suit, nous suivons / Je suivais / Je suivrai / Je suivis / (Que) je suive / (Que) je suivisse / Je suivrais / Suis, suivons / Suivant / Suivi.*

De même *s'ensuivre, poursuivre.*

surseoir *Je sursois, tu sursois, il sursoit, nous sursoyons / Je sursoyais / Je surseoirai / Je sursis / (Que) je sursoie, sursoyons / (Que) je sursisse / Je surseoirais / Sursois, sursoyons / Sursoyant / Sursis.*

taire *Je tais, tu tais, il tait, nous taisons / Je taisais / Je tairai / Je tus / (Que) je taise / (Que) je tusse / Je tairais / Tais, taisons / Taisant / Tu.*

De même *plaire* et ses composés, mais avec un accent circonflexe au présent de l'indicatif : *Il plaît.*

teindre → CRAINDRE

tendre *Je tends, tu tends, il tend, nous tendons / Je tendais / Je tendrai / Je tendis / (Que) je tende / (Que) je tendisse / Je tendrais / Tends, tendons / Tendant / Tendu.*

De même, les composés *attendre, détendre,* etc., et, à la voyelle près, *défendre, descendre, épandre, fendre, fondre, mordre, pendre, perdre, pondre, rendre, répandre, répondre, tondre, tordre* et *vendre* et leurs composés.

tenir *Je tiens, tu tiens, il tient, nous tenons / Je tenais / Je tiendrai / Je tins / (Que) je tienne / (Que) je tinsse / Je tiendrais / Tiens, tenons / Tenant / Tenu.*

De même *appartenir, contenir, détenir, entretenir, maintenir, retenir, soutenir,* etc., ainsi que *venir* et ses composés.

tondre → TENDRE

tordre → TENDRE

traire *Je trais, tu trais, il trait, nous trayons / Je trayais / Je trairai / Pas de passé simple / (Que) je traie / Pas de subjonctif imparfait / Je trairais / Trais, Trayons / Trayant / Trait.*

De même *abstraire, distraire, extraire, retraire* et *soustraire. Abstraire* se rencontre surtout à l'infinitif, et *braire* ne possède que des 3es personnes du singulier et du pluriel.

vaincre *Je vaincs, tu vaincs, il vainc, nous vainquons / Je vainquais / Je vaincrai / Je vainquis / (Que) je vainque / (Que) je vainquisse / Je vaincrais / Vaincs, vainquons / Vainquant / Vaincu.*

De même *convaincre.*

valoir *Je vaux, tu vaux, il vaut, nous valons / Je valais / Je vaudrai / Je valus / (Que) je vaille, valions / (Que) je valusse / Je vaudrais / Vaux, valons* (rares) */ Valant / Valu.*

De même *équivaloir, revaloir,* ainsi que *prévaloir,* sauf au subjonctif présent : *(Que) je prévale,* etc. (jamais de -*ail* dans ce verbe).

vendre → TENDRE

venir et ses composés → TENIR

vêtir *Je vêts, tu vêts, il vêt, nous vêtons / Je vêtais / Je vêtirai / Je vêtis / (Que) je vête / (Que) je vêtisse / Je vêtirais / Vêts, vêtons / Vêtant / Vêtu.*

De même *dévêtir, revêtir.*

vivre *Je vis, tu vis, il vit, nous vivons / Je vivais / Je vivrai / Je vécus / (Que) je vive / (Que) je vécusse / Je vivrais / Vis, vivons / Vivant / Vécu.*

De même *revivre, survivre.*

voir *Je vois, tu vois, il voit, nous voyons / Je voyais / Je verrai / Je vis / (Que) je voie / (Que) je visse / Je verrais / Vois, voyons / Voyant / Vu.*

De même *prévoir,* sauf au futur : *Je prévoirai* et au conditionnel : *Je prévoirais,* et *pourvoir,* sauf aux formes ci-dessus, ainsi qu'au passé simple et au subjonctif imparfait : *Je pourvus / (Que) je pourvusse.* Mais on dit *Je prévis,* comme *Je vis.*

vouloir *Je veux, tu veux, il veut, nous voulons / Je voulais / Je voudrai / Je voulus / (Que) je veuille, voulions / (Que) je voulusse / Je voudrais / Veuille, veuillons* et *Veux, voulons / Voulant / Voulu.* → à l'ordre alphabétique.

II – LA CORRESPONDANCE DES TEMPS
(voir tableau page suivante)

Ce qu'on appelait jadis concordance des temps est beaucoup mieux nommé aujourd'hui, par Maurice Grevisse, *correspondance des temps.* Il s'agit du rapport temporel qui s'établit entre les verbes de deux propositions d'une même phrase, non pas seulement entre la principale et la subordonnée, comme on le dit d'ordinaire, mais bien entre n'importe quelle proposition régissante (principale ou subordonnée) et une proposition subordonnée régie. Les principales indications sont données dans le tableau ci-dessus. → aussi SI et SUBJONCTIF

Les entorses, admises ou non, à cette correspondance sont fréquentes. Elles sont dues :

1. À l'emploi d'un présent *atemporel*, qui donne au fait exprimé une valeur ou une vérité permanente et de tous les temps : *Il pensa que la pitié est bonne* (Saint-Exupéry). *Je leur ai dit que tu es bienveillant et quelquefois drôle* (Vailland). *Il y avait une haute armoire paysanne, non pas installée en belle place comme l'on fait d'ordinaire, mais rencoignée* (Giono).

2. À la présence, dans la langue littéraire, d'un subjonctif imparfait équivalant au conditionnel d'une proposition indépendante : *Je crains qu'il ne se tuât, si on l'y poussait.* (On aurait, sans le verbe initial : *Il se tuerait, si on l'y poussait.*)

3. À l'utilisation de formules figées qui échappent aux correspondances normales : *S'il en fut, Dussé-je, Que je sache, Fût-ce,* etc. On constate une tendance générale à l'invariabilité de ces tours, quels que soient le temps et le mode du verbe qui est en relation avec eux.

4. Au souci d'éviter les formes du subjonctif imparfait en *-ass, -iss, -uss,* et même, par suite, celle de la 3ᵉ personne du singulier, qui ne comporte pas ce suffixe. Les auteurs sont très partagés sur ce sujet, et le clivage entre ceux qui emploient ces formes et ceux qui les évitent a peu de rapport avec la grammaire. Voici quelques exemples de non-observance : *J'aurais aimé que vous causiez avec Casimir* (Gide) (pour *causassiez*). *Et Jean qui me tourmentait pour que je l'inscrive* (Martin du Gard) (pour *inscrivisse*). *Le comportement inhabituel de M. Jo ne leur avait pas suffi pour qu'ils s'écartent à leur tour de leur habituelle réserve* (Duras) (pour *écartassent*).

5. À des phénomènes – discutés – d'attraction temporelle et/ou modale du verbe d'une proposition sur celui d'une autre : *On pourrait croire qu'il faudrait employer la force* (au lieu de *qu'il faut*, ou *qu'il faille*). *J'ai été surpris qu'il ait été désigné* (au lieu de *qu'il fût* ou *qu'il soit désigné*, avec une idée de simultanéité).

De toute façon, on se rappellera que la correspondance des temps ne consiste pas à appliquer automatiquement des règles fixes, mais qu'il faut tenir le plus grand compte de la situation respective des actions l'une par rapport à l'autre.

PROPOSITION RÉGISSANTE		PROPOSITION RÉGIE			
		Situation de l'action par rapport à celle de la proposition régissante			
		en même temps	*avant*	*après*	
PRÉSENT et FUTUR **Idée d'affirmation, de connaissance, d'opinion, de perception**					
(je crois qu') il sait, saura (il faut qu'il) sache } que		je suis	j'étais j'ai été j'avais été je fus j'eus été	je serai j'aurai été	prudent
PASSÉ (je crois, je croyais qu') il savait, a su, avait su, etc. } que		j'étais	j'avais été	je serais j'aurais été	utile
PRÉSENT et FUTUR **Idée de crainte, d'empêchement, de désir, de volonté**					
pouvez-vous craindre (Il est possible qu') il craigne } que		je sois	j'aie été	je sois	imprudent
PASSÉ (on peut se demander s') il ne craignait pas, n'a pas craint, n'avait pas craint, etc. } que		je fusse	j'eusse été	je fusse	imprudent
CONDIT. je souhaiterais qu'		il parte *ou* il partît	il fût parti	il parte	

CORRESPONDANCE DES TEMPS

GUIDE TYPOGRAPHIQUE

Je quittai ma modeste position
au Journal en 1900, car j'avais
trouvé un emploi lucratif à
l'Exposition universelle qui
devait s'ouvrir au de mai; ce
n'est pas ce que je devais
gagner Hé qui m'intéressait
surtout, mais d'assister à la
manifestation colossale qui se
préparait, et d'être un peu
mêlé à cette aventure. J'avais
été nommé secrétaire d'une section, celle de l'alimentation.
Mon bureau était situé dans la
Galerie des Machines, sous un
superbe navire que le
CHOCOLAT Menier avait fait
construire : j'y rencontrai M.
Georges Pellerin, le fabricant
d'art et le premier collection-
de margarine, grand amateur
neur d'impressionnistes à cette
époque.
Or, Raoul Dufy était alors
mon ami : il travaillait aux
Beaux-Arts – massier chez
Bonnat, si je ne me trompe.

signe	signification
	lettres à changer
	mot en italique
	mot à changer
	mot en gras
	mot à ajouter
	lettre à supprimer
	mot à supprimer
	espace à supprimer
	lettre à ajouter
	espace à réduire
	espace à ajouter
	~~mot à changer~~ / ligne à supprimer
	blanc à ajouter
	renfoncement à créer
	rentré à supprimer
	minuscules
	à passer ligne suiv.
	transposer les lignes
	transposer les lettres
	alinéa à supprimer
	capitale
	romain
	petites capitales

Correction d'épreuves

Les signes de correction sont codifiés dans la profession
de manière qu'on rencontre toujours les mêmes. On ne
trouvera cependant pas ici la totalité de ces signes,
inventés pour la typographie traditionnelle, mais seulement ceux qui sont réellement utiles en photocomposition ou en traitement de texte.

Afin de ne pas surcharger le texte composé, on corrige
dans la marge, en revanche, en phase de correction.
Seuls sont inscrits dans le texte les signes marquant les
lettres ou mots à changer, ou désignant les opérations à
effectuer. Si, dans une même ligne, plusieurs corrections
sont nécessaires, elles seront notées dans l'ordre, en partant du texte et en s'en éloignant. On choisira la marge la
plus large pour inscrire les corrections.

GUIDE TYPOGRAPHIQUE

Comment trouver ce que vous cherchez ? Le présent répertoire ne renvoie pas aux pages, mais aux numéros d'ordre des parties du guide typographique. On aura tout avantage à le consulter en premier dans le cas d'une recherche ou d'un besoin bien précis.

1 – **ABRÉVIATION**

L'abréviation des mots est utilisée pour réduire la longueur d'un texte et en rendre la lecture ou la consultation plus rapides. On ne l'emploiera que dans les cas où cela est nécessaire, pour éviter surtout les répétitions en toutes lettres des termes qui reviennent continuellement. C'est le cas des traités ou manuels techniques, scientifiques, professionnels, des encyclopédies, dictionnaires ou glossaires, des catalogues, etc. Les mots abrégés dans ces ouvrages relevant le plus souvent d'un vocabulaire particulier, il conviendra de les présenter dans un tableau afin que nulle confusion ne se produise à la lecture.

Dans tous les autres ouvrages, on écrira les mots en entier dans le texte principal, exception faite des titres de civilité (M., Mme, Mlle) dont les abréviations sont d'un usage établi depuis longtemps et dont la signification est connue de tous. On pourra abréger en revanche dans les parenthèses, notes, renvois, légendes, références, enfin partout où l'abréviation n'est pas une gêne pour la lecture.

1-1. Formation d'une abréviation

On abrège un mot de plusieurs façons :

1-11. En n'en conservant que le début (le plus souvent la première syllabe, ou le radical) jusqu'à la première consonne de la syllabe suivante que l'on fait suivre d'un point (dit *point abréviatif*). On n'abrège pas en supprimant seulement la dernière lettre ou la dernière syllabe du mot : cela ne serait d'aucune utilité puisque l'on n'y gagnerait rien en rapidité de lecture ni en place :

physique	s'abrégera	phys.
volume	–	vol.
académie	–	acad.

Si le mot est d'usage très courant, on n'en gardera que l'initiale, suivie du point abréviatif :

tome	s'abrégera	t.
Jésus-Christ	–	J.-C.

rem. : le point abréviatif n'exclut pas l'utilisation de ponctuation ; il se confond toutefois avec le point final d'une phrase ou avec les points de suspension.

1-12. En supprimant l'intérieur du mot, la terminaison étant accolée en minuscules ou *en lettres supérieures* (ou *en exposant*) :

compagnie	s'abrégera	Cie, Cie
direction	–	D^{ion}

rem. : le mot « compagnie » ne s'abrège que lorsqu'il suit une expression, jamais quand il la commence :

la société Dupont et Cie
la Compagnie générale des Eaux

Dans cette façon de procéder, le passage de la terminaison en lettres supérieures est obligatoire quand l'abréviation obtenue risque d'être confondue avec un mot existant. Ainsi, pour que

l'on ne puisse pas lire l'adjectif *bon*, *bonne* :

baron, baronne	s'abrégeront	B^{on}, B^{onne}

1-13. En ne conservant que quelques consonnes essentielles :

problème	s'abrégera	pb
texte	–	txt

1-14. Les chiffres ordinaux s'abrègent en utilisant le chiffre arabe correspondant suivi d'un e en exposant :

dixième	s'abrégera	10^e

Exceptions :

premier, première	s'abrégeront	1er, 1re
second, seconde	–	2nd, 2^{de}

→1-302. ADVERBES ORDINAUX
rem. : ne pas utiliser 2de pour désigner l'unité de mesure de temps ni celle de mesure d'angle (→ 1-4 UNITÉS DE MESURE).

1-15. En utilisant des symboles ou des signes conventionnels qui sont propres à chaque domaine : dans les sciences exactes comme les mathématiques (+ veut dire *plus* ou *additionné à*), la physique (→ 1-4. UNITÉS DE MESURE), la chimie (→ 1-44. CORPS SIMPLES), l'astronomie ; mais aussi en médecine, en météorologie, en botanique, etc.
rem. : les symboles des corps simples, des unités de mesure, les signes mathématiques sont des conventions internationales établies une fois pour toutes. Leur emploi ne peut donc être remis individuellement en question.

1-2. Dans la pratique on veillera :

1-21. À ne pas abréger trop ou trop peu. Trop, comme dans certaines petites annonces, rend le mot (donc le texte) incompréhensible et relève plus de la cryptographie que de l'abréviation ; trop peu n'est d'aucune utilité.

1-22. À utiliser, au sein d'un même ouvrage, toujours la même abréviation d'un mot qui peut s'abréger de plusieurs façons :

| bibl., biblioth. | pour | bibliothèque |
| circ., circul. | pour | circulaire |

1-23. À ne pas utiliser, au sein d'un même ouvrage, la même abréviation pour plusieurs mots différents :

| bibl. | pour bibliothèque et bibliographie |
| circ. | pour circulaire et circonférence |

1-3. Principales abréviations d'usage
1-30. Abréviations diverses

On trouvera dans cette rubrique une collection non exhaustive d'abréviations courantes, rangées par genre.

1-301. Abréviations latines

Puisqu'elles sont issues d'une langue étrangère, elles sont composées en italique dans un texte en romain (et en romain dans un texte en italique). Une exception toutefois : « etc. » qui est passé dans la langue courante ; « cf. » admet soit l'italique soit le romain.

confer	*cf.* (voir)
et cetera	etc. (et ainsi de suite)
ibidem	*ibid.* (au même endroit)
id est	*i. e.* (c'est-à-dire)
idem	*id.* (le même)
loco citato,	*loc. cit.* (à l'endroit cité)
opere citato,	*op. cit.* (dans l'ouvrage cité)
sequentemque	*sq.* (et suivant)
sequentesque	*sqq.* (et suivants)

1-302. Adverbes ordinaux

primo	1°
secundo	2°
tertio	3°
quarto	4°
quinto	5°
sexto	6°
septimo	7°
octavo	8°
nono	9°
decimo	10°
undecimo	11°
duodecimo	12°
tertiodecimo	13°
...	
vigesimo	20°
vigesimo primo	21°
vigesimo altero	22°
vigesimo tertio	23°
...	
trigesimo	30°
quadragesimo	40°
quinquagesimo	50°
sexagesimo	60°
septuagesimo	70°
octogesimo	80°
nonagesimo	90°
centesimo	100°

On utilisera les adverbes ordinaux pour numéroter les listes. On veillera à ne pas les confondre avec les adjectifs ordinaux (1er, 2°, 3°, etc.).

1-303. Abréviations liées au livre

article	art.
chant	ch.
chapitre	chap.
exemplaire	ex.
feuillet, feuillets	f., ff.
figure	fig.
folio, folios	f^o, f^{os}
gravure	grav.
ligne	l., lig., lgn.
livraison	livr.
livre	liv.
manuscrit, manuscrits	ms., mss.
note de la rédaction	N. D. L. R., NDLR
note du traducteur	N. D. T., NDT
numéro, numéros	n^o, n^{os}
page, pages	p., pp.
paragraphe, paragraphes	§, §§
partie	part.
planche	pl.
recto	r^o
sans date	s. d., sd
sans lieu	s. l., sl
sans lieu ni date	s. l. n. d., slnd
section	sect.
tome	t.
verso	v^o
volume	vol.

rem. : la tendance actuelle est à la suppression des espaces et des points abréviatifs dans les abréviations formées par des initiales, comme pour les sigles. → 1.5

Tableau des formats de livres

in-plano	ne s'abrège pas.
in-folio	in-f^o
in-quarto	in-4°
in-octavo	in-8°
in-six	in-6
in-douze	in-12
in-seize	in-16
in-dix-huit	in-18
in-vingt-quatre	in-24
in-trente-deux	in-32
in-soixante-quatre	in-64
in-cent-vingt-huit	in-128

rem. : « in- » (*en* en latin) se prononce comme dans *turbine* s'il est suivi d'un mot latin (en « o ») et se prononce, francisé, comme dans *brin* s'il est suivi d'un mot français.

1-304. Abréviations des livres bibliques

rem. lim. : nous donnons les abréviations traditionnelles en français ; mais on a longtemps utilisé des abréviations faisant référence au texte latin de la Vulgate ; de nos jours, les théologiens et les biblistes utilisent le système proposé par la traduction œcuménique de la Bible (ou T.O.B.), qui est moins immédiatement compréhensible, mais qui a l'avantage d'être univoque.

Anc. Test.	Tradit.	T.O.B.
Abdias		Ab
Aggée		Ag
Amos		Am
Baruch		*Ba*
1ᵉʳ livre des Chroniques	I Chr.	1 Ch
2ᵉ livre des Chroniques	II Chr.	2 Ch
Cantique des Cantiques	Cant.	Ct
Daniel		Dn
Deutéronome	Deut.	Dt
Ésaïe (Isaïe)	Is.	És
Esdras		Esd
Esther		Est
Exode		Ex
Ézéchiel	Ézéch.	Éz
Genèse	Gen.	Gn
Habaquq	Hab.	Ha
Jérémie	Jér.	Jr
Job		Jb
Jonas		Jon
Judith		*Jdt*
Lamentations	Lam.	Lm
Lévitique	Lévit., Lév.	Lv
Livre de Josué		Jos
1ᵉʳ livre des Maccabées		*1 M*
2ᵉ livre des Maccabées		*2 M*
Malachie	Mal.	Ml
Michée	Mich.	Mi
Nahoum		Na
Nombres	Nomb.	Nb
Néhémie		Ne
Osée		Os
Proverbes	Prov.	Pr
Psaumes		Ps
Qohéleth (Ecclésiaste)		Qo
1ᵉʳ livre des Rois		1 R
2ᵉ livre des Rois		2 R
Ruth		Rt
Sagesse	*Sag.*	*Sg*
1ᵉʳ livre de Samuel		1 S
2ᵉ livre de Samuel		2 S
Siracide (Ecclésiastique)	*Eccli.*	*Si*
Sophonie		So
Tobit		*Tb*
Zacharie		Za

rem. : les noms en italiques sont ceux des livres apocryphes (deutérocanoniques).

Nouv. Test.	Tradit.	T.O.B.
Actes des Apôtres		Ac
Apocalypse	Apoc.	Ap
1ʳᵉ épître aux Corinthiens	I Cor.	1 Co
2ᵉ épître aux Corinthiens	II Cor.	2 Co
Épître aux Colossiens	Colos.	Col
Épître aux Éphésiens	Éphés.	Ép
Épître aux Galates	Gal.	Ga
Épître aux Hébreux	Héb.	He
Épître de Jacques		Jc
Évangile de Jean		Jn
1ʳᵉ épître de Jean	I Jean	1 Jn
2ᵉ épître de Jean	II Jean	2 Jn
3ᵉ épître de Jean	III Jean	3 Jn

Épître de Jude		Jude
Évangile de Luc		Lc
Évangile de Marc		Mc
Évangile de Matthieu	Matth.	Mt
1ʳᵉ épître de Pierre	I Pierre	1 P
2ᵉ épître de Pierre	II Pierre	2 P
Épître aux Philippiens	Philip.	Ph
Épître à Philémon	Phil.	Phm
Épître aux Romains	Rom.	Rm
1ʳᵉ épître aux Thessaloniciens	I Thes.	1 Th
2ᵉ épître aux Thessaloniciens	II Thes.	2 Th
1ʳᵉ épître à Timothée	I Tim.	1 Tm
2ᵉ épître à Timothée	II Tim.	2 Tm
Épître à Tite	Tit.	Tt

Suivant la fréquence des citations, et le degré supposé de familiarité du lecteur, on pourra faire référence :

à la 1ʳᵉ épître de (saint) Jean, à I Jean ou à 1 Jn ; à l'épître aux Romains, à Romains, ou à Rm, etc.

On donne les références aux versets sous la forme :

1 Rois 26, 15 : 1ᵉʳ livre des Rois, chapitre 26, verset 15.

Hébreux 4, 1-11 : épître aux Hébreux, chapitre 4, versets 1 à 11.

1-305 Abréviations géographiques

arrondissement	arr.
avenue	av.
boulevard	bd
canton	cant.
capitale	cap.
chef-lieu	ch.-l.
circonscription	circonsc.
est	E.
fleuve	fl.
latitude	lat.
longitude	long.
nord	N.
ouest	O.
province	prov.
rivière	riv.
rue	(ne s'abrège pas)
sud	S.

1-306 Abréviations d'ordre général

après	apr.
avant	av.
établissements	Éts
féminin	f., fém.
hauteur	H., haut.
inférieur	inf.
largeur	l., larg.
longueur	L., long.
masculin	m., masc.
pluriel	pl., plur.
répondez	r. s. v. p.,
s'il vous plaît	rsvp
s'il vous plaît	s. v. p., svp
sans garantie du	S. G. D. G.,
gouvernement	SGDG
singulier	sing.

supérieur	sup.
téléphone	tél.
tournez	t. s. v. p.,
s'il vous plaît	tsvp

1-31. Titres

1-311. Dénomination et abréviation

rem. lim. : on préférera tant que faire se peut, pour tous les titres qui suivent, les versions utilisant des lettres supérieures.

1-3111. Titres de civilité

madame	Mme, Mme
mademoiselle	Mlle, Mlle
mesdames	Mmes, Mmes
mesdemoiselles	Mlles, Mlles
messieurs	MM.
maître, maîtres	M^e, M^{es}
monsieur	M.
veuve	Vve

On évitera pour *monsieur* l'abréviation M^r, qui ne veut rien dire, ou Mr qui, suivie d'un point abréviatif (Mr.), est l'abréviation anglaise de *mister*, mot qui ne s'écrit jamais en toutes lettres dans cette langue. Dans le même ordre d'idées, Mrs. ne veut pas dire *messieurs* en français, mais *mistress* (qui se prononce [misiz]) en anglais.

1-3112. Titres de noblesse

baron, baronne	B^{on}, B^{onne}
chevalier, chevalière	Ch^{er}, Ch^{re}
comte, comtesse	Cte, Ctesse
duc	(ne s'abrège pas)
duchesse	D^{esse}
marquis, marquise	Mis, M^{ise}
vicomte, vicomtesse	Vte, V^{tesse}

1-3113. Titres honorifiques et religieux

Son Altesse	S. A.
Leurs Altesses	LL. AA.
Son Altesse	S. A. I.
Impériale	
Leurs Altesses	LL. AA. II.
Impériales	

On construira de la même façon les abréviations de Son Altesse Royale, Sérénissime ; Sa Majesté Royale, Impériale, Son Excellence, etc. et leurs pluriels.

Dom	D.
Frère	F.
Monseigneur	Mgr
Révérend Père	R. P.
Saint-Père	S.-P.

Les pluriels (Saint-Père n'en a pas), comme pour les titres honorifiques, s'obtiennent en doublant chaque consonne. Une exception : *Monseigneur*, dont le pluriel est LL. SS. (Leurs Seigneurs).

1-312. Utilisation

- Le titre de civilité, simple convention, s'abrège lorsqu'il est suivi du nom ou de la qualité de la personne qu'il annonce :

M. Durand, Mme le ministre, Mgr Dupanloup.

Il en est ainsi également pour le titre honorifique :

S. M. la reine d'Angleterre.

- Il se met en toutes lettres, en tant que nom commun, quand la personne qu'il annonce n'est pas désignée autrement dans un discours :

Je me réjouis que ces messieurs soient contents de nos services !

ou qu'on s'adresse directement à la personne :

Alors, madame Michel, avez-vous retrouvé votre chat ?

- Il se met en toutes lettres et prend une capitale initiale lorsqu'il est assimilé à un nom propre :

la Grande Mademoiselle
Monsieur de Paris (l'évêque de Paris)
Monsieur frère du roi

ou comme marque de politesse d'un inférieur à un supérieur :

Monsieur travaille dans son bureau et Madame est sortie.
Croyez, Monsieur le directeur, à mes sentiments respectueux et dévoués.

Il en est ainsi pour les titres honorifiques :

Son Altesse Sérénissime a soupé à l'extérieur.

1-4. Unités de mesure et corps simples

Les signes conventionnels utilisés pour désigner les unités de mesure et les corps simples de la chimie sont plus que des abréviations : ce sont des *symboles*. Ils ont une signification unique comprise partout dans le monde. La façon de les utiliser est par conséquent codifiée de manière universelle.

1-41. Sous-multiples et multiples

Voir le tableau ci-contre.

1-42. Règle de formation des noms et des symboles

On accole simplement les préfixes aux noms d'unités, sans trait d'union, pour désigner un multiple ou un sous-multiple : un *milligramme* (millième de gramme), un *nanofarad* (un milliar-

Tableau des multiples et des sous-multiples

nom du préfixe	symb.	coefficient multiplicateur	notation scientif.
atto-	a	unité × 0,000 000 000 000 000 001	10^{-18}
femto-	f	unité × 0,000 000 000 000 001	10^{-15}
pico-	p	unité × 0,000 000 000 001	10^{-12}
nano-	n	unité × 0,000 000 001	10^{-9}
micro-	μ	unité × 0,000 001	10^{-6}
milli-	m	unité × 0,001	10^{-3}
centi-	c	unité × 0,01	10^{-2}
déci-	d	unité × 0,1	10^{-1}
unité		unité × 1	10^{0}
déca-	da	unité × 10	10^{1}
hecto-	h	unité × 100	10^{2}
kilo-	k	unité × 1 000	10^{3}
méga-	M	unité × 1 000 000	10^{6}
giga-	G	unité × 1 000 000 000	10^{9}
téra-	T	unité × 1 000 000 000 000	10^{12}

rem. : on se gardera de confondre dans l'écriture m (milli-) et M (méga-), l'erreur serait de l'ordre du milliard.

dième de farad), un *mégahertz* (un million de hertz), un *hectare* (carré de 100 mètres de côté, soit 10 000 mètres carrés).

On peut ainsi former tous les sous-multiples et les multiples des unités, à une exception près : la seconde. Elle peut se décliner en sous-multiples mais pas en multiples. La raison en est que la façon de compter le temps est une survivance d'un système archaïque de comptage duodécimal (en base 12) remplacé partout ailleurs par le système décimal (en base 10) ; on retrouve également cette survivance dans les degrés d'angle (et les latitudes et longitudes qui en dérivent) ; c'est elle encore qui fait compter certains objets en *douzaines* et en *grosses* (douzaines de douzaines) ; on la trouve enfin dans les unités de mesure typographiques. → 7-11.

Les unités de mesure, même si elles dérivent d'un nom propre (Ohm, Ampère, Newton) sont des noms communs : elles ne prennent jamais de majuscule. En revanche, les symboles dérivés de noms propres s'écrivent avec une majuscule (Ω pour ohm, A pour ampère, N pour newton).

Les symboles se construisent de la même manière en accolant le symbole du sous-multiple ou du multiple à celui de l'unité : kA (kiloampère), mV (millivolt), MW (mégawatt), ca (centiare).

1-5. Sigles et acronymes

Il est impossible de faire une liste de tous les sigles (suite d'initiales que l'on prononce en les épelant) et acronymes (suite d'initiales formant un ensemble prononçable comme un mot) employés de nos jours. Disons seulement que l'usage moderne généralise la suppression des points abréviatifs et des espaces qui étaient de règle dans le passé :

L'abréviation de *Régie autonome des transports parisiens* qui s'écrivait R. A. T. P. s'écrit maintenant RATP.

Quand on a affaire à un acronyme, on peut ne garder que la majuscule initiale et on le traite comme un nom propre :

Unesco, Anvar, Afnor.

2 – COUPURE

2-1. Coupure des mots

La coupure des mots en fin de ligne est une nécessité due à la justification (la justification est l'opération qui consiste à aligner verticalement toutes les lignes d'un texte sur la gauche et *sur la droite* en jouant sur les espacements entre les mots. La longueur de ligne choisie est dite *longueur de justification* ou *justification* tout court → 5-114). La coupure se marque par un tiret «-», également appelé *division* ou *trait d'union*, placé en fin de ligne à l'endroit de la coupure.

On tentera d'éviter la coupure, surtout dans les grandes justifications où les espaces entre les mots sont nombreux à chaque ligne. Quand la coupure est inévitable, on lui applique des règles dont l'usage est plus ou moins souple en fonction de la longueur de la ligne.

Il est de règle en français de procéder à des coupures syllabiques :

aca-/démie, chry-/san-/thème, papil-/lo-/nacée.

rem. : quelques auteurs préconisent, dans certains cas, la coupure étymologique, notamment dans les mots composés de plusieurs racines accolées. Convenons qu'il est plus élégant de couper *hyper-/acidité* que *hypera-/cidité*. Mais on réservera ces finesses aux personnes averties. Quiconque doute de sa science étymologique n'encourra aucun blâme s'il s'en tient à la coupure syllabique.

2-11. Conventions de coupures

On coupe les mots :

- entre la voyelle ou la consonne qui termine une syllabe et la consonne qui commence la suivante :

insé-/cable, transi-/toire, cir-/cons-/tance

- entre les lettres redoublées :

paral-/lèle, quotidien-/nement

- à l'endroit du trait d'union dans les mots composés. La division du mot se confond alors avec le trait d'union :

porte-/monnaie, emporte-/pièce, chou-/fleur

2-12. Conseils et interdits

Les règles qui suivent peuvent être transgressées quand le texte est composé sur une petite justification, comme une colonne de journal. À tout prendre, il vaut mieux une mauvaise coupe qu'un blanc trop grand entre deux mots ou un seul mot à la ligne trop interlettré (l'interlettrage est l'opé-

ration qui consiste à placer des espaces entre les lettres d'un mot) comme cela se voit de plus en plus souvent.

- On laisse au moins une syllabe de trois lettres avant la coupure (deux lettres dans les petites justifications) :

per-/mission, cri-/tique
petites justif. : an-/tiquaire, cu-/riosité

«avanie» n'est pas sécable après la première syllabe, «d'abord» ne l'est pas du tout.

- On rejette à la ligne au moins une syllabe de trois lettres (deux lettres dans les petites justifications) :

compli-/qué, deman-/der
petites justif. : per-/du, partici/pé

- On ne rejette pas à la ligne une syllabe muette seule. On ne peut pas couper, par exemple, «compli-/que» ou «partici-/pe».

- On ne coupe jamais entre deux voyelles, sauf si la coupure se fait entre un préfixe et le reste du mot :

pré-existant

On ne peut pas couper : «citrou-/ille», «monsi-/eur», mais on peut couper : mon-/sieur.

- On ne coupe jamais entre «x» et une voyelle située devant ou derrière : «an-/xieux», «alex-/andrin» ne sont donc pas sécables, en revanche on pourra couper :

tex-/ture

- On coupe toujours avant le «t» euphonique, jamais après. On ne coupe pas du tout quand le «t» est précédé du verbe avoir quand «a» :

demanda-/t-il, décide-/t-on

«a-t-elle» n'est pas sécable selon cette règle.

- Pour des raisons d'euphonie, on ne coupera pas entre deux mots liés par un trait d'union et dont la prononciation se fait avec une liaison comme «déduis-en», «retournes-y».

- On ne coupe jamais un sigle, un acronyme ou une abréviation.

- On essaie d'éviter de couper les noms propres.

- Pour des raisons d'esthétique, on évite la coupure d'un mot quand celui-ci est le dernier d'un paragraphe, surtout si l'on ne rejette qu'une seule syllabe.

rem. : pour des raisons de bienséance, il était conseillé – il n'y a pas si longtemps – de ne pas couper les mots après les syllabes «con-», «cul-», etc., syllabes dites *malsonnantes*. Le mot *concupiscence* était alors réputé insécable. De nos jours ces coupures ne choquent plus grand monde. Il convient toutefois de les éviter quand elles peuvent être à l'origine d'un glissement de sens, prêter à confusion, ou à rire.

2-2. Interdiction de coupure entre les mots

La plupart de ces interdictions sont édictées par la logique qui veut que la compréhension du texte passe avant tout :

- On ne rejette pas un appel de note en début de ligne.

- On ne coupe pas entre un prénom abrégé par une ou plusieurs initiales et le nom propre. On ne coupe pas non plus entre les initiales.

- On ne coupe pas entre un nombre exprimé en chiffres arabes ou romains

et le mot qu'il quantifie. Ainsi dans des expressions telles que :

« 12 carottes », « chapitre III »

on ne pourra couper que *dans* les mots.

- On ne coupe jamais un nombre exprimé en chiffres arabes ou romains.

- On ne coupe jamais une formule mathématique ou une expression chimique. Au besoin on réduit le corps.

- On ne coupe jamais un pourcentage exprimé à l'aide des symboles «%», «°/₀₀», comme « 30 % ».

- On ne coupe jamais entre le symbole d'une unité de mesure ou d'une unité monétaire et ce qu'il caractérise :

« 300 000 V », « 12,50 F ».

- On ne coupe pas entre le nom d'un souverain et son numéro d'ordre : « Louis XIV », « Napoléon III ».

3 – EMPLOI CONVENTIONNEL DE L'ITALIQUE

L'italique est un caractère inspiré de l'écriture manuelle, qui se remarque bien quand il est inséré à l'intérieur d'un texte en caractère romain. C'est pour cela qu'il est choisi de façon conventionnelle pour attirer l'attention sur des éléments qui sont de nature différente de celle du discours. On se gardera de l'utiliser abusivement, on obtiendrait le contraire du but recherché.

L'utilisation, décrite ici, de l'italique est de pure convention, fondée sur une tradition. Il va de soi que toute autre convention *logique* pourra être adoptée, à condition que son emploi soit systématique dans tout l'ouvrage.

Ce qui se met conventionnellement en italique dans un texte en romain se mettra, inversement, en romain dans un texte en italique.

Se mettent en italique :

- Les mots, expressions ou locutions étrangers conservés dans leur langue d'origine et dont les orthographes n'ont pas été francisées :

– Pardonnez-moi, je suis pressé, *time is money*, mon cher...

- Les citations que l'on ne veut pas guillemeter pour éviter des lourdeurs de lecture :

Et Remy de Gourmont de dire : *Il paraît que*

Paris réclame des fêtes. Je me garderai bien de prétendre le contraire car, moins heureux que d'autres, Paris ne m'a fait à ce sujet nulle confidence.

rem. : la ponctuation qui suit une expression mise en italique se met elle aussi en italique si elle fait partie de l'expression ; elle reste en romain dans le cas contraire. Qu'on ne se pose pas la question si la ponctuation qui suit est un point final : le point romain n'est guère différent du point italique !

- Les titres d'ouvrages écrits, d'œuvres d'art ou d'œuvres composées :

J'ai lu hier *Bouvard et Pécuchet*, adossé au socle du *Penseur*, pendant qu'une radio égrenait les notes superbes du *Requiem* de Fauré. J'ai eu du mal à me concentrer.

- Les titres des journaux et revues :

J'avais, dans la poche de mon manteau, *Le Monde* du jour et un vieux numéro de la *Revue des études lupiniennes*.

rem. On fera ainsi clairement la distinction, dans le cas d'une revue qui serait en même temps une maison d'édition de livres, entre la revue (italique) et la maison d'édition (romain) :

Alfred Jarry publia, dans le *Mercure de France* de septembre 1895, *Ubu roi* dans la version qui constituera l'acte troisième de *César Antechrist*, un volume publié la même année au Mercure de France.

- Les dédicaces (imprimées) d'ouvrages, surtout si elles se trouvent sur la première page du texte et non sur une page séparée.

- Les noms de navires, d'avions ou de véhicules qui ont été «baptisés». Ces noms sont des noms propres affectés à *un seul* objet, à la différence des noms propres de marques ou de modèles qui affectent plusieurs objets :

le *Titanic*, l'*Éole*, le *Nautilus*,
le *Chenonceaux*, Airbus de la compagnie Air France...

mais on écrira : une Renault Espace, un Boeing 747.

- Les indications scéniques, dans les ouvrages théâtraux. Quand elles sont incluses dans un dialogue, elles s'inscrivent alors entre parenthèses. De même pour les cris et mouvements de foule dans la transcription d'un débat :

MADAME AUBIN

Quelle affaire ! Est-ce vraiment que je rêve, à la fin ?... *(Se jetant sur un canapé qui eût pu devenir dangereux tantôt)* Un peu d'ordre dans mes pauvres idées. Là... là...

(Paul Verlaine, *Louise Leclercq*).

- Les mots d'un texte sur lequel on insiste, les fragments d'un discours sur lesquels le locuteur met l'accent.

... et cet état de fait dura pendant *trois semaines*...
«Je suis *ravi* que vous vous ralliiez à notre cause.»

4 – EMPLOI DE LA MAJUSCULE ET DE LA MINUSCULE

Le dessin d'un caractère se présente sous trois formes. La majuscule, nommée *capitale* par les professionnels de l'imprimerie ; la minuscule nommée également *bas de casse* et la *petite capitale* qui reprend le dessin de la capitale, mais à la hauteur et dans la graisse (l'épaisseur des traits) d'une lettre minuscule sans hampe ni queue (e, m, x, etc.).

4-1. Majuscules

La majuscule se met à l'initiale du mot qui commence un texte ou une phrase ; ou à celle du mot qui suit un point, un point d'interrogation, d'exclamation, des points de suspension, quand ceux-ci terminent une phrase.

Il s'éloigna dans la rue. C'était le soir... Sous les réverbères son ombre prenait tour à tour la taille d'un nain puis celle d'un géant. Frissonnait-il ?... il n'en avait cure : il ne songeait qu'au moment béni où il pourrait ôter ces vernis qui lui torturaient les pieds ! Ouf ! il était arrivé... enfin !

4-11. Noms propres

La majuscule se met également à tout nom propre, ou à tout nom qui peut être assimilé à un nom propre, quelle que soit sa place dans la phrase.

Sont des noms propres :

- Les patronymes, prénoms, surnoms, pseudonymes :

Jean Dupont, Pierre Loutrel dit Pierrot le Fou

- Le nom de Dieu ou les expressions le qualifiant :

Dieu, le Très-Haut, le Créateur

- Les noms des dieux, déesses et figures mythologiques :

Jupiter, Hermès, les trois Grâces,
les Gorgones, Cerbère, etc.

- Les noms de souverains, de dynasties, de papes :

Henri IV, Néfertiti, les Capétiens,
Jean-Paul Ier

- Les substantifs ou adjectifs qui qualifient le nom ou ceux qui les remplacent par antonomase :

Louis X le Hutin, le Roi-Soleil
(Louis XIV),
l'Aigle de Patmos (saint Jean)

- Les noms d'astres, de constellations :

la Lune, Mars, Orion, le Sagittaire

rem. : le Soleil, la Lune, la Terre prennent une majuscule lorsqu'ils sont considérés comme corps célestes, notamment dans un texte traitant d'astronomie. Autrement ils s'écrivent avec une minuscule :

La Terre est distante de 150 millions de kilomètres du Soleil.

Mais on écrira :

Le soleil brille pour tout le monde.

- Les noms de baptême des navires, avions, locomotives, etc. :

le *Normandie*, la *Chauve-Souris* de Clément Ader, la *Lison*

- Les noms des peuples, des races ou des nationalités :

les Samaritains, les Juifs, les Noirs, les Français

- Les noms de pays, de lieux géographiques ou de cours d'eau :

la France, Bordeaux, la Seine

Quand il s'agit d'un surnom obtenu par antonomase, la majuscule se met au substantif ainsi qu'à l'adjectif s'il est placé avant :

la Ville rose (Toulouse), le Nouveau Monde

Quand le nom est obtenu par la réunion d'un nom commun et d'un adjectif qui désigne proprement le lieu, alors seul l'adjectif prend la majuscule :

le fleuve Jaune, la mer Noire

La tradition ne respecte pas toujours ces règles, ainsi :

la Côte d'Azur, la Côte d'Émeraude

- Les noms des rues et monuments :

place de la République, rue Nationale, impasse de l'Égalité, l'Opéra Bastille

Quand le nom de la rue est celui d'un saint, le mot «Saint» ou «Sainte» est accolé au nom auquel il se rapporte et soudé à lui par un trait d'union :

rue Saint-Vincent, place Sainte-Barbe

Quand le nom de la rue est celui d'une personnalité, les éléments de son nom sont soudés par un trait d'union :

rue Raymond-Queneau,
place Paul-Painlevé

- Les périodes historiques :

la Renaissance italienne,
la Commune, la guerre des Deux Roses, la Belle Époque,
la révolution d'Octobre, la Révolution française

- Les groupements politiques, économiques ou les ordres de chevalerie :

l'Assemblée constituante (ou la Constituante), le Pacte germano-soviétique, le Marché commun, les chevaliers Teutoniques.

- Les fêtes laïques et religieuses :

le 14 Juillet, l'Avent, la Toussaint, Noël

- Les noms d'institutions :

Les règles sont les mêmes que pour les noms de lieux géographiques. La majuscule se met au nom propre de l'institution :

la bibliothèque Mazarine,
le musée du Louvre

Si le nom de l'institution est constitué de noms communs, on met la majuscule au premier substantif de l'expression, et à l'épithète si elle est placée avant :

la Bibliothèque nationale, le Crédit municipal, le Musée national d'art moderne,
la Très Grande Bibliothèque

- Les noms de société :

La majuscule se met au premier substantif ainsi qu'à son épithète si elle le précède. Elle se met également au(x) substantif(s) qui caractérise(nt) la société :

la Banque nationale de Paris,
la Compagnie générale d'Électricité,
la Caisse nationale d'Épargne et de Prévoyance

- Les noms de marques :

Moulinex, Citroën, Martini

4-12. Articles et particules dans les noms

4-121. Article

L'article prend la majuscule quand il fait partie du nom propre :

La Fontaine, Le Sage

Il ne la prend pas quand il s'agit de l'article emphatique :

la Callas, le Corrège

ou de celui qui précède le surnom :

Guillaume le Conquérant

4-122. Particule

- La particule nobiliaire *de* ou *d'* ne prend pas la majuscule :

Henri de Régnier, Charles d'Orléans, Jean de La Fontaine

et le classement alphabétique n'en tient pas compte.

rem. : cependant, l'usage peut être en contradiction avec la règle : certains ouvrages classeront «du Bellay» à «D» plutôt qu'à «B».

4-13. Les titres d'œuvres littéraire ou d'œuvres d'art

- Le premier substantif de chaque groupe du titre prend la majuscule :

La Chanson des gueux, Les Bourgeois de Calais, Dom Juan ou le Festin de pierre

- S'il est précédé d'une épithète, celle-ci prend également la majuscule :

Le Petit Chose

rem. : bien que les opinions soient partagées à ce sujet, il semble judicieux de mettre une majuscule à l'article initial d'un titre si l'article fait partie du titre et une minuscule sinon.

4-2. Minuscules

Les mots de la langue, par opposition aux noms propres, prennent une minuscule initiale, notamment :

- Les noms de fonctions politiques :

empereur, roi, président, bey, pape, ministre, etc.

- Les noms des religions et des philosophies :

le christianisme, le bouddhisme, le judaïsme, l'islam, le stoïcisme, etc.

- Les noms des adeptes des religions ou des philosophies :

les chrétiens, les bouddhistes, les musulmans, les juifs, les épicuriens, etc.

rem. : On a vu au paragraphe 4-11 que les Juifs, considérés comme peuple, s'écrivent avec une majuscule.

- Les moines ou les ministres du culte des différentes religions :

les dominicains, les jésuites, les trappistes, les prêtres, les muezzins, les druides, etc.

- Les noms de personnes ou de lieux qui ont été affectés à des objets, à des produits manufacturés :

un sandwich, un camembert, un brouilly, une poubelle, etc.

En revanche on écrira :

un fromage de Camembert, un vin rouge de Brouilly, etc.

- L'adjectif *saint* ou *sainte* quand il qualifie une personne :

saint Louis, sainte Barbe,
saint Vincent de Paul

En revanche, quand ces noms sont donnés à des institutions ou à des lieux, les mots *saint* et *sainte* sont intégrés au nom, prennent une majuscule et sont liés au nom par des tirets :

le lycée Saint-Louis,
la fondation Saint-Vincent-de-Paul
la baie du Mont-Saint-Michel
la rue Saint-Jacques

- Les noms des vents quand ils ne sont pas personnifiés (personnifiés, ils prennent la majuscule initiale, comme tout nom propre) :

le simoun, un zéphyr

- Les noms des mois :

janvier, février...

4-3. Petites capitales

Elles ne s'utilisent plus guère, de nos jours, que pour :

- Les siècles :

Nous vivons au xxᵉ siècle

- Les subdivisions complexes :

tome I, chapitre II, alinéa 6

5 – PRÉPARATION DU TEXTE ET MISE EN PAGES

Il n'y a pas de règle absolue de mise en pages. Toutes les solutions sont bonnes à partir du moment où elles servent la clarté de présentation du texte et sa lecture.
Dans le cas où l'utilisateur n'aurait aucune idée sur la question, il existe des solutions de présentation éprouvées qu'il peut utiliser sans aucune crainte. Ce sont quelques-unes d'entre elles qui sont présentées ici.

5-1. Façons de présenter un paragraphe

Il en existe quatre, et quatre façons également de le commencer.

5-11. Présentations du paragraphe entier

5-111. Au fer à gauche ou drapeau à droite

Les lignes sont alignées verticalement à gauche et se terminent irrégulièrement à droite (comme un drapeau qui flotte). Dans ce cas, comme dans les deux qui suivent, les espacements entre les mots sont tous égaux et l'on proscrit absolu-

ment la coupure en fin de ligne. Cette présentation est utilisée sur de petites justifications quand les coupures de mots sont ingérables ou donnent des résultats inacceptables. On peut également l'utiliser pour des raisons purement visuelles (opposition, dans une même page, entre le texte courant et les légendes des illustrations par exemple). C'est la façon la plus simple de présenter la poésie versifiée.

Les lignes sont alignées verticalement à gauche et se terminent irrégulièrement à droite (comme un drapeau qui flotte). Dans ce cas, comme dans les deux qui suivent, les espacements entre les mots sont tous égaux et l'on proscrit *absolument* la coupure en fin de ligne. Cette présentation est utilisée sur de petites justifications quand les coupures de mots sont ingérables ou donnent des résultats inacceptables.

5-112. **Au fer à droite** ou **drapeau à gauche**

C'est le contraire du fer à gauche. On l'utilise dans les mêmes conditions. On l'utilise également pour faire face à un fer à gauche dans certaines compositions en colonne. Dans les compositions bilingues : un fer à droite dans la colonne de gauche, et en regard un fer à gauche dans la colonne de droite, chacun donnant la version d'un même texte dans les deux langues.

C'est le contraire du fer à gauche. On l'utilise dans les mêmes conditions. On l'utilise également pour faire face à un fer à gauche dans certaines compositions en colonne. Dans les compositions bilingues : un fer à droite dans la colonne de gauche, et en regard un fer à gauche dans la colonne de droite, chacun donnant la version d'un même texte dans les deux langues.

5-113. **Centré**

Les lignes sont alignées verticalement en leur milieu. On utilise cette présentation dans les pages de titre, et, plus généralement, pour tout ce qui est titre de partie, de chapitre, sous-titre, etc. :

Les lignes sont alignées
verticalement en leur milieu.
On utilise cette présentation dans les pages
de titre, et, plus généralement, pour tout ce
qui est titre de partie, de chapitre,
sous-titre, etc.

5-114. **Justifié**

Les lignes sont alignées à droite et à gauche. C'est la façon la plus courante de présenter un texte. C'est dans la présentation justifiée que se posent les problèmes de coupures de mots. Il faut également éviter au maximum l'apparition, à l'intérieur du pavé de texte, de ce que l'on appelle *lézardes*. Les lézardes sont des lignes blanches zigzagantes plus ou moins verticales qui se créent par la superposition malheureuse des blancs intermots (*sic*, terme contemporain pour « espace entre deux mots ») de plusieurs lignes. Les lézardes nuisent à l'esthétique d'un pavé de texte, mais aussi à sa lecture par la perturbation optique qu'elles causent. On peut les éviter en coupant différemment les mots ou en remaniant le texte.

Les lignes sont alignées à droite et à gauche.

C'est la façon la plus courante de présenter un texte. C'est dans la présentation justifiée que se posent les problèmes de coupures de mots. Il faut également éviter au maximum l'apparition, à l'intérieur du pavé de texte, de ce que l'on appelle *lézardes*. Les lézardes sont des lignes blanches zigzagantes plus ou moins verticales qui créent par la superposition malheureuse des blancs intermots de plusieurs lignes. Les lézardes nuisent à l'esthétique d'un pavé de texte, mais aussi à sa lecture par optique qu'elles causent.

Texte justifié : une lézarde court sur les dix dernières lignes. On peut l'éviter :

Les lignes sont alignées à droite et à gauche. C'est la façon la plus courante de présenter un texte. C'est dans la présentation justifiée que se posent les problèmes de coupures de mots. Il faut également éviter au maximum l'apparition, à l'intérieur du pavé de texte, de ce que l'on appelle *lézardes*. Les lézardes sont des lignes blanches zigzagantes plus ou moins verticales qui se créent par la superposition malheureuse des blancs intermots de plusieurs lignes. Les lézardes nuisent à l'esthétique d'un pavé de texte, mais aussi à sa lecture par la perturbation optique qu'elles causent.

5-12. **Présentation de la première ligne**

Ces présentations ne peuvent se combiner qu'avec un paragraphe justifié.

5-121. **En alinéa**

La première ligne du paragraphe est renfoncée sur la gauche d'un espacement fixe, très souvent un cadratin → 7-11. Il s'agit là de la façon la plus courante de commencer un paragraphe. Elle convient pour la quasi-totalité des textes :

La première ligne du paragraphe est renfoncée sur la gauche d'un espacement fixe, très souvent un cadratin. Il s'agit là de la façon la plus courante de commencer un paragraphe.

rem. : cette dénomination – quoique consacrée par l'usage – est abusive. En effet *alinéa* veut simplement dire « à la ligne », qu'il y ait un renfoncement ou pas.

5-122. **En sommaire**

La première ligne du paragraphe sort de la justification. Comme son nom l'indique, on l'utilise dans les sommaires, mais aussi dans certains dictionnaires ou annuaires, dans les index et les bibliographies, où elle est particulièrement utile puisque le premier mot de chacun des paragraphes (qui sont classés dans l'ordre alphabétique le plus souvent) est alors mis en relief pour une consultation plus rapide :

La première ligne du paragraphe sort de la justification. Comme son nom l'indique, on l'utilise dans les sommaires, mais aussi dans certains dictionnaires ou annuaires, dans les index et les bibliographies, où elle est particulièrement utile.

5-123. Sans renfoncement ou en pavé

La première ligne du paragraphe n'est ni en retrait ni sortie. Les paragraphes sont des rectangles ; il est alors conseillé de mettre un peu de blanc entre la dernière ligne d'un paragraphe et la première du suivant pour que la séparation entre eux soit bien marquée au cas où la dernière ligne du paragraphe supérieur se terminerait juste à l'alignement de droite. Il est plus difficile de donner l'emploi réservé à ce genre de présentation. On l'utilise dans les cas où l'on a la volonté expresse de rompre le moins possible l'alignement du texte à gauche :

La première ligne du paragraphe n'est ni en retrait ni sortie. Les paragraphes sont des rectangles ; il est alors conseillé de mettre un peu de blanc entre la dernière ligne d'un paragraphe et la première du suivant pour que la séparation entre eux soit bien marquée au cas où la dernière ligne du paragraphe supérieur se terminerait juste à l'alignement de droite.

5-124. Lettrine

La première ligne du paragraphe est au fer, mais la lettre initiale – la lettrine – a un corps au moins double de celui du texte. C'est une majuscule et elle porte sur deux lignes ou plus. On n'utilise, le plus souvent, la lettrine que dans les paragraphes qui commencent un texte. Peuvent commencer par une lettrine chacun des chapitres d'un roman, ou chacun des contes ou des poèmes d'un recueil. Le mot qui comporte la lettrine peut, éventuellement, être composé en petites capitales.

L a première ligne du paragraphe est au fer, mais la lettre initiale – la lettrine – a un corps au moins double de celui du texte. C'est une majuscule et elle porte sur deux lignes ou plus. On n'utilise, le plus souvent, la lettrine que dans les paragraphes qui commencent un texte.

5-2. Présentations standard

5-21. Notes explicatives

Les notes se composent généralement dans un corps inférieur de 1 ou 2 points à celui du texte. Elles peuvent se présenter de trois manières différentes, de la meilleure à la moins bonne :

5-211. Marginales. Elles sont situées

dans les marges extérieures de l'ouvrage à l'horizontale de l'appel de note dans le texte. L'œil n'a que peu d'efforts à faire pour sauter du texte à la note.

5-212. En bas de page. Elles sont composées sur la même justification que le texte et séparées de celui-ci le plus généralement par un petit filet.

5-213. En fin de chapitre ou d'ouvrage si l'on ne souhaite pas encombrer le texte principal avec des informations accessoires.

5-22. Index, bibliographies, sommaires

Ils sont composés en sommaire sur deux ou trois colonnes (voire plus si la justification le permet). Dans les index et bibliographies, le premier mot, entrée ou auteur, peut être composé en gras ou en majuscules pour être mis plus en relief.

5-23. Poésie

5-231. Poésie en vers. Elle est composée au fer à gauche et chaque vers commence par une majuscule, sauf indications contraires de l'auteur qui l'emportent *toujours* sur la règle typographique quand elles sont d'ordre formel. Petit conseil quand il n'y a qu'un poème par page, pour que cette page ait un aspect agréable : on mesure la ligne la plus courte et la ligne la plus longue du poème ; on en fait la moyenne et l'on donne comme marge de gauche au poème un blanc tel qu'on ait l'impression que cette ligne théorique est centrée dans la page. Quand un vers est trop long pour la justification, la moins mauvaise solution consiste à tronquer la partie excédentaire du vers et à la rejeter à la ligne suivante au fer à droite précédée d'un crochet carré ouvrant :

Ô mes femmes, soyez muses, voulez-vous?
Soyez même un petit comme un lot d'Erinyes
Pour rendre plus méchants mes vers encore
[trop doux
À l'adresse de ce vil tas d'ignominies
(Paul Verlaine,
Prologue supprimé à un livre « d'invectives »)

5-232. Poésie en prose : elle suit les mêmes règles que la prose traditionnelle.

5-24. Théâtre

La solution la plus traditionnelle de présentation est la suivante :

- *Actes* en majuscules et chiffres romains, composition centrée.
- *Scènes* en minuscules et chiffres arabes, composition centrée.

- *Noms* des personnages en petites capitales, composition centrée.

- *Indications scéniques* en romain d'un corps plus petit de 1 1/2 point à 2 points que celui des dialogues si elles se trouvent situées en dehors des dialogues ; entre parenthèses et en italique du corps des dialogues si elles y sont en incise.

- S'il s'agit d'une pièce en vers, les vers prononcés par plusieurs personnages se composent de telle façon que le début du dialogue d'un personnage commence à l'aplomb de la fin du dialogue du personnage précédent.

Théâtre en prose :

ACTE I
scène 6
GIRAUT, FIRMIN
FIRMIN

Ah ! c'est vous, monsieur Giraut ? Par quel hasard ?... Mais où est ma mère ?

GIRAUT

Elle est dans le village.

FIRMIN

Il ne lui est rien arrivé ?

GIRAUT

Non ; elle est allée chez le bailli pour une affaire qui me regarde.

(Florian, *Le Bon Fils*)

Théâtre en vers :

ACTE UNIQUE
scène 3
AZURINE, ALAMIR, ZÉLIE, UN ESCLAVE
L'ESCLAVE

Phanor arrive en ce moment.

AZURINE

Phanor !

L'ESCLAVE

Il est déjà dans votre appartement.

(L'esclave sort)

(Florian, *Le Baiser*, féerie)

5-25. Ouvrages techniques

- En règle générale, les formules mathématiques, physiques et chimiques sont composées à la ligne et non pas dans le corps du texte, pour les mettre en valeur et éviter de les couper. Si une formule ne rentre pas sur une ligne, on la compose dans un corps plus petit, mais on ne la coupe pas.

- De même pour les listings d'ordinateur. On veillera, de plus, à bien respecter les renfoncements de chaque ligne (ou *indentations*) qui permettent aux initiés de comprendre plus rapidement et de mieux analyser le contenu du listing. Il conviendra également de composer les listings dans un caractère à chasse unique (toutes les lettres ont la même largeur) comme le caractère machine à écrire. Cela a pour but de respecter l'alignement des indentations.

```
DO WHILE .T.
@ 22,21 GET calqul PICTURE " @ S20"
RFAD
CLEAR GETS
IF READKEY() < 256
    EXIT
ELSE
    résultat = calqul
    calqul = &calqul
    @ 20,21 SAY SUBSTR (resultat, 1,20)
    nombre = LTRIM (TRIM(STR(calqul, 19,2)))
    calqul = nombre + SPACE (50-LEN (nombre))
ENDIF
ENDDO
```

6 – NOMBRES

6-1. En toutes lettres

- Les nombres se mettent en général en toutes lettres dans le texte :

Deux chemises, trois pulls et une brosse à dents : voilà tout son bagage.

Les cas qui ne respectent pas cette règle sont évoqués plus bas en 6.2 et 6.3.

- Les éléments constitutifs des nombres inférieurs à cent qui ne sont pas liés par la conjonction de coordination « et » sont réunis par des divisions :

quatre-vingt-sept, soixante-dix-huit, trente et un, deux cent vingt-deux

- Les sommes, mesures et dates ne se mettent en toutes lettres que dans les actes officiels. Dans ce cas, et uniquement à l'intérieur des dates, on utilise facultativement l'archaïsme *mil* :

Vendu à monsieur Durand pour la somme de trente cinq mille francs, une grange à foin sise au quatre de la rue du Vieux-Colombier.
Fait à Paris, le douze septembre mil neuf cent vingt-quatre.

6-2. Chiffres arabes

6-21. On met en chiffres arabes :

- Tous les nombres qui donnent une mesure, un titre de métal ou d'alliage, un pourcentage, etc. Et, d'une manière générale, tous les nombres dans les manuels de mathématiques, de physique ou de technique :

une pile de 4,5 volts
un parcours de 1 200 kilomètres

le poids de 105 kilos
une pièce d'argent à 900 millièmes
une réduction de 25 %

- Les sommes :

Un pain de quatre livres à 15 F le kilo.

- Les dates et les notations de temps :

le 22 septembre 1862 à 8 h 45

- Les numéros de rues (ils sont suivis d'une virgule) :

13 bis, avenue du Général-Foy

- Les énumérations et statistiques :

La France comprend 45 millions de sujets, sans compter les sujets de mécontentement.
(Henri Rochefort)

- Les numéros de pages, d'articles, de paragraphes, de figures dans un ouvrage.

6-22. Nombres décimaux

La séparation entre la partie entière et la partie décimale des nombres décimaux se marque à l'aide d'une virgule. On ne met d'espace ni devant ni derrière la virgule :

des pommes de terre à 6,45 F le kilo

6-23. Nombres longs

- Pour faciliter la lecture des nombres longs, on les sépare par une espace en tranches de trois chiffres à partir de l'unité. Si le nombre est décimal, on opère ainsi à droite et à gauche de la virgule :

12 256 personnes sont passées voir l'exposition.
e = 2,718 28

- Ne sont pas séparés de cette manière les millésimes dans les dates, les numéros de compte en banque, d'actions ou d'obligations, les numéros des lignes ou des articles dans un dictionnaire, un glossaire, un recueil de vers, les numéros de pages.

6-3. Chiffres romains

6-31. Composition et lecture des chiffres romains

Les nombres écrits en chiffres romains s'expriment à l'aide de sept lettres de notre alphabet, auxquelles on donne des valeurs conventionnelles et à la combinaison desquelles on applique des règles de lecture bien précises.

6-310. Valeurs

M	vaut	1000
D	—	500
C	—	100
L	—	50
X	—	10
V	—	5
I	—	1

Les vingt premiers nombres s'écrivent :

I, II, III, IV, V, VI, VII, VIII, IX, X, XI, XII, XIII, XIV, XV, XVI, XVII, XVIII, XIX, XX.

6-311. Règles simplifiées

- Les nombres se lisent en additionnant les valeurs de la gauche vers la droite.

- On ne peut pas trouver deux fois à la suite les chiffres D, L, V ; ni les autres chiffres plus de trois fois à la suite.

- Quand une valeur est inférieure à celle située immédiatement à sa droite, elle est soustraite de cette dernière.

6-312. Lecture dans les textes anciens

Les textes anciens utilisaient des variantes d'écriture qui ne sont plus usitées de nos jours, mais qu'il convient de connaître pour arriver à les lire.

- M s'écrivait également DD ou CIC. Ces écritures imitent dans leur dessin celui du M rond, tel qu'on le trouvait dans les écritures médiévales comme l'onciale.

- On utilisait, principalement pour folioter (numéroter les pages) les préfaces, des chiffres romains composés en *caractères minuscules*. Dans ce cas, il était de règle, quand le chiffre romain se terminait par une ou plusieurs unités, d'écrire celui le plus à droite « j » (forme finale du « i »).

lxiij   pour   63

6-32. Emploi des chiffres romains

On met en chiffres romains :

- les millésimes sur les couvertures ou les pages de titre des ouvrages.

On peut alors, *ad libitum*, séparer les blocs du millésime par des espaces :

M CM XC II ou MCMXCII

- les dates du calendrier révolutionnaire :

13 fructidor an VII

- les numérotations de tomes, livres, titres, volumes, chants, chapitres, parties, etc. :

Les Misérables, tome II
l'Odyssée, chant XXI

Cependant on composera toujours en toutes lettres les mots « premier » ou « première » :

Chapitre premier
Première partie

- Les numérotations de planches :

l'Encyclopédie, « Typographie »,
planche II, figure 1.

- les arrondissements des grandes
villes :

Marseille IVᵉ, Paris XIIIᵉ, Lyon Vᵉ

rem. : De plus en plus cette numérotation est
remplacée par des chiffres arabes, surtout dans
les adresses postales.

- les numéros d'ordre des souverains
ou de papes :

Louis XVIII, Henry VIII d'Angleterre,
Jean XXIII, Clément XIV

Quand ce nom est donné à un monument ou une rue, le numéro d'ordre est
lié au nom par un trait d'union :

l'hôtel George-V,
l'avenue Pierre-Iᵉʳ-de-Serbie

- Les numérotations des dynasties, des
olympiades et des conciles :

la XVᵉ dynastie, la XIXᵉ olympiade,
le concile Vatican II.

- Les numérotations des siècles : on les
composera toujours en petites capitales :

le xviᵉ siècle fut celui de Rabelais.

7 – PONCTUATION ET ESPACEMENTS

La plupart des règles d'espacement avant et après les signes de ponctuation données dans les manuels s'adressent à des professionnels de
la composition des textes. Or il est rare qu'un particulier possède à
demeure une unité de photocomposition. En revanche il est de plus en
plus courant de le voir posséder un micro-ordinateur muni d'un traitement de texte ou mieux : d'un logiciel de PAO (publication assistée par
ordinateur). C'est pourquoi l'on pourra lire, à la suite des règles traditionnelles, celles qui sont adaptées pour ce matériel.

7-1. Rappel historique et vocabulaire

7-11. Définitions

Depuis l'invention de la typographie
jusqu'au milieu de notre siècle, le seul
moyen que l'on avait de composer des
textes était d'utiliser des caractères
mobiles en alliage à base de plomb
(c'est l'invention de Gutenberg). L'espacement entre les mots était fabriqué à
l'aide de petites lames de métal – les
espaces (n. fém. en typographie) – de la
même hauteur que les caractères (le
corps, voir plus bas) mais dont la largeur variait afin qu'une combinaison
habile permit de justifier une ligne, c'est-
à-dire de l'aligner à droite comme à
gauche avec les autres lignes du texte
→ 5-114.

L'unité de mesure typographique est le
point (à ne pas confondre avec le signe
de ponctuation). Le point typographique mesure un peu plus d'un tiers
de millimètre (0,376 mm). L'ensemble
de douze points s'appelle un *cicero* ou,
à Paris, un *douze*. Les Anglo-Saxons –
qui produisent la plupart des unités de
photocomposition ; qui conçurent également les premiers micro-ordinateurs
– ont un système typographique semblable au nôtre, mais leur point (issu
des mesures anglo-saxonnes) est sensiblement inférieur au nôtre. Le *pica* est

l'équivalent chez eux de notre cicero
(61 picas équivalent approximativement à 57 cicéros ou douzes).

La hauteur des caractères se nomme le
corps et s'exprime en points.

Les espaces en typographie traditionnelle sont au nombre de six :

- *l'espace fine* qui vaut 1 point. Elle sert
d'appoint dans la justification ;

- *l'espace moyenne* qui vaut 1,5 point ou
2 points. C'est elle qui sert pour décoller les signes de ponctuation de la lettre
qui précède ou qui suit ;

- *l'espace forte* qui vaut 1/4 ou 1/3 du
corps du caractère. C'est elle qui sert de
blanc de base entre les mots ;

- *le demi-cadratin* et *le cadratin* qui
valent respectivement la moitié du
corps et le corps entier. Le cadratin a
donc pour section un carré. Le demi-
cadratin et le cadratin servent à la
fabrication de renfoncements systématiques. La largeur des chiffres en typographie plomb est d'un demi-cadratin
pour que les tableaux de nombres
soient plus faciles à réaliser ;

- *les cadrats* qui valent des multiples
entiers du demi-cadratin. Ils servent à
terminer les lignes creuses (les lignes
de fin de paragraphe que l'on ne justifie pas).

7-12. Règles traditionnelles d'espacement de la ponctuation

- *Collé au caractère précédent, espace forte après :* le point, les points de suspension, la virgule, les parenthèses, crochets carrés et accolades fermants.

- *Espace moyenne avant, espace forte après :* le point-virgule, le point d'interrogation, le point d'exclamation, le guillemet fermant.

- *Espace forte avant, espace moyenne après :* le guillemet ouvrant.

- *Espace forte avant et après :* le deux-points, le *moins* (grand tiret ou tiret dialogue) quand il annonce ou clôt une incise.

- *Valeur de renfoncement de l'alinéa avant, demi-cadratin après :* le *moins* quand il annonce un dialogue.

- Les signes de ponctuation qui se suivent respectent les règles ci-dessus pour les blancs qui sont mis *avant* chaque signe et *avant et après* le dernier signe pour tous les signes de fin de mots ; ce sera le contraire pour les signes ouvrants.

- Seuls les *signes ouvrants*, et le *moins* s'il n'est pas suivi d'une virgule, peuvent se trouver en début de ligne. Tous les autres y sont interdits.

7-2. Règles à appliquer en PAO ou en traitement de texte

Les définitions et règles données aux §§ 7-11 et 7-12 ci-dessus ont été bouleversées par la PAO qui n'offre pas les mêmes possibilités. Ces règles doivent toutefois être ce vers quoi doit tendre la composition PAO ou le traitement de texte.

7-21. Les espaces PAO

La PAO est moins riche en sortes d'espaces ; et surtout les dénominations n'y sont pas les mêmes qu'en typographie traditionnelle :

- *l'espace intermot* ou *espace justifiante* est un blanc variable qui sert à la justification. Celle-ci est automatiquement gérée par le micro-ordinateur.

- *l'espace fine* est l'équivalent de l'espace forte [*sic*] traditionnelle. Sa largeur est fixe mais elle peut être coupée, c'est-à-dire que le logiciel peut s'autoriser à rejeter à la ligne le mot qui la suit.

- le *demi-cadratin* et le *cadratin* sont des espaces fixes qui obéissent grossièrement aux définitions de la typographie traditionnelle. Ils sont sécables comme l'espace fine.

- *l'espace insécable* a le même fonctionnement que l'espace intermot, à la différence que le mot qui la suit ne peut pas être rejeté à la ligne sans que le mot qui la précède – ou un fragment de celui-ci qui respecte les règles de coupure des mots – ne soit rejeté avec lui. Cette espace est très utile pour que ne soient pas séparés un chiffre et l'expression qu'il quantifie, un quantième et son mois, etc.

À la lecture de ces définitions, on s'aperçoit aisément qu'il n'existe pas, en PAO, d'équivalent aux espaces fines et moyennes de la typographie traditionnelle. Les règles d'espacement seront donc modifiées pour faire face à cette carence.

7-22. Règles PAO d'espacement de la ponctuation

L'espace fine, le demi-cadratin et le cadratin n'existant pas dans tous les traitements de textes, ils seront proscrits dans les règles qui suivent. Ils sont, par ailleurs, d'un emploi dangereux entre les mains d'un non-spécialiste, puisqu'ils peuvent être coupés par le logiciel sans intervention de l'utilisateur, et donner lieu à des aberrations comme un deux-points, un point-virgule, un point d'exclamation ou d'interrogation en début de ligne. De plus, si le texte doit être par la suite donné à un photocomposeur, il est préférable d'« en mettre le moins possible » afin qu'il puisse rétablir une typographie correcte.

- *collé au caractère précédent, espace intermot après :* le point, les points de suspension, d'interrogation, d'exclamation, la virgule, le point-virgule, les parenthèses, accolades, et crochets carrés fermants.

- *espace intermot avant, collé au mot qui suit :* les parenthèses, accolades et crochets carrés ouvrants.

- *espace insécable avant, espace intermot après :* le deux-points, le *moins* suivi d'une virgule.

- *espace intermot avant et après :* pour le *moins* seul.